NSCA®
NATIONAL STRENGTH AND
CONDITIONING ASSOCIATION

NSCA-CPSS

美国国家体能协会运动表现与科学训练师认证指南

美国国家体能协会（National Strength and Conditioning Association）

[美] 邓肯·N. 弗伦奇（Duncan N. French） 主编

洛雷娜·托雷斯·龙达（Lorena Torres Ronda）

黎涌明 何卫/译 王雄/审校

NSCA's ESSENTIALS of SPORT SCIENCE

人民邮电出版社

北 京

图书在版编目（CIP）数据

NSCA-CPSS美国国家体能协会运动表现与科学训练师认证指南 /（美）美国国家体能协会，（美）邓肯·N.弗伦奇，（美）洛雷娜·托雷斯·龙达主编 ；黎涌明，何卫译. -- 北京 ：人民邮电出版社，2023.10
ISBN 978-7-115-60351-7

Ⅰ．①N… Ⅱ．①美… ②邓… ③洛… ④黎… ⑤何…
Ⅲ．①运动训练－教练员－认证－美国－指南 Ⅳ.
①G808.1-62

中国版本图书馆CIP数据核字(2022)第245951号

免责声明

　　本书内容旨在为大众提供有用的信息。所有材料（包括文本、图形和图像）仅供参考，不能用于对特定疾病或症状的医疗诊断、建议或治疗。所有读者在针对任何一般性或特定的健康问题开始某项锻炼之前，均应向专业的医疗保健机构或医生进行咨询。作者和出版商都已尽可能确保本书技术上的准确性以及合理性，且并不特别推崇任何治疗方法、方案、建议或本书中的其他信息，并特别声明，不会承担由于使用本出版物中的材料而遭受的任何损伤所直接或间接产生的与个人或团体相关的一切责任、损失或风险。

内 容 提 要

　　本书共 31 章，主要讲解了科学训练师应掌握的知识和技能：理解训练理论、进行需求分析、实施技术和准备数据、收集外部和内部负荷数据、分析与交付数据、处理一些特殊主题，以及教育与交流信息等。这些技能的整合将指导科学训练师设计训练方法并制订比赛策略，以改善运动员的健康状况和提升他们的运动表现。

　　本书适合运动队中的科研人员、专业教练，以及大学和科研机构中的相关从业者阅读。

◆ 　主　　编　美国国家体能协会(National Strength and Conditioning Association)
　　　　　　　　[美] 邓肯·N.弗伦奇（Duncan N. French）
　　　　　　　　[美] 洛雷娜·托雷斯·龙达（Lorena Torres Ronda）
　　译　　　　　黎涌明　何 卫
　　责任编辑　刘日红
　　责任印制　马振武
◆ 人民邮电出版社出版发行　　北京市丰台区成寿寺路 11 号
　　邮编 100164　电子邮件 315@ptpress.com.cn
　　网址 https://www.ptpress.com.cn
　　北京捷迅佳彩印刷有限公司印刷
◆ 开本：775×1092　1/16
　　印张：35.5　　　　　　　　2023 年 10 月第 1 版
　　字数：846 千字　　　　　　2025 年 10 月北京第 3 次印刷
　　　　　著作权合同登记号　图字：01-2021-1777 号

定价：498.00 元

读者服务热线：(010)81055296　印装质量热线：(010)81055316
反盗版热线：(010)81055315

中文版序

历史竟是如此巧合。

1969年，德国莱比锡体育学院的迪特里希·哈雷（Dietrich Harre）出版了《训练学》（Training-slehre）一书。同年，在地球的另一边，美国内布拉斯加大学的橄榄球队聘请了世界上首位全职体能教练博伊德·埃普利（Boyd Epley）。《训练学》的出版标志着运动训练学作为一门学科的诞生，而埃普利在1978年创立的美国国家体能协会（National Strength and Conditioning Association, NSCA）开启了训练科学与训练实践融合的进程。2022年，NSCA推出其官方教材 NSCA's Essentials of Sport Science，将世界运动训练学的发展推向了一个崭新的高度。

从《训练学》到 NSCA's Essentials of Sport Science 的半个多世纪，是世界竞技体育发生翻天覆地变化的半个多世纪，更是运动训练由经验向科学不断推进的半个多世纪。教育学和方法学色彩浓厚的《训练学》如今已发展成为多学科交叉融合的 NSCA's Essentials of Sport Science，由《训练学》的一人独著到 NSCA's Essentials of Sport Science 的多人合著，足以反映运动训练学向训练科学（Sport Science）迈进的历史进程，它气势磅礴，不可阻挡。

我曾经多次被学生和同行问到，对运动训练感兴趣应该看什么书。每每这个时候，我都思索良久难以回应。但如今，我会毫不犹豫地向他们推荐这本 NSCA's Essentials of Sport Science。我只是提供这个线索，这本书豪华的作者阵容和源自实践的前沿科学知识自会去征服读者。在完成

这本书的阅读和翻译后，让我感到惊奇的是，是什么力量能够将这么多世界顶级的训练科学和训练实践从业人员汇聚在一起？他们的背景涵盖了众多世界体育强国的行业组织（如NSCA）、科研机构（如澳大利亚体育学院）、大学（如伊迪丝·考恩大学）、训练机构［如终极格斗冠军赛（Ultimate Fighting Championship, UFC）运动表现学院］、职业俱乐部（如费城76人队）等。他们中的许多人都是训练科学领域畅销书的作者，如威廉·J. 克雷默（William J. Kraemer）、G. 格雷戈里·哈夫（G. Gregorg Haff）、马丁·布赫海特（Martin Buchheit）、路易丝·M. 伯克（Louise M. Burke）。除NSCA在世界训练科学和训练实践领域的强大号召力和两位主编（邓肯·N. 弗伦奇和洛雷娜·托雷斯·龙达）在训练科学和训练实践领域的成就外，51位作者对世界训练科学和训练实践发展的共有情怀和使命感更是这本书得以出版的强大力量源泉。

"Sport Science" 这个概念并不好翻译，我们基于这本书的内容将其界定和翻译为 "训练科学"，这是一个与 "Exercise Science"（运动科学）相对应的概念。在某种程度上，可以说运动科学是训练科学的基础，而训练科学是运动科学与其他科学交叉融合后在运动员竞技表现提升过程中的应用。基于此，"Sport Scientist" 是指运动队中除运动员、教练员和管理人员外的其他所有科学工作者（国内目前大都称为科研人员），我们在这本书中将其翻译为 "科学训练师"。对于科学训练师在运动队中的定位，这本书不同章节作者的认

识并不统一，大部分的观点倾向于将科学训练师定位为与体能训练师、物理治疗师、营养师、运动表现分析师等从业人员并列的一个角色。对此定位，国内外尚存争议。训练科学是一门综合多学科知识与技能，并将其应用于运动员竞技表现提升过程中的科学。训练实践是一个以运动员为中心，以教练员为主导的多学科交叉应用的过程。作为在运动队中工作的训练科学从业人员，科学训练师更适合作为运动队多学科支撑团队的一个代称。

本书涉及多个专业领域，翻译难度较大，虽然面世经历了译者的全书翻译、三审三校和全文专业通读等环节，但难免存在疏漏和争议之处。我们真诚地把这本书献给读者，希望读者朋友们不吝赐教，给予指正和反馈，以增加这本书中文版本的可读性。

感谢人民邮电出版社引进和出版这本书，并将这本书的中文名确定为《NSCA–CPSS美国国家体能协会运动表现与科学训练师认证指南》，以使这本书更好地与NSCA推出的CPSS（运动表现与科学训练师）认证保持一致。感谢人民邮电出版社的编辑老师在出版过程中对这本书专业与细致的编校。在与编辑一轮又一轮的沟通和讨论过程中，让我深刻感受到了人民邮电出版社对待科学的态度。最后，感谢国家体育总局体育科学研究所的何卫博士和国家体育总局训练局的王雄博士共同参与本书的翻译与审校，与他们的每次合作都能给我带来新的认识和收获。

未来已来。希望这本书的中文版能够为国内训练科学与训练实践领域的专业人员、学生、老师，以及其他从业者全面、迅速地了解学科现状和前沿发展提供一条路径。借鉴他山之石，融合创新发展，不断追求我国训练科学与训练实践从跟跑、并跑到领跑的新跨越。

黎涌明

目录

对训练科学的思考

2019 年 9 月

迈克尔·H. 斯通（Michael H. Stone），博士

田纳西州约翰逊市

东田纳西州立大学

体育、运动、休闲和运动机能学系

过去和现在

尽管很多人可能会有这种错觉，但科学并不是一场辩论赛，不是场上表现最佳的一方就可以获胜。科学实际上是对真理和可行性的追求。而客观性是科学中应该受到高度重视的一种价值，它对科学实践和科学真理的发现有着极大的影响。

我从小就对生物学非常感兴趣，总是试图理解我所接触到的有关力量和爆发力训练及运动表现的所有知识。当我考上大学后，我不禁着迷于科学和工程学在影响人们生活的各个领域所做出的非凡贡献。多年来，竞技体育一直很受欢迎，并且发展成了一门大生意。我曾经甚至到现在仍然想知道人们为什么没有更加重视"竞技体育和科学"。

毫无疑问，竞技体育是我们生活中最重要的方面之一。例如：傍晚 6 点，我们打开电视可以看到"新闻、天气和竞技体育"；有些杂志的内容完全就是某项或多项体育运动的信息，报纸和新闻网站设有竞技体育专区；每周有成千上万的人在电视上观看体育比赛或在现实中参加比赛。事实上，科技、医学/健康等方面有了巨大的进步，并且总体来说，客观性（科学）使生活舒适度得到提升。因此，有意识地融合竞技体育与科学应该是一个合理且合乎逻辑的目标。

在过去这些年里（大约从 1970 年至今），虽然训练科学和体能领域都取得了长足进步，但许多方面并没有真正改变。体能训练师的受教育程度仍然较低，他们未受到足够的重视。除少数情况外，他们的薪酬水平也过低。尽管一些学校和职业队正在招聘"科学训练师"和"竞技表现总监"（High-performance Director），但他们的价值被大大低估，甚至常常被忽视。遗憾的是，其中许多人都没有接受过真正的科学训练师所需的培训。NSCA 和其他志同道合的组织正在推进科学训练师的认证工作。希望这本书及这些工作将有助于促进竞技体育与科学的融合，并真正推动对科学训练师的教育。

未来

许多读者可能认为此部分内容太具哲学性质或太过深奥，但请试想一下：宇宙是如何运行的？或者宇宙可以如何运行？

第 2 个问题可能更难回答，因为它需要大量缜密的思考、创造力，甚至是想象力。我们需要采用假设/理论的方法，但是如果可以开始回答第 2 个问题，那么回答第 1 个问题就容易多了。

可能有人会在仔细思考第 2 个问题时琢磨：人类（以及训练科学）将朝什么方向发展？想象一下"星际迷航传送机"的诞生，该设备能够将人类（和其他动物）重新组合成比本体能力更强的新生命体。这个概念无疑是"新优生学"（人类进化的加速）的曙光。那不仅仅是传送机，还涉及基因操纵、人类与人工智能（Artificial Intelligence，AI）的交互/融合。无论你是否意识到，新优生学都已近在咫尺，它有利有弊。《阴阳魔界》（*Twilight Zone*）和《外星界限》（*Outer Limits*）中提出的各种伦理道德困境，确实表达了一种很好的科学未来主义。

想象一下，你们中的一些人可能会在不久的将来开始体验新的世界——一个可能有3个不同的人类群体的世界。第1个群体选择允许自然进化的过程发生：他们寿命较短，仍然遭受疾病折磨，但他们认为自己在道德上占据了上风。第2个群体能够操纵基因（CRISPR-Cas9、正交核糖体等）：他们寿命更长，疾病更少，跑得更快，跳得更高，能举起更大的重量，也更聪明。在第3个群体中，人类的智力和认知功能可以迁移到AI上：你的智力和认知功能可以一直存在，直到宇宙消亡；你的力量和速度可以达到人体所支持的极限，并且通过对基因和AI的操纵，你的智力可以极速提升。这对竞技体育和训练科学意味着什么？

第3个问题接踵而来："我们（你）来自哪里？"也许更重要的是"你来自哪里？"（想一下第2个问题）。想一想，你现在是谁以及"想要成为什么样的人"。想想面对未来这个更大的问题。

虽然我们在处理这些想法和问题时，一般会从宏观层面想象未来的情况，但现在请开始从微观层面去考虑它们。你们所有人都对训练科学和教练工作感兴趣并或多或少地参与其中，这些想法和问题对你的微观世界有何影响？创造一个更好的人？研究优生学？你是否已经尝试做一些这样的事情，例如进行训练、调整饮食习惯、改变表观遗传？那么，你应该如何把握分寸？新优生学会创造出超级运动员吗？这是新的机能增进辅助工具吗？——这些并不遥远。有些人将更深入地实现这些想法，而不仅仅是思考问题。的确，

如果几乎所有人都可以成为精英运动员（甚至更厉害），那么竞技体育有可能成为过去式——除非斯蒂芬·霍金（Stephen Hawking）是正确的。

另外，我们希望这些想法使人意识到"美丽新世界"出现的必然性：历史学得好的学生会注意到，在我们的历史和文化发展中，一些改变是由少数人推动甚至促成的。这些推动者通常具有同样的特征：大多数人才智超群，他们对自己有高标准、严要求，并期望其他人也同样如此（当其他人无法达到其预期标准时，他们常常会感到惊讶和沮丧）；他们都充满激情，强烈的情绪（包括沮丧和愤怒）驱使他们发挥自己的智慧。不过，他们也有缺点和怪癖。例如，艾萨克·牛顿（Isaac Newton）站在巨人的肩膀上，看不起他认为做不到自己能做到的事的那些人；他时常会情绪低落，脾气暴躁。这些"缺点"可能驱使他写出了《自然哲学的数学原理》（*Mathematical Principles of Natural Philosophy*）。路德维希·范·贝多芬（Ludwig van Beethoven）是维也纳古典乐派与浪漫主义乐派过渡时期的代表，他被形容是易怒的，并且抑郁症经常发作。他在一生中有很长时间处于失聪状态，但创作了《英雄交响曲》（*Eroica*）。

我认为很重要的是要记住，伏尔甘*（Vulcan）推动重要的科学、文化和历史变革以及思想演变的方法对于人类并不总是有用。卓越的才智、艺术天赋及推动变革的能力通常会被激情和强烈的情绪激发出来。这给我们带来了最后（目前）的思考：我们是否具有推动训练科学发展的激情和智慧？事实上，你需要思考的是，你可以成为什么样的人。

---

*译者注：罗马神话中的火与工匠之神，象征着经过千锤百炼之后获得的成功。

2019 年 9 月

威廉·J.克雷默（William J. Kraemer），博士

俄亥俄州哥伦布市
俄亥俄州立大学
人体科学系

首先，我很荣幸被邀请对训练科学的发展提出自己的看法。我知道，有很多人在这个术语和概念方面拥有更精彩的故事和更丰富的阅历，比如阿尔·韦尔梅伊（Al Vermeil）、鲍勃·沃德（Bob Ward）、吉恩·科尔曼（Gene Coleman）、特里（Terry）和简·托德（Jan Todd），还有与我同时代的其他同行。迈克尔·H.斯通博士也会对该领域的进展为你呈现另外一种图景。我们都与同时代的人共同经历过那些影响我们发展的重要事件。我在职业生涯中幸运地得到过多位贵人的眷顾，他们帮助我形成了对该领域的看法。我首先向无法在此前言中提到的许多人表示歉意，尤其是我的许多研究生，他们真正成就了我的事业。

要提供全面的见解供你了解训练科学的发展，这几乎是一项不可能完成的任务。希望这本书可以从多个方面就这个不断发展的领域提供一些见解。我承认自己的观点和经验存在局限性，但我会尝试表达一些想法。在我看来，起点各不相同的多条发展路线在不断迎接挑战的过程中相互融合、彼此促进，从而帮助运动员更好地理解一项运动的需求并提高成绩。

多年来，"训练科学"这个词本身就一直是一个悖论。从许多方面来说，这种情况仍然存在。赢得比赛是刻不容缓的，而科学发展很缓慢。在如今竞争激烈且有高额经济回报的竞技体育领域中，训练科学能提供许多教练员踏破铁鞋无觅处的所谓快速解决方案或灵丹妙药，并最终造出王

者吗？对我来说，训练科学就是要照顾好运动员，并为他们提供指导和工具，使他们能够安全地比赛并发挥潜能。20世纪70年代，针对青少年制订并实施适当的训练计划是一种流行的做法，而我曾经担任过初中、高中和大学级别的力量教练和橄榄球教练，因此早在这种做法普及之前就了解了其带来的好处。

在此简短的前言中未能详述的是，过去的体育教育为我们现在所说的训练科学提供了基础。很遗憾，今天的大多数课程中并没有这项内容。此类课程涵盖解剖学、生理学、化学、生物力学、运动技能学、运动生理学、运动心理学、体育历史和执教等方面的必要科学知识，为学生研究体育项目奠定了基础。这些学生中有许多人后来成为专项教练和体能训练师。遗憾的是，在大多数课程中，体育教育计划都缺少科学的严谨性。对我来说，严谨的体育教育和健康教育专业课使我能够从科学的角度了解竞技体育，并为日后的工作打下基础。这大体上就是本科级别的训练科学的基本构成要素。没有这样的科学，我就难以具备想明白人体功能的能力，以及理解运动可能对其产生怎样的影响。每天在实验室中学习与研究专业人士及团队合作是一个重要的因素，这使我除了成为一名运动员之外，还完成了大学的学业。实验室当时所采用的技术目前已过时，包括分解式最大摄氧量测试，使用霍尔丹（Haldane）气体分析仪的分析气袋，以及通过心电图分析心率。这些工作在我职业生涯的早期就教会了我数字和数据的重要性。在当今任何的科学训练计划中，这都是至关重要的。

奥林匹克运动会（以下简称奥运会）推动了训练理论的进一步发展和对成功运动员的研究，并促进了训练科学专家团队概念的萌芽。我的朋友兼大学橄榄球队队友史蒂文·弗莱克（Steven

Fleck）博士在1979年成为美国奥林匹克训练中心（Olympic Training Center，OTC）首批运动生理师中的一员。我从他的身上看到了奥运会对训练科学概念的早期影响。我也很幸运地受益于对竞技体育研究的基金资助。这再次证明了基金对于推动训练科学发展的重要性，它还可以帮助运动员更深入地了解他们所从事的项目。有幸与OTC的教练员学院合作，我再次亲身了解到科学教育为何如此重要，并且在任何训练科学项目中都占据至关重要的位置。我与宾夕法尼亚州立大学的弗拉基米尔·扎齐奥尔斯基（Vladimir Zatsiorsky）博士合作多年，讲授力量训练理论课，并合著了一本书，我们开玩笑说要让"东方遇上西方"。我通过许多例子意识到，对于提高运动表现来说，实现最佳训练效果需要完善但简单化的计划和原则。让我大开眼界的是，苏联和东欧国家如何看待竞技体育，以及科学家团队如何利用西方文献、高等物理学和高等数学来发展科技（例如电刺激、肌电图和生物力学分析），从而设计出训练分期理论。为这些工作提供支持和资金的部分原因是奥运会。训练科学是受益者，并且会不断发展。

医学这个词与竞技体育一词的联系愈加紧密，但从竞技体育医学来看，其他领域的科学价值与医学方面并没有直接关系。因此，美国运动医学会（American College of Sports Medicine，ACSM）于1969年出版了新期刊《竞技体育医学与科学》（*Medicine and Science in Sports*）。竞技体育医学已经扩展到运动防护和物理治疗等相关领域，队医和骨外科医生都有兴趣了解运动员的损伤预防和护理。历史会证明，运动防护师的预防类工作与体能训练师的目标可以很好地融合在一起。作为宾夕法尼亚州竞技体育医学中心的教授和研究主任，在霍华德·克努特根（Howard Knuttgen）博士的指导下，我看到了训练科学的发展方向。当时，

我们创立了宾夕法尼亚州的第1个训练科学计划，并于20世纪80年代末开始执行。我们发现，一些教练员和运动队希望了解的不仅仅是其在运动项目中的损伤和康复。在与该领域许多杰出医师和运动防护师合作的过程中，我看到了第1个培养计划中训练科学的样子，这样的训练科学大约20年后会在宾夕法尼亚州得以实现。但是，对我来说，训练科学的完整集成是在康涅狄格大学实现的，那里是我们10多年的"卡米洛特"*（Camelot）。杰里·马丁（Jerry Martin）是首席体能训练教练，卡尔·马雷什（Carl Maresh）博士是运动机能学系的主任，鲍勃·霍华德（Bob Howard）是首席运动防护师，杰夫·安德森（Jeff Anderson）博士是队医。这使训练计划和学术计划得以完全融合。但是，我想起了进化的另一个教训——如果不注意环境（这种情况下是指领导能力），进化的有机体就可能会彻底失败并消失。在俄亥俄州立大学，我吸取了这个教训，并在过去的5年内见证了训练科学计划的蓬勃发展，而我们的竞技体育助理总监米基·马罗蒂（Mickey Marotti）教练非常支持这项工作，并进一步促进了科学在竞技体育中的融合和应用。

在我看来，来自举重、力量举、健美和田径等力量型项目的数据证明了体能训练可以促进体能发展和提高运动表现。这些发现促使人们利用科学来更深入地了解运动员的培养和不同运动项目。对我而言，该领域为训练科学带来了进化"大爆炸"，它将所需的各种不同元素结合在一起。在多元素的深度融合下，"训练科学"这颗行星得以诞生。埃普利于1978年创立的NSCA正是这一发展的体现。NSCA的成立激发了体能训练师对运动项目和体能发展科学的兴趣。我与埃普利及其长

---

*译者注：英国传说中亚瑟王的宫殿所在之地。

期助手迈克·阿瑟（Mike Arthur）有过多次交流，我从一开始就了解到计划和组织如何影响运动员和其他训练实践人员*。这就是训练科学的起源。NSCA积极强调教育，肯·孔托尔（Ken Kontor）意识到了它的重要性，并安排由汤姆·贝希勒（Tom Baechle）博士负责NSCA的认证工作，以及通过NSCA的两本主要期刊推动科学研究，这两本期刊分别是1978年创办的《体能期刊》（Strength and Conditioning Journal）（前身称为《NSCA期刊》）和1987年创办的《体能研究期刊》（Journal of Strength and Conditioning Research，JSCR）。这两本期刊专门刊发体能训练应用相关的研究。我有幸与这两本期刊合作过，特别是《体能研究期刊》，我在那里担任了30年的主编。这使我得以了解与训练科学有关的应用研究在全球的发展和需求情况。

所有这些研究都伴随着一个事实，即经费是发展的引擎。经费对于包括训练科学在内的所有科学的一切进步都至关重要。政府拨款通常与理解和促进健康、抗击和治疗疾病紧密相连。因此，竞技体育、运动员训练和运动表现相关的研究只能依靠其他经费来源，或者被合并到卫生健康领域。虽然一些国家设立了竞技体育研究的专项经费，但在大多数国家，竞技体育并不是一个典型的资助领域。在与我的朋友兼同事凯约·哈基宁（Keijo Häkkinen）在芬兰的于韦斯屈莱大学合作时，我就明白了这一点。在芬兰，竞技体育研究多年来一直受多个政府部门资助，但后来研究的重点逐渐转移到健康相关方面。对抗阻训练的热情驱使

我们创造性地利用所获得的研究经费。我们研究的抗阻训练涉及健康相关问题，但与竞技体育也有关联。通过与我以前指导的博士后、来自澳大利亚的罗伯特·牛顿（Robert Newton）的合作，我了解到在此过程中开展全球范围的合作对于全球范围内研究发展的重要性。对于许多科研人员来说，年轻时的运动员经历让他们有了这种激情，或者像某些人所说的那样，这是一种爱好。这样的例子比比皆是。因此，他们开展的训练科学研究项目都与他们所受的科学训练和研究领域有关。然后，他们需要寻找内部经费来完成研究。奥林匹克委员会和各种企业再次在资助训练科学研究方面发挥了重要作用，因为训练科学涉及营养、材料、服装或设备。

最终，科技的快速发展使本来需要整栋楼大小的计算机来支持的技术现在可以使用手机或笔记本计算机来实现。美国和世界各地的企业在通信、计算机、微电路、软件、生物学和生物工程学方面不断取得进步，所有这些都在推动训练科学各个方面的发展。距离人类第1次登月已过去50年，美国对太空计划的资助加速了科技的进步，这些研究项目涉及包括训练科学在内的所有科学领域，从材料到计算机，再到软件和生物学。宾夕法尼亚州立细胞研究中心由美国国家航空航天局（National Aeronautics and Space Administration，NASA）资助进行太空商业开发，在该中心担任副主任的经历让我了解到NASA的历史。在参与了3次执行实验的航天飞机任务之后，我近距离看清了"解决问题"的含义。人们赞叹20世纪60年代末将人类送上月球的成就，并意识到需要成千上万的专业人士和企业各自致力于不同的细节才可以共同实现更大的目标。将土星5号运载火箭组装起来本身就是一项在技术上极度复杂的成就。这代表着一种模型，反映出我对于在训练科学领域发展

---

*译者注：全书对"训练实践人员"的描述本身存在不统一，有时是指在运动队工作的教练员和科研人员，有时指在运动队工作的科研人员，但前者居多。在前者的情况下，训练实践人员包括教练员和科研人员，本书统一将运动队的科研人员定义为"科学训练师"，其包括体能训练师、营养师、生理师、心理师、物理治疗师、运动表现分析师等。

中所面临挑战的看法：在训练科学中，人们需要进行团队合作和循证实践。

美国空军医生肯·库珀（Ken Cooper）博士在20世纪60年代发表了他针对心血管危险标志物的有氧运动研究结果后，军事研究项目对军人的健康产生了兴趣。到了20世纪80年代，人们意识到军人是一种在体能训练世界中成长起来的运动员。"军人体能（Soldier Fitness）"（和运动表现）成为一个新创造的术语。我曾经作为美国陆军上尉被派驻到美国陆军环境医学研究所，在詹姆斯·沃格尔（James Vogel）博士和约翰·巴顿（John Patton）博士富有远见的指导下，我了解到以军事任务中的军人为重点对象的研究与以运动员为对象的训练科学研究非常相似。在我进入这个领域后的前4年中，我利用前期在训练科学领域的经验来研究男性和女性军人。我为美国国防部开展的后续研究也沿用了这个思路。这些研究包括根据不同军种的特种作战军人的要求来评估女性的健康和训练状况。每个人对我来说都是一个模型，这体现出循证实践的重要性，并再次证明了需要由科学家和专业人员组成团队才能完成此类工作。尽管《点球成金》（Moneyball）的小说和电影让公众了解到数学和建模的作用，但我们要研究的不仅仅是指标。要让数字变得有意义，就需要考虑应用情境并验证其效度，这样预测模型才能发挥作用。

我还是懵懂少年的时候就不知不觉地进入了体育领域。我小时候想成为一名优秀的橄榄球运动员，结果发现我的偶像，由文斯·隆巴尔迪（Vince Lombardi）教练带领的绿湾包装工队中的球星吉米·泰勒（Jimmy Taylor）在练习举重。从此，我的故事就像其他许多人一样开始了。我请父亲带我去西尔斯百货公司购买了一副杠铃片。从那时起，我着迷，甚至可以说是沉迷于所有与身体如何运作有关的问题。我的另外两位绿湾包装工队偶像杰里·克雷默（Jerry Kramer）和巴特·斯塔尔（Bart Starr）从隆巴尔迪教练那里发现，追求完美是永无止境的，并希望在这一过程中取得卓越成就，而这与我对训练科学发展的看法是一致的。

推荐读物

Amonette, WE, English, KL, and Kraemer, WJ. *Evidence-Based Practice in Exercise Science: The Six-Step Approach*. Champaign, IL: Human Kinetics, 2016.

Shurley, JP, Todd, J, and Todd, T. *Strength Coaching in America: A History of the Innovation That Transformed Sports*. Austin, TX: University of Texas Press, 2019.

序言

这本书具有非常明确的创作目标：介绍有关训练科学和科学训练师角色前沿的、全面的信息。在竞技体育领域，科学的应用变得越来越普遍。确实，不仅大学和学术机构从科学角度去研究竞技体育，在当今体育界，职业运动队、竞技体育组织和私人训练公司都在拥抱基于科学原理的训练方法和基于严格实证的训练流程。这本书的内容由训练科学领域中全球知名的专家撰写，内容涵盖了科学训练师应掌握的知识和技能，包括对训练理论的理解和需求分析、运动员的监控和评估、数据管理和分析，以及教育与交流信息等。在应用情境中与运动员合作的训练科学实践人员，希望更广泛、更深入地理解训练科学知识的个人，以及旨在探索其技术专长如何为运动员和体育组织带来潜在利益的学者、研究人员和其他相关从业者，均可以从这本书中获益。本书针对训练科学的应用和科学训练师的角色进行了全面的阐述（本书数据截至英文版成稿之时）。

训练科学的基础

科学是对逻辑方法的追求，旨在发现事物在自然宇宙中的运作方式。在这个过程中，运用系统的探究方法使我们能够产生知识、可检验的解释和理解。因此，训练科学（Sport Science）是以人体运动表现、训练和比赛为对象，运用科学方法探究竞技体育项目的一门学科。运动科学（Exercise Science）主要将包括竞技体育在内的人体运动作为研究中的自变量，研究和更好地理解与人体生理学、心理学或生物力学（或多种组合）有关的特定适应。与运动科学不同，训练科学旨在追求对人体功能性能力的适应，以实现在竞技比赛中的最佳发挥。训练科学将数据转换为有价值的信息，用于支撑决策和影响运动表现。尽管差异细微，但运动科学和训练科学确实不同。虽然了解不同运动应激源、刺激和干预下人体的生理学反应（即运动过程中承受的生理应激和随后对此应激的适应）是非常重要的，但训练科学的根本目标是最大限度地开发运动员的表现潜能，以提高其赢得比赛的概率[2]。因此，训练科学涉及使用科学的探究方法来产生和收集信息，以支撑有助于赢得比赛的更好决策。

将科学运用于运动训练和比赛中，并对运动表现产生积极影响是非常有可能的。作为一个总称，训练科学是一个多学科融合产生的概念，它源于生理学、生物化学、生物力学、营养学和运动技能学。同时，训练科学也涉及统计学，以及数据科学和科技管理等更为广泛的领域。以交叉学科的方式整合各个技术学科，科学训练师就有可能使用集成方法来解决运动训练和比赛中许多与运动表现有关的问题（例如训练负荷管理、运动表现不佳、能量代谢和能源物质，或赛后恢复）。通过对与运动表现有关的具体问题提出假设，科学训练师可以在运动场或在受控的实验室环境中开展科学探究，从而得出可用于调整训练方法或比赛策略的具体结论。训练科学试图研究不同心理、生理系统的相互作用如何提高人在体育竞赛中的运动表现，以及如何调整不同的训练模型来优化这种系统的相互作用。

科学方法论的应用

Science（科学）一词源自拉丁语scientia，意为知识。知识的获取途径是科学探究，而不是假设、理论、公认的实践或主观意见[3]。可悲的是，伪科学在运动表现界盛行，人们经常提出貌似科学的主张，但几乎没有提供证据来支持这些主张，或者所提供的证据通常会被误解或故意带有偏向性。也许每个人都可以回想起教练员实施的某项训练或指示，并且当教练员被问到采取相关做法的原因时，他们几乎拿不出任何支持证据。竞技体育界确实普遍存在对传闻证据的过分依赖现象，缺乏怀疑和批判性思维。当数据不支持根深蒂固的传统和普遍持有的信念时，这些数据往往会被忽略，即使在最高水平的运动队中也是如此。因此，整个竞技体育界坚持使用科学的研究和学习方法至关重要，这样人们可以获得准确的理解和知识，然后利用这些知识来完善有影响力的决策，影响更有效的训练方法，并制订有助于改善运动员身心健康状况和运动表现的比赛策略。

训练科学方法论的基础是科学探究的指导原则，即实证主义、理性主义和怀疑主义。

- 实证主义是一种科学哲学，它强调证据的利用，尤其是通过实验发现的证据，并建议所有假设和理论都必须对照自然界的观察结果进行检验，而不是仅仅依靠先验推理（即无须经验或数据就可以知道的结果）、直觉或意外发现。
- 作为实证主义的补充，理性主义所代表的方法并不是通过感官来判断事实标准，而是采用理智和演绎的方式。理性主义的理论认为知识确定性的基础是理性，而不是经验。
- 怀疑主义是对知识确定性的可能性提出疑问的哲学思想流派。怀疑思想意识可以归结为由于证据不足而中止判断。

无论其技术背景或在运动表现支撑团队（Performance Support Team，PST）中的职责如何，科学训练师与教练员和其他PST成员的主要区别是他们自身的专业能力，以及他们对科学探究方法的追求和通过客观性和数据洞察力来获得准确知识和理解的意愿。理解运动表现的复杂需求，开展循证研究，回答问题，解决与竞技体育相关的问题，或开发新的和创造性的操作方法，这种科学方法可以简单地表示如下。

观察 → 定义（提出问题）→ 假设（创建理论）→ 实验（验证或质疑）→ 分析 → 解释（得出结论）→ 实施（行动）

在竞技体育界，科学训练师也许比其他任何人都更积极地运用科学方法的基本原理来得出关于客观与主观、正确与不正确，以及表现干预的有效或冗余程度的结论和理论。在最基本的层面上，科学训练师使用分析策略（即系统方法）来区分"信号与噪声"；也就是说，他们分辨出有价值和有效的知识，过滤掉无用和低效的信息。收集知识并将其应用于运动表现方面的一般过程非常广泛，这在很大程度上取决于科学训练师涉足的多个运动项目、采用的策略和技能、所使用的身体和心理训练方法，以及他们影响训练和比赛各个方面的能力[3]。科学训练师会进行批判性思考，目的是研究与运动表现有关的概念，并将这些研究的结果传达给运动员和教练员，以便运动员和教练员可以利用这些结果做出更明智的决策（见图1）。

应用训练科学的发展

与许多其他学科一样，训练科学最初是大学和教学机构中的一个学术领域，研究人员和教职人员研究与运动、竞技体育或其他人体表现领域有关的特定方面。刚开始时，科学训练师最普遍

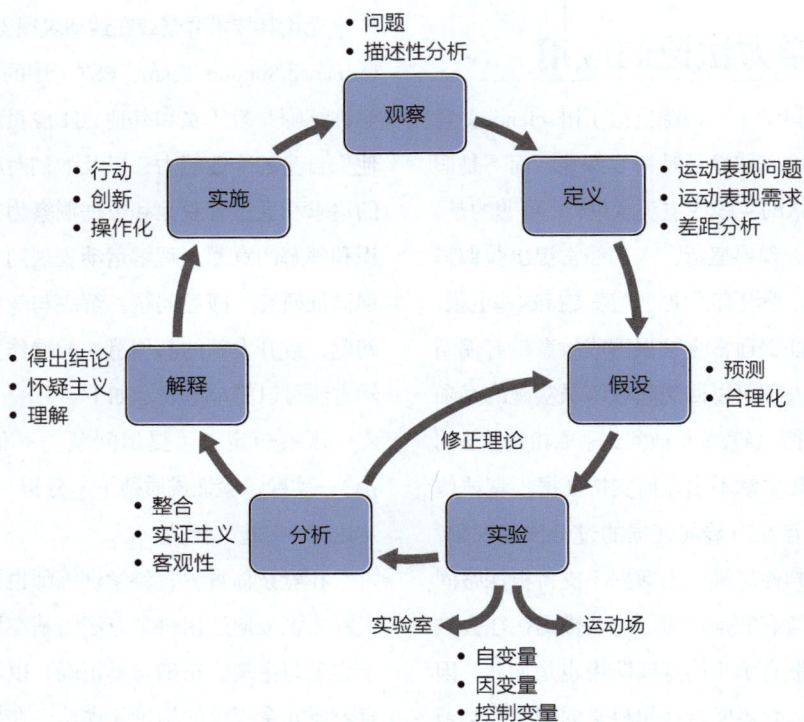

图1　科学训练师的科学方法论循环

的做法是进行"基础研究"，其主要目的是将研究结果发表在同行评审的期刊上或在学术大会上向同行介绍研究结果（或两者兼有）[2]。这种传统做法提供的结果和结论可能与应用情境有关，但多数情况下，它们对体育比赛的适用性很弱。后来，这些在学术机构工作的职业科研工作者开始为竞技体育的教练员提供服务，以试图认识运动项目，并研究让运动员获得比赛优势的方法。一些早期的训练科学研究项目确实影响了当今竞技体育舞台上的训练科学方法。例如，第二次世界大战后不久，迪堡大学的学者专注于记录大学篮球和橄榄球比赛中的运动模式[5-6]。细想之下，这项开创性研究可以被认为是当今许多更为复杂的时间-运动分析的前身，这些分析对运动员以不同速度走路、慢跑、奔跑或冲刺所花费的时间进行分类和编码。如今，此类分析已在全球范围

内广泛用于运动员做功负荷的管理，或者在职业体育项目中用作受伤风险增加的标志。

随着技术知识和专业领域的发展，理论和概念的交流变得更加普遍，甚至人力资源、管理、医学和供应链物流领域也使用科学方法来提高其工作效率，体育竞赛同样如此。大约从2010年开始，越来越多的竞技体育组织意识到科学的专业知识和数据分析具有重要的价值。的确，与以往相比，越来越多的竞技体育组织认识到应用情境中科学方法的价值。它可以成为影响个人（即运动员或员工）和组织表现的一种手段。因此，训练科学已经从学者和大学教师的研究目标发展成为一种在所有竞技体育环境中进行调查和探究的方法。如今，训练科学的方法已在最高水平的职业比赛和奥运会中使用，可直接影响运动表现，并帮助训练实践人员在正确的时间和环境中对正确

的个体使用最佳的可用证据，从而帮助运动员发挥出最佳水平[1]。

循证知识与实践证据

训练科学的核心内容是开发系统性分析架构来提升运动表现。这个过程包括数据收集和分析，且旨在推动相关信息的交流[8]。科学的思考和研究方法（例如观察和描述、对照试验、文献综述）可以作为这样一种框架，以产生知识，进而影响决策。第一种方法是循证知识（Evidence-based Knowledge，EBK）法，即通过科学研究和调查产生信息，使从业人员可以客观归纳出使用某些方法和途径的合理原因。在实践中，EBK表示战略性决策已获得清晰的支持信息、论据和客观数据，其在很大程度上被认为是决策方法的黄金标准。

但是，相比之下，在实践应用中，科学训练师经常会接触到实践证据（Practice-based Evidence，PBE）。某些情况和情境不像传统情况（即实验室和对照研究）那么可控或结构化。PBE法通常是指在模式和特征出现时如实地进行记录和测量。PBE主要代表一个过程：描述或追踪某些表现动态，然后对情境响应做出反应，在此过程中，对反应方式的控制较少[7]。以职业体育运动队在整个赛季中参加比赛为例，科学训练师几乎没有机会进行结构化研究，无法像在实验室中那样安排对照组、进行交叉设计，或者使用其他公认的科学方法来单独探究自变量的影响。在日常训练和比赛活动中，收集和分析PBE通常可以有效地观察运动员运动表现的退步或进步，了解其因训练策略改变而产生的适应，或者评估运动员身心健康状况和运动表现的纵向变化。

科学训练师必须认识到EBK和PBE的价值，以及它们各自如何提供有价值的见解和信息。为了创建EBK，科学训练师应提出假设，然后通过结构化调查来验证和质疑这些假设。对于PBE来说，这种做法有一定难度，而且并非总是以明确定义且需要回答的问题（即假设）开始。此外，科学训练师有时会从现有实践中收集信息，然后尝试使用这些信息进行回溯推理（例如损伤评估、训练负荷监控）。EBK和PBE的概念也许代表着应用训练科学与竞技体育执教方法的现代结合。确实，执教方法的创新和进步通常要先于科学理论的出现（即在尚未有大量证据支持或反对之前，教练员就会使用特定训练来影响运动员的运动表现）。这些执教方法的发展是所有运动项目发展的基础。教练员对新技术的反复试验是促进比赛和训练理念发展的关键因素。科学训练师应该接受PBE，而不要因为它有悖于传统的科学方法就拒绝使用。同时，科学训练师应该认识到，训练科学必须设法通过实施科学原则来为实践提供知识，因此，应该同时遵循EBK原则，即坚持科学调查和批判性思维原则（见图2[4]）。

交叉学科方法

成功运用训练科学，或者说在竞技体育领域开展科学研究工作的核心是认识到协作、团队凝聚和技术整合是基础。科学研究不能妨碍运动表现，而是必须对其有所促进。科学研究必须加快决策速度，而不是由于烦琐的程序和方法而减慢决策速度。科学训练师还必须愿意在横向上与所有其他PST成员合作，在纵向上与上位的专项教练合作。因此，科学训练师必须从3个主要层面观察训练科学合作：向主教练和其他技术教练提供服务和支撑；向运动员提供支撑；融入多学科的PST，并与其他PST成员合作。

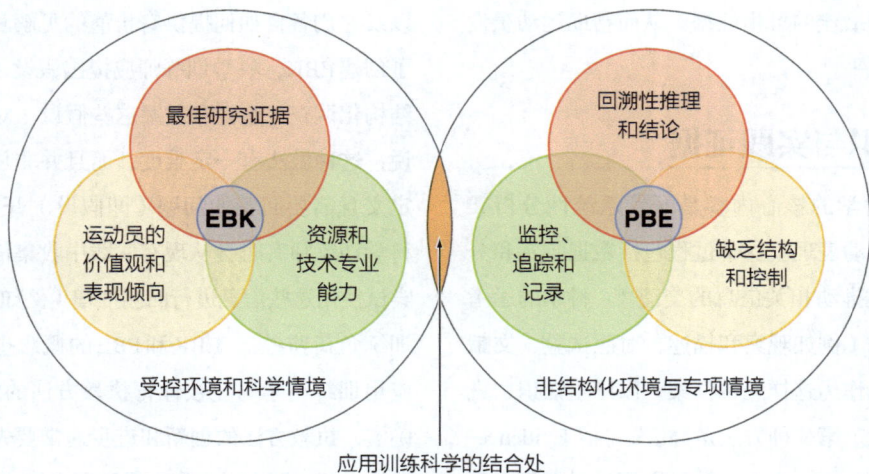

应用训练科学的结合处

图2　应用训练科学的界面

向主教练和其他技术教练提供服务和支撑

合作一开始，科学训练师就必须准确地理解自己在支持技术教练方面的角色。如果认为训练科学专业知识可以取代主教练的决定和观点就未免太过天真了，即使有时候主教练的决定在很大程度上是主观的、基于传闻证据的，或者与已知的科学发现相冲突的。科学训练师应该花时间以无威胁性的补充方式将科学方法和见解嵌入训练，以使技术教练重视自己提供的信息。主教练和其他教练经常要做一些复杂的决策，这些决策既包括常规的流程性决策（例如训练课的时长、比赛策略、差旅后勤），也包括频率较低的关键战略性决策（例如团队选拔、器材开发）。科学训练师拥有支持这些复杂决策过程的技能，他们了解提供证据、效果或原理的方法。教练员可以根据科学训练师所提供的信息来制订自己的战略方法。科学训练师与教练员建立的任何关系都必须基于信任，以及解决教练员提出的具体问题，并迅速提供易于理解的结果和准确信息的能力。

向运动员提供支撑

科学训练师在工作中必须建立以运动员为中心的方法，使科学努力和研究方法与每个运动员的具体需求相匹配。相较于与主教练或其他技术教练的工作关系，科学训练师与运动员的工作关系往往有非常大的区别。但是，如果科学训练师想充分利用自身的影响力，那么构建信任和开放的沟通渠道仍然是基本要求。在竞技体育的整个结构中，运动员是最重要的"资产"，因此科学训练师必须坚定立场：所有工作都是为了支撑运动员充分发挥自身的天赋和潜能。科学训练师对运动员进行教育，使他们了解为什么要采用科学的研究方法，能够放松地讨论和评估个人表现数据，并让他们相信数据将得到准确和公正的处理，这些对促进正在进行的训练和运动表现干预至关重要。

融入多学科的PST，并与其他PST成员合作

最后，科学训练师必须采用交叉学科的方法与其他PST成员合作。通过与所有PST成员的横

向合作，科学训练师可以将其技能应用于监控和评估、数据分析，以及数据报告和可视化工作，这样做可以使多个技术领域受益。通常，科学训练师的职责是与其他技术学科的人员一起确定并定义运动表现问题（即研究问题），然后提出科学方法，使用科学调查的原则来创建运动表现的解决方案（即得出结论）。如前文所强调，科学训练师的技能和特点对其他技术学科的人员具有极大的益处和价值，因为后者并未掌握同样的专业技能去使用复杂技术、管理数据、分析数据，并形成有关运动表现干预效果的结论。

科学训练师的职业能力素质

如果说训练科学是以人体表现、训练和比赛为研究对象，运用科学方法来研究运动项目，那么科学训练师主要是通过运用科学方法来最大限度地发挥运动员的表现潜力。从根本上说，科学训练师致力于收集和解释信息，使其最终成为知识，以支持教练员做出更好的决策。科学训练师角色的演变反映了竞技体育团队中的通才（例如技术教练、体能训练师）逐步成长为专家的过程，他们在运动项目或技术应用方面（例如生理学、生物力学、数据科学等）的不同专业知识和经验有助于增进其对训练科学的理解。因此，科学训练师的主要职责是获取复杂的数据和应用研究的结果，并通过影响战略、战术、器材设计、再生、康复和后勤工作，将这些数据和结果转化为在比赛中的优势。

随着训练科学领域的不断发展，其已成为获得更广泛认可的运动表现学科（即在学术环境之外），科学训练师也越来越常见。但是，训练科学的内容以及科学训练师的工作仍然需要被了解。职业科学训练师的职位在不断增加，对当前此行业趋势的研究表明，竞技体育组织明显正在寻求两种

主要候选人。第一种候选人具有特定领域，如生理学、生物力学、数据处理或分析、追踪系统和技术管理等专业知识。通常，竞技体育组织的意图是更好地理解训练负荷管理、运动表现基准测试、恢复和再生等概念，或者旅行和睡眠卫生之类的因素。所有这些领域都对运动员能否上场或发掘出最佳表现潜能（或两者兼有）具有至关重要的影响。因此，竞技体育组织一直在招募人员对此进行科学的研究和监控。第二种候选人是能够整合多个学科知识的引导师，这要求科学训练师对人体表现有全面的了解。由于身处科技时代，并且如今的竞技体育环境常常出现数据海啸，因此竞技体育组织往往需要科学训练师来管理大量数据（即以数据科学为重点）。的确，在许多竞技体育场合，竞技体育组织并没有在每个技术学科中都安排一个有能力高效处理科技信息（并管理数据分析工作）的人员。因此，这些任务通常落在科学训练师身上。

通过采用多学科理念，无论是在学术上还是在应用情境中，人们都可以将训练科学纳入任何竞技体育组织的基础架构，并且可以开发出能够直接影响运动表现的科学研究方法。与科学训练师接触或招募他们的关键原因是竞技体育组织需要雇用这样的人员，以利用其专业能力和技术技能来满足特定要求并填补运动表现知识和理解之间的沟壑。因此，科学训练师不仅应该能够收集、分析、解释数据和沟通有关数据的信息，还应该能够采用整体方法来管理与综合来自所有技术学科的信息。

小结

为了完全实现职业应有的意义和价值，科学训练师必须进行假设推理；运用实证主义、理性主义和怀疑主义的科学原则；在许多情况下增强

统计和分析数据，以及报告数据和使数据可视化的能力（但不作为一般规则）；并具备运动专项的专业知识。

同样重要的是该角色的行为特征和个人素质，例如沟通技巧和促进交叉学科的方法并作为团队的一分子进行工作的职业道德。有时，科学训练师必须充当不同学科知识的整合者，该角色要与组织内不同部门的人员（例如管理层或办事处人员、医疗人员或健康部人员、教练、分析人员）沟通，因此，具备对其他技术教练和PST成员的同理心也是至关重要的。这本书的目的是全面概述现代科学训练师有效工作所需的技术专长、技能和知识。

致谢

这本书是《NSCA-CPSS美国国家体能协会运动表现与科学训练师认证指南》的第一版，这本书的出版是应用训练科学领域的开创性事件。这本书定义了当代科学训练师在不同专业领域中所扮演的角色，并对"科学训练师"这一角色的职责及所需专业知识进行了全面的介绍。这本书的出版离不开许多人的无私奉献。最重要的是，我们要感谢这本书的所有撰稿人，他们提供了各章节内容，分享了专业知识并奉献出了宝贵的时间来阐述迄今为止十分全面的训练科学知识。我们真诚地感谢各位撰稿人相信我们对这本书的愿景，并认可有必要为全球训练科学界提供这样的资源。我们也非常感谢各位撰稿人愿意公开分享自己的专业知识和智慧。

这本书离不开Human Kinetics出版社的罗杰·厄尔（Roger Earle）的指导。罗杰，您为本项目带来的精力和热情一直是我们身后的推动力量，对于您在整个过程中为我们提供的支持，我们深表感谢。另外，我们要感谢Human Kinetics出版社的策划编辑劳拉·普利亚姆（Laura Pulliam）和总编辑米兰达·K.鲍尔（Miranda K. Baur）在整个文章编修和图形设计过程中所提供的支持。我们感谢NSCA同意我们担任这本书的主编，并相信我们能够实现你们对于这本书的愿景。我们希望这本书能成为与其他教科书同样重要的学习资源。感谢NSCA的基思·西内亚（Keith Cinea）在这个项目的早期阶段提供的行政支持，感谢埃里克·麦克曼（Eric McMahon）带来的大力支持，并在整个NSCA教练社区中推广本资源。我们要感谢NSCA前主席格雷格·哈夫（Greg Haff）博士，您的大胆创意是扩大NSCA训练科学愿景的最初催化剂；

如果您没有致力于挖掘这种类型的资源需求，我们就不会有目前的成果。我们还要感谢NSCA现任主席特拉维斯·特里普利特（Travis Triplett）和NSCA董事会，你们用行动落实了哈夫博士最初提出的愿景。最后，我们要感谢所有从事训练科学的同事和世界各地的朋友。训练科学和体能训练面向的是非常特殊的专业群体，我们很荣幸能为你们提供服务，我们希望所提供的内容对于你们是有价值的，可以支持你们为全球运动员、教练员和运动队所做的一切出色工作。

邓肯·N. 弗伦奇，博士，CSCS*D

我总是说："我们的工作不属于体育行业，我们的工作属于人文行业。"在编写这本开创性教科书的过程中，我对这句话产生了更强的共鸣，并且我很荣幸能参与其编写工作。体育比赛和追求最佳运动表现对我来说是非常有意义的事业。无论是作为科学训练师、教练员，还是现在作为运动表现总监，面对竞技体育持续给我带来的机会，我深感责任重大。体育比赛是我一生中参与过的最振奋人心的活动之一，但正是我在体育比赛中遇到的人和经历才使其如此振奋人心。

我要感谢多年来有幸为他们提供过服务的所有运动员和教练员。我非常感谢你们对我的信任，让我有机会为你们的成功付出绵薄之力。在专业方面，对我产生最大影响，并且对我的信念和理念的发展起决定性作用的人正是训练科学的先驱，NSCA的创始人之一威廉·J.克雷默博士。时至今日，我仍然非常重视您的教诲和指导。感谢世界各地竞技体育组织中与我合作过的所有同事，感谢你们的情谊，以及为激励我尽力做到最好而向我提出的挑战。

感谢我的合作编者、我的"同谋"兼挚友，洛雷娜·托雷斯·龙达博士。从最初的构想到今天为全世界训练科学界提供这么棒的资源，虽然这是一项艰巨的任务，但我想不出有任何其他人更适合与我一起完成这个项目。您拥有的训练科学专业知识真正达到了世界一流水平，这对于整个项目是至关重要的，并且您对创作一本特殊教科书的执着和渴求从未动摇。最重要的是，作为我的合作编者和队友，您一直友善且热情地支持我。您与我风雨同舟，并始终提供支持和理性的意见。在这个项目上与您合作这么长时间，我知道我结交了一个可以相伴一生的同事和挚友。

这本书能够完成也离不开我的家人对我坚定的爱和支持。爸爸妈妈，在我小的时候，你们开车带我到全国各地参加各种体育比赛和竞技体育活动。你们对我的事业发展起到了非常重要的作用，因为你们为我提供了一切可能的机会并在我心中播下了热爱竞技体育、体育比赛和人体表现的种子。感谢我的兄弟斯图尔特（Stuart），当我们在后花园里打拳击或踢足球时，你一直是我的陪练伙伴，你总是让生活变得有趣而轻松。我亲爱的妻子凯蒂（Katie），你永远都不会怀疑我，并且不断带给我灵感和动力。为了让我追求自己的激情，献身于自己的专业及所热爱的竞技体育、训练科学和执教事业，你做出了巨大牺牲。当我在工作和学习中精疲力竭时，你总能让我坚持下去，并把爱和笑声带入我的生活。我也感谢你为我们的家庭所做的一切。感谢阿尔菲（Alfie）和弗朗基（Frankie），我很抱歉，爸爸晚上总是不停地敲键盘，而没有和你们一起玩游戏。现在这本书已经完成，我保证会与你们一起跑跑跳跳、追逐、举重、摔跤、翻滚、踢球和投球。

洛雷娜·托雷斯·龙达，博士

与其他任何头衔一样，"科学训练师"这个头衔也无法使你成为一个重要的人。但它要求你运用自己的价值观、原则、知识及经验，是这些因素真正塑造了你的角色。最重要的是，你对他人的影响使你能够占据最佳位置，以在自己的环境中应用训练科学。"你不是让人去适应职位，而是要找到最厉害的人，并为他们找到合适的职位。"史蒂夫·乔布斯（Steve Jobs）这样说。头衔不会产生结果，但人可以。

我要感谢所有相信我的同事、教练员和运动员，我很荣幸能与你们合作、为你们服务。我要特别感谢葆拉·马蒂·赞布拉索（Paula Marti Zambrazo）、奥纳·卡博内尔（Ona Carbonell），以及巴塞罗那篮球俱乐部的所有教练员和球员。我们赢下了所竞争的一切，并且我们很享受这个过程！我还要特别感谢RC·比福德（RC Buford）和肖恩·马克斯（Sean Marks），以及圣安东尼奥马刺队及其球员和教练员，你们让我有机会在世界一流的美国职业篮球联赛（National Basketball Association，NBA）球队中工作。如果你们不信任我，我就不会成为一支NBA球队的运动表现总监。最后，同样重要的是，感谢世界各地的所有同事和朋友与我一起度过快乐时光，并在我遇到困难时给予我支持，你们知道我说的是谁。

我还想感谢曾经和现在对我提出挑战的人和机构。你们既不相信我也不支持我，但你们可能不知道的是，你们使我变得更坚强，并因此而变得更优秀。如果没有那些富有挑战性的人、时刻和经历，我不会成为今天这样的专业人士。

谢谢你，邓肯·N.弗伦奇博士。言语无法形容我有多么感激在这趟旅途中有你这位旅伴。这本书的读者应该知道，这本书的高质量在很大程度上归功于邓肯投入的大量精力。我也非常荣幸能成为你的合作编者与合作伙伴。你最初是我在本项目中的合作伙伴，现在我可以肯定地说，你是我一生的朋友。

感谢我在西班牙时的女朋友们，谢谢你们如此贴心，还有其他一切。还要感谢我的家人，我要将这本书献给我的家人。妈妈，谢谢你一直在我身边。我在15岁那年离开您去追求体育梦想，您一直都支持我，用您的智慧和无条件的爱来引导我。还有我的妹妹安杰拉（Angela），感谢你成为我最好的朋友，以及在我迷失时成为指引我的声音。

第 1 部分

训练理论与过程

第1章

运动表现维度

尼克·温克尔曼（Nick Winkelman），博士；
达西·诺曼（Darcy Norman），PT

阿尔伯特·爱因斯坦（Albert Einstein）有一句名言："我们无法用提出问题时的思维去解决问题。"换句话说，如果有人面临通过思考而产生的问题，那么他们需要改变思路才可以解决问题或在将来避免这个问题。为此，人们必须选择一种机制去更新自己或他人的思路；否则，他们注定要一遍又一遍地面对同样的问题。

为什么竞技体育需要科学家

与选择使用什么机制无关，有一点可以明确：竞技体育的发展需要由信息推动。在这里，信息被定义为可降低某事或某人的不确定性的已知事实。因此，某种事实成为信息的前提是必须具有改变思维和决策的可能性。尽管这听起来很简单，但持续获取高质量信息并不是那么容易。

提高思维水平所需的信息必须在某种程度上是可测量的。假定它是可测量的，无论是通过定性还是定量手段，都会有一种测量它的方法。如果存在这种方法，那么人们就必须利用这些原始信息，并对其进行分析、可视化和解释，从而再次完善那些有意影响人们的思维方式。

从历史的角度讲，保持信息流持续更新的能力是一种现代理念。在计算机、高速互联网、智能设备和传感器技术出现之前，人们快速获取并整合新信息（超出他们自己的观察范围）的能力非常有限。但是，随着世界进入21世纪，科技进步及其所能提供的信息似乎不会受到任何限制。这种现实迫使每个行业都必须适应——要么获得正确的科技、员工和技能，要么消亡。

尽管商业、医药和交通运输等行业随着时代的发展变化很快，但竞技体育后来也跟上了这个潮流。例如，过去，如果竞技体育运动队想要加深对运动员生理学的了解，就必须求助于大学教授和生理学家。这导致运动员必须缺席一天的训练，去实验室完成一系列旨在评估关键身体素质的测试。尽管许多运动队选择使用这些服务，但是受制于规模、速度和成本，这种频率较低且不实用的信息收集手段对于希望就训练干预如何影响运动员进步获得实时反馈的运动队来说用处不大。

这种情况催生了许多新企业来填补信息缺口，它们创造出了把"实验室""装"在运动员身上的技术。世纪之交，可测量速度、力量、爆发力、姿势、准备状态、心率、水合状态和睡眠的可穿戴设备或便携式设备出现了。随着时间的推移，新技术不断涌现，现有技术不断改进，并且有更多数据产生（见第7章）。尽管获取有关运动表现关键特征的实时信息这个前景对竞技体育组织极具吸引力，但它确实带来了挑战：找人来评估该技术，学习如何使用它，以及收集、分析、可视化和解释它产生的数据。再考虑到其中涉及的技术不止一种，因此竞技体育组织对具备不同技术技能的专业人士的需求倍增。

竞技体育组织意识到这一点后，便开始寄希望于高水平运动表现小组（High Performance Unit, HPU），有时称之为场外团队（包括体能训练师、物理治疗师和营养师等），希望由他们来弥补技术上的不足。体能训练师负责测量跑步速度的技术，物理治疗师负责测量腹股沟力量的技术，而营养师负责测量水合状态的技术。尽管这种想法在逻辑上非常合理，但仔细想想就会发现许多问题。

- 第一个问题是时间。假如花一天去观察体能训练师的工作，你将不会看到他们有太多的空闲时间。当这些人不在场上指导时，他们就是在开会；而当他们没有开会时，就是在编写训练计划并制订日程表。在计划的职业发展时间之外，他们通常没有足够的时间来评估并整合技术，更不用说再实地进行管理了。HPU中的大多数传统角色同样有这个问题。

- 第二个问题是能力。许多已经普及的技术［例如全球定位系统（Global Positioning System, GPS）］在竞技体育界仍然是相当新的事物。例如两家主要的运动GPS服务提供商分别成立于2006年和2008年，因此，HPU中的许多现任部门主管早在此类竞技体育技术出现之前已经从大学毕业。诚然，大多数人都熟悉支撑这些新技术的原理，但他们不一定具备能力去评估技术的效度和信度，对它们生成的数据进行清理、分析和可视化，再对收集到的一个运动员在许多领域中的所有数据进行解释。这些技能的深度和复杂程度并不亚于那些与传统HPU中的角色密切相关的技能，因此，竞技体育组织需要培养或招募具有专门职业素养的人才。

- 第三个问题是兴趣。一般来说，人们对某事越感兴趣，就越会投入更多的注意力和精力。因此，假如向体能训练师询问他们为什么会进入该行业，你得到的回答大概会是"我想帮助别人""我喜欢指导并帮助他人实现他们的目标""我一直想在竞技体育行业中工作"。你不会听到"我想使用新的竞技体育技术""我喜欢挖掘数据以了解它如何提升人体表现""我想在竞技体育与创新的接合点工作"之类的答案。尽管会有人对这些方面感兴趣，但他们往往不会在传统HPU中担任职务。

因此，如果竞技体育组织希望使用科学技术及其产生的数据来改善思路、决策，从而提升运动员的运动表现，就必须找到一种解决方案来克服时间、能力和兴趣方面的问题。幸运的是，有一种解决方案已被确定，它以科学训练师的形式成为现代HPU的最新成员。

高水平运动表现小组

在讨论科学训练师这个角色之前，首先要思考HPU的发展及传统HPU中的角色，这很重要。通过研究HPU的内部工作，我们可以总结出科学训练师存在的必要性和该角色的特质。

在HPU（"团队背后的团队"）出现之前，运动队中只有运动员。在19世纪末和20世纪初，由于许多运动项目从业余转变为职业，因此运动队产生了设立专职教练员岗位的需求。这些教练员负责制订运动队的运动表现方针（技战术愿景），并最终帮助运动队取胜。

一支运动队要获胜就必须拥有足够健康的运

动员可以上场比赛。因此，运动队引进了医务人员以确保运动员的健康。开始时只有队医，但他们必须是物理治疗师、运动防护师和按摩师身份的某种组合才能完成运动队中的医疗职能。尽管很难确定全职医务人员何时成为竞技体育界的标配，但像ACSM和美国国家运动防护师协会（National Athletic Trainers' Association, NATA）这样的组织是在20世纪50年代初期成立的。

竞技体育组织很快意识到，最佳运动表现所需的不仅仅是单纯地参加这项运动。以美式橄榄球为例，柔韧、力量和速度等身体素质都很重要；但是，打美式橄榄球的行为并不足以维持这些素质，更不用说发展这些素质了。这绝不是对美式橄榄球或者竞技体育的笼统批判。相反，这是业界公认的观念，即运动员要想在竞技体育中功成名就，所需的不仅仅是参加该运动项目。20世纪70年代后期，体能训练的专业化填补了这一运动表现沟壑，这是意料之中的事，而1978年NSCA的成立则恰逢其时。

随着时间的流逝，营养师和心理师（后者参与程度较低）也成为HPU中被认可的角色。有意思的是，尽管美国心理学会（American Psychological Association，APA）成立于1892年，美国营养和饮食学会［Academy of Nutrition and Dietetics，前身为美国饮食协会（American Dietetic Association）］成立于1917年，竞技体育组织将其营养学和心理学方面的服务分包或外包出去的现象仍然很普遍，他们在这些专业领域中并没有雇用全职人员。尽管运动队充分认识到了营养师和心理师的重要性，但其行为和预算表明，竞技体育界仍未弄清楚如何让HPU中的这些关键成员充分发挥作用。

最终，HPU不断演变，以满足竞技体育及参与其中的人们不断发展的需求，每种角色都是解决其中一部分运动表现难题的主要专业知识来源。

- **专项教练**确立技战术方针，以构成运动员比赛的基础。然后，该方针用于指导运动员如何为其专项做好身心准备。
- **体能训练师**使用此方针来制订体能训练计划，充分发展或保持运动员实现专项教练的技战术方针所需的身体素质。
- **医生**、**物理治疗师**和**运动防护师**组成的医疗团队与体能训练师合作，以确保将可以减少肌肉骨骼损伤的训练方法整合到训练计划中（预防性），并制订相应的方案来处理短期伤病及长期损伤的康复（反应性）。
- **营养师**或**饮食指导员**确保所有运动员摄入正确数量和质量的营养，以满足其身体发展和日常活动的需求。营养师尤其擅长根据运动员的饮食需求、喜好和限制来调整营养计划，因此他们擅长改变运动员的行为。
- **心理师**（或心理表现教练）直接与运动员和专项教练合作，以确保他们正在培养和有效利用在压力下保持一致表现所需的心理技能。值得注意的是，**临床心理师**也可以在HPU中工作，在心理健康领域为运动员和专项教练提供直接支撑。

作为一个集体，HPU的从业人员组成了一个**交叉学科团队**（Interdisciplinary Team, IDT），其中每个人的学科虽各有独特性，但与其他团队成员的学科相互关联。原则上，这种相互关联反映出这样一个事实：就像各生物系统的无缝结合一样，其各自的代表学科也是如此。

例如，营养不良的英式橄榄球运动员很难在体能房中发展关键的身体素质。如果其场上位置所依赖的身体素质发展不足，运动员的运动技能执行可能会受到影响。如果运动技能执行受阻，则运动员可能会形成动作代偿并可能导致受伤。如果受伤，运动员可能会开始失去信心，并难以接受这种新状况。

与这个例子类似的情况经常发生，这清楚地表明，如果身体是一个相互关联的系统，那么其发展方法应是交叉学科的。这反映了亚里士多德（Aristotle）的说法："整体大于其各个部分的总和。"就IDT而言，整体是从各部分之间的交互中产生的，而非产生于各部分的独立行动。

因此，要使IDT充分发挥作用，就需要清晰地划分独立职责和关联职责。前一种职责是孤立的，与其他学科没有重叠。例如，物理治疗师不会就如何最好地控制髋部动作去咨询营养师。后一种职责则由多个学科共同分担，并且各学科的职责有所重叠。例如，在运动员的伤后恢复时期，体能训练师应与医疗团队一起设计一份适合受伤部位和康复各阶段的计划，营养师也应参与其中，以确保运动员的热量需求随着训练计划中不断提高的要求而增加。

这听起来很简单，但许多HPU仍努力在孤立与合作之间寻求正确的平衡，并往往更倾向于前者。根据作者的经验，充分发挥作用的HPU很少仅靠偶然就做到这一点。相反，IDT的成员有意识地设计了一个综合的工作环境，让正确的人在正确的时间获得正确的信息，以便他们可以做出更好的决策（见第30章）。为此，应考虑工作环境的3个特征。

- 成功的IDT的第一个特征与他们的人有关。在个人层面上，每个人都必须能够胜任其工作，保持流畅的沟通并渴望学习。如果个人没有能力胜任工作，就难以建立信任；如果无法沟通，就难以被理解；如果不想学习，就难以发展。尽管这些个人素质非常重要，但它们并不能保证团队成员能够紧密合作。为此，组织需要创建一种"黏结剂"，将IDT内的各个岗位联系起来。这种黏结剂通常被称为**共享心智模型**（Shared

Mental Model, SMM），即已确立的一套价值观和行为，它与一个共同的愿景保持一致，并受到所有进入工作环境的人的拥护[7]。例如，"诚信"一词反映了一种共同价值观，许多愿景声明中都包含它，并且该词被贴在许多体能房的墙上。但是，如果未明确定义该价值观并将其与关键行为绑定，那么它就仅仅是墙上的一个词而已。因此，为了实现诚信，IDT可以将其定义为"一个可靠、诚实且说到做到的人"。IDT可以更进一步，明确他们认为体现了诚信的行为：承担责任并言行一致；践行自己的价值观，并且鞭策他人也要这样做；进行沟通时要有同理心并保持诚实。最终，人与人之间的相处将在很大程度上决定IDT是否会成功。

- 成功的IDT的第二个特征与他们的流程有关。在这里，流程是一种记录在案的方式，每个人都遵循这种方式收集、共享信息并据此进行决策和行动。原则上，IDT内的每个信息源都应包含记录过程，涵盖从收集信息到发布信息的整个过程。例如，如果一个团队要收集力量数据，就应该有一个记录过程，列出该数据的收集、清理、存储、分析、可视化、解释和发布的标准。尽管如此，建立一个记录在案的流程来处理所有信息源仅仅是第一步。高效的IDT还必须有一个整合该信息并以此为基础做出决策的过程。对于大多数人来说，通过创建每周计划来提供必要的机会，让IDT成员之间可以交流。其中一些会议将涉及整个IDT，而其他会议则是较小的职能小组（例如医疗、体能训练）或针对特定学科的会议。尽管自然对话也很重要，但是最好的IDT并不会让这种合作凭运气发生。

- 成功的IDT的第三个特征与他们的场所有关。这里的场所代表IDT工作的环境。具体来说，如果体能训练团队在1楼的体能房中，医疗团队在2楼的治疗区中，运动防护师在3楼的办公室中，营养师和心理师都在不同的大楼里，那么安排交流就会变得不那么容易，并且自然对话发生的可能性也会降至最低。这并不是说高效的IDT中的所有人都必须在同一个办公室内，即使某些组织正在朝这种形态转变。但是，距离上的接近会影响沟通频率，并会进一步影响所建立的工作关系质量。

通过招募和培养优秀人才，建立流程使信息共享和决策的质量最优化，并创造一个促进合作与沟通的场所，竞技体育组织就有可能打造出成功的IDT[6]（见图1.1）。但是，要使这种可能成为现实，竞技体育组织必须认识到并解决关于人类行为的一个麻烦——人类有偏见，除非有人提醒，否则他们往往会高估自己的知识和经验水平，从而仅仅依据自己的思路就做出决策[4]。这并非出于恶意或自私的目的，只是人类思想中的一种普遍现象。人们会参照过去的经历来处理当前的情况，事实证明，人们通常更相信自己的经验而不是他人的经验。

当做出仅限于自己的专业领域内的决定时（例如由体能训练师决定深蹲计划的负荷），这是没问题的。但是，当必须做出复杂的决定并需要来自多个学科的信息时（例如决定运动员在软组织受伤后何时重返比赛），就容易出现问题。如果需要参考各方意见和各领域的专业知识后才做决定，那么各方都很可能会坚持从自己的角度出发。在这些情况下，会议室中个性最强的人可能会操纵决策，或者委任的主管将使用其权限做出决定。这并不是说逻辑和专业知识不重要——它们很重要，但是，当人们处理涉及人体的复杂问题时，它们通常是不够用的。

在这个时候，很明显，成功的IDT除了要有合适的人员、流程和场所外，还需要一种共享机

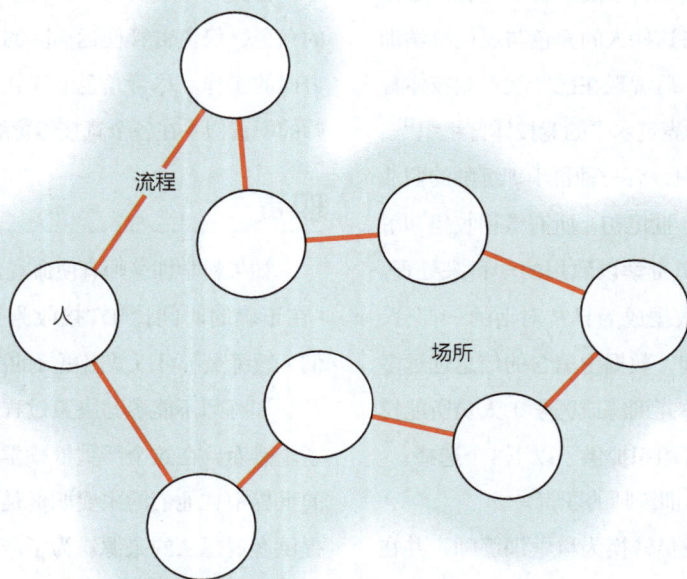

图1.1 建立一个成功的IDT的考虑因素

制来支持有效的决策，并且要将这种机制注入流程本身。如前所述，该机制依赖于获取相关运动员的连续数据流，并需要有人能够挖掘这些数据，以获取客观的信息。这些客观的信息可用于消除偏见，也就是说，将决策过程整合在一起，将各学科连接到同一个事实来源。

这就将讨论带回到对科学训练师的需求：一个能够跨学科、跨数据集和跨决策者工作的人。科学训练师是对IDT和现代HPU的重要补充，他们可以帮助IDT开发数据系统，客观地进行交叉学科的交流，并严格应用科学方法来回答与运动表现相关的问题。

科学训练师的角色演变

尽管训练科学为HPU所涉及的每个学科提供信息，但科学训练师历来都来自学术界并且专门研究某个单一科学领域（例如生物力学、生理学或动作控制）。这种类型的科学训练师如今仍然存在，在增进人们对训练科学的了解中起着核心作用，但重要的是要将这些人的角色与现代科学训练师的角色区分开，后者现在已经融入竞技体育组织，特别是高运动表现水平的竞技体育组织[1]。

在过去的10年中，后一种科学训练师的职业道路发展迅速。在21世纪初，所有数据收集和解释均由这些领域中负责学以致用的学科来处理。随着技术的发展，数据成为日常对话的一部分，竞技体育组织意识到，数据中蕴含的信息远远多于单一学科（例如体能训练或医学）人员所能挖掘的。这给竞技体育组织提供了以下3个选择。

- 在IDT中分配科学训练师的职责。
- 将IDT中的某个成员转换为科学训练师，并在运动队中设立科学训练师这个岗位。
- 设立科学训练师这个岗位，并通过外部流程进行招聘。

这些选择的列出顺序很好地反映了自2010年以来科学训练师的角色演变过程。在早期，竞技体育组织必须自己承担这些职责，并将其分配给IDT的相关成员。一段时间以后，IDT的某个成员对训练科学表现出兴趣，并展示出在组织内部推动训练科学发展的能力。随着对该成员所收集信息的依赖性增强，竞技体育组织允许该成员花费更多时间从事科学训练师的工作。这种行为不可避免地催生出一种角色——专职科学训练师。尽管许多竞技体育组织仍然是这样做的，但培养专业人员的大学课程开始迎头赶上，他们通过专门设计的课程来让学生准备好担任现代科学训练师的角色[1]。

需要明确的是，科学训练师在竞技体育组织中的角色仍在不断发展。这与作者的观察一致：没有任何两个科学训练师的角色是完全相同的。对于某些运动队来说，科学训练师仍然扮演着双重角色：一个是科学训练师，另一个是体能训练师。在另一些运动队中，科学训练师是一个独立的角色，仅负责管理运动队的技术、数据和解释方面的工作。尽管角色上存在差异，但科学训练师的职责似乎在各个竞技体育组织中都趋于稳定。

职责

如果科学训练师有使命宣言，它将是这样的："在正确的时间让IDT接收到正确的信息，使他们（教练员）可以做出更好的决策。"这并不是说科学训练师不能参与决策过程——他们确实参与了。然而，在这个严重依赖学科专家的主观意见的世界中，他们的主要职责是成为一个能够持续提供客观想法的来源。为了产生这种客观性，各种科学训练师角色似乎都有3个方面的职责。

技术

正如前面提到的那样，科学训练师的首要职责以体育科技的管理为中心。科学训练师只有具有相关理论背景和实践知识，才能针对特定运动项目来评估体育科技的科学功效及实用价值（见第 7 章）。在某些情况下，竞技体育组织会要求科学训练师测试引起IDT注意的一项新技术（例如新的睡眠监控器）；有时也会要求科学训练师领导一个创新小组，负责确定哪些技术有助于解决或了解竞技体育组织所面临的特定问题（例如运动员每周应进行多少次冲刺训练）。无论面对哪种情况，科学训练师都需要确保技术能够解决运动队所面临的实际问题，而不是为不存在的问题提供解决方案[2, 8]。

一旦评估并购买了一项技术，科学训练师的工作就是与IDT的相关成员一起设计记录流程，说明如何使用该技术并将其融入IDT的日常工作流程中[8]。在某些运动队中，科学训练师直接负责技术的管理。例如，如果购买了新的测力台并需要使用它进行跳跃分析，那么运动队合理的预期是由科学训练师负责执行跳跃测试并管理收集到的数据。另一种情况下，医疗团队购买了新的摄像系统来查看动作质量，尽管科学训练师会在技术评估中提供支撑，但很可能是医疗团队在工作环境中管理技术应用。

尽管竞技体育领域有许多类型的技术手段，但以下几类是科学训练师应该熟悉的。

- **运动员管理系统**（Athlete Management System, AMS）是大多数竞技体育组织的训练科学枢纽。通常，这是基于网络的应用程序或软件，其主要目的是存储、组织、分析和可视化各种数据集（例如力量数据、速度数据）。大多数AMS包含一些应用程序，让竞技体育组织可以通过智能手机和平板电脑收集数据（例如主观和客观监控数据）。实际上，AMS被用来提供有关运动员准备情况和训练负荷管理的信息，以供相关讨论参考。

- **测力台**和其他**测力仪器**用于间接评估神经肌肉系统的准备状态及其对训练刺激的适应情况。测力台价格不高，使得竞技体育组织可以评估运动员的跳跃的动力学特征和跳跃高度。例如，用于测量腹股沟力量和腘绳肌力量的新型设备现在已经配备了测力传感器，可用于测量力量的细微变化。大多数竞技体育组织会有一种或多种此类设备，而这些设备由科学训练师负责管理。

- **惯性测量单元**（Inertial Measurement Unit，IMU）是一种通用传感器，许多体育科技都使用它来评估动作的动力学和运动学特征。IMU由加速度计、陀螺仪和磁力计组成。有些公司已经制造出嵌入IMU的传感器，这些传感器可以佩戴在身上或安装在杠铃上，并提供运动速度的读数。该数据通常在随附的应用程序上实时显示，可用于在体能房内为运动员提供运动速度读数并追踪训练负荷。

- **全球定位系统**（Global Positioning System，GPS）结合使用IMU和卫星，基于三角定位原理获得运动员位置，通常每秒采集10次数据，或者说采样频率为10赫兹。不同精度水平的GPS可以测量与跑步距离、速度、加速和减速相关的指标。现在，团队运动项目普遍配备了GPS，因为它可以准确量化施加在运动员身上的训练负荷。使用非卫星相关技术（例如光学追踪和IMU计算），室内运动项目也可以产生类似的数据。

尽管这本书还介绍了现有的其他技术（见第 7 章和第 9~ 第 15 章），但上述技术手段代表了科学训练师可能会在竞技体育环境中使用和管理的关键数据生成设备。

数据

尽管了解和管理各种体育科技很重要，但这只是实现目标的一种手段。也就是说，竞技体育组织寻求的价值藏在技术所产生的数据中。一旦收集了数据，科学训练师就需要一种方法去组织、整理、分析和可视化所生成的数据[1-2]。尽管大多数单一用途技术（例如测力台）的随附软件让科学训练师能够可视化收集到的数据，但它们很少被设计用来对这些数据进行统计分析，并且很有可能无法与其他数据源集成。后面两项需求可以使用某种数据管理系统来满足，以前科学训练师一般使用Microsoft Excel，但目前通常使用AMS。尽管前者很灵活，但是随着存储的数据量增加，它很快就会过载；而后者对可以存储的数据量没有限制，但是会使科学训练师分析数据的灵活性受到严重限制。

这两个问题都已经通过商业智能软件得到了解决，这些软件通过出色的统计功能和灵活性设计，可以对大数据集进行清理、集成、分析和可视化。更重要的是，这些软件是可扩展的企业解决方案，这意味着科学训练师可以设计和更新数据可视化形式（即仪表板），而所有其他IDT成员都可以在自己的计算机上访问数据并与之交互。尽管商业智能软件提供了卓越的存储、分析和可视化功能，但从设计上来说，它不是统计软件。因此，许多科学训练师使用统计软件（例如私有或开源软件）对数据趋势（例如训练负荷与损伤风险的关系）进行统计分析或建模。这将促使科学训练师迅速掌握统计学家或数据科学家的技能[8]。

解释

尽管技术管理和数据分析是科学训练师的主要职责，但大多数人都会同意，解释才是令人激动的部分。尽管解释可能很快就会转变为主观意见的大争辩，但科学训练师可以使用图1.2所示的思维模型保持客观。

科学训练师使用如下解释的知识进行分类。第1类是由客观证据支持的已知信息或知识[3]。此类信息（包括定量数据）应该用于指导决策。第2类是人们认为自己知道的或无证据支持的知识（即直觉），或者由主观证据支持的知识（即经验）[3]。此类信息（包括直接观察得到的）应该用于为讨论添加细节、背景和视角。尽管这类信息可以在某种程度上用于为决策提供支撑，但它会受到偏见的影响，在其被确认之前，人们很少将其作为决策所依据的唯一信息来源。第3类是人们知道自己不知道的信息，或者是他们知道其存在但是没有证据或经验可参考的领域。第4类是未知的，或者是人们不知道其存在的领域。总的来说，第3类和第4类代表只能通过提出问题并确定回答这些问题的最佳途径才能获得的信息。

科学训练师应当尽可能成为客观事实的来源，并努力扩大IDT的整体客观知识（第1类）范围。

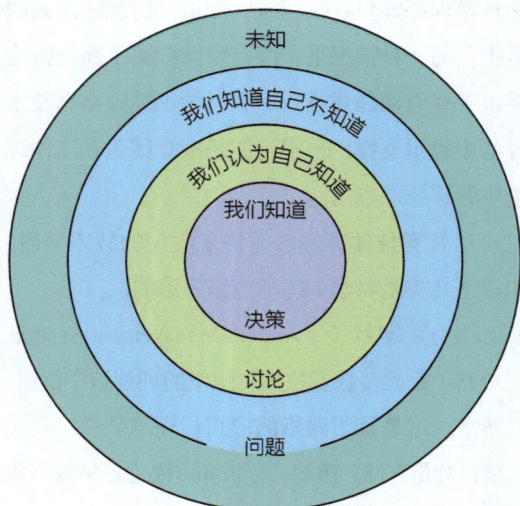

图1.2 改善决策流程的思维模型

如果没有客观事实，科学训练师应该利用理论、逻辑和直接经验（第2类）来支持决策。值得注意的是，科学训练师的主要职责是支持IDT提出问题和回答问题的能力，从而缩小IDT集体未知的范围（第3类和第4类）。最终，科学训练师越多地将第3类和第4类中的未知信息转换为第1类和第2类中的已知信息，他们的贡献就越大。此时，科学训练师就可以回到技术和数据上，一次解决一个重点问题，循序渐进地消除未知信息。

技能

此处概述的职责代表着科学训练师要取得成功所需的硬技能，但许多软技能对于履行这些职责也是必不可少的。值得注意的是，由于要管理多种技术和数据集，科学训练师需要有很强的条理性，擅长时间管理，并且能够分出事情的轻重缓急[5]。这些技能融合在一起，才可以确保上述职责能够在迅速变化的体育环境下得以履行。在履行其职责后，科学训练师必须能够将结果和信息传达给具有不同水平训练科学知识的利益相关者。因此，科学训练师必须充分了解资料，以传达清晰、简单的信息并回答许多具有挑战性的问题。此外，科学训练师需要有高情商，因为良好

的自我意识对于了解如何将信息传达给IDT成员是至关重要的[4]。当传达的信息很明显没有达到正确的理解水平或不够清晰时，高情商的科学训练师也可以在对话中调整其表达方式。归根结底，科学训练师需要知道"如何"清楚地解释"什么"，因为如果整个IDT都不理解他们收集的知识，那么这些知识就一点儿用都没有。

小结

显然，竞技体育正在不断发展。这种发展的核心是使用连续不断的高质量信息流来指导运动表现提升的能力。21世纪以来，科学训练师已经出现并成为IDT中管理来自各学科信息的最佳人选。通过捕获、清理、组织、分析和可视化这些数据，科学训练师将客观的事实（如果有）注入决策流程。科学训练师以这种方式在联系所有IDT成员中扮演着关键角色。从某种意义上说，他们是中心，集中收集来自每个部门的关键数据和信息，并汇总出运动员历程的总体视图，然后将该信息传递回各个部门，从而确保IDT全体成员可以在正确的时间收到正确的信息，以便做出更好的决策。

推荐读物

Heath, C, and Heath, D. *Decisive: How to Make Better Choices in Life and Work*. New York: Crown Business, 2013.

Kahneman, D. *Thinking, Fast and Slow*. New York: Farrar, Straus and Giroux, 2011.

Senge, PM. *The Fifth Discipline: The Art and Practice of the Learning Organization*. New York: Doubleday/Currency, 1990.

Sinek, S. *Leaders Eat Last: Why Some Teams Pull Together and Others Don't*. New York: Portfolio Books, 2017.

Syed, M. *Black Box Thinking: Why Most People Never Learn From Their Mistakes–But Some Do*. New York: Portfolio/Penguin, 2015.

第 2 章

训练负荷模型

斯图尔特·科马克 (Stuart Cormack), 博士;
阿龙·J. 库茨 (Aaron J. Coutts), 博士

监控运动员通常是科学训练师的重要任务。监控运动员的主要目的是从中获得可用于指导有关未来训练决策（即训练控制）的信息。训练实践人员通过监控运动员可以更好地了解训练、损伤、疾病和运动表现结果之间的复杂关系。本章将介绍运动员监控的基础概念，并讨论科学训练师可以使用的各种工具，还将介绍用于分析和解释运动员监控系统所提供数据的方法。

管理训练过程

尽管每个运动项目所要求的身体素质差别可能很大，但训练的一致目的是逐步发展相应的素质以提升运动表现水平。为了引起生物适应，必须扰动系统的当前能力[125]。这种对稳态的扰动会导致短暂的运动表现水平下降（即疲劳），接下来会出现超量补偿效果，即在身体能够适应的情况下，运动表现水平会得到提升[39]。谢耶 (Selye) 的一般适应综合征描述了这种对应激的生理反应模式（见图2.1[12]），为所施加的训练压力、急性疲劳反应、适应，以及最终新的体内稳态水平或运动表现水平之间的相互作用提供了一个框架[39]。

科学训练师和其他从业者面临的一项严峻挑战是，要在训练刺激与适当恢复之间取得平衡，以实现持续适应[65]。训练量、训练强度和训练频率的适当组合可以提升运动表现水平；但是，三者的不当组合会导致适应不良[65]，这种反应是一个连续体，从一节训练课引起的疲劳到一段时间的强化训练导致的过度刺激（包括功能性的和非功能性的），最后发展到过度训练综合征，它有时被称为"无法解释的表现不佳综合征"[22]，如图2.2[65]所示。有趣的是，由于刻意计划的训练而产生的功能性过度刺激（例如参加训练营或在减量训练之前增加训练负荷）会导致暂时的运动表现水平下降，并伴有高度的疲劳感[5]，但随后如果对恢复进行适当的管理，则可以产生正面的反应，使运动表现水平有所提升[85]。应当注意的是，虽然过度训练综合征被认为是在运动员受到过度刺激时持续进行大量训练或强度训练（或两者兼而有之）的结果，但没人能保证这种进展一定会发生[65]。同样重要的是，承认存在过度训练综合征的运动员非常罕见。

如前所述，疲劳反应和积极适应反应都来自对训练刺激的适当应用。这些相反效应的相互作用通常被称为适应－疲劳模型，其中，运动表现是

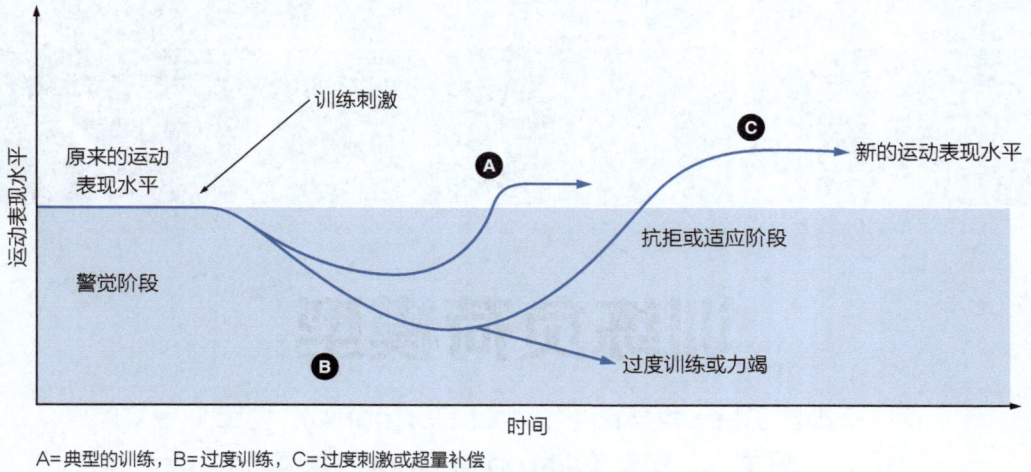

A=典型的训练，B=过度训练，C=过度刺激或超量补偿

图2.1 谢耶的一般适应综合征

经许可转载自：T.O. Bompa and C.A. Buzzichelli (2019, pg.13)。经许可改编自：A.C. Fry (1998, pg.114)。

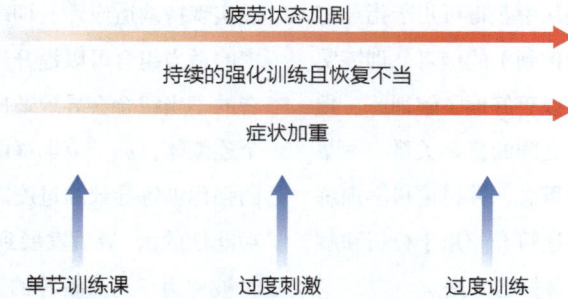

图2.2 过度训练连续体

经许可转载自：Halson, S. L. and A. E. Jeukendrup (2004, pg.961)。

关于正面适应效果和负面疲劳效果的函数，两者随着时间的推移呈指数级衰减，但速率不同（疲劳感的衰减速率大约是适应的衰减速率的两倍）[8, 23, 99]。除了预测运动表现外，评估适应和疲劳程度也很复杂，会受到众多因素的影响[13, 67]。有人已经尝试使用训练负荷数据来对团队运动项目的比赛强度和运动表现进行建模[61-62]。但是，有人提出，直接从适应-疲劳模型获得的适应、疲劳或运动表现的估计值可能不够精确，无法直接应用于高水平的运动员；对于高水平运动员而言，结果的微小变化都可能非常重要[67]。尽管存在这些挑战，但适应-疲劳模型提供了一个合适的框架来指导

监控运动员训练，并帮助科学训练师在正确的时间适当安排训练量。

管理训练过程的关键组成部分是了解由于给定的训练刺激（也被称为训练冲量或外部负荷）而产生的反应或内部负荷，这就是所谓的<u>剂量反应</u>效应[8, 23]。通常，大量高强度的训练或比赛（即外部负荷）将导致较大的急性疲劳反应。但是，特定类型的刺激（例如心肺耐力训练、抗阻训练）会对特定系统（例如心血管、肌肉）产生特定的影响（例如内部负荷）[126, 141]。至关重要的是，训练对运动表现的影响不是线性的，并且日常训练负荷与最终的运动表现之间可能存在倒U形关系[23]。要

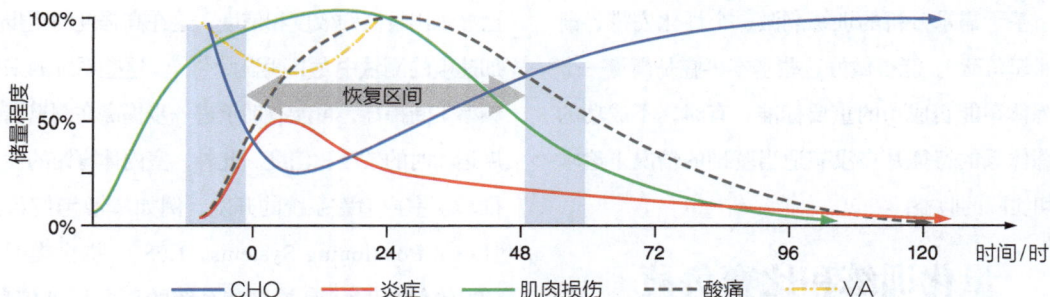

浅蓝色的条形表示训练刺激，各条曲线分别表示碳水化合物（CHO）重新合成、炎症、肌肉损伤、酸痛和自发激活（Voluntary Activation，VA）随时间的推移而产生的变化

图2.3 团队运动项目比赛中运动员的生理反应

经许可转载自：S. Skorski, I. et al. (2019, pg.1019).

注意，对训练和比赛应激的反应时长可能从接受训练后的几分钟或几小时到几天不等[126]（见图2.3）。例如，运动中磷酸肌酸储备的急剧减少可能会立即导致运动表现水平下降，但是磷酸肌酸储备可以在两个高强度练习之间恢复[126]，而神经肌肉系统的中断可能需要24~96小时才能完全恢复[33, 126, 139]。此外，对给定训练量的反应可能会受到运动员个人的训练状态等因素的影响[76, 139]。数据表明，无论是在团队运动项目的模拟比赛还是实际比赛中，比赛所引起的负面反应在下肢力量和有氧适应水平较高的运动员中均更小[76, 139]。鉴于运动员有可能通过适当的负荷最大化正面适应并降低意外结果的风险，因此非常需要一个有效的方法来量化这一过程[64]。

建立训练体系

任何训练体系都包括对运动表现非常重要的所有因素，包括对体系有直接影响的因素（例如训练和测试、负荷和疲劳监控）以及支撑体系的因素（例如训练设施和器材）[12]。尽管个人因素和各种因素的组合几乎无穷无尽，但要建立有效的训练体系就需要整合科学证据，并详细了解运动应用的背景。因此，竞技表现训练体系是根据科学训练师和教练员的意见开发的。科学训练师可

以提供循证方法来计划、量化训练和比赛的负荷并进行生理评估，而教练员可以根据自己的经验以及对运动员个体在特定时间点需求的深入了解而做出细微但至关重要的日常决策和训练过程调整。这种综合方法可以让运动员发展适当的基础生理素质，以及满足竞技表现所必需的技战术要求。

教练员负责确定总体目标和理念，通常用于指导训练体系的开发和实施。重要的是，不应将任何一个训练体系视为所有其他训练体系的模板，因为每个运动项目都有自己的要求（如活动的性质、可用的资源等），教练员需要根据具体的要求来确定训练体系中的具体训练、各种负荷和反应指标。实际上，改变训练体系所处的环境而不考虑新环境的条件，这可能会导致训练体系失败。但是，成功的训练体系都有几个关键因素作为基础，其中包括但不限于明确的目标、详细的短期和长期计划、定期评估与目标相关的进度并根据需要进行计划调整、基于有效且可靠的测量和教练员的专业知识在微观（例如每节训练课）和宏观（例如训练阶段）层面上不断调整计划变量，以及寻求持续改进。

此外，有一个在成功的训练体系中普遍存在但经常被忽视的重要因素，就是在每节训练课中做好一些基本事宜（例如基于循证的训练计划制

订、基于需求分析的训练刺激、个性化安排、渐进性超负荷）。能否做好这些基本事宜是衡量一个训练体系能否成功的重要标准。有时，不成功的训练体系的特征是在没有适当基础的情况下追求不切实际的收益。

量化训练和比赛负荷

在制订训练计划和监控运动员的进步或退步的过程中，关键是量化训练负荷。这个过程对于评估运动员是否正面适应训练计划至关重要[14]。如前所述，外部负荷是指运动员完成的内容（例如跑动的距离和速度、举起的重量），而内部负荷是指运动员对给定外部负荷的反应[72-73]。这种反应既可以是生理性的（例如心率、血乳酸），也可以是感知性的［例如自感用力程度量表（Rating of Perceived Exertion，RPE）］[73]。归根结底，是对给定外部负荷的内部反应导致了训练结果[72-73]。重要的是，应结合使用外部负荷和内部负荷的指标，以提供有关训练过程和反应的完整信息[14]。此外，如前所述，只有对一个运动项目的外部负荷有全面的理解，才可以开发出针对相关基础身体素质（例如有氧能力、速度、力量）的具体训练计划。

测量外部负荷的方法有多种，具体的使用应该取决于运动项目或训练方式[14]。摄像系统和微型科技（本地定位系统和GPS）等通常与加速度计和功率计等传感器结合使用，这使得团队和个人运动项目（例如跑步和骑自行车）中的各种活动指标能够比较简单地被量化。虽然此过程已变得很普遍，但科学训练师在测量外部负荷时应考虑一些关键因素，我们接下来将探讨这个问题。

使用GPS测量速度和距离目前已经是很普遍的做法，并且这些设备的效度和信度已经得到广泛验证[21, 36, 75, 77]。通常，与较低的采样频率相比，高采样频率（例如10赫兹，而不是5赫兹）的GPS

已显示出较高的效度和信度，这在高强度的跑步和加速度的测量中尤其明显[21, 75, 77]。这些系统的采样频率不断提高，可能有助于进一步提高在测量高强度运动时的效度和信度。此外，室内体育馆的使用推动了室内追踪系统的开发，例如本地定位系统（Local Positioning Systems，LPS），提供类似于GPS的信息[131]。有关这些系统的更多详细信息，请参阅第9章。此外，无论采用何种追踪技术，确定高速跑动、冲刺和加速的分类阈值对于训练实践人员而言都是一项挑战，而这项工作要考虑这些阈值应该基于团队价值还是个人价值，以及是否应该具有生理基础[134]。该领域的工作已经使用动作测序技术（而不是任意的阈值）来对精英级篮球、网球运动员的速度和加速度进行分类，在其他运动项目中使用类似的方法也可能会得到有价值的信息[133]。为了决定是否使用速度和加速度的绝对或相对阈值，训练实践人员的主要考虑因素可能与在不同运动员之间还是对运动员自身进行比较有关。此外，科学训练师和教练员应该意识到，由设备实时传输的值与下载数据后计算出的值可能会有所不同，这可能会对训练或比赛决策产生重大影响[6]。科学训练师和教练员还应考虑数据处理（例如平滑技术）对测试变量的影响[137]。最后，团队运动项目活动概况的量化中有一个突出因素，就是需要考虑平均强度与峰值强度[41]。与英式橄榄球联赛中半场或全场时长的平均强度相比，在相对较短的时间窗口（例如1分钟）内的跑步峰值强度明显更高[41]。这对于旨在培养能够承受所要求强度的重要基础身体素质的训练计划设计具有关键意义。在实践中，科学训练师和教练员应该同时考虑峰值强度和平均强度。除此以外，还有许多其他考虑因素，我们将在本书的第9章和第10章进行更详细的讨论。

考虑到团队运动项目的复杂性，有人认为速度和距离指标可能无法完全量化全部外部负荷[15, 114]。原因是许多需要消耗大量能量且对神经肌肉系统要求较高的活动（例如加速、减速、变向和接触）可能会在较低速度下发生，并且累积的距离相对较短[15, 114]。人们可以使用各种传感器来测量这些活动，例如高采样频率（如100赫兹及以上）的三轴加速度计、陀螺仪和磁力计，已有数据证明这些传感器具有高信度和生态效度[15, 30, 34, 97, 114]。与Catapult的PlayerLoad™指标类似，厂家趋向于创立一个自己的指标来定义从三轴加速度计中获得的数据，但这些指标基本上都是多个矢量值的组合。

$$\text{Player-Load}^{TM} = \sqrt{\frac{(a_{y1}-a_{y-1})^2+(a_{x1}-a_{x-1})^2+(a_{z1}-a_{z-1})^2}{100}}$$

其中，a_y＝前向加速度，a_x＝侧向加速度，a_z＝垂直加速度。

经许可转载自：Boyd, Ball, and Aughey (2011, pg.331–321)。

有趣的是，这些指标的变化或单个矢量值对总值的影响让人觉得能够发现疲劳引起的动作策略变化[30, 97, 114]。使用这种类型的指标，再结合传统的跑动变量作为衡量外部负荷的标准，训练实践人员可以获得更多的信息。

特别令人感兴趣的是，许多制造商已经开发出能够自动检测特定身体动作的算法，例如板球中的快速击球和接触式运动中的拦截，其计算结果具有合理的准确性[56, 71, 95]。这可能有助于减少准确测量外部负荷所需的时间和精力，产生更精确的量化结果，从而有助于完成对训练和比赛的计划与监控。

团队运动项目中频繁的加速和减速会大大增加运动员的能量消耗[42]。为了解决这个问题，有人提出了**代谢功率**的概念，其原理是加速度的能量消耗等于以恒定的速度跑上一个"等效坡度"[42]。有许多指标因此被提出，其中包括代谢功率〔其分类范围从最低（0~10瓦/千克）到最高（>55

瓦/千克）〕、总能量消耗（千焦/千克）、等效距离（在平坦的草地上保持稳态跑步可以完成的距离）和等效距离指数（等效距离与总距离之比）[108]。尽管人们对代谢功率的使用进行了一些研究[37, 80]，并且研究结果表明其具有重要的实践意义，但由于各种原因，其效度仍然受到怀疑，包括使用定位系统测量加速度时的固有误差[16, 19, 21]。

此外，研究工作还集中在通过加速度计检测特定变量，例如步幅参数和垂直刚度[20, 49, 84, 101]。尽管存在一些关于设备位置（即肩胛骨、质心与小腿）有可能会影响特定变量的测量精度的推测，但这种类型的分析已经为从业者提供了大量信息[20, 46, 109]。

在耐力项目中，对外部负荷的测量也很常见[100]。跑步、自行车和游泳等运动可以通过量化速度、距离和持续时间的各种组合来很好地完成对外部负荷的测量[100]。此外，功率计的发明使得在骑行中蹬踩踏板即可实现简单的功率测量[100]。读者可以直接阅读本书第4部分对该主题的讨论。

并非所有的训练都在运动场上进行，因此其他训练内容也需要量化。例如，可以通过抗阻训练计算出各种外部负荷指标，包括组数、重复次数、负荷量和设备位移速度[124]。量化抗阻训练负荷的重要原因是我们要研究抗阻训练的训练量和强度对肌肉适应的影响[110]。这些方法可以用于设计和监控抗阻训练负荷，其中一些方法也许能够呈现更为完整的外部负荷[124]。例如，在特定练习中完成的总重复次数（即组数×每组重复次数）呈现了整体的外部负荷，但是，它无法呈现强度（即一次重复最大值的百分比）[124]。将抗阻训练负荷量转化为"组数×每组重复次数×举起的重量"来计算举重负荷强度可以在某种程度上克服前面提到的局限性，然而，它没有考虑相对于举重者最大力量的负荷强度[124]。因此，将抗阻训练负荷量转化为"组数×每组重复次数×一次重复最大值的百分比"可能是最合适的。此外，测力台、线性位置传感器，以及安装在杠铃和运动员身上的加速度计等测量设备的出现使我们可以测量位移、速度和功率等变量，这对于抗阻训练的设计和监控也是有用的[4, 9]。

除了测量外部负荷外，内部负荷的量化也是训练过程中的关键组成部分。我们可以采用许多测量方法，包括同时使用客观和主观（通常称为"感知"）指标，例如RPE、各种心率指数和生化标志物。本章稍后会讨论这些指标，第14章、第16章和第17章将详细介绍对内部负荷的评估。

适应和疲劳反应指标

如前所述，尽管运动员受到许多特定因素（例如训练史、遗传）的影响，并且一般适应综合征和适应-疲劳模型相对简单，但人们通常认为运动表现是运动员的适应与疲劳之间的差异函数[8, 23, 99]。因此，人们对高水平运动员训练和比赛的反应评估产生了广泛的兴趣[2, 64, 138]。

训练反应评估的其中一项内容是评估训练对特定适应指标的影响。对每种指标相应测试的详细描述已超出本章的范围，读者可以参考本书的第4部分及其他信息来源[25, 63, 135]。尽管此类测试能得到训练应激的重要适应指标，但定期使用此类测试的潜在限制是它们本身（例如最大有氧能力测试）可能会导致疲劳，因此可能难以将其安排进紧凑的训练和比赛日程。因此，越来越多人关注运动员群体[64, 138]中的疲劳状态监控，它有时也被称为**准备状态**（Readiness）[121]。准备状态被定义为"运动员没有身体机能受损，没有脑力疲劳或过度心理困扰的状况"[121]，运动员很难达到这种状态，尤其是在比赛密集的时期。

监控过程的第一步是了解疲劳的构成。已经有许多人提出过疲劳的定义，这些不同的定义都有一个共同点，即无法产生或维持所需的作用力（或功率）[136]。这种情况可能是由中枢（例如大脑）和周围（神经肌肉接合点的远端）因素造成的[136]，并且可能持续数分钟至数天[47]。导致中枢及周围疲劳的因素及过程如下[48]。

- 动作指令的激活（在大脑中）；
- 动作电位在下行动作传导通路中的传播；
- 肌丝兴奋-收缩耦联；
- 细胞内环境的状况。

实际上，许多模型将疲劳根源归因于生理过程，其中包括心血管模型、能量供应模型、生物力学模型、神经肌肉疲劳模型、肌肉损伤模型以及心理/动机模型[1]。然而，在解释疲劳时有一个重要的考虑因素，那就是在保持所需发力水平时努力程度感知的作用[89]。

有人提出，运动强度及其由于疲劳而产生的变化实际上受中枢控制的程度要远高于受周围机制影响的程度[90, 105, 130]，但这种观点受到了抨击[148]。对疲劳的心理生物学模型[89]和综合调控理论[130]的深入讨论不在本章范围之内，但是，我们鼓励读者进一步探索这些概念。简言之，心理生物学模型为强度变化提供了一个简明的解释：当所需的努力超过了运动员愿意付出的最大努力时，或者当运动员认为已经达到最大努力程度并且感到不可能保持下去（即做出有意识的决定）时，疲劳（力竭）就会发生[89]。相比之下，综合调控理论表明，心理和生理因素都限制了运动表现，尤其侧重于在潜意识上避免因体内稳态受到严重破坏而导致的灾难性失败[130]。此外，埃诺卡（Enoka）和杜恰托（Duchateau）[48]提出"作为一种症状，疲劳只能通过自述报告来衡量，并量化为一个性状特征变量或状态变量"，因此"疲劳的前面不应出现形容词（例如中枢）"[48]。然而，训练实践人员可能对引起疲劳的部位和机制及其时程非常感兴趣[116, 139]。

这导致人们付出巨大的努力来开发有效且可靠的方案去评估运动员疲劳程度[138]。其中一个极具吸引力的提议是在正常训练和比赛过程中评估疲劳程度，这有时被称为隐形监控[114]。

对于训练实践人员和研究人员来说，另一个重点领域是脑力疲劳，它被定义为"由长时间需要高技能的认知活动引起，被证明会对身体表现产生负面影响的心理生物学状态"[91, 120, 128]。有人提出，脑力疲劳更有可能限制耐力表现，而不是无氧表现，包括最大力量和爆发力的表现[140]。重要的是，耐力表现水平的下降似乎与主观疲劳度的上升有关[140]。对团体运动项目的运动员完成脑力疲劳诱导任务后的观察结果表明，他们在 Yo-Yo 间歇恢复测试中的跑步距离减少，RPE 评分升高[127]。此外，脑力疲劳已被证明会损害足球运动员的技术表现[7, 127]。研究脑力疲劳对运动表现的影响的意义包括开发可以减少脑力疲劳负面影响的恢复方法，以及对运动员进行脑力疲劳（即认知需求）的适应性干扰，以帮助他们为比赛做好准备。

表现任务

在澳式和英式橄榄球、板球和足球等运动项目中，表现任务对训练或比赛（或两者）的效用已得到广泛研究[32-33, 57, 70, 93, 106, 116]。这项工作大部分集中在对神经肌肉疲劳程度的测量上，并包括冲刺测试[58]和大腿中部等长发力拉（Isometric Mid-thigh Pull，IMTP）[106]测试等评估。研究中最常使用的评估之一是下蹲跳或有反向跳（Countermovement Jump，CMJ）[27, 30, 57, 60, 116]。

要理解表现任务对疲劳程度评估的有用性，关键是理解它们的效度和信度。读者可以参考本章后面的内容及本书的第7章和第8章，以了解有关这些统计概念的更多详细信息。在确定变量的适用性时，一个经常被忽略的方面，就是分析它们如何对给定训练或比赛负荷（量）做出反应。为了使变量具有较高的生态效度，它应相对于先前刺激的负荷量有所变化（例如与基线值相比有所减少），还应显示出可预测或一致的基线返回模式。此外，最重要的一点是，为了使表现指标在疲劳状态的持续监控中发挥作用，在适宜负荷（该负荷会持续影响后续表现）下，特定指标的改变（增加或下降）应反映为后续表现中运动强度或运动策略的改变。

在神经肌肉疲劳评估中，人们喜欢使用CMJ的原因可能有很多，其中包括它持续时间短，不会引起疲劳，并且是许多站立式运动项目中的常见动作，再加上测量CMJ进阶参数的可用科技一直在不断增加（例如便携式测力台、线性位置传感器、惯性测量单元）（见第12章）。这与中枢和周围神经肌肉疲劳的金标准测量所需的设备和技术知识形成鲜明对比——后者需要电刺激或磁刺激[139]。此外，有人提出：涉及拉长-缩短周期的动作（例如CMJ）对于研究神经肌肉疲劳可能特别有用[51, 104]。

下蹲跳和其他测试

尽管从CMJ测试中获得的变量通常可用于量化神经肌肉疲劳程度，但是与这些变量敏感性相关的研究结果并不一致[33, 57-58, 60, 88, 93, 116]。对此有很多种解释，包括但不限于表现的实际疲劳效果（即某些表现任务引起的神经肌肉疲劳程度可能不足以通过CMJ进行测量）、运动后的CMJ时机、比较点（即一个有效的基线）、测量设备（例如测力台与纵跳垫）、选择用于评估的变量［即结果测量值（例如高度）与代表运动策略的变量［例如腾空时间：收缩时间（Flight Time：Contraction Time，FT：CT）][33]｝，以及统计分析方法。对文献的详细综述超出了本章的范围，但克劳迪诺

（Claudino）及其同事[27]进行的荟萃分析探究了利用CMJ监控神经肌肉状态的有效性，并得出结论：多次CMJ的平均高度比峰值高度更为敏感。此外，CMJ测试中代表运动策略改变的变量似乎能比跳跃高度等简单的结果测量值提供更多的信息[33, 57-58, 116]。因此，人们可能会由于结果测量值（例如跳跃高度）没有发生变化而得出运动员不疲劳的错误结论，因为特定结果没有变化可能与运动员由于疲劳而改变所采用的运动策略有关。

有趣的是，在抗阻训练课前CMJ高度的下降与抗阻训练课中蹲起量的减少有关，这表明CMJ可能是衡量运动员疲劳状态及抗阻训练课准备状态的指标[143]。这些发现获得了证据支持，研究表明，根据运动员抗阻训练课前的CMJ表现来调整为期6周的快速伸缩复合训练可以减少训练负荷而又不影响运动表现适应[28]。这些结论表明，科学训练师可以考虑在运动员进行抗阻训练或快速伸缩复合训练之前对其进行CMJ测试，以优化训练刺激的应用。

除了通过CMJ测试获得信息外，还有人提出使用冲刺、次最大强度跑步测试和自行车最大强度冲刺来评估疲劳状态[54-55, 58, 92, 147]。例如，加勒特（Garrett）及其同事[55]提出了一个次最大强度跑步测试：运动员在30秒内完成3×50米的跑步，每个50米要求在8秒内完成，并从佩戴在运动员肩胛骨处的三轴加速度计获得数据。在这项研究中，研究者让运动员在澳式橄榄球比赛之前24小时，以及比赛之后的48小时和96小时进行次最大强度跑步测试，并在比赛后48小时观察多项加速度计指标的变化。研究者得出的结论是，这些变化反映了运动策略的改变，使运动员可以在疲劳情况下达到所需的跑步速度。这种方法值得进一步研究。同样，韦贝（Wehbe）及其同事[147]提出使用2×6秒的自行车最大强度冲刺来评估峰值功率，以此来反映澳式橄榄球比赛后运动员的神经肌肉疲劳程度。研究者观察到，比赛结束后24小时，运动员的峰值功率与比赛前相比有所降低，并提出该测试的一个潜在优势在于它不包含离心部分。但是，此类方案的实用性有限，这可能会限制其在高水平表现环境中的使用。也有人建议，相比于七人制橄榄球训练后CMJ测试的相关指标，30米冲刺时间和最大水平方向理论速度（来自30米冲刺）可能是更敏感的神经肌肉疲劳指标[92]；但是，这些发现可能与所选择用于分析CMJ测试的指标（即高度、功率、力和速度）缺乏敏感性有关，而不是与CMJ测试本身的局限性有关。在实践中，通过冲刺测试来评估疲劳程度是否现实也是一个问题，因为它有导致软组织损伤的风险，并且需要有足够动机才能达到最高表现水平。

心率作为训练和比赛反应的指标

使用静息、运动和恢复心率（Heart Rate，HR）来监控适应和疲劳程度越来越常见[11, 17, 81-83]。尽管测量HR相对容易，但是对观察结果进行解释还是有些复杂[11, 17]，这些测量值的用途可能取决于运动项目和测量频率[17]。静息和运动后的心率变异性（Heart Rate Variability，HRV）及HR恢复的改善是出现积极适应的迹象[11]。一个可能令人困惑的结果是，在过度刺激中也可能发生运动后HRV和HR恢复的变化，这强调了需要考虑训练内容（即训练负荷的最新变化）和对训练其他反应的测量值（例如主观疲劳度），以便正确地解释数据[11, 17]。同样，在确定所见到的任何变化的实际意义时应考虑这些变量的固有测量误差[17]。图2.4提供的指南有助于确定在特定环境中哪些HR测量值可能是有用的，读者可在本书的其他章节中了解更多详细信息[17]。

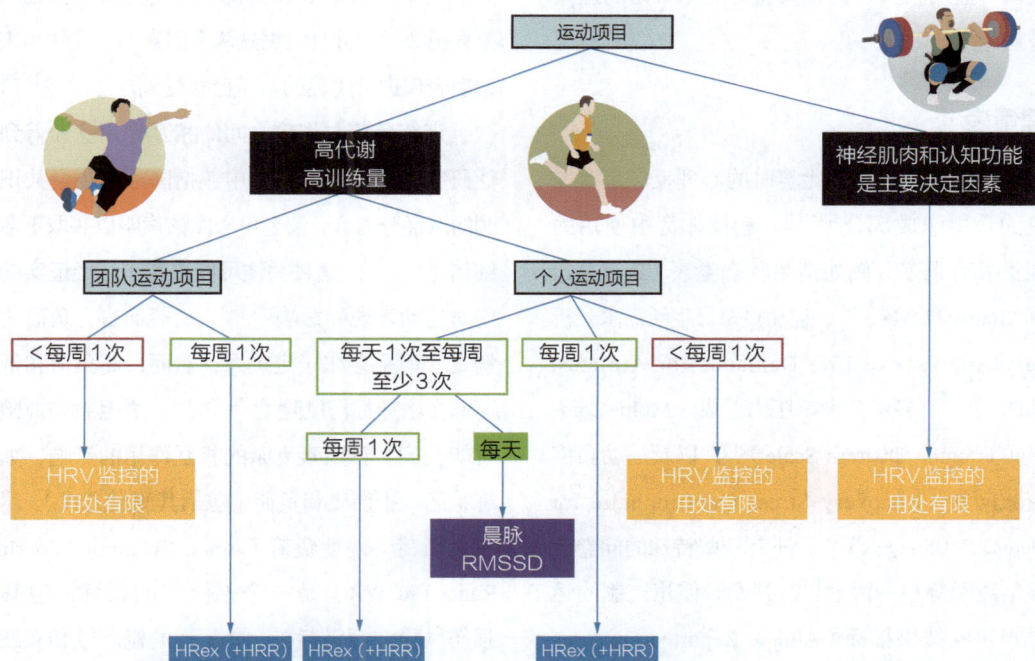

RMSSD，运动后测得的相邻正常R-R间期的均方根的对数；HRex，次最大运动心率；HRR（Heart Rate Rocovery），恢复心率。

图2.4　基于运动项目和实施可能性选择心率（HR）指标的决策图

转载自：M. Buchheit (2014, pg.14)。

隐形监控

虽然标准的次最大强度方案对于训练实践人员评估训练和比赛负荷反应是一种有吸引力的选择，但仍然需要运动员在正常训练外执行特定的活动，尽管这些活动几乎没有侵入性并且可以作为热身的一部分。这种方法可以延伸到在正式训练课中（例如小场地比赛）评估运动员是否准备好承担更多负荷，这有时被称为隐形监控[114]。例如，罗厄尔（Rowell）及其同事[114]发现，在标准化的小场地比赛中，当足球运动员被认为疲劳（由CMJ测试测得的腾空时间与收缩时间的比率降低确定）时，加速度计相关指标会发生变化。至关重要的是，小场地比赛中运动模式发生改变后，左右方向加速度计矢量对总PlayerLoad™（Catapult追踪

系统中加速度计的矢量幅度）的贡献也增加了。研究者得出结论：这很可能意味着疲劳导致了运动策略的变化[114]。在疲劳的情况下，总速度和距离似乎可以保持相对不变；但是，为达到相同的外部负荷而采取的运动策略似乎有所改变。从实践的角度来看，这表明使用反映运动策略变化的变量（可能与总外部负荷有关）可能会获得有用信息。

同样，在多个运动项目中，加速度计相关指标的变化可以反映运动员运动策略的变化，这表明人们有可能在比赛中用它们来评估疲劳状态[10, 30, 96]。如前所述，这些指标包括自定义指标（如Player-Load™）、各种步幅指标，甚至像垂直刚度这样的指标。此外，如前所述，微型技术设备中的自动事件检测算法的不断发展可能会提供有用的信息。这种能够在比赛或训练过程中实时获得测量数据

的设备可能对换人、位置调整等战术策略的应用有潜在意义。

心理量表

监控运动员训练和比赛时的心理反应是监控系统的重要组成部分[79, 122]。竞技体育中使用的心理量表有很多，例如情绪状态量表（Profile of Mood States, POMS）[94]、运动员每日生活需求分析（Daily Analyses of Life Demands for Athletes, DALDA）[119]、多成分训练压力量表（Multi-Component Training Distress Scale）[87]，以及运动员恢复应激问卷（Recovery-Stress Questionnaire for Athletes, RESTQ-S）[78]。还有一些特殊的问卷旨在评估睡眠等单一因素[44]。最后，使用定制的运动员报告的结果指标（Athlete Reported Outcome Measures, AROMs）在高水平表现竞技体育中很常见[122]，读者可以参考第17章关于这些量表及其使用中的关键问题的内容。

内部和外部负荷的整合

除了使用外部负荷评估疲劳程度外，还有人提出内部负荷和外部负荷的整合指标（例如总距离与个性化训练冲量之比）[3, 40, 53, 146]。一般的建议是，这种指标提供了效率指数，因为它表示外部负荷相对于执行此负荷的成本的比值（以HR或RPE等形式表示的内部负荷测量值）。读者可以参阅第14章和第17章，以获取有关内部负荷测量的更多详细信息。由于它可以为训练实践人员提供有关运动员状况的更全面的信息，因此读者有必要对此概念进行进一步的探索[3]。

探究负荷、损伤、疾病和运动表现的相互作用

正如前面在"管理训练过程"一节中所讨论的，

简单来说，可以认为运动表现是适应和疲劳之间的差异函数[26]，并且根据这两个因素的相互作用来对运动表现进行建模的尝试已经受到广泛关注[8, 99]。

训练负荷与伤病之间的相互作用已经得到广泛研究[43, 45, 59, 118, 149]，其中包括国际奥委会共识声明的两部分内容，读者可参阅该声明以获取更多详细信息[123, 129]。这种关注可能来源于已经证实的损伤对运动表现的影响[68, 150]。一般而言，负荷与伤病之间似乎存在一定关系；然而，高负荷和低负荷都会增加损伤风险[29, 102, 107, 118]，并且损伤风险很可能受到多种因素复杂的相互作用的影响，如训练状态、损伤史和负荷（包括其测量方式）。尽管急性负荷：慢性负荷（Acute：Chronic Workload Ratio, ACWR）是一个很流行的指标，但其在损伤风险方面仍存在一些关键的概念性和实践性缺陷，包括但不限于在慢性负荷中使用急性负荷（称为数学耦合）和滚动平均值[86, 151]。确实有研究表明，虽然与损伤有一定关联，但ACWR预测损伤的能力很差[50]。因此，建议不要将ACWR用于此目的[74]。尽管如此，我们仍然建议训练实践人员详细计划和测量训练负荷的增加和减少，并且第19章介绍了有关损伤风险的其他内容。这些信息与其他运动员反应相关指标，以及运动员和临床医生的反馈，可用于指导与管理和训练有关的损伤风险的决策。

虽然制订训练计划时将损伤风险降至最低是一个重要目标，但提升运动表现才是最终目标。事实上，要最大限度地减少损伤，最直接的方法就是完全停止训练和比赛，但这显然不是一个合乎逻辑的解决方案。考虑到这一点，施加引起运动表现提升所需的训练量是训练实践人员的工作重点。对澳式橄榄球精英运动员的研究表明，训练中的跑动距离和**课次RPE**（session RPE, sRPE）与比赛中的跑动距离有关，然而，通过比赛统计数

据测得的训练负荷和比赛表现之间的关系很弱[61]。一些研究证明了适应（Yo-Yo 间歇恢复测试级别 2 表现）与比赛表现（以控球为测量指标）之间的直接关系，以及适应与比赛中高强度跑动时的控球次数之间的间接关系[98]。但是，总的来说，虽然训练负荷与澳式橄榄球比赛中的跑动有一定的关联性（不是直接的因果关系，但可能与适应增强有关），但与教练员对比赛表现的评价或比赛统计数据的关联性不那么强[121, 132]。这表明（通过适当的测试）结合训练负荷来评估适应是一种有价值的方法。

团队运动项目中训练负荷与表现结果之间的关系非常复杂，研究者不太可能轻易确定它们之间的关系。一项调查团队运动项目中训练负荷与表现结果之间关系的综述得出结论：外部训练负荷与表现结果之间几乎没有明确的关联[52]。然而，以超过 90% 最大 HR 活动为代表的高强度内部训练负荷是有氧表现的最佳指标[52]。因此，建议基于合理的概念框架有目的地选择训练负荷结构，并使用已明确测量属性（即效度和信度）的测量值。重要的是，在指标上不应混淆外部负荷（例如跑动距离）与运动表现（经由技术统计或教练员主观评分量化的比赛情况）。

制订训练负荷监控体系和策略

训练实践人员可用来制订计划和监控训练负荷和疲劳程度的方法和指标种类繁多，但难点在于遴选在特定环境中具有信度和效度的方法和指标[113]。在实际应用中，效度很重要，这些方法和指标不仅要与标准数据或金标准测量法相对比，还要从生态学角度去考虑（有关如何具体监控训练负荷的统计问题，参见下文）。任何监控系统有效的前提都是对训练量的准确量化[121]，而微型技术设备可以提供多个外部负荷指标，但并不是所有的指标都同等有用[133, 144]。此外，运动员监控系统的开发应涉及

训练负荷的量化和个人反应评估，这样的系统可用于指导有关未来训练量和强度的决策[35, 121]。

如前所述，评估内部负荷和外部负荷的方法很多，我们建议科学训练师熟悉各种测量方法在特定环境下的具体优缺点。至关重要的是，只有很少的方法（如果有）会被普遍采用（也许只有 sRPE）。

外部负荷指标

选择外部负荷指标时有一个重要的考虑因素，即这些指标中的任何一项与运动表现或损伤之间是否存在概念合理性和一致关联性（参见上一节和第 19 章）[121]。此外，对于科学训练师而言，重要的是要确保外部负荷指标能够提供重要而独特的信息[133, 144]。例如，使用高级统计方法对场地项目进行研究，可以确定关键性的参数来量化训练和比赛负荷[133, 144]。此类分析可以减轻训练实践人员的负担，因为这使他们可以仅专注于最重要的指标，降低基于最终并不重要的变量做出决策的可能性[145]。这些指标应该包括跑动负荷（即速度和距离）和反映其他运动的指标[141]。最后，从监控的角度来看，最终应该评估运动员对特定外部负荷的反应。

内部负荷指标

一组运动员可以承受类似的外部负荷，但每个运动员的内部负荷可能存在非常大的差异[122]。有很多方法可以测量内部负荷，包括客观（例如 HR）和主观（例如 RPE）类方法，详见本章前文及第 14 章和第 17 章中的相关内容。这些方法的组合（包括内部负荷和外部负荷的整合）可能会被证明是最有用的，但是，运动情境应该是使用何种方法的决定性因素。

监控体系的常规组成部分

除了个体指标外，科学训练师还应考虑监控

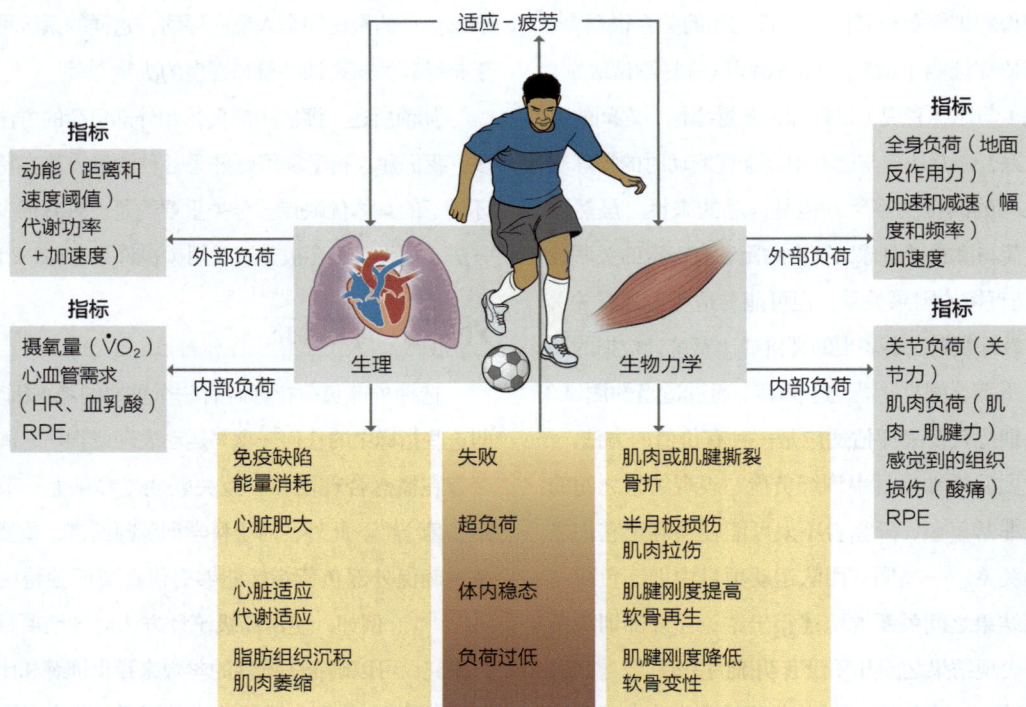

图2.5　监控生理和生物力学负荷

经许可转载自：J. Vanrenterghem et al. (2017, pg. 2135-2142)。

体系的一些常规组成部分，特别是移动类和力学类外部负荷与sRPE[121]的组合，因为单个指标不太可能反映训练和比赛负荷的复杂性[145]。图2.5提供了一种综合监控方法的示例[141]。好的监控体系必须尽可能地没有干扰性，以免增大在高水平表现竞技体育中应用的难度[66]。

运动员的参与是确保合理使用资源的基础，运动员、教练员和其他相关人员必须充分了解监控计划的目的及其对训练和比赛的影响[66]。这些方面很重要，无论是没有反馈，还是修改训练的决策可能有失公平，都是运动员依从性差的潜在原因[103]。为了尽量避免这些情况发生，科学训练师应将所有监控计划的结果明确传达给运动员、教练员和其他人员，并注重个性化分析，以及使用视觉上能够吸引目光又简单易懂的报告[113]。为此，可以采用不同颜色的标志和图表相结合的方式。

科学训练师需要重点考虑的是，利用新技术（例如GPS）或复杂方案（特别是用于评估内部负荷的方案）获得指标的重要性被高估已经成为一种趋势。但有时自述报告形式的主观指标可以被认为与大多数其他测量值同样有效，甚至更好。最终，一种能够结合生物学和心理学方面指标的方法可能是最好的方法[66]。

监控训练负荷的统计问题

所有负荷和疲劳监控策略的关键基础都是使用适当的统计分析方法。至关重要的是，零假设检验等用于确定统计显著性的传统方法在高水平表现环境中可能并不适用[18, 113, 152]。在竞技体育中，尽管个体层面的分析可能与高水平表现是最相关的，但在某些情况下可能需要进行组内分析（例如位置比较、新人与资深运动员比较）。在组内分析中使用传统方法的局限性与个人评估的情况类似[112, 142]。通常情况下，适当的统计分析可以准确地确定可供比较的基准、基线和边界[113]。

无论是在组内还是在个体层面上进行分析，训练实践人员都需要考虑的一个重要因素是任何测量均存在不确定性，并且应在所有分析中考虑这种不确定性，它通常以置信区间的形式表示[69]。读者可以参阅第18章，以获取有关这些主题的更多详细信息。接下来将简要介绍与负荷和疲劳有关的关键概念。

效度

如本章前面各节所述，用于监控负荷和疲劳的指标必须有效且可靠。虽然训练实践人员应该通过与标准数据或金标准测试（称为标准效度）的比较来评估一个指标的效度，但评估指标对训练过程的影响（称为生态效度）也是至关重要的[18]。效度可以通过各种统计数据来表示，包括相关性、估计值的典型误差（场地测量值与标准测量值之间的差异）和偏差（描述实地测量值相较于标准测量值被高估或低估的程度）[69]。

信度

类似地，信度可以用特定的相关系数、测量的标准误差、重复测试间平均分数的变化来表示。其中，测量的标准误差可作为变异系数（Coefficient of Variation，CV）。对负荷和疲劳监控中使用的变量的信度进行量化是确定有价值变化的关键步骤。

有价值变化

虽然这里不可能对有价值变化进行详细的探讨（见第18章），但实际上，对于训练实践人员来说，要确信特定变量在不同时间点之间的变化或信号是有价值的，则该变化必须超过测量中的噪声或误差（例如以CV测量）[18]。其中一个密切相关的概念是最小有价值变化（Smallest Worthwhile Change，SWC）或最小差异（Minimal Difference，MD），它表示在给定运动员的指标中可能具有实际重要性的最小变化[18]。有许多方法适用于SWC或MD的计算，训练实践人员可以根据具体指标和具体背景选用；然而，这通常是重复信度试验中受试者间标准差的一小部分[18]。尽管在许多情况下，训练负荷和疲劳程度的测量值的分辨率不足以检测SWC，但它们仍然有用，因为这些测量值的定期变化（例如每周变化，也称为信号）超过了CV或噪声[38]。评估测量值相对于CV和SWC的变化幅度可以产生一系列潜在的定性描述词，从"不清楚"（变化可能同时为正和负）到"无价值"（变化太小而没有实用价值）和"正或负"（变化在其中一个方向上明显超过CV和SWC）。图2.6展示了如何使用CV评估是否发生了有价值变化[18]。对于负荷和疲劳监控，这是一个特别重要的考虑因素，因为它可以最大限度地确定状态的变化，这对训练计划的调整有显著影响。

训练实践人员可以使用多种其他方法来表示个体负荷和疲劳监控变量的统计量，包括z值、标准差值[111]和标准十分值[24]。这些方法涉及相对于组内分数分布来标准化单个运动员的分数，从而使之可以以相对于组内分数（或所需的预定标准）的形式呈现。在电子表格软件中，训练实践人员可以轻松计算所有这些统计数据并绘制出图形，以提供对教练员和运动员有意义的可视化信息。

高级统计方法

详细探讨高级统计方法超出了本章的范围。但是，科学训练师应该意识到，越来越多的人使用高级分析方法研究训练和比赛负荷，以及疲劳

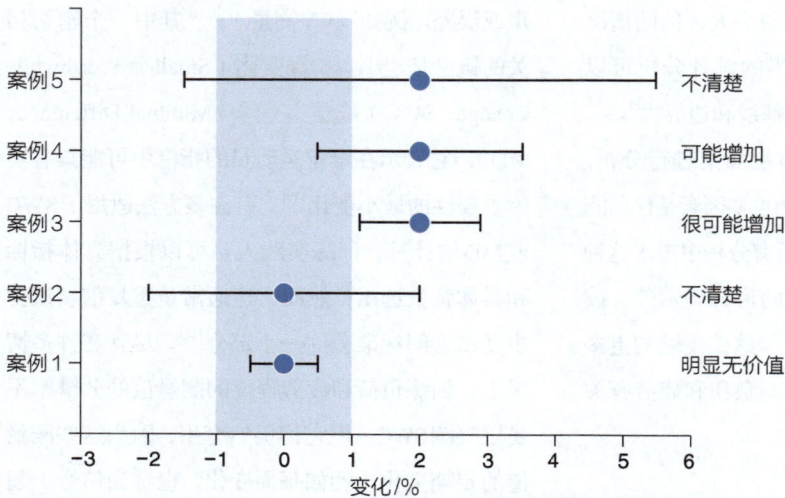

图2.6 解释个体表现数据的变化

经许可转载自：M.J.S. Buchheit (2017, pg.39)。

程度；特别是，使用这些方法来研究与运动表现或损伤（或者两者）的相互作用并确定唯一外部负荷变量的做法变得越来越普遍[61, 115–117, 133]。

小结

全面了解训练和比赛的内部负荷和外部负荷对于开发有效的训练模型至关重要。量化训练和比赛的内部负荷和外部负荷的最终目的是优化对运动员施加的刺激，因此，不应将对负荷和疲劳程度的监控视为减少负荷的过程。科学训练师可以使用多种工具来测量负荷，但是在将特定工具应用于特定情境之前，必须了解其正确的用法。对训练和比赛的反应进行主观感知评估也非常重要，其价值不应被低估。同样，科学训练师应该始终考虑外部负荷测量的效度和信度。最后，一个有效的体系可能包括对少量关键指标的常规收集和分析，然后将这些关键指标用于个体训练负荷的持续调整，以最大化实现表现成果（包括降低损伤风险）的可能性。在实际应用中，科学训练师应贯彻此方法，而不要使用大量指标来进行过于复杂的建模，否则可能无法成功实现损伤预测之类的目标。同样，应避免采用过于简单的解释或简化方法来描述训练负荷、运动表现和损伤之间复杂的相互作用（例如用一个数字来描述运动员的疲劳、恢复或准备状态）。

推荐读物

Impellizzeri, FM, Marcora, SM, and Coutts, AJ. Internal and external training load: 15 years on. *Int J Sports Physiol Perform* 14: 270–273, 2019.

Robertson, S, Bartlett, JD, and Gastin, PB. Red, amber, or green? Athlete monitoring in team sport: the need for decision-support systems. *Int J Sports Physiol Perform* 12: S273–S279, 2017.

Ruddy, JD, Cormack, SJ, Whiteley, R, Williams, MD, Timmins, RG, and Opar, DA. Modeling the risk of team sport injuries: a narrative review of different statistical approaches. *Front Physiol* 10: 829, 2019.

第3章

个人运动项目的训练分期和计划制订

G.格雷戈里·哈夫（G. Gregory Haff），博士

运动表现的一个关键点是通过对训练过程的指导，使个人运动项目的运动员能够在重要的预定时间点表现出最高水平。这个目标的实现在很大程度上会受到训练过程中所采用的长期和短期计划制订策略的影响[57]。组织各种计划制订策略并使它们与运动表现的目标和时间点相匹配的过程被称为**训练分期**。虽然教练员和科学训练师已经广泛采用训练分期策略[29]作为培养运动员的基础实践，但对于训练分期及其在个人运动项目中的实际应用仍存在许多误解[49-50, 54]。造成困惑的核心是他们错误地认为训练分期是一种死板的结构，不能说明单个运动员适应训练应激源的能力[50]，并且训练分期和计划制订是同义的[48, 54]。从根本上讲，训练分期是用于组织运动员个人训练的过程[23]。这是一个基于证据的持续反思过程，用于评估运动员的当前训练状况，并为将来的计划制订提供信息。这种结构的核心是系统地参与运动员监控过程（见第3部分）[23]，并快速解释所收集到的信息，向教练员提供信息（见第22章）以指导其制订训练计划[14]。由于科学训练师拥有收集、分析和解释监控数据的独特技能，以及对科学过程的深刻理解，他们在训练分期和计划制订中起着至关重要的作用。

训练分期：涉及多个因素的综合概念

关于训练分期的许多讨论都围绕着运动员体能训练计划的实施[1, 54]，而没有考虑到其他可能会严重影响运动员发展和比赛准备状态的因素。归根结底，训练分期是一个综合过程，过程中将所有训练组成部分组合成一个全面的结构，使体能训练因素与营养和恢复策略相匹配，最终使运动员的运动表现达到最佳水平[8, 57]。此外，人们越来越重视将其他因素纳入整体训练分期计划中，例如心理（或心理表现）和动作技能的发展[57]。同样，邦帕（Bompa）及其同事[8]提出，要真正优化运动员的训练分期，需要整合许多相互关联的因素。考虑到训练分期的高度综合性，经常由交叉学科支撑团队来优化个人运动项目运动员的训练过程（将在第30章进一步讨论）。

科学训练师在个人运动项目中的作用

作为个人运动项目多学科支撑团队的一员，科学训练师有着不可或缺的作用[40]，其为教练员提出的问题建立证据基础，为优化运动员的准备工作提供信息[41]。从概念上讲，这个多学科团队

帮助管理运动员的准备工作和竞技表现。这种方法的关键是以运动员为中心，以教练员为主导，以团队为支撑[63]，整合各种专家的角色来优化运动员的准备工作[12]。

诺里斯（Norris）和史密斯（Smith）[63]认为，组建多学科团队是现代训练分期理念的核心组成部分，该团队通过制订合理的训练计划来指导运动员完成准备期和比赛期。这种方法应该有助于消除将训练分期视作一种僵化或固定的训练方法的错误观念[63]。该过程的关键是为教练员提供有关正在进行监控过程的最新解释，并为教练员提供可以指导他们构建所选训练干预措施的信息[14]。此外，科学训练师有能力根据研究和专业知识为教练员提供有关训练过程中各个方面的信息。

除了管理监控过程并解释收集到的数据外，科学训练师还要持续关注不断发展的科学知识，以获得可服务训练过程的知识。基于对新兴研究领域的关注，科学训练师可以为教练员提供有利于训练计划制订和实施的新的训练干预、恢复或营养管理方法[42]。

训练分期和计划制订

尽管训练分期被广泛认为是指导运动员训练的重要工具，但此概念在教练员和科学文献中目前尚无普遍接受的定义[23, 49]。虽然有些作者简单地将训练分期称为训练计划的变体[25]，但另一些作者则认为，训练分期是一个指导性模板，可以作为一个系统化的方法学规划工具，用于指导运动员训练[63]。作为一个指导性训练工具，训练分期有时被描述为用于对不同训练单元（例如训练周期）进行排序的方法，以引导运动员达到预期的状态和结果[45]。训练分期文献中提及的训练排序已经导致错误的观点，即认为训练分期是一种僵化的结构，这与运动员适应训练过程的现实脱节[49]。这

种错误的观点在体能训练界最为明显，因为有几位作者反复指出训练分期是一个僵化且不可调整的概念[19, 49, 54]。实际上，与其将训练分期归类为僵化的概念，不如将其更好地解释为一种基础框架，依据该框架可针对特定的需求和情况制订具体的训练计划[57]。因此，训练分期的本质是利用训练方法的组合并考虑运动员当前的运动表现特征来制订合理的训练计划，从而优化训练过程。科学训练师在这一过程中扮演着至关重要的角色，因为他们为多学科团队提供可量化的指标，在既定的训练分期计划的背景下使用这些指标来指导训练。

训练分期 vs 计划制订

科学训练师和教练员必须考虑的关键问题是训练分期与计划制订的区别（见图3.1）。如前所述，训练分期是用于设计和实施计划干预措施的基础框架。这个过程的核心是科学训练师利用运动员当前状态的监控数据建模，以帮助教练员更加灵活地制订计划[22-23]。因此，训练分期是一种宏观管理策略，它充当一张训练蓝图，科学训练师和教练员可以据此针对与特定适应、技能或运动表现相关的因素进行预测并分配时间段[22, 57]。预测的过程只是建立训练目标，训练目标与训练周期（例如小周期、中周期、大周期，以及一年期和多年期）一致[63]，且训练目标以运动员的需求和目标为基础，以便为计划制订提供依据[22]，如图3.1所示。

因此，计划制订描述用于构造运动员所要接受的训练刺激的模式和方法[22]。图3.1所示的训练变量可以很好地说明这一点，例如训练量或强度或者两者兼有，它们通常与身体训练及用于制订身体训练干预措施的策略相关。正如普利斯克（Plisk）和斯通（Stone）[67]在其影响深远的训练分期文章中指出的那样，很明显，"**计划制订**是一种战略

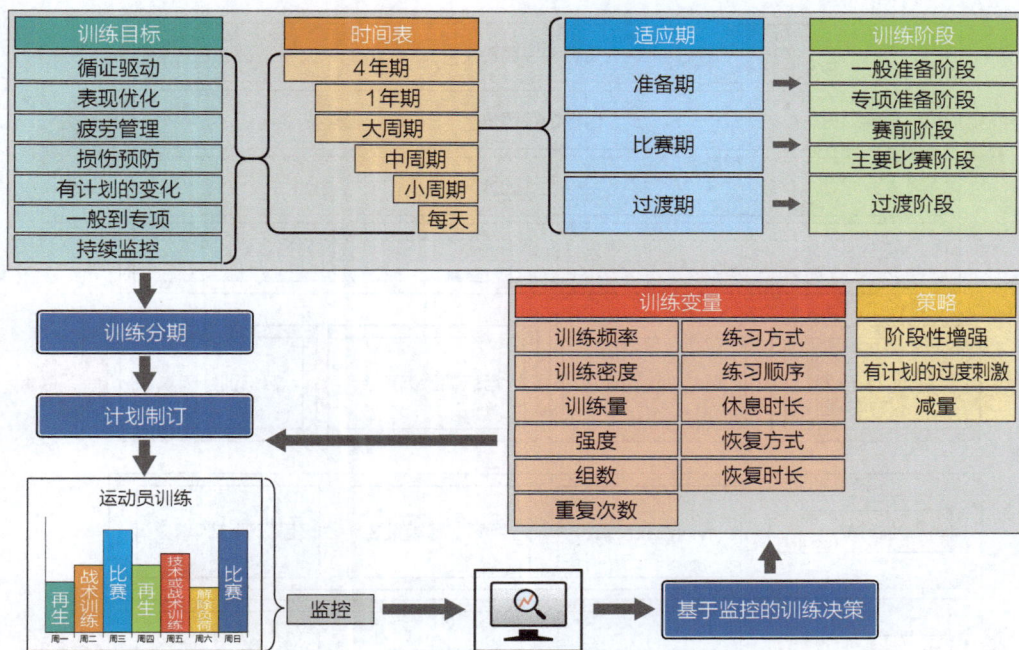

图3.1　训练分期、监控和计划制订的共生关系

基于Cananan et al. (2018)。

思维的实施，当将持续监控整合到训练分期过程中时，就可以最好地完成这种实施"。在考虑训练分期时，科学训练师和教练员虽然通常会讨论体能训练计划的制订，但同样要注意其他因素（例如恢复、饮食、心理技能，以及技战术训练）也可以纳入周期计划[57]。以优化这些因素为目标的训练计划或策略都是全面训练分期训练计划的一部分。

训练分期和规划训练过程

在查阅训练分期文献时，很明显有许多模型可以用于规划训练过程，其中包括并行训练模型、顺序训练模型和侧重训练模型（见图3.2[31]）。

并行训练模型

并行训练模型如图3.2a所示，要求在一节训练课、一个训练日、多个训练日或小周期内同时

训练所有因素[31]。这种模型有时也被称为同期或复合式并行方法[9]。通常，该模型对青少年、初学者或发展期运动员有效，而对于中级至精英级运动员可能没有什么效果[31, 62]。并行训练模型存在的主要问题之一是，随着运动员的进步，他们所接受的训练量或负荷必须增加，以继续刺激其产生适应。这可能会存在问题，因为运动员的训练耐受性有限，增加的训练量或负荷可能会超出运动员对训练的承受能力[45]并最终导致过度训练[31, 62]。由于中高级运动员需要更大的刺激来产生适应并提高表现水平，因此科学训练师可能有必要对他们采用不同的策略[31, 67]。

虽然并行训练模型可能存在一些问题，但科学训练师可以选择在训练年中的特定时间点对个人运动项目的运动员使用此模型。例如，在过渡期内，当需要采取多边方法时，使用并行训练模型会产生益处，因为它可以在训练期内同时针对所

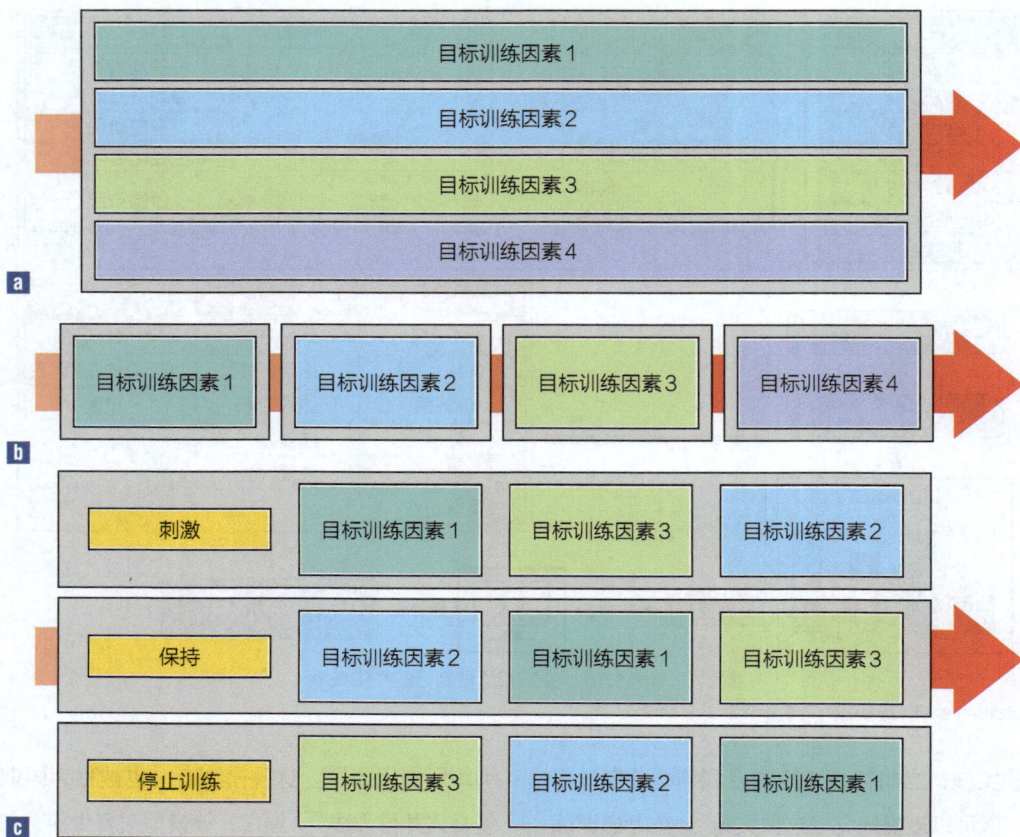

图 3.2　训练分期和计划模型：a. 并行训练模型，b. 顺序训练模型，以及 c. 侧重训练模型
图 a 和图 b：经许可改编自 Haff（2017, pg. 36, 37）。图 c：基于 McGuigan（2017）。

有关键训练因素。另外，如果要求运动员在较长的比赛期之前经历特别短的准备期，则并行训练模型是合理的选择[9]。做出此选择的科学训练师很可能会在比赛期采用侧重训练模型。

顺序训练模型

另一种模型是顺序训练模型，如图 3.2b 所示，也称板块模型[43]。该模型按一种逻辑模式对个人因素或有限数量的训练因素进行排序，以指导训练并实现目标结果[31, 62]。顺序训练模型通常用于个人运动项目，例如举重[79]、越野滑雪[78]、自行车[24, 72]、田径[65] 和心肺耐力运动项目[44]。从概念上讲，该模型使运动员能够以某种顺序接受更

大的训练负荷和强度，从而发展至特定的训练结果[31]。运动员按训练重点的顺序逐步完成训练，不再强调某些训练因素，导致这些因素的发展程度下降[62]，并逐渐停止发展。而一个不再被强调的训练因素，其停止训练的结果会严重受到上一次与这一次训练重点间隔时间长短的影响[31]。尽管此模型的一些支持者建议定期引入"迷你板块"以保留训练因素，但对于某些运动员来说，采用一个顺序模型来调节正在训练的因素可能会带来好处[31, 73]。

侧重训练模型

侧重训练模型如图 3.2c 所示，其结合了并行训练模型和顺序训练模型的各个方面[31]。具体而

言，该模型允许同时对多个训练因素进行训练（即并行训练模型），并随时间改变侧重点（即顺序训练模型），以刺激产生适应或保持适应，或者允许停止训练[81]。该模型的支持者建议，应每两周轮换一次强调的给定训练因素，以优化表现能力[81]。这种训练分期模型非常适合必须在赛程密集期参赛的中高水平运动员。侧重训练模型虽然更常用于团队运动项目[73]，但也有人建议将其用于场地自行车[62]和短跑[26]等个人运动项目。侧重训练模型的经典示例是弗朗西斯（Francis）提出的用于短跑的垂直整合模型[26]。在此示例中，该模型同时训练了6个训练因素（并行训练模型），并且具有与训练目标一致的不同程度的侧重点（顺序训练模型）。

训练分期的层次结构

作为一种基础结构，训练分期的层次结构包含用于组织与运动员的短期、中期和长期训练计划相关的各个时间段的一系列层次结构[29, 63]。从概念上讲，这些不同的结构无非是相互关联的计划层次，有助于使针对运动员制订的训练干预措施与多学科团队为运动员确立的目标保持一致[29]。

最常见的是，训练分期训练计划由7个相互关联的层次组成，其中包括多年训练计划、年度训练计划、大周期、中周期、小周期、训练日和训练课（见表3.1[29, 33]）。

多年训练计划

多年训练计划是运动员长期发展的重要组成部分[34]，旨在针对为运动员个人建立的长期目标规划实现途径（见图3.3[64]）。制订多年训练计划的核心是确立多个表现指标，或将科学训练师和教练员确定的基准作为整个计划期间要实现的目标[7]。从概念上讲，多年训练计划在很大程度上是一个长期的运动员发展计划，旨在支撑运动员逐步发展[34]。尽管该计划为运动员的长远发展搭建了框架，但需要注意的是，它并不严格，可以根据运动员个人的进步速度进行修改。

最常见的多年训练计划是4年期计划，它由4年的训练组成，可以使个人运动项目的运动员的训练与奥运会周期[29, 46, 74]、高中体育[46]和大学体育训练[29]保持一致。无论计划的长度如何，多年训练计划的最终目标都是针对运动员的训练目标建立长期发展途径，以让他们能够在预定的时间点

表3.1　训练分期的层次结构

层次	名称	持续时间	描述
1	多年训练计划	2~4年	一个长期计划，在几个年度计划中有描述训练目标的进度。最典型的多年训练计划是4年期计划
2	年度训练计划	1年	该计划列出整整1年的训练。它可以包含1~3个大周期
3	大周期	几个月到1年	该周期包括赛季（包含休赛期）、赛季前、赛季中和赛季后。它由多个中周期组成
4	中周期	2~6周	这是一个中等规模的训练周期，通常持续4周。这个周期有时被称为训练板块。它由多个小周期组成
5	小周期	几天到2周	这种较小规模的训练周期，通常包含1周（即7天）的训练。它与中周期目标一致
6	训练日	1天	进行训练的1天，它与小周期目标保持一致
7	训练课	几分钟到几小时	这是训练日内的一段时间，其中包含特定的训练单元。1天之内，课间休息时间超过30分钟的训练课属于不同训练课

经许可改编自：Haff (2017, pg.39)。改编自：Bompa and Haff (2009); Haff (2016); Haff and Haff (2012); Issurin (2010); Stone et al. (2007)。

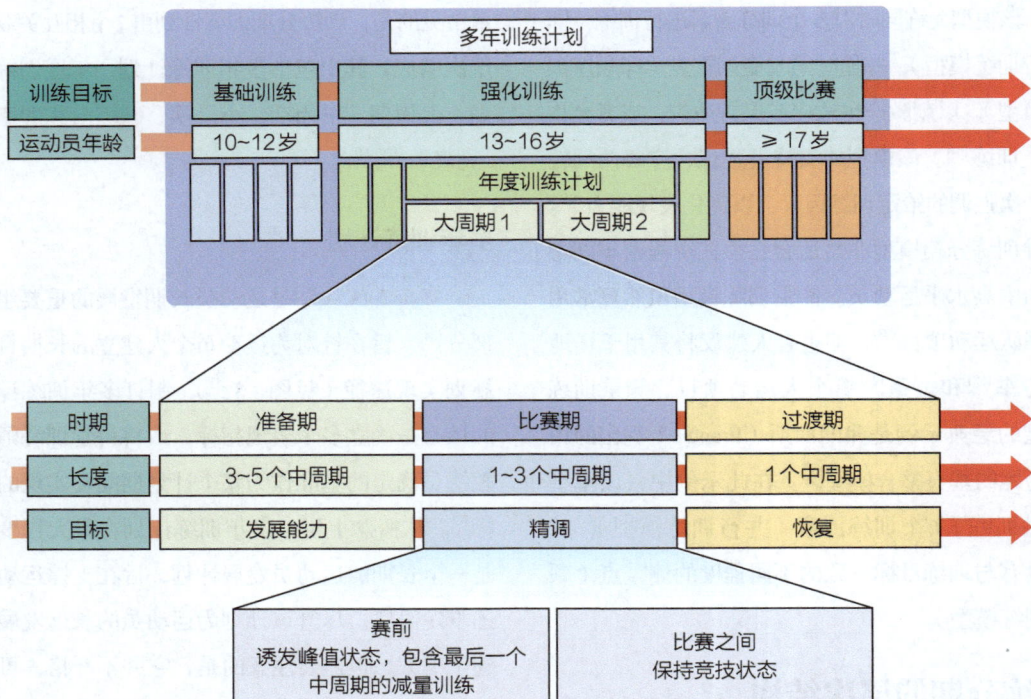

多年训练计划			
训练目标	基础训练	强化训练	顶级比赛
运动员年龄	10~12岁	13~16岁	≥17岁

年度训练计划
大周期1 | 大周期2

时期	准备期	比赛期	过渡期
长度	3~5个中周期	1~3个中周期	1个中周期
目标	发展能力	精调	恢复

赛前
诱发峰值状态，包含最后一个
中周期的减量训练

比赛之间
保持竞技状态

图3.3 游泳项目多年训练计划示例

经许可转载自：J. Olbrecht (2007, pg.191)。

发展出专项的生理、心理和表现成果[29, 46]。

年度训练计划

年度训练计划用于建立全年的顺序训练框架，并定义运动员个人的发展目标和表现目标[11, 29, 74]。该计划的结构基于运动员的发展水平[10-11]、为多年训练计划制订的训练目标[21, 46, 64]和运动员的比赛日程[11, 29]。传统上，当计划的目标从准备转向比赛时，年度训练计划中的负荷会从高训练量和低训练强度调整为低训练量和高训练强度，其中也会加入更多的技术或战术训练[29, 36]。

大周期

当年度训练计划包含一个赛季时，传统上将其称为一个**大周期**[11, 29]。由于现代运动员的比赛时间表相当复杂，并且许多个人运动项目的运动

员会在多个赛季中参赛[29, 38]，因此，大周期应该代表赛季。例如，一个大学长跑运动员可能会在秋季参加越野跑赛事，冬季参加室内田径赛事，春季参加户外田径赛事，共有3个赛季。因此，这个运动员的年度训练计划将包含3个赛季，也因此被分为3个大周期。

从结构上讲，大周期可以划分为不同的训练期和训练阶段，以帮助在年度训练计划中确定训练目标的顺序，并指导个性化训练计划的制订（见图3.4）。

具体来说，每个大周期有3个主要训练期，即准备期、比赛期和过渡期。**准备期**的重点是发展生理、心理和技术基础，并以此作为让运动员在**比赛期**发展至最高表现水平的基础[29]。**过渡期**是多个大周期或年度训练计划之间的纽带。在此期间，主要目标是保持体能和技能，同时实现恢复

年度训练计划					
	大周期				
训练期	准备期		比赛期		过渡期
训练阶段	一般准备阶段	专项准备阶段	赛前阶段	主要比赛阶段	过渡阶段
赛季	休赛期	赛季前		赛季中	赛季后

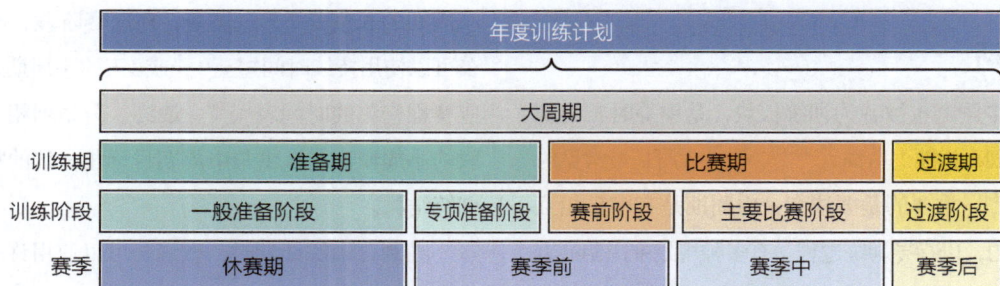

图3.4　赛季与经典训练分期训练结构的关联

经许可改编自：Haff, G.G. Periodization. In *Essentials of Strength Training and Conditioning*, 4th ed., Haff, G.G. and Triplett, N.T., eds.Champaign, IL: Human Kinetics, 592, 2016。

和再生[35]。重要的是要注意，如果这段时间减少训练的时间太长（>2周），那么运动员就需要更长的准备期才能为随后的比赛期做好准备[29]。

这些训练期可以进一步细分为重点更清晰的训练阶段（即**一般准备阶段**、**专项准备阶段**、赛前阶段、主要比赛阶段和过渡阶段），这有助于教练员整合、调整和排列训练目标，这些目标可以指导训练计划的制订（见表3.2[35]）。

一般准备阶段的特点是，在较低强度下执行较大的训练量，并采用多种训练方法来发展一般的运动能力和技能[29]。在此阶段结束之后，运动员通常将开始一个专项准备阶段，该阶段旨在提供更多专项训练，目的是在进入赛前阶段之前将运动员的整体准备状态提高到比赛所需的水平[21]。赛前阶段将专项准备阶段和主要比赛阶段连接起来。此阶段通常包含模拟比赛或非正式比赛，用于发展专项体能并评估运动员的表现水平。主要比赛阶段的结构在很大程度上由比赛时间表决定，并且其设计方式旨在最大限度地提高运动员在关键赛事中的成功率。此阶段结束后，运动员将进入过渡阶段，它充当连接下一个大周期或年度训练计划的阶段。

表3.2　周期化训练中使用的训练期和训练阶段的定义

规划的层次	说明
训练期	
准备期	这是周期化训练计划中的一个训练期，目标是发展生理、心理和技术基础，并以此作为发展最高表现水平的基础。它包含一般准备阶段和专项准备阶段
比赛期	周期化训练计划中的这个训练期以最大限度地提高竞技表现水平为目标。它包含赛前阶段和主要比赛阶段
过渡期	周期化训练计划中的这个训练期作为两个年度训练计划之间的纽带
训练阶段	
一般准备阶段	这个阶段发生在准备期的初段，并着重于发展一般的身体训练基础。此阶段的特点是高训练量和低强度，但过高的训练量可能会导致残余疲劳
专项准备阶段	这个阶段发生在准备期的后段，其特点是将训练重点转向更多专项训练方法。此阶段的计划通常会朝着更密集的训练和更低的训练量转变
赛前阶段	这个阶段将专项准备阶段和主要比赛阶段连接起来。在此阶段，科学训练师可以使用模拟赛和展示赛来练习比赛策略并评估运动员的水平
主要比赛阶段	这是包含在年度计划中的赛季阶段。赛季的主要目标是让运动员在关键赛事中发挥出最佳竞技状态
过渡阶段	此阶段的训练量和训练强度较低，用于促进恢复并帮助运动员为下一个准备期做好准备

中周期

中周期也被称为训练板块，是中等时长的训练计划，为期2~6周[29, 31, 33]，其中4周是最常见的时长[29]。重要的是要注意，中周期是有序且相互联系的，以指导训练过程。有多种规划中周期的方法，其结构的主要设置依据是训练目标以及周期化训练计划中所包含的各种监控和表现测试的结果。

通过表现评估（例如大腿中部等长发力拉、纵跳）、训练过程的连续监控（例如sRPE、训练负荷、睡眠、体重），以及其他实验室测试（例如运动表现、动力学或运动学或两者兼有、激素水平或代谢状态或两者兼有）等得到的数据都可以用于对运动员的发展进行建模[18]。这些数据使科学训练师可以就运动员在下一个训练模块中的训练需求提出建议，从而在小周期层面上调整训练策略。例如，运动员可能表现出意外的表现水平下降（如纵跳的腾空时间：收缩时间的比率下降[20]）及生物标志物的变化［如睾酮（T）水平、皮质醇（C）水平下降或T与C的比率下降[52]］，这表示可能出现了过度刺激或过度训练。在这种情况下，教练员可以决定在下一个中周期安排额外的恢复时间[74]。相反，如果运动员表现出特别好的反应，例如与应激相关的生物标志物减少（如皮质醇水平下降、谷氨酰胺水平上升[52]或表现水平提高[56]，则在下一个中周期时，教练员可以对目标训练负荷进行微调，以提供更大的训练刺激[74]。因此，科学训练师分析和解释持续监控和测试数据的能力对于中小周期层面的计划制订至关重要。

小周期

小周期通常被认为是训练过程中最重要的规划层次之一，因为它包含非常具体的训练目标，并将这些目标安排到各节训练课中[32]。最常见的

小周期的长度是7天；但是，在比赛阶段，教练员可以使用持续时间短至2天或3天的小周期来适应赛程密集的时间表[29, 35]。最终，一系列相互关联的小周期旨在提供与中周期目标相一致的特定训练结构。

在制订训练计划时，教练员可以使用许多种小周期结构[74, 80]。通常可以将小周期分为准备期或比赛期（见表3.3[64]）。

从根本上讲，各个小周期都是可互换的计划结构，作为针对中周期所包含的训练目标进行计划制订的一部分。例如，教练员可以设计4个相互关联的小周期，以形成一个在准备期使用的中周期，其目的是提升运动员的训练能力，具体如下。

预备→正常→正常→恢复

预备→正常→加强→恢复

加强→正常→正常→恢复

加强→恢复→加强→恢复

如果运动员处于比赛期，教练员则可以根据比赛需求对一系列小周期进行排序，具体如下。

模拟→赛前→比赛→恢复

在设计运动员的训练计划时，教练员可以构建许多小周期序列，主要可以根据科学训练师收集和解释的监控数据来调整小周期的顺序。例如，教练员可能已经规划了以下小周期序列，其中将轮换加强和恢复小周期。

加强→恢复→加强→恢复

在这个场景中，作为持续监控计划的一部分，科学训练师可能发现运动员在第一个恢复小周期结束之后尚未达到开启下一个加强小周期所需的必要恢复水平。那么，教练员可以更改小周期的顺序，以确保运动员在进入下一个加强小周期之前达到必要的恢复水平，则该中周期训练计划中的小周期顺序具体调整如下。

加强→恢复→恢复→加强

表3.3　小周期的分类

训练期	类型	训练阶段	描述
准备期	预备	一般准备阶段、专项准备阶段	• 用于重新建立或建立一般技能或专项技能 • 引入新的技能和训练活动，或引入专项技能 • 提升运动表现能力
	正常	一般准备阶段、专项准备阶段	• 包含以次最大强度执行的较少负荷 • 在连续的小周期中，负荷逐渐且均匀地增加
	加强	一般准备阶段、专项准备阶段	• 也称密集负荷 • 在准备期使用，针对一般或专项体能 • 训练量和强度突然增加 • 最好对技能较成熟的运动员使用
	恢复	一般准备阶段、专项准备阶段	• 训练负荷大幅减少 • 旨在促进恢复并减少疲劳积累
	模拟	专项准备阶段	• 用于模拟比赛环境 • 旨在通过模拟比赛使运动员熟悉比赛
比赛期	模拟	赛前阶段	• 重现比赛中的休息和运动状况 • 模拟比赛
	赛前	赛前阶段	• 训练量在小周期初段可能会较高，但在整个小周期中逐步减少 • 特别关注恢复 • 重点是专项训练
	比赛	主要比赛阶段	• 包含比赛 • 旨在使运动员发挥出最佳水平 • 包括根据比赛时间表安排的训练课
	恢复	赛前阶段、主要比赛阶段	• 训练负荷大幅减少 • 旨在促进恢复并减少疲劳积累

经许可改编自：G.G. Haff (2016, pg.404-448)。

从根本上说，为了改变小周期的顺序，每个小周期中的实际训练课（即外部训练负荷）将根据运动员的内部训练负荷进行修改或调整。

室内和户外个人运动项目的考虑因素

尽管室内和户外个人运动项目的训练分期过程没有什么不同，但科学训练师可以在帮助教练员优化运动员个人针对特定室内或户外竞技环境的准备方面发挥重要作用。

当人们研究户外运动时，环境是重要的考虑因素，科学训练师应尽可能在训练分期训练计划中解决相关问题。如果运动员在比赛期内有多项赛事要在非常炎热的环境中进行，则科学训练师可以提出如下建议：在运动员的准备计划中纳入气候适应策略[16]、赛前降温策略[2]或补水策略[5]。例如，将短期（5天）的炎热气候适应策略纳入训练分期训练计划中可以减少热应激，并在赛事之间安排持续时间较短（2天）的重新适应策略，这样可以进一步提升运动员的表现和耐热能力[16]。科学训练师可以采用另一种策略来帮助运动员准备在炎热环境中的比赛，即采用其他散热策略。例如，可以将赛前降温技术整合到训练计划中，使运动员熟悉该技术并测试其反应，以确定运动员对该策略的接受程度[2]。如果运动员的接受程度较高，则可以将这些策略整合到实际比赛的计划中。

在比较室内和户外运动时，另一个考虑因素是运动员训练或比赛的场所以及他们所穿的鞋子的类型[53]。作为赛前计划过程的一部分，科学训练师可以评估各种竞技和训练场所，以确定各种地面的特征，并确定哪种鞋子最适合运动员发挥出最佳水平，同时能最大程度地降低损伤风险。研究表明，尽管鞋子和比赛或训练场所的地面都会对垂直瞬时负荷率产生影响，但鞋子所产生的影响最大[53]。因此，科学训练师的重要作用就是确定个人运动项目的运动员将在不同地面上使用哪种鞋子。

日程管理：休赛期、赛季前、赛季中和赛程密集期

在运动员年度训练计划的各个时期或赛季，科学训练师和教练员可以采用多种综合策略来确保更好地指导运动员进行训练。尽管大多数科学训练师和教练员都专注于运动员身体训练目标的训练分期，但对营养、心理和恢复策略及基于技术的训练等方面的考虑也同样重要。他们必须以多方面综合考虑的方式来管理各个赛季内的训练，这样做时，应根据综合监控计划所提供的信息制订训练决策（见第29页的图3.1和第39页的图3.5[37]）。在解释所收集的任何监控数据时，必须注意到每个赛季都需要设置不同的训练目标、表现结果和需求。

休赛期

休赛期是关键时期，它为运动员下个赛季的表现打下基础[30, 38]。如果运动员未在休赛期接受适当水平的训练负荷，将会影响其在赛季中提升运动表现并降低总体损伤风险的能力。年度训练计划的这一训练期通常会安排较高的训练量和较低的训练强度，强调整体发展的一般训练模式[27]，并与一般准备阶段保持一致。随着运动员逐步度过休赛期，其训练负荷（即训练量和强度）会随着训练能力的提高而逐渐增加，并且他们将逐渐具备或达到在比赛中取得成功所必需的能力或**准备状态**。有几个关键因素，包括对运动员过去的比赛表现

的回顾性评估、表现测试、对即将到来的赛季的预计表现需求，以及身体评估或医学筛查（或者两者兼有），可用于为休赛期设定训练目标提供信息并指导运动员的运动体能朝所期望的水平发展。

在休赛期，科学训练师在执行或管理生理和表现测试及运动员监控计划中扮演着至关重要的角色。在解释生理和表现测试结果时，科学训练师为教练员提供已知与运动员所要求的赛季表现相对应的可量化指标。例如，科学训练师可以使用生理和表现测试来预测表现进步，并将其与运动员在关键跑步赛事中取得特定名次所需的预测表现相匹配[6]。然后，教练员可以使用此信息来预测实现目标结果所需的改进时程，并根据目标结果制订具体的训练干预措施。

在运动员完成休赛期训练计划的过程中，科学训练师将不断监控运动员对训练计划（即**外部训练负荷**）的心理和生理反应（即**内部训练负荷**）。在休赛期内，科学训练师在解释通过监控计划收集的数据时，必须考虑目标结果及教练员的目标训练干预措施。例如，如果运动员为了提高肌肉体积而进行大量的抗阻训练（即肌肥大训练），发力速率（Rate of Force Development, RFD）通常会下降[66]。如果科学训练师注意到在此期间RFD略有下降，则不应发出警报，也不应更改计划目标，因为周期化训练计划已列出目标优先级，并预测到会出现该结果。年度训练计划的休赛期目标是建立生理和心理上的适应，以满足赛季前和赛季中对更高水平表现的需求。

赛季前

赛季前这个训练期包括年度训练计划的典型专项准备阶段和赛前阶段。该训练期是年度训练计划的休赛期和赛季中之间的桥梁。在此期间，科学训练师和教练员更多地强调运动项目的专项

性，并结合**专项发展性练习**和**比赛性练习**，以期增强运动员的能力，为赛季中做准备。此训练期的中心是增强能力，使其与教练员和运动员对赛季中设定的目标保持一致。

随着时间逐渐接近赛前阶段，运动员通常会参加测试赛或展示赛[11, 29]。重要的是要注意，此时赢得比赛不是主要的目标结果；这些测试赛或展示赛仅用作专项训练，并帮助教练员评估运动员在实现年度训练计划的主要比赛阶段的目标结果方面的进展[29]。

在此期间，科学训练师将继续评估监控数据并提供给教练员可据之进行训练决策的数据。科学训练师还将考察运动员在测试赛和展示赛中的表现，并向教练员提供反馈，以便他们可以指导运动员的竞技表现能力发展。该反馈可以包括更新运动员的表现预测信息，使教练员可以确定运动员是否以预期的速度进步。

科学训练师的另一个作用是帮助教练员评估运动员对于在测试赛或展示赛可以采用的不同赛前策略（例如解除负荷、减量训练、糖原负荷法）的反应。按照同样的思路，科学训练师可以开发出多因素恢复策略，用于优化比赛后的运动员恢复策略。

赛季中

在整体训练分期计划或基础方面，**赛季中**训练期的主要目标是管理累积性疲劳，持续增强表现能力并帮助运动员达到其最佳竞技表现水平[29]。尽管此训练期涉及运动员训练计划中的整体训练目标，但是教练员通常会根据运动员不断变化的需求来调整实际的方法和训练。在这段时间内，教练员经常使用直觉来指导其计划决策，而不是通过执行特定的计划或根据战略决策模型来调整训练过程[47]。

另一种方法是利用各种监控策略来追踪运动员的身体和心理状态，以便为计划制订提供依据，调整恢复策略并优化运动员的训练过程[71]。除了监控运动员的训练进度外，制订计划还要考虑比赛行程表、预期的比赛难度，以及比赛的整体密度[70-71]。科学训练师可以使用"大数据技术"，例如机器学习和建模技术（见第18章和第20章）来解释监控和比赛的数据，以便向教练员提供可操作的反馈，从而使其做出明智的计划制订决策[69]。尽管这种方法在团体运动项目中更为普遍，但这些技术也可以用于个人运动项目。在个人运动项目的运动员进入比赛更密集的时期时，这些策略可能变得更加重要。

赛程密集期

当比赛密度很高时，整体损伤风险可能会大大提高[76-77]，这更加需要教练员制订结构化的训练分期计划，列出准备参加的关键赛事在何时进行。精心设计训练分期计划以避免这些赛程密集期的潜在负面影响，这对于个人运动项目的运动员可能尤为重要，因为个人运动项目并不像在团队运动项目中那样有替补队员上场。理想情况下，教练员应在年度训练计划中尽量减少高密度比赛期的数量，以便更好地管理运动员表现进步的状况，并最大限度地降低整体损伤风险。但是，这对于在职业上要求将比赛安排得很满的运动员来说是不可能的[75, 77]。通过规划这些比赛，教练员和科学训练师可以确定年度训练计划中的训练期，将预先制订的策略整合到总体的训练分期计划中，从而更好地管理运动员的训练。通过精心安排有针对性且预先制订好的恢复策略（例如营养干预和训练负荷调整策略），教练员能够在赛程密集期内更好地管理运动员。

另外，在这些训练期内至关重要的是，科学训练师和教练员要仔细监控运动员的恢复和训练状态[55]，以便完善训练过程并提升其运动表现，同时最大限度地减少累积性疲劳。当在赛程密集期内注意到运动员出现过度疲劳的现象时，许多教练员会大幅减少训练负荷，以促进恢复。尽管这样做可以减轻疲劳，但有报告指出，如果运动员持续减少训练负荷并且没有接受适当的训练负荷，则其损伤风险可能会增加[15]。为了更好地应对这些训练期，科学训练师可以为教练员提供有关运动员当前疲劳和恢复状态的定量和定性信息。然后，这些信息可以帮助教练员确定最适合运动员当前状态的训练负荷参数，并匹配训练要求，以最大限度地降低损伤风险，同时最大限度地提升运动员的运动表现。

基本上，为了更好地管理赛程密集期，教练员需要预先仔细地制订全面的监控计划，并根据训练分期计划确定的训练目标来优化运动员的训练计划。

个人运动项目与团队运动项目的训练分期和计划制订对比

虽然个人运动项目和团队运动项目的运动员的训练分期过程相似，但科学训练师应注意一些重要的区别。与个人运动项目的运动员合作时，科学训练师可以更容易地调整训练顺序以使其达到最佳准备状态，同时最大限度地降低其在最重要比赛中的疲劳程度。在运动员的比赛日程中，赢得每场比赛并不如增强其比赛表现能力那么重要，因此赢得年度训练计划中的主要比赛被视为最高目标。有了真正的最高目标（例如赢得奥运比赛、世界锦标赛），科学训练师和教练员就可以更好地将顺序训练模型作为框架，为运动员制订真正的个性化训练计划。

然而，团队运动项目的运动员必须在整个赛季中尽可能多地赢得比赛，才能参加这项运动的项

级赛事（例如冠军赛、总决赛）。从训练分期的角度来看，这要求团队运动项目的运动员的整体训练过程以团队需求为重点，这最终会使根据比赛日程安排的特点而进行个性化训练变得更加困难。团队运动项目的运动员必须在训练计划中平衡团队的整体需求与个人表现要求。因此，团队运动项目的运动员可能无法获得最佳训练刺激来将其运动表现能力提升到自己的最佳水平，尤其是在团队规模较大（例如大学橄榄球队）的情况下。但基于有一组运动员可以为团队的成功做出贡献这个事实，教练员可以实施轮换制度，这将使需要额外时间恢复或康复的运动员能够轮换出主要的比赛阵容，以确保他们在赛季后段能够上场参加比赛。

减量训练

训练过程的一个关键方面是提高运动员在周期化训练计划所列出的预定赛事中的运动表现水平[30]。提高运动员表现水平的过程称为**达到峰值**，是通过预先计划的总体训练负荷减少来实现的[13, 30, 68]。此过程称为**减量训练**[30]，可以定义为"在可变的时间段内逐步非线性地减少训练负荷，以期减少日常训练的生理和心理应激并提高表现水平"[58]。减量训练过程的核心是提高运动员的体能水平，同时消除疲劳并优化准备状态[30]。

在高水平运动中，可通过刺激提高运动员的表现水平，哪怕只是小幅度的提高，都会对比赛成功与否产生重大影响[30]。例如，事实表明，在奥运会的前一年，游泳运动员需要将其运动表现水平提高1%，才能把握住争夺奖牌的机会[61]。基本上，在奥运比赛中获得奖牌的运动员与未获得奖牌的运动员的表现水平之间只有很小的差别。例如，在游泳比赛中，第1名和第4名的成绩只有1.62%的差距[60]。精英级径赛项目运动员可以采用减量训练策略来刺激表现水平提高0.3%~0.5%，从而明

显提高排名；而表现水平提高0.9%~1.5%则可以提高田赛项目（例如投掷）运动员的排名[39]。

在游泳、举重、跑步、投掷和自行车等个人运动项目中，采用精心设计的减量训练策略使运动员在比赛中的表现水平提高0.5%~7.0%是合理的预期[30]。虽然减量训练策略是最大限度地增强运动员的表现能力的重要工具，但始终至关重要的是，科学训练师和教练员要记住，减量训练的基础是通过运动员在赛季中训练期开始之前接受的休赛期和赛季前训练建立的[30]。如果运动员在训练中不够努力或无法建立坚实的基础，那么通过减量训练以达到巅峰表现的能力就会受到限制。

如果已经建立了适当的训练基础，则减量训练期将被设计为减少运动员正在接受的总体训练负荷，以促进恢复并提高表现水平[30]。通常建议在比赛前实施个性化的快速大幅度减量训练计划，以减少训练负荷[3, 59]。通常建议减少41%~60%的训练负荷，具体取决于减量前的训练量[30]。如果

减量前的训练负荷较大，则疲劳程度会较高，这将需要更大幅度减少训练负荷。一个重要的减量训练策略是使用中至高的训练强度，同时减少训练量。但是，重要的是要注意，当减少训练量时，训练频率应至少保持在减量前训练频率的80%[30]。最后，减量训练可以持续1~4周，具体取决于减量前的训练负荷，最常见的持续时间是8~14天。

数据共享和关联调整

为个人运动项目的运动员制订周期化训练计划时，采用多学科团队的方法，一个核心主题就是能够与教练员共享数据，以便制订更优的个性化训练过程。周期化训练计划是根据训练史、表现数据、营养分析和个性化需求分析来制订的。然后，科学训练师可以在确定性建模过程中使用这些数据，并使用表现预测（即预测性表现建模）为教练员提供可操作的信息，这些信息可以转化为训练计划（见图3.5）。

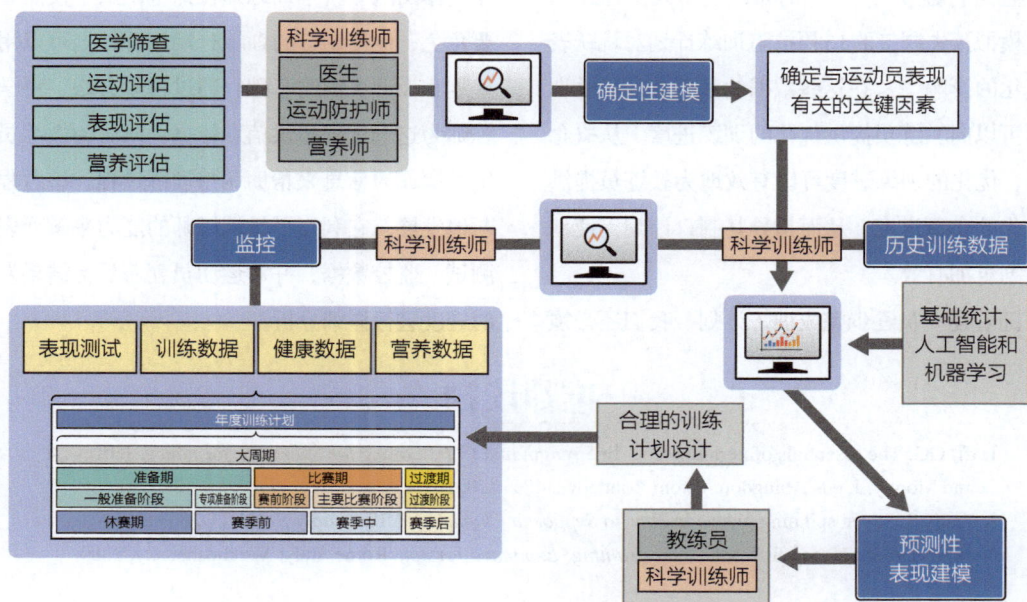

图3.5 科学训练师在训练分期过程中的作用的理论模型

经许可改编自：Haff, G.G. Periodization. In *Essentials of Strength Training and Conditioning*, 4th ed., Haff, G.G. and Triplett, N.T., eds. Champaign, IL: Human Kinetics, 592, 2016。

作为此过程的参与者，科学训练师将研究以前的年度训练计划中使用的训练分期策略和运动员的表现测试结果，以创建一个**确定性模型**。然后，该模型可以用来识别与运动员的表现有关的关键生物力学因素和生理因素，如果针对这些关键因素进行了训练，将会促进其发展并最终转化为运动员表现的提升[17]。一旦开发了确定性模型并发现了关键缺陷，多学科团队将致力于制订训练分期训练计划，使表现提升进度与预测保持一致。此过程的中心是建立运动员在多年训练计划及每个年度训练计划中的预定时间点需要达到的关键基准。

越来越多的组织要求科学训练师能够使用机器学习（Machine Learning，ML）[4]和人工智能（Artificial Intelligence，AI）[18]技术来开发基于历史训练数据的预测模型，以指导计划制订的过程；目标是对运动员的内部训练负荷和外部训练负荷、表现进展以及与建议训练进度相关的整体损伤风险进行建模[4, 18, 28]。例如，使用人工神经网络来模拟预先制订的15周抗阻训练计划对跳跃表现变化的影响[51]。在这些数据的基础上，科学训练师可以向教练员提供优化的训练进度。从概念上讲，优化的训练进度可以有效地为教练员提供可操作的负荷进度，从而指导其制订计划，使训练计划更加有效。

随着运动员逐步完成训练计划，我们还必须

注意到，科学训练师在监控过程中起着至关重要的作用。科学训练师能够监控运动员训练的向前发展过程，然后使用AI和ML技术解释在监控过程中收集到的数据，从而可以不断地对训练计划进行细化调整。在此过程中，科学训练师会参与不断发展的预测建模过程。具体来说，他们使用实际的训练和监控数据来研究外部训练负荷对运动员内部训练负荷的影响，不断更新进度模型，为运动员未来的训练计划制订提供信息[28]。根据对个性化监控过程的解释，科学训练师将有价值的信息反馈给教练员，以便教练员对运动员的训练计划进行适当的修改，从而更准确地施加训练干预并优化表现结果[4]。

小结

能否有效地进行训练分期、计划和设计个人运动项目运动员的训练过程，在很大程度上取决于与教练员合作指导运动员训练过程的多学科协作支撑团队。科学训练师在这个团队中扮演着重要角色，他使制订的训练分期训练计划可以用作规划和设计决策的基础。通过科学方法，科学训练师为这一过程提供信息依据，同时为教练员提供可操作的信息来帮助调整训练过程。该过程不断地发展，它利用科学训练师的能力来解释表现测试，监控数据，并对运动员朝着目标结果发展的进度进行详细分析。

推荐读物

Haff, GG. The essentials of periodization. In *Strength and Conditioning for Sports Performance*. Jeffreys, I and Moody, J, eds.Abingdon, Oxon: Routledge, 404–448, 2016.

Ingham, S. Seven spinning plates. In *How to Support a Champion*. UK: Simply Said LTD, 86–119, 2016.

Verkhoshansky, Y, and Siff, MC. *Supertraining: Expanded Version*. Rome, Italy: Verkhoshansky, 2009.

第4章

团队运动项目的训练分期和计划制订

马丁·布赫海特（Martin Buchheit），博士；
保罗·劳尔森（Paul Laursen），博士

团队运动项目训练计划包括各种针对神经肌肉和能量系统的训练，其准确设计是在不同训练周期中避免超负荷或保持适当刺激（或者两者兼有）的关键考虑因素[14]。实际上，运动员的神经肌肉负荷积累经常来自不同的训练组成部分，包括高强度间歇训练（High-intensity Interval Training，HIIT）、力-速度训练和战术/技术训练。因此，训练分期和计划制订需要成为训练过程中的一个组成部分，以补偿[6]或补充[4]其他训练内容。重要的是，无论实际形式如何，执行几个月不同训练计划而产生的代谢适应都可能是相似的[5]。但是，在短期（即小周期）内，不同训练形式产生的急性神经肌肉影响可能对于补充训练和比赛内容所产生的神经肌肉适应和干扰均会起到关键作用。这种情况也可能会影响损伤风险。本章讨论了一种管理不同训练形式（包括HIIT）的方法。

教练员和训练实践人员必须考虑多种因素来帮助任何一支团队为比赛做好准备，包括针对团队运动项目的专项技能、团队战术和运动员互动。

另外，对于体能训练师来说，不同的运动项目需要有不同的身体发展侧重点，包括速度、力量和有氧耐力。训练实践人员可以用来控制关键因素，帮助运动员达到最佳准备状态的有用工具之一就是HIIT。HIIT具体包括在"红色区间"（即强度高于最大乳酸稳态、无氧阈值或临界功率/速度）进行的多轮重复练习，并在高强度练习中穿插轻松的练习或完全休息。HIIT被认为是强度最高、最省时的训练方式之一，可用于提高体能的整体水平[8]。在各种运动项目中，运动员完成短期HIIT补充训练后，多个与体能有关的变量的值均显示得到了明显提高，包括最大摄氧量、最大有氧耐力表现和最大间歇表现，以及长时间维持高强度运动的能力[8-10, 15, 22-23]。

训练实践人员虽然通常会刻意设计HIIT来改善这些特定的身体素质，但不应忽略可能与执行某些HIIT相关的重要神经肌肉负荷。事实上，尽管代谢刺激相似，但神经肌肉负荷和肌肉骨骼损伤的程度可能会相差悬殊，具体取决于实际的HIIT形式。

本章将首先介绍定义与涉及的代谢（有氧代谢或无氧代谢或者两者兼有、乳酸代谢）有关的生物学目标的重要性，以及在各种团队运动项目和对抗性项目（例如篮球、足球、手球、橄榄球）中的运动员可体验到的神经肌肉负荷水平；随后，将提供一些实际案例，说明如何在团队运动项目的每周训练周期内有效地使用训练整合。

HIIT 的生理学特征

本节将介绍团队运动项目的总体训练理念，包括通过HIIT类型来理解"生理学至上"的观点，以及如何根据环境的具体需求选择多种HIIT形式来实现不同结果。图4.1[26]中的工作流程为从左到右进行的，教练员和训练实践人员一旦完全理解了情境（此示例突出显示了足球或橄榄球所特有的情境），就必须考虑包含不同程度的有氧（绿色，代谢有氧系统）、无氧（红色）和神经肌肉（黑色）的应激或负荷的训练课。训练内容固有的不同生理反应组合形成HIIT类型1~6。传统上，许多教练员和训练实践人员会落入一个陷阱，认为特定的训练形式（例如短间歇、长间歇）必定会引起某种生理反应。如果计划制订适当，同样的训练形式也可以用于多种HIIT类型（不同的生理反应），如图4.1所示。因此，一旦知道要在训练课中尝试使用哪种HIIT类型，就只需选择自己喜欢的"HIIT武器"（即HIIT形式）来击中目标（下一节将详细介绍HIIT武器）。了解图4.1中的HIIT类型使得与团队运动项目的运动员合作的科学训练师有机会了解如何更好地面对几乎所有计划制订情况。

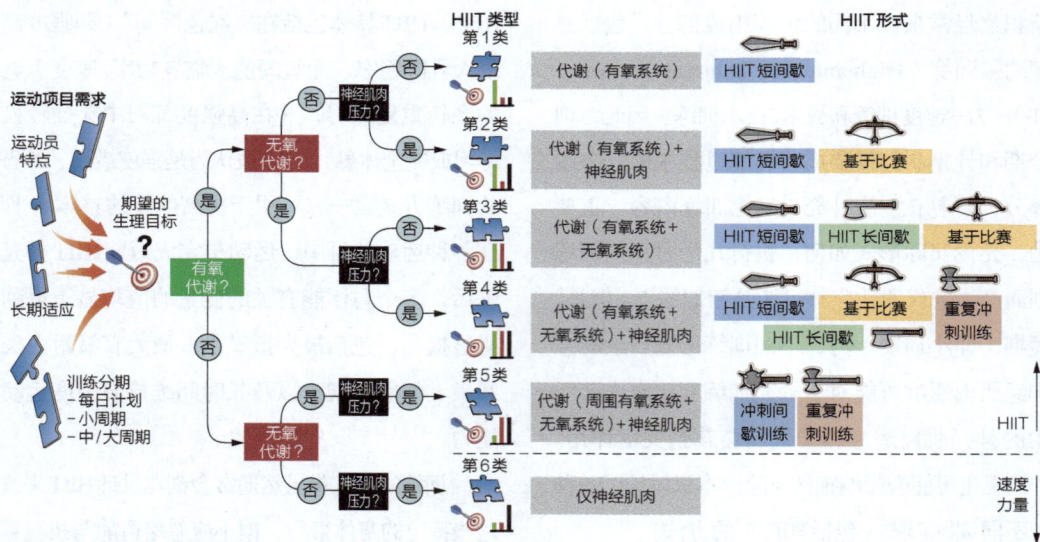

图4.1　选择HIIT生理目标的决策树，应先于相关的HIIT形式选择6个生理目标，它们具体如下。第1类：有氧代谢，对氧气的运输和使用系统（心肺系统和氧化型肌纤维）有很高的要求。第2类：代谢与第1类一样，但神经肌肉压力更大。第3类：代谢与第1类一样，但无氧糖酵解供能较多，神经肌肉压力有限。第4类：代谢与第3类相同，无氧糖酵解供能较多，但神经肌肉压力很大。第5类：有氧需求有限，但采用无氧糖酵解供能且神经肌肉压力大。第6类：不被认为是HIIT，因为仅具有较大的神经肌肉压力，例如典型的速度和抗阻训练

经许可转载自：P.B. Laursen and M.J.S. Buchheit (2018, pg.12)。

HIIT武器

前面已经介绍了选择HIIT生理目标的决策树，然后需要定义可以使用的关键武器。在大多数团队运动项目中会用到5种主要的HIIT形式，如图4.1所示。这些关键武器（HIIT形式）包括长间歇、短间歇、重复冲刺训练、冲刺间歇训练和基于比赛的训练或小场地比赛，图4.2提供了其一般的示例[26]。有关详细信息，请参阅劳尔森和布赫海特的文献[26]。

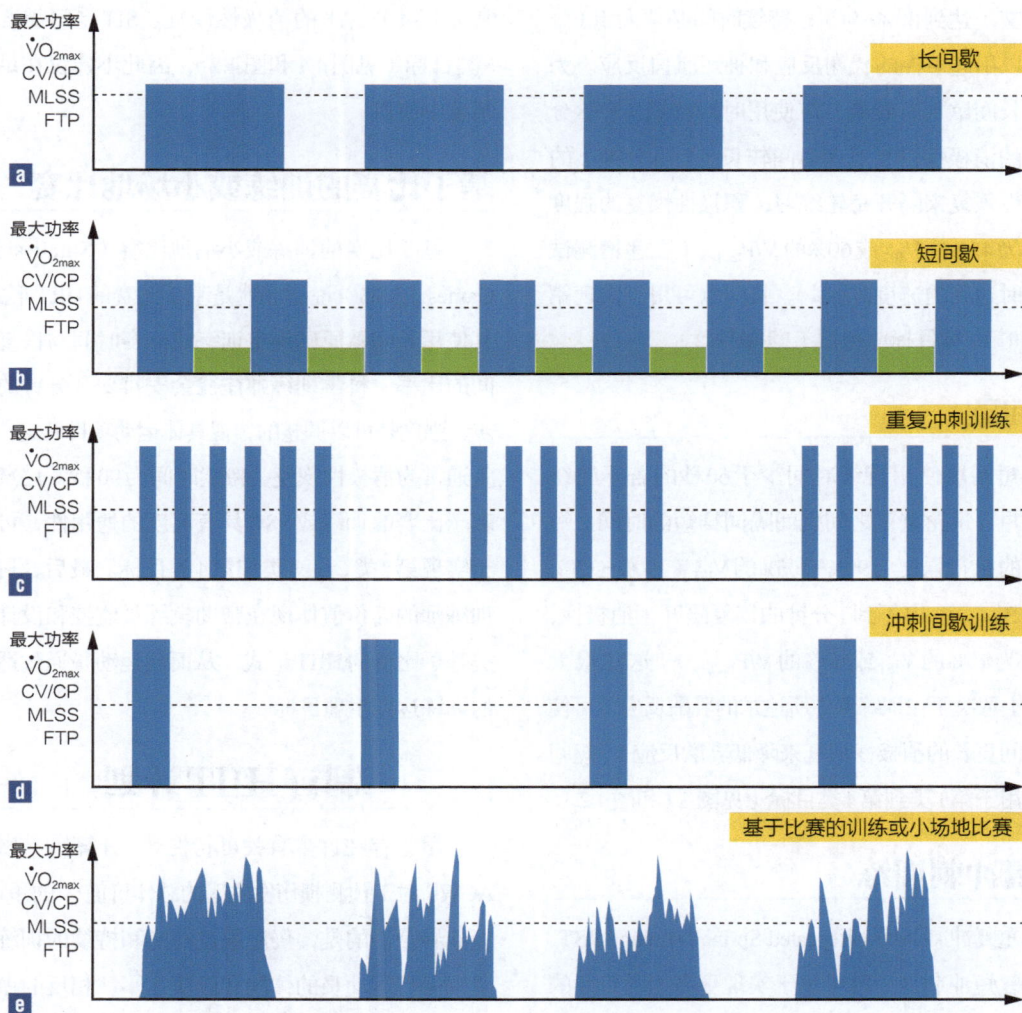

$\dot{V}O_{2max}$（Maximal Oxygen Uptake），最大摄氧量；CV/CP（Critical Velocity/Critical Power），临界速度/临界功率；MLSS（Maximal Lactate Steady State），最大乳酸稳态；FTP（Functional Threshold Power），功能性阈值功率

蓝色条形＝运动，绿色条形＝放松

图4.2 可用于产生HIIT生理反应5种关键工具的概述，包括a.长间歇，b.短间歇，c.重复冲刺训练，d.冲刺间歇训练，以及e.基于比赛的训练或小场地比赛

经许可转载自：P.B. Laursen and M.J.S. Buchheit (2018, pg. 69-71)。

长间歇

通常，长间歇表示在强度-时间连续体上限处重复若干轮练习，大约在最大摄氧量相关的速度/功率（v/p $\dot{V}O_{2max}$）附近（95%~105% v/p $\dot{V}O_{2max}$）；或在30-15间歇体能测试结束时，最终速度（V_{IFT}，见后文）达到80%~90%；持续时间必须大于1分钟，以引起急性的代谢反应和神经肌肉反应。为了使长间歇更有效，应使用时间较短（1~3分钟）的消极性恢复或者时间较长（2~4分钟）的积极性恢复来隔开每轮练习，积极性恢复的强度最大为45%的V_{IFT}或60%的$V/P_{IncTest}$（在递增测试结束时达到的速度/功率）。长间歇可用于实现第3类和第4类目标（见图4.1和图4.2）。

短间歇

短间歇使用持续时间少于60秒的若干轮练习，并且每轮重复之间也间隔同样短的时间。短间歇的执行强度为90%~105%的V_{IFT}（100%~120%的$V/P_{IncTest}$），由不到1分钟的恢复隔开（消极性，强度为45%的V_{IFT}或60%的$V/P_{IncTest}$），这在很大程度上取决于在训练课中所追求的乳酸反应（可使用时间更长的消极性恢复来降低乳酸反应）。短间歇适用于第1类到第4类目标（见图4.1和图4.2）。

重复冲刺训练

重复冲刺训练（Repeated Sprint Training, RST）或重复短冲刺是一种可用于实现更高能力目标的HIIT形式，并能产生很大的神经肌肉压力。此形式涉及3~10秒需全力以赴的最大强度冲刺，恢复持续时间可调整，从短时消极性恢复到45%的V_{IFT}或60%的$V/P_{IncTest}$。RST可用于实现第4类目标，也可以用于非氧化的第5类目标（见图4.1和图4.2）。

冲刺间歇训练

和RST一样，冲刺间歇训练（Sprint Interval Training, SIT）涉及需全力以赴的最大强度冲刺，但是这些冲刺的持续时间较长，为20~45秒。此类训练会使人非常劳累，并且采用时间较长（通常为1~4分钟）的消极性恢复。SIT专门瞄准第5类目标（见图4.1和图4.2），因此不建议在足球情境中使用。

基于比赛的训练或小场地比赛

基于比赛的训练或小场地比赛（Small-sided Games, SSG）说到底就是基于比赛的HIIT形式，其使用长间歇原则确定训练或比赛时间与恢复时间的比率。科学训练师往往会安排2~4分钟的跑步，强度是可以调整的，视具体运动项目而定。恢复通常为消极性恢复，持续时间为90秒~4分钟。基于比赛的训练或SSG具有高度的通用性，可用于实现第2类、第3类和第4类目标。最后，科学训练师的高价值体现在帮助教练员监控和设计此类基于比赛的HIIT形式，从而使运动员通过适当的训练达到生理目标。

制订HIIT计划

尽管存在许多有关可行性[2]、计算[27]，以及ACWR对于预测损伤发生率的总体价值[19]的争议，但业界公认的是，仍应通过稳定和持续的训练刺激来保持运动员的体能和健康水平。相反的做法当然是要避免的，例如突然大幅增加负荷，特别是高速跑动（High-speed Running, HSR）负荷，这可能与腘绳肌损伤有一定的关联性[16]。此外，最近对五大国际足球联赛（即德甲、英超、西甲、法甲、意甲）球队中的主力队员的系统观察和由专家领导的德尔菲（Delphi）调查结果显示，HSR

管理是最有价值的下肢损伤预防策略[18]。在这里，我们特别强调HIIT补充训练对HSR需求的重要性（更多地强调这些训练的神经肌肉负荷影响，而不仅仅是其代谢刺激）。我们还提供了有关HIIT计划制订的指南，包括生理指标、形式、训练量和强度等方面。

实践案例

图4.3a显示了一名足球中场球员在5周多的赛程密集期内，在训练和比赛中测得的赛季中HSR距离分布情况。在此期间的前5场连续比赛中，他反复完成了600~800米的HSR，教练员决定让

他在第6场比赛休息（9月26日，替补）。随后，他在9月29日作为替补球员上场30分钟，在10月2日没有入选上场阵容（杯赛，他没有资格参加），在10月5日再次出任替补球员，并在10月8日（客场比赛）继续坐在替补席上，最后在10月12日再次踢满全场。如果仅考虑他参加训练和比赛的连续HSR负荷模式，那么与10月12日全场比赛相关的负荷将不可避免地会出现峰值（即ACWR>2）。

干预策略

图4.3b提供了一个可行的策略，说明HIIT补充训练（即所谓的补偿训练）如何在球员上场时

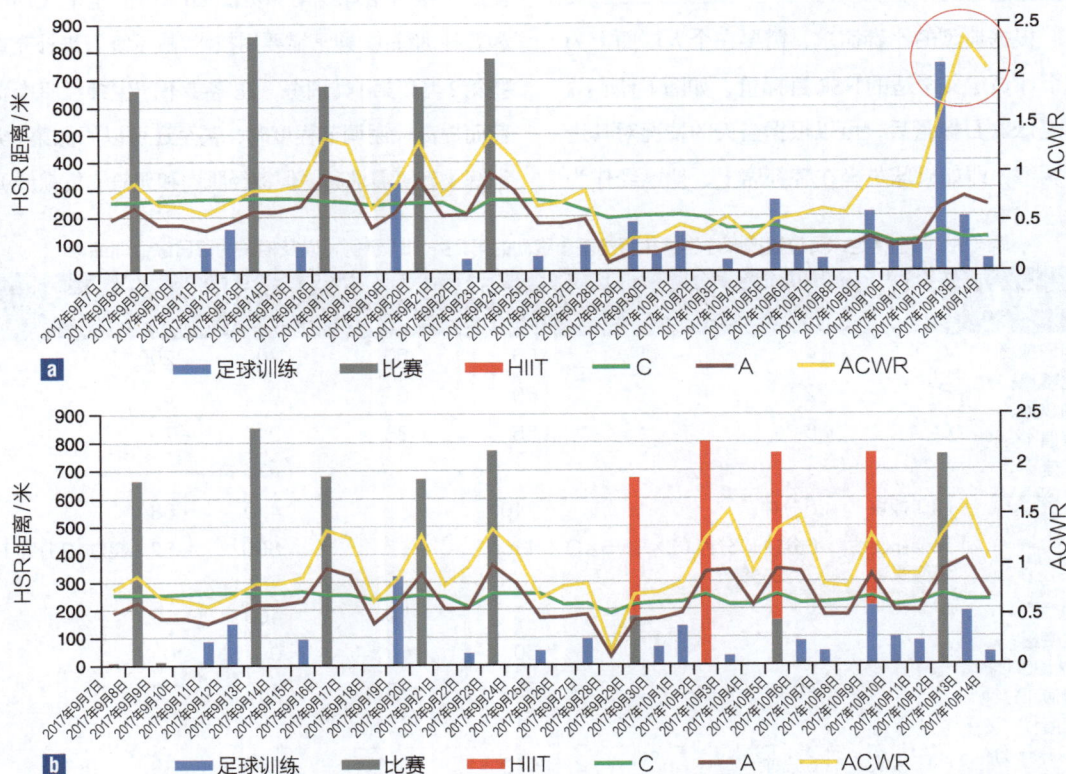

急性（Acute，A）负荷和慢性（Chronic，C）负荷分别使用5天和20天的时间范围进行计算。ACWR：A负荷与C负荷之比。红色圆圈中显示了HSR距离的急升（ACWR>2）。GPS（训练）和半自动（比赛）跑动数据被整合到修正方程式中[7]。请注意，虽然比赛顺序是真实的，但已更改实际日期，以确保匿名性

图4.3 某中场球员（22岁，甲级俱乐部）在5周多的赛季中训练期的a. 训练和比赛及b. 训练、比赛和HIIT补充训练中完成的HSR（速度>19.8千米/时）距离

转载自：M.J.S. Buchheit (2019, pg.1)。

间不多的期间维持HSR负荷。尽管在9月26日未安排任何HIIT来支持恢复，但随后在比赛上场时间减少期间的各种情况下都实施了HIIT补偿性训练课。表4.1和表4.2提供了有关HIIT中的HIIT类型和形式的详细信息。

只需添加4场短HIIT就可以维持稳定的HSR负荷，合理防止球员在10月12日（球员在一段时间没有上场比赛后踢满全场）出现负荷急升。这种简单但很可能有效的补偿策略可以在时间和场地允许的情况下在赛后即时执行，或者在第2天替补球员训练时在训练场上执行。

"补偿性" HSR量

根据典型的比赛需求，需要在个人层面上为每个球员定义合适的HSR目标量，如图4.4所示。确定HSR目标量后，可以根据当天的情况对其进行调整，即如果球员坐在替补席上，他已经作为

替补球员上场完成过一些HSR，或者完全没有上场，需要不同的HSR量（见表4.2）。

实际上，很容易就可以对给定HIIT的实际HSR量进行调整，它与所选择的HIIT类型和形式有关（见图4.2）。我们想提醒一下读者，HIIT类型是指HIIT的生理目标，代表有氧、无氧（乳酸）和神经肌肉反应的程度[26]，而HIIT形式仅指距离、持续时间和重复次数等实际执行的量[26]。虽然要求第2类（有氧和神经肌肉需求高，无氧的贡献低）或第4类（有氧、神经肌肉和无氧的贡献都高）训练中都纳入HSR，但它们仅基于跑动（见图4.5和表4.1，在比赛后立即执行时尤其如此），或在适当情况下结合带球练习（见图4.6，可能是个人训练和替补训练）。通常需要用技术/战术练习来补充这些第2类和第4类训练，在需要不产生神经肌肉负荷而提高代谢调节程度时，甚至还可以添加第1类训练（有氧需求高，但神经肌肉和无氧的贡献低）。

表4.1　两个特定球员位置按顺序连续执行的基于跑动的第2类HIIT示例，以及相关的每日综合训练课

球员位置	模式（见图4.5）	重复次数	距离（跑动）/米	HSR（跑动）/米	HSR量/米	HSR强度/（米·分⁻¹）
中场球员 比赛量： 约800米 峰值1分钟强度： 45米·分⁻¹	A	4	65	50	200	200
	B	2	60	0	0	0
	C	6	55	35	210	70
	HIIT板块	6分钟	710		410	68
	完全补偿性训练课	6分钟+4分钟（2×B+6×C）（r=2分钟）	1160		**650**	**52（超过12分钟）**
边后卫 比赛量： 约1300米 峰值1分钟强度： 60米·分⁻¹	A	8	65	50	400	100
	B	0	60	0	0	0
	C	4	55	35	140	70
	HIIT板块	6分钟	740		540	88
	完全补偿性训练课	6分钟+4分钟（6×A+4×C）+2分钟（4×A）（r=2分钟）	1500		**1110**	**69（超过16分钟）**

HSR：高速跑动。字母表示图4.5所示的跑动模式。所有跑动均以球员V_{IFT}（在30-15间歇体能测试[1]结束时达到的速度）的110%进行，跑动距离根据变向的性质和次数而减小[2]。r=2分钟：组间恢复时间为2分钟

转载自：M.J.S. Buchheit (2019, pg.1-5)。

表4.2　在上场时间减少期间的HIIT计划

日期	训练HSR/米	比赛状态	比赛HSR/米	HIIT HSR/米	HIIT类型和形式*
9月26日	0	在替补席上	0	0	
9月27日	91				
9月28日	0				
9月29日	0	替补上场 （30分钟）	175	500	主场比赛后直接在球场上训练，无球跑动 • 第1类：8×（20秒跑45度回转@90%V_{IFT}/10秒消极性恢复）=无HSR • 第4类：10×（15秒@95%V_{IFT}/15秒积极性慢跑恢复）=500米HSR
9月30日	65				
10月1日	138				
10月2日	1	未入选	0	800	训练场上的个人训练课 • 第2类：针对特定场上位置的带球HIIT（5秒跑动/10秒消极性休息）。取决于具体设计，可能是2×10次重复=300米HSR • 第4类：无球跑动，10×（15秒@95%V_{IFT}/15秒积极性慢跑恢复）=500米HSR
10月3日	34				
10月4日	0				
10月5日	0	替补上场 （30分钟）	153	650	主场比赛后直接在球场上训练，无球跑动 • 第2类：中场=650米HSR，如表4.1所示
10月6日	86				
10月7日	46				
10月8日	0	在替补席上	0		客场比赛，由于下一场比赛在4天后，因此当天没有进行HIIT
10月9日	209			550	替补球员的技术训练课结束后在训练场上训练 • 第2类：针对特定场上位置的带球HIIT（10秒@110%V_{IFT}/20秒消极性休息）。取决于具体设计，可能是2×12次重复=550米HSR
10月10日	106				
10月11日	90				
10月12日	0	首发 （全场比赛）	756		
10月13日	192				
10月14日	44				

HIIT：高强度间歇训练。HSR：高速跑动。V_{IFT}：在30-15间歇体能测试结束时达到的速度[1]。HIIT类型是训练的生理目标，代表有氧、无氧（乳酸）和神经肌肉反应的程度[26]。HIIT形式是指距离、持续时间和重复次数等实际执行的量[26]。绿色表示已达到HSR要求，黄色表示仅部分达到（即替补上场），红色表示没有负荷（即在替补席上），因此需HIIT补充训练弥补未达标的HSR负荷

*译者注：@90% V_{IFT}指在90% V_{IFT}时的强度，余类推。

转载自：M.J.S. Buchheit et al. (2019, pg.1-5)。

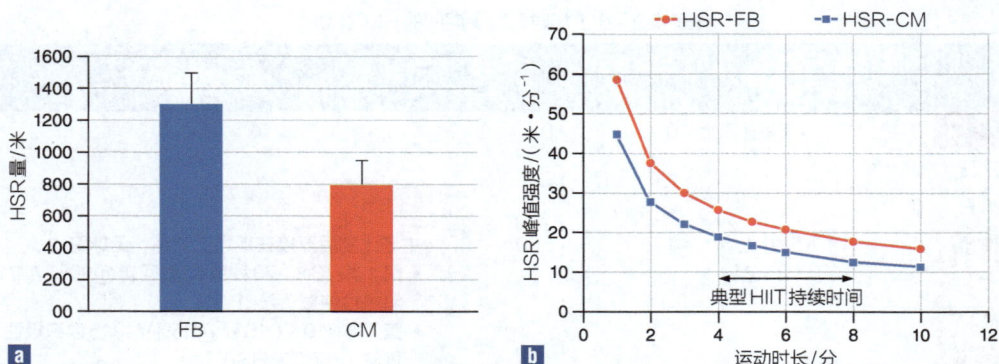

图4.4 两个位置（边后卫，FB；中前卫，CM）在比赛中的a.HSR量和b.HSR峰值强度与不同运动时长的函数关系。毫无意外，时间越短，HSR峰值强度就越高。同样明显的是，与中前卫相比，除了更大的HSR量外，边后卫还显示出更高的HSR峰值强度，并且与所关注的时间段无关[11]

转载自：M.J.S. Buchheit (2019, pg.1-5)。

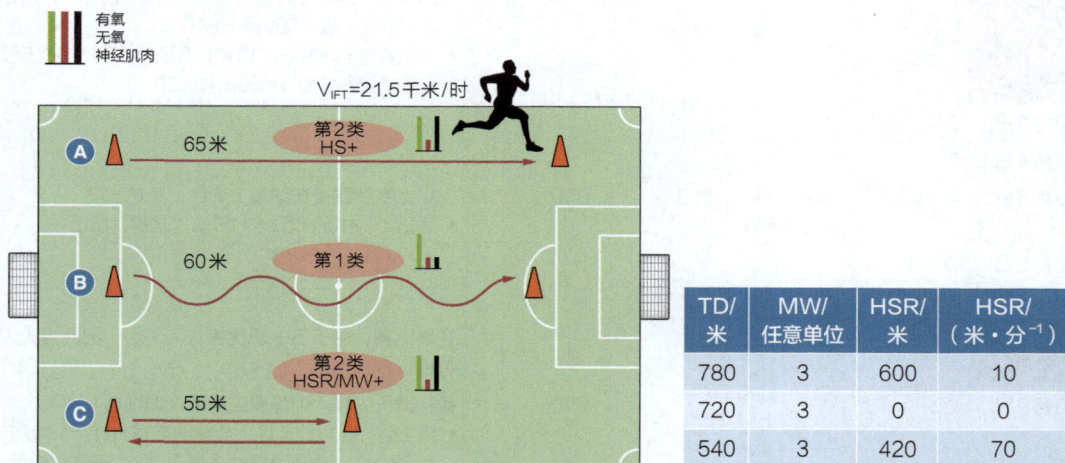

TD/米	MW/任意单位	HSR/米	HSR/（米·分⁻¹）
780	3	600	10
720	3	0	0
540	3	420	70

图4.5 3个短间歇（10秒跑动/20秒消极性恢复）HIIT示例，执行时通过有或没有不同角度的转身，调节神经肌肉负荷的量和性质[即HSR和力学性负荷（Mechanical Work，MW）]，从而导致第1类和第2类HIIT之间的区别（后者侧重于HSR或MW）。为每个6分钟训练提供通过GPS分析的相关跑动反应，就好像同一跑动模式被重复12次（例如12×模式A）。TD（Total Distance）总距离。HSR：高速跑动（>19.8千米/时）。MW：>2米/秒²加速、减速和变向。V_IFT：在30-15间歇体能测试结束时达到的速度。有氧、无氧和神经肌肉系统的贡献度分别用绿色、红色和黑色条形表示[26]

经许可改编自：P.B. Laursen and M.J.S. Buchheit (2018, pg.550)。

HSR强度：值得一试？

有一个重要的方面在训练科学文献中很少受到关注，那就是，对于此处介绍的大多数HIIT项目，实际的HSR强度（以足球为例，在6分钟内保持33~100米/分，见图4.5和图4.6）往往远远超过在相近持续时间内的峰值比赛需求（分别为4分钟保持20~25米/分和6分钟保持15~20米/分，见图4.4）。换句话说，当用HIIT补偿HSR量时（见图4.3），通常在90分钟比赛中完成的量在HIIT中不到15分钟就完成了。这意味着使用HIIT可以轻松地使针对特定比赛的HSR强度超负荷。现在的

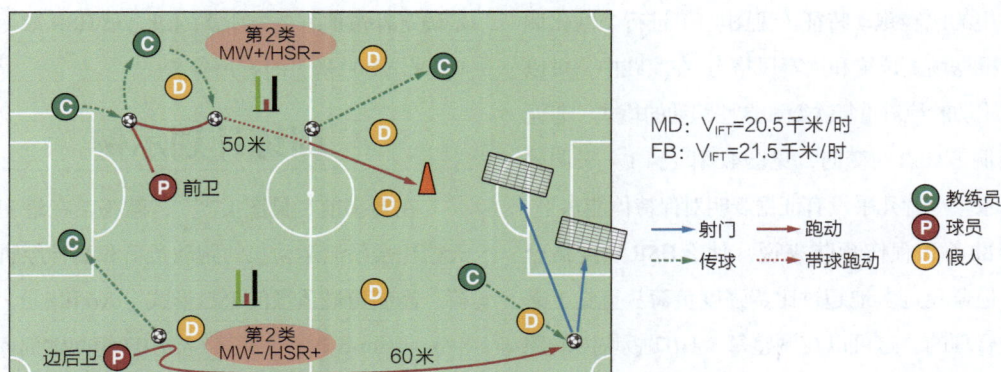

图 4.6　针对两个位置（前卫，MD；边后卫，FB）且基于 V_{IFT} 的短间歇（10 秒 /20 秒形式，第 2 类）HIIT 示例。为每个 6 分钟训练提供通过 GPS 分析的相关跑动反应，就好像同一跑动模式被重复 12 次。边后卫由于对手（假人）阻挡而无法前进，因此他将球传给由教练员 / 搭档扮演的中卫，然后沿边线跑动，在靠近禁区处从第 2 名教练员 / 搭档那里接到另一个球，然后射入两个迷你球门之一（就好像他在执行传中一样）。前卫向中卫靠近以接过传球，然后摆脱一名防守球员（假人）并与边线上扮演边后卫的教练员 / 搭档传球，然后带球向前跑动并将球传给第 2 位教练员 / 搭档，最后跑向禁区并将球射入一个迷你球门。请注意，这两个针对具体位置的训练在 HSR 和 MW 方面存在很大差异，这可能与其比赛特定的负荷目标相匹配[24]（边后卫的 HSR 需求更大，前卫的 MW 更大）。TD：总距离。HSR：高速跑动（>19.8 千米 / 时）。MW：力学性负荷 >2 米 / 秒² 加速、减速和变向。V_{IFT}：在 30-15 间歇体能测试结束时达到的速度。有氧、无氧和神经肌肉系统的贡献度分别用绿色、红色和黑色条形表示[26]

经许可改编自：P.B. Laursen and M.J.S. Buchheit (2018, pg.551)。

问题是："这对于体能发展、比赛准备和损伤管理到底有多重要？"尽管仍缺乏证据，但可以合理地假设可能不需要（甚至应避免）HSR 强度的极端超负荷（例如 100 米 / 分比 15 米 / 分）。将此类 HIIT 分解为若干个较小训练量的组合（例如先开展 1~2 分钟的 HIIT，然后休息，接着开始下一轮短时间的 HIIT）可能会使 HSR 强度降至接近实际的比赛强度。然而，心肺反应则相反，可能不足以实现所需的适应[26]。因此，训练实践人员可能需要决定个人需求的优先次序［即代谢调节（时间较长的 HIIT 组的持续时间 >6 分钟），还是针对特定比赛的 HSR 强度（多个时间较短的 HIIT 组的持续时间 <3 分钟）］。或者，在同一 HIIT 板块中混合不同的跑动模式，也是一种可行的选择，例如交替使用大 HSR 量跑动（模式 A，见图 4.5 和表 4.1）和在 HSR 有限甚至缺失的情况下的跑动（模式 B，见图 4.5 和表 4.1）。例如，如果在 6 分钟内交替进行直线跑动和各种方向变化的锯齿形跑动，则 HSR 的量和强度可以从大约 600 米和 100 米 / 分（仅直线）降低到 300 米和 50 米 / 分。与之类似，特定位置的跑动与避免达到高速的不同训练模式 / 类型（有球或无球，包括不同的转身、运球、传球）交替进行，HSR 强度可以大大降低并接近比赛强度。除了更接近比赛强度外，这种方法还可以使运动员训练更长的时间，但不会累积过大的 HSR 量，过大的 HSR 量本身就可能会造成负荷急升。例如，如果一名中场球员完成 2 组，每组 6 分钟的 HIIT（2 分钟恢复），其中仅包括直线跑动，这实际上只是中等 HIIT 量[26]，那么他在 14 分钟内的跑动距离可能会超过平时比赛中跑动距离的 1.2 倍！

对于替补席上的球员，例如篮球或澳式橄榄球的球员，赛后立即或在第 2 天进行 HIIT 补充训练对于在每周周期内维持稳定的 HSR 负荷是一种实用且很可能有效的策略。HSR 的量和强度都应根据常规的比赛跑动特征（见图4.4）进行个性化调整（根据场上位置和比赛风格）。在实践中，可以通过跑动的绝对重复次数和这些跑动的模式（有无直接调节HSR的变向，见图4.5和表4.1）来调整HSR量。尽管几乎没有证据表明对保持体能水平、比赛准备和损伤预防来说，什么HSR强度最合适，但避免过多地超过比赛强度负荷从直觉上来说是合理的，这可以在调整每个HIIT板块内的跑动模式时实现（见表4.1）。但是，值得注意的是，在整场比赛（1~2小时）中累积的HSR量与在不到15分钟的HIIT中累积的HSR量可能表示不同的生理和生物学负荷——两者对损伤率的影响是否相同仍然是未知的。因此，我们认为，在研究负荷管理与体能水平及损伤发生率之间的关系时，科学训练师应该进一步考虑HSR强度的重要性，而不仅仅是考虑HSR量[20]。最后，我们可以认为，如果成功实施本章介绍的补偿策略，实际上可能并不需要计算ACWR。尽管如此，ACWR仍可能

是确定补偿训练处方所需的最合适HSR量（例如400米与800米）的有用参考。

训练计划示例

在赛季前（见图4.7[26]），教练员在最初的几天往往会限制运动员的跑动负荷和高神经肌肉负荷，需使用最适当的SSG形式［6v6和8v8，控球（Possession，PO）］和第1类HIIT短间歇训练。但是，在特定的日子，可以安排第4类HIIT，例如在力量训练课中进行4v4模拟比赛（Game Simulation，GS），并安排HIIT长间歇训练，然后让运动员休息24小时。

赛季中，在力量训练课中安排4v4 GS可能是对首发球员使用的主要HIIT形式。对于替补球员来说，教练员通常会用基于跑动的HIIT训练来补充这些4v4 GS，包括不同水平的神经肌肉约束，具体取决于下一场比赛的时间，并更侧重于每周一场比赛（见图4.8，第2类HSR[26]）与每周两场

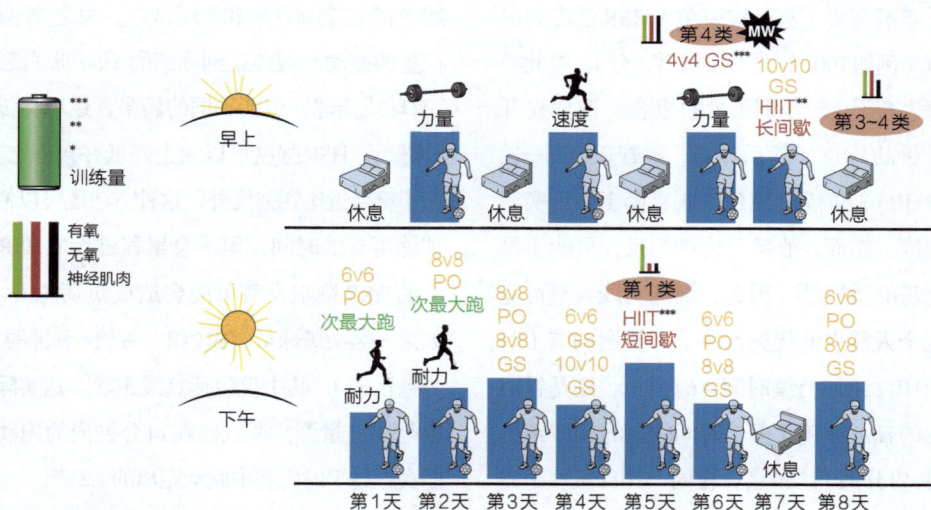

MW：力学性负荷（>2米/秒²加速、减速和变向）。GS：模拟比赛。PO：控球

图4.7　精英级团队的赛季前计划示例（通常为期1~2周，但第2周可能会安排一场友谊赛，可用于替代HIIT长间歇）。有些训练课给出了体能目标。没有指示的训练课则只有技术和战术目标。红色字代表HIIT，橙色字代表次最大强度练习。蓝色条形图指非SSG形式的所有技战术训练内容。计划制订的原则基于图4.4中概述的代谢反应和跑动反应。基于跑动的HIIT总是安排在训练课的最后

经许可改编自：P.B. Laursen and M.J.S. Buchheit (2018, pg.560)。

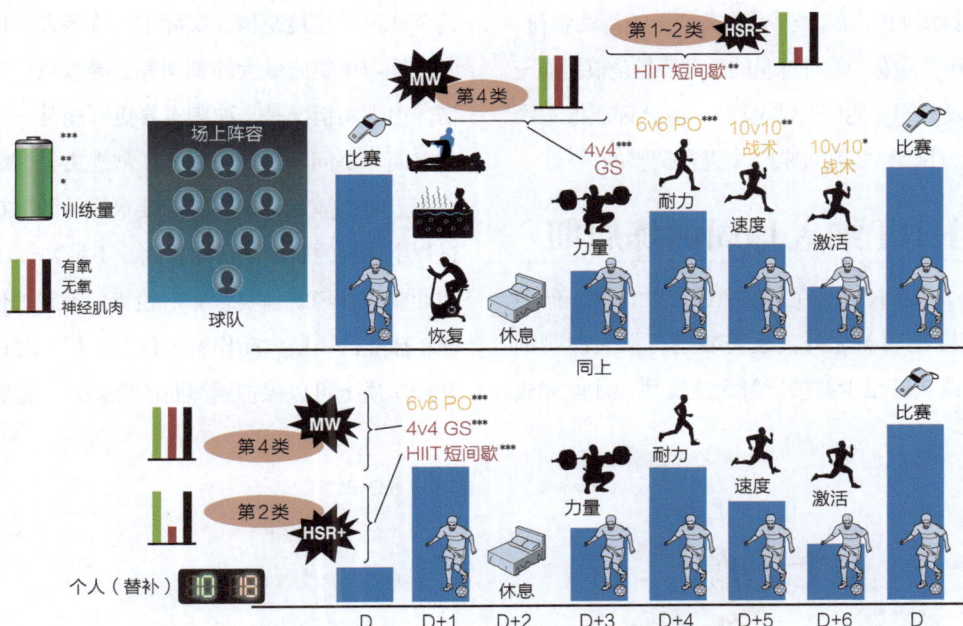

HS：高速跑动（>19.8千米/时）。MW：力学性负荷（>2米/秒²加速、减速和变向）。GS：模拟比赛。PO：控球

图4.8 每周一场比赛的赛季中训练计划示例。红色字代表HIIT，橙色字代表次最大强度练习。蓝色条形指非SSG形式的所有技战术训练内容。计划制订的原则基于图4.4中概述的代谢反应和跑动反应。基于跑动的HIIT总是安排在训练课的最后（译者注："同上"指替补球员赛后第2~6天的训练与上场比赛球员赛后第2~6天的训练一样，只有赛后第1天的训练计划不一样；"D"指比赛日，"D+1"为赛后第1日，余类推）

经许可改编自：P.B. Laursen and M.J.S. Buchheit (2018, pg.561)。

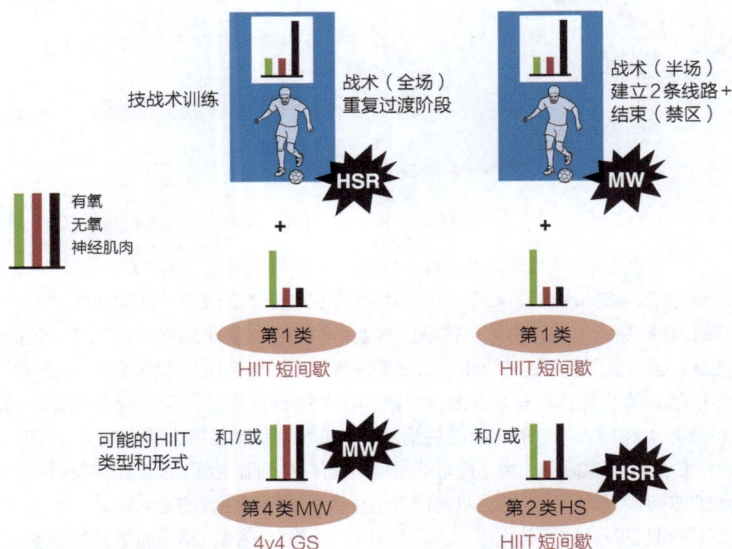

图4.9 根据当天或同一节训练课中针对足球的特定训练要求来选择HIIT的神经肌肉目标的典型框架。如果针对足球的特定训练中已经包括HSR，则HIIT可能会更倾向于较低或没有额外的神经肌肉负荷（第1类）或MW（第4类），以避免对相同肌群造成超负荷；相反，如果针对足球的特定训练已经以MW为目标，那么HIIT可以包括很少或没有MW（第1类）或HSR（第2类）。HIIT类型是指训练的生理目标，如图4.3所示[26]

经许可改编自：P.B. Laursen and M.J.S. Buchheit (2018, pg.559)。

比赛（见图4.9，第1类或第2类[26]）的跑动负荷。最后，还要注意，替补球员的总训练量是根据前一天的上场时间（他们通常上场5~40分钟或根本没有上场，见第45页的图4.3）进行调整的。

整个HSR的速度范围。实际上，许多人会担心在团队练习中实施最大冲刺训练会导致急性肌肉拉伤，但现实情况是，冲刺本身更可能是一个解决方案而不是问题[17]。实际上，常规力量训练的强度不太可能满足冲刺训练的要求[29]（即与在冲刺过程中达到的肌电图活动相比，不足75%）。这表明冲刺的神经肌肉要求非常独特，不能被任何其他（孤立的）肌肉动作所替代[17]。尽管对HSR的管理实质上可以保护腘绳肌的完整性，但教练员

将HIIT纳入每周训练周期

除了执行HIIT（在足球中通常以18~22千米/时的速度跑动）之外，还需要进行最大冲刺训练[17]，或速度至少要接近最大速度[28]，才能完成

比赛之间的整天数

≥5天
D+3/+4 或 D-3
1. 第4类MW
SSG 3~5×3~4分钟 5v5+GK*
2. 第2类HSR
HIIT短间歇 2×4~6分钟 10秒（110%）/20秒（休息）*
D-2/-1
第6类速度
在足球训练课中安排冲刺训练

下一场比赛在多少天之后？

>60分钟

<5天
仅足球训练课

前一场比赛有上场？

≥5天
D+1
1. 第4类MW
SSG 3~4×3~4分钟 4v4+GK
2. 第4类HSR
HIIT短间歇 1~2×4分钟 20秒（95%）/20秒（休息）
D+3/+4 或 D-3
同*
D-2/-1
第6类速度
在足球训练课中安排冲刺训练

<35分钟

3~4天
D+1/+2（取决于休息日）
1. 第4类MW
SSG 3~4×2~3分钟 5v5+GK
或HIIT短间歇 2×4分钟 15秒（95%传球、踢球、大角度变向）/15秒（休息）
2. 第6类速度
递增式 40~60米跑动（达到90%~95%的最大冲刺速度），r≥45秒

下一场比赛在多少天之后？

2天
D+1
1. 第1类
HIIT短间歇 1×4分钟 10秒（105%，45度变向）/20秒（休息）
2. 第6类速度
4次递增式 40米跑动（达到90%~95%的最大冲刺速度），r≥45秒

MW：力学性负荷（>2米/秒²加速、减速和变向）。HSR：高速跑动（>19.8千米/时）。SSG：小场地比赛。GK（Goalkeeper）：守门员
图4.10 关于跑动负荷计划的决策过程，例如，根据比赛上场时间和比赛小周期计划HIIT，包括HSR或MW（或两者）和冲刺训练。请注意，图中仅显示特定的训练，大多数训练课中还包括技战术组成部分，并很可能有控球训练。不同的HIIT类型如图4.3所示。请注意，所有涉及高神经肌肉压力的HIIT类型都可能存在变体，即更加强调HSR（可能对腘绳肌产生更大的压力）或MW（可能对股四头肌、内收肌和臀肌产生更大的压力）。例如，可以使用45度变向（Change of Direction，CoD）来实现第1类，这可能是减少整体神经肌肉负荷的最佳选择（降低绝对跑动速度，无须施加较大的作用力来改变方向，因此产生的神经肌肉压力小于直线或角度更大的变向跑动所产生的[21]）。HIIT短间歇中提供的百分比是用于制订计划的V_{IFT}的百分比[1]（V_{IFT}是30-15间歇体能测试结束时达到的速度）。请注意，应该根据球员的特点和位置[4, 26, 18]对HIIT训练量计划进行个性化调整（译者注："D"指比赛日，"D+3"指赛后第3天，"D-3"指赛前第3天，余类推；原文中从上到下，第3处星号是指第1处、第2处星号表示的内容）

经许可改编自：P.B. Laursen and M.J.S. Buchheit (2018, pg. 563). Fanchini M, Pons E, Impellizzeri F, Dupont G, Buchheit M, McCall A. Exercise-based strategies to prevent muscle injuries. *Muscle injury guide: prevention of and return to play from muscle injuries*. 2019; Chapter 1: 34-41.

和科学训练师不应该忽视其他重要肌群（即股四头肌、臀肌和内收肌）的力学性负荷（MW，加速、减速和变向）、计划制订和补充训练的重要性。当然，这一切说起来容易做起来难，对于制订这种特定跑动负荷的实际训练计划，教练员和科学训练师需要特别注意团队运动项目的常规训练内容、比赛要求和时间安排。以下指南可供教练员和科学训练师根据技术训练内容和比赛时间表（即不同的每周小周期）适当地制订HSR和MW训练计划。

训练课中的编排

在选择HIIT类型（即生理目标）和形式（即实际训练计划）（见第43页的图4.2）时，教练员和科学训练师要考虑的第一个方面是在同一天或同一节训练课中安排的技战术训练对神经肌肉的要求

（见图4.10）。当技战术训练已经包括大量HSR时，为了避免后链肌群（特别是腘绳肌）超负荷，最佳选择可能是安排基于跑动的第1类HIIT（总体神经肌肉负荷低）或对MW要求较高的SSG（在这种情况下，对臀肌、内收肌和股四头肌有补偿负荷）。相反，当目标是使后链肌群超负荷时（如为满足比赛跑动需求的最坏情况做准备[13]），也可以安排针对HSR的第2类HIIT[11]。最后，在已经涉及高MW的技战术训练课中，使用含HSR的HIIT补充训练是避免超负荷的另一种不错的选择，因为它针对的肌群可能会与技战术训练不同。

比赛之间的编排

赛季中连续比赛之间的训练情况各异，教练员和科学训练师需要对整个训练计划有更广泛的理解，并且需要考虑上一场比赛的跑动负荷。图4.4

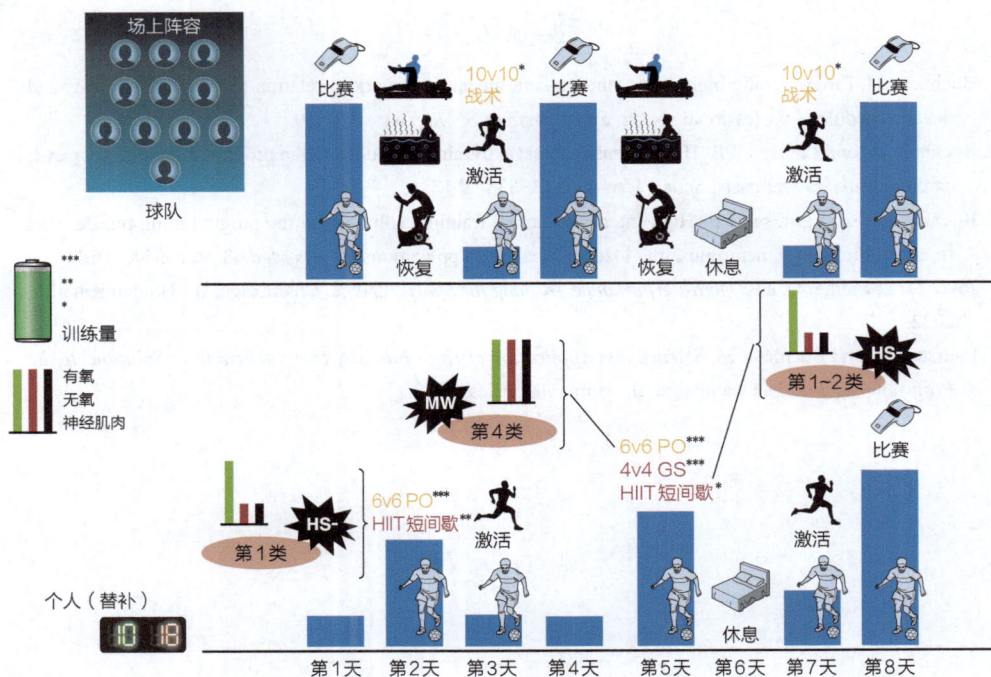

MW：力学性负荷（>2米/秒²加速、减速和变向）

图4.11　每周两场比赛的赛季训练计划示例。红色字代表HIIT，橙色字代表次最大强度练习。蓝色条形指非SSG形式的所有技战术训练内容。计划制订的原则基于图4.4中概述的代谢反应和跑动反应。基于跑动的HIIT总是安排在训练课的最后

经许可改编自：P.B. Laursen and M.J.S. Buchheit (2018, pg.562)。

显示了HSR和MW负荷水平各异的不同训练场景，具体取决于上一场比赛中的运动量（总体而言，与上场时间、球员特点和位置相关[4]）及距离下一场比赛的天数。从逻辑上讲，在上一场比赛中的上场时间越长，比赛之间的小周期越短，则对HSR和MW的补充需求就越小。对于踢满全场的首发球员，如果比赛间隔少于5天，他可能不需要任何补充训练。相反，比赛间隔超过5天的替补球员可能需要执行全套HIIT（第4类，针对HSR和MW采取以跑动为主的HIIT和SSG），并配合高速跑动训练（采用高速冲刺的形式），将运动量增加至与比赛等效的量（见图4.11[26]）。

小结

综上所述，在大多数情况下，不论HIIT形式或类型如何，在高水平团队运动项目的运动员中，由不同训练内容引起的代谢适应往往是相近的。然而，重要的是，对各种训练内容（包括比赛、技术训练课、力量训练及HIIT）的神经肌肉反应对于损伤风险的神经肌肉适应或干扰具有最大的影响力。因此，如何管理HSR和MW及其相关的神经肌肉反应是教练员和科学训练师在整个赛季中帮助运动员保持体能和健康水平所需考虑的关键问题。为了恰当地制订这些具体训练计划来处理这两个重要的跑动负荷，教练员和科学训练师需要对比赛和技术训练负荷有透彻的了解（见图4.2），并且需要根据比赛之间的天数对其进行调整（见图4.8）。尽管使用适当的科技（即追踪系统[12]）在比赛和训练中监控HSR和MW是非常重要的，但对各种HIIT类型和形式中的HSR和MW需求的预期和理解（见图4.1和图4.2）对于如何选择最合适的训练课编排起着关键作用。

推荐读物

Buchheit, M. Programming high-speed running and mechanical work in relation to technical contents and match schedule in professional soccer. *Sport Perform Sci Rep* 64: v1, 2019.

Buchheit, M, and Laursen, PB. High-intensity interval training, solutions to the programming puzzle: part I: cardiopulmonary emphasis. *Sports Med* 43: 313-338. 2013.

Buchheit M, and Laursen PB. High-intensity interval training, solutions to the programming puzzle. Part II: anaerobic energy, neuromuscular load and practical applications. *Sports Med* 43: 927-954, 2013.

Joyce D, Lewindon D, eds. *High-Performance Training for Sports*. 2nd ed. Champaign, IL: Human Kinetics, 2022.

Laursen PB, and Buchheit, M. *Science and Application of High-Intensity Interval Training: Solutions to the Programming Puzzle*. Champaign, IL: Human Kinetics, 2018.

第 2 部分

需求分析

第5章

关键表现指标

马尔科·卡迪纳尔（Marco Cardinale），博士

竞技体育已经成为一个行业，其中大量资源被用于在大型体育赛事或职业联赛及锦标赛中赢取冠军和奖牌。因此，专业竞技体育组织和商业组织一样需要不断审查和评估其流程和程序才能运营成功。此外，每个运动员都被视为一项资产，投资者需要支持、培养和关怀他们，才可以确保最佳的投资回报率（Return On Investment，ROI）。

因此，科学训练师应该对竞技体育的要求、复杂的规则和规程、器材的特殊性以及比赛时间表的细节等都有深刻的认知和理解，这样才可以制订出最佳的计划。此外，对于科学训练师来说，一旦明确了总体需求，最重要的就是能够评估每个运动员的特点并确定其优势和待改进领域，从而制订个性化的训练计划，并判断他们在团队或小组以及同行中的地位。

运动项目分析

关键表现指标（Key Performance Indicator，KPI）的概念来自商界，是一种用于评估企业或员工能否成功达成表现目标（Performance Objective，PO）的可量化指标。在竞技体育中，PO可能是赢得联赛、巡回赛或其他锦标赛冠军，在计量类（厘米、克、秒，centimeter-gram-second，CGS）运动项目

中达到特定的距离、举起特定的重量或坚持特定的时间，或者在战术性比赛中击败对手。因此，在确定KPI之前，科学训练师必须了解所涉及的运动队或运动员的预期PO，以及该PO是否现实。

对于计量类运动项目，科学训练师可以访问各个级别赛事和表现的历史数据库。各单项国际体育联合会保留的详细的比赛和排名数据库，可用于确定PO或研究每年的相关趋势，并确定在重大比赛中获得奖牌所需的条件。许多研究者还分析了奥运会具体项目中的比赛结果趋势，并提出可能对确定PO有用的表现趋势（见表5.1）。贝特洛（Berthelot）及其同事[5-6]已经分析了多种运动项目的世界趋势，他们还提供了特定赛事的一些预测和比赛结果趋势。还有人尝试分析游泳成绩的变化[34]，以了解世界级的表现标准。此外，在某些运动项目中（例如铁人三项、游泳、跑步），现有的一些表现分析的示例可以帮助预测各个级别的PO[3, 37, 44, 50]。在此类运动项目中，建议首先分析所需的结果，然后进行详细需求分析并制订适当的训练计划。实际上，在确定表现的决定因素之前，必须准确了解运动员需要达到的表现水平。明确PO是确定运动员能够取得成绩以及获取潜在奖项（例如在地区、全国和国际比赛中获得

表5.1 比赛结果数据库示例，可用于制订和追踪运动员的表现目标

数据库	备注
国际业余田径联合会	可查询1997年之前的官方比赛结果
国际举重联合会	官方比赛结果数据库
国际自行车联盟	官方比赛结果排名及数据库
国际赛艇联合会	世界赛艇统计和比赛结果数据库
世界田径统计和排名	免费的应用，可分析官方的世界田径比赛成绩
	田径统计资料库
举重数据库	举重数据库数据
奥运项目以及职业和大学运动数据库	奥运比赛结果官方数据库
	有关职业和大学运动的数据
游泳排名和比赛结果	游泳排名和比赛结果数据库

的奖牌）机会的第一步。

计量类运动项目中的可用信息还可以用于管理运动员的表现路径，追踪其进步情况并衡量其表现可能产生的结果，例如奖牌等级、完赛名次。实际上，有些单项体育联合会已经采用运动员的成绩追踪来确定他们的选拔标准（参见英国铁人三项选拔标准[10]和英国田径选拔赛[48]），并建立积分排名和确定他们在主要比赛中获得奖牌的机会。本章作者的团队[7-8]及田径领域的其他研究团队[47]的工作已开始揭示出各种赛事结果的典型发展曲线，并可用于根据国际标准追踪每个运动员的发展情况，从而确定该运动员在国际舞台上获得成功的机会，也有可能预测其在高水平赛事中的表现。本章介绍关于PO评估、报告和可视化的内容。

非计量类运动项目（例如团队运动项目、技巧类和艺术类项目、格斗类项目）中所采用的方法仍然必须从收集有关在给定级别上取得优势所需的表现结果的信息开始。例如，在体操中，评分规则决定了如何给运动员打分[16]，因此，科学训练师必须了解难度分和动作才可以确定运动员的能力、训练的重点，以及运动员可能取得的分数。花样滑冰中也有类似的评分规则，评委根据

节目内容分来计算总分，并向得分最高的运动员或组合（取决于赛事类型）颁发奖牌[36]。

在团队运动项目中，科学训练师可以根据多个方面（例如技术、战术、社会责任）来确定每个运动员的PO，例如运动员的场上位置或在团队中的角色。得益于现在可获得的大量数据，在许多运动项目中都可以确定顶级运动员的具体表现结果。例如，在需要进球得分并且有守门员的团队运动项目（例如手球、曲棍球、水球、足球）中，科学训练师会分析和报告典型的扑救成功率。在排球比赛中，科学训练师会记录传球准确率和进攻效率，以及接发球的次数和失误次数。在篮球比赛中，许多数据可以公开获得，包括投篮命中率、传球率、跑动距离和动作特征[33]。美国职业棒球大联盟[31]和美国国家冰球联盟[32]都提供了关于比赛许多方面的详细统计数据。预计在未来的几年内，所有运动项目都将提供可公开访问的数据库和统计信息，用来展示运动员参与的赛事及其表现水平。因此，科学训练师应该更容易定义各个级别比赛的表现档案，并勾勒出运动员取得成功所需要具备的能力。在这种情境下，团队数据不太重要，因为科学训练师收集的信息应用于制订个性化训练计划，以增强运动员的能力并尽

可能提高其表现水平。但是，为了提高团队表现，科学训练师必须掌握有关团队在遇到不同对手以及在特殊情况下的详细表现数据。此类信息对于个人和团队的目标设定（不仅涉及必要的身体能力，还涉及在技战术方面的特定要素）至关重要，而且对于确定训练科学支撑团队如何提供干预措施以提高个人和团队的表现水平也非常关键。

运动项目需求

一旦明确定义PO，下一步就是收集有关运动项目需求以及它们如何影响运动表现的信息。通过了解一项运动的需求，科学训练师可以更好地制订最佳训练计划并确定具体表现策略。一项运动的生理、心理、技术和战术需求应该被明确定义，并且教练员和其他支撑人员应该清楚了解这些内容。这些信息对于确立训练计划的总体方向以及任何旨在提升运动表现的训练科学干预措施（例如营养干预、动作优化、热身策略、服装和技术策略）至关重要，并且可以强调可能需要进一步调查或评估（或者两者兼有）的其他领域。科学训练师应该采取系统的方法来定义表现的主要决定因素，并了解帮助运动员做准备所需的具体训练要求（见表5.2）。该信息可能存在于同行评审的科学文献中，对于普及性强的世界性运动项目尤其如此。但是，对于较小众的运动项目、新运动项目或规则发生了重大变化的运动项目（例如，排球运动中引入了自由人，手球的规则修改为从中线开球），科学训练师要找到此信息并不容易。此外，在使用科学文献中列出的数据时，科学训练师应考虑到实验约束条件和参与者特征。实际上，科学文献记录的大多是针对低水平运动员的观察和实验工作。由于精英运动员只占所有运动员的一小部分，并且通常表现出极端的生理表型和卓越的技能及能力，因此，科学训练师在

对这些运动员应用研究结果时应该格外谨慎。最佳方法始终是直接量化运动员如何应对训练和比赛，从而确定最佳行动方案。

教练员手册也是很好的资源；但是，训练实践人员应该尽可能从同行评审的期刊中获取资料，以找到有关每项运动的最有效、最可靠和最新的信息。

当信息缺失、不完整或根本不相关时，重要的是使用专业知识来衡量表现需求，并了解要在体育比赛中表现出色所必须达到的身体要求。没有这些信息，科学训练师就很难制订合适的训练计划，因为所追求的目标可能不是实际目标，因此实际上可能降低了运动员取得成功的可能性。即使在可获取科学信息的情况下，这也是一个值得采用的好方法，因为每项训练科学干预措施的最终目标都应建立在证据的基础之上，适合运动员要达到的水平，并以事实信息为依据。竞技体育世界充满了未经证实的传闻信息和"证据"，它们一直存在于教练员和运动员群体中，有时会导致他们采用不适当的训练方案，阻碍表现发展。此外，由于每项运动都有自己的亚文化和思维定式，因此创新和发展都极具挑战性。当现有工作方法已被广泛接受并且人们已存在很强的先入为主的观念时，证据及相关数据的收集和分析可能有助于改变固定的思维方式和方法。通常，此类数据可以导致一项运动中的模式转变，并有助于改变人们的态度以及为运动员准备比赛时所使用的程序。

成功运动表现的决定因素

运动表现非常复杂，因此，人们有必要使用一种整体方法来确定哪些因素可以对运动员在给定运动项目中的表现产生积极影响。海（Hay）和里德（Reid）[20]最早尝试定义运动表现的决定因素，他们采用了一种简单的结构，其中运动结果

表5.2　分析运动项目所需的相关信息摘要

寻求的信息	重要性	来源
生理要求（例如HR、比赛中的摄氧量、涉及的代谢途径、运动距离、加速、减速）	这类信息用于设计适当的训练策略，以优化影响运动表现的关键生理变量。这类信息还为训练和比赛中的营养策略的制订提供依据	• 科学文献 • 教练员手册 • 教练员的知识和经验
技术要求（例如执行的专项动作和频率、成功的技术执行）	这类信息有助于评估完成运动项目所需具备的专项技术能力，并制订能够提高技术、技能完成速度和质量的抗阻训练计划	• 科学文献 • 教练员手册 • 教练员的知识和经验
战术要求（例如配速战术、与队友的合作、如何使对手失误）	这类信息比较详细，可用于确定运动员在比赛中需要做出哪些动作才有可能取得成功，运动员需要发展什么能力，以及执行战术要求中的技术动作可能需要哪些极限动作技能	• 教练员手册 • 教练员的知识和经验
心理技能（例如预期、视觉技能、焦虑或唤醒、反应时间）	这类信息可用于支持确定运动员水平所需的特定评估，以及制订旨在最大限度提升运动表现的干预措施	• 科学文献 • 教练员手册 • 教练员的知识和经验
器材特点（例如雪橇、鞋子、可穿戴设备、工具）	对训练和比赛所用器材的详细了解是科学训练师为运动员提供适当和有益的器材建议的基础。此外，对器材的了解可能有助于开发个人解决方案，或者为运动员调整和确定最合适的器材（或两者皆有）	• 教练员手册 • 教练员的知识和经验 • 规则手册
健康方面（例如损伤风险、环境方面的挑战）	科学训练师需要了解运动中的损伤风险才可以设计预防策略和目标训练计划，使运动员在做好准备的同时降低损伤风险。此外，每个科学训练师都应该熟知在环境、器材和规则等方面可能会影响健康的因素，以制订适当的策略	• 流行病学研究结果 • 教练员的知识和经验 • 运动员自己的病史 • 执业医师的知识和经验
比赛规则	任何运动项目所涉及的每位训练实践人员都应该了解相关的监管规则，重大赛事的入选标准、选拔标准，以及取消比赛资格的原因，因为这类信息通常可以用于确定比赛胜负以及具体干预措施的适当性、相关性和可能性	• 官方规则手册（请务必阅读最新版本）

以影响结果的因素为基础。在他们的研究之后，有人分析了一些竞技体育比赛和活动，并开发了确定性模型，以帮助指导教练员和科学训练师定义适当的训练干预措施[2, 13, 46]。确定性模型的结果是通过变量之间的已知关系精确获得的，没有任何随机变化的余地。此类模型（主要来自生物力学研究）分析并定义了运动结果与其生物力学决定因素之间的关系。这种方法的优点是可以从教学和结构化的角度来描述并定义在特定活动中决定表现水平的因素。然而，研究人员也指出确定性模型在体育情境中过于死板[18]，并建议将动态系统理论作为对运动表现进行建模的可行框架。

虽然有复杂的方法来定义和确定运动表现，但是科学训练师应该与教练员一起使用简单且具有持续性的框架来定义给定运动的表现模型，从而使用共同的语言来指导制订特定的训练干预措施，制订KPI，并追踪进度和活动（见图5.1）。为此，确定性模型可以被视为有用的参考框架。为了确保其有效，科学训练师在定义此框架时应考虑教练员的意见，以反映其工作方式，然后使用此框架来指导定义所有训练和比赛干预措施，并推动对KPI的例行评估，以确保每个人都按计划发展影响PO的各个方面。

科学训练师让教练员参与建模过程有助于明晰术语、讨论证据、记录执教理念，并就所涉及运动员的表现组成部分达成共识。如果没有教练员的参与，这种方法就有可能成为最终对运动表现没有影响的框架。同样，在定义了运动表现的决定因素，并且教练员已明确了解这些内容之后，相关信息就应该被传达给运动员，这样每个人都可以在清晰的以可见的表现计划为支撑的 PO 下达成一致。

如前所述，只有在定义了明确且可实现的 PO 之后，此过程才能开始。PO 是计划的驱动力和最终目标。然后，科学训练师就可以使用一个参考表格（见表 5.2）开始详细了解这项运动的知识，并和教练员讨论如何指导及评估各个方面。此信息对于确定清晰、可测量和可实现的 KPI 至关重要。

在图 5.2 所示的示例中，目标运动项目为 800 米跑步，一个分层模型被用来定义参数。此分层模型用于确定各表现决定因素并说明每个决定因素的详细信息。在此示例中，该分层模型强调两个方面的因素：生理要求和健康。从文献中可以得知，精英级中距离跑步运动员应具有非常好的有氧运动能力，其能量贡献来自有氧系统[9, 25]。对精英级中距离运动员的研究还强调了速度、无氧能力和无氧速度储备作为其他表现决定因素的重要性[40-42]。影响中距离跑步运动员表现的健康方面的因素包括众所周知的与训练负荷或步态（或者两者兼有）的生物力学方面相关的损伤风险[4, 14, 29]，以及上呼吸道健康[12, 21, 35]。科学训练师应该对这些方面进行广泛的文献检索和实际调查，并以图表方式进行总结，以便与教练员和支撑人员进行讨论。这样做的目的是确定如何处理这些方面是最恰当的，而

最重要的是就执行评估和检查进度的频率达成一致意见。

一旦定义并描述了所有方面，科学训练师就可以开始记录改进每个决定因素所必需的训练干预措施，并开始针对用于提升特定运动员表现的工具建立一个执教资料库。现在可以描述 KPI（见图 5.1 中的工作流程和图 5.2 中的详细 KPI 示例），并且可以制订评估方案来对运动员进行基准测试，确定其优点和缺点，在整个赛季中评估运动员的进步状况。

另外，必须强调，这个过程是动态的：随着新知识的出现、教练员计划的发展或运动员表现的变化，情况将发生变化，可能会增加新的决定因素，干预措施的优先级会发生变化，或者会产生创新的方法。此过程的主要工作应该是评估运动员的运动表现并确定其决定因素，使与运动员合作的全体人员及运动员本人可以看到并访问相关信息。这将确保所有针对运动员的支持计划都与 PO 保持一致，并且均已被纳入商定的行动计划。

组织和管理方法

如前所述，科学训练师应熟悉教练员和运动员使用的技术术语、规则和规程、器材的详细信

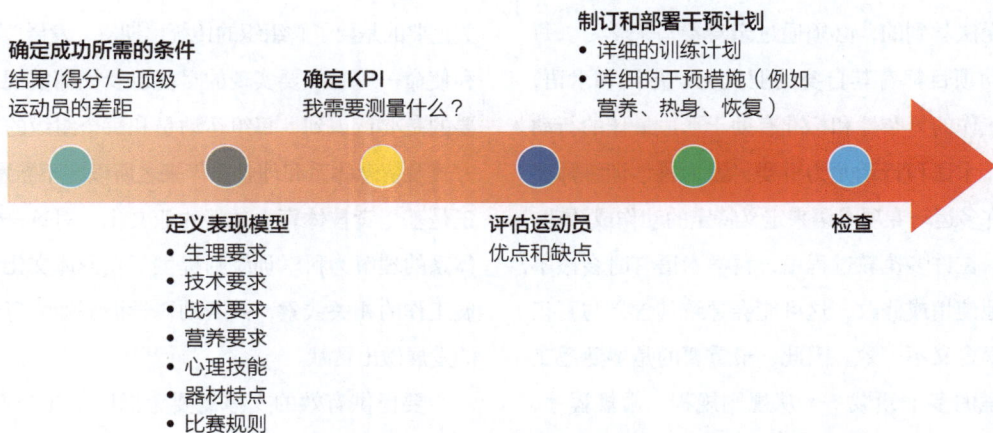

图 5.1　在竞技体育情境中定义和使用 KPI 的流程示意图

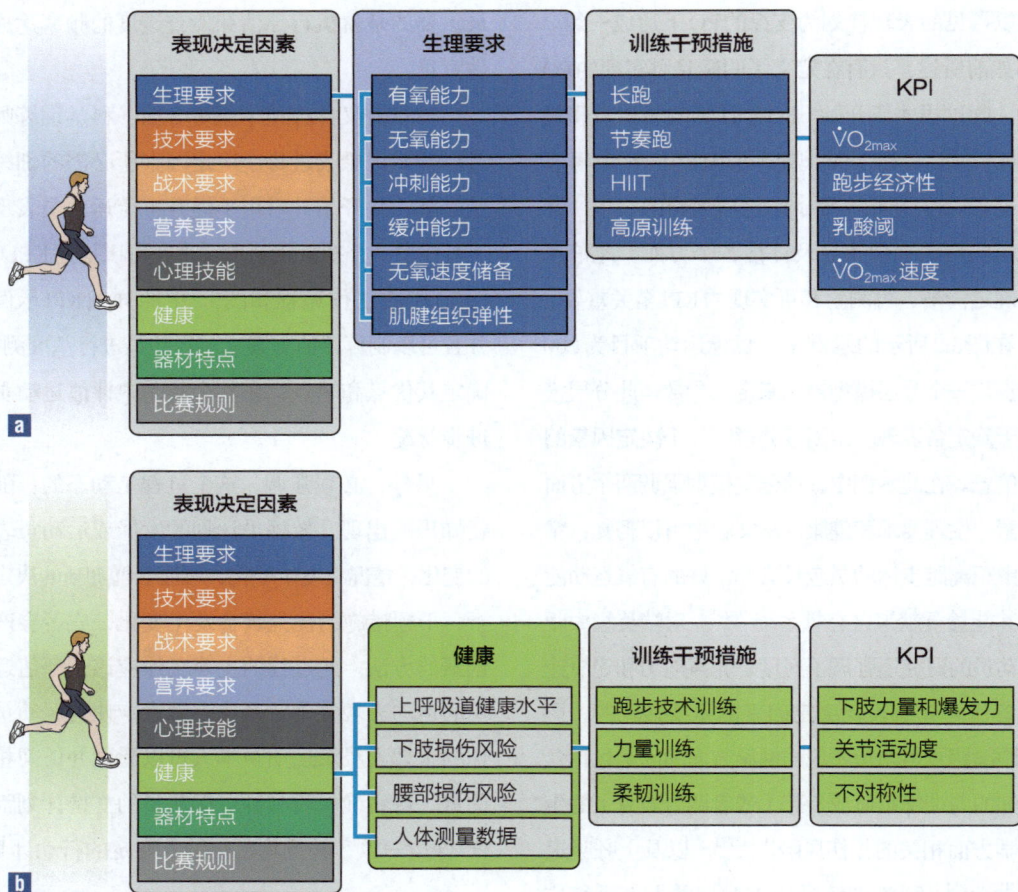

表现决定因素	生理要求	训练干预措施	KPI
生理要求	有氧能力	长跑	$\dot{V}O_{2max}$
技术要求	无氧能力	节奏跑	跑步经济性
战术要求	冲刺能力	HIIT	乳酸阈
营养要求	缓冲能力	高原训练	$\dot{V}O_{2max}$速度
心理技能	无氧速度储备		
健康	肌腱组织弹性		
器材特点			
比赛规则			

a

表现决定因素	健康	训练干预措施	KPI
生理要求	上呼吸道健康水平	跑步技术训练	下肢力量和爆发力
技术要求	下肢损伤风险	力量训练	关节活动度
战术要求	腰部损伤风险	柔韧训练	不对称性
营养要求	人体测量数据		
心理技能			
健康			
器材特点			
比赛规则			

b

图5.2　800米跑步运动员的确定性表现模型示例，可定义用于评估进度的KPI，包括a. 生理要求和b. 健康。这个简单的示例用于说明如何建立工作框架，而不是详尽地介绍所有决定因素

息和特征，以及训练和比赛中的常规程序。任何层级的工作都需要这些知识，并且这是通过大学课程无法学到的，必须通过亲身参与来学习。每个运动项目都有其自身的亚文化、行话和术语，了解工作的复杂性和标准有助于形成最佳的行动过程。术语和行话尤为重要，因为科学训练师要使用许多运动专项术语来定义特定的动作或活动。另外，在许多执教过程中，科学术语有时会被不恰当地使用或修改，这可能会导致其含义与真正的科学含义不一致。因此，最重要的是要熟悉工作环境的多个领域——从规则规程、常规程序、工作方式到所使用的术语。

俱乐部和竞技体育组织往往会遵循常规的流程和程序，并具有明确的信念和理念。因此，至关重要的是要了解组织的传统、期望、发展、愿景和使命——组织要实现的目标以及如何实现。重要的是要认识到，每组运动员和每个组织的工作方式及信念体系和理念多年来之所以在不断发展，正是基于竞技体育中独特的亚文化。对这一信念体系的理解为科学训练师提供了在群体文化中开展工作的相关线索，并帮助科学训练师为每个人的发展做出贡献。

要提供有效的支撑需要考虑以下几个方面：运动员的水平、他们的期望和承诺、他们在运动项目中的经历，以及他们当前所处的环境等。只有全面了解这些方面的信息，科学训练师才能制订出一套干预措施，并根据受到认可的、可实现的KPI和PO评估进度。人的因素不应被忽视，仅依靠测试和数据收集活动产生的信息可能不足以使科学训练师有效地开展工作。深刻理解每个运动员的价值观、成就、经历、抱负、信念、社会文化规范和行为，科学训练师才可以为干预措施的有效实施提供更多细节并发展责任文化。这将包括使用KPI来追踪进度并确定需要进一步改进的领域。建议科学训练师直接与运动员合作并与之建立信任关系，面对教练员和支撑人员时也是如此，因为这些人可能对特定方面有特别的见解。

文化认同和社会文化规范是当今竞技体育情境中的重要方面。科学训练师在国外工作或与多元文化团队合作并不罕见，了解文化背景和社会文化规范有助于其有效地开展工作，并有助于科学训练师确定因当地的社会文化规范而难以被接受或实施的干预措施。

最后，在为运动员和教练员制订KPI时，科学训练师应了解如何将此类信息传达给组织中的利益相关者、如何保护信息的安全，以及如何向外部传达信息。如果没有合适的措施，科学训练师应制订措施，明确评估各种KPI所产生的信息如何影响日常活动，以及如何保护和共享该信息以避免诉讼或不当使用表现数据。工作环境会不断变化，可能将来需要建立特定的指导方针。在美国的医疗机构和生物医学研究机构中，生物特征数据受知情同意、《健康保险流通和责任法》（Health Insurance Portability and Accountability Act，HIPAA）以及其他数据隐私保证的规定约束。在其他地方也有针对医疗记录和知情同意的具体规定。但是，在职业体育和消费领域收集的生物特征数据在很大程度上仍未受到管制和检查。此外，科学训练师

应意识到，让雇主及第三方收集和存储生物特征数据会增加数据被非法利用的风险，并且在续约或合同终止的决策过程中使用这些数据，也会增加员工受到歧视的风险。随着职业体育的发展，这些问题变得越来越重要，科学训练师应该熟悉当地的法规和组织规定[26, 43]。

运动项目中的KPI

KPI应始终是可测量的、客观的和可操作的。它们应该有助于影响与运动表现有关的计划的制订。

总而言之，最优KPI应该提供客观证据来作为有效和可靠的指标，提供更好的决策依据，提供一个指标来评估表现随时间的推移而产生的变化，提供信息以基准化一个人的表现与他人的表现，并报告PO的可获得性。

由于所有运动项目都不相同，因此KPI应该基于具体的运动项目、运动员群体或用于确定KPI的可用资源水平。有一种趋势是主要使用KPI来定义运动员的体能水平，这可能是因为科技手段使评估运动专项动作中的力量、爆发力和速度等体能因素变得更加容易。但是，科学训练师应该与教练员和支撑人员合作，开发并确定针对所涉及运动员群体的KPI，并确保在任何决策过程中都使用与之相关的指标。

基于技能的KPI

在技巧类和难美性运动项目（例如体操、花样滑冰、花样游泳）中，基于技能的KPI相对容易确定，因为对于专项技能的完成方式存在明确的评分体系。在这些运动项目中，科学训练师应该熟悉获得高分的细节要求，帮助建立用于在训练中定期评估这些技能的框架，为运动员和教练员提供衡量进步的指标。这种类型的分析主要依靠定性和定量评估的结合。定性评估应该由技术专家（例

如教练员和裁判）进行，并且最好与视频分析结合。定量评估应该更多地依赖可穿戴技术、运动捕捉系统、视频分析（结合适当的常规生物力学评估程序）和专用设备（例如测力台、肌电图）。

任何技能评估的关键都是提供可影响后续执教干预措施的有用信息。为此，主要准则是数据收集程序应该最大限度地减少对训练和比赛的干扰，易于获取信息、快速生成报告，以及最重要的是进行可以用来确定进步程度的有效且可靠的评估。

技巧类运动项目需要对成功所需的技能进行非常精确的评估，因此更适合通过特定的仪器来使用先进的生物力学技术，以增强准确性，并可能开发新的建模方法以预测改变技术后所产生的结果。尤其是，由于精英运动员似乎在关键技术方面表现出较弱的变异性[22]，拥有可灵敏监测到微小变化的测量系统非常重要，因此，通常首选使用2D或3D视频分析，以及多种可穿戴传感器的组合。

科学训练师应该根据参考框架明确定义基于技能分析的KPI，然后对其进行评估。评估的参考范围应该包括根据该项运动的评分体系确定的最佳技能执行情况，并以顶级运动员的历史表现为基准。对于此项活动，科学训练师应该制订一个模型，确定每个运动阶段的高分姿态，然后使用视频分析或多种可穿戴技术的组合对运动员进行比较分析。在这样的评估中，需要关注的KPI往往是关键姿势的关节角度、不同关节角度之间的关系、身体环节速度，以及其他生物力学参数。因此，科学训练师应该格外注意使用适当的技术和程序正确地收集数据，以确保将数据实际用于评估运动员。事实上，即使在当今的竞技体育情境中，视频的采集效果通常仍然是不理想的，没有参考系、摄像机角度不正确及分辨率低等因素都会导致测量结果误差，并使科学训练师做出错误的解释或假设。

对于技能不是直接影响最终成绩的因素，而是运动员的工具的运动项目，事情会更加复杂。为此，科学训练师通常会进行复杂的运动技能分析，以优化技术和战术的实施效果（例如评估跳远运动员的起跳和助跑技术、跆拳道运动员的踢脚技术或四分卫的投掷技术），降低损伤风险（例如落地策略、侧跨步技术分析），或评估器材（例如鞋、滑雪板）的有效性。此类方法涉及评估与特定运动项目环境有关的动作序列，因此科学训练师应注意制订正确的评估程序，定义可有效追踪的KPI，以及最重要的是，要明确如何通过KPI制订有效的干预措施。尽管科技正在帮助将测量的金标准从实验室转移到运动场，但是在竞技体育现场情境中评估体育运动时，很难避免出现变异性。因此，尽管在某些运动项目（例如田径项目、举重）中，科学训练师可以获得一定程度的效度和信度，并且可以开发和追踪适当的KPI（例如跑步速度、起跳角度、杠铃速度），但在无序的运动项目中需要评估开放技能，这会带来更多的挑战。例如，已经有大量证据可以帮助理解切向和变向动作，这是团队运动项目和对抗性比赛中的常见技能。大部分研究都是通过在实验室中模拟比赛条件来进行的[19, 45, 52]，并且提供明确的指引和参考数据。但是，在这种类型的评估中，研究者很少引入模拟的对手[30]。不出所料，这些数据显示运动员的下肢动作增加并且力量增强，也清楚地表明，在实验室情境中进行的模拟比赛可能无法反映实际体育比赛中发生的情况。科学训练师在定义KPI时要考虑的最重要的方面始终与测量的效度和信度有关。如果无法有效和可靠地测量，则应放弃。所有运动项目都需要在不同程度上应用认知、感知和动作技能，目前的共识似乎是，除了难美性运动项目或需要封闭性技能的运动项目之外，在团队运动项目中定义基于技能的KPI也是一大挑战[1]。

最后，科学训练师应考虑使用在多个运动项目（包括田径）中广泛应用的技术模型。尽管研究人员多年来一直对最佳技术进行分析和报告［并且，除了由迪克·福斯伯里（Dick Fosbury）引入的跳高技术之外，其他技术变化不大］，但科学训练师仅应将这些技术用作推动训练过程和对运动员进行定性评估的一般指导原则。研究人员讨论了确定供运动员参考的最佳技术的可能性[17]，进一步强调了一个观点，即应该通过个人评估来认识动作变异性、比赛应激、环境条件等因素对于运动员在比赛中应用技能和技巧所产生的巨大影响。

在技术性和基于技能的运动项目中评估KPI的目的是确定哪些领域可提升运动表现，减少错误，将损伤风险降至最低并优化技能的完成效果。此流程如图5.3所示。

技能评估应采用**整体方法**进行，其中感知–认知方面和技术性动作技能应定期进行评估，因为感知和行为之间存在关联，科学训练师需要通过在实际竞技体育环境中进行干预来改善这两个方面。迄今为止，大多数科学文献都专注于通过测量所完成技能的结果评估技能进步，而非测量其影响因素。这可能是因为在生物力学实验室之外进行此类评估可用的技术和方法有限。有人在评估通用动作技能方面进行了一些尝试，取得了不同程度的成功。描述"加拿大灵敏和运动技能评估"的研究表明，如果由受过严格培训的人员遵循方案细节对运动员进行评估，则此方法是有效且可靠的[28]。

研究人员[15]还建议，有必要在周期化框架内评估技能，这类似于对其他训练和具体表现的相关KPI进行评估。然而，尽管从理论上讲这么做是合理的，但该方法的实际适用性目前仍然有限，进行全面技能评估所需的时间较长，这是教练员不愿意定期进行定量技能评估的主要原因。文献中公开了一些定义明确的运动技能（例如网球发球[27]、乒乓球[24]、击剑[51]）的示例，其中使用了相对简单的数据收集程序。首选的工具仍然是视频分析，由于高速摄像机的成本较低，并且可以使用某些高级应用程序，因此，即使是成本相对较低的解决方案也可以对运动技能进行详细的分析。市面上现在有较多微型可穿戴传感器，并且在不久的将来，使用具有即时反馈功能的人体传感器网络对运动技能进行例行评估的能力也会有所增强，这最终可能会使得人们有机会开发出有意义的方法来提高表现水平。但是，尽管部分运动项目已经有许多很好的研究案例（大多是在实验室中的非竞技条件下进行的）可作为参考，但许多运动项目（包括新运动项目）的信息有限。

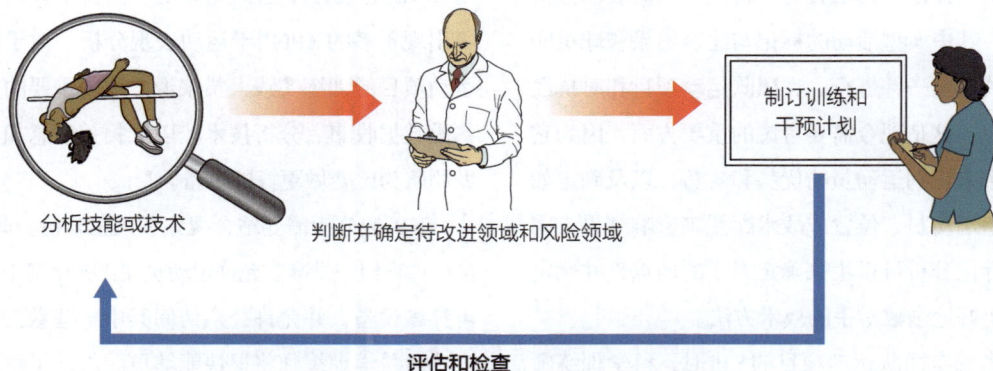

分析技能或技术　判断并确定待改进领域和风险领域　制订训练和干预计划

评估和检查

图5.3 评估和检查技术性KPI的工作流程示意图

因此，每个训练实践人员的目标都是开发一个评估框架，为教练员提供有意义的信息，帮助运动员在比赛中纠正错误并改善技能的发挥。

基于战术的KPI

在许多运动项目中，能否成功不仅取决于运动员个人的能力，还取决于其对团队战术和策略的贡献。实际上，在团体运动项目和对抗性比赛中，胜负取决于每个运动员之间的互动、他们如何应对对手的活动以及他们的战术如何产生成功的结果（例如得分更高）。一直以来，基于战术的KPI的特征是通过标记分析和简单的观察技术来评估特定竞技体育活动的有效性。某些运动项目具有悠久的KPI收集和分析历史，这是因为在比赛过程中易于收集和分析数据。例如，在篮球比赛中，像投篮次数和得分、传球次数、盖帽次数和犯规次数等简单的指标已得到广泛使用。但是，这些指标仅与个人成果有关，而没有考虑集体战术。由于视频分析和计算能力等方面的发展，人们现在可以实时分析集体战术行为并挖掘成功的结果，以确定每个人为集体成果做出了多大贡献。

自从在体育场内引入多目摄像系统[49]，关于各种运动项目的运动模式、团队中不同角色的细节以及团队之间的比较等方面的研究和可访问数据激增。标记分析已转向一种更全面的表现分析方法，其中典型活动的标记与比赛结果和球员间关系的确定一并进行。在团队运动项目和对抗性比赛中，这是现今需要考虑的重要方面，因为它可以用来识别运动员的优势和劣势，以及确定如何调整运动员、位置或战术配置来影响结果。同样，标记分析可以用来确定对手的弱点，并确定可以更好地击败对手的战术方法。

当确定团队运动项目的KPI时，科学训练师可以针对所分析的运动项目建立各种框架。因此，

本章不可能讨论所有潜在选择。但是，作为一般指导原则，我们建议通过以下分析领域来确定具体的KPI：战术和策略（例如比赛模式、阵形、运动员之间的距离、阵形效率）、技能和技术（例如传球效率、投篮得分效率、断球），以及反映特定比赛阶段或运动项目阶段的技术防守或技术进攻。某些运动项目的文献中有许多很好的案例，例如休斯（Hughes）及其同事在橄榄球方面的研究[23]就可以作为一个起点。值得一提的是，为了有效地评估和使用KPI数据，绝对有必要建立条理清晰且易于访问的数据库以进行适当的分析并构建足够大的数据集，从而能够使用高级分析技术或人工智能技术及数据挖掘方法来识别真正影响表现的因素。自迈克尔·刘易斯（Michael Lewis）的畅销书《点球成金》出版并被拍成电影后，人们对竞技体育中的大数据越来越感兴趣，顶级职业体育组织争相发展其运动表现分析部门。此外，在奥运项目中，许多组织都利用竞技体育情报专业知识来分析对手，并确定对手的弱点，以便在比赛中加以利用。要确定有意义的KPI，科学训练师可以遵循先前针对个人运动项目所讨论的相同过程（见图5.1和图5.2），首要的活动是将所关注的运动项目分解为清晰可识别的组成部分，并评估每个运动员如何为团队整体成果做出贡献。尽管通用KPI的重要性早已探究清楚，但在不久的将来将出现更多的KPI用于运动表现分析。对于团队运动项目的训练实践人员来说，至关重要的是要熟悉数据收集、分析技术，以及相关信息如何帮助团队为比赛做更好的准备。

KPI的分析需要结合视频和人工分析。此外，国际体育组织批准，允许运动员在正式比赛中使用可穿戴设备，并允许公众访问其中一些数据，这意味着科学训练师将很快能够更深入地了解某些团队击败对手的原因和方法。桑帕约（Sampaio）

的实验室在不同运动项目的研究[38-39]中提出了新颖的分析方法。此外，分析公司提供的特定服务也为体育从业人员提供了更多机会，以提高他们对团队运动项目运动员的表现产生积极影响的可能性。

在分析 KPI 时，科学训练师应该将团队运动项目中的个人与其对手进行比较，并应以对手为基准进行评估，这样不仅可以衡量个人的发展情况，还可以衡量可达到的预期表现水平。可以使用各种技术（例如 z 值、百分位数等）来标准化数据，例如团队中与体能相关的 KPI。但是，要做到这一点，必须开发数据库并进行定期维护，以确保使用可重复、定义明确的标准操作程序进行可靠而有效的评估（见第 8 章）。

有研究表明，在某些运动项目中，确定和追踪单个 PO 或 KPI 是识别和预测运动员发展情况的有效途径。对比赛数据库的分析表明，在田径等大多数体育赛事中，早期没有实现专业化的运动员也有可能在成人级别的比赛中取得成功。例如，对比赛结果数据库的分析表明，大多数在成年后达到精英级别的运动员在青少年时期并非是精英级别的。此外，许多在青少年比赛中获得奖牌的运动员在成人比赛中并没有达到同等级别的表现水平。总而言之，可行的建议似乎是：有必要通过追踪和评估表现来确定青少年运动员所取得的进步是否可以使他们在成年后达到高表现水平。有些国家或地区使用表现漏斗来描述和评估运动员的进步状况。同样，使用比赛结果数据库有可能可以识别运动员在不同赛事中的表现趋势，并预测其在重大赛事中获取奖牌的可能性，以及必要的最低要求。

但是，尽管表现数据可能有助于确定运动员从青少年到成年的成长过程，但训练实践人员还需要做更多工作来确定适当的训练方法，以及哪些因素可能会使运动员将青少年时期的潜力转化

为在成人赛事中取得成功的机会。已发布的一些示例[7-8, 11]建议训练实践人员开发表现追踪方法，使用比赛数据库且量化赢取奖牌的标准，并保持更新这些数据。这种方法混合使用 PO 和 KPI，对于追踪和评估进度非常有帮助，并且可以预测运动员在特定赛事或项目中取得成功的可能性（见图 5.4）。

生理学 KPI

生理学 KPI 代表了在一项特定运动中表现出色所需的生理决定因素。如前所述，训练实践人员应通过详细的需求分析评估运动项目，并明确定义表现模型，从而确定这些生理决定因素。训练实践人员可以通过具体运动项目的科学文献搜索、教练员手册中的示例以及从运动员处收集的数据来定义 KPI。某些运动项目拥有许多资源，并且在生理要求以及有关测量和确定 KPI 的相对方法方面有大量可用数据，但是大多数新兴运动项目没有这些优势。对于训练实践人员来说，定义所关注的运动项目或活动的生理要求至关重要，在进行全面评估后，就要确定评估 KPI 的最佳方案。对于训练实践人员来说，以下两种类型的生理学KPI 很重要：第一，需定期评估以确定运动员进步的生理学 KPI（例如有氧能力、乳酸阈）；第二，用于监控训练且能够在每天或短期内影响训练计划的生理学 KPI（例如 HRV、对特定训练负荷的血乳酸反应、对特定训练负荷的 HR 反应、唾液生物标志物）。

本章开头的示例（见图 5.1 和图 5.2）代表一个框架，它可以用于确定需要定期评估的重要 KPI，这些 KPI 可以用于确定所使用的训练干预措施是否对关键表现结果产生积极影响。虽然这是验证训练过程有效性的必要过程，但重要的是要制订更广泛的 KPI，以确保运动员按计划发展，确保

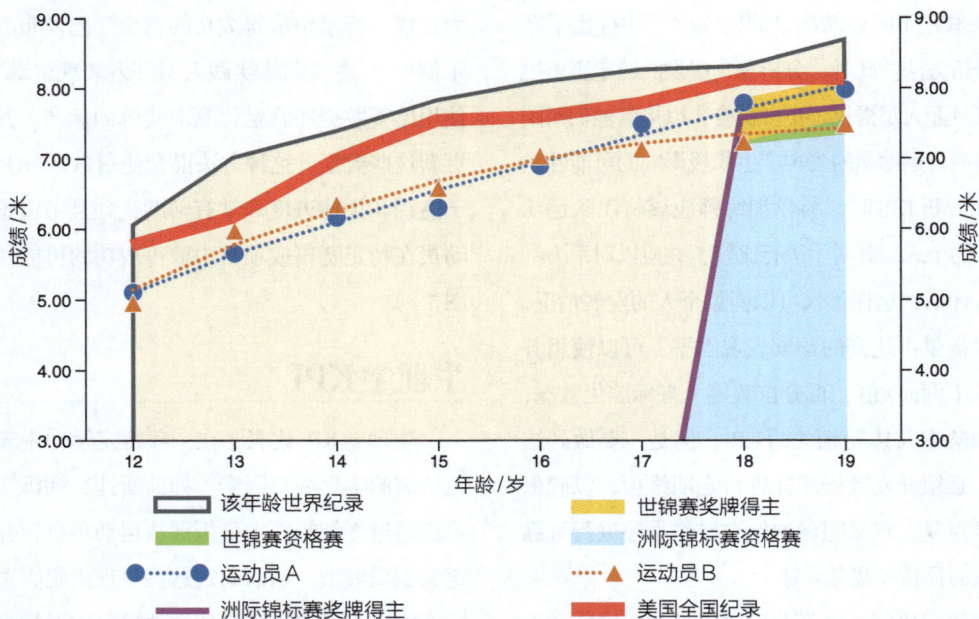

图5.4 根据典型的进步曲线、美国全国纪录、世界纪录和资格标准，两名青少年运动员的（跳远）表现追踪图示例

训练活动的内容有助于实现正确的目标，运动员对训练有良好的反应。

为了监控训练，科学训练师可以使用KPI来评估**内部负荷**［定义为在训练或比赛过程中对运动员施加的相应生物学（生理和心理）应激源］和**外部负荷**（运动员执行训练的客观指标）（见图5.5）。

科学训练师可以收集内部和外部负荷数据来描述每一节训练课，并帮助教练员验证运动员是否达到了生理目标（见图5.6）；或者，可将该数据用于评估训练负荷的积累，以及运动员对类似训练课的反应。这种方法可用于建立教练员使用的训练数据库，并确定运动员的反应特征，以完善个性化训练计划或营养干预措施。

科学训练师使用适当的KPI，可以制订一些定期重复的训练课，然后将其用于评估运动员在一个赛季或多个赛季内的纵向发展状况。科学训练师应与教练员一起确定哪些KPI是相关的，以及哪些参数可以为教练员提供有关运动员对训练课的适应程度或训练负荷的累积对其发展有何影响的信息。使用这种方法进行一致的数据收集可以为教练员提供更多证据，以完善训练活动；还可以为连续的报告提供更多信息，从而帮助提高运动员的表现水平和回答专项问题。图5.7提供了一个框架，其中包括一个流程示例，以及在分析运动员的专项KPI之后如何呈现在训练数据库中。

心理或脑力表现KPI

心理或脑力表现KPI可以是通用的（例如与运动员的整体健康状况相关），也可以针对特定竞技体育项目［例如射箭运动员的情绪状态量表（Profile of Mood States，POMS）或视觉注意力控制量表］。此类信息的收集和分析确实需要特定的专业能力，参与这方面工作的训练实践人员不仅要使用信息来帮助运动员提升运动表现（例如自信、自我控制、专注），还要确定潜在的陷阱（例如过度训练、沮丧、缺乏信心），这可能需要有执照的执业医生进行更全面的心理干预。大多数KPI可以使用众所周知的有效可靠的心理测量工具进行量化。

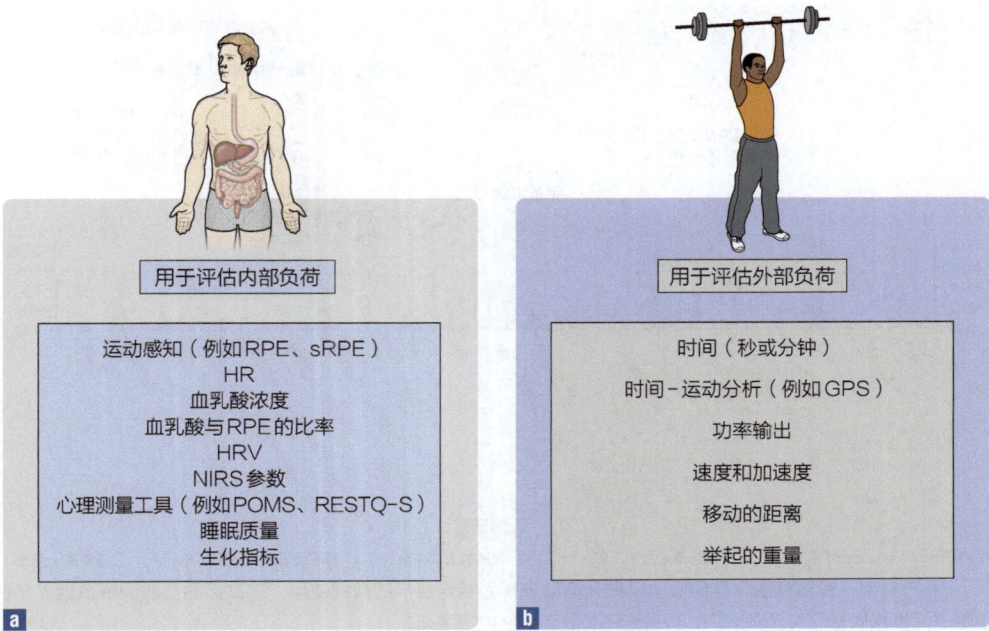

用于评估内部负荷

运动感知（例如RPE、sRPE）
HR
血乳酸浓度
血乳酸与RPE的比率
HRV
NIRS参数
心理测量工具（例如POMS、RESTQ-S）
睡眠质量
生化指标

用于评估外部负荷

时间（秒或分钟）
时间-运动分析（例如GPS）
功率输出
速度和加速度
移动的距离
举起的重量

NIRS：近红外光谱成像

图5.5 典型生理KPI列表，用于评估a.内部负荷和b.外部负荷

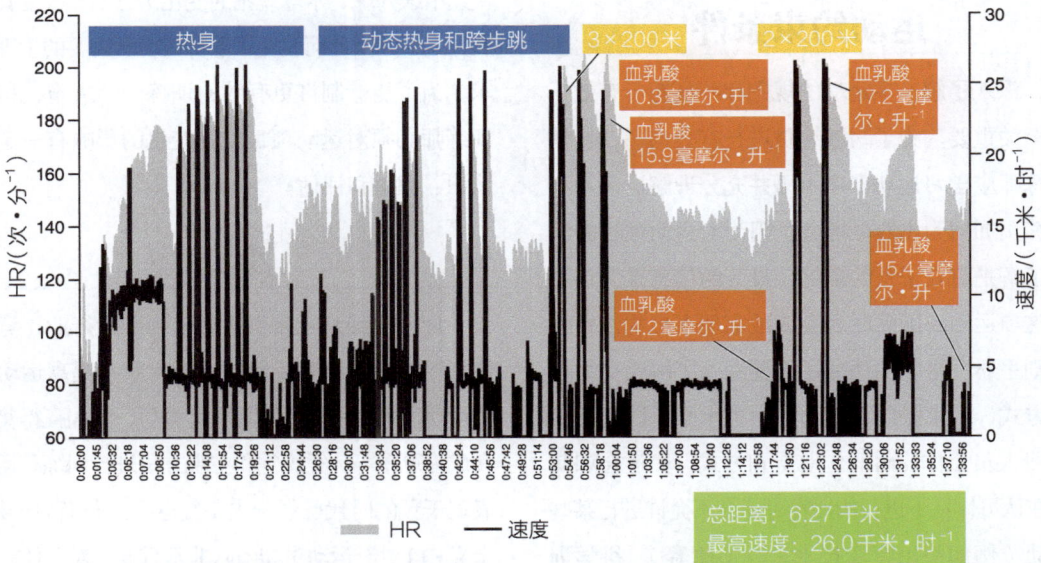

图5.6 田径运动员的训练课示例，结合了内部负荷的生理指标（例如HR和血乳酸）与外部负荷（利用可穿戴技术获得的速度和总距离）

必须强调的是，使用的任何心理测量工具的版本和形式均应在科学文献中得到验证，并且对问题、顺序或锚点的更改将使其无效。另外，训练实践人员不应自行将心理测量工具翻译为其他语言，而应使用经过验证的翻译方式来确保所收集的数据具有足够高的质量，可以支持有效的推论。

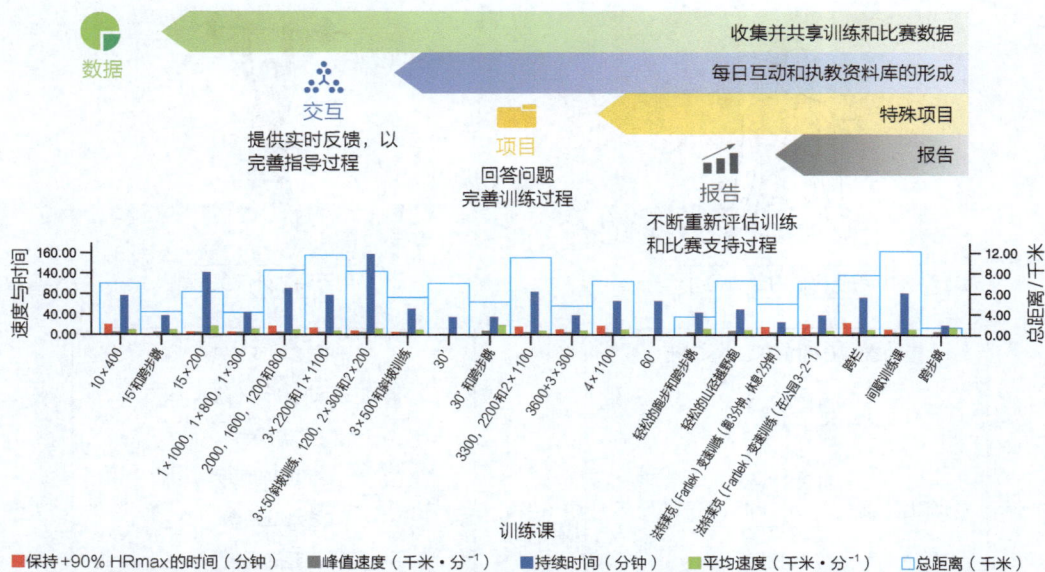

图5.7　KPI框架，针对竞技体育情境中以提升运动表现为特定目标的数据使用。这是运动员的训练数据库示例，其中随时间推移收集了特定的KPI，以确定不同训练课的生理影响

规则、特征和其他运动约束条件

深入了解一项运动的规则和特征对于有效干预至关重要。为了与教练员进行有效沟通，科学训练师应学习运动专项术语并充分理解运动员和教练员如何为比赛做准备，因为对运动项目的深入了解是有效干预的前提。最好的信息来源仍然是这项运动的国际联合会或国家理事机构发布的规则手册。科学训练师还需要深入了解比赛的运作方式、约束条件、运动员参赛水平，以及训练实践人员工作的时间、地点和方式。奥运会和其他在认可体系下进行的比赛可能会不允许进行某些活动（例如使用特定技术来评估比赛）。科学训练师有责任在制订具体计划之前充分了解这些规则和约束条件，以便在比赛中有效地提供服务。

最后，由于运动项目的规则可能会被修改并发展，因此科学训练师务必了解这些变化会如何影响运动表现。有些团队运动项目规则的修改（例

如，排球运动中引入自由人、手球运动引入进球后快速中线开球、水球规则的变化）已明显改变其比赛方式，并因此而改变了取得成功所需的生理要求。为了能够制订更有效的训练干预措施，科学训练师必须对运动项目规则变化的影响有一定的认识、理解和评估。

小结

体育已经从业余消遣转变为职业行业，竞技体育组织会聘请教练员和支撑人员来提高运动员的运动表现水平并帮助其取得成功，例如赢得奖牌和成为冠军等。凭感觉和主观方法进行训练和运动表现干预的时代已经一去不复返了。与商界一样，定义KPI对于运动员和团队非常重要，对于体能训练师、生理师、运动医生、运动防护师、营养师和运动表现分析师来说，定义最重要的KPI来追踪个人或团队的表现也很重要。竞技体育组织在商业上通常也需要用这种方法来确定是否可能获得ROI。科学训练师应定期明确和评估KPI，以确保运动员

和运动队的纵向发展按计划进行，确定需要干预的领域，并评估为提升运动表现而实施活动的有效性。只有基于循证方法、基于数据和专业知识相结合的集体讨论才能被视为提高竞技体育组织绩效的有用策略。为此，假设关键人员（例如教练员和支撑人员）拥有相应专业能力，他们则应以系统的方式收集、存储和分析数据，然后基于数据提供必要的信息，以进行运动表现评估和汇报。

推荐读物

Lewis, M. *Moneyball: The Art of Winning an Unfair Game*. New York: W. W. Norton & Company, 2004.

Mauboussin, MJ. The true measures of success. *Harvard Business Review* 90, 46–56, 2012.

Page, SE. *The Model Thinker: What You Need to Know to Make Data Work for You*. New York: Basic Books, 2018.

Schrage, M, and Kiron, D. Leading with next-generation key performance indicators. *MIT Sloan Management Review June* 26, 2018.

Silver, N. *The Signal and the Noise: While Most Predictions Fail—but Some Don't*. New York: Penguin Group, 2012.

第 6 章

建立档案和基准测试

迈克·麦圭根（Mike McGuigan），博士

建立档案和基准测试是运动员分析的关键起点。本章将讨论科学训练师如何使用运动表现标准和基准测试。建立档案和基准测试是为训练和计划制订提供依据的过程中的关键部分。它们还有助于科学训练师对运动员进行全面了解，包括身体、心理、技术和战术方面。这可以影响运动员的表现和损伤预防。因此，本章还将讨论使用数据来指导支持运动员发展的短期和长期决策。

运动员分析

建立运动员个体、运动队、比赛或运动项目的档案是训练过程中至关重要的一步，科学训练师可以向教练员和运动员提供这些档案。在此过程中，科学训练师需要评估许多不同的因素。任何档案的起点都是通过需求分析来评估运动项目的总体需求，以及通过不同类别（例如场上位置、年龄组和比赛级别）分析来评估特定需求[35]。这是运动分析的第一个阶段，之后科学训练师就可以建立个人档案并将其与需求分析进行比较。科学训练师使用"差距分析"，可以将运动员的当前水平与基准进行比较。这样可以为运动员制订更加系统和客观的训练计划。该方法还可以从运动员职业生涯的早期阶段就开始帮助运动员在身

体、心理和技能方面更好地发展。因此，在青少年运动员中实施这些方法时，科学训练师需要考虑其成长水平和成熟度。这些方法的最终价值在于使科学训练师能够更全面地了解运动员当前的身体能力，然后根据已知的运动表现标准建立相应的基准。该方法可以应用于身体、技术、战术和心理领域。基于个人和团队（或小组）的方法都可以使用。

在短期和长期计划中都可以建立档案和进行基准测试，本章对这两个方面都有考虑。建立档案和基准测试可以应用于单节训练课、小周期，甚至大周期。这些方法也可以用来指导长期计划，适用于年度计划，也可以是更长的周期（例如4年期）。

成熟度和长期运动发展

对于与青少年运动员一起工作的科学训练师而言，成熟度和长期运动发展是必须考虑的[26]。根据NSCA关于长期运动发展的立场，成熟度指的是"成熟状态的发展进度，其时间、节奏和量值对于不同身体系统均有所不同"[26]。长期运动发展是指"运动能力随着时间的推移习惯性发展，以改善健康状况和体能，提高身体表现水平，减少相应损伤风险，并在整个青少年阶段培养自信心和竞

技能力"[26]。在幼年时期最重要的是生长，它被定义为"身体特定部位或整个身体的尺寸增加"[26]。

　　要建立青少年运动员的有效档案需要考虑到成熟度和生长的差异。成熟度和长期运动发展也是选材的关键考虑因素。有几种方法可用于衡量成熟度[29]。由米尔瓦尔德（Mirwald）及其同事提出的方法[34]和哈米斯－罗奇（Khamis-Roche）方法[25]可以分别用于确定身高增长速度峰值（Peak Height Velocity，PHV）和预测青少年运动员成年后的身高。由于人与人之间的发育差异很大，因此科学训练师在建立档案时应考虑生物学成熟度而不是实足年龄[28]。成熟状态可以通过在人体测量学中的PHV预测方程式中代入年龄进行计算[34]。基于PHV的年龄计算已被广泛用于衡量成熟度[34]。科学训练师可以使用年龄、坐高，以及手臂和腿的长度来计算成熟度偏移量[34]。以前，体能训练师被建议每季度测量一次运动员的体重、身高和肢体长度，以全面了解其成熟度[26]。

　　将成熟度纳入考虑范围使得运动员之间的比较更有效[26]。制订适合特定年龄的评估方案对于科学训练师也很重要。在选择用于建立档案和基准测试的适当评估指标时，科学训练师需要考虑成熟度和长期运动发展。监测成熟度可为科学训练师提供有关青少年运动员发展情况的重要信息。成熟度会对不同的身体能力产生重大影响[26]。如果运动员接受训练的时间被记录了下来，科学训练师也可以将其作为考虑因素。充分了解这些差异可以帮助科学训练师进行选材和设计计划。

　　在选材方面存在的许多挑战都是科学训练师需要考虑的。基准测试方法（例如百分位数）中通常使用实足年龄（请参阅"基准测试和数据解释"部分）。但是，这样做有局限性，因为它不一定会考虑运动员的成熟度。纵向研究追踪运动员发展的各个方面[26]，其中大多数研究都会监测身体方面的表现。但我们应考虑包括身体、技术、战术和心理因素在内的多个维度的表现。了解各种因素在发展过程中的相互作用可以使运动员的培养更加有效。

运动表现标准

　　在测试和监测运动员时，科学训练师最重要的工作就是建立运动表现标准。运动表现标准是指建立运动表现水平的标准。明确定义运动表现标准为建立档案和基准测试提供了一个起点。科学训练师可以从与运动表现相关的身体、生理及其他因素的测试和评估结果中获得标准数据。建立运动表现标准时需要考虑几个方面，包括样本量、信息来源、分析方法和数据解释。根据不同评估方法建立运动表现标准时，科学训练师可以使用不同的选项。科学训练师面临的其中一个挑战是，测试的样本量往往会较小，特别是当与运动员个体合作时。因此，可能难以建立可靠的运动表现标准。特定的统计方法（见第18章）有助于解决该问题。从已出版的文献中获取数据也是一个很好的起点。但是，科学训练师需要考虑运动表现标准建立的背景。科学训练师可能无法确定信息生成的条件。理想情况下，这些数据应来自相似的人群，以确保被测人群具有相似的特征。用于收集数据的设备和分析方法也应予以考虑。使用其他来源的运动表现标准进行比较时可能会出现问题，因为如果使用不同的设备或分析方法，大多数测试变量将变得无效。例如，分别从测力台、线性传感器或加速度计获得的数据不一定具有可比性[36]。再举一个例子，使用不同的评估方法（例如雷达枪、计时灯、秒表）测试速度可能会得到不同的结果[18]。

　　我们可以遵循以下几个步骤来建立运动表现标准。

- 完成相关运动项目的需求分析，以确定运动表现的关键因素。

- 搜索文献，查找有关这项运动的以前出版过的运动表现标准。

- 理想情况下，科学训练师应该力求建立自己的内部运动表现标准，以确保数据的效度。

- 当与青少年运动员合作时，运动表现标准应考虑成熟度和长期运动发展。

- 获得足够的样本量以确定运动表现标准。

- 测试完成后，就可以将结果与标准或基准进行比较。

基准测试和数据解释

基准测试是解释测试数据的另一个关键方面。科学训练师在训练过程中必须清楚地了解比赛的级别及运动员的身体状况。基准测试是指将运动员在测试中的表现与标准进行比较。这是定义表现的客观过程，应考虑到年龄、成熟度、场上位置和训练历史等因素。基准测试还可以帮助运动员确定训练中应重点关注的适应，从而使其获得超越对手的竞争优势。

与确定运动表现标准一样，科学训练师在基准测试中也要通过运动项目的需求分析来创建不同位置运动员的档案。运动项目具体赛事的需求分析也可以用于创建运动表现档案。与只考虑个人情况的运动员档案不同，运动表现档案提供了这项运动或赛事的整体信息。通过确定运动表现的哪些方面是成功的决定因素，基准测试可以用于选材。生理、人体测量、技术、战术和心理数据等多个方面都有助于提高表现水平。因此，难点在于使用什么方法来测量这些方面之间的相互作用。主成分分析（将大量数据减少为较小成分的统计方法）之类的方法可以帮助科学训练师更有效地处理多重共线性（多个预测变量高度相关）等问题。比赛或运动项目的未来表现要求也应予以考虑。尽管在竞技体育中很难进行预测，但科学训练师在制订基准（即确定性建模）时确实需要尝试理解哪些表现方面在未来可能会发生变化。

基准测试的标准可以通过不同的方法确定。一种方法是与已有的比赛或运动项目中精英级或世界级运动员的表现所对应的成绩进行比较。基于比赛数据开发金标准表现模型对于合理制订训练计划很有用（见"使用数据指导短期和长期决策"）。运动员的表现可以表示为最佳表现的百分比（或百分位数）。另一种可以使用的方法是确定不同发展级别的运动员的最佳表现。例如，科学训练师可以确定高中、大学和职业运动员在测试中的表现有多大差异[1]。有些研究比较了不同测试和不同级别中的运动员的身体能力表现[1, 11, 43]。研究人员还研究了不同运动项目中首发队员和非首发队员的身体特征[3, 51]。通过基准测试，科学训练师可以了解该运动项目不同水平运动员的表现是什么样的。适当的基准测试将遵循一个过程，即严格对被测试变量建立目标表现水平。收集大量优质数据会使制订的基准更可靠。

基准测试和数据解释应包括合理使用数据缩放方法[8]。有人提出，在比较运动员时，要使用异速生长缩放来控制体形的差异[10]。借助体重进行简单比例缩放是另一种常用的方法[10]。有些作者建议使用恒定的换算系数，而另一些作者则建议基于被测试的总体来确定该常数。举重［辛克莱（Sinclair）公式[44]］和力量举［威尔克斯（Wilks）公式[49]］等运动项目使用经过验证的缩放方法来比较不同体重级别运动员的表现。通过建立系数，科学训练师可以直接使用通过测试确定的缩放类别来对不同体重级别的运动员进行比较。使用缩放方法时需做出某些假设，科学训练师需要检查实际情况是否满足这些假设，以确定缩放是否合适[46]。

数据解释包括使用适当的方法来收集、分类、组织和分析数据（见第20章和第21章）。在可能的情况下，也应为每个人单独确定基准。为此，科学训练师需要经常转换数据，以帮助解释结果。可以使用的参数包括数据排名、z值和百分位数（参阅本章后面的相关部分）。考虑个体结果的优点是这些工作可以对每个运动员产生更大的影响。

有研究已针对基准测试和辅助数据解释提出多种缩放比例，其中一些比例可用于指导训练计划制订[31]。我们可以随便举几个例子，如基于速度的力量训练、动态力量指数、反应性力量指数和离心利用率。尽管它们可以指导训练计划的设计，但是体能训练师不应将单一比例或基准作为训练计划决策的唯一基础。

科学训练师还可以在另一个领域中应用适当的基准测试和数据解释，就是为伤后康复和复出建立准确的基线数据，用于在整个康复过程中进行比较，这将有助于更有效地推动这一过程。如果没有这些基线信息，科学训练师就很难设置适当的基准来确定运动员是否已恢复正常表现水平。在这个领域中需强调的是，科学训练师不应依赖单一指标进行决策。例如，已证明在团队运动项目中，运动员在伤后很长一段时间内仍存在力量不足和不对称、跑步模式改变或高强度指标（例如冲刺距离、高速跑动距离）改变的情况[7]。

基于速度的力量训练是另一种方法，该方法要求科学训练师在应用综合基准时需要保持谨慎。诸如技术、评估方法和所执行的练习等因素都可能影响速度[36]等指标。科学训练师在为运动员和练习确定基准时均应该考虑采用个性化方法。

测试质量

测试和数据收集是运动员评估中两个关键方面。有许多不同的测试可用于运动员评估和监控。

在针对建立档案和基准测试来选择测试时，科学训练师需要考虑以下几个因素。

- 标准化测试。
- 效度、信度和对变化的敏感度。
- 适用性和易用性。
- 测试频率。
- 在有需要时对多个运动员进行测试的能力。
- 与测试相关的学习效应。
- 评价测试中的误差。
- 测试信息对提高运动员表现水平的有效性。

科学训练师应使用可靠、有效的高质量测试，并提供有用的信息。科学训练师应该能够为在实践中使用相关测试提供有力的依据。对运动员和运动项目的全面需求分析将为设计即将实施的综合测试提供必要的背景。测试内容需要与运动员的监控内容相匹配，并且科学训练师应评估已知的确定因素对取得该运动项目成功的影响。测试质量最终将决定该过程的有效程度及评估可能产生的影响。测试的质量将对测试的效度和信度产生重大影响。复杂的数据分析和解释方法也无法弥补低质量测试所造成的误差，因此，科学训练师务必遵循必要的步骤，以确保测试的质量。

科学训练师所使用的测试应与所讨论的运动项目或赛事需要的基本身体能力密切相关。对项目、比赛或具体场上位置进行需求分析有助于确定具体的测试形式。科学训练师需要确信对运动员使用的测试可以测量最相关的表现方面（即表现决定因素或KPI）（见第5章）。然而，一般身体素质测试也很重要，如对心肺或肌肉耐力、力量、爆发力和整体运动能力等的测试。

效度是与测试质量相关的一个关键因素。这是指测试是否可以测量设计的测量内容。科学训练师应关注几种不同类型的效度。表面效度是测试对其目标测量变量的测量程度。效标效度是测试与另一项测量值的关联程度。**准则效度**包括预测效度和同时效度两种不同的类型。**预测效度**指测试可以预测运动员未来表现的准确程度。**同时效度**指测试结果与测量相同身体能力的其他测试结果相关的程度。效度可以通过相关性之类的统计数据来衡量。例如，测试和金标准测量之间的关系可以帮助确定准则效度。更多详细信息参见第18章。

关于效度的另一个重要问题是测试对于不同表现水平的区分能力。这对于基准测试至关重要。例如，研究人员比较了首发队员和非首发队员[3, 51]，其他研究调查了区分运动员水平（例如高中、大学和职业运动员）测试的效度[1]。另一个关键问题是测试与表现之间的关系如何。衡量测试表现和比赛表现之间的关系强度可以洞悉这一方面的效度。事实证明，这在团队运动项目中很难衡量。

信度是与测试质量相关的另一个关键因素。**测试信度**与测试的一致性有关。测试信度包含以下几个方面。

- 评分者间信度是指不同测试人员之间的信度。不同测试人员需要一致地执行测试。
- 评分者内信度是指测试人员个体的信度或一致性。
- 运动员内变异性是运动员个体完成测试的一致程度。存在一定的自然变异性，但需要尽可能少。

测试的信度需要考虑被测人群的背景。尽管已出版文献中提供了许多测试的信度，但科学训练师应该在自己的环境中确定信度（即对相近的运动员在其经常评估的条件下进行测试）。要对测试进行内部信度评估，科学训练师可以遵循以下步骤。

- 对一组运动员（人数尽可能多，至少10个）进行多次（3~4次，具体取决于测试内容）测试。
- 在相同条件下重复测试若干次。根据测试内容

及运动员的疲劳程度，重复测试的时间间隔可能为48~72小时。

- 使用第18章介绍的方法，可以计算测试内和测试间的信度。

组内相关系数、统计误差和变异系数等各种统计数据可用于确定信度（将在第18章进一步讨论）。科学训练师还需要确认他们正在使用的测试能够提供一致的结果，并且与测试相关的噪声很少。与此相关的是测试的敏感性。科学训练师应知道代表着表现发生有价值变化的测试变化程度。他们应该使用对表现发生真正变化检测能力最强的测试。确定评估的变异系数并了解测试的技术误差有助于让此过程更合理。

测试的适用性及在应用环境中进行测试的难易程度也是重要的考虑因素。尽管实验室环境下的测试可以提供高度受控的评估，但是从生态学的观点看，在运动场上进行的测试的效度会更高。

测试条件的标准化有助于提高测试质量。关于标准化，科学训练师还应该考虑以下几个方面。

- 充分熟悉测试。这对于涉及更高技术要求的测试至关重要，并有助于科学训练师控制学习效应。
- 在测试之前和测试中向运动员提供一致的说明。
- 测试前让运动员完成充分热身。
- 执行测试的时间要一致，以避免昼夜节律导致的结果差异。
- 向运动员解释测试的目的，使其充分理解测试的原因。
- 为执行测试的个人提供适当的训练。
- 测试指令应标准化，因为它们会影响测试结果。测量发力率[27]及在跳跃测试中使用外部或内部提示[37]，都是测试指令会影响测试结果的例子。
- 应确定测试顺序，以最小化测试对后续评估的潜在影响。

- 了解测试导致的疲劳程度有助于确定实施测试的频率。

另一个重要因素是何时进行测试。测试需要定期进行才可以提供最大价值。但是，我们应该考虑实施测试的最佳频率。定期实施测试应该是可行的，科学训练师不应将测试视为一次性事件。

理想情况下，这些评估应与计划制订相关联，并用于确定关键训练阶段的适应。使用之前已广泛应用的测试可提供更多标准化数据用于比较，这是其优势。但是，科学训练师在选择测试时需要谨慎，不要因教条而放弃更好的评估方法。另外，科学训练师应避免过于频繁地更改测试。不必总是进行所有测试，有些测试仅需要偶尔执行。因此，测试的频率存在于一个范围内，但挑战在于要通过档案和基准测试在有用测试和无用测试间寻求平衡。

测试很少作为单个事件进行，而通常与其他评估一起进行。在对多个运动员进行测试时，科学训练师应考虑测试的组织工作。可以将测试纳入训练过程吗？实验室测试可以在受控条件下对运动员进行评估。但是，在比赛和训练过程中进行真实条件下的准确测试对于科学训练师而言至关重要。虽然测试质量可能更难控制，但场地测试仍然有效且可靠。场地测试的另一个优点是它们更具针对性。对运动表现的基本能力和基本方面评估得更仔细的测试将提供更多有用的信息。

科学训练师应考虑是否需要其他测试，以及它们可以提供哪些额外的信息。没有必要进行多个高度相关的测试。科学训练师应审视单个测试是否可以提供有关运动员身体能力的必要信息，或者是否需要其他测试。例如，在测试力量时，除了大腿中部等长发力拉测试外，是否还需要进行1RM测试？虽然这两项测试之间可能存在很强的相关性，但科学训练师可以证明进行两项测试是合理

的做法，因为其中一项可以为训练计划的设计提供依据（1RM测试可以用于准确确定各个阶段所需的训练百分比），而大腿中部等长发力拉测试可以用作更全面的整体力量测量方式，以准确追踪适应情况。

测试质量最终取决于它能否为科学训练师提供可以传达给更广泛的支撑团队的信息——可以用于提高运动员表现水平的信息。因此，测试需要有特定的目的，科学训练师应该避免仅仅为了收集数据而收集数据。

排名

排名是竞技体育的一个基本方面。由于竞技体育使用排名系统来衡量表现，因此在运动员测试中使用这种方法是有意义的。运动员评估中可以使用多种排名系统。例如，在测试的多个方面对运动员进行排名可以让科学训练师更详细地了解其长处和短处。这种方法可以很简单，只需按表现水平从高到低对参与某个特定测试的运动员进行排名。运动员排名系统还可以确定个人在比赛中的水平。为团队运动项目的运动员排名的挑战会更大，因为这些运动项目成功的决定因素很多。例如，科学训练师可以根据体能、战术和技术等方面给运动员排名。在体能领域内，可以根据心肺或肌肉耐力、力量、爆发力、速度、柔韧性和身体成分等给运动员排名（见图6.1）。包含多个方面的综合评分可以提供总体概况，例如在美国内布拉斯加大学很受欢迎的表现指数（Performance Index）[42]。单个测试的结果很关键，但总体分数可用于运动员选择与培养。

科学训练师需要决定在哪些测试中使用排名，也需要考虑在报告中选择哪些指标。在使用排名之前，还要考虑缩放比例类型，例如应该使用相对体重还是异速生长缩放，尤其是在同一团队中

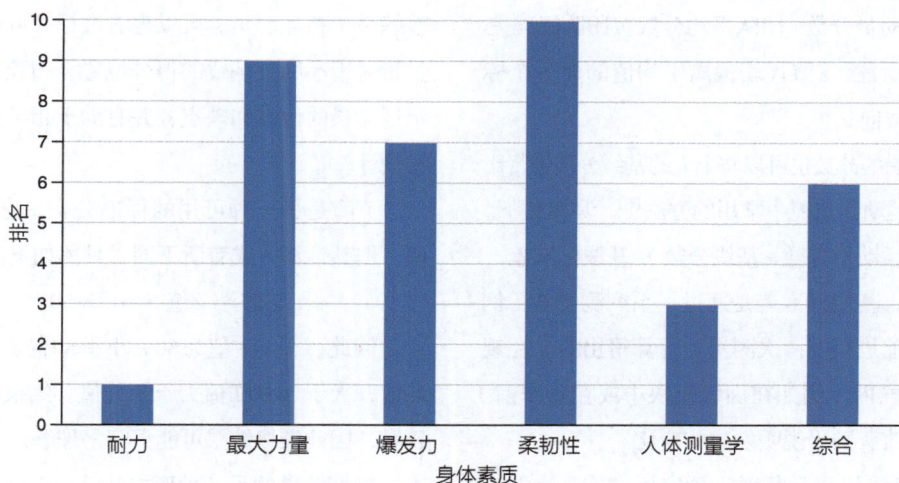

图6.1 一个运动员的体能测试排名情况。排名是指该运动员在团队中的排名位置（*N*=10）

包含不同的人口或样本类型的情况下（例如，篮球队或美式橄榄球队中的球员身体类型可能有非常大的差异，因此，科学训练师应将体重、身高或肢体测量等作为控制因素）。科学训练师还应该考虑与谁分享排名信息。例如，未经同意就在训练场地中公开展示发展中运动员的身体能力排名，这种做法可能是不合适的。

在一组运动员中，每个人在不同身体能力上可能会有不同的排名。即使是力量测试（等长、动态、离心和等速），个人的排名也可能有所不同。虽然研究表明，各种群体的不同力量指标具有高度相关性[22]，但它们并不具有完美的相关关系，力量与特定任务有关[15]。科学训练师可以使用力量和爆发力分析对运动员进行评估，并从多个方面确定其排名。例如，麦克马斯特（McMaster）及其同事[33]在橄榄球联盟运动员中使用的排名系统包含一系列上半身力量和爆发力评估。个人排名可以用来识别运动员的优势和劣势，并作为实施纠正性训练计划的依据。研究表明，对运动员进行排名能够使科学训练师了解其上半身力量和爆发力的特点[33]。

排名也可以用于比较不同团队和不同位置的运动员。许多运动项目都使用排名系统，在不同赛事和级别（例如体重）中根据表现对运动员进行排名。团队运动项目还根据不同的表现分析指标对运动员进行排名，从而比较不同的团队、个人和位置。

*z*值

科学训练师可以将几种类型的数据进行转换。标准分数将测试结果表示为与平均值的标准化距离。例如，科学训练师通常使用*z*值，将测试结果表示为偏离平均值的多少个标准差[6]。这种标准化方式对数据进行转换，使得0代表平均值，1代表标准差。这些方法支持在运动员之间和运动员自身进行比较。标准分数使用相同的缩放比例呈现不同的测试和变量，并且可以提供更多个性化的数据分析方法。虽然平均值等汇总统计数据可用于建立基准，但科学训练师需要运用更个性化的方法，使解释和比较更简单明了。

当测试一组运动员时，*z*值可用于比较测试分数。在这种情况下，科学训练师可以将运动员的得分与整个小组或团队的得分进行比较。*z*值的公式如下。

z值＝（运动员分数－团队平均分数）/团队标准差

如前所述，z值代表偏离平均值的多少个标准差以及方向。

运动员的分数也可以与个人的基线分数进行比较，这是运动员监控中常用的方法[47]，具体如下。

z值＝（运动员分数－基线分数）/基线标准差

此处，基线标准差是通过一系列测量值（例如在赛季前进行3~4次测量）计算得出的。在规定的时间段内（例如在训练模块中或在赛季前）计算测量值有助于说明发生的变化。

z值还可以表示相对于预定标准或基准的标准差[31]。测试一组运动员时，尤其是人数较少的时候，科学训练师可以使用这种方法。在这些情况下，一个运动员无法进行测试就可能会对团队的平均值产生重大影响。因此，相对于基准的标准差数据可以提供更准确的信息。科学训练师可以遵循前述建立基准的过程，并使用这些基准以及根据历史数据确定的标准差来计算基准z值。

如何解释z值取决于科学训练师工作的环境。本章的最后一节将更详细地讨论此概念。用图表可视化z值也很有用。例如，可以使用柱状图和雷达图来表示z值（见图6.2和图6.3[11a, 24a]）。这使

教练员（和运动员）可以查看数据并可视化运动员相对于小组或基线的得分位置。图表有助于展示运动员的优点和缺点，并有助于指导训练计划的设计。

T值是另一种可用的标准分数。它类似于z值，但其计算方式有所不同，具体如下。

$$T值＝（z值 \times 10）＋50$$

因此，平均T值为50，小于50的T值小于平均值，大于50的T值大于平均值。结果将始终是正数，因此最终结果可能更容易理解。

标准分数的另一种形式是**标准十分**（Standard Ten，STEN）值[47]。它将z值转换为10分制，这可能更直观。将z值转换为STEN值的具体方法如下。

$$STEN值＝（2 \times z值）＋5.5$$

在这种情况下，平均z值为5.5，每个STEN单位为1.0，代表0.5个标准差。

百分位数

百分位数是科学训练师常用的另一种数值。**百分位数**是一种统计测量值，可以显示一组结果中低于该值的结果所占的百分比。科学训练师根

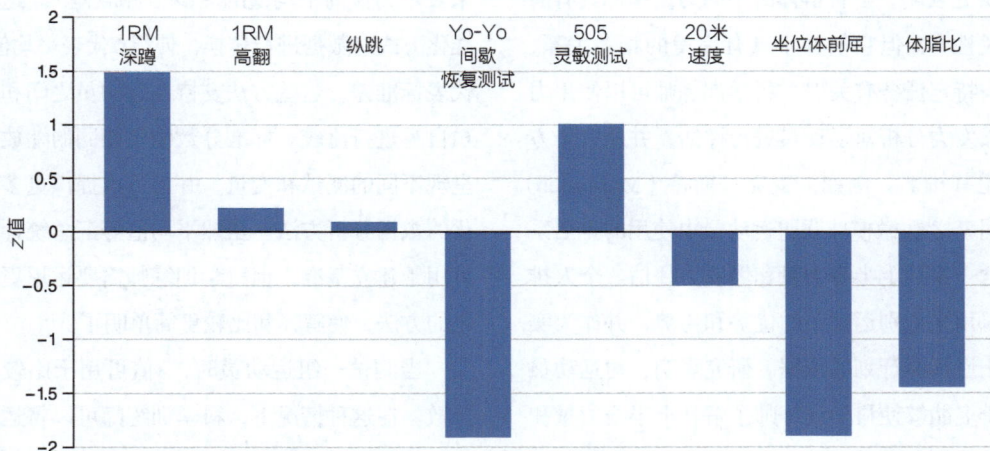

图6.2 z值柱状图表示一个运动员在不同体能测试中的标准化测试分数。0代表团队平均分数

经许可转载自：McGuigan (2016, pg 259-316)。

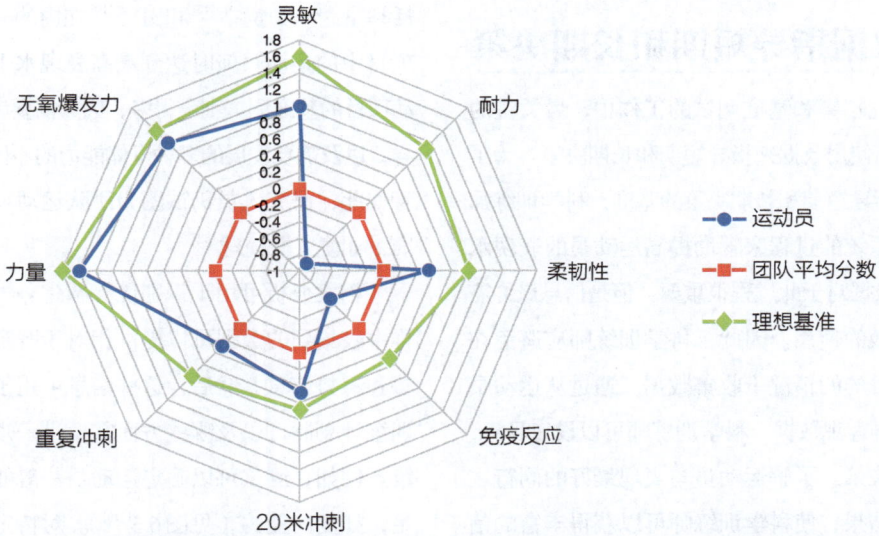

图6.3 某运动员的 z 值结果与团队平均分数和理想基准进行比较。请注意，由于这是 z 值的平均值，因此使用传统计算公式得出的团队平均分数将始终为0

经许可转载自：M. McGuigan (2014, pg.10)。

据大量运动员的分数建立百分位数，就可以查看测试结果相对于被测试人群的位置。例如，可以生成表格和图表，以显示运动员的结果所属的百分比区间（见图6.4）。如果运动员的百分位数等级为70%，这意味着该组中有70%的人分数低于该运动员的分数。针对各种运动项目的不同测试表格已被开发出来[30]。NSCA的《NSCA-CSCS美国国家体能协会体能教练认证指南》（*Essentials of Strength Training and Conditioning*）提供了针对不同测试的百分位数示例[30]。

百分位数以一系列增量表示。例如，在特定的身体测试中，百分位数分别为50、70、90。百分位数可以在多个级别上确定，并且通常特定于性别，还有基于年龄的[30]。

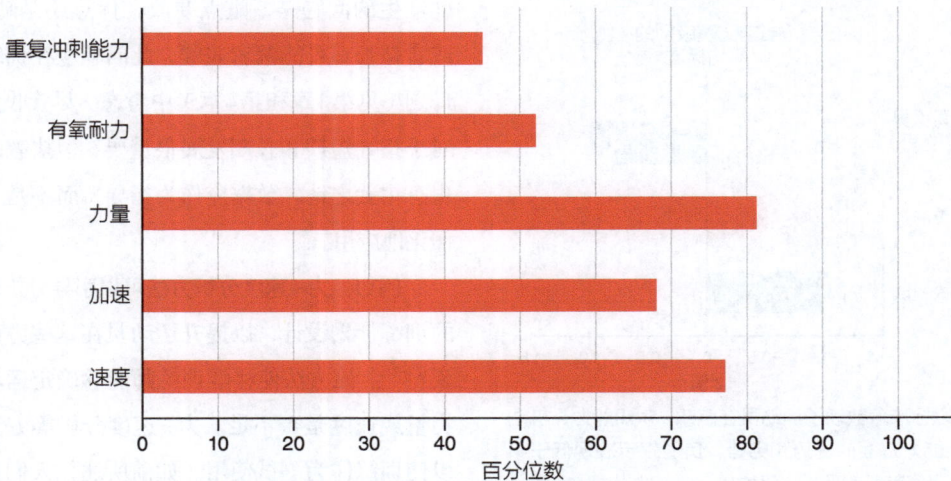

图6.4 某运动员在一系列测试中的百分位数

使用数据指导短期和长期决策

在建立档案和基准测试的工作中，最关键的方面是如何使用数据来指导短期和长期决策。为了确定用于指导短期和长期决策的基准，科学训练师需要遵循系统的过程来辅助提高运动员的表现水平。收集数据对于此过程很重要，但是信息最终需要得到有效的使用。因此，科学训练师应避免在没有明确目的的情况下收集数据。通过从运动员评估中获得客观数据，科学训练师可以设定目标，从而辅助决策。了解运动员与表现最好的同行之间的比较结果，使科学训练师可以获得丰富的信息，确定两者间的表现差距并帮助运动员确定训练重点。基准测试有助于对运动员档案进行差距分析，从而为设计更有效的训练计划提供参考。

定期进行评估的结果可能会提示需要调整这些目标。持续评估是至关重要的，而训练可能需要据之进行调整。有效的档案分析和基准测试使科学训练师能够确定运动员目前的身体发展程度。然后，决策过程将为训练计划的制订提供依据。

基准测试可以提供有关运动员何时达到成熟的最高表现水平的客观信息。研究人员分析了包

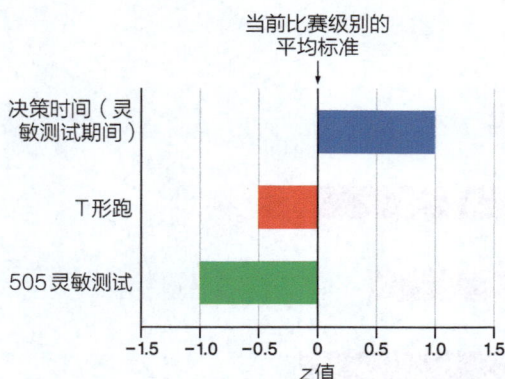

图6.5　以标准分数表示运动员在感知-认知能力、机动性和变向能力方面的优势和劣势。负值表示表现低于平均值，而正值表示表现高于平均值

经许可转载自: McGuigan (2016, pg.259-316)。

括举重[45]、力量举[45]和田径[19]在内的一系列运动项目中的运动员何时达到最高表现水平。团队运动项目的基准测试则难得多，因为需要考虑位置差异，以及需要发展的多种身体能力的不同需求。尽管如此，研究人员仍试图为团队运动项目提供基准，如澳式橄榄球[32]。

档案分析可用于识别优势和劣势[31]。测试过程中收集到的数据可以提供相对于既定基准的优势和劣势信息。然后，这些信息可用于辅助有关训练计划制订以及哪些方面需要进一步强调的决策。例如，测试可以确定运动员一般能力上的不足，如变向能力（见图6.5[11a]）。对特定能力（例如爆发力）的更深入剖析可能表明运动员在特定领域（例如反应性力量）中的不足。此类信息将帮助体能训练师做出有关在下一训练阶段中使用哪种计划的决策。例如，专注于表现的一个特定方面有什么影响？换句话说，正确的训练量是什么？在整个训练周期中应优先考虑哪些要素？基准测试和档案分析在这种情况下很有用，因为它使体能训练师能够定期以最佳的方式测定负荷。相较于一次性测试或在较长时间的训练模块前后进行的测试，更多定期的评估可以提供持续的反馈。由此产生的问题是，重点要放在优点还是缺点上，或者是否有可能两者兼顾。此问题应在训练分期计划（见第3章和第4章）中考虑。尽管收集数据对于指导短期和长期发展很重要，但执教的艺术也有用武之地。数据应作为指导，而不是一直被僵化地应用。

例如，力-速度分析方法可以引导分析和后续的训练计划设计，以提升运动员在这些方面的表现[23-24]。该方法使科学训练师能够确定运动员的力量或速度是否不足。力-速度分析等方法还可以使训练作为测试使用。如前所述，人们传统上将测试视为独立事件，并且计划中会为评估预留

天数。但是，我们可以将测试和监控纳入训练课中，在训练过程中收集有价值的信息并将其用作制订计划的依据，而且这样做不会给运动员增加负担。在这些情况下仍然需要建立基准，以便从这种方法中获得最大的价值。例如，使用基于速度的力量训练时需要确定一系列练习的阈值，并且需要注意基准和阈值的测试环境和局限性。这些数据可以被认为是训练计划设计的指导准则，而不应被僵化地应用。

对运动员进行纵向基准测试可以提供相关运动项目的参考信息。在团队运动项目中，通过将运动员的个人发展纳入考虑，此类信息可以提供宝贵的详细信息，以合理组建阵容。已发布的报告提供了来自多个运动项目的纵向测试数据，包括有氧能力[48]、速度[17, 20]、爆发力[2, 20]和力量[2]。

科学训练师可使用多种分析方法对短期和长期的数据进行分析。在使用测试之前，应确定用于分析测试数据的方法。时间序列分析可用于研究表现趋势并指导短期和长期决策。

当使用数据指导计划制订时，科学训练师应避免过分依赖单一指标，在建立运动员的档案和进行基准测试时需要对个人和团队进行全面分析。寻找可用于提供信息的单一指标很有吸引力，但不切实际。只有考虑多种指标，以及运动员的位置及其优缺点，才能使用此信息来优化训练计划。

案例研究可以为制订短期和长期训练计划的指导方法提供很好的模板。现有已发表的案例研究介绍了制订短期[14]和长期[4-5, 40]训练计划的示例方法。还有一些关于科学训练师如何使用案例研究的评论可供参考[13, 39]。有关运动员的更多公开数据将提供有关建立表现档案的信息。已发布的基准可以作为确定精英级别运动员所需表现水平的起点。科学训练师在解释研究结果时应谨慎，因为这些已发表报告中的测试的质量可能各不相同。此外，不同的数据收集和分析方法可能会导致已发布的数据集之间的比较出现问题。科学训练师的目标应该是建立自己的可用于指导训练计划编制的内部基准。

科学训练师也可以使用定性方法[16]。访谈、焦点小组和问卷调查是有效的方法，可以为短期和长期计划的制订提供依据和指导。各种方法和案例研究的配合使用可以让科学训练师深入了解运动员评估与计划制订之间的联系。该过程应包括需求分析、通过适当的评估全面了解运动员、评估训练干预措施的效果，以及对决定因素的评估。

长期计划也必须考虑运动员。"长期"可以指1年、4年，甚至是运动员的整个职业生涯。训练分期（见第3章和第4章）对于运动员的长期发展甚至更为重要。其中一个场景是在制订奥运项目训练计划时要使用4年奥运周期。另一个场景是针对大学运动员，科学训练师需从短期和长期的角度考虑其从大一到大三的发展。建立档案和基准测试也可以帮助运动员从青少年和发展级别过渡到更高级别。在长期计划中，若要在训练分期计划中安排测试，科学训练师则需要考虑评估频率。图6.6显示了针对即时、短期和长期发展的数据的用途。

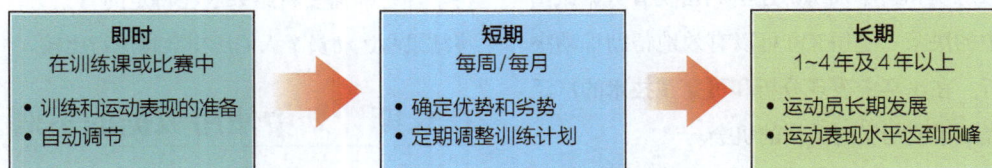

即时	**短期**	**长期**
在训练课或比赛中	每周/每月	1~4年及4年以上
• 训练和运动表现的准备	• 确定优势和劣势	• 运动员长期发展
• 自动调节	• 定期调整训练计划	• 运动表现水平达到顶峰

图6.6 使用即时、短期和长期数据来指导发展

在短期计划中使用数据的示例

如前所述，数据用于持续定期地为计划制订提供信息时是最有价值的。体能训练师可以根据定期测试的数据来调整运动员的训练计划。将测试安排在训练课中可以帮助体能训练师对训练进行即时的调整。例如，在训练课（基于速度的力量训练）中可以评估运动员的准备情况并测量其当前的表现水平。

确定准备情况的工具有很多。有人研究了健康因素（疲劳、应激、睡眠、肌肉酸痛）、心率变异性、神经肌肉表现（例如下蹲跳）和杠铃速度等指标[5, 9, 14]。但是，只有很少研究可以证明这些方法的有效性及其影响高水平训练适应的能力。

本书的第4部分将更详细地讨论运动员追踪系统。为了开发有效的追踪系统，科学训练师需要准确地建立变量基准。确定合乎需要的基线也至关重要。如果采用交通信号灯系统（使用橙色标记和红色标记），基准测试则可以用于确定级别。研究人员提出了阈值，即z值大于1.5可能表明达到临界值[47]。有些科学训练师使用交通信号灯系统来帮助做出是否需要干预的决策[38]。例如，z值为−1.5~1.99可以用橙色标记，而>2.0则用红色标记[47]。但是，重要的是要注意，这些阈值是人为确定的，未经研究验证。在可获得更多研究证据之前，教练员和科学训练师应将这些阈值视为参考准则，并且明确其测试背景，这样做有助于指导有关训练干预措施的决策。

教练员和科学训练师还会利用现有数据做出比赛中的决策。了解KPI可以有效地帮助推动决策执行。在比赛中表现分析和可穿戴技术的广泛使用提供了使用实时数据的机会。

在小周期中，数据可用于跟踪进度并为计划调整提供决策依据。在几周后进行测试有助于确定后续训练模块的训练重点。如果运动员被确定为某项特定的身体能力不足，教练员则可以为其安排更多的针对这种特定能力的训练。计划设计的其中一个挑战是明确变量之间的相互作用。需要考虑同时训练的潜在影响。对运动员的总体分析应考虑其各种身体能力之间的相互作用而非仅关注单个特征，应该考虑各个方面之间的关系。例如，体能与身体成分之间的关系对于运动员而言很重要。

测试数据可用于为短期计划制订提供依据。例如，建议将0.60~0.80的基准水平用于动态力量指数（等长峰值力与动态峰值力之比）[41]。若结果大于0.80，则建议训练重点应是最大发力（力量）；若结果小于0.60，则应安排更多的弹震式练习。但是，针对这种训练方法的研究很少[9, 50]。康福特（Comfort）及其同事的研究结果[9]强调，在提出建议时不要单独考虑比率或阈值，而需要将结果放在实践背景中，并与其他测试结果一起分析。

举一个应用实例，体能训练师可以让运动员进行3RM颈后深蹲（Back Squat，BS）测试和无负荷下蹲跳测试。随后，对运动员的3RM力量和下蹲跳测试的峰值速度进行排名。运动员A在3RM力量方面排名第3（共15人），在峰值速度方面排名第11。运动员B在3RM力量方面排名第7，在峰值速度方面排名第5。之后该信息可用于确定训练计划的重点领域。重要的是要注意，仅依靠一次性测试进行决策可能会存在局限性。教练员和科学训练师需要将结果放在特定的背景下，并且将结果与运动员个人的历史数据进行比较。

在长期计划中使用数据的示例

纵向表现追踪对于确定适应程度以及了解运动员的训练水平至关重要。尽管一次性测试可用于确定基准，但科学训练师采取长期的方法可以更深入地了解运动员。对于青少年运动员，科学训练师则可以更好地了解成熟度和发育的影响。有趣的是，精英运动员会在几种身体能力方面继续取得长期进步，但其进步幅度会小于训练级别更低的运动员[2, 12]。

已发表的大学运动员报告表明，随着时间的推移，力量和爆发力的变化很大，但是速度和加速方面的变化则较小[21]。在4~5年的周期中追踪这些因素可以支持有关每年计划重点的决策。科学训练师还需要考虑如何才能更有效地将训练转化为比赛表现水平的提高。以大学运动员为例，科学训练师在大一学年开始时会对其进行一系列的身体测试，以与已建立的基准进行比较并找出差距。例如，总体分析可以确定一个运动员心肺耐力非常好，但是力量需要增强、速度需要提高。这种情况需要制订短期和长期的计划。通过测试，科学训练师可以明确定期检查点。在运动员的整个大学生涯中，科学训练师可以更新其身体档案，并与教练员等一起对训练计划进行适当的调整。

小结

建立档案和基准测试是运动员准备工作的重要组成部分。科学训练师应了解决定测试质量的因素，在使用档案和基准测试时应考虑身体、技术、心理和战术因素。z值等标准分数对于呈现不同测试的结果很有用。测试和监控数据的价值在于可以提供有关运动员短期和长期发展的信息。

推荐读物

Buchheit, M. Want to see my report, coach? *Aspetar Sports Med J* 6: 36–43, 2017.

Lloyd, RS, Cronin, JB, Faigenbaum, AD, Haff, GG, Howard, R, Kraemer, WJ, Micheli, LJ, Myer, GD, and Oliver, JL. National Strength and Conditioning Association position statement on long-term athletic development. *J Strength Cond Res* 30: 1491–1509, 2016.

Newton, RU, and Dugan, E. Application of strength diagnosis. *Strength Cond J* 24: 50–59, 2002.

Pettitt, RW. Evaluating strength and conditioning tests with z scores: avoiding common pitfalls. *Strength Cond J* 32: 100–103, 2010.

Thornton, HR, Delaney, JA, Duthie, GM, and Dascombe, BJ. Developing athlete monitoring systems in team sports: data analysis and visualization. *Int J Sports Physiol Perform* 14: 698–705, 2019.

第3部分

技术与数据准备

第7章

技术实施

洛雷娜·托雷斯·龙达（Lorena Torres Ronda），博士

什么是技术？**技术**是以实践为目的的科学知识的应用，这种应用旨在使用人类可获取的手段、人工制品、设备、方法和材料来满足完成特定任务或解决问题的需要。

自史前以来，人类进化一直与技术的进步息息相关；但是，约翰内斯·谷登堡（Johannes Gutenberg）发明印刷机（大约1440年）所引发的信息技术革命不仅向大众提供了更多信息，还导致各种新构思激增[11]。自那以后，随着微芯片、物联网（Internet of Things，IoT）、WiFi和移动系统的发明，信息技术极速发展。技术的发展及其可以提供的信息使几乎所有领域均有所受益，包括医学、生物力学和生理学，以及与体育直接相关的领域。测量核心体温曾经需要采用侵入性技术（例如测量直肠温度），但是现在使用一颗小药丸就可以进行测量。如今，有各种可穿戴设备、服装、贴片和手表能够测量心肺功能、运动模式、汗液成分、水合水平、组织氧合作用、葡萄糖和乳酸水平，以及睡眠模式。设备和应用程序使训练实践人员可以完成不再需要标记点的生物力学分析（例如运动数字分析或无标记点系统），以及分析表面肌肉的收缩特性并测量举重的实时速度及其他衍生参数。当然还有追踪系统［例如半自动视频分析，惯性测量单元（Inertial Measurement Unit，IMU），射频识别（Radio Frequency Identification，RFID）系统，可实时报告运动的类型、频率和强度的全球定位系统（Global Positioning Systems，GPS），以及增强现实（Augmented Reality，AR）和虚拟现实（Virtual Reality，VR）系统］，相关技术手段不胜枚举[12]。现在的技术正朝着更小、更快、更安静、更便宜，实质上更智能的方向发展。

竞技体育的实质是训练、休息和比赛的重复。尽管如此，在最高表现水平上，技术所提供的信息就像在其他行业那样可以成为"游戏规则改变者"。竞技体育中的技术一直在帮助提高包括速度、机械效率或安全性在内的整体表现水平或者纯粹就是提供精彩的场面，以及通过复杂的软件、统计算法和数据智能，在直播中提供实时AR、运动员识别和统计数据。这样的例子有很多：滑雪装备、泳衣、头盔、更符合空气动力学的自行车、摩托车或皮划艇、训练环境（例如VR和AR、准备比赛的F1模拟器、风洞）。竞技体育组织和运动队一直在不断尝试通过技术获得边际收益和竞技优势，以赢得冠军或排名第一。他们正在扩大投资，并增加了研究、开发和创新方面的预算。此外，凭借技术的发展及其产生的知识，评估和

监控也发生了巨大变化。在本书中，许多章节都涉及技术及其目前在竞技体育领域中的重要地位。

在这种情况下，竞技体育行业中的科学训练师和其他专业人士必须知道并懂得如何为其组织选择最相关和最具影响力的技术手段。这与技术本身无关，而是关乎如何在正确的时间以正确的方式使用正确的技术，并将从该技术中获得的科学知识投入实际应用。

因此，本章的重点是详细介绍有关技术实施的考虑因素，就技术实施为竞技体育组织和专业人士提供一个指导框架，并讨论出于某些目的使用在其相关领域（尚未）完善的技术时，所应注意的问题。

创新过程

创新与技术有关，但是技术只是创新的一种形式。创新可以定义为以技术、产品、服务、结构、系统或流程的形式引入的新事物、创意或行为[10]。技术及技术创新的未来必须为实践提供科学知识，并且相关的制造、设备、器材或材料应弥补表现差距，从而完成特定任务或解决问题。

创新与知识的结合

竞技体育领域的技术创新需要来自不同学科的知识，以及科学训练师、其他专业人士和工程学、医学和材料科学领域人士的共同努力（也称跨学科研究）[3]。正如阿瑟（Arthur）和波拉克（Polak）[1a]声称的那样，发明几乎完全是通过综合现有技术实现的，因为"我们发现，技术的结合确实是现代发明的主要驱动力，这体现为专利发明不断产生新的技术组合"。这些现象强调的是，要解决基于表现的问题，就需要来自不同专业人士的多学科支持和互动。

创新过程的阶段

创新过程分为多个阶段，以产生新的创意（例如解决问题的新产品或流程），或采用现有的创意（开展活动以进一步利用现有的创意）。各阶段（见图7.1[10]）如下。

- 认知：发现需求并确定知识或表现方面的差距。此阶段潜在的错误是在识别表现问题之前确定解决方案。
- 产生兴趣（和评估）：进行研究以开发知识库，并创建或采用解决方案；确定合适的创意（兴趣点与影响）。
- 试用：产品调研。试用期是人们对产品进行调研，以回答下列问题的时期：使用此产品是否可使运动员发展或组织绩效（或者两者）产生潜在的竞争优势？它是否实用？成本收益比是正向的吗？如果对这一系列问题的回答是肯定的，则可以进入下一个阶段。
- 采用：提出一些能够采用的创新，提供相关决策依据。

创新过程的这4个阶段同等重要。但是前面的几步可能往往没有得到足够的关注，创新过程通常是在最后一步（采用）的基础上开始的。提出问题、比较答案，然后就下一步如何改善条件和表现做出明智的决定，这个系统化过程是至关重要的。良好的做法是建立一个系统，主要的利益相关者（即提出多学科观点的人）可以从中评估竞技体育组织的需求（即兴趣点与影响）。对于短期和长期目标，竞技体育组织有必要建立一种策略来分析运动项目的发展趋势，以及技术发展趋势。

对创新需求的评估包括以下4个类别（见图7.2[10]）。

- 标准化的需求。这是由某一特定领域的专家定

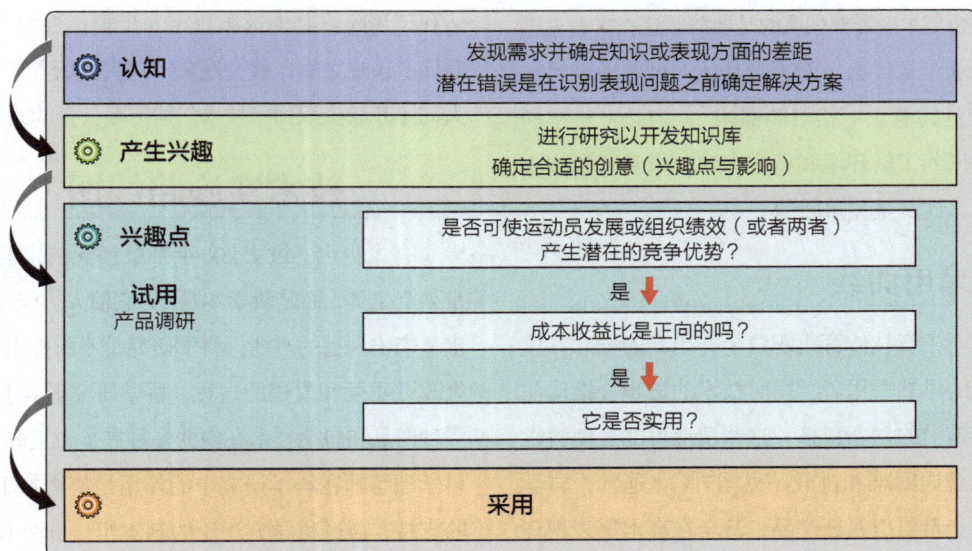

◎ **认知**	发现需求并确定知识或表现方面的差距 潜在错误是在识别表现问题之前确定解决方案	
◎ **产生兴趣**	进行研究以开发知识库 确定合适的创意（兴趣点与影响）	
◎ **兴趣点** **试用** 产品调研	是否可使运动员发展或组织绩效（或者两者） 产生潜在的竞争优势？	
	是 ↓	
	成本收益比是正向的吗？	
	是 ↓	
	它是否实用？	
◎	**采用**	

图7.1 创新过程的阶段

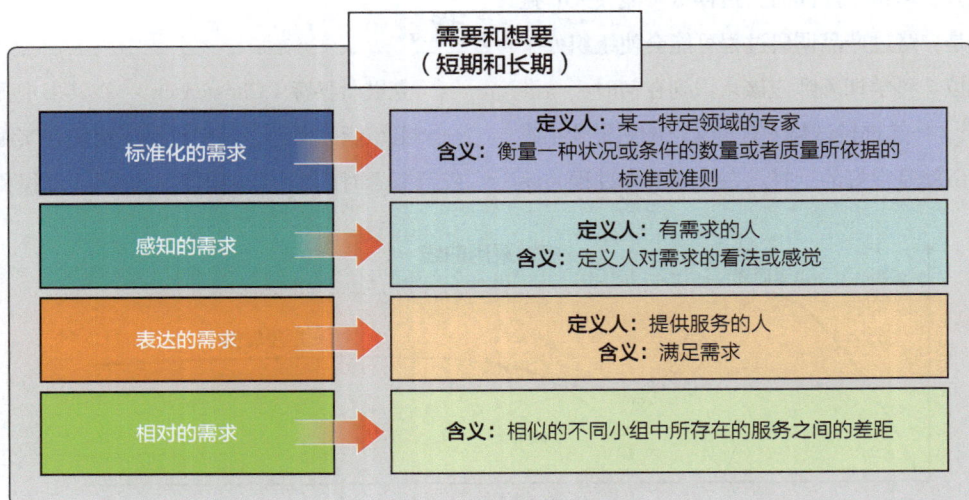

需要和想要
（短期和长期）

标准化的需求 →	**定义人：** 某一特定领域的专家 **含义：** 衡量一种状况或条件的数量或者质量所依据的 标准或准则
感知的需求 →	**定义人：** 有需求的人 **含义：** 定义人对需求的看法或感觉
表达的需求 →	**定义人：** 提供服务的人 **含义：** 满足需求
相对的需求 →	**含义：** 相似的不同小组中所存在的服务之间的差距

图7.2 对创新需求的评估

义的，是指衡量一种状况或条件的数量或者质量所依据的标准或准则。例如，如果整个联盟都拥有用于比赛分析的某种技术，则拥有此技术是一种标准化的需求，因为未掌握该技术可能会成为竞争劣势。

● 感知的需求。这是由那些有需求的人定义的，指的是他们对需求的看法或感觉，他们可能来自不同的部门，也可以是参与表现过程的专业人员。此时必须明确的是，是在确定知识或表现（或者两者）的差距之后感知到需求，还是由于其他人正在使用某种特定技术而将其视为需求。

● 表达的需求。这是由提供服务的人定义的，是指满足需求。

● 相对的需求。这是指相似的不同小组中所存在的服务之间的差距。

分析需求时需要强调的是要清楚这些需求（感知的需求）是什么，而不管其他人可能通过何种途径满足其需求（相对的需求）。为此，科学训练师要深入了解环境和特定内容，以及需要解决的问题，这是至关重要的。

技术采用曲线

有时，竞技体育组织急于提出新的概念并成为技术的早期采用者，同时技术的进步会推动他们追逐前沿的创新科技，这些情况可能会使科学训练师遭遇困难和挑战（见图7.3）。通常，科学训练师会希望引入新产品，甚至在高水平表现环境中对产品原型进行β测试。在与科技公司或其他第三方一起检验产品时，这样做可能会大有益处。但是，略过产品调研过程可能会使组织处于不利地位。科学训练师应该认识到在何时、与谁（运动员）一起进行试验才有意义，例如青少年或后备队伍就是很好的选择。在技术实施过程的评估和试用阶段必须遵循特定的步骤；否则，在达到期望顶峰之后，就会迎来"幻灭的低谷"，然后人们才开始认识到新技术仍然需要大量的改进。

技术实施路线图

有人提出，过去200年来最伟大的发明并不是某个工具，而是科学本身[4]，它使人类能够创造出从未出现过的东西。科学研究是不断提出问题、修改、质疑和改进的过程，科学研究者具有创造多种产品和包括技术在内的多种进步力量的能力。科学训练师在科学研究中的作用是使用基于证据的支持，通过科学方法论的基本组成部分和批判性思维来确保技术的实施（见序言和第30章）。

背景

克里斯滕森（Christensen）[2]在其书中提出了一个组织能力框架，其中提到了组织在实施构想或新概念时的3个影响因素：资源、流程和价值

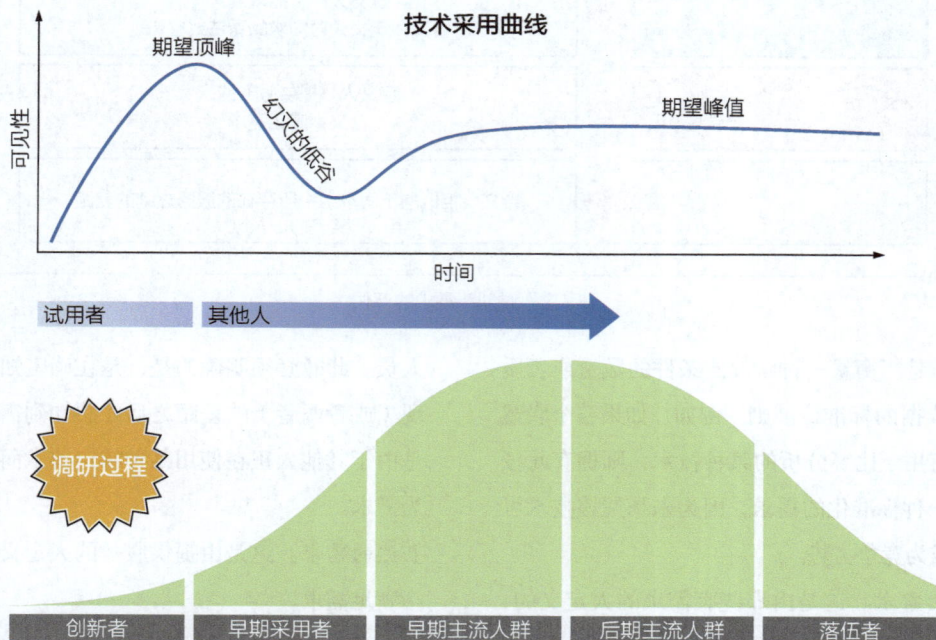

图7.3 技术采用曲线

观。第一个因素是资源，包括人员、设备、技术、产品设计、信息、与品牌的关系等。第二个因素是流程，即将资源投入转化为价值更高的产品和服务过程中的交互、协调、沟通和决策模式。第三个也是最后一个因素是组织的价值观，是决定优先事项的标准，也是员工做出优先事项决策的标准。因此，当有人想使用新事物时，必须分析自己的资源、流程和价值观。

对于可能引领未来技术发展的各种技术（每种技术具有不同的特定目的），有人建议[2]将这些技术分为服务和流程，包括但不限于评估、过滤、共享、追踪和筛选（见图7.4）。在竞技体育的特定情境下，人们还可以确定技术在哪些重要领域对表现起关键作用，并以描述、测量和定义表现与成功为重点[9]。

- KPI（提升运动表现）（见第5章）。
- 建立档案和基准测试（确定精英级运动员的特征）（见第6章）。
- 选材。
- 监控训练和比赛的表现结果（准备和风险管理；个人和团队表现）（见第9章和第19章）。
- 了解使用技术的背景及要实现的目标（这是至关重要的）。

数据收集

在开始收集数据之前，我们强烈建议先确定原则和价值观作为决策框架。有时，竞技体育监控和分析技术越来越容易获得，随之而来的往往是对指标的迷恋和测量表现的压力。这不仅发生在竞技体育领域，在其他领域也是很常见的现象。从其他学科以及竞技体育领域中获得的经验是，问题不在于测量，而在于不适当的测量。被测量的内容可能与真正想知道的内容没有任何关系（例如因果关系、相关性、关联性、概率、预测）或

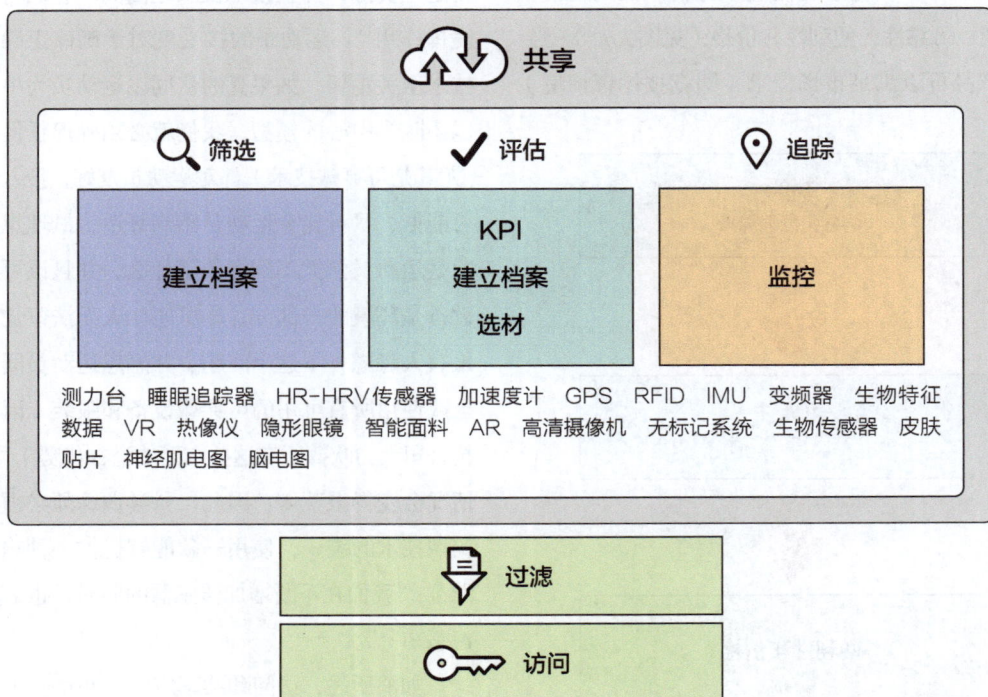

图7.4 技术集群

者不是预期的关系。训练科学是相对年轻的学科，技术和数据分析未必总是能很好地被利用起来，这意味着相关人员会在没有充分理解研究机制（例如生理反应、力学分析、统计学）的情况下测量各种因素。正如马勒（Muller）在《指标主义的暴政》（*The Tyranny of Metrics*）中提到的，"有些事情可以测量，有些事情值得测量，但是可以测量的并不总是值得测量的"[7]。这并不意味着不测量比测量好，而是说明重点是要研究值得测量的因素或测量重要的因素。当前的信息爆炸现象表明，我们有时需要一些时间才能将信息转换为有用的知识，"我们以为自己需要信息，但我们真正需要的是知识"[11]。因此，由技术提供的信息必须可靠、可管理，并且最重要的是，必须对决策过程做出贡献。

器材

我们可以从竞争的角度来分析产品的性能，如功能、可靠性、便利性和价格（见图7.5[2]）。当没有产品可以满足市场需求（即竞技体育情境）

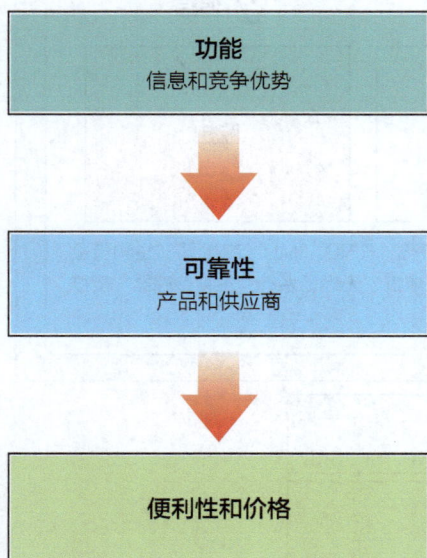

图7.5 从竞争的角度分析产品的性能

时，选择产品的标准就是功能：用户会选择可以提供信息和有竞争优势的产品，这正是促使技术被采用的原因。当有两个或多个产品可以满足功能需求时，用户会根据可靠性来选择产品和供应商。当有两个或多个产品可以满足可靠性需求时，竞争便转移到了便利性和价格上。

在竞技体育的特定情境下，我们还需要考虑其他因素。值得注意的是，了解该技术的主要用途（即需求分析）、技术本身的用途以及它是否能给出所需的结果非常重要。同样重要的是可能影响设备性能的各个方面，这些方面可能与准确性（精度、分辨率）、校准（时间、成本效益）、配置（永久性、便携性，或两者兼有）、尺寸及定位等有关。

谈到运动表现时，运动员是最重要的一部分。一个组织可能拥有最好的设施或最新的可穿戴设备并能应用最新的技术，但是如果运动员不想使用这些资源，并且技术被束之高阁，它们将无法发挥作用[5]。运动员的接受度对于确保正确实施技术至关重要。如果真的认同以运动员为中心或以团队为中心的模型，我们就必须确保任何技术（尤其是可穿戴技术）都对运动员友好、侵入性可能低、尽可能令运动员感到舒适，最理想的情况是运动员感觉不到穿戴了什么，并且该可穿戴设备是环境的一部分，尽可能让人无法察觉。如果有人考虑一下这个问题，并想想运动员同时穿上或使用所有可用的可穿戴设备和服装（因为科技公司大力吹捧所有这些东西的潜在优势），那么情况会变得很荒谬。因此，科学训练师必须努力实现技术的统一，使用一款能够提供多种响应的设备；"我们在不断增加传感器的同时，也需要改善感知"[4]。

如前所述，访问和共享应该（并将会）是技术提供帮助的两个主要方面。因此，重要的是要考虑某些流程，例如导入和导出数据的方法、通过应用程序接口（Application Program Interface，API）进行数据通信或其他第三方集成。最后但同样重要的一点是，科学训练师必须与供应商确定服务的期限（合同）、维护的必要性、软件和硬件可能的更新如何进行、产品出现故障时提供帮助的人员，以及教育或继续教育计划。

工作人员的参与

竞技体育领域的工作人员包含来自与健康和运动表现相关的不同领域的专业人员（例如教练员、体能训练师、物理治疗师、运动医师、运动防护师、科学训练师、心理师和营养师），并且技术可能会同时涉及这些领域的专业知识。交叉学科和超学科团队的适当组合将提高技术实施过程的效率。

这意味着为了技术的成功实施，有必要让所有与运动员合作使用技术的专业人士都参与其中。他们需要充分了解其用途、使用方案以及可以用于（快速或深度）反馈的最相关指标。从工作人员的角度来看，技术应逐步消除手动任务，并促进不同学科之间的整合。当来自不同领域的专家共享一个工具（训练过程、软件或器材）时，其团队归属感会增强，属于更大集体的感觉会出现，同一信息的沟通会更顺畅，并且会产生很多分享知识和能力的机会。

数据质量

由于某些设备的有效性不足，并且某些报告技术有效性的公司缺乏透明度，因此最终用户需考虑以下问题[8]。

• 对技术的评估有多彻底？
• 确定设备或技术正在产生预期结果的证据有多充分？
• 有多少证据可以证明除此设备以外的其他工具

也可以产生所需的结果？

科学训练师有责任鉴别、分析和保证与技术效度相关的某些内容，例如证据的强度、可验证性及是否参照金标准（或无法参照）。科学训练师还有责任了解指标，以及处理或计算（或者两者兼有）指标的严格性；重要的是要知道该技术的测量误差。了解了这些信息，科学训练师才可以判断表现水平的变化是来自训练还是来自测量误差。最后，非常重要的是，技术提供的信息必须可管理、可靠，并且必须对决策过程做出贡献。

如果上述各个方面的工作未做好，则不应实施技术，因为这会浪费时间和金钱，可能会误导训练决策，并危及工作人员或组织的信誉和名声。

数据分析

本章的目的不是介绍信息分析中的各种可能（见本书的第5部分），但是从技术实施的角度来看，科学训练师要牢记几个方面。正如迈克尔·刘易斯所说，"（我们）建立的模型越来越好，但我们必须意识到模型的局限性"[6]。模型（数据分析）是现实世界的简化版本。这不是缺点，而只是要注意的事情。分析不应局限于制作简单的报告，提供单个数值（或颜色代码）来回答像运动员的状态如何这么复杂的问题，因为运动员的状态不仅包括其生理状态，还包括其心理状态和社会状态[1]。因此，重要的是要知道什么因素可以实际测量、哪些不能测量、不同因素测量之间的相互依赖性，以及决策过程中不同因素的重要性。

迷恋指标的一个特征就是希望用标准化的测量取代基于经验的判断。在某些情况下，基于标准化测量的决策要优于基于个人经验和专业知识的判断；而在另外一些情况下，标准化的测量与基于经验的判断相结合会产生最有价值的结果。迈克尔·刘易斯在《思维的发现：关于决策与判断的科学》（*The Undoing Project*）中写道："我们必须弄清楚模型的优点和缺点，以及人类的优点和缺点。"[6]

由于市面上的技术设备不断增多，因此人们需要一个公共空间来存储数据，以便以集成的方式对数据进行分析。许多公司提供支持数据库功能的产品。从实用的角度来看，这些数据库必须在应用新设备时能够整合数据，它们应提供简单的数据加载（导入）和下载（导出）功能，并且应说明在生成报告之前如何处理和分析数据。

数据交付

关键的"点击"，即所有工作的最后一步，是交付和沟通利用技术收集到的信息。数据必须对训练计划产生有意义的影响。为此，科学训练师不仅需要保证上述工作顺利完成，还必须考虑信息有哪些不同的使用者、报告的时间、沟通渠道，以及报告的格式及其可视化形式，而这些只是一部分最相关的考虑因素。如果不能有效地沟通结果，那么设备调研过程、系统化的技术实施、数据存储和数据分析都将毫无意义，因为这些努力将无法对决策过程做出贡献，也无法证明收集的数据对于运动员的作用。更深入的讨论见第21章和第31章。

数据安全与技术

考虑到收集所有类型的信息（包括生物特征和医疗数据）的可能性，政府机构应颁布严格的信息安全政策和法规，以保护从可穿戴设备收集的运动员数据的机密性和完整性。例如，2017年，美国国家篮球运动员协会（National Basketball Player Association，NBPA）和美国职业篮球联赛（National Basketball Association，NBA）创建了一个联合咨询委员会，名为"劳资协定"（Collective

Bargaining Agreement，CBA），其目标如下。

- 审批球队、NBA或NBPA的可穿戴设备使用申请，其评估依据是可穿戴设备是否会对任何人造成潜在伤害以及可穿戴设备的功能是否经过验证。
- 对合格的可穿戴设备收集的数据建立网络存储安全标准。

对于后一项工作，其策略应包括以下方面的安全标准：管理访问和用户账户、远程访问控制、生物特征数据的加密和处理、服务器和终端设施管控，以及网络和云接口的安全性或物理安全性。此类规定将有助于在技术使用和信息安全方面保证数据安全。

最后，使用某种技术在多大程度上有助于提升竞技表现？此外，在竞技体育中利用技术优势是否不道德？随着技术的发展，技术革命会发生；凭借对生物特征的操纵或AI的发展，技术对于人类表现来说已成为新的机能增进辅助工具。如果创新竞技体育技术应用将成为常态，对道德准则的需求就会随之而来[3]。

小结

毫无疑问，技术的使用为获得信息（知识）提供了一个绝佳的机会，使用的设备比以往任何时候的侵入性更小、更轻便、更精确、更小巧、更安全和更便宜。现在，基于使用多种工具（技术）收集的主观和客观数据，科学训练师有可能向教练员提供有关运动员身心健康和表现的大量反馈。但是，技术实施也是一个挑战。科学训练师必须了解所使用工具的实用性、特异性、效度和信度。人们必须牢记的是，如果决策过程在很大程度上基于这些设备收集来的信息，那么决策者必须确保这些设备能够正常运作[12]。尽管许多公司声称技术可以让运动员表现出色或不再受伤，但重点还是运动员本身。任何额外的工具都可能帮助和支持运动员取得进步，但这并不是获得最佳表现的灵丹妙药。科学训练师必须与运动员沟通，因为通过技术收集到的信息属于他们，应建立他们对技术使用和信息管理的信任。对科学训练师来说，当他们知道如何让运动员清楚数据采集方案是教练员推动在做的，并且技术有助于教练员做出更为全面的决定时，他们就会获得运动员的信任。技术公司面临的挑战是提供多种可集成且同步的信息源。最后，即使技术可能会彻底改变决策、训练计划和损伤管理，它也绝不会直接影响结果本身，仍然是使用技术的人最终承担相关责任。

推荐读物

Christensen, CM. *The Innovator's Dilemma: When New Technologies Cause Great Firms to Fail.* 1st ed. Boston: Harvard Business Review Press, 1997.

Doerr, J. *Measure What Matters. How Google, Bono, and the Gates Foundation Rock the World with OKRs.* New York: Portfolio/Penguin, 2018.

Muller, JZ. *The Tyranny of Metrics.* Princeton, NJ: Princeton University Press, 2018.

第8章

数据整理

马修·C.瓦利 (Matthew C. Varley), 博士;
里克·洛弗尔 (Ric Lovell), 博士;
戴维·凯里 (David Carey), 博士

训练科学为运动员和教练员提供支撑，以最大限度地提高运动表现水平。而科学要求以系统的方式收集和组织信息，进而创造知识。科学方法的应用包括确定要解决的重要问题、研究可用资源、整理信息，以及确定数据的含义或价值，即评估。科学方法以所收集信息或数据的严谨性为基础。

本章将为负责收集、分析、解释和处理竞技体育数据的人员提供指南，提供与数据整理相关的重要信息，包括数据的效度、信度和过滤。此外，本章将概述维护数据完整性的最佳实践做法。

管理数据

科学训练师通常使用客观信息（例如距离、时间、力、比赛频率）来评估和监控表现特征，即被认为反映了事实并且不受个人偏见影响的经验数据和可验证数据。在训练科学短暂的历史中，技术的普及也许第一次意味着现代科学训练师面临着更大的挑战，即对大量可用客观数据进行优先级排序和过滤，从而为决策提供依据。这样的"数据海啸"使得科学训练师需要具备更多必备技能[11]，他们需要展现出在数据管理、分析、可视化和沟通（即报告）方面的能力。事实上，《点球成金》（*Moneyball*）已吸引经济学家和数据科学家等其他专业人士广泛进入训练科学领域，为运动表现评估和解决方案的客观数据分析提供专业知识。在这个极具吸引力且饱和的劳动力市场中，科学训练师的独特之处是他们对需要测量的内容以及如何收集数据的理解。

在本章中，数据整理是指为确保尽量减少数据收集和存储中的错误而采取的措施。鉴于现有的大量数据，为了确保决策制订基于高质量数据，数据整理对于科学训练师而言至关重要。运动员表现是一个不断变化发展的领域，科学训练师和所有实际从事数据处理以支持运动员发展的从业人员都必须考虑该领域带来的挑战。

竞技体育从业人员面临的挑战之一是管理和整合从不同来源收集的数据。交叉学科沟通在竞技体育中至关重要。在竞技体育情境中，支撑人员包括教练员、科学训练师、体能训练师、心理师、营养师、物理治疗师和运动医师，所有这些人都会收集自己领域的数据。这些数据可能以各

种形态出现，包括视频、调查问卷、医学数据、生理数据和技术数据等。此外，所有人都有自己记录和存储数据的方式，包括将数据输入电子表格，以及在纸上记录数据。

科学训练师必须注意核对、清理数据和维护数据的完整性。科学训练师既能够以独立的方式，又能够以整合的方式解释来自每个领域的数据，从而有助于实现成功的沟通，并为运动员提供全面的支撑。

在竞技体育领域，技术的快速发展和应用带来了挑战。科学训练师可获得的数据越来越复杂，但他们必须了解这些数据的价值，并测试其效度和信度。事实上，新技术的发布与外部验证研究之间通常存在时滞[9]。数据过滤和处理的选项范围广泛，使这种情况变得更加复杂，而技术制造商通常不会向用户说明这一点。

另一种与数据整理有关的常见风险是：分析或解释数据的人可能不是收集数据的人。在许多情况下，数据收集由实习生、大学生、志愿者或初级职员完成。因此，竞技体育领域中参与数据收集的所有人员应接受有关数据整理的最佳实践做法培训并照此工作，这一点至关重要。

效度

效度是"测试方案或工具测量出其想要测量的内容的程度"[30]。科学训练师必须是测量效度方面的专家，因为它与运动表现和监控有关。这非常重要，因为科学训练师需要理解现有的大量数据，以便使用正确的数据做出有意义的决策。

测量效度涉及综合领域，由于存在不同类型的效度并且术语在不同的职业领域中可互换使用，常常会产生混淆。本章简要概述了与训练科学有关的测量效度，读者也可以参考一些综合资源以获取更深入的信息[30]。逻辑效度、表面效度和内容效

度都是指测量的相当明显的可取特征，即测量是否评估了所讨论的表现特征或生理反应。逻辑效度和表面效度被认为是可互换的术语，而内容效度仅与教育环境有关。例如，运动生物力学的期中考试检验学生对该课程所教授知识（而不是其他主题，例如人体营养）的掌握及理解程度，这将是一种具有固有内容效度的评估工具。训练科学测量效度最相关的两个特征是准则效度和建构效度。

准则效度成立的基础是测量结果显示出与金标准（或标准）评估技术的强相关关系。准则效度在训练科学中非常常见，因为训练实践人员通常希望以实用（可行）的方式将基于实验室的严格测量方法转换为在场地环境中执行的测量方法。例如，有氧能力的标准测量方法是最大摄氧量（$\dot{V}O_{2max}$）测量。该测试是在已知的标准化环境条件下进行的，当运动员逐渐增加运动强度直至精疲力竭时，科学训练师测量其呼出的气体量，以及氧气和二氧化碳的比例。科学训练师通过仔细评估数据，可以确定与不同运动强度（即低、中、高、极高）区间过渡对应的速度，并且可以将该评估结果用于运动员的基准测试，以确定后续训练过程的重点。实验室评估是严格的，但是需要大量资源（设备、专业知识、时间），因此在对多个运动员进行评估时，这种做法不一定可行。因此，业界已开发出多种实用的有氧能力场地评估方式［例如蒙特利尔大学跑道测试[20]、多级体能（蜂鸣器）测试[21]］。在提供证据支持其准则效度时，研究人员证明了这些现场测试的表现结果（例如距离、速度、预测的 $\dot{V}O_{2max}$）与实验室确定的 $\dot{V}O_{2max}$ 之间有很强的相关性[3, 20-21]。在评估新技术或测量方案的准则效度时，科学训练师应考虑标准测量的形式，并且对相关测量原理有透彻的了解，这是至关重要的。

当通过准则效度评估发现两者存在强相关关

系时，科学训练师应考虑替代测量和标准测量之间任何差异的大小。以上述的有氧能力为例，多级体能测试的 $\dot{V}O_{2max}$ 估计值与在标准实验室评估得出的结果有很强的相关性（相关系数 =0.81），但与此能力相关的跑步速度被低估了大约3千米/时[3]。速度偏低是在折返跑过程中反复加速、减速和变向引起的，但是可以说这对于设计随后以尽量增强有氧能力为目标的训练计划具有实质性的意义。

解释任何差异的相关性对于潜在用户来说都是一项挑战。零假设显著性检验可以确定差异在统计学上是否显著，但是此结果在很大程度上依赖于效度研究中的样本大小，并且没有考虑最终用户或专家确定的有实际价值的差异。训练科学中使用的另一种方法是将差异（或偏差）与运动员间结果变量标准差的标准化阈值（通常从标准或基线测量中获得）进行对比[2]。有人提出了一种新颖且可能更具吸引力的解决方案[19]，用于测试通过GPS确定在最大冲刺测试中达到峰值速度的准则效度。研究人员首先对专家进行调研，了解他们可接受的测量误差程度的标准，并确定替代

测量（10赫兹GPS）与标准测量（雷达）之间的速度差异，然后将专家意见与此速度差异进行对比。我们强烈建议使用这种方法预先确定可接受的差异度，因为仅靠统计分析无法确定误差幅度是否会影响训练实践人员的判断或解释[4]。

在准则效度研究中，无论使用哪种评估方法来评估测量值间差异的大小和意义，科学训练师都应检查偏差与测量范围之间的关系。将各个测量差值相对于其平均值绘制成图形，是一种有用且简单的图形化方法，可以直观地研究任何关系。图8.1描绘了一项研究的差异度数据，该研究评估了使用一项新的测量技术来收集RPE，其中使用定制应用程序对运动员进行了数值盲处理[22a]。在此示例中，在RPE测量范围内，数值盲处理等级与传统口头报告方法之间的差异是统一的（系统的）。在这种情况下，科学训练师如果要采用新的测量工具，只需简单地调整偏差（此处为0.2任意单位均值差）。如果差异和幅度之间存在关联，科学训练师则可能需要进行进一步的统计研究（例如皮尔逊积矩相关系数或非参数等效斯皮尔曼等级相关）（见第18章），并且可以选择考虑数据转

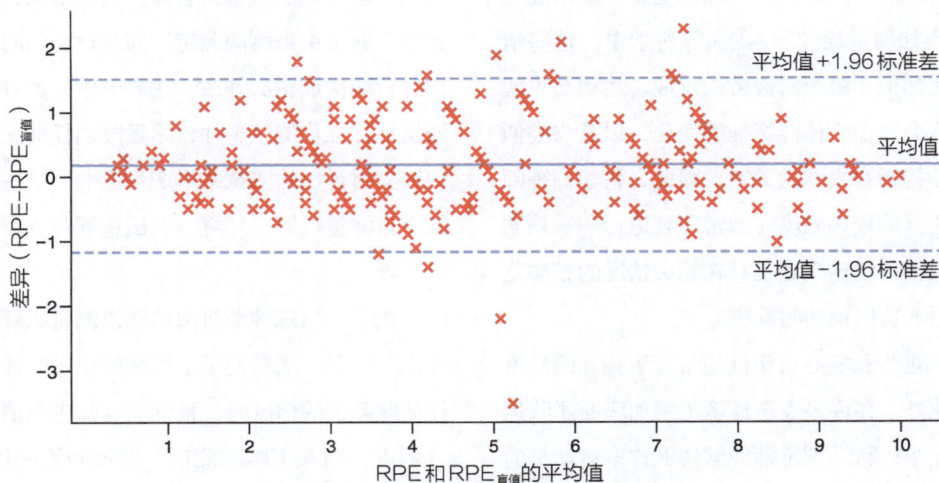

图8.1 方法间差异度的可视化

经许可转载自：R. Lovell et al (2020)。

换[4]或选择不使用新的测量工具。

建构效度适用于无法使用直接标准测量的任何测量领域。训练科学中研究最广泛的领域之一是运动员训练负荷测量的建构效度。特别是，RPE已经可以准确且较容易地估计运动员对活动（练习）刺激的心理生物学反应。这些评级本质上是主观的，它们反映了源自工作肌肉和关节以及心肺和中枢神经系统的信号的整合性整体感觉[5]。将运动员提供的数值乘以训练课持续时间，即可得出训练冲量[13]。在研究这种简单的训练负荷测量新方法的效度时，研究人员缺少一个能代表运动员整体生物学和心理感觉的测量标准，因此无法检验准则效度。但是，研究人员考虑了测量原理所属的理论框架。如果将运动员的RPE用作运动强度或训练负荷的测量指标，则可以预期它与其他生理反应（例如HR、氧气消耗、血乳酸积累）或做功测量指标（例如行进距离、功率输出、速度）相关。事实上，许多研究已经提供了证据，证明RPE作为运动强度[6, 24]和训练负荷[1, 17]的测量指标的建构效度。

科学训练师可以使用多种不同方式来测试一种测量工具的同时效度，从理论上来了解情况的属性应当如何"反应"。在训练科学中，这些情况可能包括但不限于对疲劳的反应、运动员表现标准的区分、识别体能特征的变化，以及与类似的表现结构指数之间的关系。因此，科学训练师确定新工具的建构效度时通常需要进行一系列调查，以全面评估该测量工具在相关情况的整体范围内是否表现出预期的反应。

技术进步和实际可用性通常先于独立的效度研究。此外，在许多表现环境（例如职业团队运动项目）中，科学训练师经常协调许多运动员的追踪和评估工具，他们应及时汇总信息以获取教练员和运动员的反馈，从而了解下一次训练、比赛

或恢复的特征。在这种环境下，新技术或软件系统（即运动管理系统）的实用功能（如可用性、工作流程和可视化）可能比工具的效度及其对测量原则的遵守程度来得重要。在训练科学中存在一些实例，特别是对于RPE和健康之类的自述报告工具而言，运动员管理系统偏离了最初的测量原则[15, 25]，似乎缺乏必要的效度检查和平衡。对于其他工具，数据的准确性可能会受到用户（体能训练师、运动防护师、技术教练、训练科学实习生）解读、知识掌握程度、训练和测量经验的影响。这些挑战给科学训练师带来了难题：他们的作用是将科学方法应用于运动表现，而不断变化的环境因素和快速发展的硬件及软件使得系统化调查难以进行。技术在迅速发展，而技术扩散的速度则与同行评审进行的速度有关，再加上表现环境的细微差别，现代科学训练师应考虑承担起对运动评估和监控程序进行内部验证的责任。

信度

尽管本章在信度之前先讨论了效度，但信度是测量精度的基础；如果测试或仪器不可靠，其测量结果则无法被视为有效。信度是指测量的一致性，通常由重测法确定，即在适当的时间范围内进行两次或多次评估。在研究中，调查人员应谨慎地标准化测试条件，尽量限制任何无关紧要的因素对得出的测试结果产生影响。这些因素可能源自测量仪器、环境、测试管理员或被评估的参与者。

例如，跟踪神经肌肉功能以测量比赛后的动作恢复情况，通常使用下蹲跳测试进行评估。在评估此测试的信度时，科学训练师应邀请运动员分别进行两次下蹲跳测试，例如间隔一周进行。重测法的时间安排可以模仿潜在应用环境的特点，一周足以让运动员在测试后完全恢复，但时间不

要过长，以免运动员因训练或停训适应而发生表现水平变化。两次评估之间的其他误差（通常称为生物学误差）可能包括以下因素：测试前72小时的训练安排、服装、昼夜变化、热身特征、营养、睡眠、水合作用、测试经验和动机等。科学训练师可以采取措施来限制这些误差的影响，包括在测试前进行更多次测量、熟悉运动员、询问运动员并制订可重复的测试前程序。下蹲跳可以在室内进行，从而避免任何与天气相关的环境影响，但是即时环境因素，尤其是可能出现在现场的其他人（例如同伴、教练员等）也可能会产生影响。科学训练师应确保在再次评估时使用相同的纵跳垫或测力台，提前完成相应的设备校准，并确保评估标准（例如重复次数、恢复间隔、指令和技巧、动机陈述）一致，但其他技术误差（例如设备局限性、信号或传感器漂移）可能难以被识别和量化。假设科学训练师在整个过程中使用相同的软件和硬件，则可以避免在判断下蹲跳表现时出现人为误差，但这可能会引起其他常见的训练科学测量问题（例如事件编码、人体测量学或运动筛查）。大量潜在的生物学误差和技术误差可能会在测量中共同产生大量噪声，从而使科学训练师难以检测出运动员测试表现（信号）的真实变化。尽管严格设计和执行的研究可以减少测量噪声并确定测量工具的真实性和一致性，但其人为控制的本质可能会妨碍将研究结果转化为常规的行业实践。

考虑到表现环境的独特性及体育科技的飞速发展，信度判断不能仅仅依靠经过同行评审的研究出版物。此外，测量一致性经常会因运动员个体不同而有所不同。因此，在内部应用科学方法可以帮助训练实践人员做出合理的循证表现决策。训练科学很难开展以高水平运动员为对象的信度测试，特别是在需要收集大量不同的测量值来全面跟踪运动员的发展或准备状态的时候。确定运动表现能力需要运动员付出最大的努力，科学训练师应根据通过评估收集的信息的附加价值来仔细评估其成本。因此，科学训练师很少能够安排足够频率的能力测试，从而难以确定测试一致性的准确指标。在可以进行重复最大能力测试的情况下，经常会出现影响一致性的威胁因素（例如环境、准备状态、进度安排、动机）。确定真实运动能力的不确定性可能会对随后的训练计划产生深远影响，因此科学训练师在评估结果时必须对其加以考虑。

也许是因为难以在高水平表现环境中确定运动能力评估的信度，训练科学中对运动员的常规监控已大大增加。可穿戴技术的普及和设备小型化促进了这种趋势，但是这种方法使运动员更频繁地接触技术。这可能会创造出确定真实测量信号的可能性，但竞技表现环境很少是稳定的。比赛日程安排和旅行给一致性带来了挑战。例如，健康评级或神经肌肉功能测试和HR恢复经常用于评估比赛后的恢复，但是根据比赛和训练的时间安排，这些测试的时间安排可能会大不相同，这会严重影响测试结果和随后对测试一致性的评估。相反，虽然需要高度的一致性来识别真实的变化，但是频繁使用的自述报告测量（例如健康、RPE测量工具）可能会导致聚类或者一定程度的稳定性，使得测量工具对运动刺激的真实剂量反应不敏感[35]。追踪技术（例如GPS、半自动追踪）、心率变异性和惯性传感器（加速度计）等客观监测工具比较不容易受到运动员的偏见和潜在聚类的影响，但多种环境因素往往使其指标出现高度变异性[14]，从而产生一定程度的噪声，使其难以解释有价值的变化。

在确定重测法信度时，一组运动员的重复测量结果应相互关联。如果先前下蹲跳对神经肌肉功能评估具有信度（一致性），则在相同的评估条件下，跳跃高度最高的运动员应在任意次数的重复观察中均表现良好。为了提高信度，科学训练师可以使用组内相关系数来检验运动员排名顺序的一致性，其中大于或等于0.90的值代表一致性较高，0.80~0.89的值代表一致性中等，而小于0.80的值则代表不可靠[32]。但是，对于结果特别均匀的运动人群，或当测试的运动员人数较少时，相关系数可能较低，因此科学训练师应谨慎解释。为了量化在重测法中可能观察到的随机误差，使用最广泛的统计数据称为**典型误差**，它反映了每个运动员的测试结果之间的差异（标准差），同时考虑了任何系统的组间差异。该值涵盖之前发现的任何误差源，从概念上讲，可以将其视为测试结果中的典型噪声。科学训练师可以针对一组运动员量化典型误差，但典型误差对于监测运动员个人随时间而发生的有价值变化特别有用。同样，这里得出的结果信度统计数据反映了科学训练师收集的原始数据的质量。在评估信度统计数据时，科学训练师应考虑数据的完整性和真实性；但是，科学训练师的首要任务是（在实际可行的情况下）设法创造有利于收集"真实"值的测试条件，从而限制潜在的测量误差来源［有关组间相关系数和典型误差的更多信息，请参阅本章末列出的"推荐读物"中霍普金斯（Hopkins）的文章］。

正如前面在关于测量效度的讨论中所强调的那样，科学训练师需要结合专家意见与适当的统计工具来确定有价值变化的构成。在信度的背景下，**最小有价值变化**分数可以表示会影响科学训练师判断或解释的信号（见第18章），而典型误差则表示噪声[16]。如果下蹲跳重测法结果中的噪声小于最小有意义信号，则可以完整地检测到跳跃表现变化。不幸的是，在评估人类表现特征时，通常不会发生这种情况，因此任何不确定性在评估以及与运动员和教练员沟通的过程中都是不可或缺的部分。当信号和噪声的大小相似时，解释会更复杂，并且用户可能需要进行更多次重复评估或其他工作来减少噪声源，使测试有一定的实用价值[16]。如果下蹲跳监测数据中的噪声大于最小有价值差异，则测试所提供的价值也许不值得那么多的投入：运动员进行最大测试，教练员调整训练时间表，以及科学训练师设置、测试、分析、评估和沟通结果。

在独立的效度和信度研究已发表且可用的情况下，持怀疑态度的科学训练师在将这些新知识转化为自己的行业实践之前，可能会问自己很多问题，具体如下。

- 用于验证该技术的标准测量或理论结构是否适用于运动目的或与之相关？
- 从研究样本中获得的新知识可以转化到我自己的训练科学情境中吗？
- 我可以使用从这些场地评估中获得的信息来指导自己的实践吗？如果可以，这将产生什么后续影响？
- 此评估对于我的表现环境在逻辑上是否可行？
- 哪些因素可能会影响我对结果的解释？我该采取何种积极措施来限制偏差或潜在的误差源？

过滤

在信号处理中，滤波器可以去除不必要的信息，从而减少信号中的噪声[23]。**过滤**可以应用于科学训练师遇到的多种类型的数据，其中最常见的是来自可穿戴传感器、运动捕捉系统、测力台和其他竞技体育技术的电子数据。这些技术检测被记录和存储为数据的信号。未经处理的数据称为**原始数据**。通常，信号中都混有一定程度的噪声，这使原始数据的分析和解释变得困难。科学训练师可以对原始数据进行处理或过滤，以减少一些噪声，然后可以分析过滤后的数据，产生输出（信号的抽象表示）。例如，GPS 可以用于检测卫星信号，此信号被转换为原始速度数据；然后科学训练师应用卡尔曼滤波器等来使速度数据变得平滑；接着可以分析平滑的速度数据以产生输出或指标（例如以不同的跑动速度完成的距离或执行的冲刺次数）；最终，科学训练师可以使用这些指标来了解运动员的表现。可应用于数据的滤波器有许多不同类型，包括卡尔曼（Kalman）、巴特沃思（Butterworth）和傅立叶（Fourier）等。详细介绍每种滤波器超出了本章的范围，但是介绍过滤技术的参考资料有许多[33]。本节仅简要介绍科学训练师在数据过滤中面临的挑战。

由于种种原因，科学训练师必须了解要对他们收集的数据进行的过滤类型。对硬件、固件或软件的更新可能会导致需要更改所应用的数据滤波器[8, 31]，这可能会影响所报告的指标。例如，有研究发现，GPS 软件更新可能会大幅降低橄榄球比赛中报告的加速次数（251 与 177）和减速次数（181 与 151）[8]。某些软件允许用户选择应用的过滤类型，或者提供选项允许用户选择以特定方式自动处理其数据。这些选项的含义未必会向用户清楚说明，因此了解这些选项将如何改变数据过滤方式是非常重要的。例如，图 8.2 展示了如何使用不同的过滤技术来改变数据，根据速度计算出加速度[31]。最后，如果科学训练师选择自己过滤原始数据，那么重要的是，他们必须了解可用滤波器的类型以及这些滤波器对数据的影响。

通过了解不同滤波器对数据的影响，科学训练师可以自信地将指标与标准数据、科学文献和他们自己的纵向数据进行比较。理解已应用的过滤技术有助于解释数据集之间的任何较大差异或相似性。

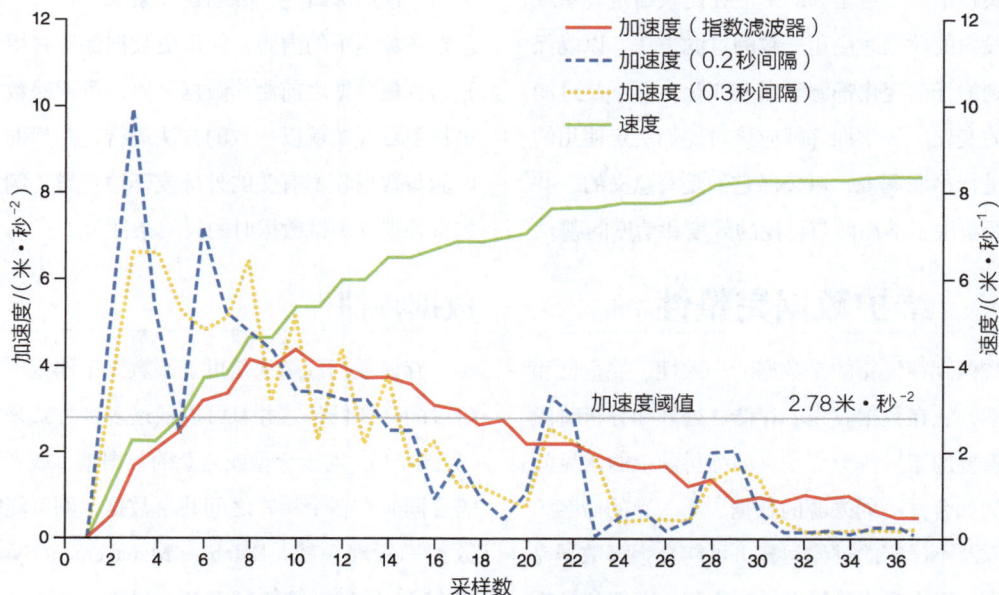

图 8.2 GPS 在 40 米冲刺过程中提供的速度和加速度数据。图中说明了如何使用不同的过滤技术来改变数据，根据速度计算出加速度。所涉及技术包括使用 0.2 秒和 0.3 秒的间隔以及指数滤波器来计算加速度。用于识别加速度的阈值以 2.78 米·秒⁻²处平行于 x 轴的直线表示

经许可转载自：M.C. Varley et al. 2017。

科学训练师可以使用的指标越来越多，单单一种技术就可以产生100多种不同的指标。指标因技术、制造商、品牌和软件更新而异，这使情况变得更复杂了。此外，尽管这些技术提供了它们自己的指标，但许多技术还允许科学训练师自定义指标。

科学训练师面临的挑战是，并非所有制造商都会披露正在应用于其技术的数据过滤技术的详细信息，而这通常是因为这些信息涉及知识产权[22]。此外，科学训练师可能无法获得原始数据或者可用的原始数据已经被预过滤。这种透明度的缺失可能会对数据的解释、复制和外部验证产生深远的影响。

科学训练师应了解并记录有关（自己或制造商）对其数据应用的过滤技术的信息。此信息可用于监测过滤技术随时间产生的变化，并且科学训练师可以在其团队内部以及在训练科学界交流过滤实践信息。科学训练师应在比较给定赛季或时间段内的数据时应用一致的过滤方法，以确保观察到的任何变化都源于真实变化，而不是过滤技术的变化。科学训练师应该对他们决定使用的指标进行尽职调查，以确保它们是有意义的，并且已经解决了前面两节讨论的效度和信度问题。

维护数据完整性

数据完整性指的是数据的一致性、完全性和准确性，它在数据收集、存储、处理和分析阶段都是重要的组成部分[18, 28]。训练科学中的常见问题（例如合并不同来源的数据、不一致的命名约定，以及不确定的过滤运算）可能会损害数据完整性[27]。以下各小节提供了在收集、存储和分析训练科学数据时维护数据完整性的建议和操作。

可复制数据工作流的概念是维护数据完整性的核心。**可复制数据工作流**是具有足够详细信息的

工作流，其他人可以准确地复制它（即如果输入数据相同，则可以获得相同的输出数据或结果）[26, 29]。此特点很重要，因为如果科学训练师怀疑在工作流中的某个地方引入了误差，就可以回溯自己的步骤。图8.3展示了可复制数据工作流示例。其中每个阶段都会清楚地记录对数据进行的任何操作，并保存新版本的数据，以防止覆盖原始数据（这会破坏可复制性，并阻止科学训练师在工作流早期纠正误差）。

对于任何收集或分析数据的科学训练师而言，创建数据字典都是重要的一步[7, 12]。**数据字典**包含所有被收集变量的定义，以及所有命名或编码约定。样本数据集和配套的数据字典示例如图8.4所示。全面的数据字典有很多好处[7, 12]。如果多个人正在收集具有不同命名约定的数据，则它可以消除歧义（例如，在一个抗阻训练数据库中，教练员将一项练习标记为"深蹲"，并将另一项练习标记为"颈后深蹲"），并创建一条永久记录，说明包含在数据中的内容，使历史数据保持有用。在开始收集数据之前制作数据字典，可确保数据收集从项目开始就以一致的方法进行，并帮助确定可能与数据收集有关的外部或环境变量（例如收集室外现场测试数据时的天气条件）。

数据存储

存储数据或结果是可复制数据工作流中多个阶段的必要任务，并且可以通过多种方式来完成（见图8.3）。对于大型或复杂的数据集，或者如果需要同时在多个用户之间共享数据，则可能需要数据库管理系统（Database Management System，DBMS）软件（例如MySQL、Microsoft Access或MongoDB）[34]。DBMS迫使用户预先定义数据库结构（即将要收集哪些变量以及它们如何相互关联），并且具有可以保护数据完整性的内置控件[34]。竞技

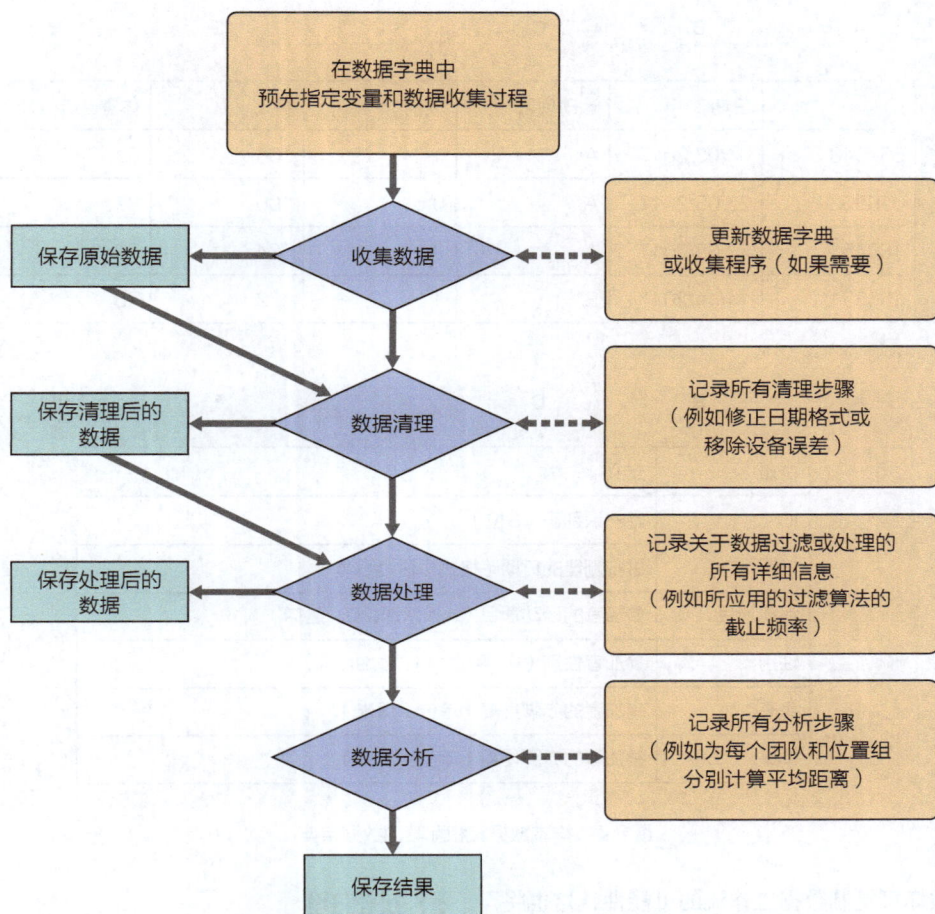

图8.3 数据存储和可复制的数据工作流

体育专用数据管理平台（通常被称为运动员管理系统）应运而生，以解决竞技体育领域收集到的越来越多的数据。这些平台提供了类似于其他DBMS的数据完整性优势，但也专门为通常会收集的体育数据（例如运动员健康状况调查表或GPS运动数据）而设计。

对于小型数据集，将数据存储在电子表格中是一种可行的选择[7, 12]。电子表格软件（例如Microsoft Excel）的数据完整性标准与DBMS不同，因此科学训练师需要认识到在电子表格中存储数据的常见不足之处[7, 10, 12]。图8.5中的两个示例分别是较差和有效的电子表格设计。良好的电

子表格设计遵守以下原则[7]。

- 每张工作表都有一列包含参与者唯一的ID代码。这样做才可以整合从不同来源收集的数据[12]。例如，如果要合并健康和睡眠监控数据库，两者都包含相同的运动员ID和日期变量时，合并就会很简单。

- 列名不应包含空格或特殊字符（例如*、#），并且不能跨越多行。

- 避免使用任何空白的单元格、列或行。缺失的值应根据一致的约定来标识（例如N/A或NULL）。

- 请勿对原始数据文件进行计算、单元格合并或语法突出显示操作。这将防止覆盖原始数据并

	A	B	C	D	E	F
2	ID	日期	运动项目	性别	身高	体重
3	567943	04/03/2017	A	1	166	62
4	616852	22/05/2017	A	0	190	87
6	186451	22/05/2017	A	0	184	79
7	168321	14/11/2017	B	1	172	76

	A	B	C	D	E	F
2	变量	定义				
3	ID	唯一识别码（6位）				
4	日期	进行测量的日期（格式：日/月/年）				
5	运动项目	参加者的运动项目（A：冰球；B：篮球）				
7	性别	参加者性别（0：男性；1：女性）				
8	身高	参加者的赤脚身高（单位：厘米）				
9	体重	参加者的赤脚体重（单位：千克）				

图8.4 样本数据集和配套的数据字典

避免破坏可复制数据工作流的可能性，这也将使得把数据导入分析软件（例如R、Python或SPSS）的过程更加无缝。

对于科学训练师来说，存储非结构化数据（例如图像、视频或自由文本）是一种潜在的挑战，因为这些形式的数据不能直接以电子表格的形式存储。一种有效的替代方法是采用一致的归档格式，并创建一个包含相关元数据的电子表格。例如，可以使用一个文件系统和配套的元数据库来存储和管理比赛录像，如图8.6所示。

研究人员还建议为不同版本的数据（原始数据、清理后的数据和处理后的数据）创建备份。可以使用基于云技术的数据存储服务，使用方便且成本低廉。

数据清理

在分析实验数据或据之得出结论之前，数据清理是必要的步骤。尽管已采用了诸如数据字典和一致的测试程序之类的保护措施，但收集到的数据仍有可能存在需要清除的一些错误。在数据清理中要注意的常见问题具体如下[27]。

- 命名约定不一致。理想情况下，所有分类数据都应具有在数据字典中预先指定的命名约定。但是我们通常会在数据集中看到不同的术语用来指代同一事物（例如负荷监测数据集中的"训练"和"主要训练"）。同样，所有缺失值都应使用同一标志来标识。

- ID变量不唯一。在训练科学数据库中经常以参加者的姓名或姓名首字母缩写作为ID变量。如

图8.5a 冲刺测试数据

运动员	测试1 日期	测试1 50米冲刺时间/秒	测试2 日期	测试2 50米冲刺时间/秒	测试3 日期	测试3 50米冲刺时间/秒	测试4 日期	测试4 50米冲刺时间/秒
J.史密斯	17/02/2018	8.86	18/04/2018	7.29	18/08/2018	6.57	12/12/2018	6.86
S.福特	14/03/2018	6.55	07/05/2018	受伤	20/07/2018	6.44	06/03/2019	8.53
J.布朗	26/01/2018	6.79	18/04/2016	6.76	12/06/2018	7.76	23/03/2019	N/A
K.亚当斯	18/03/2018	7.60	12/05/2018	7.95	07/08/2018	缺失	05/01/2019	6.38

图8.5b

运动员	ID	日期	测试次数	50米时间/秒	受伤
J.史密斯	P008	17/02/2018	1	8.86	0
S.福特	P042	14/03/2018	1	6.55	0
J.布朗	P164	26/01/2018	1	6.79	0
K.亚当斯	P013	18/03/2018	1	7.60	0
J.史密斯	P008	18/04/2018	2	7.29	0
S.福特	P042	07/05/2018	2	NA	1
J.布朗	P164	18/04/2016	2	6.76	0
K.亚当斯	P013	12/05/2018	2	7.95	0
J.史密斯	P008	18/08/2018	3	6.57	0
S.福特	P042	20/07/2018	3	6.44	0
J.布朗	P164	12/06/2018	3	7.76	0
K.亚当斯	P013	07/08/2018	3	N/A	0
J.史密斯	P008	12/12/2018	4	6.86	0
S.福特	P042	06/03/2019	4	8.53	0
J.布朗	P164	23/03/2019	4	N/A	0
K.亚当斯	P013	05/01/2019	4	6.38	0

图8.5 a. 较差的数据收集电子表格设计示例和b. 有效的电子表格设计示例。图8.5a包含合并的单元格（非矩形数据）、重复的列标题、不唯一的行标签、不必要的空白单元格和格式、以数字开头的列标题，以及不一致的缺失数据的标志。图8.5b包含的原始数据完全相同，且格式一致，可以被轻松导入任意数据分析软件平台

Name	File	Date_collected	Home_team	Away_team	Rain	Temperature	Time	Indoor
game-20180409.mp4	/home/Users/NSCA/Videos/game-20180409.mp4	09/04/2018	A	B	Y	20	19:00	N
game-20180421.mp4	/home/Users/NSCA/Videos/game-20180421.mp4	18/04/2021	C	A	N	15	15:00	Y
game-20180719.mp4	/home/Users/NSCA/Videos/game-20180719.mp4	19/07/2018	D	B	Y	31	15:00	N
game-20180811.mp4	/home/Users/NSCA/Videos/game-20180811.mp4	11/08/2018	B	C	Y	22	19:00	N
game-20181109.mp4	/home/Users/NSCA/Videos/game-20181109.mp4	09/11/2018	A	C	N	28	15:00	Y
game-20180127.mp4	/home/Users/NSCA/Videos/game-20190127.mp4	27/01/2019	C	D	N	19	19:00	N

图8.6 非结构化视频数据的数据存储和管理系统

果两个人的姓名相同就会引起问题，因为ID变量不再唯一，并且不能用于正确合并数据集。

- 日期格式不统一。这是典型的数据清理问题的来源。建议使用"日/月/年"格式[7]。在Microsoft Excel中存储的日期会在Windows和macOS系统计算机中产生兼容性问题，如果将日期列设置为纯文本格式，则可以避免该问题[7]。

- 存在异常值。这些值在某些数据中可能很难被检测到，但是训练科学数据通常是从人类参加者那里收集的，因此可以应用常识来判断数值

在生理上是否合理（例如，身高超过3米或跑步速度超过20米/秒，这些数据则可以被有把握地标记为异常值）。客观的异常值检测规则（例如距离平均值超过3个标准差的值）有助于标记观察结果以进行进一步调查，但不应该立即删除数据或直接将其标记为异常值。数据清理应使用可复制的脚本语言或被明确记录，以便这些步骤可以准确地被遵循和重复。例如，如果由于明显的设备故障而从数据中删除了一些测试结果，它们应被明确记录，以便其他人可以追溯所采取的步骤并获得相同的清理数据集。重要的是，清理后的数据不应替换原始数据，而应保存在不同的位置[29]（见图8.3）。

小结

竞技体育中的可用数据量持续呈指数级增长。这些数据的量级和复杂性要求科学训练师和所有竞技体育从业人员拥有比以往更高水平的数据能力。数据可以有多个来源，它会随着技术的发展而迅速变化，并且科学训练师必须与许多用户沟通数据。有关数据效度和信度的考虑是确保收集有意义数据的关键。收集数据后，必须确定合适的过滤、清理和存储方法，并将过程记录下来，以维护数据完整性。

科学训练师务必了解数据整理的最佳实践做法并可以向其他人进行这方面的说明。与测量选择、数据收集、数据过滤、数据清理和数据存储有关的决策应保持透明，并可由其他科学训练师重复进行。科学训练师应在同事之间养成良好的记录和报告习惯，以随时间推移对数据集进行准确比较，并保持较高的数据整理水平。

推荐读物

Bland, JM, and Altman, DG. Measuring agreement in method comparison studies. *Stat Methods Med Res* 8: 135–160, 1999.

Broman, KW, and Woo, KH. Data organization in spreadsheets. *Am Stat* 72: 2–10, 2018.

Ellis, SE, and Leek, JT. How to share data for collaboration. *Am Stat* 72: 53–57, 2018.

Hopkins, WG. How to interpret changes in an athletic performance test. *Sportscience* 8: 1–7, 2004.

Malone, JJ, Lovell, R, Varley, MC, and Coutts, AJ. Unpacking the black box: applications and considerations for using GPS devices in sport. *Int J Sports Physiol Perform* 12: S218–S226, 2017.

Rahm, E, and Hai Do, H. Data cleaning: problems and current approaches. *IEEE Data Eng Bull* 23: 3–13, 2000.

第4部分

外部和内部负荷数据收集

第 9 章

追踪系统的特点和负荷监控

乔·克拉布（Jo Clubb），理学硕士；
安德鲁·M.默里（Andrew M. Murray），博士

客观地记录运动员的时间−运动档案是科学训练师工作的基础。该工作要求他们了解运动员在训练和比赛方面的体能需求，对这些需求按不同的场上位置、比赛级别、年龄段和性别进行层次划分，并在一段时间内追踪运动员的负荷。

现在，分析运动人群的运动负荷已逐渐发展为一个行业。足球项目的第一个客观运动分析研究报告由汤姆·赖利（Tom Reilly）教授于1976年发表[45]。这项研究涉及对单个球员运动的手动编码计数系统，该系统之后通过视频分析得以验证[45]。此后，科技进步可以实现全队球员信息的同步收集，并且更为省时（见图9.1）。通常，用于追踪运动员的技术分为两大类：定位系统和可穿戴微传感器。本章将主要对这两种技术进行介绍。

特点

鉴于可用的追踪技术在不断增加，研究人员和科学训练师应了解此类技术的数据特征和数据解释方法，以便为分析和制订训练计划提供依据。以下各小节概述了每种技术的主要特点、优点和缺点。

光学追踪

光学追踪（Optical Tracking，OT）的特点是在比赛环境中使用多台摄像机来记录物体（可能包括运动员、裁判和场上物体）的位置，从而推断运动员的x坐标和y坐标，并构造出运动模式的二维重建模型。OT系统的搭建需要确保至少有两台摄像机覆盖运动场地的每个区域，以提高准确性和灵活性，并以回溯的方式将各台摄像机的输出合并为一个数据集[19]。摄像机数量和位置的精确配置取决于所使用的特定技术及其使用场所。

之后，通过机器学习和计算机视觉技术对原始数据进行处理，从而计算出位置信息[37]。最初，这些系统只是半自动的，需要操作员识别每个运动员并验证轨迹线[19]。此类摄像机追踪系统是在20世纪90年代后期发展起来的，自首次亮相以来为竞技体育带来了飞跃式进步，实现了在整个比赛过程中同时对每个球员、裁判和球进行追踪[13]。最初，OT系统被用于在露天体育场举办的足球和橄榄球比赛中。但如今，此解决方案已应用于多个体育项目。室内追踪解决方案的出现使得此系统的应用范围扩大，因为室内追踪解决方案是篮球、

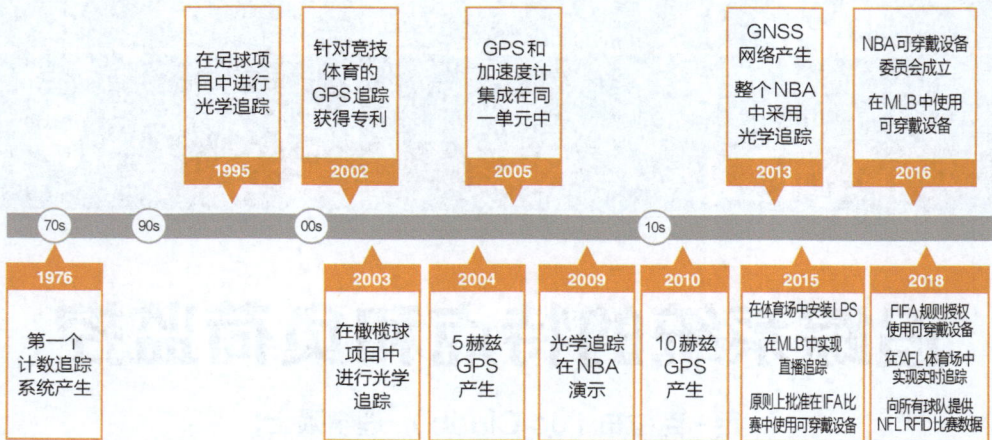

图9.1　运动员追踪技术发展大事记

（译者注：70s=20世纪70年代，90s=20世纪90年代，00s=21世纪最初10年，10s=21世纪第二个10年，GNSS=全球导航卫星系统，MLB=美国职业棒球大联盟，FIFA=国际足球协会联合会，AFL=澳式橄榄球联盟，NFL=美国国家橄榄球联盟）

冰球、手球、排球和持拍类运动项目所必需的。

　　由于法规禁止在某些运动项目或比赛中使用可穿戴技术，并且业界希望实施非侵入式解决方案，因此OT系统是非常有吸引力的运动员追踪解决方案。但是，某些半自动多目摄像追踪系统需要在比赛结束后24~36小时才能完成数据处理。随着视频处理能力的增强，以及最初用于军事领域的数学算法的发展，有些系统现在能够提供实时解决方案[13]。

　　然而，OT系统的缺点仍然存在。其价格高昂且便携性较差，要求在场馆或设施中安装固定的摄像机并配备专用的计算机网络[19]。OT系统目前通常只能在比赛中使用，为了有效地发挥作用，自动化程序需要在比赛（即根据具体运动项目的不同分成上下半场或4节）这样的活动中应用。这可能需要每周使用多个系统来监控表现。此外，OT系统可能无法连接到客场设施中的固定装置。如果比赛场地中未安装该系统，或者对手（或整个联盟）没有使用相同的OT系统提供商，则该场比赛无法收集任何数据，或者使用其他方法收集的数据无法与主场OT系统中的数据直接进行比较。因

此，在客场比赛时可能无法获取数据。另外，OT系统只收集两个维度的信息，因此，垂直位置的变化（例如跳跃）无法被量化[52]。但是，OT系统能够追踪团队运动项目中的球，并且除了物理指标外，它还可以向教练员和运动员提供战术信息。

射频识别

　　另一种定位系统以射频识别（Radio Frequency Identification，RFID）技术为基础。RFID原本是被开发应用于各种民用和军用工业领域中的一项室内定位技术[2]。自从应用于竞技体育以来，此项技术一直不断发展，从大规模跑动活动中使用的有芯片的鞋带或脚踝绑带，一直到如今在某些职业团队运动项目比赛中必须使用的通常佩戴在上半身的标牌[55]。RFID系统的特点是在比赛环境周围放置天线或锚点，它们与运动员佩戴的微芯片发射器进行交互。发射器和天线或锚点之间的接收时间同步，用于确定位置，数据由中央计算机立即处理并可用于分析[13]。

　　有观点认为，由于准确性和处理速度的提高，这种电子传输设备将成为运动表现分析未来的代

表设备[14]。例如，有一款系统可实现超过100赫兹的位置测量，并集成HR数据且与视频同步[13]。室内位置追踪系统，特别是支持即时分析的实时数据处理功能，对于许多竞技体育应用场景和竞技体育组织而言极具吸引力。同样，这项技术也可以为户外运动提供解决方案，以解决OT系统中光线变化的问题[13]，以及在建成的体育场馆中利用GPS进行卫星信号连接等问题[36]。实际上，已证明RFID系统在室内和户外场地中的性能类似[47]。但是，RFID系统的缺点是可能会受到电子干扰且信号不稳定，并且其专用基础设施的安装和维护成本较高[2]。此外，RFID系统也存在与OT系统类似的局限性，包括需要建立固定基站而导致便携性较差，并且数据仅限于二维，但处于不同高度的多个锚点可以提供3个维度（即 x、y 和 z 坐标）的信息。除非运动器材（例如球、球拍、球棒）也安装了发射器，否则很难通过RFID系统提供战术信息，只能通过视频分析技术补充背景信息。

针对特定类型的RFID技术的研究已经可以克服所遇到的一些技术问题。**超宽带**（Ultra-wideband，UWB）技术是其中一种RFID技术，其带宽大于500兆赫或大于中心载波频率20%的射频信号[2]。通过在更宽的频谱范围内传播信息，该技术可以传输大量数据，同时功耗很低[2]。由于具有低功耗、高精度、信号通过障碍物的能力更强，以及抗干扰性更好的特点，UWB可以提供比RFID更好的解决方案[2]。

全球定位系统

全球定位系统（Global Positioning System，GPS）是一个卫星导航网络，它可提供追踪设备的位置和时间信息。**全球导航卫星系统**（Global Navigation Satellite System，GNSS）是提供地理空间定位信息且覆盖全球的所有卫星导航系统的统称。目前，这包括美国的GPS（卫星数量=24）和俄罗斯的GLONASS（GLObal NAvigation Satellite System）（卫星数量=24），这两个系统共有48颗卫星。GPS设备最初是为军事用途开发的，作为用于确定位置、速度和时间的卫星网络导航系统的接收器。在竞技体育中，GPS设备通常戴在上背部，位于两侧肩胛骨之间。每颗卫星都以光速将带有准确时间信息的低功率无线电信号从机载原子钟发送到GPS设备[30]。通过比较信号到达和发送之间的延迟，可以计算出从卫星到GPS设备的信号传输时间。然后，将信号传输时间乘以光速就能计算出卫星与GPS设备之间的距离[30]。当GPS设备与至少4颗卫星的距离可确定时，其物理位置（纬度和经度）就可以用三角函数法确定。

采样频率是指GPS设备接收卫星信号的速率。最初，竞技体育中使用的GPS设备的采样频率为1赫兹，即每秒采样1次[20]。技术的进步使采样频率得以提高，现在的设备通常采样频率超过10赫兹。不过，科学训练师应谨慎行事，因为某些设备本身的采样频率较低，甚至还需要通过板载三轴加速度计进行插值来提高采样频率。

惯性测量单元

GPS设备不断接收数据，因此相对来说耗电较快，为了省电而降低采样频率将相应地导致精度降低，解决这个问题的方法就是使用加速度计[41]。微机电系统（Microelectromechanical System，MEMS）内装有多个传感器惯性测量单元（Inertial Measurement Unit，IMU），其中包括加速度计（用于检测移动），通常还有陀螺仪（用于测量角度位置或旋转速度的变化）和磁力计（用于测量方向）。这样的设备使单个传感器能够感知多个维度的运动，并通过使用笛卡尔坐标系（x、y、z 轴）实现追踪。

加速度测定法

自 20 世纪 90 年代以来，垂直安装的单轴加速度计已广泛用于在实验室以外的环境研究自由活动者的能量消耗。加速度计通过电容测量加速所引起的质量块在两个电极之间的偏移[33]。三轴加速度计可在 3 个维度上进行测量，其采样频率超过 1000 赫兹，现已越来越普及。有许多研究对三轴和单轴加速度计及各种电子计步器进行比较，以评估其用于测量能量消耗指标是否可靠有效[28]。

在许多情况（例如步态分析或针对特定运动项目的技术评估）下，加速度计已被证明是分析场地运动的实用工具。现已有多种方法使用加速度计来研究人类步态，检测步态事件和时空特征[21, 46]。一直以来，这些研究都需要多个传感器来获取数据，但是越来越多的研究将重点放在更实用的方法上，即总体上使用更少的加速度计，或仅使用通常放在躯干上的单个三轴加速度计。对于测定时间步幅特征和不对称性[31, 32]，以及区分不同的运动模式[34]，已证明使用该单一单元是可靠的方法。研究表明，常用的加速度计可以检测到步幅变化，并且美式橄榄球运动员的步幅变化与其疲劳、酸痛和训练负荷相关[40]。

虽然标准加速度计涉及通过计数得出一段时间内的垂直加速度积分，但它们不能用于区分活动的强度。这限制了商用设备在精英运动员使用情境中的有效性，而不同系统的报告尚未统一标准又增强了这一局限性。三轴加速度计可测量三维运动数据，并已在团队运动项目中用于量化外部负荷，这些加速度计既可以单独使用，也可以集成在 MEMS 中（见图 9.2[5, 8, 35, 43]）。

常见的 GPS 设备制造商提供多种类型的加速

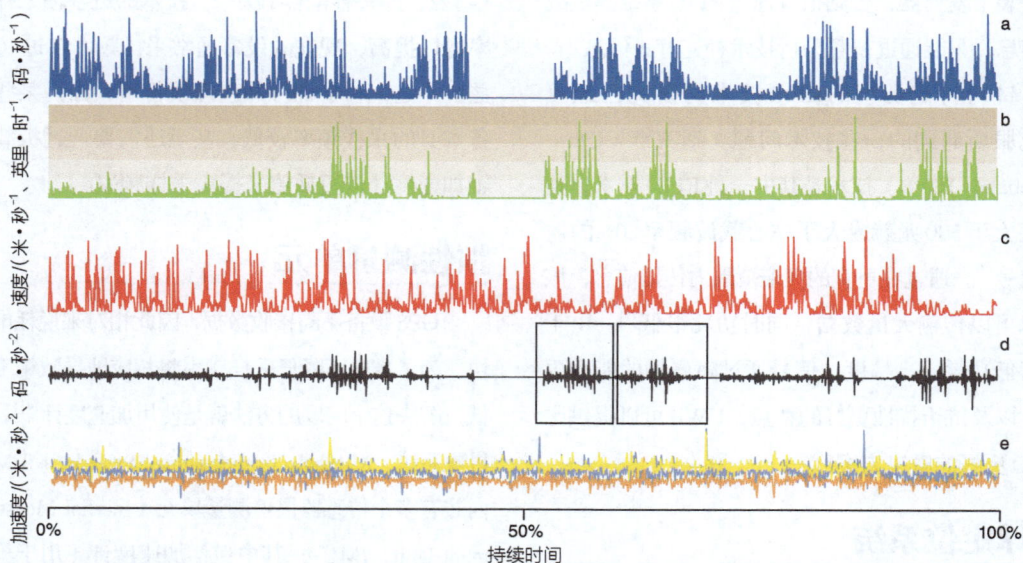

图9.2　在团队运动项目中，可以通过速度（a、b、c）或特定轴上的加速度（d、e）来了解运动员的活动状况。这代表了训练课或比赛中的活动密度，以及随后的分析和反馈。图中展示了篮球、足球和橄榄球运动员训练课的速度数据（依次对应 a、b、c），测量单位因项目及训练实践人员偏好而异。在足球中，展示了单一加速度轴（d）。在冰球中，3 个加速度轴均以 10 点移动平均法显示（e，向前 = 黄色、侧向 = 蓝色、向上 = 橙色）。通常情况下，报告的时长对应训练课的实际时长，并用绝对值或相对值表示（如每分钟），但上述案例中每节训练课的时长都进行了标准化处理。训练课通常会被划分为多个时间段或练习，以检查特定的部分或轮换，具体取决于运动项目，见图 9.2d 中的方框。可以使用绝对或相对参考值分别为每个运动员或整个小组设置阈值或区域（b）

度计，以不同的范围［±（8~13）g，即它们可以测量多达8~13倍的正常重力加速度］检测单轴上的作用力（根据其方向而变化），但它们的采样频率较低，只有100赫兹（即每秒100次采样），并且往往使用三轴加速度计。尽管各公司产品的变量略有不同，但大多数产品都尝试通过量化各个三轴加速度计矢量的总和来衡量运动员的工作负荷，并称其为"运动员负荷""身体负荷"或"加速负荷"[15]。通常，整体负荷的度量以任意单位表示，因为它已经过矢量幅度的缩放计算，反映加速度或机械应力的瞬时变化率（$accel_y$代表前后加速度，$accel_x$代表内侧-外侧加速度，$accel_z$代表垂直加速度，t代表时间），公式如下。

运动员负荷、身体负荷或加速负荷=

$$\sqrt{\frac{\left(accel_{y(t)}-accel_{y(t-1)}\right)^2-\left(accel_{x(t)}-accel_{x(t-1)}\right)^2-\left(accel_{z(t)}-accel_{z(t-1)}\right)^2}{100}}$$

对于普通人群，其他加速度计（如活动记录仪）已被用于检测运动模式并推断睡眠情况。在精英体育人群中已使用三轴IMU来进一步了解运动需求，特别是在无法使用GPS的室内运动环境中，例如手球[35]。在以跑步为基础的运动项目中，IMU用于测量运动员与地面之间的相互作用力[51]。有研究表明，在体操运动中，由于要在大范围的黏弹性表面上完成多个动作，IMU可以用来估算体操运动员的整体内部负荷[9]。在棒球运动中，研究人员已针对投掷动作开发了使用单轴IMU的生物力学系统，它可提供多项实时指标，例如投掷次数、臂速、最大臂旋转、出手位置和肘内翻扭矩等。在多种投球中，肩部柔韧性、臂速和肘内翻扭矩（以及可能的损伤风险）之间都是相互关联的[18]。美式橄榄球的训练实践人员目前正在采用类似的方法来管理四分卫位置的投掷负荷。

磁力计和陀螺仪

如前所述，除加速度计外，MEMS内常装有磁力计（测量方向）和陀螺仪（测量角度位置或旋转速度的变化）。**磁力计**本质上是一个罗盘，可以利用地球的磁场来确定方向，计算检测到的地球磁场的角度并将该角度与加速度计所测量的重力进行比较，就可以测量设备相对于磁北的指向。陀螺仪测量角度位置或旋转速度的变化。通常，它具有3个与俯仰角、侧倾角和偏航角相对应的轴。磁力计和陀螺仪是互为补充的。磁力计一般在快速移动时测量方位的准确性较差，而陀螺仪本身的误差会随时间而累积，并且由于陀螺仪只测量变化，因此需要输入起始方位。将这些传感器的输入组合起来，就可以快速、准确地确定位置和方向，并且随时间变化而产生的漂移量很小。

在文献中，陀螺仪已用于识别团队运动项目中的碰撞事件[22]，方法是识别设备处于非垂直位置且加速度计检测到负荷的时间段。在此基础上开发的"阻截算法"随后被用于各种橄榄球项目中，以量化这项运动的需求[23]。虽然已经证明使用加速度计和陀螺仪数据对竞技体育进行准确分类是可行的[57]，但陀螺仪对分类的贡献相对于加速度计是非常有限的。其原因很可能是上背部主要处于线性运动中，而陀螺仪测量的是旋转运动。迄今为止，尚无研究评估可穿戴追踪设备中的陀螺仪的效度和信度，而加速度计的几项相关研究则已发表[4, 7, 27, 44]。

关键指标

尽管技术和计算方法有所不同，但上述所有定位系统的最终目的都是追踪运动员的x坐标和y坐标，并将其转换为时间-运动分析。在团队运动项目中，训练实践人员收集的最常见的指标是

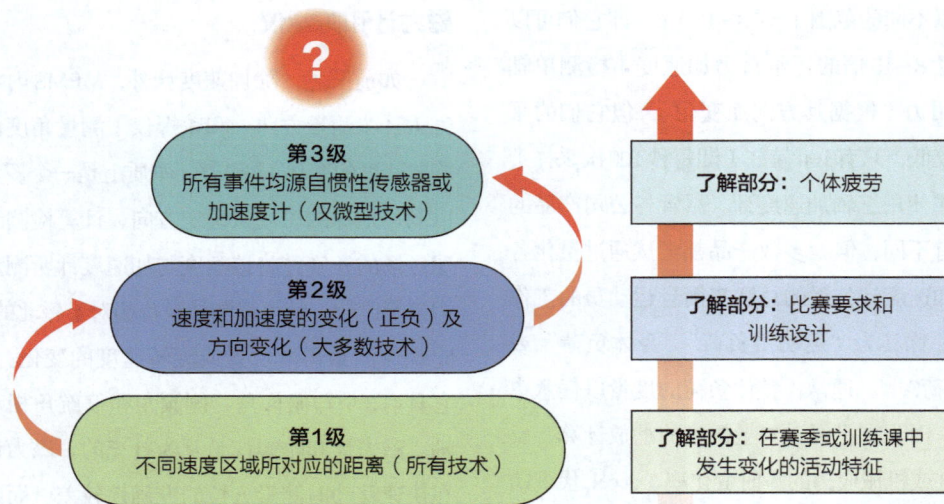

图9.3 根据追踪系统数据确定的运动员指标分级系统，以及如何使用指标了解运动员监控过程的不同部分
改编自：Buchheit and Simpson (2017)。

加速度（在各种阈值下）、总距离、高速距离和代谢功率[1]。这些通常是基于距离和速度测量获得的"较低级别"的指标（见图9.3[12]）。

训练实践人员应在纵向追踪指标时注意其分析软件的设置。所使用的任意阈值似乎可反映早期的运动分析工作，但这一猜测尚未获得证明[42]。制造商为工作负荷特征设置的工作特征区域因运动项目不同而有所不同，但在某些情况下是相同的，此时不考虑运动场地的大小（请参阅有关速度和加速度使用区域的综述文章[16, 24, 52]）。这可能意味着，在讨论特定区域或动作类别（例如步行、慢跑或高速跑动）时，这些数据的含义和解释对于科学训练师或教练员可能不一样。第10章将对此进行更详细的讨论。

GPS设备监控运动员的两个主要测量指标是速度（见图9.2）和距离。这两个指标可以通过位置微分法和多普勒频移法予以确定。

位置微分法确定设备位置的变化，从而计算出GPS设备随时间推移所移动的距离，然后通过距离变化及相应的时间来测量GPS设备的移动速度。

多普勒频移法测量由接收器移动引起的卫星信号频率的变化率（多普勒频移），并经由复杂的过程计算出速度[49]。与位置微分法相比，多普勒频移法计算出的速度似乎具有更高的精度[54]。之后，距离可以通过速度计算出来（速度乘以时间）。团队运动项目中使用的GPS设备一般通过位置微分法来确定距离，并通过多普勒频移法来确定速度。

在解释基于位移的变量时，假设运动员运动的方向和施加在其身上的负荷是一致的（尽管在不同的条件以及存在对手的情况下并非如此）。从代谢功率推导出来的模型可能更适用，因为它们可以更好地反映出团队运动项目中的运动员通常有大部分时间处于走动或跑步状态，并且运动员在控球或者向后、侧向或加速移动时会有不同的代谢消耗[43]。运动员的即时能量消耗可以随时使用加速度估算出来。总消耗可以用于估算整个活动的所有能量消耗，也可以乘以速度来表示代谢功率。对于用GPS数据估算的代谢功率的准确性，业界持保留意见，因为已证明它低估了团队运动项目中的能量消耗，例如有强度但静止的运动[10, 12]。或者，某项活动的绝对加速度（正负）的平均值可能更适用于监控训练课需求，因为它提高了信度而又不影响对变化的敏感性[17]。

另一层次的分析和解释需结合惯性传感器或加速度计（见图9.2）。运动员的运动特征在很大程度上受训练和比赛环境（例如对手、得分线、规则、区域）的影响。在团队运动项目中，不同场上位置的战术和运动需求也存在差异。基于加速度计的变量有助于了解步态运动学和变异性，以及不平衡和地面反作用力[12, 40]，研究这些变量可能对纵向运动员监控更为有用。

在加速度测定法中，线性加速度的组合一直用于创建一个外部训练负荷变量，该变量可以推断出因缓冲地面反作用力而产生的机械应力[53]。尽管总负荷很重要，但穿戴在躯干上的加速度计能够识别步幅特征中的不对称性，此功能在运动员监测中的应用很有趣。已经证明接触时间和垂直刚度测量都可以识别步幅特征中两侧的差异，其识别程度与在测力跑台上用绑带限制脚踝运动的情况相同[11]。另外，通过加速度测定法推断出的疲劳和应激是更为综合的指标，其似乎可以检测运动策略的变化[6]。

与可穿戴微传感器相比，定位系统的优点之一是可以追踪运动对象（如球）。对象追踪通常应用于测试环境中，例如评估训练干预对足球射门速度的效果[56]。但是这样的孤立环境不能复制在比赛现场控制和移动运动对象所需达到的认知、情感、技术和战术要求。综合这些信息可以支持战术决策，并进一步加深运动员对比赛需求的理解。

有研究报告指出，OT和RFID等原位测量技术都具有较高的信度和较小的绝对误差（<10%）[26, 50]。但是，此类研究所面临的挑战与运动员追踪准确性评估中的挑战相似。尽管研究人员已尽一切努

力"反复模拟现实情况"，但这些研究通常依赖于设备提供目标的速度和轨迹信息。在一项研究中，设备的峰值速度为22.3米/秒，而在运动环境中的球速可达到34米/秒[50]。然而，此类技术的投入使用似乎优于其他运动捕捉技术。通过OT或RFID进行对象追踪的方法已应用于许多运动项目，包括职业网球、美国职业棒球大联盟（Major League Baseball，MLB）、美国国家橄榄球联盟（National Football League，NFL）和欧洲手球，并于2019年至2020年赛季引入美国国家冰球联盟（National Hockey League）。训练实践人员应该对使用定位系统追踪运动对象的技术保持怀疑态度，并保持对研究设计的批判性思考。

未来方向

技术的发展符合摩尔定律（速度和功能每隔几年便会倍增，同时价格下降），其可用性和采用率也会随之提高。当前，主流运动项目中的科学训练师有能力轻松收集和处理数据，而且随着新模型和新发明的出现，此能力将继续快速提升。智能手机的兴起促进了对运动、位置和方向信息的利用，但是与可穿戴设备相比，目前这些设备的功能仍然有限[25, 38]。将来，具有嵌入式传感器的智能织物可能会取代可穿戴设备或智能手机，来提供实时反馈[3]。

小结

繁多的追踪系统让科学训练师的决策变得复杂。某些选择可能取决于体育场的可用性或整体预算，但是科学训练师在选择监控运动员负荷的系统时必须注意一些因素。就信息粒度和如何将信息用于支持运动员监控过程而言，各收集系统可获得的信息级别有所不同。某些情况下，在训练和比赛环境中使用的系统不同。无论何种运动

项目，若通过相同的系统或者对系统指标可交换性的充分理解而获得一致的测量值，无疑将为训练实践人员做决策提供支持。

如前所述，不同系统的组合可以提供更深入的结果和知识。结合不同层面的技术可以补充并提供信息，但需要增加人力资源成本和处理时间，以确保实现有效而可靠的测量。在做出任何关于组合系统的决定之前，科学训练师首先都应

该提出问题并明确定义目的。例如，教练员或训练实践人员可能会对纵向追踪适应或确定比赛之间的短期疲劳程度感兴趣。最终，这个目标可能会影响系统的选择或组合。虽然将来传感器可能会完全嵌入衣服中，但对运动员进行有关穿戴追踪器的用途和重要性的介绍有助于鼓励他们参与测量，以确保收集到足够的数据。下一个任务是以有效可靠的方式分析数据，从而做出明智的决策。

推荐读物

Camomilla, V, Bergamini, E, Fantozzi, S, and Vannozzi, G. Trends supporting the in-field use of wearable inertial sensors for sport performance evaluation: a systematic review. *Sensors (Basel)* 18, 873, 2018.

Cardinale, M, and Varley, MC. Wearable training-monitoring technology: applications, challenges, and opportunities. *Int J Sports Physiol Perform* 12, 55–63, 2017.

Carling, C, Bloomfield J, Nelsen L, and Reilly T. The role of motion analysis in elite soccer. *Sports Med* 38, 839–862, 2008.

Malone, JJ, Lovell R, Varley, MC, and Coutts, AJ. Unpacking the black box: applications and considerations for using GPS devices in sport. *Int J Sports Physiol Perform* 12, 18–26, 2017.

McLean, BD, Strack, D, Russell, J, and Coutts, AJ. Quantifying physical demands in the National Basketball Association—challenges around developing best-practice models for athlete care and performance. *Int J Sports Physiol Perform* 14, 414–420, 2019.

第 10 章

追踪系统分析和负荷监控

安德鲁·M.默里（Andrew M. Murray），博士；

乔·克拉布（Jo Clubb），理学硕士

收集到的追踪数据提供的是未经过滤的信息，只有结合相关情境信息，才可以对数据进行有用的解释。对这些信息的管理需要可靠而有效的分析技术作为基础，以影响组织及其对运动员的管理。本章强调的分析过程以第9章介绍的训练负荷和工作概况信息收集为基础。

追踪系统的效度和信度

为了确保追踪系统产生的数据有效，训练实践人员应该对任何测量结果的质量保证水平有所了解。系统提供的信息应符合质量控制规范，包括但不限于效度和信度[20]。训练实践人员必须了解每种技术的相关采集误差，并且有能力评价方法并确定与定位和追踪系统有关的研究局限性，这是至关重要的。在此基础上，训练实践人员还应充分了解在应用环境中正确分析和解释此类数据所需的步骤。

尽管测量精度（信度）很重要，但此类技术的应用往往会先于验证研究的发表。这种"早期采用者"的方法也许不足为奇，职业体育的竞技本质、制造商内部验证和"白皮书"（未经同行评审）的保密性，以及消费者对此类报告所存有的怀疑促成了这种做法[48]。这导致研究人员和科学

训练师需要独自或与非营利性第三方（独立研究机构）一起进行外部验证研究[46]。

另外，业界已经认识到，实际上无法采用二分法来对效度和信度进行分类。效度根据变量以及该变量特定情境的应用而有所不同[48]。信度代表数据变化的一致性，要求科学训练师理解如何根据所证明的信度（即信噪比）来计算变化是否有意义[48]。本章中的讨论强调，科学训练师需要持续关注与验证此类系统相关的文献资料，进行研究，并在可能的情况下发布内部验证研究结果，以保持数据收集工作的严谨性[18]。科学训练师还应该意识到硬件和软件更新会影响数据输出，本章稍后将介绍这样的例子。因此，验证是一个持续进行的过程[14]。

定位系统

如第9章所述，定位追踪系统有多种解决方案。尽管不同定位系统的特性有所不同，但有许多定位系统都在职业运动环境中投入使用，并且人们通常在同一环境中会使用多种类型的定位系统。全球定位系统（Global Positioning System，GPS）设备自从21世纪初期被广泛采用以来，其应用得

到了众多独立研究的推动，这为新兴技术的验证研究提供了一张蓝图，后来出现的技术在效度和信度研究基础方面可能无法达到相同的广度。科学训练师必须了解现有的效度和信度研究，包括系统间可能存在的一致性（或分歧），以及如何在内部实施此类分析。

光学追踪

20世纪90年代后期，足球运动引入了半自动多目摄像追踪系统，因此，很多早期验证是在这项运动中进行的[20]。首批旨在验证光学追踪（Optical Tracking，OT）系统的此类研究之一表明，在有节奏的跑步和冲刺过程中，OT系统与由计时门测得的平均速度之间有极佳的相关系数[27]。尽管了解与比赛有关的特定运动模式很重要，但显然这样的预定义情况并不能真正代表所涉及的所有需求。此外，计时门仅能提供特定点之间的平均速度数据，而不能提供连续的采样点数据。有关足球运动中OT解决方案验证研究的更多信息，请参阅卡林（Carling）及其同事的评论[20]。

不同的OT解决方案越来越多，而重要的是要考虑所采用技术的测量精度。此类解决方案之间的区别包括所用摄像机的数量和类型、自动追踪过程、手动质量控制过程，以及用于确定位移的数据处理[47]。需要大量人工干预的OT系统的准确性取决于对操作员的培训效果和他们的经验[9]。其他限制因素可能包括视频质量、照明变化、遮挡发生频率（即摄像机和追踪对象之间的直接视线被遮挡，可能是小范围区域内存在多个运动员所致），以及体育场地所产生的限制性条件（尽可能靠近运动场地是理想位置[5, 22-23, 25]）。

射频识别

后来出现的射频识别（Radio Frequency Identi-fication，RFID）和超宽带（Ultra-wideband，UWB）系统在竞技体育中的研究不多，并且有关其效度和信度的数据稀缺[48]。然而，无线电技术被认为可提供更有价值的瞬时速度和加速度数据，原因是其准确性比OT系统和GPS更高[20, 66]。事实上，就团队运动项目而言，20赫兹RFID系统的效度和信度比10赫兹和18赫兹GPS更高[37]。但是，与18赫兹GPS相比，使用RFID系统时由于测量误差（例如设备电量耗尽或信号强度较弱）而删除的数据更多，目前，这是限制其实际应用的原因[37]。但我们也需要考虑实施环境，因为室内运动无法使用GPS。

对RFID技术的研究表明，位置测量的平均误差范围介于11.9至23.4 ± 20.7厘米[55, 64]，但是在同一研究中发现，误差会随着速度的增加而增大[31, 55]（见图10.1）。类似地，研究已经发现，测量平均加速度和减速度时，这些系统的误差标准测量（3D运动捕获）在2%以内，但其测量峰值加速度和减速度的应用受限[66]。此外，在因变向产生的复杂性增加后，关于误差大小的研究发现并不一致[31, 55, 66]。也有人质疑定位系统是否可以准确地测量瞬时速度[45, 55]。鉴于比赛中对体力要求最高的时刻，例如高速（如反攻时的冲刺）或高强度移动（如为逼停对方持球运动员而进行的加速和减速）可能是比赛中最为关键的时刻，训练实践人员需要对这些时刻的结果给予格外的关注[16, 20]。

尽管定位系统在某些团队运动项目环境中很常见，但研究也探索了它们在个人运动项目中的应用。在这些特定环境中，研究人员还必须考虑测量精度。已有人对将RFID系统作为田径赛跑的定位系统解决方案进行了研究，但尚未证明该方案具有可重复性[84]。另外，UWB技术被认为适用于场地自行车比赛[49]。此外，研究通过评估各种标签和锚点位置的表现及能耗，已确定设备的最

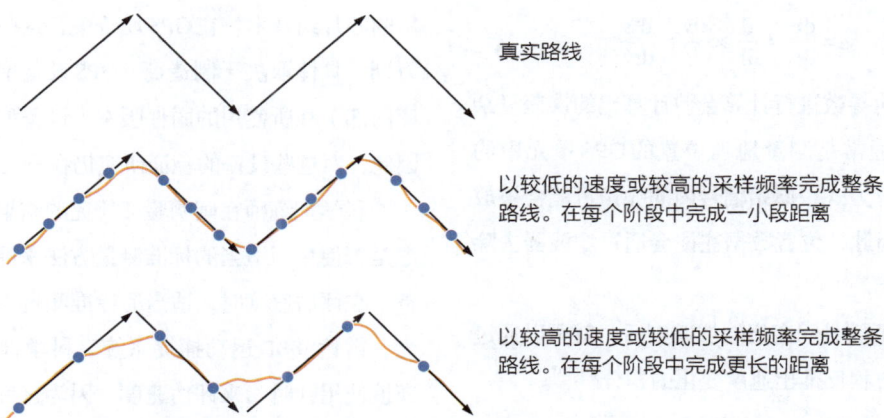

图10.1 示意图：速度或采样频率（或者两者）的变化以及后续发展对位置追踪的影响。点代表采样点。当采样频率以给定速度下降时，运动员在两个相邻采样点之间移动的距离更远，因此与真实路线相比，分析产生的误差或差异更大。采样频率越高，真实路线和测量路线就越接近。在特定采样频率下，更高的速度同样会导致这种情况，即采样点之间的距离越远，误差越大

佳实践定位[49]。至于其他运动项目，已经有人提出用于开放水域游泳比赛的RFID系统构造，该系统可以实现94.6%~100%的检测率[83]。

全球定位系统

大多数最新型号的GPS设备似乎都可以满足距离和速度的测量需求[10, 74]。因此，科学训练师可以获得相关指标（即移动的总距离和在各种速度阈值内的距离明细）的相对置信度。但是，与定位系统一样，GPS验证研究中的一个熟悉模式表明，无论采样频率如何，随着速度变化的增加，GPS测量速度和距离的精度都会降低[1, 74]。验证研究已发现，采样频率与精度有关，采样频率越高，GPS设备的精度越高[74]。尽管此发现对于10赫兹和1~5赫兹的设备可能是正确的，但比较10赫兹和18赫兹设备的研究却显示出多样的结果。一项研究表明，这两个采样频率之间不存在有意义的差异；而另一项研究则表明，与10赫兹的设备相比，18赫兹的设备在效度和信度上均有所提高[10, 37]。值得注意的是，不同技术可访问的卫星系统存在差异，使用更高采样频率（18赫兹）的设备仅可访问美国的GPS[10]。这与该研究中的10赫兹多种全球导航卫星系统（Global Navigation Satellite System，GNSS）设备不一样，后者能够追踪多种卫星系统[10]。尽管需要对在较高采样频率（>10赫兹）下工作的设备的相对优势进行更多研究，但训练实践人员应对在此阈值工作的设备有信心。

通常，对比赛及其结果至关重要的时刻并不是绝对速度高的时刻，而是速度变化率高（即加速、减速和变向）的时刻。然而，这些动作的测量可能与最大误差量有关。测量瞬时加速度是数学上的理想选择，但受限于设备采样频率。在数学上，当方程中的分母接近零时，速度的极限被称为导数。在这种情况下，加速度（a）是速度（v）的导数。

$$a = \lim_{\Delta t \to 0} \frac{\Delta v}{\Delta t} = \frac{dv}{dt}$$

加速度是速度对时间（t）的导数，但速度本身是位移（s）对时间的导数[38]。因此，加速度是速度对时间的一阶导数，并且是位移对时间的二阶导数。

$$a = \frac{\mathrm{d}v}{\mathrm{d}t} = \frac{\mathrm{d}}{\mathrm{d}t} \times \frac{\mathrm{d}s}{\mathrm{d}t} = \frac{\mathrm{d}^2 s}{\mathrm{d}t^2}$$

用二阶导数进行计算会使计算出的误差复杂化，但这通常是测量地理位置的 GPS 单元中的加速度计算方式。原始信号内的噪声可能会被放大[56, 81]。因此，位置数据往往会通过滤波器去除高频噪声[42, 56, 61]。

知道了随时间变化的加速度后，就可以通过第一运动方程反推出速度变化的积分[21, 38]。

$$v = v_0 + at$$

科学训练师在其监控实践中使用 GPS 数据的另一个考虑因素是信号质量。这可能会受到天气、位置（例如在人口稠密地区或相对偏远的地区）以及环境障碍物（例如靠近训练地点的树木）或特定体育场馆设计（例如部分封顶）的影响[46]。信号质量的评估手段包括量化用于获取信号的卫星数量或水平精度衰减因子（Horizontal Dilution of Precision，HDOP）。HDOP 表示 GPS 水平位置信号的精度，该精度由卫星的空间位置分布决定[46]。其范围为 1~50，代表输出位置的变化与测量数据的变化的比率，其中 1 是理想值，小于 2 表示极好，而超过 20 的值则表示差[82]。较小的值表示卫星在天空中相距较远，有较大的角度间隔，因此可提供最佳的位置信息。尽管考虑信号质量是清洗 GPS 数据的最佳实践做法，但并非所有制造商都在其软件中提供该功能。这使得其用户难以在收集到的数据中识别并尽可能补偿信号质量较差的部分。

鉴于制造商、模型、采样频率、运动项目需求、被评估的变量、使用的阈值以及软件和硬件版本等方面的差异，研究难以得出关于追踪系统效度的明确结论[14]。具体就 GPS 技术而言，还有许多因素会影响效度，包括用于计算距离和速度的方法、信号处理算法、可用的 GNSS，以及所使用的芯片组技术。在 GPS 设备中，这些因素千差万别，具体取决于制造商、GPS 设备型号（制造商内部）和所使用的固件版本（设备型号内部），因此，对这些设备的验证研究仍在进行中。

科学训练师在阐明验证研究的结果时，应考虑是否使用了适当的标准测量方法来评估 GPS 设备。在评估速度时，适当的标准测量方法包括激光、雷达或 3D 运动捕捉系统。科学训练师应该谨慎使用计时门来评估速度，因为这种方法不会测量瞬时速度，只能测量平均速度。在评估距离时，适当的标准测量方法包括经纬仪、卷尺、滚轮和 3D 运动捕捉系统。科学训练师还应考虑方法学中使用的移动场景（即预定义的路线与复杂的自由移动）。

对 GPS 设备的信度的评估要比对其效度的评估更复杂。评估 GPS 设备内部的信度要求几乎完全相同地重复特定运动模式。但是，在整个运动专项程序中，人类参与者不可能多次以 100% 的精度产生完全相同的运动模式[46]。因此，大多数信度研究都调查单元间（制造商内部同一型号的单元之间）和设备间（不同制造商之间）的信度。有研究使用制造商软件处理数据，比较了来自 3 个不同制造商的 10 赫兹 GPS 的单元间和设备间信度[70]。对比各种测量的单元间信度，发现减速度测量较差［变异系数（Coefficient of Variation，CV）：2.5%~72.8%］，加速度测量较好（CV：1.4%~19.7%），而距离和速度测量则最佳（CV：0.2%~5.5%）。但是，在所有测量中均观察到制造商之间存在显著差异（CV：−2.0%~1.9%）。虽然从设备可替换性的角度来说，是否使用同一型号可能会有一定的灵活性，但根据所关注的测量，科学训练师仍应尽可能让特定运动员使用同一设备，这是最佳实践做法[39]。显然，利用不同制造商的设备得出的数据是不可替换的，在比较这些数据时应格外小心。

　　在训练和比赛的应用环境中，科学训练师通常采用**实时监控**的 GPS 数据，为教练员或运动员（或两者）提供与训练课中的训练量和强度有关的反馈[46]。此类反馈可以基于赛后直接从设备下载的数据进行分析，而实时数据则通过特定接收器实时获得[6]。因此，了解这些数据集之间的一致性至关重要。早在 2010 年就这一方面发表的一项研究（未说明 GPS 采样频率，但被认为是 1 赫兹或 5 赫兹）对使用实时数据辅助决策提出疑问，因为只有总距离显示的信号大于噪声[4]。然而，自这项研究以来，技术已经有所发展，因此又有两次调查重新探讨其效度。这两项研究对从加速度计获得的实时数据的效度持不同意见[6, 79]。与赛后速度数据一样，人们一致认为误差会随着速度的增加而增大（见图 10.1），但是如果适当考虑了误差，这些数据仍然可以使用[6, 79]。鉴于实时监控研究的稀缺性和矛盾性，以及可用软件和硬件的差异，在应用环境中重复使用文献中提到的方法进行分析是科学训练师使用实时数据来协助反馈和决策的最佳实践做法。

可穿戴微传感器

　　如第 9 章所述，自 20 世纪 90 年代初以来，出于各种目的，可穿戴微传感器已被用于在实验室之外的环境记录运动。在竞技体育中，应用可穿戴微传感器的主要目的是通过集成的多个惯性测量单元（Inertial Measurement Unit，IMU）进一步了解运动需求，其中包括加速度计、陀螺仪和磁力计。尽管制造商之间存在差异，但运动负荷通常以加速度计负荷（见第 9 章）和三轴矢量的贡献率之和来表示。重要的是要记住，即使速度保持不变，方向的改变也会涉及加速度，因此，需要关注不同的加速度计轴及总负荷。研究已证明，此类指标的

设备内和设备间信度在实验室条件下和澳式橄榄球的现场测试中是可接受的（CV：0.91% ~ 1.9%），并且在标准的 90 分钟足球比赛模拟过程中也是可接受的[8, 11]。此外，研究数据还显示信号强度大于噪声，这对于测量运动负荷有帮助[11]。

　　加速度计作为微机电系统（Microelectromechanical System，MEMS）单元的一部分佩戴在上半身，以增强与 GPS 卫星的通信信号，并且质心被认为是使用加速度计测量全身运动的标准位置[33]。在精英级别的团队运动项目中，将 GPS 装置佩戴在两侧肩胛骨之间是很常见的[29]。即便如此，当运动员直立或执行垂直平面上的动作时，加速度计的头尾位向轴也只能近似于全身垂直轴[85]。接触设备时与预期垂直方向的任何偏差都会降低加速度计的准确度。例如，在高速跑动试验中，业余运动员采用重心更低、身体更为前倾的姿势[40]；在曲棍球运动中，运动员在控球时通常要保持屈曲姿势。使用 IMU 进行的研究表明，在 89% 的比赛时间中，运动员需保持 20 ~ 90 度的屈曲，具体角度因其场上位置不同而不同[76]。尽管如此，加速度计被戴在躯干上部时的峰值加速度大小已得到验证[85]，这表明按照制造商的建议放置加速度计时，过滤后的 10 赫兹数据可用于评估峰值加速度，其 CV 达到 8.9%。通过与测力跑台对比，不同品牌的类似装置可准确识别时间步幅特征[15]。研究发现，加速度计测得的指标和跑步机测量的触地时间几乎完全相关（相关系数 = 0.96），并且腾空时间也具有很强的相关性（相关系数 = 0.68）。

系统间一致性

　　由于联盟对比赛中使用数据收集技术，或与运动员追踪公司签订的全联盟协议的限制，职业运动队可能被强制要求使用特定的定位追踪系统进行比赛[48]。由于训练实践人员的偏好、可用资

源、商业协议或在不同地点进行训练和比赛，此类系统可能与内部用于追踪训练课数据的系统不同。因此，科学训练师可能需要在赛季中使用多种技术。但重要的是要考虑所收集数据的一致性和潜在可替换性。

足球运动的相关研究表明，OT系统和增强型GPS之间具有更强的一致性，相较于单独的GPS，增强型GPS可以访问GNSS的多个卫星[68]。虽然这项特定研究表明，来自这些增强型GPS设备和OT系统的追踪数据可以交换使用，但训练实践人员的最佳实践做法仍然是在其环境中使用他们的技术进行类似的评估[68]。另外，另一项针对90分钟足球比赛的研究发现，4款商用追踪系统间存在很大的差异，尤其是在两种OT和两种GPS技术之间[58]。此类研究探究的是全场、半场、15分钟或5分钟比赛中运动员的总跑动距离（例如总距离和高速跑动距离），使得对瞬时速度和定位精度的了解受限。此外，加速和减速等对能量要求很高的活动往往在较低速度下发生，因此仅评估高速跑动距离的一致性就忽略了这一关键信息[67]。

为消除不同方法之间的局限性，林克（Linke）、林克（Link）和拉姆斯（Lames）[44]使用3D运动捕获系统评估了OT系统、RFID系统和GPS在3个精度类别，即位置、瞬时速度和加速方面的效度，以及关键表现指标［KPI，汇总指标（例如移动距离、平均或峰值速度、峰值加速度）］。尽管RFID系统显示出最高的定位精度（距离的均方根误差为22~27厘米），但是在快速变向的情况下，误差显著增大[44]。与先前的研究一致，随着速度的提高，上述所有技术的误差幅度也随之增大[44]。该研究还指出，与定位追踪系统无关的KPI类别中存在很大的误差，因此建议科学训练师不要对从不同系统计算得出的汇总指标进行直接比较[44]。

考虑到个体外部负荷的监控随时间产生的变化，以及根据比赛需求来安排训练负荷带来的潜在好处，排除将训练与比赛的体能要求相结合的能力就太可惜了。为了解决这个问题，已经有人针对不同足球运动场景（小场地训练、中等场地训练及比赛）提出了对4种追踪技术的总距离和高速跑动距离进行校准的公式[14]。但是，应该注意的是，这些公式是针对特定制造商和型号的，且单元内芯片组的变化和软件的更新也可能会影响所收集的数据[14]。因此，最佳实践做法是训练实践人员在内部重复类似的方案，以便建立自己的校准公式。

追踪系统数据分析与解释

了解在应用环境中可用和已采用的追踪系统的效度和信度后，训练实践人员就可以将注意力转向分析此类数据并为教练员和运动员提供有意义的解释。了解运动要求并相应地设计训练仍然是追踪系统数据的最基本应用。但是，训练实践人员应始终在运动项目、运动队和运动员个体的具体情况下考虑此类信息。最后，一旦完成分析并确定了解释，训练实践人员就有责任通过可视化数据和人际交往技巧有效地传达所获得的信息。

时间-运动分析

分析追踪系统数据的第一步和基础性的一步是提供特定运动项目及其场上位置的时间-运动描述性总结。赖利和托马斯（Thomas）[59]首先按位置描述了足球运动员的平均比赛跑动距离，并首次客观地证明了中场球员的跑动距离最长，而中后卫的跑动距离最短（研究中未包括守门员）。此后，研究人员在众多不同的团队运动项目中也进行了类似的研究[3]。

此类描述性信息可以概述运动项目所要求的体能消耗，并量化不同级别比赛的要求（见图10.2）。

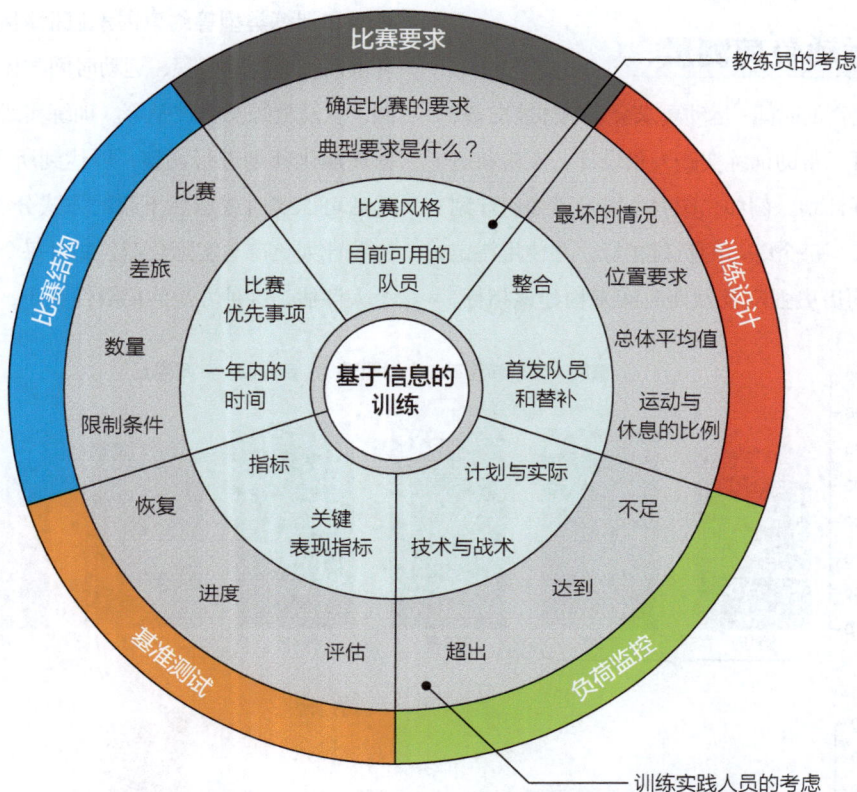

图10.2　科学训练师和交叉学科团队在监控训练和比赛要求中的反馈循环

这种理解使科学训练师能够客观地帮助运动员准备比赛。此外，此类信息可以提供基准，以帮助规划运动员康复和重返训练或复出比赛的标准。人们不必总是重新进行描述性研究，但鉴于此类要求在同一比赛（例如英超联赛）中会不断演变，必须追踪此类信息随时间而产生的变化[5, 13]。

除了描述时间-运动需求之外，研究还试图量化团队运动项目的比赛中出现的疲劳程度。最初，出于了解疲劳的目的，研究人员比较了运动员在足球半场、15分钟或5分钟比赛中的跑动距离[20]。但是结果表明，不同比赛之间存在很大的差异，特别是对于动作要求严格的运动（即高速运动）[32]。因此，人们不能仅认为体能和疲劳程度是比赛跑动表现的决定因素。战术角色、比赛中断、对手、团队理念和技术目的等因素已被确定为影响个体比赛表现的因素[12]。例如，在7人制橄榄球比赛中，比赛结果、失分和天气条件等情境因素与表现的提升相关[36, 52]。此外，国际足球比赛中的连续比赛对于体能消耗的作用会对个体产生不同程度的影响[73]。因此，孤立地进行时间-运动分析并不能说明疲劳程度，训练实践人员应考虑情境因素，并监控每个运动员。

传统上报告中单一定位系统提供的身体指标曾被描述为一维和"失明"的距离[12]。因此，业界希望有一种综合方法将这种距离与战术活动联系起来[12]。这种有针对性的距离可能使数据对于教练员和球员而言都更有意义。尽管后来出现的追踪技术在某些环境中表现出了缺点，但科学训练师仍可以从早期使用该技术的运动项目中吸取教训，并加快对此类数据的整合。

做功/运动负荷测量

量化比赛的时间−运动要求会影响体能准备，理解它们可以帮助训练实践人员设计、实施和追踪体能训练计划。例如，图10.3展示了如何计划每周、每天、每个练习的负荷指标，并使用特定训练的平均历史强度及预期时间来构建该指标。

时间和训练类型等约束因素包括运动员的数量、可供训练的空间面积、运动时间与休息时间的比例，以及教练员的鼓励等。训练实践人员可以根据周期化计划进行调整，以达到所需要的负荷；然后可以实时或课后下载的方式分析追踪数据，比较计划负荷与实际负荷，并对每个运动员进行个人评估。这种方法的局限性在于，使用平均值

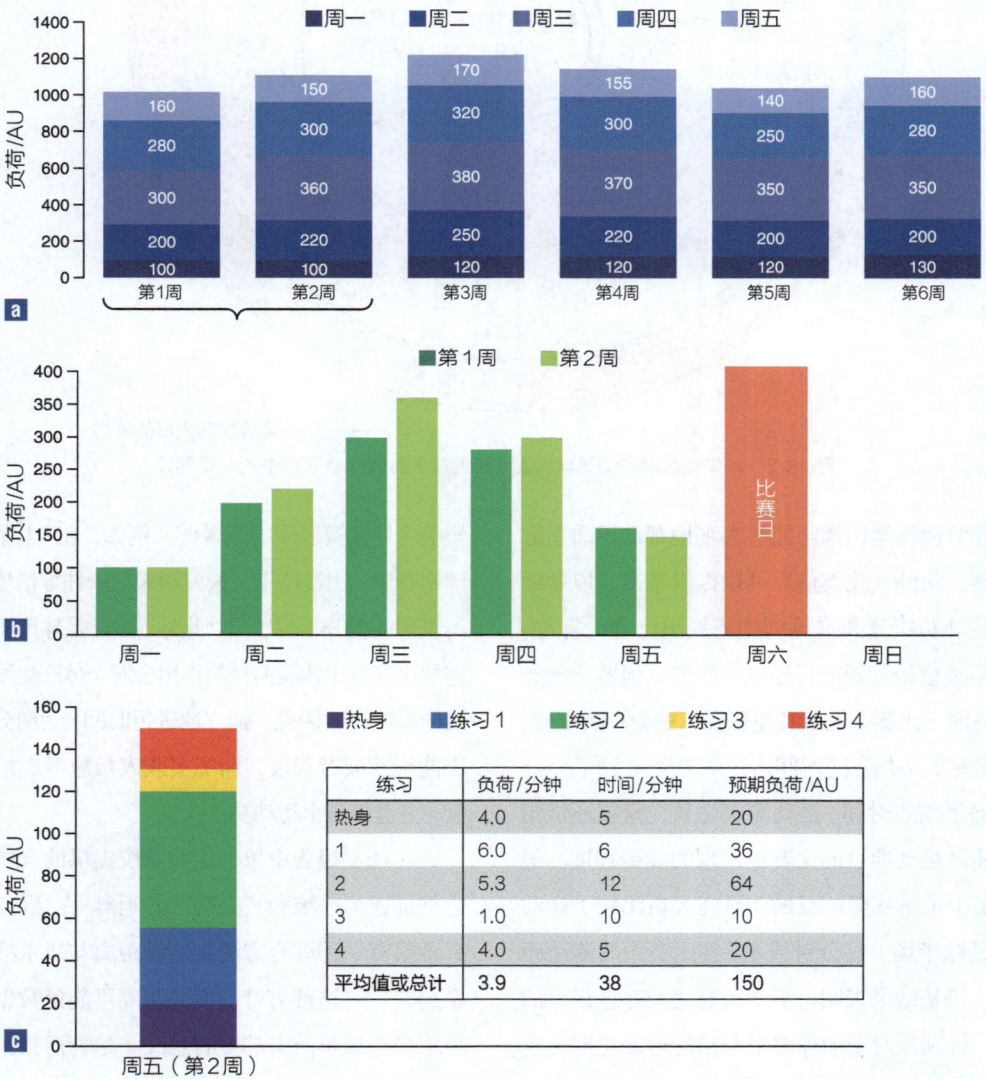

练习	负荷/分钟	时间/分钟	预期负荷/AU
热身	4.0	5	20
1	6.0	6	36
2	5.3	12	64
3	1.0	10	10
4	4.0	5	20
平均值或总计	3.9	38	150

图10.3　a. 预期的每周团队负荷，采用任意单位（Arbitrary Unit，AU）；b. 每周小周期内预期的每日团队负荷，显示比赛中不可控的元素和每周负荷周期，以及两周间的差异；c. 每日训练计划，显示训练课中的各个练习和计划负荷模式

可能会使数据的意义不清晰，尤其是在个体差异较大的运动项目中。这种方法也只考虑一个练习或一节训练课的体能要求，但科学训练师有时还需要考虑准备工作的其他组成部分（即技术、战术和心理）。在深度融合的支撑团队中，科学训练师与教练员合作，其目标在于努力将这些不同工作整合到计划制订和训练监控中。

在各种运动项目中，做功负荷均已被证明与内部负荷指标相关[65]，可有效地区分比赛和练习环境下的需求[50]。在没有其他时间–运动分析技术的情况下，加速度计得出的做功负荷可提供总距离的替代指标，但单独使用此结果可能会导致忽略了能量要求较高的其他运动[57]。因此，通过加速度计获得的做功负荷可作为需要频繁进行身体接触或变向的运动项目中合适的负荷指标[11]。监控训练和比赛疲劳反应的（有关）文献表明，加速度计提供的负荷替代指标具有重要价值，该指标排除了跑动（距离）因素，并且可以单独考虑各个方向的负荷[23, 62]。例如，在模拟比赛和职业比赛中都显示了单个矢量方向的负荷对整体运动员负荷的贡献变化[7-8]。此外，篮网球运动中表现水平等级与相应负荷模式之间的关系表明，不同水平的运动员可能具有不同的运动特征[24]。由于排除了多余的动作，分析独立动作的信度会比分析累积做功负荷显示出更好的结果。累积做功负荷也无法区分单独各个行为的影响和强度，以及这些行为在个体之间的差异。一种解决方案是将强度表示为一种相对指标（每分钟的做功负荷），它考虑到了任务时间，可以为科学训练师制订后续干预措施提供依据，以调整训练计划（见图10.3）。

单独解释加速度测量法或GPS相关变量是很少见的，尤其是因为MEMS单元通常用于同时收集这两种数据。在特定的训练模式中，有研究已经表明，需要结合相对负荷指标来解释变化并监控训练过程[78-79]。科学训练师确实需要在所有多变量分析中注意变量的共线性[77]，例如，总负荷和总距离是高度相关的[3]。无论采用何种监控系统，管理数据输出、及时创建有效决策并调整训练过程都是关键。一些更现代的方法希望将GPS和加速度测量系统的指标结合起来，通过将速度和以比率表示的负荷进行组合来监控负荷或神经肌肉效率[17]。

但是追踪系统只能测量运动员的体能消耗，这些指标被描述为**外部负荷**。将作为外部负荷的位置数据与反映完成工作的实际生理消耗的**内部负荷**指标进行整合，可以提供与负荷监控、体能和疲劳指标有关的解释手段[34]。此外，运动负荷汇总中一直都忽略了技能练习的身体要求。可穿戴技术可以用来理解这些专项技术方面的运动要求，并且使技能练习负荷能够被整合到训练计划中[30]。

速率和速度变化追踪

多项研究表明，以10赫兹或更高的频率进行GPS采样可以提供相对准确的峰值速度测量值[10, 37, 60]。在团队运动项目中，这对于希望评估运动员峰值速度的科学训练师来说很有用，因为他们可以在比赛中获得测量值，或者不需要计时门等附加设备即可进行正式的测试。此外，由于科学训练师可能采用基于峰值速度的相对速度阈值来监控运动员，最佳实践做法是使用将要应用相对速度阈值的同一设备来确定峰值速度。科学训练师必须考虑多久修改一次这些峰值速度值，以及新的值是否会反过来改变目前或此后的赛季分析。研究表明，GPS在测量最大加速度时也能够提供可接受的信噪比[41]。

对于高速运动，所有科学训练师在收集追踪数据时都必须考虑确定适当的速度阈值，在确定加速度和减速度的阈值时也同样如此。制造商可

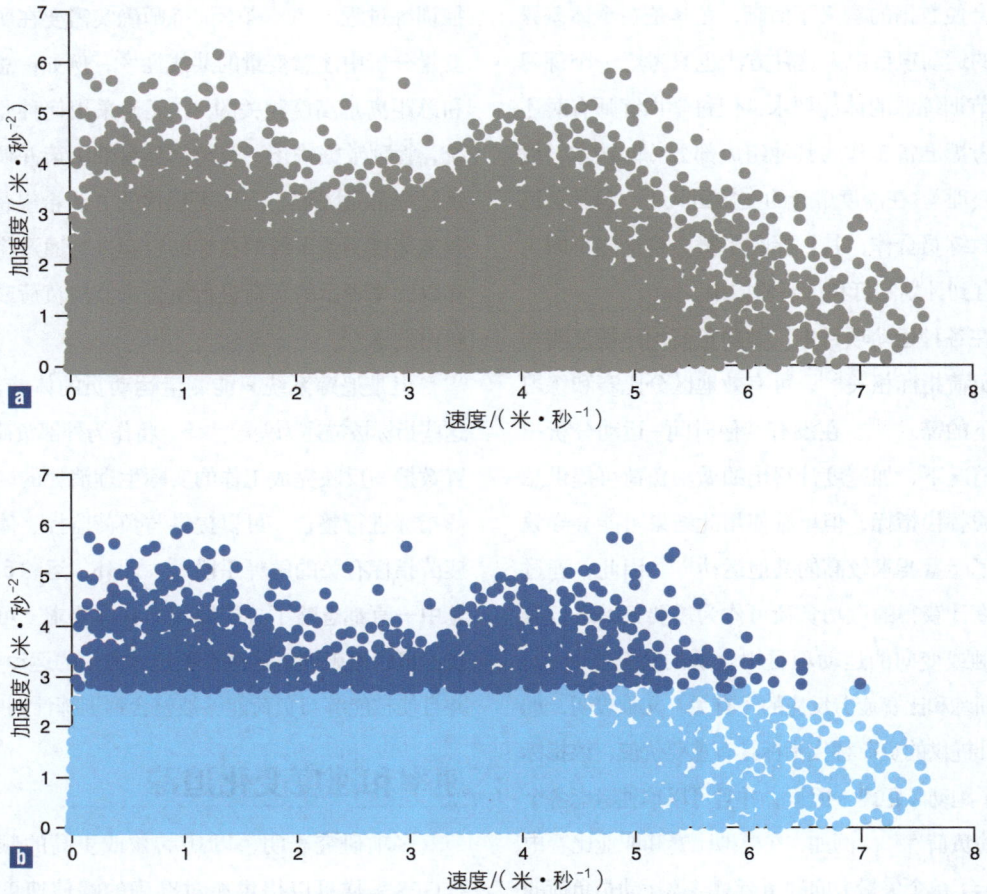

图10.4 　一节训练课中一个篮球运动员的加速度和速度阈值示例，展示训练课中每个采样点的绝对加速度与速度的关系图。a. 显示所有数据，b. 突出显示如何将数据"切"为连续速度范围的阈值

改编自：Dwyer and Gabbett (2012); Suárez-Arrones et al. (2012)。

以在其专有软件中定义任意阈值，或者为用户提供自定义速度或加速度阈值（或者两者）的数量和范围的功能，从而让用户可以在研究和实践过程中采用不同的阈值（见图10.4和表10.1[3, 28a, 46, 66a, 67]）。随着速度的增加，不同运动项目的速度区间的差异最大，但即使这样，划分慢跑、快跑和高速跑的速度标准仍然不是很明确[25]。科学训练师还应该注意所使用的单位，如米/秒、千米/时等。目标是强调设置阈值的效果以及这样做对所关注的数据有何影响，而不是就设置特定阈值提供建议。

马隆（Malone）及其同事[46]对不同区间划分

方法进行了全面探讨，他们强烈建议科学训练师考虑短期和长期速度阈值的合理性，并基于定期测试，使用多个生理和表现变量来确定个性化的速度区间。相对区间和绝对区间的优点也值得考虑，因为它们可以改变所关注的变量[51]。一些研究表明，相对阈值与关注结果之间存在联系[54]，而其他研究表明科学训练师在确定其分析方法之前选择什么阈值都无关紧要[69]。显然，阈值定义的不一致会使比较变得困难。

定义阈值还要考虑其他复杂性（见图10.5[46]）。在定义此类指标时，冲刺的持续时间是另一个重

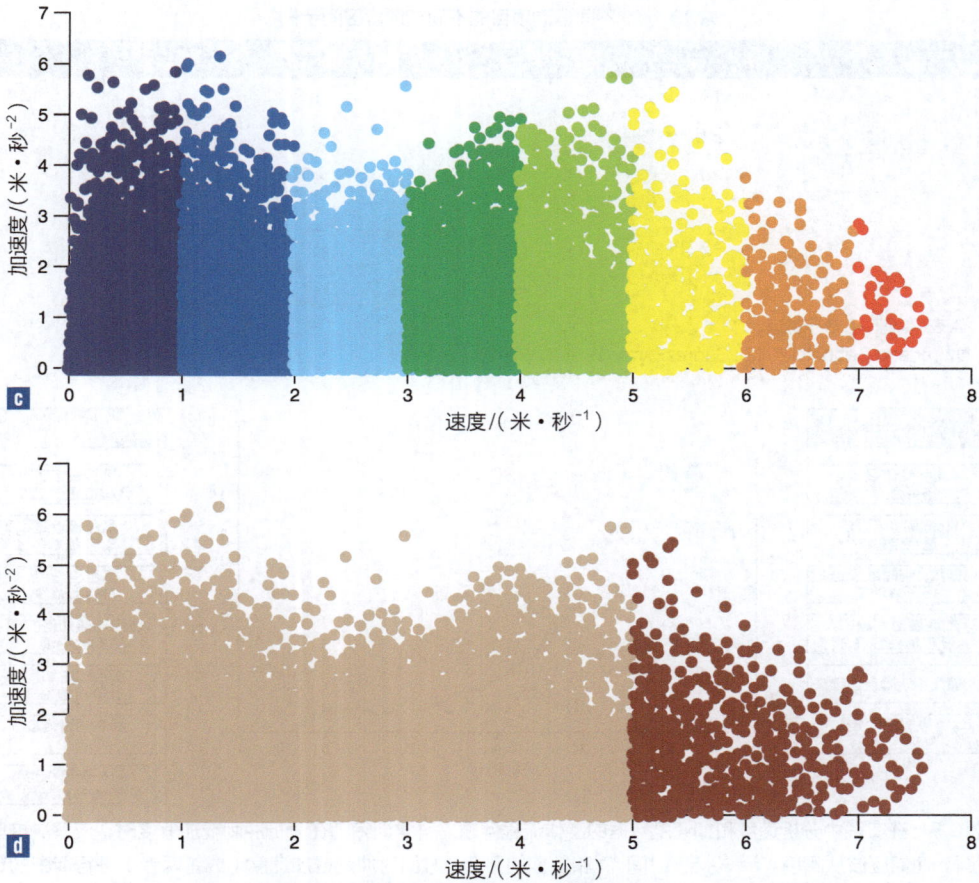

图10.4（续） 或根据速度或加速度划分：c. 低强度行为和d. 高强度行为

改编自：Dwyer and Gabbett (2012); Suárez-Arrones et al. (2012)。

表10.1a 不同运动项目的不同速度区间示例

		站立	行走	慢跑	快跑	冲刺
米/秒	足球	<0.10	2.00	3.70	6.00	>6.10
	英式橄榄球	<1.64	3.31	3.86	5.53	>5.56
	澳式橄榄球	<0.10	2.40	3.50	5.60	>5.70
千米/时	足球	<0.36	7.20	13.32	21.60	>21.96
	英式橄榄球	<5.90	11.92	13.90	19.91	>20.02
	澳式橄榄球	<0.36	8.64	12.60	20.16	>20.52
英里/时	足球	<0.22	4.47	8.28	13.42	>13.65
	英式橄榄球	<3.67	7.40	8.63	12.37	>12.44
	澳式橄榄球	<0.22	5.37	7.83	12.53	>12.75
相对	足球	<10%	30	50	75	>90%
	英式橄榄球	<15%	25	50	70	>88%
	澳式橄榄球	<5%	10	40	65	>92%

注：1英里≈1.61千米。

表10.1b　不同运动项目的不同加速度区间示例*

	篮球/米·秒⁻²	橄榄球/米·秒⁻²
A1	1	1
A2	2.5	3
A3	>4	>10
D1	−1	−1
D2	−2.5	−3
D3	<−4	<−10

*译者注：A表示加速，D表示减速。
改编自：Dwyer and Gabbett (2012); Suárez-Arrones et al. (2012)。

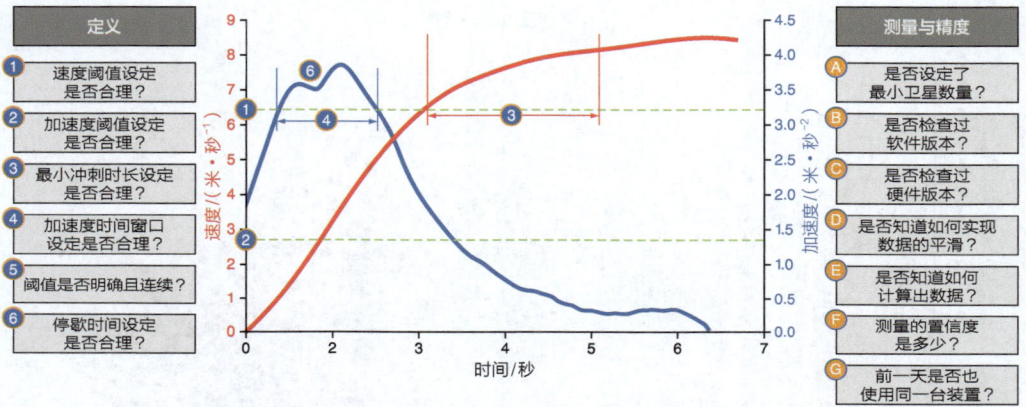

图10.5　在实践中分析速度和加速度数据的工作流程问题。科学训练师在分析冲刺或加速度时，应解决这些问题。他们应该从阈值[1-2, 5]、持续时间[3-4]和数据的平滑[6]方面对冲刺或加速度（或者两者）进行清晰的定义。另外，图中给出了关于方法的多个考虑因素（A~G）
改编自：Malone et al. (2017)。

要的考虑因素。但是，文献中存在让人疑惑之处，许多研究并未说明所使用的最短持续时间[67]。使用这样的时间阈值还会导致计算问题，例如没有计入正好在阈值之下的次数；此外，如果速度短暂降至阈值以下，则单次冲刺可能会被计为两次。考虑到会出现不明确的描述符号（使用<和>，而不是≤和≥），以及连续变量离散化的局限性，使用任意二进制也可能会引起问题[19, 67]。最后，科学训练师在分析此类数据时，无论用什么方法来确定阈值都应记住，在较高速度和速度变化的情况下，这些系统的精度并不可靠[44, 55]。

定义和追踪加速度和减速度时，在方法上也应进行类似的考虑。由于在较低的速度下可能会发生能量要求较高的加速和减速，所以仅使用高速指标可能会低估运动负荷需求[66, 72]。因此，捕获高强度的活动至关重要，但是，与高速运动需求一样，对此类运动的定义仍未达成共识。为了解决这个问题，已经有研究在探索使用其他数据处理方法来量化加速和减速对运动负荷的影响，例如提供仅考虑绝对值的平均加速–减速指标[26]或确定所进行的测试次数[75]。

数据质量

尽管科学训练师可以提取原始信号并通过专用软件或计算机编程进行自己的分析，以自动化一系列步骤[28]，但他们还必须考虑在分析中应何时剔除数据。虽然HDOP和连接到GPS设备的卫星数量可以确定要剔除的数据，但是在失去卫星信号时，可用卫星数量可能还未降至剔除阈值以下，从而导致不规则的速度或加速度轨迹。这可能会导致运动检测延迟以及随后在速度曲线中出现尖刺部分。无论何时进行分析，科学训练师都应详细说明剔除数据所采用的具体标准和剔除的数据量，如澳式橄榄球示例[80]。

数据收集和共享方面的创新

有些体育项目从公开的运动员追踪数据中受益匪浅。例如，NBA会与各队共享比赛中详细的OT信息，并向公众免费提供汇总数据[48]。这使比赛本身所涉及的组织以外的人能够对比赛中运动员的表现进行广泛的分析。美国麻省理工学院斯隆管理学院在其年度体育分析会议上组织了一个研究论文和海报评比活动，入围者此前曾对公开的位置追踪数据进行研究[53]。在另一个例子中，公开的NBA数据被用来评估"全明星"和非"全明星"球员之间的比赛表现差异，以及基于场上不同角色的表现变化[63]。在这个例子中，位置数据已经与符号数据整合在一起，因此可以基于体能、技术和战术的综合结果得出结论。

运动队可以选择发布在内部，使用详细的位置追踪信息进行的研究，以深化对其运动项目的了解。对于科学训练师来说，明智的做法是参考作为早期采用者的组织和个人，从新兴研究中获得前瞻性思路。例如，此类研究可能对理解团队战术[2]、比赛准备及比赛中管理[22]均有意义。最重要的是，我们希望在其所处环境中研究类似概念的科学训练师保持对此类分析的实际应用。尽管此类分析可以在特定环境中提供竞争优势，但它需要参与者投入时间并学习，并且创新也会产生相关的潜在风险。

为了进行此类研究，运动队尝试与外部组织建立伙伴关系可能是有益的，甚至是必要的。其中的一个例子就是嵌入式研究，即科学训练师和博士需要在运动队和学术环境中均安排工作时间。大学与运动队之间进行合作可以确保数据收集的学术严谨性，并保证研究可应用于职业运动的"真实世界"[18]。此外，有人呼吁通过达成商业协议来支持创新性研究，以便更好地了解给定技术及其在竞技体育环境中的应用[48]。除运动队外，管理机构也可以自己进行研究，例如国际足球联合会的电子表现和追踪系统质控项目，以及NBA球员工会建立的可穿戴设备委员会[48]。

设备的验证是一个持续的过程，其中包括设备型号、品牌、软件和硬件的更新频率，这些反映了运动负荷监控领域的科技进步。因此，训练实践人员在选择或使用追踪设备时应关注文献，以获取相关特定设备的资料。对于与其选定指标有关的设备功能，训练实践人员应从制造商那里获得尽可能详细的信息，以及预期的软件和硬件更新说明。注意这些更新以及训练实践人员在特定的赛季背景下何时应用这些更新，是非常重要的，因为如第9章所述，看似无关痛痒的算法或硬件更改可能会改变监控过程产生的推论。随着系统的发展，实时的事件监测和分类将变得普遍，并且技战术信息可以与简单的负荷指标结合在一起。尽管已经有基于环境的反馈[71]，但也可能存在使用机器学习算法获得的关于运动员疲劳或恢复状态的实时个人反馈。

训练实践人员必须始终考虑此类技术的局限性和潜在弊端。尽管有关测量精度的技术局限性是一个需要持续考虑的因素，但运动员的技术和状态也值得关注。麦克莱恩（McLean）及其同事[48]概述了在职业篮球运动中讨论过的一些数据收集问题，这些问题涉及多个方面，其中包括担心信息对团队的好处比对个人的好处更大。这突出表明，训练实践人员必须具有较强的沟通能力，并与运动员建立良好的关系，可以就位置追踪数据与其进行坦诚的对话。此外，也有研究提醒训练实践人员，一些体育技术公司所提供的信息是伪科学，并且主张训练实践人员应始终考虑收集此类信息是否会给运动员带来不必要的或潜在的应激源[35]。使用位置追踪数据的动机绝不仅仅是收集数据，而是为了将其转化为有意义的信息，以帮助运动员做好准备。最终，此类数据收集的中心目标应该始终是协助改善每个运动员的工作效率和运动表现，并延长其职业寿命。

小结

使用定位系统和可穿戴MEMS设备在竞技体育活动中进行位置追踪的做法越来越普遍。为了获得竞争优势，运动队和组织通常会成为相关技术的早期采用者，但了解此类数据的测量精度至关重要。尽管RFID解决方案在提高精度这一点上很有吸引力，但结合了GPS和加速度计的MEMS设备仍然在竞技体育环境中占有一席之地，因为它将受控的实验室环境带进了现场应用环境。虽然可能会有人选择单独使用加速度计，但只有当软件的进步使信号处理变得更容易和周转时间变得更短时，才会出现这种情况。无论使用哪种系统，训练实践人员都应对其指标的信度非常确定，并了解不同更新或处理技术对此信度的影响。只有建立了效度、信度和系统间的一致性后，训练实践人员才能将数据应用于实际干预，例如组内的需求分类、个人负荷监控，以及康复或确定重返赛场的标志。

推荐读物

Gray, AJ, Shorter, K, Cummins, C, Murphy, A, and Waldron, M. Modelling movement energetics using Global Positioning System devices in contact team sports: limitations and solutions. *Sports Med* 48: 1357–1368, 2018.

Leser, R, Schleindlhuber, A, Lyons, K, and Baca, A. Accuracy of an UWB-based position tracking system used for time-motion analyses in game sports. *Eur J Sport Sci* 14: 635–642, 2014.

Linke, D, Link, D, and Lames, M. Validation of electronic performance and tracking systems EPTS under field conditions. *PLoS One* 13: e0199519, 2018.

O'Reilly, M, Caulfield, B, Ward, T, Johnston, W, and Doherty, C. Wearable inertial sensor systems for lower limb exercise detection and evaluation: a systematic review. *Sports Med* 48: 1221–1246, 2018.

Scott, MTU, Scott, TJ, and Kelly, VG. The validity and reliability of Global Positioning Systems in team sport: a brief review. *J Strength Cond Res* 30: 1470–2490, 2016.

运动学和步态分析

恩达·金 (Enda King), 博士;

克里斯·里克特 (Chris Richter), 博士

人类的运动方式对于其在日常生活中（尤其是在运动中）与环境的互动至关重要。参与运动员执教、能力提升和康复工作的人在与运动员的每次互动中可能都会进行某种形式的非正式的主观运动分析。这可能与运动员如何执行专项任务（例如高尔夫球挥杆）、爆发力练习（例如跳跃和落地）或力量练习（例如颈前深蹲）有关，其目的是确定与损伤或表现有关的因素。但是，这种方法缺乏客观性和一致性，无法追踪运动员在一段时间内的变化，无法对同一运动队或同一运动项目中的不同运动员进行比较，也无法比较不同的教练员或科学训练师对同一个运动员进行的评估。物体运动的记录和分析是生物力学的一个下属领域，它被称为运动学。运动学分析使教练员和科学训练师能够定期客观地评估一个或一组运动员。这样就可以确定运动表现的提升障碍或取得的进步，筛查特定损伤的危险因素，并评估干预措施或训练计划对改变运动的影响。本章将介绍记录和处理运动学数据所需的常用运动学变量和技术，以及目前可用的分析方法；还会概述常用的运动测试，以及已确定与损伤和表现有关的每个测试或运动的关键变量。本章能帮助科学训练师更深入地了解客观评估动作的可用选项、每种方法的优缺点，以及辅助运动员管理时要考虑的关键变量和测试。

运动学变量

运动学描述物体的运动，但不评估引起运动的作用力（相关领域被称为动力学，将在第12章中介绍）。研究报告中最常见的运动学变量涉及（单一部位或全身的）质心，以及线性运动和角运动中的位移、速度和加速度。

质心

质心被定义为一个点，对应身体质量集中于其上的平均位置[79, 106, 108]。质心是一个假想点，在形状规则和密度均匀的物体中，它位于几何中心（中间）（例如球心）。若物体的形状不规则、密度不均匀，则其质心位置取决于形状和质量分布。在计算运动员（由不规则环节连起来的物体）的质心时，需要考虑每个部位的中心位置及其相应质量（人体测量数据）（见图11.1）。质心很有用，因为它可以将运动员简化为能够在全局坐标系（相对于测试环境定义的2个或3个固定轴，例如垂直、

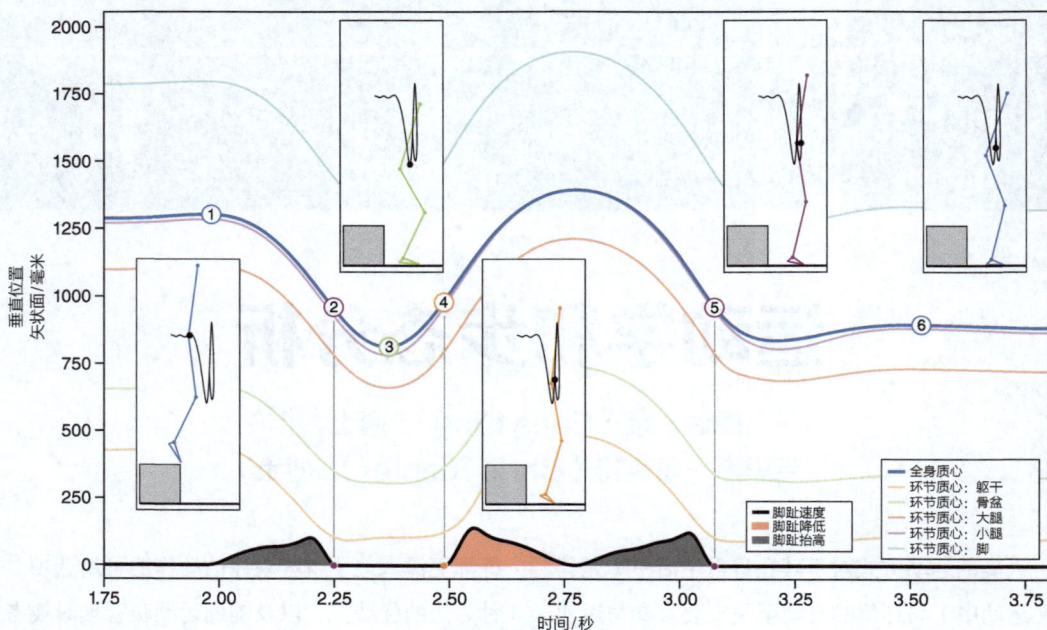

图11.1 双腿跳深过程中身体和具体环节的质心运动。深蓝色线表示双腿跳深过程中全身质心的运动轨迹。其他颜色的线条（见右下角图示）从上到下分别表示躯干、骨盆、大腿、小腿和脚的质心在垂直方向上的运动轨迹。根据运动学数据，脚趾标志物的垂直速度（黑线）可用于识别脚趾离地（事件4）和落地冲击（事件2和事件5），而质心可用于识别动作的开始（事件1）、离心动作结束（事件3）或跳深结束（事件6）

前后和左右）中描述的单个点，从而可以运用基本物理原理（牛顿运动定律）对其运动进行分析。在报告中，质心通常以相对于特定点（即全局坐标系的原点）的位置表示，以毫米为单位。

线性位移、线性速度和线性加速度

位移、速度和加速度都通过牛顿运动定律内在地相互关联。线性位移与物体在两个时间点之间的运动有关，并且是一个矢量［具有大小（距离）和方向］。如果任务是直线跑（例如100米冲刺），则测量将沿单个轴进行。但是，竞技体育活动极少沿一条直线进行，因此需要2个或3个轴来描述运动员的位移。在训练科学中，线性位移通常与运动员跑步、跳跃、投掷或踢击物体的距离有关。然后，线性位移可以用于通过微分法计算运动员的速度（速度=位移/时间）。在衡量运

动表现时，通常会检查完成指定距离或任务（例如100米冲刺）的平均速度或特定时间点的速度（例如冲刺中的最大速度）。对速度进一步进行微分可计算出加速度，即速度随时间产生的变化（加速度=速度变化/时间变化）。当物体速度增加时，加速度为正；当物体速度降低时，加速度为负。在训练科学中，位移（移动距离）、速度（尤其是最大速度）和加速度（正或负）均用于评估身体素质。这些运动学变量通常用于监控运动员的训练和比赛负荷，以及训练课中特定素质的目标训练结果（例如高速跑动，以米为单位）。在不同运动项目中，这些变量与个人运动表现的相关性和解释各不相同，具体取决于比赛要求。例如，高速跑动距离因场上位置（例如守门员与中场球员）不同而异，因运动项目（例如澳式橄榄球与美式橄榄球）不同而异。类似地，在100米跑中，

加速度和最大速度是关键指标，而在足球比赛中，加速和减速发生得更频繁，但运动员可能不会那么频繁地达到最大速度。对这些运动学变量的评估使科学训练师能够监控运动员的负荷，确定运动员及其运动项目特有的表现缺陷，并追踪运动员的长期变化。

角位移、角速度和角加速度

角位移描述物体围绕旋转轴在两点之间形成弧线的运动。在人体运动分析中，最常用于关节运动评估。通过识别身体的各个部位（例如躯干与骨盆、股骨与胫骨），人们可以计算两个部位之间的关节中心以及一个部位相对于另一个部位的位置，从而计算出关节角度（以度为单位）。角度的方向与远端部位相对于近端部位的位置有关（例如，股骨在胫骨上的内旋被报告为膝关节的外旋，因为它是胫骨相对于股骨的外旋）。人们通常会描述给定时间点的角度（例如，在冲刺跑中初始地面接触时的膝关节屈曲角度），或描述特定任务或任务特定阶段中的角位移大小 [关节活动度（Range of Motion，ROM）]（例如冲刺跑站立期的膝关节屈曲角度）。与线性运动类似，角速度是旋转中的身体的角位置变化率（以度/秒为单位），角加速度是角速度的变化率（正或负）。角速度和角加速度通常用于研究某一专项任务中的表现或损伤风险，例如踢出橄榄球[41,52]，高尔夫球挥杆过程中的杆头速度[90]，或投球过程中的肩部旋转[38,87]。

运动学数据的分析与解释

有多种设备可用于记录运动学数据，解决方案有的简单，有的复杂（复杂性随着数据点、维度和部位的增加而升高）。使用计时门测量100米冲刺的完成时间就是一个简单解决方案示例。这个方案只能测量时间和计算平均速度。在总距离上使用多个计时门可以测量特定阶段（例如第一个10米、第二个10米）内的速度和加速度。位置追踪设备 [全球定位系统（Global Positioning System，GPS）单元] 是较复杂的解决方案，因为它们在一个时间段内以二维坐标系（例如前后、左右轴）多次记录运动员的位置。根据该数据，可以计算出距离和方向，以及速度和加速度。最复杂的解决方案是使用在3个维度上收集数据的系统。其中一种系统（光学系统）可同时从不同视角拍摄运动员，或者通过一组传感器来捕获佩戴在人体上的传感器单元 [即惯性测量单元（Inertial Measurement Unit，IMU）] 的速度和旋转（见第10章）。光学系统可以分为两种：有标记点光学捕捉系统是追踪标记位置的系统，而无标记点光学捕捉系统则在视频中识别要追踪的对象并将预定义模型拟合到轮廓中。表11.1详细探讨了这3种系统。

当使用光学系统或IMU系统时，在测试开始时需要进行静态试验。在静态试验期间，运动员要摆出预定义姿势，然后捕获的数据要拟合到预定义的解剖模型中。解剖模型的复杂性可能存在很大差异（例如，某些模型将脚作为没有关节的单一环节，而另一些模型将其作为具有多个关节的环节），这是非常重要的考虑因素，具体取决于要测量的动作和环节[79]。尽管光学系统和IMU系统背后的原理不同，但是通常都使用三维全局坐标系（x-y-z）描述环节或对象（例如躯干）的位置。因此，环节的位置和旋转可以通过一个4点×3轴矩阵来描述和计算，该矩阵包括环节在每个记录的时间点 t（帧）的原点，以及横向、前向和近端轴的端点。此4点×3轴矩阵可用于通过逆向运动学或三角学来计算环节和关节角度[79,106,108]，具体公式如下。

$$环节\ (t)=\begin{bmatrix} 原点_x(t) & 原点_y(t) & 原点_z(t) \\ 横向端点_x(t) & 横向端点_y(t) & 横向端点_z(t) \\ 前向端点_x(t) & 前向端点_y(t) & 前向端点_z(t) \\ 近端端点_x(t) & 近端端点_y(t) & 近端端点_z(t) \end{bmatrix}$$

表11.1　运动捕捉系统

系统	方法	优点	局限性	造成潜在误差的原因
有标记点光学捕捉系统	追踪反射标记点	最准确	捕捉空间受限　后期处理时需要知道标记点位置	间隙填充不当　标记点位置不正确　摄像机在校准后发生移动　光照的变化
无标记点光学捕捉系统	基于图像的轮廓拟合	无须贴标记点或佩戴传感器	捕捉空间受限　横断面角度测量	摄像机移动　光照的变化
IMU系统	通过传感器获得加速度、旋转和位置	无捕捉空间限制	需要佩戴传感器	传感器放置不当　传感器漂移

有标记点光学捕捉系统

有标记点光学捕捉系统将在某个时间点从不同视角拍摄的用一组反射装置或发光二极管标记的图像集合转换为位置数据。因此，只有摄像机能看到的（捕捉空间）运动（标记点）会被捕捉到。使用有标记点光学捕捉系统记录数据的第一步是静态和动态校准，这是为了确定摄像机的位置并设定全局坐标系。动态校准的目的是估计多台摄像机彼此间的相对位置，其操作方法是在捕捉空间内移动至少带有3个标记点的已知对象（校准框）。人们通常通过此步骤（使用被称为三角定位法的过程）计算出摄像机彼此间的相对位置，因为校准框上的标记点之间的距离是已知的，尽管从不同视角显示的图像看起来有所不同，但实际上是相同的。当使用该系统时，摄像机的数量和设置（它们的位置和视角）至关重要，在进行较复杂或动态的运动评估时尤其如此。因为只有在

至少两台摄像机捕获到一个标记点后，该系统才能追踪此标记点的位置——三角定位法需要多个视图来计算一个标记点的位置。否则无法追踪到标记点的位置，位置数据就会产生间隙。校准过程的静态部分是为了定义全局坐标系的原点和轴。为此，应将校准框放置在捕捉空间内，并使用框上对齐的标记点设置全局坐标系的原点和轴。在此校准过程之后，对摄像机的任何移动或干扰都会导致标记点位置数据的计算出现误差。

一旦完成了数据捕捉，该系统就需要进行后期处理（标识、间隙填充和滤波），这可以是手动或自动完成的过程，取决于收集的数据质量和所使用的软件。标识是将每个追踪到的标记点分配或重新分配给运动员身上正确的相应位置的过程。间隙填充是在标记点未被追踪到的期间估算该标记点位置的过程。间隙填充通常以其他标记点或插值技术为基础。基于同一部位上的标记点信息进行的间隙填充是最准确的，因为如果部位上

存在3个或更多标记点就可以计算标记点的位置（部位填充）；也可以根据附着在同一部位上的其他标记点的移动进行估算（模式填充）。插值技术（例如样条曲线填充）使用现有数据来估算缺失部分，准确性较低。该系统相对于其他系统的一个优势是其准确性高（正确设置后的误差小于0.5毫米）[58]。由于准确性高，该系统在评估位置时通常作为金标准[95]。光学运动捕捉产生的运动学数据误差可能来自标记点放置不正确（导致与解剖模型的拟合不佳）、标记轨迹的间隙填充不当（例如在间隙填充过程中）、光照的变化，以及摄像机在校准后发生移动（见表11.1）。

无标记点光学捕捉系统

无标记点光学捕捉系统的基本原理是对记录图像进行数字分析。该过程检测并识别捕捉空间内要追踪的对象，并通过定义背景图像和对象之间的边界来生成对象的轮廓（使用被称为"背景减除"的过程）。该系统使用多个摄像机视图，在多个维度上检测对象的形状，可以将检测到的形状与解剖模型拟合，并且增加摄像机数量可以提高拟合精度。与有标记点光学捕捉系统一样，该系统也需要校准。该系统相对于其他系统的优点是，无须将标记点或传感器放到运动员身上。但是，与有标记点光学捕捉系统一样，其捕获空间有限。一项验证研究在深蹲任务中对有标记点和无标记点两种光学捕捉系统进行了比较，报告了躯干、骨盆、髋关节的矢状面角的最大关节角度存在约15度的差异（**偏差**，这是统计术语，表示与期望值之差），而膝关节屈曲角度相差约0.3度[75]。另一项步态研究比较这些系统并报告说，髋关节、膝关节和踝关节的矢状角偏差分别为17.6度、11.8度和12.9度。此外，无标记点光学捕捉系统很难在没有任何其他标记点或传感器的情况下准确追踪旋转运动（例如肱骨

或胫骨旋转），导致在这些平面中的误差增加［例如，踝关节旋转误差7度（88%）或髋关节旋转误差14.1度（129%），还有膝关节旋转误差22.5度（141%）或髋关节旋转误差5.8度（207%）］[11, 75]。

IMU 系统

IMU系统的基本原理（在第10章中已介绍）是将来自一个或多个加速度计、陀螺仪和磁力计的加速度数据整合为速度数据，然后将其整合到从上一点开始的位置或角度的变化中。但是，此过程很容易出现误差，因为小误差（在测量准确性方面）会被带进每一步计算并随时间不断累积。这种现象称为**漂移**，并且可能由环境因素（例如温度、湿度）引起。卡尔曼滤波器或梯度下降优化算法通常用于消除传感器漂移的影响，其手段是整合传感器数据（各个传感器的漂移是独立的）。

通过IMU系统，每个单元将数据存储在板载上或将其发送到计算机。若使用板载存储系统，用户需要在测试捕获数据后将数据上传，以进行后期处理。而直接将数据发送到计算机的系统可以生成传感器位置的实时视图（带有或不带有头像动画），并在连接断开时将数据保存在板载上（用户以后可以下载数据）。由于传感器固定在已定义的身体部位上，因此在IMU系统中不需要标识和间隙填充，永远不会出现"看不见"传感器的情况。

与其他方案相比，IMU系统的优势在于没有捕获空间限制，并且这些传感器在捕获碰撞物体（例如橄榄球截防）时最合适，因为不会出现间隙或两个轮廓的混合。但是，和有标记点光学捕捉系统一样，它们需要将传感器放置在运动员身上，而在解剖模型拟合过程中，放置不当可能会导致误差。一项效度研究比较了在步态和蹲起过程中由IMU系统和有标记点光学捕捉系统同时捕获的关节角度，并报告了矢状面关节角度之间的极

佳相似性［多重相关系数（Coefficient of Multiple Correlation，CMC）和相关系数^2>0.75］（髋关节偏差=15度，膝关节偏差=5度，踝关节偏差=10度），而额状面和横平面的误差被认为是可以接受的（CMC和相关系数^{2}为0.40~0.74）[2]。

处理运动学数据

在解释捕获的数据之前，需要对其进行处理，并选择要分析的变量。为了确保使用干净的数据进行分析和解释，在此处理阶段，数据整理至关重要（见第8章）。

数据后期处理

在进行分析和解释之前，需要对运动学数据进行后期处理，因为捕获到的数据会包含噪声和不需要的信息（所关注任务前后的数据）。噪声与数据中小的随机误差（例如数字化误差或皮肤移动）有关，可以使用平滑算法或滤波器消除[79]。但是，应仔细考虑所使用的滤波技术，因为它会影响测量的振幅[53]。另一个关键步骤是确定运动周期和兴趣点。例如，在步态分析中，需要识别触地和足尖离地动作，以计算一般的指标，如接触时间、步长或整个姿势中的膝关节屈曲ROM。这些点的识别以可用数据为基础，并且有不同的方法可以检测支撑和摆动阶段。在检测到感兴趣的点或阶段之后就可以提取关键指标。

离散变量

离散变量是描述动作捕捉的关键点或特征的指标（例如膝关节的屈曲峰值，或垂直地面反作用力峰值）。运动学变量可以描述表现（例如跳跃高度、跳跃距离、地面接触或完成时间）或者动作特征。在描述动作时，离散点可以将动作周期内的数据浓缩为单个指标（例如膝关节屈曲角度），从而

对该动作做出最好的描述（即最大膝关节屈曲角度或初始接触时的膝关节屈曲角度）。通常基于先验知识（先前的研究或专业经验）或事后分析来选择离散点。虽然离散点分析有助于理解运动，但离散点的选择有可能导致重要信息被丢弃[21, 23]，比较的特征与神经肌肉能力无关[80]，以及无法直接发现显著性（例如非零偏差且非定向的假设检验）[72]。由于离散点分析过程中可能会丢失信息，因此人们引入了使用运动周期内所有数据的其他分析方法（波形分析）。

波形分析

运动学分析中通常使用多种波形分析方法，包括统计参数映射[72]、函数型主成分分析[100]、特征相位分析[20]、点对点测试[20]和其他技术[12-13, 82, 97]。这些技术在不丢弃任何数据的情况下分析整个运动周期，但要求将所有被分析的运动周期的持续时间标准化为固定数量的数据帧。因此，波形分析需要额外的后期处理步骤，以确保将所有波形的持续时间标准化为固定数量的数据帧。例如，曲线通常从80帧或111帧标准化为101帧（使用插值法），每一帧对应运动周期内的一个百分比（0~100%）。需要考虑的另一个因素是在运动的特定阶段使用的神经肌肉素质［即收缩（离心和向心）或加速度（减速和加速）］，它在试验之间的特定时间点可能会有所不同。例如，运动员在某特定试验中的离心阶段较短（0~25%），向心阶段较长（26%~100%），但在后续的试验中离心阶段较长（0~50%）而向心阶段较短（51%~100%）。因此，比较运动的30%~40%阶段可能不合适，并且可能导致错误的结果[80]。地标配准技术可用来解决此问题，该技术对齐事件（例如向心阶段的开始），使用时间扭曲函数更改时间（将时间从线性信号更改为非线性信号），从而使事件在每次

试验中都在同一时间点发生[63, 83]。

协调性分析

离散点分析和波形分析都有同样的局限性，它们将测量值或波形的幅度作为一个单独的实体，而不是几个相互关联的测量之一，这可能会导致丢失关节和身体部位之间的相互作用方面的重要信息。但是了解关节和身体部位之间的相互作用非常有意义，因为每个动作都以彼此关联的部位之间的相互作用为基础。为了克服这一局限性，有人研究协调性，即身体各部位在运动中相互作用的顺序或时序[47]。检验数据协调性的方法包括相平面图[30]、双变量主成分分析[34]和统计参数映射分析[72]。但是，训练科学中的协调性分析还处于起步阶段，尚无基于证据的指南。

运动学分析的测试和变量

本节的目的是概述运动学分析中常用的测试以及与损伤风险（下肢）和运动表现有关的最常用变量。

在评估人体运动时，至关重要的是要注意以下事项。

- 选择的测试可以提供与运动员有关的有效和可靠信息。
- 了解每个任务中哪些变量与运动表现和损伤风险具体相关。
- 了解特定于该测试和分析方法的潜在误差源。

这里不会详尽列出测试或变量，但将为科学训练师提供足够的背景知识和信息，以帮助他们考虑在评估运动员时要选择哪些测试和要测量哪些运动学变量。

跳跃和落地测试

跳跃和落地测试可能是运动学分析中与运动表现及损伤风险有关的最常用测试。从整体上讲，开展跳跃和落地测试很容易，并且使用这种方法获取的数据非常有意义，因此跳跃和落地测试为运动学分析提供了一种有价值的工具。

运动表现

跳跃测试通常用于评估运动员的爆发力[62]。不同的跳跃测试可针对不同的神经肌肉素质。例如，下蹲跳高度通常用作爆发力指标，因为它与峰值爆发力的产生密切相关[62]。蹲跳也可用于测量爆发力指标，但它可以将跳跃的拉长-缩短效应最小化[98]。相比之下，单腿跳则更多地关注水平位移而不是垂直位移，并且可以识别出不同的限制或不足[7]。不同高度的跳深也被用于测量爆发力，以及快速伸缩复合能力（缓冲和传递作用力的效率）[91]。跳跃测试通常使用双腿任务（以实现最佳表现）或单腿任务（以体现特异性或识别可能影响运动表现或损伤风险的不对称性）。如果可以获得动力学数据，通过冲量-动量关系可以计算跳跃高度；也可以利用腾空时间（视频）、质心位移或足尖离地时的质心速度等运动学数据计算跳跃高度。但是，由于在任务执行过程中，质心的位移会受到肢体动作（例如将手臂高举过头）的影响，因此每一个测量值都可能出现误差。尽管计算腾空时间是一种有效且可靠的跳跃高度计算方法，但与其他方法相比，它往往会高估跳跃表现[4]。运动员在执行测试时可以改变腾空时间（例如，如果运动员落地时的动力链屈曲程度大于离开地面时的程度，则腾空时间会更长，从而产生更高的跳跃高度）。重要的是要意识到误差的根源，并在一段时间内对所有运动员或同一运动员采用一致的测量方法，以便进行适当的比较[4]。

损伤和康复

跳跃测试不仅可以用于筛查运动员的损伤风险，还可以在整个康复过程中对运动员进行评估，尤其是与下肢损伤有关的康复过程。

踝 足和踝受伤后通常使用跳跃测试进行评估。有研究报告指出，下蹲跳高度可用于区分跟腱病症状轻重程度不同的人[89]，并已经证明跟腱修复后的跳跃高度不足问题可持续长达6年[76]。研究已证明跟腱刚度会影响跳深表现，跟腱刚度越强，地面接触时间越短，跳跃高度越高[1]。此外，反应力量和跳深高度的不对称与踝部僵硬的不对称之间存在强相关关系[54]。已经证明患有慢性踝关节不稳的运动员会改变其落地策略：减小膝关节的屈曲度，增大髋关节的屈曲度和外旋度，以弥补踝关节力量的不足[9, 92-93]（见图11.2）。

膝 与膝部损伤风险有关的运动学研究往往侧重于跳跃的落地或减速。有研究提出，在双腿跳深中，髋和膝的运动学变量是前交叉韧带（Anterior Cruciate Ligament，ACL）损伤的风险评估因素[35, 73]。

此外，与健侧肢体和先前未受伤的运动员相比较，运动员在ACL重建后进行的一系列跳跃测试中，伤侧的髋和膝在额状面和矢状面表现出运动学的不对称性[40, 45-46]。患有髌腱病的运动员在落地时表现出较小的峰值屈曲角度，并且髋和膝的角位移较小[81, 96]。髌股疼痛的女运动员在落地时也表现出髋和躯干位置的差异[77-78]。

髋和腰椎 与髋关节和腹股沟损伤有关的关键运动学变量往往与髋关节内收的控制相关。患有运动性腹股沟痛的人在跳跃过程中会表现出髋关节内收幅度增大，并且康复后可以无痛感重返运动的人会恢复到正常水平[31]。此外，髋关节内收的控制被认为是骨盆外侧疼痛或臀肌腱病的诱因[33]。患有腰痛的运动员在下蹲跳动作中表现出髋关节屈曲增加，膝关节屈曲减少，这有可能会影响腰椎的负荷[88]。

跑步测试

无论跑步是运动员从事项目的主要部分（例如400米跑），还是只是其中的一个部分（例如足

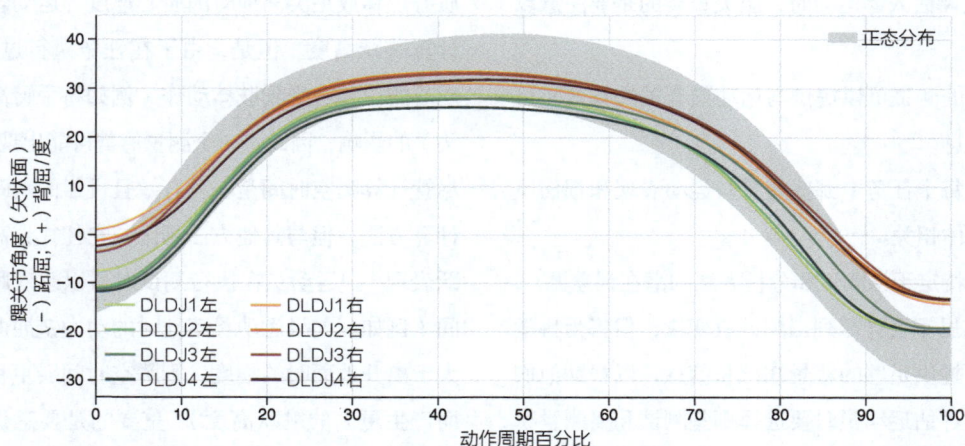

图11.2 双腿跳深过程中的踝关节矢状面运动学数据。橙色（右脚）和绿色（左脚）线代表跳深试验，灰色阴影区代表有相似运动背景的健康运动员的正态分布数据。示例的数据表明运动员左右背屈不对称，相比于左侧数据和正常数据，运动员在触地和足尖离地阶段右脚屈曲角度减小。可以将其解释为在快速伸缩复合运动中，运动员的右侧缓冲和传递作用力的能力下降，反映出身体恢复不足，并且再次受伤的风险增加（译者注：DLDJ是Double-Leg Drop Jump的缩写，DLDJ1左表示第1次双腿跳深中左脚数据曲线，以此类推）

球），对跑步力学进行分析都有助于明确运动表现不足和损伤风险。

运动表现

科学训练师可以使用多种测试进行跑步的运动学分析。最常见的评估是针对各种距离的线性速度表现，例如5米、10米、20米和100米。平均速度、最大速度和加速度是跑步表现的关键运动学指标。这些运动学指标影响跑步表现并随着跑步速度的增加而变化：随着跑步速度的增加，步频提高，步长增加，地面接触时间变短，质心在垂直方向上的位移减小[10, 51, 55, 61, 65]。为了确保分析有效且可靠，科学训练师需要重点考虑跑步的类型是匀速跑（例如在跑步机上）还是加速跑。产生力的能力和施加力的方向也会影响跑步表现。这个现象可部分反映在橄榄球运动员和短跑运动员的足尖离地高度（即蹬地时质心到脚趾的距离）与更短的加速时间之间的关系上[103]。尽管应在整个跑步周期中进行运动学分析，但科学训练师通常会在预定义的时间点评估关键指标，例如初次触地（如评估步幅过大）、中间姿势（根据时间定义或脚踝位于髋关节正上方时定义——评估负荷缓冲和跑步姿势）和足尖离地（如评估骨盆倾斜和控制）等时间点。

损伤和康复

跑步力学的分析对于识别可能出现跑步损伤的运动员和康复后重返比赛的运动员而言至关重要。

踝　跑步过程中的运动学变量与足和踝的损伤有关。患有慢性劳力性骨筋膜室综合征（通常被称为胫骨痛）的运动员经过与减小过大的步幅（在初次触地时的胫骨角和髋屈角，以及踝背屈范围和步长）有关的跑步再教育后，表现出多种运动学变化，并有效地缓解了症状[8, 18]。关于胫骨后肌腱炎，文献一致报告了跑步过程中后足外翻的幅度增大[64]。后足外翻也被认为与跟腱病及膝关节屈曲ROM有关，出现跟腱症状的运动员从初次触地到中间姿势均表现出膝关节屈曲ROM减小[5, 64]。有研究报告，患有慢性踝关节不稳的人在跑步运动学方面发生了变化，踝关节内翻和跖屈角度增加，并且这些因素的运动变异性增强[14, 60]。

膝　髋关节的运动学原理在跑步过程中的作用已经在各种膝关节损伤中被强调。与没有髌股疼痛的跑步运动员相比，患有髌股疼痛的跑步运动员在支撑阶段的髋关节内收幅度更大[19]。此外，在参与针对髌股疼痛的跑步再教育计划后，运动员在跑步的支撑阶段表现出了髋关节内收和对侧骨盆下降的变化，这些变化在随后的1个月和3个月中仍然存在[68, 105]。频率的提高也被证明可以减少髌股负荷，并且对于这些运动员的管理可能是重要的考虑因素[104]。有研究报告了有症状的髌腱病患者在跑步过程中会对踝外翻和髋关节内收控制不足[32, 64]。尽管事实上跑步很少是ACL损伤的风险因素，但在ACL重建后，跑步过程中的运动学原理通常会发生变化，始发姿势阶段的膝关节屈曲ROM不足会持续至手术后2年[70]。

髋和腰椎　高速跑动或冲刺是造成腘绳肌损伤的最常见因素，尤其是在摆动阶段后期[69]。研究报告，后续发生腘绳肌损伤的足球运动员在摆动阶段的骨盆前倾和躯干弯曲幅度较大[84]，而躯干侧弯幅度更大的橄榄球运动员也更有可能出现腘绳肌损伤[42]。此外，有腘绳肌损伤史的人和无腘绳肌损伤史的人在屈髋、骨盆前倾和股骨内旋等运动学指标上存在差异，前者的对应幅度更大[15]。有研究提出，躯干前倾会在摆动阶段后期增加腘绳肌压力，这也可能是造成损伤的一个因素[36]。有研究提出，躯干前倾和髋关节内收的运动学改变会分别影响跑步中腘绳肌近端肌腱和臀肌肌腱的超负荷[6]（见

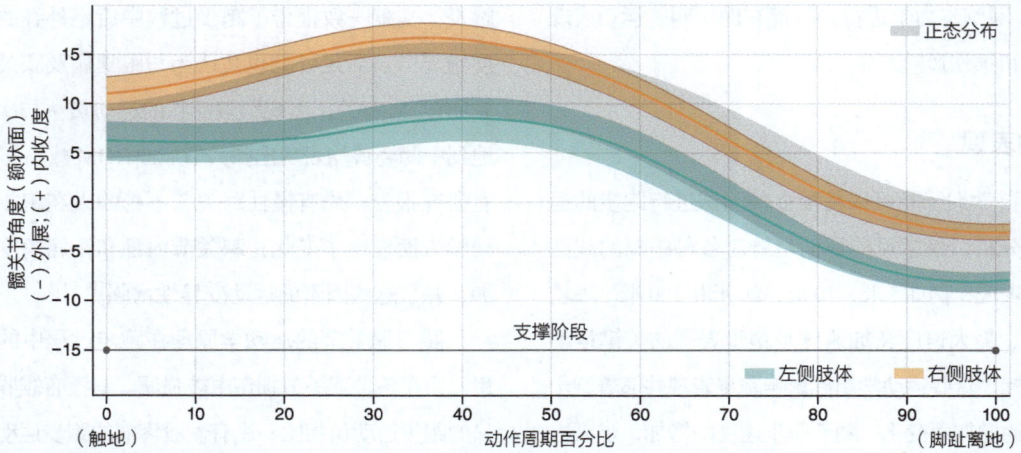

图11.3 跑步中髋关节额状面运动学数据。橙色（右侧肢体）和绿色（左侧肢体）粗线代表100个跑步周期的平均值，粗线两侧的阴影区域代表周期的标准差。灰色阴影区域表示有相似运动背景的健康运动员的正态分布数据。示例的数据表明，从首次接触地面到支撑阶段中期，右侧的髋关节内收幅度比左侧大，与健康运动员相比也是如此。这可以解释为外侧髋部力量和发力速率不足，这可能会影响髋部内侧和外侧肌肉组织以及胫股关节和髌股关节的负荷

图11.3）。步幅过大和骨盆前倾已被证明会影响耻骨联合前部的负荷，科学训练师在对髋部和腹股沟有急性或慢性损伤的运动员进行跑步分析时应考虑到这一点[43]。对比患有和没有腰痛的运动员也可以发现，前者的躯干和骨盆旋转协调性下降[85]。

变向测试

高效改变方向的能力是场地类项目运动表现的关键组成部分之一，并且是影响急性和慢性超负荷损伤（尤其是下肢损伤）的重要因素。尽管这些运动项目中通常包含复杂的动作模式，但变向能力的评估和诊断性评价对于基础表现特征的定义至关重要。

运动表现

有大量针对变向表现的测试，例如505测试、45度切和180度切，以及Pro灵敏测试[66]。重要的是要区分预期类运动中的变向测试与非预期类运动中的变向测试，前者与体能和动作能力密切相关[67, 74]，后者涉及对外部刺激的反应，认知因

素会对其测试表现有额外影响[107]。评估变向表现的难点之一是测试具有多样性，其涉及多种距离和多次变向，这使不同测试结果间的比较变得困难。另外，在变向角度更大时（例如45度与180度[66]），对体能的要求也更高。研究表明，变向前速度和变向角度之间存在此消彼长的关系，科学训练师在组织测试并进行运动员自身比较或不同运动员之间的比较时，需要考虑这种关系[24]。此外，变向测试表现与线性跑步速度之间存在密切的关系，这意味着直线速度快的运动员往往会在变向测试中表现得更好[26]。此外，变向计时表现的对称性与测试过程中生物力学性能的对称性相关性较差，这使得表现时间并不适用于判断测试执行过程中的动作效率[44, 46]。因此，科学训练师在评估变向表现时，应同时进行计时表现和运动学分析。

根据多项研究结果，许多运动学变量与变向计时表现有关。降低质心有助于运动员在水平面上更轻松地过渡[102]，而更大幅度的骨盆外倾、躯干旋转和躯干侧弯都被证明与更短的变向时间有关[56, 102]。另外，将质心位置保持在踝关节和膝关

节内侧并朝向预期行进方向，可缩短变向时间[102]。尽管在变向分析中，最常评估的是支撑阶段末期，但完成动作的倒数第二步也被证明会影响切步表现，因此应予以考虑[25]。

损伤和康复

变向是造成运动损伤的常见因素，尤其是在场地类运动项目中。对变向进行分析是预防损伤和指导运动员康复的关键。

踝 变向是造成踝关节扭伤的常见因素，踝关节在受伤时处于内旋和内翻结合的状态[48, 71]。研究表明，有慢性踝关节不稳史的运动员在变向测试中表现出踝关节内翻角度减小，这可能是一种保护机制或反映出恢复不充分[28]。

膝 变向过程中的运动学分析关注的重点是ACL损伤，尤其要关注变向中哪些变量会增加膝外翻负荷（见图11.4）。研究已经证明，将质心置于预期行进方向上、降低变向前速度，以及减

小切步宽度都可以减少膝外翻对膝关节产生的负荷[22, 49, 99]。此外，更垂直的躯干姿势、较少的躯干侧弯和朝向支撑腿的旋转可减少膝外翻负荷[16-17]。研究已证实，ACL重建后，虽然膝关节外旋幅度增大，膝关节屈曲角度减小，可以让这些肢体有所改善，但变向时间并无差异[44]。

髋和腰椎 变向是造成急性腹股沟损伤的常见原因，也是运动性腹股沟疼痛患者慢性超负荷的原因之一[27, 86]。成功从慢性腹股沟疼痛中康复的运动员的变向表现出许多运动学变化，包括躯干侧弯和骨盆向支撑腿的旋转幅度及膝关节屈曲均减小，触地时间缩短，质心更倾向于朝预期行进方向移动，这可能会影响腹股沟和骨盆前部的负荷加载[43]。

解释测试结果时的考虑因素

科学训练师在解释结果时应考虑多种因素，以便更深入地理解数据。

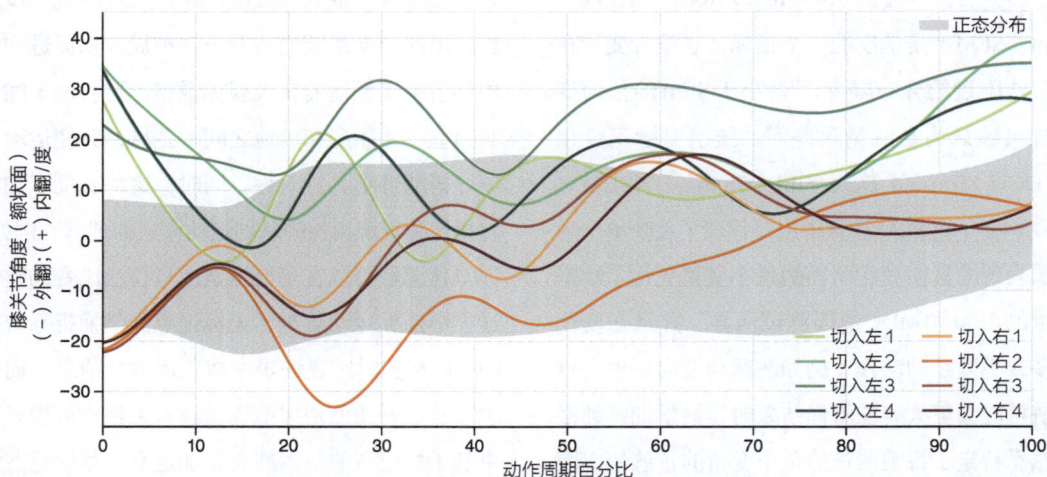

图11.4 在有计划的90度变向中的膝外翻角度。橙色（右膝）和绿色（左膝）线代表每一次90度变向的数据，灰色阴影区域代表类似运动项目中的健康运动员的正态分布数据。示例的数据表明，在变向中的触地早期和离心支撑阶段，右侧的膝外翻幅度比左侧大，与健康运动员相比也是如此。但是，值得注意的是，尽管触地早期从幅度较大的膝内翻开始，但在支撑阶段的早期加载过程中，左膝有明显的外翻动作。这证明了应考虑波形的整个形状和幅度的价值，而不应只考虑离散点（例如触地早期）。这些观察结果可以解释为左膝在额状面的控制力不足，尤其是在负荷加载阶段，这可能会带来ACL或内侧副韧带损伤的风险，或髌股关节负荷加载的风险

测试的信度和误差来源

测试的信度和从测试中获得的数据在任何分析中都是关键，而且早先介绍的许多测试的信度都已有研究报告[3, 37, 39, 59]，但是测试的设计及执行过程中肯定会有许多潜在误差源。因此，尽管一项测试在研究环境中已被证明是可靠的，但科学训练师仍应定期检查自己的测试结果以确保其测试方案执行无误，尤其是在测试过程涉及多名训练实践人员的情况下。变异系数（Coefficient of Variation，CV，标准差除以平均值）可用于描述测试过程中某个指标的变异性，训练实践人员会发现，在解释结果以再次确认所收集数据的准确性时，计算 CV 很有用。

标准差、测量的标准误差和最小可检测变化

在解释数据（尤其是运动学变量）时，科学训练师必须了解并理解所测量变量的变异性，即标准差。测量的标准误差（Standard Error of Measurement，SEM）是信度的一个指标，它报告变量在真实值附近的分布幅度[101]。小于 SEM 的任何变化都可被认为是测量误差[29]。最小可检测变化 [MDC（Minimal Detectable Change）=SEM × 1.96 × $\sqrt{2}$] 由 SEM 计算得出，代表了反映单个运动员表现的真实变化所需的最小变量变化。给定变量的 SEM 和 MDC 值因测试而异，并且在变化更多或更复杂的动作（例如跳跃与变向）中，这些值可能会更大。在解释结果时，科学训练师必须熟悉特定于每项测试的每个变量的这些值，因为差异大于 MDC 的变化才能被视为真实变化，而不是测量误差[29]。

运动学测试结果的应用

在解释结果时不要推断可能是错误的或代表错误信息的含义，这一点很重要。例如，在跳跃（高度）和变向测试（计时）中存在表现不对称可能并不表示整个运动链中的运动学变量不对称，因此，科学训练师应该同时解释动作和表现[44-46]。单个变量在两个测试之间的相关性通常较差（例如单腿下蹲和单腿落地时髋关节和膝关节的角度或落地和变向过程中的膝关节运动学）[50, 57]。因此，当创建运动员的运动档案时，最好进行一系列测试[94]。最后，跳跃、跑步和变向具有很强的与场地类运动项目相关的生态学效度，但不能直接用于评估运动员对运动专项要求的反应，这需要额外的认知输入。因此，当把基于体能房或实验室的分析直接与场地表现相关联时，科学训练师应格外小心。

运动学分析的创新

运动学分析领域的未来进展将与科技和分析方法的进一步发展有关。在科技方面，运动捕捉系统已经有了很大的发展，并且有可能进一步发展。运动捕捉系统的功能正在扩展，以促进在每种环境中流畅地捕获大规模数据。这有助于缩小实验室、体能房和场地之间的差异，并使运动专项分析能够更具针对性。同时，这将有助于加深对损伤和表现相关的基础运动模式的理解。例如，IMU 传感器可以在场地测试或马拉松比赛的整个过程中捕捉运动数据，无标记点光学捕捉系统和 GPS 可在实时比赛场景中捕获运动学信息，而实验室已经开始使用虚拟现实技术来使在可控环境中基于标记点的数据捕获更加逼真。尽管这些科技进步可以使训练实践人员在更长时间内记录更多对象的数据并处理更多的复杂动作，但它们也带来了挑战。最大的挑战是生成的数据量更大以及如何呈现和解释这些数据。以前的研究通常只提取少量至中等数量对象在特定任务中一些关注

点上的数据，但是在场地上或在其他现实场景中以较长时间捕获数据（例如捕获马拉松运动员的数据）时，就需要更高级别的数据处理技能。

除了运动捕捉技术的发展外，运动学数据分析方法也有了令人振奋的进步，不再是在某个时间点检查一个关节处的一个变量。人类的运动非常复杂，因为足、小腿、大腿、骨盆和躯干都相互联结并且相互影响。未来的工作可能会更好地了解动作的协调性和变异性。另一个趋势是动作模式的差异化，这有助于科学训练师在探索损伤机制时确定在有共同特点的一群人中是否存在多种运动策略[27]。这可以在训练科学中运用机器学习技术（线性和非线性）来实现，即对机器进行训练，使其学习以前未发现的复杂运动模式。

如果正确解决了这些挑战，训练实践人员可能很快就会看到先进的运动捕捉系统（例如光学系统和IMU系统的组合）和现代方法的结合，从而在比赛中提供有关动作表现以及损伤风险的实时反馈。本章介绍的运动捕捉技术和数据分析技术尚未充分发挥其潜力，运动学数据分析方法将在未来几年快速发展。

小结

本章应使读者对运动学分析、它涉及的变量及其与损伤和表现的关系有更广泛的了解。为了确保正确进行运动学分析，科学训练师必须保证开展有效且可靠的数据收集工作，并且了解各种分析方法的影响。未来几年，随着提高数据效率的技术变得越来越容易获得，运动学分析极有机会得以扩展。运动学分析可以为临床从业人员或科学训练师提供极为丰富的信息，但最终，其最佳应用是与动力学分析结合，这将在第12章进行介绍。

推荐读物

Barton, CJ, Bonanno, DR, Carr, J, Neal, BS, Malliaras, P, Franklyn-Miller, A, and Menz, HB. Running retraining to treat lower limb injuries: a mixed-methods study of current evidence synthesised with expert opinion. *Br J Sports Med* 50: 513-526, 2016.

King, E, Franklyn-Miller, A, Richter, C, O'Reilly, E, Doolan, M, Moran, K, Strike, S, and Falvey, E. Clinical and biomechanical outcomes of rehabilitation targeting intersegmental control in athletic groin pain: prospective cohort of 205 patients. *Br J Sports Med* 52: 1054-1062, 2018.

Richards, J. *Biomechanics in Clinic and Research*. Philadelphia: Churchill Livingstone, 2008.

Stergiou, N, ed. *Innovative Analyses of Human Movement*. Champaign, IL: Human Kinetics, 2004.

Winter, DA. *Biomechanics and Motor Control of Human Movement*. Hoboken, NJ: John Wiley & Sons, 2009.

第12章

动力学和测力台

丹尼尔·科恩（Daniel Cohen），博士；
科里·肯尼迪（Cory Kennedy），理学硕士

　　历史上，人体力学功能的动力学分析是通过嵌入实验室地板的测力台结合运动学测量系统（即运动捕捉、视频分析）进行的。但是，在进入21世纪的第2个10年后，科学训练师、医务人员和运动表现相关人员在应用情境中使用测力台的现象急增。该技术现在经常出现在许多职业、奥运会和大学运动队的力量房中。作为一种在动态和静态活动过程中获取神经肌肉表现详细数据的工具，测力台的实用性越来越高，这在很大程度上与两个关键因素有关。首先，现有软件和数据处理工具可提供有关表现标准的即时反馈，而不需要进行大量的数据处理。其次，当今市面上便携式测力台的价格更低（例如实验室级别的测力台已经足够便宜，对于训练实践人员具有非常大的吸引力），并且其相应的易用性较好。这两方面的发展都意味着，以前主要用于运动员档案分析的测力台测试（例如赛季前和赛季后的测试），现在也可以用作频繁监控运动员的神经肌肉状态[69]，并量化运动员对训练和比赛负荷的急性反应及残余反应的一种手段[71]。

　　测力台提供有关**动力学**的信息。动力学是指施加于对象的力或由对象本身施加的力。这些力是由嵌入式荷重传感器测量的，这些传感器包括应变计、压电式传感器或梁式荷重传感器。测力传感器本身以牛为单位来量化力，并以较高频率（每秒500~2000次）对所施加的力进行采样，以产生力–时间数据。**冲量**是用于描述力与时间的乘积（以牛·秒为单位）或力–时间曲线下面积的术语，它能够帮助人们更好地理解所讨论的身体的运动变化。加速度、速度、功率和位移也可以从测力台原始数据中得出（有关此类分析的说明，请参见[51]），如此丰富的指标可以提供人体在跳跃、落地和等长肌肉动作等运动过程中的功率输出、内在机制和神经肌肉策略的相关信息。虽然其他工具（如纵跳垫和光学设备）也可以用于评估力学表现［例如跳跃高度（Jump Height，JH）］，但这些工具在估算表现结果时主要是基于腾空时间来计算跳跃高度的。相比之下，测力台使用了更为准确的冲量–动量关系[45]。与使用腾空时间的方法不同，它不受诸如起跳和落地位置等方法学因素变化的影响[45, 51]。

　　在本章中，**负荷反应监控**（Load-response Monitoring，LRM）指的是追踪运动员对生理负荷（例如源自训练、比赛和其他来源）的反应、相关的

149

疲劳程度（以表现不足为特征）、表现特征的积极适应和习惯性神经肌肉状态。**适应－疲劳**模型[16]是许多运动员监控计划所用的主要工具，它强调使用GPS或RPE之类的工具对运动员的反应进行量化[12]。测力台可以详细描述各个运动员对负荷的反应随时间而产生的变化，并且可以选择是否结合使用其他负荷监测技术。例如，心率变异性（Heart Rate Variability，HRV）或主观健康调查问卷之类的生理指标可以补充通过测力台获得的指标[53]，综合使用这些指标量才可以全面了解运动员的状态（例如生理学、力学和感知类状态）。

本章的目的是概述测力台测试在运动员群体中的主要应用，具体如下。

- **档案和基准测试**是指描述在单个时间点的表现标准和潜在机制，以便在一个组内进行比较，或者对单个或一组运动员在整个时间范围内进行纵向比较。
- **LRM**可以量化对训练、比赛和其他来源应激产生的急性、残余和慢性的神经肌肉反应。
- **康复和重返运动**（Rehabilitation and Return to Sport，R-RTS）也可以被认为是LRM，但因为涉及使用测力台数据来对受伤运动员进行评估，并引入了专门针对康复的指标，所以二者被分开处理。

档案和基准测试

对运动员群体进行**档案测试**有助于建立一个运动项目或位置分组中的关键表现指标（Key Performance Indicator，KPI）（见第5章），方便长期追踪变化，这些变化可能对能力提升是至关重要的。测力台可用于在等长（即静态）和动态肌肉动作过程中对运动员进行剖析和监控。这些从测力台获得的指标可能不是运动项目中的直接表现指标（见第6章），但它们仍可以提供关键信息，以支持运动员能力提升并影响训练策略的制

订。例如，在许多场地类运动项目中，即使纵跳本身并不是运动项目中的动作，但它也常被用来判断重要的体能适应（例如下肢爆发力的变化）。制订KPI是一项非常有价值的工作，应定期实施该工作，因为训练的主要目的是将训练适应转化为运动表现。

测力台是运动员档案测试中使用的众多工具之一，它可以提供有效、准确和详细的神经肌肉表现指标。表12.1列出了在运动员档案测试过程中使用测力台的示例。测试包括大腿中部等长发力拉（Isometric Mid-thigh Pull，IMTP）、下蹲跳（Countermovement Jump，CMJ）、蹲跳（Squat Jump，SJ）、跳深（Drop Jump，DJ）和运动肩测试（Athletic Shoulder Test，ASH）。相关指标包括跳跃高度、反应性力量指数（Reactive Strength Index，RSI）和发力速率（Rate of Force Development，RFD）。CMJ、SJ和DJ从整体上评估动态表现，而IMTP和ASH则分别提供有关下肢和上肢的最大力量和相对力量的具体信息。所有这些测试还可以提供肢体间不对称性的相关指标。

等长测试

测力台可用于进行各种等长测试（表12.1列出了某些示例的参考值）。这些测试通常是在两个测力台上进行的下肢双侧的多关节固定姿势等长测试（Multijoint Fixed-position Isometric Test，MJIT），且可分别收集单侧数据。但是，如果没有双测力台，也可以使用单测力台以双侧或单侧方式进行这些测试。此外，在竞技体育情境中，人们还可以使用其他等长测试来测量单关节肌肉动作。以下为当前实践中最常用的等长测试。

- **IMTP**的执行可以复制举重的翻杠或抓举动作的"第二次拉"姿势，膝关节屈曲角度介于125度和150度之间，被测者在大腿前侧对抗拉一根

表12.1　使用测力台对精英运动员进行表现测试

运动项目	性别	IMTP			CMJ	SJ	DJ		ASH
		峰值力/牛	相对峰值力/（牛·千克$^{-1}$）	发力速率（0～200毫秒）/（牛·秒$^{-1}$）	跳跃高度/米	跳跃高度/米	跳跃高度/米	相对力量指数	左/右平均力/牛
体操	女性	1590	32.1	2280	0.27	0.25	0.26	1.6	100/100
冰球	女性	2800	36.3	4400	0.32	0.28	0.30	2.0	120/120
跳水	女性	2200	35.0	3000	0.30	0.28	0.28	1.7	90/90
跳水	男性	3500	50.0	6000	0.48	0.45	0.45	2.3	140/140
精英足球	女性	2600	40.0	4000	0.35	0.33	0.36	2.1	90/90
精英足球	男性	3200	46.0	7500	0.44	0.42	0.44	2.4	140/140

注：数据为近似值。

固定的杆[8]。

- **等长蹲**（Isometric Squat，IsoSq）使用深蹲架的固定杠铃执行，膝关节角度大约为90度[10]。有背部问题无法进行这个测试的人可使用带式深蹲装置来减轻脊柱负荷[49]。

- **等长腿推**（Isometric Leg Press，IsoLP）需要将便携式测力台放在腿推架的平台上，然后将被测者的髋关节和膝关节固定在预定位置。

- **等长后链**（Isometric Posterior Chain，IPC）是对等长膝屈曲和髋伸展的评估，被测者在执行时通常采用仰卧姿势，并将足跟放在抬高的平台上，以在膝关节处形成90度角或30度角，对后链肌肉产生不同的作用[60]。被测者可以选择采用站立[54]或仰卧姿势进行此测试。

- **ASH** 旨在测量肩带上3个不同位置的长杠杆力传递。这些测试对于评估对上肢要求较高的运动项目或处于R-RTS状态的运动员很有意义[4]。

- **等长"小腿测试"** 是在固定杠铃下以站姿或坐姿进行的，以在跖屈时优先让腓肠肌或比目鱼肌参与。此测试用于模拟高速跑动中的关键姿势。

尽管知之较少，但峰值力（$F_{峰值}$）是等长测试中最常评估的变量，部分原因是该指标的信度较高[20]。$F_{峰值}$可以表示为绝对值（以牛为单位）、相对于体重的值（以牛/千克为单位），或按异速生长比例换算的值（以牛/千克$^{0.83}$为单位），在后两者中被测者的体重需要纳入计算[67]。大多数等长测试对技能要求较低，通常可以在短时间内完成，因此对于定期评估最大力量（即$F_{峰值}$）非常实用[24-25]。实际上，IMTP和IsoSq中的$F_{峰值}$与针对下肢的主要复合举重练习中的1RM存在强相关关系[26]。文献还表明，MJIT中的等长$F_{峰值}$可能与冲刺速度和加速度相关[13]。

RFD（即特定时间段内发力的变化或作用力增强的斜率）是另一项在等长测试中通常会被评估的指标。测量RFD的目的并不是确定峰值输出（如$F_{峰值}$），而是捕获在爆发性等长肌肉动作的定义时间段内的发力[1]，其可以在任何时间段（例如0～50毫秒、0～100毫秒、100～200毫秒）内采样。通常的做法是在肌肉收缩开始后的第一个100毫秒或200毫秒内采样。早期阶段（例如0～75毫秒）最有可能与内在特征和神经特征有关，而后期RFD可能会更多地受到收缩因素的影响[1]。虽然短于200毫秒的采样窗口往往具有较大的变异性，人们通常很难从中推断出表现变化[13]，但在充分熟悉并提供适当提示的情况下，其信度可以得到提高，因此可用于评估表现质量[36]。

在MJIT中，$F_{峰值}$和多个RFD阶段均与冲刺加速度、冲刺速度和变向表现相关[74]。因此，我们推荐科学训练师评估这两个指标，将其作为监控和描述训练负荷反应的一种手段。重要的是，有证据表明，IMTP的RFD对比赛[52]或训练引起的急性和残余神经肌肉疲劳比$F_{峰值}$更敏感[38]。此外，与$F_{峰值}$相比，运动员受伤后，其RFD恢复更慢。这表明在对R-RTS期间神经肌肉功能的不足进行量化时，训练实践人员还应考虑RFD的肢间不对称性[2, 14, 68]。IMTP或IsoSq也可以与CMJ或SJ的$F_{峰值}$结合，用于计算动态力量指数（Dynamic Strength Index，DSI）（DSI=CMJ或SJ $F_{峰值}$/IMTP或IsoSq $F_{峰值}$）[12]。该指数反映运动员在动态条件下产生的最大等长力量的比例，旨在确定运动员的力-速度特征，以便制订更高效的训练干预计划。

动态评估

CMJ、SJ、DJ和单腿跳跃（Single-leg Jump，SL-CMJ）都已在动态表现评估中广泛用于运动员的档案测试[23]，其中CMJ是应用情境中最常用的测力台评估测试。在CMJ、SJ和SL-CMJ中，跳跃高度是最常报告的变量。DJ测试从被测者自高处的台面跳下开始，通过评估触地时间进一步计算出RSI（RSI=跳跃高度/触地时间）。应当注意，RSI可以通过改变跳跃高度或触地时间来调整。因此，能保持跳跃高度但触地时间更短的运动员有着更高的RSI。

科学训练师应了解档案测试中有关评估运动员动态力量素质的方案。一些主要的复合式举重练习（例如下蹲、硬拉和举重衍生动作）可以在测力台上进行[3]，并提供这些练习过程中的双侧功率输出和不对称性数据。科学训练师也可以采用其他工具评估负重力-速度跳跃曲线[41]或博斯科（Bosco）方案[11]，但是这些评估工具只需测

量跳跃高度或触地时间。由于这些输出变量可以使用其他技术获得，因此评估不一定需要使用测力台，本章不涉及这些变量，读者可以在他处获得更为详细的信息[11, 42]。

负荷反应监控

疲劳可以被定义为力量或爆发力减弱，或者发力时有更高程度的感知疲劳[58]。疲劳的机制非常复杂，包括中枢和周围的因素。代谢和力学因素（如高速跑动中的高强度离心收缩）可诱发疲劳[47]，生活方式相关因素（如睡眠、应激和营养不良）也可导致表现不佳[65]。虽然急性疲劳和疲劳耐受力可以使用测力台来量化（例如在比赛或训练之前和之后即刻测试运动员），但是逻辑和实际方面的障碍通常将这种应用的对象限制为处于R-RTS状态的个人。然而，测力台通常用于在激烈的训练和比赛之后的几天里评估神经肌肉功能，以量化残余疲劳的程度、疲劳持续时间和恢复速度。

多项跳跃指标可反映在比赛后24小时、48小时以及长达72小时后的残余疲劳效果[23, 30]。这些变化可能反映了各种类型的疲劳，并且人们目前对特定指标或力-时间曲线特定部分的变化是否反映出特定类型的疲劳已有更清晰的了解[75]。在不同的时间点（例如比赛前24小时、0小时以及比赛后24小时和48小时）进行LRM测量所提供的数据可作为依据，用于调整当前或即将执行的小周期内的恢复策略和训练负荷，并可能影响运动员的选择和部署策略。该数据可能表明运动员需要减少训练负荷，但也可能突出表明运动员能够很好地应对当前的生理（比赛+训练）负荷，并表明有机会增加负荷[18]。

根据离心和拉长-缩短周期（Stretch-shortening Cycle，SSC）的要求，在高强度的跑步或跳跃运动中，CMJ和DJ被认为是最适合用于LRM测量

的跳跃测试[52]。但是，由于更大的骨骼肌肉应激或对这种应激的感知，运动员经常不愿频繁执行作为常规LRM一部分的DJ，尤其是在比赛阶段（即赛季中、联赛中）。尽管在LRM中使用SJ的相关数据较少[31]，但在被评估运动员所参加活动很少使用SSC的情况下，SJ的评估数据可能会有一定价值。此类运动员可能包括赛艇运动员、游泳运动员，以及参加各类自行车赛事的运动员。SJ还可以与CMJ一起使用，以对比运动员在两个测试中的反应，并将SSC和离心的疲劳与向心肌肉动作的疲劳区分开。在测力台上进行的CMJ被广泛采用，因为基于一些实际考虑因素，核心LRM测试目前被认为是合理的，这些考虑因素包括运动员的熟悉程度、证明其信度的公开证据数量[17, 31]，以及CMJ指标对急性和慢性负荷的敏感性[24, 29, 53]。

对于运动项目中的动作非常有针对性的测试当然会引起科学训练师的兴趣，特别是在他们试图剖析运动员未来能否成功的时候。但是，这些测试通常具有重要的技术要素，除了已经存在的生物变异性之外，这些技术要素还会在输出中引入其他变异性来源。与此相吻合的是，LRM研究中最常用的方案[24, 30]要求最大限度地减少上半身的参与，具体方法是让运动员在执行CMJ时双手叉腰或在肩膀处握住木销。科学训练师和运动表现团队的成员必须了解CMJ和其他测力台测试数据在LRM中的价值，而且重要的是这一价值并不取决于其对相关运动员或运动项目的特异性[73]。实际上，其价值与检测神经肌肉状态相关变化的能力有关，这种变化表现为CMJ指标的变化，并且有证据表明这些指标的变化不仅与跳跃表现的变化有关，而且与其他活动（例如冲刺过程中的加速）表现的变化有关[22, 39]。

负荷反应监控中的等长测试

在某些竞技体育情境中，体重较大的运动员或有膝盖疼痛史或损伤史的老运动员在赛季中可能不愿意为了LRM测量而进行定期的跳跃测试。因为这些运动员通常担心落地时的冲击会对他们造成损伤，所以等长测试是一种可以接受的选择。例如，在需要高速跑动的运动项目中，科学训练师应考虑对运动员使用IPC测试，因为该测试中的 $F_{峰值}$ 对足球比赛引起的急性疲劳和残余疲劳敏感，并且与CMJ恢复模式一致，可在48~72小时后恢复[21]。IMTP在跑步运动项目[59]和其他运动项目[66]中也具有潜在的LRM价值。在某些团队运动项目中，每周LRM包括CMJ和IPC测试，这些测试可以提供有关肌群对负荷的反应的信息。

负荷反应指标的分析与解释

进行一系列的测力台测试可以提供大量有价值的指标，因此，必须建立适当的流程将所有这些指标转换为可操作的数据，为科学训练师和表现支撑团队其他成员的决策提供依据（见第22章）。本小节总结了科学训练师基于LRM目的应考虑选择的双侧CMJ指标（见图12.1）；另外，还分析R-RTS的文献中提出的变量[25, 35-36, 68]。但迄今为止，在LRM方面公开的证据有限，这些变量被称为潜在指标。

跳跃高度

跳跃高度是运动员档案测试中使用最广泛且研究得最多的CMJ指标。其部分原因是测量跳跃高度的方法使用起来很方便，并且该指标与运动表现的其他方面（如冲刺表现）强相关[39-40]。此外，提高跳跃高度本身可能是与运动员在运动项目（例如排球、篮球）中成功有关的训练目标。还有证据支持跳跃高度在LRM研究中的价值，其表明跳跃高度的变化可以用作疲劳累积[40, 64]或训练准备程度的指标。另外有研究证明，将跳跃高度用于训练计划修订可以最大限度地提高（训练）适应[18-19]。以下各小节将重点介绍在LRM中追踪比跳跃高度具有更高敏感性的其他基础指标及其重要性，但跳跃高度在表现分析和LRM中仍然是一个需要关注的变量。

腾空时间与收缩时间的比率和修正反应力量指数

腾空时间与收缩时间的比率（FT∶CT）[23]和修正反应力量指数（Reactive Strength Index Modified，RSImod）是等效的指标，因此，仅需要监测二者之一[55]。输出（即腾空时间或跳跃高度）除以产生该输出所花费的时间［即起跳时间（Time to Takeoff，TTT），也称收缩时间］用于计算FT∶CT和RSImod。如果将TTT视为输入，将跳跃高度作为输出，则可以将FT∶CT/RSImod视为CMJ"效率"的指标（见图12.1a）。尽管这些指标与跳跃高度强相关，但它们代表了足够明显的神经肌肉素质[5, 44]，提供了有关运动员体能特征的其他信息。在某些运动员中，跳跃高度本身可能是一个重

要的属性，然而在更短的时间（TTT）内输出的能力也代表了正向适应，特别是在与速度表现相关的时候[27]。此外，由于对比赛和训练刺激的急性和残余效应[5, 29]比对跳跃高度更敏感，FT∶CT/RSImod应该是LRM中追踪的主要指标（除跳跃高度以外）。

观察发现，某些运动员的神经肌肉疲劳并不表现为跳跃高度降低，而是跳跃策略的改变[34]，具体表现为FT∶CT/RSImod减小（见表12.2），这就解释了在LRM中FT∶CT比跳跃高度更敏感的原因。跳跃策略的改变包括通过延长TTT来增加净冲量（跳跃高度的主要决定因素）。这种增加表明存在潜在的神经肌肉疲劳会影响运动员的预拉伸能力[47]。相反，该值减小则代表正向适应，表示更高效的SSC，这也可以独立于跳跃高度的任何变化而存在。

起跳时间

跳跃高度的维持与FT∶CT的减小相关，这表明TTT或收缩时间（CT）有所增加。在跳跃测试中，TTT被定义为从开始下蹲到起跳时刻的时间[23]。由于TTT包含离心阶段和向心阶段的持续时间（见图12.1），因此，收缩时间增加可能是因为这两个阶段中的一个或两个的时长发生了变化。在

表12.2 通过多个CMJ变量说明足球比赛前后个体对训练负荷的反应

	常规分析				CMJ替代方案			CMJ潜在指标		
	跳跃高度	向心冲量	向心峰值功率	离心减速冲量	RSImod	离心持续时间	向心持续时间	100毫秒时的向心冲量	向心功率输出速度	离心减速的发力速度
全队平均变化（%）	-1.7	-1.7	1.0	3.2	-4.2	1.5	-0.4	-1.9	-4.9	-11.5
球员A变化（%）	-0.4	2.5	-2.9	1.8	-11.1	10.6	12.3	-9.3	-16.9	-25.3
球员B变化（%）	0.2	-2.4	-0.5	-3.4	1.5	-1.2	-1.1	-3.0	2.1	-12.4
球员C变化（%）	-5	-4.4	-4.6	-6.9	-21	27.3	4.1	-17.2	-9.6	-39.7

注：应注意个人变化与全队平均值变化的比较。

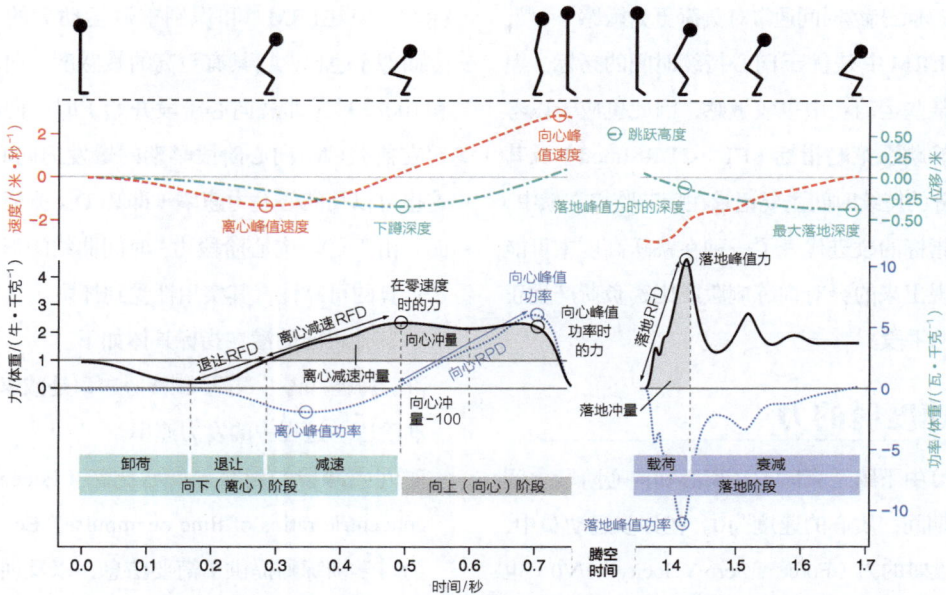

a 力（以牛为单位）和功率（以瓦为单位）以相对于体重的倍数表示。RFD＝发力速率，RPD（Rate of Power Development）＝功率输出速率，向心冲量－100＝在向上（向心）阶段开始后的第1个100毫秒内的（净）向心冲量。深度是指质心位移。图上未显示向心峰值力。由于力－时间曲线形状的变化，向心峰值力发生在整个阶段的不同时间点。离心峰值力通常与零速度时的力对齐，零速度时的力恰好在其之前发生。倾斜的变量表示还可以计算图示各时间阶段之外的其他阶段指标，向心冲量也可以按照时间顺序分为第1部分（前50%）和第2部分（后50%），向心RPD也分为0~50毫秒和0~100毫秒，落地冲量（从落地到峰值功率）也分为从落地到落地峰值力和从落地到落地+70毫秒，落地RFD（从落地到峰值功率）也分为0~40毫秒和0~70毫秒

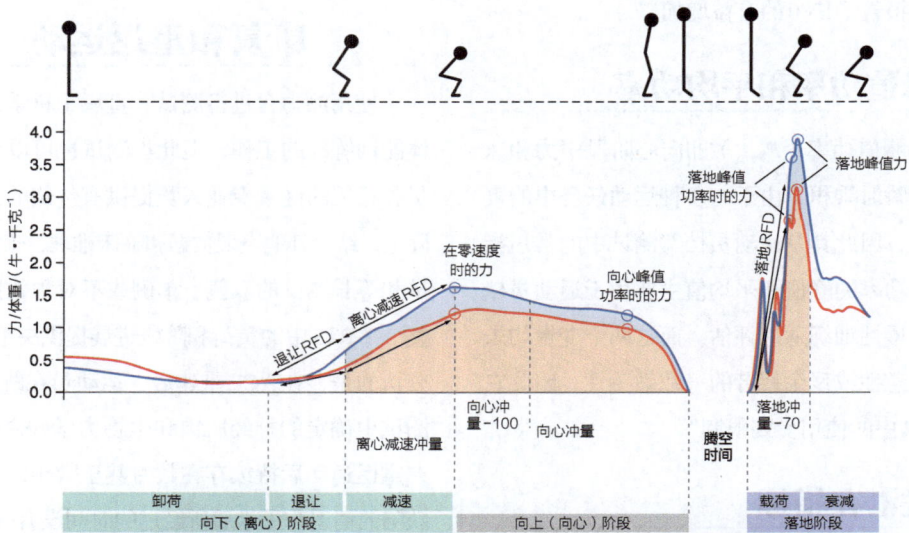

b 力（以牛为单位）以相对于体重的倍数表示。RFD＝发力速率。倾斜的变量表示还检查了其他时期（根据双侧变量）

图12.1 CMJ指标。a. 垂直地面反作用力－时间曲线、速度－时间曲线、功率－时间曲线和质心位移－时间曲线，并通过双侧纵坐标突出显示选定的变量。b. 运动员接受ACL手术后6个月，患侧和健侧的垂直地面反作用力－时间曲线，显示出不对称性

特别感谢里克特·C.（Richter C.）、贝坦库尔·E.（Betancur E.）和塔伯纳·M.（Taberner M.）对此图的贡献。

实践中，离心持续时间通常对负荷更为敏感[5, 25, 30]，因此在LRM中是优于向心持续时间的指标，但后者在某些运动员中也较敏感，因此也应予以考虑。虽然跳跃策略指标（FT：CT/RSImod）及其组成部分的持续时间主要记录在疲劳监控文献中，但这些指标的改进代表了一种在跳跃高度中可能并未体现出来的会对训练刺激或比赛负荷产生正向反应的手段。

在零速度时的力

CMJ中下蹲结束时，在离心和向心阶段之间的过渡期间，质心的速度为0。在许多运动员中，在零速度时的力（Force at Zero Velocity, FV0）也出现在$F_{峰值}$出现的瞬间。在某些运动员中，$F_{峰值}$出现在向心阶段，特别是在发展中的运动员和对向心力产生特征的依赖性更高的运动项目中。在使人疲劳的训练后，研究者观察到FV0下降，这与离心持续时间和收缩时间的增加相吻合，而训练干预后报告了FV0的有益增加[30]。

向心峰值功率和平均功率

向心峰值功率（$P_{峰值}$）即向心阶段中力和速度的最大瞬时乘积，由于与多种运动任务中的表现相关联，因此其是运动员档案测试中的常用指标。向心功率的峰值和平均值主要用于运动员档案测试和慢性训练适应评估，而这两个变量均未显示出对急性或残余疲劳的一致敏感性，因此它们在LRM中的使用受到限制[30]。

下蹲跳潜在指标

受时间约束的变量，例如达到$P_{峰值}$的时间或向心功率曲线的斜率（即RPD），显示了在LRM中作为表现指标的可能性。这些潜在变量最初被认为是运动员档案测试和慢性训练适应评估的指标[25]，但在LRM[30]和识别重返运动后的不足[34]方面似乎也比$P_{峰值}$具有更高的敏感度。向心RPD和100毫秒（即从向心阶段开始）时的向心冲量旨在捕获CMJ向心阶段早期的爆发力向心能力。这也可以用向心发力速率（即RFD）来表示，然而，由于CMJ向心阶段力-时间曲线的形状削弱了计算的可靠性，其实用性受到怀疑。

其他可能的潜在指标具体如下。

- 离心减速冲量、RFD和离心功率是减速（或制动阶段）过程中的发力速率。
- 时间或冲量的离心与向心比率（Eccentric-to-concentric ratios of time or impulse, Ecc：Con）为科学训练师提供了简要信息，以及训练和损伤对这些CMJ阶段的相对影响。

科学训练师必须认识到，除了常规的输出变量外，受时间限制的动力学指标也非常关键，它们有助于更深入地了解健康的高水平运动员以及R-RTS运动员对急性和慢性负荷的反应。

康复和重返运动

使用测力台进行测试一直属于科学训练师或体能训练师的工作，但此类测试也可以为医务人员和相关的健康专业人员提供有价值的信息。实际上，结合其他表现数据和临床推理，来自动态测试和等长测试的双侧、单侧或不对称数据可以为整个R-RTS中的负荷和阶段进展提供决策依据[68]。公认的是，在ACL重建后，运动员在跳跃-落地测试中确定的神经肌肉和生物力学残余缺陷可能在重返运动后持续存在数月甚至数年，并且这些缺陷的消退与手术后所经过的时间没有强关联[56]。此外，在精英级别的运动员中，尽管有证据表明提早重返运动会增加再次受伤的风险，但运动员往往面临尽快重返运动的压力[33]。因此，测力台数据可以增强评估的客观性，因为这些数据可以量化个人对损伤和康复的神经肌肉反应，减少对基于时间的进度标准的依赖，并改善RTS决策和潜在结果。

由于通常无法获得运动员受伤前（即基线）的单侧表现数据，因此通过等速或等长力量测试测得的肢体不对称性（例如肢间对称指数＜10%），或以未受伤肢体为参考计算的跳步、跳跃或灵敏测试中的表现常作为康复进度和RTS标准的指标[48]。但是这种方法可能会引起误解，因为在康复期间，健侧肢体的表现水平也可能会下降，从而导致伤侧肢体的不足被低估了。此外，即使在受伤后达到了单腿跳距离对称性或跳跃高度正常水平的运动员中，也观察到明显的肢间动力学的不对称和生物力学不足[48]。因此，作为最佳实践做法和谨慎义务的一部分，科学训练师应将神经肌肉表现的基准测试整合到高水平表现情境中。使用适当的软件，在双测力台上执行的双侧CMJ可以捕获表现和不对称性数据，每个人需要大约45秒（3~5次试跳）就可以完成。因此，即使科学训练师要对大量运动员（例如团队运动项目和军事情境）进行测试，也可以完成系统的基准测试。

有充分的文献记载，在RTS和比赛导致下肢肌肉和韧带受伤后，运动员在跳跃-落地活动中持续存在残余的肢体动力学不对称现象[35,43]。在ACL重建32个月后用CMJ进行评估的患者[6-7, 37]及各种下肢损伤的运动员[36]中，在离心减速和落地阶段观察到存在最明显的不对称性。哈特（Hart）及其同事[35]还证明，除了对LRM更敏感之外，替代变量（FT：CT）和潜在跳跃变量（例如向心RPD、Ecc：Con）也可以显示跳跃高度和向心$P_{峰值}$未检测到的RTS后残余不足。这种情况在一个精英足球运动员的案例研究中很明显。在该案例中，基准数据和膝关节受伤后康复过程中的两个时间点的数据显示，替代指标和潜在指标的恢复速度较常规表现指标慢（见表12.3）。因此，除肢间不对称性外，在评估康复进度和RTS时还应考虑这些双侧指标。

值得注意的是，在康复1和康复2之间，除了跳跃高度增大和向心冲量不对称性降低之外，该运动员的冲刺速度也得到了明显提高。但是与该数据所表明的进展相反，从落地峰值力和离心RFD数据发现肢体不对称性有所增加。在有关增加高速变向活动的离心负荷和减速要求的决策过程中，需要考虑这个重要信息[19a]。该案例研究强调，不同阶段的不对称性可能在单个时间点不相关[9]，因此有必要考虑针对特定阶段的不对称性，而且在康复过程中，这些阶段可能对负荷表现出不同的反应模式。

表12.3 精英足球运动员在膝关节康复过程中的部分CMJ表现变量

变量	健康基准	康复1	康复2	差距/%（相对于健康基准）
跳跃高度（厘米）	44.9	32.0	39.3	−30.4
RSImod（米·秒$^{-1}$）	0.59	0.30	0.40	−32
峰值功率（瓦·千克$^{-1}$）/ RPD（瓦·千克$^{-1}$·秒$^{-1}$）	58/264	48/154	56/206	−4/−22
离心减速RFD（牛·秒$^{-1}$·千克$^{-1}$）	82	25	48	−41
离心/向心峰值速度（米·秒$^{-1}$）	1.5/3.0	1.1/2.5	1.3/2.9	−14/−4

所有数值均为在3个时间点进行的3次CMJ测试的平均值。健康基准是运动员健康时的赛季前评估结果。康复1：膝关节受伤后康复期间进行的首次CMJ测试。康复2：执行康复计划6周后进行的CMJ测试。RSImod：修正反应力量指数。RPD：功率输出速率。RFD：发力速率。

表12.4　比较ACL-R手术后和健康的精英足球运动员的部分CMJ动力学不对称性（%）

	离心减速RFD		向心冲量		落地峰值力		跳跃高度/厘米	
平均值（±标准差）ACL-R/健康	24.8±15.4	20.0±14.9/10.5±8.2	18.6±6.4	13.0±6.5/4.1±2.8	25.2±14.7	16.5±16.0/11.9±8.7	35.3±5.8	15.0±2.0
ACL-R手术后的月数	6.0	8.0	6.0	8.0	6.0	8.0	6.0	8.0
运动员1	28.0	6.0	20.0	11.0	31.0	14.0	33.0	13.0
运动员2	8.0	27.0	23.0	17.0	6.0	1.0	22.8	11.0
运动员3	14.0	16.0	20.0	16.0	23.0	38.0	35.5	43.1

健康运动员以及ACL-R手术后6个月和8个月的运动员的平均值。ACL-R手术后运动员样本中部分运动员的值显示个体之间的不对称性和不对称性趋势存在较大差异。ACL-R：前交叉韧带重建。RFD：发力速率。
数据源自：Cohen et al. (2020): Hart et al.(2019); Cohen et al. (2014)。

表12.4突出显示了前交叉韧带重建（Anterior Cruciate Ligament Reconstruction，ACL-R）手术后6个月和8个月的职业足球运动员样本中选定CMJ变量的平均不对称性[19a]，其中离心、向心和落地阶段的不对称幅度存在显著差异。在健康的运动员中也观察到这种差异[35]。基于这些模式和与运动需求相关的不对称性变异，不建议使用通用不对称阈值来识别过度或异常的不对称。训练实践人员应该使用专项和特定阶段的数据（如果有的话），或者以其运动员（最近没有伤病）的数据作为参考来确定数值。表12.4还显示了ACL-R手术后运动员样本中选定运动员的不对称性，并表明单个运动员在每个阶段[19a–19b, 35]的不对称值可能存在明显差异。因此，测试可以让科学训练师和医务人员了解康复过程中训练计划在特定阶段的效果。该信息可增强在R-RTS过程中使用的个性化训练计划的准确性，并在运动员重返比赛后解决残余的神经肌肉不足问题。

先前已经描述了旨在帮助健康运动员降低单腿CMJ表现的肢体不对称性的体能训练干预[32]。尽管这些功能性运动中的不对称性可能代表力量不足，但在进行双腿CMJ和其他跳跃–落地测试时观察到的肢间不对称性可能还反映了代偿策略，以避免先前伤侧的高负荷率[6]。此外，尽管单腿CMJ的负荷要求更高，但它的离心速度（和下蹲深度）明显较低，对于要求较高的减速能力测试并量化其中的不足和不对称性，则CMJ更为合适。这些因素也在一定程度上解释了人们通常观察到的现象，即在CMJ和单腿CMJ中确定的肢间不对称性往往不一致[19a]。因此，单腿和双腿测试的数据可以提供补充性信息，为康复计划的设计提供依据。重要的是，鲍姆加特（Baumgart）及其同事报告说，运动员在ACL-R手术后，在CMJ的FV0、离心减速阶段[6]和落地峰值力[7]方面较强的肢体不对称性与较差的主观功能相关，而单腿CMJ的跳跃高度不对称则不存在此相关性，这表明这些表现是更敏感的R-RTS残余不足的标志。此外，跳深相对落地峰值力较大是女性运动员ACL损伤或再次受伤的潜在风险因素[37]，而CMJ相对落地峰值力较大则是各室内运动项目的运动员膝关节过劳性损伤的风险因素[72]。单腿跳落地峰值力不对称和CMJ离心减速RFD已分别被确定为青少年足球运动员[59a]和军校生[52a]下肢损伤的风险因素。

R-RTS可能会相对较早地引入双腿CMJ测试，但是随着运动员承受负荷的能力变强，要求更高的测试（如跳深、单腿CMJ、重复跳，可能还有单腿跳深）可以作为进阶测试被添加到监控计划中。此外，如果运动员无法完成跳跃测试，让其在双测力台上完成蹲起动作也可以提供有关不对称程度和代偿策略的早期信息[15]。同样，在这些垂直跳跃过程中，单侧或双侧的表现及不对称性可以对三关节伸展过程中的肢体能力不足和代偿策略进行详细量化，并且对这些任务进行运动学分析也很有价值[63]。动态或等长力量测试（包括前面介绍过的一些测试）可以进一步帮助理解特定关节或肌肉对总体不足和康复进展的影响。

实施测试和使用测力台的 实践考虑因素

　　进入新的情境时，科学训练师可能会坚持使用已有的测试方案，以便与运动队的历史数据进行比较。但是，在可能的情况下，科学训练师应尝试整合可用的最佳测试方案，并且对运动项目的特殊性、运动员群体以及最新的科学文献和最佳实践做法加以考虑。许多表现支撑团队每个季度会成功开展 2~4 次更广泛的测试计划，并且非常频繁地（每周、每两周，甚至每天）使用短时间的 LRM 方案（即 CMJ 或 CMJ+ 等长测试）。当 LRM 的目标为检测变化时，我们建议使用基于足够重复次数范围（跳跃测试为 3~5 次，等长测试为 2~3 次）的平均值数据，而不是用最佳试验结果[18, 69]。而从表现剖析的角度来看，科学训练师还需要关注最佳表现。完善的基线数据，配合持续执行可靠且可重复的测试方案，对于创建能够识别短期和长期监控需求的有价值变化的动力学表现评估系统至关重要。

　　对测试的熟悉程度、训练史和年龄都是不同运动项目和不同级别的运动员之间表现差异的影响因素。文献及同事之间的信息共享将有助于确定给定运动员群体的合适基准。尽管在高水平表现竞技体育情境中，可能无法达到严格的实验室条件，但标准化的测试条件、清晰的定义和一致的方案及指导性提示可以增强可靠性，并增加置信度，有利于科学训练师将观察到的变化解释为有意义的信息。

　　以下是可能影响表现或导致趋势解释产生误判的测试条件。

- 测试日与比赛或高强度训练：例如，将比赛后 48 小时获得的表现数据与比赛后 24 小时获得的数据进行比较。
- 热身方案：不同时长或内容的热身方案导致的肌肉温度、预激活或急性疲劳可能存在差异。
- 时间：由于存在昼夜节律，下午的表现水平通常更高[70]。

　　一些测试环境的固有干扰因素（例如音乐）也可能对努力程度和表现产生正面或负面的影响，这是更难控制的因素。在方便的位置（在体能房中或附近）安装测力台并尽量缩短小组测试中的等待时间，可以使工作流程更高效，从而对测试体验产生积极影响，并提高运动员对测试的接受程度。向测试人员及运动员提供及时、有意义和可操作的见解，与测试本身的价值一致[28]（见第 21 章）。例如，根据当前的训练课或比赛时间表沟通测试结果的意义，并在团队负荷反应的基础上提供个人的结果[62]。参照先前的表现或全队排行榜，科学训练师向运动员提供一些即时的情境反馈，也可以有效地激励其全力以赴并提高这些测试的信度。尽管科学训练师指导 CMJ 时可能只需简单说一句"跳得尽可能高"，但在下沉或下蹲时足够大的速度是需监测的重要指标。因此，科学训练师应掌握爆发性下蹲的发力要点。不论对跳跃本身有什么具体的指导提示，任何测力台方案都有两个不可妥协的关键点：一是静默站立至获得准确的体重，二是每次跳跃前有 1~2 秒的稳定时间。前者会影响多个关键变量计算的准确性，后者则是用于精确识别动作开始的一种手段。

　　在跳跃评估中允许手臂摆动往往会产生噪声较大的（不稳定的）力-时间曲线，使得动作的开始更难被准确检测到，因此一些关键变量的信度会降低[36]。因此，建议采取无手臂动作CMJ，如果训练实践人员认为在特定情境中一定要使用手臂动作，则实施的方案应规定摆臂和屈膝在时间上同步开始，从而减少一些噪声。

动力学和测力台分析的创新

随着测力台在日常训练环境中的使用量增加，我们可以预计它在不同运动项目中的应用研究也会增加，并且针对大规模数据集的分析将在未来几年继续发展。随着科学训练师更进一步将这项技术融入其应用情境，有几个特定领域将会继续发展，具体如下。

- 分析与可视化。使用主成分分析（Principal Component Analysis，PCA）等统计技术对原始力–时间曲线分析将得到广泛应用；时间归一化和非归一化的原始力–时间曲线的叠加[75]；力–速度循环的比较[25]；其他旨在确定运动项目中各个场上位置的动力学模式差异、对特定负荷的反应[61]、损伤和康复[68]、不同类型疲劳特征[75]的分析方法。

- 等长测试选择。定位人体各环节和测力台设备方面的持续创新，将使得在LRM和R-RTS中使用的等长测力台测试有更大的选择空间。IPC、ASH测试和等长小腿测试等评估目前已被整合到LRM中——动力学分析很有可能关注其他运动专项的特定动作。

- 上肢测试。除了上肢等长测试之外，快速伸缩复合式俯卧撑[46]及其变体等动态的上肢测试将越来越多地被整合到表现剖析、监测和R-RTS的工作中。除了常规的腾空时间和$P_{峰值}$估计值等输出以外，与CMJ一样，该测试也提供俯卧撑效率（FT：CT）、受时间限制的冲量和力的指标（RFD），以及左右不对称性等。

- 疲劳耐受力评估。量化剧烈活动期间动态或等长发力或功率输出的下降程度，可以提供力量或爆发力耐力的指标，这是经常被忽视的神经肌肉表现特征。此外，科学训练师如果能更好地量化不同训练课的消耗，就可以帮助健康运动员规划周期化训练，并了解R-RTS的进展。

- 运动技能表现剖析。测力台提供了一种对竞技体育动作的动力学特性进行探索性分析的手段。在生物力学专家或表现分析人员的协助下，科学训练师可以了解成功完成特定动作所需的发力特征。长原（Nagahara）及其同事[57]的工作就是一个很好的案例，他们使用嵌在跑道下的测力台来描述60米冲刺过程中的发力特征。通过第一性原理了解冲刺的表现，训练实践人员可以假设通过特定的身体练习来模仿或修改这些力–时间曲线的最佳方法。这种类型的分析也已经开始用于高尔夫球、棒球、垒球、板球、拳击和空手道[50]。

小结

测力台在应用情境中越来越多地被用作测量动力学变量的可靠工具，这些变量可反映神经肌肉功能和基础动作，为训练实践人员提供可以更好地了解健康运动员和受伤运动员的体能表现，以及短期和长期的负荷反应的手段。这些信息还可以在科学训练师识别运动专项的神经肌肉KPI，并在评估运动员或运动队进展的过程中提供支撑。快速的测量和数据处理以及该技术的灵活性，也促进了对等长、动态的上肢或下肢测试中的新测试和关注变量的应用研究和开发。另外，人们可以从力学角度研究竞技体育动作的关键要素，以提供信息作为运动学分析的补充，从而进一步加深对各种动作的理解。

能够使用测力台技术，并向整个组织解释和

传达结果的科学训练师还可以对组织文化做出贡献，使得运动员、表现工作人员和教练员等重视这种数据及其收集过程，从而为竞技体育组织带来巨大的价值。结合适当的统计分析，相关人员就可以依据这些数据做出有关训练和恢复的短期（例如每天、每周）和长期（例如每月、每年）的决策。利用该技术对神经肌肉表现进行系统化的基准测试，并将其更好地整合到R-RTS中，就有望提高这些过程的精度并改善运动员的肌肉骨骼健康状况。

推荐读物

Beckham, G, Suchomel, T, and Mizuguchi, S. Force plate use in performance monitoring and sport science testing. *New Studies in Athletics* no. 3, 2014.

Buchheit, M. Want to see my report, coach? *Aspetar Sports Med J* 6: 36–43, 2017.

Chavda, S, Bromley, T, Jarvis, P, Williams, S, Bishop, C, Turner, AN, and Mundy, PD. Force-time characteristics of the countermovement jump: analyzing the curve in Excel. *Strength Cond J* 40: 67–77, 2018.

Coles, PA. An injury prevention pyramid for elite sport teams. *Br J Sports Med* 52: 1008–1010, 2018.

Linthorne, NP. Analysis of standing vertical jumps using a force platform. *Am J Physics* 69: 1198–1204, 2001.

力量追踪与分析

让-伯努瓦·莫兰 (Jean-Benoît Morin), 博士;
皮埃尔·萨莫齐诺 (Pierre Samozino), 博士

当运动员想要改变速度(即加速或减速)或运动方向(即左右或上下)时,他们必须向地面施加作用力。这源于牛顿运动定律。同理,在将力作用于球、球拍或对手时,运动员必须将力施加到这些不同类型的外部质量上。在许多竞技体育活动(团队运动项目、武术或田径)中,动作的快速变化是关键表现指标,或者运动员必须抵抗或克服阻力(如接触和碰撞),因此,这种作用力的输出越大越好。运动员的最大作用力输出能力是运动表现的众多组成部分之一,也是涉及爆发性和弹震式动作的运动项目最重要的特征之一。在运动员的身体素质中,这就是通常所说的**最大力量**。在某些语言中,力或作用力用相同的词(例如法语中的 "force")表示。但是最大力量的表达不应与以最大努力完成给定动作的过程中产生的作用力相混淆。后者不能反映运动员的最大力量素质,因为它特定于任务的力学限制(惯性、阻力)。例如,最大纵跳时产生的力、力学冲量或功率输出并不是下肢最大力量的正确指标,因为这些指标也与运动员的质量和体重所提供的惯性和阻力直接相关[27]。因此,一个运动员可能会在不同跳跃负荷条件下产生大小不等的作用力,

这些值无法展示运动员的最大下肢力量或产生最大力量的能力。本章的目的是探索与力量评估及分析有关的重要因素,以便科学训练师可以准确地评估力量素质,从而影响训练策略和运动表现。

专项力量与非专项力量

如果力量指标与其评估的相应力学条件(即负荷、阻力)无关,则其不可避免地会与用于测试和评估的动作所涉及的身体结构、收缩方式及肌群相关。例如,在蹲起运动过程中测量下肢伸肌(即髋、膝和踝部伸肌)力量所得到的值,与坐在腿推器上进行评估、自行车追逐赛中或进行伸膝肌等速测试时得出的值不同[34]。因此,在考虑真正需要评估的内容,尤其是运动学和动力学特异性方面的指标之后,科学训练师应仔细选择测试任务。这包括对特定肌群(例如伸膝肌)在标准化条件(例如使用腿部伸展机将动作孤立到单个关节)下的力量、骑自行车过程中的下肢伸肌力量(含多个关节)或赛艇过程中的力量(涉及全身)的评估。后两种评估提供了更大范围的力量指标,与功能性表现的关系更紧密,而第一种评估则更能提供关于给定肌群的神经肌肉系统

力学性能的信息，并不特定于任何竞技体育活动。当强调体能和运动表现时，与功能性动作密切相关的力量评估备受关注。因此，测量下肢或上肢能够产生多大的力是常见的做法，科学训练师可以从中获取直接实用的信息，以指导训练方向并最大限度地提高运动员的表现水平。因此，本章将重点放在此类力量评估上，其中介绍的所有概念和方法也可以应用于其他更有针对性的力量评估。

在各种上肢、下肢力量测试中，有必要将针对某种竞技体育运动的专项与非专项力量评估区分开。后者旨在评估肢体的神经肌肉系统能够产生的作用力输出总和（即 最大能力 ）。例如，基于蹲起、跳跃、腿推或卧推的测试就属于这种类型。增加对测试下肢力量的关注并不是为了提高蹲起、跳跃或卧推的表现水平，而是要评估肢体伸展过程中产生力的总体能力，并且这种能力与给定运动的特定技能无关。此类非专项力量评估有助于提高运动员在多种运动项目中的表现水平。相关的 力量指标 几乎涵盖了肢体产生的全部力输出，可以轻松地转移到不同的运动中，并且可以作为运动员的一般身体素质之一。其他一些类型的力量评估对给定任务（例如全力骑行或跑步冲刺测试）有更强的针对性。在这些特殊情况下评估下肢力量时，不用考虑肢体产生的全部力输出，而只需考虑沿运动方向的分力，并将其作为特定任务表现的有效指标。这种例子包括在骑行时施加在踏板曲柄上的正交力分量[8]或在短跑过程中施加在地面上的水平力分量[31]。在这些情况下，力量测量要综合考虑下肢产生的总力（指前面提到的非专项力量）及有效定向施加该力的能力（对应于测试任务的特定技能）。这些力量指标对于测试所使用动作的针对性很强，因此与非专项力量指标相比，可转移到其他动作的可能性较小。但是，当目标竞技体育活动涉及类似测试任务的动作时，

它们就很有价值，因为它们会在此任务的特定背景下评估下肢产生力的能力。例如，在团队运动项目，或涉及线性加速度的田径训练（例如足球、英式橄榄球、100 米或 200 米短跑或者美式橄榄球）的全力冲刺跑步测试中评估运动员的力量。本章将讨论运动专项力量和非专项力量的测试。

基于速度的力量概念

除了测试所涉及的任务或肌群之外，成为"强壮的运动员"意味着什么？首先，运动生理学的核心基础是，肌肉力的输出取决于动作速度。例如，在冲刺类骑行中，第一次下蹬的"有力"和几秒后下蹬的"有力"并不一样，后者需要运动员在踏板速度超过每分钟 200 转时对踏板施加尽可能最大的力。但是，为了成功地完成测试，自行车手的目标应该是在整个冲刺过程中的所有速度条件下都施加最大的力。相同的思路也可以应用于许多其他运动项目或动作，例如 200 千克的卧推（非常大的力输出，可能是以低速进行的）与投铅球（相对较小的力输出，以非常高的速度输出）。因此，尽管在群体思维中力量与运动员可以产生的最大作用力输出（在极大阻力和极低速度的情况下）相关联，但理解最大力量及产生力量的能力取决于 运动速度 是至关重要的。人体骨骼肌肉生理学的这一基础已经在孤立的肌纤维层面[15]、单关节动作[3]和多关节动作（例如纵跳和卧推），以及自行车冲刺和跑步冲刺[17]中得到了验证。在纵跳或冲刺之类的复杂任务中，力输出能力随着运动速度的增加呈线性下降[29]。

研究人员对 14 个运动项目、数百名男女运动员（从业余到精英水平）的力-速度能力进行了比较。结果清楚地表明，无论是总体上还是在某个运动项目中，低速时的最大作用力能力与高速时的最大作用力能力（此处称为速度能力）的相

关性均较差，在训练水平较高的运动员中尤其如此[21]。图13.1为该研究结果的示意图。尽管精英运动员表现出很高水平的力和速度，但力-速度谱的两端并没有高度系统地关联，在低速情况下有力并不一定意味着在中速或高速情况下有力。此外，在纵跳和冲刺模式中，训练和练习水平越高，最大力和最大速度输出之间的总体相关性越弱[21]。例如，本章的作者直接研究了百米成绩10秒以下的精英短跑运动员，他们在半蹲时（1RM低于120千克）不能产生高水平的力，但在跑步速度超过10米/秒时可比其同行向地面施加更大的力。他们肯定很有力，但表现在力-速度谱的极高速度端（冲刺的最大速度阶段），而不是低速端（即半蹲1RM测试）。

因此，教练员应该避免毫无根据地认为有力（在经典的最大力量测试中进行量化）的运动员实际上也会很有力，也就是说，能够在整个力-速度范围内产生大量的力。相反，教练员应该设法评估和监控运动员的整个力-速度谱，以便全面了解运动员在所有可能的速度条件下的力量。据此，由于特定任务（例如冲刺加速、上肢推举、纵跳）中

的身体表现通常在可量化的速度范围内测量，因此教练员可以在运动项目任务需求（在速度方面）与运动员产生力的能力（在特定速度区域之内和之外）的个体比较基础上设计训练计划。

基于产生力和速度的生理学、神经肌肉和生物力学原理的现代训练应该包括在个人层面上对力-速度谱的评估、分析和长期监测。事实上，还有另一个明确的研究发现，在不同运动项目、场上位置和练习水平的异质运动员群体中，可以观察到力-速度曲线或力-速度谱中存在很大的个体差异[14, 21]。这可以帮助完善训练实践，也有助于预防损伤和优化康复过程，以及促进青少年运动员的长期身体发展。最后，这种力-速度曲线在疲劳条件下（无论是否针对特定运动项目）的变化是关键的附加信息，有助于更全面地描述运动员的力量能力。

力-速度-功率曲线

本节将详细介绍力-速度-功率曲线的力学成分和主要变量，以及如何在纵跳和冲刺任务中确定这些变量；同时列出关键指标，并讨论其分析

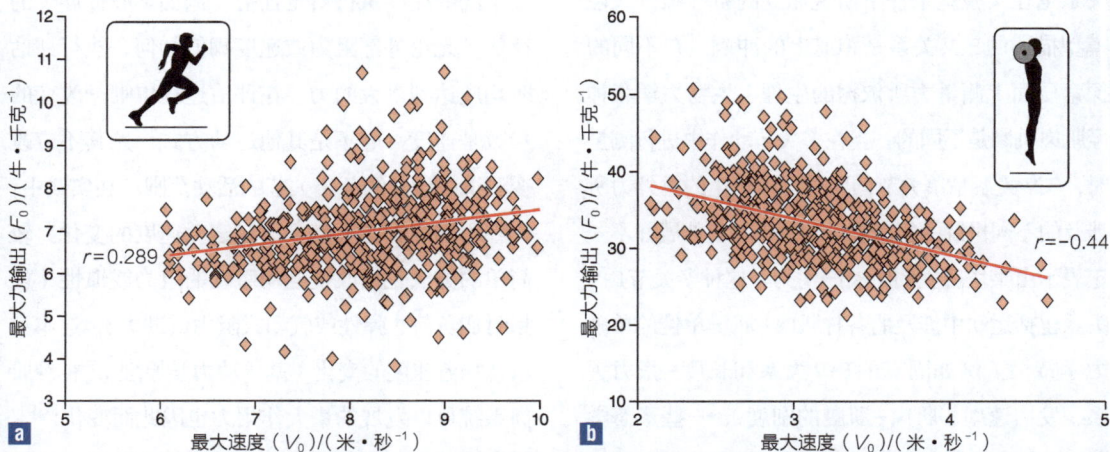

图13.1 最大力和最大速度能力之间的相关性：a. 在水平方向上冲刺时最大力和最大速度输出之间的相关性，b. 纵跳时最大力和最大速度输出之间相关性。在这两种情况下，图线均显示出非常大的个体差异，并且两者的相关程度较低（译者注：r=相关系数）

数据来自多个运动项目（例如篮球、田径、足球、橄榄球、举重、体操）中不同水平（从业余到精英水平）的500多个运动员。

和解释方法，以支持更个性化的评估和训练。

力–速度–功率曲线的特征

无论涉及什么任务和肌群，神经肌肉系统在运动过程中可产生的最大力均取决于运动速度。如前所述，并非所有运动员在速度增加时所产生的力都有同样的变化。当侧重于向心肌肉动作（在大多数运动项目中可观察到）时，变化可以通过众所周知的力–速度（Force-Velocity，F-V）反比关系来描述。当使用孤立的肌肉（有时是单关节动作）进行分析时，F-V关系可用双曲线公式描述[15, 46]。但是，运动员在执行多关节功能性任务（例如自行车蹬踏、蹲起、卧推或冲刺跑）时，人们始终会观察到线性的F-V关系[17]。此线性模型并非更复杂的双曲线模型的简化形式。它其实是在每次以不同速度执行多关节动作的过程中，评估最大力产生时都可以通过实验观察到的模型。研究[37-38]表明，在90%最大理论力[38]和80%最大理论速度[37]以内，F-V关系是线性的，如图13.2所示。模型中的差异可能部分原因是由不同的生物学层面评估力产生的能力，双曲线模型描述的F-V关系是在实验室条件下研究孤立的肌纤维，线性模型描述的F-V关系是跑道上的冲刺。在不同的探索层面上测量力所依据的生理、生物力学和神经肌肉机制是不同的。当在多关节动作中进行测量时，F-V关系是单关节伸展过程中产生的总外力所涉及的不同机制的复杂整合，而单关节伸展并不一定表示由某块孤立的肌肉产生力。这种多关节F-V关系包括运动中涉及的各种肌肉–肌腱单位的单独力学特性（例如固有的F-V关系和长度–张力关系、发力速率、肌肉–肌腱的刚度）、一些形态学因素（例如横截面积、肌束长度、羽状角、关节杠杆臂）、神经机制（例如运动单元募集、冲动频率、运动单元同步化、肌间协调）和环节动力学[3]。这

些特性不仅描述了给定肌肉的肌束力学特征，还描述了整个肢体动态产生力的整体能力，这可以解释对单一肌肉在实验室条件下观察到的差异。

动力学的基本原理是当施加在质量上的外力增强时，该质量的加速度也随之增加，它不应与F-V的反比关系相混淆。施加到系统（例如运动员、球、球拍）上的力与其所产生的速度之间的这种正相关性通常是关于力和速度的第一个直观概念。这与前面提到的F-V反比关系不同，后者是指当运动速度增加时，运动员产生最大力的能力下降。而且，由于**功率输出**是力和速度的乘积，因此运动员可以产生的最大功率输出也随速度变化而产生变化。对于多关节动作，这种关系通过倒U形的二阶多项式函数来描述（见图13.2[8, 36, 43]）。单独的F-V和P-V（Power-Velocity，功率–速度）关系都提供了动态收缩过程中力和功率输出能力的总体视图。图13.2所示是运动员的**力–速度–功率**（Force-Velocity-Power，F-V-P）曲线，它表示比特定条件下的1次、2次或3次测试（例如1RM深蹲、垂直或水平跳跃、20米冲刺）更完整的视图。

为了确定个人的F-V或P-V关系，运动员必须以不同的速度执行给定任务（例如下肢伸展）的评估，无论外部阻力或速度阈值如何，执行评估时均应达到最大的力。在评估过程中唯一改变的参数是速度，而不是其他运动方式，尤其不应改变测试中涉及的各个关节的活动范围。在实践中，存在不同的解决方案来引起运动速度的变化。较简单的方法包括改变运动系统的阻力或惯性（使用附加负荷、弹性或气动式阻力或助力），这本身就意味着速度的变化（基于动力学原理），神经肌肉系统可以发展的最大作用力也因此而变化[4, 43]。特定的测功仪也可以用来设置目标速度，通过调节阻力，整个运动过程中产生的速度或作用力可以保持准恒定[47-48]。必须测量每个肢体产生的力

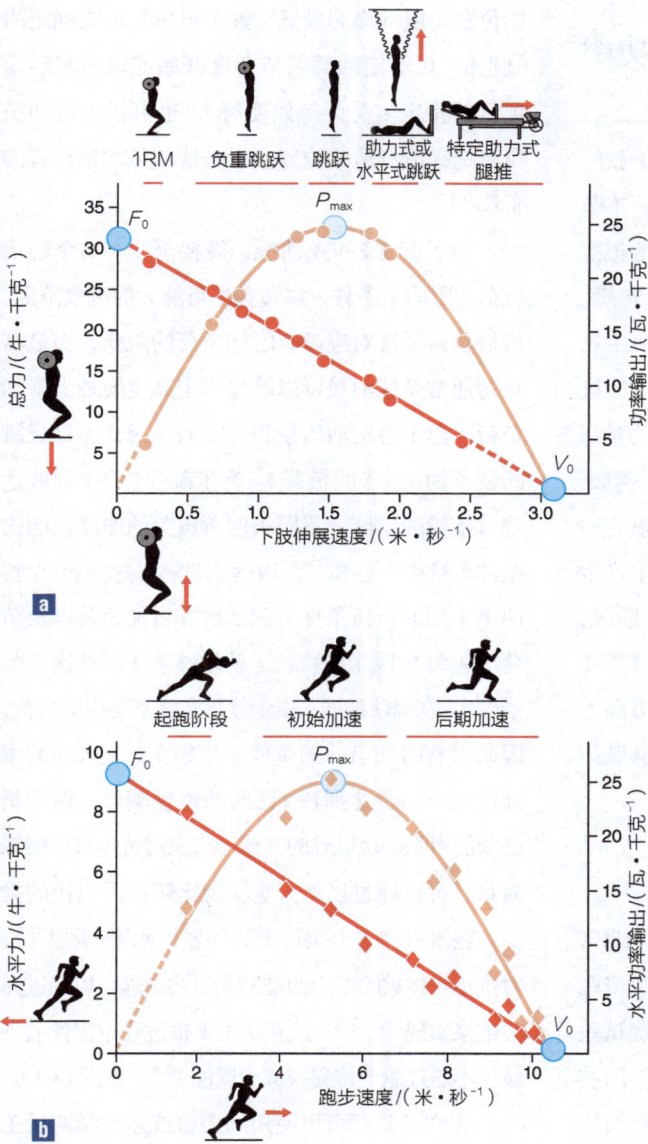

图13.2 在a. 全力弹震式下肢伸展和b. 冲刺期间获得的典型的F-V和P-V关系。红色的点（力）和粉红色的点（功率）分别对应在不同条件或不同的冲刺加速阶段中，以不同速度执行的全力下肢伸展或跑步所获得的平均值。两条实线分别表示与F-V和P-V关系相关的线性模型和二阶多项式模型，从中可以估算出主要力量指标：最大功率输出（P_{max}）以及理论上最大的力（F_0）和速度（V_0）

量和肢体伸展速度，然后建立F-V和P-V关系。这些力、速度和功率的值被认为是确定肢体伸展过程的F-V-P曲线的值，它们可以是运动过程中观察到的瞬时峰值，也可以是整个动作过程（例如肢体伸展）中的平均值。即使峰值更易于检测，但在评估单个动作中产生最大力或最大功率的能力时，平均值更有意义。此外，在全力运动中，力、速度和功率的峰值不会同时出现，瞬时值对应于非常具体的解剖和神经肌肉结构，并不能完全代表下肢或上肢在一个动作中的全部动态能力。F-V-P分析测试将在下一节中更深入地介绍。

非专项和专项下肢力-速度-功率曲线

本节介绍的F-V-P分析测试用于确定下肢的非专项（跳跃）力量和专项（冲刺）力量。本节提出的所有考虑因素都可以转移到任何其他类型的运动（例如腿推、卧推、拉、自行车、赛艇）中。请注意，基于实际原因，在跳跃和冲刺中进行的F-V-P分析分别根据所测试运动的总体方向被称为垂直分析和水平分析[21, 28]。但是相关的力量指标不能单独用于表示这些方向上产生的力。例如，非专项下肢力量（垂直F-V-P分析）是指下肢在与肢体相同的总体方向（如在纵跳过程中）上产生力的能力，也包括在游泳中水平推动过程的阶段，或赛艇的划桨阶段。冲刺专项力量（水平F-V-P分析）则代表了在不同于肢体轴线的总体方向上产生力的能力，当冲刺的运动员直立时，其肢体轴线的总体方向相对于下肢是准正交方向。

非专项力量的测量方法

为了评估非专项力量（例如下肢伸肌的力量），科学训练师可以在非周期性动作（例如深蹲或跳跃）过程中通过使用不同负荷或阻力的多次试验来确定F-V-P曲线。负荷越大，速度越低，四肢产生的力输出就越大。由于目的是评估运动员的最大能力，因此运动员在每次试验中都必须全力以赴。在可能的情况下，蹲起动作应以弹震式蹬起结束（或在卧推中以猛推结束）。对于蹲起（无论何种类型的蹲起或使用何种杠铃），不同的负荷条件范围可以包括无附加负荷的纵跳，以及最大1RM负荷的蹲起[38]。介于这两种情况之间的不同负荷可用于跳跃（或全力蹬起）测试。蹬起过程中的关节活动度应在不同的负荷条件下进行标准化，以确保只有下肢伸展速度发生变化。起始位置（或下蹲的最低位置）可以是预先确定的（例如，以给定的膝关节角度开始或以匹配运动项目的特定姿势为起始姿势），也可以由运动员自由选择最舒适的位置。后一选项是本章作者的首选[16]。

为了确定F-V-P曲线，需要至少4~6个递增负荷（阻力）条件，以覆盖尽可能大的速度范围。最低负荷通常对应没有附加负荷的跳跃，而最高负荷通常是运动员可以跳起一定高度的最大附加负荷（出于对运动质量和风险的考虑，不建议跳跃低于约8厘米的负荷）。为了确保F-V-P曲线达到可接受的信度，不同条件所覆盖的速度范围比条件数量更为重要[11]。当运动员熟悉这种测试时，两个不同的负荷条件（例如没有附加负荷以及负荷对应约10厘米的跳跃）就足够了（即两次负荷法[11]）。在纵跳期间，由于体重实际上是中等负荷，因此没有附加负荷的条件对应整个F-V区间的中部位置。为了达到F-V区间的速度端点，运动员必须使用除纵跳以外的其他形式来对抗体重或附加质量。可以通过以下方法实现比蹲跳时更快的推力：在水平方向上执行下肢伸展（水平蹲跳[44]）；对抗小于体重的阻力的辅助式纵跳，这可以通过弹力带来实现[10, 24, 45]；或在水平助推过程中仅伸展下肢（不通过躯干位移来减少惯性）[37]（见图13.2）。

每次试验都可以使用测力台或运动学测量工具（视频、线性编码器、加速度计）来测量力、速度和功率[12]。在这种非专项力量测试中，几乎可以测量下肢产生的全部力。有人提出了一种简单的场地测试方法，并对其进行了验证，在实验室外部仅通过3个参数（体重、跳跃高度和下推距离）就可以很容易地评估负重纵跳时产生的力、速度和功率[41]。有研究将使用此方法进行的多次蹲跳和下蹲跳测试结果与测力台的测量数据进行比较，所报告的信度和同时效度非常高[12, 16, 20, 35]。一个在线提供的简单电子表格中包含不同的计算，让运动员或教练员可以确定个人F-V-P曲线，输入个人数据（与每个负荷条件对应的推进距离、质量和跳跃高度）便可获得不同的力量指标（见下一小节）。最后，还有一些商用的智能设备应用程序[2]也可以测试上述某些特征。

专项力量的测量方法

为了测试专项力量，例如在跑步或骑自行车的冲刺过程中下肢伸肌的力量，科学训练师可以通过单次持续6秒的全力以赴的周期运动来评估个人F-V-P曲线[1, 6, 30]。每次下蹬或迈步对应以不同速度执行相异的下肢伸展动作，因此对应F-V关系和P-V关系中的不同点。用于计算F-V-P曲线的金标准方法需要使用装配了测力传感器（力学传感器或测力台）的跑道或跑台（用于跑步）和脚踏板（用于骑行）。为了覆盖尽可能大的速度范围，运动员在跑步冲刺时应该以站立式起跑开始，直到在最初的5秒或6秒内达到峰值速度为止，避免因疲劳引起速度下降。在单次骑行冲刺的情况下，负荷的选择是获得在整个F-V谱中大范围均匀分布的点的关键[9]。在地面上执行跑步冲刺测试时，负荷通常对应身体质量；而在跑台上执行此测试时，负荷则对应覆盖可接受的F-V谱范围的阻力[26, 36]。施加阻力负荷是可以实现的（例如负重滑轨[5, 7]），但不适用于同时进行的力学测量。

科学训练师应连续测量下肢产生的动作速度和作用力，以获得每次肢体伸展或迈步的平均值。在这种专项力量测试中，不考虑下肢产生的全部力，仅考虑运动方向上的分量，即与在整体运动方向上的加速度直接相关的力分量。在冲刺跑中，这对应在地面上产生的力的水平分量[30]。因此，冲刺跑过程中的F-V-P曲线让科学训练师了解到下肢产生力的能力，以及有效地将其传递和定向到地面上的能力（施加力的力学有效性[26]）。冲刺专项力量包括的这两种能力可以通过冲刺F-V-P分析测试中的特定指标来区分（见下一小节）。为了评估特定于冲刺推进的下肢力量，有研究已经提出了用不同的方法来测量全力跑步加速过程中的水平力和速度（请参见[6]）。传统的实验室方法采用装有测力设备的电动或非电动跑台[18, 30]或者测力台[33, 36]进行跑步测试，并使用装有测力设备的脚踏板进行骑行测试[8]。对于场地测试，现有研究已经开发了一种基于宏观生物力学模型的简单方法[32, 42]。该方法非常便于在场地中使用，因为它仅需将人体测量学变量（体重和身高）和时间与空间（分段时间或瞬时跑步速度）作为输入变量。它对全力冲刺加速过程中的水平力、速度和功率的每一步的平均值进行建模。多项研究已证明其信度及同时效度相对于测力台测量来说都非常高[13, 25, 36]。科学训练师可以通过各种设备来测量分段时间和瞬时速度，只要测量位置-时间或速度-时间数据所使用的设备有足够高的初始精度，就可以获得准确的测量结果[32]。与先前讨论的跳跃测试类似，科学训练师只需输入少量变量，就可以利用在线提供的电子表格轻松计算出冲刺过程中表现F-V-P曲线的不同变量。有一款经过验证的智能手机或平板电脑应用程序使用这个简单方法，根据苹果设备中每秒240帧慢动作摄像头确定的分段时间来计算冲刺力学变量[39]。

力-速度-功率分析的关键指标

F-V-P关系展现了动态产生最大力的能力，人们可以通过不同的指标来描述此关系，每个指标代表力量的特定组成部分。表13.1中详细列出了用于跳跃和冲刺F-V-P分析的不同指标。展示动态力量的最宏观指标是最大功率输出（P_{max}）。虽然不完整，但它首先给出了整个F-V-P曲线的总

表13.1 非专项力量（跳跃）和专项力量（冲刺）中与F-V-P曲线相关的主要力量指标的定义及实践解释

		它究竟是什么？	它在实践中是什么？	如何计算它？	什么是公值？ 从极低（业余运动）到极高（精英水平）
跳跃	F_0 （牛或牛·千克$^{-1}$）	理论上下肢在零速度伸展时可产生的最大力输出（F-V谱的极限力端）	下肢在低速时产生力的能力（低速时的力量）	线性F-V关系的力轴截距	从低到高：20~50牛·千克$^{-1}$；1100~5000牛
	V_0 （米·秒$^{-1}$）	下肢可以产生力输出的理论最大伸展速度（F-V谱的极限速度端）	下肢在高速时产生力的能力（高速时的力量）	线性F-V关系的速度轴截距	从低到高：1.5~6.5米·秒$^{-1}$
	P_{max} （瓦或瓦·千克$^{-1}$）	下肢在一次伸展中可能产生的最大机械功率输出（P-V关系的顶点）	下肢产生功率的能力（最大功率）	$P_{max}=F_0 \cdot V_0/4$ 或 P-V二阶多项式关系的顶点	从低到高：15~45瓦·千克$^{-1}$；850~4300瓦
	S_{FV} （牛·秒·米$^{-1}$·千克$^{-1}$）	下肢F-V力学曲线	下肢产生力的能力偏向力或速度的能力（低速和高速力量之间的平衡）	$S_{FV}=-F_0/V_0$ 或线性F-V关系的斜率	从最偏向力到最偏向速度：-29~-3.5牛·秒·米$^{-1}$·千克$^{-1}$
	S_{FVopt} （牛·秒·米$^{-1}$·千克$^{-1}$）	下肢的最佳F-V曲线，获得最优弹震式下推表现	个人在力和速度能力之间的最佳平衡，使跳跃表现水平最高（低速和高速时力量之间的最佳平衡）	详细的计算见[46]	从最偏向力到最偏向速度：-15~-10牛·秒·米$^{-1}$·千克$^{-1}$
	FV_{imb} （%）	S_{FV}和S_{FVopt}之间的相对差异的大小	个人在力和速度能力之间的不平衡，使跳跃表现水平最高（低速和高速时力量之间的不平衡）	$FV_{imb}=1-S_{FV}/S_{FVopt} \cdot 100\%$	从平衡到完全不平衡：0~100%
冲刺	F_0 （牛或牛·千克$^{-1}$）	下肢在跑步速度为零时可产生的理论最大水平力输出（F-V谱的最大力端）	低速时产生水平力的能力（低速时的冲刺专项力量）	线性F-V关系的力轴截距	从低到高：4~12牛·千克$^{-1}$；200~1100牛
	V_0 （米·秒$^{-1}$）	下肢可产生水平力输出的理论最大跑步速度（F-V谱的最大速度端）	高速时产生水平力的能力（高速时的冲刺专项力量）	线性F-V关系的速度轴截距	从低到高：6~12米·秒$^{-1}$
	P_{max} （瓦或瓦·千克$^{-1}$）	下肢在一步中可能产生的最大机械功率输出（P-V关系的顶点）	产生水平方向功率输出的能力（最大冲刺功率）	$P_{max}=F_0 \cdot V_0/4$ 或 P-V二阶多项式关系的顶点	从低到高：7~30瓦·千克$^{-1}$；350~2300瓦
	S_{FV} （牛·秒·米$^{-1}$·千克$^{-1}$）	冲刺F-V力学曲线	产生水平力的能力偏向力或速度的能力（低速和高速冲刺专项力量之间的平衡）	$S_{FV}=-F_0/V_0$ 或线性F-V关系的斜率	从最偏向力到最偏向速度：-1.8~-0.4牛·秒·米$^{-1}$·千克$^{-1}$
	RF （%）	一步中的力的比率	下肢对地面产生的总力的水平分量比率（施加力的力学效果）	一步中的水平分量与在地面上产生的合力之比	每一步都不同，范围为RF_{max}~0
	RF_{max} （%）	RF的最大值	施加力的最大力学效率（在第一步发生）（低速跑步时的力学效率）	第一步的RF值（测力台测量）或在时间为0.3秒时建模的RF值（简单场地冲刺测试方法）	从低到高：24%~60%
	D_{RF} （%·秒·米$^{-1}$）	跑步速度增加时的RF下降率	尽管跑步速度提高，但仍保持高力学效率的能力	线性RF-V关系的斜率（使用简单场地冲刺测试方法，时间>0.3秒）	从低到高：-12~-4（%·秒·米$^{-1}$）

体情况。但是，达到相似 P_{max} 的两个运动员可能会表现出差异极大的力量特征，即在低速和高速时产生力的能力会有所不同。这种力量特征的差异通过F-V关系的两个理论极值（力轴和速度轴的截距）进行量化（分别为 F_0 和 V_0）。考虑这些极值（即使它们是理论值）的兴趣来自这样一个事实，即它们与测量的负荷或速度条件无关。如果对低速和高速时的力量进行评估时采用两种不同的速度或两个不同的负荷条件（例如在低负荷和高负荷下的两次跳跃），则不会出现这种情况；实际条件的选择会在很大程度上影响力量指标。运动员的力量偏向 F_0 或 V_0 由F-V力学曲线（S_{FV}）确定，代表个人的力和速度素质之间的比率（即F-V关系的斜率）。F-V曲线与 P_{max} 无关，因此除了 P_{max} 之外，还必须全面了解运动员的动态力量。旨在克服自身体重并提升身体运动速度的弹震式表现（例如跳跃或全力俯卧撑）已显示出与 P_{max} 和 S_{FV} 均相关，并且存在最佳F-V曲线（S_{FVopt} [20, 40, 43]）。每个运动员都可以准确地确定该最佳F-V曲线，并使用它来确定F-V不平衡（FV_{imb}）是偏向 F_0 还是 V_0，以及相关的力或速度不足的程度。对于旨在提升弹震式表现的个性化运动员训练计划来说，这些指标是有用的工具。已有人提出使用类似的指标来优化冲刺F-V-P曲线，但尚未发表具体的研究报告。

对于冲刺专项力量追踪来说，P_{max}、F_0、V_0 和 S_{FV} 描述了完全相同的力学特征，但它们分别对应在水平、前后方向上产生特定于冲刺的力的能力。这组变量综合了运动员的非专项力量和特定的跑步推进力（施加力的力学效率）。因此，需要其他指标来表现这种将力传递并有效定向到地面的能力。后者可以通过每一步的水平分量与合力（RF）之比进行计算[26]。然后，科学训练师可以通过在第一步观察到的 RF 最大值（RF_{max}）及其

在速度增加时的下降率（D_{RF}）很好地描述力学效率。单独量化力学效率有助于区分F-V-P曲线和冲刺表现中个体间或个体内部的差异的身体素质起源和技术起源，这有助于使训练过程更适合培养特定的力学素质。

最后，由于其宏观性，下肢F-V-P曲线无法提供有关主要F-V-P指标的所有基础力量指标。例如，发力速率通常在等长运动模式中测得[23]，是爆发性收缩的关键力量指标。它是 F_0 的力学基础之一，并且是 V_0 的主要力学基础，对于 P_{max} 来说也是如此。尽管此处未讨论发力速率，但本章的作者认为，除了F-V-P曲线外，还应该对其进行测量，以表现非专项力量的特定组成部分（尤其是如果以爆发力为目标）。

力-速度-功率特征的分析与解释

除了基本表现分析（例如跳跃高度或冲刺时间）以外，构建、分析和解释个人F-V-P谱也很重要。理解如何解释个人表现是科学训练师的一项重要能力，如果在运动员的特定背景（例如练习水平、目标、身体素质和训练或康复状态等）下去理解，有助于科学训练师以证据为基础更详细地编制训练计划。当然，有时候不同运动员在相同水平的跳跃或冲刺表现中的曲线和力学输出非常相似，但是在大多数时候，每个运动员的曲线都具有不同的子分量，因此，测试和追踪身体能力并追求其进步是非常有趣的。在这一点上，小组或全队的平均值和标准集体数据将被视为一般的参考，因为科学训练师首先要提高或保持运动员个人的能力，而不是小组的平均值。

下肢伸展和跳跃表现的力学特征

要使用本章描述的方法分析个体下肢F-V-P谱，第一步就是测绘先前描述的主要力学变量。

这将详细描述测试中的个人能力，不仅具有直接的意义（描述表现及其力学基础），还具有长期影响（发展、训练、康复过程中的时间点）。

对于可以分析整体下肢能力的纵跳测试（通常是蹲跳或下蹲跳），研究表明，跳跃表现（即最大跳跃高度）有时并不是良好的下肢最大力量指标[27]。有几个因素可能会混淆最大功率输出与蹲跳或下蹲跳的高度之间的关系，因此科学训练师应考虑进行全面分析：体重、跳起距离和F-V曲线本身。针对F-V曲线，研究表明，对于给定水平的P_{max}，在许多可能的曲线（即F-V关系的斜率）中，跳跃表现均被最大化以达到最佳值。相应地，任何FV_{imb}都与次最大跳跃表现相关联，并因此代表潜在的进步空间。对训练水平较高的运动员的研究表明，最优秀的运动员会同时表现出高P_{max}和低FV_{imb}（即实际F-V曲线的斜率接近其个人最佳斜率[40]）。下面的例子（见图13.3）显示

了两个有相同的跳高表现（蹲跳高度为27厘米）的运动员，但他们的F-V曲线和人体测量特征大不相同。对这些运动员的分析是一个如何在以提高跳跃表现为目标的训练背景中理解F-V曲线的例子。然后，这种方法可以被外推到其他情况，例如康复和重返运动情境。

此处的解释是，这些运动员各自的跳跃表现进步可能是由于不同的训练计划或至少对训练内容的不同调整导致的。一个类似的"一刀切"训练方法可能会导致适应效果欠佳，因为这些运动员在相近的跳跃表现中显示出不同的力学分量。在这个特定示例中，正如稍后将要讨论的那样，运动员A所执行的计划应该要降低FV_{imb}（尤其是改进曲线的左侧，即更注重偏向力的曲线）并且提高P_{max}。相反，运动员B将整个F-V曲线移向更高水平的P_{max}，同时保持相似的、接近最佳曲线的曲线。

运动员A	
蹲跳高度	27.0厘米
体重	90千克
跳起距离	0.25米
P_{max}	24.5瓦·千克$^{-1}$
FV_{imb}	40%

运动员B	
蹲跳高度	27.0厘米
体重	80千克
跳起距离	0.35米
P_{max}	20.0瓦·千克$^{-1}$
FV_{imb}	1%

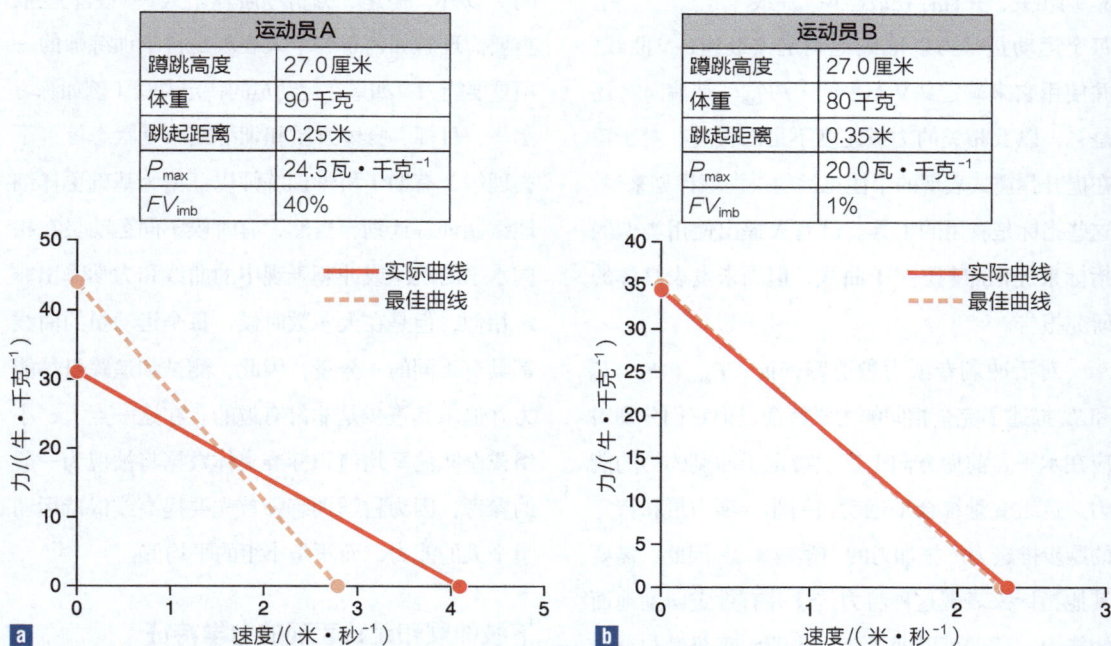

图13.3　两个具有相同蹲跳高度表现（27.0厘米）的运动员可以表现出截然不同的下肢P_{max}。在此示例中，a. 与运动员B相比，运动员A显示了高约20%的P_{max}，也显示出了较大的FV_{imb}、更大的体重，以及更短的跳起距离，因此解释了为什么运动员A的跳跃表现并不比运动员B更好；b. 尽管P_{max}较低，但运动员B仍显示出几乎完美的最佳曲线（FV_{imb}接近于0）

冲刺加速表现的力学曲线

科学训练师可以对冲刺加速表现应用相同的分析：相近的冲刺时间并不一定意味着相似的基础力学曲线。线性冲刺加速表现（例如30米冲刺）可以解释为以下力学变量的结果（参见前面的描述）：P_{max}（由F_0和V_0值决定）、RF_{max}和D_{RF}。以下示例（见图13.4）显示的两个橄榄球运动员具有相同的30米冲刺表现，但基础力学曲线大不相同。

运动员A显示出更大的P_{max}和冲刺F_0，部分原因是他在冲刺开始时的最大RF更大（49%）。运动员B显示出较小的RF_{max}，但其限制RF随着速度增加而下降的能力更好（D_{RF}为-7.64%·秒·米$^{-1}$，而运动员A为-11.2%·秒·米$^{-1}$）。因此，运动员B在加速期间能够在地面上更长时间地产生更大的前后方向净力，并最终在冲刺的最后阶段达到更高的最大速度。如果测试距离短于或长于此处选择的30米，则这两个人的冲刺能力以及对相关训练建议的解释可能会有所不同。对冲刺测试结果的解释不应取决于所选择的测试距离。因

此，作者强烈建议科学训练师构建和分析完整的F-V曲线，该曲线可以从单次冲刺的数据中得出。在此示例中，科学训练师应针对运动员A和B的特定个人曲线和需求至少部分地定制其个人训练计划。具体来说，运动员A应提升其随着跑步速度的增加而使力更偏向水平方向（D_{RF}）的能力，以及他在高速（V_0）时产生水平力的能力。相反，运动员B应该提高他的最大水平力输出，方法是在非常低的跑步速度（RF_{max}）下提升其水平定向力的能力。此外，如果运动员B的下肢F_0在跳跃曲线上较低（偏向力的不足或F_0值较低，或者两者都低），则他的训练内容应同时针对他的下肢非专项最大力量输出和在特定冲刺加速环境中传递力的能力。这支持一个事实：即使是针对专业短跑运动员，使用跳跃曲线法进行的下肢表现分析也有助于科学训练师全面了解其能力，并更好地理解相关的训练需求和优先事项。

基于表现分析的训练内容调整

当考虑整个运动队或小组时，这种个体的解

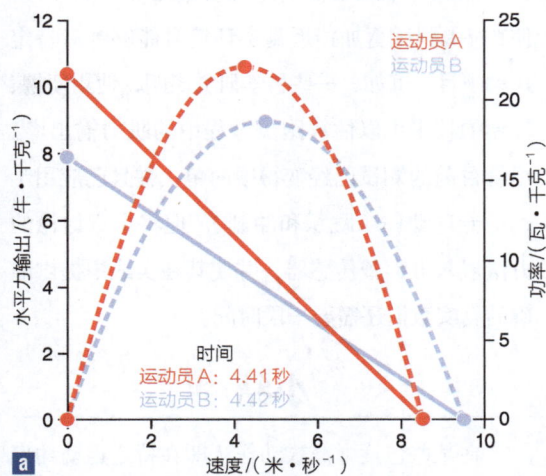

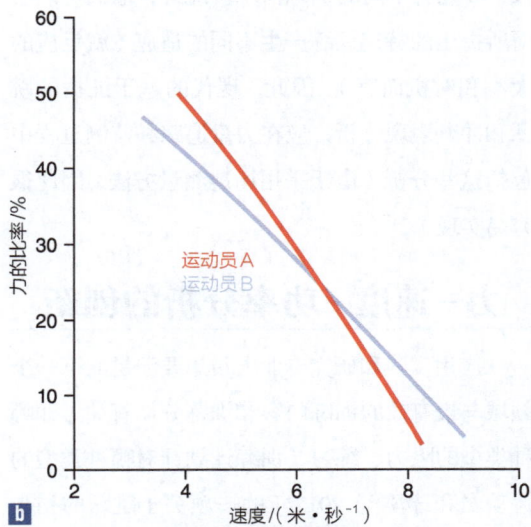

图13.4 两个橄榄球运动员的30米冲刺表现几乎相同，但a. F-V-P曲线和b. 力的比率（作为跑步速度的函数）有很大不同。力线为实线，功率曲线为虚线

释肯定会增加整体分析和解释的难度，但是个体曲线及表现的巨大差异清楚表明了优化训练效果的可能性。为个人（或小组，如果几个运动员表现出相似的力学特征）定制或者至少部分定制的计划可以定位和修复薄弱环节，并加强或维持力学表现链中的牢固环节[28]。相比之下，即使"一刀切"（即不对训练内容进行个人调整）的方法使平均成绩有所提升，但在个人层面上也会导致运动员未能达到最佳适应水平。科学训练师必须关注每个运动员的训练效果，而不仅仅是关注整体平均效果，因为这很容易掩盖无反应者，甚至是消极反应者。希门尼斯-雷耶（Jiménez-Reyes）及其同事于2017年发表了第一项相关研究，展示了根据FV_{imb}设计的个性化计划有效提高了跳跃运动表现[19]。使用为期9周的专门训练计划后，实验组的FV_{imb}明显且几乎系统地降低，并且与对照组（没有基于FV_{imb}进行个性化设计）相比，实验组的蹲跳表现显著提高的幅度更大，并且个体间的适应性差异更小。

运动员具有不同的个人F-V-P（和疲劳）曲线，因此有不同的训练需求。此外，他们可能会对所提出的特定训练产生不同的适应（就反应的大小和时机而言）。因此，现代的基于证据的跳跃和冲刺表现分析，应在力量追踪和监测过程中包括这些分析（由于采用场地测量方法，因此很容易实现）。

力-速度-功率分析的创新

应用实践和研究专业人员想要涉足的下一个领域与最有效的训练内容和训练分期有关（即哪种类型的阻力、练习、训练计划针对哪种类型的运动员和环境）。2017年的一项关于跳跃的初步研究[19]涉及了一个持续时间固定的计划，但没有呈现计划结束后的9周内或停止训练期间关于适应的个体动力学信息。在2019年，希门尼斯-雷耶及其同事重复了上一个研究[22]，并获得了相同的结果，但是这次的研究帮助每位接受研究的运动员在数量不定的几周后达到了其最佳曲线区域。他们还证明，初始FV_{imb}的大小（力量或速度）与必要的训练周数相关，也就是说，不平衡度越大，达到最佳曲线区域所需的时间就越长。

对冲刺的评估中，也必须回答相同的问题（即可以有效刺激曲线的每个部分的训练内容、最佳训练分期方法、疲劳的影响），尤其是类似于弹震式跳跃动作的最佳冲刺F-V曲线的问题。这些研究目前正在进行中。就训练分期而言，其挑战是整合减小或保持FV_{imb}的计划，最终目的是在运动员或团队的整体力量和体能、战术、技术和身体发展中提升跳跃或冲刺加速表现，当然，只涉及以提升弹震式表现或冲刺加速表现（或者两者兼有）为目标的运动员或团队。但是，这些方法也可以用于监控其他类型的训练（例如最大力量输出训练）对运动员的曲线及其他类型的身体事件（例如伤后康复、减量训练期和赛季后停训）的影响。

最后，包含对这两种运动能力评估的前提下，科学训练师未来还需要能够收集比赛中的数据，使F-V-P测试更加接近真实环境且能够针对特定运动项目。例如，一些科学研究表明，使用便携、轻便的技术可以估算跑步过程中的肌力输出[25]。尽管目前的测试已经变得很简单，并且已应用于运动专项动作（跳跃和冲刺），但将本章讨论的方法嵌入可穿戴传感器，并使其在实践中提供准确的真实数据还需要一段时间。

小结

在某些包括弹震式动作（即在特定运动约束下，以尽可能快地推动物体、肢体或整个身体为目标的动作）的运动项目中，表现水平在很大程度上取决于冲量和机械功率输出。运动员的功率输出取决于他们的力和速度能力，以及他们在运动动作的特定速度范围内能够产生的力的水平。因此，在对运动员的力量进行全面评估时应该探索整个F-V-P谱。尽管这种分析和监控尚未适用于所有类型的运动动作，但已适用于纵跳、卧推和冲刺加速练习，这是因为采用了根据金标准实验室测量结果验证的简单方法。这些方法通常仅需要在现场测试期间输入实地测量值（跳跃高度、冲刺时间或速度）和价格低廉的设备。通过弥合实验室（科学）和场地（实践）之间的差距并消除其间的障碍，研究还表明，个人F-V曲线可以用于更深入地分析和解释每个运动员的力量、表现及其基础，该信息可用于指导和优化训练、监控和康复干预措施。

推荐读物

Jiménez-Reyes, P, Samozino, P, and Morin, JB. Optimized training for jumping performance using the force-velocity imbalance: individual adaptation kinetics. *PLoS One* 14: e0216681, 2019.

Morin, JB, Jiménez-Reyes, P, Brughelli, M, and Samozino, P. When jump height is not a good indicator of lower limb maximal power output: theoretical demonstration, experimental evidence and practical solutions. *Sports Med* 49: 999–1006, 2019.

Morin, JB, and Samozino, P. Interpreting power-force-velocity profiles for individualized and specific training. *Int J Sports Physiol Perform* 11: 267–272, 2016.

Morin, JB, Samozino, P, eds. *Biomechanics of Training and Testing: Innovative Concepts and Simple Field Methods*. Cham, Switzerland: Springer International Publishing, 2018.

第 14 章

心率和心率变异性

乔尔·贾米森（Joel Jamieson）

尽管有记载的心率（Heart Rate，HR）测量最早是由埃及亚历山大港的希罗菲卢斯（Herophilus）（大约公元前335—前280）实施的[32]，但竞技体育领域的HR测量直到2000多年后才出现：1983年，芬兰的博能电子（Polar Electro）生产了第一款无线心电图胸带[26]。在随后的几十年中，HR和心率变异性（Heart Rate Variability，HRV）等相关指标的分析在整个人类表现领域变得越来越普遍。HRV是指在特定时间内每两次心跳的时间间隔的变化[6, 13]。伴随大量移动应用程序的出现，以及精确、低成本监控设备的普及，HR相关指标被广泛用于内部负荷的量化，以及适应和疲劳的监控[25, 85]。

尽管其应用有所增加，并且在各种训练情境中的测量相对容易，但就最佳实践做法以及这些指标帮助制订与急性负荷和慢性负荷相关的管理决策的能力而言，研究人员和教练员之间仍然未形成一致意见[64, 66-67]。例如，尽管已经有研究提出了将多种方法和公式作为根据HR数据计算训练负荷的简单实用手段，像最早由班尼斯特（Bannister）于1991年[5]提出的训练冲量（Training Impulse，TRIMP；请参阅"使用心率和心率变异性对训练负荷进行建模"部分），但至今尚未有任何方法被采纳为金标准或得到广泛采用。

与HR监控实际应用相关文献不一致的潜在原因，可能是HR和相关指标的不断变化，并且有多种内部和外部的影响因素导致其变化[13]。如果只以数字形式来研究HR和HRV，这种简单的形式就掩盖了影响HR的外部环境与多个动态生物系统之间复杂而敏感的相互作用。

心率调节

将氧气输送至全身的组织和细胞是代谢的基本要求，其对于维持生命是必不可少的。出于这个原因，HR是受到严格控制的，而控制HR的大量重叠反馈循环是跨多个生物系统的，并最终实现对能量稳态的调节和维持[1]。如果没有这些过程和调节机制，HR将被限制在其固有范围之内，即100~110次/分[43]，这是由窦房结中细胞的自动起搏节律决定的，并且难以满足不同情境下不断变化的能量需求。心率调节的基础是自主神经系统（Autonomic Nervous System，ANS）及其始终将内部状态维持在代谢所必需的限度内的动力，同时努力满足外部环境的即时需求[56]。ANS通过自主神经及其两个分支来调节HR：交感神经系统和副交感神经系统[69]。

在此调节中，交感神经系统的激活会刺激一系列激素（如去甲肾上腺素）释放，以及其他信号传导机制引起HR增加，进而增加氧气输送并产生有氧能量。这种增加是对外部环境中实际或感知到的应激源的反应，这些应激源具体如下。

- 身体应激源，例如由于周围组织代谢水平上升（如运动）而导致的需氧量增加。
- 环境应激源（例如温度、海拔、噪声等产生变化）。
- 心理应激源（例如恐惧、焦虑等加剧）[13, 74]。

此外，水合状态、营养的可获取性、激素敏感性和疲劳等一系列内部生理状况都有可能改变交感反应并影响HR和HRV[17, 34, 48, 79]。

在体力活动中，力和功率输出是以肌肉收缩的形式实现的，它们的增加是额外能量需求的最大来源。在对代谢要求苛刻的运动项目中，运动表现可能会受到有氧代谢能力的限制，为了产生额外的能量，人体就需要更多的氧气，并因此需要更高的HR。考虑到这一点，再加上在训练和比赛情境中内部和外部影响因素的高度可变性，活动过程中的HR代表了身体对施加于其上的身体负荷及脑力负荷的综合反应之和[70]。

在静息和减少能量消耗期间，ANS活动发生改变，并且副交感神经系统成为调节HR的主要影响因素[69]。与ANS的交感神经系统相反，副交感神经系统在应激后恢复体内稳态以及分配用于细胞修复、再生和适应的能量方面起主要作用[78]。在休息、睡眠以及减少其他体力活动和脑力应激水平较低的时候，通过释放乙酰胆碱，来自副交感神经系统的输入对HR调节起主要作用[38]。

此输入被称为心脏迷走神经张力，主要负责将HR降低到远低于静息HR的水平，当HR随着能量需求增加而提高到静息HR水平以上时，心脏迷走神经张力的减弱是首个影响因素[43]。迷走神经张力的增强，以及心血管和神经肌肉系统的

形态变化，包括两种对提升代谢能力至关重要的适应，并且与提升有氧运动表现和降低高负荷下的损伤风险相关[64, 75, 86]。

交感神经系统和副交感神经系统共同驱动身体的适应机制，提升其在各种环境中的生存能力和表现能力。ANS的这两个分支之间的关系及其对急性和慢性负荷的反应变化是个体整体健康状况、运动表现和损伤风险的重要影响因素[77, 86]。要了解两者间的这种平衡，监控各种情况下的HR和HRV变化是最普遍且行之有效的方法，其目的是管理训练负荷并优化运动表现[13, 62, 64, 82]。

心率和心率变异性监控

手机、可穿戴设备及蓝牙等现代信号传输设备的日益普及，使得测量和监控HR指标的成本比以往任何时候都更低廉，并且使其更容易执行和更实用。传统设备与新型设备的竞争日益激烈，前者为连接胸带的手表式设备，仅在训练时才佩戴，而后者可以全天不间断测量和追踪HR。更多的手机和平板电脑应用程序也使我们有更多的机会通过可同时接收和处理多个信号的数据中心同时监控多个运动员。

尽管HR监控器类型、尺寸形状和应用程序的类型迅速增加，但用于检测心率的传感器和方法通常属于以下两种类别之一：电子（例如心电图）或光学（例如光电容积描记术）[60]。每种类型的传感器或方法都有其自身的优势和局限性，适用于不同类型的测量和用途。

电子传感器

人们首次使用电信号测量心脏活动，即心电图（Electrocardiography，ECG或EKG），可以追溯到1895年威廉·艾因特霍芬（Willem Einthoven）博士的发明。他凭着这项发明在1924年获得了

诺贝尔生理学或医学奖[3]。在随后的几十年中，ECG在医学领域中被广泛用于心血管疾病的研究和预防[87]。1983年，博能电子推出了Sport Tester PE 2000，标志着第一款无线ECG设备的发布及其在健身和体育行业的初次亮相[26]。

自从第一款产品发布以来，配合胸带使用的传感器在准确性、电池寿命和人体工程学方面均有所改善，但是用于检测心跳的ECG的基本原理基本保持不变。与光学传感器相比，ECG传感器的主要优势在于在各种条件下均可保持准确性[58]，在运动中尤其如此。多项研究均表明，它们在较高的强度下以及在更多样化和动态的运动模式下都更加准确[30, 84]。因此，我们建议使用ECG传感器，它适用于在要求最高准确度时或在高强度运动中监控HR。

光学传感器

使用光学传感器的设备越来越普及，并且其易用性有所增强，这些设备样式繁多，例如腕带式设备，以及集成了光学传感器以收集其他健康和体质数据的可穿戴设备[76]。与使用电信号监控心脏活动的监控器不同，带有光学传感器的设备使用一种称为光电容积描记术（Photoplethysmography，PPG）的新方法，通过检测血流量变化来确定HR[27]。

心脏的每次搏动都会向全身的组织泵送血液脉冲。PPG设备使用由发光二极管灯和光电传感器组合而成的光学传感器，在这些血液脉冲通过皮下组织时检测吸光度的变化[27]。使用这种技术，现代的PPG传感器能够较为准确地测得静息和中低强度运动状态下的HR和每两次心跳的时间间隔，后者用于计算HRV[58]。在较高HR和快速的非周期性运动过程中，PPG传感器相比电子传感器更容易出现测量误差，并且市面上各种PPG产品之间存在明显差异[39, 58]。

信号传输技术

随着技术的进步，将测得的HR从检测传感器传输到显示HR的接收器的方法也发生了变化。如今，这些接收器通常采用手表、手机或平板电脑应用程序或者其他可穿戴设备的形式。有些商用健身器材还配有内置显示器，能够显示从多种设备（例如跑步机、固定自行车、划船机）传输过来的HR。

最古老的数据传输技术采用模拟的5000赫兹无线电信号，由博能电子获得专利并首次使用[21]。该技术依靠接收设备来处理无线电信号，并计算和显示HR。如今，使用此技术的主要是较旧的设备和商用心肺训练器材，例如跑步机、划船机和动感单车。该类设备的传输范围有限，并且缺少唯一的标识符，因此在团队训练情境中并不实用。

有两种数据传输技术已基本上取代了5000赫兹无线电信号传输技术，其中一种是ANT+，这是在2004年推出的一种开源无线数据传输协议[24]。ANT+的主要优点是传输距离大大增加，通常为30~50米，甚至更远，具体情况视设备而定；并且它能够连接并传输数据到具有唯一ID、专为团队训练情境设计的ANT+集线器[83]。此外，速度传感器、功率计和手表等多种健身设备和器材均支持ANT+，与5000赫兹无线电信号传输技术相比，其兼容性极大地增强了。

较为现代的数据传输技术是低功耗蓝牙，它已集成到多种可穿戴设备中。和ANT+一样，它是一种开源无线通信协议，支持在两个设备之间传输多种类型的数据[31]。其数据传输速度高于ANT+，并且低功耗蓝牙传输功能已成为手机、平板电脑、耳机、健身追踪器等设备的标准配置。许多HR监控设备现在都内置了ANT+和低功耗蓝牙功能，以增强兼容性。

心率和心率变异性测量

HR和HRV测量是一种易于采用的测量方法，可提供用于指导理解运动员的生理需求和健康状况的重要信息。这些指标既简单又重要，正确测量和解释对于确保它们的准确性及最终价值至关重要。

测量心率

由于HR相对简单，并且其监控和记录都可无创进行，因此人们可以在多个时间范围内和多种生理状况下对其进行测量。在体能和运动表现方面，这些测量可以分为两大类：静息HR和运动心率（HRex）。在静息和运动时测得的HR有助于了解自主功能、能量消耗、疲劳和健康状况在不同方面的变化[1]。第3类测量是24小时连续监控HR。随着可穿戴健身设备的发展，它已经变得更加实用。但是，人们在这一领域尚缺乏有效的研究，因此这里不再讨论。

传统上，静息时测量的HR和HRV可反映急性疲劳和慢性疲劳以及适应的变化[1]。由于交感神经系统对各种应激源都高度敏感，因此已证明当测量时间、身体姿势、营养摄入和环境等条件均标准化时，静息测量是最准确的[4]。缺乏这种标准化可能导致文献中的结果不一致，因此突出了在静息状态下进行监控的重要性[13]。

运动期间记录的HR是动态和多维生理条件下的测量结果，涉及运动强度、身体姿势、心理和身体环境的快速变化，因此对测量结果造成的变异性和影响会更大[13]。干扰变量的数量使数据解释更具挑战性，并且可能是文献中的次最大测试结果和最大测试结果缺乏一致性的原因[13]。

除了使用HRex进行的各种体能测试外，还有研究提出了多种方法和计算来估测急性训练负荷以及适应和疲劳的变化。文献通常得出较一致的结论，即相比于其作为清晰的疲劳标志的能力，HRex能够更好地反映出体能和表现水平的纵向提高，这种提高表现为在特定功率输出和强度下，会有相对较低的HRex和较快的HR恢复[13-14]。

测量心率变异性

HRV被广泛认为是评价身心健康和体能的一般指标，而它的使用已通过许多可穿戴设备和移动应用程序变得越来越普遍[25]。与HR相比，对HRV的测量需要进行额外的数据处理和更专业的监控设备，这些设备能够非常精准地测量和传输心跳间隔数据[15]。胸带式监控器（例如ECG）的使用已在文献中得到广泛验证，但有些PPG传感器也被证明足以进行准确的HRV测量[23, 35]。

为了区分训练引起的ANS变化与环境噪声和生理状况（如声音和光线、身体姿势、营养和水合状态）引起的变化，最佳实践做法是在实际限制范围内最大限度地标准化这些变量。为此，已经有研究提出并检查了30秒~24小时的测量周期范围[22, 35]。

尽管夜间记录最有可能实现标准化测量，但随着睡眠波的测量、身体姿势变化、传感器移动、文献中缺乏验证，再加上其他实际限制条件，使得这种方法的可行性不高[37]。该领域当前的最佳实践做法通常是在清晨醒来时记录读数，测量时间较短，通常为3~5分钟，与常用的移动应用程序一致[13]。该时间段可能是环境条件标准化的最佳机会，并且最具实用性。

由于交感神经系统的敏感性，测量HRV的最佳做法包括标准化测量时间、身体姿势（最常用仰卧姿势或坐姿）、呼吸方式、温度和测试前的营养摄入，同时限制测量过程中的噪声和其他环境应激源[4, 13, 72]。虽然通常建议使用较高的测量频率，但这并不总是可行的，并且文献表明，每周只需3~4次测量即可提供有意义的信息[67]。

心跳间隔时长的检测

计算HRV的第一步是使用ECG或PPG传感器准确测量连续心跳的精确间隔时长。由于ECG检测心电活动的变化，而PPG基于光度的变化来测量通过皮肤的血液量波动，因此它们使用不同的处理技术来识别信号峰值，并确定连续心跳的间隔时长。无论使用哪种设备，该间隔时长通常被称为R-R间期，用于表示使用ECG传感器测量时两个R波的波峰之间的时间（见图14.1）。

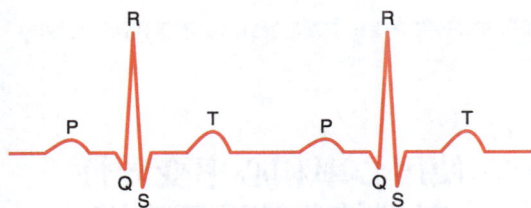

图14.1 R-R间期

文献表明，ECG和PPG设备都能够准确检测心跳间隔[68]，但两种技术之间的比较通常显示出ECG设备具有更强的准确性和一致性[84]。这可能是PPG设备检测信号峰值的难度更高、出现运动伪影的可能性更大，以及不同制造商的传感器质量差异所致。

滤波

在准确计算HRV的过程中，通常被忽略的一个关键步骤是对R-R间期时间序列进行滤波，这通常被称为伪影校正[15]。这对于消除异位搏动（在窦房结外部出现的搏动）、漏搏以及运动或其他信号问题引起的其他伪影来说是必要的步骤。即使是将一个错误搏动留在时间序列中，也可能导致HRV指标差异高达50%。因此，适当的滤波对

于确保测量结果的准确性至关重要[13]。对于运动情境中经常使用的短时测量尤其如此，因为这种类型的测量对伪影更敏感[15]。现代HRV移动应用程序一般包括自动滤波算法，但更全面的计算机解决方案通常能够选择一系列滤波器，因此更适用于研究和复杂分析[55]。

计算心率变异性

许多分析方法（包括线性和非线性的）已被建议用作计算HRV和自主功能的不同组成部分的手段[15]。当今最常用的两种计算方法分别属于以下两个类别：时域分析（用于分析R-R间期的时间差异变化）或功率谱分析［更复杂的技术，用于分析R-R间期变化的频率，并将它们分为低频功率（Low-frequency Power，LFP）、极低频功率（Very Low-frequency Power，VLFP）和高频功率（High-frequency Power，HFP）3种频段］。在这两种方法中，时域测量法通常被认为更适合对运动人群进行实际监控，因为其测量时间较短[22]，较少受到呼吸影响，并且日常变异性可能更低，从而可以更清晰地分辨出噪声和有价值的变化[12-13]。为了让这些工作更有效，在实践中通常会使用数据标准化等统计技术。例如，RMSSD（相邻正常心搏间期差值的均方根）的对数自然变换（见表14.1[1, 15]），这是文献和常规实践中最广泛报告和使用的HRV指标之一[64-65, 67]。

心率和心率变异性的分析及解释

每个训练计划的目的都是刺激人体的适应性机制，使各种生理能力产生积极的变化，从而使它们更轻松、更高效地满足特定的环境需求。在运动表现方面，这些内部适应有可能促进更高水平的技能执行和更大的外部功率输出[3]。

为了达到这个目的，训练必须反复施加足够

表14.1　HRV 的常用指标

名称	域	描述*	说明
SDNN（毫秒）	时域	正常 R-R（NN）间期的标准差	表示读数的所有周期性变化，但统计用途有限，因为测量的变异性会随着记录持续时间的增加而增强
SDANN（毫秒）	时域	每5分钟测量一次的平均 NN 间期的标准差	用于更长时间的 HRV 测量，以估算由于周期超过5分钟而产生的变异性
RMSSD（毫秒）	时域	相邻正常心博间期差值的均方根	估计变异性的短期副交感成分，具备有用的统计属性；竞技体育中最常用的测量值之一
pNN50指数（%）	时域	差值超过50毫秒的相邻 NN 间期的百分比	估计变异性的副交感成分并与 RMSSD 密切相关，但统计实用性较差
VLFP（毫秒²）	频域	极低频带（0.0033~0.04赫兹）的绝对功率	未像其他频率测量值那样明确定义生理基础，小于5分钟的变异性测量值的实用性值得怀疑
LFP（毫秒²）	频域	低频带（0.04~0.15赫兹）的绝对功率	被认为是 HR 的交感和副交感调节的指标，可以用标准化单位表示
HFP（毫秒²）	频域	高频带（0.15~0.4赫兹）的绝对功率	被认为是 HR 的副交感调节的一种指标（与呼吸有关的变异性成分），可以用标准化单位表示
LF/HF	频域	低频绝对功率与高频绝对功率之比	被认为是自主平衡的指标，其中 LF/HF 比值较高表明交感神经系统占主导地位
总功率（毫秒²）	频域	在0.00066~0.34赫兹之间的总 HR 功率	测量所有 NN 间期的方差，并高度受身体姿势和呼吸频率的影响

*译者注：原书如此。

大的负荷，以提供适应刺激所必需的生物应激水平。同时，如果组织或系统的负荷带来的疲劳没有被充分的恢复所抵消，则可能会损害提升运动表现的效果[54]。如果这种负荷长期超出了人体对其正向适应的生物学能力范围，则运动表现水平会下降，甚至会增大受伤的可能性[19]。

每位训练科学从业人员都要面临的其中一项主要挑战是设计和管理训练计划，帮助每个运动员达到合适的负荷水平并使用适当的负荷模式，从而随着时间的推移不断提高体能和准备水平。这些努力的重要组成部分是评估改变外部负荷对人体的急性和慢性影响及其产生的内部反应。在竞技体育中，如果 HR 和 HRV 指标得到有效利用，就可以证明其在设计和管理训练计划中的价值（特别是作为多变量方法的一部分，有助于估计训练负荷），包括评估因负荷和生活方式因素引起的疲劳和准备状态的变化，并追踪长期负荷随时间的推移而造成的体能变化[7, 82]。

使用心率和心率变异性对训练负荷进行建模

在训练科学和执教领域的多年研究和实践经验催生了广泛的追踪指标，并且提出了相关模型来量化训练课的总体影响[8]。用单个数字或一系列数字来描述这种影响（定义为训练负荷）的工作通常已经演变为使用全球定位系统数据、力-速度测量数据、重复次数或训练时间，或者内部指标，例如特定的血液和唾液标志物、HR 和 HRV[80]。此外，有研究提出，可以使用 RPE 以及其他心理测验和问卷等主观标志物作为多变量方法的一部分指标[8]。

在此框架内，监控系统已广泛使用追踪 HRex 的技术，这是因为它在个人和团体训练情境中相对容易测量[1, 8, 13]。因此，研究人员已在各种团队和个人运动项目中对其使用进行了广泛的研究。运动中的 HRV 也已被评估为一种潜在有用的指标[71]，但 R-R 间期在活动中难以准确测量，需要额外的时间进行分析，并且缺乏文献证明其在这方面的实用性，这使得其实用性不如单独使用HR[13]。就这方面而言，可以在训练量和强度这两个变量的范围内广泛考虑有效利用HRex来估计训练负荷，它们是用于定义外部负荷和应激对身体的影响的主要变量。鉴于HR升高至超过110次/分的固有HR在很大程度上是由交感神经系统驱动的，并且HR在持续活动期间随氧气输送呈线性变化，因此HR指标可作为ANS活动和能量消耗的代表[1, 8]。

在训练过程中，以个人最大HR的百分比表示的HR可以提供相对训练强度的标准，较高的HR对应较强的交感神经活动和无氧供能[44]。包含3个或5个HR区间的模型通常是围绕个人最大HR的百分比建立的，这是一种常用的方法，通常会与监控软件结合使用。不同的颜色用于代表不同的强度水平，通常用于帮助可视化训练课的代谢需求和能量消耗，如图14.2所示。该方法可以帮助以特定强度水平（即区间）为目标，实现所需的代谢适应和体能变化。在现场，教练员可以在实践层面上使用HR区间训练来安排由每个区间中不同时间量组成的练习，以实现特定的训练效果和总体负荷。

使用HRex计算训练负荷是研究最广泛的方法，而使用HR区间作为量化强度的手段也被整合到这种方法的各种模型中，称为TRIMP[13]。自班尼斯特于1991年首次提出将TRIMP用作量化训练量和强度的手段以来，已有人提出了多种替代计算方法来获得TRIMP的多种变体，每种方法都有其潜在的用途和局限性（见表14.2[5, 21, 49a, 51a, 52a, 72a, 76a]）。如今，多种软件解决方案都具有自动计算TRIMP的能力，并且许多软件还包括其他专有的训练负荷指数。尽管这种自动化功能看起来很实用，但是大多数专有指标均未在研究中得到验证。因此，我们无法确定其相对于已建立的TRIMP模型的准确性。

监控适应和疲劳的变化

如前所述，在跑步、自行车、皮划艇、举重、赛艇和团队运动项目等各种运动中，研究人员已深入研究了将HRV作为一种评估和监控手段对了解人体对训练的反应的好处及对适应和疲劳的相应影响[18, 36, 49, 59, 66, 81]。这些研究在数据模式、趋势

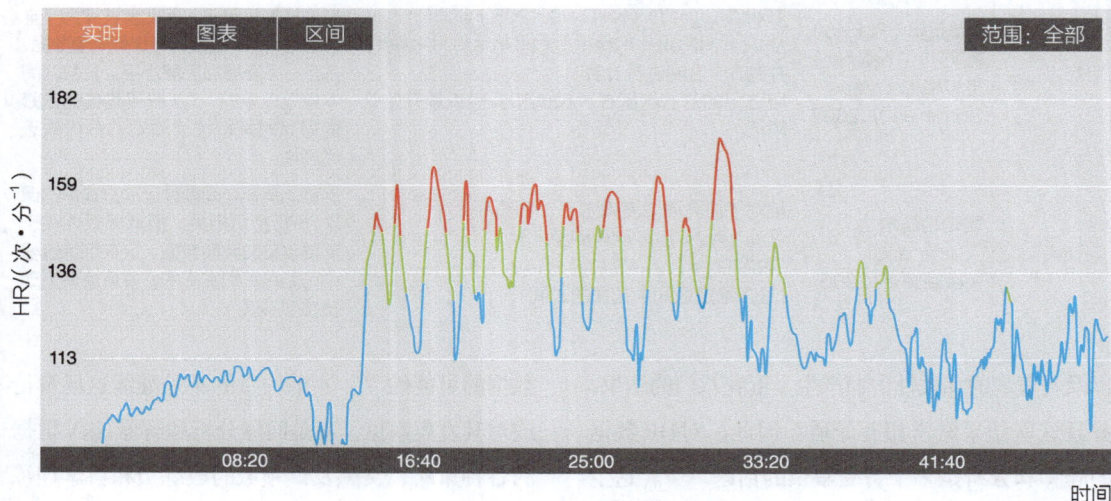

图14.2 HR训练区间

表14.2 量化训练冲量的常用方法

名称	研究人员	计算		说明
bTRIMP	巴尼斯特（Banister），1991	bTRIMP=TD·ΔHR·0.64·$e^{1.92 \cdot HRres}$（男） bTRIMP=TD·ΔHR·0.86·$e^{1.672 \cdot HRres}$（女） TD=训练时间（分钟） ΔHR=（HRex-HRrest）/（HRmax-HRrest）		尽管bTRIMP已在某些心肺耐力运动项目中得到验证，但其对HR均值的依赖，限制了将其用于描述在比赛或练习中间断的运动活动的内部训练负荷。该指标也无法解释除性别以外影响训练负荷的个体差异
eTRIMP	爱德华兹（Edwards），1993	eTRIMP=%HRmax×区间系数		区间系数和HR区间都完全没有生理或代谢基础，从而限制了它们从能量角度以有意义的方式描述TRIMP的能力（译者注：数据包含左端点，不包含右端点）
		HR区间（%HRmax）	系数	
		50%~60%	1	
		60%~70%	2	
		70%~80%	3	
		80%~90%	4	
		90%~100%	5	
iTRIMP	曼齐（Manzi）耶拉莫（Iellamo），因佩利泽里（Impellizzeri），德奥塔维奥（D'Ottavio），卡斯塔尼亚（Castagna），2009	iTRIMP=ΣΔR·t·y y是基于个人的HR与血乳酸（HR-BLa）关系的加权因子，通过在高于HRrest的递增量上标绘血乳酸水平来确定		TRIMP计算中包含个人的每个HR值（而不是任意的HR区间），从而使它可以为包含一系列不规则HR的活动（如许多赛事和练习）的内部训练负荷进行建模。该指标受限于需要收集血乳酸水平，这在训练环境中是不切实际的
TRIMP$_{Lucia}$	路西亚（Lucia），奥约斯（Hoyos），桑塔利亚（Santalla），欧内斯特（Earnest），希沙罗（Chicharo），2003	相对于通气阈值（Ventilatory Threshold，VT）和呼吸补偿点（Respiratory Compensation Point，RCP）确定了3个区间： 区间1<VT≤区间2≤RCP<区间3 TRIMP$_{Lucia}$=（t_1）+2（t_2）+3（t_3） t是在给定区间中花费的时间		该指标通过测量在呼吸反应区间内的时间，反映在不同强度下进行训练的不同代谢成本。它需要进行实验室测试以收集呼吸反应，因此实用性受到限制。区间数量少，使得其过分强调相邻区间中相对相近HR（例如170次/分和178次/分）的代谢成本差异
TRIMP$_{mod}$	斯塔尼奥（Stagno），撒切尔（Thatcher），范索梅伦（Van Someren），2007	TRIMP$_{mod}$=TD·ΔHR·0.1225·$e^{3.9434 \cdot \Delta HR}$ ΔHR=（HRex-HRrest）/（HRmax-HRrest） 并跨5个区间进行计算 所选择的这些区间在乳酸阈和乳酸积累开始处附近		由于此指标依赖整个运动队的乳酸值来生成加权因子，因此也被称为"全队TRIMP"。它没有考虑低阈值数据，并且必须测量血乳酸水平。乳酸区间本身是任意的，对HR平均值的依赖使得其对间歇性运动期的分析缺乏代表性
TRIMP$_{lac}$	赛勒和凯尔兰（Seiler and Kjerland），2006	相对于血乳酸浓度确定了3个区间： 区间1≤2<区间2<4≤区间3 TRIMP$_{lac}$=（t_1）+2（t_2）+3（t_3） t是在给定区间中花费的时间		尽管此指标与间歇性运动方式中的课次RPE密切相关，但其局限性在于需要收集血乳酸数据，这在训练过程中可能是不切实际的，并且会使运动员感到不适

以及与表现的相关性方面产生了五花八门的结果，并且这些结果常常相互矛盾。因此，对HR数据的解释和分析是一个备受争议的话题[20, 50]。这主要是因为方法不同、人群存在差异以及错误解读数据的可能性[65]。本节的目的不是继续这场辩论或对其发表意见，而是回顾分析和解释HRV数据的各种策略，文献及该领域的教练员和科学训练师的共同实践均支持这些策略。

当考虑将HRV指标应用于与训练相关的决策过程时，必须注意的是，随着ANS活动的变化，它们反映了多个不同生物系统对环境中的各种外部应激源的反应总和。这提供了一个推断训练反应以及其他直接调节这种反应的关键变量的机会，例如睡眠、营养状况、心理压力和温度，而不像其他方法那样耗时、昂贵、具有侵入性或不实用。然而，随着这个机会而来的挑战是理清HR指标背后的许多因素、人体应激反应以及相应的适应和疲劳水平变化的复杂性。从这个角度来说，我们可以将适应和疲劳视为身体随时间推移而对各种刺激所产生的不同而又相关的反应。我们对HR数据进行任何解释之前，都必须先理解这些反应是通过间接手段来衡量的，因此，在分析HR和HRV数据时，最好使用多元方法。这两个指标都代表身体的总体输出或反应，但它们未考虑刺激这种反应的应激源背景。描述外部负荷性质的外部指标（例如力-速度数据、GPS数据、跑步强度和距离，以及组数、重复次数、重量和总量的相关指标）可以帮助提供这种背景信息，因此这些指标是将HR指标转化为可操作信息的必要组成部分。还有其他生物标志物和可穿戴设备生成的指标可以提供有关其他调节因素（如睡眠、营养、心理应激和旅行）的数据，这些都是有价值的信息，可优化由数据分析和解释产生的决策过程[29]。

在此参考框架内，HRV数据可用于评估体内急性变化和慢性变化的情况。短期内这些指标的急性变化已被证明总体上与训练量和强度的变化相吻合[13]。长期趋势在文献中被证明并不一致，并且可反映疲劳的累积、体能和运动表现的变化，或两者兼有。根据报告，趋势在不同的个体和运动项目中差异很大，因此可能取决于所进行的训练的性质、运动员的体能水平和遗传基因、监控方法的差异，以及尚未被我们完全理解的其他因素[20, 50]。

评估急性反应

对任何应激源的急性反应都要通过ANS的交感神经系统来调动能量储备。在接触到压力之后，交感神经输入停止，同时副交感神经激活增加，驱使体内稳态和能量存储随着时间逐渐恢复。这个过程代表了基本的应激-恢复-超量补偿曲线，应激源随着时间的推移不断重复出现，该曲线则驱动因具体应激源的性质而异的生理适应。训练负荷每日的变化都会导致ANS发生较大变化，这会反映在HR和HRV中，但通常认为HRV是两者中较为敏感的指标[13, 62, 65]。

训练量和训练强度是影响训练周期时间进程并通过HR和HRV反映的主要训练变量。其中，训练强度被认为会在有氧要求较高的运动中对体内稳态造成更大的挑战，因此对于刺激交感神经活动有更大的影响，促使人体在静息中保持更长时间的高HR（或低HRV）[13]。高强度的心肺耐力运动之后，人体至少需要48小时才能完全恢复心脏节律，而低强度运动则最多需要24小时，中等强度运动则需要24~48小时[52, 77]。

鉴于这些反应，每天测量的HRV静息指数出现急性下降或HRrest出现急性上升（或两种情况同时出现）就代表着人体对这种强度和训练负荷的最初反应[62]。随着体能水平的提高和身体适应给定水平的负荷，应激-恢复-适应曲线的时程可能会缩短，并且施加负荷后第2天通常会表现出更强的副交感反应，即HRV升高（HRrest降低）[61]。在低强度、大训练量期间，以及在HRV基线水平较高的运动员中，也同样经常看到对每日负荷有同样上升的反应，这表明有氧运动能力的提升[13, 41]。在下一节讨论的范围内，这些变化通常被认为是正向适应、受伤风险降低的指示[86]，并表明运动员正在适应训练负荷[13]。

我们还应注意，目前许多常见HRV移动应用程序都包含专有算法，可自动解释HRV和HRrest的变化，生成恢复或疲劳的综合指数[25]。尽管这些特点增强了在大量运动员中使用这些指标的实用性，但在不同的应用程序和设备中，这些指标的准确性差异很大，并且普遍缺乏文献来确定其相对于更受肯定的或更直接的指标的效度。

除了静息HR指标外，我们还建议在连续的次最大功率输出期间使用HRex，作为评估负荷和疲劳变化所产生的急性生理影响的一种手段。这种方法的结果尚不清楚，并且存在争议：有些作者认为，在相同的功率输出下，HRex的急性增加反映出疲劳[10-11]；而另一些作者则报告两者之间的关联较弱或没有关联[14]。还有人提出了另一种方法，即将固定强度的运动后的HR恢复作为评估疲劳急性变化的一种手段[46]。

HR恢复是衡量在运动一段时间后的HR下降速度的指标，其驱动过程首先是交感神经系统输入停止，然后是副交感神经系统被重新激活。鉴于此，在一定时间（通常为60秒以内的不同时间段）内测量的HR恢复可能可以代表ANS状态，因此HR恢复降低可能反映疲劳的急性增加[47]。在研究报告中，与使用较低强度的方案相比，使用85%~90%HRmax的较高强度方案后，进行60秒恢复可能会更准确地表明疲劳状态[46]。在解释运动过程中记录的任何类型的HR时，科学训练师必须注意温度、水合状态、旅行和睡眠等因素在调节这种反应中也可能起着重要作用，在进行数据分析和推断时应考虑到这些因素[1, 13, 17, 20]。

评估慢性反应

人体在承受一段时间的慢性负荷后，会出现各种生理和形态学上的适应，从而使适应、疲劳和运动表现都发生变化。许多这些变化导致有氧能力和输出功率在数周或数月的时间内上升或下降，这与ANS功能的差异有很强的相关性，或部分由ANS功能的差异所引起，主要反映在从HR获得的指标的变化趋势中[4, 16, 57]（见表14.3和表14.4[47, 61, 77]）。分析短期、中期和长期时间范围内的这些指标，就相当于通过在静息和运动指标中体现的自主活动模式和趋势来解释适应和疲劳的变化。

鉴于疲劳和适应水平可能同时提高（适应-疲劳理论），科学训练师在进行这些分析时会面临多方面的挑战[5]。更复杂的问题是文献中报告了与运动表现变化有关的大幅度ANS反应变化，这些反应有时甚至相互矛盾，其中涉及不同运动项目、个体、训练阶段、负荷模式和HR指数[40-42, 51, 65]。在尝试解决这一挑战时，应采用多变量方法，对在静息和运动条件下得出的HR指标进行分析，并结合外部负荷和运动表现变化的指标。

尽管HRV指数和HR指标有许多，但在文献和实践情境中，用于评估静息状态下HR数据监控趋势的最常用指标包括原始数据和统计值，例如lnRMSSD（通常在移动端HRV应用程序中使用）、HR、HRV变异系数（RMSSD CV）和针对HR（R-R间期）标准化的HRV[13, 64-65]。在运动状态下，HR反应可以在次最大和极量条件下评估，例如通过$\dot{V}O_{2max}$或乳酸阈测试进行评估。在负荷和训练阶段的多种指标的背景下，这些参数可以帮助识别对训练的慢性反应，并将有价值的变化与无用信息分开来，以更好地指导与训练有关的决策，如表14.3和表14.4[73]所示。

心率和心率变异性监控的创新

在过去的10年中，技术和数据收集的进步极大地增加了数据量，其中包括与外部负荷和环境有关的监控数据，以及各种相应的内部反应数据。这

表14.3　适应水平提高的指标

指标的变化趋势	说明	含义
每周平均HRV升高，HRrest和RMSSD CV降低	在低强度到中等强度负荷的训练过程中，随着训练量的增加，这种情况通常会出现	正向训练反应，运动员可以很好地承受负荷
在连续或间歇性高强度练习中HRex降低	通常使用过去30~60秒的平均HR进行分析	有氧能力和工作能力提升
在达到HRmax的85%~90%后60秒内HR恢复速率提高	与较低强度相比，较高强度运动后的恢复能更可靠地指示有价值的变化	在给定强度下，总体副交感神经活动增加，无氧能量消耗减少
每周平均HRV降低，HRrest适度增加	在减量训练期，减少负荷的情况下，可能与运动表现提升有关。通常只有HRV在长时间内持续升高后，这一现象才被视为正向反应	在准备的最后阶段看到这种情况时，它与运动表现相关

表14.4　疲劳水平上升或适应水平下降的指标

指标的变化趋势	说明	含义
每周平均HRV降低，HRrest增加	往往出现在高强度负荷训练计划和新训练计划的早期阶段 在减量训练阶段，也可能在HRV长时间升高后发生，因为交感神经活动量增加，这是对减少训练量的反应	若经过数周的测量，可能表示疲劳或适应不良 当在短期的减量训练阶段看到这种趋势时，表明准备状态有所改善 在停训期间看到这种趋势时，表明适应水平下降
RMSSD CV升高，并且RMSSD降低或HR升高	通常在最高强度的负荷阶段，当ANS对高水平应激做出反应时产生	产生更多交感神经活动，可反映出疲劳和缺乏应付训练负荷的能力
RMSSD降低，并且HR降低	在几周的大训练量负荷期间，具有较高平均RMSSD的运动员最有可能出现这种趋势	副交感神经活动增加，达到饱和点 当在几周内观察到该趋势时，表明运动员积累了疲劳
高强度运动后HR恢复降低，并且HRrest升高	最常见于停训期间，并且HRrest会升高	副交感神经活动减少，有氧能力下降

主要是因为监控设备数量更多、类型更多，以更低的成本提供了更高的可用性，并且能够存储和（在不同程度上）分析这些数据的手机和计算机应用程序及解决方案的数量呈指数级增长[23, 25, 27, 50, 58, 68, 76]。但是与呈指数级增长的监控数据量相比，经过严格验证的模型、自动化系统和教育资源的发展是滞后的，而为了帮助将这些信息转化为在实践层面上使用的可操作信息，以推动更好的训练决策，这些相对滞后的资源正是必要条件[65~67]。

因此，自20世纪80年代开始使用HR监控以来，其应用很可能代表了训练科学领域中得到最广泛使用和研究的一种指标。尽管如此，在建立经过严格验证并且可以在不同的团队规模和运动项目中实施的统一标准和最佳实践做法方面，仍有大量的工作需要完善[8]。

该领域的教练员和科学训练师的任务是确定最有效、最省时的方法来实施HR监控，并确定在其训练系统和负荷管理模型的什么位置实施HR监控。不同的运动队和组织已尝试和实施了各种各样的监控系统和解决方案，并取得了不同程度的成功，其中包括简单的低成本方案，以及复杂且需要大量资源的方案[8, 45]。

展望未来，解决HR监控和其他生物识别技术挑战的方案最有可能出现于快速发展的大数据解决方案和模型领域，它们能够完成比以往更复杂的多元分析[53]。在解决极其复杂的概率挑战的过程中，以及在得克萨斯扑克及金融投资等不同领域中重塑战略决策思路时，使用快速发展的机器学习技术已经被证明具有重要价值[28]。随着可收集数据量的不断增加，下一步，同时也是最重要的一步工作就是将这种类型的大数据分析和建模投入应用，并且要结合研究小组、组织和个人的共同努力。体育数据分析学是仍处于起步阶段的领域，并且在未来几年可能会在范围、规模及用途方面继续扩充和发展。

同时，监控技术的进步速度在短期内也不太可能放缓。传感器功能的改进包括尺寸更小、精度更高，以及可以通过非侵入性和被动的方式收集更大范围的数据，改进后的设备很可能会提供更好且集成度更高的监控解决方案。这样的改进将减少最终用户需花费的精力，这对于提升其在运动员中的接受度非常关键。

设备技术、大数据分析和协作手段的不断发展最终将使我们对外部应激与人体内部反应之间的复杂关系有更好、更深刻的理解。这种洞察力有助于教练员和科学训练师更好地制订决策，并根据一系列生物标志物和指标个性化设计更有效的负荷和恢复策略及干预措施，从而使所有运动员都能够达到其最高表现水平。在未来的几十年中，这种个性化将最终在医学和体育领域成为普遍现象，从而将人类的运动表现、耐力和成绩提升到新的水平。

小结

与许多生物学指标一样，HR和HRV都有可能成为当今教练员和科学训练师的强大工具，但它们也存在各自固有的局限性，教练员和科学训练师

需要在将信息转化为可应用的结果这一更广泛的背景下对其加以考虑。其中最大的局限性也许是多种因素可能不同程度地使得有价值变化难以辨别，这些因素包括正常的生物学变化，还有数据收集不一致、设备误差、方法问题及其他未知因素[63]。每一项HR功能的测量值都会受这些因素差异的影响；而且更复杂的是，研究始终表明，不同运动员对负荷和外部应激源的反应表现出了高度的变异性[2, 9, 33]。

最小有价值变化（Smallest Worthwhile Change，SWC）是一个重要概念，可以应用于HR监控（见第18章），但是，即使建立了整个群体的标准值，该值对于特定个体也可能不准确或没有意义[65]。考虑到这些局限性及其他限制因素，教练员和科学训练师最好将HR指标视为有关负荷管理和优化的决策过程的一种补充手段。就此目的而言，对HR进行分析应结合其他生物标志物、表现的直接测量值、主观评分以及该领域的经验所带来的直觉和信息，这种做法是最有效的。作为ANS功能的单一标志物，心率指标无法扩展到体能、健康或运动表现的每个领域。

此外，在代谢要求较高的运动项目（例如心肺耐力运动项目和各种团队运动项目）中，HR指标的使用已得到非常充分的研究和支持，但在某些运动项目中，在非常短的时间内产生最大的力和功率是成功的决定因素，HR在此类项目中的效用则鲜为人知。要有效利用HR指标，就要依赖它们的优势，以及针对急性负荷和慢性负荷的生物学反应指标提供有意义信息的总体能力，同时认识到其固有的局限性。在使用HR推动训练相关决策时，科学训练师应重点关注最适用的关键领域，并将其融入更广泛的监控策略中，以满足教练员、运动员和组织整体的特定需求。

推荐读物

Atko, V. *Adaptation in Sports Training*. New York: Informa Healthcare, 2017.

Cardinale, M, Newton, R, Nosaka, K, eds. *Strength and Conditioning: Biological Principles and Practical Applications*. West Sussex, UK: John Wiley & Sons, 2011.

Freeman, JV, Dewey, FE, Hadley, DM, Myers, J, and Froelicher, VF. Autonomic nervous system interaction with the cardiovascular system during exercise. *Prog Cardiovasc Dis* 48: 342−362, 2006.

Kamath, MV, Watanabe, M, Upton, A, eds. *Heart Rate Variability (HRV) Signal Analysis: Clinical Applications*. Boca Raton, FL: CRC Press, 2012.

Viru, AA. *Hormones Muscular Activity, Volume I: Hormonal Ensemble in Exercise*. Boca Raton, FL: CRC Press, 1985.

Viru, AA. *Hormones Muscular Activity, Volume II: Adaptive Effect of Hormones in Exercise*. Boca Raton, FL: CRC Press, 1985.

第15章

脑电图和神经肌电图

罗曼·N. 福明（Roman N. Fomin），博士；
卡桑德拉·C.科林斯（Cassandra C. Collins），理学学士

现代竞技体育运动对运动员的生理机能提出了极高的要求。为了满足这些要求并发挥最佳表现，运动员必须通过训练计划改变体内生理系统的运转。这种改变是适应的表现：正如动物可以改变自身以更适应新环境的要求，运动员也可以做出改变，以更适应竞技体育情境的要求。因此，运动训练的本质就是将个体反复置于竞技体育的应激之下，以优化其表现。

支持运动表现的两个主要生理系统是刺激运动的神经系统和使运动发生的肌肉系统。神经系统可以进一步分为中枢神经系统（Central Nervous System，CNS）和周围神经系统（Peripheral Nervous System，PNS），前者包含大脑和脊髓，后者由与中枢神经系统互相传递信息的通道组成。神经系统的主要功能单位是被称为神经元的特殊细胞，它们通过发送电化学信号进行通信。这些电化学信号从位于大脑皮层运动区的上位运动神经元沿着PNS的通道传递到骨骼肌，刺激它们收缩（见图15.1）。

神经系统和骨骼肌共同构成了运动员的神经肌肉系统。训练使神经肌肉系统中发生的适应决定了运动员的功能状态，从而决定了运动员的运动准备状态。收集有关运动系统功能状态的信息，专业人士可以追踪系统适应性反应的动态信息，评估急性和累积的训练效果，并做出更准确的训练决策，以有效地个性化和优化训练过程。简而言之，监控运动员神经肌肉系统的功能状态是确保其准备就绪并发挥出最佳表现的先决条件。

科学训练师可以使用两个最重要的方法来监控和评估响应训练负荷的神经肌肉变化，即脑电图（Electroencephalography，EEG）和神经肌电图（Electroneuromyography，ENMG）。EEG可用于记录和分析在不同功能状态（包括静息和运动期间）下的脑电活动。ENMG是一种复杂的电生理学方法，可通过记录神经和肌肉的生物电活动来评估神经肌肉系统（主要是周围部分）的状态。ENMG可用于评估自主活动和由刺激引起的神经肌肉系统的活动。

脑电图概述

为了优化运动员大脑自适应地驱动和管理肌肉的电信号发射，第一步是要了解其大脑功能的当前状态。EEG就是基于此目的而开发的，它让人能够以安全且无创的方式记录和分析脑电活动。

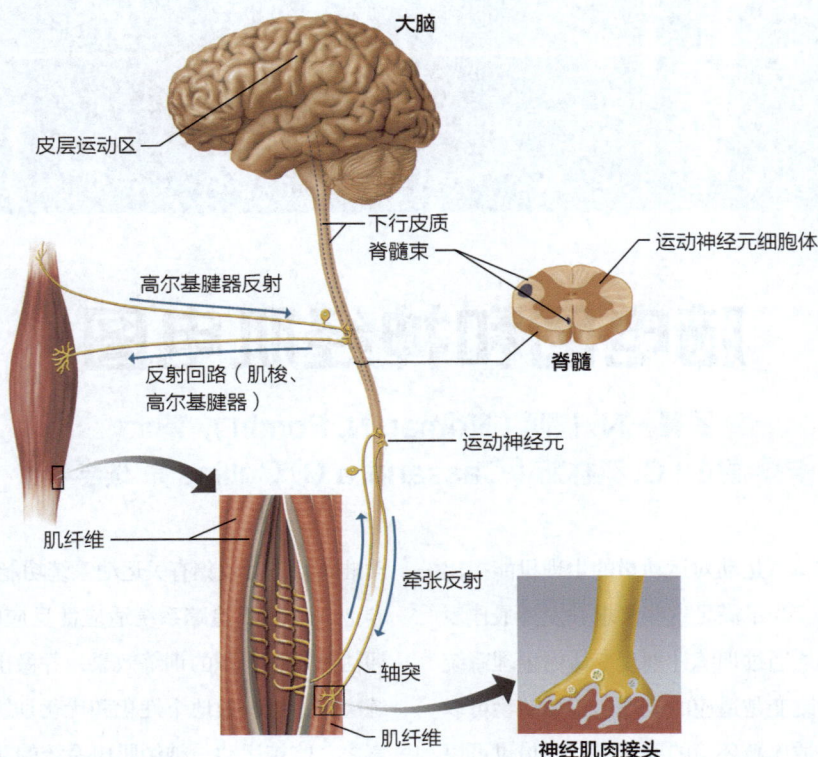

图15.1　神经肌肉系统

EEG系统的工作原理是记录大脑中多个同步发射电信号的神经元的电活动的放大版本。这种同步的神经元活动导致脑部活动的脉冲看起来像波形。和其他波形一样，脑电波可以用频率（振荡速度）、幅度（强度）和相位（波周期中的点）来描述。神经学家根据设定的频率范围（即α、β和θ）为脑电波命名，每个频率范围都与不同的功能相关联。

典型的EEG系统包括称为电极的传感器、在里面放置电极以确保接触正确头皮位置的帽子、放大器和计算机。将电极放进帽子后，电极就会与头皮接触，并检测其下的大脑区域的电脉冲。通过将这些电极记录的活动放大并数字化传输到计算机，运动员可以在计算机中可视化其脑电波，或者可以保存数据供以后分析（见图15.2）。

相比于目前运动员使用的其他脑部成像技术，

EEG的时间分辨率很高，几乎能够实时地记录神经活动，这是其主要优势。EEG在神经活动发生后的一秒内完成记录，而磁共振成像（Magnetic Resonance Imaging，MRI）等技术的记录滞后时间则长达几秒。但是磁共振成像具有更高的空间分辨率，这意味着它可以更精确地定位所记录的大脑活动的源头。低成本、用户友好的移动式EEG系统的开发，使其成为一个功能强大且易于使用的运动表现工具，运动员和运动表现相关组织等都可以采用。

脑电图的一般要求

EEG系统使用放置在头皮上的电极来测量皮下脑组织中的**电压**波动（两点之间的电位差）。EEG测量的电压主要反映由多个**锥体神经元**（大脑皮层的主要兴奋性细胞）发射电信号而产生的兴奋

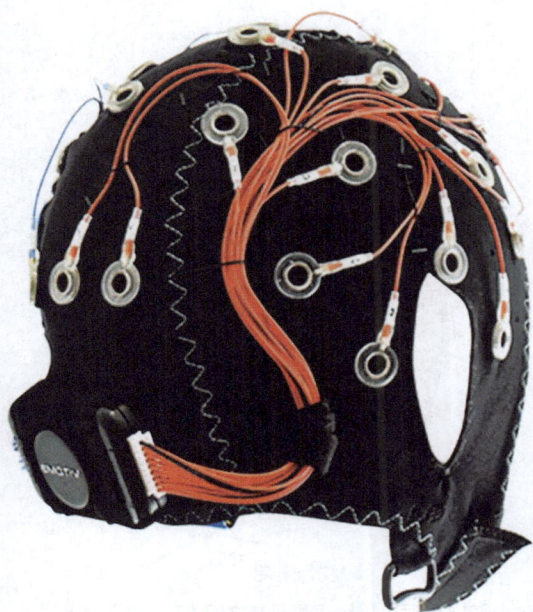

图**15.2** Emotiv EPOC Flex 无线 EEG 系统

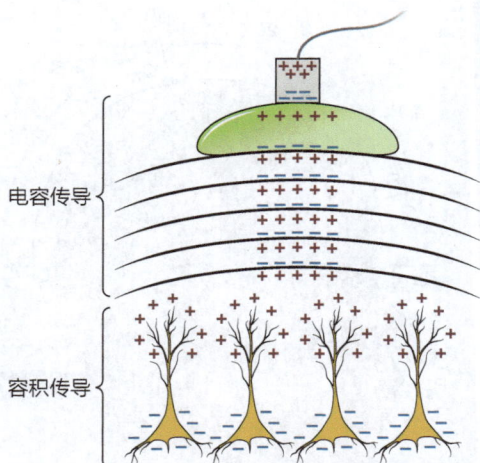

图**15.3** 导电凝胶有助于将信号持续传导至电极
经许可转载自：A.F. Jackson and D.J. Bolger (2014, pg.1061-1071)。

性突触后电位（Excitatory Postsynaptic Potential，EPSP）的总电荷。

记录的信号因**容积传导**而变弱，容积传导是指电信号从其脑组织中的源点通过颅骨各层传递到记录电极。容积传导是 EEG 空间分辨率低的主要原因：EEG 记录远距离 3D 信号的 2D 版本，因此人们无法轻易地从电极记录推断出信号的位置[24]。

脑电图信号记录

脑电图**电极**是与电路的非金属部分（头皮）接触的导电传感器，为小金属圆盘形状（通常是以烧结或电镀的银/氯化银材料制成的）。系统可以使用**干电极**（直接放在头皮上的电极）或**湿电极**（通过凝胶或盐水等导电介质与头皮连接的电极）。如今，湿电极更普遍，因为它们降低了电极与皮肤接合点的接触**阻抗**（在交流电路中的电阻，如大脑）。虽然容积传导可以使神经信号以离子形式通过大脑中的导电介质传输，但离子不能轻易穿过将大脑组织与电极隔开的颅骨、死皮细胞、头发和空气。添加导电凝胶可以减少气穴，使信号继续传导至记录电极（见图15.3[18]）。

由于 EEG 测量电压，因此在一个电极上记录的信号测量的是其相对于指定的**参考**电极或比较电极的电压降。EEG **通道**是指在两个电极之间记录到的这个电压差。理想情况下，应将参考电极放在身体上尽可能电中性的位置，这样信号就不会受到肌肉运动或其他来源产生的电活动的明显影响。常见的位置包括乳突（耳朵后面的骨头）或耳垂。通常的做法并不是选择单个参考位置，而是使用**共同平均参考值**。在这种情况下，在所有电极上记录到的信号被平均计算，并且该平均信号被用作每个电极的共同参考值。

目前的 EEG 系统通常使用 8~256 个电极。电极的放置根据 **10-20 系统**进行了标准化。为了覆盖大脑的所有区域，该系统选取重要的颅骨标志将头部划分成成比例的距离，例如**鼻根点**（双眼之间的点）和**枕骨隆突**（颅骨后部的一个小凸起）。相邻电极之间的距离为从鼻根点到枕骨隆突（前后）或两侧耳屏之间（耳-耳）的颅骨测量值的 10% 或 20%（见图15.4[20a]）。

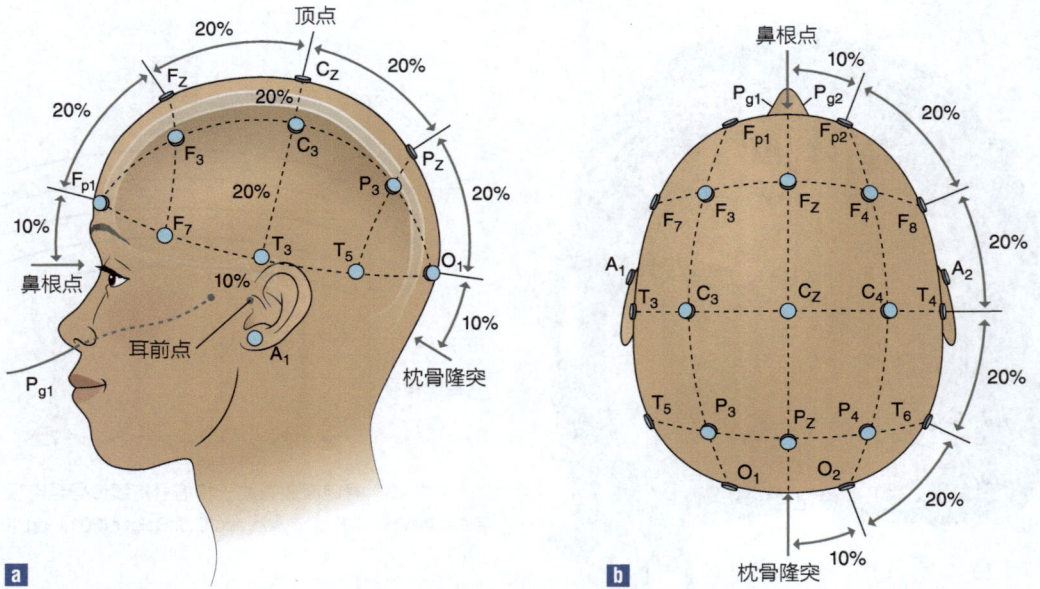

图15.4 根据10-20系统放置电极：a. 鼻根点到枕骨隆突（前后）和b. 两侧耳屏之间（耳-耳）
经许可转载自：P. Malmivuo, J. Malmivuo, and R. Plonsey (1995, pg.368)。

电极标有字母和数字，其中字母表示在其下方的大脑目标（例如F代表额叶），而数字则表示其位于头部的哪一侧（奇数表示头部的左侧，偶数表示右侧）。10-20系统产生之后，10-10系统和10-5系统也陆续被开发，它们规定了更高的电极放置密度——最多300个。EEG帽可以帮助人们根据这些系统放置电极。EEG帽的孔已根据给定系统进行标记，以指定电极位置。帽子有多种尺码，让人们在任何大小的头上均可正确放置电极。

人们根据研究目标和给定脑电图系统的功能，确定具体的电极组合或一组电极。除了有源记录电极外，通常还使用至少两个电极来捕获眼球运动，因此之后可以从纯神经信号中滤除眼球运动。放置在眼睛下方的垂直眼电图（Vertical Electrooculogram，VEOG）电极旨在捕获眨眼等垂直眼球运动信息。仅放置在眼睛侧面的水平眼电图（Horizontal Electrooculogram，HEOG）电极旨在捕获扫视等水平眼球运动信息。

脑电图信号放大

在将电极上记录的信号传输到计算机之前，人们先将其输入放大器，以恒定的比例增强信号。放大器不仅可以增强信号，还可以滤除来自其他电源的某些干扰，包括组织-电极接口、电源线和噪声[31]。高通滤波器（通常设置为0.1~0.7赫兹）仅允许放大高于指定频率的信号，减弱了呼吸等运动产生的不合要求的低频生物电位。相反，低通滤波器可以防止高频信号干扰采样率[31]。

信号被放大后，便可以从模拟形式转换为数字形式。为了转换为数字形式，信号要以一定的采样率（即每秒采样次数）进行测量。购买EEG系统时，重要的是要知道感兴趣的最高频率是多少（即θ或γ），因为可接受的最小采样率应为该频率的2.5倍。

在无线EEG系统中，放大器通常被安装在EEG帽上，并且信号通过蓝牙和USB加密狗传输到计算机；而在有线EEG系统中，信号在传输到计算机之前先通过电线传输到放大器。

脑电图数据处理

信号放大后，EEG原始数据仍将包含**伪影**——EEG数据中记录的不是由大脑产生的信号（见图15.5[21a]）。在进行任何有意义的分析之前，科学训练师必须先去除伪影。EEG数据中最常见的伪影来源如下。

- **眼电图**（Electrooculogram，EOG）伪影由眼球运动（如扫视和眨眼）产生。EOG伪影往往比典型的EEG信号具有更大的幅度和更低的频率，主要在最靠近眼睛的额叶通道中出现。
- **心电图**（Electrocardiogram，ECG）伪影由心脏搏动产生。这些伪影表现为叠加在EEG信号上的有节奏的脉冲。
- **肌电图**（Electromyogram，EMG）伪影由咬紧牙关或打哈欠之类的肌肉运动产生。这种伪影通常表现为突然明显偏离信号，其频率大约为100赫兹。

- 其他生理噪声（例如汗液）可能会导致基线EEG信号缓慢漂移。

要减少EEG数据中的噪声，最简单的方法是应用低通滤波器或高通滤波器。眼球运动是EEG中最大的噪声源之一，由此产生的噪声可以通过多种方式消除。大多数现代EEG分析程序都具有根据给定的"眨眼"阈值在EEG数据中自动识别和删除包含EOG伪影的窗口或**时间点**的功能。不幸的是，这可能导致大量数据被消除。因此，有些专业人员更喜欢使用其他方法来消除伪影，例如**独立成分分析**（Independent Component Analysis，ICA）。

ICA以一种被称为**盲源分离**（Blind Source Separation，BSS）的技术为基础，该技术使用线性分解将信号分离为不同来源的信号成分。ICA的任务就是识别数据中具有最强统计独立性的变化来源。基本上，ICA就好比要在聚会上从一群讲话的人中筛选出一个人所说的话。一旦识别出信号中的不同成分，ICA就会按照这些成分在数据中所占的变异程度来对它们进行排序，将占变异最

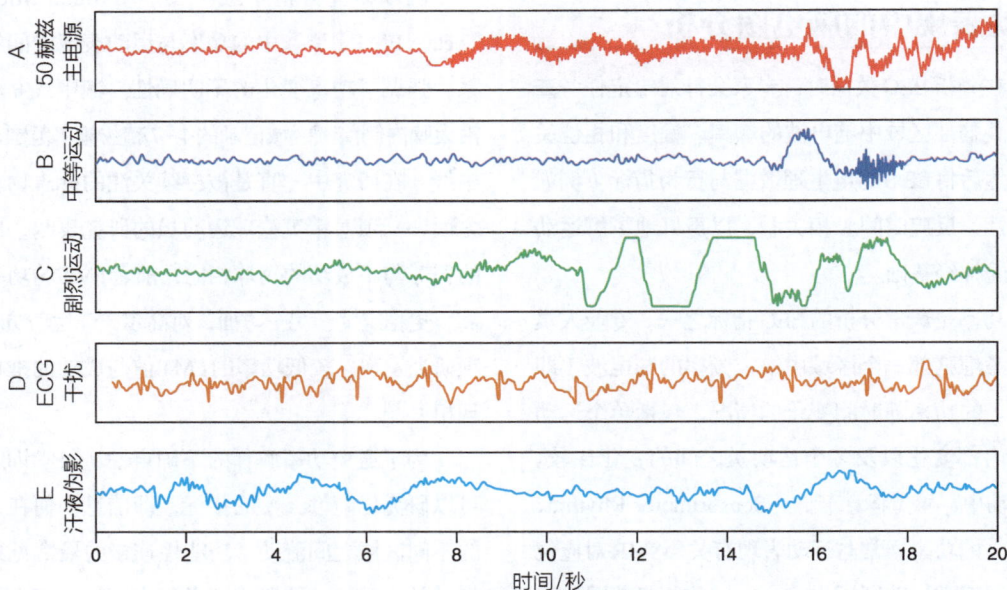

图15.5　EEG原始数据中的常见伪影示例

经许可转载自：S. Motamedi-Fakhr et al. (2014, pg.21-33)。

大的成分放在第一位。

人们通常会根据每个成分的**头皮拓扑图**对其进行评估，以确定是否拒绝该成分，该图显示了大脑活动的分布情况、成分的时程数据及其功率谱。如果使用两个通道追踪眼球运动（一个HEOG和一个VEOG通道），则至少应拒绝两个成分。可以根据主观判断来拒绝其他成分。考虑拒绝成分的常见原因具体如下。

- 如果某个成分的权重分布在拓扑图上的位置很靠前，则它可能对应因头部前方的眼球运动而产生的EOG伪影。我们可以通过在时程数据中寻找高振幅且低频的"眨眼"事件来确认这一点。
- 如果某个成分的所有信号或变化似乎仅来自一个电极，则该成分可能反映了肌肉运动产生的噪声。查看活动功率谱有助于确认这一点。肌肉活动的功率谱中的曲线先快速下降然后上升，其表现与特征性EEG分布曲线相反，在后者中，功率密度与频率成反比（频率的倒数曲线）。

运动表现中的脑电图分析

在分析EEG数据时，专家会针对给定任务查看相关脑部区域中脑电波的频率、幅度和相位关系，然后将EEG的电生理数据与行为指标（例如准确性、反应时间）相关联，以更好地了解运动表现的神经基础。

功率是最常分析的EEG指标之一。专业人员可以考虑脑部一个区域中给定频率的脑电波（即α波）的功率随时间变化的情况，包括单个运动员的内部变化以及多个运动员之间的变化比较。在运动中，**感觉运动节律**（Sensorimotor Rhythm，SMR）的功率通常与运动表现有关。SMR对应位于脑部感觉运动区域中12~15赫兹频率范围的脑电波。研究表明，在运动表现中表现出更高功率

的SMR的运动员可取得更好的成绩[7-9]。更高功率的SMR被认为反映出更高效的感觉运动处理能力，因此反映出更高的技能自动化程度。毫不奇怪，体验到"流畅状态"的人已经证明可以表现出更高功率的SMR[7, 9]。请参见第26章进一步了解流畅状态。

但是解释功率变化很困难，因为它们可能是不明确的：功率增加并不一定意味着大脑正在交换更多的信息。原因是EEG不成比例地表示大脑大范围区域的同步活动。以人们在聚会上聊天为例，当同时发生多个不同的对话时，有大量的信息被交换。然而，此时来自聚会的平均信号听起来像是模糊的低语。相反，如果聚会上的每个人都开始反复呼喊，则交换的信息较少，但同步产生了更强的信号。EEG也是如此：信号越强，则表明发生的同步活动越多，但交换的信息越少。而且，每个人的大脑解剖结构都不同，这意味着一个人执行某项任务时表现出功率提高，而另一人执行同样的任务却有可能会表现出功率降低。

两项研究分析了**额中线 θ**（Frontal Midline Theta，FMT）**节律**中的功率与运动表现之间的关系，强调了功率变化的不明确性。额中线θ对应沿大脑内侧前额区域记录的4~7赫兹频率范围。额中线θ在研究中一直是被持续关注的标志物。一方面，一项对精英篮球运动员的研究表明，成功的罚球与不成功的罚球相比，前者FMT的功率更高、更稳定[10]。另一方面，对高尔夫球运动员的一项研究发现，较低功率的FMT值与成功的推杆表现相关[19]。

为了避免功率解释的不确定性，科学训练师可以研究**功能性连接**的指标，即信息如何在大脑的不同区域之间流动。功能性连接的最常见EEG指标是**相干性**，即用于测量每个频带上两个记录信号之间是否存在恒定的振幅比和相移的相关系

数[29]。一致的关系是保持高相干性的关键：即使两个信号具有相位延迟（一个信号的相位中的一个点与比较信号中的同一点之间的时间延迟，以角度为单位），它们也可以保持高度相干，前提是该延迟随时间保持一致。

EEG研究发现，精英运动员往往在顶叶皮层视觉空间区域的大脑节律与皮层其他区域的节律之间表现出高度稳定的相干性[12]。这突显了指导精英运动员准备、执行和控制运动动作的超级视觉运动整合能力（详细讨论见第27章）。

尽管真实的相干性可以作为功能性连接的有用指标，但容积传导产生的随机相干性也可能使其上升或显得过高[29]。随机相干性使得记录不同皮质电流源的多个电极处的信号会一起变得模糊。电极间的距离越近，容积传导影响其相干性的可能性越大。使用拉普拉斯（Laplacian）相干性指标可以通过强调较小空间尺度中的电流源来帮助减少来自随机相干性的干扰。但是，必须谨慎使用拉普拉斯相干性指标，因为它还会减弱大范围脑部区域内的真实相干性[29]。

其他功能状态下的脑电图分析

尽管分析运动员在比赛过程中的脑部功能状态非常有用，但了解和训练运动员大脑在其他功能状态下的工作方式也是提高表现水平的重要途径。

过去20年的研究越来越多地揭示了当大脑处于静息状态且不参与目标性任务时，优化脑部节律的重要性。与普遍的看法相反，大脑"处于静息状态"并不是指大脑暂停活动，而是一系列静息态网络（Resting State Network，RSN）组成一个更大的默认模式网络（Default Mode Network，DMN），大脑仍相当活跃。DMN涵盖了大脑的各个区域，并整合了负责内部处理、自我参考思维、目标导向的刺激选择、视觉处理、语音产生以及感觉运动计划和执行的网络[21]。

EEG研究支持功能性磁共振成像（functional Magnetic Resonance Imaging，fMRI）研究的结果，并指出运动员的RSN存在差异，这些差异反映出不同的运动技能[25]。研究发现，与业余运动员或非运动员相比，空手道运动员的顶叶和枕叶RSN中的α脑波振幅明显更高。同样，与非运动员相比，精英艺术体操运动员的顶叶和枕叶的δ和α波振幅也更高[2]。

有趣的是，进一步的研究表明，虽然活跃的DMN的大脑节律可以反映运动技能，但也可以反映在切换到参与任务所需的大脑网络时抑制DMN的能力[25, 27]。总之，这些结果表明，运动训练可导致神经同步和任务准备时抑制静息态EEG节律这两方面的优化。

冥想是运动员用来训练其皮质节律（包括DMN节律）的强大工具。正念冥想是一种将注意力集中在当前时刻的练习，在运动员中已相当受欢迎。有研究发现，坚持几年的每日正念练习（>894小时）可以改变个人RSN的γ节律，表明内部和自我参考处理（即心不在焉）减少，并且环境意识增强，这是运动表现中重点关注的基础[6]。

这些神经变化可能是运动员采用正念练习后获得积极行为成果的基础。正念练习被证明可以持续减少运动员的表现焦虑和与任务无关的想法，并增加他们体验流畅状态的倾向[5, 28, 32]。运动员可以通过正念练习，使用Headspace™和Calm™之类的应用程序来训练其大脑节律。这些应用程序提供引导式冥想，可以帮助管理睡眠、应激和焦虑。此外，Muse是一种创新式EEG头带，可提供神经反馈，帮助建立注意力集中的冥想练习（请参阅第27章，了解运动员如何使用神经反馈来提升其表现）。新版本的Muse甚至还包含其他传感器，用于监控HR、呼吸和身体动作。

神经肌电图概述

ENMG是一种复杂的电生理学方法，可通过记录和分析静息和运动过程中骨骼肌和神经的生物电活动来评估人的神经肌肉系统的功能状态。ENMG是一个通用术语，是指记录和分析神经和肌肉的生物电活动的所有类型的电生理学方法（侵入性和非侵入性、自主和诱发、临床和应用等）的组合，如图15.6所示。相比之下，表面EMG（surface EMG，sEMG）是一个特定术语，指的是非侵入性表面EMG方法（由表面EMG传感器记录静息或自主肌肉活动）。目前使用的ENMG的主要类型如下。

- 针极EMG通过将针式电极插入骨骼肌来记录单个运动单位（Motor Unit，MU）和肌纤维的电活动。由于具有侵入性和会产生疼痛，针极

EMG主要用于临床目的。

- sEMG是训练科学中使用最广泛的EMG类型，它将电极放置在目标肌肉对应的皮肤表面，用于记录骨骼肌的电活动。
- 刺激EMG记录通过电或磁刺激神经系统的某个单独部分而引起的骨骼肌和周围神经的电活动。它已成功用于诊断和治疗人体运动系统的疾病。尽管具有巨大的潜力，但该方法尚未在训练科学中广泛使用。

在更详细地研究每种EMG之前，以下各小节先概述ENMG的基础知识。

神经肌电图的一般要求

所有现代的ENMG系统都包括电极、前置放大器、放大器和计算机。刺激EMG系统还包括一个磁刺激器或电刺激器，而针极EMG系统则使用

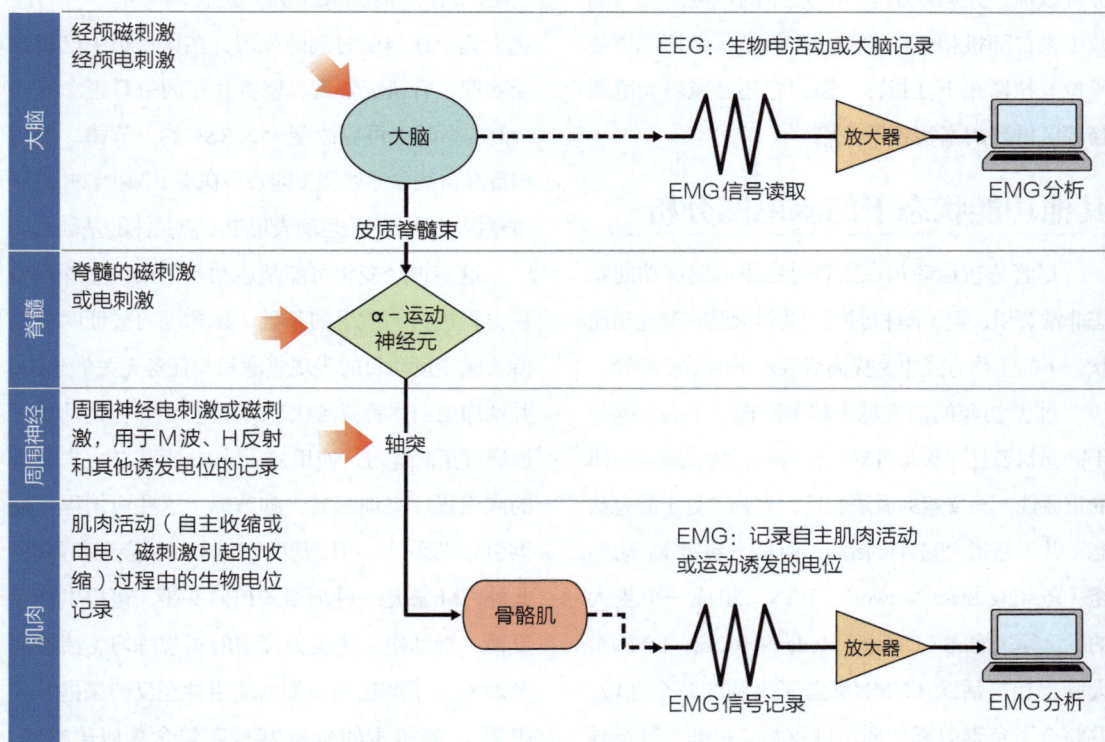

图15.6 EEG和ENMG用于神经肌肉系统评估的过程

针式电极。EEG电极放置在头皮上，而ENMG电极则放置在人体皮肤上的导电垫上。这些电极记录自主引起或者由刺激器或针极诱发的生物电活动，然后前置放大器和放大器将记录到的结果放大。计算机负责管理刺激器的技术特征，并实现信号的可视化和存储。请注意，在21世纪第2个10年中开发的无线sEMG系统无须使用与计算机连接的线即可传输sEMG信号。但是为了进行全面ENMG研究，许多专业人员仍在使用有线系统。

ENMG研究必须在配有特殊设备的房间内进行，并且房间要保持恒定的舒适温度和湿度，并且要通风良好。房间应远离电磁场发生器（例如X射线和理疗设备），并且ENMG设备必须接地。研究时必须严格遵守所有电气安全要求。

在使用电极之前，应先用酒精对皮肤表面进行除油并擦净，然后将所有的毛发刮掉。为了改善电极与皮肤的接触状况，可以使用电极凝胶或电极糊。当使用EMG来记录更剧烈、更复杂的内部协调肌肉活动时，例如格斗运动或艺术体操中的动作，必须使用特殊的胶水、胶布、胶粘剂

和橡皮筋将电极板固定在皮肤上，以研究较简单的肌肉活动或静息状态活动。可以使用附加了胶粘剂的电极板。每个ENMG系统都会提供有关安全使用和操作的具体说明。

神经肌电图信号记录

ENMG电极有3种类型，相关人员可根据所需的功能选择使用记录型、刺激型和接地型电极，或这些电极的某种组合（见表15.1）。

顾名思义，记录型电极专为记录MU或肌肉的生物电活动而设计。表面记录型电极在皮肤表面捕获肌肉活动，而针式记录型电极记录在电位产生源（即MU）的紧邻区域内的生物电位。从结构上讲，表面电极通常是圆盘形、条形或矩形的。将记录型电极放置在肌肉上时可以采用不同的配置。当使用双极配置时，两个记录型电极以等距或接近等距的方式放置在被研究的肌肉上。例如，可以将两个圆盘形电极内置在一个块中，两个电极中心之间的距离固定为20毫米。sEMG主要使用双极配置。相比之下，刺激EMG通常会用到双

表15.1 神经肌电图电极特性（按类型）

	记录型电极	刺激型电极	接地型电极
形状	**表面记录型电极** 圆盘形 杯形 条形 环形 矩形 **针式记录型电极** 单极电极 双极电极 同轴双极电极 单纤维电极 大电极 多维电极 细线电极	**表面刺激型电极** 圆盘形 条形 环形 **针式刺激型电极** 单极电极 双极电极 同心电极	**表面接地型电极** 圆盘形 环形
记录或刺激类型	单极 双极 多极	单极 双极	中性参考（接地）

极和单极配置。当使用单极配置时，有源电极位于电位产生的有源区域中，而参考电极位于电位产生区域的外部。应当注意，增加电极面积和电极中心之间的距离会导致记录到的肌肉电位幅度提高。为了比较在不同实验室获得的数据，必须使用面积和电极间距离均为固定值的标准电极。

刺激型电极通常旨在对骨骼肌和神经施加电刺激。刺激型电极可以采用圆盘形、环形或条形。圆盘形电极很方便，因为它们既可用于记录也可用于刺激。条形电极用于刺激深部神经干。环形电极用于刺激手指神经的敏感纤维。刺激型电极由两部分组成：阴极（带负电）和阳极（带正电）。在刺激期间，电荷沿着电阻最小的路径通过组织从一个电极流到另一个电极。

接地型电极旨在减少工业电流产生的噪声。使用刺激型电极施加电流时，接地型电极可保护运动员和实验室设备免受过大电流的影响，并提高记录的信号质量。通过为感应电流提供导电路径，接地型电极可以将噪声重新导向地线，而不是让其流进目标信号。在执行EMG等操作的过程中，接地型电极可以将运动员身体上或实验室设备中裸露的导线中过大的电流导向地线。

神经肌电图信号放大

前置放大器和放大器可以使骨骼肌的低振幅信号（以微伏为单位）增强数千倍。这使科学训练师可以在计算机屏幕上可视化EMG信号并进行后续分析。放大器的重要技术参数包括输入阻抗和频率带宽。与EEG放大器一样，高通和低通滤波器控制哪些频段通过放大器。

EMG信号中的主要噪声类型如下。

- **电气噪声**来自电源线、电气设备和其他电源。
- **运动噪声**是由动态活动期间皮肤上的EMG电极移动或电线移动所引起的。

- **生理噪声**是由心脏的电活动（心电图）、呼吸信号和其他生理信号引起的。
- **"串扰"噪声**包括来自邻近肌肉的信号[14]。

减少ENMG噪声的解决方案包括确保皮肤清洁（即用酒精棉签擦拭）、将EMG电极准确地放置在目标肌肉上，以及确保电极与皮肤之间的良好接触，使电极不会移动。应用这些解决方案来减少噪声将有助于最大限度地提高ENMG**信噪比**（Signal-to-Noise Ratio，SNR），即肌肉收缩过程中记录的EMG信号与肌肉静息过程中记录到的不想要的电信号之间的比率。SNR越高，EMG信号的质量就越高。

对于ENMG研究，**单通道**（用于刺激一条神经）和**多通道**（用于刺激两条神经）电刺激用于通过电流刺激神经或肌肉。矩形电极以0.1~100赫兹的频率施加单个、成对或有节奏的刺激。电刺激的强度由0.1~100毫安的电流调节。

神经肌电图信号分析

ENMG系统配备一台计算机，可以通过一个键盘来控制放大器和刺激器，从而为二者设置适当的技术特性，例如灵敏度、带宽和电刺激参数。安装了专用程序的计算机可显著提高EMG信号的处理和分析速度（见表15.2）。

神经肌电图的类型

不同类型的ENMG可用于监控运动员神经和肌肉受到自然刺激或人工刺激时产生的活动。接下来将讨论这些内容。

针极EMG

针极肌电图是一种侵入性且会造成疼痛的方法，即通过将针式电极直接插入肌腹来记录和分析单个MU和肌纤维的生物电活动。针极EMG很

表15.2 肌电图分析、关键指标和解释

分析	描述	指标	解释
振幅分析	计算 sEMG 振幅的主要特征	均方根值 平均绝对值 峰值 最小值和最大值 斜率值 移动平均值	单独的肌肉力（等长） 肌肉之间的关系（比较不同肌肉的相对贡献）
肌肉激活	定义肌肉激活－失活（即开－关）的时间和顺序	激活时间（开－关） 激活顺序 延迟时间	单独的肌肉开－关时间 肌肉激活或失活顺序 共激活
整合	描述整合的输入数据系列	曲线下面积	总肌肉活动 能源消耗（EMG 成本）
频谱分析	使用快速傅立叶变换（Fast Fourier Transformation，FFT）评估总频谱的不同频率成分	中位频率 平均频率 峰值功率 总功率	肌肉疲劳（等长）
互相关	评估 2 个 EMG 信号之间的时间延迟	测量两个序列的相似度（R_{xy}）	确定肌纤维传导速度
柱状图	计算整个数据系列中每个间期的出现次数	柱状图	计算阈值驱动的 EMG 噪声次数 振幅驱动事件计数器
阈值	确定 EMG 信号和数据系列超出特定阈值的时间间隔	EMG 阈值	EMG 事件识别 肌肉计时

有用，因为它产生有关单一肌纤维和 MU 的电活动数据，包括其激活和失活顺序，以及彼此间的相互作用。与 sEMG 或刺激 EMG 相比，针极 EMG 的方法学特征（操作电极的难度、侵入性，以及受伤或感染的风险）限制了其在竞技体育中的实际应用。但是，对于某些问题，针极 EMG 是最好的，有时是唯一的选择。例如，仅建议使用针极 EMG 研究疲劳的单个 MU 的参数。

sEMG

sEMG 是一种非侵入性且无痛的方法，通过放在肌肉上的皮肤（皮肤表面）电极来记录和分析骨骼肌在静息和运动过程中的总生物电活动。由于其易用性和无痛性，sEMG 是在运动生理学、生物力学、人体运动学、物理治疗、运动训练和人体工程学中使用最广泛的 EMG 类型。在训练科学中，sEMG 用于研究以下内容。

- 进行自主运动时骨骼肌的激活程度。
- 各种肌肉（例如协同肌和拮抗肌）的调节。
- 运动过程中的肌肉激活（即"开"和"关"）顺序。
- 运动过程中肌肉的相互作用和协调。
- 动作技能形成的机制。

sEMG 设备 现代 sEMG 系统使用 8~16 个通道来记录 sEMG 信号。低频范围设置为 2~10 赫兹，高频设置为 1 万赫兹。放大器的灵敏度选择取决于期望的电位幅度。图 15.7 的左侧为 sEMG 系统的示例。

sEMG 记录通过涂上凝胶（用银/氯化银等）或干（银）的双极电极进行，信号传输范围约为 20 米。现代 sEMG 系统使用先进的高质量传感器技术，电极间距很小，并且通常是固定的。每个传感器都有内置的加速度计、陀螺仪和 9 轴惯性测量单元，可以识别与 sEMG 信号时间同步的运动

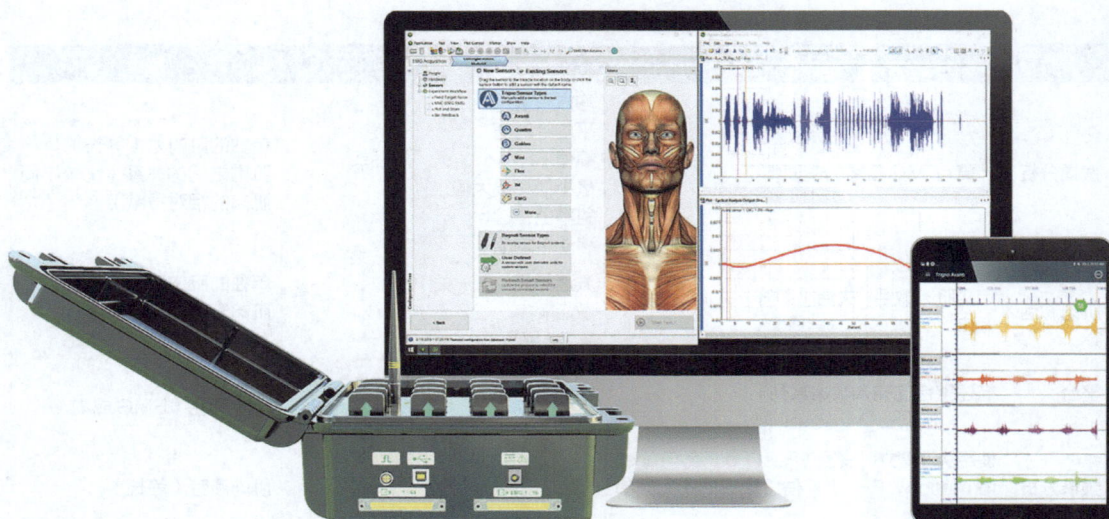

图15.7　Delsys生产的sEMG系统

活动。图15.8是现代干银双极无线sEMG传感器的示例。该传感器由两个平行的条形电极组成，每个电极长1厘米，宽1~2毫米，两个电极隔开1厘米。

在使用sEMG系统时，选择的肌肉取决于研究目标和EMG系统的技术能力（即它具有多少个通道）。通常，复杂动作的sEMG记录8~16块肌肉的活动，而简单动作的sEMG则仅涉及2~6块

肌肉。在选定的肌肉中，sEMG记录执行运动专项动作最重要的或主要的骨骼肌。

传感器的准确放置将显著提高sEMG信号的质量并减少串扰[13]。sEMG记录传感器应放置在肌腱之间并且最接近神经分布区域的肌腹中线上（见图15.8）。要确定神经分布区域，可使用电刺激或电表面贴图。

sEMG程序和典型模式　sEMG记录的电位

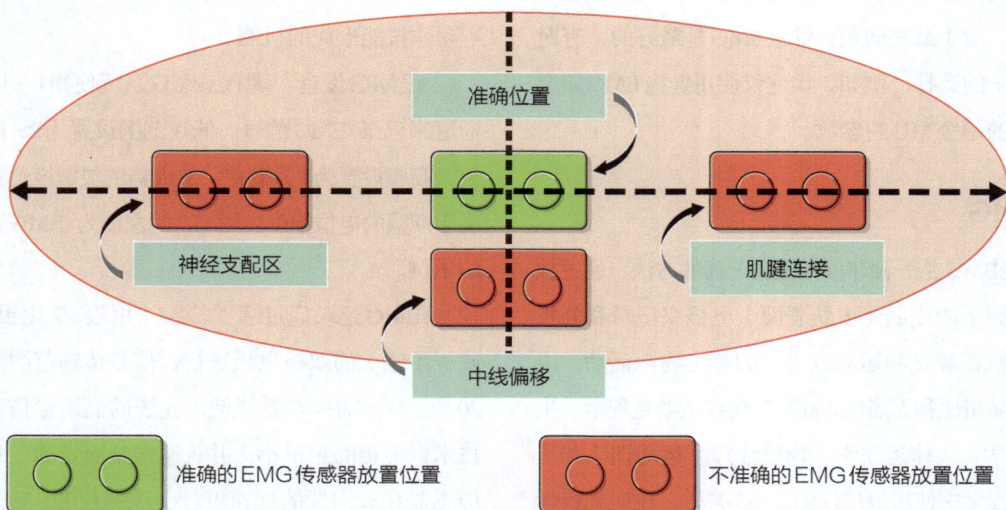

图15.8　sEMG记录电极在肌肉上的位置

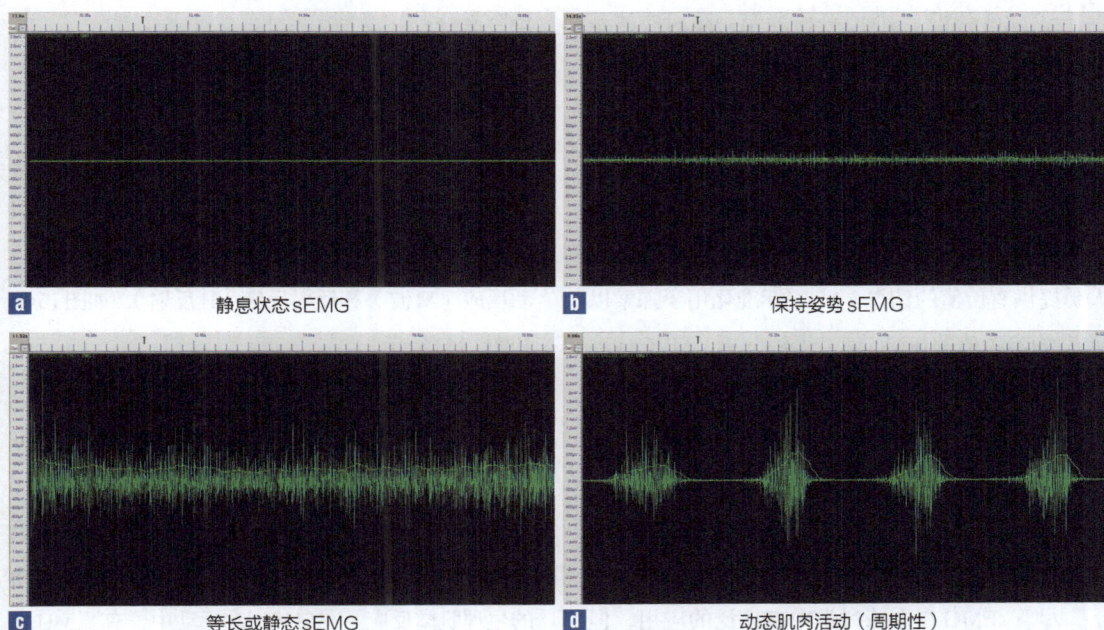

图15.9 不同状态下的肌电图模式：a. 静息状态sEMG，b. 保持姿势sEMG，c. 等长或静态sEMG，以及d. 周期性运动sEMG

振幅和频率反映所记录肌肉的收缩幅度，可以在运动员处于多种不同状态（见图15.9）时进行记录。

- **静息状态sEMG**（见图15.9a）通常在运动员仰卧（躺下，脸朝上）且肌肉完全放松时记录。在这种放松状态下进行记录可测量运动员控制肌肉张力的能力。
- **保持姿势sEMG**（见图15.9b）是在运动员保持特定姿势（即躺下、坐下或站立时）时记录的。一般来说，保持姿势sEMG记录相对较小的振幅和中等频率的肌肉活动。最大振幅来自保持站立姿势时的下肢肌肉，因为此时下肢承担身体主要负荷。保持姿势sEMG可用于识别与肌肉活动调节相关的运动专项问题，因为每个运动项目的关键动作都与特定姿势相关联（例如，皮划艇主要涉及坐姿，游泳涉及俯卧姿势）。
- **等长**或**静态sEMG**（见图15.9c）是在运动员保持给定程度的等长自主肌肉收缩时记录的——通常是运动员收缩该肌肉所能产生的最大力量

［也称**最大自主收缩**（Maximal Voluntary Contraction，MVC）］的25%、50%、75%或100%。在某些情况下，静态sEMG在运动员拿住一个标准负荷时测量。EMG的振幅和频率取决于静力的大小，并能在MVC处观察到最大值。
- 在**周期性**（见图15.9d）或**非周期性运动**期间的sEMG的特征是在重复运动的有源阶段产生的高振幅和高频电位。用sEMG研究的周期性运动的例子有跑步和骑自行车，而非周期性运动包括击剑、体操和杂技。
- sEMG可以在**疲劳**状态下记录，此时骨骼肌的表现急剧下降，通常由可见的震颤证明。
- 在**反射活动**中的sEMG记录在脊髓内携带信息的中间神经元的电活动（请记住，许多反射起源于脊髓而不是大脑皮层运动区）。可以评估的反射包括"载荷"和"卸荷"反射、肌腱反射，以及强直性振动反射。使用特殊的技术设备可以诱导这些反射。

sEMG分析 sEMG分析的第一阶段应该是定性评估:科学训练师对sEMG信号的振幅进行分析,以确立运动专项的主要肌肉和次要肌肉。然后科学训练师可以使用专用平台对sEMG信号进行定量分析,作为对肌肉电活动的定性分析的补充。应用表15.2所示的常见EMG分析方法可以为研究人员提供有价值的信息。MVC标准化用于探索以MVC为参考值的sEMG信号振幅分析。MVC标准化可以比较同一运动员在不同日子的肌肉活动或比较不同运动员的同一肌肉活动。通常,科学训练师在EMG研究之前通过静态测试计算MVC值:进行3次试验(每次3~5秒),每次试验之后有3分钟的休息时间。研究人员从这些试验中选择最大值。

尽管sEMG在训练科学中有广泛的应用,但它仍然存在一些局限性(见表15.3)。最大的挑战是它无法准确重复以往的研究结果。使用任何EMG记录的最佳策略都是让尽可能多的因素保持恒定。表15.3中提出的解决方案可以极大地帮助标准化EMG研究,并降低在重复研究中观察到的EMG结果变异性。其他信息来源请参见"推荐读物"部分。

刺激EMG

刺激EMG是通过电刺激或磁刺激激活神经系统来记录和分析骨骼肌和周围神经的生物电活动的方法。刺激EMG主要产生两种类型的反应:运动反应(M波)和反射反应(H反射),如图15.10和图15.11所示。

M波 M波是通过对运动神经施加单个电刺激或磁刺激而诱发的复合肌肉动作电位(Compound Muscle Action Potential,CMAP)(见图15.10和图15.11)。典型的EMG综合研究从CMAP记录开始。由于M波是人为诱发的,因此它不是自然的生理肌肉反应。在自然运动活动中,有源MU异步工作;而人工刺激神经会导致MU同步放电,这看起来像单波,因此得名M波。

与任何类型的EMG研究一样,选择刺激什么肌肉产生M波取决于研究的具体目标。通常,研究的肌肉是执行所关注运动项目需要的基本运动动作的基础。一般刺激参与该动作的最远端和

表15.3 sEMG的局限性及可能的解决方案

因素	局限性	解决方案
EMG信号记录因素	电极放置的变异性(从上一次记录到下一次记录,以及受试者之间)	将电极准确地放在肌肉上
	电极与皮肤之间的电阻大小的变化	始终执行阻抗测试
	不同的电极间距(使用单极配置的情况)	使用的刺激型电极应具有标准电极间距
动作控制和肌肉收缩调节因素	运动员在EMG测试之前的功能状态变化(即未完全恢复、中枢神经系统或肌肉疲劳或者两者兼有,以及动机)	在相同的功能状态(一天中的同一时间、完全恢复、无疲劳、相同动机、相同环境)下评估
	负荷和持续时间的变异性	测量施加的负荷并标准化测试方案的持续时间(量和强度控制) 使用视听反馈,以更好地调节肌肉收缩
	静态评估期间——角度位置的变异性	标准化角度位置,使用特定设备(机器)或绑带来充分固定
	动态评估期间——关节活动度和速度的变异性	使用节拍器、测角计和其他训练设备(跑步机、等速设备等)来降低关节活动度和速度的变异性

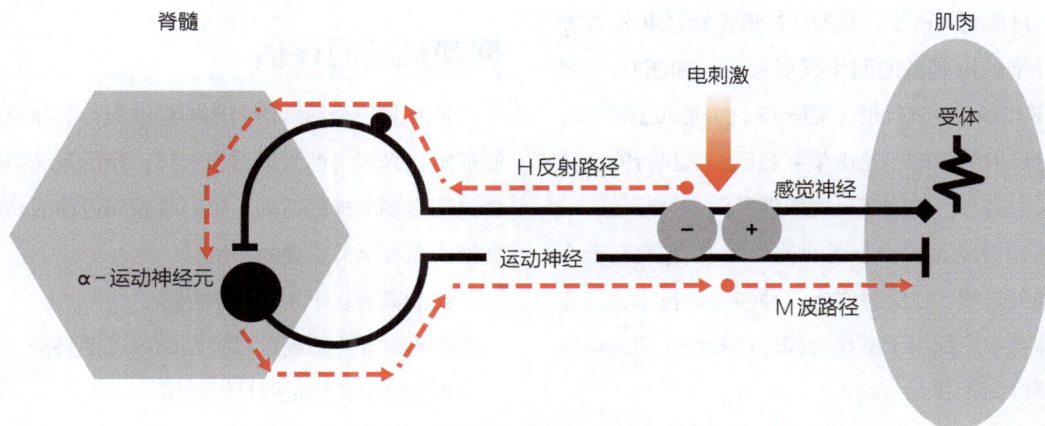

脊髓

肌肉

电刺激

受体

H 反射路径

感觉神经

α - 运动神经元

运动神经

M 波路径

图15.10　H 反射路径和 M 波路径

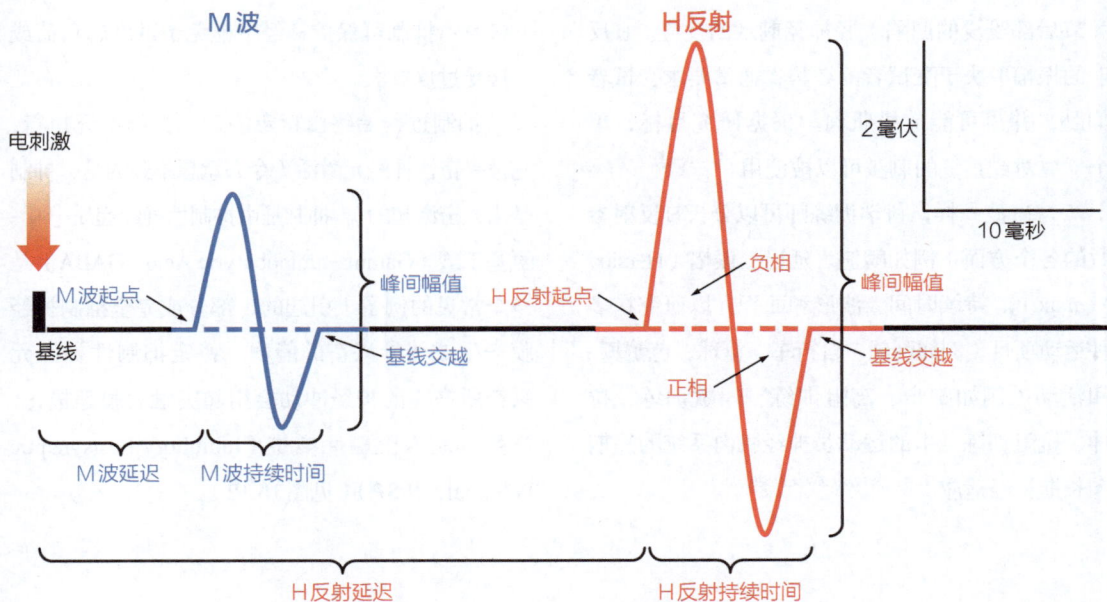

M 波

H 反射

2 毫伏

10 毫秒

电刺激

M 波起点

峰间幅值

H 反射起点

负相

峰间幅值

基线

基线交越

正相

基线交越

M 波延迟　M 波持续时间

H 反射延迟

H 反射持续时间

图15.11　M 波和 H 反射特征

最表面的肌肉（例如腓肠肌、比目鱼肌等）。

　　M 波是用表面电极记录的，因为它们将目标肌肉作为一个整体来记录其生物电活动，而针式电极仅记录孤立的 MU 或肌纤维。刺激型电极放置在周围神经突起的区域中，通常提供持续 0.5~1 毫秒的方波电刺激。逐渐增加刺激振幅直至激活 100% 的周围神经纤维，可获得清晰的 M 波。

　　可以通过以下参数评估 M 波。

- 阈值：可产生最小振幅的 M 波的电刺激最小值。
- 延迟：施加刺激和肌肉反应之间的时间。
- 振幅：目标肌肉中 MU 活动的数量和同步性（通常测量峰间幅值）。
- 持续时间：从初始偏离等值线（基线）的时刻到返回等值线的时刻之间的时间。
- 波形：双相或三相。
- 面积：计算 M 波曲线下的总面积。

H反射　H反射是MU对感觉神经和传入神经纤维的电刺激的同步反射反应，如图15.11和图15.12所示。H反射（见图15.11）是人工诱导的髌腱反射的模拟，是由单突触反射弧执行的最简单反射之一。单突触反射弧涉及两个神经元（一个感觉神经元和一个运动神经元），它们在一个突触处连接。H反射作为一种强大的技术，在竞技体育中广泛用于测量脊髓运动神经元的兴奋和抑制机制[22, 34]。

在成年人中，H反射通常只在下肢的肌肉（比目鱼、腓肠肌）中被记录到，这是对腘窝（即膝关节后部浅浅的凹陷）胫神经刺激的反应。H反射的振幅取决于受试者的姿势：通常要求受试者仰卧，并尽可能放松肌肉。根据研究目标，单个、成对或重复的刺激可以被使用。

与M波一样，科学训练师可以分析H反射参数的各个方面［例如阈值、延迟、振幅（H-max/M-max）］、持续时间、波形和面积，以研究在多种运动项目（例如网球、自行车、篮球、芭蕾舞）和活动（例如跑步、高阻训练、间歇训练、拉伸、抗阻训练）中的运动员神经肌肉系统的短期和长期神经适应[1, 3–4, 15, 17, 20, 23–24, 26, 30, 33]。

抑制机制的评估

抑制是一个活跃的局部神经过程，会导致抑制或阻止兴奋。像兴奋过程一样，神经系统的抑制过程在调节神经活动、肌肉收缩和运动活动的协调中起着至关重要的作用。

抑制具有以下3个主要功能。

- 兴奋的调节：抑制可以控制CNS过度兴奋，或将兴奋集中到特定的目标区域。
- 协调：抑制过程压制不应参与特定运动动作的特定肌肉和器官的活动。
- 保护：抑制可保护神经中枢免于过度超负荷或接受过度刺激。

抑制过程始终由特定的抑制性神经元执行，它被兴奋性神经元激活（令人意想不到的是，抑制是由兴奋激起的）。抑制是由抑制性神经递质［γ-氨基丁酸（Gamma-aminobutyric Acid，GABA）是一个常见的例子］引起的，部分或完全抑制神经膜产生或传导兴奋的能力。特定抑制性神经元兴奋所产生的神经冲动会引起突触后膜超极化，产生抑制性突触后电位（Inhibitory Postsynaptic Potential，IPSP）（见图15.12）。

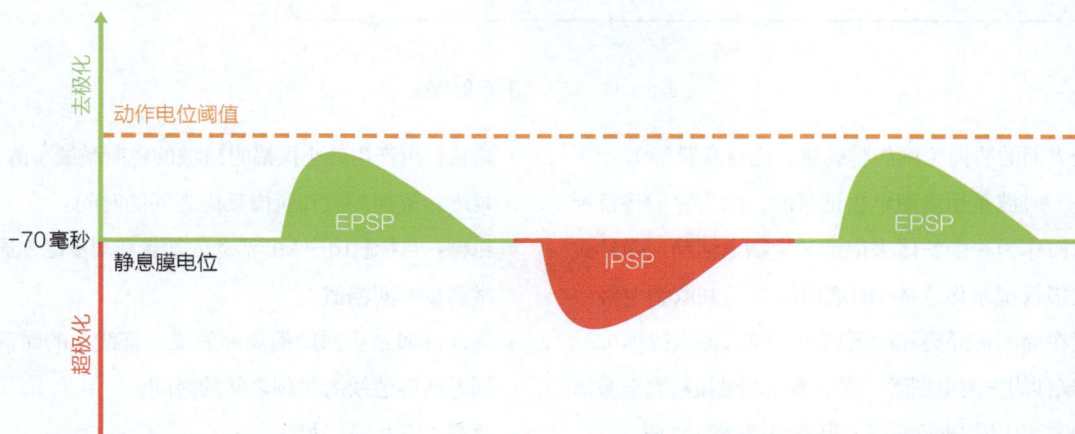

图15.12　兴奋性突触后电位（EPSP）与抑制性突触后电位（IPSP）之间的关系

图 15.13

皮层运动区

抑制性中间神经元　　　　　　　　　　　　抑制性中间神经元

Ia传入　　　　　　　　　　　　　　　　　　　　　　　Ia拮抗肌

EPSP　　　　　　　　　　　　　　　　　　EPSP

突触前抑制　　　　　　IPSP

交互抑制

Ia主动肌　　　　IPSP　　突触

EPSP　　　　α - 运动
　　　　　　　神经元

回返性抑制

IPSP　　IPSP

高尔基腱器
Ib主动肌　　　　　　　　　　自体抑制　　　　　　EPSP

EPSP　　　　　　　　　　　　　　　　　　　　闰绍细胞

抑制性中间神经元

骨骼肌

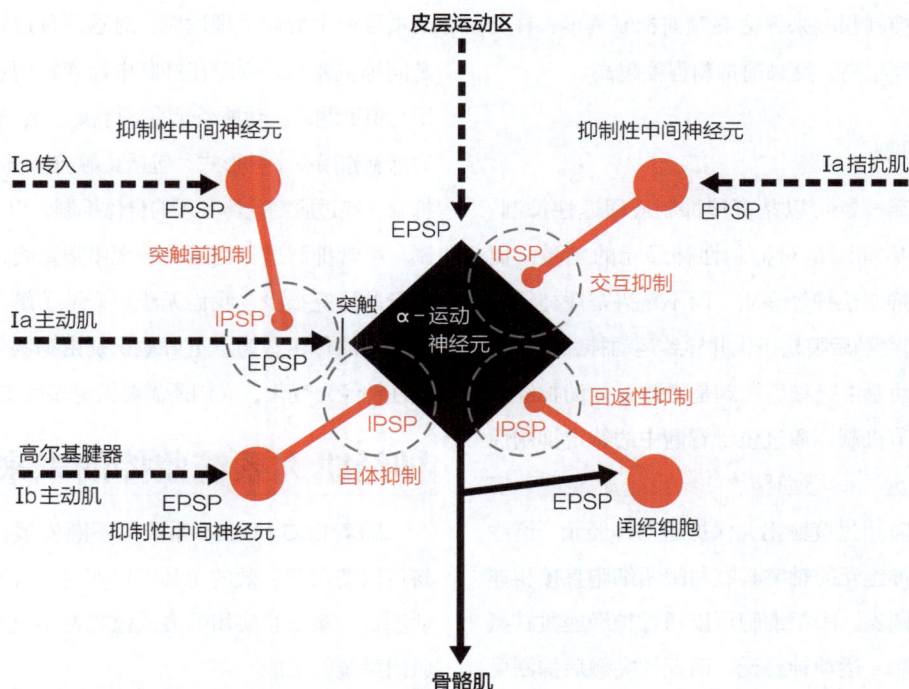

IPSP：抑制性突触后电位。EPSP：兴奋性突触后电位。

图15.13 脊髓的神经抑制机制

IPSP是突触后区域中的一种局部抑制性电位，会减弱（超极化）神经元的兴奋性，使其不太可能产生动作电位。相反，**兴奋性突触后电位**（Excitatory Postsynaptic Potential，EPSP）是突触后区域中的局部兴奋性电位，可增强（去极化）神经元兴奋性并为产生动作电位创造更好的条件。兴奋性突触后电位是由谷氨酸等兴奋性神经递质引起的。

抑制通常被误认为是疲劳，但这是不正确的。尽管抑制可能与疲劳同时发生，但抑制与疲劳是不同的过程。抑制是由兴奋引起的，表达为阻止兴奋。脊髓中存在以下类型的抑制：**突触前抑制**、**突触后抑制**、**自体抑制（不可逆）**和**交互抑制**（见图15.13）。这些抑制机制反映了运动员的神经肌肉系统在不同情况（即休息、疲劳、不同的训练负荷）下的功能状态，可以通过特定的ENMG方法进行测量。

突触前抑制

突触前抑制发生在突触前末梢，早于神经冲动到达突触后神经元所在的突触。突触前抑制主要起调节进入脊髓神经中枢的所有传入冲动的作用。突触前抑制的形态学基础是一种特殊类型的突触，称为**轴突−轴突突触**，它是一种神经冲动在两个神经细胞的轴突之间传播的突触。突触前抑制基于"**负反馈**"原理工作，调节感觉信息向CNS的流动（即"**限制**"信息流）。突触前抑制依赖于CNS的主要抑制介质GABA。

在训练科学中，科学训练师可通过促进周围神经的H反射来间接评估突触前抑制的程度：H反射促进程度越高，突触前抑制的程度越低[16]。科学训练师也可以通过测量跟腱的震动刺激引起的H反射抑制程度来评估突触前抑制程度：H反射压抑程度越高，突触前抑制程度越高。

突触后抑制

突触后抑制可以是直接抑制或回返性抑制。直接突触后抑制是对抑制性神经元的刺激，促使其释放抑制性神经递质（而不是兴奋性神经递质），引起突触后膜超极化并导致运动神经元兴奋性减弱。回返性突触后抑制是脊髓α运动神经元的自我调节机制：通过位于脊髓中的特定抑制性中间神经元［闰绍细胞（Renshaw cell）］实现的，以防止过度输出并保护运动神经元。请注意，运动神经元的轴突具有与闰绍细胞直接相连的回返性侧支。闰绍细胞可以通过神经递质甘氨酸直接抑制α运动神经元。回返性突触后抑制可通过H反射法进行评估。

自体抑制

自体抑制（不可逆）是一种防止肌肉受损的保护性抑制机制。自体抑制的主要机制是来自被激活肌肉的高尔基腱器的神经齐射。自体抑制的程度可以通过"静默期方法"评估，即在肌肉自主静态收缩时刺激周围神经。自主肌肉激活程度越高，自体抑制的程度就越高。

交互抑制

交互抑制是一种主动肌α运动神经元抑制，是通过在拮抗肌收缩后激活抑制性中间神经元引起的。交互抑制是运动的基础，通过成对的刺激技术（即应用腓神经调节刺激和胫神经测试刺激）来评估。

简而言之，兴奋性过程和抑制性过程共同作用才可以支持良好的运动表现，因此对于科学训练师来说，为了制订训练计划使运动员对特定运动项目产生最佳生理适应，对这两种过程的理解是同等重要的。脊髓在抑制中起着特别重要的作用，负责调节运动神经元的下行和上行。脊髓促进的抑制作用有多种形式，包括突触前抑制、突触后抑制、通过肌腱受体实现的自体抑制，以及交互抑制。尽管抑制过程在运动表现中很重要，但对其进行的研究很少，我们无法更好地了解其对运动员产生的作用。为了更好地识别由抑制促进的适应性神经元变化，人们还需要做更多的工作。

神经肌肉系统监控的未来方向

随着EEG和EMG系统的不断发展，运动员将可以使用更有效的工具，以实时、针对特定运动项目、集成且实用的方式监控甚至改变其神经肌肉系统的机能。

脑电图的未来方向

当前，EEG在竞技体育分析中的用途主要受到以下方面的限制。

- 由于容积传导和伪影污染而引起的信号记录的时空准确性问题。
- 选择不同的研究参数和分析方法导致文献结果有所不同。
- 购买传统EEG系统的前期费用以及记录、分析和解释数据所需的专业知识。

幸运的是，以上限制每年都会随着以下方面的发展而有所减少。

- 研究人员正在开发更好的方法来校正容积传导和伪影污染。
- 其他脑部成像技术在继续降低价格并更易于理解，使研究人员可以交叉引用一系列工具的结果［例如EEG、功能性近红外光谱成像（functional Near-infrared Spectroscopy，fNIRS）、fMRI］，从而获得对脑部功能的更准确评估。

- 更多的研究仍在继续进行，以证实或推翻先前的研究主张，并调查从某个运动项目中的运动员获得的研究结果是否适用于其他运动项目。
- 新型消费类产品（如Muse头带）即是采用集成性及易于使用的EEG系统开发而成。

　　尽管EEG存在局限性，但许多精英运动员已经在使用EEG进行**神经反馈训练**，以尝试改变其脑电波模式，使其表现更为理想（请参阅第27章了解有关神经反馈的更多信息）。但是，在将来，**脑机接口**（Brain-computer Interface，BCI）可能会推动运动表现技术的进一步发展。BCI实时收集和处理来自CNS的信号数据，并使用这些数据来改变（增强、恢复或指挥）CNS的动作。收集EEG数据的BCI往往会根据观察到的**事件相关电位**（Event-related Potential，ERP）来指挥CNS输出，ERP是脑部对特定刺激的反应的锁时测量。使用ERP的BCI已经投入临床应用，例如让有运动障碍的人通过脑电波记录来引导打字之类的动作。这意味着，运动员将来可以使用由智能手机和移动式EEG系统组成的BCI，通过其大脑节律来指挥或提高运动表现。

肌电图的未来方向

　　嵌入运动服中的现代**纺织品EMG电极**可以作为传统sEMG的实用替代品，帮助在外部有效的、基于现场的环境（例如正常运动训练设施，而不是科学实验室）中收集肌肉兴奋信息[11]。基于云技术的便携式EMG技术可以为快速处理和评估有关肌肉活动的信息提供新机会，使教练员和运动员可以真正运用这些信息来优化训练过程的管理。

小结

　　虽然监控和提升神经肌肉系统表现的技术目前仍主要由专家在实验室环境中使用，但这些技术每一年都在迅速改进，并越来越适合普通运动员使用。这些改进包括监控系统本身的进步（处理速度加快、尺寸缩小、移动性增强、从本地技术向云技术的转变等）。此类系统的研究支持应用程序的进步及预测分析性能的大幅提高，可以更好地支持特定于运动员的个性化应用（即帮助运动员确切地了解他们应该如何针对其特定运动项目进行训练）。因此，运动员有机会使用更好的工具，实时监控自己神经肌肉系统的机能，即时获得个性化的生理反馈。

　　但是，这些工具许多仍然被单独使用，而没有被组合成能够在各种功能状态下全面监控运动员的所有生理系统的**综合型系统方法**。在未来10年中，可以想象的是，一系列表现监控工具（例如视频分析、EEG、ENMG、力传感器等）将被组合为一个系统，对运动员的适应情况进行全面评估（见图15.14）。这样的系统可以用作神经肌肉计算机接口（Neuromuscular Computer Interface，NCI），通过各种类型的CNS传感器收集数据，同时进行实时记录和分析，以优化运动员的运动专项准备、表现和恢复情况。不仅监控和调节运动员的系统会改变，运动员训练的环境也会改变。

　　随着虚拟现实和增强现实技术的发展，体育专业人员、神经学家和程序员可以共同努力为运动员创造适当且逼真的训练环境。未来NCI的输入和输出可以根据这种虚拟现实和增强现实运动环境的内容进行调整，从而为运动员提供完全定制的训练计划，以全面优化其神经肌肉系统。

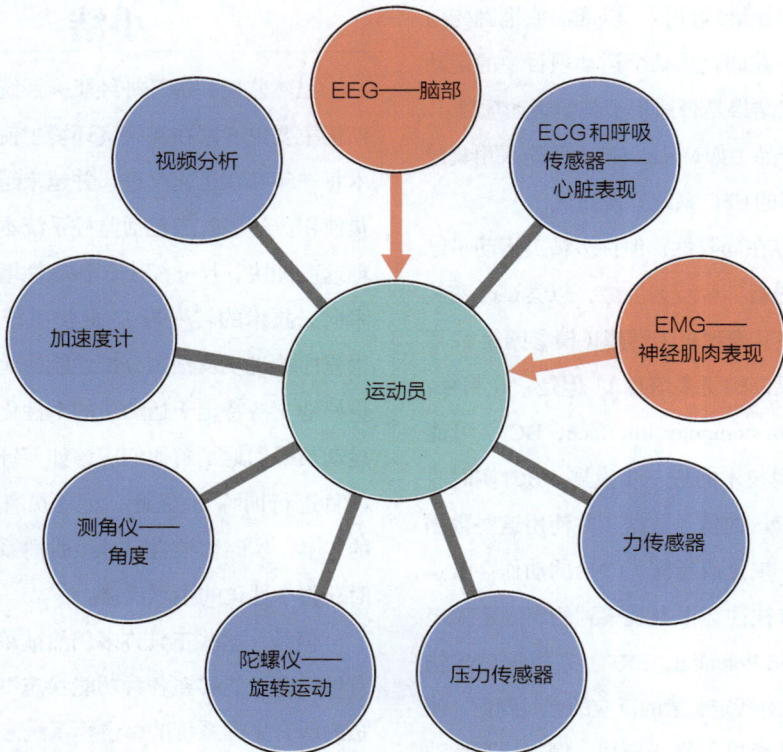

图15.14　将EEG和EMG与其他技术集成，可以同时监控运动员的整体表现

推荐读物

Cohen, M. *Analyzing Neural Time Series Data: Theory and Practice*. Cambridge, MA: MIT Press, 2014.

Journal of Electromyography and Kinesiology.

Kamen, G, and Gabriel, DA. *Essentials of Electromyography*. Champaign, IL: Human Kinetics, 2010.

Merletti, R, and Farina, D. *Surface Electromyography: Physiology, Engineering, and Applications*. Hoboken, NJ: John Wiley & Sons, 2016.

Schomer, DL, and Da Silva, FL. *Niedermeyer's Electroencephalography: Basic Principles, Clinical Applications, and Related Fields*. Philadelphia: Lippincott Williams & Wilkins, 2012.

第 16 章

健康与运动表现的生物标志物

格扎维埃·谢林－德尔阿尔卡萨（Xavier Schelling i del Alcázar），博士；
朱利奥·卡列哈－冈萨雷斯（Julio Calleja-González），博士；
尼古拉斯·特拉多斯（Nicolás Terrados），医学博士，博士

准确地量化运动员的生理状态或训练计划对身体的影响，对于理解恢复需求并在下一轮练习前安排足够的休息时间是至关重要的。这是必不可少的考虑因素，它可以使科学训练师制订更加个性化的计划，从而降低出现健康相关问题的可能性，并最大限度地提高训练强度，以实现有意义的表现进步。本章将回顾在竞技体育情境中监控生物标志物的主要考虑因素和原理，并着重介绍其在运动员健康和表现评估中的应用。

内部调节和反馈系统

为了维持生命，所有生物都需要具备适应外界环境干扰和应激源的能力[25]。1878年，克劳德·伯纳德（Claude Bernard）指出"内部环境的固定性"是自由和独立生活的条件[9]。后来，在1929年，沃尔特·B.坎农（Walter B. Cannon）提出了内部调节的概念，并创造了内稳态这一术语，这涉及动态稳定性原理[22]。

内稳态这个术语已经做过重大修订，现代模型与原始表达方式（体内动力学[45]、体内动态平衡[36]和应变稳态[80]）有显著差异。在本节中，内稳态是指一个动态过程，而不是一种稳定状态，即有机体试图通过改变其内部环境的参数，使之与外部环境和背景的要求相匹配，从而维持生理稳定性[60]。

要理解内部调节的概念，最重要的是了解反馈循环的工作原理[74]。反馈的定义是获得对产品的反应的相关信息，从而支持对产品的修改。因此，反馈循环是一个过程，其中对系统的更改将产生一个信号，然后将触发特定结果。该结果将增加系统的变化（正反馈）或减少变化（负反馈），使系统恢复动态稳定性[60]。变量相对于其基准线的变化幅度以及回到该基准线的速率分别称为系统的"增益"和"增益时间"[81]。增益越大、增益时间越快，生理功能和信号传导过程就越高效[51]。生物标志物监控是通过分析生物学指标（例如血液、尿液、唾液或任何其他人体来源中的可测量分子）[63]来追踪运动员身体随时间的变化，包括标准过程和致病状态[7]。

生物系统的复杂性

生物系统的特点是其异乎寻常的复杂性。这种系统的行为不同于其大量组成部分的行为[37]，

后者彼此（直接和间接地）交互以调节系统的功能（见图16.1[43]）。简单来说，为了理解该系统，我们可以将其简化为多个部分[58]。包括人体在内的生物系统通常缺乏机械周期性或线性动力学，因此被称为**非线性系统**[66]。在非线性系统中，输出与输入通常不成比例，并且给定输入值的输出会随时间产生变化，并不是恒定的[44]。运动生理学本身包含无数不成比例的现象，例如神经细胞和肌纤维的全有或全无定律，或者通气和乳酸阈（阈值是非线性动力学的标志）[44]。与线性系统相反，将非线性系统分解成多个组成部分，并在受控条件下分析这些组成部分的做法无法准确反映所存在的复杂行为，也无法捕获工作动态关系[43]。在实施生物标志物监控时，科学训练师必须不断考虑生理过程的综合性、动态性，有时甚至要考虑非线性[51]。

运动员对环境的适应

试图理解运动员对环境（例如天气、训练、营养或睡眠）的适应（例如表现水平或健康状况），从概念上来讲可以被视为试图理解环境（例如训练）与结果（例如表现）之间的关系[88]，不过在许多情况下，这是一种相当复杂且不确定的关系，就是所谓的**黑盒子**。可能已知盒子的一些（或许多）输入（例如训练变量）和盒子的结果（例如20米冲刺速度提高），但是还不能完全确定具体是哪些生理过程导致了表现的提升[88]。原因是这种适应涉及多个器官系统及其控制机制[88]，包括将细胞功能与细胞遗传器官的活动联系在一起的不同细胞内机制[55]。例如，高强度的细胞活动（如重复冲刺训练课）导致与功能表现特别相关的蛋白质的合成增加。合成的蛋白质将用作更新和增加蛋白质结构的建材，或作为酶蛋白，催化支持功能活动的代谢途径（例如无氧代谢途径）[88]，因此，参与的细胞结构扩大，并且酶活性增强。这些蛋白质的合成确保了适应效果（例如提升重复冲刺表现），这一过程被称为**适应性蛋白质合成**[88]。

在各个层面上的蛋白质调节是由代谢产物、激素和神经系统共同完成的[88]。**代谢控制**是用于调节各种组织中的代谢过程以支持人体需求的工

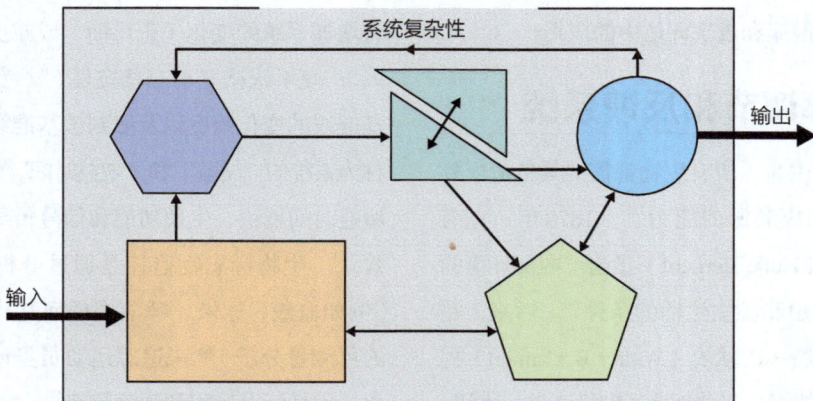

图16.1 一个系统由多个元素或部件（六边形、五边形、矩形、三角形和圆形）组成，它们各自表现出自己的行为并可彼此交互（箭头）。此外，元素之间可能存在正反馈循环和负反馈循环（圆形输出反馈到六边形）。这些元素在不同条件下以及在不同时间的相互作用和调节会形成一个动态系统，该系统可以对特定时间、特定条件下的输入做出反应，产生特定的输出

经许可改编自：J.P. Higgins (2002, pg.247-260)。

具。代谢控制的主要原理是底物与产物的比率决定了催化底物转化为产物的酶的活性[88]。因此，生物标志物监控的基本原理是监控特定的蛋白质合成反应（结构或酶）、目标代谢物（底物或产物）的水平或作为运动员状态和适应的替代指标的激素，并且这是一种揭示运动员适应黑盒子所涉及过程的方法。

竞技体育中的生物标志物

在竞技体育情境中，生物标志物通常用于评估运动对不同生物系统、器官和组织的影响[63]。科学训练师可以分析运动员体内发现的代谢产物和底物，以评估与运动中内部负荷监控有关的3个主要领域：与体能有关的适应、疲劳和恢复状态、健康。此外，为了正确解释生物标志物，科学训练师还必须考虑影响生物标志物的调节因素（即环境及运动员的认知和身体因素）。另一个考虑因素则是任何生理反应固有的时间因素，内部反应的时间可以分为急性（运动过程中和刚结束时的生理反应）、延迟（从运动后24小时到几天后）和慢性（持续几周到几个月的生理状态）[26]，如图16.2所示。

监控练习对运动员的急性影响或相关的体能适应是非常重要的，有助于确定运动员是否对训练计划有适当的反应，以及生理适应是否正在有效地朝着运动项目的要求发展[16]。急性生理反应的程度通常与应激水平有关。因此，对标准练习的急性反应程度通常被视为个体对身体应激（体能）的反应能力的指标。急性生理反应的例子包括HR、肺通气量提高，出汗，核心体温升高，儿茶酚胺分泌增加，以及迷走神经活动、胃肠道蠕动和内脏灌注减少[26]。经过一段时间，运动员对训练产生了适当的适应之后，生理适应将提升其完成训练的能力，运动员对相同的绝对工作负荷的急性生理反应减轻，并达到相同或更好的表现水平[26]。

另外，疲劳或恢复不足是一种能力下降的征兆，表现疲劳性和感知疲劳性之间相互作用对身体功能和认知功能造成了限制[27]。监控疲劳和恢复状态可以支持训练周期的个性化设计[20]，并可

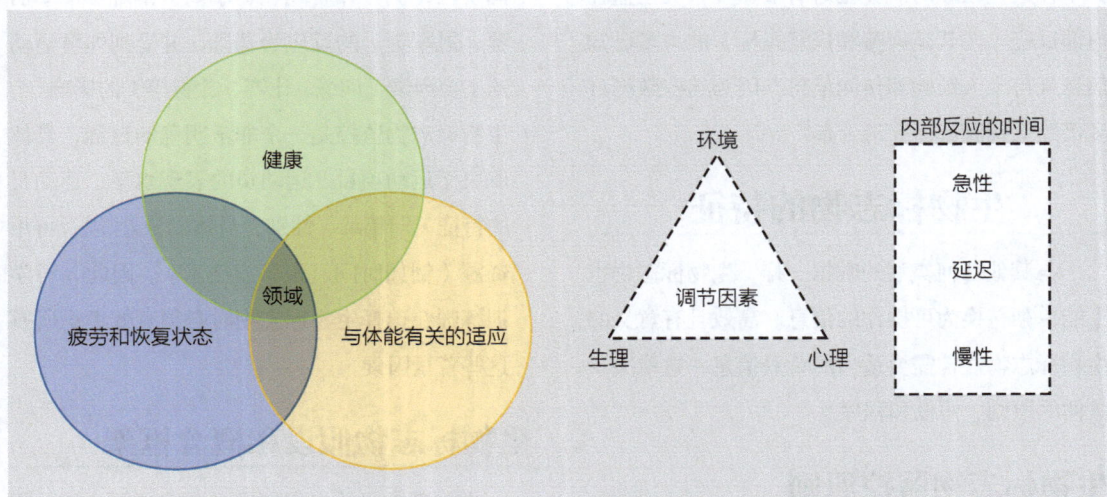

图16.2 竞技体育中进行生理监控的3个主要领域（健康、疲劳和恢复状态以及与体能有关的适应）、主要调节因素（环境、生理和心理），以及内部反应的时间（急性、延迟或慢性）。这3个领域相互关联，但是生物标志物的选择、采样方案（频率和时间）及解释可能会因领域、调节因素和内部反应的时间因素的影响而有所不同

能引起短期表现下降，但最终将导致恢复后的表现提升（功能性过量训练），有助于最大限度地减少或避免长时间运动表现停滞（非功能性过量训练或过度训练）[40, 49, 56]。由于疲劳固有的复杂性，在文献中对于哪些参数最适合监控疲劳一直存在争议[39, 63, 85]，并且尚未确定明确的生物标志物[39, 85]。因此，针对评估运动员疲劳和恢复状态，建议最佳的实践做法是生物标志物的组合分析[19, 33, 48, 54, 63, 78]。

最后，全面的健康监控可包括多项评估：血液学、免疫学、炎症水平、氧化应激、神经内分泌学、肝肾功能、肠道菌群组成、肌腱参数、软骨和骨骼参数，以及营养需求、水合状态或遗传基因。该部分旨在确定损伤或疾病的禁忌证，并防止运动员达到致病状态；或者，如果运动员已经出现症状，科学训练师应知道如何根据每个运动员的特征、个人反应和环境更好地对其进行干预（另请参见个体化医学、个性化医学、精准医学[35]）。

不幸的是，与对普通人群的研究相比，训练科学在这些领域的研究相对有限，并且关于监控内部反应（尤其是疲劳和恢复指标）的许多已知信息来自个人经验和传闻信息，因为这些数据许多仍然受到保护，并未公布[39]。

生物标志物的特征

与其他任何类型的数据一样，生物标志物也不能单独转换为可操作的信息。高效且有意义的生物标志物监控需要适当的背景信息，这取决于具体的原则、假设和程序。

生物标志物监控原则

生物标志物监控的目的是评估对训练和比赛的生理反应，并优化训练和比赛干预措施的效果。

为了将生物标志物用于监控，必须考虑一系列基本原则，具体如下。

- 获得的信息必须比借助更简单、更便宜的监控工具所获得的信息提供更深入的洞察。
- 生物标志物监控必须以尽可能减少侵入性和破坏性的方式进行。
- 在需要时，运动员应该可以访问自己的生物特征数据。
- 获得的生物标志物所提供的有关被监控领域或系统的信息必须可靠、准确且有效。
- 结果的解释必须考虑有临床意义的最小重要差异，以识别运动员状态的真实敏感性。
- 生理过程的过度简化有时可能无法正确反映其复杂的行为，并可能会阻碍捕获工作动态关系，导致基于此类解释做出了错误的决策。
- 所获得的信息应该是关键的利益相关者和决策者（教练员、医疗和运动表现人员等）可理解的信息，并且运动员本人在有需要时也应可理解这些信息。
- 生物标志物监控以记录运动员在训练和比赛的不同阶段（例如休赛期、赛季前、常规赛、季后赛、冠军赛）的反应为基础，并受到体育活动的主要因素（训练、比赛、旅行等）的影响。
- 生物标志物监控是一个非常明确的过程，具体取决于运动项目、运动员的表现水平、运动员的特征（即年龄、性别、身体成分），以及可用资源（例如时间、预算或技术）。因此，科学训练师在选择生物标志物时必须有效考虑所有这些背景因素。

生物标志物假设和概念框架

在对运动员的身心健康及表现进行分析和监控的过程中，使用生物标志物可以带来极大的好处，并且可以获取有关身体对训练干预和比赛的反应能力的宝贵信息。但是许多生理、心理和环境条件都会影响生物因素和生物标志物。因此，科学训练师在采用这种方法时需要注意某些事项，具体如下。

- 生理和心理因素之间的相互作用会影响和限制运动表现。对内稳态的挑战、神经肌肉功能的改变，以及向所涉及肌肉提供充足的激活信号的能力，甚至心理状态的干扰，都会影响运动表现。
- 生理适应（细胞、激素和神经）构成了提升运动专项表现的背景。
- 监控任何生理适应都可能对确定训练干预的有效性具有重要意义。
- 可以使用通过生物标志物确定的生理变化和功能性变化来评估训练周期化和训练计划。
- 代谢和激素分析可以帮助发现错误的训练管理、不良的生理适应，或发现适应能力和身体资源的下降已经达到危险的程度。

生物标志物监控程序

在选择要使用生物标志物进行分析的生理来源或样本时，根据监控目标考虑生物标志物的相关性很重要。例如，在研究肌肉代谢时，从每个来源获得的信息的价值按以下顺序递减：组织活检、动静脉差别、静脉血、毛细血管血、尿液、唾液和汗液。为了获得直接信息，运动员必须接受活检[88]。此外，正确的诊断和计划制订决策依赖于准确和可靠的测试结果。充分的运动员准备、样本采集和样本处理是获得准确测试结果的必要先决条件。事实上，测试结果的准确性取决于样本的完整性。

在所有采集样本和准备测试的环境中，认证人员均应采取最新推荐的无菌技术，包括有关使用针头和其他无菌设备的注意事项，以及负责任地处置所有生物材料的准则[50]。

在采集样本之前，科学训练师应查看适当的测试说明，包括样本类型、需要量、标准化程序、必要的采集设备、运动员的准备和指引，以及样本存放和处理指南。仔细注意常规程序可以消除大多数与样本采集有关的潜在问题。有关所有类型的样本和生物标志物采集的一些最常见的考虑因素具体如下[50]。

- 事先向运动员提供适当的采集说明，以及有关禁食、饮食和药物限制的信息（如有规定）。
- 在采集之前检查样本采集和运输的相关用品。
- 正确标记样本并提供所有必需的运动员信息。
- 提交足够数量的样本，以执行测定或分析。
- 小心地拧紧样本容器的盖子，以避免泄漏和潜在的污染。
- 保存样本的环境应保持测试要求指示的温度。在户外采集样本时，使用干冰冷藏箱有助于提供适宜的保存温度，直到将样本带到实验室进行处理。

根据生物标志物监控的目的，科学训练师可以选择两种主要的样本收集程序：评估运动员的基础状态或了解运动员在特定时间对特定干预的反应，具体如下。

- 基础状态。一般而言，用于确定身体成分浓度的样本应在运动员处于基础状态时收集（即清晨醒来后、最后一次进食后约12小时，且最近24小时未进行剧烈运动）。最常以该采集期的样本为基础来确定参考区间。
- 定时样本。有两种定时样本：一种是在特定时间采集单个样本（例如餐后血糖），另一种是可能需要在特定时间采集多个样本用于测试（例如测试某项干预措施的效果）。

一个完整的测试周期包括以下步骤[41,59]。
- 采集样本（具有不同程度的侵入性）。
- 标识。

- 运输（不在现场对样本进行分析时）。
- 准备样本。
- 分析。
- 报告。
- 解释。
- 行动。

确定这些步骤及其含义有助于优化测试过程，以及根据程序和时间要求拒绝或接受样本（见图16.3）。确定合适的分析质量，并最大限度地减轻工作人员和运动员的负担，这对于成功实施测试至关重要。

相关生物标志物的关键指标

本章无法详尽综述每种已有研究报告的生物标志物的文献，因此，我们用3个汇总表列出了一些最相关的生物标志物，按不同的监控目标进行分组，并针对本节介绍的各个关注领域简要说明体育活动中最常报告的生物标志物。

在考虑使用生物标志物时，科学训练师必须考虑到竞技体育和医学领域中可用的生物标志物的数量因科技的进步而持续增加。而且，如本章所讨论的，任何生理过程的相互作用和系统性都意味着有多个生物标志物参与多个过程，并且可能以非线性方式起作用。因此，选择生物标志物的最佳实践做法是不断更新可用生物标志物以及综合观察分析运动员内部反应。

生物标志物分为肌肉状态［肌肉三磷酸腺苷（Adenosine Triphosphate，ATP）代谢、肌肉损伤

和内分泌反应］、免疫系统和炎症、氧化应激、营养和水合作用，以及其他标志物（肝脏代谢，肾脏参数，激素水平，肌腱、软骨和骨骼参数，自主神经系统和神经内分泌参数，以及遗传基因）。

肌肉状态

肌肉状态是指肌肉的疲劳和恢复状态，其评估应侧重于特定方面（参见表16.1）：代谢体内稳态（例如合成代谢-分解代谢平衡、缺乏蛋白质和氨基酸、底物可用性）、肌肉损伤、肌肉修复的内分泌调节、适应和兴奋性[52]。最后一个方面不属于本章讨论的主题。

肌肉代谢

运动员执行身体训练的能力与支持给定肌肉表现所需ATP的代谢途径有内在联系[83]。身体在中等到高强度的动态运动中会产生更多的氨，并且支链氨基酸的氧化水平上升，与有氧功率成指数关系[72]。氨是由于肝脏、肌肉和肾脏中的氨基酸脱氨而产生的，血液中氨浓度升高被认为是ATP和氮体内稳态异常的指标[5]。乳酸（Lactic Acid，LA）是碳水化合物无氧分解的产物[8]。静脉血乳酸浓度是众所周知的肌肉代谢指标，血液中乳酸的变化被广泛用作训练负荷指标或用于调整训练强度（或者两者）（见图16.4[2, 38, 53, 57, 73]）。

在评估运动强度的过程中，当肌肉主要使用线粒体脂肪氧化时（有研究报告其发生强度为 47%~75%的 $\dot{V}O_{2max}$，受过训练和未经训练的个体

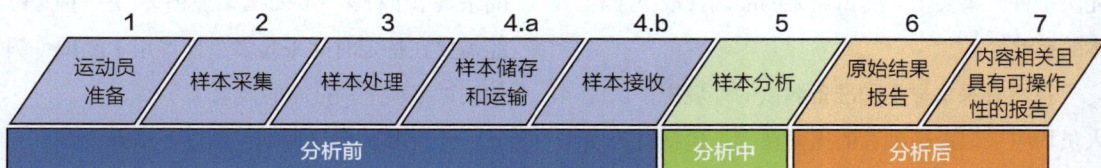

1	2	3	4.a	4.b	5	6	7
运动员准备	样本采集	样本处理	样本储存和运输	样本接收	样本分析	原始结果报告	内容相关且具有可操作性的报告
分析前					分析中	分析后	

图16.3　生物标志物监控所涉及的不同阶段：分析前（运动员准备到样本接收）、分析中（样本分析）和分析后（原始结果报告到实际可操作的报告）

表16.1　肌肉状态、炎症、免疫系统和氧化应激生物标志物

标准组别	亚类	生物标志物
肌肉状态	肌肉代谢	乳酸 氨 无机磷酸盐 氧化嘌呤（次黄嘌呤、黄嘌呤） 游离氨基酸（色氨酸、谷氨酰胺、谷氨酸） 支链氨基酸（亮氨酸）
	肌肉损伤	肌红蛋白 肌酸激酶 烯醇化酶 肌球蛋白重链 醛缩酶 乳酸脱氢酶 谷草转氨酶 谷丙转氨酶 3-甲基组氨酸 血尿素氮 心肌标志物（N端B型利钠肽、肌钙蛋白cTnT、cTnI）
	内分泌反应	睾酮 游离睾酮 脱氢表雄酮 白细胞介素样生长因子1 性激素结合球蛋白 黄体激素 皮质醇 生长激素 游离睾酮与皮质醇的比率
炎症		血细胞分类计数 全血细胞计数 白细胞 C反应蛋白 肿瘤坏死因子 白介素-6 白介素-1 白介素-1β 白介素-8 白介素-10 白介素-12p40 白血病抑制因子 单核细胞趋化蛋白-1 可溶性细胞间黏附分子-1 血清血小板颗粒
免疫系统		分泌性免疫球蛋白A 分化群3（Cluster of Differentiation 3，CD3） CD4 CD8+ CD4/CD8+ 自然杀伤细胞 α-淀粉酶 乳铁蛋白 溶菌酶

续表

标准组别	亚类	生物标志物
氧化应激	脂质过氧化	酸反应物质 异前列腺素 8- 异前列腺素
	蛋白质过氧化	蛋白质羰基
	抗氧化能力	谷胱甘肽 谷胱甘肽过氧化物酶 过氧化氢酶 总抗氧化能力 超氧化物歧化酶 尿酸
	平衡	还原型谷胱甘肽/二硫代谷胱甘肽

之间有差异），LA 值不变；但是一旦肌肉开始使用线粒体以外的途径（即糖酵解），静脉血乳酸的浓度就会升高。图 16.4 显示了顶级运动员的 LA 值，其 LA 值和呼吸商（Respiratory Quotient，RQ）值非常低，表明线粒体脂肪氧化。LA 值和 RQ 值变高反映糖酵解的增加。此外，在临床运动测试中使用 LA 分析可以指导运动计划（使用脂肪分解或糖酵解的运动）的设计，并评估治疗和身体训练的效果[38]。

肌肉损伤

肌肉疲劳并不总是伴有肌肉损伤，因此，我们建议针对每种情况使用不同的生物标志物[17, 65]。对细胞外基质的损害（例如由于挫伤或离心收缩引起的损害）可能会增强肌膜的渗透性，从而增大某些产物（例如肌酸激酶和肌红蛋白）的流出量[17]。肌红蛋白在血液中的浓度因病理和生理条件的不同会有很大差异，但已被广泛用作评价由运动引起的肌肉损伤的指标[82]，而肌细胞凋亡

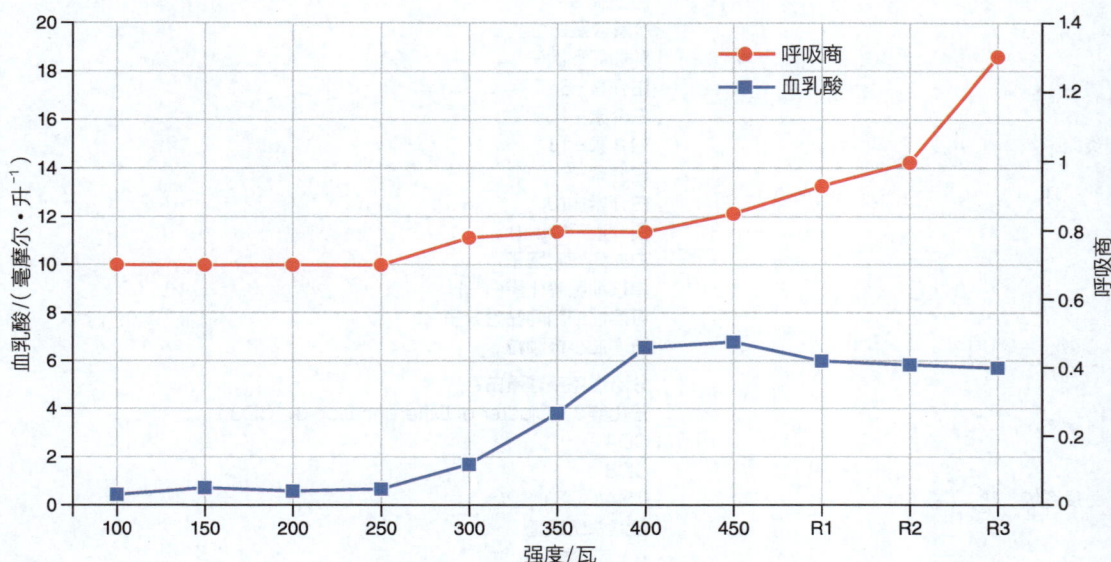

图16.4 增量测试过程中的血乳酸浓度和呼吸商（来自作者实验室的未发表数据）

也可能是由氧化应激的增加引起的[65]。**肌酸激酶**（Creatine Kinase，CK）是在心脏、大脑、骨骼肌及其他组织中发现的一种酶。剧烈运动、挫伤、肌肉发炎、肌病（如肌肉营养不良）和横纹肌溶解会使血液中的CK明显增加[65]。这种敏感性已被证实，并使CK及其亚型3在体育领域成为肌肉损伤的常用血源性标志物[17]。

内分泌反应

　　运动员要对训练和比赛产生预期的生理适应，适当的激素信号传递至关重要。**睾酮**促进蛋白质合成、红细胞生成、糖原补充，并减少蛋白质分解。**皮质醇**可以对底物利用率或蛋白质更新产生有益的急性影响，除此之外，它还对**睾酮**有拮抗作用，可以干扰睾酮与其雄激素受体的结合，并通过不依赖于睾酮的机制来阻断合成代谢信号传导，从而抑制蛋白质的合成。当皮质醇长期升高时，它具有分解代谢和免疫抑制作用[52]。因此，**游离睾酮与皮质醇的比率**（Free Testosterone-to-cortisol Ratio，FTCR）已在不同运动项目中被广泛用于研究和预防过度训练（见图16.5）[75]。最初，使用FTCR来标记过度训练时有两个标准：绝对值低于 0.35×10^{-3}；或者与先前值相比，FTCR至少降低30%[4, 28, 75]。**胰岛素样生长因子-1**（Insulin Like Growth Factor 1，IGF-1）是在肝脏中产生的信使，可以将人体生长激素的作用传递到周围组织，并模仿胰岛素促进代谢和降血糖。有人提出，IGF-1的减少伴随着相应结合蛋白（IGF-BP3）的增加，这代表在耐力训练造成碳水化合物储备耗尽后，人体出现了节制葡萄糖状态[79]。

免疫系统和炎症

　　有研究假设身体活动与对疾病的抵抗力之间成U型关系，这表明尽管定期的适量身体活动对健康会产生有益的影响，但是过量或强度过高的身体活动会带来负面影响[90]。最常报告的免疫学评估类型（尤其是在人体运动研究中）包括分析血源性循环免疫蛋白（例如白介素-6、白介素-1β、C反应蛋白、白介素-8、肿瘤坏死因子α）、循环血白细胞（例如CD4+ T细胞、CD8+ T细胞、B细胞、嗜中性粒细胞、单核细胞），以及唾液和血浆抗体或免疫球蛋白（Immunoglobulin，Ig）的浓度[90]。**白介素-6**（Interleukin-6，IL-6）所属的一类细胞因子既可作为促炎性细胞因子（单核细胞、巨噬细胞），又可作为抗炎性细胞因子（肌细胞）[33]。IL-6通常在血清中测定，可能是研究最多的细胞因子[18]。据研究报告，IL-6受运动训练的影响，被认为是运动急性反应的重要介体[18, 79]。它的增加与运动时间、运动强度、参与机械功的肌肉以及耐力有关[33]。**肿瘤坏死因子α**（Tumor Necrosis Factor Alpha，TNFα）是一种主要由巨噬细胞产生的促炎性细胞因子，能够引起细胞凋亡、炎症、细胞增殖和细胞分化。它是细胞因子系统的一部分，能调节有机物新生[18]，包括肌肉的再生和恢复[65]。**免疫球蛋白A**（IgA）的产生，特别是分泌型IgA（Secretory IgA，SIgA）的产生，是黏膜免疫系统的主要效应功能，SIgA与先天的黏膜防御系统（例如 **α-淀粉酶**、**乳铁蛋白**和**溶菌酶**）一起组成抵抗存在于黏膜表面的病原体的第一道防线。急性的中等强度运动对黏膜免疫力的影响很小，但是长时间的运动和强化训练会导致唾液中SIgA分泌减少[90]。尽管如此，科学训练师在解释免疫系统和炎症反应生物标志物时仍需谨慎，因为并非所有这些参数的变化都会转化为导致具有更高感染风险的组织炎症和免疫抑制[90]。另外，有人提出外周血中淋巴细胞（和其他免疫细胞）体积的减小和功能的减弱可能代表了免疫监控和免疫调节的增强状态，这是

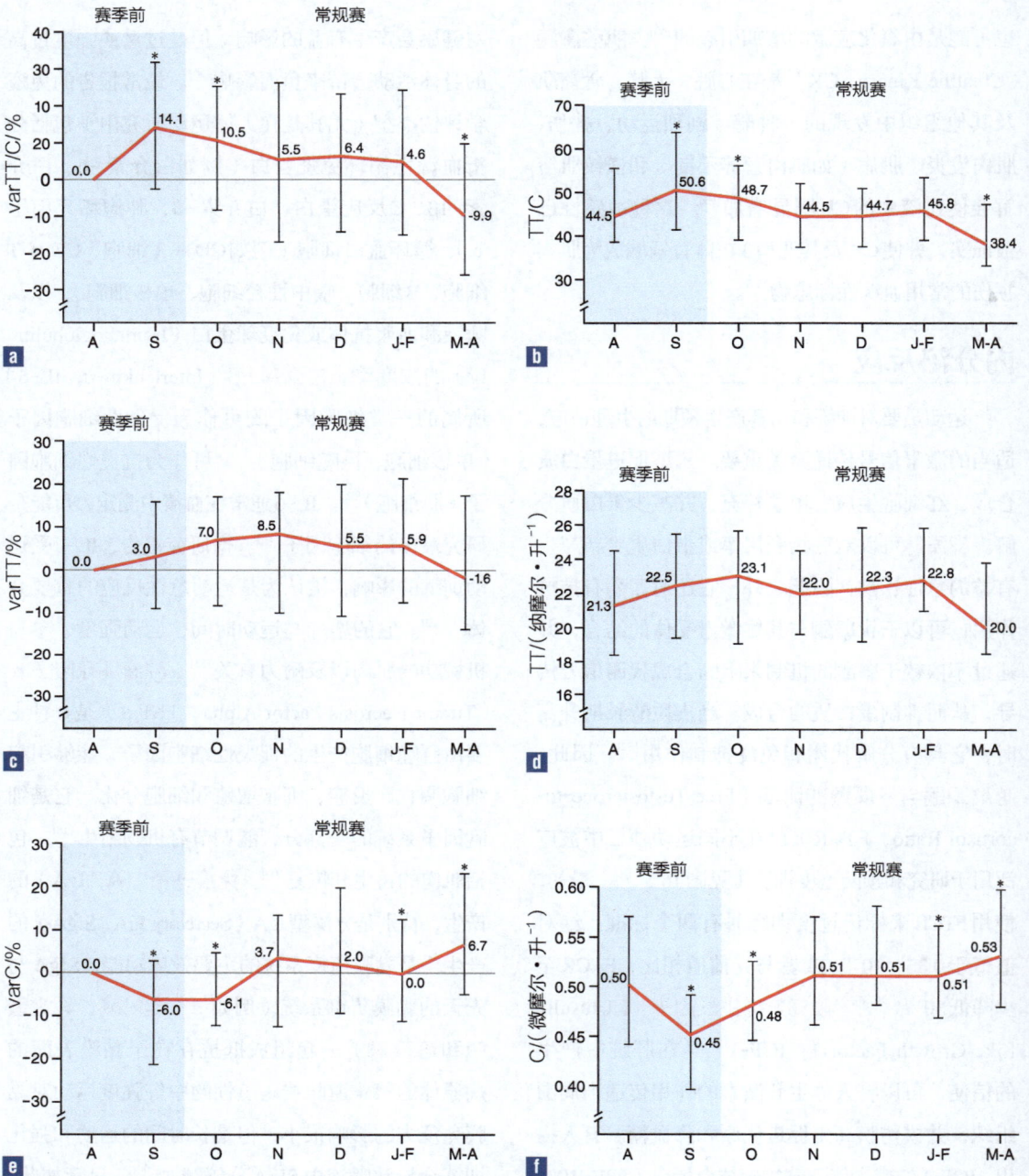

*显著差异（p值、克里夫Δ或科恩d值、Δ或d解释）：a. S与M-A对比（0.000,0.40^Δ，中），O与M-A对比（0.001,0.36^Δ，中）；b. S与M-A对比（0.000, 0.66^d，中），O与M-A对比（0.001, 0.19^d，小）；e. S与J-F对比（0.002, 0.30^Δ，小），S与M-A对比（0.000, 0.40^Δ，中），O与M-A对比（0.001, 0.34^Δ，中）；f. S与J-F对比（0.002, 0.42^Δ，中），S与M-A对比（0.000, 0.15^Δ，小），O与M-A对比（0.001, 0.38^Δ，中）。

A=8月，S=9月，O=10月，N=11月，D=12月，J-F=1月至2月，M-A=3月至4月。

图16.5 整个赛季每月总睾酮（Total Testosterone，TT）、皮质醇（Cortisol，C），以及睾酮与皮质醇比率（Testo-sterone-to-cortisol Ratio，TT/C）的绝对值和变化（Variation，var）百分比。来自西班牙职业篮球运动员连续4个赛季的汇总数据。显示中位数（红线）和四分位间距（垂直间隔）的值

经许可转载自：X. Schelling, J. Calleja-Gonzalez, L. Torres-Ronda, and N. Terrados (2015, pg.373)。

由细胞优先调动到周围组织所致[21]。同样，运动后 IL-6 和 IL-1β 的急性升高可能对运动的代谢反应（而非免疫反应）更为重要[90]。因此，科学训练师还必须采用个体化的纵向测量、全面的免疫系统和炎症生物标记物组，以及考虑到免疫抑制涉及的其他因素的综合分析。

氧化应激

自由基（Free Radical，FR）是在人体中自然产生的反应性化合物。它们可以产生积极影响（例如对免疫系统）或消极影响（例如脂质、蛋白质或 DNA 氧化）。为了限制这些消极影响，有机体需要抗氧化系统提供复杂的保护。该系统由抗氧化酶和非酶抗氧化剂组成，前者包括超氧化物歧化酶、过氧化氢酶和谷胱甘肽过氧化物酶，后者包括多种 FR 消耗剂（例如维生素 A、维生素 C、维生素 E、类黄酮）以及硫醇（包括谷胱甘肽、泛醌 Q10、尿酸、胆红素、铁蛋白）。铁、铜、锌、硒和锰等微量营养素可作为酶的辅助因子。抗氧化系统的效率取决于营养衍生物（维生素和矿物质）以及内源性抗氧化酶的产生，运动、训练、营养和衰老均会使其改变。此外，抗氧化系统的效率在运动生理学中也很重要，因为运动会使 FR 增加[30, 64]。但是同样要说明的是，单一测量任何氧化应激或抗氧化状态都是不够的。实际上，对来自单个标志物的值进行解释可能会产生错误。因此，评估氧化应激的最佳方法似乎需进行一系列测量，包括总抗氧化剂容量（Total Antioxidant Capacity，TAC）、分离的抗氧化剂，以及 FR 对脂质、蛋白质和 DNA 造成的损伤标志物[31, 70]。

营养和水合状态

常量营养素（碳水化合物、蛋白质和脂质）、微量营养素（维生素和矿物质）和液体的饮食摄入量与训练和比赛的需求不匹配，就可能导致运动员表现不佳，并最终出现与身心健康相关的问题（营养和水合状态亚类生物标志物见表 16.2）[61, 84]。

竞技体育中最常研究的微量营养素是铁及其代谢指标，例如铁蛋白、转铁蛋白、转铁蛋白饱和度、总铁结合能力和血红蛋白。铁缺乏症（无论运动员是否患有贫血）会损害肌肉功能并限制工作能力，导致训练适应和运动表现受损[84]。维生素 D 调节钙和磷的吸收和代谢，并在保持骨骼健康中发挥关键作用。越来越多的研究记录了维生素 D 的状态与预防损伤、康复、改善神经肌肉功能、减轻炎症和降低应力性骨折风险之间的关系[84]。钙对于骨骼组织的生长、维持和修复，以及肌肉收缩的调节、神经传导和正常凝血特别重要。能量可用性较低会使得骨骼矿物质密度低下和发生应力性骨折的风险增加，还有可能造成女性运动员月经不调，而饮食中钙的摄入量低会进一步增加这种风险[84]。

至于对常量营养素需求的评估，研究已经充分记录了碳水化合物可用性在运动能力中的关键作用。在长时间的中等至高强度运动中，其关键作用更为明显。相对于低强度运动，在中高强度的运动中，人体对内源性碳水化合物储备的依赖变得越来越明显。对人体的研究清楚地表明，在长时间运动中，疲劳与肌糖原含量低同时发生，并且碳水化合物的摄入与通过减弱糖酵解、保持血糖或碳水化合物氧化水平来维持人体表现有因果关系[1]。诸如血糖或糖化血红蛋白水平（过去 1~3 个月中血液中平均葡萄糖含量的指标）等代谢生物标志物，已被广泛用于评估碳水化合物的基础或定时动员和可利用性[23]。膳食蛋白质与运动相互作用，为收缩蛋白和代谢蛋白的合成提供触发剂和底物，并促进肌腱和骨骼等非肌肉组织的结构性改变。蛋白质在催化、运输、免疫和信息传递等生物过程

表16.2　营养和水合状态亚类生物标志物

亚类	生物标志物
微量营养素代谢	维生素D（25-羟基-D_3） 维生素K（族） 维生素E 维生素B（族） 钙 磷酸盐 镁 钠 钾盐 锌 铬 锰 铁代谢指标（二价铁、三价铁、铁蛋白、转铁蛋白、转铁蛋白饱和度、总铁结合能力、血红蛋白）
常量营养素代谢	葡萄糖 糖化血红蛋白 甘油三酸酯 游离脂肪酸 胆固醇 血脂 ω-6与ω-3的比率 总蛋白质 白蛋白 球蛋白 血尿素氮 游离氨基酸 支链氨基酸（亮氨酸）
水合状态	血尿素氮/血肌酐 精氨酸加压素 和肽素 尿比重 渗透压
食物吸收和过敏	免疫球蛋白E 肠道菌群

中也起着核心作用[84]。氮平衡标志物反映蛋白质分解，用于确定蛋白质摄入效果或作为运动损伤的指标，包括血氨、尿素和肌酐[71]。另外，就骨骼肌蛋白质合成而言，亮氨酸可能是较为重要的氨基酸。亮氨酸直接或间接刺激哺乳动物雷帕霉素靶蛋白（mammalian Target of Rapamycin，mTOR），这是细胞内转化的关键调节因子[34]。它对运动表现有潜在的增强作用，因此在体育界中受到越来越多的关注，以确保其最佳可利用性。脂质是健

康饮食的必要组成部分，可提供能量，是构成细胞膜的基本元素，并能促进脂溶性维生素的吸收。脂肪以血浆游离脂肪酸、肌内甘油三酯和脂肪组织的形式存在，在耐力训练中能够提供相对充足的燃料底物，并增强肌肉的可利用性[84]。常见的脂质代谢生物标志物包括总胆固醇、低密度脂蛋白（Low-density Lipoprotein Cholesterol，LDL）、高密度脂蛋白（High-density Lipoprotein Cholesterol，HDL）和甘油三酯。除此之外，分析特定脂肪酸

水平的情况并不少见，例如 ω−3 和 ω−6 及其平衡（**ω−6 与 ω−3 的比率**）。过量的 ω−6 多不饱和脂肪酸（Polyunsaturated Fatty Acid，PUFA）和非常高的 ω−6 与 ω−3 比率会引起炎症和自身免疫性疾病，以及心血管疾病和癌症，而 ω−3 PUFA 的水平升高（ω−6 与 ω−3 的比率低）则对上述情况具有抑制作用[77]。

适当补充**水分**有助于让健康和运动表现达到最佳水平。除了通常由于呼吸、胃肠道和肾脏相关原因每日流失的水分外，运动员还需要补充通过汗液流失的水分[84]。假设运动员处于能量平衡状态，则可以通过监控清晨的体重（清醒时和排尿后进行测量），或者训练或比赛之前和之后的体重来评估每日的水合状态，因为体重的急性变化通常反映出体内水分的变化。**尿比重**和尿液或唾液**渗透压**也可以用作水合状态的指标，方法是测量这些液体中的溶质浓度[84]。

生物标志物监控的其他关注领域（见表 16.3）包括肠道健康参数（即微生物群）、软骨参数（例如软骨寡聚基质蛋白）、肌腱参数（例如羟脯氨酸）、骨骼参数（例如骨钙蛋白、吡啶啉）、与运动表现相关的基因（例如 α−辅肌动蛋白 3 基因、血管紧张素转换酶基因）、与组织再生与生长相关的基因（例如肌生长抑制素基因）、与肌腱和韧带病理相关的基因（例如 I 型胶原 α1 基因、V 型胶原 α1 基因），以及与运动适应有关的基因表达生物标志物（microRNA[29]）。

生物标志物数据的分析和解释

为了基于收集到的生物标志物提供可操作信息，科学训练师需要对原始数据进行合理的分析和解释。这考虑了诸如生物标志物正常值的动态性质（即动态稳定性）、运动员对相同应激源的个体反应（即运动员之间的差异），以及影响生物系

统功能所需的最小变化（即最小临床重要差异）。

参考值和个体差异

生物标志物的参考值，特别是针对运动员进行调整的参考值仍然欠缺[39, 52]。因此，通常的做法是使用试剂制造商的参考值作为标准，但这可能会造成误解，因为在训练水平较高的运动员中测得的生物标志物水平可能在一般人群中属于病态水平[63]。此外，自 21 世纪初以来，在由不同的研究小组重复进行的几项研究的报告中，对环境（和运动）的适应均因人而异[15]，其中有些受试者未表现出干预后的有意义变化或负面变化[11, 14, 86]，因此他们通常被标记为无反应者[15, 86]。然而，有人建议用"低敏感度"代替该术语，因为可能没有人会真正对每种运动适应都无反应[11, 67]。

这种异质性也已在对常规身体活动的反应中得到证明[46]。在某些情况下，表型的训练前水平对个体适应具有重要影响[14]。来自不同研究的汇总数据表明，大约 10% 的受试者表现出对训练的不良反应，显示出更高的患病风险，而 7% 的受试者在至少两个变量中表现出不良反应[13]。在分析内部负荷或生理反应时，科学训练师必须考虑这些个体差异。因此，我们建议尽可能地个体化参考值，考虑运动员先前的观察结果并定期对照所有受试者，以建立他们自己的参考量表[46, 63]。

最小临床重要差异

科学训练师需要可靠、准确、快速地解释给定的适应、疲劳、恢复或健康的相关生理指标，并且要考虑到其作为被监控领域的预测指标或代替指标的效度[3, 85]。为此，要对生物标志物结果进行解释，就必须首先了解并非由测量误差产生的最小变化量（即最小可检测变化，Minimum Detectable Change，MDC），以及已经确立的具有重

表16.3　其他亚类生物标志物

亚类		生物标志物
肝功能参数		氨基转移酶 胆红素
肾功能参数		肌酐 尿素 血尿素氮 半胱氨酸蛋白酶抑制剂C
激素代谢指标		总睾酮 游离睾酮 皮质醇 生长调节素 甲状旁腺激素 促甲状腺激素 三碘甲状腺原氨酸 甲状腺素
自主神经系统和神经内分泌参数		儿茶酚胺 糖皮质激素 脑源性神经营养因子 5-羟色胺
骨骼参数		骨骼形成标志物（骨碱性磷酸、骨钙蛋白、I型前胶原羧基端前肽） 骨质再吸收标志物（吡啶啉、脱氧吡啶啉、I型前胶原羧基端交联尾肽、I型胶原羧基端交联尾肽、I型胶原氨基端交联尾肽）
软骨参数		软骨寡聚基质蛋白 硫酸糖胺聚糖
肌腱参数		羟脯氨酸 羟赖氨酸
基因	运动表现	α-辅肌动蛋白3基因（ACTN-3 577R，577X） 血管紧张素转换酶基因（ACE D和I等位基因）
	组织再生与生长	胰岛素样生长因子-1基因（IGF-1 rs7136446） 肌生长抑制素基因（MSTN或生长分化因子-8，GDF-8） 生长分化因子-5（GDF-5 rs143383）
	肌腱和韧带病理	I型胶原α1基因（COL1A1 Sp1 TT） V型胶原α1基因（COL5A1 rs12722） 基质金属蛋白酶3基因（MMP3 rs679620） 主腱蛋白C基因（TNC）
	与运动适应有关的基因表达生物标志物	microRNA

要实践意义的最小变化量（即最小临床重要差异，Minimal Clinically Important Difference，MCID）[24]。

为了使生物标志物监控过程在现场能够有用并提供信息，所选MCID的大小至关重要[85]。量化MCID的主要方法有两种：锚点法，其中生物标志物的变化与另一个外部变量（锚点）的变化相关联[85]；或统计方法，例如，MCID可以基于

被测生物标志物的测量标准误差（Standard Error of Measurement，SEM）[94]或受试者间标准差[10]。此外，科学训练师通常也会通过标准化量表将生物标志物的变化解释为给定范围内的受试者内部或受试者之间的标准差（见图16.6）。有研究对无价值、小、中、大和非常大的变化提出了不同的阈值[6]。对于损伤或疾病分析，可以类似的方式

生物标志物"X"

运动员（平均）0.220
样本（平均）0.312

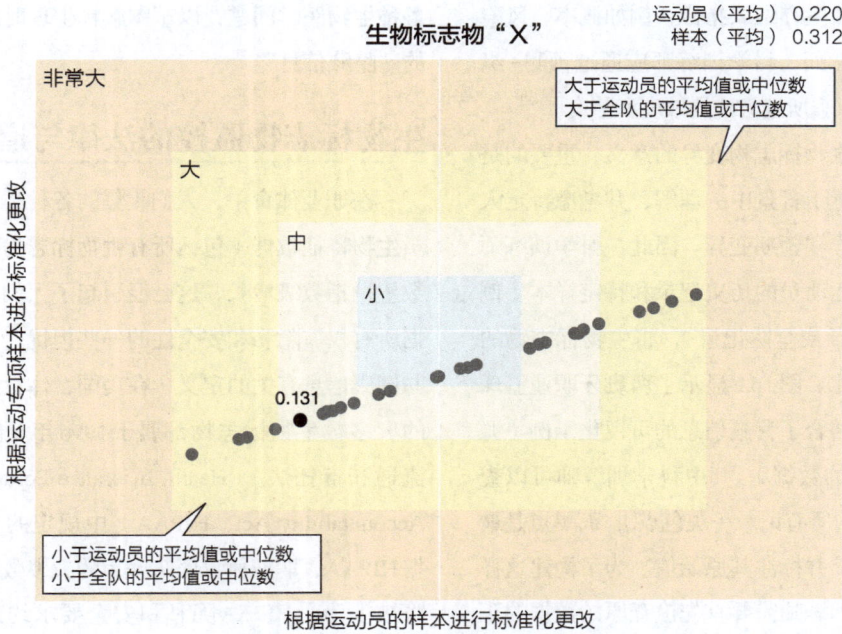

给定监控目标的生物标志物组

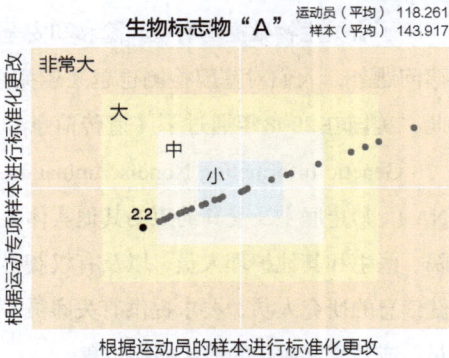

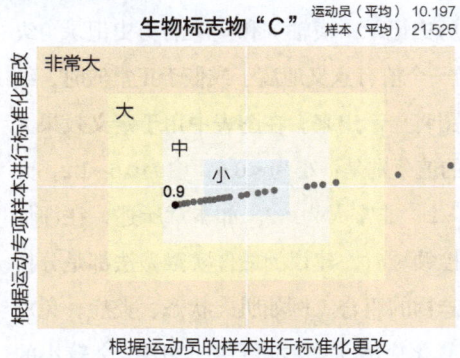

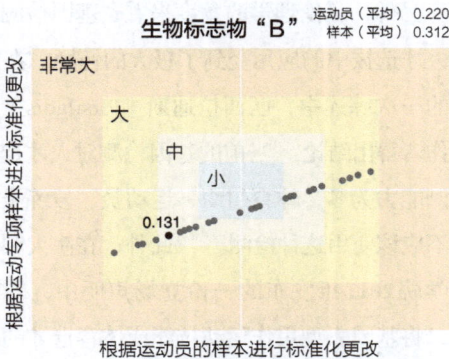

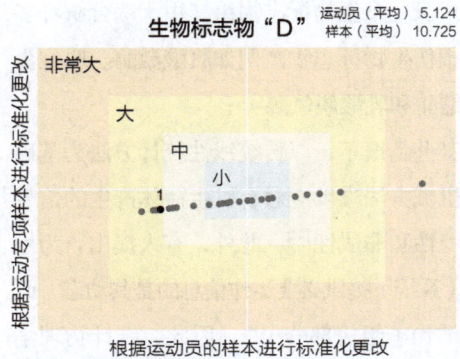

生物标志物"A"　运动员（平均）118.261　样本（平均）143.917

生物标志物"C"　运动员（平均）10.197　样本（平均）21.525

生物标志物"B"　运动员（平均）0.220　样本（平均）0.312

生物标志物"D"　运动员（平均）5.124　样本（平均）10.725

图16.6　生物标志物变化可视化的实际示例

考虑二元指标或生存结果指标，例如概率、风险或危险比[85]。然而，科学训练师应通过预测-纵向型研究定期审查所选方法的效度和信度[32, 42]。

为了探索生物标志物变异的意义，重要的是要适当地将其置于背景中去理解，并考虑特定人群中的个体变异和预期变异。因此，科学训练师可以同时根据运动员的历史记录和特定样本（例如运动专项记录或全队记录），将生物标志物的标准变化可视化。图 16.6 显示了西班牙职业篮球运动员的这种结合了背景信息的可视化示例（源自作者未发布的数据）。其中科学训练师可以查看给定运动员的所有记录（灰色点），而黑点是最后一次的记录，并标注其原始值。为了构建这样的图表，科学训练师需要首先检查原始数据的正规性，并在标注时进行转换。然后，科学训练师为每个记录计算两个标准化值（效果大小）：运动员的历史记录（横轴）和全队的历史记录（纵轴）。当一个值有意义地高于或低于正常值时，结果象限图将显示出来。在图表中用于定义效果大小阈值的值分别是：小为 <0.6，中为 0.6~1.2，大为 >1.2~2，非常大为 >2。如本章所述，在评估任何监控领域时，建议的最佳实践做法都是分析生物标志物的组合（例如肌肉状态、炎症、免疫系统、氧化应激）。在本例中，图中 4 个较小的象限图代表一个生物标志物组，用于综合解释多种肌肉损伤生物标志物（例如肌酸激酶、肌红蛋白、醛缩酶和乳酸脱氢酶）。

在某些情况下，以传统线性统计方法为基础的传统机械方法难以应对有机生命体产生的信号的非平稳性和非线性[37]。此外，有人提出，为生理过程（系统）提供必要运作信息的是其动态，而不是其结构（组成部分）[44]。因此，统计物理学中有不同的概念和技术涉及具备固有随机性质的领域，并已被应用于从分子层面到有机体层面的各种生物医学问题，以试图解释生理时间序列中的"隐藏信息"[37]。

生物标志物监控的法律与道德

在职业体育中，人们收集的各种类型的运动员生物特征数据（包括所有生物标志物在内）的数量呈指数级增长，这已经引起了人们对生物数据所有权、隐私和安全性的一些担忧[47, 62]。根据与健康信息有关的定义，在美国，体育组织收集的大多数生物标志物都属于 1996 年《健康保险流通和责任法》（Health Insurance Portability and Accountability Act，HIPAA）中规定的参数。根据 HIPAA，职业体育团队雇用的大多数医务人员将被视为受 HIPAA 隐私和安全要求约束的医疗保健服务提供者[62]。在全世界范围内都有类似的数据保护法律。

除了有关生物数据所有权、隐私和安全性的法律问题外，人们对基因检测也越来越关注[93]。因此，美国在 2008 年通过了《遗传信息非歧视法》（Genetic Information Nondiscrimination Act，GINA），禁止雇主及受其约束的其他实体（包括医院、医生和其他护理人员，以及有权获得医疗保健信息的研究人员）要求提供有关雇员（即运动员）或其家庭成员的遗传基因信息。

另外，从伦理学的角度来看，基因检测在体育人才选拔中的应用受到了极大的怀疑。在 2013 年的一次综述中，匹西拉迪斯（Pitsiladis）及其合作者得出结论："当前的基因检测对人才选拔的预测能力为零，体育组织、运动员、教练员或父母不应该使用这种检测。"[69]此外，在澳大利亚体育学院 2017 年发布的一份立场声明中，作者指出，将基因表型用作运动技能或体育选才的绝对预测指标是不科学和不道德的[89]。鉴于人类运动表现涉及多个因素，通过基因检测获得的信息绝不能在人才选拔中作为选入或淘汰的依据[89]。因此，在实施生物标志物监控时，科学训练师必须特别注意这些类型的法规和道德考虑因素。

生物标志物数据的演变

在当今的训练科学界中，技术发展日新月异，所谓的前瞻性很可能只能保持几年，而不是几十年[11]。自21世纪初以来，技术和信息的迅猛增长开辟了新的途径，让我们可以更好地理解人体以及人们如何与环境互动，但是将丰富的新信息转化为可操作的知识却是一项持续的挑战。

信息革命的发生主要是由于设备和组件尺寸减小，在其开发中通常使用了纳米技术；数据处理速度的提高使实时报告数据成为可能；成本的降低使技术得以广泛投入使用[87]。这些因素在生物医学和运动生理方面有两个主要意义（特别是近期）[76]。

- 庞大的数据量——能够以非侵入性、无干扰的方式（例如智能面料、智能手表和电话、呼气分析仪、全天候24小时监控）每天从成千上万人处更频繁地收集信息。
- 数据质量提高——能够在基因组学、转录组学、蛋白质组学或代谢组学等领域进行更深入的挖掘，并同步不同数据源（例如生理、身体、心理和环境）。

迄今为止，大多数关于生物标志物、运动表现以及疲劳和恢复的研究都集中在小群体（通常是非均质的）中有限数量的变体上，会不可避免地产生不合逻辑和矛盾的结果[91]。训练科学不应局限于目前以潜在生物标志物为重点的普遍做法，这些生物标志物的定义通常只是以作者的喜好或出版文献中的倾向性意见为依据，并且依赖于没有统计学意义的小型观察性研究[12]。训练科学，尤其是运动生理学，需要转变为对生物标志物的

无偏见探索，全面利用基因组学、表观基因组学、转录组学、蛋白质组学和代谢组学的原理，以及它们与环境（例如营养、睡眠、情绪、训练负荷）的相互作用[76]，结合大型观察性研究和实验研究设计，着重强调可复制性[12]，并注意生理控制和复杂信号网络中涉及的随机和非线性机制[37]。因此，竞技体育组织可以加入大型协作计划，例如在系统生物学研究中心[92]、精准医疗和个性化医疗计划[35]或研究联盟[68]中看到的那些计划，以共享数据集并利用前沿方法在运动生理学和训练科学领域中取得有意义的进步[91]。

小结

生物标志物是一种生物指示物，例如血液、尿液、唾液或任何其他人体来源中的可测量分子，可反映生理过程随时间的潜在变化。在竞技体育中，生物标志物监控的基本原理是评估特定的蛋白质合成反应，或者目标代谢物或激素的水平，并将其作为运动员的体能、疲劳和恢复或健康状态的指标。体育中生物标志物研究的主要领域包括肌肉状态、免疫系统和炎症、氧化应激、营养和水合状态、肌腱及软骨和骨骼参数、激素代谢指标和遗传学。所有生理过程的固有复杂性都需要一个综合的生物标志物组来可靠地评估运动员的状态，包括营养、睡眠、工作负荷或情绪状态等方面。此外，适当的生物标志物监控计划要求科学训练师了解最新的可用生物标志物和技术，以确保其所提供的信息将比借助更简单、更便宜的监控工具获得的信息更有用。科学训练师还需要考虑样本采集程序对工作人员和运动员造成的负担，并考虑有关生物数据所有权、隐私和安全性的所有法律和道德因素。训练科学的下一步是全面利用基因组学、表观基因组学、转录组学、蛋白质组学和代谢组学的原理，以及它们与环境（例

如营养、睡眠、情绪、训练负荷）的相互作用，结合大型观察性研究和实验研究设计，探索新旧生物标志物，并注意生理控制和复杂信号网络中涉及的随机和非线性机制。

推荐读物

Bouchard, C, Rankinen, T, and Timmons, JA. Genomics and genetics in the biology of adaptation to exercise. *Compr Physiol* 1: 1603–1648, 2011.

Higgins, JP. Nonlinear systems in medicine. *Yale J Biol Med* 75: 247–260, 2002.

Meeusen, R, Duclos, M, Foster, C, Fry, A, Gleeson, M, Nieman, D, Raglin, J, Rietjens, G, Steinacker, J, and Urhausen, A. Prevention, diagnosis, and treatment of the overtraining syndrome: joint consensus statement of the European College of Sport Science and the American College of Sports Medicine. *Med Sci Sports Exerc* 45: 186–205, 2013.

Pitsiladis, Y, Wang, G, Wolfarth, B, Scott, R, Fuku, N, Mikami, E, He, Z, Fiuza-Luces, C, Eynon, N, and Lucia, A. Genomics of elite sporting performance: what little we know and necessary advances. *Br J Sports Med* 47: 550–555, 2013.

Viru, A, and Viru, M. *Biochemical Monitoring of Sport Training*. Champaign, IL: Human Kinetics, 2001.

第 17 章

努力感知与主观监控

肖恩·J.麦克拉伦 (Shaun J. McLaren), 博士;

阿龙·J.库茨 (Aaron J. Coutts), 博士;

佛朗哥·M.因佩利泽里 (Franco M. Impellizzeri), 博士

运动员监控被认为是训练过程中的重要方面,其目的是最大限度地提高运动表现和健康水平。训练过程的基本概念是, 通过运动员的生物系统超负荷引起适应性反应, 从而提高表现潜力。但是, 对人体系统施加负荷的做法存在一些固有的风险, 这些风险与在刺激和实现正向适应 (即训练适应) 所必需的恢复之间取得平衡有关。因此训练刺激 (通常称为训练负荷) 及其相关反应的测量和管理都非常重要[75-76]。教练员和训练实践人员通常会认同此过程的好处及其理论基础, 因为其中强调了训练计划的有效性评估、管理训练刺激、发现疲劳、追踪表现变化、制订适当的恢复计划和控制损伤风险等工作, 这些都是运动员监控系统的重要依据[4, 147, 150, 163]。

负荷是一个通用术语, 根据语境不同可能具有不同的含义。例如, 在力学中, 负荷被视为施加在力学系统或组件上的物理应力。但是在运动员监控的语境中, 训练负荷和比赛负荷通常意味着会对心理和生理施加负荷, 它是频率、强度和运动量的乘积。它可以分为外部和内部负荷: 外部负荷是运动员的表现输出 (在训练课中的动作和活动计数,例如跑步的距离、举起或投掷的重量), 内部负荷是在运动中对外部负荷的生化 (生理和心理) 反应和生物力学反应的相对值[75-76, 159]。外部负荷是诱发内部负荷的方式, 但是年龄、体能水平和遗传因素等个体特征会影响这种关系 (见图 17.1[75])。

对训练和比赛负荷的反应表现为人体心肺系统、代谢系统、神经肌肉系统、肌肉骨骼系统和内分泌系统的变化。这些变化既可以是负向的, 也可以是正向的, 前者为组织超负荷、失败和过度训练, 而后者则是功能性组织适应[159], 并且这些变化可以是急性、慢性或永久性的。无论基础参考理论是什么 (例如内稳态和一般适应综合征[41]或应变稳态[83]), 运动引起的生物和力学应激都是任何适应的前提[160]。这意味着训练和比赛的内部负荷, 以及前述的个体特征, 是训练反应的主要决定因素 (见图 17.1)。有关训练过程的更多信息, 请参见第 2 章。

量化负荷及运动员由此产生的反应是一项棘手的工作。尽管这被认为是运动员监控的重要组成部分, 但尚无既定的金标准, 并且存在许多误解[75]。内部负荷、外部负荷和训练响应是构念术

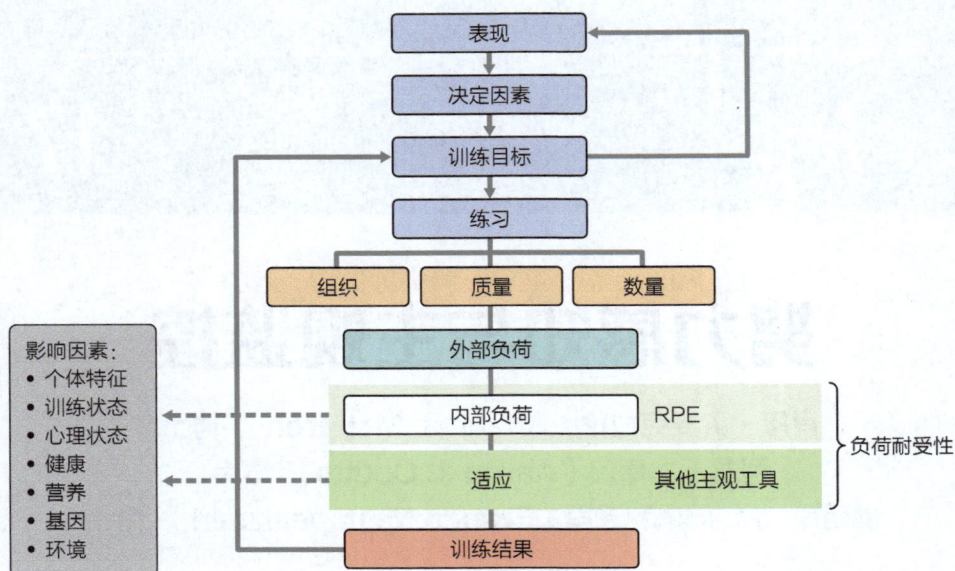

图17.1 训练过程和主观监控工具的作用

经许可改编自：R.M. Impellizzeri, S.M. Marcora, and A.J. Coutts (2019, pg.270-273)。

语，这意味着它们不能被直接测量，而必须通过替代指标（代替物）进行量化。负荷和反应的代替物作为运动员监控系统的一部分，科学训练师应从理论、技术和背景3个方面对其选择进行考虑。这包括信度、效度、变化敏感度、对运动项目或运动员需求的特异性、提供即时反馈的能力、时间效率、管理便利性、成本效益以及对大规模运动员群体的可扩展性[37, 133, 137, 147, 150]。

　　负荷和反应代替物的选择还应取决于教练员调整训练计划所需的信息。例如，教练员可能希望对特定的练习类型（刺激的性质）使用单独的训练量和强度指标，或融合这两个方面的整体指标（见图17.2）。巴尼斯特[7]提出的**训练冲量**（Training Impulse，TRIMP）指标是一个尝试在单个指标中结合训练量（以分钟表示）和强度（基于HR储备并通过指数系数调整）的例子。

　　过去，运动员提供的主观反馈一直被用于优化和调整训练。因此，努力感知（即强度）以及反应构念（例如恢复和疲劳）被列为教练员最常

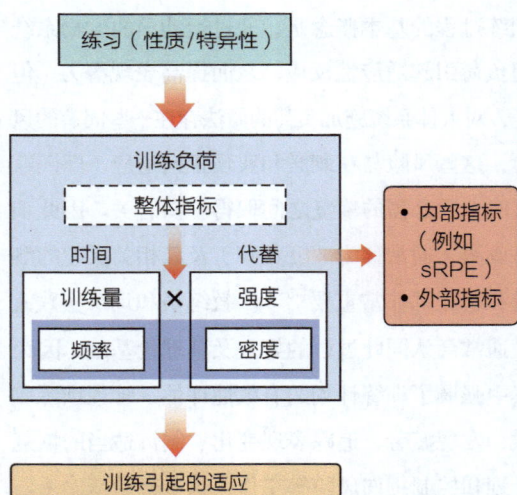

图17.2 训练负荷的结构及其组成部分（特异性、训练量、频率、强度和密度）

用的训练监控工具[4, 147, 150, 163]。主观反馈过去的用法及其自21世纪初以来的发展之间的主要区别在于，前者的感知未使用数值工具来量化，而是以定性的方式获得的。例如，询问运动员的感受，以更好地了解他们是否能承受训练，并评估训练量和强度是否最恰当，这一直是许多教练员的常用策

略。即使没有直接要求运动员提供此类反馈，教练员也常常会通过解读其面部表情、肢体语言和其他举止来尝试理解运动员的训练负荷及相关身体反应。但是，这种粗略估算会带来很大的误差，教练员估计的强度通常会低于运动员体验到的强度[27, 85, 95, 161]。虽然对运动员与教练员之间的互动进行定性仍然（并将永远）具有价值，但现在已经有一些手段可以量化运动员对训练和比赛负荷的主观体验以及对这些负荷的反应。当正确选择并实施这些心理测量方法时，教练员可以对训练过程进行标准化和有效、可靠的量化。

本章的目的是概述努力感知及其作为运动强度和内部负荷指标的用途，并简要介绍和评估对运动员反应的主观测量，这些测量长期以来一直是监控系统的一部分。其中一个重要的目标是批判性地评估运动员监控中主观工具的心理测量方法，本章作者认为，这些方法是成功的基础。

使用感知疲劳测量运动强度和内部负荷

感知是对感官系统所提供的基本体验的详尽阐述[58, 106]。这是一个主动组织和详细描述大脑内的感觉信息以给出其含义的过程[15, 106]。感知努力（也称费力感或感知疲劳）有多种定义，但是本章的作者认为最合适的是"对一项身体任务的艰难程度有意识的感觉"[101]。作者从该定义中删除了"重"（heavy）一词（出现在原始参考文献中，见[101]），因为在运动员监控的背景下，它很容易被解释为被举起的物体的沉重感（例如抗阻训练），而不是与任务相关的实际感知到的疲劳[63]。

努力和疲劳这两个词通常可以互换使用[78, 123]，但业界并未对此达成共识[1]。从科学的角度来看，努力和疲劳的语义可能具有相关性，但实际上，这并不是运动员监控的真正关注点。因为有证据表明运动员通常无法区分这两个术语[78]。但是，应将努力与其他运动引起的感觉（例如疲劳、疼痛、不适、用力、愉悦和享受）区分开。这些其他感觉对于训练过程是具有不同神经生理学途径的不同概念性构念[63]和应用。然而，运动员并不总是能那么直观或容易地将这些感觉与努力区分开，因为它们通常是紧密相关的。要量化运动员监控中的疲劳感知，主要的挑战是确保运动员通过了解这些其他感觉，明确地认识到什么是努力，什么不是。

疲劳感知度

疲劳感知主要取决于完成身体任务中的呼吸（例如呼吸困难、呼吸频率）或肢体收缩（例如肌肉张力）时感觉有多难或多轻松[15, 65, 148]。事实上，这种感觉会随着刺激强度的增加而增强[23]，并与运动过程中的呼吸、循环和身体输出的标志物定量关联[11, 15, 32, 134]。因此，这是一种瞬时现象，对于运动员训练或比赛期间的任何给定时间点都是瞬时的。它在行为的自我调节（例如，外部负荷和速度的自动调节）中起着重要作用，并且可以使用自感用力程度量表（Rating of Perceived Exertion，RPE）进行量化，将数值分配给在给定时间点感知到的费力程度，范围为从最小值到最大值。

但是，RPE 在运动员监控中的使用通常完全是追溯性的。也就是说，RPE 通常在训练或比赛之后提供，并作为对整个过程中的体验的认知评估或反映。当运动员回忆自己在整个训练或比赛过程中的 RPE 时，它代表了所谓的课次自感用力程度量表（session RPE，sRPE）的一个组成部分[54]。RPE 和 sRPE 这两个术语有时几乎可以互换使用，但是需要强调的是，sRPE 是对训练或比赛过程中的疲劳体验进行事后评估的正确术语，仅代表 RPE 的一种应用。

从理论上讲，sRPE应当被用作内部训练和比赛强度的指标，但运动持续时间对sRPE的影响尚无定论。但是，当乘以运动量（即持续时间）时，可以量化为**sRPE训练负荷**（sRPE Training Load, sRPE-TL），将内部负荷表示为单个冲动类型的指标。从概念上讲，这可以被看作随时间变化的运动员感知曲线下的面积（见图17.3）。科学训练师可以对运动员训练计划中给定累积时间范围内的sRPE-TL进行汇总，例如一天、一周、小周期或中周期。将sRPE作为负荷代替物既有局限性又有好处：它不能准确反映不同运动方式特定于结构的性质，但可以提供一个可用于了解运动员对总体负荷（由不同类型的训练方式和比赛的组合确定）的感知和承受能力的整体指标。

RPE并不是努力感知本身，而是分配给该感知的数值。根据博格（Borg）在两份报告[16, 21]中的观点，个人可以使用各种术语合理地描述和沟通其感知的强度。感知的强度也可以使用数字进行量化，但需要有另一个步骤将这些数字与定性强度等级关联起来。为此，在量表上使用标准化语言表达，是实现此目的的最佳实践做法。等级量表的构建和使用代表了测量运动自觉的重大发展，并且在运动员监控中使用这些量表来量化sRPE可以说是普遍的做法。但是，此过程需要对感知进行理智的解释及随后的沟通，因此有可能导致数字等级与实际感觉不匹配。因此，RPE要

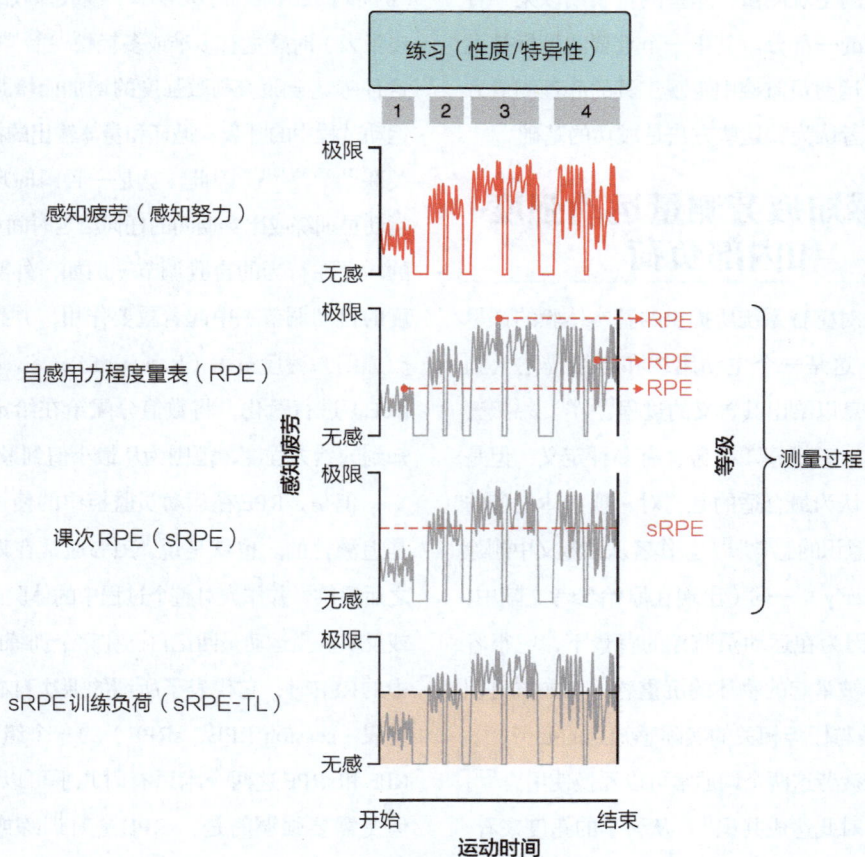

图17.3　运动训练和比赛中感知疲劳的概念概述

有尽可能高的效度，这对于缩小实际感知与运动员给出的定量反应之间的误差至关重要。

类别量表

类别量表由对等距量表上的数字指定的语言标签组成。这是用于开发博格 6-20 RPE[12, 14] 的方法，其设计目的为提供在增量测试期间随刺激强度线性增加的数据，例如 HR 和摄氧量[15, 32, 64, 134]。这也与博格的范围模型[10-11] 一致，该模型认为个体主观感受到的强度可以从最小到最大，且在个体之间是相等的。RPE 作为一种工具的优势是，易于理解且用法简单，可以提供易于解释的数据[23]。然而，该量表的问题在于，它没有考虑到与刺激不成比例的反应变化[13]。实际上，感知疲劳的刺激（Sti-mulus，S）-响应（Response，R）关系最好被描述为非线性关系，因为在较高的强度下，相同的刺激（例如绝对跑步速度）变化会引起更大的响应（例如感知疲劳）变化。这被称为指数增长或比率函数[16]。另一个问题是 6-20 RPE 是封闭的量表，最终值有被截平的风险[23]。这意味着量表的末尾被封顶，而运动员给出的评级不可能超出其当前或历史最大感知值。

类别比率量表

为了突破类别量表方法的局限性，有人开发了类别比率（Category Ratio，CR）量表，将类别量表的属性（和优点）与比率方法结合起来。因此，CR 量表包括绝对运动量的离散类别，但是类别之间的差异在数字上是指数关系。例如，博格的 CR10 量表（十进制；CR10®）的固定类别为轻松［2 个任意单位（arbitrary unit，au）］、中等（3au）和困难（5au），但中等和困难之间的数值差异（2au）是轻松和中等之差（1au）的 2 倍。因此，所提供的响应是非线性比率数据，与博格的

范围模型一致。这意味着从 CR 量表获得的 RPE（和 sRPE）值可用于在个体内部和个体之间进行绝对和相对强度的比较[16, 73]。CR 量表的其他特性（例如所谓的固定星号）允许运动员指定大于最大值的值，从而有助于避免与 6-20 RPE 相关的天花板效应[16, 63]。应当认识到，CR 量表不会产生完美的比率数据，但会接近拥有比率属性的量表。因此，其也会使用术语"准比率"[16]。然而，有人提出，从统计和数学角度出发，认为数据属于定比数据，这是可以接受的[11, 16]。

正是由于 CR 量表的上述属性，博格的 CR10® 量表可以说已成为提供 RPE 的金标准方法。但是，它通常会被误认为简单的 0~10 类别量表。这样做会产生一些问题：运动员往往会报告整数值，从而使量表的比率属性失真，并导致量表的 S-R 函数出现偏差[22]。CR100® 量表在 sRPE 的定量分析中受到关注。CR100® 量表（范围为 0~120）是 CR10® 量表（范围为 0~11）的细粒度版本，其开发目的是克服上述问题并提高检测到较小的运动自觉量变化的可能性[16]。对足球运动员的研究[50] 表明，对 CR100® sRPE 与 CR10® sRPE 进行比较时，语言锚点周围的评级聚类较少。这表明 CR100® 量表可以更准确地测量运动强度，并且是评估主观疲劳感知度的最佳方法。

CR 量表的语言锚点的选择和位置是通过定量分析确定的，其叙述选择的形容词和副词是基于语义概念，例如解释（表达后的强度）和精确度（变异程度，表示个人同意的程度）。这些描述词用作乘法常数，其位置和间距与一系列迭代试验的数值相对应[10, 16, 20]。即使 RPE 和 sRPE 已用于阻力训练，但 CR 量表上的语言锚点最初是为心肺训练而开发的。因此，使用时应检查描述词与阻力训练的一致性。但是，使用 CR 量表来量化 sRPE 的从业人员和教练员应该理解，用于心理生理构

念的量表很复杂，并且这些量表的开发不仅仅是基于直觉或美观，而且在数字线上添加描述词。

定制量表

不幸的是，我们经常会见到修正后的RPE，这些量表使用了额外的特征，如颜色、面部表情或图片等（见图17.4）。这些量表不仅在业余或娱乐环境中很普遍，在竞技体育组织中也很普遍[8]。需要强调的是，这些量表并未按照CR量表的心理计量学严格程度进行验证，并且通常缺乏关键原则：被测量构念的精确操作定义、对广泛人群的普遍性、为开发选择合适的受试者、外部验证和创建标准值、量表类型的选择、范围模型（从最小到最大）、主观动态范围的大小，以及避免或限制最终效果（开放式和固定式）。

对适当量表进行修改可能会在评级过程中引入相当大的偏差。在这里，当影响个人评级的是

图17.4 违反多项最佳心理计量学原则的定制RPE示例。在运动员监控中应避免使用这些量表

此人对量表特性的理解（例如他们对红色或笑脸的理解）而不是对运动量的感觉时，偏差就可能会产生。量表上添加的任何其他提示（符号或颜色）都应与语言锚点的值相符合。甚至对每个运动量类别都定义了边界的量表也会面临同样的陷阱，因为这样做可能会强制运动员做出分类或离散的回复（例如等级数据），而如果使用推荐的CR量表方法对感知努力进行评级，则最好将其视为半连续比率变量。在这方面，比率数据最好是用连续型数字表示，而不是离散整数类型，这样就允许非整数的反馈出现。

修改量表时，教练员和训练实践人员应意识到，替换语言锚点定位或术语可能会改变参考构念与数据之间的函数关系。这意味着量表一旦被更改，就会变成完全不同的量表，甚至不能算作一个变体。对测量属性的修改使得定量比较[16]难以进行，并且训练和比赛的sRPE数据无法得到准确解释。简而言之，如果使用这些量表测量sRPE，则可能根本无法进行测量。

RPE和sRPE的测量属性

任何运动员监控指标都必须具有可接受的测量属性，从而在应用时可以保证所产生数据的准确性和置信度。本节不会涉及过多的技术问题，只会简要介绍应作为主观指标的判断依据的关键测量属性，如表17.1所示[114, 154]。这适用于作为训练强度指标的sRPE、作为负荷指标的sRPE-TL，也适用于本章稍后讨论的主观训练反应指标。本节讨论sRPE和sRPE-TL中最重要的测量属性。

效度

效度是一个宽泛的概念[5]，验证过程取决于接受评估的效度类型[74, 114]。CR量表和6-20 RPE无疑是用于衡量感知疲劳的有效方法，因为它们

表17.1　运动员监控中主观监控工具的关键测量属性概述

测量属性	描述
信度域	运动员没有变化，在若干条件下进行重复测量获得相同主观分数的范围
内部一致性	评分项之间的关联程度
信度	测量值总变化幅度中归因于运动员之间真实差异的比例
测量误差	运动员主观测量中不能归因于目标构念的真实变化的系统性和随机性误差
效度	主观结果及其工具（量表、手段等）对其目标测量构念的测量程度
内容效度	主观结果或其测量工具的内容足以充分反映待测构念的程度
表面效度	主观结果或其测量工具的评分项看起来足以充分反映待测构念的程度
建构效度	基于测量工具对目标构念进行有效评估的假设，主观结果与假设（例如内部关系、与其他工具的分数的关系，或多个相关组之间的差异）一致的程度
结构效度	主观测量的分数能充分反映待测构念的维度的程度
跨文化效度	在经过翻译或从文化角度改编的测量工具上，评分项的执行情况可充分反映原始版本的测量工具上的评分项执行情况的程度
响应度域	主观结果及其工具检测待测构念随时间发生的变化的能力

改编自：Mokkink et al. (2016)。

是使用心理物理方法开发的。当然，这并不意味着它们没有局限性（例如，CR 量表不是比率量表的理想形式）。由于必须对感知进行评分和沟通（这一过程可能会受到测量误差和有意识偏见的影响），因此也需要对效度进行实证评估。

运动强度是一个整体理论概念，这意味着没有可用来检验 RPE 效度的金标准判据数值。但是有一些变量被认为是有效的运动强度指标，在理论上应与 RPE 相关联，包括 HR、摄氧量、血乳酸浓度和肌电活动。多项荟萃分析的结果证实，在跑步、骑自行车、游泳和抗阻训练等多种运动中，RPE 与内部运动强度的其他心肺、代谢和神经肌肉指标强相关（见表 17.2）[32, 88]。从实践的角度来看，这些数据表明 RPE 的变化与其他运动强度代替物的变化强相关，表明它们是类似的指标。就这一点而言，相关系数 ≥ 0.50 被认为是可接受的，可以提供建构效度的证据[153]。重要的是要注意，尽管这些关联为 RPE 建构效度提供了证据，但我们不应将它们解释为因果关系（例如，不能下结论说感知疲劳是因 HR、血乳酸等的提升）。这些关联仅暗示 RPE 与运动强度的其他构念有关。

尽管在应用情境中很难测量其他内部运动强度的指标，但在应用 RPE 对运动项目（包括连续跑步和骑自行车、游泳和格斗运动训练）中的 sRPE 进行定量时，存在类似的建构效度证据[61]。证据还表明，测量多个运动强度指标的组合（例如训练课平均 HR 和运动后血乳酸浓度）比测量单个指标更能解释 sRPE 的差异[39]。作为内部负荷的一个指标，sRPE-TL 在竞技体育的多种非抗阻训练模式中与 TRIMP 强相关，其中包括足球、联盟式橄榄球、篮球、澳式橄榄球、加拿大式橄榄球、间歇训练、自行车、赛艇、游泳、跆拳道、体操（团体体操）、跳水、静水皮艇、空手道、水球、网球和击剑[61]。sRPE-TL 与外部训练负荷之间的关系可以用来确定建构效度的进一步证据，因为根据训练理论，内部负荷的有效构念应与外部负荷相关联，因为外部负荷是诱发人体负荷的手段（请参见第 230 页的图 17.1）[75-76]。事实上，在团队运动项目的场地训练及抗阻训练中，这已得到了证明（见表 17.2）[88, 108]。

sRPE-TL和训练结果（例如体能或运动表现）变化之间的关系可以作为最终效度背景的例证。训练过程框架同样可以支持这一点[75-76]，因为这种变化是由内部负荷决定的。然而，考虑到训练负荷和表现之间复杂的剂量–反应关系[28,125]，任何单一的指标都不太可能反映出表现变化中的大部分变化幅度。对于用基本线性模型检验的简单关系也是如此，因为训练结果的变化存在于复杂的系统中[9,94]。然而，sRPE-TL以及其他内部负荷指标（如TRIMP）已显示出与训练结果（例如体能和运动表现）变化有一定的关联[54,77]。重要的是，这些关联看起来比外部负荷与训练结果之间的关联更强，这是训练理论支持的一项发现[75-76]，并且进一步突出了量化内部负荷的重要性。

与训练结果的正面变化（例如体能和运动表现）不同，sRPE-TL似乎与训练过程的负面影响（例如非接触性肌肉损伤）没有关联[91]。有人认为，这是不能将sRPE视为有用的负荷监控工具的证据[117-118]，但是这种说法并不合理。根据定义，sRPE是运动强度和相关心理生理应激的一般指标。损伤的发生无疑是因为在运动中的某个时刻，力学负荷超过了生物材料（例如软组织）的临界极限。损伤的真正病理很复杂，它取决于多个动态因素之间不断变化的非线性相互作用。假设sRPE和损伤之间存在关联的做法不仅不合逻辑，而且具有误导性，并会导致过度依赖使用单个训练负荷代替物来管理损伤风险。这是对复杂问题的过度简化。正确的做法应该是根据渐进原则和超负荷原则，教练员或训练实践人员结合自己的专业知识及经验，使用sRPE来指导培训过程。这些都是非常复杂的损伤预防难题。

表17.2　关于运动和运动员训练中RPE聚合效度的多项荟萃分析的结果

荟萃分析	运动和训练类型	其他强度或负荷指标	与RPE的合并关系（r值，95%置信区间）
申（Chen），法恩（Fan），莫（Moe）[32]	跑步机和跑道跑步、功率自行车和游泳	HR %$\dot{V}O_{2max}$ 通气 呼吸频率 血乳酸浓度	
利（Lea），赫尔伯特（Hulbert），奥德里斯科尔（O'Driscoll），斯凯尔斯（Scales），怀尔斯（Wiles）[88]	抗阻训练	肌电活动 外部运动量负荷	
麦克拉伦（McLaren），麦克弗森（Macpherson），库茨（Coutts），赫斯特（Hurst），斯皮尔斯（Spears），韦斯顿（Weston）[108] b	团队运动项目场地训练	总距离 高速距离 加速度计负荷	

a 由阻力负荷（以千克为单位）及其与以下一项或多项的相互作用确定：组数、重复次数、重复时间和组间休息时间。
b sRPE-TL［sRPE×训练课持续时间（分钟）］。

信度

信度与指标的一致性和可重复性有关（参见第8章和第18章）。在对运动员监控的情况下，通常很难确定内部负荷代替物的信度，因为内部负荷本身就非常敏感，有可能会不稳定。某些生物标志物（如血乳酸浓度和摄氧量）的重测信度较差，就是上述事实的证据[45, 116]。但是，当运动的内部反应看起来可重现时，有证据表明sRPE是主观运动强度的可靠指标。鉴于重测设计中的持续时间恒定，因此该指标可以被直接转移到sRPE-TL。在一项探讨在不同强度（最大摄氧量的40%～90%）下以恒定负荷跑步和自行车骑行的内部强度响应可重复性的研究中，赫尔曼（Herman）及其同事[66]报告了sRPE在两个训练日之间几乎完美的关系和较低的标准（典型）测量误差（用以评估运动员自身变异性），重测相关系数r=0.88，标准（典型）测量误差=1.2au，最大摄氧量百分比（0.98，3.2%），平均HR（0.96，最高HR的3.7%）。这些发现似乎与在应用情境中进行的研究一致。对抗阻训练[43]、橄榄球联盟[56]和篮球[98]、技能训练、稳态间歇骑行[162]、受控的间歇性跑步[140]和击剑步法训练[156]的研究已经报告了中等到非常高的组内相关系数（Intraclass Correlation Coefficient，ICC；0.55～0.99）[97]，并且sRPE的典型误差在0.1～1.5au（十进制）。

心理因素对运动员监控的影响

因为感知疲劳是大脑中涉及神经和生物过程的认知任务，所以极有可能受到心理因素的影响[99, 102]。这些因素可能最终导致在评分过程中出现有意识的偏见。但是这些因素与感知疲劳之间的相互作用既多变又复杂。它还取决于RPE的应用方式。例如，心肺耐力表现的心理生物学框架

是基于运动量的决策模型，以动机强度理论为基础[98, 122]。在运动员监控的情况下，将RPE用作运动后的认知评估（即sRPE），潜在的重要心理影响可能包括情感效应（核心情感，例如愉悦和不快、紧张和放松、精力充沛和疲累、情绪和情感）[49, 90]、倾向性特征（特征、能力或感觉，例如性格外向、抵抗力、承受力、行为激活、行为抑制等）和情境因素（例如自我效能感）。理解和认可这些潜在影响因素很重要，因为当sRPE应用于运动员监控时，教练员和从业人员可以制订策略来控制或解释这些因素。

情感效应，以及性格外向、行为激活、心理抵抗力（即对压力、批评和应激）、心理承受力（即毅力和决心）、领导力和自我效能感（运动前和运动过程中）等倾向性特征已证明与RPE负相关。这表明更积极的情感效应、更强的运动自我效能感和更积极的倾向性特征与较低的主观疲劳感知相关[36, 62, 107, 124]。但是，仅在低强度或次最大强度的运动中明显看到这些关联，例如在通气阈值以下进行的运动[36, 62]。此发现与雷耶斯基（Rejeski）的感知疲劳模型是一致的[131-132]，该模型指出，心理因素应在低强度或次最大强度运动中影响感知疲劳，但尚未能确定这对于sRPE是否也成立。

复杂的心理因素可能导致RPE被低估或高估，其作用超出了运动所造成的真实内部负荷的作用，这可以被视为sRPE的局限性。但是，这也可以是运动员监控的优势，具体取决于教练员是否希望在量化运动负荷或强度时将运动员当前的生理和心理状态纳入考虑。例如，脑力疲劳会增加运动RPE[42]，但也会损害运动员的体能和技术表现[103, 144]。一个更合理的关注点是运动员无法区分sRPE与运动引起的感受或感觉的问题，后者通常与感知疲劳强相关。为帮助解决此问题，科学

训练师和训练实践人员应着眼于标准化收集数据的环境，并注意其他运动引起的感觉可能会影响sRPE的情况。

运动员监控中主观测量指标的变体

当福斯特（Foster）及其同事[53-54]提出sRPE方法时，他们认为训练计划还存在其他可识别的定量特征，并且可以通过计算这些特征来进一步理解训练周期化和对运动员的要求。为此，训练单调性指数和训练压力指数被提了出来。**训练单调性**是指运动员每周训练负荷的每日变化，并表示为平均每日负荷除以标准差（均包括休息日的零值，见表17.3）。较大的值表示变异性较弱，因此单调性较强。**训练压力**是每周训练负荷和训练单调性的乘积，旨在将两个指数综合为一个整体值（见表17.3）。虽然这些概念合乎数学逻辑，并且符合一定的生理原理，但几乎没有证据显示它

们与过度训练及训练过程中的其他负面结果的发生率相关联。但是，如果教练员或训练实践人员认为单调性和压力指数可以准确表示运动员对训练的承受能力，并且可用于计划或调整负荷，那么他们可能希望将这些指标作为sRPE的辅助手段纳入运动员监控。

RPE在运动员监控中的另一个变体是差分RPE（differential RPE，dRPE）。这涉及运动员为中枢或呼吸（例如呼吸困难）和周围或局部（例如腿部肌肉）的感知疲劳分别进行评分。在运动员监控的背景下，可以证明这是克服与单一格式塔运动强度指标相关的局限性的一种手段[72, 164]。新出现的证据表明，dRPE在团队运动员中有良好的表面效度、内容效度和建构效度（收敛和判别）[106, 108, 162]。从实践的角度来看，简单地要求运动员将其整体sRPE分解为dRPE就可以为科学训练师提供更详细的内部训练负荷量化数据[109]，特别是有关呼吸和肌肉疲劳的负荷，这会导致运

表17.3　使用sRPE方法计算负荷、单调性和压力（示例来自赛季中的联盟式橄榄球运动员）

训练日	训练课	持续时间/分钟	sRPE[a]/au	sRPE-TL/au	每日负荷/au
周一	场外恢复	30	1.3	39	39
周二	场内训练（大强度、无身体接触）	75	6.0	450	625
周二	抗阻训练（侧重于上肢力量）	50	3.5	175	625
周三	场地训练（大训练量、有身体接触）	60	7.5	450	675
周三	抗阻训练（侧重于下肢力量）	50	4.5	225	675
周四	休息	—	—	0	0
周五	场地训练	30	2.0	60	78
周五	抗阻训练（侧重于全身爆发力）	25	0.7	18	78
周六	联盟比赛	70	9.5	665	665
周日	休息	—	—	0	0
周日	每周总计	390			2082
周日	单调性/au[b]				0.89*
周日	压力/au[c]				1844

[a] 通过CR100® 量表收集并转换为十进制单位：（CR100评分4 10）。
[b] 单调性＝每日平均负荷 ÷ 每日负荷标准差。
[c] 压力＝每周负荷 × 单调性。
*译者注：此处为四舍五入后的数字，实际为0.885559。

动员恢复到基线的时间长短不同，并产生不同的适应途径[128, 159]。

使用主观测量指标评估对训练和比赛的反应

与感知疲劳相比，对训练和比赛的反应是一个更广泛的概念，涉及多个领域。如前所述，这些反应通常是关键系统（包括心肺、代谢、内分泌、神经肌肉和肌肉骨骼）以及整体功能输出（即身体表现）的急性或慢性变化。最终，训练过程的效果是以运动员为中心的，目的是确定个人如何应对要求，通过优化刺激来避免过度疲劳。这是一个整体性问题，涉及无法客观测量的构念和维度。这就是生物标志物效用有限，并且通常无法准确反映运动员如何承受负荷（即区分训练引起的急性和慢性变化）的原因[137]。

对训练科学而言，量化反应并不是什么新的挑战。许多基本问题早已存在于医疗保健领域中，患者报告的结果指标（Patient Reported Outcome Measure，PROM）（衡量患者对其健康状况的看法的调查问卷）是流行的临床工具。同样，在训练科学领域，使用问卷来评估运动员对训练和比赛的主观反应已变得很普遍[137, 139]。过去，对主观反应的关注与过度训练有关，特别是将其用于诊断过度训练，或用于发现过度训练早期症状，以预防或避免进一步恶化（例如从非功能性过度刺激到过度训练）[115]。越来越多的人关注在运动员监控中将主观反应作为优化训练适应的一种手段，从而提升身体表现[38]，并因此降低过度训练的风险[80, 139]。

使用主观指标来量化运动员对训练和比赛的反应，目的是测量一种或多种构念的组合，例如恢复、疲劳、疼痛或酸痛。在这方面，通常使用被称为工具的调查问卷。工具本身由被认为是目

标构念相关组成部分的评估项（个别问题）组成（见图17.5）。通常，各个评估项响应的总和就是该构念的总分。表17.4概述了一些最常用的主观训练反应衡量工具[137, 139]。

在不过多考虑技术性的情况下，PROM 是常见且完善的工具[29]。它属于一个以心理计量学原理和方法为基础的研究领域，其名称为临床计量学[47, 105]。训练科学领域目前没有这些高级工具或评估项库，因为针对将其作为运动员常规监控工具的探索仍在不断进行。但是，为避免浪费时间，本章的作者建议教练员和训练实践人员依靠在数十年前已经普及这些工具的其他领域中已公认的文献和方法。为此，本章将对训练和比赛的反应（主要是症状和体征）的主观测量称为运动员报告的结果指标（Athlete Reported Outcome Measure，AROM）。因此，在运动员监控的背景下提及 AROM 时，作者更多地依赖于临床计量学的术语和方法论，而不是心理计量学的方法。也就是说，本节讨论的心理测量工具对于探索与训练有关的心理方面的作用并未得到检验，只是将其作为受训练影响的属性（症状）[47]。更偏向心理学的 AROM 或任何其他心理工具并不属于教练员和训练科学相关从业人员的专业知识。此类工具需要专业人士（即心理学家）进行正确的实施和解释。

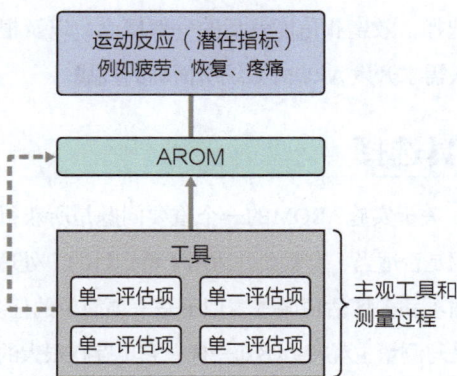

图17.5 运动员监控中AROM的概念概述

表17.4　训练科学中常见的运动员报告结果指标工具

工具	缩写	评估的主要构念
主观恢复状态感知量表[87]	PRS（Perceived Recovery Status）	恢复
运动员恢复应激问卷[79]	RESTQ-S（Recovery Stress Questionnaire for Athletes）	恢复、应激
急性恢复和应激量表[68]	ARSS（Acute Recovery and Stress Scale）	恢复、应激
短时恢复和应激量表[69]	SRSS（Short Recovery and Stress Scale）	恢复、应激
恢复-提示[81]	—	恢复、应激
运动员每日生活需求分析[136]	DALDA（Daily Analyses of Life Demands for Athletes）	应激
感知压力量表[35]	PSS（Perceived Stress Scale）	应激
训练困难量表[59]	TDS（Training Distress Scale）	身体症状
运动员耗竭问卷[129]	ABQ（Athlete Burnout Questionnaire）	身体和心理症状
多分量训练困难量表[96]	MTDS（Multi-Component Training Distress Scale）	情绪、身体症状、应激
情绪问卷[33]	Mood（Mood Questionnaire）	情绪、身体症状
情绪状态量表[111]	POMS（Profile of Mood States）	情绪
情绪状态量表简短版[141]	POMS-SF（POMS-Short Form）	情绪
情绪状态量表修改版[60]	POMS-M（POMS-Modified）	情绪
情绪状态量表青少年版[152]	POMS-A（POMS-Adolescent）	情绪
布鲁内尔（Brunel）情绪量表[151]	BRUMS（Brunel Mood Scale）	情绪
情绪状态量表——训练困难量表[130]	POMS-TDS	情绪
状态-特质焦虑量表[146]	STAI（State-Trait Anxiety Inventory）	焦虑
竞争状态-焦虑量表2[104]	CSAI-2（Competitive State Anxiety Inventory-2）	焦虑
状态-特质人格量表[145]	STPI（State-Trait Personality Inventory）	情绪倾向
情感恢复问卷[93]	EmRecQ（Emotional Recovery Questionnaire）	情感
法国运动医学会的过度训练问卷[89]	SFMS（Overtraining Questionnaire of the Société Française de Médecine du Sport）	行为症状

基于 Saw, Main, and Gastin (2016)。

由于AROM涵盖了广泛的概念和构念，因此本章不会单独讨论每个领域的心理生理学理论或多种不同的测量选项[31, 121, 149, 165]。本章的重点是工具选择、效度和信度背后的一般概念，以及根据个人需求开发AROM系统所面临的挑战。

工具选择

关于实施AROM的一个重要问题是所获得的数据是否适当、有意义并适用于特定目的。处理单评估项和多评估项调查表似乎是一项简单的任务，但是与测量主观疲劳感知一样，它也存在很大的误差和误用的情况。由于这些原因，工具开发的各个阶段也是需要单独考虑的因素，并为评估项可以测量的具体关注维度提供主观保证。由于在训练科学领域对于开发AROM系统的具体指引很少[137]，因此科学训练师必须参考临床计量学中的成熟建议，例如选择健康测量工具的共识标准（COnsensus-based Standards for the Selection of Health Measurement INstruments，COSMIN）[114, 154]。

苏（Saw）及其同事[137]提出了一个有趣的步骤框架，可用于确立在体育情境中实施AROM的目的、利益相关者的参与，以及可行性（见图17.6[137]）。为了选出最合适的工具和评估项，本章的作者参考并改编了COSMIN和有效性试验核心结局指

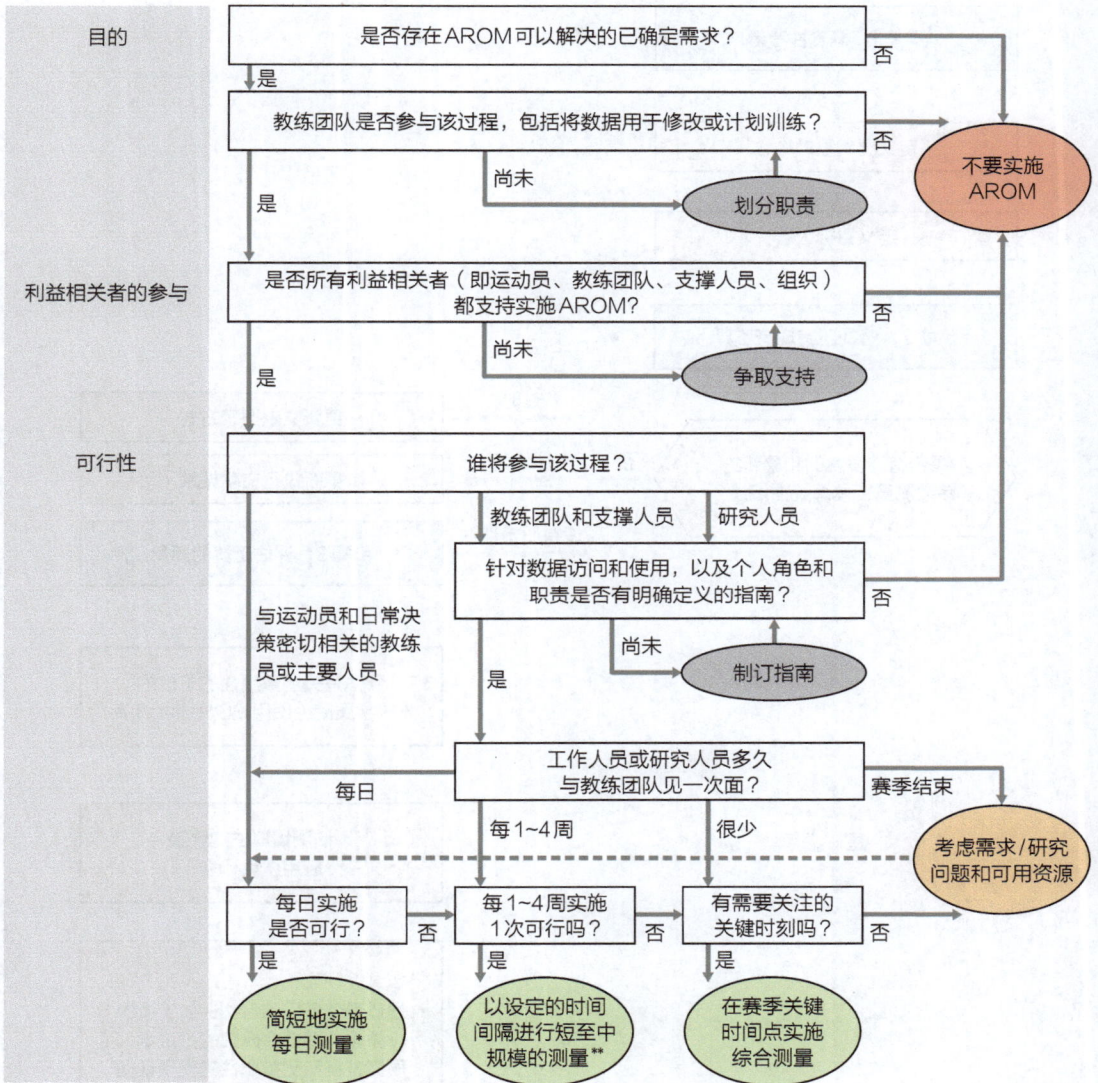

*考虑在赛季中按固定时间间隔或在关键时间点补充更全面的测量。
**建议的频率包括每周 1 次、每 2 周 1 次或每个小周期 1 次。考虑在强化训练阶段补充一些简短的每日测量，或在赛季中的关键时间点补充更全面的测量。

图 17.6　确定在竞技体育情境中实施 AROM 的目的、利益相关者的参与和可行性的步骤
经许可转载自：A.E. Saw et al. (2017).

标（Core Outcome Measure in Effectiveness Trail，COMET）的联合方案的指南[126-127]。该方案旨在指导选择什么测量工具及如何进行选择。这样一来，该模型就可以扩展为可用于 AROM 和任何指标，包括基于表现的指标。该框架如图 17.7 所示[126-127]，以下将从实用的角度介绍选择最合适的 AROM 和测量工具的 4 个步骤。

步骤 1：概念性考虑

步骤 1 包括对要测量的构念、结果或领域进行定义并达成一致意见，教练员和训练实践人员均应参与这项任务。人们在决定使用什么指标时

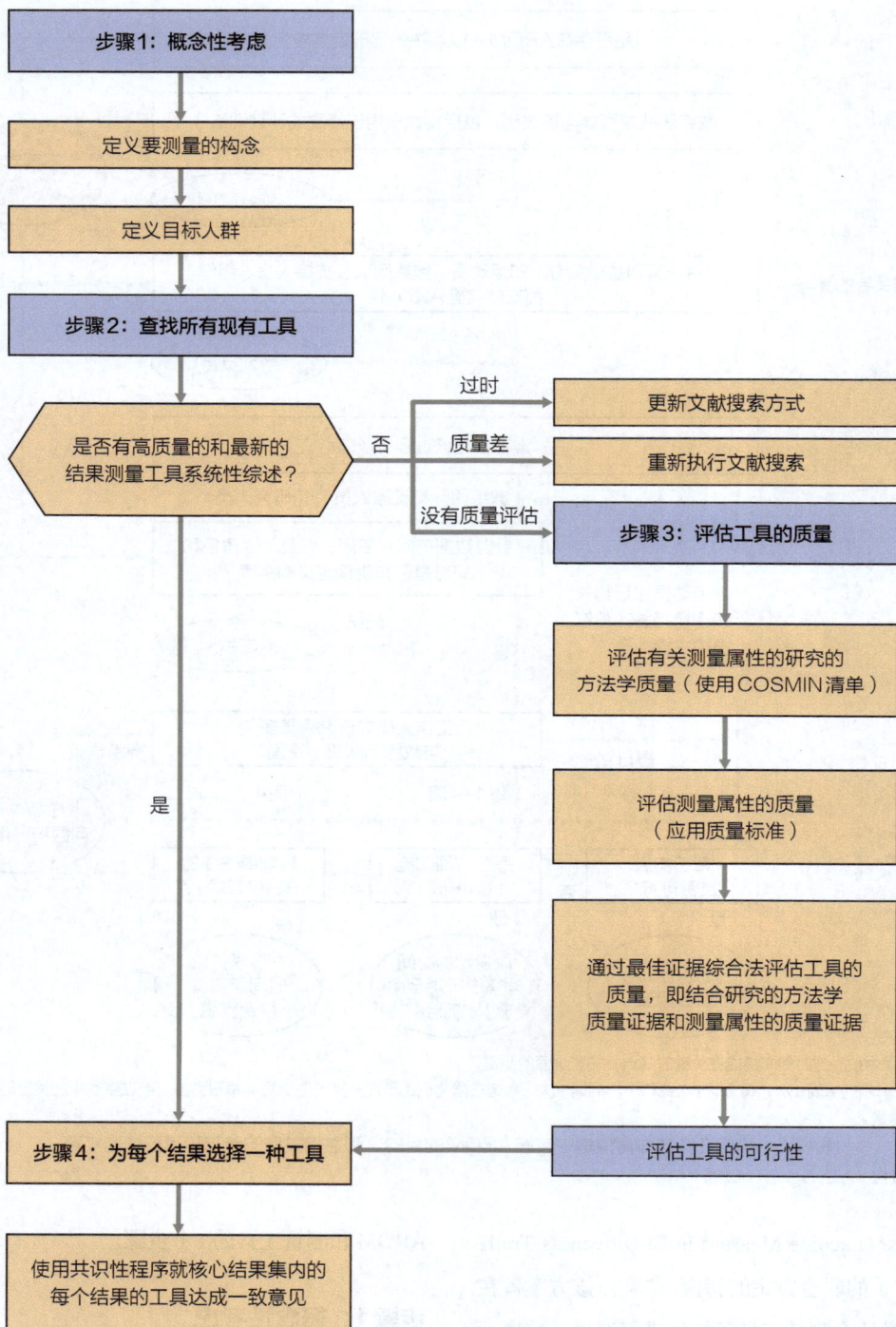

步骤1：概念性考虑

定义要测量的构念

定义目标人群

步骤2：查找所有现有工具

是否有高质量的和最新的结果测量工具系统性综述？

否

过时 → 更新文献搜索方式

质量差 → 重新执行文献搜索

没有质量评估 → **步骤3：评估工具的质量**

评估有关测量属性的研究的方法学质量（使用COSMIN清单）

评估测量属性的质量（应用质量标准）

通过最佳证据综合法评估工具的质量，即结合研究的方法学质量证据和测量属性的质量证据

评估工具的可行性

是

步骤4：为每个结果选择一种工具

使用共识性程序就核心结果集内的每个结果的工具达成一致意见

图17.7　COSMIN-COMET方法的流程图，用于选择主观结果和测量工具，并在竞技体育情境中针对AROM进行改编和应用

经许可转载自：C. Prinsen et al. (2016, pg.19)。

可能对此考虑得最少，但这是最基本的步骤。实施一些现成的方案并在收集数据后试图提供有意义的解释，是错误的做法。在已经收集的数据中进一步探索更多信息，可能是有用并且合理的策略，但不应该成为标准。事后归因的证明很容易产生偏见，从而强行做出使数字有意义的解释。使用AROM可能会遇到更多问题，因为其数据收集相对容易，尤其是使用单一评估项。

教练员和训练实践人员应该决定需要哪些信息，以及为什么它们可以帮助优化训练过程或运动员管理。图17.8中的假设性思维过程示例可以说明这一点。

步骤2：查找所有现有工具

一旦定义了要测量的内容（及其原因），就应

该找到已获确认的AROM来测量目标构念。与概念性考虑相比，这是一个更加客观的过程，可以通过搜索以下3个主要来源来实现：系统综述、原创论文以及其他资源，例如在线数据库、教科书和指南。如果没有可用的工具，则可以考虑开发新的工具[137]。但是本章的作者提醒大家不要这样做，除非有绝对的必要性。在这种情况下，教练员和训练实践人员必须使用正确的方法。开发工具是一个漫长的过程，需要时间、专业知识和一些验证研究。

教练员和训练实践人员应该进一步考虑所使用的量表类型。例如，由于可能需要区分由训练引起的正常反应和高于或低于正常值的反应（或许是计划好、预料中，或者两者都是），因此相对双极量表可能比绝对单极量表更合适。**单极量表**侧重于绝对意义上的存在或不存在（例如疲劳或恢复状

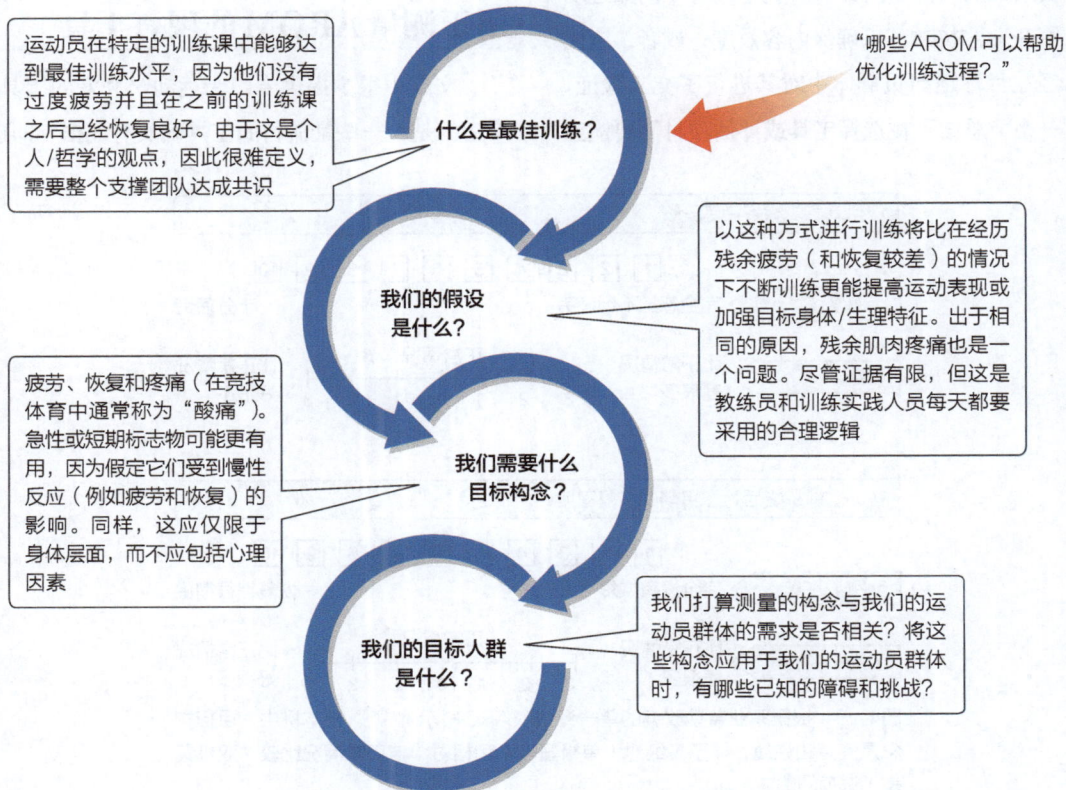

图17.8 选择AROM的概念性考虑的假设思维过程

态），而双极量表侧重于在两个相反方向上与正常值的相对偏差，即负向或更差、正向或更好。这种概念性考虑还有助于进一步细化目标构念。以图17.9中训练科学验证下的疲劳和恢复的单一评估项为例，这些评估项改编自职业医学[158]，在理论上可满足图17.8中概述的假设前提。

步骤3：评估工具的质量

一旦确定了AROM，重要的是检查并了解该工具是否经过正确开发和验证（研究偏见的风险），以及它是否具有可接受的心理计量学属性。先前已讨论过可接受的心理计量学属性（见表17.1），其质量应足以支持在目标运动员群体中以及在其应用范围内（例如有辨别力的或纵向的、个人或团体水平）使用AROM。这也意味着教练员和训练实践人员应该专门针对所关注人群（例如运动员）开发AROM，以确保内容效度；或者，应该已经在目标运动员群体中对其进行了交叉验证。下一小节总结了在选择工具或评估项时需要检查

的测量属性，以及一些经过验证的工具。

步骤4：为每个结果选择一种工具

最后一步是选择（或推荐）工具。从理论上讲，如果没有通过质量研究检查测量属性，或者如果认为这些属性不适当，则不应使用或推荐该工具。显然，人们不能指望（特别是在训练科学中开发AROM的早期阶段）拥有几种可以充分满足上述所有条件的工具。虽然一些不足是可以被接受的，但该工具必须具有一些最基本的效度和信度的证据。否则，在实践中，数据可能会误导决策。例如，在目标构念实际发生变化时，无效的工具可能会显示该构念是稳定的，反之亦然[121, 165]。因此，在解释这些指标时，应考虑该工具的任何局限性或弱点。

用于测量AROM的现有工具

文献中很少提供专门为运动员开发的工具。幸运的是，一些最流行的工具确实有证据（即进

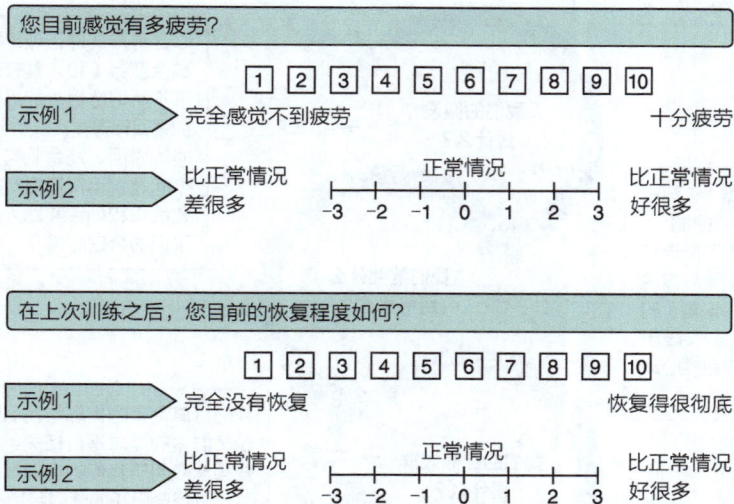

图17.9 根据职业背景改编的单一评估项AROM示例[158]。在本例中，目标构念是疲劳和恢复，显示了绝对（单极量表）和相对（与正常情况比较，双极量表）选项的响应

行了多次验证研究）可以支持测量AROM。

多评估项和多维度工具

运动员恢复应激问卷（RESTQ-S）[79]及其衍生版本急性恢复和应激量表（ARSS）[68]以及短时恢复和应激量表（SRSS）[69]，是为数不多专为运动员开发且经过验证（达到一定的满意度）的AROM工具。原始的RESTQ-S[79]包括77个评估项（一共有19个量表，每个量表包含4个评估项，再加上1个热身评估项），运动员使用李克特（Likert）型量表进行回顾性回答。RESTQ-S包括7个一般应激组成部分（一般应激、情绪应激、社会应激、冲突或心理应激、疲劳、精神不振、身体不适）、5个一般恢复组成部分（成功、社会性恢复、身体恢复、总体健康状态、睡眠质量）、3个针对特定运动的应激成分（干扰休息、情绪疲惫、损伤）和4个针对特定运动的恢复成分（进入状态、个人成就、自我效能感、自我调节）。每个子量表均使用应该反映特定领域的4个评估项来进行测量。这些RESTQ-S子量表被进一步组合以反映两个更高阶的构念：恢复和应激[79]。

ARSS包括8个组成部分（每个组成部分有4个评估项，总共32个评估项），反映了恢复维度（其中包括体能表现、心理表现、情感平衡、总体恢复）和应激维度（包括肌肉应激、激活不足、负面情感状态和整体应激）[68]。相比之下，SRSS与RESTQ-S和ARSS测量相同的维度，但是SRSS要短得多（将8个评估项组合在一起以提供恢复和应激维度的测量[69]），因此更易于实施。尽管在心理计量学中通常不赞成使用单一评估项，但SRSS的开发人员为使用的单一评估项提供了建构效度的证据，并证明可以将它们组合使用以提供恢复和应激指标。这种效度证据不适用于体育中常用的其他流行的单一评估项（请参阅后续内

容）。可提供一些效度证据且专为运动员开发的另一个工具是多分量训练困难量表（MTDS，有22个评估项）[96]，其测量抑郁（5项）、精力（4项）、身体症状（3项）/睡眠障碍（3项）、应激（4项）和疲劳（3项）。

有兴趣测量上述任何一种构念的教练员和训练实践人员，即使尚未按照COSMIN检查其测量特性，也可以将RESTQ-S、ARSS、SRSS和MTDS等当作合适的工具。训练科学中常用的其他工具（见表17.4）[139]似乎没有相同的效度证据，也没有测量与运动人群的训练过程相关的适当目标构念。话虽如此，读者应该记住，在训练科学领域中，应该实施AROM来量化训练反应的身体症状，而不是心理方面（这些方面应咨询心理学专家）。因此，教练员和训练实践人员可能会考虑将RESTQ-S、ARSS、SRSS和MTDS的使用领域仅限于身体症状。

单一评估项工具

过去，单一评估项（即共同构成工具的单个问题）的使用已经吸引了多个领域（医学、市场营销等）的研究人员和训练实践人员的兴趣，因为它们简单易用，并且能够带来较高的完成率[26, 44, 48, 143]。单一评估项也具有良好的表面效度，因为运动员可以立即清楚正在测量的是哪种构念，并且它们可能会引起较少与工具相关的乏味、疲劳和挫折感[158]。然而，心理计量学理论认为必须使用多评估项工具才可以适当反映不能直接测量的概念[121]。因此，单一评估项似乎是可以接受的替代方案，但可能仅限于某些构念，并且用户必须承担风险：在更改后，建构效度的敏感性会减弱（即以牺牲细节为代价进行简化）。因此，在使用单一评估项时，应认识并考虑到这些局限性。

如果感兴趣的反应构念是多维且复杂的，那么单一评估项将难以测量它，建议使用多评估项

AROM。或者，如果是相对简单、明确且可用一维合理表述的构念或域，则似乎可以接受使用单一评估项。评估项应能清晰表述所关注的构念。不满足这些要求将导致内容效度不足（构念过于广泛，无法用一个评估项进行评估），以及建构效度较差、测量误差更大。不幸的是，训练科学中使用的大多数单一评估项都无法达到这些最低标准。

在竞技体育情境中使用单一评估项进行评估的所有构念中，只有少数可以合理地被认为是相对简单和一维的（或具体的），因此可以用一个问题进行评估，如疲劳、肌肉疼痛（酸痛），以及恢复等。但是，应检查和验证这些评估项的建构效度，例如，评估它们与被认为可有效测量所关注构念的参考问卷的收敛性。其中一个构念验证的例子是范霍夫（Van Hooff）及其同事进行的一项研究[158]，该研究旨在探讨在职业背景下测量疲劳的单一评估项的收敛性和判别效度（以POMS为参考）（见图17.9）。这种验证研究还需要一种在所关注人群（即运动员）中经过验证的工具作为参考。

健康状况

最常用的AROM是所谓的健康状况评估项［有时也称康乐、安康、每日主观问题、胡珀（Hooper）指数等］[30, 40, 86, 113, 120]。应该由这类评估项（例如健康、康乐、安康）测量的构念缺乏一致的定义，这说明缺乏参考框架，使得人们难以确定关注的领域是什么，以及为什么要关注。在研究和实践中，人们已经使用了几个单一评估项来测量这个无明确定义的通用域的不同维度（例如疲劳、恢复、睡眠、应激、情绪、享受、烦躁、压力和幸福的健康原因、训练意愿、能量水平、整体健康水平等）[2, 40, 57, 70, 135]。但是，这些评估项及其组

合成一个单一分数的效度[2, 30]从未得到验证。此外，这些评估项大都不满足其使用的基本要求。应激、情绪和训练意愿这样的构念本质上是多维且复杂的，因此无法使用单一评估项来测量。甚至睡眠质量也是一个难以解释的模糊构念（例如实际睡眠质量与难以入睡）。据我们所知，没有一个健康状况评估项得到的验证使其值得被推荐。

关于使用未经验证的工具来监控训练的告诫可以追溯到20世纪90年代[71]。不幸的是，这个问题在当今可能更为常见，有些评估项甚至被纳入运动员管理系统（sRPE的定制量表）。由于这些评估项已被广泛接受，因此实用的做法可能是建议在将其应用于运动员监控时要考虑上述局限性。此外，重要的是再次建议教练员和训练实践人员将单一评估项AROM的使用范围仅限于能够以这种方式适当测量的一维构念（例如疲劳[112]、疼痛[15]）。

评估AROM的测量属性

读者可以参考表17.1，了解用于评判AROM的关键测量属性。与sRPE一样，最重要的考虑因素是与效度和信度有关的因素。但是，与sRPE相比，量化AROM的效度和信度的挑战截然不同，值得深入讨论。

效度评估

难以评估AROM的效度，因为AROM测量的是以运动员为中心的潜在构念，并且是唯一的量化手段。人们将该原则应用于AROM，开发一个工具用于测量类似于RESTQ-S及其衍生工具（ARSS和SRSS）所测量的应激和恢复组成部分时，应与已经验证并被广泛接受的应激和恢复测量方法进行比较。在没有参考工具的情况下，可以使用类似构念的其他测量方法。事实上，RESTQ-S的建构

效度已经过检验，例如，通过评估19个子量表与POMS之间的相关性，报告了强相关性[80]。因为这两种测量结果趋于一致，所以这就是建构效度的证据。

人们也可以通过比较AROM与应用于测量其他构念的工具来评估建构效度。在这种情况下，原理是这两种测量方法是趋异的。RESTQ-S的疲劳域与使用POMS测量的活力负相关（相关系数 = −0.45）[119]。或者，可以通过AROM对假定具有不同水平的目标构念的两个组的判别能力来检验效度。例如，MTDS显示，被归类为过度训练风险较高的运动员使用运动员耗竭问卷[129]的得分高于被归类为风险较低的运动员[96]。

本章前面的部分通过与运动强度的客观指标的关联来支持RPE和sRPE的效度。但是，与这些关联不同的是，与应激生物标志物的关联难以提供大多数AROM的建构效度证据。实际上，AROM通常与特定的客观标志物（例如生理应激、免疫功能、炎症和肌肉损伤，或内分泌和红细胞水平）不相关[139]。尽管如此，苏及其同事[139]在对56项研究的综述中发现，与客观指标相比，AROM能够以更强的敏感性和一致性来反映急性和慢性训练负荷。他们的证据表明，某些AROM通常会因训练负荷的急性增加和训练时间的延长而受到影响，而负荷的减少则具有相反的效果[139]。如果可以假设较多的训练和比赛负荷是恢复不佳、疲劳加剧等的代替物，那么这些发现可以（至少在总体上和概念上）被合理地解释为某些反应和效度的证据。但是，应该针对参考框架和明确的先验定义进行正式测试。

当决定是否可以合并多个单一评估项（例如分数总和）来创建量表或子量表时，结构效度非常重要。人们可以采用探索性或确认性方法对此进行检查。这是至关重要的，因为必须验证单一评估项反映通用构念的假设。因此，应避免合并单一评估项的得分，并对其汇总（例如总得分）赋予含义。如果未定义高阶潜在构念及其维度，则此方法会有更多的问题。对于健康状况评估项，这是一个严重且常见的缺陷。事实上，这些健康状况评估项应由哪种高阶构念来测量尚不清楚，因此单一评估项是否真正反映了这种（未定义的）构念也尚不清楚。更令人困扰的是，没有研究表明这些评估项是否真正测量到它们应该测量的指标。同样，由于这些限制，本章的作者告诫大家不要使用这些评估项。

信度评估

当使用由多个评估项组成的工具来测量潜在构念时，须探讨AROM的另一个层面：工具评估项的内部一致性。这是指各个评估项准确反映目标构念的程度（并因此在总分中占有一席之地）。可以使用类似于相关系数的克朗巴哈阿尔法系数（α）来评估内部一致性。根据该指标，大于或等于0.70的值被认为是可以接受的[121]。例如，据报道，RESTQ-S的α值在0.67~0.89，并且该值随着熟悉程度的增加而增加[79]。类似地，对于MTDS，子量表中评估项的内部一致性范围为0.72~0.86[96]。

关于AROM的重测信度，鉴于在竞技体育中使用了多种现有的AROM（见表17.4），本章不涉及确定和总结已知信度估算值的内容。但是从概念上讲，鉴于上述效度问题，这种做法的价值成疑。即便使用专门为运动员开发的AROM，并且已证明其效度足以在监控系统（例如RESTQ-Sport、ARSS、SRSS、MTDS）中考虑使用，但仍然缺少报告测量误差的研究。本章的作者建议，与其让这个问题成为实施的障碍，使用RESTQ-S、ARSS、SRSS或MTDS的教练员和训练实践人员不如在他们自己的情境（运动员、训练计划等）

中评估分数的重测信度，直到可以参考已发表的证据。

在应用情境中收集sRPE和AROM数据

由于sRPE和AROM本质上是主观的，因此当然存在一些有意识偏差，从而损害数据的准确性[6, 138]。在这方面，读者可以参考所观察到的等级和分数在何种程度无法有意义地记录其目标构念[3, 63]。这些偏差的存在很可能是由于认知和情境因素，它们并不是相互排斥的[6, 138]。但是教练员和训练实践人员可以从这些偏差的来源及其产生的可能情景来进行理解，从而实施各种策略来控制或减轻其对运动员监控的影响。表17.5总结了sRPE和AROM中可能涉及有意识偏差的认知和情境因素的主要来源。表中还提供了应用情境中的示例场景以及一些控制不良影响的实用方法。

sRPE是运动后的认知评估，因此，运动终止和报告之间的时间延迟是一个可能很重要的独特认知因素[142]。最初建议延迟30分钟再进行测试，以便"在运动将要结束时，特别困难或特别容易的部分不会影响受试者的评分"[54]。尽管该理论是合乎逻辑的，但只有有限的数据来支持所谓的延迟效应[34, 51, 67, 84, 92, 157]。此外，运动后30分钟的时间窗口可能不切实际，尤其是许多运动员在训练课后还有其他活动（例如在职业情境中，训练课后会有康复、营养摄取、技术会议、加练，以及接受媒体采访等）[50]。证据还表明，运动后立即（≤30分钟）收集的评分与24~48小时后重新评估的分数之间没有实质性差异[44, 111, 123]。团体运动项目的运动员还能够在初次评估48小时后准确回忆自己的sRPE（不是重新评估）[50]，这对于初次评估资料不足或放错位置的情况非常有帮助。因此，sRPE在响应偏移和回忆偏差方面似乎

很可靠，这提供了更灵活的数据收集选择。

关于AROM的时间安排，运动员完成报告的时间没有任何限制，这完全取决于实际情况的约束以及使用数据的方式。如果教练员和训练实践人员正在实施AROM来确定运动员应付训练的程度或如何调整训练计划，或两个目的兼而有之，那么在早晨提供报告将是最合理的做法。这也的确是常见的做法，因为在识别危险信号后，就可能需要调整运动员当天的计划训练负荷、强度、训练量或类型[155]。但是，有些运动员感到无法在早晨准确评估其AROM，并希望在训练后或一天结束时进行报告[138]。因此，训练后报告可用于评估对特定训练课或特定训练日的急性训练反应（例如疲劳），但是这将消除AROM评估运动员对训练准备度的作用。最后，很重要的是，情境、社会心理和认知因素的影响可能会因时间窗口不同而有所不同。此外，使用的响应集（例如"马上""今天""过去一周"）也很重要，较长时间后的回忆更容易出错[138]。总的来说，这表明数据收集过程中定义明确的先验共识及因此产生的一致性是减少有意识偏差的关键。

sRPE和AROM的局限性与误解

一些人认为，sRPE和AROM的主观性质使其无法成为量化训练过程各个方面的有效工具[25, 117~118]。这大概是指以下事实：感知是一种认知过程，有可能被非生理因素影响，或者运动员实际上可能谎报自己的反应[117]。如本章所述，正确获得的评分和反应是目标构念的有效心理计量学指标，而根据经验，这些构念是训练和比赛强度及所产生反应的有效代替物。从定义上说，感知疲劳是一项内部指标，因为它由中枢产生，与在身体任务期间的人体系统和组织的需求相关联。这种逻辑

表17.5　在运动员监控中收集sRPE和AROM数据时解决偏差来源的策略

偏差来源	描述	示例场景	解决策略*
认知因素	sRPE和AROM背后的心理过程引起的不准确性，这包括概念和问题的解释、信息检索、决策和产生回复	• 未正确理解正在评估的潜在指标（例如混淆了努力和疲劳） • 回忆误差：根据错误的目标评估时间进行回复（例如，现在和昨天晚上对恢复的感知） • 对于回答问题时要检索哪些信息感到困惑（例如，主要根据什么得出努力或疲劳的感觉） • 错误地使用量表（例如，使用CR10®量表时将其当作一个简单的0-10量表）	确保运动员清楚地了解每种构念、要遵循的程序以及要使用的量表或工具。这可以通过以下策略实现。 • 给出目标构念（例如努力、疲劳、恢复）全面而简洁的可使用定义，以及其他可能扭曲这些感知的指标（例如不适感） • 在每个问题中说明目标评估时间 [例如"现在（强调），您感觉恢复得如何？"]，并确保要回忆的时间尽量短并始终保持一致 • 提供参考点，说明评估每种构念时应寻求哪些信息（例如，在足球训练后，sRPE数据主要取决于呼吸和移动腿部有多困难或多轻松） • 使用前对量表进行概述，并解释可能不明显的任何特性（包括其原理）（例如固定星号、无上限）；为了确保（运动员）测试能力，可以进行诸如锚测验和黑度测验等练习
情景因素	通常受到外部影响以及出于社会或个人期望的目的在回复中故意欺骗而引起的不准确	• 在回复中故意欺骗，给教练员和训练实践人员留下可以适应训练并且处于健康状态的印象，以此作为通过选拔的一种手段 • 为获得个人利益而在回复中故意欺骗，例如减少任务时间或修改训练（如降低强度或训练量） • 由于认为缺乏机密性、匿名性或隐私性而拒绝回复（或准确回复）	提高总体接受度，增强准确回复的动力及对数据保护的信心。以下方法可实现此目的。 • 确保运动员了解运动员监控和训练过程的目的（与表现和健康有关） • 使数据收集过程简单、易于执行、完整、易于理解且灵活；流程也应尽可能保持一致，并在运动员职业生涯的尽可能早（或合理）的阶段执行 • 在运动表现计划的各个方面促进自主支持的文化 • 不定期且不过于频繁地向运动员提供针对其数据的反馈，并利用此机会获得他们对监控过程的反馈 • 使所有监控和数据收集过程遵从《通用数据保护条例》（General Data Protection Regulation）（2018）以及组织中现有的任何其他数据保护准则

*可以通过正式教育、口头提醒、回答运动员问题或应用程序中的帮助按钮提供。

也适用于AROM，例如疲劳、恢复和疼痛。而运动员可能谎报自己的反应，这是一个可行性问题，与效度不一样。但是，在应用情境中许多形式的主观数据采集中都可明显看到这种现象，例如，运动员向团队的物理治疗师或医师谎报医疗问题。如果运动员会通过谎报来提高其入选可能性，那么问题可能会体现在团队、小组或表现情境的文化中，而不是主观的指标。

产生测量误差和有意识偏差的可能性确实存在，这是sRPE和AROM的局限性。当然，任何主观工具都存在这个合理的缺点。因此，从指导运动员如何测验到掌控可能会造成误差的测量和环境因素，在设计数据收集系统时应以减少测量误差和有意识偏差为目标[6]。如前所述，这可能包括对运动员进行关于感知疲劳和AROM构念的定义的（再次）教育；在运动员监控中传达其目的；通过经过验证的工具在同一时间点收集AROM数据；在运动后的适当时间点收集sRPE数据，通过专业判断来减少任何潜在的运动末段影响或情境因素；使用未经修改的CR10®或CR100®量表；并防止其他人私下向运动员展示量表，让运动员使用语言锚点及量表上相应的分数来评估自己的等级。

开发主观监控系统

准确获得sRPE和AROM数据后，教练员和训练实践人员就可以按预期使用它们，并且其使用方式可以与其他负荷和反应过程相同，即根据训练原则编制训练计划，从而管理运动员的训练过程（请参阅第2章）。本章提到了许多此类实际应用，例如通过适当的量表测量 sRPE、计算 sRPE-TL 和其他相关指标（例如单调性、压力），以及选择 AROM 的框架和解决有意识偏差的策略。显然我们还可以讨论分析和决策过程，但这超出了本章的范围。总结确保 sRPE 和 AROM 的效度的实用策略更为重要，这样教练员和训练实践人员就可以对他们分析并解释的数据充满信心。

教育与说明

正式教育应向运动员传达建议测量哪些潜在构念，以及为什么要在监控系统中量化这些构念。这有助于减少误解，以及随后出现认知偏差和情境偏差的风险。相关说明应告知运动员如何评估所关注的构念，例如量表使用过程或工具概述。这有助于减少测量问题以及对数据的测量属性的相关损害。重要的是，教育与说明应清晰、简洁且一致，以保持测量效度。

本章的作者认为，最好以口头形式进行正式教育，并配合视觉提示；教育无须频繁进行，并应根据日程来安排（例如在赛季前或新的大循环开始时）。简短的演示（<5分钟）可能是最佳选择，并且要在最后允许运动员提出问题。演示可能包括以下内容。

- 在监控中收集 sRPE 和 AROM 的目的和价值概述。
- 每个构念的定义，举例如下。
  - 感知疲劳（以及与其他运动相关感觉的区别）。
  - 疲劳、恢复、疼痛（酸痛）等。
- 量表工具概述。
  - 用于测量 sRPE 的 CR10® 或 CR100® 量表。
  - 用于测量 AROM 的经验证工具和评估项。
- 评级和记录过程概述。

- 应在何时、何地提供数据。
- 应如何提供数据（即认知评估考虑因素）。

然后，训练实践人员可能只需要向个别运动员用口头方式传达一些关键要点和具体说明。这在数据收集过程中尤其可行，为运动员和训练实践人员提供了提问的正常途径。例如，向运动员提出的问题可能会是"您在提供 sRPE 时有什么想法？"

sRPE 的数据收集程序

训练实践人员和教练员可以在相关网站中找到有关 RPE 收集的完整说明。但是，应注意，这些说明与博格 CR 量表®绑定，是受版权保护的产品[22]。为了正确地进行测量，量表的使用者应签署正式的许可协议。许可协议可以是短期合同，也可以是每年续订的长期订阅。表17.6总结了这些说明中与 sRPE 有关的最重要方面。

运动员还可以完成一些训练任务，以帮助确保他们正确理解 sRPE，并且具备正确使用 CR 量表的能力。锚固是指帮助运动员熟悉 CR 量表上所有感觉的过程[123]。记忆锚固可能是最实用的选择，它涉及运动员针对量表上的每个运动员感知类别回忆过去的训练课或比赛。在运动锚固中，这些运动量水平应有针对性地编排。例如，运动员可以执行分级耐力测试（$\dot{V}O_{2max}$ 测量、Yo-Yo 间歇恢复测试等）至意识上极端劳累，或执行递增负荷的 1RM 测试，并为每个完成的阶段提供 RPE[110]。此外，由于 CR 量表可用于测量其他感知（例如亮度），因此可以将博格的黑度测试用作一种训练工具[18, 19]。该测试向运动员显示不同的灰度色调，范围从白色（即最小）到黑色（即最大），并要求运动员通过 CR 量表对黑度进行评级[24]。黑度水平与 CR 量表上的语言锚点紧密相关（例如，50%的黑度表示辛苦，在 CR10® 和 CR100® 量表上

表17.6　在运动员监控中收集sRPE的建议

要点	给运动员的说明或策略
从群体中收集数据时，由于注意力不集中和语言污染，产生有意识偏差的风险会增加	与运动员单独接触或将运动员带到一边，以确保其专注和适当地参与，并避免其他运动员听到任何对话
在某些训练课后，无法避免有意识偏差或心理因素的影响（例如，在集体乘坐交通工具的过程中，运动员必须彼此距离很近，或者在输掉比赛后，负面情感反应可能会持续数小时）	数据收集最多延迟24小时，并在可以减少有意识偏差或训练课相关情感效应的影响的时间点进行收集
向运动员举例说明什么是作为认知决策指导手段的感知疲劳。应该向他们说明，sRPE取决于进行训练或比赛时的感觉，而不是他们在本次训练课期间的实际表现	"您的sRPE是您对训练课感到有多困难的自觉意识。想一下呼吸有多容易或多难，以及移动（腿、手臂）有多容易或多难。试着不要去想自己做过什么，而是去思考对它的感受。"
运动员应了解，他们的评分是指运动过程中的感觉，而不是指数据收集时（休息时）的感觉	"您的评分应反映整节训练课的平均情况，尽量不要考虑在训练（比赛）过程中任何特定的时间点。"
尝试使用清晰和中立的术语提出问题。"您的运动情况如何？"[54]可能太含糊了，而"您的训练课有多辛苦？"可能会导致偏离或偏向"辛苦"锚点的偏差	"您对那次（训练课、比赛等）的sRPE是什么？""那次（训练、比赛等）有多轻松或多辛苦？"
由于CR量表具有复杂的心理测量学属性，因此使用CR量表测量sRPE是金标准方法。在没有视觉提示的情况下，运动员可能会参考自己脑中的量表或使用绝对幅度估计，这对于量化sRPE来说有效性会差得多，并且使得运动员之间的比较几乎是多余的	向运动员展示量表（CR10®量表或CR100®量表）
鼓励运动员根据语言锚点做出决定。文字是给运动员用的，数字是给训练实践人员的。让运动员指向量表，不仅会促使他们使用量表上的语言，还可以记录更精确的数值，并减轻尚未提供评分的那些人的语言污染影响	"阅读口头表达，然后在量表上指出最能代表您的sRPE的位置。"

分别为5au和50au）[19]，因此可以就准确性和精密度水平对答案进行评分。这是有助于培养习惯的练习，并且可以定量评估运动员使用CR量表的能力，而与对运动量的感觉无关[95]。

AROM的数据收集程序

鉴于AROM的具体说明和程序可能会因所关注的构念、其测量方法（评估项和工具）以及提供评级的时间点不同而有所不同，因此很难提供具体的AROM说明和程序。但是，这些说明和程序可与经过正确验证的工具和评估项一起提供，这是建议选择这些工具，而不是未经过验证或定制的替代工具的另一个原因。

以数字方式执行AROM是司空见惯的事情，这可以增强运动员的适应性和可访问性，并加快教练员和训练实践人员的数据处理速度。通过数字介质执行AROM的另一个好处是，增加运动员在私密环境下完成报告的机会，以减少同伴和社会偏见的影响。此外，此选项还限制了任务时间和对时间负担的相关感知："点击次数越多，符合性越差。"[138]对于数据输入的频率也是如此，该频率应该足以为教练员和训练实践人员的决策提供依据，但又不应该使运动员感到厌烦或不值得。虽然频率与不同个体的需求高度相关，但合理建议似乎是每周评估2次或3次对训练和比赛的急性和慢性反应。

小结

了解运动员的训练和比赛要求以及他们对这些要求的承受能力是管理训练过程的基础。内部负荷和对这种负荷的相关反应是以运动员为中心的构念，其中心理生理反馈具有独特的作用。使用主观测量来监控训练过程是一种常见做法，并且可以使用经过验证的方法。是否以及如何使用这些工具的决定应以教练员和训练实践人员所需的信息及其在应用范围内的可行性为依据。这些方法以及所有的运动员监控工具都具有明显的优势和局限性。作者认为，主观监控的成功实施和实用性建立在对概念的深入理解和测量过程的严谨性的基础上。方法（例如量表、问卷和数据收集程序）被修改后未经正确验证且未在清晰的概念框架内开发时，其局限性是无法避免的，实施此方法的任何潜在好处几乎完全消失。在正确使用的情况下，主观测量负荷（例如sRPE）和训练反应（例如AROM）对于负责运动员管理和训练过程的人来说是非常有用的资产。

推荐读物

Borg, G. Borg's Perceived Exertion and Pain Scales. Champaign, IL: Human Kinetics, 1998. Foster, C, Florhaug, JA, Franklin, J, Gottschall, L, Hrovatin, LA, Parker, S, Doleshal, P, and Dodge, C. A new approach to monitoring exercise training. *J Strength Cond Res* 5: 109–115, 2001.

McLaren, SJ, Macpherson, TW, Coutts, AJ, Hurst, C, Spears, IR, and Weston, M. The relation-ships between internal and external measures of training load and intensity in team sports: a meta-analysis. *Sports Med* 48: 641–658, 2018.

Prinsen, C, Vohra, S, Rose, MR, Boers, M, Tugwell, P, Clarke, M, Williamson, PR, and Terwee, CB. Guideline for selecting outcome measurement instruments for outcomes included in a Core Outcome Set. 2016.

Saw, AE, Kellmann, M, Main, LC, and Gastin, PB. Athlete self-report measures in research and practice: considerations for the discerning reader and fastidious practitioner. *Int J Sports Physiol Perform* 12: S2127–S2135, 2017.

第 5 部分

数据分析与交付

第 18 章

统计模型

姆拉登·约瓦诺维奇（Mladen Jovanović），理学硕士；
洛雷娜·托雷斯·龙达（Lorena Torres Ronda），博士；
邓肯·N. 弗伦奇（Duncan N. French），博士

竞技体育具有高度的复杂性和不确定性。为了更好地理解这种复杂性，并有助于预测竞技体育行为，数学模型和数据分析在训练科学中已经变得越来越普遍[57, 73]。有些数学模型会涉及统计学原理，旨在减弱竞技体育的复杂性和不确定性，以期能够描述它、理解它、预测运动员的行为并帮助做出用于指导策略性干预的决定。可用于运动情景的统计模型种类繁多[51-52]，因为它们超出了将事物划分为主观和客观的二分法范畴，其考虑的质量因素包括透明性、一致性、公正性、与客观现实的对应、对多角度的认识、对背景依赖性的认识以及对稳定性的审查等[20]。实际上，统计模型的应用必须以积累的知识为基础，而不是只依赖于单项研究，甚至是单个系列的研究[3]。本章前面的部分会讨论主要的数据类型和统计模型，而后面的部分会讨论适合科学训练师使用的统计推断。

数据类型

数据可以划分为4种类型——定类、定序、定距、定比，具体如下。

- **定类数据**也称作**分类**，它被定义为一种用于将变量标记为不同种类的数据，并且它不涉及量值和顺序。这种数据包括性别（例如男和女）、试验组别（例如对照组、试验组和空白组）和地点（例如纽约和波士顿）。

- **定序数据**与定类数据类似，但是层级之间隐含顺序并且层级之间的差别是未知的。例如，顺序级别的数据包括利克特量级（例如0~10级的肌肉酸痛感、0~10级的自感用力程度量表评级）。对于定序数据来说，顺序是已知的，但是层级之间的差别是未知的。

- **定距数据**是一种数值亚度量，其中数值之间的顺序和确切的差别都是已知和可量化的。定距数据最常见的实例是温度。对于温度数据（单位为摄氏度）来说，50摄氏度和60摄氏度之间的差别与80摄氏度和90摄氏度之间的差别是一样的，都是10摄氏度。定距数据的问题是缺少真零值。没有真零值，我们就无法计算比例。

- **定比数据**是一种定距数据，但是具有真零值。开氏温度是最常见的实例。对于开氏温度来说，比例是可以计算的。例如，我们可以说500开要比250开温暖2倍。

统计建模

统计建模具有不同类别的任务，包括描述——总结和描述数据；预测——将统计模型应用到数据上，以获得全新或者未来观测结果的过程；以及因果推断——得出有关因果关联的结果的过程（见图18.1）。

描述

描述会为所获取的数据提供定量的概括。这些定量的概括被称为描述性统计，并且通常划分为两大类：集中趋势量度和分布度或离散度量度。描述性统计涉及用于描述数据的所有定量概括，但是不做预测或因果推断。例如，如果目的是测量两个变量之间的线性相关性，那么线性回归可以当作描述工具；但是在某些情况下，线性回归还能用于预测和因果推断。其他情况下，效应量，例如变化值、百分比变化或者科恩d值（随后会更加详细地讨论），代表用于比较两组或者更多组的描述性统计，但是它通常也用于在因果推断任务中估计某项试验的平均因果效应。

为了向描述性统计提供更进一步的解释，我们给出了训练科学中最为常见的描述性任务作为示例，包括平均值的比较（即比较两个独立组或两个相关组的数据）和测量两个变量之间的相关性。

比较独立组

假设开展身高测量，测量人数为100人（$N=100$），其中女性人数$N=50$，男性人数$N=50$。男性和女性分别代表独立的试验组。图18.2描述了用于直观展示这种独立组观测结果的常见技巧。

每组的描述性统计样例参见表18.1。平均值（或均值）和众数是集中趋势的量度。中位数是一系列数字的中间值，对于非正态分布来说很有用。标准差（Standard Deviation，SD）、绝对中位差（Median Absolute Difference，MAD）、四分位距（Interquartile Range，IQR）、最小值、最大值以及极差都是分布度或离散度的常见量度。百分比变异系数（%CV）也是一种离散度的量度，但它是经过标准化的，其允许对不同量纲的变量

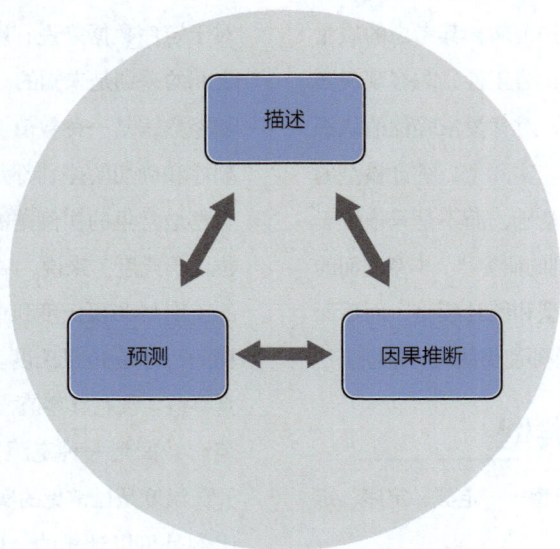

图18.1 统计建模中的3类任务

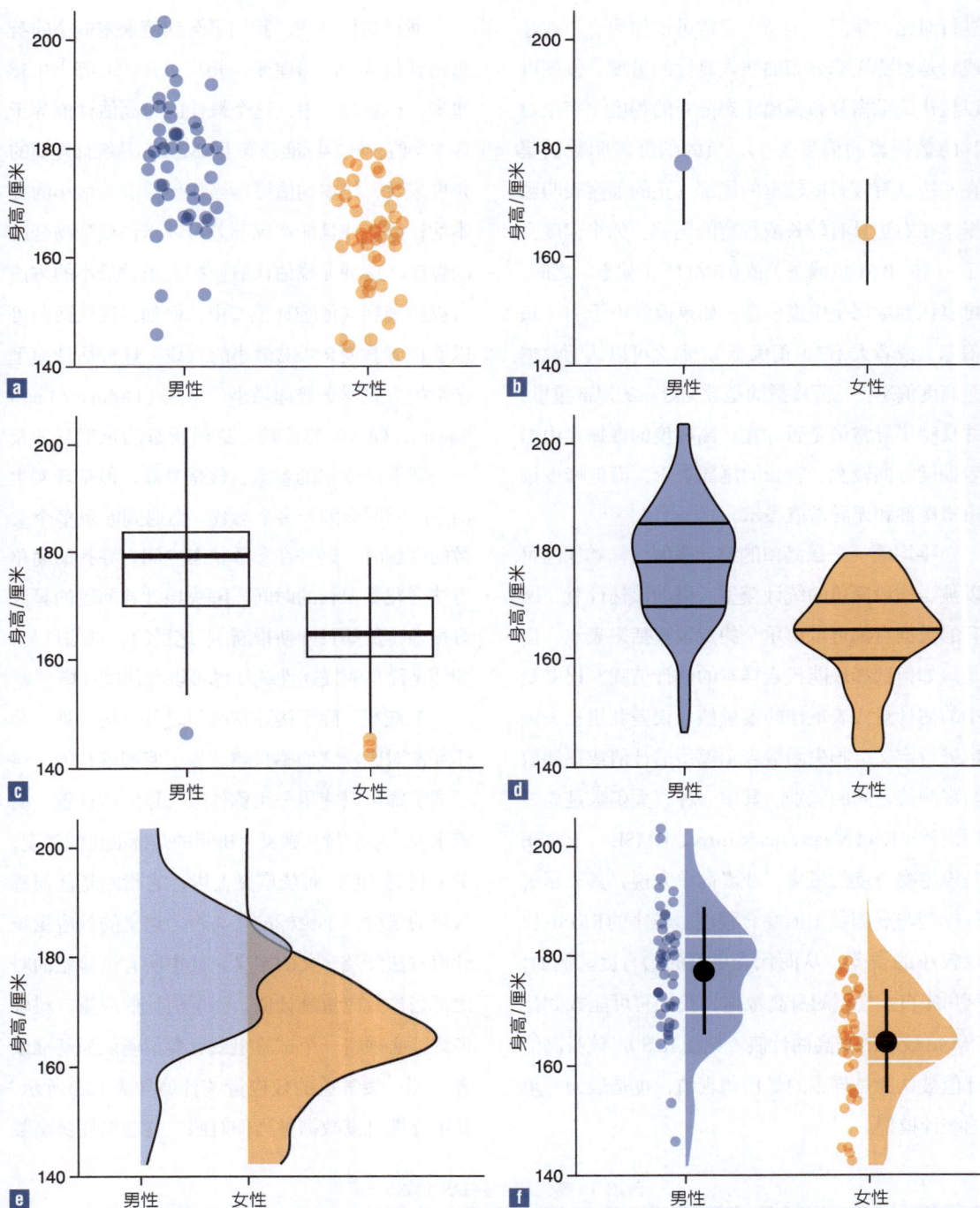

图18.2 用于直观展示独立组观测结果的常见方式。完整的数据集应当是形象直观的，而不能仅通过描述性的概括加以展示，例如 a. 简单的散点图；b. 平均值和标准差误差线；c. 箱形图［水平线代表中位数或中值，而箱形代表25%分位数和75%分位数。竖线代表最小值和最大值（不过它们可以向上延伸到1.5×IQR，并且该范围以外的数值被描述为异常值）］；d. 小提琴图，表示双方的密度，并标有25%分位、50%分位和75%分位线；e. 密度图，表示样本的分布；f. 雨云图，将核密度图作为"云"，并标有25%分位、50%分位和75%分位线，平均值±标准差误差线，并将离散点作为"雨"

进行对比。**偏度（偏态）**通常可以作为**非对称性**或者是对称正态分布曲线失真性的量度。偏度可以量化成数据分布偏离正态分布的程度（完全对称的数据集的偏度为0），负的偏度表明数据集在左边具有较长或较宽的尾部，正的偏度表明数据集在右边具有较长或较宽的尾部。如果偏度介于−1和−0.5（负偏态）或0.5和1（正偏态）之间，可以认为数据呈中度偏态。如果偏度小于−1（负偏态）或者大于1（正偏态），那么可以认为数据呈高度偏态。**峰度**度量的是数据分布的尾部重量，并反映了异常值是否存在。高峰度的数据集由沿着偏度方向较宽、较长的尾部表示，而低峰度则由窄尾部和无异常值表示。

平均值——最简单的统计模型　**样本均值**可以被当作最简单的统计模型。借助该估计量，所有的数据点都可以由单个的定量概括来表示。但是该如何选择最能代表样本的估计值呢？误差最小的估计量代表最佳的度量值。误差利用损失函数进行定义，损失函数表示模型估计值或预测值与观测值之间的差别。其中一种损失函数是**均方根误差**（Root Mean Square Error，RMSE）。RMSE是模型吻合度的量度，或者简单来说，其表示统计模型与观测数据的吻合程度。较小的RMSE代表较小的误差，从而代表更好的吻合度。例如，利用来自女性组的身高数据，我们有可能找到让RMSE最小的身高估计值（见图18.3）。该身高估计值被认为是样本的最佳代表值，也是最为简单的统计模型。

通过这种寻找，我们了解到使误差最小的身高估计值为164.18厘米，相应的RMSE等于9.38厘米。在表18.1中，这个最佳的身高估计值等于样本均值，样本标准差等于RMSE。从统计建模的角度来看，样本均值可以当作使标准差最小的样本估计值，并且样本标准差可以当作模型吻合度的量度。这种寻找估计值使损失函数最小的方法可以拓展到其他统计模型中。例如，线性回归可以看成寻找使RMSE最小的直线。这种估计模型参数的方式属于普通最小二乘法（Ordinary Least Square，OLS）的范畴。这里所举的示例只涉及一个需要最优化的参数，就是身高，但是现实生活中的问题会涉及多个参数。当遇到涉及多个参数的问题时，这种在参数状态空间内寻找的简单方法会花费很长的时间。解决该计算问题的算法有很多（例如贝叶斯推断）。这里的关键信息是，即便是简单的描述性统计也可以看作统计模型。

效应量　除了描述试验组之外，科学训练师还经常对比较它们感兴趣。为了实现该目的，科学训练师可以使用一组称作**效应量**的估计量。简单来说，效应量从狭义上讲指的是标准化的量度，例如科恩*d*值；而从广义上讲，它指的是任何感兴趣的量度，不论标准化与否。这里的效应量统计值方法涉及广义的定义，其中所有试验组的对比都当作效应量统计值。为了估计效应量，科学训练师必须将一个试验组或者变量确认为基准或者对照。最常见的效应量统计值如表18.2所示，其中女性身高数据被当作对照，并与男性身高数

表18.1　常见的描述性统计或估计量

性别	N	平均值/厘米	标准差/厘米	变异系数/%	中位数/厘米	绝对中位差/厘米	四分位距/厘米	众数/厘米	最小值/厘米	最大值/厘米	极差/厘米	偏度	峰度
男性	50	177.20	11.52	6.50	179.14	12.17	14.01	180.91	146.07	203.28	57.21	−0.24	0.24
女性	50	164.18	9.38	5.71	164.60	8.48	10.46	164.37	142.28	179.03	36.75	−0.59	−0.27

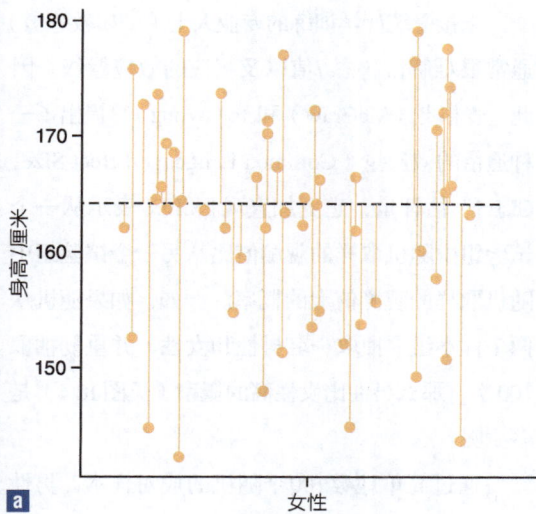

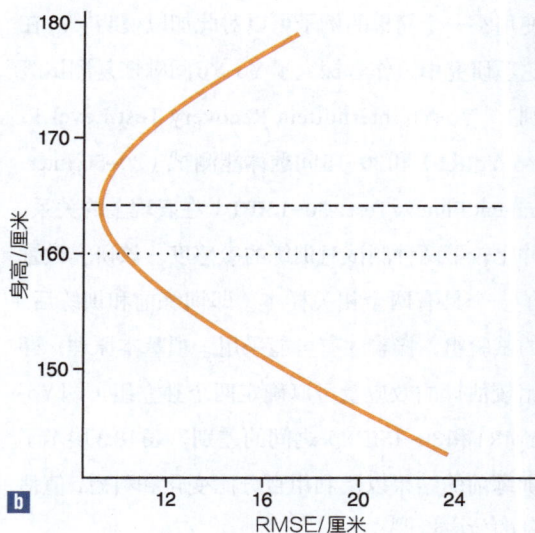

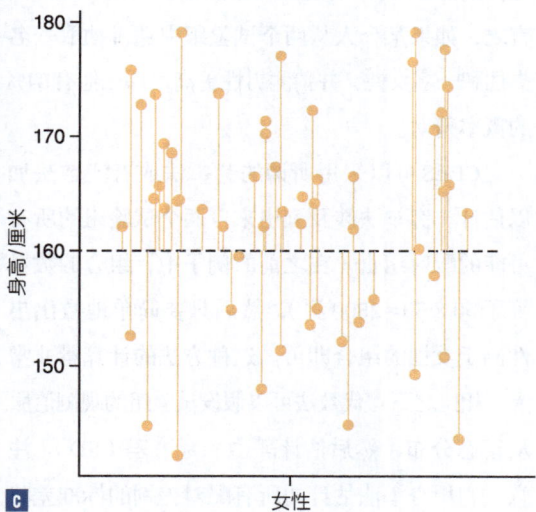

图18.3 样本均值是最简单的统计模型。a. 虚线表示估计值，这里是样本均值；竖线代表估计值与观测值之间的残差。b. 每个估计值都有RMSE。RMSE最小的集中趋势估计值是样本均值。c与a类似，该图描述了RMSE较大的集中趋势估计值的残差

表18.2 估计两个独立组之间差别的效应量统计值

差值/厘米	SDdiff[a]/厘米	%CVdiff	百分比差值	比值	科恩d值	通俗的效应量	重叠度
13.02	14.86	114.12	7.93	1.08	1.24	0.81	0.54

[a]SDdiff：差值的标准差除以平均差。

据进行对比。

差值或者平均差通过试验组平均值相减来计算。百分比差值变异系数（Percent Coefficient of Variation of the Difference，%CVdiff）是差值的标准差除以平均差。百分比差值或者平均百分比值通过平均差除以对照组（这里是女性试验组）的平均值，再乘以100%来计算。均值比顾名思义，是两个平均值之间的比值。科恩d值表示标准化的效应量，鉴于此原因，科恩d值通常写作效应量（Effect Size，ES）。独立组的科恩d值通过平均差除以联合标准差来计算。

为什么科恩d值可以代替其他效应量估计量

使用？一个简单的例子可以对此加以说明[10]。在这项研究中，作者探究了Yo-Yo间歇恢复测试级别1（Yo-Yo Intermittent Recovery Test Level 1, Yo-YoIR1）和30-15间歇体能测试（30-50 Intermittent Fitness Test, 30-15IFT）在表现上的关系，并比较了两种测试对训练的敏感度。该研究设置了一个具有两个相关样本（即训练前和训练后）的试验组，接着才有可能采用一项基本原理，即比较估计的效应量可以确定两个独立组（即Yo-YoIR1和30-15IFT）之间的差别。表18.3展示了训练前的结果以及利用百分比变化和科恩d值估计的效应量[10]。

由于Yo-YoIR1和30-15IFT采用了不同的衡量指标（分别为经过的总距离和达到的速度），所以百分比变化估计值并不适合比较两项测试的效应量。而科恩d值是一个标准化的估计值，所以应当用它来比较衡量指标不同的测试或量度结果。

估计完效应量之后，随之而来的问题自然是**量级**是多少（即效应量的大小是多少）。由于科恩d值是一个标准化的估计值，所以它允许设定量级的阈值。根据科恩[13]所做的原始工作，霍普金斯[32, 47]提出了如表18.4所示的效应量级。根据表18.4，我们可以认为男性与女性之间的平均身高差别比较大，Yo-YoIR1的变化也是如此，然而我们认为30-15IFT的差别是中度的。

未接受统计学训练的专业人士（例如教练员）通常很难解读科恩d值以及相应的效应量级。因此，麦格劳（McGraw）和王（Wong）[49]提出了一种通俗的效应量（Common Language Effect Size, CLES）估计量，它更加直观。CLES表示从一个试验组中随机取样的观测值比从另一个试验组中随机取样的观测值大的概率。例如，如果随机从两个样本组中抽取一名男性和女性，并重复抽取100次，那么男性比女性高的概率（见图18.4）是多少呢？

通过简单地数100个随机的成对样本，男性更高的是84例，用概率表示的话也就是84%。换言之，如果某个人从两个试验组中随机抽取一名男性和一名女性，并猜测男性更高，那么他有84%的概率猜对。

CLES可以采用所谓的**穷举法**或者**代数法**加以估计。穷举法涉及列出来自两个试验组的所有可能的配对组合（在之前的例子中，组合的数量等于50×50＝2500例），然后只要简单地数出男性高于女性的组合即可。这种方法的计算量非常大。相比之下，代数法可以假设试验组的观测值服从正态分布，然后估计**差值的标准差**（SD）（注意，利用穷举法估计的所有配对差别的标准差将与通过代数法推导出的差别标准差相近），公式如下。

表18.3　Yo-YoIR1和30-15IFT的训练干预效应量

测试	训练前	百分比变化	科恩d值
Yo-YoIR1	（1031±257）米	35%	1.2
30-15IFT	（17.4±1.1）千米/时	7%	1.1

数据源自：Buchheit and Rabbani（2014）。

表18.4　效应量级*

效应量级	微小无价值差异	小差异	中度差异	大差异	非常大差异	极其大差异
科恩d值	0~0.2	0.2~0.6	0.6~1.2	1.2~2.0	2.0~4.0	大于4.0

*译者注：数据包含左端点不包含右端点。

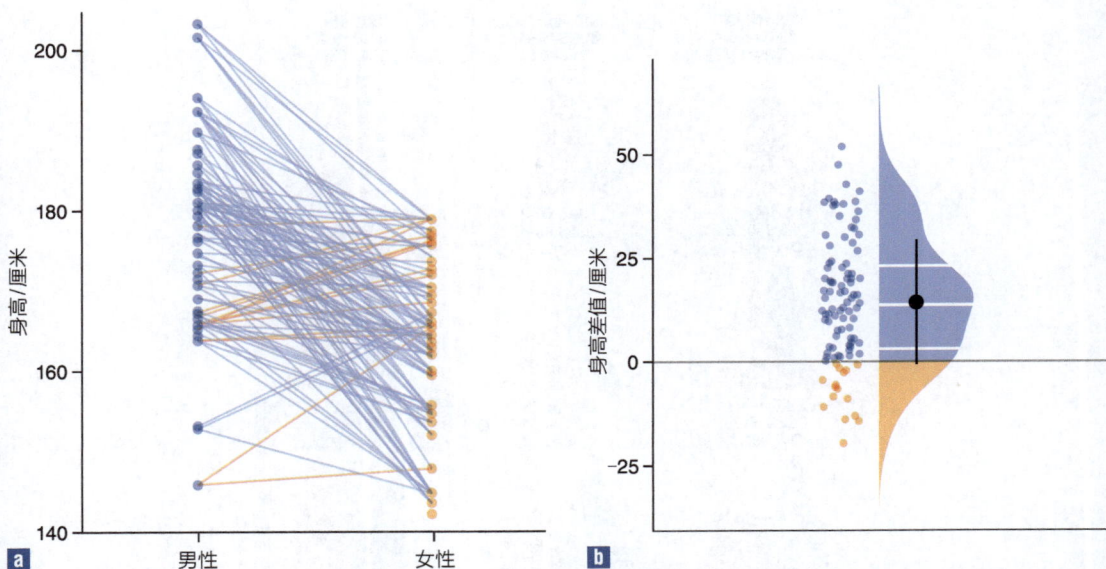

图18.4　随机抽取100对来估计男性比女性高的概率。a. 随机从两个样本中抽取100对观测值的散点图。由于比较的是成对的男性和女性，所以可以将所抽取的100对结果各自连线。蓝线表示男性更高，而橙线表示女性更高。b. 对于所抽取的100对结果来说，男性和女性之间身高差值的分布

$$SD_{差值} = \sqrt{SD^2_{男性} + SD^2_{女性}}$$

从代数上讲，先假设服从正态分布（其中分布的平均值等于试验组之间的平均差，而分布的标准差等于差值的标准差），再通过计算差值大于零的概率来推导CLES（直观展示见图18.4b）。表18.2展示了通过代数法计算的CLES估计值。

在分类预测任务中，CLES被等效用作一种性能指标，称作**曲线下的面积**（Area Under the Curve，AUC），其中0.5表示预测性能相当于随机猜测，而1表示完美预测出两个类别之间的不同[38, 43]。**重叠度**（Overlap，OVL）表示两个样本分布之间的重叠程度。假如两个样本相同，那么OVL=1，如图18.5a所示。假如两个样本是完全分离的，那么OVL=0。重叠度可以通过穷举法（不对样本的分布做出任何假设）和做出正态假设的代数法加以计算。由于科恩d值、CLES和OVL从数学上讲是相关的，所以有可能实现相互转化（为了估计OVL，要假设样本服从正态分

布，并且两个试验组的SD相等）。图18.5b描述了科恩d值、CLES和OVL之间的关系。图18.5c描述了CLES和OVL之间的关系。

表18.5展示了与科恩d值对应的CLES和OVL效应量级。

最小感兴趣效应量　最小感兴趣效应量（Smallest Effect Size of Interest，SESOI）是最小有意义效应量，它具有实际或临床意义[66]。没有单一的方法能得出SESOI的定义和估计值，但是它们通常都基于已知的**测量误差**（Measurement Error，ME）（例如可检测的最小效应量）或者大到足以具有实际意义的效应量（例如最小有价值变化）[5, 11, 31, 35, 39, 45, 70, 72]。本章中，采用SESOI的统计模型和估计量被称作**数据级数型**。

为了考察数据级数估计量，我们可以考虑将±2.5厘米作为身高的SESOI，或者作为具有实际意义的差值。换而言之，身高差别在±2.5厘米以内的个体会被认为是几乎一样的（从最小有意义

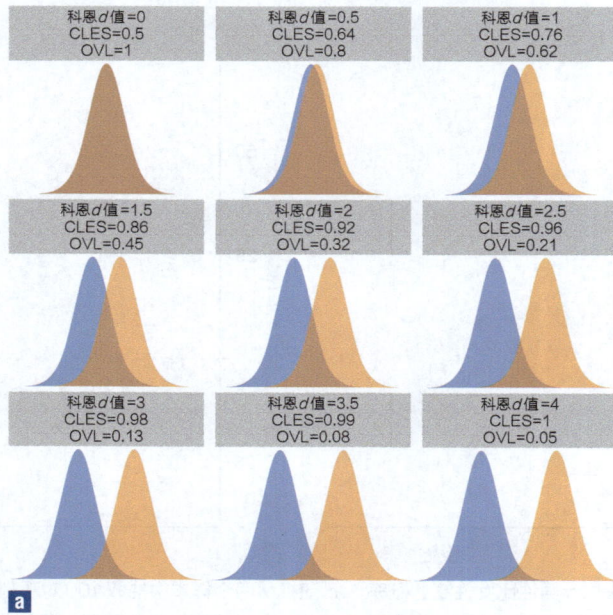

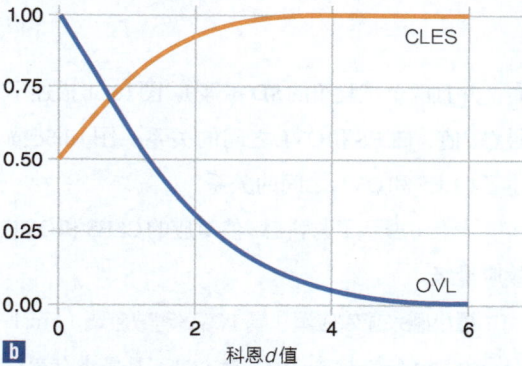

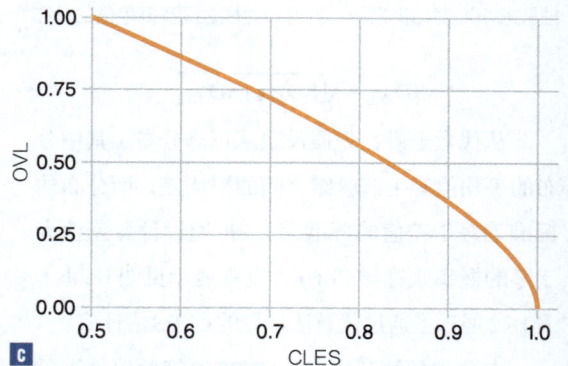

图18.5 科恩 d 值、CLES和OVL之间的关系。a. 不同离散程度的样本和所算得的科恩 d 值、CLES和OVL的直观展示；b. 科恩 d 值、CLES和OVL之间的关系；c. CLES和OVL之间的关系

表18.5 与科恩 d 值对应的CLES和OVL效应量级*

效应量级	微小无价值差异	小差异	中度差异	大差异	非常大差异	极其大差异
科恩 d 值	0~0.2	0.2~0.6	0.6~1.2	1.2~2.0	2.0~4.0	>4.0
CLES	0.50~0.56	0.56~0.66	0.66~0.80	0.80~0.92	0.92~1.00	1.00
OVL	1.00~0.92	0.92~0.76	0.76~0.55	0.55~0.32	0.32~0.05	0.00

*译者注：原书如此。

效应的角度来看），或者说其差别可能难以一眼就被观察到（从最小可检测效应的角度来看）。

最简单的数据级数统计是**均值差除以SESOI区间**（差值与SESOI之比）。该估计量类似于其

他标准化的估计量（例如%CVdiff和科恩 d 值），可以用来比较不同标度的变量，但是从实际意义的观点来看，它还会提供更多有关差别方面的详细信息。另一种数据级数统计是**标准差差值除以**

SESOI区间（SDdiff与SESOI之比）。与%CVdiff类似，该估计量可以展示出差值与SESOI比较时的变化情况。类似地，利用SESOI，CLES估计值也可以变成数据级数型。相比于随机配对计算男性比女性（来自两个样本组）更高的概率，估计SESOI定义的较低、微小以及较高差异（通常被定义为有害的、无关紧要的和有利的）的概率更有意义。

利用穷举法，从两个试验组中抽取所有的配对组合（即50×50＝2500种），并使用±2.5厘米作为SESOI区间，那么较低、微小和较高差异的概率便可以通过计算配对情况在每个数据级数范围内的占比来进行估计（见图18.6）。图18.6中，

高于SESOI的分布（蓝线）表示随机选取的男性高于随机选取的女性的概率，身高差值至少为2.5厘米。低于SESOI的分布（橙线）表明随机选取的女性高于随机选取的男性的概率，身高差值至少为−2.5厘米。灰线则表明随机选取的男性与女性之间的身高差值落在SESOI区间内的概率。

表18.6展示了估计得到的随机选取的男性和女性之间出现较低、轻度和较高身高差别的观测值概率，所采用的方法是穷举法和代数法。这些估计值回答了一个特殊的问题：如果比较随机取自样本中的男性和女性，那么身高差别的量级为较低、轻度或者较高的概率分别是多少？问这种有关随机个体差别的量级型问题代表一种预测性

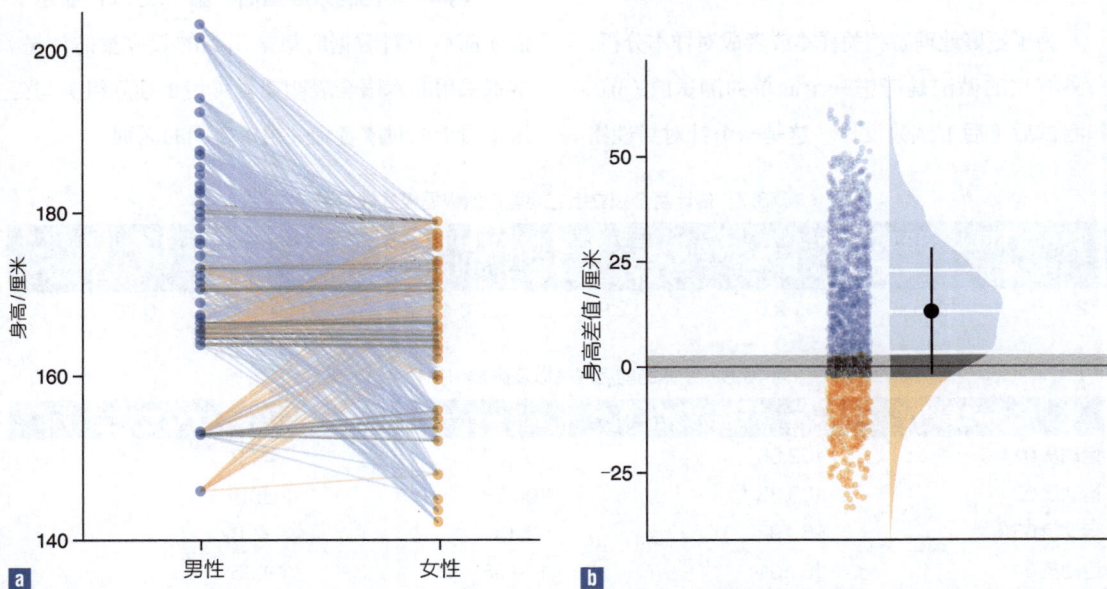

图18.6 男性和女性配对比较，目的是估计出现较低、微小和较高差异量级的概率。a. 随机取自两个样本的所有配对组合（50×50＝2500）的散点图。由于比较的是成对的男性和女性，所以可以将所抽取的2500种结果分别连线。蓝线表示男性身高高于女性的差异大于SESOI区间；灰线表示组合的身高差异在SESOI区间内，而橙线表示男性身高高于女性的差异小于SESOI区间。b. 2500种配对组合中男性与女性的身高差值分布，阴影区域表示SESOI区间

表18.6 估计得到较低、轻度和较高身高观测值差别的概率

方法	较低	轻度	较高
穷举法	0.13	0.09	0.77
代数法	0.15	0.09	0.76

提问和预测任务。本章中，这种问题会采用**数据级数预测**方法加以回答。

　　平均值通常被表示为系统分量或者固定效应（例如平均差），而平均值附近的变化（即差别的）通常被表示为随机分量或者**随机效应**。不幸的是，常见的统计学模型和分析，尤其是在训练科学领域，采取的立场是逼近，并将个体之间的变异看作**随机误差**。本章所建议的方法用数据级数预测补充了试验组型或者平均值型的统计，旨在帮助回答竞技体育实践人员常见的个性化问题。表18.7展示了当比较两个独立组时，可以补充常见效应量统计值（见表18.2）的数据级数估计量。

比较相关组

　　为了更好地理解相关样本或者成对样本分析，一种有用的做法是考虑一个简单的测试前（前）和测试后（后）试验设计。这是一个针对男性组

（$N=10$）的训练干预试验，男性参与者要进行卧推训练。该训练干预试验需要参与者每周完成2次卧推，并持续16周。在训练干预之前（前）和之后（后）对1RM负荷进行评估。这两组样本是相关的，因为它们都来自同一组参与者。表18.8包含了个体的前后成绩以及卧推1RM的变化量（以千克为单位）。可以看出，有些参与者的卧推重量增长了，而有些却没有。

将试验组描述为独立组

　　表18.9展示了干预组卧推1RM的测试前、测试后成绩和变化量。图18.7利用雨云图直观地展示了这些数据。

　　差异和变化的效应量估计量 表18.10展示了描述前后成对数据时最常用到的效应量估计量。本章采用的术语会表明**差异**（用于独立组）与**变化**（用于成对或者相关组）之间的区别。

表18.7 估计两个独立组之间差别的数据级数效应量

SESOI下限/厘米	SESOI上限/厘米	SESOI的差值	SESOI的标准差	较低	轻度	较高
-2.5	2.5	2.6	2.97	0.15	0.09	0.76

表18.8 个体的前后成绩以及卧推1RM的变化量

运动员	前/千克	后/千克	变化量/千克
运动员01	102.86	107.37	4.52
运动员02	103.88	106.58	2.71
运动员03	96.19	92.13	-4.07
运动员04	101.01	109.06	8.05
运动员05	103.02	127.07	24.06
运动员06	88.60	82.72	-5.87
运动员07	107.51	104.67	-2.84
运动员08	99.01	127.63	28.62
运动员09	104.39	127.14	22.75
运动员10	93.75	129.98	36.23

表18.9　作为独立样本时测试前、测试后成绩和变化量的描述性分析

测试阶段	N	平均值/千克	SD/千克	%CV	中位数/千克	MAD/千克	IQR/千克	众数/千克	最小值/千克	最大值/千克	极差/千克	偏度	峰度
测试前	10	100.02	5.71	5.71	101.93	3.99	6.76	102.85	88.60	107.51	18.91	−0.64	−0.87
测试后	10	111.44	16.28	14.61	108.22	25.91	21.98	127.90	82.72	129.98	47.26	−0.30	−1.39
变化量		11.41	15.19	133.12	6.28	16.68	25.19	−0.11	−5.87	36.23	42.10	0.32	−1.68

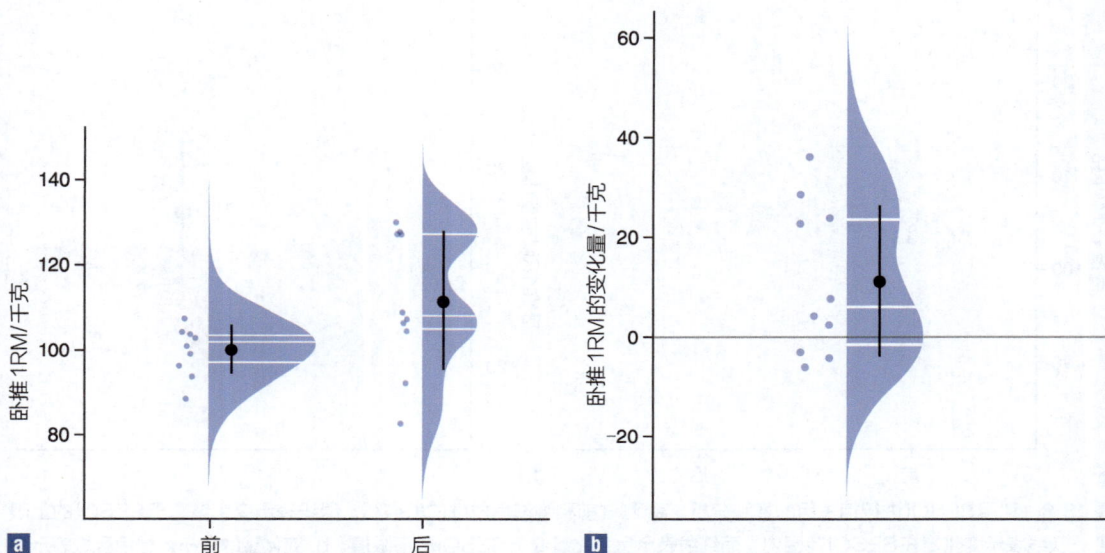

图18.7　测试前、测试后成绩和变化量的雨云图。a. 测试前和测试后成绩的分布，b. 变化量的分布

平均变化（或者简单来讲，变化）通过变化量来计算。变化的标准差（$SD_{变化}$）是变化值的标准差。它表示一种变化量分布的量度。变化的百分比变异系数（$\%CV_{变化}$）是变化的标准差除以平均变化，再乘以100%。**百分比变化**或**平均百分比变化**通过对变化量与测试前成绩之比取平均值再乘以100%来进行计算。**平均比值**表示前后成绩之比的平均值。科恩d值表示标准化的变化效应量。在成对试验设计中，科恩d值通过平均变化量除以测试前成绩的标准差来进行计算。对于成对样本来说，CLES表示观测到正向变化的概率，而

OVL用于独立组，表示前后成绩的重叠程度。

数据级数型的效应量估计涉及SESOI的使用，如表18.11所示。与独立组的数据级数效应量估计类似，成对样本的数据级数效应量估计涉及该变量与SESOI之比、该变量SD与SESOI之比以及较低、轻度和较高变化量的占比。图18.8描述了较低、轻度和较高变化量的占比是如何估计的。与两个独立组一样，这些占比可以利用穷举法（即简单地数出落在较低、轻度以及较高区域内的变化量）或者代数法进行估计，其中代数法使用的是变化量标准差，并假设变化量服从正态分布。

表18.10　估计两个相关组变化量的效应量统计值

变化量/千克	变化的SD/千克	变化的%CV	百分比变化	比值	科恩d值	CLES	OVL
11.41	15.19	133.12	11.42	1.11	2.0	0.77	0.64

表18.11 估计两个相关组之间变化量的数据级数效应量统计值

SESOI/千克	变化量与SESOI之比	变化的SD与SESOI之比	较低	轻度	较高
±5	1.14	1.52	0.14	0.20	0.66

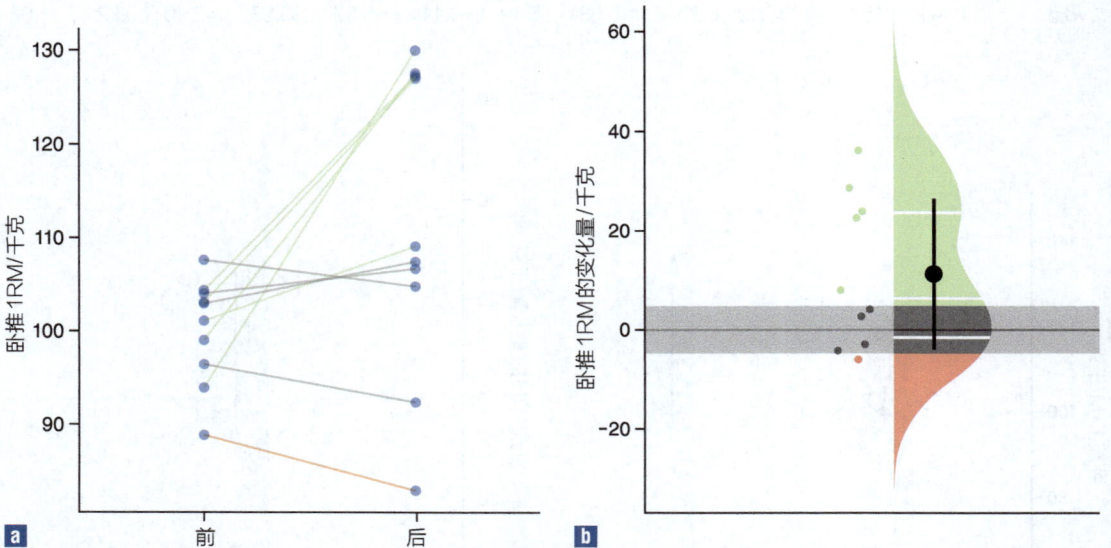

图18.8 利用SESOI进行相关组的直观分析。a. 测试前和测试后成绩的散点图。绿线表示变化量高于SESOI的上限值，灰线表示变化量在SESOI范围内，而红线表示负变化量低于SESOI的下限值。b. 变化量的分布。绿色区域表示变化量高于SESOI上限值的比例，红色区域表示负变化量低于SESOI下限值的比例，灰色区域表示轻度的变化，其变化量在SESOI范围内

利用表18.8~表18.11所示的数据，我们可能倾向于断言，训练干预引起了卧推1RM的变化，但是我们应当谨慎地得出该结论。重要的是要记住，效应量估计只能用于描述，没有任何因果性的含义。为了做出因果性的断言，我们需要考虑更进一步的标准（参见"因果推断"部分）。

两个变量之间的关联

到目前为止，我们已经讨论了单个变量的描述性统计。然而，科学训练师感兴趣的通常是两个变量之间的关系或者关联。这两个变量中的一个是因变量（结果或目标变量），另一个是自变量（预测变量）。例如，假设利用两项测试对女性足球运动员（$N=30$）进行测试：Yo-YoIR1和最大有氧速度（Maximum Aerobic Speed，MAS）测试。图18.9利用散点图描述了两项测试之间的关联。

皮尔逊积矩相关系数（以下简称"皮尔逊系数r"）是两个变量之间线性相关程度的量度。皮尔逊系数r是一种标准化的量度，取值介于-1和1之间，其中0表示无关，而-1和1表示完全相关。皮尔逊系数r为负值表示负相关（即随着一个变量的增加，另一个变量减少），而皮尔逊系数r为正值表示正相关（即随着一个变量的增加，另一个变量也增加）。R平方（R^2）表示得以解释的方差，或者模型对目标变量方差的解释程度。在本例中，模型是线性回归。R^2是标准化的相关性量度，其取值范围为0（不相关，或者无得以解释的方差）到1（完全相关或者所有的方差都

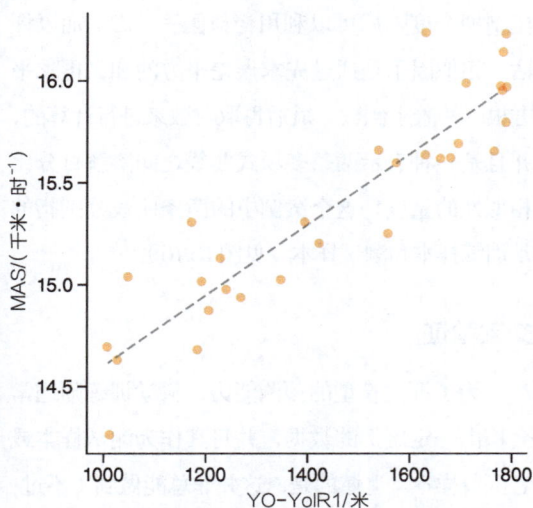

图18.9 两个变量之间的散点图。虚线表示线性回归线

得以解释）。R^2，顾名思义，表示皮尔逊系数r的平方。**最大信息系数**（Maximal Information Coefficient，MIC）是两个变量之间线性和非线性相关程度的一种新型量度，属于统计学中**最大的信息型非参数探索**（Maximal Information-based Nonparametric Exploration，MINE）类别[1, 62]。MIC是一种标准化的相关性量度，其取值范围为0（不相关）到1（完全相关）。与皮尔逊系数r相反，MIC可以找出两个变量之间的非线性相关性。皮尔逊系数r和R^2背后的统计模型或者机理是线性回归。与样本均值类似，线性回归可以看作一种最优化算法，即尽量找出一条以最小误差穿过数据的直线。尽管两个变量之间相关的量度，例如皮尔逊系数r和R^2，是对称的（意味着无论哪个变量是预测值或者目标值都没有关系），但是我们无法逆向求解线性回归方程，实现根据MAS得到Yo-YoIR1的目的。

预测

　　预测建模被定义为"为了获得全新的或者未来的观测结果，对数据采用统计模型或者数据挖掘算法的过程"[69]。通常，预测模型被当作黑箱，意味着关注点不在于背后的机理以及预测变量之间的关系，而在于模型的预测能力[9, 69, 75]。

　　线性回归（正如之前所讨论的）可以用来回答预测问题（例如"如果我知道某人的Yo-YoIR1成绩，那么这个人的MAS成绩会是多少？"），而不能用来回答涉及相关性的问题（例如"Yo-YoIR1与MAS的相关性如何？"）。本部分将介绍回答这类问题所需的预测分析的概念要点。首先，我们必须考虑一些与预测相关的重要限制条件。

过度拟合

　　设想颈后深蹲（Back Squat，BS）相对1RM与自重蹲跳垂直纵跳高度之间的真实关系是已知的。这种真实的关系称为**数据生成过程**（Data Generating Process，DGP）[12]，而因果推断任务的目标之一是从获取的样本中找出DGP的参数和机理。对于预测任务，该目标并没有直接的好处，但是对于全新或未知的观测结果来说是一种可靠的预测。DGP通常是未知的，但是通过模拟，例如在这个例子中，DGP是可以知道的，并且可以用来生成样本数据。因此，模拟是一种非常不错的教学工具，因为我们可以利用这个问题，并理解统计模型的工作方式——因为真实的DGP是已知的，并且可以与估计值进行对比[12, 33, 65]。假设DGP包含**系统分量**$f(X)$和**随机分量**ε。

　　假设系统分量在总体中是固定的（对于不同样本来说都是不变的），并且可以捕捉到总体中变量之间的真实关系$f(X)$（这可以称为**信号**），而随机分量表示随机噪声或随机误差，它会随着样本的变化而变化。我们假定随机误差服从正态分布，其平均值为0，并且具有表示估计参数的标准差［RMSE或相对平方误差（Relative Squared Error，RSE）］。因此，RMSE或RSE便是ε的估计值。

因果推断或解释建模的目标是估计$f(X)$[估计值用帽形符号标明：$\hat{f}(X)$]，或者是理解背后的DGP。对于预测分析，目标是找出最佳的估计值Y或者$\hat{y}$。背后的DGP被当作暗箱。

为了说明过度拟合的概念，我们利用DGP生成了BS相对1RM在0.8~2.5范围的两个样本（$N=35$个观测值），这些样本是训练样本和测试样本（见图18.10）。训练样本用来训练预测模型，而测试样本将作为保留样本，用以评估模型预测未知数据的能力。

用来根据BS预测蹲跳高度的模型是多项式线性回归。注意，一次多项式函数表示简单的线性回归。增加多项式的次数会提高多项式回归模型的自由度，因此多项式次数可以作为一个调整参数，该参数可以根据模型能力来选取。实际上，如果模型的自由度提高，模型内的误差会逐步减小。然而，次数可以无限地增加，因此，采用一个利用DGP系统分量的固定建模方法要更加合适。换言之，关注点将是找到最小化模型误差（或者最大化模型拟合度）的多项式次数。从统计学上讲，

模型拟合度随后可以利用相似因子（$f2$）加以评估。相似因子是通过先求误差平方的和，再求平方根，接着求倒数，最后再取对数来进行计算的，并且是一种表示两条多项式曲线之间溶解百分比相似性的量度。这个案例中的两条曲线分别指的是训练样本和测试样本（见图18.10）。

交叉验证

为了评估模型的预测能力，科学训练师通常会移出一定比例的数据，并将其作为测试样本或者保留样本。遗憾的是，这并非总能做到（不过，我们特别推荐用它来评估最终模型的能力，尤其是在有多种模型和需要进行大量模型调整的时候）。该问题的一种解决方法是交叉验证[38, 43, 75]。交叉验证有无数种变式，但是最简单的一种是n-fold交叉验证（见图18.11）。n-fold交叉验证涉及将数据分割成5~10个相同的"等份"，并采用1个等份作为测试样本或者保留样本，而使用其他等份开展模型训练。该过程反复迭代N次（这种情况下是5~10次），并且对模型性能进行平

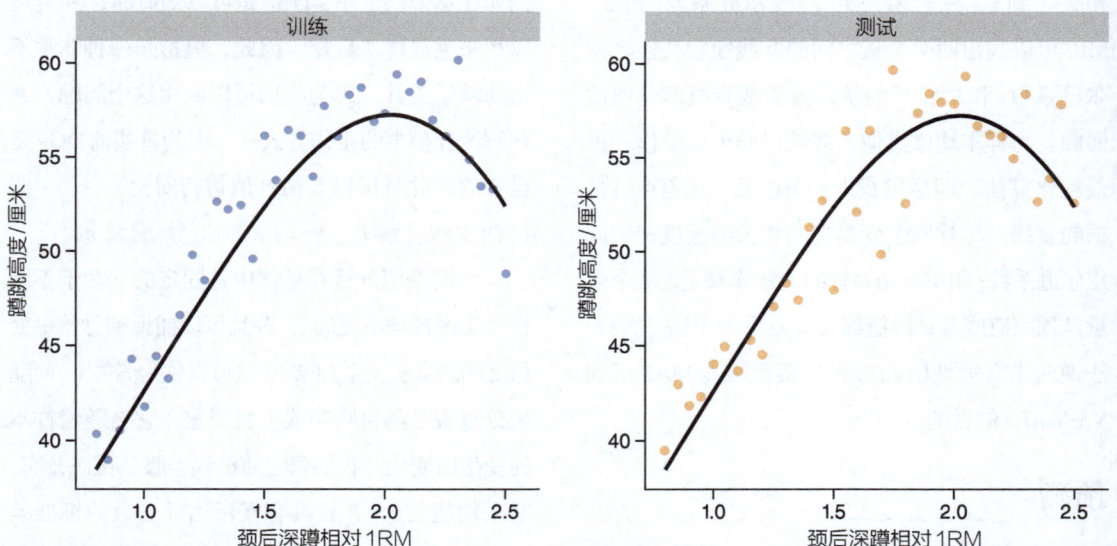

图18.10 基于已知DGP模拟出的两个样本。黑线表示DGP的系统分量，并且对于训练样本和测试样本来说是相等的。导致两个样本观测值产生变化的原因是DGP中的随机分量

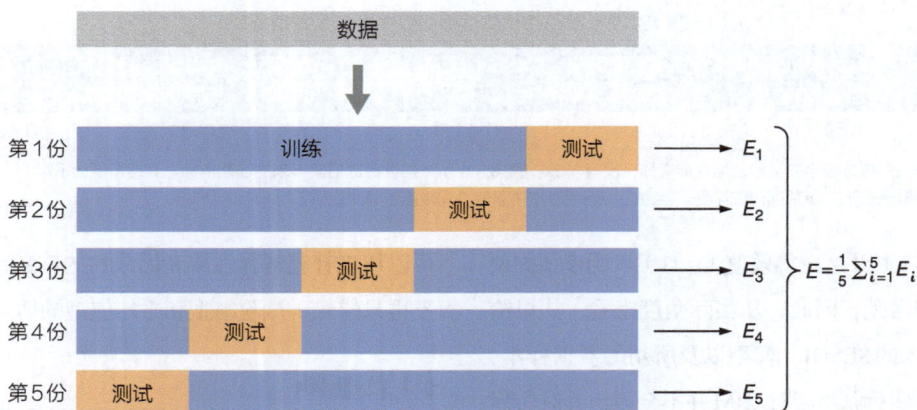

图18.11 交叉验证

均，以建立经过交叉验证的模型性能。

对于预测分析和机器学习，要评估不同模型的调整参数（以及多种不同的模型）才能估计出可以提供最佳预测能力的值。因此，科学训练师要利用诸如交叉验证等技巧来避免过度拟合或者过于乐观的模型选择。

可解释性

正如之前所解释的，预测模型优先考虑的是预测能力，而不是背后DGP机理（被当作黑箱）的解释。然而，有时候可能值得去了解哪个预测值最为重要，当特定预测因子改变时预测结果是如何变化的，或者为什么模型会对我们感兴趣的情况做出特定的预测[43, 53, 63]。模型的可解释性可以定义为"人们对某项决定的理由的理解程度"[50, 53]。有些模型本身的可解释性就较强（例如线性回归），而有些确实非常复杂，并且难以解释（例如神经网络）。然而，有些与模型无关的技巧有助于增强模型的可解释性，但是它们超出了本章的范畴。

数据级数预测估计量

与之前讨论的用来呈现两个变量之间相关性的数据级数估计量一样，人们可以利用目标变量SESOI来得到预测能力的数据级数估计值。人们与其使用RMSE作为训练数据模型拟合度的估计值，不如改采用交叉验证的RMSE（Cross-validated RMSE，cvRMSE）和SESOI。

继续讨论蹲跳和颈后深蹲相对1RM的例子，可以假设蹲跳的SESOI是±1厘米。为了说明该例子，我们可以利用特征工程[43-44]处理颈后深蹲相对1RM变量，以包含20次多项式。这样就形成了20个预测因子变量。为了避免过度拟合，我们使用了弹性网络模型[18]，以及涉及3次划分、10次重复的重复交叉验证。预测模型的性能利用交叉验证RMSE以及数据级数性能估计量加以评估。

弹性网络方法表示一种将拉索（Least Absolute Shrinkage and Selection Operator，LASSO）和岭（Ridge）方法的L1和L2损失项，或者α和λ调整参数线性组合在一起的回归方法[18, 38, 43]。利用重复交叉验证对共9种调整参数的组合进行评估，并选择cvRMSE最小的模型作为最佳模型。最佳模型的性能指标会进一步得到展示。表18.12展示了经过交叉验证的最佳模型性能指标以及模型在经过交叉验证的数据集方面的性能。

先验SESOI的采用为评估预测模型的能力提供了一种实用的基础。报道的SESOI与cvRMSE

表18.12　常见的预测指标和数据级数预测指标*

SESOI/厘米	cvRMSE/厘米	SESOI与cvRMSE之比	cv等效值	RMSE/厘米	SESOI与RMSE之比	等效值
±1	1.79	1.11	0.41	1.53	1.3	0.48

*以"cv"开头的指标表示交叉验证型性能指标；没有"cv"的指标表示依据训练数据集得来的性能指标，其通常更为乐观。
等效值表示残差在SESOI范围内的比例，换言之，观测值与预测值之间轻度差异的比例。

之比（1.11）以及cv等效值（0.41）表明模型的预测能力非常差。因此，从实际角度来看，如果给定±1厘米的SESOI、模型以及所用的数据样本，那么采用颈后深蹲相对1RM并不会得出具有实际意义的预测结果。

模型能力还可以采用训练数据集直观地加以展示（见图18.12）。图18.12a和图18.12b中，灰色范围代表SESOI，我们可以直观地观察到，模型残差要远远宽于SESOI，从而表明了较差的预测能力。

预测任务专注于在不考虑背后DGP的前提下，提供有关新型或未知数据的最佳预测。预测模型的性能可以利用数据级数的方法加以评估，以洞察预测的实际意义。这些数据级数的预测估计量可以用来补充解释性或者因果性的推断任务，而不再只依赖于试验组型和平均值型的估计值。

因果推断

主要的两类推断问题都集中在"如果……"和"为什么……"方面，正向因果推断是"如果……"的情形（"如果施加或不施加处理手段X，单元或者试验组将出现什么情况？"），而反向因果推断是"为什么……"的情形（"什么导致了Y？为什么会这样？"）[19]。正向因果关系是一种定义更加明确的问题，其目标是量化某项处理手段或干预的因果效应。正向因果关系通常利用随机法直接加以研究[19]，并从干预因果关系和反事实的角度加以解答。反向因果关系更加复杂，

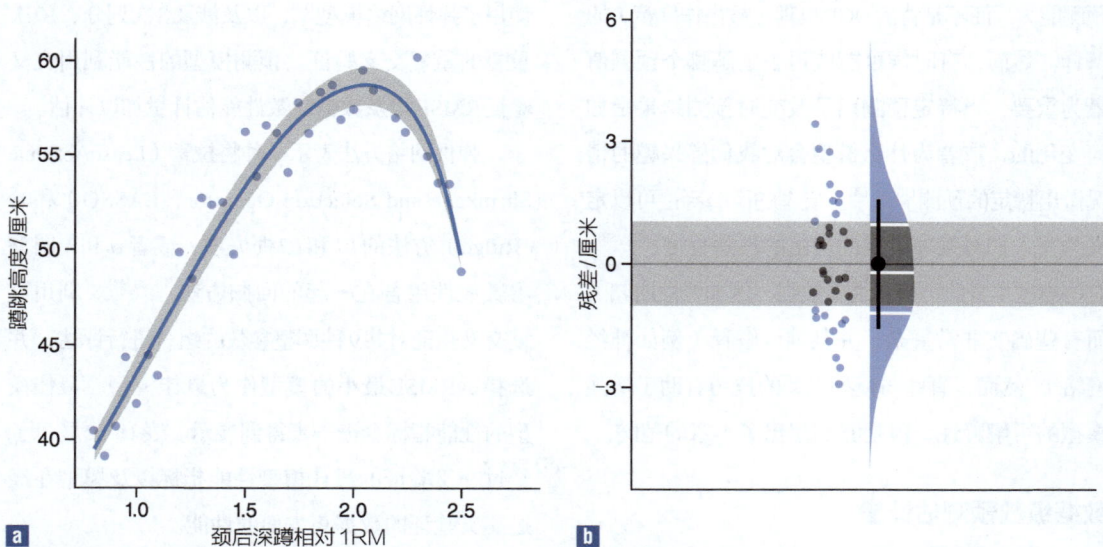

图18.12　基于训练数据集的模型性能。a. 所选的是cvRSME最小的模型。SESOI被描绘成了模型预测值（蓝线）周围的灰色范围。b. 残差的散点图。SESOI（灰色范围）之外的残差表示误差相当显著的预测值。等效值表示残差在SESOI范围内的比例

并且与之更为相关的是采用**系统变量**法解释因果链。本章的主要关注点是正向因果关系。挑战在于找出表现X与Y因果推断的参数θ，并找出一种估计θ的方法。数据可以来自随机对照试验或者观察性研究。本章会从**反事实理论**或者**潜在结果**的角度探讨因果推断[4, 19, 25, 40, 61]，这两种角度按照"假如原因没有出现，事情会如何不同"的思路来定义原因，另外还会从干预因果关系的角度进行探讨，这种角度必须明确定义干预[21, 23, 27]。

相关性并不是因果关系

打篮球（X）会让你长高（Y）吗？这是一个因果问题的例子，是在这两种现象之间建立相关性的一种尝试。但是相关性（原因和效果问题）会导致错误的假设。因果模型是一个非常常见的例子[58-61]。图18.13展示了变量A（例如胆固醇）与变量B（例如锻炼）之间的相关关系（它们看起来具有因果关系，但其实并没有）。如果我们只看变量A与变量B之间的相关关系，那么两者之间似乎存在因果关系。但是这种相关性实际出现的原因是两个变量共享同一个原因或干扰因子，在本例中可能是年龄。虚线绘制的椭圆表示

年龄递增的试验组。

采用"描述"部分介绍的描述性估计量，我们可以快速地计算出试验组的平均值和SD以及它们之间的差别，如表18.13所示。然而，这是否意味着篮球组与对照组之间的差别表示平均因果效益？不，很遗憾并不是。

潜在结果或反事实

为了解释为什么会出现这种情况，我们需要想象一种反事实情况。我们需要的是两种潜在结果：身高$_0$（代表不打篮球的人的身高）和身高$_1$（代表打篮球的人的身高）（见表18.14）。可以看到，篮球组的身高$_1$是已知的，但是身高$_0$是未知的，对照组则正好相反。

遗憾的是，这些潜在结果以及个体的因果效应都是未知的。在反事实世界（即替代世界）中，个体结果可能会发生什么是未知的。一个好的对照组可以作为代替物，用以揭示在他们未接受干预的反事实世界中，干预组"平均"会出现的情况。由于篮球数据是模拟的，所以确切的DGP是已知的（打篮球对身高的真实系统或固定因果效应实际是零），这再次说明仿真模拟是研究潜在

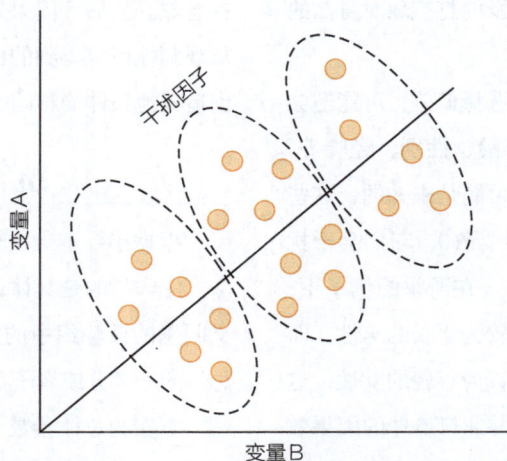

图18.13 为什么关联逻辑是无效的。变量A（胆固醇）和变量B（锻炼）之间相关关系的示例

表18.13　试验组的描述性分析

	平均值/厘米	SD/厘米
篮球	198.50	5.20
对照	187.24	7.20
差别	11.26	8.88

表18.14　未知潜在结果的反事实情况

运动员	处理	身高$_0$/厘米	身高$_1$/厘米	身高/厘米	因果效应/厘米
运动员07	篮球	?	205	205	?
运动员01	篮球	?	203	203	?
运动员05	篮球	?	199	199	?
运动员03	篮球	?	194	194	?
运动员09	篮球	?	193	193	?
运动员08	对照	198	?	198	?
运动员06	对照	189	?	189	?
运动员02	对照	187	?	187	?
运动员10	对照	185	?	185	?
运动员04	对照	178	?	178	?

因果机制的一个出色的学习工具。这个案例中的个体因果效应是两种潜在结果（身高$_1$和身高$_0$）之间的差异。

观察到的平均试验组差别（11.26厘米）是由平均因果效应（−0.27厘米）和选择偏差（11.52厘米）导致的。换言之，观察到的平均试验组差别只能通过选择偏差来加以解释。这确实是正确的，因为生成样本的DGP涉及的打篮球对身高的系统因果效应为零。

除了所举例子中涉及的选择偏差，可能还会涉及其他**干扰因子**，例如年龄、性别、经验等，其中有些可以度量，而有些可能是未知的，这些也被称为**第三变量**（或遗漏变量），它们会干扰处理与结果之间的因果关系。在所举的例子中，篮球组的所有对象可能都是较为年长的男性，而对照组的所有对象可能都是较为年轻的女性，这就能解释试验组的差异，而并非打篮球的因果效应。根据埃尔南（Hernán）[22]和埃尔南及罗宾斯

（Robins）[26]的研究，因果推断涉及3种类型的偏差：干扰偏差、选择偏差和度量偏差。**干扰偏差**是当处理和结果具有共同的原因时出现的偏差。它出现是因为处理并不是随机指定的[22, 26]。例如，相比于身高较矮的同龄人，身高较高的运动员可能会因成就感或喜悦感而选择打篮球。另外，可能有许多隐藏的干扰因子激励高个子运动员选择打篮球。当估计因果效应时，我们可以考虑利用从观测性研究得到的已知和可度量的干扰因子来创造其他条件均相同的情况[4, 22, 26, 47, 64, 70]。

统计推断

根据小样本概括较大的总体的过程被称作**推断**。**总体**指的是具体试验组中的所有成员（即定义明确的试验组中的所有人），而**样本**指的是该总体的一部分或者子集。

真实的总体参数与样本估计值之间的差别是由**样本误差**导致的。当进行模拟时，真实的总体

参数是已知的，但是在现实生活中，真实的总体参数具有不确定性，并且这种不确定性需要通过某种方式加以量化。这便是**统计推断**的目标：既要根据给定的样本概括总体，还要考虑估计值的不确定性。

统计推断和概率

统计推断的理论以利用**概率**来描述不确定性为基础。由于存在两种不确定性，所以有两种概率。偶然不确定性采用**长期频率**加以描述。例如，当掷一个有6面的骰子时，你可以连续4次掷出6，但是从长期来看（此处指无限次），每次掷出6的概率等于1/6（当然，骰子是均质的）。从这个角度考察的概率就是长期频率，或者可以理解为感兴趣的事件出现的次数除以所有事件出现的总次数。这是一个介于0和1之间的值，0意味着感兴趣的事件绝对不会出现，而1意味着它总是会出现。

统计推断有两大学派，**频率派**（即依靠长期频率解释概率）和**贝叶斯派**（依靠置信度解释概率）[16-17, 20]。

频率派的观点

模拟是一种非常不错的教学工具[12, 33]，并且对于理解频率派的统计推断来说非常有用。在频率派的统计推断中，概率围绕样本分布加以计算，并且以样本分布为中心。

图18.14展示了一个假设的总体，其中真实的平均身高是177.8厘米，并且标准差是10.16厘米［在左图a中，我们随机抽取了5（N=5）个运动员；而在右图b中，我们随机抽取了20（N=20）个运动员］。个体用蓝色的点表示（见图18.14c、图18.14d），并且估计的平均身高用橙色的点表示。然后，重复这种抽样方式50次，并计算每次抽取的样本的平均值，然后绘制出样本均值的分布情况

（见图18.14e、图18.14f）。该分布被称作**样本均值的抽样分布**，并且该分布的标准差被称作**标准误差**或者**抽样误差**。由于感兴趣的估计值是平均值，所以样本均值抽样分布的标准差被称作**平均值标准误差**（Standard Error of the Mean，SEM）。图18.14e、图18.14f中，样本均值的平均值用黑点指定，而误差线表示SEM。在图18.14f中，样本数量越大，标准差就越小，直观来看则是更窄的抽样分布。

抽样

尽管均值的抽样分布看起来是正态分布，但是它实际上属于学生t-分布，对于较少的样本来说，它具有更宽的尾部（见图18.15）。除了平均值和标准差以外，学生t-分布还具有**自由度**（Degree of Freedom，DF），对于样本均值来说，它等于$N-1$。当自由度无穷大时，正态分布便等同于学生t-分布。

由于学生t-分布的尾部较宽，涵盖90%、95%和99%分布质量的临界值与正态分布的临界值不同。表18.15展示了不同自由度的临界值。例如，对于正态分布来说，90%的抽样分布将会落在$x \pm 1.64 \times \text{SEM}$的区间内，但是对于DF=5的学生$t$-分布来说，90%的抽样分布将会落在$x \pm 2.02 \times \text{SEM}$的区间内。

置信区间和估计

估计参数的不确定性可以用**置信区间**（Confidence Interval，CI）表示。这意味着，当抽样重复无限次时，95%的CI将会在95%的时间内捕捉到真实的参数。假设在一个样本（N=20）中，平均身高是177.8厘米（SD是10.16厘米），那么算得的95%的CI将会在95%的时间内捕捉到真实的总体参数。置信区间可以采用不同的置信等级（例如

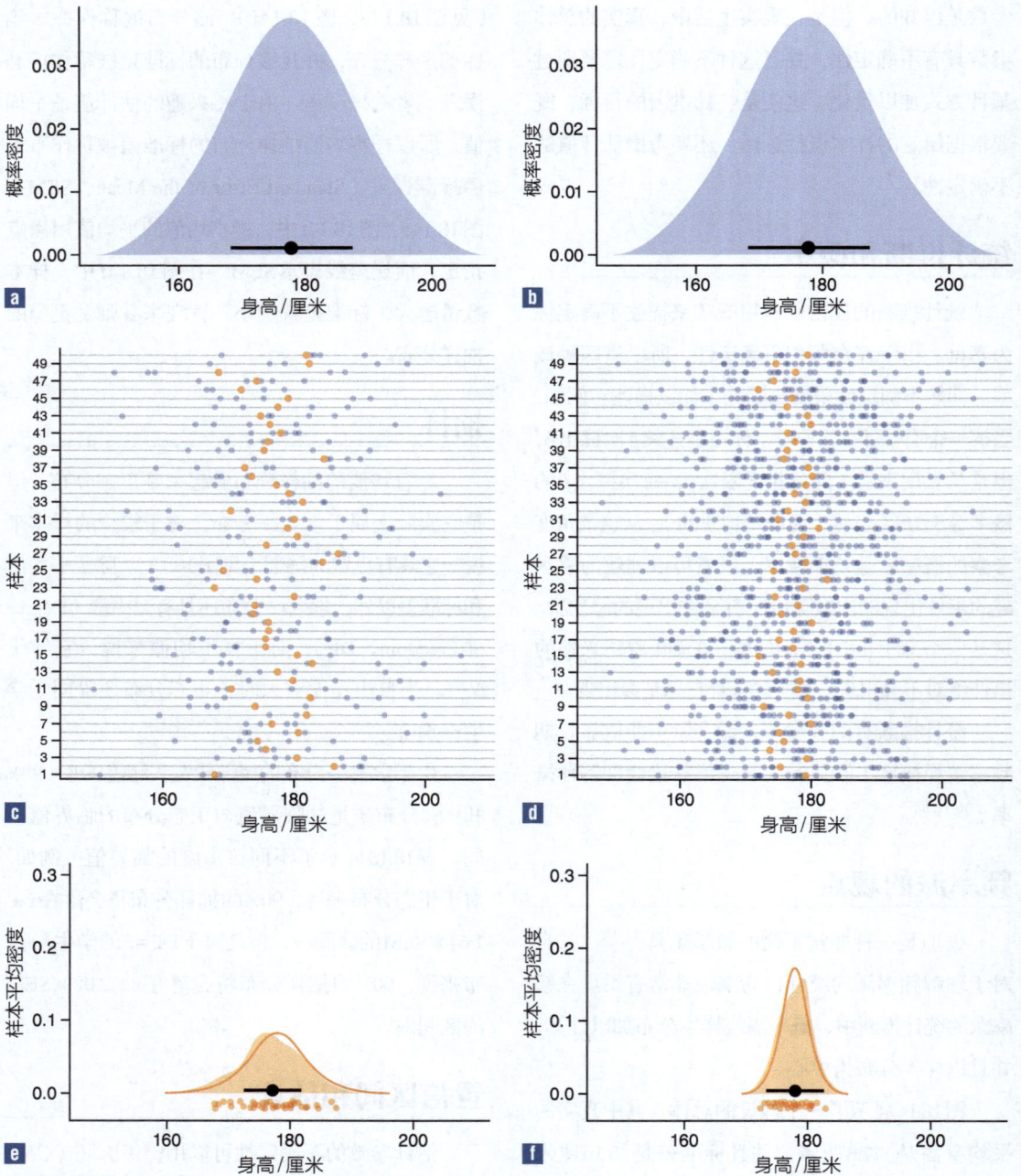

图18.14　均值抽样分布。a、b. 总体身高的分布，总体样本依据此分布抽取。抽取了50个样本，观测次数分别为 $N=5$（c）和 $N=20$（d）。每个观测值由蓝色的点表示，算得的平均值作为感兴趣的参数由橙色的点表示。e、f. 取自c和d的样本均值的分布，样本均值的分布更窄，表明当采用较大的 N 值时精度更高。黑色的点代表样本均值的平均值，并且误差线表示样本均值的SD。橙色的线表示当样本无限大时，样本均值的假设分布

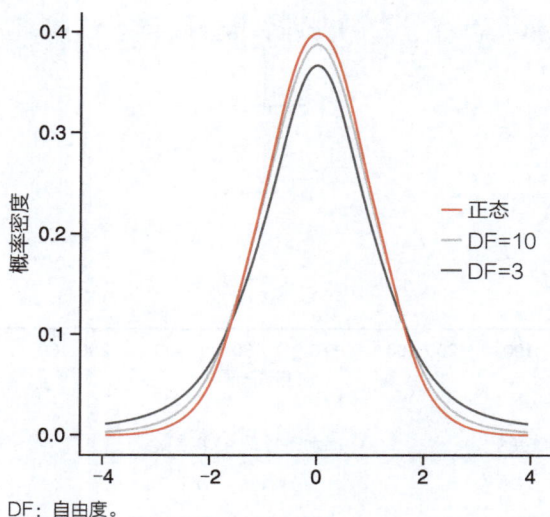

DF: 自由度。

图18.15 学生t-分布的示例

表18.15 自由度不同的学生t-分布的临界值

	50.0%	90.0%	95.0%	99.0%	99.9%
DF=5	0.73	2.02	2.57	4.03	6.87
DF=10	0.70	1.81	2.23	3.17	4.59
DF=20	0.69	1.72	2.09	2.85	3.85
DF=30	0.68	1.70	2.04	2.75	3.65
DF=50	0.68	1.68	2.01	2.68	3.50
（正态）	0.97	1.64	1.96	2.58	3.29

90%、95%、99%[17]）。它们是直观展示估计参数不确定性的绝佳方案（参见表18.16）。

零假设显著性检验

统计推断有两种方法：假设检验和估计[14, 42]。虽然饱受诟病[14, 42]，但是零假设显著性检验（Null-hypothesis Significance Testing，NHST）仍然是最常用的统计推断方法之一。为了对总体做出推断，我们可以利用总体的一个样本。当采用NHST时，样本参数将会根据零假设（H_0）进行检验，零假设通常取"无效应"的值。例如，设想你知道一个国家总体的真实平均身高，但是在某个特定的地区，样本的平均身高与总体均值不同；NHST会在考虑零假设（即国家总体的平均身高）的前提下

检验你观测到样本均值的可能性。

图18.17（见第277页）展示了总体平均身高作为零假设，以及观测到样本均值为180厘米（$N=5$）、182.5厘米（$N=10$）和185厘米（$N=20$）的估计概率。单边检验方法用于估计观测到这些样本平均身高的概率。当效应的方向确定的时候可以采用单边检验法。我们对双边检验法也进行了描述，该方法计算的是方向未知效应的概率。在本例中，样本平均身高差异区间可以是±2.2厘米、±4.7厘米、±7.2厘米或者更大。

算得的观测到某个样本均值（或者更大值）的概率被称作p值。人们会很容易将p值解释为零假设的概率［$p(H\{O\}|$数据）］，但这是不正确的。假设零假设是正确的（给定零假设），那么

a

| 样本均值=180厘米 | 样本均值=182.5厘米 | 样本均值=185厘米 |

N=5　N=10　N=20

160　170　180　190　200　160　170　180　190　200　160　170　180　190　200

身高/厘米

b

| 样本均值=180厘米 | 样本均值=182.5厘米 | 样本均值=185厘米 |

N=5　N=10　N=20

160　170　180　190　200　160　170　180　190　200　160　170　180　190　200

身高/厘米

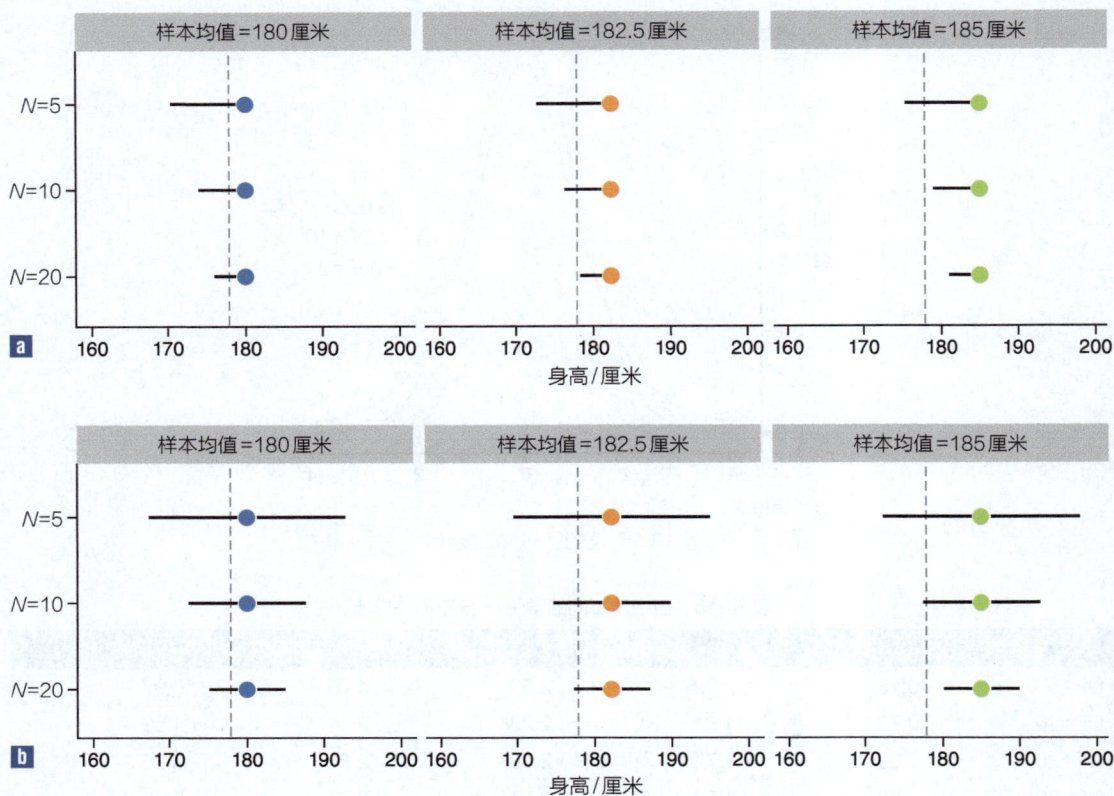

图18.16　一个样本（N=20）的直观示例，样本的平均身高为177.8厘米（SD是10.16厘米），并且置信区间是按照95%的置信等级计算的

p值可以正确地解释为获取数据的概率。图18.17展示了对于相同的平均差，不同的样本数量将如何产生不同的p值。出现这种情况的原因是随着样本数量的增加，平均值的抽样分布将变窄（即SEM更小），并且随着样本数量的增加，p值会变小。因此，重要的是要意识到，p值并不会揭示任何与效应量级相关的信息。在分析样本均值时，我们可以利用计算所得的t值和恰当的学生t-分布进行t检验。一旦估计得到了p值，我们便可以拒绝或者接受零假设。

完全出于方便的缘故，α被设定为0.1（10%的误差）、0.05（5%的误差）或者0.01（1%的误差）。如果p值小于α，我们就可以拒绝零假设，并且可以说效应没有统计意义。要记住的是，这

并没有表明效应的量级，只表明了样本数据来自一个与零假设的总体不同的总体。例如，在一个有20名参与者，并且平均身高为185厘米的样本中，利用已知的总体平均值（177.8厘米）和SD（10.16厘米），t检验得到t=3.17。能否利用双边检验和α=0.05来拒绝零假设？我们必须确保DF=20（这不太准确，但是能够满足要求），并且95%的样本分布（α=0.05）落在±2.08的范围内。由于t是3.17，大于2.08，因此零假设可以被拒绝（见图18.16b）。

• **I类错误**，也称作α，指的是当零假设正确时，犯了拒绝零假设的错误。

• **II类错误**，也称作β，指的是当备择假设正确时，犯了拒绝备择假设的错误。

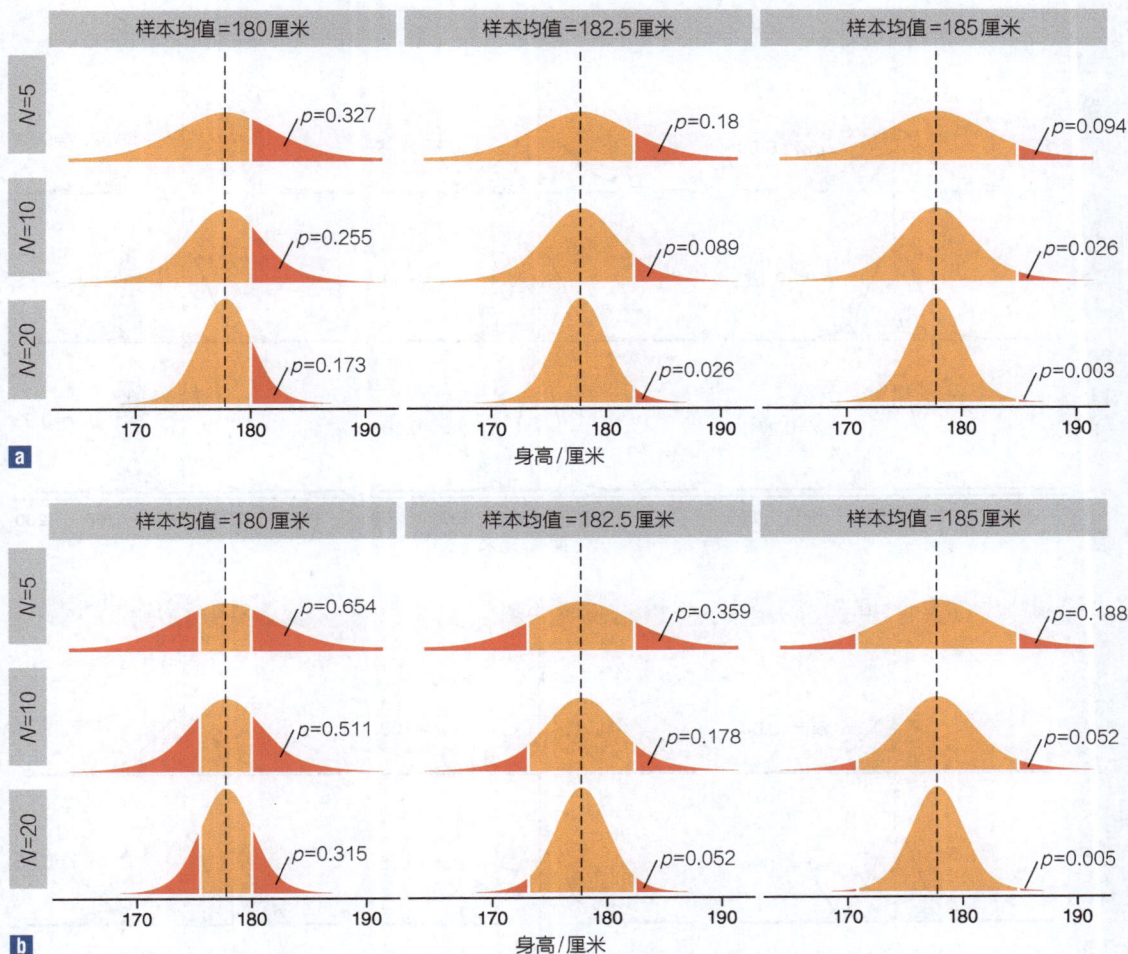

图18.17 零假设显著性检验。假定零假设是正确的，观测到给定量级或者更大量级的样本参数的概率通过计算超过样本参数值的抽样分布的比例来计算。样本数量越大，抽样分布的宽度越窄。a. 当效应的方向确定时，采用单边法。b. 当预期的效应方向未知时，采用双边法

Ⅰ类和Ⅱ类错误是负相关的，即犯Ⅰ类错误的意愿越强烈，犯Ⅱ类错误的可能性就越小，如表18.16所示。重要的是要记住，对于NHST，任何假设要么被拒绝，要么被接受。

统计功效

假设备择假设是正确的，那么拒绝零假设的概率便等于$1-\beta$。这表示**统计功效**，并且取决于人们旨在检测到（或者不拒绝）的效应量级。图18.18（见第278页）给出了计算单边和双边统计功效的例子，并针对$N=5$、$N=10$和$N=20$ 3种情况，分别为±2.5、±5和±7.5（对于单边检验则为$+2.5$、$+5$和$+7.5$）的样本平均身高差异（$\alpha=0.05$）给出了零假设。

效应量级越大，检测到身高均值差异的概率越大（拒绝零假设）。当估计所需的样本数量以检测感兴趣的效应量级时，通常会用到统计功效——例如，某人想知道检测到2.5厘米身高均值差异（统计功效是80%，$\alpha=0.05$）以及样本SD是10厘米时所需的样本数量。

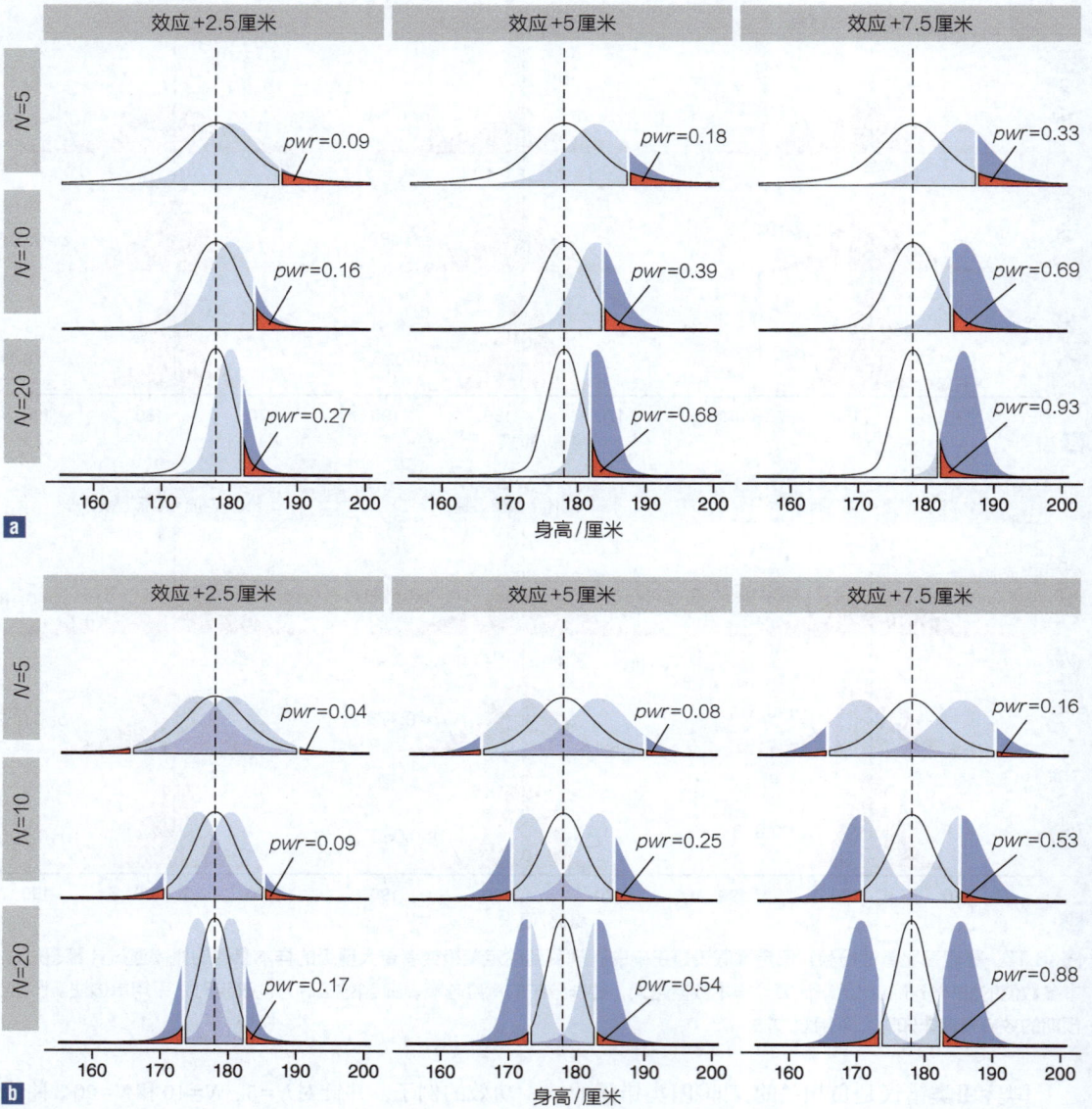

图18.18　统计功效是检测到特定量级或者更大量级效应的概率。统计功效用深蓝色加以展示，并且表示在假定备择假设正确的前提下拒绝零假设的概率。a. 单边法。b. 双边法

表18.16　Ⅰ类和Ⅱ类错误

	H_0 正确	H_a 正确
拒绝 H_0	Ⅰ类错误	
拒绝 H_a		Ⅱ类错误

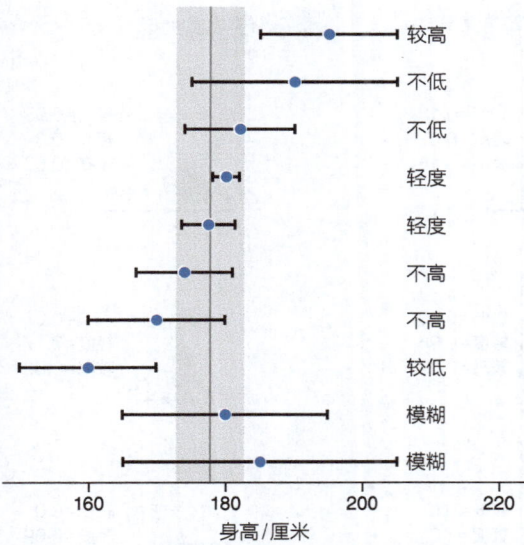

图18.19 有关效应量级的推断。以展示6种数据级数结论

最小效应检验

科学训练师可以不采用没有效应的零假设，而是通过采用SESOI阈值开展单边NHST，以推断出实际意义。这被称作**最小效应检验**（Minimum Effect Test，MET），并且可以区分以下6种不同结论之间的差别：效应模糊、较低、不高、轻度、不低和较高[6, 68]（见图18.19）。

注意，在95%CI经过零假设的例子中，NHST会得到$p > 0.05$的结果。这意味着零假设没有被拒绝，并且结果没有统计意义。因此，如果开展了NHST，那么CI可以用来直观地检查和推断零假设是否要被拒绝。

数据级数推断法

巴特哈姆（Batterham）及霍普金斯与其同事[7, 37]提出了一种新型的方法，可以对量级做出有意义的推断，该方法称作**数据级数推断**（Magnitude-based Inference，MBI）。该方法因将CI解释为贝叶斯可信区间并且没有控制Ⅰ类和Ⅱ类错误而饱受批评[6, 8, 15, 36, 55, 67-68, 74]。

临床MBI认为，如果效应可能是有利的，并且极有可能是无害的，那么便可以对某人使用处理手段（例如计划、训练和干预）。概率按照真正的效应是否有利、无关紧要或者有害来加以解释，并且还与可接受的不确定性或者足够的精度有关。为了有明确的效应，科学训练师利用表18.17提供的等级将效应的可能性描述为有利、无关紧要或者有害。

在**非临床MBI**中，推断关乎效应是否非常正面或者负面，而不是有利或者有害。

正如之前所提到的，CI不传递任何与真实参数有关的概率分布信息。尽管对于非常简单的检验（例如样本均值的t检验）而言，CI、贝叶斯可信区间（"矮胖"形状分布或者无信息先验分布）以及自举法CI往往会大致收敛到相同的值，但是采用频率派的方法将确定的CI解释为贝叶斯可信区间并不是统计推断的有效方法[68]（见图18.20）。

表18.17 效应概率的等级*

<0.5%，极不可能	
0.5%~5%，非常不可能	效应极不可能、非常不可能、很不可能是有利的
5%~25%，很不可能	
25%~75%，可能	
75%~95%，很可能	
95%~99.5%，非常可能	效应可能、很可能、非常可能或者极可能是有利的
≥99.5%，极可能	

*译者注：数据包含左端点不包含右端点。

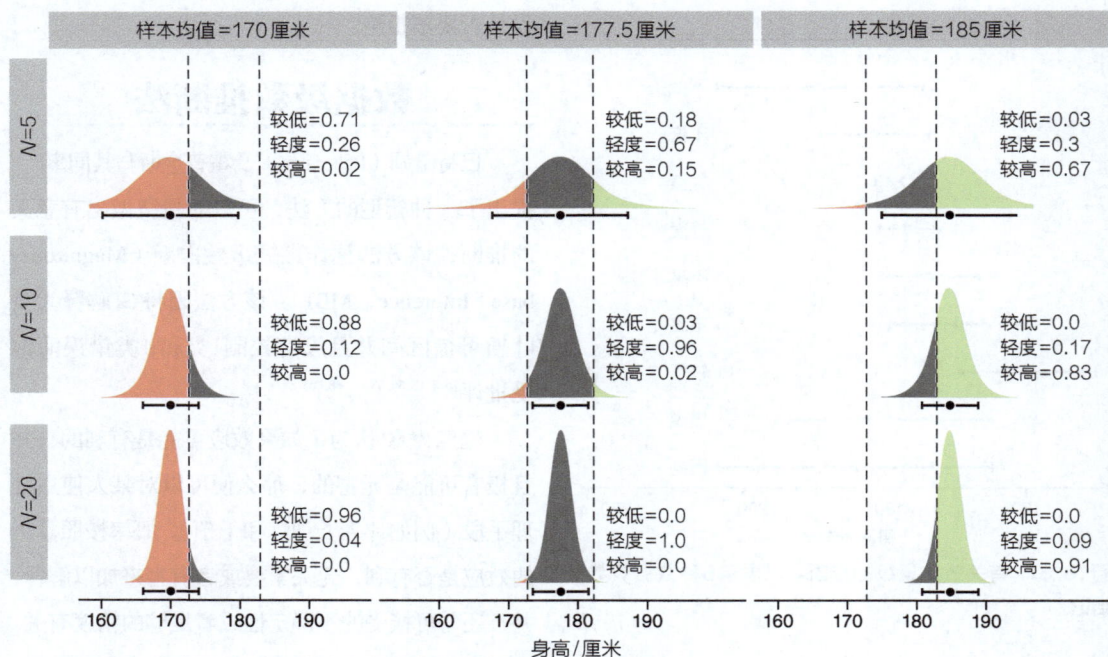

图18.20　MBI 所用置信区间的贝叶斯解释

利用MBI作为简单的描述方法来解释CI是合理的，但是不推荐根据估计的概率进行推断[11]。如果频率派的方法被用于数据级数统计推断，那么应当用MET取而代之。

频率派的统计推断存在大量的困难[41-42]，例如结果不直观，并且从贝叶斯的观点来看，通常解释得不正确。当进行多重比较时，需要控制和调整错误率。我们需要做各种假设，即正态假设、非共线性假设等，并且还要检验这些假设；对于更为复杂的模型，例如层次模型，p值和CI只是近似的[41-42]。

测量研究

测量研究包括效度和信度分析。测量的**效度**度量的是其与另一次测量的一次性关联，它给出了有关一个测量值的测量好坏程度的信息。效度测量有两种类型：**同时效度**，它将测量结果与金标准进行对比；**聚合效度**，它将测量结果与另一

个理应具有某种关系的测量结果进行比较。测量的**信度**度量的是在重复试验中测量结果与自身的关系，目的是展示测量结果的可复制程度。

测量误差在所有测量中都会涉及，因测量发生误差导致观测值与真实值（True Score，TS）[2, 56, 70]不同时，测量误差便会出现。这会导致**测量偏差**，它会对描述性分析、因果推断[22, 24, 26]和预测能力[43]产生影响。若用数学符号表示观测值（Observed Score，OS），其由**真实值**和测量误差构成，即 $OS = TS + ME$[2, 71]。

在训练科学领域，由于测量对象通常是人，所以测量误差包括仪器干扰和生物干扰[71]。**仪器干扰是**假定只由测量装置引起的误差。而**生物干扰**定义为OS上的误差，它产生的原因是生物过程，包括但不限于生理节奏、营养摄入、睡眠以及积极性[71]。仪器干扰和生理干扰都包含两类误差：系统误差和随机误差（见图18.21）。

系统误差表示在整个测量过程中保持恒定（且

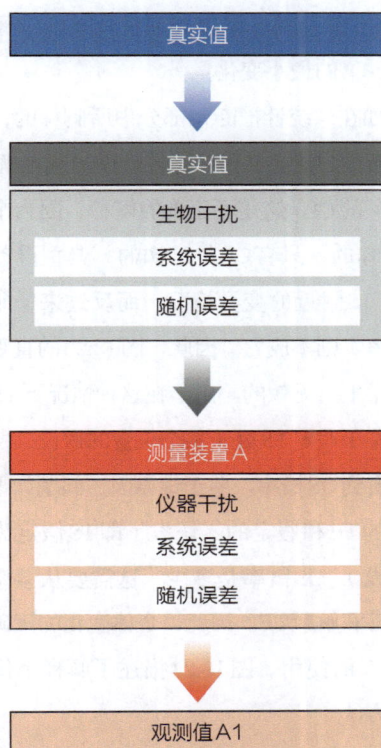

图18.21 测量误差的组成部分

稳定）的误差，它通常被称作**偏差**。对于具有线性响应的测量仪器，系统误差可以进一步分解为比例误差和恒定误差[30, 33-34]。**随机误差**（ε）表

示未知（以及无法预见）的误差，它在两次测量之间会发生变化。随机误差通常利用**高斯正态分布**（平均值和SD）来表示。例如，采用新型的体重秤对5个运动员执行5次测量，时间间隔为1分钟。假设在这些测量过程中测量对象不应当有任何的变化（即不允许运动员使用洗手间、摄入食物或水、锻炼或者换衣服，并且不涉及生物干扰——不会因积极性或疲劳导致体重波动）。运动员体重的TS是已知的，新型体重秤的仪器干扰也是已知的，并且其比例偏差等于系数1.01［即由于比例偏差，体重为100千克（该值为运动员体重的TS）的运动员，其OS将等于101千克，而体重为50千克的运动员，其OS将等于50.5千克］（见表18.18）。

分析的目标是估计测量误差（比例偏差、恒定偏差和随机误差的SD）的DGP参数。遗憾的是，由于TS是未知的，比例偏差和恒定偏差无法被估计。为了解决这个问题，OS通常与一个充当TS代理的**金标准**量度进行比较。剩下要估计的便是随机误差的SD：检验的**典型误差**（Typical Error，TE）。在与之前相同的例子中，TE利用5次测试所得OS的个体SD来估计（见表18.19）。运动员

表18.18 根据已知的TS和测量误差模拟的5次测试

运动员	TS/千克	OS1/千克	OS2/千克	OS3/千克	OS4/千克	OS5/千克
运动员01	77.93	79.03	79.96	79.37	79.47	78.61
运动员02	76.11	77.55	77.48	77.05	77.83	77.83
运动员03	77.04	78.11	79.03	79.14	78.65	78.18
运动员04	54.96	56.79	56.24	55.52	56.58	55.58
运动员05	84.03	86.67	85.92	85.37	85.53	86.84

表18.19 5次测试的个体平均值和SD

运动员	平均值/千克	SD
运动员01	79.29	0.50
运动员02	77.55	0.32
运动员03	78.62	0.47
运动员04	56.14	0.58
运动员05	86.06	0.66

TE的平均值等于0.51千克，其与DGP随机误差参数0.5千克非常接近。随机误差的SD的估计值与TS之间的差别是由抽样误差引起的。遗憾的是，这种估计TE的方法在实践中并非总是可行的。TE通常借助两项测试（OS1和OS2）利用各运动员差值的SD来估计。估计得到的TE在训练科学中是一种非常有用的度量值，因为它可以用于估计干预之后个体真正变化的可能性、估计检验的信度[28-29, 31, 33-34, 37]以及定义SESOI。

利用SESOI和TE
解释个体的变化

卧推的例子（见表18.8）可以展示如何利用最小感兴趣效应量和TE来解释个体的变化。1RM卧推测试中的测量误差利用TE估计值（等于2.5千克）加以估计。实际上，这意味着由于生物变异和干扰以及仪器误差，1RM卧推测试结果将倾向于按照TE等于2.5千克的正态分布规律变化，当然，前提是力量没有发生真正的变化。由于测试前和测试后都涉及了仪器误差，由于误差的传播，变化量的预期TE等于$\sqrt{2} \times TE$（3.54千克）。例如，±5千克可以看作最小有意义变化，它会被用作SESOI。由于TE和SESOI都是已知的，分析的目标便是估计个体在数值上的变化具有实际意义（即与SESOI相比是较低、轻度还是较高）的概率。技术误差具体说明了有多少观测量是在TS周围随机变化的。

图18.22a展示了在已知TE的情况下，个体的OS从概率上讲是如何变化的，误差线表示95%的CI。图18.22b中括号内的数字表示真实变化量与SESOI相比是较低、轻度还是较高的估计概率。为了更加确定个体的变化，相比于SESOI，TE需要更小。因此，SESOI与TE之间的比值可以估计用以检测有实际价值的变化的检验敏感性。我们

有95%的把握认为，卧推1RM变化±11.93千克是高于SESOI的最小变化量。

正如在"统计推断"部分中所解释的，这种个体分析的方法会从贝叶斯统计学的观点解释TE以及相关的CI。这是不正确的解释，因为个体的TS是未知的，只有OS是已知的。典型误差展示了OS在TS附近的变异情况，而反过来（即贝叶斯逆概率）则不成立。因此，图18.20的直观展示在统计学上是无效的。由于在这种情况下TS是未知的，鉴于假定TS处于某个位置的假设，所以重点在于看到OS概率。鉴于该原因，问题如下：鉴于已知的TE和假定的零假设（即TS假定为零的是零假设），OS概率是多少？这需要从频率派的观点回答和解释TE。因此，个体变化的正确解释涉及MET的使用。图18.23描述了解释个体变化的这种方法。

小结

在日常实践中，科学训练师应当通过提出自己尽力用数据解释的问题来开始任何统计分析。这些问题不仅应当指导统计分析的方法，还应当指导数据收集以及分析和建模结果的最终解释。为了用数据回答这些问题，科学训练师必须记住，小世界的模型始终是大世界的一种表示。开展这种分析没有完全客观的方法，只有多元化的方法[51-52]。正如格尔曼（Gelman）和亨尼希（Hennig）[20]所建议的，这些模型对小世界表示大世界的价值应当通过质量因素加以评判，包括"透明度、一致性、公正性、与客观现实的对应性、对多种角度的认识、对背景依赖性的认识以及对稳定性的审查等"。最终，人们应当认可的一点是知识积累的重要性，而不应单纯地依赖于某一项研究或者某一系列的研究[3]。

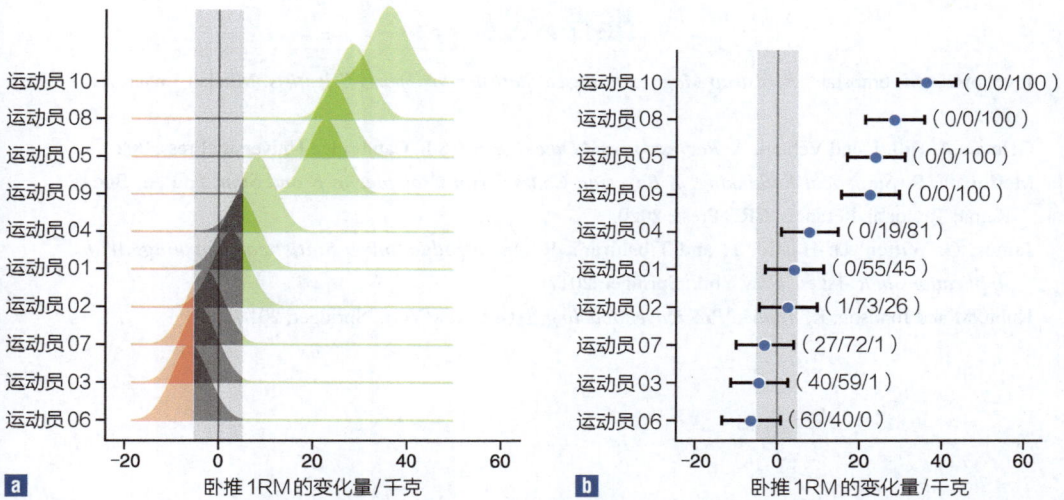

图18.22 利用SESOI和TE分析个体的变化值。a. TS附近的不确定性可以利用SD等于TE的正态分布描述。观测到的改变是较低、轻度还是较高的概率可以利用较低、轻度和较高量级范围内的面积来加以估计。b. 变化值附近的95%置信区间利用 $\pm1.96\times\sqrt{2}\times\text{TE}$ 计算。括号内的数字表示表面积在较低、轻度和较高量级范围内的占比。这些可以解释为TS在较低、轻度或较高量级范围内的概率

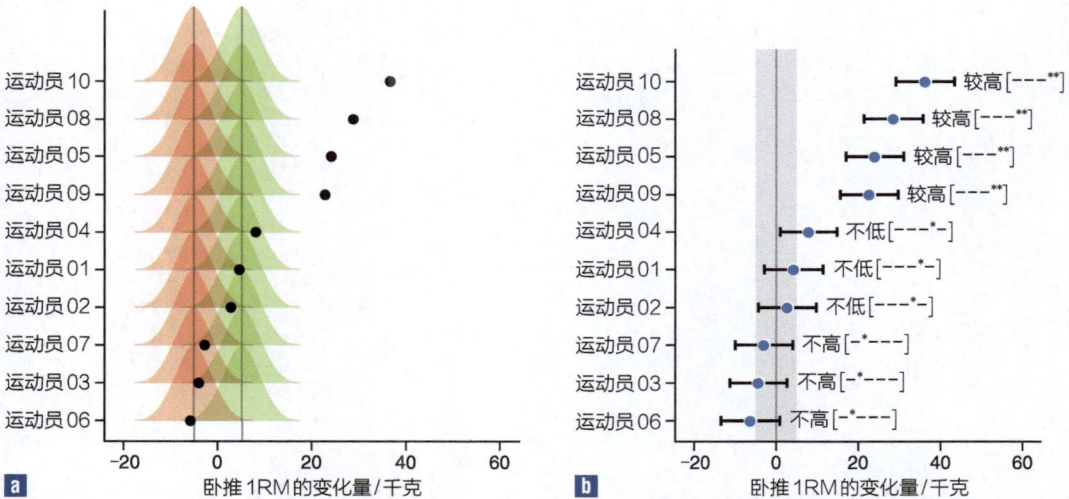

图18.23 解释个体变化值的MET法。a. 由于真实的变化值是未知的，在已知TE和假定TS的情况下，只有OS或更高概率结果可以被检验。为了实现该目的，要执行MET，并提出两种TS零假设：一种在SESOI阈值的下限（红色），另一种在SESOI阈值的上限（绿色）。典型误差可以解释为误差分布的SD。黑色的点表示观测到的个体变化。重点是在给定这两种假设的前提下，估计观察到该变化的概率。b. 变化值附近的95%置信区间利用 $\pm1.96\times\sqrt{2}\times\text{TE}$ 计算，并且用误差线加以描述。本书显示了采用5个MET的最终推断。MET显著性（假设 $\alpha=0.05$）用星号表示，并且所开展的5次测试的MET显著性都显示在了括号中

推荐读物

Jovanović，M. bmbstats: *Bootstrap Magnitude-Based Statistics for Sports Scientists*. Mladen Jovanović，2020.

Gelman, A, Hill, J, and Vehtari, A. *Regression and Other Stories*. S.l.: Cambridge University Press, 2020.

McElreath, R. *Statistical Rethinking: A Bayesian Course With Examples in R and Stan*. 2nd ed. Boca Raton: Taylor and Francis, CRC Press, 2020.

James, G, Witten, D, Hastie, T, and Tibshirani, R. *An Introduction to Statistical Learning: With Applications in R*. 1st ed. New York: Springer, 2017.

Kuhn, M and Johnson, K. *Applied Predictive Modeling*. 1st ed. New York: Springer, 2018.

第19章

损伤风险模型

约翰·温特（Johann Windt），博士；
蒂姆·加比特（Tim Gabbett），健康科学荣誉学士，博士

让运动员随时以准备最充分的状态迎接比赛是科学训练师的重要责任。对于顶级体育俱乐部来说，损伤及其导致的停赛会为组织带来显著的经济负担[28, 38]。此外，在个人[70]和团队运动项目[25, 37, 39]情境中，提升运动员在运动表现上的可用性会增加成功的概率。因此，科学训练师应当认真考虑如何通过某种方式去筛选、监控和模拟运动员的数据，这种方式可以让科学训练师为在自己监督下的运动员健康和表现方面的有关决定提供信息。作为一项首要的原则，科学训练师应当致力于让自己的理论、数据收集和数据分析相一致，从而最终为自己的解读和报告提供信息[21, 93]，如图19.1所示。为了监控竞技体育的过程和结果，我们必须从为监控过程提供信息的理论框架开始。

理论可帮助科学训练师决定要收集什么信息的详细数据以及以什么频率收集数据。最后，科学训练师可以实施合适的分析方法。本章将在该框架下讨论损伤风险建模，将为科学训练师阐明损伤模型在研究和应用背景下的含义。

损伤风险理论

自20世纪90年代以来，为损伤预防研究和实践提供信息的经典模型是范梅赫伦（van Mechelen）博士及其同事[53]提出的1992损伤预防序列模型。该模型执行步骤可以总结如下。

第1步，运动员现有什么样的损伤？通过损伤监控和流行病学的研究，确定问题的严重程度。

第2步，这些损伤为什么会出现？通过病因学研究，找出相关的风险因素。

第3步，制订和实施处理因果因素的策略。设计预防策略，解决第2步中找出的可改变的风险因素。

第4步，观察干预是否奏效。按照第1步中的方式，重新评估损伤问题，以确定预防策略是否有效。

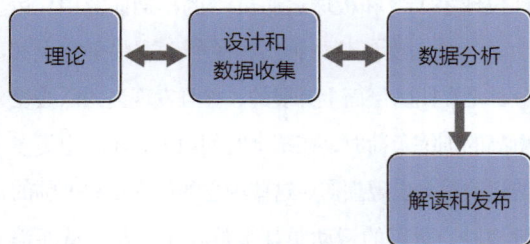

图19.1 在训练科学中，整合理论、设计和数据收集、数据分析及解读和发布的框架

理解会出现什么样的损伤

由于该模型起源于运动医学研究领域，科学训练师可以从中学到许多能用于实践的知识。模型的第1步所强调的起点是，要理解损伤的流行病学背景，即在竞技体育中以及在科学训练师所研究的具体运动员人群统计数据中，哪些损伤会带来最大的负担。该问题最好通过损伤负担来定义，即损伤发生率（损伤出现的频率）与损伤严重程度（由于损伤停赛的天数）的乘积[5]。

$$损伤负担\left(\frac{缺训/赛天数}{1000时}\right)=$$

$$损伤发生率\left(\frac{损伤}{1000时}\right)×损伤严重程度\left(\frac{缺训/赛天数}{损伤}\right)$$

已经发表的流行病学文献将作为科学训练师进入新项目的基础，例如研究发现腘绳肌损伤可能会给职业男子足球运动员带来最大的负担[5]，而膝盖和肩的问题会给青少年手球运动员带来最大的挑战[1]。然而，科学训练师不应当止步于已经发表的流行病学文献，而是应当在自己的情境内与运动医学部门接触，以确保运动员的健康得到持续的监控和记录。开展损伤监控可以让科学训练师了解他们所在运动队不同损伤的情况，并且为评估将来的干预提供基准数据。一旦确认了这些损伤，科学训练师便需要理解它们的病因，即这些损伤为什么会出现。

理解这些损伤为什么会出现

从根本上讲，当施加在特定组织上的力超过了组织的承载能力，并且出现生理故障时，损伤就会出现[32]。这种故障产生的原因具有多因素性、负荷依赖性、组织特异性及复杂性。尽力去更好地理解每种原则将支撑科学训练师的测量和分析选择。

损伤的多因素性

损伤具有多因素性。这种概念是损伤因果分析的核心，由默维斯（Meeuwisse）博士于1994年提出[54]，强调的是运动员的内在因素（例如年龄、柔韧性和既往损伤）和外在因素（例如对手的行为、比赛场地表面情况和防护装置）在决定运动员对损伤的倾向性和易感性时发挥着重要的作用。最终结果就是导致损伤这种突发事件在某个时间点出现。正如在后续基于该原始多因素模型的综述中所描述的，这些概念对于数据应该如何被收集和分析来说具有重要的意义[6-7]。

损伤的负荷依赖性

运动员的训练负荷以及后续的适应是训练科学最基本的原则[14-15, 82]。训练负荷建模及外在与内在训练负荷的概念在本书的第2章和第5部分已得到了较为详细的讨论。大部分传统的训练负荷研究处理的都是运动表现建模[8, 9]或者设计诸如间歇训练计划之类的练习[31]。自2000年（尤其是2010年）以来，探究训练负荷-损伤关系的研究出现了指数式的增长[27, 43]。感兴趣的读者可以参阅相关系统综述[13, 24, 27, 43, 93]、方法论综述[93]及共识声明[83]，它们对负荷-损伤的关联性进行了更为详细的讨论，这里总结了关键的概念和考虑因素。

在有关篮球运动员[2]、橄榄球运动员[44]、棒球投球手[49, 66]和板球运动员[68]的早期研究中，运动员的总训练负荷与损伤相关[68]。这些研究大部分都是在团队层面上开展的，并且发现当团队接受更高的训练负荷时，在某个时间段内，团队中更多的运动员会出现损伤。这些独立的研究结果面临的挑战是，所有的运动员都被放在了一起，从而消除了可能面对不同损伤风险的运动员之间的所有差异，并且唯一合理的预防策略是最小化负荷。

大约自2010年以来，负荷的变化一直是训练负荷-损伤研究的主要关注点。训练负荷递变的速率，例如训练负荷在周与周之间的变化，可以通过若干种方式加以量化[65, 74]。然而，训练负荷递变最常见的指标一直是**急性负荷：慢性负荷**（Acute：Chronic Workload Ratio，ACWR）的某种变式。ACWR将近期（通常是1周）执行的训练量与较长时间（通常是1个月）执行的训练量进行对比[88]。总而言之，大部分调查了训练负荷递变速率的研究表明，损伤风险会随着递变速率的增加而增加[24, 27, 33, 43, 83]。

尽管针对团队层面的研究发现，负荷越高，损伤率越高，并且运动员可能具有可以忍受的理论负荷上限[42]，但是训练可以让运动员为比赛做好准备，并且培养出更好的身体素质。因此，在个人层面上，人们认为较高的长期负荷在若干种情景下会起到保护作用，也并不令人意外。周训练量较大（>30千米/周）的跑步运动员参加马拉松时，损伤的可能性是训练量较少（<30千米/周）的跑步运动员的一半。长期负荷较高的盖尔式足球运动员更有能力应对给定的负荷增长[51]，并且在某些情况下，赛季前训练量较大的运动员已经表现出了较低的赛季内损伤风险[60, 96]。

训练负荷-损伤模型（见图19.2[94]）构建在损伤病因模型的基础上[6, 54-55]，明确将训练负荷对后续损伤风险的影响（之前讨论过）[94]纳入其中。运动员会带着损伤风险去参加活动，包括他们既往损伤史以及一系列内在的风险因素。其中有些因素（例如有氧能力、力量）是可以改变的，并

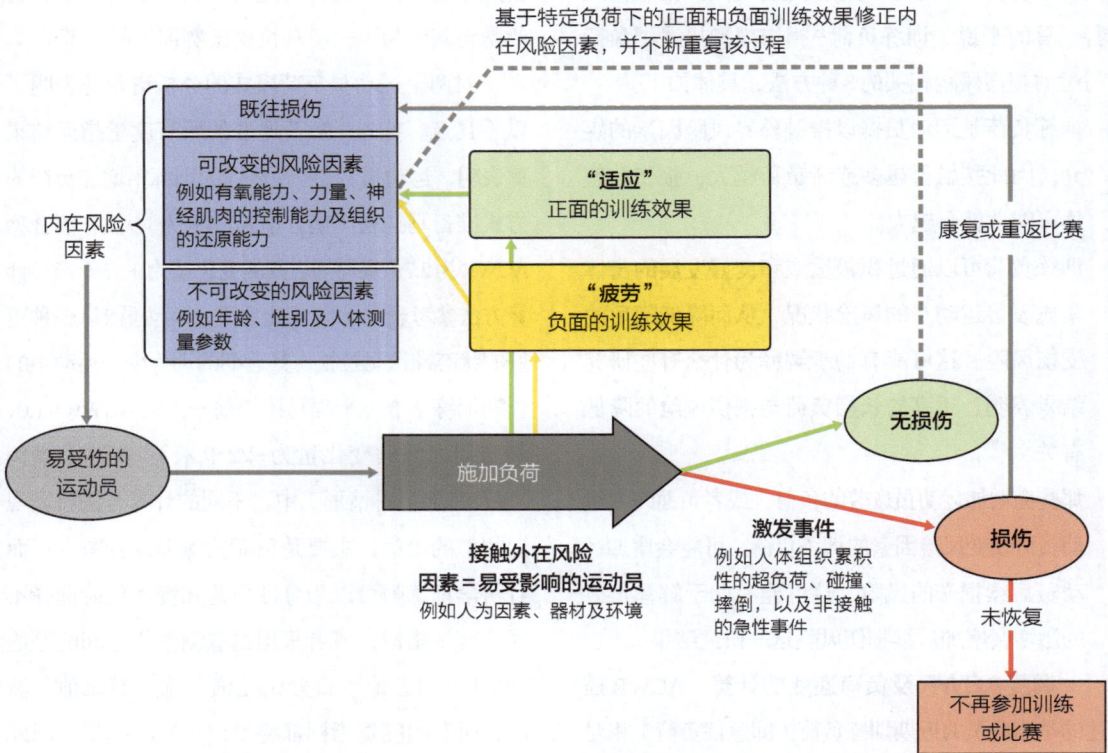

图19.2 训练负荷-损伤模型

经许可转载自：J. Windt and T.J. Gabbett（2016，pg.428-435）。

且会随着赛季的推移而变化。其他因素是不可改变的（或不可在短时间内改变的）（例如年龄、性别和人体测量参数）。运动员会在特定的风险状况下参与训练或比赛，训练或比赛就是在施加给定的负荷。这种负荷是运动员接触外界因素（例如对手的行为和环境）的媒介。

在训练或比赛环节结束之后，运动员在给定的激发事件中可能会或者可能不会产生损伤，并且会重新进入循环。然而，对于后续活动来说，他们的风险状况现在发生了改变，因为根据训练量、所施加的负荷强度以及运动员对负荷的耐受性，训练或比赛的作用会对他们身上可以改变的内在特征产生影响。其中有些改变可能是负面的，例如比赛之后疲劳的运动员对神经肌肉的控制会减弱。而随着身体素质的发展，通过逐渐适应施加的负荷，运动员的风险状况也会随着时间的推移而改善。总的来说，训练负荷 – 损伤模型描述了负荷与运动损伤风险相关的3种方法，具体如下。

- 训练负荷是运动员据以接触外界风险因素的媒介，因此接触得越多或者负荷越大，损伤的整体可能性就会越大。
- 训练负荷可以通过积极适应和良好发展的身体素质改善运动员的风险状况，从而降低随后的受伤风险。这可能有助于解释为什么有些研究结果表明，更高的长期负荷与损伤风险的降低有关 [51, 69]。
- 那些会增加运动员疲劳的负荷，或者负面改变运动员可改变风险因素的训练负荷，可能会增加运动员后续损伤的风险。这可能有助于解释负荷的激增会增加后续损伤风险这一研究结果 [27, 43]。

调整ACWR及负荷递变的计算　ACWR描述的是运动员的近期训练负荷（即急性负荷）相对于其较长时间执行的训练负荷（即慢性负荷）的大小。它近似于运动员实际完成负荷与运动员可以完成负荷（自身储备）的比值。人们已经提出了若干种ACWR的迭代方法——例如耦合（最近一周被包含在长期负荷计算中）和非耦合（最近一周没有被包含在长期负荷计算中）的差异，或采用滚动平均值或者指数加权移动平均值（Exponentially Weighted Moving Average，EWMA）[92]。负荷的递变可以通过这些及其他许多方式被量化，其中一些方式在表19.1中得到了概念上的定义和解释。

下面这个例子可以用来解释概念、演示计算方法及直观展示测量值——以半程马拉松赛前最后2个月内两个跑步运动员的相关数据为例（见图19.3）。运动员1以前是大学足球运动员，现在在办公室上班，只是偶尔跑步。比赛前的一个月，运动员1决定跑半程马拉松，并且迅速地增加训练来为赛事做准备。运动员2是一名业余的马拉松跑步运动员，他计划跑同一场半程马拉松，目的是将其作为下一场马拉松比赛训练的一部分。

对两个运动员负荷模式的分析清楚地表明了以下几点。首先，负荷递变的所有度量指标结果都表明，运动员1按照在最近的训练中增加负荷的方式准备马拉松（耦合型ACWR为1.9，非耦合型ACWR为2.7；周与周之间的变化量为+37千米；计算方法参考表19.1）。相比之下，运动员2以一种更好的状态准备马拉松，其近期的训练少于运动员的长期训练基准（半程马拉松前一天的ACWR<1.0，周与周之间的变化量为-22千米）。在这个案例（以及其他多种情形）中，不同的计算方法将表现出相似的趋势，主要是负荷的增加或者减少；而且科学训练师可以为急性负荷和慢性负荷选择不同的度量指标，或者采用这些测量值之间的差值（例如绝对差值或百分比差值）来代替比值。然而，所有的度量指标都将给出不同的结果，因此对于科学训练师来说，重要的是要选择一个度量指标并长期使用。这样的话，他们就会非常熟悉

表19.1 耦合型ACWR、非耦合型ACWR、周与周之间的变化量以及ACWR EWMA的方程、技术定义和直观展示

度量指标	方程	技术定义	直观展示[95]
耦合型传统 ACWR	$$\dfrac{A}{(A+W2+W3+W4)\div 4}$$	最近1周的训练量与最近4周训练量的平均值之比	见下方日历

	周日	周一	周二	周三	周四	周五	周六
第1个月	31	1	2	3	4	5	6
	7	8	9	10	11	12	13
	14	15	16	17	18	19	20
	21	22	23	24	25	26	27
第2个月	28	29	30	1	2	3	4
	5	6	7	8	9	10	11 当前日期
	12	13	14	15	16	17	18
	19	20	21	22	23	24	25
	26	27	28	29	30	31	1

度量指标	方程	技术定义
非耦合型传统ACWR	$$\dfrac{A}{(W2+W3+W4)\div 3}$$	最近1周的训练量与前3周训练量的平均值之比

	周日	周一	周二	周三	周四	周五	周六
第1个月	31	1	2	3	4	5	6
	7	8	9	10	11	12	13
	14	15	16	17	18	19	20
	21	22	23	24	25	26	27
第2个月	28	29	30	1	2	3	4
	5	6	7	8	9	10	11 当前日期
	12	13	14	15	16	17	18
	19	20	21	22	23	24	25
	26	27	28	29	30	31	1

度量指标	方程	技术定义
周与周之间的变化量	$A\div W2$（相对变化） 或 $A-W2$（绝对变化）	最近1周的训练量与上周训练量之间的比值或绝对差值

	周日	周一	周二	周三	周四	周五	周六
第1个月	31	1	2	3	4	5	6
	7	8	9	10	11	12	13
	14	15	16	17	18	19	20
	21	22	23	24	25	26	27
第2个月	28	29	30	1	2	3	4
	5	6	7	8	9	10	11 当前日期
	12	13	14	15	16	17	18
	19	20	21	22	23	24	25
	26	27	28	29	30	31	1

度量指标	方程	技术定义
ACWR EWMA	$EWMA_{今天}=\delta_a+(1-\delta_a)\times EWMA_{昨天}$ $\delta_a=\dfrac{2}{N+1}$ 其中δ_a是一个介于0和1之间的值，代表衰减度。该值越高，表示过去时间越久的数值折减得越快 N是所选的衰减时间，通常是7天和28天，目的是与传统ACWR相对应，不过也可以设置为其他值	过去7天负荷的指数加权平均值与过去28天负荷的指数加权平均值的比值

	周日	周一	周二	周三	周四	周五	周六
第1个月	31	1	2	3	4	5	6
	7	8	9	10	11	12	13
	14	15	16	17	18	19	20
	21	22	23	24	25	26	27
第2个月	28	29	30	1	2	3	4
	5	6	7	8	9	10	11 当前日期
	12	13	14	15	16	17	18
	19	20	21	22	23	24	25
	26	27	28	29	30	31	1

A（急性）、W2、W3和W4分别对应过去4周的训练量。
直观展示中的图片经许可转载自：J. Windt and T.J. Gabbett（2019, pg.990）。

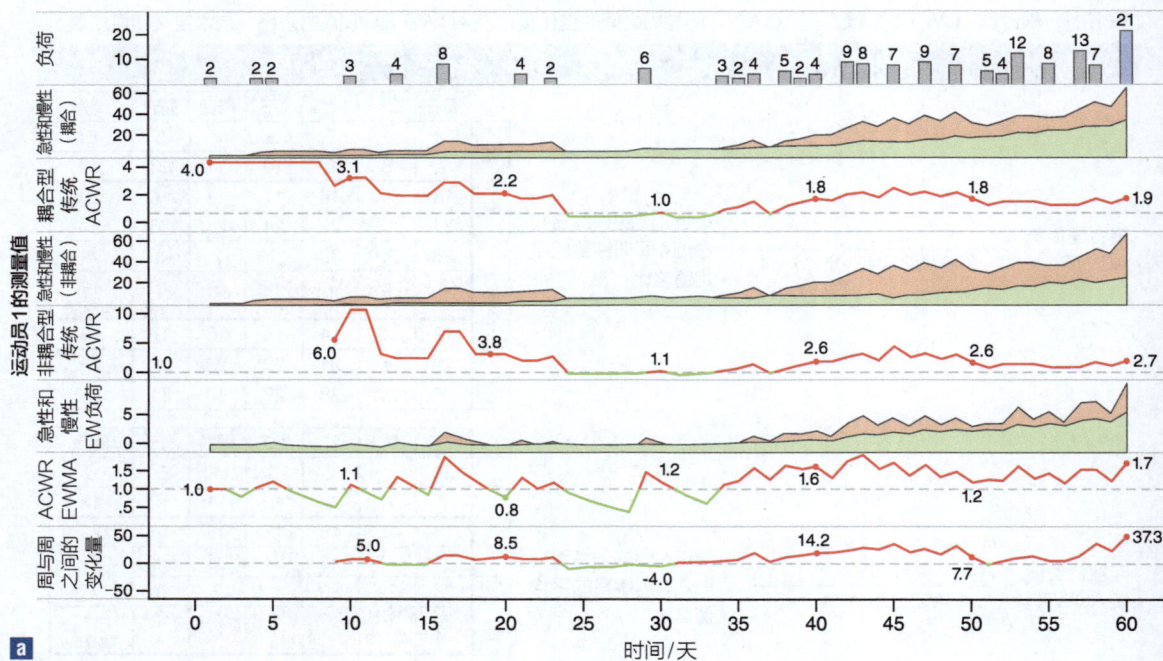

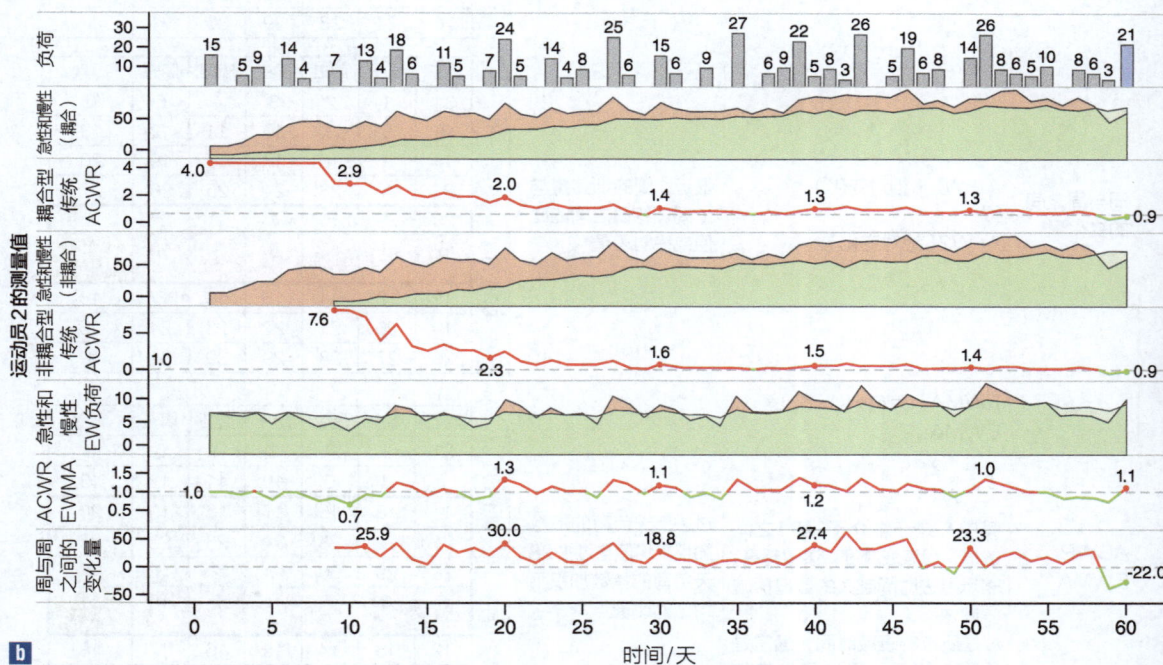

图19.3 准备参加半程马拉松的两个运动员的假设距离及其递变计算

自己使用的度量指标以及是什么使这些测量结果产生了有价值的变化。

其次，从负荷加载的角度来看，运动员2还为跑半程马拉松做了更好的准备，因为该运动员开始准备半程马拉松时的慢性训练负荷相当高。运动员2的若干次训练跑已经超过了半程马拉松的距离，通过渐进式的超负荷以及在比赛之前的微减，这种训练对于比赛的具体要求来说是一种更好的准备。结合长期训练负荷和负荷的递变情况，科学训练师可以推断出，在所有其他因素都相同的前提下，考虑到训练负荷，运动员2可能会以精力充沛、胸有成竹的状态参加比赛，而运动员1可能会以疲劳不堪、准备不足的状态参加比赛。

ACWR的争论与科学进展 关于支持和反对训练负荷－损伤相关性的各个方面，包括ACWR，研究人员已在科学文献中进行了大量的讨论与争论。有的研究人员直接批评它[16, 38, 56-57]，有的建议修改它[18, 47, 88, 92]，而有的则支持应用它[23, 40, 75, 95]。对ACWR的批判具体如下。

- 在某些职业团队运动项目（例如足球或篮球）中，开展持续的负荷监控具有挑战性。这种批判并不是只针对ACWR，对于依靠完整的数据进行纵向计算的所有监控来说情况都是类似的。
- 相比于其他策略，ACWR采用的滚动平均值［例如指数加权移动平均值（EWMA）］对负荷变化可能没有那么敏感[56, 57]。近期数据对指数加权方法的影响更大，因此1天前的负荷对计算的影响要大于4天前的负荷（参见表19.1）。值得注意的是，科学训练师还应当清楚指数加权方法所面临的特有挑战，例如初始值问题以及不同初始值模型收敛耗时（即大约50天）的问题[88]。
- ACWR本身就基于特定假设，并且一些数学计算上的挑战也需要考虑[48]。
- "数学耦合"的情况会出现（在传统的1∶4滚

动平均ACWR方法中），因为短期和长期负荷都包含了最近1周的训练，而这会导致短期和长期训练负荷之间存在一种相关性，并且会降低运动员之间的变异度[47]。
- 作为一种预测工具，ACWR还具有其他数学上的局限性。

科学探究最显著的特征之一是，通过发现、争论、反思和改进来实现知识的进步。训练负荷－损伤领域也不例外，训练科学界已经从这些正在进行的讨论中受益，并且将持续从中受益。训练负荷－损伤领域背后的原理反映了训练的基本原理，即没有让运动员为项目比赛需求做好准备，并且过快地做了过多的训练，会增加个体的损伤风险。

一方面，ACWR为科学训练师提供了一种考虑进度的方法，并且引发了有关负荷监控可能如何为基于表现和健康的决策提供信息的讨论。另一方面，它让一些科学训练师了解挑战和改进的方向[88]。实际上，可能变得明显的是，其他量化方法可能更加适用于某些体育背景[17, 76]，并且我们鼓励科学训练师持续地反思监控结果该如何用来为健康和表现方面的决策提供信息。

展望未来，到目前为止，人们几乎只使用了观测性的研究，下一步是要使用包括具有负荷教育、改进或干预，或者不止其中一种的随机试验[27, 33]。人们为用于计算和分析ACWR的方法（如巢式病例对照研究及样条曲线与分箱离散化等方法）提出了一些推荐做法和考虑因素，目的是继续改进该研究领域的研究结果并解决以前的问题，例如不可测量的混杂和数据稀疏偏差[88]。

组织的特异性适应

当施加在组织上的力超过组织的承载能力时，对科学训练师来说，明智的做法是将之前提到的所有因素都当作会增加组织负荷的因素，或者当作与组织承载能力有关的因素。一般来说，这些因素可以分为以下3类[62]。

- 向机体组织施加负荷的因素。这些可视为训练负荷变量的利与弊。这些因素取决于项目和组织类型。例如，投掷对棒球投球手或手球运动员肩膀的影响[58, 66]，摆臂对排球运动员的肩或跳跃对排球运动员的膝的影响[4]，或者高速跑动负荷对腘绳肌损伤的影响[51]。
- 改变活动期间负荷分布和大小的因素。例如，不良的肩胛骨运动学表现会改变每次投掷期间运动员肩部的负荷分布。
- 影响组织整体承载能力的因素。例如离心腘绳肌力量以及腘绳肌损伤的年限[67]，或者运动员的饮食情况（如利用明胶补充物合成胶原蛋白）[79]。

　　一项针对679名手球运动员的研究展示了这种专门针对机体组织的方法，以及内在因素是如何改变负荷激增的效果的。在这项为期31周的研究中，与之前的4周相比，当每周的投掷负荷增加60%（即非耦合型ACWR为1：4周）时，损伤的风险大约要高出2倍。当与之前的4周相比，每周的投掷负荷增加20%~60%时，对于内旋力量不足的运动员［风险比=4.0，95%的置信区间（CI）为1.1~15.2］或者肩胛动作异常的运动员［风险比=4.8，95%的置信区间（CI）为1.3~18.3］来说，损伤率大约要高出四五倍。在这种情况下，肩关节旋转力量不足是一种表示组织承载能力的变量，而肩胛动作异常是一种影响组织上投掷负荷分布的因素。作为这类框架的另一个例子，这种方法也曾被描述为理解跑步损伤的框架[11]。

　　对于给定的体育运动中最常见的损伤来说，科学训练师应当考虑什么因素会影响组织承载力、负荷改变以及负荷承受能力。而且，为了考虑什么样的负荷递变率是最有利或者最不利的，他们还应当考虑不同组织的负荷–适应时间线。例如，从生理学和生物力学的角度来看，一个给定的训练环节可能会施加不同的负荷，并且受影响组织可能会以不同的速率进行适应。在一个更加详细的层面上，我们还可以在具体的组织水平上，考虑具体肌肉、肌腱或者骨骼的负荷承载能力。

复杂系统方法

　　当考虑损伤的病因时，复杂系统方法是科学训练师需要考虑的最后一种方法，因为越来越多的科学家呼吁要摒弃简化论，转而采用这些复杂的方法[12, 41]。即便是考虑了若干个风险因素和训练负荷变量的多变量方法，在某种意义上仍然是简化的，因为它们假设整体等于各组成部分之和。正如比当古（Bittencourt）及其同事所描述的[12]复杂系统的特点：

- 这是一个允许通过许多不同的方式（即风险因素、训练负荷和激发事件组合）产生突发结果（即损伤）的开放系统。
- 变量之间的关系是非线性的。
- 它是一个递归回路，系统的输出返回作为后续的输入。
- 自组织。
- 不确定性。

　　采用复杂系统方法探究损伤病因带来的最基本的思维转变是，从风险因素向风险状况（即规则性）的转变。这种风险状况包括一系列来自所有相关变量（即决定因子网）的风险因素，这些因素相互作用来增加某种突发模式（即损伤）的可能性。该理论框架可能告知科学训练师如何看待损伤病因，但是实际实施起来可能会颇具挑战性，因为它们需要更强的统计建模能力，以及更多的损伤和运动员样本数，而大部分科学训练师在自己的竞技体育情境中并不具备这些条件。

损伤风险数据收集

损伤风险背后的理论基础随后会为框架的下一步提供信息（参见第285页的图19.1），这一步要收集数据。在这一阶段，研究人员和科学训练师必须决定他们将要监控或测量的内容，以及监控或测量的频率，然后再在自己的领域中开展数据收集工作。

选择正确的度量指标

在自己的领域内考虑理论损伤负担时，科学训练师必须仔细地选择度量指标。采用的每个度量指标都可能为运动员或训练实践人员（或者两者）带来额外的负担，因为每个数据流都需要收集、清洗、分析和报告。从应用的角度来看，训练实践人员应当只采用他们确信在自己的领域内能够应用，并且在日常训练情境中能够为决策提供信息的度量指标。

从研究的角度来看，鉴于在若干研究领域内，问题的研究动力不足以及缺乏可复制性，数据收集带来的挑战会多于解决方法。在招募参与者和运行自己的统计模型时，研究人员应当考虑自己的分析能力。为了招募更多的参与者，许多人提倡进行更大规模的多站点研究[26]。从建模的角度来看，同样重要的是要记住，对于模型中所包含的每个变量来说，需要有大量的损伤（即案例）[26, 63]，这也被称作每个变量的事件数（Event Per Variable，EPV）要求。普遍的建议是，统计模型中的每个变量应大约包括10个事件（即损伤）。虽然说了这么多，但是并非总是收集的数据越多越好，研究人员和训练实践人员应当只在有明确目标的情况下采用科技或测量手段。

从损伤风险的角度来看，理解具体项目的流行病学（例如患病率和发生率）有助于研究人员和训练实践人员识别出哪些损伤应当优先考虑。举个过于简化的例子，对于像足球这样的项目来说，定期对肩内旋和外旋开展肌力测试几乎没有意义，因为此类项目中肩部损伤是最不重要的。

组织层面上的考虑可以帮助科学训练师理解哪些度量指标应优先考虑。由于组织和组织的承载能力至关重要[86]，所以筛选出的度量指标应当是那些与高负荷损伤相关的组织承载能力联系在一起的度量指标。

监控频率

如果科学训练师决定通过某种ACWR或者周与周之间的变化量来分析训练负荷的递变，那么对于所有的训练和比赛都必须测量感兴趣的训练负荷指标。如果训练负荷在某些情况下无法测量（例如穿戴式的微传感器在比赛时不允许使用），或者因技术困难导致训练负荷数据缺失，那么训练负荷必须通过其他可获得的数据加以估算和输入。

损伤风险模型可能会随着时间的推移动态地变化，并且训练负荷并不是损伤风险模型的唯一组成部分。由于运动员能够（并且应当）适应自己的训练体系，所以评估可修改风险因素的时间间隔应当与科学训练师预期风险因素改变的速率一致。未做到这一点是若干项筛选研究只能在基准水平进行测量的主要限制。例如，运动员赛季前测得的北欧式腘绳肌力量数据可能反映不了其整个赛季的腘绳肌力量，因为这是一种可训练的生理特征[45]。因此，当遭受损伤时，测试时处于风险之中的运动员可能已经不再属于本试验组了。

最后，被认为重要却稳定的因素（例如年龄、性别和既往损伤史）可以只在基准水平测量一次，作为运动员输入数据的一部分，并随后在建模方法中加以考虑。

应用监控工具

训练负荷-损伤研究以及实施监控能否成功取决于纵向测量能否成功。因此，运动员和训练实践人员的支持对于成功来说至关重要，并且克服实施监控的障碍也十分关键。针对顶级运动员的定性访谈已经发现，过于夸张的干预和缺乏来自监控系统的反馈或干预是运动员面临的主要障碍[10, 61]。

分析数据：关联与预测

一旦科学训练师理解了自己领域内最重要损伤的流行病学和病因学（理论），并确定了他们想要收集的训练负荷和运动员特征数据及收集频率（数据收集），那么留给他们的便是一堆有待分析的纵向数据了[87]。

科学训练师应当注意不要将相关与预测相混淆[3, 52, 73, 80]。仅仅有风险因素（例如离心腘绳肌力量低）可能会增加试验组损伤风险的这一事实[67]，并不意味着离心腘绳肌力量低的运动员将于遭受腘绳肌拉伤。巴尔（Bahr）详细讨论了用于预测的数据筛选所具有的挑战[3]。

同样地，孤立的训练负荷变量也与损伤有关，但是它们预测运动员在给定一天出现损伤的能力有限[30]。科学训练师应当认识到，运动员在单日出现损伤的概率非常低（例如在训练日出现损伤的概率是0.78%）。相对风险随着训练负荷的快速新增而增加，并且较长时间（例如一周）内的损伤概率更高。但是显而易见的是，较高的训练负荷增加（例如>1.5ACWR）并不意味着运动员将出现损伤。更进一步地，这应当结合其他可获得的信息来为决策提供信息。例如，据显示，无论是较为年轻的运动员还是较为年长的运动员，薄弱的下肢力量以及较差的有氧能力都会因训练负荷的急剧变化而增加损伤风险。

尽管如此，文献中还是做了若干项损伤预测的尝试，当考虑多种变量时，这些预测会得到在一定程度上更为可观的结果[20, 72]。举一个例子，古普塔（Gupta）及其同事[35]发现，具有至少两个风险因素的运动员，损伤的概率要比没有风险因素或者有一个风险因素的运动员高42倍［相对风险为4.29（90%CI：1.84~10.18）］。风险因素包括接触、下蹲成绩、脑震荡历史、姿势类别、平均PlayerLoad™、运动效率，以及平均PlayerLoad™的变异性。虽然是样本内预测，但是模型的敏感性（88%）和特异性（85%）很高。

量化的不确定性

正如本书其他部分所详细讨论的，当分析监控数据时，量化测量误差（噪声）并理解每个感兴趣的变量（信号）中的最小有意义差异是至关重要的[71, 84]。

确定学术分析方法

从分析的角度来看，运动员监控产生的大量纵向数据会为分析带来若干项挑战。第一，对几个运动员进行反复测量意味着数据是聚集的，并且每个观察结果都不应被视为独立的。分析的选择应当区分运动员内部的变化和运动员之间的差异。第二，数据有可能不平衡，会存在来自不同运动员、数目不等的观测结果，因为有些人会在一年中的不同时间离开或者加入团队。第三，有些因素（例如训练负荷和健康状况）经常可能会发生变化，而其他因素会保持相对稳定（例如性别和年龄），分析方法应当能够考虑这些与时间有关的变化。

稳健统计建模需要大量有关损伤的数据集，这些模型可用于控制多个损伤风险[63~64, 73]。这些类型的数据集在应用体育场景，有时候甚至在较大的研究中心都不常见。在学术界,这导致人们呼吁研究中心之间进行数据共享,这种共享会让研究人员更多地了解这些类型的数据集[26]。

在研究领域,用来评估训练负荷-损伤关联性的分析方法应当能够考虑之前所讨论的理论组成部分,即这些数据的纵向性、多因素性和重复测量性[93]。分析方法的合理性已经得到了增强,这让科学训练师有机会希望通过优化以前所用的分析方法来发表自己的研究成果。

运动损伤研究人员已经开始运用机器学习方法来探索和分析数据了[19, 42, 72]。降维技术也被用来整合来自可穿戴微传感器的数据[90],以及用来在若干个衍生出来的训练负荷变量之间做选择[91]。这些降维的数据集(例如主分量分析中的分量)可以用来评估单独的训练环节以及训练的纵向进展如何。

确定应用分析方法

对于在应用竞技体育情景工作的科学训练师,要注意的是,数据集大小对损伤风险稳健统计建模的限制,并且需要认识到损伤风险分层的不确定性。鉴于这些原因,某些学术分析方法(例如时间事件建模)[63-64, 73]在大部分应用情境中是不可能得到应用的。来自学术文献的集体成果应当与科学训练师的理论框架和经验一并考虑,才能为如何分析和解读监控及筛选的数据提供信息。

比较建模

分析或报告数据时,任何科学训练师都会问的一个最重要的问题是"与什么做对比?",简单地尝试回答该问题就可以得到有价值的见解。当分析运动员的训练负荷时,与其他运动员或自身相比,是不是因为某些运动员或某些(场上)位置的训练负荷明显不足,从而导致他们未能对标比赛需求做好准备?运动员是否在以一种能让自己为比赛的各个方面都做好准备的方式进行训练?相较于比赛需求,团队运动项目的运动员训练总量可能很大,不过他们的高速跑动负荷、碰撞以及加速和减速等特有类型的训练负荷同样需要重点考虑,以满足比赛平均需求或者最大需求[90]。

高风险情况的综合

科学训练师必须识别出风险增高的情况,并建立标记系统,按照存在的风险因素数量划分运动员的层级[35]。这些有风险的情况会根据项目和感兴趣的损伤而发生变化,但是在若干个因素(例如腘绳肌力量小和肌纤维长度短,腘绳肌力量小和以前的腘绳肌损伤,或者外旋力量不足和投掷负荷增加)同时出现的时候,损伤风险通常会增加。训练负荷情况(例如较低的长期训练负荷,或者急速的训练负荷递变)可以量化为若干个不同的参数(例如高速负荷、总距离)。已经识别出具有若干个风险因素的运动员可能需要额外的关注,方式是通过修改训练负荷或者额外的训练来修正其他可以改变的风险因素。

实验对象内部的分析

训练科学领域内的有些人提倡进行单实验对象的分析[77-78]。这些分析通过标准化的分数,例如 z 值 [(感兴趣的值-平均值)/标准差],来专注于监测运动员内部的变化。统计过程控制是一种更加正规的方法,它通过控制表发现异常值,阈值之外的条目(例如 2 个标准差)会被标记出来[7, 78]。这类控制表可以通过各种 ACWR 迭代、不同的训练负荷变量或者其他纵向度量指标(例如运动员自己报告的健康指标)来执行。

从预测值中找出非预期的结果

　　要是有来自给定运动员的足够数据，科学训练师在实际应用中也可以使用更加复杂的模型，并且随后再用它来发现非预期的值。认识到RPE的收集具有一定局限性和挑战之后，例如对运动员报告值的不利影响（如赢得或者输掉比赛）[36]，每个运动员的RPE可以利用传统的回归方法或者更加复杂的机器学习模型来进行预测[19]。结果与预期RPE相差甚远可能会表明一种对训练的不利响应。这种找出不利或非预期的内在负荷响应的方法可以用来比较给定外界负荷下的HR负荷[46]。

一种实用的启发式负荷监控模型

　　虽然从不同的分析方法中做选择可以为科学训练师的数据分析工作提供信息，但是不断地回归框架并且启发基于训练负荷的决策也会有所帮助。运动员监控循环（见图19.4[34]）在其他文献中已经被提出来了，并且可以作为一个起点。监控周期从量化运动员已经执行过的负荷开始，在这里即量化与感兴趣的项目和损伤最为相关的外部负荷。筛选的变量和可改变的内在风险因素也可以加以测量，从而理解它们对运动员的负荷耐受性的影响。一旦运动员的外部负荷得以量化，科学训练师便可以测量他们的内部负荷，通过将外部负荷和内部负荷与计划负荷进行对比，来为将来的训练步骤提供信息。最后，必要时，运动员感知的好坏程度以及准备度的标志可能会通过提高或降低负荷来影响训练决策。

损伤风险信息交付、传播和决策

　　回顾预防模型的基本序列，损伤的监控和病因的探究会为设计可以被评估（第4步）的预防措施（第3步）提供信息。理论驱动的数据收集和分析可以为科学训练师理解损伤风险提供信息，但是如果不采取某种预防行动，该信息将无法预防任何损伤。因此，相关的信息必须以一种教练员和其他相关人员都可以理解的方式进行

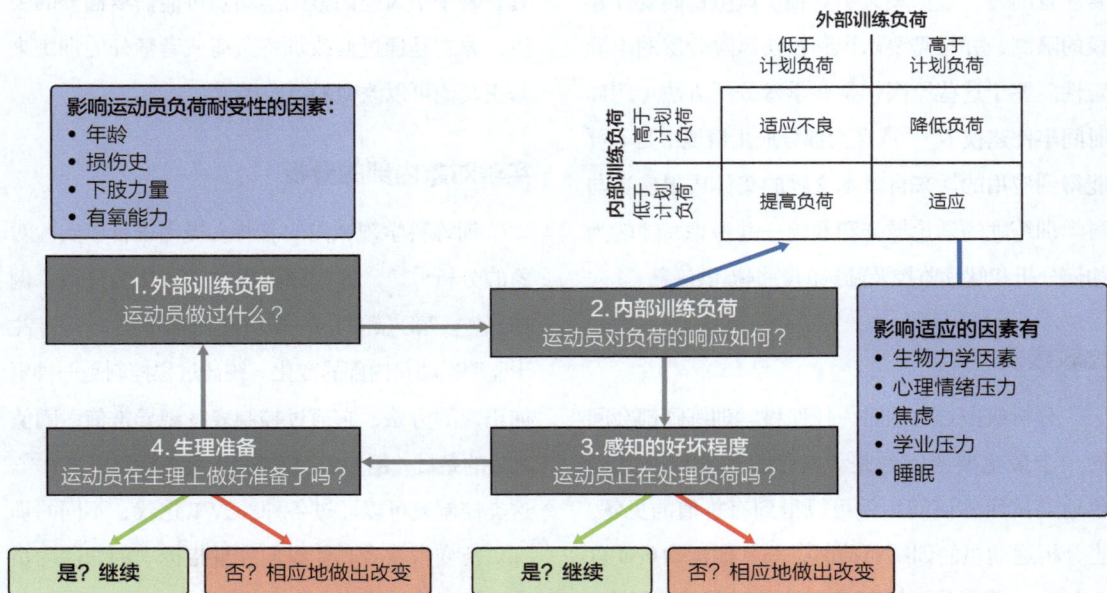

图19.4　运动员监控循环

经许可改编自：T.J. Gabbett et al.（2017, pg.1451-1452）。

交付，这样他们才能做出更明智的表现和训练策略。不足为奇的是，科学训练师、医疗人员和教练员之间的沟通至关重要，因为沟通不良会带来较大的损伤负担[29]。

在本章的作者看来，科学训练师至少必须记住4件事情。第一，他们的任务是与整体支撑团队中的其他成员协作，使该团队在一个共同决策的环境中工作。在这个环境中，他们分析和报告数据的专长和能力可以为不同部门的各种决策提供信息[89]。第二，他们需要以一种尽可能无缝支撑这些决策的方式报告数据，从而提供一个决策支撑系统，该系统应如实地对待数据的不确定性，同时仍然传递简单的信息[71]。鉴于数据报告的重要性，读者可以参阅第21章，获取更加透彻的讨论过程。第三，负荷监控不仅对损伤风险管理来说很重要，对于比赛的准备来说也很重要。科学训练师不应该认为训练只是为了预防损伤，训练还要让运动员为发挥自己的最佳水平做好准备。第四，根据风险变化的变量，相同的一套信息还会导致不同的决策[81]。在运动员渴望参加的重要的季后赛中，被认为风险较高的运动员，比赛的意愿可能要远高于展示赛或者季前赛。

小结

在决定测量内容、测量频率以及所得数据的分析方法时，科学训练师应当仔细考量自己的理论框架。当在损伤风险背景中考量它时，科学训练师应当通过回顾运动项目的流行病学文献以及分析内在的损伤监控记录，来找出团队、机构或者项目内最常见的损伤。一旦科学训练师找出了自己所处项目内的负担最大的损伤[5]，他们就应当审查这些已知的损伤风险因素，并决定哪些训练和比赛负荷度量指标与这种机体组织或损伤类型最为相关。如果可行，训练负荷应当持续地加以监控，并且可变风险因素的测量频率应当与可变风险因素的变化频率一致。训练负荷度量指标还可以用某种方式加以分析和情景化，这种方式可以让科学训练师理解训练是如何反映比赛的平均和最高要求、每个运动员的训练基础以及运动员的进步速率的。

本章的基本原理不仅适用于损伤风险建模，也适用于其他结果。在任何情况下，数据分析并不是盲目地运用统计学原理，而是一种将学科专业知识与分析决策相结合的思考性做法。

推荐读物

Bahr, R. Why screening tests to predict injury do not work—and probably never will...: a critical review. *Br J Sports Med* 50: 776–780, 2016.

Ruddy, JD, Cormack, SJ, Whiteley, R, Williams, MD, Timmins, RG, and Opar, DA. Modeling the risk of team sport injuries: a narrative review of different statistical approaches. *Front Physiol* 10, 829, 2019.

Vanrenterghem, J, Nedergaard, NJ, Robinson, MA, and Drust, B. Training load monitoring in team sports: a novel framework separating physiological and biomechanical load-adaptation pathways. *Sports Med* 47: 2135–2142, 2017.

Windt, J, Ardern, CL, Gabbett, TJ, Khan, KM, Cook, CE, Sporer, BC, and Zumbo, BD. Getting the most out of intensive longitudinal data: a methodological review of workload-injury studies. *BMJ Open* 8: e022626, 2018.

Windt, J, and Gabbett, TJ. How do training and competition workloads relate to injury? The work-load—injury aetiology model. *Br J Sports Med* 51: 428–435, 2016.

第 20 章

数据挖掘和非线性数据分析

萨姆·罗伯逊（Sam Robertson），博士

数十年来，通过系统性的观测，竞技体育中的运动表现分析一直被用作一种量化运动员和团队表现的方法[50]。由于计算方法与技术的相应革新，数据收集的方法和运动表现分析的过程已经发生了翻天覆地的变化。大量不同类型的数据以前仅限于在实验室利用笨重的设备进行收集，而这些革新意味着这些数据现在在训练或者比赛情境中就能得到。与其他许多行业中的情况一样，这些计算方法与技术的发展已经引起了训练科学领域的变革，尤其是运动表现分析的变革。

运动表现分析

作为这些发展的直接后果，3个与数据有关的主要考虑因素呈现在了当代科学训练师面前。

第一，竞技体育现在正在迅速产生大量且新型的数据。这为以前在竞技体育情景中未知或无法测量的现象提供了新的见解，并且发展没有减缓的迹象。事实上，全球的数据量每年大约会增长50%，相当于在10年后会增加约40倍[46a]。然而，这也意味着竞技体育组织需要在基础设施方面做好处理海量数据的准备。在竞技体育情境中，训练科学数据通常是最为庞大、多样和复杂的。数据的类型多样，从没有条理的比赛视频（质量和

视角参差不齐）到第三方提供的运动员和团队统计数据，以及来自运动员、调查员以及教练员自己报告的定性的书面感想。

第二，一般来讲，数据的质量和准确性都在不断地提高。尽管这是一种积极的发展，但是它也为科学训练师带来了难题。训练实践人员得到某些数据（例如来自惯性测量单元的数据）的频率超出了实际所需的频率。因此，科学训练师需要对未来科技的发展方向有一些预见，这在开发用以存储、访问和分析数据的基础设施时是非常重要的。数据质量的改善以及数据量的增加还会对当前开发模型的长期相关性产生影响。科学训练师仅仅因为可以访问新型和更好的数据，就能得到针对复杂问题的新见解，而这些新见解可能会让当前已经被认可的模型和成型的做法变得冗余。这种高质量和大体量的数据可以供训练实践人员自由使用，但这些数据反过来会让对比和对照以前所开展的研究和做法成为难题[60]。

第三，人们已经开发出了新型、改进的方法来处理数据。这些方法与数据的处理、存储和查询有关，当然还与数据的分析有关。这些发展主要基于计算机科学的进步，不仅在数据处理方面，还在如何从复杂数据中发现有意义的模式方面取

得了新的进展。

这3个考虑因素共同表明，数据挖掘是可供科学训练师使用的最为有用的工具之一。

数据挖掘

虽然有时候被当作一系列分析技术及其相应输出的附属品，但是**数据挖掘**实际上是一个非常宽泛的学科，它包括处理、存储、报告、查询以及最终展示数据方面的理论。简单来说，数据挖掘包括在数据库中寻找模式和解决与数据相关的问题[73]。因此，它强调的是以类人学习的方式进行学习。数据挖掘过程可以分解为4个阶段（参见表20.1）。

虽然此4个阶段都很重要，但是由于第3阶段和第4阶段与科学训练师有具体的相关性，本部分将对这两个阶段进行详尽的阐述，此外还将对深度学习进行讨论。

机器学习

数据挖掘具有许多优势，其中的一个优势是终端用户有各种可用的方法和技术来得到表20.1中第3阶段所提到的归纳和推断结果。其中的一种方法就是**机器学习**，它与计算机系统有关，这些系统可以在未收到明确指示或者明确受程序控制的前提下，从数据中了解信息。有时候术语"机器学习"可以与术语"数据挖掘"互换使用，但是两者也有区别，因为机器学习强调的是开发精确的和具有预测性的模型，而数据挖掘强调的是在数据库中发现新的信息和见解。

适用于训练科学的一个典型的机器学习框架如图20.1所示，图的第2行展示了不同的机器学习任务。基本上，机器学习任务经常按照是否受到监督来加以区分，不过也有半监督任务和强化任务。

监督任务与那些依赖于标注数据的任务有关，尤其是由成对输入和输出组成的数据。例如，对于每个动作或者每组动作，产生的输出或者事件也要被包含进去。标注好的数据集可以用于训练算法，从而实现对一个输出变量（无论它是连续的还是无序类别的）和其相应输入集之间的关系和相互依赖性进行建模。因此，监督任务通常用于预测性的问题。相比之下，**非监督任务**包括未标注的数据，因此一个输出变量要么是未知的，要么是不需要的。因此，它们往往更加适用于描述性的目的，或者在以前未探索过的数据集中揭露出新的模式。半监督任务也有所不同，不同之处在于它们包括标注和未标注的数据的某种组合。**强化任务**则需要将机器置于一个给定的情境中，目的是让它通过试错的迭代过程训练自己。

每种任务下面都有各种各样的方法系列，任务可以通过这些方法加以开展。这些方法系列有时候在文献中的考虑方式不尽相同，但是它们通常分为5类。监督任务通常采用的是关系建模和归类。非监督任务最常采用的是聚类和关联[50]。半

表20.1 数据挖掘过程的各个阶段

阶段	描述
第1阶段：存储	将数据以物理和系统的方式存储在一个固定位置，目的是在某个时间点调用。该过程中，运算存储器也是一个重要的考虑因素
第2阶段：抽象与表示	将那些存储的数据转化为可以用以分析和得到情报的特定格式和表示形式
第3阶段：归纳和推断	利用转化后的数据产生可以用来为行动提供信息的新知识和推荐做法
第4阶段：评估	反馈机制会提供一系列与归纳和推断相关的优质特征，这些特征随后可以用来为改进和提高提供信息

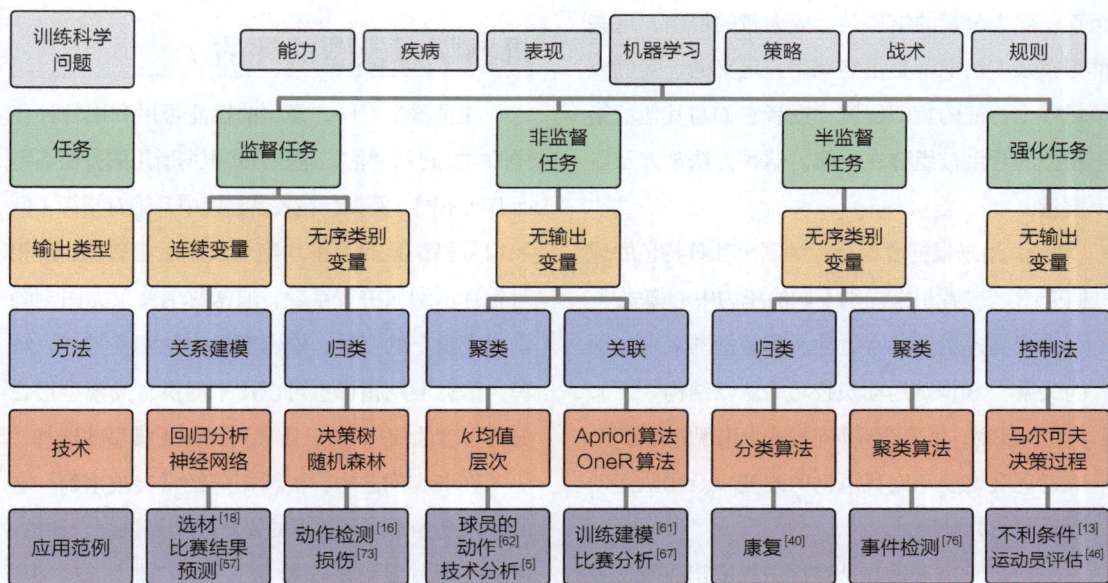

图20.1 适用于训练科学的一个典型的机器学习框架

监督任务和强化任务可能会使用其他方法的组合，不过后者往往也会采用第5类方法，即控制法[55]。每种单独的方法还存在各种各样的技术，根据预期的用途，每种技术都有各自的好处。

前面提到的方法中，**关系建模**可能是最常见的观测方法。它的工作原理是拟合一个方程或者模型，以最好地描述一组变量与感兴趣的具体结果（因变量）之间的关系。**回归分析**是最著名的关系建模类型，有多种变式可供使用。**神经网络**已经成了一种更为复杂的关系建模形式（不过它也可以用于分类）[21]，因与人类大脑神经系统的相似性而得名。相比于传统的回归方法，它们的主要优势在于可以考虑输入和输出变量之间非线性的相互作用，还可以在不用明确编程的前提下进行学习。这些模型的工作原理是包含多个节点，而这些节点能够在与它们相连的其他节点之间传递信息。然后，每个神经元的输出被表示为非线性函数，并且精确的权重信息会随着学习的进行而更新。根据所需的复杂程度，神经元可以被组

合成各种不同的层数。

归类是监督任务常采用的另一种方法，旨在利用一组输入变量来预测某种给定的离散类输出结果（即类别或组别）[2]。非监督任务使用的方法不存在与类成员有关的先验知识，而与之不同的是，在归类中该信息是已知的。训练科学中用来归类的信息可能包括比赛结果，运动员的位置、性别以及体重级别。常见的机器学习归类技术具体如下。

- **支持向量机**：用来根据惯性测量单元数据区分各种专项运动[17, 74]，或者用来根据体能测试结果识别有天赋的运动员[69]。
- **决策树**：用来模拟发病率[70]以及解释团队运动项目的比赛结果[57, 59]。
- **随机森林**：我们在诸如球队选择[54]和足球战术分析[56]的实际应用中能看到它的影子。

聚类是一种非监督任务常使用的方法，其目的是仅利用数据的特征，而没有输出信息（与归类的情况不同），将数据的关键特征归纳为不同的群

组[50]。聚类分析的结果是形成大量的群组，这些群组在某些情况下是由终端用户定义的。实例或项目根据特征的相似程度，或者它们与其他群组不相似的程度被组合在一起。这种方法常涉及以下度量。

- k 均值，用来根据表现指标编制出独具特色的球队介绍[62]或者用来识别不同的压力中心模式[5]。
- 层次聚类，用于考察运动员积极性与表现之间的关系[27]和识别运动员技巧的认知结构[72]。
- 自组织映射，用来诊断步态模式上出现的疲劳[33]，或者直观地展示比赛风格的改变以及团队运动项目中的共同运动[42,48]。

关联规则挖掘旨在从数据中提取出有意义并且通常频繁出现的模式[1]。规则挖掘的类型有很多。简单的规则挖掘旨在发现通常出现在不同状况之间的关联，而顺序规则挖掘还强调这类事件的时间历程或者顺序。模糊性通常也被纳入某些规则挖掘技巧之中。这种方法不同于其他机器学习方法经常使用的布尔逻辑，不同之处在于该方法允许在输入和输出中存在模糊性，而不是强制得出"是"或"否"、"真"或"假"的结论。常用的规则挖掘技术具体如下。

- Apriori算法，用于识别出训练情境中的约束模式[61]以及团队运动项目中首选的打法模式[11]。
- FURIA算法，用来度量生物医学数据集中的相似性[23]以及作为一种框架来监控运动员从膝盖损伤中康复的进程[63]。
- 频繁模式增长算法，用来检测生长激素的滥用[53]以及运动员的营养监控[45]。

机器学习模型的评估

在机器学习中，模型的性能可以利用各种各样的方式进行评估，这些方式根据所用的方法类型而有所不同。例如，在关系建模中，绝对指标（例如均方根误差或者平均绝对误差）很普遍，而相对指标（例如决策系数，通常称为 R_2）力图刻画输出变量上的变异，输出变量由预测变量加以解释。信息准则指标也可以用来提供有关模型拟合好坏程度的信息[9,71]，因此可以用于模型的选择。

在归类问题中，混淆矩阵经常会被用到。它的作用是为不同场景下的矩阵性能提供综合评估。表20.2通过混淆矩阵展示了一种"是"或"否"的简单情况。

这种情况可以被认为是一个表现分析问题，该模型旨在预测一个团队是否能够赢下给定的一场比赛。在这种情况中，"是"表明团队预计会赢下比赛，"否"意味着团队预计会输掉比赛。表格显示，样本中总共有165场比赛，模型110次预测结果为"是"，55次预测结果为"否"。然而，表格显示，团队实际赢下比赛的次数是105次，输掉比赛的次数是60次。我们从表格中可以得到多条信息，其中有些信息是描述性的，而其他信息则与模型本身的性能有关。例如，"真正"（True Positive，TP）与模型预测团队会赢下比赛，并且实际确实赢下比赛的情况有关；"真负"（True Negative，TN）指的是当模型预测团队会输，并且团队确实也输了的情况；"假正"（False Positive，FP）指的是模型预测会赢，但是团队却输了；而

表20.2　样本混淆矩阵

总数=165	预测结果：否	预测结果：是	总计
实际情况：否	真负=50	假正=10	60
实际情况：是	假负=5	真正=100	105
总计	55	110	

当模型预测会输，但团队却赢了的时候会看到"假负"（False Negative, FN）。然后，模型的性能便可以通过从这种描述信息中提取出的不同比例来描述。例如，模型的准确性通过（TP+TN）/总数=（100+50）/165≈0.91确定。错误归类或者误差率由（FP+FN）/总数=（10+5）/165≈0.09确定。模型的敏感度由TP/实际赢的场数=100/105≈0.95确定，而其特异性按TN/实际输的场数=50/60≈0.83加以计算。精确性可以回答以下问题：当模型预测为"是"的时候，预测结果正确的频率是多少？它可以按照TP/预测为"是"的场次=100/110≈0.91进行计算。此外，流行率详细说明了这种情况在样本中出现的频率，并且按照实际赢的场数/总场数=105/165≈0.64进行计算。非监督任务常用的方法有各种不同类型的评估指标可供使用，这些指标根据所用技巧的不同而有所不同。例子包括聚类中心或者一系列不同指数之间的误差指标[3]。例如，聚类中心之间的距离较大可能表明组别之间具有较大的异质性。人们认为该过程要比监督问题更加模棱两可，尤其是在没有实况资料的时候。

与统计学类似，机器学习模型也需要检验和评估。该过程可以确保结果对于新数据和情况来说是可概括的。评估这些模型最常用的方法之一是验证。有各种各样的验证方法，具体如下。

- **分割样本验证**将可用的数据分割为训练集和检验集。关于训练和检验的理想分割比例并没有达成一致意见[39]，然而66%/33%和80%/20%这样的比例很常见。该模型仅利用训练集来建立，并记录结果。一旦建好了模型，训练后的模型性能便可以与检验集进行对比。训练和测试模型性能之间存在明显的差异表明过度拟合或者欠拟合，这在后面会进行更加详细的描述。这种验证方法通常用于较大的数据集上，其中训练和检验都具有足够的实例。

- **k折验证**将数据集划分为k部分或者"份"。通常采用的是划分为10份，划分成5份也很常见。模型根据k–1个部分建立，而留出的一个部分用来检验该模型。然后该过程被重复执行k次。根据所选的k值和数据集大小的不同，模型性能可能会有显著的变化。

- **留一验证**所用的份数等于数据集中的实例个数。这种验证方法的优势在于它能够利用数据集中的所有数据点。然而，对于较大的数据集来说，它的计算成本过高。其统计学中的等价方法是刀切法。

过度拟合是机器学习遇到的主要问题之一，尤其是当样本数量较小的时候。过度拟合指的是一个模型对其训练数据的映射效果非常好，以至于在新数据上运行的时候，模型相对来说表现得要糟糕得多[20]（见图20.2）。相比于线性分析方法，机器学习往往要更加易于出现过度拟合。出现这种情况的原因是，机器学习映射复杂数据的能力往往要更加灵活，因此对于给定的问题通常会得出更为具体的解决方案。与之相对的是欠拟合，它通常指得到一个相对于输入数据来说过于简单的模型。当应用于包含复杂关系的数据集时，许多线性统计方法都会出现欠拟合[57]。

一个有关训练科学过度拟合的示例是选材，即根据从以前成功的运动员身上收集到的历史数据构建一个用以预测运动员未来表现的模型。欠拟合的解决方案可能会使用图20.2所示的单个值或线性函数来划分这些"成功"或者"不成功"的运动员。例如，我们可以规定，为了在某项给定的运动项目中取得成功，运动员必须拥有最低的身高或者体重。针对相同问题的过度拟合解决方案可能会产生这样的一个场景，其中大量的先决条件必须被强制满足（例如在生理或者技术测试中达到某个基准），这对某个群体或者体育运动

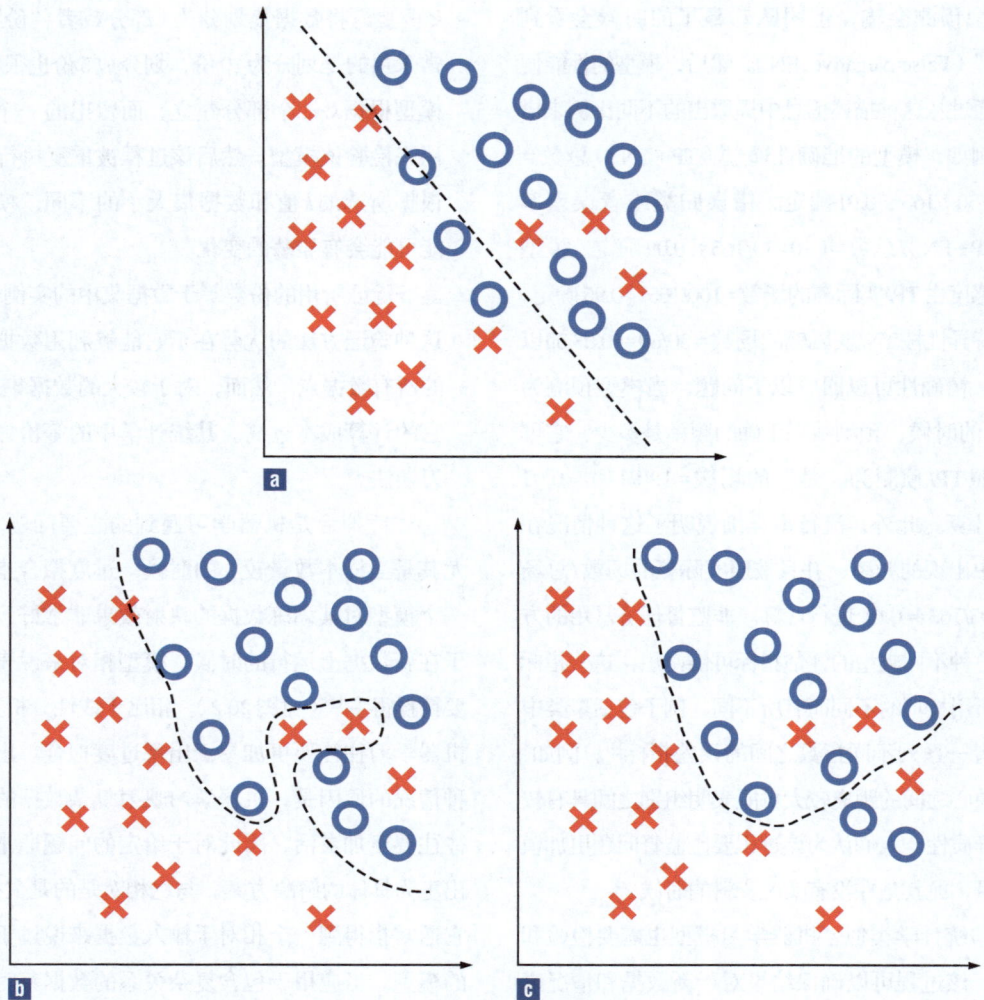

图20.2 机器学习产生的过度拟合数据：a. 欠拟合，b. 适拟合，以及c. 过度拟合

的映射效果可能非常好，但是这种效果并不能拓展到新群体上面。幸运的是，为了减少或者避免过度拟合，许多机器学习技巧已经内置了大量的特征，这包括复杂度参数[44]和剪枝法[49]。

深度学习法

深度学习是机器学习的一种发展，它旨在从多维度、非结构化的数据中发现并理解复杂的结构[16]。非结构化的数据指的是没有按照有组织的方式加以排列，并且可以包括图片和视频等的数据类型。因此，深度学习已经带来了某些领域（例如自然语言）的进步，包括情感分析[8]和语言翻译[34, 68]。前面讨论过的机器学习技巧，其能力相对限于处理原始格式的数据，并且在一系列问题上面已经被深度学习技术超越，包括图像[41]和语音[29]识别。

深度学习法的运行方式是学习表征。最著名的深度学习技术之一是卷积神经网络。在初始层级，原始输入被接收，并被转换成了更高级、更抽象的表征。多次转换之后，相当复杂的模型便可以被构建出来。图片分析是一个常见的例子。图片可以看作像素阵列。在初始网络层中对细粒度细节，例如图片某些位置的边缘加以表征。网络的第2层可能要通过识别这些边缘的模式来识别特征，而第3层将会把这些特征组合成人类查看起来更加熟悉的对象。更深的层次随即进行，并识别这些对象的组合。对于深度学习，一个重要的考虑因素是，该过程不需要人类的参与，它由算法固有的学习程序提供信息。

训练科学中的数据挖掘

数据挖掘越来越多地采用机器学习技巧，以从大数据集中得到优化的信息。这类技术的应用在训练科学中增加的一个原因是它们的应用范围很广。这让机器学习的应用拓展到了各种不同的领域，包括训练负荷[6]、运动员培养模型[18]、运动员专项动作的自动识别[17]以及根据人体测量和性别差异对比赛需求进行定级[52]。在赛场上，运动员的追踪数据结合赛事数据已经被用于理解传递网络[14]、压力的定义和可视化[4, 67]、模拟队内的相对相位耦合[67]以及概率化运动模型和控制区域[10]。总而言之，数据挖掘方法可以用于帮助解决科学训练师遇到的几乎所有问题。

决策支持系统

基本上，这里所列的大部分应用强调的是，改变个人或组织的决策过程或结果。由于竞技体育涉及无序、动态的环境，人们通常需要借助外部辅助手段。决策支持系统是最常见的将数据挖掘和机器学习融入体育组织运营结构之中的方式之一。这些系统为在这类环境中要做出的决策提供客观证据[66]，通常根据机器学习算法所产生的输出结果，利用历史数据给出建议或评估[37]。它们往往还会包含后台数据库，数据库中的信息不仅

可以被访问和查询，还能被重新格式化，以用于多种目的[25]。

决策支持系统相比于人类决策的优势已经在各种各样的任务中得到了证实。心理学家保罗·米尔（Paul Meehl）是这类系统的早期提倡者之一，引用其1954年的话："（人类）相当一部分实际时间被不合理地耗费在了尝试做预测工作上……而通过系统性地构建复杂的统计方法……这类工作可以被完成得更为有效"[47a]。更多的研究工作进一步证实了该评论。一个例子包括对136项研究的多元分析。该例子将决策支持系统的模型与人类判断做了对比，结果显示，人类胜过模型的情况只有6%~16%[28]。有关竞技体育情境的研究在美国职业篮球联赛（National Basketball Association，NBA）和美国国家橄榄球联盟（National Football League，NFL）的选秀和交易方面表现出了相似的结果。在NFL中，人类评委在信息量的利用方面达不到与分析模型相同的程度，这种限制也展现在了评估运动员的任务中[51]。一个好的系统也有助于轻易地查询竞技体育组织的不同方面，例如探索表现数据与会员人数、市场营销或者社交媒体内容之间的关系。

因此，决策支持系统在竞技体育中正变得越来越常见。并且出于各种目的，例如运动员表现评估[12]、比赛计划[50]以及运动员监控[58]，决策支持系统也出现在了文献之中。然而，虽然取得了相当可观的成功，但是其在某些情境中的应用仍然存在限制[58]。我们必须克服大量的挑战，才能让决策支持系统被竞技体育组织采纳和持续使用。这些挑战具体如下。

- 用户愿意接受推荐做法并按推荐做法采取行动。
- 将该系统结构化地集成在组织的工作流程和网络基础架构之中。
- 帮助用户克服对机器抢夺决策过程控制权的恐

惧，或者克服自己的角色被代替的恐惧。
- 促进训练实践人员常规和可靠地使用[7, 15]。

因此，一个好的决策支持系统将表现出以下特征。
- 它在解决问题方面是高度精确的，尤其会以一种比现有做法更加有意义的方式来解决问题。
- 它为用户提供多种格式，以考虑数据和分析输出。
- 在实用性、用户反馈、成本和职员培训时间方面，它会为组织提供更好的可行解决方法。
- 它提供有关输入数据质量的详细信息。
- 它允许输出简约的解决方法，从而消除冗余数据。
- 它允许在具体的推荐做法中识别出各种偏差的来源。

一个好的决策支持系统还应当具备通过不同的可视化形式表达结论的能力。这一点尤为重要，因为不管竞技体育情境中的模型复杂度如何，输出结果最终都会到达人类决策者的手中，而该决策者随后需要解读信息并按照信息采取行动。为了达到这个目标，可视化形式通常比详尽的书面报告更加有用，因为它们减轻了认知工作的负担，转而让人进行自动的感知处理[36]。所以，设计合理的可视化形式可以提高效率，因为它可能只需要终端用户的认可，而不需要与书面报告相关的搜索和意识处理。因此，相比于通过书面报告得到的推荐做法，我们可以更快地解读以可视化形式输出的推荐做法，并更快地根据它采取行动。

当然，可视化形式并非总是可以代替原始数据和书面报告。它可能还具有误导性，作为分析的一部分，这甚至会在无意中出现。幸运的是，许多机器学习技术可以在输出结果的展示方式方面具有互换性和灵活性。在这一方面，考虑诸如信息等价和计算等价的概念很重要。前者可以通过两种可视化形式或者报告的例子来解释，其中一种形式包含的所有信息都可以从另一种形式中

推断出来，反之亦然[43]。尽管难以实现，但是有些用于快速决策的最佳可视化形式可以让用户得到与书面报告或者数据表一样多的相关信息。计算等价性涉及生成包含相同级别信息的两个报告所需的处理和计算需求。在训练科学中，鉴于出现了影像以及其他需要额外计算能力的大数据类型，计算等价现在变得越来越重要了。

可视化形式应当还能够解释预测或推荐做法中的不确定性。同样已经确认的是，相比于书面报告，它们有助于促进对不确定性的解释。这比人们通常所意识到的要更加重要，因为当人们不能理解某种推荐做法的不确定性时，他们往往不会信任这种推荐做法。天气预报就是一个例子。当前有许多开放式访问、易于使用的可视化软件可供选择，这对科学训练师来说是一个有价值且容易提高技能的领域。

优于人类决策

虽然决策支持系统的好处很多，但是从根本上讲，它们的主要目的是提高目前组织机构的决策水平。除了前面所列的特征，相比于人类，决策支持系统有可能在未来进一步提升自己的性能。这是因为在解决问题时，相比于人类，它们可以考虑更多和更复杂的信息，同时可以可靠地持续记录大量的历史数据。存在的潜在选项越多，数据的复杂度越高，或者利益相关者就什么是最佳做法的分歧程度越高，决策支持系统就会变得越有用[7, 30]。这是福格尔（Fogel）及其同事在20世纪90年代末认识到的[22]，他们观察到：

由于本身的性质，复杂的自适系统难以分析，并且它们的行为也难以预测。有的系统受控于数百甚至有可能数千个有目的因子的相互作用，我们希望，复杂的计算机模拟将提供有用的工具，用

于精确地预测这类系统的行为，以便在混乱、动态的环境中实现目标。

有限理性理论也可以作为一种加深这种理解的方法。该理论认为，个体可以访问的数据、用于采取行动的时间有限和认知局限性都会对他们的决策产生影响[35, 64]。有限理性理论认为，在复杂的情况下，倾向于做出理性决策的个体一定会做出令人满意的选择，而不是做出最大化或者最优的选择[24, 26]。对于训练科学中的数据挖掘来说，这具有深远的影响。它有助于解释为什么在复杂的问题上，组织内以及组织之间会存在多种观点。这可能仅仅是由在面对某种决策时，这些组织或者组织内的个人对不同类型及数量的信息的考虑方式导致的。这反过来会对交叉学科高水平员工队伍的构建方式产生影响，因为来自不同学科的个体通常会接受不同的训练并接触多种理论。它还有助于解释，由于没有一个人能考虑到与具体问题相关的所有信息，所以永远得不到最优的解决方案。此外，在今天看来，适当的解决方案在未来可能会不再精确或者全面，尤其是随着科技的进步和数据量的增长。然而，数据挖掘和相应决策支持系统的应用应当至少可以让行业在某种程度上更加接近这种无法得到的最优解决方案。这可能是一个发人深省的想法，意识到这种情况应当会让当代的科学训练师保持谦虚。他们应当认识到自己无法考虑到所面临问题的所有相关信息。认识到这一点可以让他们秉持一种扩充自己知识库的心态，并且有可能对网络和开发新的技能形成一种开放的思维。这种意识对于所有训练领域科研人员的培养来说至关重要，并且未来对科学训练师的培训和正规教育应当强调这类品质。

提高效率

人类为了改善结果和提高自己的工作效率会

结合机器的功能，而数据挖掘的兴起还会对人类与机器功能的结合方式产生明显的影响。正如前面所讨论的，涉及人类和机器结合的主要研究倾向于强调人类的局限性。为了增加数据挖掘在实际场景中的应用，科学训练师可能需要制订出促进其应用的巧妙策略。我们不应该只专注于人类的局限性，相反，要培养人们对人类和机器在处理不同问题时在哪些地方有所不同以及为什么会有所不同的理解能力。这一点尤为有用，并且还会减轻人们对机器夺权的潜在焦虑。鉴于大部分人都不喜欢自己的局限性被不断地强调，为了让利益相关者将它们看作一种机会，而不是对自己判断的一种威胁，决策支持系统在早期应用阶段应当被看作一种补充性的资源。

另一个相关的问题是，科学训练师首先应当选择竞技体育情境中的哪些过程和操作来进行决策支持。我们可以根据各自的特征来定义每个过程，从而定义每个过程对决策支持的适宜程度（见图20.3），通过这种方式便可以回答上述问题。

常见的特征（其中有些可能会限制给定的过程）包括频率（例如每天）、对组织的相对重要性（例如定性测量，或者根据财务状况进行测量）、复杂度（计算复杂还是利益相关者的反馈复杂）以及进行特定程序需要或者耗费的时间。我们也可以根据组织的需求或者侧重点，考虑其他的存在部分。最受限制的过程可以被认为是最适合用于决策支持系统的过程。

对于许多由科学训练师开展的任务来说，在效率上随之而来的增益创造了要么完全卸去负担，要么让效率大幅提高的可能性。其中一些节省下来的时间可以用于发现和实施新型的方案。虽然科学训练师是竞技体育情境中少有的头衔中有"科学"这个词的角色之一，但是他们感觉自己有必要成为科技的专业用户，长期以来他们一直

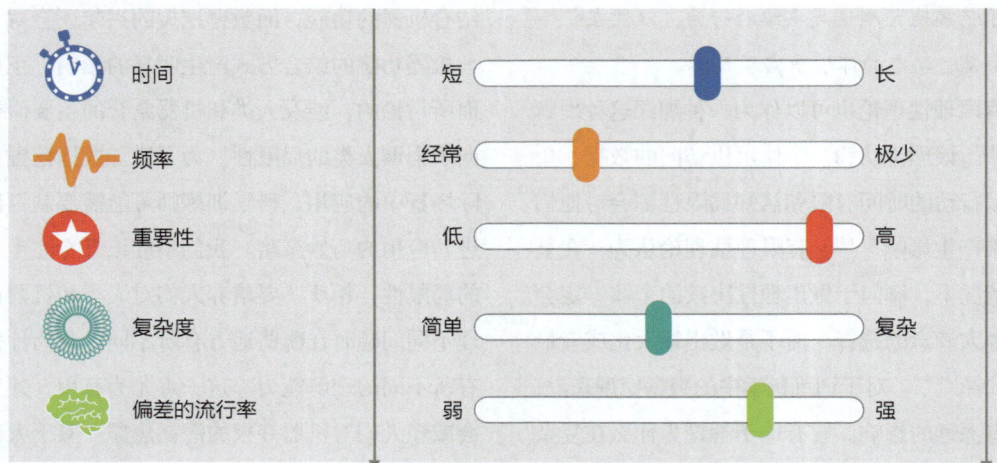

图20.3 决策支持适宜度模型

需要满足"技术使用专家"这一感知需求，这掩盖了他们在竞技体育领域中思考新举措的能力。因此，采用决策支持的结果是非凡的，这类系统有可能会从根本上改变当代科学训练师的典型角色架构。

总而言之，要注意的是，尽管从事竞技体育工作的人员都有望成为特定领域的专家，但是他们的专长中极少会包含决策方面的正规培训。因此，决策支持系统的应用提供了一种方式，这种方式让复杂的决定和流程的难度可以减小，转变为半自动甚至全自动的。从决策准确性和操作效率的立场来看，这将会对这些个体和组织大有帮助。

计算思维

在竞技体育中，在一个问题上试用不同方法和技巧的优势是，它们各自提供的解决方案可能会有所不同，从而会为用户提供多种采取行动的选项。尽管大部分时候终端用户只想要一个最准确或者最高效的问题解决方案，但是在某些情况下，同样重要的是解决方案在给定的情境中要切实可行。这通常与输出结果性质和工作环境具体操作过程的对应程度有关。这可以称为解决方案

的操作兼容性。

"计算思维是按照计算机（人类或机器）可以有效执行的方式来构思问题，并表达其解决方式的思维过程。"[72a] 它鼓励数据的逻辑组织、抽象和模式识别、重新阐述问题、提高过程效率以及自动化。这样做的主要好处之一是，该方法通常会为相同的问题提供多种解决方案。鉴于计算已经与理论和试验一起成为公认的第三大科学支柱[7a]，竞技体育组织的一个关键挑战在于招募具有计算思维的个人和团队，不管他们是否接受过该领域的正规培训。

计算思维为解决给定情境中所遇到的问题提供了一个理论框架。以前，人们往往会问计算机可以如何帮助他们开展科学研究，而现在开始问他们可以从计算机中学到什么科学知识。概念化以及最终以类似于计算机或机器的方式解决问题，是一种迫切需要在训练科学人力资源中培养的技能。如果源自科技的数据按照预期的那样持续增长，那么这种技能在未来只会变得愈发重要。

前面提到的分析性发展不仅为训练科学，也为一般的科学带来了认识论方面的挑战。如果数据持续以本章前面所描述的速度增长，那么显而

易见的是，目前查询结构化数据库的方法将不再适用于得到新发现和学到新知识[3a]。当上述问题与深度学习和大数据计算的能力结合时，归纳法作为知识探索的一种科学方法，可以用来解决许多问题。这样，它可能会让科学探究背离其对理论开发的传统侧重点，而转向一种持续的模型升级和迭代。特别地，对于没有明确因果结构的复杂现象，理论应用将变得完全不适用和不可行。人们在人类表现方面仍然在获取大量的数据，在与人类表现相关的问题中，这还将让人们进一步背离现有的力求充分解释人类表现的工作模型。

然而，科学界可能需要一点时间才能习惯这种思维方式。现代的数据挖掘因将后收集数据的标准理论转换为先收集数据的方法（即数据摸底）而饱受批判。然而，如果对于复杂的现象来说，未来设计的模型将是递归的，那么就引出了一个问题——到底为什么要理论化？而且，如果在大数据时代，"模式在问题的原因变得清楚之前出现"，那么先收集数据的方法可能实际上代表了一种前进路径[19]。不论科学探索未来会发生什么，当应用于复杂任务时，机器学习和深度学习可能会持续出现胜过现有方法的进展，因为它们需要较少的人参与便能应对任何数据量和数据类型上的预期增长。

小结

数据挖掘应当成为当代科学训练师工具包的一部分。科学训练师为了引领研究的方向以及在应用环境中茁壮成长，最起码，现在有必要理解机器学习、决策支持系统等数据挖掘知识。本章总结了数据挖掘等的基础知识，并举例说明了这些领域如何让从事竞技体育工作的个人和组织直接受益。如果合理地加以使用，数据挖掘不仅有可能提高决策的准确度和效率，还有可能从根本上改变体育行业从业人员对训练科学的新理念进行概念化、落实以及评估的方式。

推荐读物

Cun, Y Le, Bengio, Y, and Hinton, G. Deep learning. *Nature* 521: 436–444, 2015.

Grove, WM, Zald, DH, Lebow, BS, Snitz, BE, and Nelson, C. Clinical versus mechanical prediction: a meta-analysis.*Psychol Assess* 12: 19–30, 2000.

Robertson, S, Bartlett, JD, and Gastin, PB. Red, amber, or green? Athlete monitoring in team sport: the need for decision-support systems. *Int J Sports Physiol Perform* 12: S273–S279, 2017.

Sprague Jr, RH. A framework for the development of decision support systems. *MIS Q* 4: 1–26, 1980.

Wing, J. Computational thinking benefits society. 2014. Accessed September, 20, 2020.

第21章

数据交付与报告

泰勒·A.博施（Tyler A. Bosch），博士；
杰奎琳·特兰（Jacqueline Tran）博士

本章专注于向竞技体育的受众有效地传递数据信息。虽然该目标看起来可能很简单，但是向其他人传递有用信息的过程，值得像收集、整理以及分析数据那样，被给予大量的思考、关注并提供方法。交流是该过程的重要部分，在整个组织内进行有效交流的方法有很多种。该过程最为重要的方面之一是，定义某人正在尽力回答的问题或者某人正在尽力解决的难题。这不仅会为交流过程设立预期目标，还有助于定义以下内容。

- 所需要的数据。
- 完成分析所需要的时间。
- 可能需要考虑的其他变量。
- 应采用的方法（统计方法、可视化形式以及需要什么背景）。

为了有用，问题需要被定义清楚，因为宽泛的问题会导致模棱两可的答案。通过可视化形式和报告的方式传递数据信息的过程基本上都与交流有关。这种交流的质量和效果需要接收者的特征、递送者的能力以及信息的清晰性和精确性三者之间协调一致。主要的目标是，让信息完全按照预想的那样被理解。虽然设计可视化形式的人可能会有偏好和个人风格，但是重要的是要记住，

对受众来说清晰易懂和有意义才是首要的。本章的目标是：鼓励科学训练师在设计数据的可视化形式时，以受众（即接收者）的角度思考重点；找出对于在竞技体育情境中利用数据可视化形式来与他人交流的科学训练师（即递送者）来说很有用的关键思考技巧和方式；并通过展示和解构与竞技体育相关的实际可视化数据（即信息）来将这些方式和技巧付诸实践。

心系受众的数据可视化设计

当人们想到个体及其所属的团体时，很容易根据个体所在团体的人员情况就对某个人解读可视化数据的能力妄下断论（即利用启发法快速地做出判断）。然而，现实是竞技体育项目包括具有各种背景、经验和技巧的人。不可能所有的运动员或者教练员都需要协助才能理解数据可视化设计，或者说接受过科学培训的那些人不需要任何协助或支持就能理解数据可视化设计。因此，重要的是要努力去了解受众中的个体，然后调整方法去为他们提供支持。

良好设计的核心是只考虑设计所针对的用户以及他们会如何与设计互动。在本章中，用户是

将要接收和审查数据可视化设计，并与之互动的受众（即运动员、教练员和表现团队成员）。我们可以从通用的设计框架中得到灵感，根据该框架，设计是"对所有年龄段和能力水平的人来说都可能具有最大用途的产品和环境设计"[22]。这意味着我们要了解受众，设计时要从他们的能力和特征出发，并且还要仔细考虑偏差、选择和潜在的盲点。通用的设计框架包括7项原则，它们反映了实体空间、产品和服务的通用设计的原始动机[21]，如表21.1[2]所示。表21.1展示了有关这些原则该如何理解，以及如何最好地加以修改以用于在表现型体育中交流数据信息的建议。

科学训练师的任务并不只是生成报告，还要利用科学来提升个体的运动表现。这适用于他们在提升教练员和其他人员的表现方面所做的工作，正如他们对运动员所做的支撑工作一样。科学训练师生成的每份报告、每份展示以及每份数据可视化设计都可能是一个施教和提升技能的机会。作为在准备数据可视化设计时要包含进去的部分，科学训练师还有机会考虑如何促进受众的学习，尤其是他们一直以来反复交流的受众。支持和提高某个受众的数据识读能力可以在接收信息的人与科学训练师之间创造更加深入交流的机会。反过来，通过寻求反馈，然后根据受众的经验调整自己的做法，这种交流会为科学训练师提供提升自己专业技术水平和能力的机会。科学训练师可以提出具体的问题来收集有用的反馈，以改善自己的数据可视化设计，并按照受众的需要去调整这些可视化设计。不要问模糊的问题，例如"你觉得图表怎么样？"最好问细节，例如"你从图表中注意到了哪些关键信息？你是如何判断出这些信息的？"

人类视觉感知的基础知识

到底是什么让数据的可视化成了如此有效的交流工具？人类通过进化已经拥有了一种能够根据自己所看到的内容迅速理解周围世界的工具。他们观察物体和表面以及它们的相对位置和运动，并在脑海中形成与这次观察的结果对应的图像[4]。当人们利用视觉感知时，在意识到自己正在看着某物之前，会出现许多迅速、前注意的过程。通过理解前注意感知和视觉认知的基本知识，科学训练师便可以利用恰当的视觉特征（例如大小、形状、深度以及聚类），帮助受众快速准确地理解数据可视化设计中的关键信息。

前注意特征

前注意特征是终端用户首先会下意识关注的事情。这些视觉特征会在视觉接触的200毫秒内被处理完毕。合理地利用这些特征将使其成为工具箱中的有力工具，但是不合理的利用会使其误导受众。表21.2描述了4种前注意特征，以及它们在可视化设计中的推荐用法。本章提供了不同视觉风格的案例。

格式塔原则

对于当代数据可视化设计的理解和应用来说，20世纪开展的心理学研究所得到的观测结果仍然很有价值。格式塔原则[1, 23]描述了人们是如何做出有关视觉信息的组织方式以及相互关联性的推断的（见表21.3[7, 23]）。这些原则非常有用，可作为向视觉形式赋予意义的框架。例如，人们会觉得颜色相同的物体属于同一组（相似原则）。当用颜色区分不同球队运动员的数据时，科学训练师们便可以采用这一原则。

数据可视化的类型

有很多选项可以用于可视化数据，有些选项能够比其他选项更好地展示需要被展示的数据。

表21.1 通用的设计原则以及它们可以如何用来为竞技体育受众设计数据信息

原则及定义	在竞技体育中的应用示例
公平地使用：设计对于不同能力的人来说都有用处或者市场	团队中的个体——运动员、教练员、表现支撑人员、管理或行政人员——将利用他们自己的背景、经验、工具以及能力来理解你的工作。将分析结果设计成具有不同技巧、能力、背景和视角的用户都能够理解的样子
灵活地使用：设计要迎合大多数用户的个人偏好和能力	考虑为用户提供多种查看可视化设计的平台。例如，有些人更喜欢理解书面图表，而有些人则喜欢探索交互式的图表。你可以为喜欢书面图表的人设计可视化的静态版本，并设计一种可以在设备上或线上访问的动态或交互式版本
简单直观地使用：无论用户的经验、知识、语言能力或当前的专注程度如何，设计都应当是易于理解的	简单的数据可视化设计可以具有层次，它可以是复杂的，但是最为重要的是，中心意义和关键信息要提炼出来、阐述清楚并重点突出
可感知的信息：无论周围环境或者用户的感知能力如何，设计都将能将必要的信息有效地传递给用户	当计划和设计数据可视化时，要思考和顾及以下方面： • 用户的特征：这些人患有某种形式的色盲吗？格式塔原则是如何影响人们的视觉感知的？ • 接收你的工作成果时，用户可能所处的环境：用户有多少观看和解读可视化设计的时间？他们将会处在什么环境中？例如，他们将会在赛场上边执教边解读，还是训练后在一个安静的房间里解读？
容错能力：设计要最小化错误操作或意外动作所导致的危险和不利后果	如果用户根据所展示的数据做出了不准确的判断（随后可能会导致无效的决策），那么数据的可视化设计便可能会导致不利的后果。最小化这类风险的方法有很多，具体如下： • 直观展示测量值和估计值的不确定性以表明数据的本质，并避免向用户传递虚假的精确性 • 确保敏感或机密的数据受到充分的保护，并且具备限制措施来防止数据的误用（或者与数据收集者达成的协议之外的使用）。当带着源数据分享图表时要格外小心！ • 清楚地解读数据，并与用户合作，达成哪些判断是受到数据结果影响的共识
减少体力付出：设计要让用户耗费最小的气力就能有效、舒服地使用	在数据可视化的背景下，设计出的图表要让用户不需要心理上或者认知上的费力就能够看到并理解关键信息。对人类大脑中的前注意过程进行深思熟虑的设计，颜色、格式、间距以及动作都可以用来快速地传递信息。当长期反复地接触一名特定的用户时，视觉风格的一致性也有好处
便于触及和使用的大小和空间：不论用户的体形、姿势或行动能力如何，为了便于触及、接收、操控和使用，设计应该提供恰当的大小和空间	制作大小和空间能够灵活调节的可视化设计。利用空格或空白来避免视觉上的混乱，并让测量值或组别之间形成明显的对比

然而，可视化设计和报告最重要的方面之一是联系终端用户。视觉设计应当让用户易于与数据和信息联系在一起。图21.1（见第316页～第319页）展示了一些最常见的用于报告数据的图表类型，如下所述。

• 柱状图（见图21.1a）。这种图表类型可能是最常见的，并且可以用于各种各样的数据类型。然而，柱状图最好用于展示累积量数据。将柱形条想象成装液体（即数据）的杯子；当液体被倒进去时，杯子要么被部分装满，要么被完全装满。展示变量的计数和求和也适合使用柱状图。然而，当将柱状图用于展示试验组的平均值时要慎重，因为试验组的平均值代表的是一个值，不是累积量数据。

• 折线图（见图21.1b）。这种图表类型也很常见，并且可以结合其他图表在不同的坐标轴上展示第三种变量，或者展示数据的滚动平均值。折线图通常用于展示时序数据，或感兴趣的某个具体变量随时间的变化情况。采用折线图时，丢失的数据需要加以处理；如果一天或者多天的

表21.2　前注意特征

前注意特征	可视化设计中的推荐用法
颜色（饱和度、色调）	• 利用视觉上有差异的颜色来强调感兴趣的重点。注意，视觉差异取决于整体的色调，例如亮绿色文本在亮绿色的背景上并不会显示出差异 • 利用颜色来传递意义。例如，颜色梯度可以用来在视觉上强调连续型变量的增长值或降低值
格式（方向、线长、线宽、大小、形状、弯曲、闭合以及增加箭头）	• 制作易于阅读和理解的坐标轴标签。缩写可能会有用，不过不标准的缩写会令人感到困惑。对于长坐标轴标签，可取的做法可能是翻转坐标轴的方向来旋转标签 • 作为标准的做法，坐标轴要从零开始，以便将数字变量绘制在图中（即避免使用截断的坐标轴） • 合理利用表示数据的线型、宽度和颜色。例如采用连续的线条绘制观测值，采用虚线来展示模型估计值 • 利用大小和形状来直观地展示具体的特征，并且要确保始终使用这些形状。例如，每种指标各采用一种形状来展示两种指标之间的区别（如乳酸数据采用一种形状，HR数据采用另一种形状） • 顺序对于直观展示数据的固有结构来说很有用，例如升序和降序，或者时间和日期的顺序。要注意的是，具有不同文化背景的人对视觉顺序可能有不同的解读
空间定位	• 设定坐标轴的范围，使其能够精确地反映数据。如果数据点之间的差异很小，那么采用较小的坐标轴范围可能会不当地放大差异 • 将不同指标的数据展示在并排图表中，将两个不同的指标结合在同一张图表上（即有主坐标轴和次坐标轴）会表现一种可能并不存在的关系 • 考虑增加参考线来辅助视觉解读 • 考虑是否可以在不移除关键意义的前提下移除有干扰性的视觉要素。例如，多个图表之间具有足够的空白区域会减弱边框的必要性
动作	• 要在视觉展示中有意地使用动作和动画（即展示时空追踪数据时的动作）

表21.3　视觉感知的格式塔原则

格式塔原则	定义
接近性	当一些物体从视觉上看起来似乎彼此离得很近，那么人们往往会认为这些物体属于同一类
相似性	当物体彼此看起来相似（例如在大小、颜色和形状方面），那么人们往往会认为它们属于同一类或者表现出了同一种模式
共势性	以相同方式运动的要素往往会被认为属于同一类
对称性与并行性	彼此对称或平行的直线和曲线往往会被认为属于同一类
连续性	不论线条实际的绘制方式如何，观看线条时，人们的眼睛通常会跟随最平顺（最简单）的路径
闭合性	当一个物体不完整，或者没有完全闭合时，人们往往会忽略缺口，并认为它是一个封闭的物体。组成闭合形状的元素往往被认为属于同一类。虽然一组元素在构图中实际并不相互接触，但是看起来似乎形成了一个封闭（有界）的物体，人们往往会感知到这组元素之间的视觉联系

重要数据丢失了，就必须考虑丢失数据点之间如何连线的问题。通过直接连线，人们可以推断出这些时间点之间存在线性关系，但这可能并不准确，因为数据丢失了。

• 点图（见图21.1c）。点图是另一种经常用于展示时序数据的图表类型，但是它还能用于展示试验组成员之间测量结果上的变异。与前面提到的柱状图相比，所有试验组的点都能够被采用，在描述平均值时更适合采用点图，这会让用户理解数据的变异性。这确实很重要，因为测量值的平均值并不代表团队中的任何人，并且知道哪个运动员处于哪个位置还能提供额外的重要信息。

• 密度图（见图21.1d）。密度图展示的是数据的分布情况，使用这类图表时需要多花一点时间才能完全理解其中的信息。在比较多天的训练效果、运动员或者其他无序变量时，它会极其有用。对于任何数字测量值来说，密度图可以快速地显示大部分数据落在哪个位置，以及被测试验组之间的重叠度。密度图还能用来计算某个值落在特定范围内的概率。这能够提供一些关于此类指标发生频率的相关信息。密度图应当只能用于样本数量多的情况，否则数据将会出现尖峰。

- 小提琴图（见图21.1e）。小提琴图非常适合展示测量结果的范围和密度。小提琴图在给定点的宽度越宽，落在该区域的数据点就越多。这非常适合展示各个标准以及具体一天的训练在整个数据中的具体分布情况。小提琴图的密度还可以提供许多额外的信息。

- 箱形图（见图21.1f）。箱形图与小提琴图类似，因为它们都能显示数据分布范围以及数据分布的中位线。然而，错误理解数据的密度（或者大部分数据所处的位置）会导致不准确的解读，尤其是当数据偏度较大的时候。

- 雷达图（见图21.1g）。雷达图可能是最具争议的图表类型之一。对于雷达图，一个关键的考虑因素是数据的标度以及所有数据是否具有置于同一张图表上的恰当标度。一般来说，雷达图用来比较一个运动员或者多个运动员的若干项关键表现指标。它可能会反映出运动员比赛时的缺陷（或者运动员应该做的事情）。与大部分图表一样，它完全联系了终端用户，并且能让他们知道数据说明了什么以及没有说明什么。

- 热图（见图21.1h）。热图的用法有两种，一种用法是比较一个团队的若干个表现指标，另一种用法是比较一个运动员在比赛期间将时间花在了哪些地方。图21.1h展示的是前一种用法，并且专注于展示团队成员之间的对比。

数据不确定性的可视化

科学训练师力求传递与解决动机问题的见解有关的明确信息。理想的情况是，他们所传递的信息对于重要决策的做出很有用。在顶级竞技体育领域，现实情况是，许多决策将会对个人的愿望（例如球队的选择）、日常工作（例如有关准备和恢复练习的决策）、健康（例如疾病和损伤管理）以及经营（例如招聘和合同条款）产生深远的影响。根据可视化数据做判断越来越多地被纳入顶级竞技体育的重大决策中，所以准确地展示数据至关重要。这样做时，科学训练师需要对所传递的信息中可能存在的各种不确定性进行审慎周详的考虑，例如由近似数据、来自统计模型的估计值、测量误差以及数据不完整所引起的不确定性[20]。

在传递数据时，科学训练师需要清晰地传递数据所表达的内容，并且还要传递数据不表达的内容。科学诚信的原则必须支撑他们身为科学训练师所做的决策，包括他们在制作数据展示方案时所做的设计决策。与本章尤为相关的一个科学诚信的原则是诚实。鲁斯·巴尔杰（Ruth Bulger）将这一原则描述为："科学家们在计划、执行、记录、解读和发表自己的工作成果时所秉承的一系列价值观，包括诚实、诚信、真实和客观等。"[3]为了践行这一原则，科学训练师有责任尽可能准确地展示他们所处理的数据——他们要坦诚地告知自己的测量仪器、方法、分析方法、模型和所传递的信息中存在的不确定性。重要的目标是要避免虚假地传递并不存在的精确性。通过传递信息并如实对待不确定性，科学训练师才能更好地服务于他们的交流对象。通过全面了解可获得的信息，他们可以做出基于可靠数据的决策，这些决

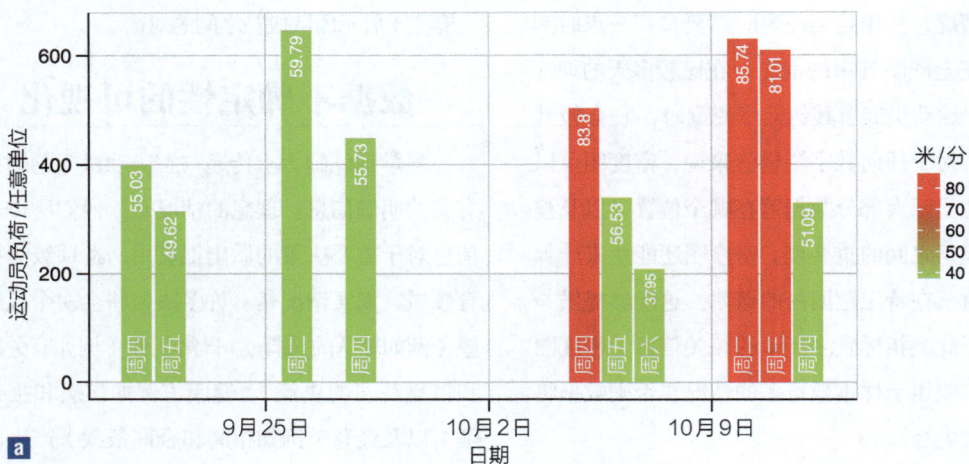

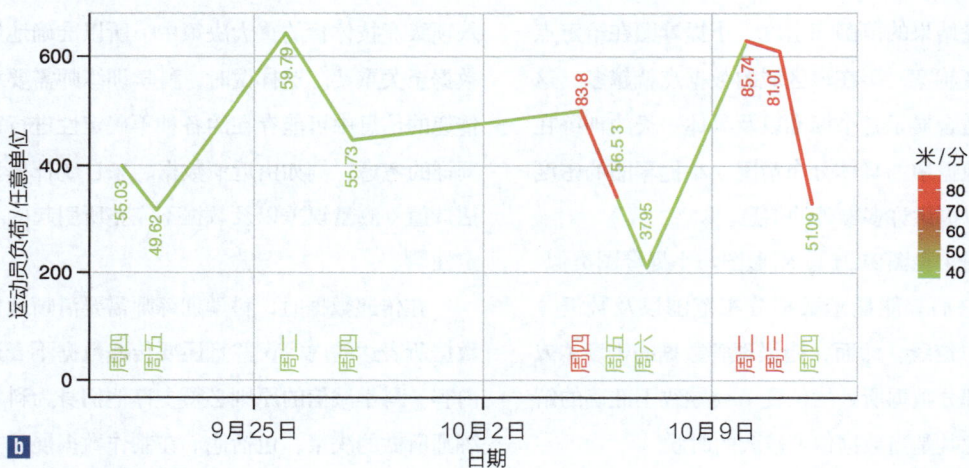

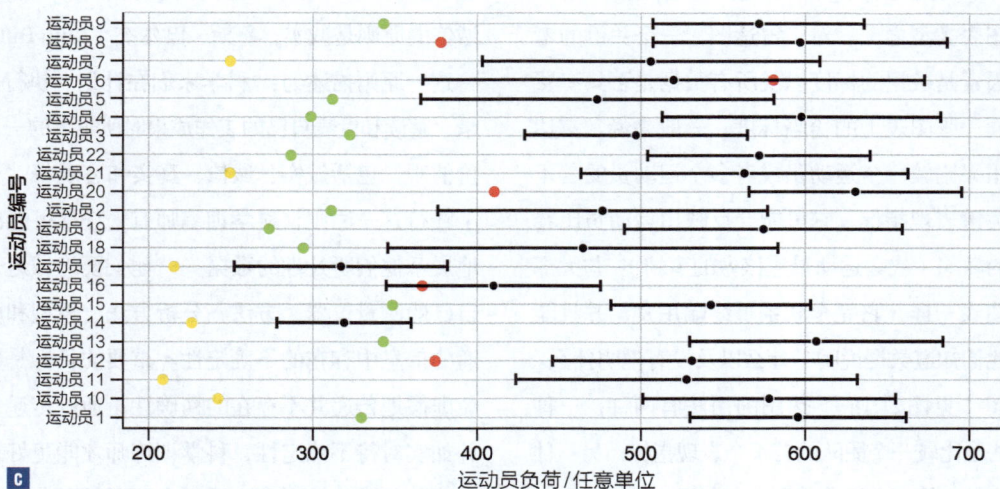

图21.1　训练科学中常见的可视化图表类型：a. 柱状图，b. 折线图，c. 点图

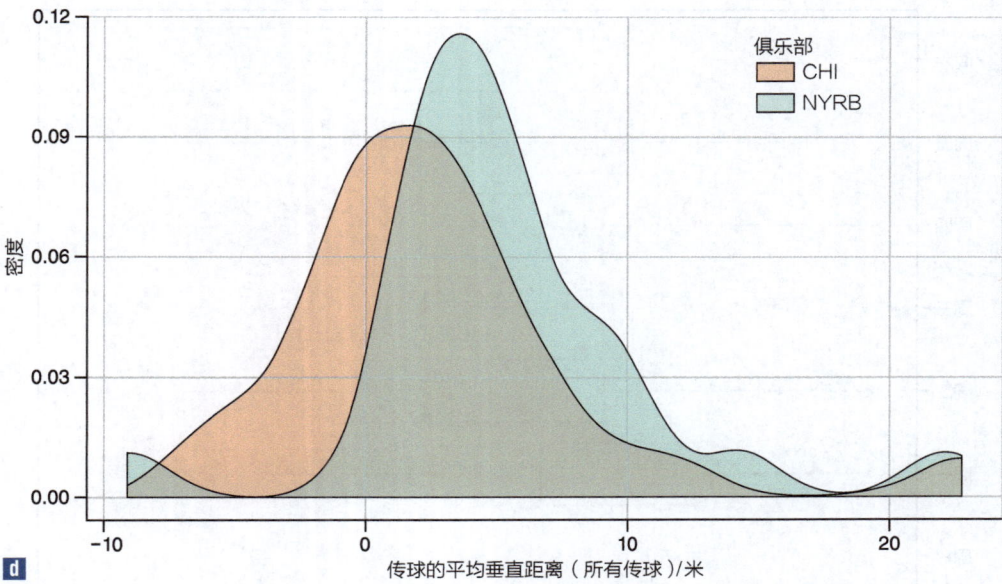

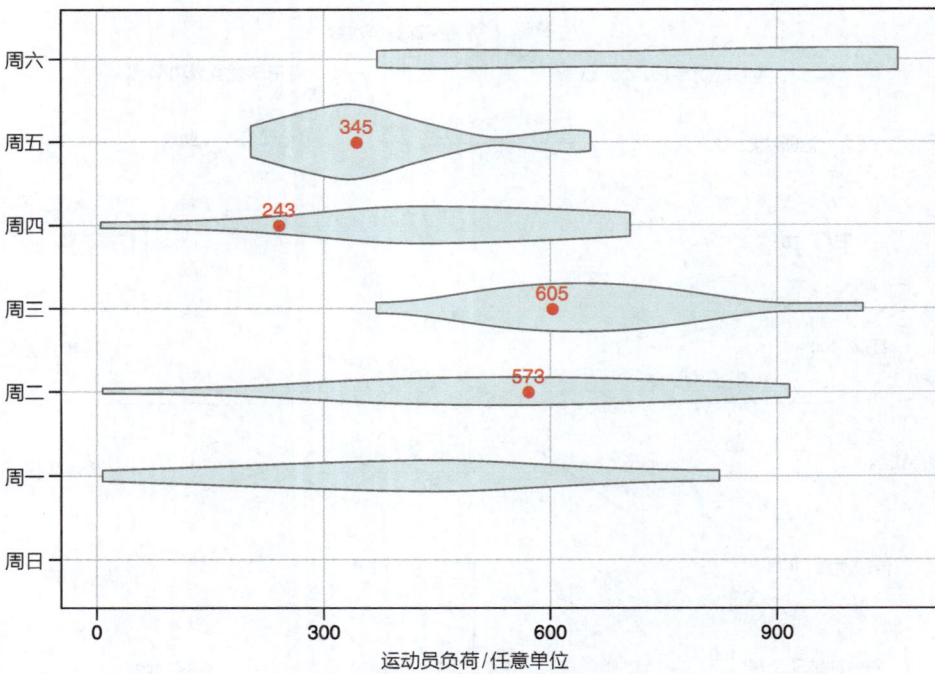

图21.1（续） d. 密度图，e. 小提琴图

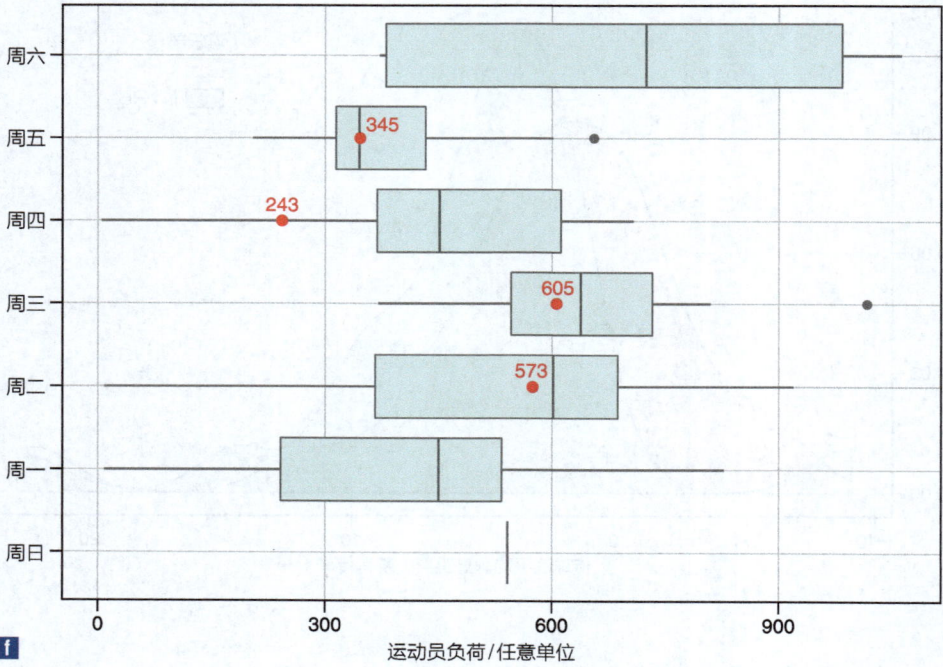

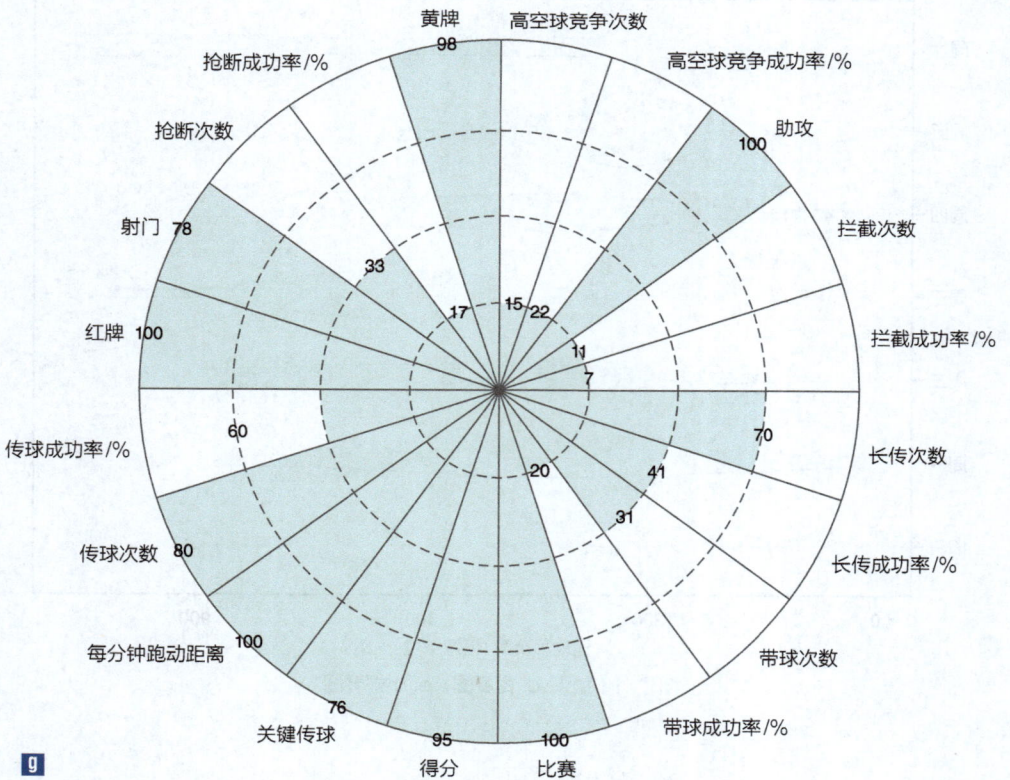

图21.1（续）f. 箱形图，g. 雷达图

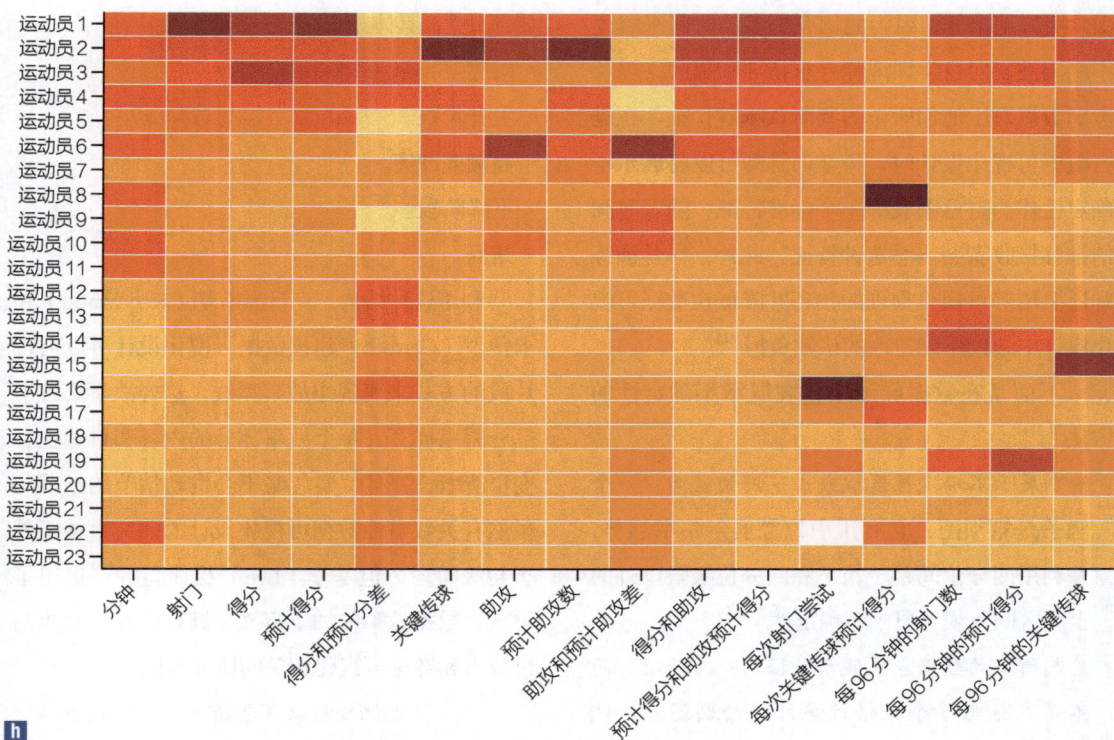

h

图21.1（续） h. 热图

策的置信程度与可获得的证据质量相匹配。

当数据可视化设计可以恰当展示不确定性时，挑战之一是，在认识不确定性的过程中，人们需要尽力去应对复杂性，而这有悖于人们对简洁或简易的偏好，尤其是当遇到需要经过一定程度思考与认知的任务时（例如数据可视化的解读）。后来，汉斯·罗斯林（Hans Rosling）教授将其描述为单一视角本能[19]：

我们觉得简单的想法非常吸引人。我们享受领悟的瞬间，我们享受我们确实理解或者知道某件事的那种感觉。并且人们很容易陷入滑坡谬论，从一个引人入胜的简单想法，到这种想法完美地解释或者解决了许多其他问题……像这样的考虑会节省许多时间。你可以不用从头去了解一个问题就能得出观点和答

案，并且你可以接着执行别的任务。但是如果你想理解世界的话，那么它其实并没有那么有用。

当在数据可视化设计中纳入不确定性时，科学训练师该如何克服这样的障碍呢？在某种程度上，这可能要求科学训练师与其他人员和决策者反复进行讨论，以达成有关不确定性为何重要的共识。因为当存在不确定性时，未能成功地考虑或者认识到它会导致误解和不准确的结论[18]。

当决定如何在数据可视化设计中展示不确定性时，科学训练师还必须考虑决策或问题的性质以及做决策时的背景。对于快速做出的决策，不确定性的可视化可能会导致不想要的延迟或者让受众感到不知所措，所以科学训练师需要考虑精确性和易懂性之间的权衡。当有充足的时间做决策时，包含不确定性的数据可视化设计可能会被

受众更好地接受，因为他们有更多的时间来解读不确定性，向科学训练师寻求指导和提问，以及考虑数据对于他们所做的判断意味着什么。在进行数据可视化设计时，科学训练师可以将展示不确定性作为自己图表的一个标准特征，随着时间的推移接收者会熟悉这种特征。此外，科学训练师还要培养可视化推理的技巧并降低在数据可视化设计中解读不确定性的认知负担[15]。

下面是在数据展示中直观展示不确定性的方法[9, 17]。

- 绘制展示不确定性区域或者范围的区间：一个例子是箱须图，它利用中位数展示集中趋势，并利用四分位间距（箱）和四分位极限以外的上下区间（须）展示不确定性。
- 绘制所有的数据点来展示数据的分布情况，而不是只根据单个概括性统计值绘制图表：例如，我们可以利用密度图或者直方图来展示数据分布情况，而不是只根据平均值绘制图表。
- 利用点的不透明度来表明确定度：不透明度较高代表确定度较高，不透明度较低代表确定度较低。
- 通过整合多种相关的信息源，展示出同一个问题的多种表现形式：目的在于向受众传达，理解一个复杂的问题时需要考虑多个因素。

数据驱动的讲故事方式

利用讲故事的方式来传递数据信息已经引起了广泛的关注，因为它有可能"通过在数据和想法、兴趣以及读者的生活之间产生一种有意义的联系来让人感到欣喜和意外，还能够激发创造力"[13]。利用数据创作和讲述引人入胜的故事需要一些与叙事结构以及吸引受众和表达意义的要素有关的基础知识。例如，弗赖塔格金字塔是一种著名的叙事弧线结构，它描述了组成叙事弧线的5个主要部分[8]，具体如下。

- 阐述。
- 上升阶段。
- 高潮或冲突。
- 下降阶段。
- 结局。

利用这种结构，克日温斯基（Krzywinski）和卡伊罗（Cairo）[13]建议数据可视化设计可以通过片段的方式来表现出故事弧线，这样故事的各个部分得以展开，每个故事部分的内容和目的也会变得清晰，并且"要忽略不会推动情节的细节"。虽然有关叙事性数据可视化设计的研究目前正处于初级阶段，但是李（Lee）及其同事[14]提出了可视化数据故事的如下定义，其目的在于聚焦与讲故事和数据可视化相关的研究范围：

可视化数据故事包括一系列的故事片段，即由数据支撑的具体事实。让大部分故事片段可视化的目的是支持一个或者更多预期的信息。可视化包括注解（标签、箭头以及文本等）或者解说，以清楚地突出和强调该信息，并避免产生歧义（尤其对于异步讲故事）。

为了支持作者的高级沟通目标，故事片段按照有意义的顺序或者它们之间的联系进行展示，从通过解释事实让观看者受到教育或者令他们感到愉悦，到通过发人深省的观点劝说或者劝服观看者。

正如那句格言所总结的，故事可以是强有力的，也可能被误用，永远不要让事实妨碍了一个好故事。当把讲故事的方法用于劝说时，科学工作者有可能会冒险采用断章取义的方法。他们可能会有意或者无意地为可视化数据选择一些事实，因为这正好适合某种特定的叙述，而会去忽略或者贬低其他与该叙述相抵触的相关事实。鉴于这种风险，当将讲故事的方法应用于数据可视化时，科学工作者应当坚守道德规范，这一点很重要[5, 14]。下面是在利用数据可视化设计讲述趣味十足、引人入胜的故事时，科学训练师用以在自己工作中保持正直和诚实的一些方法。

- 避免在考察和分析数据之前就确定叙述的内容。
- 提防可能需要通过验证性分析来支持一个已经做出的决策的情况。
- 接受同行的评议和批判（与其他人协作来确认关键信息和构建故事）。
- 让背后的数据及其分析变得透明、可使用和可复制。
- 当单一数据可能存在多种解读时，要在研究内容中承认和概述所有观点。
- 明确地识别出局限性以及未知或者开放的问题。
- 为受众提供机会去探索数据、检验自己的想法以及追随自己的探究路线。
- 开展一种包容且动态的过程，在该过程中受众的见解和反馈都会被利用和纳入，以随着时间的推移不断地更新数据可视化设计。

竞技体育中的具体情境因素

常言道，情境决定一切。在竞技体育中，有许多具体的情境可以被添加到数据中。每天与运动员共事的教练员会在自己的具体情景中查看数据。类似地，运动表现和医疗人员也有独特的见解可以被添加到数据反映的信息中。提供数据可视化设计、分析和报告的目的应当是吸引这些用户，并提取出他们独特的情景知识，以添加到数据全况中。

交付数据见解的时机和格式

对于竞技体育情境中的大部分数据类型来说，从收集到解读的效率非常重要。数据分析需要多

快、多精确才能做出基于可靠信息的决定？这是设计过程的一个重要部分：理解数据管道以及数据分析工作流程中的步骤是如何联系在一起的。当确定要集成到环境中的技术时，这些也是重点要考虑的，因为从每个系统中获取测量数据将有各自独特的流程，而这些流程必须与整个工作流程相契合。自动化的处理和报告会提高效率并减少潜在的用户错误。限制所有的复制和粘贴、人工输入以及数据的导入或导出可以为科学训练师和运动表现部门节省大量的时间，并增加用于共同讨论数据见解的可用时间。最终的目标是，只要数据一经收集，它就能为需要它的人所用。虽然这是一个远大的目标，但是考虑过程并早点采取行动去实现该目标会非常有用。自动化的一个经常被忽视的好处是带来的信息与可视化报告的样式具有一贯性。如果某个人每天都手动制作报告，那么信息或可视化报告样式出现变化的可能性就较高。这种一贯性有助于解读报告，并且可以让终端用户更加迅速地检测到团队或者运动员的异常模式。

运动员的日常测量，像健康状况调查、主观疲劳程度或者负荷监控（例如跑过的距离、承受的负荷以及训练强度），应当在运动员当天离开之前完成。这类测量数据在确认恢复或营养策略的时候，或者被医疗人员用来在训练后评估运动员的时候会很有用。能够近乎实时地传递这类测量数据是一种策略优势。在最慢的情况下，数据应当在第2天训练之前提供，这样表现团队便能够审查该数据。

周期较长的（即每周、每月）监控测试（例如测力台测试、等长测试、速度测试、腘绳肌测试）应当立即测得结果，并且要结合该运动员纵向的个体区间和个体趋势。开展这些测量的目的是评估运动员对训练的反应情况以及干预是否有

必要。如果科学训练师无法即时评估数据并与运动员和表现团队交流结果，那么他们便会失去向运动员展示收集数据的价值的机会。

比赛的生理和表现指标应当立即测得，但是可能不需要那么快地交流。当只在单场比赛样本上开展时，这些测量可能会具有非常多的干扰信息。科学训练师通常最好具有较多可以展示出趋势或者据以做决策的参考框架。

提供反馈时要利用数据

一般来说，运动员与数据有一种独特的关系。这主要取决于运动员对数据的理解，以及这些数据分析结果如何反过来用到运动员身上，过程中可能需要克服一些障碍。对于科学训练师来讲，首要任务应当是确保运动员理解为什么提出问题以及他们的答案将被如何使用。如果运动员永远收不到反馈，或者看不到数据被利用，那么他们便不可能看到或者信任这些过程的价值。经常的情况似乎是，数据被用来打击运动员或者完全没有被使用。科学训练师从运动员身上收集数据时应当始终有一个计划或者目的，并且应当留出专门的时间来与他们一起审查该信息，以获取他们对数据的独特见解。

竞技体育中数据可视化示例

利用可视化手段解释和交流有关运动表现的信息的情况已经迅速增多[16]。利用前面所描述的原则，本部分将介绍现竞技体育中的一些常见数据可视化示例。

个体内部的对比

竞技体育中会出现对比。清楚什么时候进行个体内部的对比（运动员自身的对比）和个体之间的对比（至少两个运动员之间的对比）是科学训练师的工作。相关报告应当采用一种让终端用户知道应该对比什么的方式完成。一种常见的技巧是利用参照点来引导对比。

案例1：健康自评量表与个体参照点的对比

健康调查如今被广泛地应用于多个运动项目，它包含有关睡眠、压力、心情以及训练的 RPE 等的问题（例如，"你今天的心情怎么样？""今天的训练难易程度如何？"）。并且它通常会提供一个可以根据时间加以追踪的综合分数，这被用来追踪运动员对训练可能的响应情况。一般而言，健康调查的目的是了解运动员今天的状态如何，找到这一问题的答案需要运动员回答具体的问题。尽管这些问题很重要，但是它们会缺少重要的情境信息，即"与什么对比"。任何对比都需要一个参照点，这便是试验中对照组，或者干预中基准测试存在的原因。"与什么对比"提供了一个解读数据的框架。日常值与某个参照点的对比为数据增加了情景——那么我们应当与什么对比呢？图21.2展示了一组运动员的健康调查数据。图21.2a按照由高到低的顺序展示了每个运动员报告的原始数据（将每个运动员与其他运动员对比）。图21.2b针对所有运动员采用了该数据的一种换算版本，目的是让运动员将自身的情况与过去进行对比。

那么哪种可视化形式给出的见解更好呢？将运动员与其他运动员对比，还是将运动员自身的情况与过去对比？两种方法都能够回答上述问题，但是哪种答案能够提供有助于做决策的信息呢？在图21.2中，原始分数之间存在巨大的差异，并通过换算值添加了一些情境信息。这个例子根据每个运动员的平均值和标准差来换算数据，目的是计算 z 值 [$z=(x-\mu)/\delta$，其中 x 是运动员的日常值，μ 是运动员的平均值，δ 是运动员的标准差]。

采用这种方法，所有的运动员都处在相同的标度上，并且 0 表示等于平均值，正数表示大于

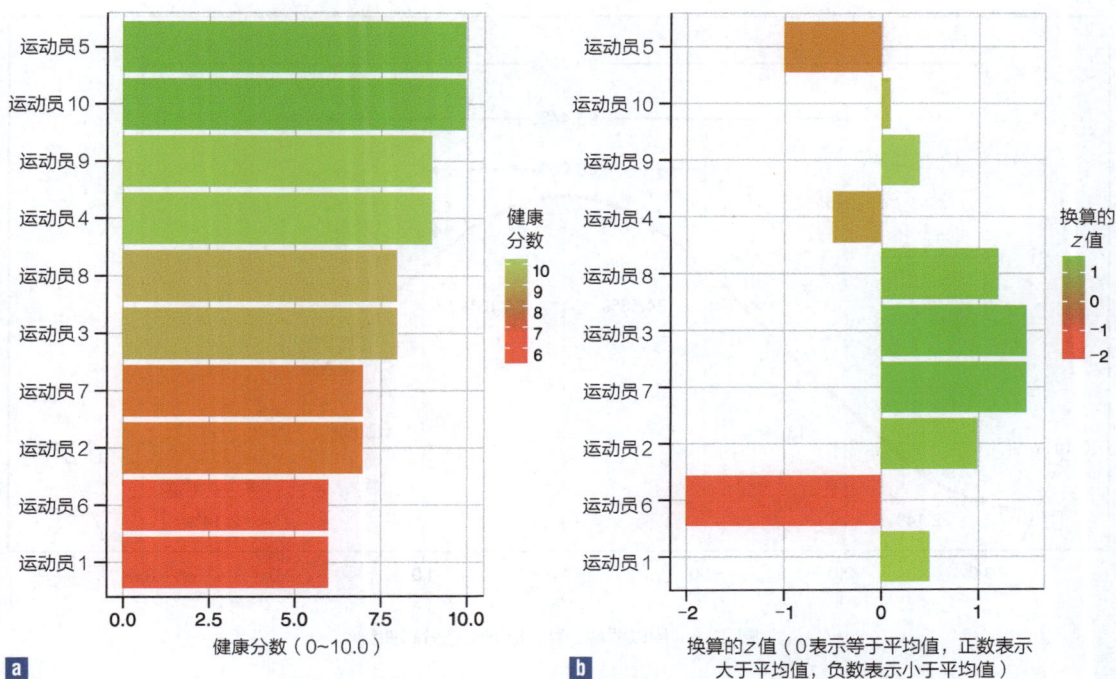

图21.2 以a. 原始数据格式和b. 换算的z值格式展示健康分数

平均值，负数表示小于平均值。将原始数据换算成z值的另一个好处是，数值对应于标准差的数量和一个高于或低于运动员平均值的数值。例如，−0.5表示比运动员的正常范围低0.5个标准差。该值仍然处于该运动员的正常范围，但是取值为−1.5或者−2的可能性要小得多。短语"正常范围"参考的是标准正态分布曲线；换言之，这对于该运动员来说是正常的。图21.3展示了一个标准正态分布曲线，其中平均值周围±1个标准差代表了68.26%的数据，如果一个值低于−1个标准差，那么它出现的概率大约为15.87%。这类展示可以优化关于这些数字意义的沟通，这样它们并不代表数值本身，而是代表了一种概念：某种响应（身体健康状态）只有在不到10%的概率内才会出现，因为该响应的偏差（z值）是−1.5。收集和分析数据的目的是清晰地解读和传达结果，这样终端用户才能轻松地解读信息。不过，要注意的是，只有当数据（变量）服从正态分布（即绘制

直方图时，它看起来像一条钟形曲线）时，这种换算才有效。如果变量向左或者向右偏斜（大量的观测结果位于平均值的任意一侧），那么将原始数据换算成z值便不是一种合适的换算方法。

通过数据换算实现运动员与自身正常范围的对比

当一个人采用主观数据时，数据换算就很重要，因为在大部分情况下，主观类问题都是基于离散值，而不是连续值的。以本章作者的经验来看，在一个量表等级内，运动员往往还会有自己偏好的等级范围。有些运动员可能只使用小范围的值（例如，如果完整的等级是1~5级，他们可能只使用3~5级，所以3级对于他们来说就是低等级），而有些人则可能会使用完整的等级（他们将自己主观感知的等级划分为0~5这样一个更加宽泛的区间）。由图21.2可明显看出，换算后的运动员数据反映的情况与原始数据不同，该图的两部分（图21.2a

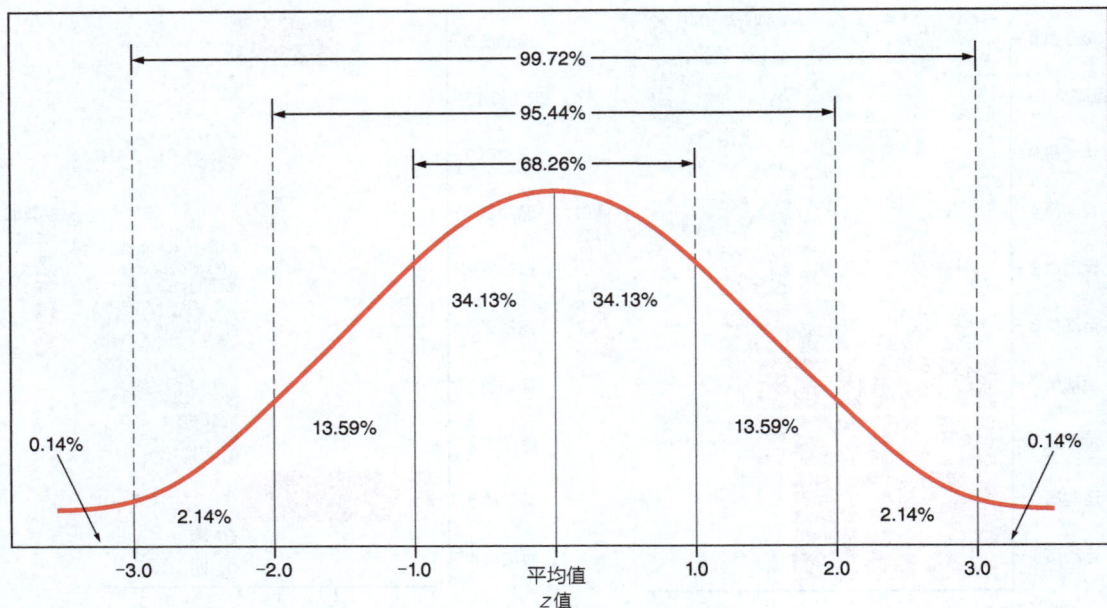

图21.3　用以解释z值的标准正态分布曲线

和图21.2b）都是按照总健康分数降序排列的。运动员5具有最高的原始健康分数，但这一结果实际上低于他的平均值。这表明，该运动员通常按照量表等级范围的上限来回答所有的问题，但是略有偏差，而这有悖于对他的规范要求。类似地，原始数据图中间的运动员具有较低的分数，但是这些结果都高于他们的平均值。该信息很重要，因为它有助于我们与运动员开启一段对话和建立信任，并针对给出的问题提供反馈。以诸如"你今天感觉如何？你报告的分数低于正常值，你有什么痛处或者困扰你的事情吗？"的问题开启一段对话，可以表明他们的感觉得到了重视。

回想一下，健康调查通常由若干个问题组成，并且通常会计算一个综合分数。所以，科学训练师如何才能挖得更深入以及如何才能发现运动员健康的什么方面可能出现了问题？这随即引出了一个问题："他们所有的参数都下降了吗？还是有一个低于正常值的具体方面可以被更加深入地调查？"图21.4举例说明了身体响应结果如何换算，然后如何直观地展示数据，以快速地表明运动员的现有数据是否低于他们的正常范围、低多少以及他们健康的哪些方面可能出现了问题。此外，从该图中还可能看到，右侧的预警系统会发现哪些运动员回答每个问题时的标准差低于1。这可以用于展示有多少运动员的响应低于他们的正常范围，从而提供更多的背景信息。由于健康总分由多个问题的得分组成，所以该可视化形式还能提供有关运动员在更加细化的层面上的感受信息。有一个组睡得不好吗？或者有一个组有压力吗？这些主观的反应为科学训练师提供了另一个有助于为每个运动员计划训练与恢复策略的层面。该信息应当用来和某个特定的运动员开启一段对话，因为这些响应是主观性的，并且可能更加倾向于存在偏差和误差。

随时间产生的变化

科学训练师所提供的最为常见的研究结果之一是随时间产生的变化。这可以是随着时间序列

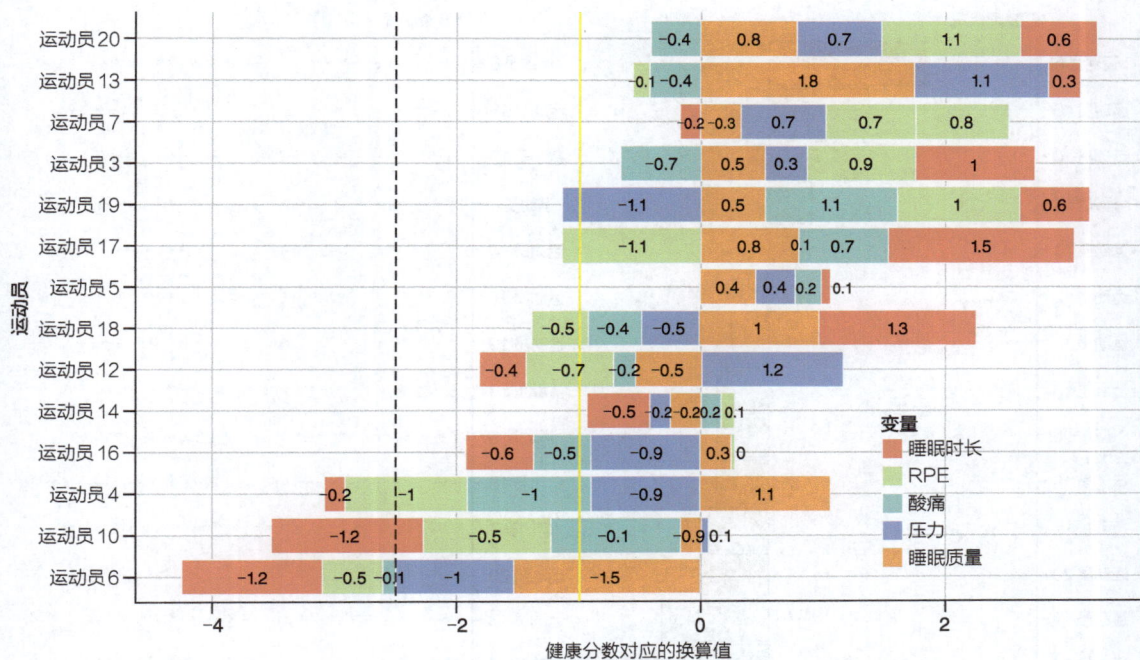

图21.4 运动员健康问卷结果换算的展示

产生的变化（某个指标的每日变化）、训练前后循环测试结果（例如1RM、40米冲刺时间或最大垂直跳高度）的变化，或者团队的关键表现指标（例如持球时间、投篮命中率或防守效率）是如何随着时间提高的。这些是会影响运动员、教练员和管理人员的重要见解。报告随时间产生变化时，科学训练师必须注意确保所提供的信息是解读清楚的，并且是严谨的。例如，时序数据需要围绕运动员标准的情景。在没有情境的前提下展示运动员一周的训练和比赛数据，并不会提供做决策所需的信息。运动员训练得太多了吗？太少了吗？所提供的情景应当有助于阐明信息，并且几乎不需要再进一步解读。另外需要清晰展示的是，随着训练周期的推进，度量指标的变化。这对应的问题通常是从训练前后的测试结果来看，运动员变得更有力、更迅速、更强大了吗？下面是报告训练前后测试结果变化时要遵循的准则。

- 展示所有运动员的测试结果及其变化情况，不

要只展示团队、某个位置或者赛事的平均值。有的运动员会进步，而有的运动员可能会原地踏步或者退步。该信息很重要，因为它可以被用来按照专门针对个体的方式调整训练。

- 提供一些有关效应或者变化程度的信息。变化是否有意义，或者是否超过了测量装置的测量误差范围？
- 报告变化时要采用原始数据。当数值较小时可能在百分比呈现上变化不明显。专注于真实值和变化的单位。

案例2：运动员健康自评量表

正如之前所讨论的，当报告随时间产生的变化时，重要的是要加入可以为解读数据提供框架的情景。目标是，当教练员或者运动表现团队，甚至是运动员自己看到图21.5所展示的数据时，他们能够快速地解读出它的含义。

- 运动员今天的健康状况与其个体范围比起来如何？
- 运动员过去7天的健康趋势如何？

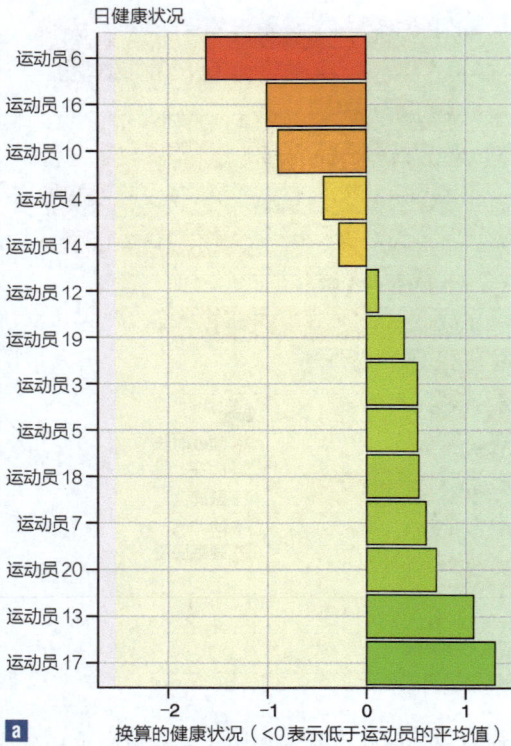

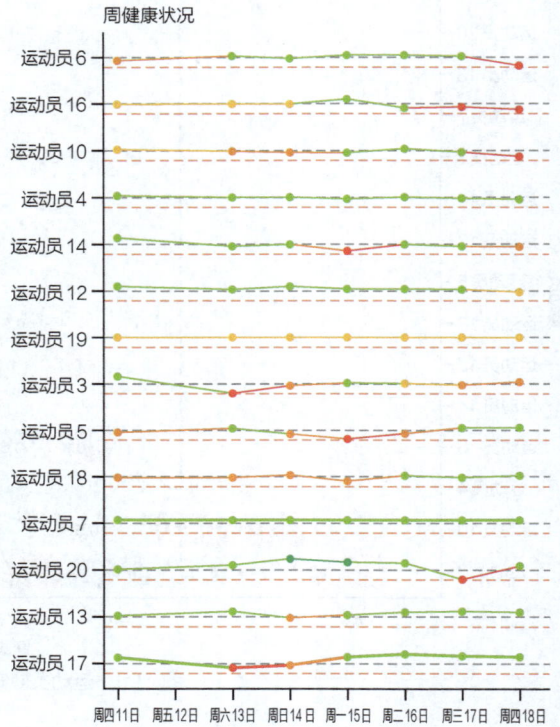

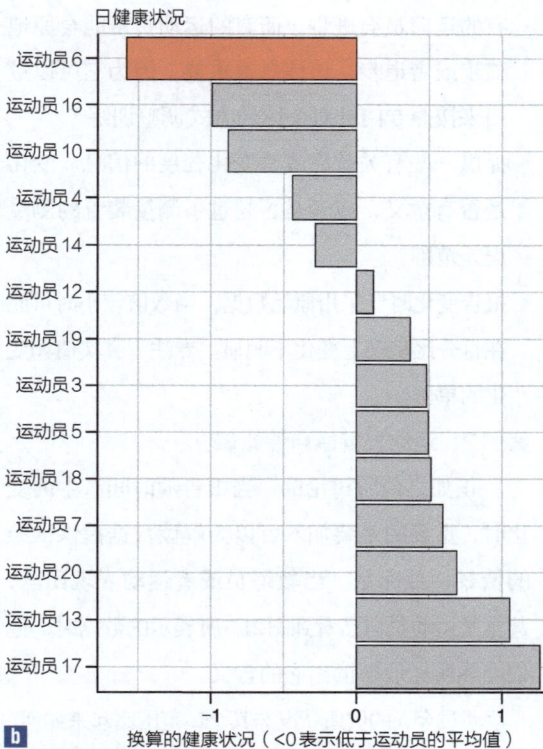

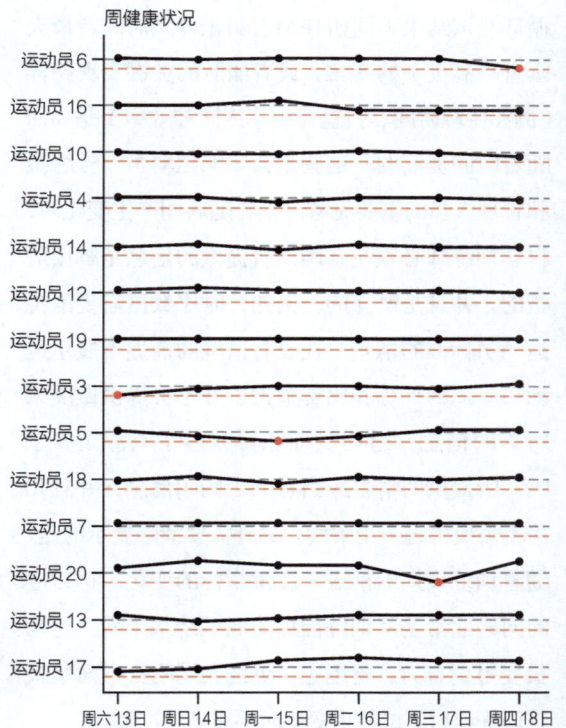

图21.5　呈现运动员日健康状况和周健康状况的例子，展示a. 过度使用颜色和b. 使用颜色来强调重要的数据点

- 需要解决有关运动员的哪些问题以及需要使用什么干预手段？

　　该案例研究采用的是不同信息类型的组合（两种可视化形式和一列信息）。通过组合数据类型，我们可以最大限度地为不同终端的用户解读信息。柱状图对日健康状况的排序可以直观地展示哪些运动员处在低位，而换算的数据可以让用户看到运动员偏离正常水平的程度。然后，折线图可以展示运动员周健康状况的趋势，其中灰色的虚线表示平均值（z值为0），橙色的线表示z值为-2。折线图的目的是展示数据是只下跌了一天（短期处于低健康状态），还是持续下跌了好几天（长期处于低健康状态）。最后，右侧子图展示，对于每个问题来说，哪些运动员的分数较低；目的在于展示一个运动员是所有类别的分数都低，还是只有一两个类别的分数较低。结合图21.4中的数据类型，在几秒的时间内，用户应当能够观察到关键数据。在本案例中，运动员6今天的健康分数较低，与其整周的水平相比，出现了一次大幅的下跌，并且这似乎与睡眠质量有关。类似地，运动员16今天的分数也较低，并且已经连续3天处于低位了。可视化设计和报告的最终目的应当是，让终端用户得到一个明确的结论，以做出更好的决策。

　　可视化设计中，颜色是非常有力的工具[12]。红色、黄色（琥珀色）和绿色3种交通色在训练科学中很受欢迎，但是我们必须注意受众对该方法的使用方式和信赖程度。首先，患有色盲的个体将无法正确识别这些颜色，虽然我们是在尽力利用颜色来简化信息，但是一定要注意不要只依赖颜色或者滥用颜色。例如，我们不能简单地将红色与不好联系起来，并且将绿色与好联系起来，因为我们有必要查看每个运动员的多个因素。在实践中，科学训练师必须非常清楚颜色的含义以

及如何使用它们。工作人员和运动员必须理解颜色是用来引起受众对信息重要性的注意的，但是他们必须加入自己的情景，该情景可以提供更多的信息，并且有助于他们做决策。合理配色有助于数据解读。人们确定颜色的一种常用方法是根据分界点（例如，小于或等于-2的数值用红色表示，大于-2且小于-1的数值用黄色表示，而其他数值用绿色表示）。或者颜色也可以根据计算值等于训练负荷的25%分位数、50%分位数或者75%分位数来指定。这样做的目的在于转用红色代表关注，黄色代表谨慎，绿色代表离开或者无须关注这种理念。不过，在表示两个非常相似的数值的差异时，分界点会出现问题。例如，z值为-2时是红色，但是z值为-1.9时便成了黄色。当数字之间没有真实差异的时候，分界点才能确定差异。如果数据是连续的（就像训练负荷），那么采用颜色梯度（从一种颜色向另一种颜色过渡）是一种更好的选择，因为它们能够更好地反映出数据上的差异（参见图21.1和图21.5a）。更进一步地讲，颜色的使用不能过度。颜色是否有附加价值？还是我们只是为了用颜色而用颜色？颜色的滥用会让人们的眼睛感知不到重点，从而削弱其传递信息的能力[7]。考察一下同一张图（见图21.5b），其中颜色的唯一用处是强调应关注的数值。信息是否更加具体地显现出来了？哪种颜色使用方法更有效？这些问题强调了设计以及目的性设计的重要性。

案例3：团队内运动员间的横向对比和纵向对比

　　本章前面的案例专注的是个体，以及如何展示和传达他们对应激源的响应及它们随时间产生的变化趋势如何。然而，在团队运动项目中，我们通常将这些观点结合起来，以理解团队中的个体是如何随着时间做出反应的。当报告和可视化对比时，这里讨论的许多有关随时间产生的变化

的规则仍然适用。情境仍然很重要，但是更为重要的是，我们有必要确保对比的设计能够准确地反映需要对比的内容。

图 21.6 直观展示了团队的健康状况，同时还加入了个体在队内分布情况的情景。图 21.6 展示了团队在过去 21 天内换算（z 值）健康状态的平均值。这回答了一个问题："作为一个整体，这个团队对训练的反应如何？"一个符号（三角形、方形和倒三角形）代表团队中的一个运动员。图中给出了包含每个运动员结果在内的团队平均值，但有时候平均值可能会让人产生误解。例如，如果团队中一半的运动员分数非常低（-2 或者更低），而另一半又非常高（2 或者更高），那么团队的平均值将在 0 附近，但是团队的平均值并没有反映出任何一个运动员的分数情况。而且，如果首发运动员是分数非常低的群体，这是需要明确理解的重要信息，以便针对如何干预做出更好的决策。

利用标签标记出低于具体阈值的数值可以让终端用户很快找出数值低于 2.5 的任何运动员（即异常值）。这加入了另一个情景，以帮助决策者理解下列内容。

- 作为一个团队，每个运动员所处的位置。
- 多少运动员分数较高或多少运动员分数较低。
- 群体之间的相似性要么非常低要么非常高，这有助于为所需的变化或干预做决策。

实际上，如果 17 日（周三）分数低的 5 个运动员都是首发运动员，并且 19 日（周五）有一场比赛，那么科学训练师便有机会做出一些调整，并采取相应行动。针对运动员主观报告的可视化设计和教育，需要注意，此类报告来自运动员对训练过程情境的主观内在感受，报告应当有助于讨论如何继续推进训练；除了主观内在感受，运动员还存在一些潜在的外在应激源（如学业和社交），以及团队和个人信息的视觉分层。当个体或一组个体与整体中的其他人员进行对照时，就

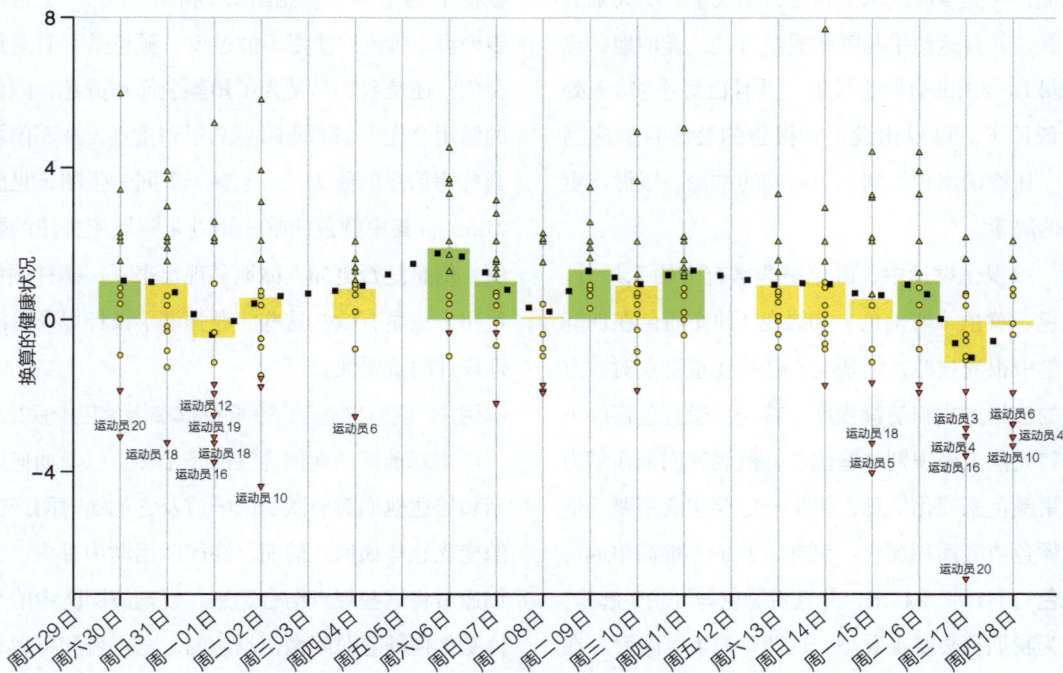

图 21.6　过去 21 天团队健康状况的趋势，并配有运动员的个人数据

可以获得一些额外的细节信息片段。在图21.6中，17日发现的5个分数较低的运动员中有4个是大一新生，并且当时正好是期中，学业压力增大可能是他们报告的健康状况分数低的原因。

整合多种信息源

在如今的竞技体育情境中，我们可以在运动员身上测量和追踪的数据无穷无尽。通过识别并将相似的指标归类到一起，科学训练师便可以针对运动员的训练进展和训练反应情况形成一份更加详细的分析。最常见的指标之一是训练负荷，它可以通过多种方式加以测量，正如第2章所讨论的那样。当直观展示训练和比赛负荷时，我们可以将其看作训练量（训练总量）、强度或密度（训练量×强度）。以这3种方式看待训练负荷很重要，因为有些运动员可能会对训练量做出反应，有些会对强度做出反应，还有些则会对密度做出反应。弄清楚运动员如何对训练与比赛做出反应有助于找出需要追踪的最重要的反应指标。

案例4：训练负荷和运动员的健康状况

图21.7举例说明了如何利用趋势图以压缩格式展示各种指标的大量信息，并将多个变量组合到一起来向数据加入更多的情景。大多数数据可视化工具（例如Excel、Tableau、R和JavaScript）都能够生成趋势图，但是每个工具都有自定义趋势图的独特方式。这些示例都是用工具R生成的，并且我们可以通过自定义来展示每个人的个体标准，还能够交互地展示每个数据点的值。结合多种数据类型可以让终端用户直观地看到团队或者个体层面的趋势，从而纳入多种反应变量（例如健康分数、认知负担、压力以及最大速度）。这会让终端用户弄清楚一个运动员是否对训练量、强度或者二者的组合做出更多的反应。在日程繁忙的竞技体育组织（例如美国职业棒球大联盟、美国职业篮球联赛、美国冰球联盟）中，采用3~7天的累积负荷可能更为有用，因为天与天之间的变化可能较小，但是短时间内的变化可能会较大。

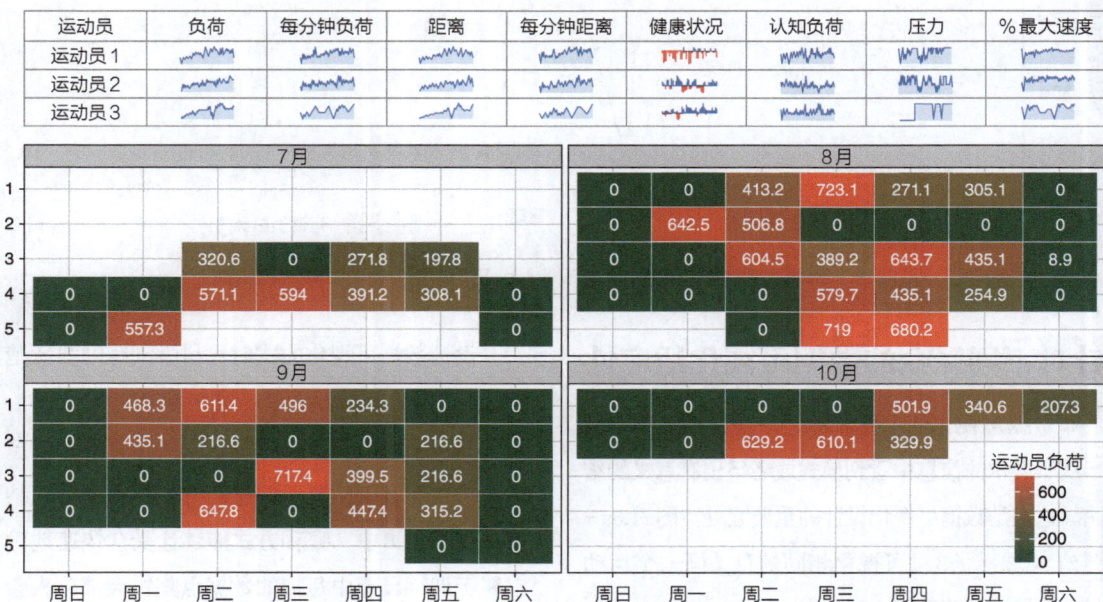

运动员	负荷	每分钟负荷	距离	每分钟距离	健康状况	认知负荷	压力	% 最大速度
运动员 1	∿	∿	∿	∿	∿	∿	∿	∿
运动员 2	∿	∿	∿	∿	∿	∿	∿	∿
运动员 3	∿	∿	∿	∿	∿	∿	∿	∿

7月

	周日	周一	周二	周三	周四	周五	周六
1							
2							
3			320.6	0	271.8	197.8	
4	0	0	571.1	594	391.2	308.1	0
5	0	557.3					0

8月

	周日	周一	周二	周三	周四	周五	周六
1	0	0	413.2	723.1	271.1	305.1	0
2		0	642.5	506.8	0	0	0
3		0	604.5	389.2	643.7	435.1	8.9
4		0	0	579.7	435.1	254.9	0
5			0	719	680.2		

9月

	周日	周一	周二	周三	周四	周五	周六
1	0	468.3	611.4	496	234.3	0	
2	0	435.1	216.6	0	216.6		
3	0	0	0	717.4	399.5	216.6	
4	0	0	647.8	0	447.4	315.2	
5					0	0	

10月

	周日	周一	周二	周三	周四	周五	周六
1				501.9	340.6	207.3	
2			629.2	610.1	329.9		

运动员负荷
600
400
200
0

图21.7 整合多种数据类型以及日历视图

7月

	周日	周一	周二	周三	周四	周五	周六
1							
2							
3			320.6	0	271.8	197.8	
4	0	0	571.1	594	391.2	308.1	0
5	0	557.3					0

8月

	周日	周一	周二	周三	周四	周五	周六
1	0	0	413.2	723.1	271.1	305.1	0
2	0	642.5	506.8	0	0	0	0
3	0		604.5	389.2	643.7	435.1	8.9
4			0	579.7	435.1	254.9	0
5			0	719	680.2		

9月

	周日	周一	周二	周三	周四	周五	周六
1	0	468.3	611.4	496	234.3	0	0
2	0	435.1	216.6	0	0	216.6	0
3	0	0	0	717.4	399.5	216.6	0
4	0	0	647.8	0	447.4	315.2	0
5						0	0

10月

	周日	周一	周二	周三	周四	周五	周六
1	0	0	0	501.9	340.6	207.3	
2	0	0	629.2	610.1	329.9		

运动员负荷
600
400
200
0

a

b 纵轴：运动员总负荷（0~1500）；横轴：日期（7月24日、8月7日、8月21日、9月4日、9月18日、10月2日）
500 1000 运动员总负荷

c 纵轴：运动员总负荷（0~1500）；横轴：日期（7月24日、8月7日、8月21日、9月4日、9月18日、10月2日）
500 1000 运动员总负荷

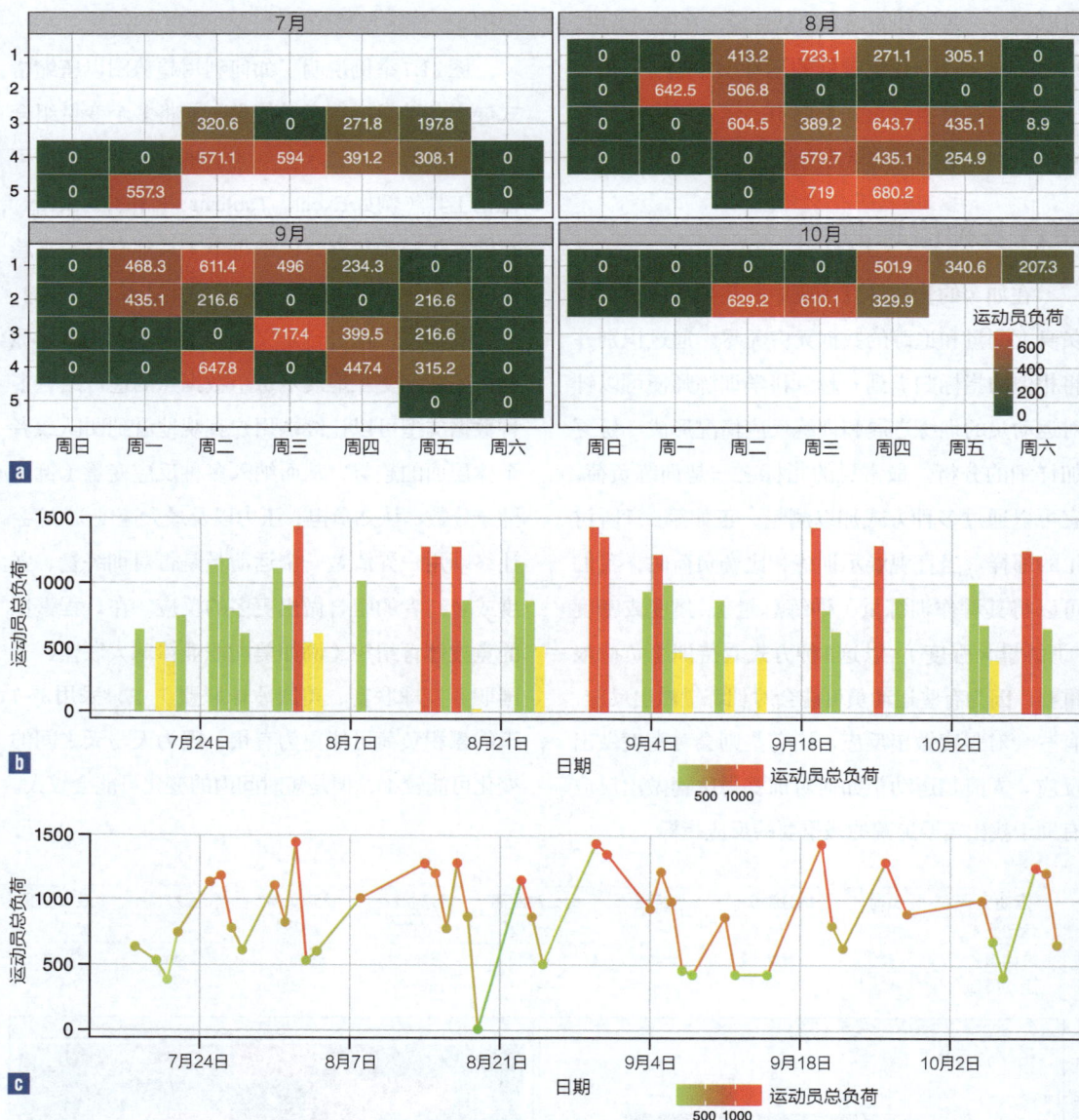

图21.8 针对时序数据的数据可视化设计：a. 日历视图，b. 柱状图，c. 折线图

针对不同受众的数据可视化适应性

数据可视化的主要目标之一是让终端用户易于从所展示的信息中看到模式或者得出有意义的结论。这正是数据可视化设计的重要之处。图21.8a~图21.8c展示了3种可视化相同信息（同一个运动员4个月的负荷数据）的方式。

设计数据可视化方式时，科学训练师要清楚哪种方式受众更容易理解，这一点很重要。此外，要清楚在不知道其他任何有关该运动员的信息时，受众还可以从展示信息的方式中得到什么结论。在图21.8中，哪种方式能够让受众快速地确定属于训练日历中每周的数据点集？大部分人会选日历视图。因为大部分人都熟悉日历，所以花费较少的时间就能够理解其试图展示的内容。在图21.8b和图21.8c中，受众必须花时间找到一周的起点和终点，并且休息的日子可能会导致数据内出现巨大的波峰和波谷。借助标准的文字展示方式（即可以从上到下、从左到右进行阅读），日历视图可以让受众快速地在一周的一天内或者几天之间以及在一月的几周之间进行数据对比。受众很快就能够看到，与其他月份相比，8月是训练负荷较高的月份。在长时间序列的视图中观察这一点会更具挑战性，如果不仔细研究x轴，那么将难以直观地看出是哪天、哪周，甚至是哪个月的数据。这会使对比变得更加困难，但是可能会更适合观察单个运动员随时间产生的趋势和模式。

展示数据的方式会对解读和得出的结论产生重大的影响，包括向可视化数据加入情景的层次。在图21.8所示的3个可视化示例中只有几层信息，所展示的内容是日期以及运动员累积的个人负荷。图21.8a（日历视图）和图21.8c（折线图）采用了有梯度的配色方案来表示运动员的负荷，以加入一个反映运动员当天训练难易程度（颜色越红，难度越大）的可视化层次。正如前面所讨论的，梯度对于连续值来说可能会有用处，因为它们有助于展示大小上的细微变化。对比之下，图21.8b（柱状图）采用了3种不同的颜色，对于运动员来说，分别代表75%百分位数以上（红色），75%到25%的中间百分位数（绿色），以及25%百分位数以下（黄色）（前面讨论了一个分界点的例子）。利用分界点的目的是清楚地确定运动员负荷的正常范围以及高于和低于正常范围的情况。然而，分界点意味着类别是离散的，并且它所表明的类别之间存在的差异可能要大于基础连续数据实际所显现出的差异。比较图21.8b（柱状图）和图21.8c（折线图）可知，柱状图采用的是分界点配色方案，而折线图采用的是梯度配色方案。

比较8月17日（运动员负荷总分=1287）和23日（运动员负荷总分=1159）的数据可知，分界点配色方案表明这两个值不相同，而梯度配色方案表明这两个值实际相差多少。分界点配色方案可以表明这两天存在差异，但是原始数据的差异非常小。将这两天并列放在一起可能会引起更多的困惑，因为终端用户可能会问，为什么它们的绝对差值如此小，颜色却不相同。

设计完报告和可视化方式之后，与终端用户的交流至关重要。科学训练师需要乐于接受反馈，并且愿意调整报告，以满足终端用户的需求。终端用户产生困惑可能是由于设计问题，而不是对数据或概念理解不到位。科学训练师要将终端用户当作其所处领域内的专家，并且专注于可以被准确解读的包容性设计，以让用户加入自己的情境。有些报告本来就是为了教育终端用户，而有些报告展示数据的目的则只是引起讨论。在每种情况下，设计都至关重要，这样讨论才能专注于信息，而不用花时间解释可视化设计所表达的内容。最好的方法最终归结到了用户以及围绕这些数据的意义和用法的教育上。然而，我们还有其他利用颜色向数据加入情境的方式。回想一下本部分开始时关于需要考虑运动员训练负荷、强度以及密度的讨论。这有助于对可视化设计进行完整的描述，后面将介绍一些做法。

层叠数据以展示负荷变化

本章的不同部分已经讨论了换算数据来让运动员个体内部以及运动员之间的对比变得更加容易，利用颜色辅助信息的解读以及结合多个变量来描述全面情况的重要性。接下来的案例研究会考察向终端用户展示时序数据的不同方式，目标在于展示通过显示信息来阐明数据的不同示例。

图21.9用3种不同的方式展示了相同的数据。

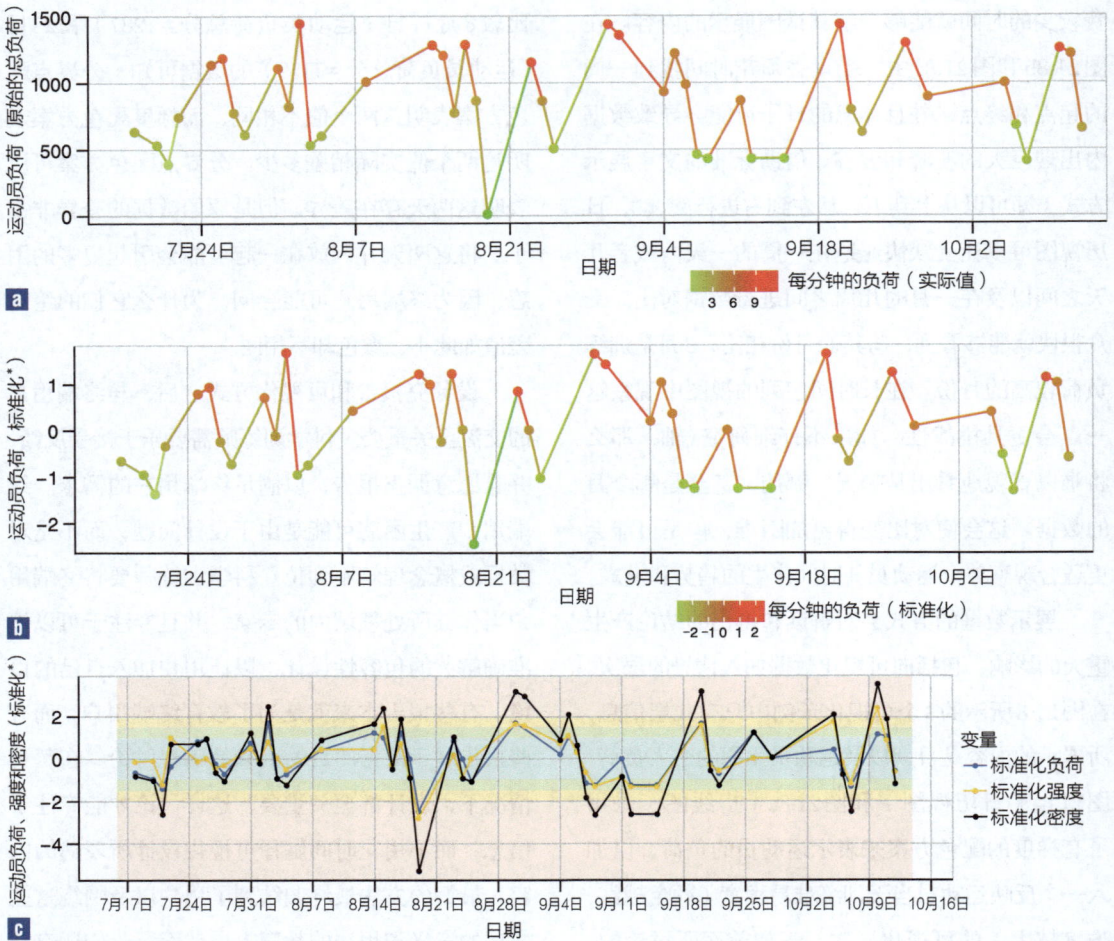

图21.9　针对时序数据的可视化设计：a. 原始的总负荷，b. 运动员的标准化负荷，c. 标准化负荷、强度和密度（*采用 z 值时，正数表示高于运动员的平均值，负数表示低于运动员的平均值）

图21.9a展示了原始的总负荷以及实际强度（每分钟的负荷）的梯度等级，用于表明每天的训练量和强度。图21.9b展示了相同的数据，但是利用 z 值进行了标准化，其中正值表示负荷高于个体的平均值，负值表示负荷低于个体的平均值。在这种情况下，线和点的颜色根据标准化的每分钟负荷（z 值）来定，并且越高于平均值（正数）颜色越红，而越低于平均值（负数）颜色越绿。该可视化设计的目的是让用户理解训练量和强度随时间产生的变化趋势。该设计需要终端用户认识到，线往上走以及颜色越红表明训练量和强度在

增加。虽然这可能是一个合理的假设，但是它确实不需要用户不断地参考坐标轴和图例。一些参照线可以方便地添加到图21.9b中 y 轴的不同点上，以提供对0值或者任何所需 z 值阈值的参考。图21.9c的设计稍有不同，并且展示了标准化负荷、强度和密度（其中颜色表示变量）的折线图，并利用背景颜色来辅助解读。该可视化设计可以让用户轻易地看到负荷和强度的变化（两者都上升，或者一个上升、一个下降等），以及两者对密度的影响。背景颜色可以让终端用户专注于数据的趋势，而不用退回去查看图例。虽然图21.9c中的相

同信息可以从图21.9a和图21.9b推断出来，但是图21.9c让解读变得更加容易了。相比于颜色，利用线和点直观展示变化和变异要容易得多。变化大小的相关信息在梯度等级中是丢失的，除非有良好的参照点来说明从橙色变为红色是什么意思。

额外的信息可用于增强这些图的实践应用性。例如，增加训练日期（或者某场比赛的对手信息）可以让使用者在现有数据基础上获得更多的信息（例如，该球员在那场比赛中不得不上场更多的时间，或盯防的是一名非常活跃的对手）。因此科学训练师必须花时间思考可视化内容或报告所代表的意义，并以满足实践需求为目标合理地设计报告，这样做可以对用户与报告之间的联系产生巨大的影响。

体育数据不确定性的可视化

可视化不确定性对于科学训练师的重要性在本章开始时已经做了讨论。下面的部分将利用案例说明展示不确定性的不同方式，以及它如何有助于为决策提供信息或者形成策略上的优势。在公开客观的讨论环境下，更有助于使用者对不确定性的理解。

案例5：运动员招募

对于连续型的测试指标，展示测量值或者估计值的不确定性有一些非常简单的方法。图21.10展示了一组运动员的年龄与经验（比赛场数）之间的关系。蓝线和灰色的阴影区域表示运动员在不同的年龄被交易时所打比赛场数的平均值以及

被交易前的经验
年龄为25~26岁的被交易运动员通常打了约100场澳式橄榄球联盟（Australian Football League，AFL）比赛

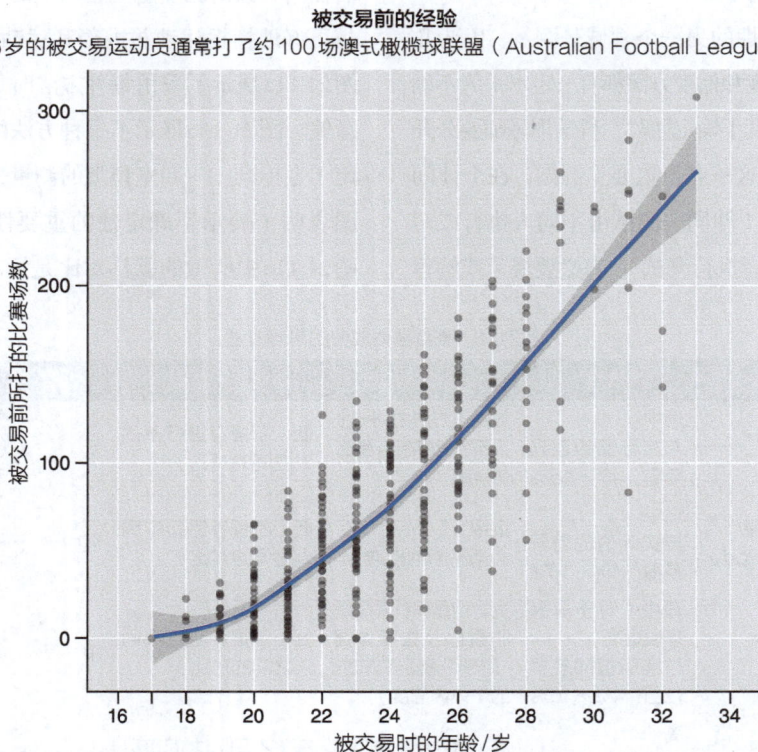

图21.10 被交易运动员比赛场次随年龄增长的变化示例。蓝线代表随着年龄增长，被交易运动员比赛场次的估计值

该平均值的标准误差。平均值的标准误差是根据标准差（偏离平均值的平均偏差）和样本内的运动员数量（样本数量越大，标准误差将会越小，即便在像这种具有很大变异范围的情况下也是如此）来计算的。该图清晰地表明了运动员所打的比赛场数在被交易之前随着年龄呈线性增长，还表明每个年龄组的比赛场数范围很大。通过展示会出现的宽幅变异，展示完整的数据会限制估计值的不确定性。想象一个场景，专业运动队的管理部门正在寻找新的运动员，并且希望招募更加年轻的运动员，该信息可以用于瞄准那些对于自己的年龄来说经验高于平均值的青少年运动员。数据的展示方式可以辅助决策，并且可能会为俱乐部带来优势。

案例6：身体成分测量

存在不确定性的另一个领域是测量，因为几乎每种测量在精度和信度方面都有一定水平的不确定性。当存在高度不确定性时，科学训练师要公开这种不确定性，这一点很重要。例如，在个体间信度低的情况下（即同一测试由不同人执行或对两名不同的受试者执行测试），有必要展示或解释

不确定性。这种情况比较普遍的一个领域是运动员身体成分的测量。身体成分是一个高度变异的指标，根据所用的方法不同，不确定性也会有所变化。表21.4展示了有关测量身体成分最常用方法的信息：皮褶厚度测量法、空气置换体积描记法（Air Displacement Plethysmography，ADP）、生物电阻抗法（Bioelectrical Impedance Analyse，BIA）以及双能X射线吸收法（Dual X-ray Absorptiometry，DXA）[2,6]。表中展示了对于每种方法而言，报告数据的精度、信度、成本和可行性（时间）。当身体成分信息被展示给运动员或者教练员的时候，该信息很重要。

图21.11举例说明了显示两个运动员身体成分测量值不确定性的重要性[6]。其中采用不同的方法在同一天内测量这些运动员的身体成分，目的是更好地捕捉运动员内部和运动员之间的差异。图21.11a展示了采用每种方法时每个运动员的测量值。图21.11b展示了每种方法的测量值以及相比于金标准——四室模型的测量平均误差。两幅图表明了展示不确定性的重要性。终端用户在图21.11a中所做的默认对比是运动员2的体脂率

表21.4　测量身体成分的常用方法

方法	精度	个体内的信度	个体之间的信度	成本	时间
皮褶厚度测量法	适中 与实际值的差异范围：4%~15%	如果该方法由同一个人不断地实施，那么信度高	低（不推荐进行不同人之间的对比）	低	短：每个人2分钟（取决于部位数量和人）
空气置换体积描记法（ADP，例如BodPod）	适中 与实际值的差异范围：4%~10%	适中 必须不断地校准	低（不推荐进行不同人之间的对比）	适中	短：5分钟
生物电阻抗法（BIA）	适中（对于总量来说更高） 与实际值的差异范围：4%~10%	高，但是只针对总脂肪量以及去脂体重（局部测量具有较低的个体内信度）	低（不推荐进行不同人之间的对比）	中	短：2分钟
双能X射线吸收法（DXA）	高 与实际值的差异范围：1%~3%	高（水合状态应当是正常的）	高（不同人之间可以进行可靠的对比）	高	适中：3~20分钟（取决于设备）

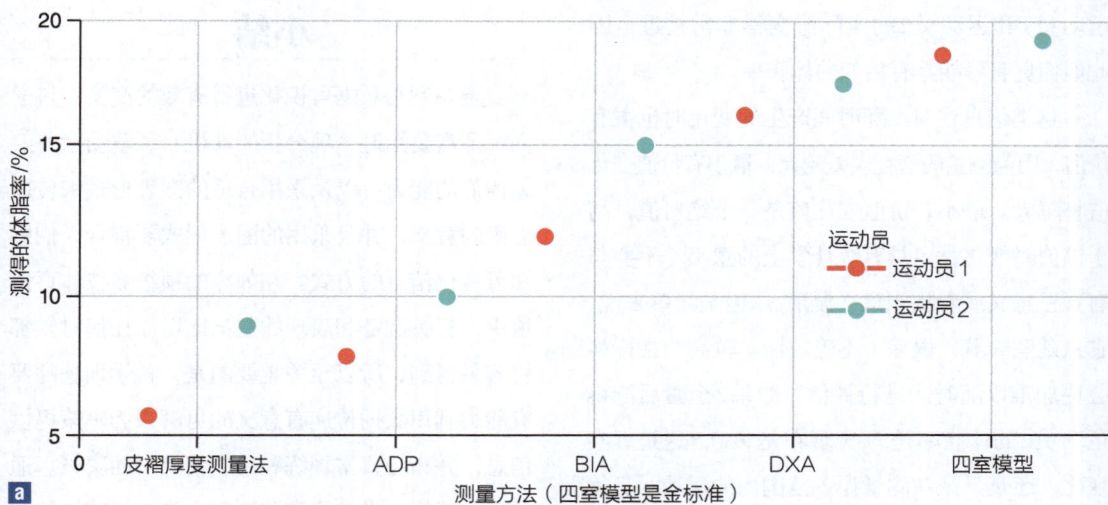

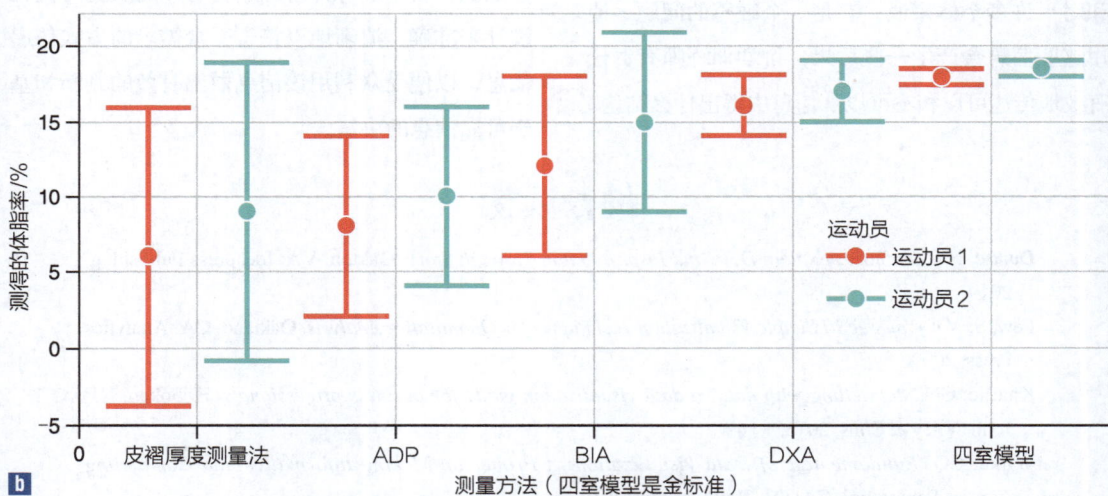

图21.11　不同运动员和方法之间身体成分差异的展示：a. 无误差线，b. 有误差线

要高于运动员1。然而，图21.11b中对不确定性的展示可以告诉终端用户，训练实践人员确信的是每个运动员的体脂率都在误差线的范围之间，并且他们的体脂率可能是相似的。误差范围较大的原因在于使用这种方法的假设条件的数量，在一些情况下还在于测试操作人员的技能熟练程度（如皮褶厚度测量法）。不确定性对于对比随时间产生的变化或者对比运动员来说都非常重要，因为如果不确定性较高，测得的差异可能并不是真

实的差异。在图21.11b中，如果一个人对比运动员1和运动员2，那么他会假定运动员2的体脂率高于运动员1。虽然这可能是对的，但是根据所用的方法，该差异可能并没有那么大。在图21.11a和图21.11b中，运动员身体成分之间的差异被最小化了，因为测量值变得越来越精确和可信了。如果根据与运动员1的对比结果，对运动员2采取了降低体脂率的措施，那么可能就会出现问题。使用图21.11b展示的可能误差或者不确定性信息，

运动员1和运动员2的实际值变得非常接近，因此他们更有可能具有相似的体脂率。

这类信息在对比随时间产生的变化时也很有价值，因为测量的潜在误差越大，最小有价值变化值将越大。最小有价值变化值是一个绝对值，高于该值时变化肯定具有统计学上的意义（不要与有真正意义或者临床意义混淆）。但是简单来说，它只是意味着，误差（不确定性）较高的指标将会更加难以随时间进行评估。如果2个月后测得运动员2的体脂率是7%（现在是9%），这是真实变化，还是只是在测量误差范围内的浮动？身体成分是一项重要的评估，因为在许多运动项目中和对于许多个体来说，它是一个敏感的问题。使用这些信息会产生一些后果，科学训练师有责任有效地传达可以和不可以从信息中得出什么结论。

小结

要想利用数据可视化进行有效的交流，科学训练师需要知道一项分析的动机，了解受众并熟悉他们的能力，以及采用合适的图表形式来传递准确的意义，并且采用的图表形式要符合人们感知可视化信息的方式。在如今的顶级竞技体育情境中，有关准备和表现的数据比以往任何时候都更容易得到，所以至关重要的是，科学训练师要有能力利用数据传递有意义的见解来为决策提供信息，并指导日常训练和比赛情境中的决策。通过采用通用的设计原则和理解人类视觉感知的基础知识，科学训练师可以进行有效的数据可视化设计来准确、清晰地以符合受众需求的方式传递信息，以便受众利用该信息做出有效的判断和基于可靠信息的决策。

推荐读物

Duarte, N. *DataStory: Explain Data and Inspire Action Through Story*. Oakton, VA: Ideapress Publishing, 2019.

Few, S. *Now You See It: Simple Visualization Techniques for Quantitative Analysis*. Oakland, CA: Analytics Press, 2009.

Knaflic, CN. *storytelling with data: a data visualization guide for business professionals*. Hoboken, NJ: John Wiley & Sons, 2015.

Wilke, CO. *Fundamentals of Data Visualization: A Primer on Making Informative and Compelling Figures*.Sebastopol, CA: O'Reilly Media, 2019.

Yau, N. *Visualize This: The FlowingData Guide to Design, Visualization, and Statistics*. Indianapolis, IN: Wiley Publishing, 2011.

第22章

运动表现干预和数据可操作化

克莱夫·布鲁尔（Clive Brewer），理学学士（荣誉学位），理学硕士

术语高水平表现竞技体育（High-performance Sport）通常会在人们描述奥运会、大学或者职业运动员时用到，这些运动员的主要目标是达到能赢得比赛的表现水平。在这种情境下，训练科学是一门涉及科学原理与技术应用的具体学科，其最终目标是提升运动表现，它可以被概念化成不同的研究领域，例如生理学、营养学、生物力学和心理学。训练科学通常还以一种更为交叉学科的方式被概念化成有关竞技体育的科学（即证据基础，训练实践人员和教练员可以据此有效地提升运动员的某项目标表现）。

在高水平的运动表现环境中，科学训练师通常要与教练员进行互动，以提供会影响某项个体表现的服务。这可能会让科学训练师采用各种与理解比赛需求、具体运动员的特征、表现的局限性、训练负荷监控或者对计划训练负荷的响应等相关的形式。科学训练师还可能会利用科学知识来为训练计划提供信息（例如，按照研究得出有关训练方法的推荐做法，根据运动速度设计负荷，或者在技术练习中，利用特定的做功－休息比针对某种具体的生物能量路径安排练习）。

不论是收集数据，还是制订循证的做法，科学训练师都需要利用复杂的技巧来收集并解读数据，以便随后为训练干预和决策提供信息。为此便需要考虑数据质量（即效度和信度），并由以实验室为基础的试验或者以测量为基础的方案来解读数据，以证明或者推翻一项通过归纳与推理得出的试验假设。他们得出的诸多结论可以构成应用场景的证据基础。然而，人们在利用这些结论时需要理解一些关键的差异。

首先要意识到的是，大部分现有文献研究的都是非精英运动员群体。相比于精英运动员，即便他们来自相似的运动项目，这些非精英运动员通常具有显著不同的基因和解剖学、生理学或者生物力学特征。例如，自行车研究中的大学生研究对象在耐力干预中报告的最大摄氧量可能为60~65毫升/（千克·分），但是我们该如何将这个结果外推到最大摄氧量可能是75~90毫升/（千克·分），并且心血管和血液生理学特征与技术（骑行）效率完全不同（这些将会导致对相似的干预产生不同的反应）的专业公路赛自行车手身上呢？只有理解了群体差异对干预的影响，经验丰富的训练实践人员才可能有能力将实验结果外推，以将其应用于具体的干预，但这些研究成果极少能直接应用。

通常，竞技体育中的精英运动员和次精英运

动员之间还会存在一种非常不同并且高度复杂的动机和心理差异，这种差异会导致简单生理学原理解释不了运动表现。因此，精英运动员的表现可能有悖于科学简化主义所追求的简单解释，并且对于对生理整合感兴趣的那些人来说可能仍然会是一个重要的难题。

关键利益相关者

为了确保可靠性，科学训练师必须以一种特殊的方式开展工作，这种方式是利用收集到的数据对教练员-运动员计划中的决策过程产生影响。这不仅需要科学训练师理解科学过程，还需要理解教练员、运动员和支撑人员之间复杂、动态的社交关系。

大约自21世纪初以来，人们明显意识到，科学训练师的知识产权会为运动表现提升带来重大的机遇[8]，但是这只有当科学训练师主动参与训练计划的实施，并且让涉及的所有人都认识到知识产权所带来的好处时才会实现。在竞技体育的应用情境中工作的科学训练师处于一种独特且享有特权的位置：他们能够提供量化的证据，这些证据可以为运动员的计划提供信息，并优化运动员的计划，从而让运动员有能力变得更出色。相比之下，不按照这种方式使用数据是一种资源浪费，并且还会降低运动员在此过程中的协作度：他们为什么要参与不会对他们产生影响，或者不会让他们受益的事情呢？这种多余的做法最终会给整个行业带来不利。

实际上，科学训练师的成功是建立在运动员与教练员的良好关系上的，而这些关系是建立在相互尊重的基础上的[2]。这涉及谦逊，其意思是对于科学训练师来说重要的是保持谦虚，甚至要礼貌地服从（运动员和总教练的需求）。这通常是颇具挑战性的一课，尤其是因为许多科学训练师的学术训练都是围绕挑战假设、理论和实践来进行的。为了建立信任，科学训练师必须让合作伙伴获得价值、提升实力和形成特色。

信任是支撑团队中的一个重要部分，获得信任的核心是，科学训练师以有效的方式向教练员熟练、简明地展示相关数据的能力。科学和数据必须是有效的，但是更为重要的是，它们必须可以被教练员轻易地访问，然后教练员才能做出决策，而支持这些决策的信息是通过解读共享的数据得到的。教练员可能不需要了解复杂的生理学理论，也不需要成为科学训练师才能理解所传达的信息，这意味着信息传递必须考虑接收者的身份以及特征和需求。

决策时缺少数据的应用有可能是训练科学的最大失败之一。科学知识被记录在科学杂志之中，供读者使用，并且采用的可能是教练员难以理解的科学语言。类似地，尝试"简化科学"通常会让科学变得不准确。然而，正如我们经常引用的爱因斯坦的话所说："如果你不能把它简单地解释出来，那说明你对它理解得还不够透彻！"例如，教练员通常想知道科学训练师的建议是什么，并且更为重要的是，这些建议为什么有助于提升运动员的表现。

重构科学见解来联系关键利益相关者并让他们对科学感兴趣的能力，将会是科学训练师在应用情境中取得成功的关键决定因素。在向运动员解释训练科学时，可以采用类比手法，例如汽车仪表盘：查看仪表盘上的信息，司机才能够做出有关速度、燃油效率以及路线的决策；如果仪表盘被遮住了，他们怎么会知道行驶的速度是多少（外界反应），或者什么时候需要加油（内部负荷）？运动员有什么仪表盘呢？这表明了训练科学在运动表现中的关键功能。

运动表现和研究之间的差异

　　竞技体育中的任何情况，不管是与损伤发生率有关，还是与运动表现提升有关，就其性质而言，都是**多因素的**。运动表现提升涉及解决一系列互联的问题，并且这些问题由环境的具体细节界定和限制，这些具体细节必须由运动员动态地解决。输入该过程中的变量在功能上是互联的，而训练实践人员的当务之急是了解这些因素的互联方式。对变量互相作用方式的理解不仅来自研究得到的知识，还来自应用知识和经验。实际上，简化主义无法有效地解释运动表现提升，它试图孤立变量，而不是整合变量。然而，这并不意味着科学原理在表现情境中不应当被遵守或者应当被忽略。

　　这种说法的一个好例子可以从围绕**训练分期**的研究文献中找到，其中很多文献都将训练分期定义为一种线性的概念，这种概念会在不同运动表现中产生显著的差异。然而，这是极其天真的，因为对于一个团队或者运动员来说，**分期化计划**是以一种整合的方式，将训练因素有逻辑、系统性地排列起来，目的是在预定的时间点最优化具体的训练结果[1]。为了以一种有逻辑、有序的方式完成不同阶段的重点，需要一个多因素计划范式，该范式涉及训练刺激的短期、中期和长期波动。这个系统以天、周、月甚至更长时间为周期对多个训练因素进行关注，并且对输入信息进行认真处理，以完成不同阶段的重点。与此明显不同的事实是，许多有关训练分期的研究都不考察多种训练因素的整合，因为简化方法要求变量是独立的。这些（通常为）短期的研究文献通常报道的是最后统计阶段的训练量。这使得解读训练计划和确定研究群体（通常是业余运动员）所承受的整体训练负荷变得很困难。

　　这是要重点理解的内容，因为应用情境中的

科学训练师们不能简单地将来自研究论文的成果，甚至一个具体的原理应用到自己的背景中，重要的是要能够在自己的应用情境中解读数据集，而不是解读知识体系。例如，由于力学效率和触地技巧，足球运动员在次最大速度的跑动中承受的三轴应力可能要大于冲刺中的，然而能量学却告诉我们冲刺是一种要求更高的活动。

应用情境中的训练科学

　　在应用情境中，训练实践人员主要在交叉学科团队中或者在一个设有协调职位的多学科支撑团队中工作。在这种模式中，科学训练师的职责并不是利用专业领域的知识来推进知识体系的进步，而是为团队或者运动员解决与体育相关的具体问题。这首先需要确认问题，然后通过仔细考虑以及整合一系列分支学科的知识来解决问题。

　　应当记住的是，在大多数表现情境中，教练员、运动员和训练实践人员（例如科学训练师、医疗人员、体能训练师、营养师）的经验知识是一种非常棒的资源。除非教练员正在与经验非常匮乏的专业团队共事，否则极少会有新型的表现问题，大部分都是教练员以前见过的情况的衍生。因此，重要的是，科学训练师应当能够利用衍生数据来补充并最终强化教练员的经验知识，以对计划或者情况产生影响，并降低在任何环境中都存在的猜测程度。实际上，增强数据可获取性的目标是在执行时让出错的余地更少。基于数据或证据的决策是从表现过程中消除猜测的关键部分。

　　在以运动员为中心的资源配置方面，科学知识的组合有两种思路。团队是否有机会雇用一批领域专家，或者是否有一个具有广博知识的高级人力资源专员，有能力在需要时招来针对具体工作的专家？无论答案如何，需要明确的是，不管干预在执行时是不是多学科或者交叉学科的，采用一种合理协调的多学科知识体系可以最大化专家用以解决问题的可用资源。共同秉持这种观点可以让表现过程中涉及的所有人都对应用形成自己的理解，并且有助于确保没有忽略表现的关键方面。

通过将运动员的需求当作过程的核心，交叉学科团队也在最大限度地提高传递信息的效率。科学训练师接着可以告知运动员计划涉及的所有人，他们可以协力让运动员变得更出色。例如，在棒球运动中，由生物力学分析过程提供支持的教练员可能会决定，棒球运动员需要调整挥棒角度，才能让其长打能力更出色。然后，针对运动员培养的需求分析应当专注于确定通过生理-力学的干预，运动链各部分的哪个运动范围能够以最优的速度支持该运动，并且如何最佳地支持它。最后营养支持可以用来确保运动员的饮食可以支撑其训练负荷和身体成分实现该目标。

该过程将运动员的需求放在了核心位置，如果目的是提升运动员的表现，那么这一点至关重要。它还会激励计划实施过程中涉及的所有人在实践中成长。教练员和训练实践人员将开始明白他们可以如何最佳地影响彼此的工作，并且他们可以如何互相学习来强化执教过程。通过这种方式，不同的知识视角和学习经验得以分享，而这反过来会激励相关人员在实践中成长，并且开始形成新的想法和机会。这就是训练科学的循环，基于证据的实践导致了实践证据，后者反过来又为研究提供信息，形成基于证据的实践。这始于为评估和后续计划开发提供信息的数据收集，例子如图22.1所示。

然后，针对科学过程的机会就会得以优化。

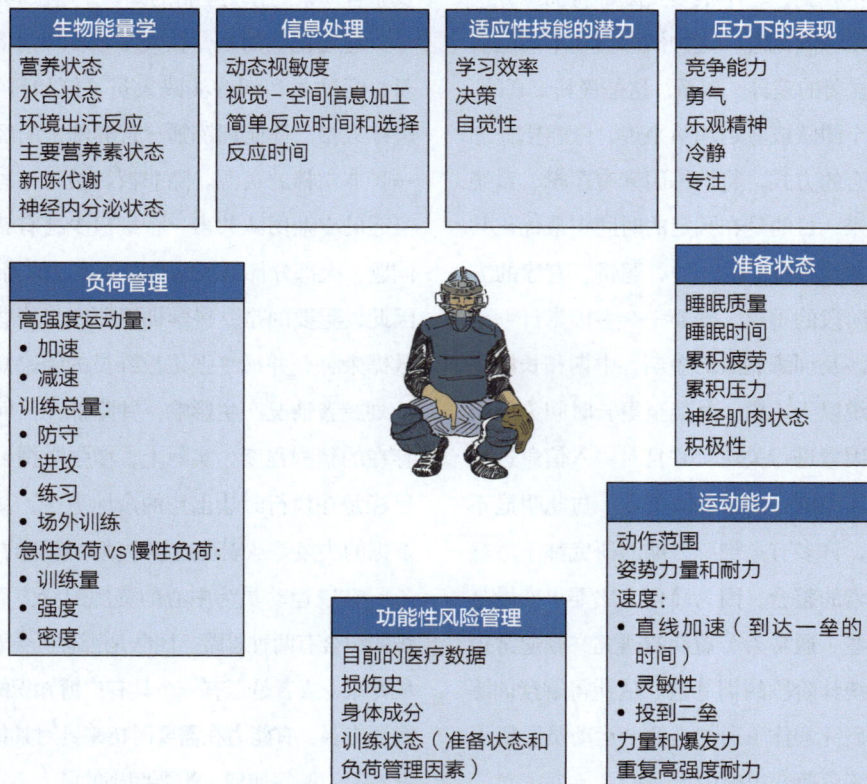

图22.1　在职业棒球运动中，可以为接球手的培养计划提供信息的训练科学数据点示例

这涉及以下方面。

- 理解运动项目的需求。这不单需要从生理角度，还要从认知-感知、心理社会以及心理运动方面为需求分析提供信息。
- 基准需求分析，它提供了应当用来帮助教练员制订表现提升计划的目标信息。该计划排列和构造合理，并且针对最有效的区域来对表现变化产生积极的影响。
- 根据运动员的需求，为其具体、个性化的训练计划和训练过程提供证据基础。

- 提供定期的监控和测量支持，以更新和改进为每个运动员制订的计划。

在图22.2中，通过科学化流程应用和相关数据的可操作化，这个过程的终点与教育机会发生关联，并且对行为改变或计划改变产生影响。这说明，在整个训练或者表现过程中，影响团队、个体或者计划的机会有很多，并且这些机会可以由一个人，或者更为通常地，由一系列专家提供的信息来引导。事实上，可以被纳入循证实践箭头的例子（图22.2中的绿色箭头），或将训练过程

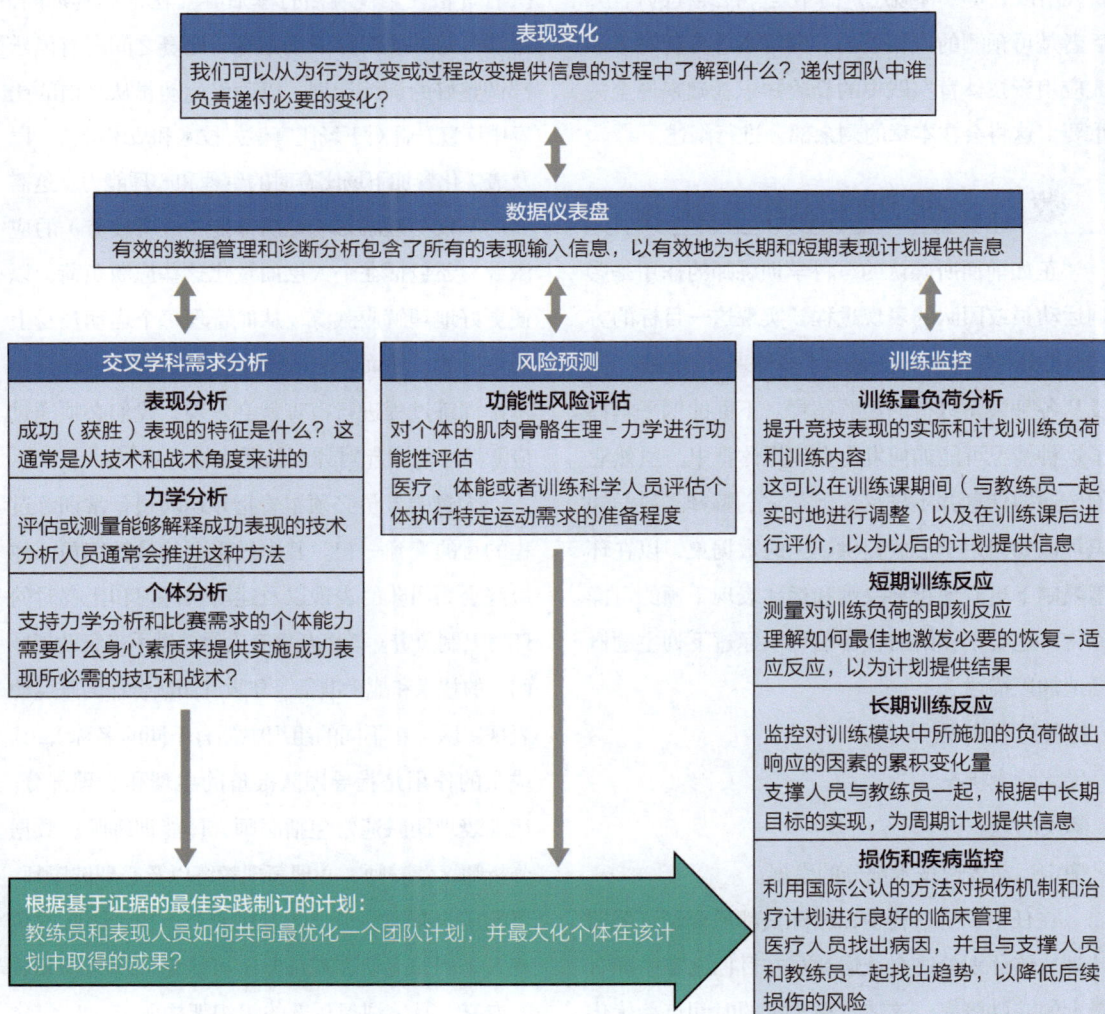

图22.2 数据驱动的过程为运动表现提升提供信息

替换成一个学习或表现过程，显著增加了能够被纳入的构建板块数量。

图22.2还介绍了科学的艺术。例如，有几个模块包含了运动表现方面的风险概念。这是一种基于概率组合的多因素概念，它的维度被概念化到了不同的科学领域。例如，损伤时，一个人可能会参考与运动有关的流行病学、人体运动学和生理−力学原理。选择还可能取决于与病因的接触情况，一名被要求每场比赛都上场的运动员所具有的风险因素不同于某个担任替补角色的运动员。所以它是一种概念，而不是一种纯粹的科学，后者是可预测的或相关的。理解概念分析对于形成应用竞技体育实践中的经验知识基础来说至关重要，这将会在本章的剩余部分进行阐述。

数据、批判性思维和决策

正如前面所确认的，科学训练师的作用是影响运动员或团队的表现过程。实现这一目标的方法有好几种，这些方法整合了多种来源的证据，以及从各种视角进行的经验解释。下面的例子解释了这种情况可能如何发生在应用体育中。虽然它们传递的信息并不详尽，但是它们解释了科学知识可以如何用于形成提供证据的数据集，以在环境限制下更好地指导决策和运动表现干预的可操作化。这类干预的潜在影响可以通过下列主题概括地加以描述。

- 提升运动表现。
- 优化健康状况。
- 解决问题。
- 确定运动表现技术部分的发展。

在任何训练过程中，教练员都需要制订周期计划，该计划最终会让运动员在目标比赛中拥有最大的获胜概率。这涉及在预定的时间点最优化运动表现的潜力，并且在许多团体运动项目中，

必须在整个赛季维持这种潜力。这种峰化要求对精准训练干预进行架构，以瞄准具体的结果，并确保它们以一种特定的方式排列。这种方式要求必备的能力各就其位，并要求特定时间点侧重于特定的训练。计划还应当管理训练的应激源，以便降低过度训练的可能性，但是可以促进运动员的长期发展。不管水平如何，运动员都应当尽力变得更出色。

美国职业足球大联盟（Major League Soccer，MLS）常规赛的持续时间为34周，表现良好的球队有资格在常规赛后打季后赛。在常规赛期间，运动员每3~8天打一场比赛，比赛之间配有俱乐部调整好的训练计划，以确保运动员从之前的比赛中恢复，针对下场比赛做好技术和战术准备，以及最优化参加下场比赛时的生理和心理能力。这需要的不仅是理解影响球队体能（或者疲劳）的应激源，还包括在个人层面量化这些应激负荷，以便更好地理解应激源，从而管理每个运动员身上的应激源。然而，应激源未必是消极的；对任何基础训练过程进行审查就会发现，我们必须通过应激源才能引起对计划的适应性反应[7]。

大量的人员必须本着指导运动员日常训练过程的目的聚到一起。其中最重要的是教练员，他最终会为团队的表现以及运动员练习和比赛时的环境限制负责。教练员拥有大量的助手来帮助指导团队的技术和战术准备。与教练团队合作的是运动表现团队（在不同的组织中拥有不同的名称），其成员的作用是指导团队准备的生理和心理部分。运动表现团队通常包括医师、体能训练师、数据分析师、营养师、心理表现教练以及心理健康师。可能还会有训练科学的专职人员，或者团队的负责人（例如运动表现总监）可能是训练科学领域的专家，具体视俱乐部的组织架构而定。

图22.3利用一个典型的例子说明，对于团队

情境中的足球运动员来说，背后的训练过程如何被划分为场上和场下。场上的应激负荷可以通过运动员追踪系统，例如全球定位系统加以量化。这些系统通常可以通过外界变量，例如跑动的距离、强度以及速度，来量化每天的训练量。人们还会采用加速度测定法来记录内部变量，例如应外界负荷而在姿势上产生的三轴应力。

为了确定运动员对训练的准备程度，日常监控过程通常也被用于量化他们的状态。这些过程对于每个俱乐部来说都会有所变化，并且它们的构建方式取决于一系列的因素，例如可用的专业知识、可用的预算以及俱乐部的文化。通常会包含某种形式的神经肌肉评估和一种运动员的自我报告，但是相关数据的收集和分析必定会花费一定的时间和经费。作为一个例子，图22.4展示了每日峰值功率输出波动的交叉学科监控。

在这种情景下，科学训练师必须回答以下问题：什么水平的波动显著到有必要进行干预？这种波动需要哪种类型的干预？科学训练师的主要目标是最大化运动员的训练潜力（即科学训练师应当尽一切可能让运动员待在场上），对于他们来说，这些问题并非不值得每天考虑。这意味着科学训练师要清楚变化的原因和变化的程度。尽管他们认识到功率输出可能存在日期变化和环境导致的变化，但现有已发表的文献尚不能告知他们峰值功率输出明显下降的原因。因此，我们的建议可能是要确定一个绝对值（例如5%~10%）或者相对值（例如偏离运动员正常水平的标准差大于1），该值可能会发出需要进一步调查的警报。

还要重点记住的是，变化通常并不需要运动员降低训练负荷，不过这偶尔也会出现。对于运动员来说，该变化可能是一个利用结果指导干预的机会，该干预将会优化他为当天所做的准备。例如，在棒球运动中，每天可以在投球手身上进行的一项测试是动态肩部动作控制测试。一旦通过持续在某个时间段内进行评估而设立了基准，

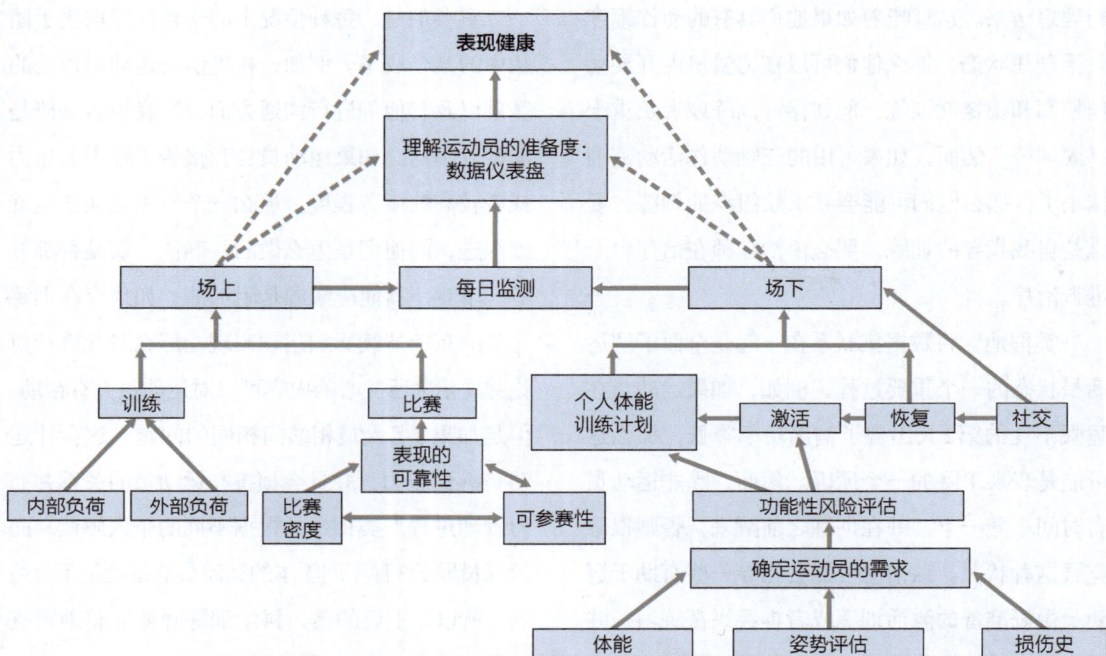

图22.3 理解训练科学在MLS球队的运动员表现健康管理中发挥的作用

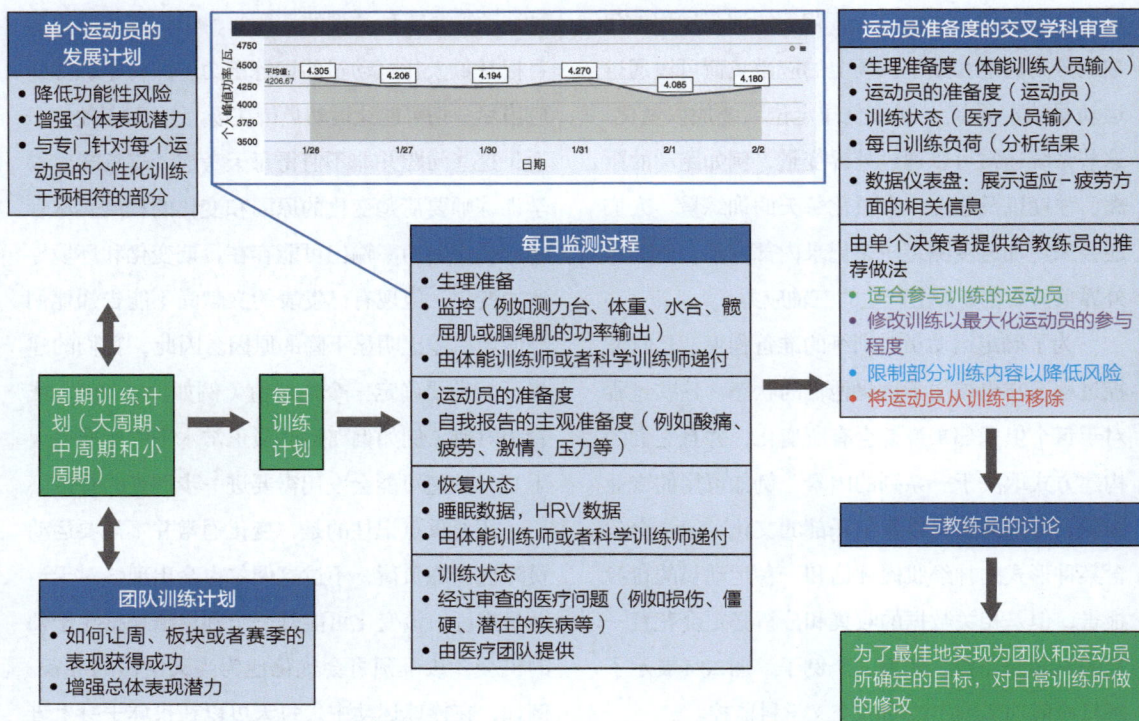

图22.4　根据日常筛选过程对训练计划进行审查的交叉学科过程示例

那么所有的运动员便都可以确定自己在该测试中的理想结果。这意味着如果他们具有的动作幅度大于理想状态，那么他们可以在力量房内开展动作控制和稳定性训练，例如棒铃训练或者负重十字固训练。然而，如果可用的三轴动作活动范围减小了，那么他们可能要寻求软组织的训练，要么是自我指导的训练，要么由治疗师在治疗台上进行治疗。

类似地，将数据集联系在一起是全面了解运动员状态的一个重要过程。例如，如果运动员在睡眠不良的第2天出现了输出功率降低，那么这可能是表现下降的一个原因。然而，除非运动员有时间小憩一下，并在训练之前醒来，否则很难克服这种状况。该信息可能会指导一些有助于运动员做好准备的激活训练或者神经兴奋练习，并且指导合适的恢复干预，用以帮助提升运动员那天训练之后的睡眠质量。

重要的是，每种情况下的干预决策取决于团队中的某个成员。例如，在提供与运动员讨论的基础以及与他们进行沟通方面，自我报告调研是非常好用的。如果运动员自我报告了较大的压力或者较高的疲劳程度，那么一个好主意通常是继续跟进，问他们是怎么做的，确认一切是否都好等。毕竟，其他应激源是附加的，如果存在训练之外的东西持续影响运动表现，那么对此进行讨论并展示你所关心的内容可以对运动员大有帮助。但是如果5名人员相继问相同的问题，这会让运动员感到压力，并且会损害与运动员的关系并妨碍管理过程。类似地，根据不同的个人解读，向教练员展示3种不同版本的运动员准备度是不合适的。所以，重要的是，科学训练师要完整地审查数据，然后给出合适的推荐做法。

为了降低损伤、表现不佳的风险，或者同时降低两者的风险，一个重要的考虑因素是，训练刺激越接近最大的神经肌肉需求，决策应当更偏于保守。例如，在腹股沟对抗测试中，发现发力上存在非常小（5%）的变化之后，进行最大冲刺训练或者极高强度快速伸缩复合训练的短跑运动员可能会调整自己的训练（即降低）。相比之下，在发现腹股沟对抗测试中出现较大（10%）的变化之后，参加包含训练量少但冲刺量最大的高强度练习环节的足球运动员可能会对训练进行调整，因为其神经肌肉的最大张力可能较小。注意，这并不是一种完美的理论；相反，它需要对数据进行长时间的收集，才能用来有效地指导干预。做出一些最糟糕的决策归根结底是因为，训练实践人员在没有足够的数据真正支撑一个决策之前就去分析数据。另外必须明确的一点是，什么对于群体来说是正常的，什么对于单个运动员来说是正常的。许多人根据经验得知，在监控数据还不足以真正地解释影响趋势的因素时，就以监控数据为依据便会做出最糟糕的决策。

案例研究：训练科学在大联盟投球手表现提升中的作用

在不同水平的体育运动中，训练实践人员的目标是让运动员变得更加出色，不管是青少年运动员还是高水平运动员。棒球中的大联盟投球手是技术高超、身体素质很强的一类运动员，他们需要具备敏捷、爆发力和持久性才能在最高水平的比赛中表现良好。训练科学项目可以提供基于可靠信息的决策，这些决策可以指导运动员的生理和技术发展，以及教练员管理运动员的方式。这依据的前提是，某些运动素质不仅是成功执行一项技能的基础，还是重复执行技巧而不出现损伤的能力。这些运动模式必须保持，尽管如果没有

合适的管理，重复做神经肌肉要求高的动作会妨碍运动。

为了成为美国职业棒球大联盟中成功的首发投球手，运动员应当拥有能够每5天（即大约为常规赛季的首发轮换）执行投球，并且每次首发抛掷5~8局（平均总共投80~120次）的耐久性。根据投球手能力的不同，每次投球的速度将会在145千米/时和169千米/时之间，并且每种投球类型都具有不同的神经肌肉要求。例如，快速球是全力的投掷，但是施加在投球手肩膀和肘部上的应力要小于弧线球。

运动员的培养过程很复杂，并且需要一个计划，该计划会决定运动员如何从生理、心理、技术和战术的角度满足所需的表现要求。正如前面所确认的，技巧执行和运动员执行该技巧的运动（生理）能力之间有着很强的相关关系。对该领域内科学训练师的关键要求是，与专项教练（他可能具有很少或者没有功能解剖学的背景）协作来从生理-力学（本案例）的角度为培养过程提供信息。在图22.5中，投球的动作要求是已知的（许多个体变化已经被接受），而评估运动员满足这些要求的能力，以及为正在进行的促进表现持续提升的训练和比赛提供信息的能力至关重要。

数据可以用来为围绕运动员能力的执教过程提供信息，以增强他们的动作控制能力、产生和接收力量的能力，并且为有效地提升投球技术提供情境。在提供这种信息的过程中，科学训练师还可以通过增强抵抗疲劳的能力和促进产生更强劲的运动系统来增强运动员的耐久性。数据对于各个目标领域的专业人士来说都应当是可解读的，而这些专业人士将会把所确认的要求转变成行动计划。

通过图22.5中详述的过程可以进一步加以解释。投球的运动学分析表明，一个全面的生理评

估过程是为训练计划提供信息所必需的。例如，关节评估不能仅限于关节运动范围，因为虽然肩膀可能需要向外或向内旋转超过165度，但这是根据高的内扭矩和依据60%变异的躯干角速度加以估计的。通过量化运动员所具有的基础生理–力学特征，科学训练师联合医疗和体能训练专家可以采用缺口分析，对比运动员当前和所需的生理特征。

通过确定这一点，在对运动员的潜能有所了解的背景下，支撑团队便可以提供一个计划，让运动员处理某些方面的因素，例如处理可能会提高损伤风险或者降低表现潜能的因素。这类项目的基础通常是为了治疗疼痛、纠正功能障碍、训练不足之处以及培养能力模式。该过程的每个阶

段都会产生数据，随时间追踪这些数据可以达到监控进展的目的。

证明鉴别诊断的重要性

通过合理的解读，数据应当在运动员培养计划的鉴别诊断过程中极具影响力。例如，假设教练员发现运动员需要进行更多的灵敏性训练，因为运动员在接球时会降低速度。然而，反应灵敏性测试数据表明，该运动员确实拥有良好的适合该位置的移动速度，并且视频也显示出了良好的动作技术。然后，这有助于为以下讨论提供证据：这些技术的实际应用可能才是运动员需要加以练习的内容，并且明显的减速实际不是生理上的，而是与对比赛情况的阅读以及对比赛情况做出反

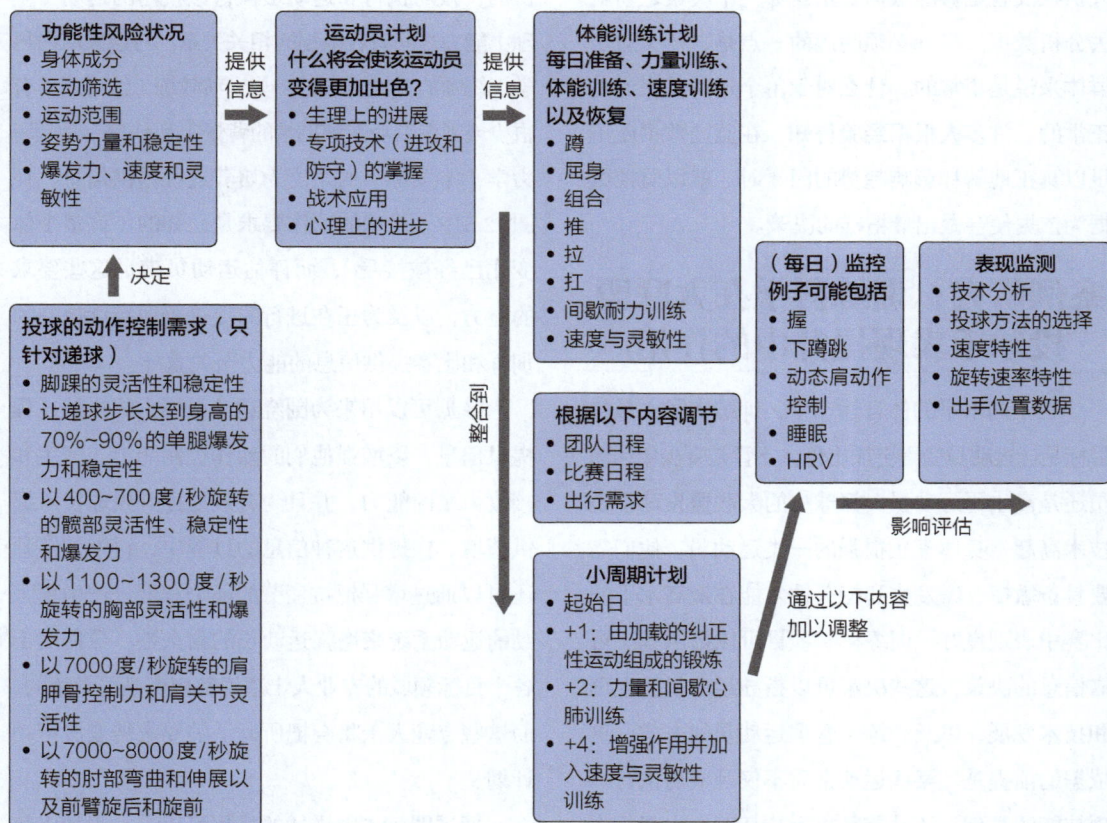

图22.5　训练科学在针对美国职业棒球大联盟中棒球投球手的运动表现提升过程中的应用

应的能力更为相关。

类似地，当投球教练指出，运动员在投球时没有充分地利用下半身（蹬腿产生向前的动量和髋部旋转）时，有用的做法是查看垂直跳数据，并将双手贴髋的跳跃表现与下蹲跳进行对比。双手贴髋的跳跃可以表明下肢的爆发力，所以在该测试中跳得低在这里可能说明，运动员需要更加专注于提高力量-爆发力动作的质量，并且需要定制相应的计划。同一运动员的全身性跳跃高度应当明显更高（蹲跳的确定性建模表明，在优秀的跳高运动身上，可能会高出40%的垂直高度[4]）。如果在两种风格的跳跃之间没有观察到明显的差异，那么这可能表明，运动员缺乏通过运动链来同步以地面为基础的运动的协调能力。这可能需要额外增加药球抛掷练习和快速伸缩复合练习，这些练习需要下肢产生力量，并将这些力量转换为高冲量，再转移到球上。这些可能是计划的关注点，或者需要建立在发力关注点之上。相反，运动员可能确实具有很强的爆发力和纵跳技术的出色执行能力，但是需要学习具体的投球技巧，才能在具体的练习情境中将冲量施加到球上。

专门针对受众的数据分析与交流

图22.5展示了运动表现提升所涉及的连续过程的概览，详细地探索每个阶段超出了本章的范畴。然而，为了说明科学过程会对运动员的计划产生的影响，有关干预机会的具体示例值得进一步探索。还要重点考虑的是，数据影响的对象，以及专业人士发挥他们的作用所需要的时间。

证据导向的决策对于教练员来说也很重要，他需要数据来为每天和每周的决策过程提供信息，这些决策过程与运动员计划的调整有关，并且最终会与运动员的选拔有关。人们应当生成能够让教练员根据信息变量来操控计划或者环境变量的

决策工具，如图22.6所示。前面着重介绍的具体监控示例很好地说明了这一原理。

记录和分析这类数据集能够确立可以通过报告和监控技术加以追踪的趋势。这可以让那些角色更偏向于计划指导或者球员阵容管理的专业人士（而不是指导运动员计划的实施）展开审查，并为他们的决策提供信息，以产生更加纵向的影响。这可能会为专家之间的讨论、战略计划的决策或者人员的教育过程提供信息，这些讨论将会弥合系统需求与系统功能之间的鸿沟。至关重要的是，尽管所需的技巧在每个实施层面上都有所不同，做决策并根据决策采取行动的时间段有所不同，并且数据报告也可能有所不同，但是为上述每个过程提供信息的真实原始数据集通常是相同的。因此重点在于数据呈现和分析方式，以在个体或计划层面辅助后续的决策制订。同样重要的是，人们要尊重一个事实，即如果未采用正确的管理过程，那么为了让运动员的表现健康受益而收集到的数据将会缺乏情境。例如，对肩部进行测量的训练实践人员需要知道做决策的具体数据点，教练员需要知道运动员已经准备好按计划行事了，或者今天的训练负荷是否需要调整，而管理部门需要知道运动员是否正在按计划实现既定培养计划中的目标。最终，无法维持表现轨迹（或者超过它）的运动员将会成为有待调整的运动员。

科学训练师应当明白，培养现代运动员需要多方面和模块化的方法，所有的训练实践人员共同朝着一个通常已经被确定、受到监控并且量化的目标努力，该目标以运动员为实施过程的中心关注点。为训练与管理的系统过程提供证据是有必要的，这样才有可能查询、解释以及复制或根除所产生的模式（例如损伤趋势、巅峰表现）。这会为训练计划、安排恢复以及优化表现的决策过程提供信息。它还会强化作为竞技体育核心的人

| 报告 | 系统分析 | 一线部门 |

系统层面
- 流行病学
- 投球和监测数据
- 功能性风险状况
- 训练负荷追踪：各位置组别中不同水平的个体

监控　　计划发展
确认　　计划培训
支撑　　专家讨论

计划 ➡ 个人决策区间

运动员层面
- 日常数据追踪：准备度、训练负荷量、表现
- 深入了解每个运动员和例程
- 了解计划每日的实施情况

环境　　首发之间
　　　　连续
执教决策　每日

信息仪表盘

| 工具 | 实施 | 执教 |

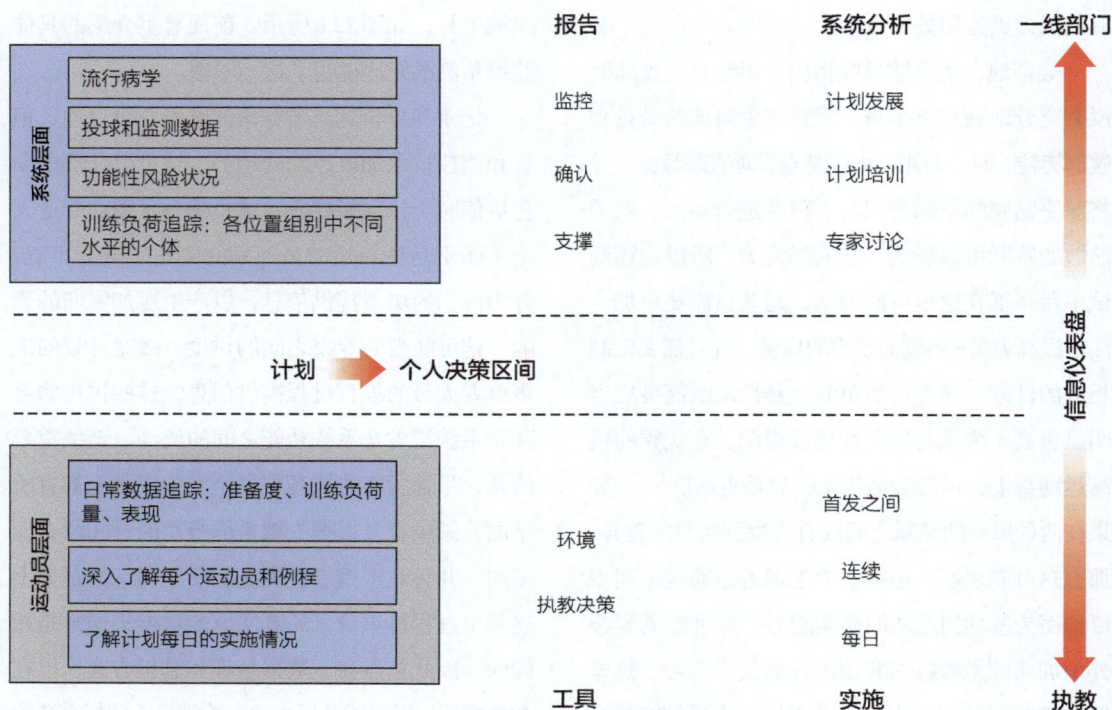

图22.6　信息管理过程由系统内的决策区间决定

际互动，并且该过程的核心是，运动员们要相信收集、解读和利用数据是为了帮助进一步培养他们。

旅途行程的问题解决

美国职业棒球大联盟要求运动员们在183天内参加162场比赛。这意味着，团队出行是一种职业需要，而出行产生的飞行时差将会是一个问题。对运动表现的实验室研究表明，生理节奏让运动员的生理、表现和行为符合24小时的环境周期，所以在两个时区之间旅行会对投球手的作息规律产生影响。类似地，失眠会对运动员的准备度产生重大的影响。这不仅源自比赛后向下一个城市的旅行，还源自晚上比赛到很晚，此时运动员的肾上腺素和咖啡因水平较高，并且很难达到足以进入睡眠的放松程度。现存的文献详尽地记录了短期睡眠不足和长期失眠的影响，因此监控睡眠

对于为有关运动员日程的决策提供信息来说很重要。虽然普遍的看法是，睡眠的连贯性很关键，一晚上睡得多、一晚上睡得少的间断性日程应当加以避免，但这在旅行很多的棒球界并不实际。

因此，对科学训练师来说，重要的是利用睡眠文献来合理地制订睡眠计划，并且详细计划团队和运动员在比赛之间球队旅行过程中的日程。这通常涉及结合睡眠方面的科学训练师来支撑团队，他可以解读睡眠监控数据来为有关日程的安排提供决策信息。认识小憩对运动员所起的作用也很重要。实际上，它们可以用来补偿短期的睡眠不足，但是更为合理的是，它们可以用来临时提高警觉性和表现。20~30分钟的小憩很重要，但要避免运动员进入深度睡眠后再醒来，这会导致运动员感到睡眠惰性（行动迟缓和无精打采）。表22.1展示了睡眠数据结合专业知识如何用来为大联盟赛季中的运动员计划旅行日程。

运动表现研究

科学训练师的作用是为基于证据的决策提供信息。实际上，关键决策是通过围绕数据的专家讨论，而不是数据本身做出的。因此，数据趋势分析可以发现运动员表现上的重要问题，这些问题在其他情况下可能检测不到。图22.7证实了这一点，它利用棒球中一种流行的技术工具TrackMan来记录大联盟投球手出手侧的数据（1英寸＝2.54厘米）。

还要重点理解的是，单一数据集通常不能展示全面的情况，但是当一个科学训练师好奇数据的趋势，并且可以相对于其他数据集（例如速度数据，甚至是监控数据趋势）考察这一趋势时，就可以提出问题供其他人跟进。

图22.7a展示了随着发球的进行，投球手改变出手位置的趋势。这本身并不会令教练员感到担忧，但是当与其他数据（例如肩部动作控制和握棒力量）相结合时，该数据便可以引起运动员、教练员和医疗人员之间的讨论。我们可以在本例中发现，运动员有一定程度的肩部残余僵硬未被报告，而这会限制他的动作。通过接下来4天的治疗，这个问题被解决了，他的表现数据得到了提高，并且他的监控数据也得到了提高。这里的关键成果是，围绕数据的讨论不仅导致了成功的干

预，而且运动员也没有错过任何的表现机会。这让运动员认识到了信任医疗人员，并与之持续交流自己身体感受的重要性。

成功的结果并非总是关乎运动员的医疗甚至生理状态。科学训练师通常应该好奇并且问"为什么"，这对于指导教练员和其他交叉学科团队成员的讨论特别有影响力。例如，在图22.7b中，数据表明运动员的出手位置出现了相当明显的变化。如果科学训练师向教练员提问为什么会这样，那么它会将教练员的注意力引导到投球的特定方面，这些方面最好要加以处理。在这个具体的例子中，运动员转而站在了本垒板的另一侧，这在比赛期间并非一种多见的举动。然后科学训练师便可以根据该举动来审查表现数据（即它是一个用于优化表现的成功决策吗？），并且可以在运动员的后续计划中做出合理的技术调整。

小结

运动表现环境由具有特定经验知识的不同领域专家组成。我们始终应当记住的是，这种经验知识是一个团队所拥有的最大的数据集。衍生数据的作用是为具体的决策提供信息。该决策不仅可以从过程中消除猜测，还能够丰富训练实践人员的经验数据集（即学习）。在出于讨论的目的展示数据之前，专家对数据的解读至关重要，因

表22.1　计划大联盟比赛之间的行程需要利用睡眠数据和专业知识才能优化运动员对比赛的准备度

比赛	比赛后的航行时间	小憩策略	比赛后的目标入睡时间	次日醒来的目标时间
下午7:07（太平洋时间）	4小时	比赛后在飞机上小憩1.5小时	早上6:00（中部时间）	下午12:00
下午7:15（中部时间）		30分钟的小憩（比赛之前，大约在下午4:00）	早上12:00（中部时间）	早上10:00
下午7:15（中部时间）			早上12:00（中部时间）	早上8:00
下午12:45（中部时间）	2小时		上午12:00到家（东部时间）	上午10:00或者更晚

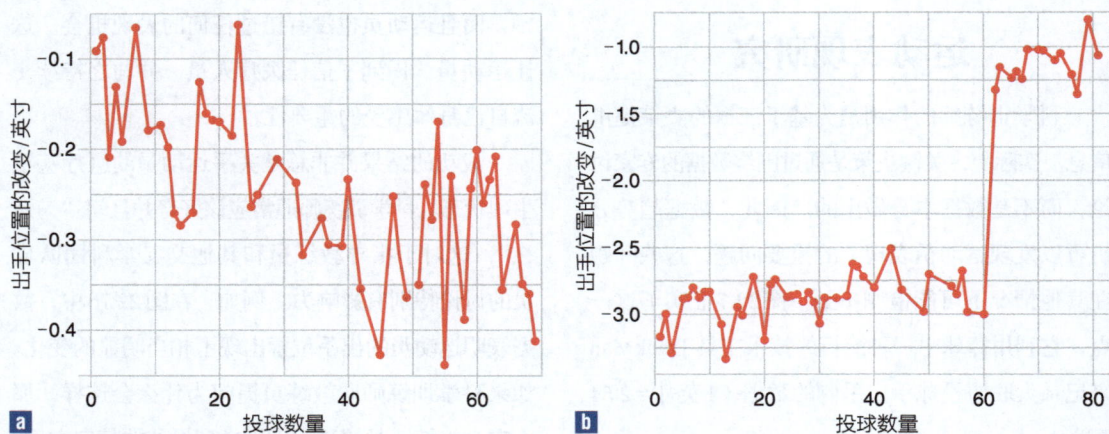

注：1英寸 =2.54厘米。

图22.7　对数据的好奇可以为支撑人员和教练员之间的交叉学科讨论提供信息：a. 比赛期间肩部紧张的运动员的出手侧数据，b. 出于技术原因移动到本垒板另一侧的投球手的数据

为所提出的问题要么是"为什么会出现这种情况？"，要么随后是"我们将采取什么对策？"。在这个过程中，利用鉴别诊断过程来理解具体的干预对运动员成果的影响至关重要。这可以让科学训练师围绕思考什么是奏效的，或者什么需要改变来做出决策。因此，科学训练师必须善于确定需要监控什么数据，如何收集数据，以及至关重要的是，这些数据如何传递给专家，使得专家按照对运动员培养最有利的方式做出讨论和决策。要想在该环境中取得成功，好奇和善于交流是应用型训练实践人员必备的品质。

推荐读物

Bourdon, PC, Cardinale, M, Murray, A, Gastin, P, Kellmann, M, Varley, MC, Gabbett, TJ, Coutts, AJ, Burgess, DJ, Gregson, W, and Cable, NT. Monitoring athlete training loads: consensus statement. *Int J Sports Physiol Perform* 12: S2161−S2170, 2017.

Collins, D, Cruickshank, A, and Jordet, G, eds. *Routledge Handbook of Elite Sport Performance*. Milton Park, Abington, UK: Routledge, 2019.

McGuigan, M. *Monitoring Training and Performance in Athletes*. Champaign, IL: Human Kinetics, 2017.

Thornton, HR, Delaney, JA, Duthie, GM, and Dascombe, BJ. Developing athlete monitoring systems in team sports: data analysis and visualization. *Int J Sports Physiol Perform* 14: 698−705, 2019.

Wexler, S, Shaffer, J, and Cotgreave, A. *The Big Book of Dashboards: Visualizing Your Data Using Real-World Business Scenarios*. Hoboken, NJ: John Wiley & Sons, 2017.

第6部分

特殊主题

第23章

恢复和睡眠

杰茜卡·M.斯蒂芬斯 (Jessica M. Stephens) 博士;
肖娜·L.哈尔森 (Shona L. Halson) 博士

从训练或比赛（或者二者）的应激中恢复是一个复杂的过程。该过程会随着对运动员要求的变化而变化。运动员恢复领域已经取得了显著的发展，并且将恢复策略包含在高水平表现计划中的做法已经变成了惯例。伴随着恢复策略实际运用的增加，关于这些策略的研究也增加了。尽管仍然要做更多的工作，人们才能全面考察众多恢复策略的机制和功效，但是在许多干预手段方面，已经有足够的证据可以用来让训练实践人员做出基于可靠信息的决策，达到将恢复纳入高水平表现项目中的目的。

恢复策略

虽然有关恢复对表现影响的研究在不断地推进，但并不是所有文献都同时研究了不同恢复策略背后的机制。因此，大部分恢复的确切机制并不清楚。该领域的研究通常采用不同的表现指标（专门针对所执行的练习和所引起的疲劳类型）、肌肉损伤指标和炎症指标（例如肌酸激酶和肌红蛋白）、血流量的变化以及恢复、疲劳和酸痛的感知指标等。通常，恢复的目的是缩短身体从生理和心理方面回到内稳态所需的时间。因此，大部分恢复策略针对的是因运动导致的新陈代谢和力学或认知（或者二者兼有）上的改变。常见的恢复策略通常针对的是肌肉或体温、肌肉酸痛和炎症、血流量以及脑力疲劳。

图23.1所示的恢复金字塔概括了目前高水平竞技体育中所用的主要恢复策略。恢复金字塔建立在睡眠和休息的基础之上，然后是营养和水合。这几方面有可能对运动表现产生最大的影响。随后，我们可以在该基础上添加其他策略，例如浸泡、加压和按摩，但相关研究较少。金字塔顶部包括基于极少证据或者没有证据的策略，以及可能会被人们认为流行一时的做法。

该金字塔可以用来向运动员提供有关恢复策略优先顺序的建议和教育。例如，金字塔的底部是要关注的最为重要的方面，并且会对恢复和表现产生最重大的影响。金字塔的中间部分也可能是有效的，并且适用于综合性的恢复计划。然而，这些策略应当只有在金字塔的基础部分得以解决之后再被纳入。金字塔的顶部包括具有很少证据或者没有证据的新兴策略，因此，它们的有效性是未知且值得怀疑的。这些策略要么应加以避免，要么在知道它们可能无效的前提下加以利用。重

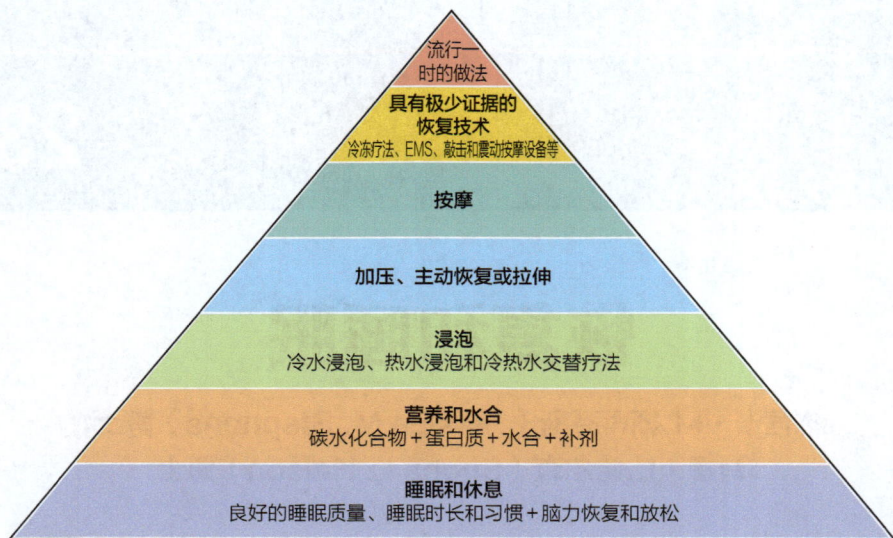

注：EMS=肌肉电刺激。

图23.1 恢复金字塔

要的是，这些恢复策略可能会代替更加有效的策略被采用，从而减弱整个恢复计划的有效性。

睡眠和休息

因睡眠和休息对运动员表现和健康的重要性，其被认为是恢复金字塔的基础。文献显示，失眠会对表现、心理状态、新陈代谢以及免疫和认知功能产生消极影响[15]。对精英运动员的研究表明，他们的睡眠质量、睡眠时长或者二者通常都未达到最佳水平[25-26]，而且许多运动员有改善睡眠的必要性。训练、比赛时间[36-37]、旅行以及压力与焦虑[20]可能会导致运动员睡眠不良。人们通常需要合适的教育和行为改变策略来使社交媒体或电子游戏对睡眠的影响最小化。电子设备的显示屏发射出的蓝色波长的光会减少褪黑激素的释放。它们还可能是压力、担忧或竞争的一个来源，而在睡觉前应当避免光线和刺激[28a]。

训练强度也可能会影响睡眠。虽然在剧烈的训练之后，睡眠会得到改善（由于睡眠需求增加），但证据表明，高训练强度并非总能改善睡眠[21, 24]。

一些经验性的报道表明，如果不加以适当的管理，其他因素会对运动员的睡眠产生消极影响，例如咖啡因的摄入、肌肉酸痛、损伤、时差和旅行（即在陌生环境中睡觉）。只有少量研究探究了延长睡眠时间对运动员的影响，可用的信息表明，持续一周增加睡眠时长会改善运动员的一系列表现指标[6a]。

图23.2描述了睡眠目标，并介绍了一些可以让运动员得到高质量睡眠的推荐做法。

营养

第24章将深入讨论能量补充和营养，然而，在这里重要的是要认识到，营养还是运动恢复的一个关键部分。要想更加了解能量补充和营养对运动员的作用，读者可以参考第24章的信息。

浸泡

多年以来，浸泡或者水疗一直是非常流行的恢复手段。大量浸泡的手段被用来辅助运动表现的恢复。通常，运动员会采取冷水浸泡、热水浸泡或者冷热水交替疗法[38, 44]。这些浸泡策略迄今

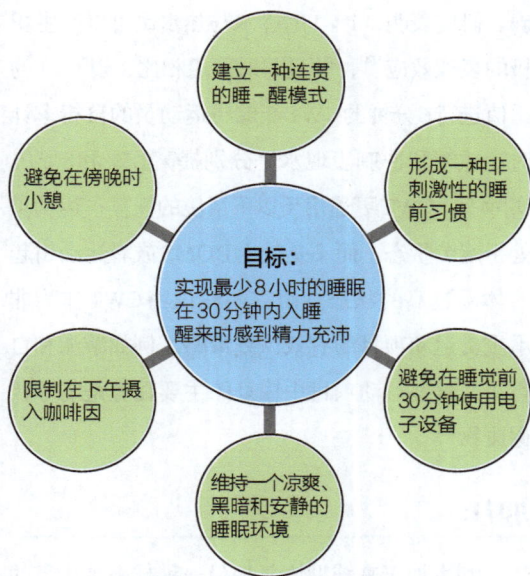

图23.2 睡眠目标及一些可以让运动员获得高质量睡眠的推荐做法

经允许改编自：Caia, Kelly and Halson（2017）。

为止已经在研究中受到了充分探究。对这些策略的选择应当根据运动员正在尽力从什么中恢复，以及为了什么而恢复决定。

冷水浸泡

冷水浸泡（Cold-water Immersion，CWI）通常涉及将全身（不包括头部）或者肢体浸泡在温度为5~20摄氏度的水中，持续时间达20分钟。该过程可以连续或者间断进行[44]。CWI的主要目的是降低身体组织和血液的温度，而这随后会减轻肿胀、炎症、心血管劳损以及疼痛[39]。缓解高温引起的疲劳可以减轻延迟性肌肉酸痛（Delayed-onset Muscle Soreness，DOMS）引起的肿胀和炎症，以及改善自主神经系统功能，从而会增强恢复效果[18]。

目前，CWI的水温、深度、时长和浸泡方式[39]并没有金标准或者最佳组合。CWI方案应当根据运动员的状况，以及运动员从什么中恢复而改变。研

究已经发现，水温为11~15摄氏度、持续时间为11~15分钟的CWI最适合用来减轻肌肉酸痛[27]。而至于利用CWI来减轻热负担或者改善自主神经系统的功能，还没有科学证据给出最佳的方案。

确定要采用的CWI方案时，另一个要考虑的因素是运动员的生理特征，因为研究显示，身体成分、性别、年龄都会影响对CWI的生理反应[38]。推荐体脂少和肌肉量少的运动员采用刺激小的方案（例如采用较高的水温或较短的持续时间）。相比于普通的成年男子运动员，女子、青少年和精英运动员可能也需要刺激小的方案。

实际上，CWI最好用于高温环境中，辅助运动员从体温调节性疲劳中恢复，并且如果运动员被要求在当天参加后续比赛，那么它可能还会提供一种预冷却的效果。肌酸激酶通常被当作肌肉损伤的间接标志。正如探究肌酸激酶循环的研究所显示的那样，CWI对于处理肌肉酸痛和损伤也很有效[1a]。研究表明，相比于肌肉损伤诱发性运动后48小时的消极性对照恢复，CWI会显著促进蹲跳和等长力量的恢复，并且会显著降低肌酸激酶的浓度[40a]。此外，研究人员发现，在团队运动项目模拟比赛中，与对照组相比，CWI会促进冲刺速度的恢复，并且会减少肌酸激酶的排出[26a]。因此，我们推荐在赛季内或者赛事期间经常使用CWI，以辅助DOMS和一般酸痛的恢复。

热水浸泡

热水浸泡（Hot-water Immersion，HWI）涉及将全身（不包括头部）或者肢体浸泡在温度高于36摄氏度的水中。HWI通常为一次连续浸泡，并且通常涉及利用水下喷嘴来按摩肌肉[44]。当用于恢复目的时，HWI的主要目标是放松和减轻肌肉张力。从生理学上讲，HWI会导致体温的升高和血流量的增加[40]。因为会导致血流量的增加，

HWI被认为可以促进新陈代谢废物的排出，并增加营养素在细胞之间的传递[45]。这些生理反应被认为有助于修复和恢复神经肌肉的表现[40, 45]；然而，这目前还只是理论，其需要未来的研究予以证明。

支持HWI用于表现恢复的研究仍然相当少，因此我们难以推荐最佳方案。与CWI的相关研究成果类似，现有研究建议的HWI最长持续时间约为20分钟。尽管缺少科学证据的支撑，HWI在实践领域仍是一种受欢迎的恢复方法。运动员通常更偏向于采用HWI，而不是CWI，因为他们觉得HWI更加舒服且更能让人放松。实际上，HWI可以用来辅助心理恢复，因为它有利于放松。它还可以在休息日和按摩之前，用以放松紧绷的肌肉。然而，当怀疑有软组织损伤时，HWI应当谨慎地采用，因为理论上，血流量的增加可能会加剧肿胀、瘀伤和炎症。类似地，当运动员在运动后处于高温状态时，不推荐采用HWI，因为温水可能会维持已经升高的体温，从而延长体温调节应激。

冷热水交替疗法

冷热水交替疗法（Contrast-water Therapy，CWT）涉及运动员在CWI和HWI之间交替进行。运动员通常会在冷水池和热水池之间转移3~7次，并且在每个池子中待1~2分钟。使用CWT的目的是加快血液流动以及代谢废物的清除。这种效果是通过CWI的血管收缩效应和HWI的血管舒张效应的交替来实现的。研究显示，经由体温的变化、肌肉痉挛和炎症的减少，以及关节活动范围的改善，CWT可以促进疲劳和肌肉损伤恢复。

CWT方案的选择主要还是基于经验，因为极少有研究能确定最佳的方案。尽管研究表明，CWT的整体时长与跑步和骑行表现的恢复之间没有量效关系[42-43]，但是最优的交替次数和时长仍不明

确。研究表明，1∶1的冷水与热水比可以产生积极的表现效应[14]，并且与对照组相比，以1∶1的比值进行6分钟的CWT能够将运动员的自行车计时赛成绩和冲刺表现水平分别提高1.5%和3%[42]。实际上，CWT更适用于以下情境的恢复：运动员处于疲劳状态，而不是处于DOMS或者运动引起的体温过高的状态。研究还建议将CWT作为非承重类运动项目的有效恢复策略，例如游泳和自行车，这些运动项目中恢复的主要任务是清除代谢废物[14]。

加压

利用加压来辅助恢复是另一种越来越流行的方法。加压是指通过压缩衣（例如紧身衣或者紧身裤袜）、充气的靴子或衣袖，将压力施加到运动员的肢体上。越来越多的证据支持利用加压来辅助恢复；然而，该领域的研究尚处于初期，尤其是在充气加压方面。

压缩衣

压缩衣，例如紧身衣、紧身裤袜、长袖上衣，以及手臂或腿部套袖已经成为运动员运动后用来促进血液循环的一种常用恢复方法[8]。压缩衣源自医疗行业，它的作用在于强化血液流动、淋巴循环和静脉回流[8]。研究认为，压缩衣可以减轻肿胀、炎症和水肿，这对于恢复来说是有效的[8, 10]。研究表明，压缩衣在强化力量、爆发力和骑行表现方面是很有效的[10]。研究显示，压缩衣可以提升骑行冲刺表现，并且与对照组相比，穿了压缩衣的运动员每次冲刺做功提高了4.3%[7]。更多有关压缩衣对表现的各种影响的信息，请参阅希尔（Hill）[17]和布朗（Brown）及其同事[10]的荟萃分析。

尽管以前的研究表明，压缩衣可以强化恢复[8, 10, 17]，但是何时穿戴、穿戴多长时间，以及穿

戴哪种类型的压缩衣（例如紧身衣还是紧身裤袜）的最佳组合尚不清楚。研究发现，当在运动之间穿戴至少20分钟时，压缩衣便可以有效地促进恢复[1]；然而，研究显示，运动员穿戴压缩衣的时间越长，其得到的益处就会越多[40]。

研究显示，压缩衣还有助于长时间乘机旅行之后的恢复。在旅行期间穿着压缩衣会改善运动员对疲劳和肌肉酸痛的主观评级，此外还会减少下肢肿胀[7]。相比于对照组，长途飞行期间穿戴压缩衣不仅有利于蹲跳表现的恢复，还会降低肌酸激酶的浓度[7, 23]；因此，我们推荐运动员在旅行期间穿戴压缩衣，尤其是当他们需要在到达之后立即参加比赛或者训练的时候。

充气加压

充气加压通常涉及在腿部或者手臂上穿戴靴子或者套袖。这些靴子或套袖充有气体，以向肢体施加外部压力，并且由充气装置施加的压力要远远大于压缩衣（加压靴施加的压力最高可达14.63千帕，而压缩衣施加的压力最高为3.99千帕）[9, 47]。大部分市面上可以买到的装置提供的是顺序加压，例如从脚部开始，沿着腿部逐节向上施加压力，并且前一节始终保持充气状态，直到全腿的外在加压一同被释放为止。此类装置还有蠕动压缩、逐节压缩与循环释放等选项。与压缩衣非常类似，人们认为充气加压可以改善血液循环和静脉回流，从而加快代谢废物的清除[29]。

充气加压是一种新兴技术，正因如此，有关该技术的功效或最佳使用方法的研究非常少。在实践中，充气加压很受运动员的欢迎。有研究表明，充气加压对于改善肌肉疲劳、疼痛和酸痛的主观评级很有效[16]。然而，充气加压还未在表现恢复方面展现出强大的优势[16, 29, 47]。未来的研究还需要全面明确充气加压对表现的影响以及最

佳的使用方案。

主动恢复

运动后立即开展主动恢复或者放松是最为人熟知的恢复策略之一[41]。主动恢复通常在训练或比赛结束时开展，持续时间为5~15分钟，涉及中低强度的有氧运动[41]。主动恢复的目的是维持高位的血流量，这被认为可以促进代谢废物的清除，例如血乳酸[41]。现有研究对主动恢复的结论尚不统一，有些研究认可主动恢复的效果，而有些研究表明主动恢复没有好处[40]。研究显示，主动恢复在优化表现方面基本上是无效的，并且在运动员4个多小时之后需要进行后续运动时，对预防损伤没有作用[41]。然而，当运动员在短时间（<30分钟）内需要重复表现时，主动恢复是有效的，并且应当被纳入恢复策略[19]。尽管主动恢复似乎对短时间的恢复是有用的，而对长时间的恢复无用，但是人们在主动恢复的好处方面仍然没有达成共识，其需要更进一步的研究。

总而言之，主动恢复是运动员广泛使用的一种做法，尽管研究结论尚不统一，但是并未在表现恢复上观察到其明显的负面影响。因此，如果运动员觉得有效，我们仍然推荐他们开展主动恢复。

拉伸

拉伸是另一种广泛使用的恢复策略，但是并没有有力的科学证据支持它对表现恢复的积极作用[3]。当用于恢复时，拉伸的主要目的是减轻肌肉酸痛和僵硬，放松肌肉和扩大关节活动范围[35]。研究表明，通过消除损伤肌肉组织累积的水肿，拉伸会辅助肌肉酸痛的缓解；然而，这尚未在研究中得到证实[3]。

当用于恢复时，拉伸经常与主动恢复或放松活动一起开展，我们通常推荐对运动中使用的主要

肌群开展静态拉伸，并且每个拉伸动作保持15~30秒[33]。我们还建议，拉伸不应当引起不适或者疼痛。

按摩

按摩是运动员最常使用的恢复策略之一，并且通常由受过训练的理疗师执行；运动员也可以学习自我按摩技巧，并且使用诸如泡沫滚轴的器材进行筋膜放松和缓解扳机点的疼痛。按摩被认为可以增加血流量，减弱肌肉张力、肌肉兴奋性，以及改善对健康的整体感觉[19]。而且，人们发现按摩在急性恢复（10~20分钟）方面具有最佳的效果，尤其当持续时间较短（1~2分钟）的时候；然而，按摩对运动表现恢复的益处仍然较小且不明确[31]。

泡沫滚轴自我按摩的益处在现有研究中得到了较为有力的支持。研究表明，泡沫滚轴自我按摩会减弱冲刺和力量表现的降低，减轻疼痛感、DOMS，以及扩大关节活动范围[5, 46]。运动员还可以使用诸如按摩球、按摩棒或者敲击按摩装置进行自我按摩。重要的是，运动员要熟知如何进行自我按摩，因为如果按摩不当，可能会加剧酸痛、浮肿和瘀伤。推荐运动员咨询受过训练的理疗师，以了解如何安全地使用对于他们的需求具有特定好处的按摩技巧。

恢复技术

恢复技术在不断地进步，并且新兴技术经常宣称在运动员恢复方面具有优越的效果。下面提到的一些技术已经存在了多年，但是支持它们应用的科学证据仍然极少。本部分中的技术应当被谨慎地使用，因为支持它们有效性的证据极少，并且它们对恢复的好处可能要小于前面提到的策略。

冷冻疗法和低温治疗

通常有两种形式的全身或半身冷冻疗法：冷冻舱和低温室。冷冻舱是单人或者多人的舱室，运动员（包括运动员的头部）处于其中时，完全暴露于很低的温度之中。在低温室中，运动员的头部没有处于低温环境，因为用于冷却的液氮不能用于呼吸。

冷冻疗法涉及将运动员暴露在极冷的空气中，温度通常低于−110摄氏度，并持续2~5分钟。与CWI非常类似，冷冻疗法被认为可以通过降低组织温度和减少血流量来减轻浮肿和炎症，并提供止痛效果，来促进恢复[2]。现有研究表明，冷冻疗法对恢复没有负面效果，但是研究尚没有给出明确的、达成共识的恢复益处[12]。因此，推荐做法是，鉴于与使用冷冻疗法相关的成本和实际困难，运动员应选择CWI作为一种更加实用的利用低温来辅助恢复的方法[6]。尽管如此，如果冷冻疗法可供使用，那么这种技术可能是一种降低冷疗单调性的方式。

我们必须特别注意使用冷冻舱时的安全问题，并且要确保遵守合理的暴露时间。过度使用冷冻疗法可能会导致体温过低、冻伤（皮肤损伤）、高血压、不适、神经传导的降低以及手指和脚趾外周血流量的减少。下面是使用冷冻疗法时，需要考虑的一些重要的安全因素。

- 当处于冷冻舱或者低温室中时，运动员应当始终要有人监督指导；对于多人冷冻舱，监督人员应当始终待在舱室的外面。
- 应当避免对冷冻敏感的身体部位（手、脚和嘴）接触低温。
- 皮肤表面应当完全干燥，没有汗液和水分。
- 当使用低温室时，运动员不应当吸入液氮（如果他们昏倒或者弯腰以及接触低温室内的冷气，就可能会出现这种情况）。

肌肉电刺激

肌肉电刺激（Electrical Muscle Stimulation，EMS）是另一种新兴的恢复技术，实施时会在疲劳的肌肉上放置电极，该电极随后传导经皮的刺激进入肌肉。人们认为EMS可以增加血流量和增强静脉回流，从而通过加速代谢物的清除来优化恢复效果。与全身冷冻疗法一样，有关EMS的研究还未发现它对恢复有负面影响[13]，但是也没有证实它对恢复具有明确的益处[30]。然而，研究显示，当要求运动员对自己感知的肌肉酸痛、能量状态和心情进行评级时，EMS具有积极的感知益处[4, 13]，因此它可能是一种有益的恢复技术。未来需要更进一步的研究，才可以建议最佳的EMS使用方法。有些EMS设备具有针对训练恢复、比赛恢复以及减轻肌肉酸痛的各种模式。由于该领域的研究有限，建议运动员遵守设备协议和推荐做法，或者自己的个人偏好去使用。

敲击和震动按摩设备

敲击和震动按摩设备正在变得越来越流行，例如对肌肉进行敲击和震动治疗的泡沫滚轴、按摩球以及按摩枪。人们认为这些设备可以促进血液循环、减轻肌肉僵硬和张力以及扩大关节活动范围[22, 32]。敲击和震动按摩设备确实展现出了促进恢复的前景；但是与许多新兴技术一样，现有证据只表明了其积极的感知益处，需要更多的研究来探究其在生理和表现方面的效果[22]。与EMS设备的情况类似，这些设备的推荐使用方法并没有被标准化，并且使用的依据通常是运动员的偏好或者制造商提供的指南（或者同时依据二者）。

脑力恢复

越来越多的证据表明，认知疲劳会削弱生理、技术、战术和心理方面的表现。因此，用于帮助运动员从所遭受的认知负担中恢复的方法正在兴起。这些方法包括放松策略、正念减压法、冥想、生物反馈、神经反馈以及针对大脑活动的各种技术形式。该领域中的研究非常匮乏；然而，人们认为，对于如今的运动员来说，减轻脑力疲劳将变得越来越重要[34a]。

流行一时的恢复方法

由于恢复的受欢迎程度，许多公司将开发恢复策略看作获取经济收益的机遇。大部分新型产品在缺乏独立科学研究的前提下就被投入市场，这一事实突出证明了以上说法。当探究涉及新型或者新兴技术的科技产品恢复方法时，科学训练师要向制造商询问有关产品设计的原理及是否有相关研究。然而，由于相关研究通常明显地滞后于实践，所以科学训练师应当对生理和心理恢复机制有基本的理解，才能够对新型设备和技术的使用做出合理的调整。科学训练师还要认识到的是，信念效应会对恢复产生有力和重要的影响，因此当缺乏科学证据时，这一点不应该被排除在外。然而，重要的是，运动员不要抛弃具备有力科学及实践证据的恢复策略，而去使用那些受欢迎却缺少科学证据支持的技术。

恢复和适应

传统上，恢复始终都被当作训练适应中不可或缺的一部分，因而运动员在接受训练刺激之后需要恢复，以确保不会变得过度疲劳，并对训练计划产生适应。通过减弱促进某些适应所必需的炎性反应和信号反应，适应有可能会减弱，然而，关于恢复在该方面发挥的作用，目前还存在一些争论[34]。目前，该争论的关注点集中在CWI上，并且研究成果没有达成一致意见。解决该问题的一个保守方法是在抗阻训练课后取消恢复，因为研究显示，从适应角度来说，训练计划的这一方面在大部分情况下会受到负面影响。然而，必须注意的是，迄今为止都没有针对精英运动员的研究。

一个更加适宜的方法是与训练和营养的周期化一样，对精英运动员的恢复使用周期化安排。科学训练师应考虑在训练计划中哪些周期要最小化恢复的周期（例如在心血管耐力训练阶段）以及哪些周期要最大化恢复的周期（例如在比赛阶段）。鉴于该信息，要考虑的最重要的方面是，运动员的目标是短期还是长期的。例如，当前的目标是强化对训练的适应，还是最小化疲劳以确保训练课、比赛或表现提升的质量？要想了解个人和团队运动项目恢复周期化的全面综述，请参见姆吉卡（Mujika）及其同事[28]所做的综述。

恢复计划设计

恢复计划的设计没有金标准或者最佳实践方案可供推荐。恢复是一项独特的挑战，它会因运动员和项目不同而发生变化。为了决定要采用哪种或者哪些策略，我们推荐科学训练师首先问自己以下问题。

- 运动员正在尽力从什么样的主要应激（例如热负担、肌肉损伤、代谢物堆积、能量系统耗竭、脑力疲劳）中恢复？
- 恢复的时间段是什么？运动员什么时候需要再次进行训练或者比赛？下一个环节需要高质量运动吗？
- 是否有任何可能影响运动员恢复的环境因素（例如高温、高海拔、低温）？
- 运动员是否处于过度疲劳状态（例如疲劳导致消极后果的风险是否大于可能影响适应的风险）？
- 运动员处于比赛阶段还是准备阶段（例如，运动员长期计划中当前的首要任务是什么）？

- 运动员可以使用的设施有什么？

一旦确定了恢复的目标和挑战，科学训练师便可以制订计划了。对于运动员来说，重要的是，在将恢复策略用于比赛之前，要在训练环境中尝试不同的恢复策略，以了解在使用不同的策略之后，自己的反应和感受如何。科学训练师应当理解运动员在具体个人环境中的恢复目标。尽管这一点很重要，但是我们可以为不同的情形提供一些通用的推荐做法。科学训练师可以利用下面介绍的场景作为恢复计划的起点，但应当根据自己的具体情景对这些场景进行个性化调整。

场景1：团队运动项目、赛季内、每周参加一场比赛

- 赛后恢复的时间线：图23.3中的时间线表示赛后应当采取的恢复步骤。
- 比赛日的后一天：如果运动员在赛后一天仍然觉得异常疲劳或者酸痛，那么可以采用更进一步的恢复策略，按摩、加压或者浸泡策略在这里可能会有效。

场景2：联赛（团队或者个人运动项目）、每天或者多天进行多场比赛

如果比赛之间的时间为60分钟或者更少，运动员可以采用以下策略。

- 主动恢复。
- 拉伸。
- 营养和水合。
- 按摩和加压。

一般而言，当比赛之间的过渡时间较短时，鉴于许多原因，不推荐采用浸泡策略。首先，如果时间较短，那么运动员可能来不及换衣服和擦干。其次，CWI可能会冷却肌肉，并且会对表现产生负面影响[38]。然而，如果是高温天气，那么在过渡时间较短的非冲刺类比赛之间可以考虑CWI，因为对于后续的表现来说，它可能会带来积极的

主动恢复	持续时间：5~10分钟
拉伸	持续时间：5~10分钟
营养和水合	• 可以在主动恢复或者浸泡期间摄入 • 尽量补充流失的能量和液体
冷水浸泡	• 持续时间：10~15分钟 • 温度：10~15摄氏度
压缩衣	持续时间：比赛之后至少穿1小时
膳食	摄入时机：比赛之后60~90分钟
睡眠	策略：如果运动员在比赛之后难以放松和入睡，那么在睡觉前可以使用放松、拉伸或者自我按摩等方法

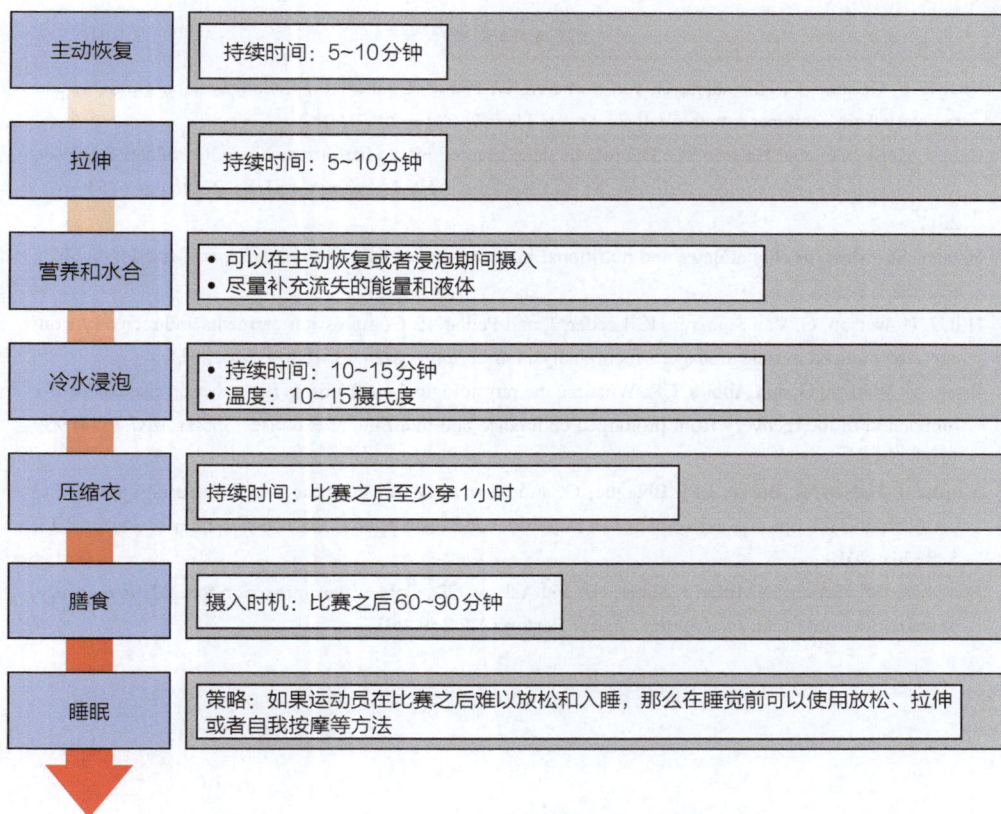

图23.3 赛后恢复的时间线

预冷却益处。如果随后几天都有比赛，运动员在每天结束时可以采用场景1中的建议。

在设计恢复计划时，科学训练师最重要的考虑因素之一是计划的可操作性。例如，在旅行期间，难以使用冷水池或者水疗池，所以通常在更衣室中使用便携式水池或者塑料浴盆。让一个大团队利用只适合1~2人的小水池完成CWI的做法是非常耗时间的。在这种场景下，上场时间更长的运动员可以优先使用浸泡策略，而上场时间没那么长的运动员可以采用不同的恢复策略，例如充气加压。此外，运动员可以利用淋浴获得冷水或冷热水交替浸泡的好处。尽管淋浴无法提供浸泡的静水压力好处，但是它仍然可以提供冷热变化，并且在无法进行浸泡时带来一些积极的效果。

小结

恢复是多方面的，运动员恢复策略的选择以及恢复策略的组合方式涉及诸多考虑因素。最初的考虑应当涉及可用恢复策略的有效性，并优先处理可以提供恢复基础的简单策略（例如睡眠和营养）。更进一步地，恢复量应当在训练计划的背景下加以考虑，并且科学训练师应当让恢复周期化，以最大化运动表现和训练适应。

推荐读物

Brown, F, Gissane, C, Howatson, G, van Someren, K, Pedlar, C, and Hill, J. Compression garments and recovery from exercise: a meta-analysis. *Sports Med* 47: 2245–2267, 2017.

Caia, J, Kelly, VG, and Halson, SL. The role of sleep in maximising performance in elite athletes. In *Sport, Recovery and Performance*. Kellman, M and Beckman, J, eds. Abington, UK: Routledge, 151–167, 2017.

Halson, SL. Sleep in elite athletes and nutritional interventions to enhance sleep. *Sports Med* 44(suppl 1): S13–S23, 2014.

Hill, J, Howatson, G, Van Someren, K, Leeder, J, and Pedlar, C. Compression garments and recovery from exercise-induced muscle damage: a meta-analysis. *Br J Sports Med* 48: 1340–1346, 2014.

Ihsan, M, Watson, G, and Abbiss, CR. What are the physiological mechanisms for post-exercise cold water immersion in the recovery from prolonged endurance and intermittent exercise? *Sports Med* 46: 1095–1109, 2016.

Mujika, I, Halson, S, Burke, LM, Balagué, G, and Farrow, D. An integrated, multifactorial approach to periodization for optimal performance in individual and team sports. *Int J Sports Physiol Perform* 13: 538–561, 2018.

Stephens, JM, Halson, S, Miller, J, Slater, GJ, and Askew, CD. Cold-water immersion for athletic recovery: one size does not fit all. *Int J Sports Physiol Perform* 12: 2–9, 2017.

能量补充和营养

路易丝·M.伯克 (Louise M. Burke),博士;
埃里克·S.罗森 (Eric S. Rawson),博士

运动员的饮食对于实现长期和成功的竞技体育生涯发挥着关键的作用。在训练阶段,饮食计划必须为艰苦的训练提供实现最佳适应和恢复所需的能量和营养素。能量、常量营养素和微量营养素(食物化学品)也是保持健康和预防损伤的一部分。在没有不适当的食物压力或限制的前提下,为了实现和保持最佳的身体成分,运动员需要明智地控制能量和蛋白质摄入。在比赛阶段,运动员需要认识到会导致疲劳或不佳表现的生理因素,并且在有可能的情况下,要在赛前、赛间和不同轮次之间利用营养策略来减少或者延迟这些问题的出现。最后,虽然"食物优先"的策略为竞技体育营养提供了最佳的方法,但是有时候,运动食品或者补剂可能是一种解决营养需求或者直接提升运动表现的实用方法。

构成竞技体育世界的训练策略和赛事特征多种多样,但每个运动员的具体需求都是独特的,并且在不断变化。实际上,在制订每个运动员的饮食计划时,运动营养师都在强调个性化、周期化以及实用性的重要性。详细说明"运动营养工具箱"中的每个目标或者策略,或者解释运动营养师在评估、咨询以及监测运动员饮食时所用的复杂技巧,超出了本章的范畴。尽管如此,理解运动营养的关键原则仍然有助于为科学训练师和表现团队中的其他成员提供一个拓展知识和优化实践的环境和文化氛围,并且还有助于提供在早期发现并解决问题的机会或机遇。本章的目标是提供一种实用的观点,强调表现营养的作用。

能量和身体成分管理

能量摄入(Energy Intake, EI)是评估运动员的运动营养状况以及向运动员传授运动营养知识的起点。EI决定了运动员摄入常量营养素、微量营养素以及其他形式的营养素的能力,而这些营养素可以为满足训练和健康需求提供能量并优化对应的表现。它还支持运动员改变自己身体成分的能力,例如获得肌肉量或者减少体脂含量。确定支持运动表现或者优化身体成分所需的每日能量(即EI)至关重要。估算能量需求(Estimated Energy Requirement, EER)是每日消耗的能量总和,它包括静息代谢率、食物热效应以及与体力活动相关的能量消耗。EER可以利用包括年龄、体重、身高以及体力活动等变量的方程加以估计。年龄、体重和身高的精确测量值很容易得到,但

是体力活动的估计值较为复杂。例如，利用美国国家医学院的方程[43a]，一名年龄为22岁，体重为80千克，身高为1.7米，并且报告的体力活动水平（Physical Activity Level，PAL）为非常活跃［体力活动（Physical Activity，PA）系数=1.48］的男子，其EER约为3694千卡/天（1千卡≈4.19千焦）。对于同样的个体，报告的PAL为活跃（PA系数=1.25）时，EER降到了约3190千卡/天。因此，运动员应当谨慎地使用这些估计值，并且要在有资质的专业人员监督下使用，得出的估计值要与身体成分目标和追踪记录进行配对。以下是用于计算19岁以上男子和女子的EER的公式（注意，年龄的单位是年，重量的单位是千克，身高的单位是米，PA系数的依据是PAL，如表24.1所示）。

19岁以上男子的EER：

$$662-（9.53×年龄）+\{PA系数×[（15.91×体重）+（539.6×身高）]\}$$

19岁以上女子的EER：

$$354-（6.91×年龄）+\{PA系数×[（9.36×体重）+（726×身高）]\}$$

还有其他方法可以获得EER，但是这些也是估计值，所以运动员在使用它们时需要受到适当的监督。在某些情况下，采用间接量热法可能能够更加精确地测量静息代谢率。然而，其他部分的能量消耗、食物热效应以及体力活动能量消耗仍然是估计值。将EI与体力活动能量消耗结合起来的饮食应用程序很受欢迎，但是它们无法取代运动营养师或者科学训练师的咨询和追踪。

传统上，人们都从能量平衡的方面去看待体内的能量交换，当能量摄入超过能量消耗时会导致身体能量存储（脂肪量，有可能是肌肉量）的增加，而能量消耗大于能量摄入引起的能量不足会导致身体能量存储的损失。在讨论为了促进身体成分的改变而对能量指标进行慎重调整之前，重要的是要理解能量可用率（Energy Availability，EA）的概念。该术语最早是由安妮·劳克斯（Anne Loucks）[35]推广的，目的是描述EI的差别以及相对于去脂体重（Fat-free Mass，FFM）的运动能量消耗。根据这个概念，人们可以推导出一个数值（其中，运动能量消耗的单位是千卡，FFM的单位是千克）。

$$EA=（EI-运动能量消耗）/FFM$$

当运动员处于能量平衡状态，并获得了支持身体所有功能所需的能量时，建议每天最佳的EA在40~45千卡/千克FFM[41]。不管是有意还是无意，当能量不足时问题就会出现（就像随后会讨论的那样）。虽然这暂时会导致身体能量存储的损失（即体重减轻），但是身体通常会做出调整（作为一种生存机制）来节约能量。该适应会产生两种实践结果：一是身体在一个新的和更低的点建立能量平衡（因此使得导致脂肪或体重丢失的能量赤字更难出现），二是身体会在不是生

表24.1 体力活动水平及体力活动系数

体力活动水平（PAL）*	示例	体力活动系数（男子/女子）
久坐（1.0≤PAL）	常见的日常生活中的活动（Activity of Daily Living，ADL）	1.00/1.00
活动量小（1.4≤PAL）	ADL以及30~60分钟的中度日常活动	1.11/1.12
活动量大（1.6≤PAL）	ADL以及1小时以上的中度日常活动	1.25/1.27
活动量非常大（1.9≤PAL）	ADL，最少1小时的中度日常活动，以及1小时以上的剧烈活动或者2小时的中度日常活动	1.48/1.45

*PAL=总能量消耗与每日基础能量消耗的比值（"1.0"表示总能量消耗等于每日基础能量消耗）。

存所必需的过程方面（例如生殖系统、骨骼健康以及蛋白质合成）[41]消耗更少的能量。对这类活动不佳的支持会妨碍实现最佳的健康状况、训练适应以及竞技表现。EA提供了一种新方法，用于评估运动员的能量考虑因素以及实现运动营养目标的能力。它难以概念化，并且在现实生活中，它几乎不可能被精确、有效地测量（即得到代表习惯性行为的叙述）。但是，它有助于阐明运动员群体在损伤、疾病以及不良表现方面的高风险。该运动员群体饮食不足或者过度运动，会存在低EA（通常定义为<30千卡/千克FFM[41]）的风险。这还意味着，科学训练师不能根据运动员的体重或者低体脂水平是否稳定来做出有关运动员EA适宜性的判断。正如梅林（Melin）及其同事[41]所解释的，两个运动员可以具有相似的身体成分、能量摄入和体重稳定水平，但是由于能量消耗上的显著差异，一个运动员可能具有健康的EA，而另一名具有较低的EA（Low EA，LEA）。EI和能量消耗的评估必须使EA的概念支撑最佳功能成为可能。这应当由专业人士（例如运动营养师）开展，并且专业人士可能需要测试运动员的健康状况和代谢功能，以证实其是否具有LEA。

对于试图减脂的运动员来说，我们推荐适度地降低EI（例如大约300千卡·天$^{-1}$）；而对于增重来说，我们推荐适度地增加EI（大约500千卡·天$^{-1}$）。这样的目标可以让身体成分出现最佳的变化，同时又不会带来EA大幅变化造成的不良后果。这些数字是估计值，并且必须与运动员个体的目标以及实现理想身体成分的时间线一致。对于减脂、维持肌肉量，或者增肌来说，并不存在一种理想的常量营养素分布情况（有关碳水化合物的推荐做法会在本章后面加以讨论）。除了维持健康和提供足够的能量、常量以及微量营养素以外，饮食最重要的特征是可持续性（即它可

以保持）。蛋白质在让运动员实现理想身体成分方面发挥着至关重要的作用，因为它能够增强力量增长以及抗阻训练的肌肥大响应，有助于在能量限制和减重期间维持肌肉量，并且可以增强饱腹感。久坐人士的推荐蛋白质摄入量 [0.8克/（千克体重·天）] 对于运动员来说太低了。维塔德（Witard）及其同事[61]推荐试图维持体重或者增重的运动员每天每千克体重摄入1.3~1.7克蛋白质；推荐试图减重，同时维持或者增加肌肉量的运动员摄入较多的蛋白质，高达每天每千克体重2.4克。最后，应当注意的是，减重或减脂是大多数人在他们人生某个阶段都会进行（或者期望）的一项活动，并且它可能看起来是一项简单的任务。然而，正如大多数人经常未能成功所显示的那样，它其实是一项具有挑战性的活动，并且应当在专业人士的支持下开展，以确保运动员在较大的运动营养目标内，实现切实可行的目标和持续获得成功。

为训练和比赛提供能量

在大部分运动项目中，能够在比赛中持续产生最多的化学能，并将其转化为爆发力、速度、力量，通常还辅以技能或者专注的运动员才能取得成功。3种能量生成路径有助于肌肉再生细胞的能量货币——三磷酸腺苷（Adenosine Triphosphate，ATP）。磷酸原系统和无氧糖酵解系统能够在缺乏氧气的情况下迅速但短时地生成ATP，而线粒体内的氧化路径以较低的速率，但是较长的持续时间利用碳水化合物（肌糖和血糖）以及脂肪（肌肉甘油三酯和来自脂肪组织的血液游离脂肪酸）产生ATP。所有的系统都对能量生成有贡献，但是它们的相对贡献由一系列因素决定，包括底物和氧气供应的可用性、能量需求率（即运动强度）、运动员的训练状态以及干扰内稳态的反应副产物（例如过量的H^+或者活性氧）。要想更深入地了

解不同运动项目的能量特征，读者可以参阅莫恩（Maughan）和格利森（Gleeson）的著作[39]。

对于运动员来说，一个关键问题是要理解限制为他们参加比赛稳定供能的因素，并且要采取具体的训练和营养策略来克服其中的一些困难。例如，重复性高强度运动的疲劳通常与冲刺或做功恢复期间肌肉中磷酸肌酸（Phosphocreatine，PCr）的再生有关。通过增加肌肉中肌酸和PCr的浓度，肌酸补剂可以支持磷酸原系统供能的能力[30]。通过中和过量H⁺带来的酸碱平衡扰动，缓冲补剂（碳酸氢盐和β-丙氨酸）可以用来提升无氧糖酵解系统的能力。

对于以有氧供能为主的有氧耐力型项目，存在两个（二者存在明显竞争关系）问题：如何增加体内有限的碳水化合物储量，以及如何更好地利用即使对于最瘦的运动员来说都相对无限的脂肪储量。有氧耐力训练的过程会同时强化两个目标，增加肌肉的糖原和肌肉内的甘油三酯储量，并且通过调节酶和转运蛋白的适应性，增强两种代谢途径的能力[48]。大约自20世纪60年代以来，在运动营养领域发展的大部分时间里，焦点一直集中在以碳水化合物为基础的策略上面，这些策略试图增加人体内碳水化合物的储量，以满足训练课或者比赛的需求。这样的策略被称作实现高碳水化合物可用性，包括在训练前的数小时和数天摄入富含碳水化合物的膳食，以最大化肌糖原含量，或者在时间较长的训练期间摄入碳水化合物[8]。研究明确表明，当在整个运动期间维持肌肉中的高碳水化合物氧化速率时，这些方法能够提升有氧耐力表现[22, 49]，并且它们会对中枢神经系统产生影响，包括提高配速和主观疲劳度[10]。表24.2为实现这些目标的策略提供了指南[52]。应当注意的是，要鼓励运动员根据能量消耗和每个练习或训练课的目标来摄取碳水化合物，而不是简单地摄入富含碳水化合物的膳食。实

际上，人们认识到，这样的需求和目标不仅在运动员之间会有所不同，其对于同一个运动员在不同时间也有所不同。这种周期化和个性化碳水化合物摄入的理念经常被误解和误传[8]。

人们的兴趣会周期性地转向以下策略，即减弱肌肉对有限底物的依赖性，而利用自身相对无限的脂肪储量[6]。这包括短期或者长期坚持碳水化合物含量低、脂肪含量高的饮食方式［低糖高脂（Low-carbohydrate，High-fat diet，LCHF）饮食］，这是我们在撰写本章内容时的一种流行概念。尽管研究显示，该方法即便对于训练有素的运动员来说能够提升肌肉利用脂肪作为运动能量的能力[56]，并且社交媒体上有关它提升（至少是不妨碍）运动表现的言辞也对它给予了支持，但是该方法也有一些注意事项。多项研究探究了适应LCHF饮食的运动员，其中一项研究发现，碳水化合物摄入量限制在50克/天以下导致受试者出现了慢性酮症（酮类循环水平高）。尽管坚持LCHF饮食的运动员保持了中低强度水平上的运动表现，但是在较高强度运动的表现上出现了问题[11, 45]。导致这一现象的原因可能是，要产生类似于碳水化合物氧化路径所产生的ATP量，脂肪氧化需要更多（大约5%）的氧气量，并且在较高强度的运动中，有限的是输向肌肉的氧气，而不是底物的可用性[11]。此外，试图围绕单一运动表现增强碳水化合物的可用性来得到两种摄入模式的最佳结果可能有一些价值[59]，但是其效果不如仅由高碳水化合物可用性加以支持的表现[21]。这似乎表明，脂肪适应具有独立的效果——即便在碳水化合物可供使用的时候，它还是会调低碳水化合物作为一种肌肉燃料的使用[50]。因此，虽然LCHF饮食在运动表现方面可能具有一些作用，但是它可能仅限于超耐力的体育项目。在这些运动项目中，整个比赛过程中的运动强度都是中等的。当然，要注意的是，即使是在持续时间

表24.2 训练前和训练中的碳水化合物摄入指南（如果目标是高碳水化合物摄入量）

补充能量和恢复的日常需求*		
情况	描述	碳水化合物摄入目标
低强度的训练负荷	低强度或技能型活动	3~5克/（千克体重·天）
中强度的训练负荷	中强度的训练计划（例如大约1时/天）	5~7克/（千克体重·天）
高强度的训练负荷	有氧耐力计划（例如，1~3时/天的中高强度运动）	6~10克/（千克体重·天）
非常高强度的训练负荷	极度费力（例如，>4时/天的中高强度的运动）	8~12克/（千克体重·天）
急性能量补充策略**		
情况	描述	碳水化合物摄入目标
一般的能量补充	为赛事做准备，时长<90分钟的运动	24小时摄入量为7~12克/千克体重，作为每日能量需求
碳水化合物摄入	为赛事做准备，时长>90分钟的持续或间歇性运动	36~48小时摄入量为每天10~12克/千克体重
赛前能量补充	运动开始前的60分钟	在运动前的1~4小时摄取1~4克/千克体重 所选的碳水化合物食物与饮品要符合赛事的实际需求以及个人的喜好和经验
短时运动期间	<45分钟	不需要
持续高强度运动期间	45~75分钟	用口腔频繁地接触碳水化合物，每次5~10秒，以为中枢神经系统带来好处
有氧耐力运动期间，包括停止－出发类体育项目	1~2.5小时	30~60克/时，作为补充内源储量的肌肉能量源
超长耐力型运动期间	>2.5小时	高达90克/时，来支持对外源碳水化合物储量的较大依赖 使用可以提供多种可输送碳水化合物的产品（葡萄糖和果糖的混合物），以在运动期间实现所摄取碳水化合物的高速氧化

*这些目标（尤其是当围绕一节具体训练课急剧摄入碳水化合物时）的本意是，在实现高质量或高强度（或者同时具备二者）的运动时，提供高碳水化合物可用性。这些推荐做法应当根据个体对总能量需求、具体训练需求以及训练表现反馈的考虑加以微调。

**这些策略针对比赛或者关键训练课中的最佳表现，以提高高碳水化合物可用性。

改编自：D.T. Thomas，K.A. Erdman and L.M. Burke（2016，pg.543-568）。

超过3小时的比赛中，要取得成功，运动员仍然需要完成时间较短的高强度运动，其具体形式包括配速上的战术性变化、上坡以及向终点线的冲刺。实际上，大环赛（为期3周的骑行，运动员每日骑行5~8小时，平均功率输出表明其运动强度适中）中顶级车手的实例表明，这些运动员专注于让碳水化合物的可用性与每个阶段的需求相匹配，包括使用能实现极高碳水化合物摄入率的战术，以匹配山地和战术骑行的能量消耗[60]。

至于运动期间碳水化合物的摄入，表24.2根据训练课的持续时间和强度给出了推荐摄入量的范围。按照推荐摄入量摄入碳水化合物的好处众多，从中枢神经系统的反应，到短时比赛中碳水化合物摄入与口腔受体之间的相互作用[14]，再到在超长耐力比赛（这类比赛需要外源物来补充减少的肌糖原储量）中满足大量肌肉能量的需求[17]。为了增强比赛期间摄入碳水化合物的可操作性，运动员必须在所在项目的规则和后勤范围内，利用专门的机会摄取食物和饮品。当需要大量摄入碳水化合物时，运动员还应当选择将碳水化合物与不同的肠道吸收特征相结合的食物或饮品，以最大化血液吸收的总量[25]。在训练期间练习使用这些产品会让肠胃产生适应（**肠道训练**），以更好地耐受和吸收摄入物，从而有可能产生更好的能量补充，并提升比赛表现[16]。

水合状态

身体水分减少，或者**脱水**导致的低水合状态会妨碍大部分运动项目中运动员的表现[13, 15, 46]。水分流失会导致体重出现小幅的下降，通常采用的分界点是2%，这种下降会降低运动员有氧耐力和间歇性运动的表现[15]。另外，萨瓦（Savoie）及其同事[46]报告，脱水会让最大力量和功率输出分别降低5.5%和3.5%。尽管运动员不可能在短跑或者爆发性的活动（例如抛掷和举重）中脱水，但是如果他们开始参加比赛时就已经处于脱水状态，那么他们在这些运动项目中的表现将受到影响。此外，脱水还可能会降低运动员专项训练和体能训练课期间的表现水平，减弱训练的有效性，进而导致不佳的训练适应。即便在寒冷的环境中参加比赛，例如冰球，并且具有充足的液体可供补充，运动员也有可能脱水。举个例子，洛根－施普伦格（Logan-Sprenger）及其同事[34]报告称，充分补水的运动员在22分钟的冰球运动后会出现多于液体摄入（2.1升）的汗液流失（3.2升）、体重减轻（高达体重的4.3%）以及钠离子显著不足的状况。最后，因脱水导致体重减轻2%还会对运动员的情绪产生负面影响，包括感知疲劳[15]和认知表现下降[62]。因此，脱水会通过多种机制妨碍多种运动项目中运动员的表现，这使得水合状态的正确评估和维持变得至关重要。

预防和评估

卡萨（Casa）及其同事[4, 13]描述了降低运动员脱水风险的实用方法，具体如下。

- 利用清晨的（身体）重量、尿液（颜色）以及口渴（感）[Weight, Urine（color），and Thirst（sensation），**WUT**]来指导液体和电解质的摄取。
- 在液体中加入电解质，包括钠离子和钾离子，此外还要在进餐时补水。
- 根据体重的变化估计汗液流失状况，据此来确定个性化的液体需求。
- 将比赛饮水策略融入训练。
- 在一天中最凉爽的时候，或在有空调的场地进行训练，而不要在酷热的天气下进行训练，并且要采用主动冷却方法（例如使用冷毛巾）（更多详细信息请参见第25章）。

根据贝尔瓦尔（Belval）及其同事[4]的研究，并没有一种最佳方法可以在各种情况下评估水合状态。在研究和临床情境中，血浆渗透压和体积，尿液体积、渗透压和比重都是有用的，但是在赛场情境中测量这些数据通常是不切实际的。在运动场上，由于体重的急剧变化主要是体内水分的变化引起的，对体重的评估可以包含非常丰富的信息。科学训练师可将不同方法结合起来（例如体重和尿液颜色），用以监测水合状态和识别脱水。最好的做法是，审查一项增加脱水风险的特定运动项目的特征，例如，液体可用性、环境和运动强度。想了解更为详细的分析，感兴趣的读者应当参阅贝尔瓦尔及其同事和卡萨及其同事[4, 13]所做的综述。

训练和比赛各阶段的液体摄入建议

以预防脱水和鼓励补水为目的，并且基于证据的推荐做法分别针对以下3个方面。

- 比赛和训练前：目标是使运动员在开始时处于水分充足的状态，并且处于正常的血浆电解质水平。这包括逆转可能因之前的训练课、体重调整策略或者暴露在高温天气下而出现的液体不足。通常建议运动员在运动前的数小时摄取水分（例如5~7毫升/千克体重），目的是恢复体液水平，同时又留有足够的时间让多余的水分通过尿液排出。

- 比赛和训练期间：通常的目标是预防过度的脱水（水分损失 > 体重的2%）。实现该目标的可行性取决于可能的汗液流失率（取决于运动强度和环境情况等因素），以及训练课或比赛期间的饮水机会（液体的可用性、比赛或训练中的休息时间以及在持续运动期间放慢速度来饮水的意愿等）。由于这些因素存在诸多变化，运动员在现实中的实际液体流失状况可能会从大量的液体缺乏到偶有出现但令人担忧的过量液体摄入。后者与训练课期间的体重增加有关，它会导致罕见但有可能致命的低钠血症。

- 比赛和训练后：目标是补充液体和电解质。对于还有后续比赛而需要快速补水的运动员，推荐每减轻1千克体重饮用1.5升液体。需要快速补水时的次要目标是持续3~4小时摄入1.0~1.5克碳水化合物/（千克体重·时），（详情参见表24.3），并摄入足够的钠离子。对于不急迫的补水需求，运动员应当遵照健康的用餐和饮水做法，并且当钠离子流失严重时要加入食用盐。

向运动员提供有关运动期间液体摄入的建议已经变成了一个具有争议的问题，原因是人们在脱水到什么程度会影响表现（因此需要解决），以及不正确或者被误解的信息可能会导致过度摄入水分的危险方面存在分歧。简单的总结如下。

- （按照需要）每小时饮用0.4~0.8升水，或者在时间、舒适度或机会允许的情况下减弱似乎会妨碍最佳表现的口渴感和降低水分不足水平。

- 除非在运动期间补充碳水化合物不会带来好处，

否则运动员就应通过饮水向肌肉提供能量（>60分钟的赛事），或者提振中枢神经系统。这类活动的目标参见表24.2，但是应根据具体的需求和经验加以调整。

对于运动员以及涉及运动员护理的所有团队成员来说，深刻理解专业协会提供的基于实证的液体摄入指南至关重要[3, 40, 52]。

恢复和适应

运动后的恢复是运动营养界的热点话题，并且关注点在摄入营养素的数量和时机上，目的是优化恢复问题，例如为了恢复和适应而进行的补充能量、补水以及蛋白质合成。有助于最小化疾病和损伤风险的恢复过程也很重要，并且受到了单独的讨论。在某些情况下，在营养素得到补充之前，极少会出现有效的恢复；而在其他情况下，对于恢复的刺激在紧随运动后的时间段内最为强烈。训练课之间的恢复可能具有两个独立的目标。

- 恢复由第1节训练课引起的身体成分损失或变化，以为下一节训练课恢复表现水平。

- 最大化对训练课应激的适应性反应，以逐渐让身体获得对于表现来说很重要的运动特征。

缺少合适的营养支撑可能会妨碍其中一个目标或者两个目标的实现。然而，人们关注恢复饮食的副效应是导致一种产业出现，它似乎在提倡一种激进、通用的运动后营养补充方法，而实际上，最佳的方法对于每节训练课和每个运动员来说都是独特的。每个运动员在不同类型的训练之后都应当对不同的恢复方法进行成本收益分析，然后再将不同的恢复策略按不同时期安排到训练或者比赛计划中。理解每节训练课或者比赛的需求以及计划的整体目标，有助于帮助运动员区分何时需要采取主动恢复饮食的方法以及何时抑制营养摄取反而可能更有益（见表24.3）。

表24.3 恢复指南：能量补充、水分补充和适应

	能量补充	水分补充	修复和适应
最大化目标的策略	• 训练课结束之后立刻开始摄入碳水化合物，力求吃一份可以提供大约1克/千克体重碳水化合物的膳食或者小吃 • 继续补充更多的小吃、饮料，或者正餐，以在恢复开始的3~4小时实现1.0~1.5克/(千克体重·时)的摄入目标，然后重新开始满足整体能量目标的饮食模式，每天碳水化合物总需求在3克/千克体重和12克/千克体重之间变化 • 选择与其他目标（例如能量需求，同时摄取液体和蛋白质的好处）一致的碳水化合物形式 • 根据胃口和可行性选择富含碳水化合物的食物	• 为运动员提供可口的、适合具体情况的，并且适合运动员其他恢复营养需求的液体 • 当液体不足程度为中度到重度（例如>2升），并且补水时间<6~8小时的时候，要根据需要计划液体的补充量 • 注意，净液体不足的近似量根据体重在运动期间的变化推算（大约1千克=1升）；为了应对持续的液体流失（尿液和汗液流失），可能需要摄入的液体量大约为估计不足量的125% • 训练课结束之后，运动员应立刻摄入液体，并且力争在接下来的2~4小时内摄够目标量 • 在摄入液体的同时，也要补充汗液中流失的电解质，因为这会导致口渴感，并通过较少的尿液流失，最大限度地保留液体；应选择添加了电解质（主要是钠离子）的液体，或者同时摄入富含食用盐的食物 • 避免过量地摄入酒精，因为这会让运动员达不到恢复的目标，并且酒精的利尿效应可能会减弱补水的效果	• 训练课结束后，立刻摄入高质量、富含蛋白质的食物，以提供20~25克蛋白质；为了考虑运动员体形和肌肉量的极端范围，这些目标可能需要加以扩展（例如15~40克） • 计划一种小吃和膳食模式，以满足能量需求以及其他营养目标和生活方式的需求，这种模式应每3~5小时包含这种最佳的蛋白质供应 • 在睡觉之前，运动员应摄入一份富含蛋白质的小吃或膳食，以让蛋白质合成在夜间仍然保持最佳状态 • 综合起来，这些模式每天应当能够实现大约1.4~1.7克/千克体重的蛋白质摄入量［或者在针对体重减轻情况的策略中，摄入量高达2.4克/(千克体重·天)］
益处	为下一场要求苛刻的运动或比赛最大化肌肉能量	迅速地为下一场要求苛刻的训练或比赛恢复至正常的水合状态	最大化运动之后的肌肉蛋白质合成，以促进对训练刺激的适应；注意，促进蛋白质合成的反应至少会持续24小时
应当在什么时候实施？	• 在比赛或精疲力竭的训练课之后，当运动员正在为8小时或者更短时间之后的下一节训练课做准备的时候 • 当总能量需求很高的时候——量大的训练、要求苛刻的比赛安排（例如自行车巡回赛和网球比赛）	在引起大量汗液流失的训练课之后，当运动员正在为8小时或者更短时间之后的另一节训练课做准备，并且将会在高温环境中运动的时候	• 在有重要运动刺激或者出现肌肉损伤的比赛或关键训练课（力量课和高强度课）之后 • 当增加肌肉量和增大肌肉块头是首要任务的时候
不足	• 可能会鼓励摄入多于所需的热量（导致体重增加），或者让牙齿健康处于更大风险之中的饮食模式 • 可能会鼓励摄入营养素匮乏的食物，因为这些食物容易获得，或者易于在运动后立即食用 • 可能会减少运动后适应增强的时间	• 如果液体所含的能量没有加以考虑，可能会鼓励运动员摄入多于所需的热量（导致体重增加） • 如果迅速地摄入大量的液体，可能会导致肠胃不适或者需要排尿	• 可能会使运动员认为，使用昂贵的蛋白质补剂是有必要的 • 可能导致运动员需要重新培养进食习惯，因为大部分西方饮食中，蛋白质往往大量存在于晚餐中，而没有平均地分布在一整天中

续表

	能量补充	水分补充	修复和适应
什么时候可以跳过？	• 当训练课的强度为轻度或中度，并且肌糖原不可能用完或者限制表现的时候 • 当可用的恢复饮食选项具有的营养价值较低，并且运动员稍微等一会儿就能吃到更有营养的膳食或者更有意义的小吃的时候 • 当运动员的训练计划中安排了一些"低糖训练"的时候，这类训练课可能需要延迟能量补充，试图延长对刚完成的训练课的适应，或者让运动员以糖原储量耗尽的状态开始下一节训练课	• 在睡觉之前应跳过，否则的话，运动员会冒因夜间如厕而干扰睡眠的风险；最好的做法可能是在睡觉前不要饮水，然后在早晨补充水分 • 当液体流失比较轻微，并且要在凉爽的环境中开展下一节训练课的时候	• 当训练课的强度低，且不能促进大的适应时；当它不适合运动员实践当中的摄入机会或违背了能量限制要求时 • 如果需要最大化以蛋白质为基础的恢复，但是受限的能量需求不允许在那天摄入额外的食物，那么运动员应当考虑改变训练的时间，这样在运动之后便可以立即摄入现有的膳食，以促进增强的蛋白质合成反应

改编自：Thomas，Erdman，and Burke（2016）。

抑制营养支持这种做法成立的一个特殊案例，涉及逐渐发展起来的关于碳水化合物可用性的"低糖训练"领域。在过去的10年间，人们认识到，用较低的碳水化合物可用性（尤其是肌糖原，以及在较低程度上降低血糖）进行运动可能会放大训练刺激，并提升促进脂肪代谢和增强线粒体质量和功能的酶的表现[24]。尽管有各种不同的策略可以用来实现低糖训练[8]，但是一个明智的方案涉及用高碳水化合物可用性开展关键或高质量的训练课，接着在课后的数小时内限制碳水化合物的摄入，以延迟肌糖的恢复[7]。这可以让第1节训练课在不牺牲表现的前提下得以开展，这会延长伴随有氧耐力运动出现的强化适应和细胞适应的时间（即"低糖恢复"），然后形成让下一节训练课在低糖原储量的前提下开展的机会。研究显示，将这类策略整合到运动员更大的训练计划中的做法可以让次精英的运动员产生很好的表现结果[37]，不过对于精英运动员来说并非如此[11]。围绕训练课的碳水化合物可用性周期化开展进一步的工作是有必要的，并且已经被运动营养指南所认可[8, 52]。

针对健康和损伤预防的营养

保持健康和免受损伤是运动员竞技体育生涯的关键要素，因为这是接受系统性训练的前提，能够确保运动员可以在重要的比赛中处于巅峰状态。然而，许多运动员开展的大量训练计划超出了为表现提高提供最大刺激与增加疾病和损伤风险之间的界限。营养实践应当确保最少的停赛时间或训练质量的损失，尽管现有证据还不足以为这类营养实践确立推荐做法，但是一些让结果适得其反的问题仍然可以被识别出来。这些问题可以划分为针对传染性疾病、营养不足和损伤3类风险。

大家普遍认为，在大量的训练期间或者在激烈的比赛后，运动员得传染病的风险会增加，尤其是上呼吸道感染[57]。实际上，在对运动的急性反应期间，原有的免疫功能特征被抑制了，并且我们凭直觉就能知道，这类效应的持续时间或严重性的加剧超出身体所能忍受的水平就会导致人体对常见传染病的抵抗力下降[57]。可能会加剧该风险的营养因素包括与训练课相关的能量摄入不足（低碳水化合物可用性）以及不良的EA。建议运动员遵照避免这类能量摄入不足的营养做法，在免疫系统受到其他挑战的情况下尤其如此。这种情况包括具有复发疾病史，在旅行或者群居时期接触病原体的风险增加，以及围绕重要比赛进行强化或专门训练（例如高原训练）时期。如果在这些情况下出现疾病，免疫抑制的结果会让人付出沉重的代价。同时，营养补充被当作在提供免疫保护。然而，有关补充维生素C和草药产品（例如紫锥花和谷氨酰胺）有好处的证据有限，支持初乳和益生菌使用的证据也尚不统一[58]。

对于依靠从营养密集类食物中摄取中高能量的运动员来说，其通常报道的维生素和矿物质摄入量远远超过推荐摄入量，并且可能会满足任何由训练引起的增加的常量营养素需求。补充维生素未增强表现的证据解释了为什么除了用于纠正先前存在的摄入不足，常规的维生素补充并不是合理的。能量限制、应用流行饮食方案和饮食紊乱是某些运动员常量营养素摄入量不足的典型原因。食物范围可能还会受限于糟糕的营养实践技能、资金不足，以及操劳过度的生活方式（这种生活方式会限制进食，并且导致不规律的膳食计划）。运动员需要接受有关食物摄入质量和数量的教育，但是当运动员不愿意或者无法做出饮食改变时，或者旅行到食物供应或者饮食计划无法提前确定的地方时，低剂量、宽范围的多种维生素或矿物质补剂可能会有用处。

运动员饮食中有一些微量营养素摄入不足的风险较大。**铁元素**不足会通过血红蛋白以及与肌肉相关的铁元素机能水平不佳来降低运动表现。然而，我们可能很难将真正的铁元素不足与由训练本身引起的铁元素状态指标的变化（例如血浆量的改变，这是一种对训练的急性反应）区分开。由血浆增加导致的血红蛋白浓度降低，有时被称

作运动性贫血，这不会妨碍运动表现。尽管如此，由于生长所需铁元素量增加，或者肠道或溶血性铁元素流失的增加，有些运动员确实存在缺铁的风险[47]。高强度运动中，铁元素调节激素——铁调素的水平会发生变化，尤其是当碳水化合物水平降低时，这种变化可能会减弱肠道对铁元素的吸收能力以及通过溶血释放的铁元素的回收；然而，其对铁元素状态的慢性影响尚不清楚[47]。同时，与所有的年轻人一样，运动员最常见的风险因素是低能量饮食或者有效铁元素摄入量低。限制饮食EI或者多样性的女性运动员、素食主义者以及采用高碳水化合物、低肉类饮食方式的运动员存在的风险最高[18]。铁元素状态的评价和处理可能需要运动医学专家的评估。处于低铁元素状态（血清铁蛋白水平大约低于30纳克/毫升）的运动员应当考虑进行进一步的评估和治疗。尽管非贫血的低铁元素状态对表现的影响并不清楚，但是许多铁元素储量低或者铁元素状态骤降的运动员会抱怨在承受大训练量之后感到很疲劳、无法恢复，或者对高原训练没有反应。其中许多情况都是对改善铁元素状态或者防止铁元素储量进一步减少的策略做出反应。无论如何，对运动员的铁元素状态或者铁元素储量不足的高风险情况进行常规筛查，可以提供早期的干预来预防铁元素不足的后果[47]。

尽管铁元素不足的预防和治疗可能会包含铁元素补充[47]，但是长期的处理方法应当是根据饮食咨询结果来增加生物可利用的铁元素摄入量（增加血红素铁源的摄入和维生素C或含有非血红铁素的肉类食品的补充性摄入）。针对铁调素的研究可能会形成有关训练课之后铁元素摄入时机的更明确的建议，以降低其对铁元素吸收的影响。这些策略可以与运动员的其他训练和营养目标整合在一起。

维生素D缺乏或者不足已经被认为是某些地区普通民众身上的一个潜在问题，其主要的风险因素是没有合理地接触阳光。具有这类风险的运动员包括在室内开展训练的运动员（例如体操运动员和游泳运动员）；在纬度高于35度地区居住的运动员；在凌晨或者晚上训练，接触不到阳光的运动员；穿防护服或者涂防晒霜，并且饮食中维生素D含量低的运动员[31]。具有这些特征的运动员应当寻求专业建议，并监测自己的维生素D状态。维生素D不足的预防或治疗可能需要补充维生素D，不过在什么水平可以被认为是不佳的以及如何解决这些问题方面还存在一些争论[44]。

损伤出现的机制通常有两种：碰撞或冲击之后的急性问题，或者因对持续高强度运动适应不足而导致的慢性问题（例如应力性骨折）。如果营养不足导致疲劳，而这些疲劳往往会导致专注度和技巧水平下降或者事故风险增加，那么营养因素可能会间接地与急性损伤的某些方面发生关联。同时，慢性损伤，例如应力性骨折及通常与营养因素相关的低骨骼密度，经常会更多地涉及营养因素[5]。尽管这似乎与运动提供的一般骨骼保护相矛盾，但是许多运动员或者遭受着骨密度直接下降，或者在青春期开始之后的10~15年内未能获得峰值骨量[28]。骨健康不良被认为是低EA的标志性特征，正如女运动员三联综合征[43]和运动相对能量缺乏症（Relative Energy Deficiency in Sport，RED-S）[42]中所确认的那样。然而，尽管骨健康不良最初被确认为是女性运动员群体中的一种常见问题[1]，但是月经问题、骨骼问题和低EA之间的联系一般都没有被反映出来[33]，并且男性运动员身上也存在相应症状[51]。

正如本章前面所简要概括的，LEA表示运动员的EI与运动员每日投入运动中的能量不匹配，并且这可能是由训练或者比赛或者二者结合时的高负荷对EI的限制引起的。尽管LEA最初被认为是饮食紊乱的指标，但是对女运动员三联综合征（LEA、月经失调和骨健康不良）的进一步调查发现，对食物相关知识了解不足、食物的可用性差，或者错误地尝试改变身体成分无意中也会导致这种能量不匹配状况的出现[36]。不管引起LEA的原因是什么，它似乎会与其他个人、生活方式和运动相关的因素相互作用，产生一系列有关健康和表现的后果。简而言之，在长期处于LEA的情况下，身体会通过降低它可能认为非必需的代谢消耗（即静息代谢率）来进行适应。众多激素、代谢、机能和心理的调整，以及其对运动表现的影响，已在前人的研究中得到了描述[55]，这些被统称为RED-S[42]。在这些后果的范围以及它们是否会以相同的方式影响男性运动员方面仍然存在争论[31]。未来需要进一步的研究来解释LEA与身体健康和机能受损之间的直接和间接关系。同时，在整个营养计划中维持健康的EA，或者缓解和周期化EA降低的时期（例如要求的或者预期的减重计划、强化训练的时期）时，我们建议运动员寻求专家的意见[42]。针对确诊RED-S病例的治疗应当包含专业医疗、心理和营养方面的支持。

除了高能量可用性的环境，健康的骨骼可能还需要充足的造骨营养素，并且可能还需要碳水化合物。足够的钙元素摄入量至关重要，我们建议月经功能紊乱的女性运动员将钙元素摄入量增加至1300~1500毫克/天，也建议绝经的女性这样做[28]。当无法通过饮食手段（通常利用低脂奶制品，或者富含钙元素的大豆代替品）满足钙元素摄入量时，运动员可能要考虑使用钙元素补剂了。

补剂和运动食品

在1994年《膳食补剂健康与教育法》发布之后，补剂的生产和销售在全球出现了爆发式的增长，运动产品是这种爆发中一个利润丰厚的部分。据报道，2017年，运动补剂在全球实现了90亿美元的营业额，并且预计到2025年营业额会翻倍[27]。调查证实补剂或运动食品在运动员群体中的使用率很高，并且在较高水平比赛中使用更多[38]。尽管早先并不情愿，但是许多专家团体，包括国际奥委会[38]也从实用主义出发接受使用没有风险的补剂；并且针对运动员的运动年限和成熟度，进行安全性、有效性、合法性以及适宜性方面的效益分析。运动员所使用的补剂可以划分为不同的类别，具体如下。

- 用于治疗或预防营养素不足的医疗补剂。
- 在食用日常食品不切实际时，提供能量和营养素的运动食品。
- 直接增强运动能力或者通过恢复、管理身体成分以及实现其他目标，提供间接好处的表现补剂。

医疗补剂的合理用途已经讨论过了，图24.1总结了表现补剂和运动食品的使用价值。然而，尽管支持正面效应的证据有限，但是表现补剂是运动员和教练员最为关注的补剂。其他对运动表现具有积极功效的补剂包括咖啡因、一水肌酸、碳酸氢盐、β-丙氨酸以及甜菜根汁或硝酸盐。

运动员在考虑任何与使用补剂相关的好处时，都必须权衡经济成本、不良使用方案（例如剂量过大、一种补剂会与其他补剂产生相互作用）导致不利后果的可能性，以及使用管控不如食品或药品那样严格的产品时固有的风险。除了健康问题以外，补剂可能会含有反兴奋剂规则［例如世界反兴奋剂机构（World Anti-Doping Agency，WADA）规则］禁止的物质，这种风险虽然较小但真实存在。在产品标签上使用的难以理解、变化无常的化学名称可能会让运动员无法识别出违禁的成分。此

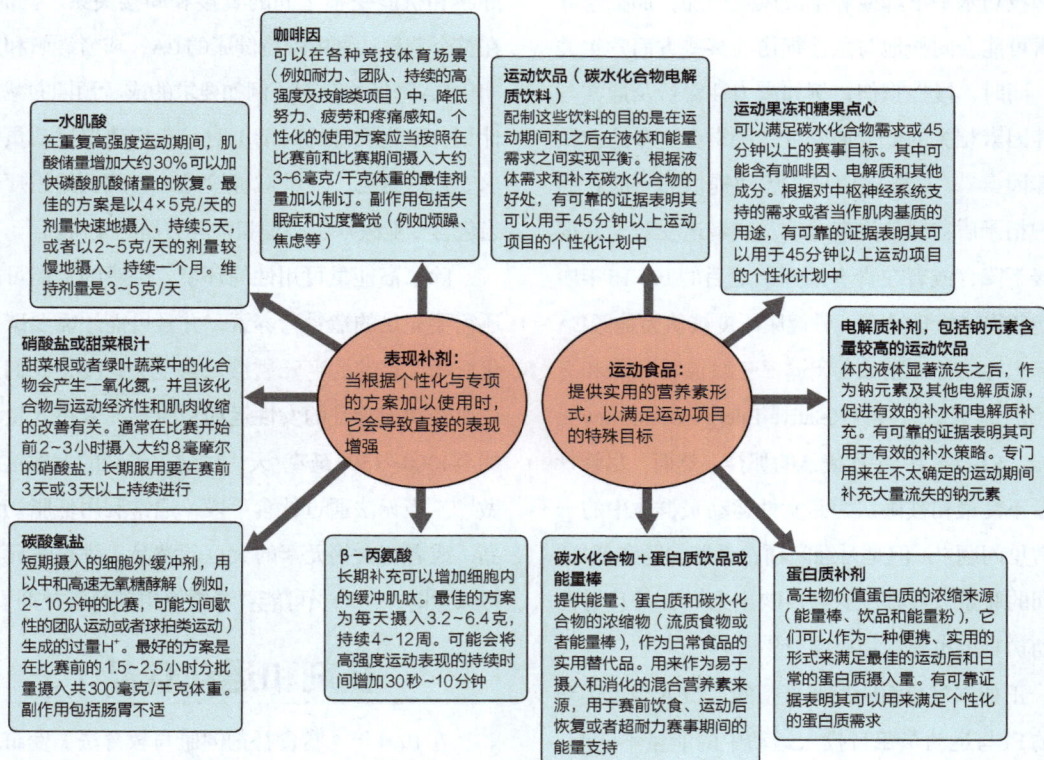

咖啡因
可以在各种竞技体育场景（例如耐力、团队、持续的高强度及技能类项目）中，降低努力、疲劳和疼痛感知。个性化的使用方案应当按照在比赛前和比赛期间摄入大约3~6毫克/千克体重的最佳剂量加以制订。副作用包括失眠症和过度警觉（例如烦躁、焦虑等）

运动饮品（碳水化合物电解质饮料）
配制这些饮料的目的是在运动期间和之后在液体和能量需求之间实现平衡。根据液体需求和补充碳水化合物的好处，有可靠的证据表明其可以用于45分钟以上运动项目的个性化计划中

运动果冻和糖果点心
可以满足碳水化合物需求或45分钟以上的赛事目标。其中可能含有咖啡因、电解质和其他成分。根据对中枢神经系统支持的需求或者当作肌肉基质的用途，有可靠的证据表明其可以用于45分钟以上运动项目的个性化计划中

一水肌酸
在重复高强度运动期间，肌酸储量增加大约30%可以加快磷酸肌酸储量的恢复。最佳的方案是以4×5克/天的剂量快速地摄入，持续5天，或者以2~5克/天的剂量较慢地摄入，持续一个月。维持剂量是3~5克/天

硝酸盐或甜菜根汁
甜菜根或者绿叶蔬菜中的化合物会产生一氧化氮，并且该化合物与运动经济性和肌肉收缩的改善有关。通常在比赛开始前2~3小时摄入大约8毫摩尔的硝酸盐，长期服用要在赛前3天或3天以上持续进行

碳酸氢盐
短期摄入的细胞外缓冲剂，用以中和高速无氧糖酵解（例如，2~10分钟的比赛，可能为间歇性的团队运动或者球拍类运动）生成的过量H+。最好的方案是在比赛前的1.5~2.5小时分批量摄入共300毫克/千克体重。副作用包括肠胃不适

表现补剂： 当根据个性化与专项的方案加以使用时，它会导致直接的表现增强

运动食品： 提供实用的营养素形式，以满足运动项目的特殊目标

电解质补剂，包括钠元素含量较高的运动饮品
体内液体显著流失之后，作为钠元素及其他电解质来源，促进有效的补水和电解质补充。有可靠的证据表明其可用于有效的补水策略。专门用来在不太确定的运动期间补充大量流失的钠元素

β-丙氨酸
长期补充可以增加细胞内的缓冲肌肽。最佳的方案为每天摄入3.2~6.4克，持续4~12周。可能会将高强度运动表现的持续时间增加30秒~10分钟

碳水化合物+蛋白质饮品或能量棒
提供能量、蛋白质和碳水化合物的浓缩物（流质食物或者能量棒），作为日常食品的实用替代品。用来作为易于摄入和消化的混合营养素来源，用于赛前饮食、运动后恢复或者超耐力赛事期间的能量支持

蛋白质补剂
高生物价值蛋白质的浓缩来源（能量棒、饮品和能量粉），它们可以作为一种便携、实用的形式来满足运动后的和日常的蛋白质摄入量。有可靠证据表明其可以用来满足个性化的蛋白质需求

图24.1 基于证据的表现补剂和运动食品

外，研究发现，补剂会以污染物或者未声明成分的形式含有各种禁止的物质，如刺激剂、同化剂、选择性雄激素受体调节剂、利尿剂、减肥药以及β2受体激动剂。严格的责任规则意味着尿检返回结果是阳性的运动员将留下违反反兴奋剂规定不良行为的记录，并且会受到处罚，例如罚款或者禁赛一段时间（或者二者同时执行），即使物质是不经意间摄入的或者剂量非常微小也一样。补剂污染理应在补剂使用的教育中得到大量关注[54]，并且应当继续作为运动员做出补剂使用决策过程中的主要问题（见图24.2）。对产品进行第三方审查有助于精英运动员针对补剂做出基于可靠信息的决策，但是无法为产品安全提供绝对的保证[38]。

营养评估和专家意见参考

与运动员接触最多的专业人士，例如教练员、体能训练师和运动防护师，可能未必始终是处理常见营养问题及其诱发问题的最佳人选。例如，身体成分评估可能属于运动防护师或者助理教练的指导范围，但解读特定运动员的身体成分数据，或者为试图改变身体成分的运动员提供膳食计划，可能超出了他们的职责范畴。运动员遇到的营养相关问题似乎无穷无尽，如不当的补水方式、低EI、常量营养素摄入不足、常量营养素分布不当、身体成分目标管理不当、疲劳、睡眠质量或时长欠佳以及饮食紊乱等。这突显了一个目标明确、见多识广的团队的必要性，其中要包含一名科学训练师。实际上，其他团队成员的教育和实践专业范畴可能包含极少的营养专业知识，而科学训练师通常接受过知识范围很广的培训，这些培训会填补团队成员之间的知识空白。

在某些情况下，有效的监控和运动员教育可以由接受过营养培训的专业人士来完成。例如，水合状态评估和液体供给通常要在运动防护师的指导下开展。运动防护师常见的做法是，利用诸如比重或者训练前后体重检查之类的技术来追踪水合状态。实际上，通过追踪体重、尿液量和颜色以及口渴感，运动员可以进行自我评估[4, 13]。然而，在不同个体、不同运动项目、不同体能水平以及不同环境之间，运动员会在液体摄入量和排汗率或者排汗量上具有显著的差异。被确认为水合状态不良的运动员，最好求助于膳食师或营养师，以制订合适的计划。此外，并不是所有的技术都具有相同的精度和价值。作为一个例子，亚当斯（Adams）及其同事[2]采用折射法对比了尿液试纸条，发现尿液试纸条在评估水分过少方面是无效的。损伤后恢复是另一个运动员可能会从专家建议中获益的方面。EI和常量营养素上的变化应当由运动膳食师或营养师加以处理，而有关据说有助于运动员从损伤中恢复的饮食补剂的教育可能要由接受过营养支撑团队指导的科学训练师、运动防护师或者体能训练师开展。

知道什么时候咨询专家（例如运动膳食师、营养师或者内科医师）至关重要，而科学训练师通常接受过足够的营养教育，知道什么时候该进行教育以及什么时候该进行咨询。理想情况下，应当由有资质的运动膳食师或者营养师进行运动员的营养评估。不建议不加区分地使用营养评估工具，例如饮食记录或回忆以及饮食频率调查问卷。有学者详尽描述了这些工具的用途和限制[32]，并且这些工具应当仅限于持有正规证书的运动营养专业人士使用。估算饮食摄入量包含许多混杂的影响因素，大部分情况下需要进行更多的评估。例如，拉森-迈耶（Larson-Meyer）及其同事[32]描述了估计给定个体真实平均摄入量所需的饮食记录天数，发现能量估计需要记录27~35天，碳水化合物估计需要记录37~41天，维生素A估计需要记录390~474天。在运动员进入赛季之前，运

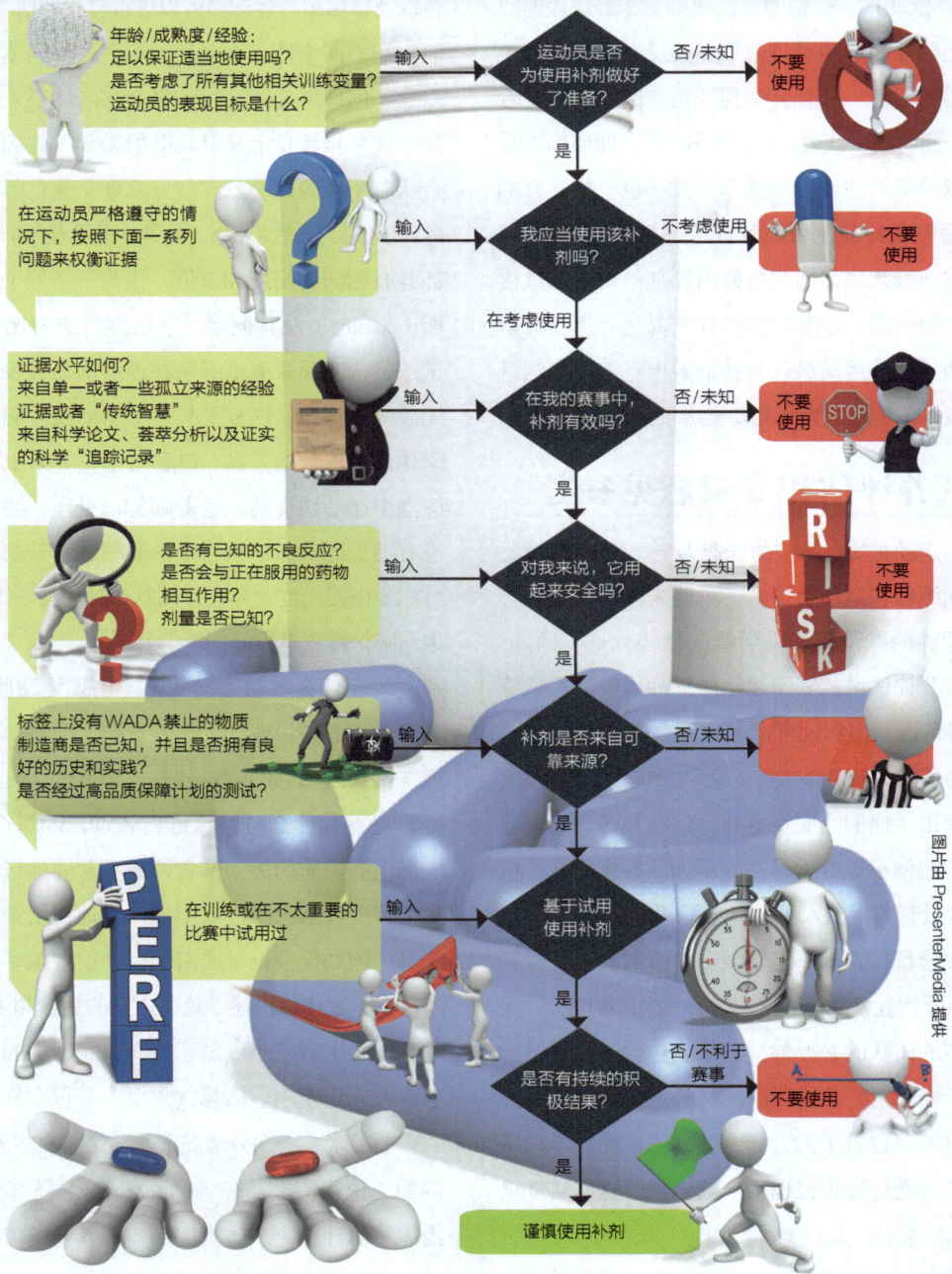

膳食补剂和高表现运动员
国际奥委会共识声明

参考：莫恩（Maughan）等人，BJSM2018　　　　　由YLMSportScience设计

年龄/成熟度/经验：
足以保证适当地使用吗？
是否考虑了所有其他相关训练变量？
运动员的表现目标是什么？

运动员是否为使用补剂做好了准备？

输入　　否/未知　　不要使用

在运动员严格遵守的情况下，按照下面一系列问题来权衡证据

我应当使用该补剂吗？

输入　　不考虑使用　　不要使用

在考虑使用

证据水平如何？
来自单一或者一些孤立来源的经验证据或者"传统智慧"
来自科学论文、荟萃分析以及证实的科学"追踪记录"

在我的赛事中，补剂有效吗？

输入　　否/未知　　不要使用

是否有已知的不良反应？
是否会与正在服用的药物相互作用？
剂量是否已知？

对我来说，它用起来安全吗？

输入　　否/未知　　不要使用

标签上没有WADA禁止的物质
制造商是否已知，并且是否拥有良好的历史和实践？
是否经过高品质保障计划的测试？

补剂是否来自可靠来源？

输入　　否/未知

在训练或在不太重要的比赛中试用过

基于试用使用补剂

输入

是否有持续的积极结果？

否/不利于赛事　　不要使用

谨慎使用补剂

图24.2　补剂使用方面的决策

转载自：R.J. Maughan，L.M. Burke，J. Dvorak，D.E. Larson-Meyer，P. Peeling，R.M. Phillips，E.S. Rawson et al.（2018，pg.439-455）。

动营养专业人士应当根据实践的专业范畴，设置一个包含每天营养责任和教育等内容的框架。更为严重的问题的标志和症状以及什么时候应咨询另一位专业人士也应当在赛季前设置完成。在智能手机和饮食应用程序的广泛应用下，运动员营养的妥善管理变得更加困难了，运动员甚至是整个团队会在没有与合格专业人士商定的前提下就去追踪营养摄入情况。

虽然这是不能接受的，但是实际上，在某些水平的运动项目中，追踪运动员的营养和体能状况是主教练、助理教练或者双方的责任。最终，当缺乏有资质的专业人士，并且人们在其执业范畴之外为运动员提供建议时，运动队就会面临道德和法律问题。例如，有报道称具有异常疲劳症状的运动员可能患有潜在的营养素不足或者可能是饮食失调。如果有人注意到了该症状，但是这一情况没有被确认，或者有人提供了不合适的建议，那么潜在的病因可能会被忽略，并且情况会恶化。另外一个例子是膳食补剂的使用，必须让

接受药检的运动员知晓违禁物质或杂质污染补剂的可能性，以及补剂、食品、药物和疾病之间的相互影响。

小结

尽管营养无法将一名普通运动员变成奥运冠军，但是营养对训练和比赛需求的支撑作用对于让所有运动员发挥自己的潜能来说非常重要，包括在运动项目中取得最佳成绩以及延长职业寿命。一系列个性化和有针对性的营养策略有助于让运动员保持健康和免于损伤，保持理想的体形，能够适应训练以及以最佳的状态做好参赛准备。科学训练师、运动防护师和教练员在识别（以及咨询）运动员的营养问题、提供和支持有关营养实践的教育以及管理让营养目标得以实现的环境方面发挥着重要的作用。科学训练师与运动膳食师或营养师的协作，可以形成一种让专业知识在运动项目中得以个性化和应用的合作关系。

推荐读物

Burke, LM, Castell, LM, Casa, DJ, Close, GL, Costa, RJS, Desbrow, B, Halson, SL, Lis, DM, Melin, AK, Peeling, P, Saunders, PU, Slater, GJ, Sygo, J, Witard, OC, Bermon, S, and Stellingwerff, T. International Association of Athletics Federations consensus statement 2019: nutrition for athletics. *Int J Sport Nutr Exerc Metab* 29: 73−84, 2019.

Burke LM, and Hawley, JA.Swifter, higher, stronger: what's on the menu? *Science* 362: 781−787, 2018.

Larson-Meyer, DE, Woolf, K, and Burke, L. Assessment of nutrient status in athletes and the need for Supplementation. *Int J Sport Nutr Exerc Metab* 28: 139−158, 2018.

Maughan, RJ, Burke, LM, Dvorak, J, Larson-Meyer, DE, Peeling, P, Phillips, SM, Rawson, ES, Walsh, NP, Garthe, I, Geyer, H, Meeusen, R, van Loon, L, Shirreffs, SM, Spreit, LL, Stuart, M, Vernec, A, Currell, K, Ali, VM, Budgett, RGM, Ljungqvist, A, Mountjoy, M, Pitsiladis, Y, Soligard, T, Erdener, U, and Engebretsen, L. IOC consensus statement: dietary supplements and the high-performance athlete. *Br J Sports Med* 52: 439−455, 2018.

Rawson, ES, Miles, MP, and Larson-Meyer, DE.Dietary supplements for health, adaptation, and recovery in athletes. *Int J Sport Nutr Exerc Metab* 28: 188−199, 2018.

第25章

环境应激

关口泰树（Yasuki Sekiguchi），博士；

考特妮·L.本杰明（Courteney L. Benjamin），博士；

道格拉斯·J.卡萨（Douglas J. Casa），博士

科学训练师的任务是让运动员在心理和生理上做好在各种环境下参加比赛的准备。各种各样的环境会对运动员的表现和安全产生显著的影响，例如高温和高海拔[36, 61]。重大的体育赛事，例如足球世界杯和奥运会，经常在高温或者高海拔，或者二者同时存在的地方举办。针对每种环境预先确定、设计独特的计划可以引起积极的适应，并且可以确保个人和团队运动项目运动员达到巅峰身体状态。因此，对于科学训练师来说，理解在这些环境下参加比赛的生理反应以及确保巅峰表现和安全的实用方法至关重要。

高温天气下的表现和安全

在高温天气下达到巅峰表现为运动员、教练员和科学训练师带来了独特的挑战。能否理解在高温天气下运动的生理学知识以及实施各种克服相关挑战的策略，是决定运动员在比赛中是节节败退还是势如破竹的因素。

高温天气下运动的生理学表现

在运动开始后不久，由于代谢产生的热量，人体内的温度会升高[11]。在极热的天气或者穿戴厚重的个人防护装备的情况下进行体力活动期间，人体无法有效地调节体温，会导致体内温度的升高，这被称作是**不可补偿性热应激**[11]。为了散发热量，血管会扩张，皮肤血流量会增加，并且人体会启动排汗响应[5]。大部分散热是通过皮肤排汗时的蒸发作用实现的；然而，在极端湿热的天气下，这种机制会受到限制[5]。根据环境情况，热量还会通过辐射、对流和传导增加或者流失[28]。图25.1展示了热平衡方程中涉及的人体热交换机制。

热疾病

虽然科学训练师未必是获得正式许可的医疗专业人员（即运动防护师、物理治疗师或者内科医师），但是对于表现团队中的所有人来说，重要的是要了解运动诱发型疾病的标志和症状以及合适的救助手段。包括热衰竭、热厥以及热痉挛在内的运动型热疾病在各种水平的体育运动中都是普遍存在和反复出现的问题[18]。**热衰竭**指的是生理衰竭导致的崩溃[11]。**热厥**是缺乏热适应、处于直立姿势以及血液因重力淤积在腿部时，没有足够的

血液返回至中枢循环而导致的昏厥[5]。**热痉挛**是骨骼肌的痛性痉挛，通常会在高温天气下长时间剧烈运动之后观察到[11]。尽管采用医学治疗金标准（采用合理的体内温度控制方法和现场冷水浸泡迅速恢复认知）时的存活率是100%，但是**运动型中暑**仍是体育运动中的前三大死因之一[18]。与运动型热疾病相关的因素包括疲劳、电解质流失、心血管功能低效以及水分过少[18]。

高温下的表现

在高温下进行训练和比赛会对运动员的表现和安全产生负面影响，包括更高的体温、更快的

人体热交换机制

辐射
通过电磁能进行的热交换

传导
两个物体，例如皮肤之间通过直接接触进行的热交换

对流
通过皮肤表面与环境之间的温差进行的热交换

蒸发
通过形成水的相变进行的热交换，例如皮肤排出汗液

图25.1　人体热交换机制中的辐射、传导、对流和蒸发

HR、感知指标的不良变化，以及更差的计时赛成绩[62]。科学训练师可以利用若干种策略来最大限度地保证运动员在高温天气下的表现和安全。

热适应和热习服策略

在高温运动期间，达到巅峰表现最简单有效的策略之一是**热适应**（自然、外界环境）或者**热习服**（人造环境）[3]。针对本章的目标，HA（Heat Acclimatization/Heat Acclimation）代指热适应或者热习服，具体视环境而定。热适应或热习服是通过在高温下训练的方式，逐渐、系统地增加生理压力的过程[9]。科学训练师可以通过HA来最大限度地保证运动员的表现和安全。

HA对高温和寒冷环境下表现的影响

HA不仅可以用于让运动员在高温环境下参加比赛，而且数据显示，这种策略还可以用于提升运动员在较冷环境下的表现[50]。在美国高中水平的比赛上，HA策略的合理使用会让热疾病减少55%之多[48]。在团队运动项目中，在仅仅4节短暂的HA训练课之后，女性团队运动项目运动员在间歇运动中的表现提升了33%[77]。理解了产生于HA的生理和感知适应以及引起这些提升的策略，科学训练师便可以有效地设计计划，以最优化个人和团队运动项目运动员在高温和寒冷环境下的表现。

对HA诱导的适应、消退以及维持

HA过程中会出现几种已知的、能够提升运动表现的积极生理和感知适应（见图25.2）。血浆量增加是导致HR和疲劳感知度下降的一个因素，运动员经过3天的HA就能产生这种变化[63]。与更低的HR和感知指标改善相关的其他因素包括更低的皮肤温度和体内温度[62]。大部分（约95%）的

体内和皮肤温度适应会在5~8天内出现[62]，包括排汗率和汗液电解质浓度降低在内的排汗反应会在5~14天内出现[78]。虽然相关研究较少，但是HA之后的乳酸积累似乎会减少，这很可能是因为乳酸清除能力的增强[73, 81]。

HA中适应出现的速度极快；然而，如果不持续接触高温，这些适应会迅速地消失，这通常称作**HA消退**。运动员HA之后，如果不接触高温，HR和体内温度的适应通常会以每天2.5%的速率递减[31]；如果不持续接触高温，维持较低体内温度的能力也会消退，而消退速率受多个因素影响（在本部分后面讨论）。探究HA之后排汗率和其他生理指标消退的研究几乎没有，因此消退速率是未知的。尽管HA带来的表现和安全改善是已知的，但是一项研究探究了在HA诱导之后长时间维持这些好处的策略[65]。该策略涉及让试验组每5天在高温下运动1次，并且与对照组相比，结果表明试验组获得了积极的生理益处[65]。在不影响专项训练的前提下，该策略对运动员和科学训练师实现特定比赛表现最佳化的周期安排至关重要，并且对专项训练几乎没有干扰。

最佳HA策略

HA之后生理和感知适应、运动能力和表现的大幅提升证明了科学训练师利用该策略制订计划的价值。与抗阻训练、耐力训练或团队练习的周期化一样，有效的HA策略需要根据若干个内部反应和外部变量来设计，科学训练师可以通过操控这些反应和变量来实现预定目标。科学训练师使用该策略管理运动员训练应激平衡方面的作用对于运动员的成功来说至关重要。如果实行了一个HA计划，那么日常训练的训练量、强度和持续时间都应当加以调整（见图25.3），以确保不会出现过度训练。

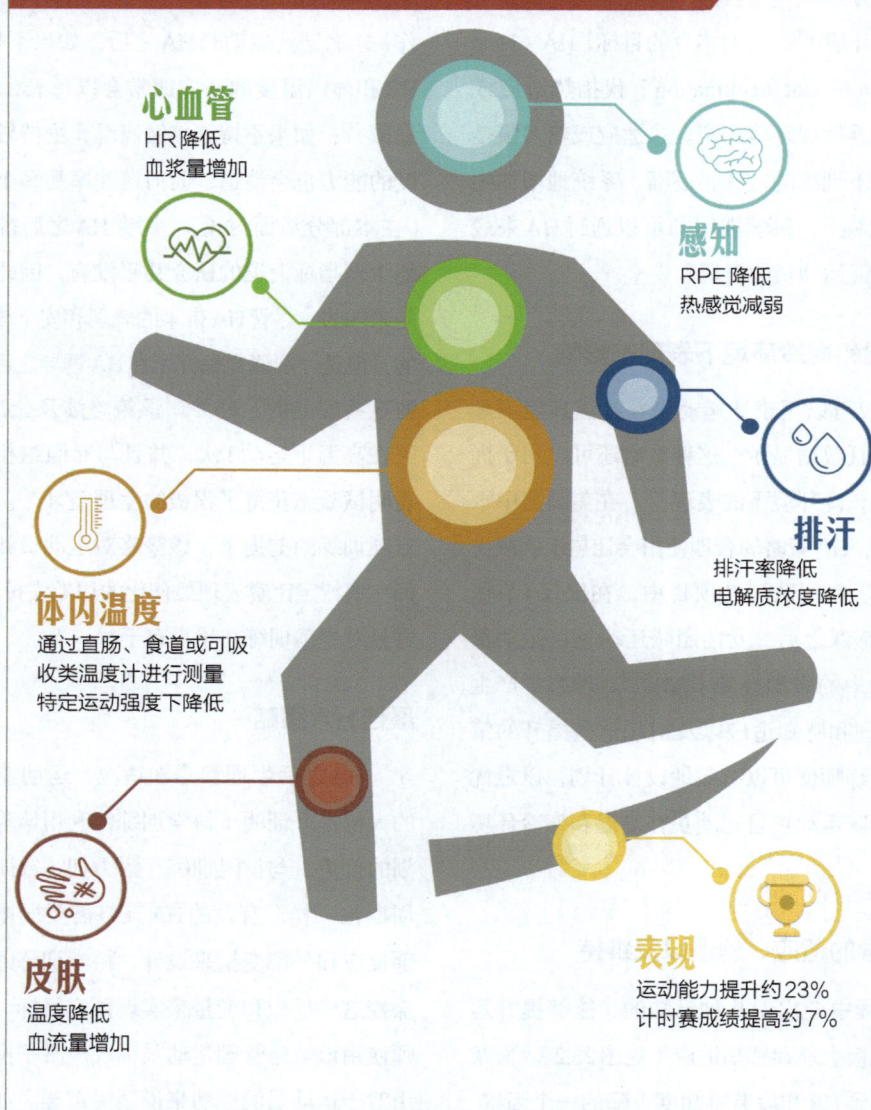

HA 过程中常见的
生理和感知适应

心血管
HR 降低
血浆量增加

感知
RPE 降低
热感觉减弱

排汗
排汗率降低
电解质浓度降低

体内温度
通过直肠、食道或可吸
收类温度计进行测量
特定运动强度下降低

表现
运动能力提升约 23%
计时赛成绩提高约 7%

皮肤
温度降低
血流量增加

图25.2 HA过程中常见的生理和感知适应

设计 HA 计划

训练平衡

训练频率

环境状况

训练时长

诱导时长

训练强度

训练频率

- 连续数天的 HA 可能会更快地引发适应
- HA 后的恢复日可能会引起进一步的适应
- 每 5 天进行热训练会防止 HA 的消退

训练时长

- 至少 60 分钟
- 90~120 分钟可能会产生更强的适应

训练强度

- 提高体内温度和引起排汗反应
- 受控的做功率或者限制的 RPE、HR 或体内温度

诱导时长

- 对于训练有素的运动员来说，至少 5 天
- 对于一般人群来说，10~14 天

环境状况

- 应当利用 WBGT 进行监测
- 模仿比赛环境，或者在人造环境中要求稍高一些

训练平衡

- 制订计划至关重要
- 如果训练和比赛是首要任务，那么要降低 HA 的强度

图 25.3　为了最优化表现和安全性，设计 HA 计划时要考虑的因素

制订和实施HA计划时要考虑的内部因素

影响HA计划有效性的两个主要运动员个体特征是，HA开始之前的有氧能力，以及静息和运动时的体内温度反应。接受过有氧训练的运动员似乎表现出了仅由训练引起的生理和感知适应，这些适应反映了部分的HA反应[61]。虽然达到巅峰体能在任何运动项目中都是必需的，但是有氧能力在耐热方面的作用不应当被低估。即便不是有氧型的运动员（例如进攻锋线）也可能从额外有计划的有氧训练中获益，从而增强在高温下运动的耐受性[61]。大部分场地类运动项目的训练计划包含某种形式的有氧训练，因此许多精英运动员已经表现出了可以改善运动耐热性的积极适应。虽然事实如此，但是HA诱导最令人感兴趣的一项发现是最大摄氧量（$\dot{V}O_{2max}$）的增加，研究显示高达9.6%[45]。

运动期间体内温度的提高（只能通过直肠、食道或可吸收类温度计进行精确测量）对于促进HA导致的适应来说至关重要。为了确保全面的HA，其中包括排汗反应改善，这通常是最后出现的适应，前人研究指出了一种等温的HA诱导方法，它通过调节运动强度来维持预定的体内温度（通常是38.5摄氏度）[39]。人们质疑该临界温度阈值是否代表最佳的HA方法，并且有些人假定，即便是较高的体内温度也可能会引发较大幅度的适应；然而，这有待未来进一步研究[78]。已经产生有前景结果的其他方法包括控制做功率和限制心率[31]。控制做功率这一方法会设定一个运动强度（例如以12千米/时的速度运动），并在整个HA诱导期间保持该强度[78]。该方法的一个局限性是，由于发生了积极的适应，在整个HA诱导过程中，相对强度以及因此在升高体内温度所花费的时间通常会逐日减少。限制HR的方法会为整个HA诱导持续时间设定一个HR反应（例如每分钟跳动150~155次/分）。控制做功率的方法中存在生理压力停滞的局限，而限制HR的方法突破了这种局限；然而，方案制订对于确保实现预期的体内温度来说至关重要。设计HA计划时的一个额外考虑因素是，静息体内温度通常会随着HA过程的推进而降低，从而使得预期的高体内温度越来越难以实现。

制订和实施HA计划时要考虑的外部因素

在计划阶段，对于科学训练师来说，有若干个HA计划的因素需要重点考虑。这些因素具体如下。

- 环境状况。
- 诱导时长。
- HA训练课的时长。
- HA训练课的频率。
- 运动强度。
- HA和专项训练之间的平衡。
- 替代策略。

除了自然环境中的环境状况，这些因素中的大部分都可以被操控，以确保出现适当的训练应激和适应。理解如何针对具体的训练目标来评估、操控和改变这些变量是科学训练师需要着重考虑的[64]。

环境状况只能通过使用一个环境可控的房间来控制，因此对于某些计划来说可能不切实际。在环境实验室或房间可供使用的情况下，预计的比赛环境情况，或者温度或湿度均略高的环境情况可以用于HA。在人造和自然环境中，使用湿球黑球温度（Wet-bulb Globe Temperature，WBGT）监测是评估环境状况的标准方法。WBGT是评估环境热应激的方法，因为它会测量环境温度、太阳辐射、相对湿度以及风力，大家知道所有这些都会影响高温下的生理变量[24]。WBGT装置是一种小型、手持且便携的仪器。WBGT装置的使用指南应当以其使用手册为基础。一些军事类、职业类以及竞技体育类组织具有与WBGT相关的安全指南，可以指导从业者设计做功–休息比[49]。

诱导时长指的是专门为HA训练指定的总天数。在普通人身上，HA的全面益处似乎会在高温下训练10~14天内展现出来[9]。由于前面讨论的HA与体能之间的相互影响，精英运动员似乎可能从相对较短（如5天）的诱导计划中获益[37-38]。然而，个体反应和起始体能水平各不相同，因此科学训练师要谨慎地考虑个体反应，以确定合理的诱导时长[64]。

HA训练课的时长通常为60~120分钟，较长的运动持续时间似乎更加可取，因为它会让身体有更长的时间来引发预期的体内温度以及诱发适应所需的排汗响应[72]。虽然较长的持续时间似乎最适合引起HA，但这在其他专项训练中并非总是切实可行的。虽然时长是有效的HA需要考虑的重要部分，但是正如本部分随后会讨论的那样，我们可以使用其他策略来将该策略融入训练计划中。

HA训练课的频率指的是训练课间隔的天数，有些计划会连续安排训练课，或者在训练课之间安排几天的休息时间[64]。例如，如果HA要在赛前的训练期间出现，那么这些训练课将会被连续地实施。虽然这可能适用于技能型的训练，但是研究提供的证据表明，每天两节训练课导致的HA可能不比每天一节训练课快[80]。因此，尽管连续的HA可能会导致更快地完成适应，但是有证据表明，要想实现全面益处，HA之后的恢复至关重要[30]。因此，在剧烈的HA训练过程之后安排恢复日对于获得表现好处来说是最为理想的。如果要实施HA保持计划，数据表明，每5天接触1次高温的做法可以用来防止这些积极适应消退[65]。

确定HA计划的运动强度时有一些因素要考虑，因为适应的大部分驱动力是体内温度的提高和排汗反应的启动。如果HA在专项训练期间自然地出现，例如团队练习，那么监测HR和根据WBGT设计合理的做功–休息比可能会起到确定运动强度的作用。如果使用了人工实验室，那么运动强度可以根据体内温度、运动员体能水平的百分比（例如$\dot{V}O_{2max}$百分比）、限制的疲劳感知度或者限制的HR[62]来设定。任何一种方法的关键都在于，确保体内温度和排汗反应高到足以诱发适应，同时又能保证运动员的健康。

尽管理想的情况是在HA计划期间控制所有这些因素，但是设计计划时，有时候会出现保障问题，例如时间投入、用于获得合适科技（例如体内温度监测）的资金来源或者训练阶段。人们提出了若干种计划框架来克服HA和训练的一些障碍[64]。一个部分是HA维持计划的实施。另一个可以用来克服这些障碍的策略示例是促进HA的替代策略。建议的一种策略是在运动之后进行桑拿浴或者热水浸泡，以维持升高的体内温度；然而，还需要未来的研究来确定这种新策略的有效性[26]。

水合策略

维持恰当的水合状态对于最优化运动员运动表现来说很重要[71]。因此，科学训练师要理解水合状态对运动表现的影响、水合状态的评估方法、排汗率评估、汗液电解质评估以及水合策略，这一点至关重要。

水合状态对运动表现的影响

研究显示，超过2%的体重损失会降低有氧运动的表现，而有些研究表明，轻微的脱水（大约为1.5%的体重损失）也会妨碍有氧运动的表现[16, 71]。还有报道称，3%~4%的体重损失会导致肌肉力量和爆发力的减弱[42]。脱水还与专项认知、动作控制和技能执行方面的表现不佳有关[13]。除了降低运动表现，脱水还是热疾病的一个风险因素，其中包括热衰竭、与运动相关的肌肉痉挛以及运动型中暑[11]。尽管已经确认脱水会对运动表现和安全产生负面影响，但是在团队运动项目和个人运动项目环境中都有大量关于脱水的报道[28, 59]。此外，有的运动员甚至在开始运动之前就处于脱水状态，并且没有摄入适量的液体来最优化体液平衡[2, 12]。因此，对于科学训练师来说，重要的是要理解用于评估水合状态的方法，并且培养通过制订计划来维持最佳水合状态的技能。

水合状态的评估方法

评估运动员的水合状态是最优化运动员体液平衡的第1步，并且理解评估水合状态的可靠有效方法至关重要。评估水合状态并没有金标准。在实验室中用于评估水合状态的测量包括血浆渗透压、尿液渗透压以及24小时的尿液收集[6, 71]。虽然这些方法经常在实验室中使用，但是通常难以用于临场环境。这里也会讨论有效的临场方法。

体重损失　追踪体重的变化是评估水合状态急性变化的一种简单方法[43]。根据两次体重测量值，例如运动前和运动后，**体重损失百分比**可以按照以下公式进行计算。

$$体重损失百分比 = 运动前体重 - 运动后体重 / 运动前体重 \times 100\%$$

科学训练师的目标应当是防止运动员损失超过2%的体重。虽然体重损失百分比经常用来追踪水合状态的急性变化，但是当确立了合理的体重基线时，通过连续3天评估晨起体重，它可以用来监控每天的体液平衡[7]。此外，当前一天运动中流失的汗液得到了100%的补充时，体重的波动

可能会在1%以内[27]。因此，该方法还可以用来确认运动员是否已经从之前的训练课中成功恢复了。

尿液颜色和尿液比重　尿指数，例如尿液颜色[7, 10, 44, 54]（以下简称尿色）和尿液比重，也便于运动员使用。尿色图（见图25.4；该图未经验证，所以只用作示例）可以当作评价目前水合状态的指标。4级或4级以上的尿色表明个体处于脱水状态，5级或5级以上的尿色可能表明存在>2%的体重损失，淡黄色或者稻草色的尿液对应合理的水合状态[7, 44, 54]。

尿液比重（Urine Specific Gravity，USG）指的是样品相对于纯水的密度[6]，是另一种评估水合状态的方式，通过供科学训练师使用的折射仪测量。USG≥1.020表明个体处于脱水状态[71]。这些尿液测量结果可以精确评估水合状态；然而，

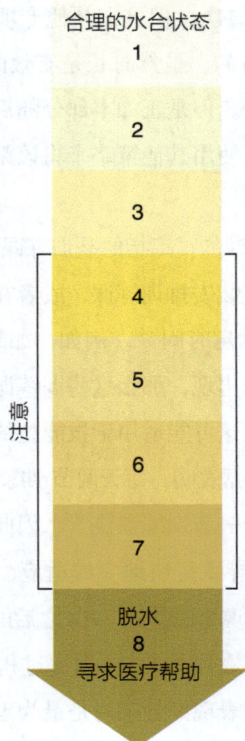

注：该尿色图不能用于临床。

图25.4　尿色图

迅速补水可能会在不改变真实水合状态的前提下改变测量值[35, 43]。迅速饮水会导致较低的抗利尿激素（Antidiuretic Hormone，ADH）水平，而这会导致尿液被稀释，由被稀释的尿液测量出的结果并不能真正地代表水合状态[43]。因此，根据清晨的尿液样品评估尿色和USG可以提供最精确的结果[43]。有趣的是，从下午现场样本测量中采集的尿指数提供的结果，与24小时尿液收集的结果一样精确，正如已经提到的，后者是适合追踪常规水合状态的方法[21]。因此，要想评估运动员的常规水合状态，午后现场采样也是一种精确、实用的方法。一天中的运动或者大量的液体摄入（或二者兼有）会影响这些数值；因此，只有当运动员一天中不参加体力活动的时候，才应当使用该方法。

　　体重损失、尿色和口渴程度的文氏图　除了这些测试之外，切夫罗恩（Cheuvront）及其同事[29]建议的文氏图被广泛用于在现场评估水合状态（见图25.5[29]）。文氏图展示了对体重损失、尿色和口渴程度的评估。当所有指标都表明个体可

能处于脱水状态时，运动员非常可能处于脱水状态；当两项指标表明个体可能处于脱水状态时，运动员可能处于脱水状态[29]。该图所用的脱水标准为体重损失 >1%，尿色 >5，并有口渴感[29]。科学训练师可以在现场利用文氏图评估水合状态。文氏图最好在每天早上运动员刚起床的时候使用。

排汗率评估

　　对排汗率的评估对于制订液体摄入计划来讲至关重要。排汗率（升/时）可以通过下列公式计算（其中，运动前后的体重以千克为单位，液体摄入量和排尿量以升为单位，运动持续时间以分钟为单位）。

　　排汗率=（运动前的体重−运动后的体重+液体摄入量−排尿量）×60/运动持续时间

　　有若干个因素会影响排汗率，包括体重、HA状态、运动效率以及环境情况[71]。运动员之间的排汗率具有相当大的变异性，甚至连参加相同运动项目的运动员也是如此[71]。因此，对于科学训练师来说，计算个体的排汗率非常重要。排汗率可以用来制订有计划的饮水策略，其目的是通过根据运动的时长估计汗液流失来最小化液体流失，这会在本部分的后面加以解释。

汗液电解质评估

　　除了水合状态的评估以外，汗液电解质的测量对于优化表现和保证安全来说也很重要。当运动员在高温下运动或者进行多节训练课时，汗液中流失的电解质量会超过饮食摄入量[8]。诸多电解质中，钠元素被认为是最重要的[75]。钠元素可以促进水分吸收，并刺激糖原吸收[75]。此外，钠元素与运动型中暑、运动型热痉挛以及运动型低钠血症的病因有关[5]。测量汗液电解质浓度的金标准是全身冲洗法[8]。下面介绍测量步骤。

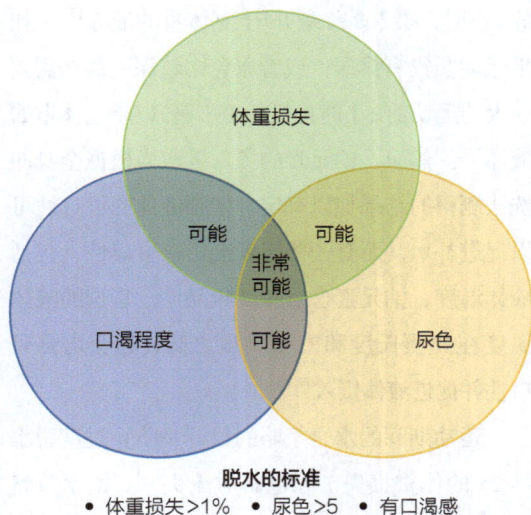

脱水的标准
- 体重损失 >1%　- 尿色 >5　- 有口渴感

图25.5　展示体重损失、尿色和口渴程度的文氏图
经许可，改编自：S.N. Cheuvront and R.W. Kenefick（2016, pg.1）。

洗涤用于测试的衣服和毛巾，不要使用香皂或洗涤剂，以在测试开始之前移除衣服纤维上的电解质含量。然后弄干衣服，不要使用织物软化剂或者任何其他的织物护理产品。进入用于测试的环境舱之前，运动员按照指导进行淋浴，不要使用香皂或者任何其他产品，从皮肤表面清除所有的电解质含量。然后，运动员用洗过的毛巾擦干身体，并穿上洗过的衣服。然后，运动员接受运动测试，并按照指导在整个测试的持续时间内不断地用毛巾采集汗液。运动一停止，运动员用大约7.5升的蒸馏水进行冲洗。运动员换上不同的衣服，并将换下来的衣服添加到冲洗盆内。然后，衣服在盆中完全混合，测量人员从盆中采集样本，以供利用电解质分析仪进行分析。

虽然全身冲洗法是评估汗液电解质的金标准，但是在应用场景中，它可能并不切实际。有些研究指向了局部汗液贴片的使用，运动员可以将汗液贴片贴到身体的不同部位上，包括前臂、后背、胸部、前额和大腿[14]。这些贴片可以收集局部位置的汗液，然后用电解质分析仪进行分析，以测量汗液电解质浓度。然而，从这些贴片中得到的数值不如全身冲洗法那样精确[15]。实际上，汗液贴片通常会高估碳元素和钾元素浓度[14]。如果采用汗液贴片，测量人员可能需要利用回归方程来得到更好的汗液电解质浓度预测值[15]。要想预估通过全身冲洗法测得的电解质浓度，用以预估钠元素浓度的最佳区域是大腿，而用于预估钾元素浓度最佳的区域是胸部[14]。

水合策略

分析完水合状态之后，要实施让水合状态最优化的策略，这一点很重要。一般而言，在水合策略方面有两种备受争议的方法，包括根据口渴感饮水和有计划地饮水。

根据口渴感饮水和有计划地饮水 对于根据口渴感饮水来说，以前的研究讨论了单独利用口渴程度的局限性，因为当运动员在高温天气下进行1小时以上的高强度运动时，这种测量方法可能并不适用于评估水合状态[43, 47]。这种方法存在局限性的原因之一是，当体重损失达到1%或2%时，运动员才开始感知到口渴[7]。此外，当运动员根据口渴感摄入液体时，他们倾向于补充大约60%的流失的液体，这种情况被描述为主动脱水[43, 52]。在这些情况下，在运动前，科学训练师应当以在整个运动期间不增加全身体液的前提下，达到2%或者更少体重损失的排汗率为基础，制订一套饮水计划[46, 52]。然而，当运动的持续时间少于1小时的时候，在较凉爽的天气下和以较低的强度运动期间，运动员可以使用根据口渴感饮水的方法[47]。

运动之前、运动期间以及运动之后的水合策略 针对运动之前、运动期间以及运动之后制订和使用水合策略，有助于确保运动员处于最佳的水合状态（见图25.6）。任何运动员的目标都是，在开始运动时处于水合充分的状态，并具有合理的电解质平衡[71]。美国运动医学会推荐，至少在运动前的4小时，摄入5~7毫升/千克体重的液体[71]。如果运动员没有排尿，或者尿色比较深，那么需要在大约运动前2小时再摄入3~5毫升/千克体重的液体[71]。然而，钠元素的摄入量应当根据全身冲洗法测得的结果加以确定。增强液体的可口性可以促进补水，而有一些因素会影响可口性，包括液体温度、钠元素含量和调味品[71]。首选的液体温度在15摄氏度和21摄氏度之间，这会增强可口性并促进液体摄入[71]。

运动期间的水合策略的目标是防止过度脱水（>2%的体重损失）和电解质流失[71]。饮水策略可以根据事先测试的排汗率和电解质平衡加以制订[71]。在持续时间大约为1小时的高强度运动期

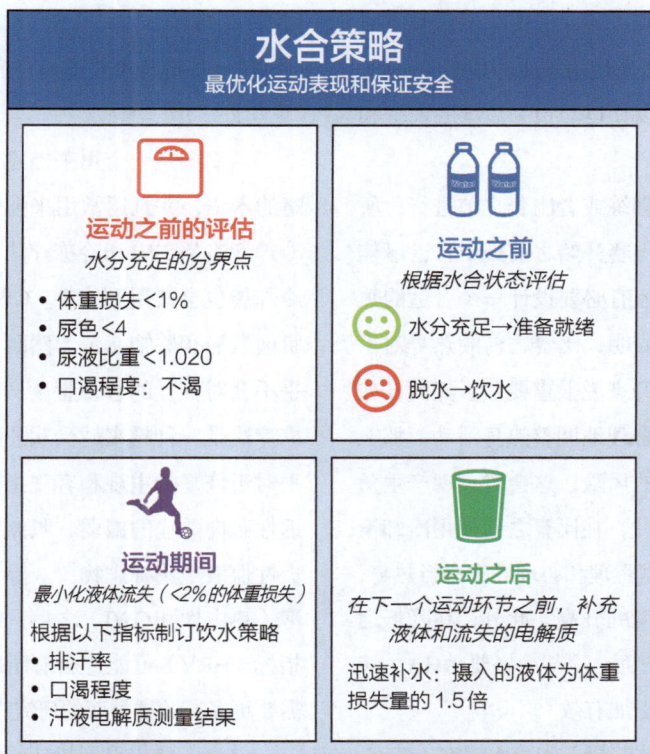

图25.6 用于在运动前评估水合状态，在运动期间最小化液体流失，以及在运动之后补水的方法

间，或者持续时间较长的低强度运动期间，摄入碳水化合物也会带来好处[71]。为了保持血糖水平和维持运动表现，推荐的碳水化合物摄入量为30~60克/时[71]。然而，碳水化合物浓度不应超过8%，因为超过该浓度后，胃排空开始变慢[71]。

运动之后水合策略的目标是，补充任何因运动导致流失的液体和电解质[71]。当运动员大约在12小时之内还要参加另一项运动，并且需要迅速补水时，他们摄入的液体应该是体重损失量的1.5倍[71, 76]。

冷却策略

体内温度的升高会对表现和安全产生负面影响。缓解这种温度升高的冷却策略可能是科学训练师感兴趣的内容[33, 56]。仅仅是体内温度的升高

就会导致代谢和神经肌肉表现的减退，在水分充足（水合充分）的情况下也是如此[60]。

冷却策略对表现的影响

人们考察了若干种用于最优化表现的冷却策略以及实施策略的时机，结果似乎是，采用多种冷却策略的混合法是最佳的方法[20]。虽然利用冷却策略的有效性是清楚的，但是为了确定最合适的方法，科学训练师需要记住一些实际的考虑因素[66]。

冷却：时机和方法的选择

选择冷却策略时，首先必须确定在训练或者比赛期间实施该策略的时机和可行性。冷却策略的实施时机通常可以归纳为3种：预冷却、期间冷却（即训练或比赛或者二者期间）和后冷却[20]。

当目标是为了最优化表现和保证安全而缓解体内温度的升高时，通常考虑使用预冷却和期间冷却；后冷却则用于恢复，以让运动员为后续的训练和比赛做好准备。

由于**预冷却**会在训练或者比赛之前进行，所以为了确保运动员在比赛开始之前处于自己最佳的计划，科学训练师还有必要设计一个合适的热身活动。充分的证据表明，比赛之前的热身对于生理和心理表现的提升来说很重要[67]。然而，如果没有根据环境情况合理地调整热身活动，那么运动员便有体温升高的风险，这会对表现产生负面的影响[67]。尽管如此，在比赛之前使用冷却策略还可以让运动员根据生理和心理需求进行热身，而又不会引起体内温度的升高。此外，在降低运动开始时的体内温度方面，冷却策略要比HA、液体吸收或者有氧体能更加有效[3]。

一篇综述表明，冰浆摄入和冷水浸泡（Cold-water Immersion，CWI）似乎是运动之前降低体内温度最为有效的方法。与冰浆摄入有关的当前研究建议，在运动开始前，可以摄入大约1升温度≤4摄氏度的碎冰[66]。另外，进行20分钟22~30摄氏度的全身CWI似乎最为常见，然而，10~18摄氏度的部分CWI（仅双腿）也会被用到。由于水温较低会导致神经传导缺失和肌肉收缩速度变缓，后一种方法的一个问题是需要让肌肉回暖，从而导致功率输出的暂时降低[32]。其他预冷却策略，包括风扇、冷却/冰背心或者冷却袋的使用，可能也适用于预冷却[1]。

期间冷却指的是在训练或比赛期间进行冷却，以缓解运动期间体内温度的升高，并且可能会有一定效果，因为预冷却的好处在20~25分钟的体力活动之后就会减弱[19]。由于在运动期间需要切实可行的产品来进行冷却，已经形成了一些可供运动期间使用的选项。经过研究，冰浆摄入、使用冰/冷却背心、吹风或泼水、使用冷却袋以及薄荷醇冷却等都有可能作为有效的冷却策略[20, 51, 53, 66]（见图25.7）。

后冷却是一个用来描述任何运动之后冷却策略的术语，并且通常用来强化恢复。最常用的后冷却策略是CWI和冷冻疗法，不过接触冷空气和冷却袋也会被用到[20, 66]。CWI似乎会减轻迟发性肌肉酸痛和感知疲劳，然而，这种后冷却策略似乎不会对恢复的客观量度产生任何影响[20, 34]。冷冻疗法是一种越来越受欢迎的冷却策略，并且似乎对于恢复的主观和客观指标都有好处，包括延迟性肌肉酸痛的减弱、肌肉力量的增强以及改善炎性血液生物标志物[20]。除了生理恢复以外，浸泡（热中性和CWI）之后，中枢神经系统功能的指标（HRV）可能也会有所改善；然而，未来还需要更多有关这方面的研究[4]。

总之，要想得到最佳的结果，应当考虑用预冷却和期间冷却的混合法[66]。虽然冷却策略对于表现提升和恢复都有用，但是为了让每个组织确定具体方法在实用性和有用性之间的平衡，以及适合实施的最佳方法，科学训练师需要进行成本效应分析。用于制订最佳冷却计划的信息，参见表25.1[20, 51, 53, 66]。

高原训练计划的制订

高原训练尤其受有氧耐力运动员的欢迎。对于科学训练师来说，了解高原训练的意义和实用价值至关重要。

高原训练的重要性

海拔高于1000米时，有氧表现通常会被削弱，而海拔高于1500米时，每升高100米，有氧能力会降低7%~8%[40, 58]。持续时间短的无氧运动可能不会受到海拔的影响；然而，与在海平面相比，运

图25.7 冷却策略的使用，包括a. 泼冰水，b. 穿冷却背心，c. 冷水浸泡，以及d. 使用冰毛巾

动员的重复间歇类运动表现会降低[40]。团队运动的表现也会受到海拔的影响[58]。例如，与在海平面相比，足球世界杯上跑过的总距离在高海拔时出现了减少[58]。然而，研究表明，接触低氧环境可以提升正常环境时的运动表现[23]。因此，当运动员要在高海拔以及海平面开展运动时，对于科学训练师来说，了解高原训练很重要[36]。

对海拔的适应

高海拔处低氧应激的增加会促进关键的生理适应[36]。高海拔处，**氧气分压**（Partial Pressure of Oxygen，PaO$_2$）的减小会降低血氧饱和度，并且降低血液中的氧含量[36]。高原训练之后，包括换气、心肺血管、血液和骨骼肌在内的适应都是由对低氧应激的补偿作用产生的[36]。在接触高海拔的早期阶段，低氧应激会提高呼吸率[36, 68, 74]。由接触高海拔导致的过度换气会增大PaO$_2$，而这会增加输送到肺部的氧气[36]。当运动员回到海平面时，这些换气上的适应可能使其具有运动方面的优势。由于高原训练导致的血液携氧能力的增

表25.1 为了最优化高温下的表现，在选择冷却策略时需要考虑的因素

冷却策略	建议用法	冷却速率	优点	缺点	成本估计
使用冷却服装	• 温度：0~20摄氏度 • 预冷却或者期间冷却	• 冰毛巾：0.11摄氏度/分 • 主动脉冰袋：0.028摄氏度/分 • 冷却毯：0.01摄氏度/分	• 可以在运动期间使用 • 全队都可以立即使用 • 易于准备 • 在运动场合比较实用	• 无法实现长时间持续的效果 • 必须经常让服装重新冷却	每套服装100~400美元
冰浆摄入	• 温度：≤4摄氏度 • 用量：1升左右 • 预冷却或者期间冷却	不适用	多用途方法——冷却和补水	• 取决于机器的位置 • 需要用电	大约1000美元具体视机器品牌而定
泼水	• 温度：15摄氏度 • 预冷却或者期间冷却	泼水与风扇混合法：0.15摄氏度	• 可以在运动期间使用 • 全队都可以立即使用 • 易于准备 • 在运动场合比较实用	难以舒服地覆盖大片区域	0美元
使用风扇	• 高速 • 预冷却或者期间冷却		• 易于准备 • 易于实施	• 只能在运动休息期间使用 • 需要用电	每套设备100~400美元
冷水浸泡（CWI）	• 温度：2~25摄氏度 • 时间：10~30分钟 • 尽可能覆盖更大的身体表面 • 预冷却或后冷却	• 2摄氏度 CWI：0.35摄氏度/分 • 8摄氏度和20摄氏度 CWI：0.19摄氏度/分	冷却速率高	需要准备	每个浴缸90美元
冷冻疗法	• 温度低于−100摄氏度 • 时间：2~4分钟 • 后冷却	不适用	似乎可以改善恢复	在运动场合不实用	每个课次60~100美元

强是一项重要的适应[36]。

　　红细胞生成素（Erythropoietin，EPO）主要由肾脏产生，并且可以增强血液的携氧能力[70]。一般而言，在接触低氧环境之后的1~5天，EPO浓度会达到峰值[36]。接触低氧环境之后，出现在骨骼肌上的适应包括肌肉代谢经济性和缓冲能力的改善[36]。接触低氧环境会促进运动员运动期间吸收糖原的能力[82]和毛细管作用的形成，并且增加运动组织中的血流量[22, 57]。此外，线粒体密度和氧化酶浓度会提高，而这有助于改善肌肉的氧化能力[36, 41]。

优化高海拔表现的策略

　　每种高原训练策略的效果往往都具有争议。高原训练策略通常涉及3种模型：在高原居住，在高原训练（高住高练）；在高原居住，在平原训练（高住低练）；以及间断性低氧训练[36]。**高住高练模型**指的是在适中海拔（1800~2500米）上居住和训练2~3周[36]。该模型能够提高6~8周有氧耐力表现。然而，在高海拔上长时间维持相同的强度可能会具有挑战性，可能的推荐做法是在海平面进行运动，以避免过度训练和免疫抑制[36, 69]。引进**高住低练模型**的目的是克服高住高练模型的

局限性。这种方法涉及让运动员在2000~2500米的海拔生活4周左右[36]。据显示，该方法可以提升有氧耐力表现；然而，在训练课之间需要大量的出行。有研究提出了替代策略（即使用低氧帐篷）[36, 79]。间断性低氧训练涉及运动员在训练期间通过吸入低氧气体来利用短时间的低氧应力，同时他们居住在氧气浓度正常的常氧环境中[36]。由于肌肉适应，有氧耐力表现可能会得到提升，然而可能观察不到血液上的适应[36, 55]。除了这3种模型以外，之前对团队运动项目运动员的研究表明，与非低氧暴露组相比，在睡眠和训练期间结合高温和低氧暴露可以促进血红蛋白和血浆容量的适应[23]。需要更进一步的研究来总结有关高温与低氧环境结合的效果。高温与低氧结合涉及控制含氧量以及高压干预或者接触高压，而这又需要控制大气压强。

小结

在极端环境状况下进行训练和比赛，为运动实现安全和表现的最优化带来了一些障碍，而科学训练师可以使用一些策略和指南来应对这些障碍[5, 36, 62]。HA计划、水合策略以及冷却策略都是科学训练师的工具，它们可以用于在极端情况（即高温）下参加比赛的运动员。为了达到巅峰表现，同时保证在低氧环境和海平面处的安全，科学训练师还可以使用高原训练策略，包括高住高练模型、高住低练模型，以及间断性低氧训练。除了有助于运动员在这些极端环境下达到巅峰表现以及保证安全以外，这些策略可能还能提升运动员在不太极端或者较冷环境中的表现。具备了适当的知识和工具，科学训练师便可以利用这些策略，帮助运动员提高到新的成就水平，并在整个竞技体育生涯中，确保他们的健康。

推荐读物

Armstrong, LE. *Performing in Extreme Environments*. Champaign, IL: Human Kinetics, 1999.

Casa, DJ. *Sport and Physical Activity in the Heat: Maximizing Performance and Safety*. Cham, Switzerland: Springer, 2018.

Casa, DJ, and Stearns, RL. *Preventing Sudden Death in Sport and Physical Activity*. Burlington, MA: Jones & Bartlett Learning, 2017.

Cheuvront, SN, and Sawka, MN. Hydration assessment of athletes. Gatorade Sports Science Institute 18, 2005.

Periard, JD, and Racinais, S, eds. *Heat Stress in Sport and Exercise*. Springer International Publishing, 2019.

第 26 章

心理学：用流畅状态作为防止脑力疲劳的手段

克里斯·P.伯特伦（Chris P. Bertram），博士

脑力疲劳是一种心理状态，表现为昏睡感、没兴趣或者积极性低，并且通常会导致认知或运动或者二者表现的降低。相反，流畅的心理状态被描述为一种某个人完全、轻松地沉浸在活动中的精神状态，流畅被当作是巅峰表现的一个特征。流畅的同义词，例如"在状态"或者"跑步者高潮"，用来通俗地描述巅峰表现的过程或者深感愉悦的体验。然而，历史上，人们认为这种状态具有难以解释和转瞬即逝的性质[87-88]。成像技术和神经科学的进步已经让我们对流畅状态的神经学、心理学和现象学性质有了更加广泛的理解。同样，类似的方法强化了我们对脑力疲劳及其对运动生理及认知表现的有害影响的理解。由于了解了脑力疲劳和流畅状态是两种彼此相反的状态，现在科学工作者和训练实践人员正在开始探索根据需要激发流畅状态的方法，目的是促进学习和最优化表现。本章将概述流畅状态背后的相关背景和神经学过程。此外，本章还将讨论一个主题，即深入考察脑力疲劳的现象及其对运动表现的广泛影响。本章在结束时，将针对科学训练师如何创造流畅状态的前提条件，如何利用它

们抵抗脑力疲劳，如何激发更快的学习速度，以及如何促成更佳的表现水平，提供一些基于实证的建议。

流畅状态及其对表现的影响

虽然神经科学上的流畅状态在人类运动表现领域是一种相对较新的概念，但是这个概念本身以这样或那样的方式被讨论的时间要比大部分人所意识到的更长。1789年，在罗马狂欢节上目睹了庆典之后，德国作家约翰·沃尔夫冈·冯·歌德（Johann Wolfgang von Goethe）用神魂颠倒这个词来描述"导致无尽快乐的运动快感"。哲学家尼采（Nietzsche）也经常用神魂颠倒指代由伟大艺术作品或者美感所激发的灵感，其1901年的作品《强力意志》（*The Will to Power*）中[79]有著名的描述：

> 艺术使我们想起兽性状态。一方面，艺术是旺盛的肉身性向形象和愿望世界的溢出和涌流；另一方面，艺术也通过强化了的生命形象和愿望激发了兽性功能——一种生命感的提升，一种生命感的兴奋剂。

对流畅状态更加现代的探究始于20世纪40年代和20世纪50年代美国心理学家亚伯拉罕·马斯洛（Abraham Maslow）的研究工作。他最为人熟知的是提出了著名的需求层级论。马斯洛穷其一生都在更深入地理解对极乐，或者他所谓的人类存在金字塔顶端的自我实现的探求。在相关术语被提出的很多年以前，马斯洛似乎就凭直觉意识到了流畅状态。然而，马斯洛[73]却将巅峰表现描述为"罕见、令人兴奋、广阔无边、感人至深、令人激动以及发人深思的体验，这些体验产生了一种高级形式的感知现实，甚至对试验者产生了神秘的和奇妙的影响"。

基于马斯洛的工作，心理学家米哈伊·契克森米哈赖（Mihály Csíkszentmihályi）重新为巅峰表现赋予了概念，并在1975年提出了术语"流畅"来描述驱动巅峰体验的非常态意识[18]。契克森米哈赖的流畅概念来源于围绕全球对幸福本质的考察所开展的研究，并且他最终确认了流畅体验的9个关键特征[18]。

- 具有明确的目标：个体对需要做的事情具有明显的确定感，没有矛盾或者模糊的信号妨碍接下来需要做的事情的想法。明确的目标会强化目标感，并引发行动。
- 具有明确的反馈：（从内源或外源或者二者中）接收到即时、明确的反馈，从而确保事情正在按计划推进。当行动需要做出改变时，该反馈还有助于提供指导，以满足不断变化和通常无法预测的任务需求。
- 具有合适的技能水平与挑战比：在任务的需求与个人的能力之间有一种平衡感。当挑战太大时，伴随着体验会出现沮丧或焦虑的情绪；如果挑战太小，就会有无聊感或脱离感。在流畅状态中，挑战与技巧之间有一种感知上的匹配（或者挑战水平相对于技巧水平可能略高一些），

这种匹配会促进参与者投入任务中，同时又维持一种平静状态。

- 行动与意识相融合：体会到一种深入的参与感，行为或活动感觉是自发、自动的。思想通常会预先被过去发生过的事件，或者对尚未来临的事情的担心所占据，然而在流畅状态中，思想与行动无缝地融合在一起，并且熟练的动作似乎会自动出现。
- 对任务的专注度很高：不相干的信息都从意识中过滤掉了，个体在目标的完全单一性方面具有高度的警觉性和专注度。此外，尽管可能会有高风险或者高要求，但是保持这种高度的专注丝毫不费力。
- 具有控制感：在流畅状态中，个体对于自己和环境具有一种深切的自主感和掌控感，具有一种目标会实现的坚定信心，以及对自己满足或超越这些目标的能力具有一种强烈的个人能动感。
- 自我意识消失：流畅状态会减少个体对自身的直接关注。虽然在极端情况下，这可能会导致冒险行为的增加，但是更为常见的情况是，这种自我意识消失会让个体得到一种从普通自我意识中解脱的感觉，以及表达自由、自信和创造力的增加。
- 时间扭曲：在流畅状态中，个体对时间的感知不同于正常状态。在某些情况下，个体感觉时间变慢，几乎达到了时间定格的效果。更为常见的情况是，时间似乎在加速流逝，数小时似乎就像数分钟。
- 自我目标的体验：流畅状态是一种内在的奖励，并且目标就是享受体验本身。行为或者活动本身就足以作为继续推进的理由，并不需要任何外界奖励或者未来利益。

后续的研究对这9个关键特征起到了支持作用[21, 50, 72]，而其他研究提供的证据证明了相关模

型在体育[48, 51, 102]、音乐表演[108] 等领域中预测这些特征的能力。

确定这9个关键特征是流畅状态量表[50] 以及之后的流畅状态量表-2[49] 制订和生效的核心。制订这些工具至关重要，因为它们首次让研究人员可以量化流畅状态，并且创造了在各种实验环境中将流畅状态作为一个变量的机会[44, 54]。

流畅状态的解剖学性质

人类大脑的复杂程度超乎寻常，它具有1000亿个神经细胞，能够形成大约100万亿种独立的连接。这种复杂程度导致人们在人类表现的本质以及大脑在该过程中的作用方面，形成了一些有趣（并且通常具有误导性）的理论。例如，有人坚称人类在任何给定的时刻都只能利用大脑能力的10%，并且随着技能的提升，大脑更多的部分会参与进来，从而产生更出色的表现。为了证实这一点，人们采用了各种方式，但结果表明事实恰好相反。事实是，当我们的大脑处于流畅状态时，大脑的某些部分实际上处于失活状态。迪特里希（Dietrich）[24-25] 最先描述了这种选择性的失活状态，并将其称为**瞬时脑前额叶功能低下**。迪特里希的观点是，许多意识状态（流畅状态是其中之一）的改变可以通过前额叶皮质（Prefrontal Cortex，PFC）中某些部位的暂时失活来加以解释。PFC通常被当作是大脑中执行功能的区域，并且人们认为它监管着许多基本的认知过程，例如注意力控制、抑制和工作记忆，以及推理和关键问题解决等高阶功能［参见巴吉塔（Baggetta）和亚历山大（Alexander）[2] 的综述］。经验证据还表明，额叶皮质在感知和计算时间[38]、自我感知[29] 以及产生自我批评和自我挫败的想法[66] 方面发挥着重要的作用。重要的是，大部分这些研究成果（即时间的扭曲感、自我意识的降低以及积极自我概念的提升）都与运动员在流畅状态期间汇报的典型现象性体验有关[44, 50–51, 74]。

瞬时脑前额叶功能低下假设的支持，部分来自考察创造力状态提升期间大脑激活模式的功能性磁共振成像（Functional Magnetic Resonance Imaging，fMRI）研究。利姆（Limb）和布朗（Braun）[62] 开展了一项研究，观察了爵士音乐家在演奏熟记于心的（即记住的）音乐作品或者即兴创作的音乐作品时的大脑活动。结果显示，两种情况下的激活–失活模式具有显著的差异。具体来讲，研究表明，即兴创作导致部分PFC上出现了大范围的失活［具体是背外侧前额叶皮质（Dorsolateral Prefrontal Cortex，DLPFC）］，而且与兴致和愉悦增加相关的大脑区域（扁桃体和海马体）也出现了相应的失活。刘（Liu）及其同事[64] 开展了一项类似的研究，探究了专业自由说唱艺术家在演唱记住的歌词或者即兴创作的歌词时的大脑活动。fMRI扫描的结果表明，相比于简单背诵记住的歌词的情况，说唱艺术家在"自由发挥"时，与自我监督和自我纠错相关的大脑区域（即DLPFC）处于失活状态。这些作者还报道称，在即兴创作的情况下，还伴随着前运动区皮质和扣带皮质（在前扣带皮质中）的活动增加。综合来看，研究结果表明，瞬时脑前额叶功能低下会导致DLPFC的下调作用，这反过来会减少过度分析的思考，同时为大脑创造一种会在创造力提升和流畅状态下产生远程联想的机会[74]。

脑电波的流畅状态

量化大脑活动的一种更为可靠的方法是测量其电信号输出（参见第15章）。与各种各样的化学神经递质一起，脑电波的传播，尤其是大脑新皮质，被认为是各种区域之间以及大脑网络之间交流的一种关键形式[114]。在不同的程度上，大脑一天24小时都处于激活状态，而它产生的电信号以幅值波和频率波的形式被发射出去。频率的单位为**赫兹**，并且大家都知道这些频率与大脑的情绪状态和认知状态都具有良好的相关性[13, 77]。例如，当你坐着阅读本章时，那么很有可能你的大脑正在发出移动速度相对较快的电波，测量频率为13~30赫兹（这种电波也称β波）。恐惧和焦虑同样是高度投入的大脑状态（有时是负面投入），并且也存在于β波谱的上限处[55]。相反，放松感往往会产生较慢、较长的电波（因此每秒的波数较少）。频率在8~12.9赫兹的电波被称为α波。当大脑处于一种清醒的放松状态，或者甚至是白日梦状态时，往往会出现α波。α波还与创造力的增加以及在几乎没有内部判断或阻挡的妨碍下在想法之间过渡的能力相关[69]。当大脑的输出进入4~7.9赫兹的区间时会出现甚至更慢的电波，称作θ波。θ波往往会在快速眼动（Rapid Eye Movement，REM）睡眠（即梦眠）和**假眠状态**（清醒与睡眠之间的过渡状态）期间出现，并且被认为在学习和记忆方面发挥着至关重要的作用［参见沙克特（Schacter）[93]的综述］。如果学习是以一种创新的方式将现有知识与新信息联系在一起的过程，那么我们就有理由得出结论：当出现θ波时，大脑已经为这类联想或者横向思维做好了准备[28]。还有更慢的**δ波**，其频率为1.0~3.9赫兹。δ波主要与非REM睡眠的时间段有关，并且出现在某些疲劳状态下睡意增加的时间段[59]。表26.1概述了脑电波及其相应的意识状态。

脑电图（Electroencephalogram，EEG）研究也为大脑中出现的与事件相关的技能水平变化提供见解。有关技能习得的研究表明，掌握专业技能的过程在一定程度上是由于注意力逐渐从思想的内部世界过渡到了行动和目标导向的外部世界[32]。换言之，初学者在学习的早期阶段必须应对大量的认知负荷。然而，随着技能水平最终提高到自动状态，认知负担会减轻，并且更多的注意力可以集中在外部世界（参见伯特伦及其同事[7]的综述）。为了支持这个概念，哈特菲尔德（Hatfield）及其同事[48]得出结论：由能力进步导致的皮质变化表明，技能熟练的个体的注意力需求和认知干扰会降低。根据具体与EEG相关的分析，许多研究人员已经注意到，技能熟练的个体的成功与更多的θ波和α波活动[5, 28, 89]以及较少的β波活动有关[3, 47]。此外，片平（Katahira）及其同事[56]表明，大脑某些前部区域中θ波和α波活动的增加与自我报告的流畅状态体验有关。

流畅状态的化学机制

流畅状态是一种运动员争相实现的意识状态，因为它会对表现产生感知影响，并且具有与兴趣和内在动机的增强相关的积极效应[37]。若干条证据线指向关键神经化学物质的独特融合，以在一定程度上解释流畅状态中所报道的现象学体验（全神贯注、喜悦、陶醉和轻松）。

经常被报道的一个流畅状态维度是，针对手头任务的一种轻松关注感，以及从有意识努力中的一种脱离[103]。在有的成就领域中，成功取决于刻意的专注；与之不同的是，研究表明，个体在流畅状态下的表现通常更加自主，并且伴随着一种自信感和轻松感[101]。鉴于PFC在调节注意力方面的作用，结合已经证实的去甲肾上腺素与多巴胺对这些

表26.1　脑电波概览

类型	频率	相应的意识状态
δ波	1.0~3.9赫兹	深度、非REM睡眠
θ波	4.0~7.9赫兹	REM睡眠、假眠状态
α波	8.0~12.9赫兹	幻想、陷入深思但具有警觉性
β波	13~30赫兹	正常清醒状态、专注状态
γ波	>31赫兹	洞察、注意力高度集中状态

结构的影响[112]，我们有理由认为，这两种神经递质在流畅状态的化学机制方面发挥着重要的作用。例如，克诺夫利（Knöpfli）及其同事[58]发现，比赛表现与较高水平的去甲肾上腺素和多巴胺分泌之间存在关联。注意力缺陷多动症（Attention-deficit Hyperactivity Disorder，ADHD）的研究同样支持的观点是，注意力机制受去甲肾上腺素与多巴胺系统的有力调节[8, 86]。

除了在调节注意力方面发挥作用以外，长期以来，多巴胺还被认为是大脑奖励系统的关键驱动因素[31, 41]，并且与流畅状态的体验有关[44, 92]。鉴于对流畅状态的积极有效体验的普遍报道，可能不足为奇的是，纹状体多巴胺系统已被证明与流畅状态的情感体验有关[23]。除了去甲肾上腺素与多巴胺以外，对跑步者的愉悦感的调查研究也表明，内源性阿片肽[10, 40]以及内源性大麻素系统的神经化学物质（例如大麻素）[27, 35, 100]，它们的止痛效果是流畅状态现象学的促成机制。大麻素是一种神经递质，其广为人知的作用是增强大脑中的愉悦反应[70]。

综合来看，这些研究成果表明，流畅状态的典型特征归因于某些神经化学物质，这些神经化学物质与注意力高度集中、增强愉悦感和幸福感以及减轻运动员在巅峰表现期间经常体会到的疼痛感相关。

脑力疲劳及其对表现的影响

一般而言，疲劳对于运动员和各个领域高表现水平的个体来说都是一个重要限制因素。具体到身体领域，诸如过度训练综合征和非功能性过量刺激等情况对个体健康和体能表现具有重大的影响。因此，大量的文献都在设法更好地理解身体过度疲劳的机制和现象学。同样，研究也为过度训练的标志和症状，以及预防、早期干预和治疗提供了更好的指南[106]。然而，对脑力疲劳问题及其对竞技体育认知和体能表现的不利影响方面的关注要少得多。鉴于对精英运动员的具体要求越来越高（但不完全如此），让人有点惊讶是，脑力疲劳问题还没有在高水平表现的文献中获得更多的关注。

脑力疲劳和认知功能

长期、过量的认知活动通常会引起脑力疲劳，并引发各种症状，从一般的疲倦到积极性的减弱和认知表现的降低[105]。例如，在工作场所，这种现象的一个极端例子通常被称作**工作倦怠**，它的发生率很高，并且从心理健康和工作效率的角度来讲都令人感到苦恼。数据表明，77%的员工报道称在工作中的某些时候或者经常感到身心疲惫[22]。人们已经识别出的会促进这种脑力疲劳高发的一些主要因素是，难以应付的工作量、角色定位不明确以及与上级的沟通不畅等[11]。在竞技体育界，运动员出现身心疲惫的现象也是一个越来越引人关注的问题。有研究表明，高达12%的参赛运动员经历了高度的身心疲惫[39]。重要的是，此类统计数据是最高水平脑力疲劳患病率的指标。据报道，在精英运动员中，较低水平的亚倦怠发生率高达45%，从而导致了较高水平的焦虑和沮丧[90]，并伴随脱离感、动机减弱以及热情下降[91]。这些因素，结合运动员睡眠质量下降的报道[4]，以及越来越大的比赛表现、时间限制和媒体义务等方面的压力，都会引发运动员经常体会到的疲惫感。不管起因是什么，脑力疲劳在竞技体育界很常见，并且对运动员的心理健康具有重要的影响。

脑力疲劳与体能表现

除了对认知和情感功能的不利影响以外，现在越来越多的证据表明，不断增加的脑力疲劳会直接导致某些关键方面的体能表现降低。此外，越来越明显的是，当心理处于疲劳状态，并且其他情况都一样时，体能表现会受到影响。

脑力疲劳在体能表现中首先体现在反应时上面。术语"反应时"经常被误解为一个人对刺激（例如发令枪的响声）做出身体反应的速度指标。虽然较慢的反应时确实会影响身体响应的整体速度，但是真实反应时间背后机制的响应通常要先于表面上的身体动作。反应时本身是指感知到刺激与启动反应之间经过的时间。换言之，反应时是大脑识别信号并制订反应计划所需要的时间。确切地说，它指的是大脑处理信息的速度。对于反应时脑力疲劳的影响很容易量化[60]。重点要注意的是，虽然较慢的反应时表明大脑处理信息能力的降低，但是值得再次强调，反应时间较慢的影响容易在身体反应本身的层面上看到，并且通常会带来不好的后果。对过度疲劳的司机的研究数据表明，认知变缓的程度随着脑力疲劳的增加而提高[115]，公路上由脑力疲劳导致的事故和伤亡数量惊人[85]。

脑力疲劳的运动员的反应时数据更加难以得到，但是我们有理由认为，在快速启动非常重要的运动项目中，或者在迅速处理信息对于纠正通过本体感觉机制检测到的位置误差至关重要的运动项目中（例如，跳水或者某些雪板类项目中），较慢的反应会对运动员产生显著的影响。这种概念的依据是由范库塞姆（Van Cutsem）及其同事提出的[104]，他们将脑力疲劳与训练有素的自行车运动员反应时的减慢以及反应误差的增加联系在了一起。换言之，从处理速度和精度来看，脑力疲劳似乎会对信息处理的效率产生负面影响。对于运动员而言，这种减缓对表现的影响会让人付出惨痛的代价。还有一点与误差有关，其他研究表明，技能熟练但脑力疲劳的足球运动员在决策能力上也会出现类似的减弱[98]。那么从认知的角度来看，心理负担过重的运动员会受到双重影响，即他们在开始时对刺激做出的反应更慢，并且当他们做出反应时，他们更有可能犯错或者做出不太有效的战略决策，或者两种情况兼而有之。

据显示，脑力疲劳还会对需要高水平身体耐力的任务表现产生间接影响。马尔科拉（Marcora）及其同事[71]为这种现象提供了初步证据。他们发现，如果参与者在骑行前完成了90分钟认知要求苛刻的工作，随后他们在功率自行车上的表现出现了显著的下降。具体来讲，脑力疲劳试验组达到力竭状态的时间提前了18%（平均值差异为114秒）。然而，有趣的是，在肌肉能量效应、心血管压力甚至是任务前动机方面，不同的试验组之间并没有显著的差异。相反，马尔科拉及其同事[71]发现，脑力疲劳试验组达到最大主观疲劳度的时间要明显早于对照组，达到这一点时，他们会脱离任务并退出。这里的关键是脑力疲劳对耐力任务期间的输出潜力产生了负面影响，但是限制因素似乎不是身体上的。相反，下降的结果完全是由于脑力疲劳的运动员主观上产生了更强的费力感。换言之，当处于脑力疲劳状态时，完成身体任务的难度似乎要比客观具有的难度更大，结果是运动员会更快地退出。这些研究成果被证明是可靠的，并且在文献中被重复验证（参见范库塞姆及其同事[104]的综述）。

除了已经提到的对认知表现和身体耐力的影响，脑力疲劳还会对运动员实际的技术能力产生负面影响。更多以结果为导向的身体水平研究，报道了脑力疲劳的运动员在某些足球技能要素上的表现下降，例如跑动、传球和射门能力[96]。总体上，显而易见的是，长期处于心理超负荷状态会对运动员产生深远和不利的影响。

脑力疲劳的机制

脑力疲劳是一种心理状态，与认知和体能表现的降低有关联。在体能领域，目前已知的是，在体能要求很高的任务中，放弃的冲动与任务的感知难度密切相关。因此，这种状态的机制解释主要集中在与有意识的注意、自动性和神经化学奖励系统相关的大脑区域和过程上，这也许并不奇怪。

目前的证据表明，大脑的某些皮质区域被认为与脑力疲劳有关。具体而言，PFC激活的增加已被证明伴随着认知任务中的脑力疲劳[17]，并且它还被认为是长期疲劳综合征的促成因素[15]。其他研究认为前扣带皮质（Anterior Cingulate Cortex，ACC）活动的减少是脑力疲劳的潜在因素[67]。ACC与大脑的各种认知、情感和动作控制功能具有强烈的神经联系，并且人们认为许多更高级别的大脑功能都会涉及它，包括行动监测、预期奖励以及决策。洛里斯特（Lorist）及其同事[67]指出，ACC的表现监测功能由多巴胺水平加以调节，从而表明疲劳状态还可能涉及多巴胺能水平的紊乱。实际上，帕金森病（一种以纹状体多巴胺水平降低为特征的疾病）患者报道的脑力疲劳水平高于正常水平的情况并不罕见[68]。鉴于该区域中结构和功能的独特相互作用，并不令人感到惊奇的是，ACC的失活与脑力疲劳有关，具体而言，是体能表现的下降与努力感知程度的提高有关。

人们利用疲劳任务的EEG指标对脑力疲劳进行了其他的机制解释。由布伦斯伯格（Brownsberger）及其同事[12]开展的一项研究表明，与β波带活动增加相对应的是，主观疲劳感知的增加以及骑行任务中功率输出的降低。同样，奥科巴（Okogbaa）及其同事[80]的研究显示，在脑力疲劳状态下，知识型工作者的β波活动会增加。与

这些研究成果明显矛盾的是，一些研究表明，脑力疲劳期间α波和θ波活动增加。例如，史密斯（Smith）及其同事[97]分析了参与者在完成学习记忆任务与视频游戏任务时的EEG模式。在这项研究中，他们注意到，随着时间的推进，α波带和额中线θ波的活动变得更加突出，从而表明它们可能与脑力疲劳有关[104]。然而，对该方法的进一步推敲发现，设计该研究的目的并不是引起疲劳，而是研究参与者技能水平提高过程中的EEG模式。EEG模式上的这些变化与学习和表现提升相对应，这一发现与之前的研究描述完全一致，即与熟练表现和流畅状态相关的α/θ波活动增加[56]。与此相关的是中岛（Nakashima）和佐都（Sato）的研究结果，他们也报道称，各种认知或者视频游戏任务中都会出现额中线θ波的活动的增加。然而，没有迹象表明试验对象在试验期间的任何时刻处于疲劳状态，并且作者自己将θ波活动的增加解释为与某些任务中挑战性的增强或者兴趣度的提高有关，并解释称θ波活动的增加还表明变化与练习和学习有关。

其他针对司机疲劳[59]和失眠飞行员[14]的调查研究报道称，在长时间持续的任务中，α波带或θ波带的活动（或者二者兼有）会出现增加，而这里值得注意的是，从有关大脑的观点来看，脑力疲劳和嗜睡未必是等价的现象。因此，有可能这两种状态具有不同的电生理学特征，包括针对嗜睡症的研究中所证实的δ波活动的增加[14]，这在定义更加严格和更加受控的脑力疲劳环境中无法见到[12]。该领域还有必要开展更多的调查研究。

发现流畅状态和处理脑力疲劳的策略

正如本章所讨论的，人们广泛地将流畅状态视为人类巅峰表现诸多方面的关键驱动因素，并

且相关讨论还详尽说明了由脑力疲劳带给表现的不利影响。前面介绍的9个界定流畅体验的关键特征通常都来自流畅状态的事后现象学描述。人们的关注点已经从将这9个关键特征简单地看作是状态的描述词上转移开了，相反它们被概念化成了流畅状态的触发因子。换言之，现在提出的问题是：流畅状态是否可以通过向表现环境中精心引入某种流畅状态触发因子来刻意诱发。这个概念的核心是，流畅状态的主要机制（即大脑区域激活或失活、EEG模式以及相关的神经化学物质）可以通过具有针对性的设计启动。下面的内容描述了3种比较常见的研究方法，它们可以为诱发流畅状态创造某些前提条件：挑战/技能比的受控操纵，将注意力从内部转向外部的专注线索，利用神经反馈干预来训练最优大脑状态的自我调控。

挑战/技能比

契克森米哈赖关于流畅状态的众多研究中一个比较显著的贡献是，幸福感或流畅状态不仅仅是随机出现的。相反，他认为必须通过设定既不太高又不太简单的挑战来有目的地培养一种更理想的心理状态。正如他在自己1990年所著的影响深远的书籍《心流：最优体验心理学》（*Flow: The Psychology of Optimal Experience*）中指出的[20]："一个人的身体或心理被拉伸到极限状态，在这种状态下，他会自愿完成某件有困难且有价值的事情，最佳时刻通常会在这个时候出现。"挑战是诱发流畅状态的必要前提，这一理念不断地被多个领域的文献所证明，例如学术工作[34]、视频游戏设计[53]以及医疗康复场景[113]，也通过荟萃分析[33]得到了证实。

来自更多以技能或竞技体育活动为基础的研究也证明了合理平衡挑战与技能的重要性。其中大部分工作是由瓜达尼奥利（Guadagnoli）和李

（Lee）联合完成的[43]。在提出他们的挑战点框架时，这些研究人员将围绕一个中心假定的若干条集中的证据线联系在一起。该中心假定是，更理想的表现水平出现在学习环境中包含相对于执行者的技能而言挑战水平合理的时候。支撑他们框架的研究表明，当对外部反馈的依赖减弱时[49, 82]，以及当热身条件变得更具挑战性时[6]，在实践中变异性或随机性增强的情况下[42, 63]，他们的框架在竞技体育或动作技能领域中显示出了明显的表现优势（见图26.1[43]）。由于特别适用于运动员，所以这些研究的关键点是，如果想让学习或进步变得最佳，那么训练期间就需要有很大的挑战。举个例子，死记硬背（分块练习法的特征）虽然有时候适用于初学者，但是几乎不适合更加熟练的运动员；而当面临更具挑战的训练条件时，表现水平较高的个体可能更加容易、更快地学习。各种认知领域的研究也得到了相似的研究成果，它们都指出，提供某种"必要的难度"，学习速度可以得到极大的提高［参见比约克（Bjork）[9]的综述］。

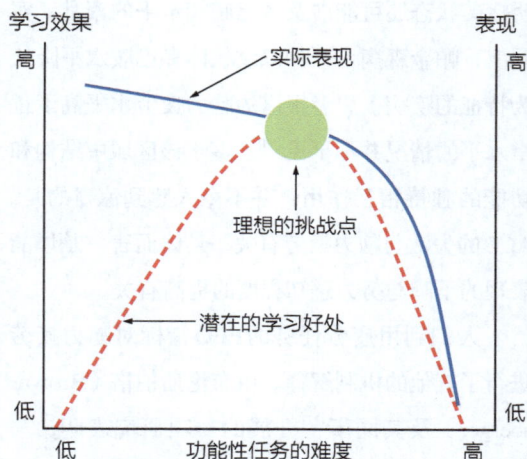

图26.1 学习和表现曲线的关系，以及与功能复杂程度不同的任务相关的最佳挑战点。学习效果最佳时理想的挑战点并不是实际表现最佳的点

经许可转载自：M.A. Guadagnoli and T.S. Lee（2004，pg.212-224页）。

尽管正确控制挑战/技能比具有明显优势，但仍然存在以下问题：什么难度的挑战是最佳的？契克森米哈赖的流畅通道模型[18-19]和瓜达尼奥利的最理想挑战框架[43]都明确支持了挑战对表现的好处，但是关于挑战感知与技能的平衡点应当是什么，两者都没有明确地做出规定。在这一点上，考虑预期的结果是增加学习还是提升运动表现是有指导意义的。技能掌握方面的文献中经常得到的一个研究成果是一种称作学习-表现悖论的现象［参见索德斯特龙（Soderstrom）和比约克[99]的综述］。该悖论的本质是，在实践中取得成功未必表明实际的学习效果已经达到了预期程度。反之亦然，实践中的挣扎或失败未必表明缺乏学习。在这一点上，在表现和流畅状态的维持方面，有证据显示挑战感知应与当前的技能水平紧密匹配[45, 57]，或者最多是略高于当前的技能水平[75, 83]。另外，关于学习的文献数据表明，挑战超过技能水平时，个体通常会得到更好的结果。关于实际的比率，威尔逊（Wilson）及其同事[107]针对人工智能系统的训练算法开展的一项研究表明，当训练中的出错率为15.87%时，学习速度最佳，从而表明训练期间约85%的成功率是最佳的学习点。来自人类学习研究中的数据为该比例提供了一些依据[36]。然而，重要的是，尽管在最佳挑战/技能比方面存在明显的目标差异，但有证据表明，流畅状态不仅可以优化表现结果，还能优化学习结果[5]。在一篇相关的论文中，法罗（Farrow）和罗伯逊[30]认为，教练员应当采用新的技能学习方法，类似于通常用来训练肌力和体能的周期化框架。这些作者建议，经过充分研究的身体训练原则，例如渐进式超负荷，可以作为更好的技能学习和表现模型的基础。这里要认识到的关键问题是，在学习环境中刻意纳入合理且可适应的挑战水平，可以为流畅状态创造接入点，加快进展的

速度，并提升压力情况下的体能表现。

注意力聚焦

本章整篇都在描述流畅状态期间出现的轻松感与注意力的高度聚焦。阿西诺夫（Ashinoff）和阿布-阿克尔（Abu-Akel）[1]将流畅状态的这一方面描述为超聚焦的正面体现，其特征是持续的注意力增加以及对任务相关信息的感知增强。在注意力问题和任务相关性方面，动作技能学习文献中的大量证据表明，将注意力引导至体外（即外部）因素，要远比关注内部因素（例如专注于某个身体部位的运动肢体）更加有效。注意力聚焦的试验操控示例包括一些指令，例如"聚焦在目标上"（外部因素）与"聚焦于你的双手"（内部因素），或者"聚焦在起跑枪的声音"（外部因素）与"聚焦于双脚的运动"（内部因素）（参见第28章获取更多细节）。总体来说，这些研究成果都在行为约束假说的背景中进行了讨论，根据该假设，将注意力聚焦于外部因素可以实现更大程度的运动自发性，这种运动自发性由更快、更无意识的机制进行控制［参见伍尔夫（Wulf）[109]以及第28章］。许多表现领域都有支持行为约束假说的证据。研究不断地证明，当参与者按照指示将注意力聚焦于外部因素时，其具备的优势是反应出色[111]、平衡能力提升[16]、弹跳高度增加[110]以及复杂技能（例如高尔夫球）的准确性提高[84]。

除了动作技能领域，将注意力聚焦于外部因素的优势还表现在努力感知方面的认知层面。例如，洛泽（Lohse）和舍伍德（Sherwood）[65]发现，在一个90度靠墙静蹲任务中，当将注意力聚焦于外部因素时，参与者不仅能够更好地忍受疲劳；而且在长时间发力期间，他们还报道了努力感知层级的降低。

在注意力聚焦与流畅状态的重要关联方面，

哈里斯（Harris）、瓦因（Vine）和威尔逊[46]证明，在一个模拟驾驶任务期间，当遵从聚焦于外部而不是内部的指令时，受试者展现出了增强的流畅状态体验和更高的结果预期。这些结果连同关于将注意力聚焦于外部因素的表现优势的大量文献，为研究人员提供了开展有趣的新研究系列的机会，以及对训练实践人员有潜在影响的策略。

总体来说，这些结果表明，有目的地采用相对简单的策略，旨在将注意力聚焦于外部因素，可以提高产生流畅状态的可能性。此外，有人认为，流畅状态可能与之前提到的一系列理想的表现结果有机制上的联系，因为这些结果都是将注意力从本身上移开，并集中于外界物体或者位置导致的。正如已经讨论过的，将注意力聚焦于外部因素不仅会对具有精确度高、功率输出高以及信息处理快要求的离散任务产生积极的影响，似乎还会影响表现的心理方面，因为它可以在需要较高水平持续身体输出的任务中降低努力感知等级。

神经反馈方法

前面两个部分讨论了为流畅状态创造前提条件的理念，并且集中于学习−表现环境中的策略，目的是调整挑战/技能比，以及更加有效地分配和聚焦注意力资源。除了这些针对表现的设计型或者意图型方法，其他研究表明，某些技术可以用来更加直接地针对和增强大脑活动以及提升相应的表现。神经反馈（Neurofeedback，NFB）是一种生物反馈类型，它可以让使用者查看实时的EEG活动（或者该活动的某些表征），目标是使其更好地意识到并自我调控大脑的电输出、功能输出或者两种形式兼有的输出。研究显示，对于诸如创伤后应激障碍[81]和注意缺陷多动症[94]此类的疾病来说，神经反馈是一种有效的临床干预手段，并且也是正念训练的一种有效工具[78]。在

高水平表现领域，研究人员已经开始提出有关将NFB作为专业技能和流畅状态相关的大脑输出工具的问题。回顾本章前面的内容，当专业技能处于最佳状态或者近乎处于最佳状态时，或者当人们处于流畅状态时，大脑活动似乎会稳定在高θ波、低α波的范围（还伴随着β波活动的相应减少）。专门针对α−θ波谱的神经反馈训练已被证明会对某些认知指标产生显著影响，例如放松的注意力增加[61]以及流畅状态产生率的增加和焦虑感的减弱[95]。

关于动作技能学习和表现，其他考察α/θ波NFB训练的研究显示，在音乐表演中的技巧和创造力的专家评级显著提高[28]，以及在舞者的时机把握和整体执行[89]方面也表现出了显著的提升。在一项针对射击技术学习速度的研究中，贝尔卡（Berka）及其同事[5]将α/θ波NFB与HR数据结合在了一种用于初级弓箭手组的心身训练工具中。结果显示，心身反馈组的学习速度要比对照组快2倍以上。

综合来看，有越来越多的证据支持这种理念，即功能上更加理想的大脑状态可以引起认知和身体输出的改善，而NFB训练可以作为一种有用的工具，用以增强人们对这种大脑状态的认识。这一领域无疑需要更多的研究，才能进一步解释量效问题，并为应用场景提供更好的循证参数。

心理生物学小结

本章有两个目的。第1个目的是提供认知和体能表现中的两种相反状态——流畅状态和心理疲劳状态研究和机制解释方面的概述。这里，我们针对流畅状态和脑力疲劳的神经生物状态，在几个关键的大脑区域和过程方面进行了对比。具体而言，人们指出，在脑力疲劳期间激活程度增加的关键大脑区域（例如前额叶皮质）与流畅状

态期间失活的区域是相同的。人们还举出了案例，即在某些情况下在流畅状态中突出显示的EEG（α波和θ波活动的增加，β波活动的减少）在疲劳状态下会发生反转。另外，有证据表明，许多在人们脑力疲劳时显示会减弱的神经化学性机制与在流畅状态期间恢复激活的底物是相同的。

本章的第2个目的是介绍设计学习和表现环境来为流畅状态创造前提条件的实用策略。本章围绕控制训练期间的挑战−技能平衡，以及如何更佳地集中注意力资源，推荐了一些具体做法；针对NFB技能上的进步可以如何用来帮助运动员自我调节至更佳的心理状态，提出了其他建议。在这里，经验再次证明，每种方法都会对相同的表现结果产生积极的影响（例如更出色的反应时间、对身体努力程度的耐受性增强、技能提升以及焦虑减少），这些结果在高度脑力疲劳的情况下被证明是无法实现的。

小结

期望产生流畅状态或减轻脑力疲劳（或者同时实现两个目标）的未来方案可能会专注于其他已知的流畅状态触发因子上面，例如增强新颖性、感知风险或者有目的的创造力。人们可以设计这类方法，通过独立地或者结合其他已知因素（例如运动[26]、冥想[29]或者同时结合二者）的方式，测试各种流畅状态触发因子同时产生流畅状态并缓解脑力疲劳的可行性。

推荐读物

Benson, H, and Proctor, W. *The Breakout Principle: How to Activate the Natural Trigger That Maximizes Creativity, Athletic Performance, Productivity, and Personal Well-Being*. New York: Simon and Schuster, 2003.

Bertram, CP, Guadagnoli, MA, and Marteniuk, RG. The stages of learning and implications for optimized learning environments. In *Routledge International Handbook of Golf Science*. New York: Routledge, 119–128, 2017.

Csíkszentmihályi, M. *Flow: The Psychology of Optimal Experience*. New York: Harper Perennial, 1990.

Kotler, S. *The Rise of Superman: Decoding the Science of Ultimate Human Performance*. New York: Houghton Mifflin Harcourt, 2014.

Stulberg, B, and Magness, S. *Peak Performance: Elevate Your Game, Avoid Burnout, and Thrive With the New Science of Success*. New York: Rodale Wellness, 2017.

第27章

利用神经科学提升运动表现

罗曼·N. 福明（Roman N. Fomin），博士；
卡桑德拉·C. 科林斯（Cassandra C. Collins），理学学士

运动员的身体如同一个管弦乐队，由许多不同的乐器组成——例如心脏、肌肉和肺。每个系统的表现对于整体表现来说都至关重要。因此，为了提升运动表现，运动员始终都要努力让自己的肌肉、心血管和呼吸系统产生适应。然而，运动员在训练期间经常忽略的一个系统是神经系统，这是一个驱动和协调其他身体系统的系统，就像管弦乐队的指挥一样。不管运动员的生物体整体上是否做好了表现的准备，不管他们此刻表现（抗压性、心理情绪的稳定性以及适应性等）的好坏程度如何，也不管他们从损伤中恢复的速度如何，决定运动员学习快慢的都是神经系统。本章不仅会让科学训练师理解神经系统在表现方面发挥的作用，还会提供有关现代神经科学工具的信息，这些工具可以包含在训练计划中，用于评估、监测和改造神经系统，以实现运动员最佳的表现。

神经系统和大脑

运动员的生物体是一个遵循严格生物学定律的生命系统。神经系统负责向全身传递信号，根据这些定律指导和管理身体的动作。由大脑和脊髓组成的中枢神经系统（Central Nervous System，CNS）通过除大脑和脊髓以外的周围神经系统（Peripheral Nervous System，PNS）路径接收和传递信号。运动员可以利用对训练负荷如何影响CNS生理过程的理解，有效地得到优异成果，并避免诸如过度训练或者疾病、损伤（或者两者）带来的后果。在这方面，CNS功能状态的诊断以及探求提高其效率的方法对于训练科学来说是一个有前景的方向。

中枢神经系统的结构

神经元是CNS的结构和功能单元。一个神经元由细胞体、轴突和树突3个主要部分组成。细胞体包含了神经元的细胞核与细胞器，其可以为自身产生能量。单个轴突从细胞体上突出，像一根长导线。轴突束组成了神经，它们将信息传送到PNS。树枝状的树突从神经元的细胞体伸出，与其他神经元在称作突触的间隙连接处相连。协同在大脑内实现一项具体功能的一群互连神经元称作神经回路。神经回路进一步可以组成神经网络，为大脑中的分布式进程服务。

神经元利用电化学信号从神经系统的一个区域向另一个区域传递信息，以及在神经系统和其他系统之间交换信号。这些信号开始于神经元**静止膜电位**上的变化，静止膜电位是神经元静止时内部和外部之间的电位差。静止时，神经元处于**极化**状态，它们的静止膜电位是负电压，这是由细胞内外**离子**（带电粒子，例如钠离子和钾离子）的不均匀分布造成的。当神经元膜由于电位上的短暂正突变而变成**非极化**状态时，它会释放或者**发射**一种名叫**动作电位**的电脉冲。动作电位沿着**突触前**（发射）**神经元**的轴突长度方向移动，从而将名叫**神经递质**的化学物质释放到与其他神经元树突相连的突触处[40]（见图27.1）。神经递质由**突触后**（接收）**神经元**的受体接收，这里它们会触发一个**突触后电位**（Postsynaptic Potential，PSP），这是突触后神经元膜电位上的暂时变化。膜电位上的正变化（去极化）会产生一种**兴奋性**PSP，它会提高接收神经元发射的动作电位的可能性，而膜电位的负变化（超极化）会产生一种**抑制性**PSP，它会降低接收神经元发射的动作电位的可能性。

CNS的神经元由两类组织组成：**灰质**和**白质**。灰质主要由神经元的细胞体组成，并且是大脑中大部分处理过程出现的地方。大脑的外层（**大脑皮质**）由灰质组成。作为CNS的主导部分，它管理着最复杂的功能，例如意识、思考、讲话和记忆。相比之下，白质主要由在灰质中连接细胞体的轴突组成。

中枢神经系统的功能

　　CNS的结构可以让它进行感知、处理信息，并对运动员外部环境和内部环境的改变做出响应，从而尽力连接、调节和最优化运动员的身体，以执行某项技能。更加具体地讲，以下是CNS的主要功能。

- 感知和分析作用在人体上的刺激。
- 调节和协调所有的组织和器官。
- 整合组织和器官。
- 组织人体运动。
- 确保身体对变化的环境情况做出适应。

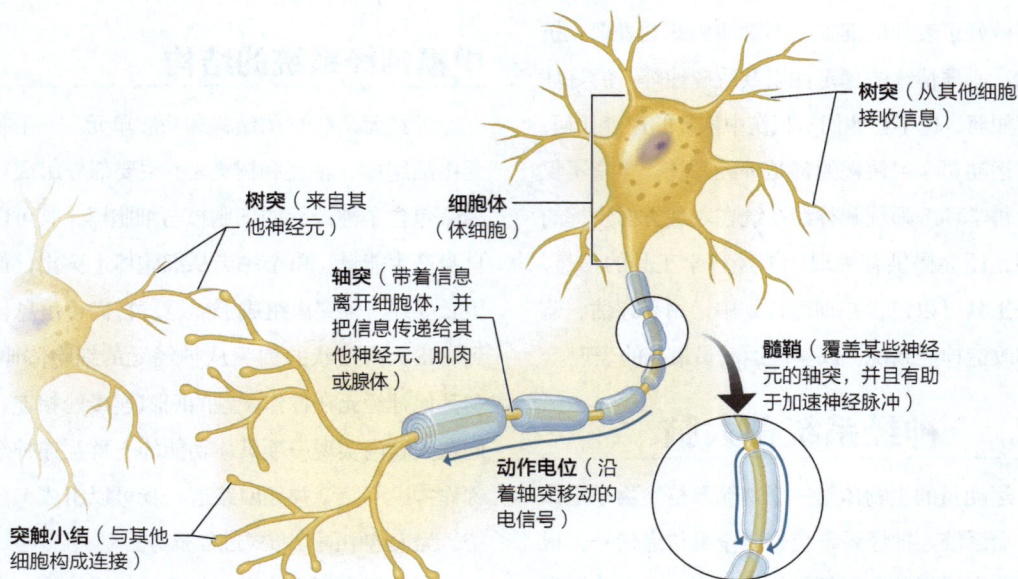

树突（从其他细胞接收信息）

细胞体（体细胞）

树突（来自其他神经元）

轴突（带着信息离开细胞体，并把信息传递给其他神经元、肌肉或腺体）

髓鞘（覆盖某些神经元的轴突，并且有助于加速神经脉冲）

突触小结（与其他细胞构成连接）

动作电位（沿着轴突移动的电信号）

图27.1　神经元的组成部分

- 根据当前的需求对人体行为进行系统的组织。

神经可塑性

在人生所有的阶段，人类神经系统都可以根据经历产生大幅的重组和改变。神经系统可以根据不断变化的环境情况，重新组织其结构性和功能性回路，这种先天能力称为神经可塑性[35]。大脑中的神经可塑性变化包括，应不同的刺激（新的信息、经历、培养或训练），在状态、活动、神经元连接、神经以及神经网络上出现的变化。这些变化可以让人类在学习新技能的过程中形成新的、更加有效的连接，或者在损伤之后重建失去的连接。

神经可塑性依据的机制是突触增强和突触阻抑。突触增强指的是，因重复的激活，突触能力出现了短暂的增强。这种增强可以是由自然刺激源引起的，例如运动训练中涉及的随意肌的反复收缩；也可以是由人工刺激源引起的，例如电刺激。突触增强可以增大或减小突触后电位的大小，无论哪种情况都会根据具体的技能增强神经可塑性。根据持续时间这一特征，突触增强可以表现为两种形式。

- **短时程突触增强**（Short-term Synaptic Potentia-tion，STP）指的是突触传递的短暂强化，它是因神经递质释放量增加而产生的。短时程突触增强的持续时间为几毫秒到几分钟。
- **长时程突触增强**（Long-term Synaptic Potentia-tion，LTP）指的是突触后神经元激活的长时间强化，它是因突触神经元高强度、反复激活而产生的。长时程突触增强在CNS的所有部位都能够观察到，不过它在海马区中尤为显著，海马区是一个重要的大脑记忆区。长时程突触增强可以持续几小时到几天。

突触阻抑（或突触疲劳）指的是突触能力的

弱化。突触阻抑通常由以下因素引起。

- 神经递质耗尽。
- 突触后神经元对神经递质的敏感性降低，导致突触后去极化水平最低。
- 代谢产物（废物）的增加。
- pH的变化（过度激发同一条神经路径会形成酸性环境）。

作为神经可塑性的基础，突触阻抑和突触增强是培养任何技巧的基础，包括运动员适应训练和实现最佳表现的能力。

认知功能和表现

现代运动员都在不遗余力地优化自己的身体素质，总是在寻找下一个将给他们带来梦寐以求的表现优势的工具。然而，不管科技如何发展，专家断言，大部分竞技体育项目中的精英表现并未提升：创造世界纪录的频率比原来更低了，这表明相比于过去的记录，表现提升的幅度更小[3]。为了打破这种表现停滞，运动员需要重新考虑自己的训练，以更少地关注自己的身体，而要更多地关注自己的大脑。

运动的运动皮质控制

骨骼肌（像肱二头肌此类连接在骨骼上的肌肉）收缩这一动作必须由动作电位触发，而动作电位主要由称作**运动皮质**的大脑区域释放。要是没有这些来自大脑皮质的信号，骨骼肌就是包覆在结缔组织上的静态蛋白质纤维束而已。

运动神经元是将电信号从运动皮质输送到肌肉纤维的信使，刺激肌纤维通过收缩产生力量。沿着大脑和脊髓延伸到肌肉上的神经元路径称作**皮质脊髓束**。大脑沿着这条路径上的运动神经元将信号发送给肌肉，就像电源通过充电线将电流发送给计算机一样。综合起来，一个运动神经元与其激发的肌纤维称作**运动单元**。许多运动单元往往会共同工作来激发所有的肌纤维，以做出完整的肌肉收缩动作。

神经驱动

肌肉从运动神经元接收到所有激发动作电位的总和被称作**神经驱动**。神经驱动决定一块肌肉是否收缩及其收缩时的功率。大脑根据它从肌肉感官输入中接收到的反馈，随着时间的变化对神经驱动进行调节，以此来调节肌肉耐力。为了增加或减少神经驱动，大脑可以在一个称作**运动单元调动**的过程中，调节发射动作电位的运动单元数量。或者，大脑可以不用调动更多的运动单元，而是通过提高运动单元的发射率来增加神经驱动。当然，大部分竞技体育需要的不仅是持续的原动力：大脑还会通过调节运动单元募集的时机来指导肌肉控制和协调。重要的是，大脑驱动运动的这一事实并不意味着，运动员可以完全放弃自己的身体训练。由于神经驱动同时涉及大脑和肌肉的激活，所以两者必须结合起来加以训练。

重复和动作技能习得

训练大脑的最佳方式是重复。重复会激活突触增强和突触阻抑机制，这两种机制可以在大脑中产生神经可塑性的变化。因此，当运动员们练习一项技能时，他们要强化该技能中涉及的神经路径，以让自己变得尽可能高效。大量研究表明，动作技能训练可以增加控制该技能的大脑区域中的灰质数量[15]。大脑中的这些可塑性变化可以增加或增强运动员执行一项技能时的功率、控制以及耐力。

随着运动员通过重复来微调技能的执行方式，技能会从处于**显性**控制状态，此时运动员必须积极地思考和监测表现，过渡到处于**隐性**控制状态，此时运动员几乎不用想就可以自动地执行一项技能。有利于这种过渡的是大脑激活方式上的变化，即由涉及运动皮质的显性回路变成了由大脑中被称作**基底核**的深部结构所控制的隐形系统。当动作技能处于隐性控制状态时，运动员称它为**肌肉记忆**。肌肉记忆存在于肌肉中是一个常见的误解：它实际上存在于大脑中神经连接的能力上。肌肉不可以学习或者记忆，但是大脑可以。这种技能随时间变得更加不受意识驱动，并且变得更加自动的过程被称作**动作技能学习**。

竞技体育中对运动的认知控制

驱动肌肉激活只是大脑在表现方面所发挥作用的冰山一角。虽然运动神经元可以解释运动员的运动方式，但是它们无法解释，在动态、应激诱导并且复杂的竞技体育情境中，运动员是如何适应性地进行运动的。运动员利用许多其他的大脑过程或者**认知功能**，来接收、处理和存储来自外部的实时反馈，并根据这些反馈做出行动。

一个称作**前额叶皮质**（Prefrontal Cortex，PFC）的大脑区域，通过指导和监测包括注意力、抑制和记忆在内的认知功能，来维持大脑中的**认知控制**。位于大脑前部的PFC与竞技表现中涉及的其他大脑区域具有广泛的联系，包括大脑的运动和感觉区域。正如通过重复，运动员的大脑可以学会更加有效地指导肌肉运动一样，它也可以学会更好地指导这些认知功能。因此，运动员在神经元和在涉及PFC及其他任务相关大脑区域的神经网络中占比较高的灰质之间表现出了更多的联系[16,42]。

注意力、抑制和记忆

人类确实无法将自己的意识或**注意力**引导到外部环境中的所有信息上。要想在体育运动中取得成功，运动员必须学会如何快速地将注意力集中到最相关的信息上，还要抑制或者克制分析。有两个有利于注意力和抑制的机制：自下而上的处理过程和自上而下的处理过程。

自下而上的处理过程可以快速、自动地识别出环境中"与众不同"物体，例如当其他所有物体都静止时，一个正在移动的球。而自上而下的处理过程刻意地将注意力引导到与目标相关的物体上，例如一个静止但可以接到传球的空位运动员。由于竞技体育是目标驱动的，所以自上而下的处理能力可以区分初级运动员与专业级运动员[2]。PFC与其他与具体任务相关的大脑区域合作来指导自上而下的处理过程，从而确定需要什么样的信息以及信息是否暂时存储在工作记忆中[12]。从工作记忆中，信息可以被进一步巩固成为长期记忆，这种情况下，它可以在未来用于指导如何引导注意力。

流畅状态

界定巅峰表现的一种全身心专注于任务的状态，被称作流畅状态。心理学家米哈伊·契克森米哈赖是第1位探索流畅状态概念的人，他宣称流畅状态具有9个维度的特征：具有明确的目标、具有明确的反馈、具有合适的技能水平与挑战比、行动和意识相融合、对任务的专注度很高、具有控制感、自我意识消失、时间扭曲以及自我目标的体验。苏珊·杰克逊（Susan Jackson）博士及其同事[20]已经证实这些维度的特征与巅峰表现有关。进入流畅状态的特征是，在任务表现期间大脑活动的区域和类型发生了变化。处于流畅状态的大脑会表现出一种称作瞬时脑前额叶功能低下的现象——大脑前部区域中的活动短暂地减少。这表示流畅状态具有自动性，因为控制脱离了由PFC和运动皮质掌控的大脑显性系统，转向了隐性系统。

大脑中的流畅状态还与神经元交流方式的变化有关。当许多神经元同步发射动作电位时，大脑活动会产生一种看起来像波一样的脉冲。科学家将这些脑电波划分成了与不同功能项相联系的不同频率范围（即α波、β波、δ波和θ波）。

研究显示，在技能执行期间体验到流畅状态的个体在感觉动作律动（Sensorimotor Rhythm，SMR）上表现出了增加，SMR是在大脑感觉运动区域中观察到的一种特殊的脑电波模式。较强的SMR信号表明运动皮质的活动较少，意味着技能更大程度上处于隐性控制之下。因此，这种SMR的改变反映了流畅状态的自动性和专长性特征[10-11]。

认知训练应用

正如运动员利用工具来理解、监控和训练他们的心血管、肌肉和呼吸系统的表现（例如体重、HR监测器、冷冻疗法和补剂）一样，他们也可以在他们的训练计划中加入认知训练工具。如今，运动员可以利用神经科学工具和方法来记录他们的大脑活动，刺激他们的大脑和肌肉，训练他们的视觉注意力，并构建心理训练计划。

脑电图和神经反馈

运动员并不清楚他们体内众多有助于他们提升运动表现的内在过程。生物反馈是作为一种利用科学技术来为运动员的这些过程提供直观展示的方法而出现的，例如他们的HR和摄氧量。运动员可以利用这种信息塑造自己的内在过程，以实现最佳的表现。运动员越来越多地用于增强自己表现的一种生物反馈类型是有关大脑中神经活动的信息，或者叫神经反馈。

竞技体育中的神经反馈训练

脑电图（Electroencephalogram，EEG）技术（在第15章中讨论过）可以让运动员在计算机上实时地查看自己的脑电波。在运动员执行基本的心理任务时，一种称作神经反馈训练（Neurofeed-back Training，NFT）的方法利用EEG记录他们的脑电波，并就他们的脑电波能够表明他们任务表现的哪些方面，为他们提供反馈，如图27.2所示。这种反馈通常采取的形式有语音反馈、视觉反馈或者二者的结合。例如，在执行任务时展现出"最佳的"脑电波模式时，运动员可能会听到令人愉快的语音[34]。通过观察和专家指导，运动员学习将不同的内部状态与他们相应的脑电波模式联系起来，从而学习如何改变脑电波模式，以更加适应任务表现。NFT是否成功，应当通过脑电波活动的变化以及任务表现与NFT干预前记录的基线数据的比较来度量。

神经反馈训练的功效

有关NFT对竞技表现功效的研究得到了不一致的成果。研究发现，SMR的NFT可以显著优化高尔夫球推杆和步枪射击的表现，对体操能力则不然[9, 11, 34]。同样，据发现，α波NFT对射箭运动的表现有利，对网球却不然[9, 11, 34]。结果的变异性反映出了所开展的研究中涉及的NFT方案、运动项目、运动员技能水平的多样性。由于每个运动员都具有不同的大脑，并且每项运动都会产生不同的认知需求，因此，随着未来会为具体项目和个体运动员制订方案，NFT的功效势必会增强[34]。

经颅磁刺激

EEG可以让运动员观察他们大脑中出现的活动，不同的神经刺激（对神经系统的刺激）可以用来改变神经系统中的活动。磁刺激（Magnetic Stimulation，MS）指的是，利用磁场无创地刺激CNS、PNS或者人体骨骼肌。磁刺激的工作原理是电磁感应，即放置在磁场中的导体（即线圈）会产生电流。

经颅磁刺激（Transcranial Magnetic Stimulation，TMS）是MS的一种具体形式，它利用通过头皮施加的磁脉冲，刺激大脑和皮质脊髓束。将TMS用

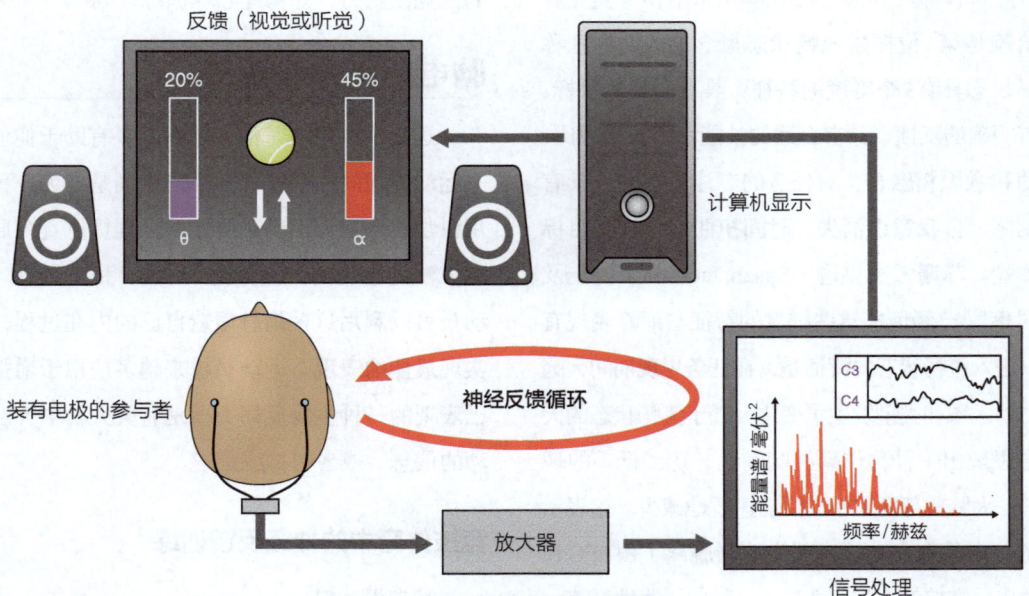

图27.2　神经反馈训练方案示例

经许可改编自：J.L. Park et al.（2015, pg.117-130）。

于人类大脑的方法是由巴克（Barker）及其同事于1985年在谢菲尔德大学开创的[1]。对大脑的TMS已经被证明是一种有效、无痛且安全的工具，可以用于调节人类神经系统中的过程。

TMS的工作方式是激活或者抑制磁脉冲目标区域下面组织中的神经元。正因如此，TMS通过电导性、兴奋性和抑制来加以评估，这会在本部分后面进行讨论。对于神经学、神经生理学以及神经精神病学方面的科学研究和临床应用来说，TMS具有广泛的诊断和治疗能力[19, 37]。虽然TMS在医疗科学和研究中的应用很广泛，但是针对TMS在运动与训练科学中的应用所做的研究很有限。人们针对将TMS应用于运动员开展了研究，这些研究专注于考察运动皮质兴奋性上面与训练相关的

变化、疲劳对皮质脊髓的影响、顶级运动表现的神经特征以及优化损伤（例如脑震荡）恢复[32]。

大部分有关运动的研究都涉及将TMS用于运动皮质的一个具体部位，以达到激发或者抑制运动神经元的目的。不同的运动皮质部位映射的是不同的身体部位，这意味着，专家可以通过利用TMS刺激控制某块肌肉的运动皮质部位，引起该肌肉的收缩。因此，TMS的效果可以通过测量以**运动诱发电位**（Motor Evoked Potential，MEP）为表现形式的肌肉响应来加以评估。MEP是目标骨骼肌收缩的生物电活动（以电波的形式）之和，这些骨骼肌收缩是应施加到运动皮质中相应区域（脊髓或周围神经）的单个TMS脉冲而出现的（见图27.3[21]）。

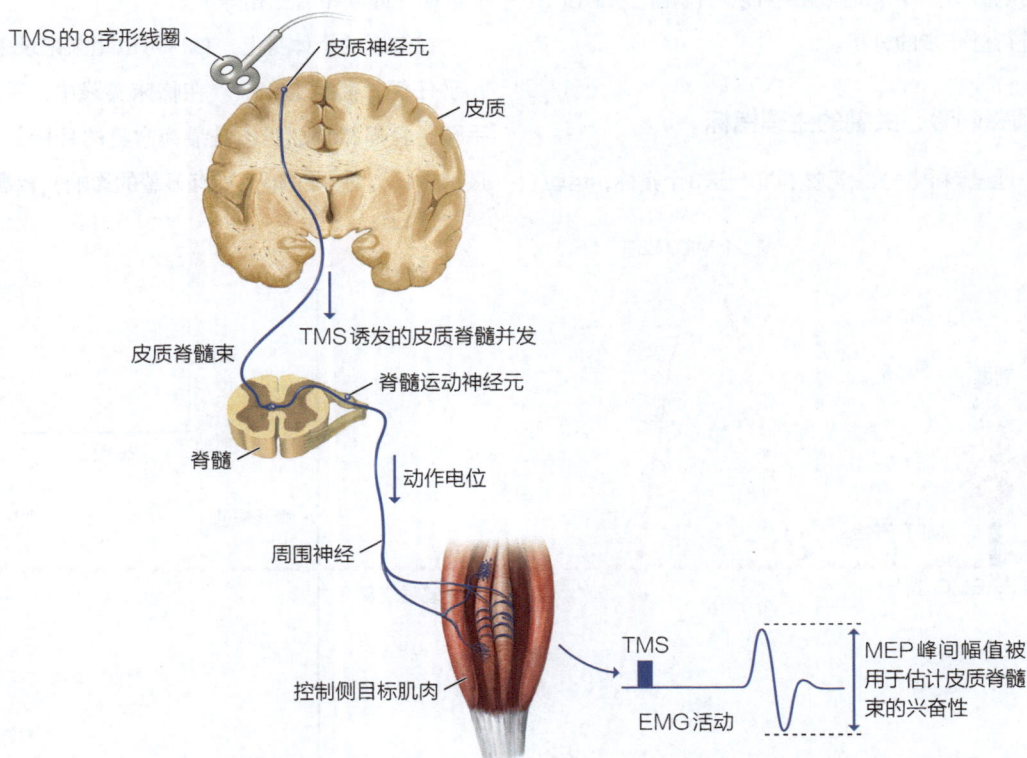

图27.3 TMS会对皮质脊髓束产生影响。应用在运动皮质上的TMS优先激活中间神经元，这些神经元分布在平行于大脑表面的平面中。这种排列方式会导致锥体细胞的跨突触激活，诱发脊髓运动神经元上的锥体轴突（也称皮质脊髓束）引起并发下降

经许可改编自：W. Klomjai, and A. Lackmy-Vallée（2015，pg.208-213）。

经颅磁刺激：测量的基本原理

TMS需要设备来产生电磁刺激，还需要设备来测量刺激的效果。用于TMS的磁刺激器包括高电流（5000安或者更高）脉冲发生器，它通过电线与磁刺激线圈连接在一起。线圈置于试验对象的头皮上方，即其潜在目标大脑区域的上方。然后，脉冲发生器驱动电流流过线圈，从而产生强度为几特斯拉的磁脉冲（特斯拉是度量电磁感应强度的单位）。磁场会消除下方神经组织的极性，从而激活神经系统中的神经元和神经网络。在运动研究中，这种激活可以通过产生的MEP加以测量。MEP可以被连接到表面肌电图（sEMG）的电极检测到并加以记录，sEMG会记录肌肉收缩产生的电活动。计算机监测仪可以可视化记录MEP，并进行进一步的分析。

经颅磁刺激：关键的生理指标

通过电导性、兴奋性和抑制这3个指标，运动

皮质的TMS被用来评估皮质脊髓束的功能。

电导性　皮质脊髓系统的电导性指的是运动皮质和脊髓之间动作电位的流通性。它通过应用TMS出现的MEP延迟、MEP幅值、MEP持续时间及目标肌肉的MEP形式，以及通过中枢运动传导时间加以评估（见图27.4）。

- MEP延迟是从应用TMS到目标肌肉中出现MEP经过的时间（由EMG进行记录，并且以毫秒为单位进行度量）。
- MEP幅值是MEP波距离平衡位置的最大位移。峰间幅值指的是MEP峰值和MEP谷值的间距值。
- MEP持续时间是MEP从开始（起点）到结束的时间。
- MEP形式反映了MEP不同的正相位和负相位特征（即双相、三相等）。

在健康的个体身上，TMS可以用来记录来自几乎任何骨骼肌的MEP。在临床实践中，手腕、手臂、胫部和脚部肌肉是最为常见的目标部位。磁刺激强度对MEP幅值具有显著的影响，较高的

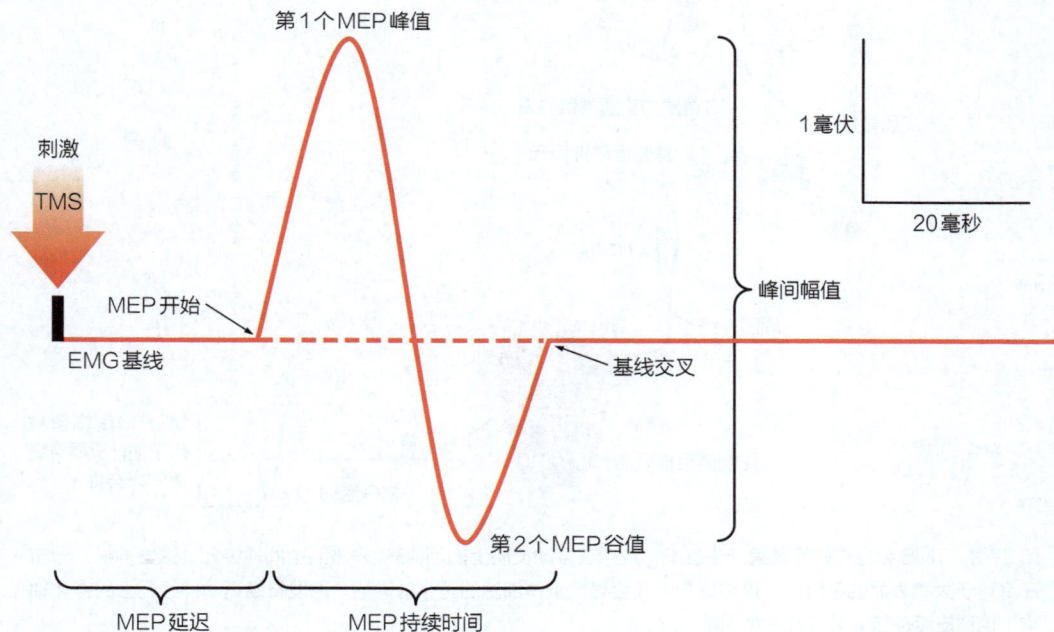

图27.4　MEP的关键生理特征

磁强度会激发出较大的MEP幅值。由于MEP会发生变化，专家的标准做法是记录5~6组MEP数据，并选择幅值最大和延迟最小的一组作为测量结果。正常情况下，该MEP幅值为2~5毫伏。

通常，MEP的大小反映了由磁刺激激活的皮质脊髓运动神经元的数量。下面的生理指标决定了目标肌肉产生的MEP的大小。

- 在脊髓中，因TMS而被调动的运动单位数。
- 因TMS而被激发不止一次的运动神经元数。
- 因TMS而被激发的运动神经元的同步性。

两个必须加以控制的因素是试验对象的姿势（站姿、坐姿或者卧姿）和身高，因为它们会影响MEP的大小[6]。

研究显示，相比于非运动员，运动员具有更短的MEP延迟和更大的MEP幅值，这与测量指标上的表现提升有关，例如反应时间[31]。中枢运动传导时间（Central Motor Conduction Time，CMCT）是中枢脉冲从运动皮质传递到脊髓根所需的时间。CMCT反映的是皮质脊髓束的连接性，更快的传导表明更强的连接性。测量CMCT尤为有用，因为它是一种稳定、可再现的参数，个体内波动对该参数没有显著的影响。为了获取CMCT，操作人员首先要实施针对所选目标肌肉的皮质和节段磁刺激（即先刺激大脑，然而再刺激脊髓的不同节段）。从该刺激中记录了多组MEP数据之后，操作人员选择延迟最小的皮质MEP和延迟最大的节段MEP。计算CMCT的方式是从皮质时间中减去节段延迟时间。正常情况下，手臂的CMCT范围是4.3~10.6毫秒，而腿部的CMCT为11~20.8毫秒。教练员和运动员可以利用CMCT上的变化作为训练有效性的指标。研究显示，相比于强度适中的连续训练，高强度间歇训练在强化CMCT方面更加有效[27]。

兴奋性 皮质脊髓束的兴奋性（意指激活它

所需的能量）可以通过测量大脑中的运动阈值来进行计算。

运动阈值（Motor Threshold，MT）指的是在10~20次测试中，有50%的次数在目标骨骼肌上产生最小幅值的MEP时，所需的运动皮质磁刺激最低强度。MT在临床上很重要，因为它可以用来为个体确定安全的TMS量。此外，记录在运动皮质中的MT也可以用来估计其他大脑区域的兴奋性。

测量运动阈值时，肌肉可以处于静息状态（静息MT），或者正在执行轻度的收缩（活动MT），用力强度大约为最大自主等长收缩（Maximal Voluntary Isometric Contraction，MVIC）的20%，MVIC指的是运动员可以产生的用于收缩肌肉的最大力量。为了计算静息MT，要将最小MEP幅值设置在50微伏以上，而为了测量活动运动阈值，所需的最小MEP幅值是100微伏。肌电图被用来测量骨骼肌肉的放松程度和激活程度。

测量MT的第1步是，在目标肌肉处于放松状态的时候，确定最佳的位置和磁线圈在头顶上方的方向。最佳的位置将会最好地针对运动皮质中控制目标肌肉的"热点"（刺激的最理想位置）。当操作人员可以用最小的刺激强度，可靠地产生一致的MEP时，他们便会知道自己已经精确地在运动皮质中确定了目标肌肉的"热点"。强度设置以刺激器最大输出的35%开始，按照增量的方式进行增加和减少，直到刺激强度达到在20次诱发MEP的尝试中，不到10次的MEP得以记录的水平。此时，MT的计算方式为当前的磁强度加1%。根据TMS技术特征，MT为40%~80%，而腿部肌肉的MT始终高于手臂肌肉。这是由运动皮质的解剖和功能特点导致的：皮质中的手臂运动表征要大于腿部运动的表征。研究显示，按静息运动阈值的下限（Resting Motor Threshold，rMT）计算时，与非运动员相比，运动员表现出了较强的皮质兴奋性。这种兴奋性的增强与由较短反应时间加以量化的更佳表现相关[31]。通过MT进行皮质兴奋性的评估对于理解运动员的损伤恢复也有用处。例如，接受了前交叉韧带重塑手术的运动员在手术2周后表现出了较高的rMT[46]。

抑制　CNS中的抑制机制通过测量一种称作肌肉收缩静息期的现象来加以评价。在由随意肌收缩产生的EMG活动出现初始激增之后，有一个短暂的静息期，在此期间，尽管收缩在持续，但是记录不到生物电活动。当EMG活动重新开始时，该阶段就会结束。人们认为静息期的第1个部分反映的是脊髓中的抑制机制，而静息期的第2部分反映的是大脑的抑制。

TMS可以用来产生该静息期。静息期的持续时间随着磁诱导强度的提高而延长。在利用TMS刺激运动皮质之后，我们会观察到皮质静息期（Cortical Silent Period，CSP），而在刺激周围神经之后会观察到周围静息期（Peripheral Silent Period，PSP）。通常，CSP的测量从TMS产生MEP的末端开始，到EMG上绝对生物电静默的末端结束，这被称为等值线，或者返回到恒定不变的EMG基线为止。人们认为较短的静息期代表较少的抑制，而较长的静息期代表更多的抑制。这使得皮质静息期可以作为一个用以度量损伤和运动之后的皮质性抑制的重要指标。例如，研究显示，肌肉疲劳会让静息期增加30%[29, 43]。此外，TMS研究已经证明，遭受脑震荡后即刻和长达30年之后，脑震荡的运动员表现出了较长的CSP——表明皮质性抑制的增强[14]。通过TMS诱发的CSP测得的抑制与采用EEG得到的潜在脑电波模式有关。具体而言，CSP的持续时间与大脑中α振荡的相对功率有关。鉴于α波通常与兴奋性的减弱和抑制的增强有关，这为CSP背后的抑制机制提供了进一步的支持[17]。

经颅磁刺激参数

TMS方案和神经调节效果会因下列技术特征而异。

经颅磁刺激脉冲特征　人们采用不同的TMS模式开展TMS——单一刺激（单一TMS）、成对刺激（成对TMS）或者一系列脉冲[反复经颅磁刺激（Repetitive TMS，rTMS）]。单一TMS和成对TMS主要用于理解皮质脊髓的功能。rTMS可以调节皮质兴奋性，所以它可以用于治疗，包括疼痛、运动系统疾病、中风、多发性硬化症、癫痫、抑郁和精神分裂症的治疗。高频rTMS可以增强受刺激区域的兴奋性，而低频rTMS可以抑制它[22]。

TMS脉冲还会在时间跨度（0.1~1.0毫秒）、频率（低频TMS<1赫兹，而高频TMS>100赫兹）和数量（500或更多）上有所变化[36]。脉冲通过不同类型的波形（见图27.5）进行传送，波形的变化取决于每个脉冲中的正弦整波数。单相波形（在每个脉冲中只包含一个正弦波峰）在针对预期的区域方面精度很高，并且很安静，而且几乎不产生热量，但是难以用来记录皮质性响应。相比之下，双相（每个脉冲中包含一个完整的正弦波——两相）和多相（每个脉冲中包含多个完整的正弦波）波形更加适合皮质刺激，但是不太精确且声音较大，还会产生较多的热量。

经颅磁刺激线圈　不同的TMS线圈结构会产生不同的磁场特征，从而可以用于不同的目的。磁场强度的大小范围通常为1.0~2.5特斯拉，但是可以高达4特斯拉。如今有70多种不同结构的TMS线圈可供使用，两种最常用的结构如图27.6所示。

- 单线圈（即圆形）是原始类型的TMS线圈。这种线圈非常流行，并且广泛用于刺激运动皮质

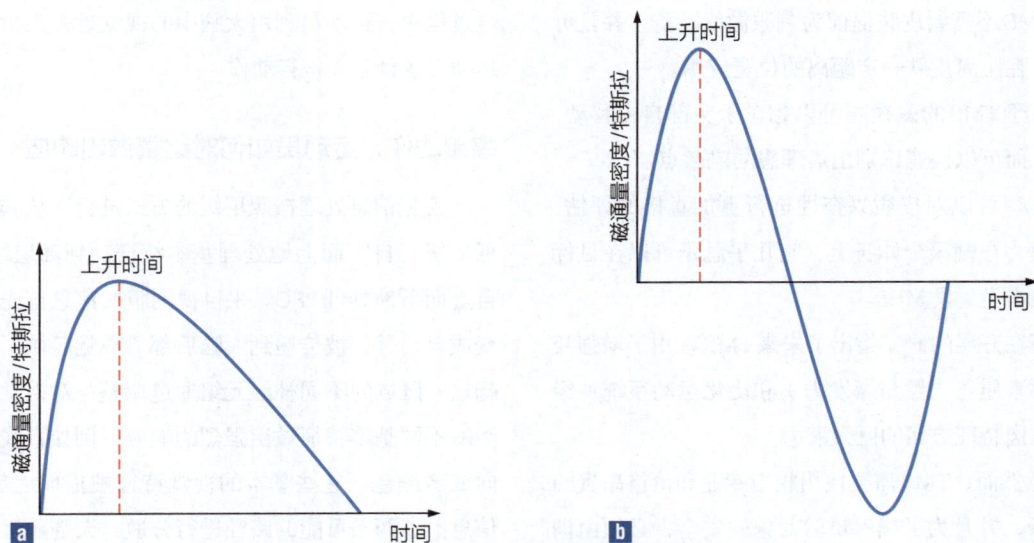

图27.5 磁波形参数: a. 单相波形, b. 双相波形

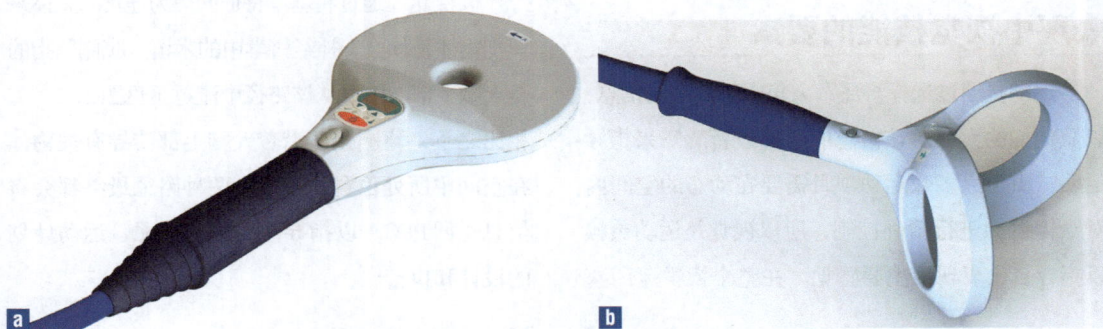

图27.6 TMS线圈: a. 单线圈, b. 双线圈

和脊髓。这种线圈的局限在于缺乏对激活结构的聚焦性。随着线圈直径的减小,激活精度会提高,但是磁强度往往会降低,原因是线圈将变得过热。

- **双线圈**(即蝴蝶形或8字形线圈)由并排放置的两个线圈组成。最大磁强度位于该线圈的中间,两个线圈在这里相交。该线圈通常用于大脑映射,因为它可以精确地确定激活区域,并且提供比单线圈更深层的大脑刺激。

采用经颅磁刺激的益处

相比于其他无创神经刺激类型,将TMS用于诊断、恢复和训练科学研究具有许多益处,具体如下。

- 磁场可以自由、无变化地穿过解剖结构。这使它可以激活位于远端、相当深处或者紧紧包裹在骨骼或肌肉中的神经组织。
- TMS不会带来疼痛或者不适,与无创电刺激的情况一样。

- TMS不需要皮肤提前为刺激做好准备，并且可以在距离皮肤一定距离的位置应用。
- 用于TMS的磁线圈可以相对于头部自由移动，从而可以快速识别出最理想的刺激点。
- TMS可以对皮质兴奋性进行更加直接的评估，因为在健康个体身上，它几乎总是可以在目标肌肉上诱发MEP。
- 正在开展的研究指出了未来TMS在用于增强身体素质（力量与爆发力）和优化运动系统神经肌肉特征方面的巨大潜力。

然而，TMS需要使用相当专业和价格昂贵的设备，并且为了确保试验对象的安全，必须由训练有素的专业人士进行监督。

表现中视觉技能的要素

运动员通过选择将注意力集中于其上的信息，以及他们的大脑对该信息的解读或者感知来指导运动。由于大多数运动项目需要在动态的空间内对身体运动进行精确控制，所以视觉是运动员赖以指导自己表现的主要感觉。在整个视觉运动整合过程中，运动员利用大脑中的视觉过程来指导运动系统计划和执行动作。

感知动作：运动员如何对比赛做出响应

视觉信息处理按照层级的方式进行，从非常低层级、自下而上地处理基本特征，到高层级、自上而下地处理PFC。来自视网膜的信息首先转变成电信号，被传送到大脑后部的视觉区域。大脑这一区域的不同神经元组通过调整，对视觉刺激的不同基本特征做出强烈的响应，例如直线方向或者颜色。这些基本的视觉特征被提取之后，信息沿着两条可能的路径进行分散，大脑随之开展更加复杂的特征分析。

腹侧路径通过将基本特征归类为连贯的整体来识别物体是什么。神经科学中的术语"腹侧"指的是大脑下部，信息从该路径中流过（见图27.7[30]）。相比之下，背侧路径沿着大脑上部传导有关物体在空间中所处位置的信息。两种路径最终都会将信息送回PFC，以指导注意力的分配、运动计划的设计和执行[30]。

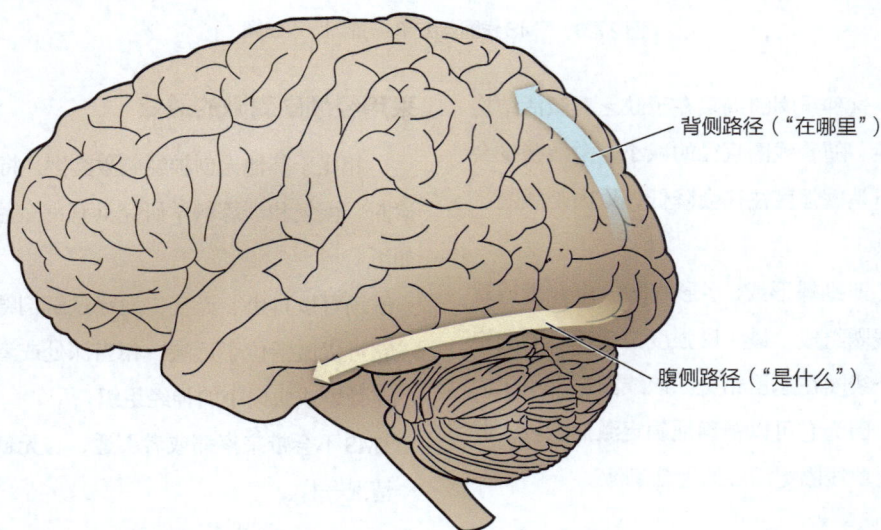

背侧路径（"在哪里"）

腹侧路径（"是什么"）

图27.7 大脑中的腹侧路径和背侧路径

经许可转载自：M.T. Miller and W.C. Clapp（2011, pg.131-139）。

感知动作：运动员如何预判比赛中将要发生的事情

通过多年的练习，顶级运动员大脑中将**感知目标**（具体的物体和位置）与适合他们项目的动作联系起来的路径会增强。对于一个给定的运动项目来说，这些感知–动作联系通常以相同的时间序列出现，这一事实可以让运动员调节自己的大脑活动，预判接下来将要发生的事情。通过将针对预期特征而调整的神经元基线活动增加高达40%，PFC甚至可以在感知目标出现之前就发出这些注意力预期信号。此外，视觉目标预判的标志是 α 节律的改变（具体而言是去同步化）。简而言之，通过按照接下来在比赛序列中最有可能出现的动作来分配自己的视觉注意力，顶级运动员的大脑会让他们为预期动作做好准备。这种视觉注意力预期的微调在顶级网球运动员的比赛中尤为明显。通过观察对手挥拍的速度、角度和方向，像塞雷娜·威廉斯（Serena Williams）这样的顶级网球运动员能够预估出对手最有可能将球打在球场上的位置。威廉斯将立即根据该信息采取行动——甚至在对手还未完成挥拍动作之前，就开始朝着预估的位置移动。当对手完成挥杆时，接着在追踪球在空中飞行轨迹的过程中，威廉斯就能够更新她的预估。

动作和感知的协调

运动员通俗地将视觉运动整合称作协调性（即手–眼协调）。克里斯蒂亚诺·罗纳尔多（Cristiano Ronaldo）在欧洲冠军联赛1/4决赛上，皇家马德里队对阵尤文图斯队的比赛中，上演了倒钩进球，该进球是顶级运动员利用视觉运动整合来根据比赛的视觉线索协调身体运动的绝佳示例。该进球由罗纳尔多的队友发起。该队友沿着场边向前场运球，并将球从空中横传到球场中间，而罗纳尔多此时正背对球门，站在这里等待。对正在移动的球和运动的识别，需要罗纳尔多大脑中有关“是什么”的腹侧路径来将基本特征处理成连贯的整体。当球从空中飞向罗纳尔多时，他大脑中有关“在哪里”的背侧路径参与进来，以追踪球在空中的位置。最终，根据球的位置以及他以往的经验，在恰到好处的时刻，罗纳尔多将神经驱动发送给肌肉，以驱动他的身体形成向后翻转的姿势。这种翻转姿势导致他的右脚与球接触在一起，从而让球飞入球门的右上角。主场球队的球迷极少会为客队的进球鼓掌，然而，在该壮举中表现出来的极度轻松的视觉运动整合引发了两队球迷的喝彩。

视觉注意力追踪是体育专业技能的一项指标

通过利用视线追踪工具来监测被测者所看的地方，神经科学家就能够比较初学者和专家引导自己视觉注意力的方式。当运动员查看一个场景时，他们的双眼会像射灯一样快速围绕它移动，期间会短暂地停留几次，以专注于或者**注视**他们确定为重要的点。研究显示，运动发起前，运动员注视的时机、持续时间和稳定度是各类不同体育项目中专业级表现的一个特征。

静眼期指的是，在发起一项运动前，运动员在最后一个注视点上的持续时间。例如，静眼期正好出现在运动员击打棒球之前，注视球的时候。研究显示，相比于初级运动员，这个最后的注视时期在顶级运动员身上出现得较早，并且持续时间大约要长60%[26, 39]。静眼期较早的出现和较长的持续时间让顶级运动员有更多的时间组织自己的神经回路，以获得更佳的表现。鉴于顶级运动员面临着快速的比赛节奏和高度的信息要求，这一点至关重要[38]。例如，罗杰·费德勒（Roger Federer）发球的平均速度为130英里/时。为了能够成功地将这种速度的发球击回去，运动员必须准备好在1/3秒的时间内做出行动。

研究显示，静眼停留（指从静眼期到正要发起运动之前，运动员目光的跟进）的稳定度能够预测对手的专长。这表明，专业级运动员已经针对专注和持续视觉注意力，最优化了自己的中枢神经网络[39]。运动员可以利用眼球追踪和视觉反馈来训练自己的静眼能力。

动作想象和表现

生理视觉技能并不是能够增强运动表现的唯一视觉技能。动作想象训练（Motor Imagery Training，MIT）指的是，实际上没有运动，而是想象执行一项运动的心理过程。MIT涉及的诸多视觉和运动大脑区域与运动员用身体执行一项技巧时激活的大脑区域相同。这意味着，随着时间的推移，MIT可以引发大脑结构和功能的可塑性变化，从而提高学习和掌握动作技能的速度[38]。然而，人们认为MIT不如身体训练有效，因为它不会根据来自肌肉和感官的反馈进行调节。例如，研究显示，只进行MIT可以让等长收缩力量提高22%，相比之下，身体力量训练可以让其提高30%[23]。此外，MIT无法取代身体训练：心理练习可以激活和强化某项技能的神经表征，而身体训练对于建立该表征来说是必不可少的[25]。

21世纪第2个10年期间的研究显示，运动员应当将MIT用于复杂的技能训练，因为功效会随着任务难度的提高而增强。此外，运动员应当将MIT限制在60次重复想象以内，因为研究显示，超过这一次数，精度会降低。或者，为了防止精度降低，运动员可以交叉进行MIT和身体训练。研究显示，对于困难的任务来说，包含50%~75%的MIT和25%~50%的身体训练的训练课实现了最大限度的技能提升。

放松和再生

运动员都知道，为了让肌肉用更强壮的组织进行自我修复，高强度运动后的休息至关重要。然而，为了让大脑能够继续以适应的方式驱动肌肉持续进行高水平的表现，放松和再生一样很重要。压力和疲劳会长期或短期地损害大脑功能，从而导致过度训练和身心疲惫[8]。通过合适的放松和恢复，压力和疲劳的这些负面效应都是可以避免和逆转的[28]。

应激以及大脑结构与功能的损害

当运动员面临的生理或心理需求会扰乱他们维持体内稳定状态的能力时，他们就会体会到应激。身体对应激的响应由体内所谓的下丘脑－脑垂体－肾上腺轴（Hypothalamic-pituitary-adrenal Axis，HPA）来完成。顾名思义，这条轴涉及两个大脑区域——下丘脑和脑垂体，以及身体的肾上腺之间的反馈循环。激活这条轴会导致应激激素的产生，加快HR、呼吸和体内燃料的分解。

应激水平低时，这些改变实际上可以提升认知表现。然而，持续或长期的高应激水平会通过一种被称作应激引起的神经可塑性的现象，导致大脑结构产生负面变化。应激引起的可塑性尤其会影响PFC，从而降低神经元激活，并损害连接性[28]。

疲劳和大脑功能

每个人都知道，疲劳（运动能力的减弱）是持续高水平表现的死敌。虽然大部分运动员都熟悉肌肉的外周性疲劳，但是很少有人知道阻碍大脑在表现中发挥其作用的其他两类疲劳。

中枢性疲劳指的是用于神经驱动的大脑机制疲劳引起的表现降低。与外周性疲劳类似，中枢

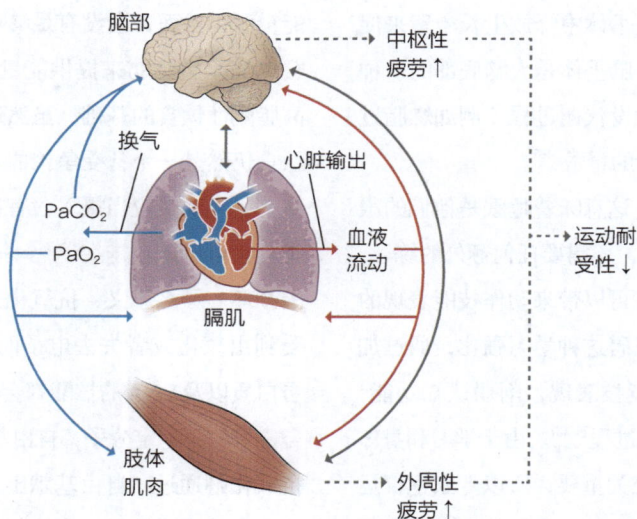

图27.8　中枢性和外周性疲劳

改编自：M.F. Oliveira et al.（2015，pg.514）。

性疲劳是由身体在功能上不再处于最理想状态的反馈引起的，例如氧气水平降低和能量耗尽（见图27.8[33]）。这种反馈会导致**抑制性的**"停止"信号被发送到运动皮质，这会减弱神经驱动，从而让身体返回内稳定状态。中枢性疲劳可以根据MVIC的减弱加以识别。根据运动强度、持续时间和类型，大脑从中枢性疲劳中恢复可能需要30秒~30分钟[7]。

除了中枢性和外周性疲劳会导致运动表现下降之外，由认知控制过程疲劳引起的**脑力疲劳**也会妨碍表现。在神经层面上，脑力疲劳的个体在PFC中会表现出 β 波功率的增加（表明持续的注意力）和 θ 波功率的增加（表明自上而下的控制能力减弱）。此外，脑力疲劳还与PFC和其他大脑区域之间的通信减弱有关[5, 24]。

减轻、防止应激和疲劳的放松、再生工具

如今的运动员有大量可以利用的工具，帮助他们从应激和疲劳中恢复，并且保护他们免受应激和疲劳，这样他们便能表现出自己的最佳状态。然而，足够的睡眠和合适的营养按理来说仍然是运动员工具箱中最为重要的表现工具。

睡眠

虽然睡眠期间身体可能会"离线"，但是大脑十分活跃，它在重新组织自己的回路，并指导身体的修复和强化。**快速眼动**（Rapid Eye Movement，REM）睡眠是对动作技能和视觉学习进行**记忆强化**的一段时间，通过记忆强化，记忆得以巩固，并被整合到了长期记忆之中。在运动员清醒时执行一项动作任务期间观察到的相同的大脑活动模式在睡眠期间会被重新激活，这表明这项任务的记忆被重放。在这段时间内，随着记忆被强化来反映学习情况，大脑活动模式会发生变化。有些研究人员将这些出现在大脑中的功能和结构变化称作**依赖于睡眠的可塑性**[41]。

虽然REM睡眠对于大脑的重组尤为重要，但是**非快速眼动**（Nonrapid Eye Movement，NREM）睡眠对于身体恢复活动来说是一段至关重要的时

间。此时大脑通过从脑垂体中释放生长激素来促进肌肉的生长和修复，脑垂体是大脑底部的一种豆状结构。大脑还会触发代谢过程（例如燃脂过程）中涉及的其他激素的释放[13]。

对于运动员来说，这意味着睡眠是他们的艰苦工作获得收益的时刻。不需要任何额外的练习，练习之后的几晚好觉就可以带来动作技能表现的提升。相反，失眠会阻碍这种学习强化，通过加速疲劳的出现，损害竞技表现，削弱认知功能，并且扰乱注意力和记忆过程[4, 13]。由于学习和身体复原对于运动员来说至关重要，所以专家建议运动员得到的睡眠应当多于普通人。然而，研究表明，几乎有1/3~1/2的精英运动员称自己睡眠质量不佳[44]。运动员可以利用对睡眠–清醒周期影响因素的理解，或者生物节律来改善自己的睡眠质量。

光线是生物节律最为重要的环境决定因素之一。眼睛对光线的检测会向大脑发出应当处于清醒状态的信号。当眼睛探测到较弱的光线时，大脑中称作松果体的区域会释放褪黑激素，这是一种促使人们产生睡意的重要激素。由于蓝光会抑制褪黑激素的生成，所以运动员在睡觉前应当避免接触来自电子设备的蓝光，并且力争让自己的房间变得尽可能黑暗。体温也会随着生理节奏发生变化。当人们睡着时，他们的下丘脑会让体温降低高达2摄氏度。为了促进体温的这种降低，运动员应当睡在温度为16~21摄氏度的房间内，并且在睡觉前应当限制运动，因为这会让体温升高。

营养

合适的营养（第24章的主题）对运动员大脑的重要程度与对身体的重要程度一样。饮食会影响重要的大脑过程，包括神经元之间的通信、神经递质的生成以及突触可塑性[17]。如果具有足够的糖原，大脑会优先使用碳水化合物作为主要的能量源；然而，当没有足够可用的糖原时，大脑会燃烧酮类脂肪来提供能量。这是流行的低碳、高脂酮性饮食的基础。虽然适用于运动员的最佳饮食仍然是一个备受争论的主题，但是专家一致认为，运动员应当摄入含有抗氧化剂的食物，这类食物可以防止神经退化——神经元结构或功能的损坏。顾名思义，抗氧化剂会防止体内的分子受到由氧化或者失去电子而导致的损坏。脂类、蛋白质以及DNA的核酸都会失去电子变成一种叫自由基的不稳定分子，自由基具有不成对的电子。抗氧化剂通过向自由基献出自身的一个电子，防止自由基窃取电子。当抗氧化剂不足以缓冲自由基时，人体会出现一种叫氧化应力的情况，这种情况会减弱大脑的可塑性[23]。由于高强度的运动会增加生成的自由基，所以运动员需要摄入额外的富含抗氧化剂的食物来防止氧化应力[45]。

运动员准备度评估

降低运动员表现能力的因素（即应激和疲劳）与有助于恢复运动员表现能力的因素（例如睡眠和营养）之间的平衡决定了运动员的功能状态。功能状态是一种高度敏感和精确的生理指标，它客观地描述了运动员的身体对包括训练负荷在内各种应激源做出的独特的短期和长期适应。每位教练员的目标应当是，通过评估运动员的准备状态，改善运动员对功能状态的管理。

准备度是运动员目前的功能状态，它决定了运动员后续的表现。最优的准备状态表明，运动员已经完全适应了环境需求，从而可以发挥自己的全部表现潜力。相反，次优的准备状态会阻止运动员发挥自己的全部潜力。评估运动员功能状态的传统方法之所以未获成功，是因为它们没有考虑具体的身体系统，而这些系统会产生形成目前功能状态的适应过程。度量身体各个系统的准备度可以解决这个问题。生物反馈工具可以用来帮助运动员理解自己的身体系统是如何反映自己的表现的。

例如，身体心脏系统的准备度可以通过心率变异性（Heart Rate Variability，HRV）加以评估，HRV是运动员两次心跳间隔时间的变异程度（参见第14章）。HRV反映了心脏系统中再生过程的质量。过高或者过低的HRV表明心脏系统未在最佳范围内工作，从而反映出在对训练负荷适应期间的一种高张状态以及不完整的恢复过程。虽然最佳范围内的波动是可以接受的，但是最佳范围内的较高数值表示一种更加有效的恢复过程。

小结

传统上，运动员专注于训练自己的肌肉、肺脏和心血管系统，然而这种针对竞技表现的传统做法忽略了控制身体每项动作的一个身体部分——大脑。由前额叶皮质和运动皮质控制的大脑过程会驱动肌肉适应性地控制动作的爆发力、精度和持续时间，以实现最佳的表现。由于大脑具有可塑性，运动员通过训练可以强化潜在的神经路径，据此来让这些过程做好准备。因此，人们通过神经回路上由训练引发的结构和功能变化，包括灰质数量的增加、更好的运动传导性以及增强视觉注意力自上而下调节，可以识别出专业级运动员。诸如EEG、神经反馈和TMS的认知训练工具可以用来最优化训练计划，其依据是对大脑中出现的活动的理解。为了让运动员充分利用这些训练工具，他们需要确保为自己的大脑提供所需的能量和休息，以进行恢复和从表现需求中吸取教训。未来几年这些基于大脑的工具的不断改进，在帮助运动员突破顶级水平的运动项目中形成的无形限制方面，具有巨大的潜力。

推荐读物

Asprey, D. *Game Changers: What Leaders, Innovators, and Mavericks Do to Win at Life.* New York: HarperCollins, 2018.

Hovey, C, and Jalinous, R. *The Guide to Magnetic Stimulation.* Wales: The Magstim Company Ltd, 2006.

Wang, XJ. Neurophysiological and computational principles of cortical rhythms in cognition. *Physiol Rev* 90: 1195–1268, 2010.

Wassermann, E, Epstein, C, and Ziemann, U. *The Oxford Handbook of Transcranial Stimulation.* Oxford, England: Oxford Library of Psychology, 2008.

第28章

动作技能表现

加布里埃莱·伍尔夫（Gabriele Wulf），博士

熟练的动作技能表现对于许多日常活动来说至关重要，但是在竞技体育中的重要性可能要胜过任何其他领域，因为最佳表现通常是竞技体育的目标。技能的特征是在实现预期运动结果方面的精确性和连贯性，达到流畅和经济的运动目标，这种运动需要极少的身体和心理努力。科学训练师、教练员或体能训练师的作用是设计任务和练习的日程安排，提供指导，并为运动员提供反馈，目的是促进其学习有效、高效运动的模式，并最终最优化表现。理解各种因素如何影响学习和表现对于制订有效的训练方法来说至关重要。

影响学习和动作技能表现的关键因素

总的来说，人们对练习环境和指导方法如何影响学习过程和动作技能表现的认知已经有了长足的发展。具体而言，人们认为这些因素对于最佳的动作技能学习和表现来说很关键。这些因素是动作技能学习理论的核心，可通过学习的内部动机和注意力来最优化表现（Optimizing Performance Through Intrinsic Motivation and Attention for Learning，OPTIMAL）（见图28.1[60]）。两个关键变量是动机性的，即增强表现预期和自主性支持，另一个与执行者的注意力有关，即注意力的外部聚焦（见图28.1）。每种因素的重要性由大量的系列研究加以支持。学习会反映出个人由于练习在执行一项动作技能的能力上出现的相对长期的变化，表现指的是任何给定时刻上看到或者测得的内容[42]。学习研究通常采用的是参与者之间的设计，包括两组及以上的参与者。他们在不同的环境下（例如不同的反馈或指导类型、任务顺序或挑战水平）进行练习，并且学习效果通过延迟（24小时及以上）保留，或者所有组都在相同的环境下执行技能的转换测试加以测量。通过学习研究产生的知识可以帮助训练实践人员为技能的长期变化设计有效的实践环境。而有关动作技能表现的研究采用的是参与者内部的设计，在这种设计中，所有受试者通常以平衡设计的方式参加了所有条件的实验。这里研究者感兴趣的是，某些因素是如何对表现产生即时影响的。对于（例如在比赛情况下）增强动作表现来说，这类研究通常具有实际意义。本章将根据表现和学习研究，综述与每个因素有关的研究成果，但是重点考虑与应用科学训练师相关的成果。本章还将举例说明科学训练师和教练员可以如何将这3个因素包含在针对自己运动员的工作中。

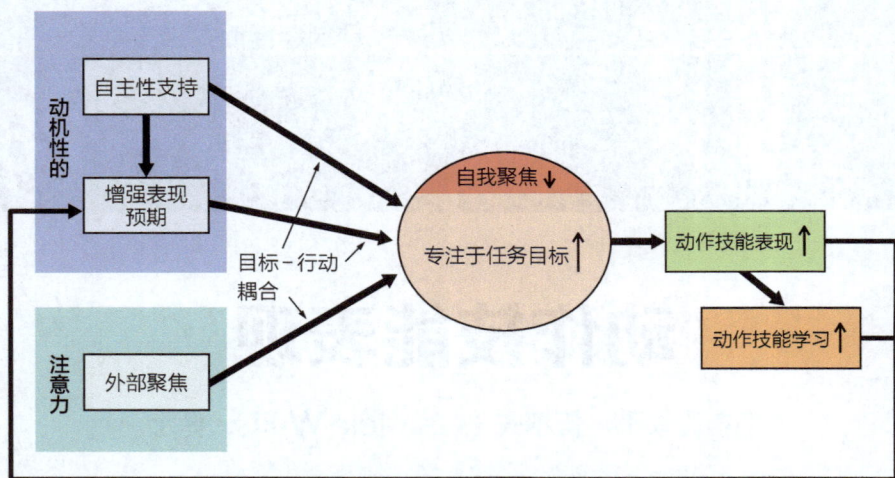

图28.1 OPTIMAL理论简图

经许可转载自G. Wulf and R. Lewthwaite（2016，pg.1391）。

增强表现预期

对个人出色发挥的能力充满自信，或者对未来表现拥有积极的预期，对于最佳的动作技能表现来说至关重要。让运动员们产生高度的自信，或者增强他们的预期，对于表现上的有效长期变化（即学习）和较高水平的持续表现来说也很重要。试验中，表现预期通过不同的方法得到了强化。在一些研究中，在具有相对较小误差与具有相对较大误差的尝试中，试验人员向不同的试验组提供了反馈[3, 5, 41]。直觉上，在不太成功的尝试之后，我们可能期待提供的反馈更加有效。然而，在一些研究中，据发现，为更加精确的尝试提供反馈会促进技能的学习。突出良好表现的反馈会增强执行者的自我效能，相比于糟糕表现后的反馈，能促成更加有效的学习。

研究显示，其他类型的积极反馈也有效果。这些包括涉及有利社会比较的反馈。当向参与者提供表明他们的表现在平均水平以上的（虚假）反馈时（不过因其具有欺骗性，不推荐将这样的反馈直接用于实际），研究显示出了有趣的效应。相比

于接收到中性或者负面社会比较反馈的参与者，这些参与者在需要平衡、精度、持续最大发力或耐力的任务上，展示出了更优的表现和任务学习[2, 11, 18]。在这样的一项研究中，研究人员采用了一种手握式测力计，结果发现，相比于负面反馈和对照情况，积极规范化的反馈导致参与者产生了更大的最大发力、自我效能的增强以及较低的主观疲劳度[11]。在另一项研究中，有利的反馈提高了经验丰富的跑者的跑步效率（即摄氧量降低）[46]。斯托特（Stoate）、伍尔夫和卢思韦特（Lewthwaite）要求经验丰富的跑者在跑步机上跑步，跑步机的速度按照他们最大摄氧量的75%进行设定[46]。研究人员向一组参与者提供了表明他们比其他人表现得更加有效的反馈（例如，"你看起来非常轻松。你是一名非常高效的跑者。"）。该组在跑步期间，摄氧量出现了显著的下降，而对照组的摄氧量保持不变。而且，给予积极反馈的参与者还报告了自己能跑得更加轻松并且有更多的积极情绪。研究显示，当跑者的预期增强时，甚至其最大有氧能力也会增强[28]。上述研究中的参与者都是富有经验的跑者，他们在2周内完成了2次最

大摄氧量（$\dot{V}O_{2max}$）测试。在第2次测试前，试验人员对一组参与者做了随意的反馈，从而让他们知道自己第1次测试时有氧能力高于试验组平均水平。向跑者提供这种积极的反馈导致，相对于他们的第1次测试，其$\dot{V}O_{2max}$出现了显著的增加（+3.28%）。另一组（对照组）在$\dot{V}O_{2max}$上表现出降低，大概是因为参与者不愿意在相对较短的时间内再次跑到筋疲力尽。因此，尽管$\dot{V}O_{2max}$通常被认为是一种客观、可靠的体能指标，但是研究成果显示，由于个体的自我效能预期产生了变化，最大有氧能力也会随之发生变化。

其他研究也显示，简单的语句足以促进表现和学习。信息表明，同龄人通常在给定任务上表现出色，或者关于学习者表现或提高方面的鼓励性语句，可以促成比没有这类信息更加有效的学习。增加执行者对成功的感知也可以通过其他方式实现。例如，设定据称会表明良好表现，但相对易于实现的标准，将会提高学习者的预期——这会对表现和学习产生有利影响[31, 47, 67]。在一项研究中，参与者执行高尔夫球推杆任务，期间目标被两个同心圆圈包围[31]。一组被告知，将球推进大圈将被算作是好球；而另一组被告知，球最终进入小圈将被认为是好球。虽然人们可能预期较小的圆圈会导致更高的专注度和学习效率的提高，但是在练习期间，大圈组实际上要比另一组（小圈组）推得更加精准。重要的是，在将圆圈移除的延迟保留和转换测试中，这些组间差异仍然保留了下来。因此，让学习者在练习期间感受到成功将促成更加有效的学习[47]。

一项针对欧洲职业高尔夫球协会巡回赛上的职业高尔夫球运动员的研究，强调了表现预期的重要性[40]。研究人员探究了勉强过了或者未过上一场锦标赛晋级线的高尔夫球运动员在1周后的后续锦标赛上的表现。未受到先前存在的技能差异（平均成绩）的影响，那些因晋级而信心激增的高尔夫球运动员的表现要胜过那些未能在下一场锦标赛中晋级的高尔夫球运动员。

自主性支持

执行者的自主性是另一个对于最佳表现和学习来说似乎必不可少的变量。例如，向执行者提供选择，让他们拥有自主性的环境有利于优化动作技能表现和学习。例如，研究显示，让学习者选择何时接收有关他们表现的反馈[15]，让他们决定何时使用辅助设备[4]，或者让他们选择练习量[38]可以增强学习。

由学习者控制的做法的动机基础最早是由卢思韦特和伍尔夫提出的。有趣的是，据发现，与这种观点一致的是，即便是微小和似乎无意义的选择也会促进学习和表现的优化。例如，在一项研究中[51]，受试者被要求执行3种不同的平衡运动。在一组中，受试者能够选择他们执行这些任务的顺序。在对照组中，顺序已经为受试者选好了。实际上，根据选择组中指定的对应受试者所选的顺序，每个受试者的顺序都是确定的，只是瞒着他们而已。在整个练习阶段，相比于对照组，选择组在所有的任务上都显示出了更好的平衡表现。更为重要的是，任务顺序固定的延迟保留和转换测试表明，这种微小的选择可以增强学习。另一项研究采用了不同的练习（弓步、开合跳、熊爬以及药球抛掷），但是试验设计类似，受试者也能够选择运动的顺序（选择组）或者不能够选择运动的顺序（对照组）[58]。在执行任务之前，所有的受试者都被问到，对于每项运动，他们想完成多少组和多少个重复数。平均来看，选择组中的受试者选择执行的组数（3.0）和重复数（13.2）要明显高于对照组的受试者（2.3组，10.8个重复数）。据其他研究发现，由自主性支持的环境还与对活动的持续专注度有关[64]。因此，为学习者提供选择的附加好处是，这可以增强他们进行练习的积极性——这可能对学习带来附加的间接好处。

研究显示，微不足道的选择，例如所用物体或器材的颜色，也会导致更加有效的动作技能学习。这涉及一项研究[17]，其中的一组学习者能够在推杆任务中选择高尔夫球的颜色。具体而言，在选择组中，学习者在练习阶段有6次选择球色（白色、橙色或黄色）的机会。在对照组中，试验人员向学习者提供的球色与选择组中指定的对应学习者所用的球色相同。在1天后对推杆精度进行延迟保留和转换测试，并且测试时只使用白球，选择组展现出了更好的学习效果。

为了了解"一个人对选择所做响应的下限"，卢思韦特及其同事开展了另一项试验，他们向选择组学习者提供了与将要学习的任务（即平衡任务）完全无关的选择[17]。试验人员向学习者提供了一个与之后将要练习的任务无关的选择，并就两幅画中的哪一幅应当挂在试验室墙壁上，询问了学习者的意见。对照组仅仅被告知第2项任务和要挂的画，相对于对照组，选择组展现出了更好的平衡任务学习效果。这些研究成果表明，为学习者提供选择（即便对于任务来说是次要的选择）确实能够促进动作技能的学习。

此外，据发现，指导语言的类型对动作学习也有影响。在执行一项新动作任务（一种板球投球动作）时，霍伊曼（Hooyman）及其同事[10]改变了为学习者提供指导的方式。相比于几乎不为如何执行技能提供意见的指导（控制性语言），为学习者给予有选择感的指导（由自主性支持的语言）会产生更好的学习效果。在没有进一步指导的延迟保留和转换测试中，相比于控制性语言组，由自主性支持的语言组在打击目标时表现出了更

高的精度。

研究显示，为个体提供选择还会为最大发力和运动效率带来好处。例如，在一项由霍尔珀林（Halperin）及其同事[9]开展的研究中，参加国家或地区和国际水平比赛的踢拳运动员开展了为期几天的标准出拳表现测试。每项测试都包括按照具体顺序完成的全力出拳动作：前手直拳、后手直拳、前手勾拳和后手勾拳。这种标准的方案作为对照情况。每个运动员每天还会在选择情况下执行一项额外的测试，即运动员完成相同次数和类型的出拳动作，但是能够选择这些动作的顺序。选择情况（A）和对照情况（B）以互相平衡的顺序完成，持续6天（AB-BA-AB-BA-AB-BA）。相比于指定动作顺序，让踢拳运动员选择动作顺序通常会导致更快的出拳速度和更强的冲击力。即便是在任务上拥有大量经验的高技能运动员，一个相对较小的选择也会让他们出拳更快、更有力。在一项针对非运动员的后续研究中，岩规（Iwatsuki）及其同事[12]要求受试者挤压手持式测力计，并开展了几次反复的全力试验。当受试者能够选择右手和左手的顺序时，他们能够维持最大力量。相比之下，控制组受试者的力量减弱了（每位受试者都与选择组中指定的对应受试者使用相同的用手顺序）。因此，自主感的增强似乎有助于维持最大力量。

最大力量的发出需要最佳的运动单元调动以及避免肌肉不必要的协同收缩。由霍尔珀林及其同事[9]、岩规及其同事[12]开展的研究提供了自主支持可能确实有助于神经生理效率的初始证据。由岩规及其同事[13]开展的一项研究探索了该理念的更为直接的证据。在他们的研究中，受试者在跑步机上完成20分钟的次全力跑步（65%的$\dot{V}O_{2max}$）。在跑步之前，一个组中的受试者能够选择跑步期间将会在屏幕上展现给他们的图片。

在跑步期间，研究人员通过测量摄氧量和心理发现，相比于观看相同的图片，但又没得选的受试者，有选择组的跑步效率更高。

自主性支持会导致运动效率提高的最直接证据来自由岩规及其同事[14]开展的一项研究，在这项研究中，通过利用肌电图（Electromyography，EMG）测量神经肌肉活动，他们考察了受试者的自主性对运动表现的影响。受试者被要求执行一项涉及通过脚踝跖屈来产生精准力量的动作技能任务。所有的受试者都要在选择情况和对照情况下，执行 3 种任务变式（即不同的目标扭矩：最大自主收缩的 80%、50% 和 20%）。结果显示，相对于对照情况，选择情况中的 EMG 活动性较低。也就是说，当有微小的选择（任务顺序）时，受试者可以用较少的肌肉激活产生相同的扭矩。这些研究成果突出了自主性支持对提高神经肌肉效率的重要性。

注意力的外部聚焦

执行者的注意力聚焦是在动作技能有效性和效率方面发挥关键作用的另一个因素。自 1998 年以来，许多研究表明，相比于集中在身体运动上的内部聚焦，采用外部聚焦，即专注于预期的运动效果，会增强动作技能表现和学习效果[59]。外部聚焦可能是器械运动（例如球拍、球、滑雪板、铁饼和皮划艇）所面向的目标，甚至是贴在身体（例如胸部）上的贴纸、要打中的目标、施加在地面上的力量或者想象，例如高尔夫球杆类似于钟摆的运动。相比于内部聚焦（例如聚焦于手臂、肩膀和髋部），外部聚焦会增强运动的有效性（例如运动精度）和效率（例如神经肌肉效率）。为表现和学习带来的这种好处已经在各种技能、专业水平、年龄、有能力或有障碍的情况下得到了证实。从本质上讲，通过采用外部聚焦，执行者可

以在较短的时间内实现较高的技能水平（参见伍尔夫[50]和卢思韦特[60]的综述）。

下面将重点介绍一些与由外部和内部聚焦产生的运动效率相关的研究成果。如果消耗较少的能量就可以实现相同的运动结果，那么人们就认为这种运动模式更加有效或者经济。效率的直接测试指标包括肌肉活动、摄氧量和 HR。神经肌肉效率还反映在发力上面，因此可以体现在最大发力、运动速度或肌肉耐力上。

一些研究测量了运动员在内部和外部聚焦情况下执行动作任务的 EMG 活动。第一项研究由万斯（Vance）及其同事[48]开展，参与者执行肱二头肌弯举，同时专注于举重杆（外部聚焦）或者他们的手臂（内部聚焦）。外部聚焦导致其主动肌和拮抗肌的 EMG 都较低［还可参见马钱特（Marchant）及其同事的研究[24]］。采用外部聚焦时，研究人员在涉及等长发力任务的研究中也发现了较高的效率[22]。参与者的任务是以 30% 的最大力量用脚踩测力台。相比于专注于测力台（外部），专注于小腿肌肉（内部）不仅导致了不太精准的发力，还导致了较高程度的肌肉激活，以及主动肌和拮抗肌之间协同收缩的增加。当参与者专注于内部时，研究人员还发现了多余调动肌肉中较大运动单元的迹象。不必要的肌肉激活（无论是肌肉间还是肌肉内）会影响运动精度。因此，在目标导向的任务中，例如篮球罚球[65]和扔飞镖[21]，通过内部聚焦产生的较高肌肉激活程度与精度的降低有关。对照之下，集中在篮筐或者飞镖轨迹上的这种外部聚焦，会导致更高的精度和更低的手臂肌肉激活程度。

相比于内部聚焦，由外部聚焦导致的肌肉活动减少不仅与更加精确的发力有关，而且与更大的最大力量有关。最大力量的发出需要最佳的主动肌和拮抗肌激活以及最佳的肌纤维调动。协同

收缩、不理想的时机或者力的方向（或者不止其中一种）将导致达不到最大的力量输出。马钱特及其同事[25]要求经验丰富的练习者产生肘部屈肌的最大自主等速收缩，同时专注于他们的手臂肌肉（内部聚焦）或者测力计的曲柄（外部聚焦）。当专注于外部时，参与者产生了明显更大的峰值关节扭矩。

人们发现，相对于内部聚焦（和对照情况），聚焦于外部时，垂直跳的最大高度也会增加[56, 63]。这些研究中的参与者按照指令专注于手指的指尖（内部聚焦）或者专注于测量装置（例如垂直弹跳测试器）（外部聚焦）。具有外部聚焦时，参与者跳得明显更高。此外，质心的垂直位移、冲量以及绕着脚踝、膝盖和髋部的关力矩也明显更大，表明具有外部聚焦时，纵跳高度的增加是通过更大的发力来实现的。而且，具有外部聚焦时，更高的纵跳高度还与EMG活动性降低有关，这表明神经肌肉的效率得到了提高[57]。研究显示，执行者具有外部聚焦时，立定跳远的表现也得到了优化[33, 35, 49]。另外，研究显示，其他需要最大发力的技能表现也会受益于外部聚焦，例如掷铁饼[66]。

外部聚焦带来的较高效率还体现在运动的流畅性、速度和耐力上面。波特（Porter）及其同事证明了针对涉及跑动的任务采用外部聚焦的好处[34, 36]。在一项研究中，研究人员发现，外部聚焦会减少参与者完成全身灵敏性任务（例如L形跑）所需的时间。相对于内部聚焦的指令和对照情况，当给予外部聚焦的指令时，相同的参与者会跑得更快。在另一项研究中[36]，相比于具有内部聚焦（即尽可能快地向后下方移动双腿和双脚），参与者具有外部聚焦（即用鞋子扒地）时，20米的冲刺时间出现显著的减少。注意力的聚焦还会影响游泳速度。据发现，相对于专注于向后拉双手（内部聚焦），当被要求专注于向后划水（外部聚焦）时，中级游泳运动员[7]和专业级游泳运动员[45]会游得更快。

外部聚焦带来的更高神经肌肉效率还应当体现在耐力的增强上面，因为更高的效率意味着消耗更少的能量。在一项研究中[43]，研究人员测量了熟练的跑者身上由于注意力聚焦而生成的摄氧量。在共计3次10分钟的时间内，他们在各种聚焦情况下，以对应于75%$\dot{V}O_{2max}$的速度在跑步机上跑动。对于每个10分钟，他们被要求分别专注于自己的跑步动作（内部聚焦）、呼吸（内部聚焦）或者一段模拟户外跑步的视频展示（外部聚焦）。结果显示，相比于两种内部聚焦，当具有外部聚焦时，跑者需要明显更少的氧气。

另一项研究探究了受过训练的个体进行常规练习时的肌肉耐力[23]。在各种练习期间（即助力卧推、自由重量卧推、自由重量蹲起），并且采用对应于每个参与者最大重复数75%的重量，研究人员测量了参与者达到力竭状态所需的重复数。相比于集中在所涉及肢体上的内部聚焦（即手臂和腿部），集中在杠铃被举起运动的外部聚焦可以让参与者在所有3项练习中完成明显更多的重复数。在另一项采用等长发力任务的研究中（例如靠墙坐），洛泽和舍伍德[20]发现，相比于具有内部聚焦（大腿的水平位置），参与者具有外部聚焦时（保持髋部和膝盖之间假想的直线），达到力竭状态所需的时间会增加。因此，当执行者采用外部聚焦时，汇聚到一起的证据表明了这会带来更高的运动效率。

影响动作技能表现的关键因素和表现优化

高预期可以让执行者在各种层面（例如认知、注意力和神经肌肉）上为运动成功做好准备。它们确保运动目标与必要的行动有效地耦合在一起。

目标－行动耦合（见第426页的图28.1）指的是预期的运动目标转化为行动的流畅度[60]。目标－行动耦合的一个重要特征是有效和高效的神经肌肉协调（例如运动单位的募集）。自信可以让执行者避免对最佳表现产生有影响的想法，例如会减弱注意力和影响目标专注性的杂念或自我指涉的思考[26]。高表现预期对于目标－行动耦合来说具有双重作用：保持专注于任务目标和防止自我聚焦（或者其他杂念），如图28.1所示。对奖励体验的预期会引起多巴胺响应[44]，这种响应有助于建立成功动作表现所必需的功能性神经连接。多巴胺结合任务练习还会促进记忆的巩固（即学习）以及建立支持熟练表现的结构性和功能性连接［见米尔顿（Milton）及其同事的研究[27]］。

自主性支持的情况具有奖励性，因此可以增强个体对未来奖励或成功的预期，从而会通过增强预期的途径增强表现和学习。自主性或者没有自主性可能会对动作表现和学习产生更加直接的影响（见图28.1中从自主性支持到自我聚焦或者专注于任务目标的箭头）。使执行者丧失自主感的控制情况往往会带来压力[39]。压力激素皮质醇具有下调大脑奖励网络活跃度的效果[29]，这可能会导致执行者在这些情况下出现学习的退化[10]。自主性支持的情况可以让执行者将自己的注意力集中于（外部的）任务目标上，而不需要专注于由控制环境导致的自我调节活动。

通过有助于执行者将注意力引导到任务目标上，以及让任务目标避免遭到破坏的身体或者与自我相关的分析，外部聚焦会直接促进目标－行动耦合，即人们认为外部聚焦会促进对于最佳表现来说至关重要的神经连接。结果是，更强的主动性[62]和更高的神经效率[16]产生了（参见伍尔夫[50]的综述）。此外，通过不断地产生成功的运动结果，外部聚焦可能会使执行者增强对未来表

现和目标－行动耦合的预期（见图28.1）。

对应用训练科学的启示

本章所综述的研究成果具有重要的实际意义。最后这一部分会总结整章的重点，并举例说明科学训练师可以如何利用这些原理。表28.1概述了影响最佳表现和学习的关键因素、不同的实施方法以及具体的示例。

增强运动员的表现预期

科学训练师可以通过增强运动员的表现预期，相对容易地促进运动有效性的增强和效率的提高。持续用力的能力、有效和精确移动的能力以及维持平衡的能力都是成功表现的关键特征。为了达到这些目的，教练员可能应该重新考虑许多在执教中被认为是标准做法的因素。这些因素包括为不成功的尝试提供反馈，而不为成功的尝试提供反馈的这种主导做法。基本上正确或者规范（或者同时满足两种条件）的反馈往往会逐渐削弱执行者的信心，为表现带来消极的影响。对照之下，当执行者感觉到自己有能力和成功的时候，表现和学习都会受益。例如进一步为杠铃负荷设定具有挑战性却可以实现的表现目标可以让运动员的信心大增，这反过来将会增强他们的积极性、表现和学习预期。在比赛之前的热身期间，增强表现预期也很重要。在热身期间设定简单、可实现的目标，或者以成功的尝试结束热身，有助于运动员增强他们对即将到来的比赛中的表现预期。

提供自主性支持

自主性支持的效果对运动员和教练员也有相当大的影响。这里介绍的研究成果似乎与应用场合中占主导地位的方法相反。教练员通常会规定他们想让运动员执行的任务，或者不同任务的顺

表28.1 影响最佳表现和学习的关键因素

影响最佳表现和学习的关键因素	实施方法	示例
增强表现预期	• 对积极结果的预期 • 积极反馈，包括在良好尝试之后提供积极反馈 • 对成功进行宽泛的定义 • 任务难度是可以获得成功的挑战 • 可实现、可测量的目标	突出运动员的进步或者提供关于表现的积极反馈
自主性支持	• 自我控制的反馈、辅助设备、练习量等 • 微小和次要的选择 • 自主性支持的指令	让运动员选择练习的顺序或者重复数
注意力的外部聚焦	将注意力引导到预期运动效应上的指令或反馈： • 器材（例如高尔夫球杆、铁饼、滑雪板和负重） • 环境（例如水、地面和目标） • 想象、类比和比喻	给出将运动员的注意力引导到球的预期旋转路径或者杠铃的预期运动路径上的指令

序，并且他会在自己认为有必要或者有帮助的时候，向运动员提供反馈或者做出演示。通过为运动员提供选择，科学训练师可以帮助他们运动得更加有效和高效。研究显示，即便是微小或者次要的选择也会导致更加有效的表现和学习、积极性的增强以及积极的情绪。支持自主性而不是控制性的指导语言具有相同的效果。潜在的好处包括产生（比赛）表现优势、体会到运动流畅感和轻松感以及更长的练习持续时间。

提升外部聚焦

研究显示，外部聚焦有助于优化表现和学习，因此它应当被当作是默认的注意力聚焦。指导或反馈措辞上的微妙差异会对即刻表现和长期学习产生显著的影响。然而，即便是经验丰富的执行者也未必总是能够采用最佳的聚焦，这在一定程度上是由指导历史导致的[8]。例如，在全国冠军赛上对田径参赛选手的访谈中，大部分人（84.6%）称，他们的教练员给出的指令与身体运动有关[37]。指导员、教练员和执行者自己应当意识到支持外部聚焦的证据展示的优势，并且应当制订策略来识别和维持外部聚焦。这些做法可能需要创造力和试验才能找到正确的外部聚焦，并且随着执行者技能水平的提高而对这些聚焦进行调整。在支持有效表现方面，外部聚焦对表现和学习的好处按理应该是最可靠的结论之一。

附加好处

训练实践人员可能想知道，在练习或训练方案中，是否有必要包含所有的3个因素（增强表现预期、自主性支持和注意力的外部聚焦）。每个因素对增强表现和学习的重要性已经在许多研究中得到了证实。虽然每个因素本身都可以发挥重要的作用，但是一系列研究表明，这些因素还会带来附加好处。相比于只包含1个因素或者不包含任何因素，包含2个因素的组合可以带来更大的好处[1, 32, 52, 53]。而且，所有3个因素都存在的组合对学习的增强程度比任意2个因素的组合更大[61]。一项研究首次讨论了连续实施3个因素是否可以立即增强动作表现的问题[6]。通过使用垂直跳最大高度测试，研究人员确实发现了它们对表现的附加好处。每次向一组的连续尝试模块中增加1个因素，垂直纵跳高度就出现了增加，而对照组的垂直纵跳高度却没有变化。因此，每个因素还可以进一步增加"最大"垂直纵跳高度。

表现测试

这些研究成果对表现测试也有意义。增强运动员的表现预期、提供自主性支持和提升外部聚焦可以提升运动表现，这一事实表明，处于中性情况下的表现未必代表个体的最佳表现。也就是说，即便给予了尽全力的指令，我们所看到的也未必是运动员倾尽全力的状况。采用最优化表现的情况有助于测试者确保他们在最大神经生理或心血管评估上的测量结果尽可能地接近理想结果时的最佳表现。当评估运动员的能力时，训练实践人员在自己的工作中应当意识到这些影响。

小结

科学训练师可以轻松地利用本章所概述的效应。这些效应需要在提供指导或反馈的方式上做出一些小幅的改变——当然，还需要一些创造力。为运动员提供选择，提供成功的体验，以及避免参照身体运动，而是将注意力引导到外部，这些做法在促进动作技能表现和学习方面大有裨益。产生的运动成功甚至会形成一种良性循环，为运动员的学习、表现和积极行动带来整体上积极的影响。

推荐读物

Halperin, I, Chapman, DT, Martin, DT, Lewthwaite, R, and Wulf, G. Choices enhance punching performance of competitive kickboxers. *Psychol Res* 81: 1051–1058, 2017.

Kuhn, YA, Keller, M, Ruffieux, J, and Taube, W. Adopting an external focus of attention alters intracortical inhibition within the primary motor cortex. *Acta Physiologica* 220: 289–299, 2017.

Lewthwaite, R, and Wulf, G. Social-comparative feedback affects motor skill learning. *Q J Exp Psychol* 63: 738–749, 2010.

Wulf, G. Attentional focus and motor learning: a review of 15 years. *Int Rev Sport Exerc Psychol* 6: 77–104, 2013.

Wulf, G, and Lewthwaite, R. Optimizing performance through intrinsic motivation and attention for learning: the OPTIMAL theory of motor learning. *Psychon Bull Rev* 23: 1382–1414, 2016.

损伤的训练科学

戴维·乔伊斯（David Joyce），理疗学士（荣誉学位），理疗硕士（体育），理学硕士；凯·鲁滨逊（Kay Robinson），理学学士（荣誉学位）

损伤会影响表现。最好的情况下，它只是一件让运动员分心的事；而在最坏的情况下，损伤会让运动员无法参与训练和比赛，有时是短期的，有时是永久的。因此，理解损伤的性质及竞技体育情景中的治疗过程是很有意义的。而且，科学训练师有必要花时间去探索自己该如何与运动医学专业人士协作，才能利用促进有效的损伤恢复的方法，最终让运动员成功地重返所从事的项目。这方面的成功不仅体现在重返比赛，还体现运动表现的恢复。本章在探讨损伤的训练科学时，首先考虑的正应是这种表现模型。本章的目的不是教科学训练师成为运动员主要的照料者，这不是他们的工作内容或职责；而是教他们有关病理学和恢复方面的知识，这样他们才可能更出色地做出准备，在团队协作的情境中，协助运动医学专业人士提供基于表现的解决方法。

损伤出现的原因都是施加在身体组织上的负荷超过了组织的负荷极限，这可能出现在急性事件（例如橄榄球运动员的肋骨遭到了直接撞击）中，或者因大量未达阈值应力的积累，最终超过组织的极限而出现（例如赛艇运动员的肋骨应力性骨折）。从骨骼重塑的本质来看，这两种情况

的恢复过程是极为相似的，但是损伤的致因是不同的，这反映了造成损伤的不同风险因素。本章旨在探讨这些细微差异，并介绍肌肉、肌腱、骨骼和韧带损伤的病因和影响，也说明科学训练师如何在运动损伤管理方面为运动医学专业人士提供协助，并且能最大限度提高运动员的表现。这种模式不会仅从运动医学专业人士的视角进行考虑，也会在损伤发生之前就试图进行干预。一个有科学训练师、数据分析师、心理师、技术教练，以及运动医师的交叉学科团队需要所有人都运用自己的技能和知识并有效地协作，以达到最优化运动员健康状况和表现的目的。本章将从这种交叉学科的角度考察损伤。

然而，本章没有只从所涉及的周围组织层面上探究损伤，而将涉及对疼痛神经心理学的讨论，因为当面临损伤时，疼痛是最常见的抱怨对象。大约400年以来，人们一直认为疼痛与组织损伤直接相关，但是现代疼痛科学改进了对这种古老预警系统的理解。此外，本章还将考察康复和重新训练的元素，当损伤后，试图让个体恢复到健康表现状态，这些元素是关键的考虑因素。最后，本章将介绍一种涉及确定损伤后重返比赛的准备

度决策时用于决策的概念模型，该模型重点强调科学训练师和运动医师之间的协作。

肌肉损伤

　　肌肉损伤在运动损伤中所占的比例是最大的，并且肌肉具有很高的再次损伤率[18]。科学训练师显然需要理解运动损伤、它们的风险因素以及修复它们的最佳方法。肌肉损伤大致可以划分为挫伤和拉伤，还有第3类：划伤，它在体育情境中不常见（因此不在这里详细讨论）。**挫伤**是一种突然且通常钝性的压力导致的结果，例如直接猛击。这些损伤在碰撞型运动项目（例如足球和冰球）、击打型运动项目（例如拳击和武术），以及运动员会被移动的投射物击中的运动项目（例如棒球、垒球和板球）中最为常见。肌肉**拉伤**通常是超过了拉伤耐受能力的快速肌肉拉伸动作导致的，但是也可能是由次最大的负荷施加在疲劳的肌肉上导致的，例如小腿比目鱼肌拉伤。拉伤还会由过度拉伸导致，例如滑水运动员跌倒时，腿部向上方猛烈弯曲，导致腘绳肌拉伤。

　　在这些原因中，收缩机制在竞技体育情境中最为常见。这些收缩机制是人们在想到肌肉拉伤时容易想起的原因，例如完成腾空状态的短跑运动员，突然收缩大腿后部。这些拉伤通常会影响肌肉肌腱连接点（Musculotendinous Junction，MTJ）附近的区域，因为该肌肉位置上的组织肌肉相对最薄弱[18, 23, 28]。

肌肉损伤的病理生理学

　　不管损伤机制是什么（例如挫伤、收缩拉伤或过度拉伸），骨骼肌都会遵照一种不变的修复模式，但是痊愈时间有着巨大的差异，这取决于损伤的性质、严重性和位置。痊愈过程包括3个主要阶段，阶段2和阶段3之间具有相当大的重

叠部分[18, 23]。

- **破坏**的特征是肌纤维的断裂和后续的坏死，形成血肿来连接断裂纤维之间的缺口。炎性细胞反应开始作为痊愈过程的起点。
- **修复**是由炎症反应带到区域内的细胞对坏死组织的吞噬作用。与此同时，出现肌纤维的再生以及伤疤组织的形成和毛细血管内生。
- **重塑**包括再生肌纤维的成熟和强化，并伴随伤疤重组以及功能性肌肉能力的恢复。

肌肉损伤的评估

　　肌肉损伤应当由合适的运动医师收集损伤事件的完整历史来加以诊断，包括**机制**、**症状**，以及**之前的损伤**。紧随损伤事件之后，应当特别注意疼痛和功能障碍的程度，并有可能因此而早期了解预后[35]。同样值得考虑的是损伤出现的性质，注意如果突然失去功能，是否有可能涉及疲劳，或者组织是否逐渐出现损伤。通过确认展示一个月前任何前期训练变化的信息，并具体注意与加载参数相关的明显波峰或者波谷，科学训练师可以与临床医师一起评估。为了理解损伤背后的原因，并且为了在以后避免过去的任何错误，获取这种信息非常重要。捕捉、分析以及与利益相关者（例如运动医师、教练员和其他高水平表现的实践人员）交流任何预料之外的加载模式，是科学训练师发挥的一种明确且重要的作用。该信息对于让交叉学科团队最优化个体或者整个团队的后续加载和恢复激励来说至关重要。最后，有必要了解运动员之前的损伤历史，因为这可能会为背后的原因提供线索，并且可能会为护理团队的深入处理策略指明合适的方向。

　　全面了解损伤历史之后，应当进行彻底的临床评估，并且这可能需要成像类方法予以支持，例如超声波和磁共振成像（Magnetic Resonance Imaging，MRI）。进行放射性检查的主要目的是，在诊断结果不太确定时，提供一份更加清晰的临床报告。此外，有证据表明，肌肉损伤中涉及肌腱会延长重返比赛的时间和增加再次损伤的概率[20, 28]。假如怀疑涉及了肌腱，或者如果临床情况有些不明确，便有理由使用成像类方法。这个决定要由负责运动员护理的运动医师来做，而不是由科学训练师来做，但是在这里进行解释是为了讨论的完整性。

肌肉损伤的分级

传统方法将肌肉损伤分为如下几级。

1级：肌纤维拉伤，没有任何的组织间断。

2级：肌肉撕裂，有一些组织间断。

3级：肌肉完全撕裂。

随着越来越多地使用放射性成像技术，肌肉损伤的分类变得越来越细。这体现在英国运动肌肉损伤分类系统[20, 28]中，它为报告肌肉损伤磁共振成像的放射专家提供了诊断指南，并且具有如下范围。

0级：从无损伤到延迟性肌肉酸痛（Delayed-onset Muscle Soreness，DOMS）。

1级：轻微损伤，涉及10%以下肌肉横断面积（Cross-Sectional Area，CSA）。

2级：中度损伤，涉及10%~50%的肌肉CSA。

3级：大量撕裂，涉及50%以下的肌肉CSA，并且明显失去功能。

4级：完全撕裂。

通过基于组织亚型的附加描述，该分级系统可以进一步细化。具体而言，这由以下描述符加以表示（见图29.1[20]）。

a：包围肌肉外部的上覆肌筋膜组织损伤。

b：肌肉本身的损伤，如前所述，最常见的位置在MTJ。

c：延伸到肌腱上的损伤。

因此，根据该分级系统，发生在腓肠肌MTJ上，并且不涉及肌腱的轻微小腿损伤会被划分为1b级，而发生在比目鱼肌上，涉及40%肌肉CSA，还延伸到肌腱中的更大损伤会被划分为2c级。

肌肉损伤重返训练

损伤康复应当始终由运动医学团队负责；然

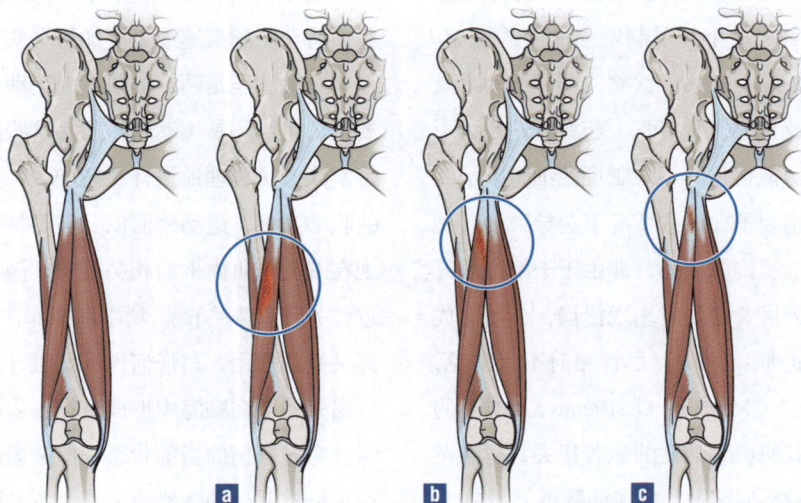

图29.1 根据英国运动肌肉损伤分类系统，无损伤组织与损伤亚型（a、b、c）的对比示例

而，对于科学训练师来说，重要的是要理解康复过程，以及运动医师支持运动队的方式。急性肌肉损伤康复开始于保护阶段，此阶段的首要任务是止血、帮助治愈和减小可能会加剧损伤的张力。提倡采用减少疼痛和出血的措施（例如冰敷和加压）[15]。尽管缺乏冰敷有效性方面的证据，但是大家一致支持其与轻度运动相结合的用法[4]。

尽管肌肉损伤重新训练的早期目标之一是恢复正常的运动，但是短时间的降低负荷以及相对的休息可以形成伤疤组织，并产生足够的抗拉强度[18]。降低负荷的实际示例包括，小腿拉伤之后，在鞋里面放入一个足跟垫，或者在肱二头肌撕裂之后，将手臂放在吊带里面。然而，由于肌肉萎缩和伤疤过量淤积的风险，超过早期急性阶段（2~3天）的长期固定应当予以避免。肌肉的早期活动会刺激组织的痊愈和血管再生，并且有利于再生的肌纤维沿着更加平行的方向排布，这在修复伤疤的强度和延伸性恢复方面很重要。

鉴于炎症反应在肌肉痊愈早期的重要性，不提倡使用抗炎药物。实际上，有充分的证据支持抗炎药物延缓肌肉修复的观点[5]。

在由直接猛击导致的挫伤情况下，必须注意确保在最初的48~72小时限制增强血流的措施。这些措施包括按摩、加热、饮酒、剧烈运动以及服用抗炎（以及其他血管舒张）药物。这是为了加速痊愈过程，但也是为了限制炎性细胞因子的释放。炎性细胞因子在某些情况下会导致一种称作**创伤性骨化性肌炎**的疾病，即由于干细胞从纤维原细胞分化为成骨细胞时出现错误，骨骼形成在了受到创伤的肌肉之中。尽管相对不太常见，但是**骨化性肌炎**（Myositis Ossificans，MO）的特征是疼痛以及肌肉延伸性的显著损失，后者在1~2周内通常得不到解决。如果怀疑患上了MO，那么大约在14天时，有时候可以在超声波下观察到钙沉积，而在4周之前，通常不会在平片射线（X射线）照片上观察到MO。尽管通常通过保守（非手术）的处理就能成功地加以治疗，但是它通常是一个持续数月的冗长过程，并且有时候可能需要手术切除。

肌肉拉伤后经过短时间的相对休息之后，应当立刻开始由运动医疗团队负责人指导的初始负荷加载。通过采用最简单、最低的负荷形式，起点可能是一些肌肉等长收缩的动作。在下肢肌肉损伤的情况下，鼓励实现正常无痛的步态模式被认为是早期的首要任务；根据损伤的程度，这可以在游泳池中开始。

本阶段重新引入负荷的目的是尽可能快地恢复神经肌肉功能，开始肌纤维耐张能力的重塑阶段，以及让运动员逐步进行生理和心理恢复。

为了推进康复，运动员们应当在日常生活期间没有疼痛，在整个肌肉活动范围内都能做无痛的等长收缩，没有急性的炎性症状，并且无痛地完成对侧75%以上的活动范围。

策略性的康复计划开始于在脑海中形成目标。具体而言，这意味着，重要的是要确定，当运动员重返比赛时，肌肉应当如何发挥作用。例如，肌肉将会受到高速或者更加持久的负荷吗？它将在单个关节还是两个关节上面运动？它的作用主要是稳定肌还是主动肌？回答这些问题将会让训练实践人员合理地设计重新加载，并且考虑肌肉的收缩类型、运动平面以及需要特殊考虑损伤出现在双关节肌肉上的相关关节（例如股二头肌穿过髋关节和膝关节）。科学训练师在这个时候会发挥关键的作用。与任何训练刺激计划一样，康复应当开始于在脑海中形成目标。运动医学人员通常会考虑损伤的当前状态，但是通过分析一旦运动员们重返运动，他们可能会有的训练和比赛加载需求，科学训练师可能帮助确定策略性康复加载参数，并确保计划的所有方面都被考虑到。

离心收缩是最常见的损伤机制，因而是肌肉康复的重要组成部分。负荷从自重逐渐增加到借助外部负荷的阻力，这种设计合理的进展是必要的，但还不够，因为还必须考虑具体针对预期项目需求的负载量、速度和运动复杂度。本章的作者还认为，将康复限制在具体损伤的肌肉上是愚蠢的，提倡一种涉及组合动作和躯干稳定的全身性方法[31]。

下肢肌肉损伤之后，重新开始跑步通常是运动员的一个关键里程碑。开始这种跑步的时间线因具体的损伤而异。然而，在一段时间的加载之后，并且当运动员展现出跑步所需的足够力量、发力率和神经肌肉控制时，跑步便可以被整合到康复计划之中。跑步应当按照分级的跑步量和强度逐渐推进，同时还要满足步态再教育的必要需求，并且始终都要考虑运动员对这些不同元素的响应。然后，任务应当根据项目的具体要求和情况被纳入，例如场地表面、加速、减速、速度变化、多方向的变向、反应能力以及组合动作（例如按需组合跳跃和踢腿）。科学训练师再次在这里发挥着关键的作用。科学训练师最适合针对重新加载计划为运动员以及表现和运动医学人员（在许多情况下同时）计划、收集、分析和提供反馈。通过监测每个环节增长的负荷，并为每项练习的需求提出建议（这些随后可以精心安排在周期化的表现恢复日程中），科学训练师对专项需求的了解可以辅助康复计划的确定及其向团队训练中的整合。

正如之前针对重返比赛决策的部分所讨论的，康复的计划过程需要考虑损伤组织将会接触的各种高要求活动。在大部分涉及下肢的情况中，这将会涉及重负荷的阻力训练或者肌肉快速收缩的运动，例如冲刺。本章的作者提倡持续开展康复过程，直到运动员能完成大量的训练，并且游刃有余地应对接触到的任何比赛，从而让所有的利益相关者都感到安心。具体而言，训练实践人员应当力争让运动员以急性剂量和在7~14天内接触的高速跑动需求等于正常比赛输出的120%，并有证据表明运动员有能力和有自信以全速95%以上的速度跑动。创建并访问一个涵盖负荷各个方面（距离、高速跑动、撞击、加速和减速等）的历史加载数据库是科学训练师的主要责任。该记录可以随着时间的进展而建立，并允许表现团队访问这些作为超负荷考虑基础的重要信息。

肌腱损伤

肌腱损伤大致可以划分为划伤和肌腱病变。肌腱划伤通常是由涉及刀刃或其他锋利物体的急性事件导致的。鉴于位于前臂和脚部相对较浅的位置，较长的手指和脚趾屈肌最容易被划伤。肌腱划伤在竞技体育中并不常见，但是可能会在冬季项目中见到，其中可能会涉及冰鞋或雪板。肌腱划伤最常见的是通过外科手术加以处理，并且痊愈时间要远远长于体内的其他组织，这要归因于肌腱胶原蛋白含量高、摄氧量低这一事实。在破坏和修复阶段之后，随着纤维逐渐沿着纵向定位自己，以及交联强化的进程使得肌腱能够承受施加于其上的张力，胶原蛋白的量会不断增加。肌腱内的损伤部位以及相关的胶原蛋白量也应当在损伤后加以考虑，并且肌肉肌腱连接处拥有高密度的胶原蛋白纤维，目的是降低肌肉收缩期间的拉伸应力。

肌腱病变是肌腱对超负荷出现适应不良，它会导致疼痛、功能降低以及承载能力的降低。大约自21世纪初以来，人们针对肌腱病例中炎性细胞的存在进行了激烈的争论。后缀"炎"（例如肌腱炎）表明炎性指标的存在，但是当从肌腱长期疼痛的患者身上提取的活组织切片未显示出这些细胞时，这个理念便遇到了挑战。这是术语从肌腱炎转变为肌腱退化的促进因素，并且后缀"退化"更能表明一种退化的病理。这两个术语都依赖于实验室评估，所以人们认为统称性术语"肌腱病变"更加恰当，在临床检查后便可以使用该术语。因为肌腱病变是一种总称术语，它包含了所有的肌腱疾病，从急性的增殖型肌腱功能障碍，一直到慢性退化型肌腱退化。在竞技体育场景中毫无疑问的是，肌腱病变是最常见的肌腱损伤形式，因此它是本部分剩余部分的关注点。

与所有损伤的情况一样，肌腱病变是施加的负荷超过给定结构的承载能力导致的结果。在急性情况下，这可能是由于直接猛击（例如，在足球比赛中，足球鞋钉沿着长度方向扎在对手的跟腱上面），或者短期（通常是1~7天）施加的训练负荷超过了肌腱的抗拉强度。从长期来看，肌腱功能障碍可能是肌腱结构缓慢损坏的结果。尤其是在慢性肌腱疾病中，经常能够见到运动员吸收负荷的内在因素（例如强度、生物力学或者专项技术）与外部负荷施加因素（例如长期拉长-缩短周期加载）的相互影响。全身性的疾病（例如糖尿病和强直性脊椎炎）、激素变化以及遗传倾向因素也可能有影响；但是对这些因素的理解目前还不完整，并且也超过了本章的范畴。

肌腱损伤的病理生理学

有人提出，一系列的肌腱功能障碍从急性超负荷开始，会逐渐发展为更加常见的退化性疾病，这些疾病是数百万中年跑者所熟悉的，并且在全世界的运动医学临床上经常见到[9]。提出这种肌腱病变连续体的目的是包含肌腱疾病的3个广义阶段：急性增殖、亚急性以及慢性退化。每个阶段的特征是肌腱细胞活动以及后续的蛋白质生成。

根据该连续体，肌腱功能障碍属于3个阶段中的任何一个阶段，但是它必须经过早期阶段，才能达到后期阶段。然而，应当指出的是，疼痛的存在并不是任何阶段的必要条件，并且实际上最常见的情况是在退化阶段才首次出现疼痛。

正如前面提到的，长期以来，人们一直在争论肌腱疼痛中存不存在炎症。似乎在肌腱病变的急性阶段，存在类似炎性细胞因子的细胞，这表明了一个事实，即这是一个近期损伤阶段，并且身体会产生积极的痊愈响应。然而，随着肌腱病变的发展，它沿着连续体朝真正的肌腱退化发展，此时退化性变化非常明显，但是急性发炎过程却没那么明显[9, 19, 24]。

肌腱病变出现在一系列病理反应之后，包括肌腱细胞的上调作用、基质的增殖以及胶原蛋白的解组，如表29.1所示，这些可以导致退化和最终的血管内生。肌腱病变的病理尚不清楚，事件的循环并没有表现出结构、疼痛与功能障碍之间的直接关系[9]；然而，它与为下肢肌腱病变开发的肌腱病变连续体上的各个阶段都有联系。

肌腱损伤评估

由资深的运动医学专业人士开展彻底的临床评估，不仅对于诊断损伤本身来说至关重要，而且对于诊断潜在的内部和外部风险因素来说也至关重要。尽管肌腱撕裂通常涉及先前的退化性弱点，但是一般来说，它们涉及剧烈的具体撕裂事件，并且需要运动医学专业人士进行检查，以指导最恰当的处理。

肌腱病变可以定位到肌腱的一个点上，并且会因拉伸负荷量而加剧。该法则的唯一的例外是绝经后的女性，其涉及的是雌激素水平的变化，而不是肌腱力学负荷[14]。在急性阶段，可能会有一些浮肿和捻发音，人们认为这在一定程度上是

表29.1 肌腱病变发展的各个阶段

阶段	病变	临床
反应性（急性）	• 非炎性增殖细胞和基质反应 • 拉伸过载的结果 • 由于横截面积的增加，肌腱变厚（短期） • 胶原蛋白的完整性基本上得以保持	• 急性的超负荷 • 在年轻人中最为常见 • 可以是直接创伤的结果 • 常见于训练减少的阶段之后（损伤发生后和休赛季） • 能够通过负荷管理逆转
破损（亚急性）	• 基质解组 • 细胞数量增加 • 蛋白质生成增加，导致胶原蛋白分离 • 血管形成可能增加	• 年轻人长期超负荷 • 通过相对较低负荷就可以发生在具有较僵硬肌腱的老年人身上 • 可能具有逆转性
退化性（慢性）	• 基质和细胞变化的过程 • 大面积的基质失调，并伴随血管生长 • 细胞死亡的区域很明显 • 基质不均匀的病变区域散布在正常肌腱中	• 主要见于老年人 • 长期超负荷的运动员 • 具有反复肌腱疼痛的历史 • 如果广泛存在会导致肌腱撕裂 • 细胞结构不可逆转，但是症状可以逆转

基于Cook and Purdam（2009）。

由于炎症响应。随着肌腱病变沿着连续体朝更加慢性的状态发展，可以明显察觉到肌腱在变厚。

肌腱在长度上经受拉长–缩短收缩的时候，能量的存储和释放阶段会引起最严重的恶化。这类任务的例子包括，向跟腱施加负荷的蹦跳和跑动、向髌腱施加负荷的跳跃和减速任务以及向近端腘绳肌腱施加负荷的爬坡跑。任何评估测验都应当复制这些任务，目的是辅助鉴别诊断，并协助要干预的正确的重新加载阶段。同样重要的是检查任何运动员经常进行的反复低摩擦或者挤压任务。一个常见的例子是，久坐（例如骑自行车或者坐在桌子前）会加剧近端腘绳肌腱疼痛。

肌腱损伤重返训练

当制订肌腱重新训练计划时，回顾本章前面提到的不等式会有所帮助。

肌腱损伤出现：施加的负荷 >负荷耐受度

这意味着，完整的策略要力争干预该不等式的两侧，即要减少损伤负荷，还要提高肌腱的负荷耐受度。

尽管在过去，肌腱被认为是非常被动的结构，

它的作用是将肌肉连接到骨骼上，但是现在大家都认为它是主动的结构，会适应它所接触的负荷。这就是说，与肌肉和骨骼一样，当长时间卸荷时，它会萎缩；当加载时，它会增强。然而，这未必与疼痛有关。人们经常见到，完全卸去肌腱的负荷，即便不能完全缓解疼痛，至少也会大幅地减轻疼痛。尽管从表面上看，这似乎是理想的，但是没有考虑不等式的另一侧，该侧让从业者有必要提高肌腱的负荷耐受度。所以，在这里要采取平衡的行动。因此，我们需要的是一种能减少症状，但又不会完全停止对肌腱加载的策略。实际上，目标是逐渐地增加负荷，以促进肌腱进行适应。

考察可改变的风险因素是当务之急，而以降低这些因素的显著性为目标的干预手段构成了任何成功处理策略的基础。例子可能是改变技巧（包括步态重新训练）、改变器材（包括球拍或船桨的握把尺寸以及鞋子）、组织训练负荷以及针对性的力量训练。科学训练师将会认识到它们在研究、理解以及让合适的利益相关者了解促成运动员肌腱病变状态的所有现存和潜在因素方面的价值。

在所使用的重新训练策略方面，大部分取决

于构成加重负荷的具体内容，以及运动员目前在肌腱病变连续体上所处的阶段。在反应性肌腱中，最初要降低负荷，以让肌腱有时间进行适应，并让基质有时间重新回到其正常结构。应当及早识别引起负荷增加的原因，例如训练激增（如训练计划上的变化，或者休息一段之间后重新开始训练）、设备或者技术的改变。正如已经讨论过的，人们并不认为长期卸荷对肌腱基质有益，但是在急性阶段，人们肯定会认为最好采取一种激进的卸荷方法，以最大化肌腱的痊愈能力。逐渐地卸荷以及接触以前引起症状的任务应当在4~6周时间内完成。

随着肌腱治愈过程的进行，潜在的力量或生物力学缺陷更有可能导致肌腱断裂，这些因素应该作为首要解决对象。

肌腱负荷的分类

作为一项通用准则，拉长-缩短周期会让肌腱受到的负荷最大化。鉴于肌腱的适应性反应时间较慢[21]，最好保守地构建任何肌腱加载计划。最好考虑高肌腱负荷（High Tendon Load，HTL）日、中肌腱负荷（Medium Tendon Load，MTL）日和低肌腱负荷（Low Tendon Load，LMT）日。以作者的经验来看，负荷递进不仅适用于损伤的肌腱，也适用于希望避免这种麻烦的运动员。负荷递进示例如下。

第1天：HLT。

第2天：LTL。

第3天：MTL。

第4天：LTL。

第5天：HTL。

第6天：LTL。

第7天：LTL。

当然，高肌腱负荷的定义因人而异，并且对于不同时间的同一个人实际上也可能会有所变化。举例来说，执行50次跳箱对于排球运动员来说可能是中负荷，但对于游泳运动员来说可能是高负荷。同样地，随着力量以及跳跃和落地的技术改善，相同的50次跳箱对于同一个排球运动员来说可能是低负荷。再怎么强调都不为过的是，负荷的计划、实施和分析是一种合作式的做法。科学训练师可能最适合提供有关专项中正常加载数据方面的关键输入，并且要与运动医师交流该信息，以确保康复具有专项性和个性化。

负荷递进让肌腱拥有足够的时间来适应随后的每项加载刺激，但是应注意确保负荷根据疼痛来施加，并且逐渐增强力量和速度，重新获得弹性功能，以及让运动员重返专项。

骨骼损伤

与肌腱损伤一样，骨骼损伤往往可以划分为两种不同的类别：急性创伤性骨折和导致力学破坏的慢性负荷适应不良（更多地被称为**应力性骨折**）。两种损伤机制在竞技体育中都很常见，不过项目类型会对创伤性骨折的发生产生显著的影响，这些骨折更加常见于侵袭性和接触性的追逐中。

急性骨折的病理生理学

在竞技体育群体中，急性骨折通常是创伤的结果（例如足球中的高速铲球、下坡期间的自行车撞车或者体操中以张开的手臂落地支撑）。这通常会立即导致剧痛、浮肿和功能受损。当骨折出现时，包裹骨骼的正常囊膜结构被破坏，这会激发急性反应。由于大范围的血管分布，**出血**（流血）是长骨骨折后的最大问题（例如股骨骨折）。在这些情况下，止血是当务之急。

急性痊愈阶段开始于血管收缩和凝血级联的激活，从而导致在骨折区域周围形成富含血小板和纤维蛋白的凝块。然后，炎性细胞被吸引到出血部位，这会移除坏死组织，并为骨折痊愈打下基础。一旦骨已成形，这便是骨化所需，使骨能够承载重量，使骨痂根据负荷进行重塑，使板层骨更加强壮。

应力性和病变性骨折的病理生理学

虽然适应缓慢，但是骨骼是一种活跃的组织。它在不断地变化，维持由破骨细胞进行的骨骼吸收与由成骨细胞进行的新骨形成之间的平衡。成骨细胞的活动由加载激活，目的是强化受力较大区域的骨骼。破骨细胞的作用一样也很重要，它不断地分解骨骼材料，以确保矿物质的定期周转，并防止形成过量的骨骼。因此，显而易见的是，在这里要实现一种平衡，并且骨骼健康依赖于成骨细胞和破骨细胞之间成功的相互作用。

假如负荷施加超过了骨骼的力学强度，那么就会出现失效。这可以看作骨骼损伤连续体的一部分，该连续体从骨髓出现浮肿，但是骨小梁没有破坏（称作骨应力），一直延伸到应力性骨折，其特征是骨骼内的结构破坏。如果不加以治疗，它会导致皮质破裂（表现为一条贯穿骨骼的骨折线）。症状通常是可以精确指出位置的疼痛和功能受损。

运动表现专业人士在这里有必要考察负荷不等式的两侧。显然，施加的外部负荷需要减少，但是同样还要考察可能会导致骨骼弱化的内部因素。

当考察外部负荷的施加时，经常会发现训练负荷上的错误，这些错误致使人体在接受训练刺激后没有足够的时间进行组织重塑。例子包括过度马拉松训练之后的胫骨应力性骨折，或者违反生物力学的反复加载最终导致骨骼失效（例如，年轻板球快速球投手身上的腰椎应力性骨折）。正因如此，重要的是，骨骼受载应力应当按照合适的方式进行循环，在施加另一项刺激之前，要重视重塑阶段。当与青少年运动员共事时，科学训练师的当务之急是了解运动员的训练年限（从事某个项目的累积训练时间）。例如，为了避免骨应力，在初级全国巡回赛上花费5年时间的年轻女性，她的计划将与被认为有可能成为中长跑运动员的天才足球运动员大不相同。

考察骨骼矿物质不足的内部原因时，交叉学科团队要考虑一系列具有促成作用的激素或代谢失调，这一点很重要，在报告患有骨骼疼痛的女性身上尤为重要。缺陷性骨折是应力性骨折的子集，是在骨质疏松症（骨骼密度异常低）背景下，由生理应力的增加（例如重复的高训练负荷）导致的。在体育场合中了解这一点很重要，因为它与RED-S综合征（Relative Energy Deficiency in Sport，运动相对能量缺乏症，以前称作女运动员三联综合征）有关。低能量可用性，尤其与月经稀发（月经不调）或者闭经（没有月经）相结合时，会导致骨骼健康受损[22]。

最后，就算没有负荷和创伤，骨骼疾病、感染或者肿瘤也会导致骨折。这称作病理性骨折，并且总是伴随着系统疾病，不过在总体上更加严重的潜在疾病中，骨折可能是首发症状。当无法找到骨骼失效的力学原因时，便有理由对此产生高度的怀疑，并且应当寻求专门的医学评估。

青少年运动员骨骼损伤的病理生理学

与青少年运动员共事时，应当理解其具体的骨骼生理学性质。骨骼的生长区域包括生长部或生长板以及骨骺（或骨突）[6]。生长部是主要负责径向生长的区域，如果损伤可能会引起不可逆的损坏，包括生长障碍。生长板抵抗应力、剪力和扭转的能力降低会让其更易于损伤，人们认为这在快速生长阶段会进一步突出。

骨骺可以划分为拉力骨骺和压力骨骺[6, 11]。拉力骨骺存在于肌肉肌腱的附着点处，它们有助于塑造骨骼形状，而不是骨骼长度。这些骨骺承受拉力，导致附着位置出现疼痛和炎症。通常，拉力骨突炎会耽误运动员进行运动的时间，然而，它极少导致长期问题。例子包括肌腱与脚跟附着处的跟骨骨突炎和由髌骨肌腱施加在胫骨粗隆附着处的拉力引起的胫骨粗隆骨软骨病。压力骨骺位于长骨端部的生长部附近，并且承受压力。这些部位的损伤如果不根据医学指导进行正确的处理，会导致生长障碍，例子包括体操运动员的桡骨远端和足球运动员的胫骨近端。

骨骼损伤的评估

骨骼损伤的评估因损伤机制、严重程度和损伤位置而异，但是如果怀疑是骨折，X射线是最常用的成像方法。应当考虑的用以降低骨骼损伤怀疑度的因素如下[7]。

- 具体的创伤。
- 骨质疏松症。
- 骨骼肿瘤。
- 年龄＞70岁。
- 年龄＜30岁。
- 长期使用皮质激素类药物。
- 低体重指数。
- 近期摔倒和先前骨折的历史。

急性骨折与创伤有关，并且不管有没有分别表明，移位性骨折或脱位、开放性骨折的变形和皮肤伤口，都会产生突发的疼痛、浮肿和功能受损。应力性骨折往往不知不觉中发生，除了加载和直接触诊时感到疼痛以外，通常没有任何异常。因此，应当了解整个加载历史，才能确定近期负荷的任何变化，或者任何表明潜在病理过程的危险信号。参考成像结果的运动医师将根据损伤机制和位置要求提供具体的成像视图。

应力因素的早期诊断至关重要，稍有延误就会增加发病率。对怀疑的应力性骨折进行初始X射线检查可能会显示阴性，但是计算机断层扫描（Computed Tomography，CT）和MRI可以更早地识别它们。尤其对于训练负荷发生变化，逐渐发病，并且从加载时疼痛逐渐恶化为休息时疼痛的运动员，有理由产生高度的怀疑。

与专项相关的应力性骨折的常见位置[27]如下。

- 跑步：耻骨支、股骨、胫骨、腓骨、舟骨、距骨。
- 芭蕾：耻骨支、股骨颈、胫骨干、腓骨和距骨。
- 跳跃型项目：股骨颈、内踝、舟骨和第五节跖骨。
- 投掷：肱骨、肘突和肋骨。
- 体操：尺骨和关节突间部。

出现在儿童和生长期运动员身上的创伤性损伤应当引起对生长部或骨骺损伤的高度怀疑，这些损伤如果没有得到正确地诊断，可能会导致长期的生长障碍。生长板畸形也被看作反复过度使用的结果，并且最常见于年轻体操运动员桡骨的远端生长部。这些损伤应当由专业人士进行处理，在更加严重的情况下，有可能需要手术。

骨骼损伤重返训练

早期的固定和止痛对于疑似的急性骨折来说很重要，最初的处理要由医师根据损伤的具体类型、位置和严重程度以及任何相关的软组织、血管或持久的神经损伤来确定。导致移位的更复杂的骨折可能需要手术来重新对齐或者固定骨骼，这可能会增加术后并发症的风险，例如感染[25]。非移位的骨折通常要利用石膏、夹板或支具固定一段时间，并且固定的是损伤区域的上部和下部。这会提供保护和疼痛控制，并促进痊愈[8]。

应力性骨折主要通过休息和卸荷来加以治疗，

以让成骨细胞对骨骼的形成和重塑作用超过重吸收的速率[27]。许多例外情况需要专门的医疗处理，例如股骨颈、肱骨和胫骨干的应力性骨折，它们因**不愈合**（未能愈合）的风险增加而被视为高风险骨折。恢复过程中的适应可以通过保证让受影响的骨骼不受负荷的活动来进行维持。运动员应当在排除了医疗上的任何问题后，方能重新参加活动，同时要保持对负荷的密切关注和循序渐进，并且要处理任何其他需要干预的外部因素（例如设备）和心理与营养风险因素。

骨折痊愈的标志是加载或者触诊时没有疼痛，因此，重返训练应当由症状驱动。重新加载时应当采用一半的强度，同时在较短的加载回合中安排休息来强化成骨作用[34]，并且要以较低的负荷开始。降低负重的跑步机是下肢骨折渐进式康复中常用的一种工具。然后，应当结合综合体能计划设计渐进式加载，对加载进行4~6周的密切监督，并根据任何的疼痛响应加以调整。对运动员和教练员的教育是预防再次损伤的关键，并且训练计划需要包含足够的时间，以让每个人进行特有的恢复和骨骼适应。

韧带损伤

韧带连接骨骼，并发挥稳定关节的作用，它们引导关节骨骼之间的运动，并且充当过度动作的约束。尽管韧带似乎是一个结构，但是它们包含不同的、互相连接的纤维束（80%是I类胶原蛋白），这些纤维束在不同关节角度下都处于绷紧状态，并且取决于所施加的负荷[13]。韧带还在身体的本体感知系统中发挥着关键作用。这通过密集地向中枢神经系统提供有关姿势和张力变化方面的数据包来实现，这些数据包随后转化为关节姿势的变化。韧带出现严重损伤会影响关节稳定

性、生理机能以及本体感受。人们认为，由于在关节层面上的剪切约束降低了，这可能会使个体易于患上早期骨关节炎[12]。

韧带损伤的病理生理学

韧带损伤可以是完全撕裂、部分撕裂或者拉伸损伤，或者由创伤造成的骨折引起的韧带功能改变。与其他结构类似，损伤的韧带会经历不同的痊愈阶段。损伤之后破坏的韧带端会缩回，从而引起出血（这随后会被重吸收）、炎症以及增殖，并在此处形成伤疤组织，接着是胶原蛋白纤维的解组和化脓。然而，韧带的痊愈是难以实现的，并且胶原蛋白基质的组成上存在着长期的变化[13]。

韧带损伤的评估

评估韧带损伤的金标准是MRI，它提供了严重程度和损伤精确位置的额外信息。然而，经验丰富的临床医师确实可以利用临床评估技巧诊断许多种韧带拉伤，他们主要针对的是限制关节运动的感觉。由于韧带损伤会造成关节结构支撑的减少，因此怀疑严重韧带损伤时是否合并骨骼损伤也很重要，例如在脚踝内翻期间，当压力导致踝骨和距骨的瘀伤时，出现的"亲吻损伤"。根据损伤的严重程度、位置和运动员的活动水平，应当采用以病人为中心、交叉学科的方法来确定处理手段。由于会导致长时间缺席体育运动，所以前交叉韧带损伤是竞技体育中最常讨论的损伤，不过围绕这些损伤的保守处理的讨论正在日益增多。大部分运动员都会利用移植进行手术修复（建议用于较年轻的群体），移植物最常取自腘绳肌腱或髌骨肌腱，两者在长期效果方面几乎没有明显的差异[10]。

韧带损伤重返训练

如软组织损伤的处理中所描述的那样，在急性炎症的初始处理后，尽早进行可控负荷加载是有益的，其有助于力量、基质组织、韧带的胶原蛋白含量的增加，而且与更早的重返比赛有关[16]。2级或3级韧带损伤应当通过使用支架进行保护来实现恢复，并且应降低施加在损伤部位的扭转应力，这会导致痊愈延迟或者慢性松弛。

根据损伤的程度以及运动员所回归项目的要求，韧带损伤的康复时长会有所变化。每个康复计划都应当个性化制订，并且是由运动医学专业人士指导的渐进过程。大家都知道，韧带的长期痊愈非常慢，并且损伤后胶原蛋白的组成仍然处于改变后的状态，所以至关重要的是，要从早期就专注于强化关节周围的肌肉组织，并专注于神经肌肉和本体感受训练。这会提高关节的姿势感知能力，并且研究显示，它对再次损伤和初始损伤具有预防效果[26]。

疼痛

前面部分讨论的任何损伤都会（并且经常会）导致疼痛。同样地，身体没有任何具体显著结构异常的时候，也会出现疼痛。疼痛几乎始终是一种降低表现的因素，因此它特别令所有的运动表现专业人士感兴趣。

大约400年以来，人们一直认为，疼痛这种令人不快的体验来自外周的输入（例如脚踝扭伤后，疼痛信息会从受损的韧带发送到大脑），并且运动反应（例如跛行）会由大脑进行协调。但是，现在人们的理解是，疼痛是一种输出，意味着来自受损脚踝韧带的信息沿着中枢神经系统被发送到大脑，同时随着以前的经历、未来的预期和文化规范来加权考虑进行解读。如果在考虑该

信息的整体性时，大脑确信身体受到了威胁，那么它将会采取多维度的保护行动，而疼痛也是其中一部分［其他部分包括运动输出的改变（例如跛行或肌肉痉挛）和交感神经系统活动的增加］。这里的关键点是，疼痛未必总是与损伤呈线性关系；相反，大脑会感知身体正在面临的威胁，而疼痛与大脑对这种威胁的解读呈线性关系。

这就解释了为什么有的损伤可能很严重，但是疼痛却非常轻微（即大脑可能确定，它接收到的信息无关紧要），并且同样解释了为什么损伤的结构性影响可能微不足道，但是疼痛响应却很严重（大脑确定身体受到威胁，并发出强烈的信息，即个体必须停止活动并寻求帮助）。

康复计划的制订

不管损伤涉及的组织是什么，人们在运动员重返比赛的准备度方面都需要做某些关键的决策。据以做出这些决策的最佳框架会在后面进行概述，并且应该始终以重返比赛目标为出发点。具体而言，这指的是要理解运动员重返比赛时的功能需求，这个过程可以得到科学训练师的支持，科学训练师依靠他们的能力来监控和指导外部和内部负荷的递进[33]。这将因项目而异，并且经常确实会因运动员在比赛中所打的位置而异，所以彻底的需求分析应当作为起点。为需求分析提供详细信息（参见第5章）超出了本章的范畴，但是在下列领域中，运动医学专业人士应当寻求与科学训练师的合作来理解急性和慢性剂量（训练量和强度）的预期，具体如下。

- 跑动负荷（需要进一步细分为总距离、速度、高速跑动距离、加速、减速和变向）。
- 碰撞负荷。
- 地球引力。
- 起跳和落地负荷。

- 击打、踢、投掷、划以及提举负荷。

作者强烈坚持的观点是，如果没有科学训练师的输入，恢复表现的概念不能成为康复计划的重点。而且，它不能只涉及自上而下的方法。运动员也应当参与决策，因为他们可能会对自己的竞技表现中最感焦虑或者觉得最具威胁性的方面具有独到的见解。

自此开始，便可以计划出一种合理周期化的重新训练方法。尽管计划的周期化在本书的第3章和第4章进行了更加详细的讨论，但是要重点指出的是，周期化也应当被用于损伤恢复。本质上，**周期化**是将训练刺激策略性地安排在一个整体的计划中，以让表现朝着预定的巅峰逐渐进步。在损伤的情况下，预定的竞技巅峰是重返比赛的日期。周期化还依赖于一个假设，即要想让损伤个体的表现逐渐进步，训练负荷需要在训练量和强度上进行波动，并且需要适当地加以构建，从而使运动员（以及其他利益相关者）相信所承受的训练量以及运动员接触的应力足以展示运动能力。

重返比赛

肌肉损伤后，恢复表现的准备度应当根据体征和症状的消除、临床评估、利用力量与运动娴熟度的主观量度，以及与支撑运动员的多学科团队讨论完成之后才能加以评估[17]。

损伤之后，不管个体是业余运动员还是精英运动员，长期的目标都是恢复表现。决定何时回归比赛是一项复杂且多因素的决策，并且应当涉及运动员和支撑团队之间的合作。决策应当基于与运动员参与程度相关的客观、心理和专项标准[1]。无数种模型可以辅助决策过程，这些模型在不断地考虑生理、心理和社会因素，这些因素是准备度的基础，并且涉及对目标和表现指标进行定期的评估和审查[1]。

风险和风险承受能力的策略性评估（Strategic Assessment of Risk and Risk Tolerance，StARRT）框架[32]描述了，当风险评估（健康风险和活动风险）结果低于可接受的风险承受能力阈值时，运动员应当如何获准返回专项运动。研究中描述的健康风险因素包括，患者人口统计信息、症状、以前的损伤以及身体检查；活动风险因素包括，专项运动类型和位置、功能测试（例如3次单腿跳）结果、与基线力量的对比以及心理准备度。影响风险承受能力的可改变因素包括，利益冲突、赛季内的时机以及来自运动员、家庭或执教人员的压力。该框架应当与持续的评估一起使用，以监测运动员的准备度，并突出任何需要解决的风险。

所有的损伤评估都应当涉及一系列的具体测试，包括封闭性技能任务（例如力量测试、3次单腿跳、星形偏移平衡测试）和冲刺，以及与专项运动直接相关的开放性技巧。这些测试应当具有反应性的元素，采用运动员要回归的场地情况和使用的器材，并且要专门针对其所打的位置。例如橄榄球运动员在重返比赛之前，应该具备在橄榄球运动中循序渐进地恢复身体接触和争球的能力。最初可使用设备训练，之后再做非反应性训练，最后做反应性训练并将它们整合到团队训练中。在这种场合下，科学训练师们应当有能力提供基线数据，用于评估准备度和对称性。

从历史上看，生理测试结果一直是运动员重返专项运动的主要聚焦点；然而，重要的是，要测量心理准备度，以在整个恢复过程中的许多阶段，发现任何对再次损伤的恐惧、积极性的降低或者自信心的低下。如果发现了上述情况，那么推荐的做法是求助运动心理师。

对于运动员及其支撑团队来说，对损伤及后续恢复的教育以及切实的预期至关重要。基于时间框架的恢复正在被客观主导的进步标准所取代，在该过程中，运动员专项的、可测量的、切实的并且适时的目标至关重要。

小结

本章旨在揭示竞技体育情境中组织损伤方面的关键病理生理学问题，以及重要的评估和重新训练问题。另外的目的是介绍一种看待疼痛的现代方式，它将疼痛看作威胁，而不是损伤，作者认为这种看待方式对运动表现专业人士来说至关重要。最后，本章讨论了康复计划及重返比赛决策的关键哲学基础。

康复的原则很大程度上遵循这些训练的哲学基础。渐进式、计划好的，同时还考虑适应－疲劳模型的超负荷，对于损伤的运动员的关键程度与对非损伤的运动员一样。读者应当清楚的是，

现代的损伤重新训练需要合作，包含来自多位利益相关者的输入。科学训练师在其中扮演着重要的角色。科学训练师擅长为正在训练的运动员提供有价值的服务，并且本章的作者认为，要是没有类似这样的熟练干预，损伤运动员的需求就得不到满足。科学训练师的当务之急不仅是分析、解读和交流加载参数，而且由于科学训练师在研究方法学上受过良好的培训，因此他们在损伤风险改变过程的持续改进中发挥着关键的作用。

损伤有时是无法避免的，但是以凝聚力和团队为导向的康复和恢复表现方法将保证得到强化的结果。当结合本书的其他关键主题，理解吸收本章中的信息时，读者有望对损伤的训练科学和康复有更深入的理解。

推荐读物

Ardern, CL, Glasgow, P, Schneiders, A, Witvrouw, E, Clarsen, B, Cools, A, Gojanovic, B, Griffin, S, Khan, KM, Moksnes, H, and Mutch, SA. Consensus statement on return to sport from the First World Congress in Sports Physical Therapy, Bern. *Br J Sports Med* 50: 853–864, 2016.

Cook, JL, Rio, E, Purdam, CR, and Docking, SI. Revisiting the continuum model of tendon pathology: what is its merit in clinical practice and research? *Br J Sports Med* 50: 1187–1191, 2016.

Joyce, D, and Butler, D. Pain and performance. In *Sports Injury Prevention and Rehabilitation*. Oxford: Routledge, 2016.

Macdonald, B, McAleer, S, Kelly, S, Chakraverty, R, Johnston, M, and Pollock, N. Hamstring rehabilitation in elite track and field athletes: applying the British Athletics Muscle Injury Classification in clinical practice. *Br J Sports Med* 53: 1464–1473, 2019.

Nielsen, RO, Bertelsen, ML, Ramskov, D, Møller, M, Hulme, A, Theisen, D, Finch, CF, Fortington, LV, Mansournia, MA, and Parner, ET. Time-to-event analysis for sports injury research part 1: Time-varying exposures. *Br J Sports Med* 53: 61–68, 2019.

第 7 部分

教育与交流

第30章

交叉学科支撑

邓肯·N. 弗伦奇（Duncan N. French），博士

当人们观察运动项目，询问运动表现，或者分析比赛时，很快就会发现，竞技体育活动包含不同技术、战术、身体、生理和心理等组成部分之间高度复杂的相互作用。不管是考虑可控环境中的个人类项目、争分夺秒的竞速类项目，还是对抗性比赛和团队运动项目的复杂情况，我们是有可能评估各个组成部分是如何直接影响运动员的成功的。理解竞技体育是一种诸多不同因素之间的复杂相互作用，并且每种因素都会在整个比赛过程中上调和下调，我们便有可能了解每个组成部分在影响比赛结果方面的重要性。竞技表现确实是**多学科**的。然而，仅通过多学科的角度考虑竞技表现，并不能表达不同组成部分之间存在的重要且复杂的相互作用（即多学科反映的是一个具有许多部分的体系，未必能够表明这些部分之间的关系）；只有当所有的因素都以一种整合或者**交叉学科**的方式综合起来时，才能实现真正最佳的表现。因此，至关重要的是，科学训练师、教练员和运动表现专业人士都要将训练、运动员发展和比赛看作一种交叉学科的体系。

运动表现的整体观

支撑运动员最优化自己的表现的方法并非总是交叉学科的。事实上，在过去约一个世纪内，随着表现科学（例如生理学、医疗服务、体能、营养学）的逐步发展，技术学科也以不同的速度走向了成熟（即世界上首个运动医学专业在20世纪初就雏形初现，而体能训练到20世纪60年代末期才广为流行），因此，对整合与合作的预见并非总是显而易见的。此外，一定程度上的职业偏见、自负、缺乏互动的意愿或者缺乏对其他职业的尊重，以及彼此独立运作的技术学科，多年以来一直是一种常态。传统上，从基于表现的问题产生到结束（例如损伤后重返比赛，或者身体成分的改善）的线性连续体被认为是，在单一技术学科范围内处理某个策略性过程的单一方法（即重返比赛的医疗处理，或者只利用营养干预来改善身体成分）。这种情况导致的结果是，技术领域最终都在同时以平行的方式相互独立地致力于相同的表现问题。寻找单一原因或者方法的情况实际上很常见，这很大程度上是由于职业偏见，并且人们可能认为，在竞技体育的快节奏情境中，这似乎是一种很有必要的简化[16]。然而，这通常忽略了若干种因素或者情况的融合，这种融合可能会对表现结果产生极大的影响（例如在康复期间引入心理师的医疗服务，或者营养师、生理师和体能训练师协力改善运动员的身体成分）。因此，构筑学科专项的壁垒实际上可能会产生更大的问题，并且肯定会带来达不到最佳表现的风险（见图30.1）。相反，以更加全面的多因素角度进行考虑会提供一种截然不同的视角，这种视角虽然起初可能更加复杂，但是从中长期来看，可能会形成更多种可能的解决方法。

归功于目前对基础科学、训练理论和运动表现的理解，我们很难赞同将表现支撑的孤立方法视作最佳的方法。例如，我们很难合理地解释，要是不附加可以缓解全身性炎症的营养干预，术后康复将会更好；或者要是没有来自运动表现分析师的视频反馈，比赛期间运动员的运动和进攻位置可以被精确地理解；又或者要是没有通过利用训练科学技术的诊断监测来获得对力-速度特征的主观理解，可以最优化肌肉的爆发力训练。

随着人们对竞技体育及其不同组成部分的评估，越来越显而易见的是，技术或战术与生理或心理组成部分之间的相互作用在竞技领域具有共生性。不可能找出一个组成部分停止，而另一个组成部分开始的位置。相反，影响一项运动任务的**表现决定因素**协同作用，并以一种同步的方式上调和下调，因此必须对它们进行全面的考虑。在一项运动中，不同的组成部分在不同的时刻要优先于其他组成部分（例如格斗项目中的高速击打、损伤后的炎症消除，或者在冬季两项射击时对呼吸的生理调节），但是我们不能对竞技表现的最优化存有偏见，认为单个技术学科要比其他学科更重要。相反，要想真正地最大化表现潜力，必须对竞技表现的所有组成部分进行全面的考虑。各个部分就像是作为大型机器的一部分，发挥着至关重要作用的单个齿轮。只有这样，技术学科的相

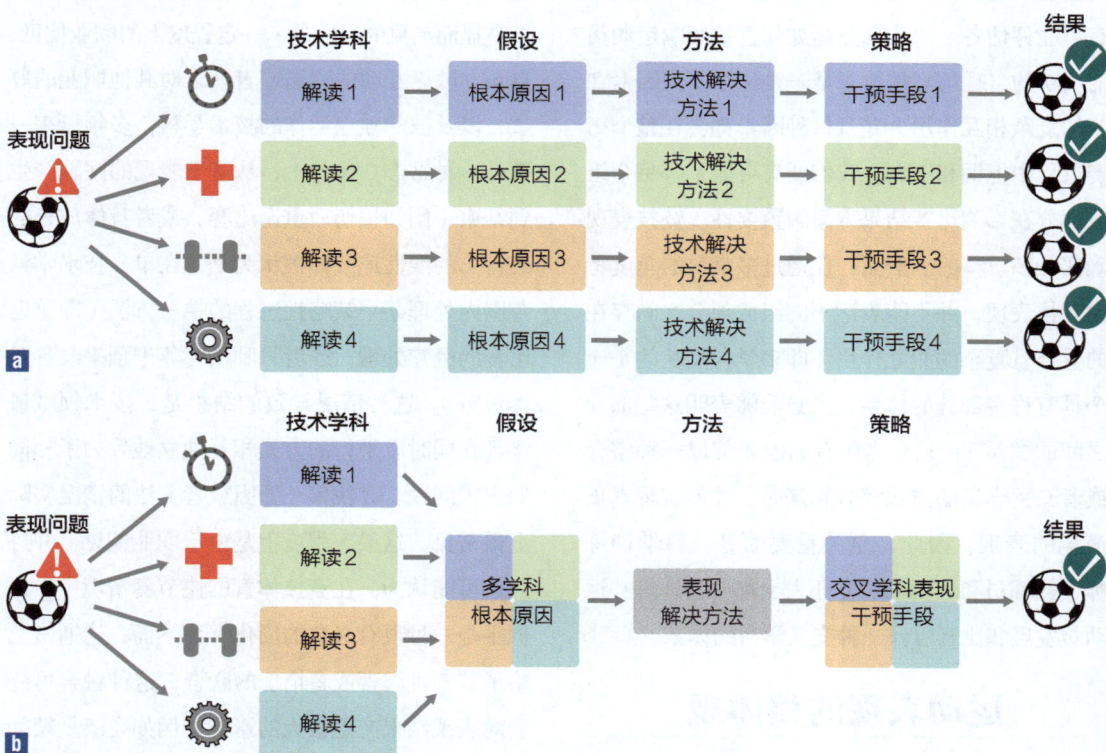

图30.1 竞技表现中解决问题的方法：a. 线性或孤立的方法；b. 复杂或交叉学科的方法

互作用（即交叉学科）才能被看作最优化运动员表现、恢复以及复原或者康复的最有效方式（见图30.2）。

基于系统论的表现方法

为了让表现科学更加符合运动员的具体需求，最优化任何表现干预，以及坚持我们目前对基础科学的多因素理解，我们必须采用一种多因素、多维度且交互的方法来为运动员提供支持。这与简化或者线性的方法截然不同。在简化或线性的方法中，几乎看不到合作，并且技术学科是以互相平行的方式运作的。相反，我们必须将**以运动员为中心的方法**作为一种让所有执教和技术人员的努力都专注于实现运动员或运动队的成功这个单一目标上的方式。

从哲学角度讲，所有的支撑人员都需要将成功这种奖励提升到个人偏见和自己的技术学科之

上。基于系统论的表现方法中最关键的概念之一是**循环因果**，这会改变人们对职业关系及其相互影响的理解和看法。在任何高水平表现团队或者竞技体育组织中，循环因果可以让复杂的运行架构远离传统的线性方法，而专注于多种技术学科的交互关系。当然，最开始需要有意识地决定以这样的方式运行，不过当人们有了以这种方式相互作用的渴望时，针对同一问题形成合作式解决方案的可能性会呈指数增长。此外，表现决策效率提高的可能性也会更大（即多个部门同时独立解决同一运动表现问题的风险会降低）。**交互关系**源自组织控制论（即探索调节系统的超学科方法）的基础，并且摒弃了看待系统的机械方式（即个体化的供应链），进而转向了一种更加关系化的方法（即复杂系统），这种方法专注的是相同群组或者组织中存在的环境因素之间的互相作用的影响模式。

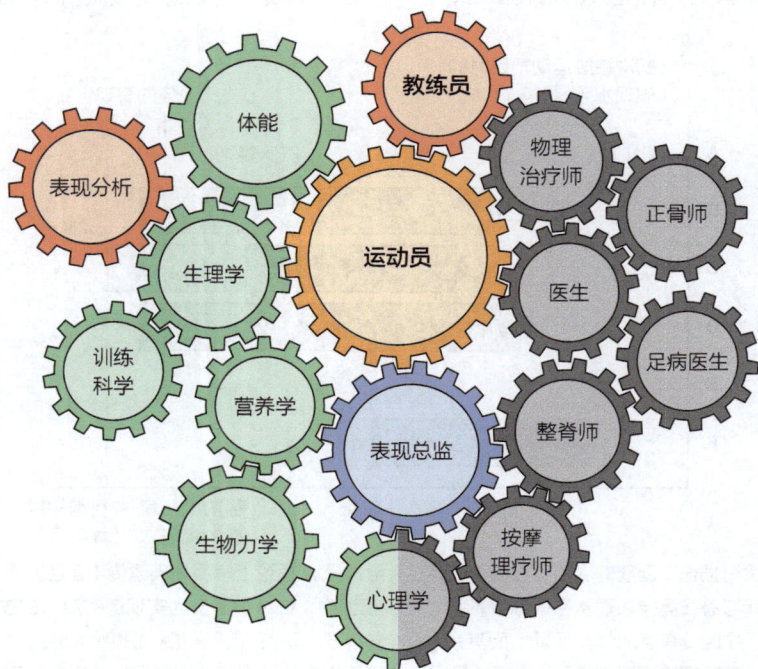

图30.2 支撑运动表现的"机器"。运动员是机器的核心，每个技术学科代表机器中的单个齿轮，每个齿轮都有助于机器最高效地运转

循环因果是一种理念，它改变了人们看待组织相互作用的方式。循环因果范式的核心是，理解所有内在或外在因素对团队或者统一系统的影响。通过让我们的思想从线性或者简化的方法转向一种更趋于循环或者更加新兴的思维过程，我们便不再专注于单个因素和单个根本原因了（例如，训练肌肉体积时，不考虑营养在强化肌肉蛋白质合成方面的作用）。相反，我们通过利用循环因果这种扩展的视角来让表现概念化，可以明显看出，所有的监管体系都可以被看作持续发展的，并且表现本身受到许多外在和内在因素的影响[9]。每种技术或战术以及生理或心理因素都可能对整体的表现水平产生影响，而将基于系统论的方法应用于训练科学，使得认识到这种影响的重要性成了可能。

以运动员为中心的模型

每个运动员都具有一种先天的遗传潜力，该潜力代表了这个运动员最大表现能力的阈值（即遗传上限）（见图30.3）。在任何竞技体育生态系统中，科学训练师、训练实践人员和教练员都会让运动员接触大量的外在和内在刺激（即训练、营养、恢复以及心理指导），目标都是提升运动员的表现水平，并最大化他们的潜力。这些干预被当作训练过程，多学科团队通过这个过程，努力实现运动员的表现潜力[23]。图30.3表明，根据遗传基因（即天性），所有运动员与生俱来的潜力和能力都各不相同[21]。然而，更加关键的可能是，要理解任何训练干预（即通过培养）都可以从根本上决定表现潜力实现与否。有效的训练可以让运动员利用所有的遗传潜力，而不理想的训练在促进运动员展示自己全部潜力方面作用甚微。这种理论模型为改善运动表现提供了有价值的见解。实际上，所有的运动员都拥有不同的生理结构、不同的动作技能以及不同的遗传潜力，并且每个运动员都会对训练刺激做出不同的反应。归因于

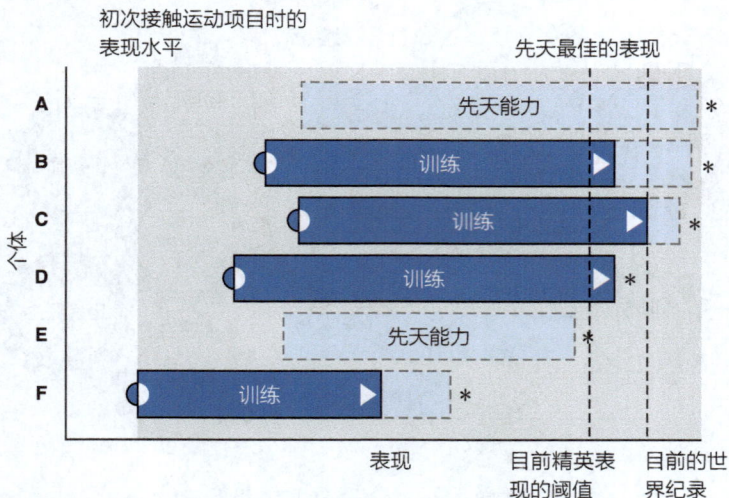

图30.3　针对6个没有损伤、健康的次精英和精英个体（A至F），从理论上解释先天遗传（蓝色方框）和后天培养（灰色方框）对他们实际与潜在竞技表现水平的综合影响。在该模型中，训练被定义为实现遗传潜力的过程。两个个体（A和E）不是运动员，并且没有参加体育运动，而其余4个个体（B、C、D和F）进行积极的训练，并且参加体育运动。第一次接触体育运动时的初始表现水平和4个运动员目前的表现水平分别用蓝色圆形和白色三角形表示。星号表示个体最佳表现的阈值

改编自：Tucker and Collins（2012）。

人类生理学和动作技能掌握的复杂性，运动员培养确实具有个体性。即便身处同一团队运动项目，相同的训练课也可能诱导团队中的每个运动员产生各种各样的反应。

通过认识到每个运动员都是不同的，并且运动员们会以各种各样的方式对诸如饮食或训练负荷的内在和外在因素做出反应，我们可以认为，只有当运动员的具体需求得到满足时，才能最大化表现潜力。以运动员为中心的训练范式针对的是个体在身体、生理、心理以及动作学习上的具体要求。这种以运动员为中心的理念提倡的是，任何运动员的培养都要专门针对运动员各自的需求。在以运动员为核心的模型中，训练干预、表现策略以及任何表现强化活动都符合个体的具体需求，实际上，只有通过这种模型，运动员才能获得最佳的能力。这是团队运动项目中的主要挑战之一，因为在对整个群体进行训练时，决定同时将许多个体的水平提高到什么程度颇具挑战性。

交叉学科团队

当对运动员或者运动队有影响的所有训练实践人员都认可，高水平表现需要不同的技术、生理和心理因素，并且这些因素因运动员而异时，便有可能针对表现优化采用一种交叉学科的方法。**交叉学科团队**（Interdisciplinary Team，IDT）由许多不同职业的人员组成（例如教练员、内科医师、心理师、生理师、科学训练师以及营养师），他们都致力于帮助运动员个体或运动员群体。IDT会影响表现服务的计划与实施，它的存在应当被视为最优化竞技表现的基础。实际上，前面的部分确定了最佳表现需要许多种不同的因素同时发挥作用。然而，过去几十年人类服务行业展示的主要教训是，要想IDT有效，并对表现产生积极的影响，就必须在可能形成竞争、职业偏见和冲突的环境中，积极地促成一种团结协作的氛围。

在竞技体育IDT的协作特征方面，人们应特别考虑以下几个因素。

- 需要明确地定义所有IDT成员都可见的技术和战术目标。
- 所有利益相关者都要遵守一份结构化的训练和比赛日程。
- 具备一支交叉学科的训练科学和医学团队，为与竞技表现决定因素相关的所有技术学科提供专业知识。
- 认可一种合弄制管理模式框架（下文会进行更加详细的介绍）。
- 具有以解决各种运动表现问题为导向的运行文化（即沟壑干预策略）。
- 具备促进交流与知识分享的必要基础设施，以及一种坦诚、透明的文化，以促进学科之间的相互影响。
- 具有一种所有学科都被视为同样重要的组织架构。

IDT的概念涉及各种学科的专业人士整合自己的工作，同时还要考虑各自（即学科）的处理计划或者行动过程[20]。竞技体育中的IDT由来自各种训练科学相关学科的教练员、医疗人员、卫生保健人员以及训练实践人员组成，他们应当合力制订最终有助于运动员成功（即获胜）的具体策略、推荐做法和干预手段。随着不同训练科学相关学科、数据分析师和卫生保健提供者的持续增多，如今高水平竞技体育项目中的IDT可以极其多样和不拘一格。

表现的利益相关者

从概念上讲，IDT应当协力帮助处理运动员的备战和竞技表现。通过这种支持，运动员可以利用源自各种技术学科的专业知识来最优化自己的准备或者表现潜力。由于各自在促成运动员的成功方面所发挥的作用，包括科学训练师在内的所有IDT成员都被视为表现的**利益相关者**。随着技术方面的专业人士的出现，人们认识到运动表现是一种多因素的体系，并且认识到竞技体育中的经济回报越来越多，可以在运动表现干预（例如心理指导、生理准备、数据分析以及恢复）中投入更多资金，同时运动表现利益相关者的规模，无论是队内还是队外，都会变得非常庞大。

IDT的结构很大程度上取决于每种情况下的需求和资源，并且IDT应当根据客观目的、目标或者资金（或者不止其中一种）来构建。有些IDT规模很小，只包含2~3名关键的训练实践人员，而正如前面讨论的，有些IDT会非常庞大，并且拥有大量不同的技术人员。整体来看，大部分IDT都包含常见技术领域内的专业人员，包括技术或战术教练；医疗和相关的健康从业人员；身体准备专业人士，包括营养师、科学训练师和数据分析师；器材管理、资源管理和操作人员[5, 13]（见图30.4[5]）。IDT的运行管理取决于竞技体育的具体细节。传统上，大部分组织都会采用医疗模型，即由首席医疗官（Chief Medical Officer，CMO）或者队医领导其他技术学科。IDT由这种具有层级的医学模型演变而来，并且团队专家的交叉学科性质现在得到了认可，同时领导权分散在整个IDT内。实际上，IDT越来越倾向于包含一位运动表现总监，其整体管控所有的运动表现服务，包括医疗与科学，并且与主教练一起尽力为不同的IDT专家和技术或战术教练牵线搭桥[5, 14]。所有的IDT都一样，组织有效性的最大风险在于单个学科在不断地强调简化方法，每个学科可能会在其壁垒内运作，并且几乎不关注整体的运动员健康和表现管理、有效的沟通、整合以及对如何促进更佳决策方式的理解[5]。从这个角度来看，高表现水平的交叉学科支持实际上可以被看作一种思维模式，而不是一种组织架构。实际上，IDT需要大家共同期望采用一种整合的方式来解决表现型问题。

科学训练师在交叉学科团队中的作用

科学训练师在IDT中通常具有独特性，因为他们在合并其他技术学科的生产力方面发挥着不可或缺的作用。科学训练师的基本作用是构建一种依据基础来帮助解决执教人员提出的问题，以为围绕运动员准备和比赛的决策提供信息。此外，科学训练师通常具备可以被其他技术学科利用的技术技能和科学专长，包括技术专长以及数据收集和分析技能。在IDT的生态系统内，建立支撑运动员准备训练或比赛的依据基础意味着，科学训练师在开展工作时必须横跨IDT架构中的所有部门，并从所有利益相关者那里收集相关的信息，而不是以简化的方式在训练科学壁垒内开展工作。这样，科学训练师可以按照最合适的方式管理信息或数据流（或者二者），以向执教人员和更多的IDT成员预测运动员的进步、退化或者表现潜力。

科学训练师通常是IDT中各种专业人士和技术执教人员之间的桥梁。科学训练师的作用是理解基础科学，开展应用研究（例如文献搜索和主要研究调研），并尽力整合信息，这些信息随后可以用来在单个技术领域，或者在整个IDT中以更加全面的方式影响决策和表现策略。在工作中，科学训练师必须采用科学的方法和批判性思维，来研究和调查任何与运动表现可能相关的概念，这些概念可能是运动员、执教人员或者其他IDT成员的关注点。实际上，科学训练师的作用应当是在竞技体育范式中采用科学的方法，就如何最大化获胜的可能性进行提问、观察、假设、测试、分析

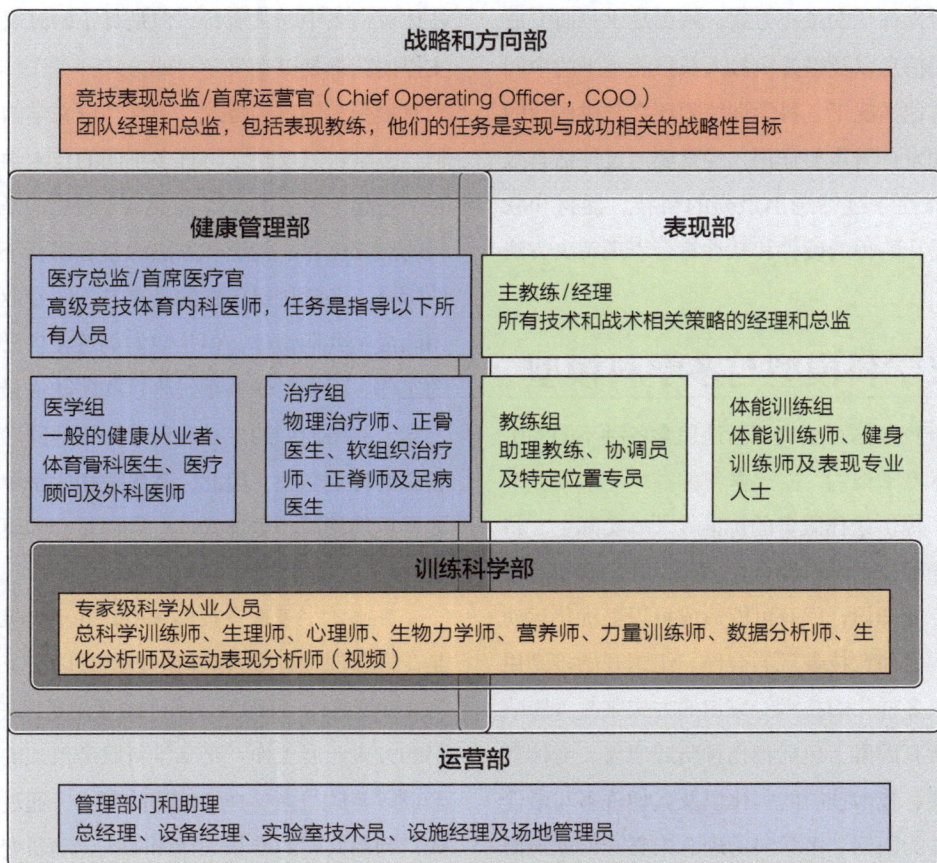

图30.4 交叉学科表现团队模型。所有的领域都根据主题加以定义（即战略和方向部、健康管理部、表现部、训练科学部和运营部）。整个表现模型由竞技表现总监进行指导。健康管理部和表现部分别由医疗总监和主教练加以管理。训练科学部横跨健康管理部和表现部。作为其基础，该模型具有影响所有技术部门的运营部。在整个模型中都有专业技术领域之间的重叠和整合
改编自：Dijkstra et al.（2014）。

和提出理论。在IDT中，相比于其他团队成员，科学训练师可能是应当利用科学方法和批判性思维的基本组成部分来影响表现结果的人。这些组成部分如下。

- **实证主义**是使用可以重复的实证证据，来做出至关重要的决策和得出合理的结论。
- **理性主义**指的是利用批判思维和逻辑推理，而不是情感思维或妄想思维，来评价正确和错误的看法。
- **怀疑主义**指的是持一种怀疑态度，并且不断地

质疑已经被普遍接受的看法和结论，以考察这些看法和结论的证据、论点和理由。

在IDT之外，科学训练师还可以额外扮演促进与外在利益相关者合作的角色。例如，这可以包括学术机构，团队、组织或者其他可以与之合作开展研究计划的机构。通常，由于自身的研究能力、专业知识和人力资源方面有限，团队或者组织都会雇用学术机构来开展调查研究。因此，由于科学训练师具备科学方法和调查研究的知识，所以他们通常成了数据收集的推动者，以及探索科

研成果可操作化的最佳方式，解读高水平研究成果、传播信息以及提升执教人员技能水平的中间人。在其他情况下，科学训练师还在与供应商的沟通方面发挥着重要作用，经常要通过评估有效性和可靠性来过筛选出最新的科技、器材和软件，然后让购得的硬件和软件符合表现解决方法的需求。

交叉学科模型与多学科模型

随着竞技体育组织不断地包含各种不同的医疗和技术专家架构，交叉学科的高水平表现模型已经成了提供最佳服务的标准[21, 24]。实际上，将许多不同的技术学科综合在一起，并且利用每种学科的专业知识，就有可能形成可以最优化运动员准备程度和竞技表现的合作。组织开始接受用建立一个多样化的技术专家组的方式来改善影响表现的所有因素，包括损伤预防或康复、身体素质的发展、技术技能的强化以及其他许多与最佳表现相关的因素。多学科的理念未必会保证前面讨论的预期循环因果，如图30.5所示。实际上，多学科的架构仍然存在让其方法变得简化或者个性化的风险，这种情况下，技术学科会继续以彼此平行的方式运作[26]。尽管以多学科的方式将不同的技术领域综合起来也可以，但是仅有一种多学科的架构并不能保证实现必不可少的知识分享、合作式的工作流程以及针对统一的目标。

尽管术语"多学科"的使用在高表现水平竞技体育情景中非常流行，但是真正的高表现水平支撑团队都是以交叉学科的方式开展工作的，而没有接受多学科的范式。不管其语义学的解释如何，多学科只反映了将许多不同的技术学科聚集在了一起（见图30.5），而交叉学科指的是单个学科的交叉合作、知识和方法的整合以及统一方法的综合。多学科仅仅指的是来自不同专业领域的团队成员共同协作，但是他们仍然在自己的学科内工作。而交叉学科系统将这些团队成员聚集到一起，并将他们的专长和科学知识共同融入一个整合的计划当中，因此，其服务相比于单一学科变得更加精简、更加具体、更加整合和更加目标导向。

在高水平表现竞技体育中，并不少见的情况是，许多训练实践人员相信自己在以交叉学科的方式开展工作，而实际上他们更多地是以一种多学科的方式开展工作。交叉学科服务范式的核心是形成以运动员为核心的方法的能力，通过这种方式，利用共同的专长来让团队或运动员变得更出色，并且只有当采用统一的策略时，才能实现这一目标。交叉学科服务代表的是训练科学的万能之计，即一种真正高效能、创新和影响表现的架构，它包含了所有的单个技术学科，并且这些学科以交叉学科的方式（即分享、挑战和创新）合作。鉴于该原因，各团队成员必须认识到自己的角色定位以及如何让自己匹配更重大的任务（即如何取得成功），还要认识到其他技术领域在这

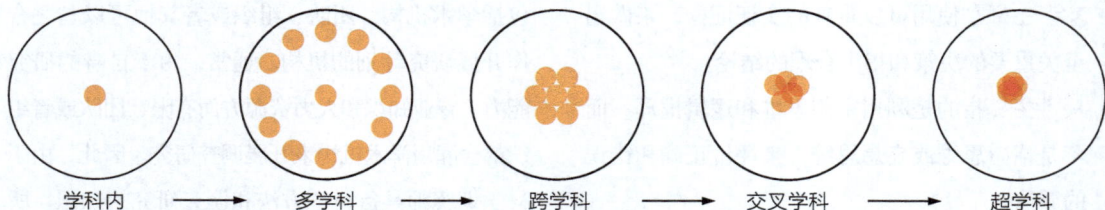

学科内 ⟶ 多学科 ⟶ 跨学科 ⟶ 交叉学科 ⟶ 超学科

图30.5　不同的学科架构

经许可改编自：E. Zeigler（1990, pg.40-44）。

个过程中的重要性。没有哪个学科可以给出解决整个表现难题所需的所有答案。因此，突破学科的障碍以及摒弃孤立的方法是最优化竞技表现的基础。科学或医学被认为从属于彼此的时代已经过去了，如果仍然存在这种想法，真正受到影响的是优化表现的能力。

组织架构

在专业团队、大学以及竞技体育机构中，要么交叉学科服务利用组织框架进行构建，要么它们有机地演变为一种特殊的运行方式，并且不需要明确的架构。不管它们的构建方式如何，我们都有可能将所有的交叉学科架构归为以下4种类型之一：自上而下的职能式组织、部门式组织、矩阵式组织或者扁平式组织。当考虑创建最有可能影响表现的IDT的最佳方式时，我们可以评价一个IDT将如何利用下面的4种架构运行。

自上而下的职能式组织是一种组织架构，其中技术学科按照层级的方式分层布置，被认为最重要的学科位于组织架构的顶部，而被认为最不重要的学科位于底部。这种分层方法中具有按等级划分的领导权和管理权，一个技术学科（例如运动医学）负责管理它下面的所有其他技术领域。一个例子是传统的医疗模型，通常用于职业足球[5, 13]，其中内科医师、队医或者CMO监管所有的其他技术学科，包括运动医学、营养、生理学、体能训练、表现分析和训练科学。在这种情境中，医疗人员（例如CMO）被认为是最具影响力的，因此，其他学科从属于由医疗人员领导的一个架构。在这种类型的架构中，职业偏见扭曲操作方法、技术服务缺乏影响和可见性、专家由于缺乏影响力而变得闲散以及与其他部门沟通受挫的风险很高。

部门式组织反映的是一种典型的多学科团队架构，其中各学科根据各自专长的技术领域加以组织。技术领域互相并列布置，但是部门互相足够独立，它们通常由整个架构顶部的表现总监或者主教练领导。这样的部门式组织反映了竖向的专业壁垒，并且正如前面所讨论的，这通常是如今最常用的支撑团队（即幕后工作人员）形式。这类架构的最大风险是，从核心来讲，它是一种简化方法，并且由于竖向的壁垒，它积极地促进专业技术以平行于其他专业技术的方式独立运作。鉴于该原因，合作和知识分享通常都被最小化了，学科之间不进行沟通互动的偏执行为会不断增加，并且系统整体上包含了高度的冗余，因为多个技术学科都在尽力彼此独立地解决类似的表现问题。

矩阵式组织表示一种架构，其中来自不同技术学科的人员按照项目或具体关注点被划分到由项目经理领导的小组中（例如分配人员，使其与具体的比赛位置共事，或者让多学科团队致力于损伤预防策略），随后项目经理再向职能经理或者总监汇报工作。这种架构被认为更加体现学科交叉，因为它可以利用混合的交叉学科单元，而不是竖向壁垒来开展工作。IDT的矩阵式组织有助于促进更出色、更开放的沟通。它可以让资源轻易地转移到它们最被需要的地方，并且它会促进不同技术领域专家之间的合作，以为具体任务或表现型的问题提供解决方法。然而，矩阵式组织存在的风险是，大家争相确定首要任务，以及众多主管或经理带领他们各自的单元或团队朝不同的方向开展工作会导致产生困惑和受挫。

扁平式组织中，来自不同技术学科的IDT成员几乎没有或者完全没有显示出优先性。在整个过程中所有专业人员都是平等的，并且所有的技术领域都向表现总监汇报工作，由总监设定对于所有人来说都通用的目的和目标。这种扁平式的组织架构为每个团队成员赋予了自我管理能力和更强的决策能力（即创新）。该架构反映了分散的管理方式，权力和决策可以被分散在整个IDT内的自组织团队中，而不属于某个技术学科层级。在针对具体技术领域的扁平式组织中，在适当的时候或者在某些情况下会采用一种情境领导法（例如重返比赛早期的医疗领导），但是一旦为给定的表现问题给出了解决方法，或者问题不再占据首要地位，那么架构便可以重返至扁平式架构（例如，随着运动员从临床护理过渡到体能训练，纳入科学训练师和体能训练师来提高训练负荷）。采用扁平式组织的IDT意味着所有的技术学科都被认为是平等的，从而符合一个理念，即竞技表现是一种诸多因素共生协作的体系。扁平式组织意味着，模型没有只在竖向壁垒内（即在一个技术专业领域内）寻求表现问题的解决方法，而是促进IDT成员之间的水平互动，以采用统一的方法形成表现的解决方法。这时，职业偏见被最小化了，客观目标对于所有团队成员来说都是一致的，而不是对于每个技术领域来说都各不相同，并且合作和交叉学科或超学科活动是常态。扁平式组织代表的是合弄制，该术语指的是，一致针对工作需求（即以运动员为中心），并且团队成员高效且有效协作的团队架构或者过程[18, 25]。

合弄制

合弄制的范式是一种方法，它最好地定义了扁平式交叉学科架构，并且具有显著影响运动表现水平的潜力。合弄制可以被定义为构建和运行某个组织的方式，这种方式取代了传统的层级管理模型，相反还会促进权力在整个组织内的分散，从而在为个人或团队给予自由的同时，还与组织的任务保持一致[9]。合弄制会促进以下内容[25]。

- 精简且有适应能力的组织。在决策、监测和评价时间非常短暂的快节奏竞技体育领域，要想让IDT有效，那么支撑人员群体具有灵活、动态的能力至关重要。

- 高度有效的合作和交流。正如本章所讨论的，竞技体育架构是多因素的。因此，至关重要的是，组织要促进不同技术学科之间的合作成为一种为相同表现型问题制订整合解决方法的方式。

- 权限分配清晰。在探索竞技体育秘密之旅的不同时刻，每个医疗服务和体育科学学科都会发挥作用。因此，没有哪个专业领域会被认为比其他领域更加重要或者不重要。实际上，在整个训练和比赛过程中的不同时刻，对每个技术学科的需求会上调和下调。权限分配清晰是交叉学科方法有效支撑运动表现的基础。

- 目标驱动的工作。为了提升表现水平，支撑服务在方法上必须具有针对性，并且对表现的制约因素必须具有直接的影响。通过确保服务目标的一致性，表现服务可以是有效率的、有目的的和有影响力的。

交叉学科支撑的合弄式方法，其优势在于它将领导权和权力分散在了整个IDT中。这激发了一种更加开放的系统，团队成员们可以与不断变化的竞技体育环境更好地联系在一起，让IDT变得更加灵活和敏捷。通过摒弃自上而下的层级来让成员干劲十足，并且促进传统上互相独立开展工作的技术领域进行整合和合作，人们能够更好地感知到被称作张力的机会，以改善提供的服务和更加符合运动员的具体需求[25]。合弄制将这些张力划分成了两类：运行张力（即开展所需工作的过程）和管理张力（即辅助开展这些工作的组织架构）[9, 19]（见图30.6）。

为了在IDT运行时辅助实施解决这些张力干预手段，不同的团队成员要协力推进运行和管理过程，并就在训练和比赛的具体阶段所需的情景角色达成一致意见。正如前面所讨论的，这些角

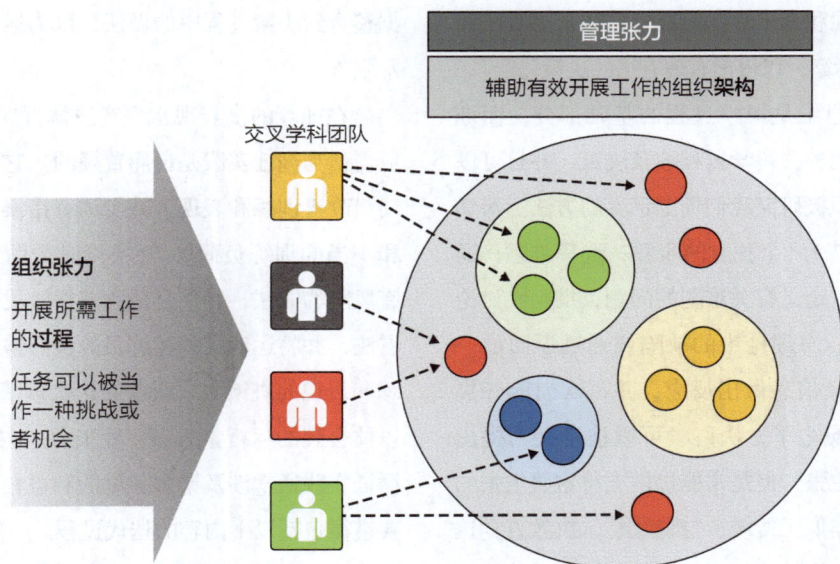

带颜色的小圆＝个体角色，带颜色的中圆＝团队或部门，大圆＝组织。
交叉学科团队：黄色和绿色＝一个团队成员可以有多种角色；灰色和红色＝一个可以由多个团队成员担任的角色。

图30.6 合弄制过程。合弄式组织架构中"张力"的表现形式，包括组织张力或者需要开展的具体过程，以及管理张力，它定义了用来辅助这些过程的组织架构

色的职责将根据运动员或团队的需求进行上调和下调。每个技术专家可以同步处理整个团队的学科专项信息，并利用可转移的数据促成快速的决策，以能够通过动态操控技巧产生快速的反馈和采取迅速的行动[19]。在其他情况下，通过认识和注意到不同的IDT经验（即对训练干预的反应、比赛表现），管理张力的动态操控可以让IDT架构的质量持续提高并产生适应。张力在高效能的团队中确实至关重要。管理良好并且不会变为负面影响的张力可以促进积极的行动，例如内在评价、质疑和创新。实际上，从张力中会产生**突现**，这种情况中会产生新型和连贯的架构，并且有效的模式和程序会在复杂的自组织过程中变得显而易见。

传统的自上而下的层级架构具有否定真正交叉学科工作的倾向，与之相反，采用合弄式组织方法的IDT由自我组织的人员组成，他们以一种创新、合作的方式致力于实现统一的目标。每个

角色都有明确的目的，并且明确描述了需要完成的工作以及担任该角色时要承担的责任和具备的权力[25]，并且整个团队都认可这一点。团队成员会在自己的组织层面上感受到张力，并且根据该张力采取行动的决策和机会随后会传递给所有的成员，以让他们利用自己的专长和技能解决问题。团队然后通过解决会影响运动表现的激励张力来进行自我组织。信息在所有的IDT层内流动，从而为有效、极具针对性的交叉学科解决方法提供一个框架。

循证实践

交叉学科支撑的基础是对系统性**决策**的需求。包括科学训练师在内的所有IDT成员必须开发出一种方法，来针对评估、诊断、干预策略以及各自技术服务的目标做出合理的决策。决策的核心是**批判性思维**。甘布里尔（Gambrill）[7]将批判性思维定义为"一种独特的目的性思维，我们在其中利

用诸如明确性和公平性的标准。它涉及对看法和行动的仔细考察，以得出有理有据的决策"。

批判性思维是科学过程的基础部分，而训练科学也不例外。科学过程涉及决策，并且可以看作思考和积极研究我们周围世界的方法。科学方法可以总结为4个独立的步骤：选择难题；通过提出理论，定义有关难题的问题；批判性讨论并测试理论；对理论中的缺陷或通过返回前一步而产生的新信息做出反应，并再次向前开展工作[15]。对照之下，伪科学可以被定义为提出类似科学的主张，但是未能提供支持这些主张的证据。因为类似于传统、"执教眼"、执教直觉这类事情，过度依赖坊间证据、批判性怀疑精神不足，以及倾向于忽略与固有看法相反的数据等现象在竞技体育中较为常见，即使在顶级水平的竞技体育中也是如此。教练员和运动员可以正确或者错误地坚持得到充分确认的观念，这会为科学训练师和其他IDT成员带来一个需要突破的重大挑战。实际上，这些根深蒂固的看法会为批判性思维、逻辑和科学过程带来障碍，并且它们最终会抑制由客观研究成果和证据加以支持的有用表现干预。

在浏览曲解信息和坊间证据时，科学训练师和其他IDT成员的任务是，证明他们的见解和理论是基于合理证据的，并且它们会对预期的结果目标产生影响。通过采用科学方法，IDT应当应用批判性思维来开展循证实践，即通过包括文献综述在内的科学研究成果来辅助有理有据的决策，以清楚地理解如何最佳地回答基于运动表现的问题。循证实践是回顾最佳证据，将其与艺术和直觉相结合，并且做出影响表现的明智选择的系统方法[1]。库茨（Coutts）[4]可能给出了有关竞技体育循证实践的最新定义，他将其定义为"将执教专业、运动员价值和最相关的科学及研究证

据整合到决策过程中的做法，以为运动员提供日常服务"。

在如今的高表现水平竞技体育界，IDT成员应当认为循证实践是毋庸置疑的。它可以帮助运动员改善训练和表现，减少训练错误（例如损伤和不当的训练负荷），在决策时帮助平衡已知具有风险的看法，利用合适的证据挑战基于信仰的看法，并将运动员和教练员的偏好整合到有关训练和表现的决策中。所有的这些事情都是IDT可以体会到的运行张力和管理张力。在IDT中进行循证实践通常涉及诸多关键的利益相关者，并且要遵循包括以下内容的迭代过程。

- 确认要研究的相关基于运动表现的问题。
- 搜索并批判性地评估任何可用证据的有效性、影响力和适用性。
- 制订策略来将最有用的证据运用到应用实践中。
- 评估新实践在运动员身上的有效性。
- 不断地对证据进行重新评价和质疑，并评估当前的实践做法。

循证实践对于科学训练师以及IDT中的其他医学和相关学科专业人员来说至关重要。研究与实践之间的差距不可避免地会累积在远远滞后于最新科学知识的训练方法中，或者源自实验室型科学研究的超越研究成果中，因为训练或比赛的创新发展意味着研究无法赶上竞技体育日新月异的变化。科学研究的循证实践在这两种情况下都至关重要。合适的科学证据可以被用来最小化现存科学研究与研究成果实际应用之间的差异，或者被用来提供证据来证实或者驳回既定坊间方法有用与否。后一种情况通常被称为实践证据，即科学研究被用来证实一项运动、练习或者技巧有用与否——在还没有任何证据证明其有价值之前就已经将其运用于实际场合。虽然竞技表现的许多创新都是从实践证据中演变而来的，但是这种策略的风险

在于，可能投入了大量的时间在训练干预上，但是后来该训练干预被科学证实是无效的。

要想真正地具有影响力，交叉学科支持架构应当有意识地选择摒弃仅仅依赖于传统、执行便捷或者权威的职业实践。当这种方法成为常态时，职业决策通常只依赖于专家证明、共识和习惯[12]。这些方法的风险在于，修改或者误用与实践做法相矛盾的证据性研究成果，并为长期存在却具有疑问的技巧和策略辩解。因此在任何可能的情况下，训练实践人员都应当力争提供证据，以通过批判性思维和调查研究的科学过程，证明和支持他们的理论和假设。证据可以通过大量合适的方法加以收集，包括文献搜索、应用研究项目、流行病学资料分析以及与学术机构合作的大型科研项目。

小结

对于许多运动员、教练员、临床医师和表现科学的从业者来说，一种整合的且专注于表现的服务提供方法仍然是一个困难的概念。这很大程度上是由历史上学科专项的观念、工作环境不利于合作以及职业偏见导致的。在这样的生态架构（它可以是多学科的，但缺乏学科交叉的方法）中，不同技术学科的从业者往往会孤立地开展工作，并且都专注于各自的证据，目的是在确定如何最佳地解决表现型问题时拥有最终发言权。通常，许多团队成员会同时且互相独立地处理相同的问题，从而在系统中产生了高度的冗余。实际上，多学科团队成员在孤立地做决策时，忽略了潜在的表现和心理后果，没有考虑运动员、教练员和其他团队成员的偏好[5]。

支撑运动员或者团队的最具影响力、最新颖和最有效的方式是采用交叉学科的、以运动员为中心的组织方法。以交叉学科方式开展的表现服务是一种合弄式或者扁平式的组织架构，其中领导权和权力分散在整个IDT中，并且团队成员更好地联系在了一起，从而让响应表现相关问题的能力变得更加灵活和新颖。服务的层级很大程度上被摒弃了，并且所有的技术学科都被认为具有相同的重要性和影响力。在交叉学科架构中，技术学科协力来回答表现型问题，从而提高了效率和专注度，但还是会激发创新和统一目标的设立。通过将循证实践应用于自己的工作，其中坊间证据和伪科学被作为证据的理论、基本原理和支持数据所取代，交叉学科团队可以对表现潜力和获得成功的过程产生最大的影响。

推荐读物

Arnold, B, and Schilling, B. *Evidence-Based Practice in Sport and Exercise: A Guide to Using Research.* Philadelphia: F.A. Davis Company, 2016.

Coutts, A. Challenges in developing evidence-based practice in high-performance sport. *Int J Sport Physiol Perform* 12: 717-718, 2017.

Dijkstra, H, Pollock, N, Chakraverty, R, and Alonso, J. Managing the health of the elite athlete: a new integrated performance health management and coaching model. *Br J Sports Med* 48: 523-531, 2014.

Moreau, W, and Nabhan, D. Organizational and multidisciplinary work in Olympic high-performance centers in USA. *Rev Med Clin Condes* 23: 337-342, 2012.

Reid, C, Stewart, E, and Thorne, G. Multidisciplinary sport science teams in elite sport: comprehension servicing or conflict and confusion? *Sport Psychol* 18: 204-217, 2004.

第31章

信息传播

扬·勒默尔（Yann Le Meur），博士

大约自2010年以来，训练科学开始迅速地发展。在此期间内，可用信息及训练科学相关分支（例如训练方法、动作技能学习、运动心理学、营养以及恢复）的数量出现了指数式的增长。例如，医学图书馆（PubMed）检索系统中，专注于团队运动项目的科学出版物数量从1998年的104份增加到了2020年的1253份。导致这种趋势的因素似乎有很多。首先，大部分训练科学方面的科学期刊称他们收到的待发表原稿数量出现了剧增。投稿数量的不断增加似乎与该领域内科学训练师和学生数量的增加有关，但是似乎也因为辅助数据收集的技术变得更加易于使用了。其次，现在专注于训练科学的科学期刊数量越来越多了，从而提供了更多可以发表科学研究的平台。尽管训练科学中可用信息数量的增加可以带来一些明显积极的好处，但是与之相关的还有一些局限性和缺点。重要的是要解决一个问题，即对于在应用情境中开展工作的利益相关者来说，研究成果要易于理解并且具有影响力。这一点会在本章的第1节加以解决。

与科技影响21世纪以来训练科学方面出版物数量的方式类似，对于与运动员，尤其是与最高水平运动员共事的人来说，竞技体育组织可用科技的剧增也会对可用信息的数量产生巨大的影响。根据利用多种工具（例如应用程序、追踪系统和传感器）收集的主观和客观数据，科学训练师现在有可能为教练员提供大量的信息。当得以合理收集和解读时，这些信息应当能够为计划和训练操控方面的决策提供帮助。然而，数据分析、可视化和交流的合理使用仍然是真正的挑战，这会在本章后面加以讨论。

研究影响最大化

训练科学研究的主要目标之一，是积极地影响教练员的决策和实践，为挑战现有方法和看法的从业人员提供支撑。同行评审类期刊是集中这些知识的基础，但是证据表明，科学训练师可以通过投入时间让研究成果以更加易于使用和易于理解的方式进行传播，显著地最大化他们研究成果的影响力。

传统的知识和科学交流机制已经通过同行评审类期刊得到了完善。发表在国际同行评审类科学期刊上面的研究论文可以被认为是研究漫长过程中的最后一步。该过程包含以下步骤。

- 确定一个可靠且有潜在影响的待解决的研究问题。
- 提出与该研究问题相关的假设。

- 设计实验方案。
- 开展实验并分析结果。
- 撰写科学报告。
- 解决同行评审期间提出的问题。
- 发表研究成果，为科学知识体系做贡献。

当最终的论文原稿被接受，那么便可以认为研究过程完成了。尽管如此，发表在科学期刊上显然并不能确保论文具有影响力，并且大多数时候，研究成果并不能使应用实践发生快速有效的改变。虽然这样的过程在确保科学的稳健性方面很重要，但是基于订阅的刊物和同行评审过程会耗费大量的时间，并且会阻碍研究成果传播给更加广泛的受众。例如，一项研究估计，研究完成与将这项新成果转化为医疗职业实践方法之间存在17年的滞后时间。即便如此，也只有部分研究成果得到转化与应用[15]。

传统上，研究人员工作的影响仅仅通过出版物（发表的论文数量及其影响因子）和引用量（例如H指数和I10指数）加以度量。即便这些指标表明其可以被科学界良好地接受和利用，它们也未能描述研究对于竞技表现中涉及的非学术利益相关者（例如教练员、内科医师、物理治疗师和运动员）的价值。大多数时候，学术研究需要数年时间才能达到发表的程度，即便发表了，对于大部分教练员、运动员和训练实践人员来说，其成果在很大程度上仍然是不可使用的。在一项2015年发表的研究中，斯托什斯夫斯基（Stoszkowski）和科林斯（Collins）[19]报道称，大部分教练员尤其不喜欢正式学习或者不认为正式学习很重要。结果表明，学术期刊被列为最差的掌握执教知识的方法，在随访320名参与者时，大约只有2%的人称学术期刊是他们首选的掌握这类知识的方法（与同行讨论、阅读书籍和观察其他教练员的占比分别为42%、12%和11%）。

这些研究结果提出了疑问，即教练员不喜欢正式学习是因为关于其有效性的评论要远远少于关于其质量的评论，还是因为它向教练员展示的方式，或者同时因为二者。例如，当报道决定他们学习偏好的理由时，教练员显然重视社交互动和讨论的机会。这可能不足为奇，当一个人考虑到使用的便捷和轻松时尤其如此，这种便捷和轻松是由研究中的受试者表现出来的（作为获取知识正式方法的常见批评）。毕竟，教练员可以从与其他教练员的互动中快速有效地获取信息。此外，这样的交流可能明显更加实用［例如，"如果我是你，我会这么做……"（即程序性的）］，而不是更加全面［例如，"你可能应该考虑……"（即陈述性的）］。类似地，训练实践人员明显会向他们认为与自己的执教实践情况即刻相关的学习模式赋予更多的价值——另一种对学术期刊或者正式教育资源的常见批评[12, 21-22]。

科学论文除了与竞技体育中的实际应用之间缺乏可转移性，还要考虑其他一些原因，具体如下。

- 如果确实存在，应用研究也被实践意义小的研究所淡化，后者不但没有解决训练实践人员面临的问题，还加剧了训练科学与训练实践的脱节。科学训练师似乎确实经常研究他们个人感兴趣的问题，而没有去研究关键的利益相关者面临的问题。科学训练师探究的这种问题往往被称为是有意思的，而不是有用的[10]。
- 由于使用了专业和复杂的术语，训练实践人员并非总是能够理解学术期刊论文中的所有信息[14]。
- 论文格式不适宜并且不吸引人。训练实践人员抱怨称，大部分论文拥有长篇、密集的文字，极少附有插图[1]，而像视频这样更具吸引力的形式仍然极其罕见。
- 开展科学调研和阅读论文非常耗时间，并且表现过程中涉及的关键利益相关者没有足够的时间来开展这类工作。
- 许多同行评审类科学论文有昂贵的订阅费用和会员制的保护。

传达潜在的解决方法

理论上，应用训练科学研究旨在形成与增强竞技表现有关的成果。为了实现该目标，从应用研究中产生的相关信息必须有效地传达给表现过程中涉及的关键利益相关者[14]。科学训练师有机会与公众形成一种更加创新、基于对话的关系，这种关系有助于弥合知识鸿沟，并弥补科学实践与传播的不足。格兰德（Grand）及其同事[8]认为，开放的实践科学可以促成一种更加投入的、更有见识的和更具批判性的文化。

互联网为科学理论和研究成果以更加交互的方式进行传播提供了新的机遇，这有助于弥合知识鸿沟，并转变传统的学术方式来进行科学的传播和交流。现在有各种各样的交互式媒体可供使用，包括社交媒体、博客、信息图表、播客、视频、音频摘要等。正如普尔达姆（Purdam）和朱（Zhu）[18]所表明的，交流研究成果的不同方法间存在明显的联系，因此不同形式和渠道能够潜在地作为综合交流过程的一部分，并以论文的发表作为原点。

开放获取的期刊

由于限制科学理论传播的障碍之一是获取科学论文的能力，因此，将论文发表在开放获取的期刊上面代表了一种可以最大化科学论文可见性的选项，仅仅是因为更多的人能够获取它。在对比不同学科的期刊中开放获取和基于订阅的论文之间的引用水平时，诺里斯（Norris）[17]表明，相比于基于订阅的论文，开放获取的论文的全文文本下载量要高89%，PDF下载量要高42%，并且独立访客量要高23%。发表在开放获取的期刊上似

乎还会对论文引用量的增长产生积极的影响，并且与更加迅速的传达过程有关[2]。订阅期刊相关的成本非常高昂（1500~5000美元）。相反，一些完全开放获取的期刊［如《竞技表现与科学报告》（*Sport Performance and Science Reports*）］可能是一种更为合适的解决方案，这个方案有助于向更为广泛的读者群体宣传训练科学。然而，这种倡议仍处于初始阶段。不久的将来将证明这种平台是否能够成功地建立良好的声誉，并在开放获取期刊和订阅期刊之间找到自己的定位。

学术社交网络平台

与开放获取的期刊可以促进获取学术出版物一样，对于希望以学术形式传播其工作成果的科学训练师来说，学术社交网络平台可能也是一个有趣的选项。一些站点提供了用来分享论文、提问、获得答案和与潜在的合作者互动的有价值的平台。尼亚佐夫（Niyazov）及其同事[16]开展的一项研究表明，上传到某一学术社交网络平台上的论文，在2009—2014年的5年时间内，引用量增加了69%。尽管如此，虽然这些平台有可能促进学术科学家与研究科学家之间建立关系网，但是竞技表现中涉及的训练实践人员（例如教练员、队医和物理治疗师）仍然非常不可能出现在这个关系网中，从而表明人们应当研究补充性的方法来更好地触及非学术受众。

社交媒体

大约自2010年以来，社交媒体工具从根本上对人们的交流方式产生了影响。科学界也不例外，并且这些社交媒体为开放的科学交流提供了全新的机遇，尤其是针对非学术的受众。

利用社交媒体来进行科学交流还有可能会带来科学界以外的机遇、曝光机会以及影响。实际

上，科特（Côté）和达林（Darling）[6]开展的一项研究显示，在社交平台上拥有1000名以上追随者的科学家能够触及广泛的受众，包括教育机构、媒体和民众——不太可能从科学期刊获取论文的人们。然而，让自己以科学家的身份出现在社交媒体上会带来一些挑战，伯克（Burke）对这些挑战进行了更为详细的讨论[5]，具体如下。

- 全天随时连线。持续地从邮件、社交媒体和其他渠道收到期望得到立即回应的输入会促成一种反应式，而不是主动式的科学交流方式，并且常态是产生冲动型，而不是深思熟虑型的输出。这种方式并不会让科学家以合适的深度和讨论去推广或捍卫理论。
- 复杂的科学问题被缩减为片段。平台规定或者由平台性质决定的简洁交流方式，会导致问题的过分简化以及对非黑即白谬论和普遍真理的普遍支持。
- 名人担任科学教育家的角色。没有接受过科学训练的演员、厨师、健身教练以及其他人可以利用他们的名气，或者创造名气，来积极地推广他们对健康、饮食以及运动的看法。这些人通常被判定为复杂主题方面最强有力的信息源。
- 名人科学家诞生。电视和社交媒体创造机会让一些科学家成为家喻户晓的人物，或者吸引数量庞大的追随者。虽然其中有些科学家是非常杰出的研究人员，他们能够推广自己的领域和一般的科学领域，但是其他人并不代表主流的观点，也仅能推广自己的理念和议题。受众可能无法从他们的职业偏见中受益。
- 公众不信任行业支持的研究。在某些行业资助的研究中披露的反常现象或者偏见一般会导致人们对资助源产生强烈的抵制，不管研究是不是基于道德准则和公平公正的原则开展的。这

对于训练科学来说尤为困难，因为在竞争性资助机构和学术资助机构中的低优先级地位使得它更加依赖于行业资助。后果包括，研究输出的减少以及不公平地撤销已经获得行业支持的项目。

科学训练师可以充分利用社交媒体作为一种传播科学理论的方法，一些提示如图31.1所示[5]。

信息图表和动画

与社交媒体间接联系的是另一种新兴的信息传播方法：通过社交媒体，制作和传播所谓的信息图表和动画。信息图表利用可视化图表来展示信息、数据或知识，旨在以简明的方式展示内容（见图31.2）。动画是一种视频形式，它利用文字和移动的图像强化视觉学习。动画本质上是信息图表的动态版本。

简明形式的信息图表和动画具有一定的吸引力，并且有助于人们形成知识转移和记忆。实际上，人们记住信息图表或者动画中的新信息的可能性是只阅读文本形式的相同信息的6.5倍[1]。马隆（Malone）及其同事[13]证实，训练实践人员报道称偏向于将这种媒体作为传播方式。实际上，这种方式有助于为关键的利益相关者（例如教练员和运动员）简化信息。下面的清单概述了一些为了制作出引人入胜且真实准确的信息图表，人们应当遵守的指南。

- 从教练员和支撑人员提出的问题入手挑选一个主题，为受众设计一份信息图表。
- 在向前推进之前，要批判地看待原始的研究，并且不要认为受众必然会如你所想地理解信息。
- 表明信息图表所展示的论文的证据水平，或者至少在结论方面要谨慎。
- 列举出所有的来源，并鼓励受众查阅它们。

图31.1 社交媒体时代的训练科学理论传播

数据来自：LM Burke（2017，pg.1-5）；由YLMSportScience进行设计；引用已经过允许。

肌腱疼痛——应当施加负荷，但是该如何施加？

伊邦妮·里奥（Ebonie Rio）博士

1 施加负荷有助于改变肌腱的力学特性、肌肉力量、运动链和大脑，从而对肌腱疼痛产生长期的影响

2 **肌腱负荷类型**

A. 挤压
肌腱可以被挤压在骨骼上，例如，在髋关节屈曲期间，腘绳肌腱近端被压缩在坐骨结节上

C. 拉伸
肌腱可以存储并释放能量，像一根释放能量的弹簧一样

B. 剪切和摩擦
腱鞘在肌腱上的运动会引起腱鞘发炎，例如，反复背屈/跖屈时跟腱的运动

D. 组合
上述各种负荷的组合（例如压缩和拉伸）通常更具有刺激性。例如，奔跑时髋关节屈曲的曲棍球运动员的近端腘绳肌腱受到了这样的组合负荷

3 找出并移除具有刺激性的负荷，然后施加镇痛和递增的负荷。具有刺激性的负荷是肌腱无法忍受的负荷，并且可能会在早期包含不同的负荷类型，包括挤压、拉伸、剪切和摩擦。要尝试用重型的等长负荷（因为它没有压缩、拉伸或剪切和摩擦型分量）达到镇痛目的，以避免完全的休息

4 **目标**
A. 确定病人目前的能力和目标
B. 需要逐渐增加负荷和实现病人的目标
C. 如果最终目标是变得有力量和有弹性，那么力量和爆发力训练至关重要

图31.2 用于传播训练科学研究成果的信息图表示例
由davidkpope设计；引用已经过允许。

- 限制使用科学用语，并采用受众能够理解的词汇。
- 限制极其机械和基础的科学知识。
- 突出所报告内容的潜在实际意义。
- 在风格和设计上投入精力：选择一种适合在信息图表中组织想法的模板，例如设计孤立的论点、想法的逻辑顺序以及不同观点的展示方式。
- 使用插图来促进读者的理解，而不仅仅是为了视觉装饰，每个元素都应当积极地促进读者的理解。
- 可能时，利用图表突出关键的结果。
- 尽可能地限制文本长度。
- 当完成上述步骤后，停下制作工作，休息24小时，然后重新对信息图表进行评价，以确定所有的信息图表组成部分都是必要的。在可能的时候做出改进。

正如因佩利泽里[9]所讨论的，利用信息图表和动画传播科学信息时，存在过分简化或者误解的固有风险，尤其是对于没有接受过科学教育的受众来说。鉴于该原因，有必要认识到如下几点。

- 要认识到，信息图表和动画是研究的一种简化，而研究本身已经采用了一种简化的方法来分享科学家们正在尽力进一步理解的复杂现象。
- 鼓励读者抱着怀疑态度去看待信息图表和动画（信息图表和动画未必总是能够突出它们所展示研究的偏差和局限，这可能会为研究成果赋予一种与数据和设计的实际优势不相称的过分强调）。
- 鼓励人们不要从单个信息图表或动画中推断太多，并且要教会他们评估信息图表和动画所展示的科学研究背后的证据水平（有些结论非常可靠，而有些则不太可靠；有些结论是概括性的，而有些则不是）。
- 按照热点话题的正面和反面观点来设计信息图表或动画，据此来平衡争论，以帮助读者形成自己的观点。
- 通过在信息图表和动画上注明论文来源，并在社交媒体文章和博客上面添加原始论文的链接，系统性地鼓励人们探索信息图表和动画所依据的科学论文（即信息图表和动画应当被看作科学论文的补充物，而不是代替物——类似于利用预告片宣传电影）。

博客与视频博客

博客或者**视频博客**（基于视频内容的博客）是原创性思维的表现工具，它们会促进围绕热点话题的讨论，或者概括关键的论文，并且它们是与更广泛的竞技表现群体分享信息的有效方式。然而，运营一个博客需要时间，但是相比于社交媒体，博客确实允许科学训练师分享更加深入的信息。正如邓利维（Dunleavy）[7]所表明的，博客代表了一种构建学术工作知识的方式，以增加有用论文和研究报告的读者数，逐渐增加引用数，并促进争论。可能是通过创造机会来更加有效地借鉴实例和实际意义，博客通常会让正式学习变得更加易于让在应用场合从事相关工作的科学训练师接受和运用。

有11个关键点支持写博文[7]*，具体如下。

- 假定一篇期刊论文有8000字，任务是尽可能迅速、容易地从中整理出一份不错的600~1000字版本。
- 剔除整个研究方法部分——它可能有影响，但是大部分读者并不在乎。如果研究方法是新型的，那么人们可能需要阅读原始论文来详细地理解它们。所以用直观的术语将方法总结在文章中，然后再链接到原始论文，如有可能，要使用开放获取的版本。

*11个关键点改编自[7]［邓利维（Dunleavy P.）如何利用简单的11步根据你的学术论文编写一篇博文（2016）]。

- 开始时就要摒弃冗长的文献综述。在博客中，没有人在乎学术认证或评分。还要删掉任何有关结果符合或者偏离他人工作的大部分总结性讨论。在开头附近介绍一两行内容，然后在结尾处给出两行总结性的思考或者建议，通常就足够了。

- 写一个从本质上给出重要信息的叙述性标题，尽量简单明了地告诉读者所发现的结果。不要只尝试一种标题，试验6~10种不同的变式，找出确实奏效的一种。

- 始终都要尽力使文章包含一个不超过4行的"预告"段，解释文章为什么有趣，并再次说明关键信息是什么（不要重复标题的用词）。这部分的任务是激起兴趣，并为读者提供一种叙述性的引导，将他们的注意力吸引到文章上，并确保他们会理解它。

- 现在要解决的部分是，从论文中提取关键研究成果和论点来形成博客的文本主体。研究人员发现和总结出了什么？基于关键研究成果或结论可以得出什么观点？如果博客提出了一个论点，整合了想法，或者提出了一个主题，那么仍然重要的一点是，要对核心信息进行明确和实质性的总结。在这里，重要的是要提前展示材料，并且要以完全不同于传统论文的顺序（最后展示）组织材料，要点如下。

  - 以极具冲击力的方式开始，理想的情况是，以对于读者来说具有启发性的内容开始：一个惊人的事实、被解决的悖论、关键的总结性统计数据或者伟大的名言。对于读者来说，一些与最新发展具有主题关联性的内容通常是一个不错的开头。或者，许诺让读者的知识发生变化或提供其他新东西也是不错的激励因素。一旦吸引了读者的注意力，那么便可以在这里简单介绍背景（3~4行），引出问

题的特征。值得尝试的做法是，仔细地编写一个极具冲击力的起始部分，并尽力使其言简意赅。

- 在文本主体中要尽早解释论文的研究成果或核心论点。例如，直接介绍研究、实验和档案搜索的工作，并明确地告诉读者所发现或者总结出的内容。在博文中，最好的内容要尽早展示，而不是留到最后。要从论文中删掉任何涉及过渡阶段、早期模型或者未导致结果的途径的文本。

- 一旦完成了这项工作，便要展示一些信息，强调的具体方面可能不应超过3个，最理想的是最多人感兴趣或者吸引读者的方面，或者是能够推进知识更新的重大主张。

- 只要有可能，就要包含至少1张表格或者图表，或者可能包含两三张，但是要尽力避免具有4张以上的表格或者图表。

  - 适当地解释表格或者图表，非常明确地标记它们，如果它们过于复杂，还要简化它们。每张表格或图表下面要包含一份简短的解释性注释，用以解释被展示的内容，并帮助读者理解它。确保表格中的行列标题以及图表的坐标轴标签清晰明了。

  - 仔细查看任何考虑要包含的图表或表格，并确定其所有的组成部分都是必需的（例如，表格的所有列都是必需的吗？或者一些中间列是否可以被删掉，而只展示包含最终结果的列？）。类似地，尽量附上简单的图表，其中每条线都是必需的，因为它有助于读者理解内容，否则它应该被删掉。

  - 反复思考："读者们到底需要知道什么？"

- 不要假定读者们不需要解释就能理解文章的意思。

  - 如果需要使用专业词汇（"术语"），要尽量少用，并且在第一次使用时要解释所有读者可

能不熟悉的术语。

- 尤其要注意缩略词、首字母缩写以及公式。不要解释一次缩略词或者公式，然后将其使用20或50次。解释一次，随后每采用缩略词或者公式五六次，就要使用完全表达式（或者再次解释）。
- 写的段落要比论文短，例如150字一段。写作时不要让每个句子独立成段。这种方式可能适用于新闻稿，但是普通读者很快就会发现它毫无组织。合适的段落要以想法为单元，当编写得当时，它们会为文章提供一种微妙的子结构，这会让文章更加易于理解。
  - 在博文中，所有的参考文献都是不显眼的超链接。地址应置于相关重点术语或者短语的后面。当然，数字链接只跳转到引用源的顶部。
- 尽力以明确且有趣的方式结束博文，结尾以一种新颖出色的方式总结和浓缩论点，可能会展望接下来的步骤或者未来的发展。尽量写一个非常有文采的结尾，给读者留下深刻的印象。
- 在帖子下面，给出论文的标题以及链接，最为理想的是，提供一个超链接，转向开放获取、全文本的版本。
- 添加几行（4~5行）博文作者的个人相关信息。理想情况下，这可以包含作者的组织职务、作者社交平台上的个人账号或者邮箱的链接，还可以简单地提及其新出的书籍（超链接到书名）或者其他关键词。

播客

不管是在学术环境还是在俱乐部、团队或者联盟中工作，科学训练师通常要处理多种任务，并面对繁忙的日程。这些时间限制通常使其抽出时间来写博文或者设计信息图表变得很困难。同样，竞技体育从业者可能未必总是有时间积极地跟进多种信息源，尤其当理解这些信息源很耗时间的时候（例如阅读长篇的博文或者观看较长的视频）。在这种背景下，播客可能代表了一种有效的解决方法，它可以让科学训练师在不需要投入大量时间的前提下，分享自己的想法，同时还可以让竞技体育从业者们在运动（例如跑步或者骑行）或者出行（例如开车、乘公交车、坐火车或者乘飞机）的过程中，有效地消化信息。与博客类似，播客可以让专家们分享自己的观点以及提供趣闻轶事，同时采用一种较学术期刊更加个性化的风格。它们形式多样，从对宽泛主题的正式讨论，到对科学研究论文或者主题的深入探讨。

向表现团队传播信息

由于信息有效传播的意义十分重大，本部分会重复和强调第21章解释过的概念。

桑顿（Thornton）及其同事[20]确认了传播信息3个有顺序的步骤。

- 选择需要展示的重要信息。
- 确定最恰当的数据展示方法。
- 有效地交流和传递信息。

自20世纪90年代开始，对训练科学支撑的重视和应用出现了极大的发展，尤其是在团队运动项目中。虽然事实是，科学训练师发挥的作用可能会因组织而异，但是他们的主要职责之一是监控运动员的体能和训练。监控数据为确定运动员是否对训练和比赛的需求做出恰当的反应提供了有用的信息。评估监控数据对于确保运动员正在针对比赛的需求进行合适的训练来说至关重要，同时还能确保他们恰当地适应训练负荷[20]。该过程应当有助于最大化运动员的表现潜力，同时最小化过度训练或损伤的风险。从这个角度来看，科学训练师和支撑人员通常会收集各种各样的数据，这些数据可以反映其运动员经历过的外在和内在训练负荷，此外还要收集对疲劳和生理表现的生理学和心理学评估数据。当被合理地收集和解读时，这些数据应当能够为与训练计划和实施相关的决策过程提供信息。

桑顿及其同事[20]提供了一种方法论方面的概述，它有助于训练实践人员为教练员和运动员制订和应用简单有效的反馈方法（见图31.3[19]）。他们的框架由以下4个步骤组成。

- 对团队运动项目中的运动员监控进行考虑。
- 选择分析数据的方法。
- 确定数据中有价值的变化。
- 制订展示和交流重要数据的有效方法。

选择要展示的重要信息

正如前面所提到的，收集到的数据越多，就越难保持数据的简明性、切题性和易于消化性。

科学训练师在设法探索和理解具有复杂性和多面性的现象（例如疲劳、损伤以及预防）；然而，在不让报告过度简化的前提下，通常很难限制报告的关键变量数量。同时，科学训练师的作用是向教练和医疗团队成员提供信息，以最优化他们的决策，而不是为他们做决策，除非决策也是科学训练师责任的一部分。就此而言，诸如训练负荷监控和健康监控的工作才是科学训练师的主要关注点。但是医疗人员会遇到不同的问题，例如首发球员受伤，同时教练员有一场比赛需要准备。这样便有必要重新考虑如何通过专注于受众需要知道的信息，简化在会议和非正式讨论期间要分享的报告和关键信息。形成直奔主题和易于理解的报告需要时间和精力，应当鼓励科学训练师经常挑战不同工作人员解读报告的方式，并且有效地利用它们来做决策。

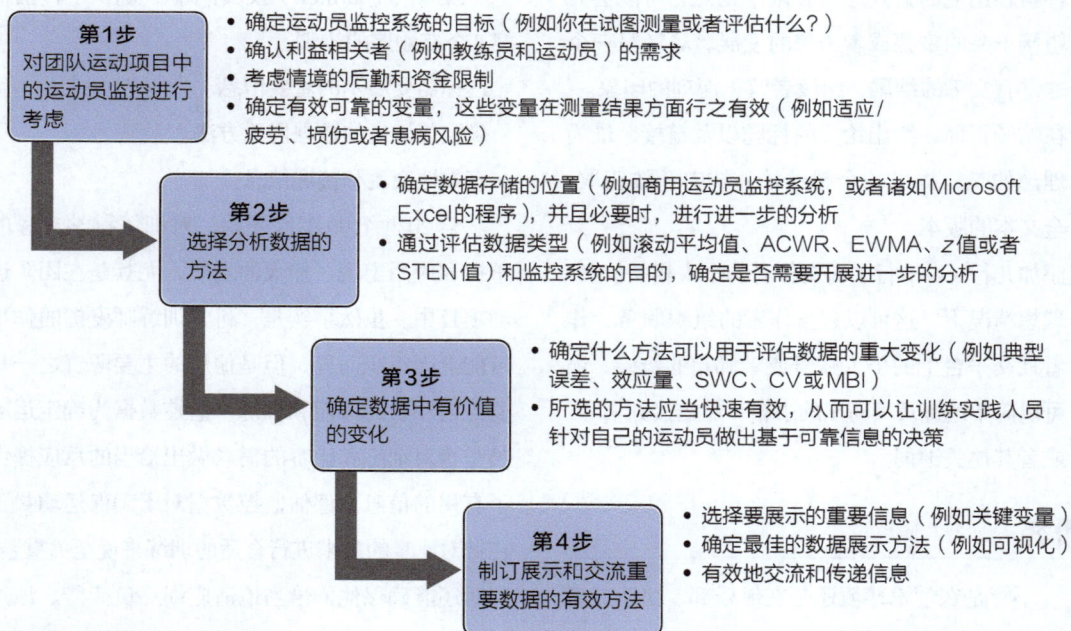

第1步
对团队运动项目中的运动员监控进行考虑
- 确定运动员监控系统的目标（例如你在试图测量或者评估什么？）
- 确认利益相关者（例如教练员和运动员）的需求
- 考虑情境的后勤和资金限制
- 确定有效可靠的变量，这些变量在测量结果方面行之有效（例如适应/疲劳、损伤或者患病风险）

第2步
选择分析数据的方法
- 确定数据存储的位置（例如商用运动员监控系统，或者诸如Microsoft Excel的程序），并且必要时，进行进一步的分析
- 通过评估数据类型（例如滚动平均值、ACWR、EWMA、z值或者STEN值）和监控系统的目的，确定是否需要开展进一步的分析

第3步
确定数据中有价值的变化
- 确定什么方法可以用于评估数据的重大变化（例如典型误差、效应量、SWC、CV或MBI）
- 所选的方法应当快速有效，从而可以让训练实践人员针对自己的运动员做出基于可靠信息的决策

第4步
制订展示和交流重要数据的有效方法
- 选择要展示的重要信息（例如关键变量）
- 确定最佳的数据展示方法（例如可视化）
- 有效地交流和传递信息

ACWR：急性负荷与慢性负荷之比。EWMA：指数加权移动平均值。STEN值：标准十分值。SWC：最小有价值变化。CV：变异系数。MBI：数据级数推断。

图31.3 开发运动员监控系统时涉及的主要步骤概述

改编自：Thornton and colleagues（2019）。

确定最恰当的数据展示方法

数据和结果可以通过多种不同的方式进行展示[4]。一旦确定了相关的问题，选定了最佳的变量，以及采用了合适的数据统计方法，那么科学训练师的最大挑战便成了选择最有效的数据可视化设计和报告类型来传播信息。这对于以下内容来说尤为重要：

- 帮助人员快速地理解信息；
- 讲故事；
- 更长时间地吸引受众；
- 确保受众记住重要的信息；
- 发现异常值，它们通常代表了需要考虑的关键信息（当它们与技术错误相关时除外）。

3个步骤便可实现该目标，具体如下。

- 选择起点，并培养技术技能。
  - 评测最重要的内容，并从这里发展和改进流程。
  - 选择3~4项要点，突出打算要分享的主要信息，因为有些人可能不会花时间阅读整份报告。
  - 利用机器学习（例如主分量分析和聚类）确定应当在报告中突出的参数，这样不会丢失太多的信息。
  - 不断地了解指标和潜在的新指标，以及如何在报告中使用它们。
  - 培养利用资源的技能，这些技能有助于让数据分析更加省时高效并且让展示更加有效。例如基于电子表格的报告；基于编程语言的软件或环境，专注于统计分析（例如R和Python）；用于分析和可视化展示的平台（例如PowerBI或者Tableau上的仪表面板）。其理念是让报告具有交互性，并且易于在不同的工具上进行分享（计算机、平板电脑或者智能手机）。
  - 如果有可能，寻求数据科学家的支持来帮忙应对这些挑战。

- 了解你的受众，并相应地调整你的报告。
  - 缩小目标受众的范围，为不同的受众制作不同的报告。越了解你的受众越好。
  - 与将要接收这些信息的人员进行讨论，并确保他们认为报告易于理解和引人注目。不断地质疑正在与团队成员分享的报告：他们在使用这些报告吗？如果他们不使用或者只是使用一部分，那么尝试弄清楚原因。如果他们对报告的反应不尽如人意，那么要不断地尽力补救。找到最佳的选项通常并非易事，需要采用试错的方法。
  - 让信息符合教练员和运动员的预期、偏好和习惯：视觉与口头信息、纸质版与电子版报告、定量与定性解读报告、表格与图表（图表类型，例如柱状图与雷达图）。

- 报告应尽可能简单但信息丰富（即"简单有力"）。
  - 通常，少即是多，甚至当收集了大量的数据时，也要专注于只报告一些重要的信息（这些信息可以用来回答教练员和运动员提出的问题，并且可以对计划产生影响）。
  - 考虑在你的表格中使用交通信号灯系统，它们能以一种易于解读的方式传达运动员的检测信息。
  - 确保移除不必要的干扰信息（例如小数位）。
  - 为了便于阅读，所有的文本都要横向排版。
  - 给图表增加标签，这样确切的数值也能被看到（需要时，将图表用于表示模式，将数字用于表示细节）。
  - 突出有价值的变化或差异（采用各种不同水平的数据分析），达到一目了然的效果。
  - 在可能的情况下，要包含误差线，以表明不确定性（测量值典型误差和置信区间分别适用于单个值和平均值）。

- 当样本较小时，推荐利用单变量的散点图或点图展示原始数据，或者采用具有四分位距（样本的25%分位和75%分位）的箱形图，可以包含"须"来展示异常值。
- 小提琴图在展示中大型样本的数据分布情况时很有效。
- 展示连续数据时，应当避免采用柱状图，尤其当样本较小的时候。
- 要清楚，简单报告的编制会变得很复杂。为了解决该问题，考虑构建交互式的仪表面板来讲故事，而不是编制生硬的报告。

有效地交流和传递信息

正如布赫海特[4]所解释的，科学训练师在表现支撑团队中工作的有用性完全取决于他们对其他利益相关者所做决策的影响力。由此看来，科学训练师与教练员以及医疗工作人员进行交流的能力至关重要。如果科学训练师无法让教练员和运动员产生积极的兴趣，并且与他们进行积极的互动，那么将难以传播（即传递）自己的信息，并且具有高质量统计数据的华丽报告很大程度上会被视为毫无价值，最终可能会被扔到垃圾桶里。同样，当涉及竞技表现时，运动员是最重要的一块拼图。组织可以拥有最佳的设施、最新的科技或者最酷的衣服，但是如果运动员不想利用这些资源，并将其束之高阁，那么它们将毫无帮助[11]。

理解竞技体育文化或者具体的运动员群体需要数年的时间。如何获得知名运动员的尊重和信赖更多的是个性和行为问题，而不是科学知识和技能问题。下面是一些可能有助于建立关系的建议[11]。

- 理解和尊重别人的工作。
- 从别人的专长和经验中汲取知识，并分享个人经验和专长。
- 采取一切必要的行动让别人将你视作资源，而不是束缚。询问人们如何才能最好地帮到他们，或者如何以对他们起补充作用的方式工作。
- 确定全体工作人员中的代表人员，以及不太感兴趣或者不配合的人员。利用前者推进项目，同时仍然随时准备与后者合作。
- 当目标是实施一些新东西并相应地给出建议时，要与其他的工作人员达成一致意见。理解是交流中最重要的步骤。
- 接受和支持其他工作人员的决定，包括他们不遵照报告中的建议的情况。
- 耐心地开展工作，并且要忍受挫败感。信息只是所有工作的其中一部分。
- 展现出稳定的情绪，并保持微笑。环境永远不可能完美，但是人的态度却可以。
- 要公平可靠，包括（尤其是）处境不佳的时刻。
- 识别交流何时包含错误，或者没有出现问题的答案。
- 迅速地分享报告，但是在发送它们之前，要再三确认。

信息传播的发展

传播信息的媒介和软件在不断地发展。以前谁会想到，社交媒体、播客、博客以及信息图表如今会在传播训练科学知识方面发挥这样的作用？明天不可能与今天完全一样。就此看来，拥有好奇、开放的心态，并且不因流行的趋势而改变自己的想法，可能是在分享训练科学知识方面保持创新性和主动性的关键所在。由于不可能在每种新型交流媒介中都有所投入，所以最好的解决方法可能是，估计每种平台联系目标受众的潜力、在该平台上形成大量群体所需的时间以及生产适合平台的内容所需的时间。能够最好地平衡这3个因素的媒介可能是值得投入时间和精力的最佳选择。

小结

无论科学训练师是在学术环境中还是作为应用型高水平表现团队的一部分开展工作，他们的作用始终应当是尽自己最大的努力支持受众（即学生、工作人员和运动员）的决策和实践得到优化。就此看来，当目的是产生实际影响时，发表科学论文或者形成普通的监控报告极有可能还不够。这将推动科学训练师进一步使用有效的传播方式来与其周围的世界联系在一起。确定限制信息传播和目标受众接受度的障碍，无疑是确定合适的策略和制订计划的第一步。它需要科学训练师观察受众并与之产生共鸣，还需要质疑自己，以及识别出为了更好地交流，某个人可以改进什么能力。不管是突出训练科学研究中的创新成果，还是分享训练报告，信息传播都关乎心理学，关乎理解目标利益相关者的行为和想法，以及关乎确定哪种方式可能会使他们受益于训练科学提供的信息。由于大部分科学训练师最初接受的学术教育没有涉及这个维度，因此至关重要的是，科学训练师要保持好奇和创新的心态，并且不断地挑战自己，以培养出有效交流的能力。这是事实，尤其是当他们观察到自己的影响力仍然有限时。如果科学训练师想对重要的事情发表观点，那么意识到这一点至关重要。

参考文献

序言

[1] Bishop, D. An applied research model for the sport sciences. *Sports Med* 38: 253-263, 2008.

[2] Bishop, D, Burnett, A, Farrow, D, Gabbett, T, and Newton, R. Sports-science roundtable: does sport-science research influence practice? *Int J Sports Physiol Perform* 1: 161-168, 2006.

[3] Haff, GG. Sport science. *Strength Cond J* 32: 33-45, 2010.

[4] Masic, I, Miokovic, M, and Muhamedagic, B. Evidence based medicine: new approaches and challenges. *Acta Inform Med* 16: 219-225, 2008.

[5] Messersmith, LL. A study of the distance traveled by basketball players. *Res Q* 15: 29-37, 1944.

[6] Messersmith, LL, and Fay, P. Distances traversed by football players. *Res Q* 1: 78-80, 1932.

[7] Swisher, A. Practice-based evidence. *Cardiopul Phys Ther J* 21: 4, 2010.

[8] Ward, P, Windt, J, and Kempton, T. Business intelligence: how sport scientists can support organization decision making in professional sport. *Int J Sports Physiol Perform* 14: 544-546, 2019.

第1章

[1] Coutts, AJ. Working fast and working slow: the benefits of embedding research in high performance sport. *Int J Sport Physiol Perform* 11: 1-2, 2016.

[2] Dellaserra, CL, Gao, Y, and Ransdell, L. Use of integrated technology in team sports: a review of opportunities, challenges, and future directions for athletes. *J Strength Cond Res* 28: 556-573, 2014.

[3] Diebold, FX, Doherty, NA, and Herring, RJ. *The Known, the Unknown, and the Unknowable in Financial Risk Management: Measurement and Theory Advancing Practice.* Princeton, NJ: Princeton University Press, 59-73, 2010.

[4] Kahneman, D. *Thinking, Fast and Slow.* New York: Farrar, Strauss and Giroux, 115-199, 2011.

[5] Le Meur, Y, and Torres-Ronda, L. 10 Challenges facing today's applied sport scientist. *Sport Perform Sci Rep* 57: v1, 2019.

[6] Nancarrow, SA, Booth, A, Ariss, S, Smith, T, Enderby, P, and Roots, A. Ten principles of good interdisciplinary team work. *Hum Resour Health* 11: 19, 2013.

[7] Senge, PM. *The Fifth Discipline: The Art & Practice of the Learning Organization.* Broadway Business, 174-204, 2006. 8.

[8] Torres-Ronda, L, and Schelling, X. Critical process for the implementation of technology in sport organizations. *Strength Cond J* 39: 54-59, 2017.

第2章

[1] Abbis, CR, and Laursen, PB. Models to explain fatigue during prolonged endurance cycling. *Sports Med* 35: 865-898, 2005.

[2] Akenhead, R, and Nassis, GP. Training load and player monitoring in high-level football: current practice and perceptions. *Int J Sports Physiol Perform* 11: 587-593, 2016.

[3] Akubat, I, Barrett, S, and Abt, G. Integrating the internal and external training loads in soccer. *Int J Sports Physiol Perform* 9: 457-462, 2014.

[4] Appleby, BB, Cormack, SJ, and Newton, RU. Reliability of squat kinetics in well-trained rugby players: implications for monitoring training. *J Strength Cond Res* 33: 2635-2640, 2019.

[5] Aubry, A, Hausswirth, C, Louis, J, Coutts, AJ, and Le Meur, Y. Functional overreaching: the key to peak performance during the taper? *Med Sci Sports Exerc* 46: 1769-1777, 2014.

[6] Aughey, RJ, and Falloon, C. Real-time versus post-game GPS data in team sports. *J Sci Med Sport* 13: 348-349, 2010.

[7] Badin, OO, Smith, MR, Conte, D, and Coutts, AJ. Mental fatigue: impairment of technical performance in small-sided soccer games. *Int J Sports Physiol Perform* 11: 1100-1105, 2016.

[8] Banister, E, Calvert, T, Savage, M, and Bach, T. A systems model of training for athletic performance. *Aust J Sports Med* 7: 57-61, 1975.

[9] Banyard, HG, Nosaka, K, Sato, K, and Haff, GG. Validity of various methods for determining velocity, force, and power in the back squat. *Int J Sports Physiol Perform* 12: 1170-1176, 2017.

[10] Barrett, S, Midgley, A, Reeves, M, Joel, T, Franklin, E, Heyworth, R, Garrett, A, and Lovell, R. The within-match patterns of locomotor efficiency during professional soccer match play: implications for injury risk? *J Sci Med Sport* 19: 810-815, 2016.

[11] Bellenger, CR, Fuller, JT, Thomson, RL, Davison, K, Robertson, EY, and Buckley, JD. Monitoring athletic training status through autonomic heart rate regulation: a systematic review and meta-analysis. *Sports Med* 46: 1461-1486, 2016.

[12] Bompa, TO, and Haff, GG. *Periodization: Theory & Methodology of Training.* Champaign, IL: Human Kinetics, 14, 2009.

[13] Borresen, J, and Lambert, MI. The quantification of training load, the training response and the effect on performance. *Sports Med* 39: 779-795, 2009.

[14] Bourdon, PC, Cardinale, M, Murray, A, Gastin, P, Kellmann, M, Varley, MC, Gabbett, TJ, Coutts, AJ, Burgess, DJ, and Gregson, W. Monitoring athlete training loads: consensus statement. *Int J Sports Physiol Perform* 12: S2161-S2170, 2017.

[15] Boyd, LJ, Ball, K, and Aughey, RJ. The reliability of MinimaxX accelerometers for measuring physical activity in Australian football. *Int J Sports Physiol Perform* 6: 311-321, 2011.

[16] Brown, DM, Dwyer, DB, Robertson, SJ, and Gastin, PB. Metabolic power method: underestimation of energy expenditure in field-sport movements using a global positioning system tracking system. *Int J Sports Physiol Perform* 11: 1067-1073, 2016.

[17] Buchheit, M. Monitoring training status with HR

measures: do all roads lead to Rome? *Front Physiol* 5(73): 1-19, 2014.

[18] Buchheit, M. Want to see my report, coach? *Aspetar Sports Med J* 6: 36-43, 2017.

[19] Buchheit, M, Al Haddad, H, Simpson, BM, Palazzi, D, Bourdon, PC, Di Salvo, V, and Mendez-Villanueva, A. Monitoring accelerations with GPS in football: time to slow down? *Int J Sports Physiol Perform* 9: 442-445, 2014.

[20] Buchheit, M, Gray, A, and Morin, J-B. Assessing stride variables and vertical stiffness with GPS-embedded accelerometers: preliminary insights for the monitoring of neuromuscular fatigue on the field. *J Sports Sci Med* 14: 698, 2015.

[21] Buchheit, M, and Simpson, BM. Player-tracking technology: half-full or half-empty glass? *Int J Sports Physiol Perform* 12: S235-S241, 2017.

[22] Budgett, R, Newsholme, E, Lehmann, M, Sharp, C, Jones, D, Jones, T, Peto, T, Collins, D, Nerurkar, R, and White, P. Redefining the overtraining syndrome as the unexplained underperformance syndrome. *Br J Sports Med* 34: 67-68, 2000.

[23] Busso, T. Variable dose-response relationship between exercise training and performance. *Med Sci Sports Exerc* 35: 1188-1195, 2003.

[24] Canfield, AA. The "sten" scale-a modified C-Scale. *Educ Psychol Meas* 11: 295-297, 1951.

[25] Cardinale, M, Newton, R, and Nosaka, K. *Strength and Conditioning: Biological Principles and Practical Applications*. Hoboken, NJ: John Wiley & Sons, 338-339, 2011.

[26] Chiu, LZF, and Barnes, JL. The fitness-fatigue model revisited: implications for planning short- and long-term training. *Strength Cond J* 25: 42-51, 2003.

[27] Claudino, JG, Cronin, J, Mezêncio, B, McMaster, DT, McGuigan, M, Tricoli, V, Amadio, AC, and Serrão, JC. The countermovement jump to monitor neuromuscular status: a meta-analysis. *J Sci Med Sport* 20: 397-402, 2017.

[28] Claudino, J, Mezêncio, B, Soncin, R, Ferreira, J, Couto, B, and Szmuchrowski, L. Pre vertical jump performance to regulate the training volume. *Int J Sports Med* 33: 101-107, 2012.

[29] Colby, MJ, Dawson, B, Peeling, P, Heasman, J, Rogalski, B, Drew, MK, and Stares, J. Improvement of prediction of noncontact injury in elite Australian footballers with repeated exposure to established high-risk workload scenarios. *Int J Sports Physiol Perform* 13: 1130-1135, 2018.

[30] Cormack, SJ, Mooney, MG, Morgan, W, and McGuigan, MR. Influence of neuromuscular fatigue on accelerometer load in elite Australian football players. *Int J Sports Physiol Perform* 8: 373-378, 2013.

[31] Cormack, SJ, Newton, RU, and McGuigan, MR. Neuromuscular and endocrine responses to an elite Australian Rules football match. *Int J Sports Physiol Perform* 3: 359-374, 2008.

[32] Cormack, SJ, Newton, RU, McGuigan, MR, and Cormie, P. Neuromuscular and endocrine responses of elite players during an Australian Rules football season. *Int J Sports Physiol Perform* 3: 439-453, 2008.

[33] Cormack, SJ, Newton, RU, and McGuigan, MR. Neuromuscular and endocrine responses of elite players to an Australian Rules football match. *Int J Sports Physiol Perform* 3: 359-374, 2008.

[34] Cormack, SJ, Smith, RL, Mooney, MM, Young, WB, and O'Brien, BJ. Accelerometer load as a measure of activity profile in different standards of netball match play. *Int J Sports Physiol Perform* 9: 283-291, 2014.

[35] Coutts, AJ, Crowcroft, S, and Kempton, T. *Developing athlete monitoring systems: theoretical basis and practical applications*. In: Sport, Recovery and Performance: Interdisciplinary Insights. Kellmann, M and Beckmann, J, eds. Abingdon, UK: Routledge, 19-32, 2018.

[36] Coutts, AJ, and Duffield, R. Validity and reliability of GPS devices for measuring movement demands of team sports. *J Sci Med Sport* 13: 133-135, 2010.

[37] Coutts, AJ, Kempton, T, Sullivan, C, Bilsborough, J, Cordy, J, and Rampinini, E. Metabolic power and energetic costs of professional Australian football match-play. *J Sci Med Sport* 18: 219-224, 2015.

[38] Crowcroft, S, McCleave, E, Slattery, K, and Coutts, AJ. Assessing the measurement sensitivity and diagnostic characteristics of athlete-monitoring tools in national swimmers. *Int J Sports Physiol Perform* 12: S295-S2100, 2017.

[39] Cunanan, AJ, DeWeese, BH, Wagle, JP, Carroll, KM, Sausaman, R, Hornsby, WG, Haff, GG, Triplett, NT, Pierce, KC, and Stone, MH. The general adaptation syndrome: a foundation for the concept of periodization. *Sports Med* 48: 787-797, 2018.

[40] Delaney, JA, Duthie, GM, Thornton, HR, and Pyne, DB. Quantifying the relationship between internal and external work in team sports: development of a novel training efficiency index. *Sci Med Football* 2: 149-156, 2018.

[41] Delaney, JA, Scott, TJ, Thornton, HR, Bennett, KJ, Gay, D, Duthie, GM, and Dascombe, B. Establishing duration-specific running intensities from match-play analysis in rugby league. *Int J Sports Physiol Perform* 10: 725-731, 2015.

[42] di Prampero, PE, and Osgnach, C. Metabolic power in team sports-part 1: an update. *Int J Sports Med* 39: 581-587, 2018.

[43] Drew, MK, and Finch, CF. The relationship between training load and injury, illness and soreness: a systematic and literature review. *Sports Med* 46: 861-883, 2016.

[44] Driller, MW, Mah, CD, and Halson, SL. Development of the athlete sleep behavior questionnaire: a tool for identifying maladaptive sleep practices in elite athletes. *Sleep Sci* 11: 37, 2018.

[45] Eckard, TG, Padua, DA, Hearn, DW, Pexa, BS, and Frank, BS. The relationship between training load and injury in athletes: a systematic review. *Sports Med* 48: 1929-1961, 2018.

[46] Edwards, S, White, S, Humphreys, S, Robergs, R, and O'Dwyer, N. Caution using data from triaxial accelerometers housed in player tracking units during running. *J Sports Sci* 37: 810-818, 2019.

[47] Enoka, RM, and Duchateau, J. Muscle fatigue: what, why and how it influences muscle function. *J Physiol* 586: 11-23, 2008.

[48] Enoka, RM, and Duchateau, J. Translating fatigue to human performance. *Med Sci Sports Exerc* 48: 2228, 2016.

[49] Falbriard, M, Meyer, F, Mariani, B, Millet, GP, and Aminian, K. Accurate estimation of running temporal

parameters using foot-worn inertial sensors. *Front Physiol* 9: 610, 2018.

[50] Fanchini, M, Rampinini, E, Riggio, M, Coutts, AJ, Pecci, C, and McCall, A. Despite association, the acute: chronic work load ratio does not predict non-contact injury in elite footballers. *Sci Med Football* 2: 108-114, 2018.

[51] Fowles, JR. Technical issues in quantifying low-frequency fatigue in athletes. *Int J Sports Physiol Perform* 1: 169-171, 2006.

[52] Fox, JL, Stanton, R, Sargent, C, Wintour S-A, and Scanlan, AT. The association between training load and performance in team sports: a systematic review. *Sports Med* 48: 2743-2774, 2018.

[53] Gallo, TF, Cormack, SJ, Gabbett, TJ, and Lorenzen, CH. Pre-training perceived wellness impacts training output in Australian football players. *J Sports Sci* 34: 1445-1451, 2016.

[54] Garrett, J, Graham, SR, Eston, RC, Burgess, DJ, Garrett, LJ, Jakeman, J, and Norton, K. Comparison of a counter-movement jump test and submaximal run test to quantify the sensitivity for detecting practically important changes within high-performance Australian Rules football. *Int J Sports Physiol Perform* 15(1): 68-72, 2020.

[55] Garrett, J, Graham, SR, Eston, RC, Burgess, DJ, Garrett, LJ, Jakeman, J, and Norton, K. A novel method of assessment for monitoring neuromuscular fatigue within Australian Rules football players. *Int J Sports Physiol Perform* 14(5): 598-605, 2019.

[56] Gastin, PB, McLean, O, Spittle, M, and Breed, RV. Quantification of tackling demands in professional Australian football using integrated wearable athlete tracking technology. *J Sci Med Sport* 16: 589-593, 2013.

[57] Gathercole, R, Sporer, B, Stellingwerff, T, and Sleivert, G. Alternative countermovement-jump analysis to quantify acute neuromuscular fatigue. *Int J Sports Physiol Perform* 10: 84-92, 2015.

[58] Gathercole, RJ, Sporer, BC, Stellingwerff, T, and Sleivert, GG. Comparison of the capacity of different jump and sprint field tests to detect neuromuscular fatigue. *J Strength Cond Res* 29: 2522-2531, 2015.

[59] Gescheit, DT, Cormack, SJ, Duffield, R, Kovalchik, S, Wood, TO, Omizzolo, M, and Reid, M. A multi-year injury epidemiology analysis of an elite national junior tennis program. *J Sci Med Sport* 22: 11-15, 2019.

[60] Gibson, NE, Boyd, AJ, and Murray, AM. Countermovement jump is not affected during final competition preparation periods in elite rugby sevens players. *J Strength Cond Res* 30: 777-783, 2016.

[61] Graham, SR, Cormack, S, Parfitt, G, and Eston, R. Relationships between model estimates and actual match-performance indices in professional Australian footballers during an in-season macrocycle. *Int J Sports Physiol Perform* 13: 339-346, 2018.

[62] Graham, SR, Cormack, S, Parfitt, G, and Eston R. Relationships between model-predicted and actual match-play exercise-intensity performance in professional Australian footballers during a preseason training macrocycle. *Int J Sports Physiol Perform* 14: 232-238, 2019.

[63] Haff, GG, and Triplett, NT. *Essentials of Strength Training and Conditioning.* 4th ed. Champaign, IL: Human Kinetics, 249-316, 2016.

[64] Halson, SL. Monitoring training load to understand fatigue in athletes. *Sports Med* 44: 139-147, 2014.

[65] Halson, SL, and Jeukendrup, AE. Does overtraining exist?: an analysis of overreaching and overtraining research. *Sports Med* 34: 967-981, 2004.

[66] Heidari, J, Beckmann, J, Bertollo, M, Brink, M, Kallus, KW, Robazza, C, and Kellmann, M. Multidimensional monitoring of recovery status and implications for performance. *Int J Sports Physiol Perform* 14: 2-8, 2019.

[67] Hellard, P, Avalos, M, Lacoste, L, Barale, F, Chatard, JC, and Millet, GP. Assessing the limitations of the Banister model in monitoring training. *J Sports Sci* 24: 509-520, 2006.

[68] Hoffman, DT, Dwyer, DB, Bowe, SJ, Clifton, P, and Gastin, PB. Is injury associated with team performance in elite Australian football? 20 years of player injury and team performance data that include measures of individual player value. *Br J Sports Med* 54: 475-479, 2020.

[69] Hopkins, WG. *A new view of statistics.* Internet Society for Sport Science, 2000.

[70] Houghton, L, and Dawson, B. Recovery of jump performance after a simulated cricket batting innings. *J Sports Sci* 30: 1069-1072, 2012.

[71] Hulin, BT, Gabbett, TJ, Johnston, RD, and Jenkins, DG. Wearable microtechnology can accurately identify collision events during professional rugby league match-play. *J Sci Med Sport* 20: 638-642, 2017.

[72] Impellizzeri, FM, Marcora, SM, and Coutts, AJ. Internal and external training load: 15 years on. *Int J Sports Physiol Perform* 14: 270-273, 2019.

[73] Impellizzeri, FM, Rampinini, E, and Marcora, SM. Physiological assessment of aerobic training in soccer. *J Sports Sci* 23: 583-592, 2005.

[74] Impellizzeri, F, Woodcock, S, Coutts, AJ, Fanchini, M, McCall, A, and Vigotsky, A. Acute to random workload ratio is "as" associated with injury as acute to actual chronic workload ratio: time to dismiss ACWR and its components. 2020.

[75] Jennings, D, Cormack, S, Coutts, AJ, Boyd, LJ, and Aughey, RJ. The validity and reliability of GPS units for measuring distance in team sport running patterns. *Int J Sports Physiol Perform* 5: 328-341, 2010.

[76] Johnston, RD, Gabbett, TJ, Jenkins, DG, and Hulin, BT. Influence of physical qualities on post-match fatigue in rugby league players. *J Sci Med Sport* 18: 209-213, 2015.

[77] Johnston, RJ, Watsford, ML, Pine, MJ, Spurrs, RW, Murphy, AJ, and Pruyn, EC. The validity and reliability of 5-Hz global positioning system units to measure team sport movement demands. *J Strength Cond Res* 26: 758-765, 2012.

[78] Kallus, K, and Kellmann, M. *The Recovery-Stress-Questionnaire for Athletes User Manual.* Champaign, IL: Human Kinetics, 92-96, 2001.

[79] Kellmann, M. Preventing overtraining in athletes in high-intensity sports and stress/recovery monitoring. *Scand J Med Sci Sports* 20: 95-102, 2010.

[80] Kempton, T, Sirotic, AC, Rampinini, E, and Coutts, AJ. Metabolic power demands of rugby league match play. *Int J Sports Physiol Perform* 10: 23-28, 2015.

[81] Lamberts, RP, Lemmink, K, Durandt, JJ, and Lambert, MI. Variation in heart rate during submaximal exercise: implications for monitoring training. *J Strength Cond Res* 18: 641-645, 2004.

[82] Lamberts, RP, Maskell, S, Borresen, J, and Lambert, MI.

Adapting workload improves the measurement of heart rate recovery. *Int J Sports Med* 32: 698-702, 2011.

[83] Lamberts, R, Swart, J, Capostagno, B, Noakes, T, and Lambert, M. Heart rate recovery as a guide to monitor fatigue and predict changes in performance parameters. *Scand J Med Sci Sports* 20: 449-457, 2010.

[84] Lee, JB, Sutter, KJ, Askew, CD, and Burkett, BJ. Identifying symmetry in running gait using a single inertial sensor. *J Sci Med Sport* 13: 559-563, 2010.

[85] Le Meur, Y, Louis, J, Aubry, A, Guéneron, J, Pichon, A, Schaal, K, Corcuff, J-B, Hatem, SN, Isnard, R, and Hausswirth, C. Maximal exercise limitation in functionally overreached triathletes: role of cardiac adrenergic stimulation. *J Appl Physiol* 117: 214-222, 2014.

[86] Lolli, L, Batterham, AM, Hawkins, R, Kelly, DM, Strudwick, AJ, Thorpe, R, Gregson, W, and Atkinson, G. Mathematical coupling causes spurious correlation within the conventional acute-to-chronic workload ratio calculations. *Br J Sports Med* 53: 921-922, 2019.

[87] Main, L, and Robert, GJ. A multi-component assessment model for monitoring training distress among athletes. *Eur J Sport Sci* 9: 195-202, 2009.

[88] Malone, JJ, Murtagh, CF, Morgans, R, Burgess, DJ, Morton, JP, and Drust, B. Countermovement jump performance is not affected during an in-season training microcycle in elite youth soccer players. *J Strength Cond Res* 29: 752-757, 2015.

[89] Marcora, SM. Do we really need a central governor to explain brain regulation of exercise performance? *Eur J Appl Physiol* 104: 929, 2008.

[90] Marcora, SM, and Staiano W. The limit to exercise tolerance in humans: mind over muscle? *Eur J Appl Physiol* 109: 763-770, 2010.

[91] Marcora, SM, Staiano, W, and Manning, V. Mental fatigue impairs physical performance in humans. *J Appl Physiol* 106: 857-864, 2009.

[92] Marrier, B, Le Meur, Y, Robineau, J, Lacome, M, Couderc, A, Hausswirth, C, Piscione, J, and Morin, J-B. Quantifying neuromuscular fatigue induced by an intense training session in rugby sevens. *Int J Sports Physiol Perform* 12: 218-223, 2017.

[93] McLean, BD, Coutts, AJ, Kelly, V, McGuigan, MR, and Cormack, SJ. Neuromuscular, endocrine, and perceptual fatigue responses during different length between-match microcycles in professional rugby league players. *Int J Sports Physiol Perform* 5: 367-383, 2010.

[94] McNair, DM, Lorr, M, and Droppleman, LF. *EITS Manual for the Profile of Mood States*. San Diego: Educational and Industrial Testing Services, 1-27, 1971.

[95] McNamara, DJ, Gabbett, TJ, Chapman, P, Naughton, G, and Farhart, P. The validity of microsensors to automatically detect bowling events and counts in cricket fast bowlers. *Int J Sports Physiol Perform* 10: 71-75, 2015.

[96] Mooney, M, Cormack, S, O'Brien, B, Morgan, W, and McGuigan, M. Impact of neuromuscular fatigue on match exercise intensity in elite Australian football. *J Strength Cond Res* 27: 166-173, 2013.

[97] Mooney, MG, Cormack, S, O'Brien, BJ, Morgan, WM, and McGuigan, M. Impact of neuromuscular fatigue on match exercise intensity and performance in elite Australian football. 27: 166-173, 2013.

[98] Mooney, M, O'Brien, B, Cormack, S, Coutts, A, Berry, J, and Young, W. The relationship between physical capacity and match performance in elite Australian football: a mediation approach. *J Sci Med Sport* 14: 447-452, 2011.

[99] Morton, R, Fitz-Clarke, J, and Banister, E. Modeling human performance in running. *J Appl Physiol* 69: 1171-1177, 1990.

[100] Mujika, I. Quantification of training and competition loads in endurance sports: methods and applications. *Int J Sports Physiol Perform* 12: S29-S217, 2017.

[101] Murray, A, Buttfield, A, Simpkin, A, Sproule, J, and Turner, AP. Variability of within-step acceleration and daily wellness monitoring in collegiate American football. *J Sci Med Sport* 22: 488-493, 2019.

[102] Murray, NB, Gabbett, TJ, and Townshend, AD. Relationship between preseason training load and in-season availability in elite Australian football players. *Int J Sports Physiol Perform* 12: 749-755, 2017.

[103] Neupert, EC, Cotterill, ST, and Jobson, SA. Training-monitoring engagement: an evidence-based approach in elite sport. *Int J Sports Physiol Perform* 14: 99-104, 2019.

[104] Nicol, C, Avela, J, and Komi, PV. The stretch-shortening cycle. *Sports Med* 36: 977-999, 2006.

[105] Noakes, TD, Gibson, ASC, and Lambert, EV. From cata-strophe to complexity: a novel model of integrative central neural regulation of effort and fatigue during exercise in humans: summary and conclusions. *Br J Sports Med* 39: 120-124, 2005.

[106] Norris, D, Joyce, D, Siegler, J, Clock, J, and Lovell, R. Recovery of force-time characteristics after Australian Rules football matches: examining the utility of the isometric midthigh pull. *Int J Sports Physiol Perform* 1-6, 2019.

[107] O'Keeffe, S, O' Connor, S, and Ní Chéilleachair, N. Are internal load measures associated with injuries in male adolescent Gaelic football players? *Eur J Sport Sci* 1-12, 2019.

[108] Osgnach, C, Poser, S, Bernardini, R, Rinaldo, R, and Di Prampero, PE. Energy cost and metabolic power in elite soccer: a new match analysis approach. *Med Sci Sports Exerc* 42: 170-178, 2010.

[109] Panebianco, GP, Bisi, MC, Stagni, R, and Fantozzi, S. Analysis of the performance of 17 algorithms from a systematic review: influence of sensor position, analysed variable and computational approach in gait timing estimation from IMU measurements. *Gait Posture* 66: 76-82, 2018.

[110] Peterson, M, Rhea, M, and Alvar, B. Maximizing strength development in athletes: a meta-analysis to determine the dose response relationship. *J Strength Cond Res* 18: 377-382, 2004.

[111] Pettit, RW. The standard difference score: a new statistic for evaluating strength and conditioning programs. *J Strength Cond Res* 24: 287-291, 2010.

[112] Rhea, MR. Determining the magnitude of treatment effects in strength training research through the use of the effect size. *J Strength Cond Res* 18: 918-920, 2004.

[113] Robertson, S, Bartlett, JD, and Gastin, PB. Red, amber, or green? Athlete monitoring in team sport: the need for decision-support systems. *Int J Sports Physiol Perform* 12: S273-S279, 2017.

[114] Rowell, AE, Aughey, RJ, Clubb, J, and Cormack, SJ. A standardized small sided game can be used to monitor

neuromuscular fatigue in professional A-league football players. *Front Physiol* 9: 1011, 2018.

[115] Rowell, AE, Aughey, RJ, Hopkins, WG, Esmaeili, A, Lazarus, BH, and Cormack, SJ. Effects of training and competition load on neuromuscular recovery, testosterone, cortisol, and match performance during a season of professional football. *Front Physiol* 9: 668, 2018.

[116] Rowell, AE, Aughey, RJ, Hopkins, WG, Stewart, AM, and Cormack, SJ. Identification of sensitive measures of recovery after external load from football match play. *Int J Sports Physiol Perform* 12: 969-976, 2017.

[117] Ruddy, JD, Cormack, SJ, Whiteley, R, Williams, MD, Timmins, RG, and Opar, DA. Modeling the risk of team sport injuries: a narrative review of different statistical approaches. *Front Physiol* 10: 829, 2019.

[118] Ruddy, JD, Pietsch, S, Maniar, N, Cormack, SJ, Timmins, RG, Williams, MA, Carey, DL, and Opar, DA. Session availability as a result of prior injury impacts the risk of subsequent non-contact lower limb injury in elite male Australian footballers. *Front Physiol* 10: 737, 2019.

[119] Rushall, BS. A tool for measuring stress tolerance in elite athletes. *J Appl Sport Psychol* 2: 51-66, 1990.

[120] Russell, S, Jenkins, D, Rynne, S, Halson, SL, and Kelly, V. What is mental fatigue in elite sport? Perceptions from athletes and staff. *Eur J Sport Sci* 19: 1367-1376, 2019.

[121] Ryan, S, Kempton, T, Impellizzeri, FM, and Coutts, AJ. Training monitoring in professional Australian football: theoretical basis and recommendations for coaches and scientists. *Sci Med Football* 1-7, 2019.

[122] Saw, AE, Kellmann, M, Main, LC, and Gastin, PB. Athlete self-report measures in research and practice: considerations for the discerning reader and fastidious practitioner. *Int J Sports Physiol Perform* 12: S2127-S2135, 2017.

[123] Schwellnus, M, Soligard, T, Alonso, J-M, Bahr, R, Clarsen, B, Dijkstra, HP, Gabbett, TJ, Gleeson, M, Hägglund, M, and Hutchinson, MR. How much is too much? (Part 2) International Olympic Committee consensus statement on load in sport and risk of illness. *Br J Sports Med* 50: 1043-1052, 2016.

[124] Scott, BR, Duthie, GM, Thornton, HR, and Dascombe, BJ. Training monitoring for resistance exercise: theory and applications. *Sports Med* 46: 687-698, 2016.

[125] Selye, H. *The Stress of Life*. New York: McGraw-Hill, 25-47, 1956.

[126] Skorski, S, Mujika, I, Bosquet, L, Meeusen, R, Coutts, AJ, and Meyer, T. The temporal relationship between exercise, recovery processes, and changes in performance. *Int J Sports Physiol Perform* 14: 1015-1021, 2019.

[127] Smith, MR, Coutts, AJ, Merlini, M, Deprez, D, Lenoir, M, and Marcora, SM. Mental fatigue impairs soccer-specific physical and technical performance. *Med Sci Sports Exerc* 48: 267-276, 2016.

[128] Smith, MR, Thompson, C, Marcora, SM, Skorski, S, Meyer, T, and Coutts, AJ. Mental fatigue and soccer: current knowledge and future directions. *Sports Med* 48: 1525-1532, 2018.

[129] Soligard, T, Schwellnus, M, Alonso, J-M, Bahr, R, Clarsen, B, Dijkstra, HP, Gabbett, T, Gleeson, M, Hägglund, M, and Hutchinson, MR. How much is too much? (Part 1) International Olympic Committee consensus statement on load in sport and risk of injury. *Br J Sports Med* 50: 1030-1041, 2016.

[130] St Clair Gibson, A, Swart, J, and Tucker, R. The interaction of psychological and physiological homeostatic drives and role of general control principles in the regulation of physiological systems, exercise and the fatigue process— the Integrative Governor theory. *Eur J Sport Sci* 18: 25-36, 2018.

[131] Stevens, TG, de Ruiter, CJ, van Niel, C, van de Rhee, R, Beek, PJ, and Savelsbergh, GJ. Measuring acceleration and deceleration in soccer-specific movements using a local position measurement (LPM) system. *Int J Sports Physiol Perform* 9: 446-456, 2014.

[132] Sullivan, C, Bilsborough, JC, Cianciosi, M, Hocking, J, Cordy, JT, and Coutts, AJ. Factors affecting match performance in professional Australian football. *Int J Sports Physiol Perform* 9: 561-566, 2014.

[133] Sweeting, AJ, Aughey, RJ, Cormack, SJ, and Morgan, S. Discovering frequently recurring movement sequences in team-sport athlete spatiotemporal data. *J Sports Sci* 35: 2439-2445, 2017.

[134] Sweeting, AJ, Cormack, SJ, Morgan, S, and Aughey, RJ. When is a sprint a sprint? A review of the analysis of Team-Sport Athlete Activity Profile. *Front Physiol* 8: 432, 2017.

[135] Tanner, R, and Gore, C. *Physiological Tests for Elite Athletes*. Champaign, IL: Human Kinetics, 165-497, 2012.

[136] Taylor, JL, Amann, M, Duchateau, J, Meeusen, R, and Rice, CL. Neural contributions to muscle fatigue: from the brain to the muscle and back again. *Med Sci Sports Exerc* 48: 2294, 2016.

[137] Thornton, HR, Nelson, AR, Delaney, JA, Serpiello, FR, and Duthie, GM. Interunit reliability and effect of data-processing methods of global positioning systems. *Int J Sports Physiol Perform* 14: 432-438, 2019.

[138] Thorpe, RT, Atkinson, G, Drust, B, and Gregson, W. Monitoring fatigue status in elite team-sport athletes: implications for practice. *Int J Sports Physiol Perform* 12: S227-S234, 2017.

[139] Tofari, PJ, Kemp, JG, and Cormack, SJ. Self-paced team-sport match simulation results in reductions in voluntary activation and modifications to biological, perceptual, and performance measures at halftime and for up to 96 hours postmatch. *J Strength Cond Res* 32: 3552-3563, 2018.

[140] Van Cutsem, J, Marcora, S, De Pauw, K, Bailey, S, Meeusen, R, and Roelands, B. The effects of mental fatigue on physical performance: a systematic review. *Sports Med* 47: 1569-1588, 2017.

[141] Vanrenterghem, J, Nedergaard, NJ, Robinson, MA, and Drust, B. Training load monitoring in team sports: a novel framework separating physiological and biomechanical load-adaptation pathways. *Sports Med* 47: 2135-2142, 2017.

[142] Ward, P, Coutts, AJ, Pruna, R, and McCall, A. Putting the "I" back in team. *Int J Sports Physiol Perform* 13: 1107-1111, 2018.

[143] Watkins, CM, Barillas, SR, Wong, MA, Archer, DC, Dobbs, IJ, Lockie, RG, Coburn, JW, Tran, TT, and Brown, LE. Determination of vertical jump as a measure of neuromuscular readiness and fatigue. *J Strength Cond Res* 31: 3305-3310, 2017.

[144] Weaving, D, Dalton, NE, Black, C, Darrall-Jones, J,

Phibbs, PJ, Gray, M, Jones, B, and Roe, GA. The same story or a unique novel? Within-participant principal-component analysis of measures of training load in professional rugby union skills training. *Int J Sports Physiol Perform* 13: 1175-1181, 2018.

[145] Weaving, D, Jones, B, Till, K, Abt, G, and Beggs, C. The case for adopting a multivariate approach to optimize training load quantification in team sports. *Front Physiol* 8: 1024, 2017.

[146] Weaving, D, Marshall, P, Earle, K, Nevill, A, and Abt, G. Combining internal-and external-training-load measures in professional rugby league. *Int J Sports Physiol Perform* 9: 905-912, 2014.

[147] Wehbe, G, Gabbett, T, Dwyer, D, McLellan, C, and Coad, S. Monitoring neuromuscular fatigue in team-sport athletes using a cycle-ergometer test. *Int J Sports Physiol Perform* 10: 292-297, 2015.

[148] Weir, JP, Beck, TW, Cramer, JT, and Housh, TJ. Is fatigue all in your head? A critical review of the central governor model. *Br J Sports Med* 40: 573-586, 2005.

[149] Weiss, KJ, Allen, SV, McGuigan, MR, and Whatman, CS. The relationship between training load and injury in men's professional basketball. *Int J Sports Physiol Perform* 12: 1238-1242, 2017.

[150] Williams, S, Trewartha, G, Kemp, SP, Brooks, JH, Fuller, CW, Taylor, AE, Cross, MJ, and Stokes, KA. Time loss injuries compromise team success in elite rugby union: a 7-year prospective study. *Br J Sports Med* 50: 651-656, 2016.

[151] Williams, S, West, S, Cross, MJ, and Stokes, KA. Better way to determine the acute: chronic workload ratio? *Br J Sports Med* 51: 209-210, 2017.

[152] Winter, EM, Abt, GA, and Nevill, AM. Metrics of meaningfulness as opposed to sleights of significance. *J Sports Sci* 32: 901-902, 2014.

第3章

[1] Afonso, J, Nikolaidis, PT, Sousa, P, and Mesquita, I. Is empirical research on periodization trustworthy? A comprehensive review of conceptual and methodological issues. *J Sports Sci Med* 16: 27-34, 2017.

[2] Alhadad, SB, Tan, PMS, and Lee, JKW. Efficacy of heat mitigation strategies on core temperature and endurance exercise: a meta-analysis. *Front Physiol* 10: 71, 2019.

[3] Banister, EW, Carter, JB, and Zarkadas, PC. Training theory and taper: validation in triathlon athletes. *Eur J Appl Physiol Occup Physiol* 79: 182-191, 1999.

[4] Bartlett, JD, O'Connor, F, Pitchford, N, Torres-Ronda, L, and Robertson, SJ. Relationships between internal and external training load in team-sport athletes: evidence for an individualized approach. *Int J Sports Physiol Perform* 12: 230-234, 2017.

[5] Belval, LN, Hosokawa, Y, Casa, DJ, Adams, WM, Armstrong, LE, Baker, LB, Burke, L, Cheuvront, S, Chiampas, G, and González-Alonso, J. Practical hydration solutions for sports. *Nutrients* 11: 1550, 2019.

[6] Blythe, DA, and Kiraly, FJ. Prediction and quantification of individual athletic performance of runners. *PLoS One* 11: e0157257, 2016.

[7] Böhlke, N, and Robinson, L. Benchmarking of elite sport systems. *Management Decision* 47: 67-84, 2009.

[8] Bompa, TO, Blumenstein, B, Orbach, I, and Hoffman, J. Present state of the art. In *Integrated Periodization in Sports Training & Athletic Development*. Bompa, TO, Blumenstein, B, Hoffman, J, Howell, S and Orbach, I, eds. Ann Arbor, MI: Meyer & Meyer Sport, 12-22, 2019.

[9] Bompa, TO, and Buzzichelli, CA. Periodization as planning and programming of sport training. In *Periodization Training for Sports*. Champaign, IL: Human Kinetics, 87-98, 2015.

[10] Bompa, TO, and Buzzichelli, CA. Periodization of the annual plan. In *Periodization: Theory and Methodology of Training*, sixth edition. Champaign, IL: Human Kinetics, 165-206, 2019.

[11] Bompa, TO, and Haff, GG. Annual training plan. In *Periodization: Theory and Methodology of Training*, fifth edition. Champaign, IL: Human Kinetics, 125-185, 2009.

[12] Bompa, TO, and Haff, GG. Basis for training. In *Periodization: Theory and Methodology of Training*, fifth edition. Champaign, IL: Human Kinetics, 3-30, 2009.

[13] Bompa, TO, Hoffman, J, Blumenstein, B, and Orbach, I. Tapering and peaking for competitions. In *Integrated Periodization in Sports Training & Athletic Development*. Bompa, TO, Blumenstein, B, Hoffman, J, Howell, S, and Orbach, I, eds. Ann Arbor, MI: Meyer & Meyer Sport, 174-197, 2019.

[14] Bourdon, PC, Cardinale, M, Murray, A, Gastin, P, Kellmann, M, Varley, MC, Gabbett, TJ, Coutts, AJ, Burgess, DJ, Gregson, W, and Cable, NT. Monitoring athlete training loads: Consensus Statement. *Int J Sports Physiol Perform* 12: S2161-S2170, 2017.

[15] Caparros, T, Casals, M, Solana, A, and Pena, J. Low external workloads are related to higher injury risk in professional male basketball games. *J Sports Sci Med* 17: 289-297, 2018.

[16] Casadio, JR, Kilding, AE, Siegel, R, Cotter, JD, and Laursen, PB. Periodizing heat acclimation in elite Laser sailors preparing for a world championship event in hot conditions. *Temperature (Austin)* 3: 437-443, 2016.

[17] Chow, JW, and Knudson, DV. Use of deterministic models in sports and exercise biomechanics research. *Sports Biomech* 10: 219-233, 2011.

[18] Claudino, JG, Capanema, DO, de Souza, TV, Serrao, JC, Machado Pereira, AC, and Nassis, GP. Current approaches to the use of artificial intelligence for injury risk assessment and performance prediction in team sports: a systematic review. *Sports Med Open* 5: 28, 2019.

[19] Connolly, F, and White, P. The evolution of preparation. In *Game Changer*. Canada: Victory Belt Publishing Inc, 247-264, 2017.

[20] Cormack, SJ, Newton, RU, McGuigan, MR, and Cormie, P. Neuromuscular and endocrine responses of elite players during an Australian rules football season. *Int J Sports Physiol Perform* 3: 439-453, 2008.

[21] Counsilman, JE, and Counsilman, BE. Advanced theories in the planning of training. In *The New Science of Swimming*. Englewood Cliffs, NJ: Prentice Hall, 229-255, 1994.

[22] Cunanan, AJ, DeWeese, BH, Wagle, JP, Carroll, KM, Sausaman, R, Hornsby, WG III, Haff, GG, Triplett, NT, Pierce, KC, and Stone, MH. The general adaptation syndrome: a foundation for the concept of periodization. *Sports Med* 48: 787-797, 2018.

[23] DeWeese, BH, Gray, HS, Sams, ML, Scruggs, SK, and Serrano, AJ. Revising the definition of periodization: merging historical principles with modern concerns. *Olympic Coach Magazine* 24: 5-19, 2015.

[24] Evans, M. Strength and conditioning for cycling. In *Strength and Conditioning for Sports Performance.* Jeffreys, I and Moody, J, eds. Abingdon, Oxon: Routledge, 642-646, 2016.

[25] Fleck, SJ. Periodized strength training: a critical review. *J Strength Cond Res* 13: 82-89, 1999.

[26] Francis, C. Structure of training for speed. Charlie Francis. COM, 1-72, 2008.

[27] Gamble, P. Planning and scheduling: periodisation of training. In *Strength and Conditioning for Team Sports: Sport-Specific Physical Preparation for High Performance.* London: Routledge, 204-220, 2013.

[28] Geurkink, Y, Vandewiele, G, Lievens, M, de Turck, F, Ongenae, F, Matthys, SPJ, Boone, J, and Bourgois, JG. Modeling the prediction of the session rating of perceived exertion in soccer: unraveling the puzzle of predictive indicators. *Int J Sports Physiol Perform* 14: 841-846, 2019.

[29] Haff, GG. The essentials of periodisation. In *Strength and Conditioning for Sports Performance.* Jeffreys, I and Moody, J, eds. Abingdon, Oxon: Routledge, 404-448, 2016.

[30] Haff, GG. Peaking for competition in individual sports. In *High-Performance Training for Sports.* Joyce, D and Lewindon, D, eds. Champaign, IL: Human Kinetics, 524-540, 2014.

[31] Haff, GG. Periodization and power integration. In *Developing Power.* McGuigan, M, ed. Champaign, IL: Human Kinetics, 33-62, 2017.

[32] Haff, GG. Periodization for tactical populations. In *NSCA's Essentials of Tactical Strength and Conditioning.* Alvar, BA, Sell, K, and Deuster, PA, eds. Champaign, IL: Human Kinetics, 181-204, 2017.

[33] Haff, GG. Periodization of training. In *Conditioning for Strength and Human Performance.* Brown, LE and Chandler, J, eds. Philadelphia: Wolters Kluwer, Lippincott, Williams & Wilkins, 2012, 326-345, 2012.

[34] Haff, GG. Periodization strategies for youth development. In *Strength and Conditioning for Young Athletes: Science and Application.* Lloyd, RS and Oliver, JL, eds. London: Routledge, Taylor & Francis Group, 149-168, 2014.

[35] Haff, GG, and Haff, EE. Training integration and periodization. In *Strength and Conditioning Program Design.* Hoffman, J, ed. Champaign, IL: Human Kinetics, 209-254, 2012.

[36] Haff, GG, Kraemer, WJ, O'Bryant, HS, Pendlay, G, Plisk, S, and Stone, MH. Roundtable discussion: periodization of training-part 1. *NSCA J* 26: 50-69, 2004.

[37] Halson, SL. Monitoring training load to understand fatigue in athletes. *Sports Med* 44(suppl 2): 139-147, 2014.

[38] Herda, TJ, and Cramer, JT. Bioenergetics of exercise and training. In *Essentials of Strength Training and Conditioning.* Haff, GG and Triplett, N, eds. Champaign, IL: Human Kinetics, 43-63, 2016.

[39] Hopkins, WG. Competitive performance of elite track-and-field athletes: variability and smallest worthwhile enhancements. *Sportscience* 9: 17-20, 2005.

[40] Ingham, S. The big goal. In *How to Support a Champion.* UK: Simply Said LTD, 40-63, 2016.

[41] Ingham, S. How do you know? In *How to Support a Champion.* UK: Simply Said LTD, 64-85, 2016.

[42] Ingham, S. Seven spinning plates. In *How to Support a Champion.* UK: Simply Said LTD, 86-119, 2016.

[43] Issurin, VB. Benefits and limitations of block periodized training approaches to athletes' preparation: a review.

Sports Med 46: 329-338, 2016.

[44] Issurin, VB. Biological background of block periodized endurance training: a review. *Sports Med* 49: 31-39, 2019.

[45] Issurin, VB. New horizons for the methodology and physiology of training periodization. *Sports Med* 40: 189-206, 2010.

[46] Jeffreys, I. Quadrennial planning for the high school athlete. *Strength Cond J* 30: 74-83, 2008.

[47] Kelly, VG, and Coutts, AJ. Planning and monitoring training loads during the competition phase in team sports. *Strength Cond J* 29: 32-37, 2007.

[48] Kiely, J. New horizons for the methodology and physiology of training periodization: block periodization: new horizon or a false dawn? *Sports Med* 40: 803-805; author reply 805-807, 2010.

[49] Kiely, J. Periodization paradigms in the 21st century: evidence-led or tradition-driven? *Int J Sports Physiol Perform* 7: 242-250, 2012.

[50] Kiely, J. Periodization theory: confronting an inconvenient truth. *Sports Med* 48: 753-764, 2018.

[51] Kipp, K, Krzyszkowski, J, and Kant-Hull, D. Use of machine learning to model volume load effects on changes in jump performance. *Int J Sports Physiol Perform* 1-13, 2019.

[52] Lee, EC, Fragala, MS, Kavouras, SA, Queen, RM, Pryor, JL, and Casa, DJ. Biomarkers in sports and exercise: tracking health, performance, and recovery in athletes. *J Strength Cond Res* 31: 2920-2937, 2017.

[53] Malisoux, L, Gette, P, Urhausen, A, Bomfim, J, and Theisen, D. Influence of sports flooring and shoes on impact forces and performance during jump tasks. *PLoS One* 12: e0186297, 2017.

[54] Mattocks, KT, Dankel, SJ, Buckner, SL, Jessee, MB, Counts, BR, Mouser, JG, Laurentino, GC, and Loenneke, JP. Periodization: what is it good for? *J Trainol* 5: 6-12, 2016.

[55] Mendes, B, Palao, JM, Silverio, A, Owen, A, Carrico, S, Calvete, F, and Clemente, FM. Daily and weekly training load and wellness status in preparatory, regular and congested weeks: a season-long study in elite volleyball players. *Res Sports Med* 26: 462-473, 2018.

[56] Moore, CA, and Fry, AC. Nonfunctional overreaching during off-season training for skill position players in collegiate American football. *J Strength Cond Res* 21: 793-800, 2007.

[57] Mujika, I, Halson, S, Burke, L, Balagué, G, and Farrow, D. An integrated, multifactorial approach to periodization for optimal performance in individual and team sports. *Int J Sports Physiol Perform* 13: 538-561, 2018.

[58] Mujika, I, and Padilla, S. Detraining: loss of training-induced physiological and performance adaptations. Part I: Short term insufficient training stimulus. *Sports Med* 30: 79-87, 2000.

[59] Mujika, I, and Padilla, S. Scientific bases for precompetition tapering strategies. *Med Sci Sports Exerc* 35: 1182-1187, 2003.

[60] Mujika, I, Padilla, S, and Pyne, D. Swimming performance changes during the final 3 weeks of training leading to the Sydney 2000 Olympic Games. *Int J Sports Med* 23: 582-587, 2002.

[61] Mujika, I, Villanueva, L, Welvaert, M, and Pyne, DB. Swimming fast when it counts: a 7-year analysis of Olympic

and World Championships performance. *Int J Sports Physiol Perform* 14: 1132-1139, 2019.

[62] Munroe, L, and Haff, GG. Sprint cycling. In *Routledge Handbook of Strength and Conditioning*. Turner, A, ed. New York: Routledge, 506-525, 2018.

[63] Norris, SR, and Smith, DJ. Planning, periodization, and sequencing training and competition: the rationale for a competently planned, optimally executed training and competition program, supported by a multidisiplinary team. In *Enhancing Recovery: Preventing Underperformance in Athletes*. Kellmann, M, ed. Champaign, IL: Human Kinetics, 121-141, 2002.

[64] Olbrect, J. Basics of training planning. In *The Science of Winning: Planning, Periodizing, and Optimizing Swim Training*. Luton, England: Swimshop, 171-192, 2000.

[65] Painter, K, Haff, G, Ramsey, M, McBride, J, Triplett, T, Sands, W, Lamont, H, Stone, M, and Stone, M. Strength gains: block versus daily undulating periodization weight training among track and field athletes. *Int J Sports Physiol Perform* 7: 161-169, 2012.

[66] Peltonen, H, Walker, S, Lahitie, A, Hakkinen, K, and Avela, J. Isometric parameters in the monitoring of maximal strength, power and hypertrophic resistance-training. *Appl Physiol Nutr Metab* 43: 145-153, 2018.

[67] Plisk, SS, and Stone, MH. Periodization strategies. *Strength Cond J* 25: 19-37, 2003.

[68] Pritchard, HJ, Barnes, MJ, Stewart, RJ, Keogh, JW, and McGuigan, MR. Higher-versus lower-intensity strength-training taper: effects on neuromuscular performance. *Int J Sports Physiol Perform* 14: 458-463, 2019.

[69] Rein, R, and Memmert, D. Big data and tactical analysis in elite soccer: future challenges and opportunities for sports science. *Springerplus* 5: 1410, 2016.

[70] Robertson, S, and Joyce, D. Evaluating strategic periodisation in team sport. *J Sports Sci* 36: 279-285, 2018.

[71] Robertson, SJ, and Joyce, DG. Informing in-season tactical periodisation in team sport: development of a match difficulty index for Super Rugby. *J Sports Sci* 33: 99-107, 2015.

[72] RØnnestad, BR, Hansen, J, and Ellefsen, S. Block periodization of high-intensity aerobic intervals provides superior training effects in trained cyclists. *Scand J Med Sci Sports* 24: 34-42, 2014.

[73] Ronnestad, BR, Ofsteng, SJ, and Ellefsen, S. Block periodization of strength and endurance training is superior to traditional periodization in ice hockey players. *Scand J Med Sci Sports* 29: 180-188, 2019.

[74] Rowbottom, DG. Periodization of training. In *Exercise and Sport Science*. Garrett, WE and Kirkendall, DT, eds. Philadelphia: Lippincott Williams and Wilkins, 499-512, 2000.

[75] Schwellnus, M, Soligard, T, Alonso, J-M, Bahr, R, Clarsen, B, Dijkstra, HP, Gabbett, TJ, Gleeson, M, Hägglund, M, Hutchinson, MR, Janse Van Rensburg, C, Meeusen, R, Orchard, JW, Pluim, BM, Raftery, M, Budgett, R, and Engebretsen, L. How much is too much? (Part 2) International Olympic Committee consensus statement on load in sport and risk of illness. *Br J Sports Med* 50: 1043-1052, 2016.

[76] Siewe, J, Rudat, J, Zarghooni, K, Sobottke, R, Eysel, P, Herren, C, Knoll, P, Illgner, U, and Michael, J. Injuries in competitive boxing. A prospective study. *Int J Sports Med* 36: 249-253, 2015.

[77] Soligard, T, Schwellnus, M, Alonso, J-M, Bahr, R, Clarsen, B, Dijkstra, HP, Gabbett, T, Gleeson, M, Hägglund, M, Hutchinson, MR, Janse van Rensburg, C, Khan, KM, Meeusen, R, Orchard, JW, Pluim, BM, Raftery, M, Budgett, R, and Engebretsen, L. How much is too much? (Part 1) International Olympic Committee consensus statement on load in sport and risk of injury. *Br J Sports Med* 50: 1030-1041, 2016.

[78] Solli, GS, Tonnessen, E, and Sandbakk, O. Block vs. traditional periodization of HIT: two different paths to success for the world's best cross-country skier. *Front Physiol* 10: 375, 2019.

[79] Suarez, DG, Mizuguchi, S, Hornsby, WG, Cunanan, AJ, Marsh, DJ, and Stone, MH. Phase-specific changes in rate of force development and muscle morphology throughout a block periodized training cycle in weightlifters. *Sports* 7: 129, 2019.

[80] Viru, A. Some facts about microcycles. *Mod Athlete Coach* 28: 29-32, 1990.

[81] Zatsiorsky, VM, and Kraemer, WJ. Timing in strength training. In *Science and Practice of Strength Training*. Champaign, IL: Human Kinetics, 89-108, 2006.

第4章

[1] Buchheit, M. The 30-15 Intermittent Fitness Test: accuracy for individualizing interval training of young intermittent sport players. *J Strength Cond Res* 22: 365-374, 2008.

[2] Buchheit, M. Applying the acute: chronic workload ratio in elite football: worth the effort? *Br J Sports Med* 51: 1325-1327, 2017.

[3] Buchheit, M. Individualizing high-intensity interval training in intermittent sport athletes with the 30-15 Intermittent Fitness Test. *NSCA Hot Topic Series November*, 2011.

[4] Buchheit, M. Managing high-speed running load in professional soccer players: the benefit of high-intensity interval training supplementation. *Sport Perform Sci Rep* 53: v1, 2019.

[5] Buchheit, M. Programming high-intensity training in handball. *Aspetar Sports Med J* 3: 120-128, 2014.

[6] Buchheit, M. Programming high-speed running and mechanical work in relation to technical contents and match schedule in professional soccer. *Sport Perform Sci Rep* 69: v1, 2019.

[7] Buchheit, M, Allen, A, Poon, TK, Modonutti, M, Gregson, W, and Di Salvo, V. Integrating different tracking systems in football: multiple camera semi-automatic system, local position measurement and GPS technologies. *J Sports Sci* 32: 1844-1857, 2014.

[8] Buchheit, M, and Laursen, PB. High-intensity interval training, solutions to the programming puzzle: part I: cardio-pulmonary emphasis. *Sports Med* 43: 313-338, 2013.

[9] Buchheit, M, Laursen, PB, Kuhnle, J, Ruch, D, Renaud, C, and Ahmaidi, S. Game-based training in young elite handball players. *Int J Sports Med* 30: 251-258, 2009.

[10] Buchheit, M, Leblond, F, Renaud, C, Kuhnle, J, and Ahmaidi, S. Effect of complex vs. specific aerobic training in young handball players. *Coach Sport Sci* 3: 22, 2008.

[11] Buchheit, M, and Mayer, N. Restoring players' specific fitness and performance capacity in relation to match physical and technical demands. In Muscle Injury Guide: Prevention of and Return to Play From Muscle Injuries. *Barca Innovation Hub* 29-35, 2019.

[12] Buchheit, M, and Simpson, BM. Player tracking techno-logy: half-full or half-empty glass? *Int J Sports Physiol Perform* 12: S235-S241, 2017.

[13] Cunningham, DJ, Shearer, DA, Carter, N, Drawer, S, Pollard, B, Bennett, M, Eager, R, Cook, CJ, Farrell, J, Russell, M, and Kilduff, LP. Assessing worst case scenarios in movement demands derived from global positioning systems during international rugby union matches: rolling averages versus fixed length epochs. *PLoS One* 13: e0195197, 2018.

[14] Delgado-Bordonau, JL, and Mendez-Villanueva, A. The tactical periodization model. In *Fitness in Soccer: The Science and Practical Application*. Moveo Ergo Sum/ Klein-Gelman, 46-53.2014.

[15] Dellal, A, Varliette, C, Owen, A, Chirico, EN, and Pialoux, V. Small-sided games versus interval training in amateur soccer players: effects on the aerobic capacity and the ability to perform intermittent exercises with changes of direction. *J Strength Cond Res* 26: 2712-2720, 2012.

[16] Duhig, S, Shield, AJ, Opar, D, Gabbett, TJ, Ferguson, C, and Williams, M. Effect of high-speed running on hamstring strain injury risk. *Br J Sports Med* 50: 1536-1540, 2016.

[17] Edouard, P, Mendiguchia, J, Guex, K, Lahti, J, Samozino, P, and Morin, JB. Sprinting: a potential vaccine for hamstring injury? *Sport Perform Sci Rep* 48: v1, 2019.

[18] Fanchini, M, Pons, E, Impellizzeri, F, Dupont, G, Buchheit, M, and McCall, A. Exercise-based strategies to prevent muscle injuries. In Muscle Injury Guide: Prevention of and Return to Play From Muscle Injuries. *Barca Innovation Hub* 34-41, 2019.

[19] Fanchini, M, Rampinini, E, Riggio, M, Coutts, A, Pecci, C, and McCall, A. Despite association, the acute: chronic work load ratio does not predict non-contact injury in elite footballers. *Sci Med Football* 2: 109-114, 2018.

[20] Gabbett, TJ. The training-injury prevention paradox: should athletes be training smarter and harder? *Br J Sports Med* 50: 273-280, 2016.

[21] Hader, K, Mendez-Villanueva, A, Williams, B, Ahmaidi, S, and Buchheit, M. Changes of direction during high-intensity intermittent runs: neuromuscular and metabolic responses. *BMC Sports Sci Med Rehabil* 6: 2, 2014.

[22] Iaia, FM, Rampinini, E, and Bangsbo, J. High-intensity training in football. *Int J Sports Physiol Perform* 4: 291-306, 2009.

[23] Impellizzeri, FM, Marcora, SM, Castagna, C, Reilly, T, Sassi, A, Iaia, FM, and Rampinini, E. Physiological and performance effects of generic versus specific aerobic training in soccer players. *Int J Sports Med* 27: 483-492, 2006.

[24] Lacome, M, Simpson, BM, Cholley, Y, Lambert, P, and Buchheit, M. Small sided games in elite soccer: does one size fits all? *Int J Sports Physiol Perform* 13: 1-24, 2017.

[25] Laursen, PB, and Buchheit, M. *Science and Application of High-Intensity Interval Training (HIIT): Solutions to the Programming Puzzle.* Human Kinetics; First edition (December 28, 2018), 2018.

[26] Laursen, PB, Buchheit, M, eds. *Science and Application of High-Intensity Interval Training: Solutions to the Programming Puzzle.* 1st ed. Champaign, IL: Human Kinetics, 3-661, 2018.

[27] Lolli, L, Batterham, AM, Hawkins, R, Kelly, DM, Strudwick, AJ, Thorpe, RT, Gregson, W, and Atkinson, G. The acute-to-chronic workload ratio: an inaccurate

scaling index for an unnecessary normalisation process? *Br J Sports Med* 53, 2018.

[28] Malone, S, Roe, M, Doran, DA, Gabbett, TJ, and Collins, K. High chronic training loads and exposure to bouts of maximal velocity running reduce injury risk in elite Gaelic football. *J Sci Med Sport* 20: 250-254, 2017.

[29] van den Tillaar, R, Solheim, JAB, and Bencke, J. Comparison of hamstring muscle activation during high-speed running and various hamstring strengthening exercises. *Int J Sports Phys Ther* 12: 718-727, 2017.

第5章

[1] Ali, A. Measuring soccer skill performance: a review. *Scand J Med Sci Sports* 21: 170-183, 2011.

[2] Barbosa, TM, Costa, MJ, and Marinho, DA. Proposal of a deterministic model to explain swimming performance. *Int J Swim Kinet* 2: 1-54, 2013.

[3] Barbosa, LP, Sousa, CV, Sales, MM, Olher, RDR, Aguiar, SS, Santos, PA, Tiozzo, E, Simoes, HG, Nikolaidis, PT, and Knechtle, B. Celebrating 40 years of ironman: how the champions perform. *Int J Environ Res Public Health* 16: 1019, 2019.

[4] Bennell, KL, and Crossley, K. Musculoskeletal injuries in track and field: incidence, distribution and risk factors. *Aust J Sci Med Sport* 28: 69-75, 1996.

[5] Berthelot, G, Sedeaud, A, Marck, A, Antero-Jacquemin, J, Schipman, J, Saulière, G, Marc, A, Desgorces, F-D, and Toussaint, J-F. Has athletic performance reached its peak? *Sports Med* 45: 1263-1271, 2015.

[6] Berthelot, G, Thibault, V, Tafflet, M, Escolano, S, El Helou, N, Jouven, X, Hermine, O, and Toussaint, J-F. The citius end: world records progression announces the completion of a brief ultra-physiological quest. *PLoS One* 3: e1552, 2008.

[7] Boccia, G, Moisè, P, Franceschi, A, Trova, F, Panero, D, La Torre, A, Rainoldi, A, Schena, F, and Cardinale, M. Career performance trajectories in track and field jumping events from youth to senior success: the importance of learning and development. *PLoS One* 12: e0170744, 2017.

[8] Boccia, G, Riccardo, PR, Moisè, P, Franceschi, A, La Torre, A, Schena, F, Rainoldi, A, and Cardinale, M. Elite national athletes reach their peak performance later than non-elite in sprints and throwing events. *J Sci Med Sport* 22: 342-347, 2019.

[9] Brandon, LJ. Physiological factors associated with middle distance running performance. *Sports Med* 19: 268-277, 1995.

[10] British Triathlon. Olympic World Class Programme Selection Process 2019-2020. 2019. Accessed September 8, 2020.11.

[11] Cardinale, M. Developing young talent to Olympic champions in athletics: understanding realistic progressions. *Aspetar Sports Med J* 250-255, 2019. Accessed September 8, 2020.

[12] Carlsen, KH. Asthma in Olympians. *Paediatr Respir Rev* 17: 34-35, 2016.

[13] Chow, JW, and Knudson, DV. Use of deterministic models in sports and exercise biomechanics research. *Sports Biomech* 10: 219-233, 2011.

[14] Daoud, AI, Geissler, GJ, Wang, F, Saretsky, J, Daoud, YA, and Lieberman, DE. Foot strike and injury rates in endurance runners: a retrospective study. *Med Sci Sports Exerc* 44: 1325-1334, 2012.

[15] Farrow, D, and Robertson, S. Development of a skill acquisition periodisation framework for high-performance

sport. *Sports Med* 47: 1043-1054, 2017.

[16] Federation Internationale de Gymnastique. Rules. Accessed September 8, 2020.

[17] Glazier, PS, and Mehdizadeh, S. Challenging conventional paradigms in applied sports biomechanics research. *Sports Med* 49: 171-176. 2019.

[18] Glazier, PS, and Robins, MT. Comment on "Use of deterministic models in sports and exercise biomechanics research" by Chow and Knudson (2011). *Sport Biomech* 11: 120-122, author reply 123-124, 2012.

[19] Gonzalo-Skok, O, Tous-Fajardo, J, Suarez-Arrones, L, Arjol-Serrano, JL, Casajús, JA, and Mendez-Villanueva, A. Validity of the V-cut test for young basketball players. *Int J Sports Med* 36: 893-899, 2015.

[20] Hay, JG. *The biomechanics of Sports Technique*. 4th Edition. Englewood Cliffs, NJ: Prentice-Hall, 424-429, 1993.

[21] Helenius, I, and Haahtela, T. Allergy and asthma in elite summer sport athletes. *J Allergy Clin Immunol* 106: 444-452, 2000.

[22] Hiley, MJ, Zuevsky, VV, and Yeadon, MR. Is skilled technique characterized by high or low variability? An analysis of high bar giant circles. *Hum Mov Sci* 32: 171-180, 2013.

[23] Hughes, M, Caudrelier, T, James, N, Redwood-Brown, A, Donnelly, I, Kirkbride, A, and Duschesne, C. Moneyball and soccer-an analysis of the key performance indicators of elite male soccer players by position. *J Hum Sport Exerc* 7: 402-412, 2012.

[24] Iino, Y, and Kojima, T. Kinematics of table tennis topspin forehands: effects of performance level and ball spin. *J Sports Sci* 27: 1311-1321, 2009.

[25] Ingham, SA, Whyte, GP, Pedlar, C, Bailey, DM, Dunman, N, and Nevill, AM. Determinants of 800-m and 1500-m running performance using allometric models. *Med Sci Sports Exerc* 40: 345-350, 2008.

[26] Karkazis, K, and Fishman, JR. Tracking U.S. professional athletes: the ethics of biometric technologies. *Am J Bioeth* 17, 45-60, 2017.

[27] Krause, LM, Buszard, T, Reid, M, Pinder, R, and Farrow, D. Assessment of elite junior tennis serve and return practice: a cross-sectional observation. *J Sports Sci* 37: 2818-2825, 2019.

[28] Longmuir, PE, Boyer, C, Lloyd, M, Borghese, MM, Knight, E, Saunders, TJ, Boiarskaia, E, Weimo, Z, and Tremblay, MS. Canadian Agility and Movement Skill Assessment (CAMSA): validity, objectivity, and reliability evidence for children 8–12 years of age. *J Sport Health Sci* 6: 231-240, 2017.

[29] Martínez-Silván, D, Díaz-Ocejo, J, and Murray, A. Predictive indicators of overuse injuries in adolescent endurance athletes. *Int J Sports Physiol Perform* 12: 153-156, 2017.

[30] McLean, SG, Lipfert, SW, and Van Den Bogert, AJ. Effect of gender and defensive opponent on the biomechanics of sidestep cutting. *Med Sci Sports Exerc* 36: 1008-1016, 2004.

[31] MLB Stats. Accessed September 8, 2020.

[32] National Hockey League. Statistics. Accessed September 8, 2020.

[33] NBA Advanced Stats. Players Tracking Speed & Distance. Accessed September 8, 2020.

[34] Nevill, AM, Whyte, GP, Holder, RL, and Peyrebrune, M. Are there limits to swimming world records? *Int J Sports Med* 28: 1012-1017, 2007.

[35] Nieman, DC. Exercise, upper respiratory tract infection, and the immune system. *Med Sci Sports Exerc* 26: 128-139, 1994.

[36] Official ISU Judging System. ISU Updates. Accessed September 8, 2020.

[37] Ofoghi, B, Zeleznikow, J, Macmahon, C, Rehula, J, and Dwyer, DB. Performance analysis and prediction in triathlon. *J Sports Sci* 34: 607-612, 2016.

[38] Sampaio, J, and Maças, V. Measuring tactical behavior in football. *Int J Sports Med* 33: 395-401, 2012.

[39] Sampaio, J, McGarry, T, Calleja-González, J, Jiménez Sáiz, S, Schelling, I, Del Alcázar, X, and Balciunas, M. Exploring game performance in the National Basketball Association using player tracking data. *PLoS One* 10: e0132894, 2015.

[40] Sandford, GN, Kilding, AE, Ross, A, and Laursen, PB. Maximal sprint speed and the anaerobic speed reserve domain: the untapped tools that differentiate the world's best male 800 m runners. *Sports Med* 49: 843-852, 2019.

[41] Sandford, GN, Laursen, PB, Kilding, AE, and Ross, A. Defining the role of the anaerobic speed reserve in middle distance running. *NZ J Sports Med* 2017.

[42] Sandford, GN, Rogers, SA, Sharma, AP, Kilding, AE, Ross, A, and Laursen PB. Implementing anaerobic speed reserve testing in the field: validation of $v\dot{V}O_{2max}$ prediction from 1500m race performance in elite middle-distance runners. *Int J Sports Physiol Perform* 14: 1147-1150, 2019.

[43] Saxon, LA. Athletic performance monitoring, pseudo science and metaphysics meet ethics. *Am J Bioeth* 17: 61-62, 2017.

[44] Schabort, EJ, Killian, SC, St Clair Gibson, A, Hawley, JA, and Noakes, TD. Prediction of triathlon race time from laboratory testing in national triathletes. *Med Sci Sports Exerc* 32: 844-849, 2000.

[45] Sigward, S, and Powers, CM. The influence of experience on knee mechanics during side-step cutting in females. *Clin Biomech (Bristol, Avon)* 21: 740-747, 2006.

[46] Suchomel, TJ, Lamont, HS, and Moir, GL. Understanding vertical jump potentiation: a deterministic model. *Sports Med* 46: 809-828, 2016.

[47] TØnnessen, E, Svendsen, IS, Olsen, IC, Guttormsen, A, and Haugen, T. Performance development in adolescent track and field athletes according to age, sex and sport discipline. *PLoS One* 10: e0129014, 2015.

[48] United Kingdom Athletics. Performance Funnels. Accessed September 8, 2020.

[49] Valter, DS, Adam, C, Barry, M, and Marco, C. Validation of Prozone®: a new video-based performance analysis system. *Int J Perform Anal Sport* 6: 108-119, 2006.

[50] Van Schuylenbergh, R, Vanden Eynde, B, and Hespel P. Prediction of sprint triathlon performance from laboratory tests. *Eur J Appl Physiol* 91: 94-99, 2004.

[51] Williams, LR, and Walmsley, A. Response timing and muscular coordination in fencing: a comparison of elite and novice fencers. *J Sci Med Sport* 3: 460-475, 2000.

[52] Zebis, MK, Andersen, LL, Bencke, J, Kjaer, M, and Aagaard, P. Identification of athletes at future risk of anterior cruciate ligament ruptures by neuromuscular screening. *Am J Sports Med* 37: 1967-1973, 2009.

第6章

[1] Argus, CK, Gill, ND, and Keogh, JW. Characterization of the differences in strength and power between different levels of competition in rugby union athletes. *J Strength Cond Res* 26: 2698-2704, 2012.

[2] Baker, DG. 10-year changes in upper body strength and power in elite professional rugby league players-the effect of training age, stage, and content. *J Strength Cond Res* 27: 285-292, 2013.

[3] Baker, DG. Comparison of strength levels between players from within the same club who were selected vs. not selected to play in the Grand Final of the National Rugby League competition. *J Strength Cond Res* 31: 1461-1467, 2017.

[4] Barbosa, AC, Valadao, PF, Wilke, CF, Martins, F, Silva, DCP, Volkers, SA, Lima, COV, Riberio, JRC, Bittencourt, NF, and Barroso, R. The road to 21 seconds: a case report of a 2016 Olympic swimming sprinter. *Int J Sports Sci Coach* 14: 393-405, 2019.

[5] Bazyler, CD, Mizuguchi, S, Zourdos, MC, Sato, K, Kavanaugh, AA, DeWeese, BH, Breuel, KF, and Stone, MH. Characteristics of a national level female weightlifter peaking for competition: a case study. *J Strength Cond Res* 32: 3029-3038, 2018.

[6] Bishop, PA, Williams, TD, Heldman, AN, and Vanderburgh, PM. System for evaluating powerlifting and other multievent performances. *J Strength Cond Res* 32: 201-204, 2018.

[7] Bourne, MN, Bruder, AM, Mentiplay, BF, Carey, DL, Patterson, BE, and Crossley, KM. Eccentric knee flexor weakness in elite female footballers 1-10 years following anterior cruciate ligament reconstruction. *Phys Ther Sport* 37: 144-149, 2019.

[8] Comfort, P, and Pearson, SJ. Scaling-which methods best predict performance? *J Strength Cond Res* 28: 1565-1572, 2014.

[9] Comfort, P, Thomas, C, Dos' Santos, T, Suchomel, TJ, Jones, PA, and McMahon, JJ. Changes in dynamic strength index in response to strength training. *Sports (Basel)* 6: 4, 2018.

[10] Crewther, BT, McGuigan, MR, and Gill, ND. The ratio and allometric scaling of speed, power, and strength in elite male rugby union players. *J Strength Cond Res* 25: 1968-1975, 2011.

[11] Gillen, ZM, Shoemaker, ME, McKay, BD, and Cramer, JT. Performance differences between National Football League and high school American football combine participants. *Res Q Exerc Sport* 90: 227-233, 2019.

[11a] Haff, GG and Triplett, NT, eds. *Essentials of strength training and conditioning.* Champaign, IL: Human Kinetics, 292, 2016.

[12] Hakkinen, K, Pakarinen, A, Alen, M, Kauhanen, H, and Komi, PV. Neuromuscular and hormonal adaptations in athletes to strength training in two years. *J Appl Physiol* (1985) 65: 2406-2412, 1988.

[13] Halperin, I. Case studies in exercise and sport sciences: a powerful tool to bridge the science-practice gap. *Int J Sports Physiol Perform* 13: 824-825, 2018.

[14] Halperin, I, Hughes, S, and Chapman, DW. Physiological profile of a professional boxer preparing for Title Bout: a case study. *J Sports Sci* 34: 1949-1956, 2016.

[15] Harden, M, Wolf, A, Haff, GG, Hicks, KM, and Howatson, G. Repeatability and specificity of eccentric force output and the implications for eccentric training load prescription. *J Strength Cond Res* 33: 676-683, 2019.

[16] Harper, LD, and McCunn, R. "Hand in glove": using qualitative methods to connect research and practice. *Int J Sports Physiol Perform* 12: 990-993, 2017.

[17] Haugen, TA, Breitschadel, F, and Seiler, S. Sprint mechanical variables in elite athletes: are force-velocity profiles sport specific or individual? *PLoS One* 14: e0215551, 2019.

[18] Haugen, T, and Buchheit, M. Sprint running performance monitoring: methodological and practical considerations. *Sports Med* 46: 641-656, 2016.

[19] Haugen, TA, Solberg, PA, Foster, C, Moran-Navarro, R, Breitschadel, F, and Hopkins, WG. Peak age and performance progression in world-class track-and-field athletes. *Int J Sports Physiol Perform* 13: 1122-1129, 2018.

[20] Haugen, T, TØnnessen, E, and Seiler, S. Speed and countermovement jump characteristics of elite female soccer players, 1995-2010. *Int J Sports Physiol Perform* 7: 340-349, 2012.

[21] Hoffman, JR, Ratamess, NA, and Kang, J. Performance changes during a college playing career in NCAA division III football athletes. *J Strength Cond Res* 25: 2351-2357, 2011.

[22] Hortobagyi, T, Katch, FI, and LaChance, PF. Interrelationships among various measures of upper body strength assessed by different contraction modes. Evidence for a general strength component. *Eur J Appl Physiol Occup Physiol* 58: 749-755, 1989.

[23] Jimenez-Reyes, P, Samozino, P, Brughelli, M, and Morin, JB. Effectiveness of an individualized training based on force-velocity profiling during jumping. *Front Physiol* 7: 677, 2016.

[24] Jimenez-Reyes, P, Samozino, P, and Morin, JB. Optimized training for jumping performance using the force-velocity imbalance: individual adaptation kinetics. *PLoS One* 14: e0216681, 2019.

[24a] Joyce, D, and Lewindon, D. *High-performance training for sports.* 10, 2014.

[25] Khamis, HJ, and Roche, AF. Predicting adult stature without using skeletal age: the Khamis-Roche method. *Pediatrics* 94: 504-507, 1994.

[26] Lloyd, RS, Cronin, JB, Faigenbaum, AD, Haff, GG, Howard, R, Kraemer, WJ, Micheli, LJ, Myer, GD, and Oliver, JL. National Strength and Conditioning Association position statement on long-term athletic development. *J Strength Cond Res* 30: 1491-1509, 2016.

[27] Maffiuletti, NA, Aagaard, P, Blazevich, AJ, Folland, J, Tillin, N, and Duchateau, J. Rate of force development: physiological and methodological considerations. *Eur J Appl Physiol* 116: 1091-1116, 2016.

[28] Malina, RM, Eisenmann, JC, Cumming, SP, Ribeiro, B, and Aroso, J. Maturity-associated variation in the growth and functional capacities of youth football (soccer) players 13-15 years. *Eur J Appl Physiol* 91: 555-562, 2004.

[29] Malina, RM, Rogol, AD, Cumming, SP, Coelho e Silva, MJ, and Figueiredo, AJ. Biological maturation of youth athletes: assessment and implications. *Br J Sports Med* 49: 852-859, 2015.

[30] McGuigan, MR. Administration, scoring, and interpretation of selected tests. In *Essentials of Strength Training and Conditioning.* Haff, GG and Triplett, NT,

eds. Champaign, IL: Human Kinetics, 259-316, 2016.

[31] McGuigan, MR, Cormack, S, and Gill, ND. Strength and power profiling of athletes. *Strength Cond J* 35: 7-14, 2013.

[32] McIntosh, S, Kovalchik, S, and Robertson, S. Multifactorial benchmarking of longitudinal player performance in the Australian Football League. *Front Psychol* 10: 1283, 2019.

[33] McMaster, DT, Gill, ND, Cronin, JB, and McGuigan, MR. Force-velocity-power assessment in semiprofessional rugby union players. *J Strength Cond Res* 30: 1118-1126, 2016.

[34] Mirwald, RL, Baxter-Jones, AD, Bailey, DA, and Beunen, GP. An assessment of maturity from anthropometric measurements. *Med Sci Sports Exerc* 34: 689-694, 2002.

[35] Newton, RU, and Dugan, E. Application of strength diagnosis. *Strength Cond* J 24: 50-59, 2002.

[36] Perez-Castilla, A, Piepoli, A, Delgado-Garcia, G, Garrido-Blanca, G, and Garcia-Ramos, A. Reliability and concurrent validity of seven commercially available devices for the assessment of movement velocity at different intensities during the bench press. *J Strength Cond Res* 33: 1258-1265, 2019.

[37] Porter, JM, Anton, PM, and Wu, WF. Increasing the distance of an external focus of attention enhances standing long jump performance. *J Strength Cond Res* 26: 2389-2393, 2012.

[38] Robertson, S, Bartlett, JD, and Gastin, PB. Red, amber, or breen? Athlete monitoring in team sport: the need for decision-support systems. *Int J Sports Physiol Perform* 12: S273-S279, 2017.

[39] Ruddock, AD, Boyd, C, Winter, EM, and Ranchordas, M. Considerations for the scientific support process and applications to case studies. *Int J Sports Physiol Perform* 1-5, 2018.

[40] Shaw, G, Serpell, B, and Baar, K. Rehabilitation and nutrition protocols for optimising return to play from traditional ACL reconstruction in elite rugby union players: a case study. *J Sports Sci* 15: 1794-1803, 2019.

[41] Sheppard, J, Chapman, D, and Taylor, KL. An evaluation of a strength qualities assessment method for the lower body. *J Aust Strength Cond* 19: 4-10, 2011.

[42] Shurley, JP, and Todd, JS. "The strength of Nebraska": Boyd Epley, Husker Power, and the formation of the strength coaching profession. *J Strength Cond Res* 26: 3177-3188, 2012.

[43] Simpson, MJ, Jenkins, DG, Leveritt, MD, and Kelly, VG. Physical profiles of elite, sub-elite, regional and age-group netballers. *J Sports Sci* 37: 1212-1219, 2019.

[44] Sinclair, RG. Normalizing the performances of athletes in Olympic weightlifting. *Can J Appl Sport Sci* 10: 94-98, 1985.

[45] Solberg, PA, Hopkins, WG, Paulsen, G, and Haugen, TA. Peak age and performance progression in world-class weightlifting and powerlifting athletes. *Int J Sports Physiol Perform* 1-24, 2019.

[46] Suchomel, TJ, Nimphius, S, and Stone, MH. Scaling isometric mid-thigh pull maximum strength in division I athletes: are we meeting the assumptions? *Sports Biomech* 19: 532-546, 2020.

[47] Thornton, HR, Delaney, JA, Duthie, GM, and Dascombe, BJ. Developing athlete monitoring systems in team sports: data analysis and visualization. *Int J Sports Physiol Perform* 6: 698-705, 2019.

[48] Tonnessen, E, Haugen, TA, Hem, E, Leirstein, S, and Seiler, S. Maximal aerobic capacity in the winter-Olympics endurance disciplines: Olympic-medal benchmarks for the time period 1990-2013. *Int J Sports Physiol Perform* 10: 835-839, 2015.

[49] Vanderburgh, PM, and Batterham, AM. Validation of the Wilks powerlifting formula. *Med Sci Sports Exerc* 31: 1869-1875, 1999.

[50] Young, KP, Haff, GG, Newton, RU, Gabbett, TJ, and Sheppard, JM. Assessment and monitoring of ballistic and maximal upper-body strength qualities in athletes. *Int J Sports Physiol Perform* 10: 232-237, 2015.

[51] Young, W, Newton RU, Doyle TL, Chapman D, Cormack S, Stewart G, and Dawson, B. Physiological and anthropometric characteristics of starters and non-starters and playing positions in elite Australian rules football: a case study. *J Sci Med Sport* 8: 333-345, 2005.

第7章

[1] Ardern, CL, Glasgow, P, Schneiders, A, Witvrouw, E, Clarsen, B, Cools, A, Gojanovic, B, Griffin, S, Khan, KM, Moksnes, H, Mutch, SA, Phillips, N, Reurink, G, Sadler, R, Silbernagel, KG, Thorborg, K, Wangensteen, A, Wilk, KE, and Bizzini, M. 2016 Consensus statement on return to sport from the First World Congress in Sports Physical Therapy, Bern. *Br J Sports Med* 50: 853-864, 2016.

[1a] Arthur WB, Polak W. The evolution of technology within a simple computer model. *Complexity* 11, 23-31. 2006.

[2] Christensen, CM. *The Innovator's Dilemma: When New Technologies Cause Great Firms to Fail.* 1st ed. Boston: Harvard Business Review Press, 1997.

[3] Ellapen, T, and Paul, Y. Innovative sport technology through cross-disciplinary research: future of sport science. *South African Journal for Research in Sport, Physical Education and Recreation* 38: 51-59, 2016.

[4] Kevin, K. *The Inevitable: Understanding the 12 Technological Forces That Will Shape Our Future.* New York: Viking Press, 2016.

[5] Le Meur, Y, and Torres-Ronda, L. 10 Challenges facing today's applied sport scientist. *Sport Perform Sci Rep* 57: v1, 2019.

[6] Lewis, M. *The Undoing Project: A Friendship That Changed Our Minds.* US: W.W. Norton & Company, 2016.

[7] Muller, JZ. *The Tyranny of Metrics.* Princeton, NJ: Princeton University Press, 3, 2018.

[8] Peake, JM, Kerr, G, and Sullivan, JP. A critical review of consumer wearables, mobile applications, and equipment for providing biofeedback, monitoring stress, and sleep in physically active populations. *Front Physiol* 9: 743, 2018.

[9] Ringuet-Riot, C, and James, D. How innovative are you? High performance sport training centers. *Aspetar Sport Med J* 2: 290-295, 2013.

[10] Ringuet-Riot, CJ, Hahn, A, and James, DA. A structured approach for technology innovation in sport. *Sports Technol* 6: 137-149, 2013.

[11] Silver, N. *The Signal and the Noise: Why Most Predictions Fail-but Some Don't.* New York: Penguin Group, 17, 2012.

[12] Torres-Ronda, L, and Schelling, X. Critical process for the implementation of technology in sport organizations. *Strength Cond J* 39: 54-59, 2017.

[13] Youn, H, Bettencourt, L, Strumsky, D, and Lobo, J.

Invention as a combinatorial process: evidence from US patents. *J R Soc Interface* 12, 2014.

第8章

[1] Alexiou, H, and Coutts, AJ. A comparison of methods used for quantifying internal training load in women soccer players. *Int J Sports Physiol Perform* 3: 320-330, 2008.

[2] Batterham, AM, and Hopkins, WG. Making meaningful inferences about magnitudes. *Int J Sports Physiol Perform* 1: 50-57, 2006.

[3] Berthoin, S, Gerbeaux, M, Turpin, E, Guerrin, F, Lensel-Corbeil, G, and Vandendorpe, F. Comparison of two field tests to estimate maximum aerobic speed. *J Sports Sci* 12: 355-362, 1994.

[4] Bland, JM, and Altman, DG. Measuring agreement in method comparison studies. *Stat Methods Med Res* 8: 135-160, 1999.

[5] Borg, GA. Psychophysical bases of perceived exertion. *Med Sci Sports Exerc* 14: 377-381, 1982.

[6] Borg, E, and Kaijser, L. A comparison between three rating scales for perceived exertion and two different work tests. *Scand J Med Sci Sports* 16: 57-69, 2006.

[7] Broman, KW, and Woo, KH. Data organization in spreadsheets. *Am Stat* 72: 2-10, 2018.

[8] Buchheit, M, Al Haddad, H, Simpson, B, Palazzi, D, Bourdon, P, Di Salvo, V, and Mendez-Villanueva, A. Monitoring accelerations with GPS in football: time to slow down? *Int J Sports Physiol Perform* 9: 442-445, 2014.

[9] Cardinale, M, and Varley, MC. Wearable training-monitoring technology: applications, challenges, and opportunities. *Int J Sports Physiol Perform* 12: S255-S262, 2017.

[10] Chadwick, D. Stop that subversive spreadsheet! In *Integrity and Internal Control in Information Systems V IICIS 2002 IFIP–The International Federation for Information Processing*. Gertz, M, ed. Boston: Springer, 205-211, 2003.

[11] Coutts, AJ. In the age of technology, Occam's razor still applies. *Int J Sports Physiol Perform* 9: 741, 2014.

[12] Ellis, SE, and Leek, JT. How to share data for collaboration. *Am Stat* 72: 53-57, 2018.

[13] Foster, C, Florhaug, JA, Franklin, J, Gottschall, L, Hrovatin, LA, Parker, S, Doleshal, P, and Dodge, C. A new approach to monitoring exercise training. *J Strength Cond Res* 15: 109-115, 2001.

[14] Gregson, W, Drust, B, Atkinson, G, and Salvo, VD. Match-to-match variability of high-speed activities in premier league soccer. *Int J Sports Med* 31: 237-242, 2010.

[15] Hooper, SL, Mackinnon, LT, Howard, A, Gordon, RD, and Bachmann, AW. Markers for monitoring overtraining and recovery. *Med Sci Sports Exerc* 27: 106-112, 1995.

[16] Hopkins, WG. How to interpret changes in an athletic performance test. *Sportscience* 8: 1-7, 2004.

[17] Impellizzeri, FM, Rampinini, E, Coutts, AJ, Sassi, A, and Marcora, SM. Use of RPE-based training load in soccer. *Med Sci Sports Exerc* 36: 1042-1047, 2004.

[18] Kleppner, D. Ensuring the integrity, accessibility, and stewardship of research data in the digital age. International Association of Scientific and Technological University Libraries, 31st Annual Conference, Paper 10, June 21, 2010.

[19] Kyprianou, E, Lolli, L, Haddad, HA, Di Salvo, V, Varley, MC, Mendez Villanueva, A, Gregson, W, and Weston, M. A novel approach to assessing validity in sports performance research: integrating expert practitioner opinion into the statistical analysis. *Sci Med Football* 3: 333-338, 2019.

[20] Leger, L, and Boucher, R. An indirect continuous running multistage field test: the Université de Montréal track test. *Can J Appl Sport Sci* 5: 77-84, 1980.

[21] Leger, LA, Mercier, D, Gadoury, C, and Lambert, J. The multistage 20 metre shuttle run test for aerobic fitness. *J Sports Sci* 6: 93-101, 1988.

[22] Lovell, R., Halley, S., Seigler, J., Wignell, T., Coutts, A., Massard, T. (2020). Numerically blinded rating of perceived exertion in soccer: Assessing concurrent and construct validity. *Int J Sports Physiol Perform*. In Press.

[22a] Malone, JJ, Lovell, R, Varley, MC, and Coutts, AJ. Unpacking the black box: applications and considerations for using GPS devices in sport. *Int J Sports Physiol Perform* 12: S218-S226, 2017.

[23] Nisbet, R, Miner, G, and Yale, K. *Handbook of Statistical Analysis and Data Mining Application*. London, UK: Elsevier, 69, 2018.

[24] Noble, BJ, Borg, GA, Jacobs, I, Ceci, R, and Kaiser, P. A category-ratio perceived exertion scale: relationship to blood and muscle lactates and heart rate. *Med Sci Sports Exerc* 15: 523-528, 1983.

[25] Pageaux, B. Perception of effort in exercise science: definition, measurement and perspectives. *Eur J Sport Sci* 16: 885-894, 2016.

[26] Peng, RD. Reproducible research in computational science. *Science* 334: 1226, 2011.

[27] Rahm, E, and Hai Do, H. Data cleaning: problems and current approaches. *IEEE Data Eng Bull* 23: 3-13, 2000.

[28] Rajalingham, K, Chadwick, D, Knight, B, and Edwards, D. Quality control in spreadsheets: a software engineering-based approach to spreadsheet development. Presented at Proceedings of the 33rd Annual Hawaii International Conference on System Sciences, 2000.

[29] Sandve, GK, Nekrutenko, A, Taylor, J, and Hovig, E. Ten simple rules for reproducible computational research. *PLoS Comput Biol* 9: e1003285, 2013.

[30] Thomas, JR, Nelson, JK, and Silverman, SJ. *Research Methods in Physical Activity*. Champaign, IL: Human Kinetics, 360-367, 2015.

[31] Varley, MC, Jaspers, A, Helsen, WF, and Malone, JJ. Methodological considerations when quantifying high-intensity efforts in team sport using Global Positioning System technology. *Int J Sports Physiol Perform* 12: 1059-1068, 2017.

[32] Vincent, WJ, and Weir, J. *Statistics in Kinesiology*. Champaign, IL: Human Kinetics, 165-176, 1994.

[33] Wang, W, Guo, Y, Huang, B, Zhao, G, Liu, B, and Wang, L. Analysis of filtering methods for 3D acceleration signals in body sensor network. Presented at International Symposium on Bioelectronics and Bioinformations 2011, 2011.

[34] Watt, A, and Eng, N. *Database Design*. Victoria, BC: BC-campus, 10-14, 2014.

[35] Weston, M. Difficulties in determining the dose-response nature of competitive soccer matches. *J Athl Enhanc* 2, 2012.

第9章

[1] Akenhead, R, and Nassis, GP. Training load and player monitoring in high-level football: current practice and perceptions. *Int J Sports Physiol Perform* 11: 587-593, 2016.

[2] Alarifi, A, Al-Salman, A, Alsaleh, M, Alnafessah, A, Al-

Hadhrami, S, Al-Ammar, M, and Al-Khalifa, HS. Ultra wideband indoor positioning technologies: analysis and recent advances. *Sensors* 16: 707, 2016.

[3] Andreoni, G, Standoli, C, and Perego, P. Defining requirements and related methods for designing sensorized garments. *Sensors (Basel)* 16: 769, 2016.

[4] Barrett, S, Midgley, A, and Lovell, R. PlayerLoadTM: reliability, convergent validity, and influence of unit position during treadmill running. *Int J Sports Physiol Perform* 9: 945-952, 2014.

[5] Barrett, S, Midgley, A, Reeves, M, Joel, T, Franklin, E, Heyworth, R, Garrett, A, and Lovell, R. The within-match patterns of locomotor efficiency during professional soccer match play: implications for injury risk? *J Sci Med Sport* 19: 810-815, 2016.

[6] Beato, M, De Keijzer, KL, Carty, B, and Connor, M. Monitoring fatigue during intermittent exercise with accelerometer-derived metrics. *Front Physiol* 10: 780, 2019.

[7] Boyd, L. A new way of using accelerometers in Australian rules football: assessing external loads. 1-260, 2011.

[8] Boyd, LJ, Ball, K, and Aughey, RJ. Quantifying external load in Australian football matches and training using accelerometers. *Int J Sports Physiol Perform* 8: 44-51, 2013.

[9] Bradshaw, EJ, Rice, V, and Landeo, R. Impact load monitoring using inertial measurement units on different viscoelastic sport surfaces: a technical report. In ISBS *Proceedings Archive*, vol. 36. Auckland, 2018.

[10] Brown, DM, Dwyer, DB, Robertson, SJ, and Gastin, PB. Metabolic power method: underestimation of energy expenditure in field-sport movements using a Global Positioning System tracking system. *Int J Sports Physiol Perform* 11: 1067-1073, 2016.

[11] Buchheit, M, Gray, A, and Morin, J. Assessing stride variables and vertical stiffness with GPS-embedded accelerometers: preliminary insights for the monitoring of neuromuscular fatigue on the field. *J Sports Sci Med* 14: 698-701, 2015.

[12] Buchheit, M, and Simpson, BM. Player-tracking technology: half-full or half-empty glass? *Int J Sports Physiol Perform* 12: S235-S241, 2017.

[13] Carling, C, Bloomfield, J, Nelsen, L, and Reilly, T. The role of motion analysis in elite soccer. *Sports Med* 38: 839-862, 2008.

[14] Carling, C, Williams, A, and Reilly, T. *Handbook of Soccer Match Analysis: A Systematic Approach to Improving Performance*. Abington, Oxon: Routledge, 148-160, 2007.

[15] Chambers, R, Gabbett, T, Cole, MH, and Beard, A. The use of wearable microsensors to quantify sport-specific movements. *Sports Med* 45: 1065-1081, 2015.

[16] Cummins, C, Orr, R, O' Connor, H, and West, C. Global Positioning Systems (GPS) and microtechnology sensors in team sports: a systematic review. *Sports Med* 43: 1025-1042, 2013.

[17] Delaney, JA, Cummins, CJ, Thornton, HR, and Duthie, GM. Importance, reliability and usefulness of acceleration measures in team sports. *J Strength Cond Res* 32: 1, 2017.

[18] Dines, JS, Tubbs, T, Fleisig, GS, Dines, JS, Dines, DM, Altchek, DW, and Dowling, B. The relationship of throwing arm mechanics and elbow varus torque: within-subject variation for professional baseball pitchers across 81,999 throws. *Am J Sports Med* 45: 3030-3035, 2017.

[19] DiSalvo, V, Collins, A, McNeill, B, and Cardinale, M. Validation of Prozone®: a new video-based performance analysis system. *Int J Perform Anal Sport* 6: 108-119, 2006.

[20] Edgecomb, SJ, and Norton, KI. Comparison of global positioning and computer-based tracking systems for measuring player movement distance during Australian football. *J Sci Med Sport* 9: 25-32, 2006.

[21] Gabbett, T. Relationship between accelerometer load, collisions, and repeated high-intensity effort activity in rugby league players. *J Strength Cond Res* 29: 3424-3431, 2015.

[22] Gabbett, T, Jenkins, D, and Abernethy, B. Physical collisions and injury during professional rugby league skills training. *J Sci Med Sport* 13: 578-583, 2010.

[23] Gastin, P, McLean, O, Spittle, M, and Breed, RV. Quantification of tackling demands in professional Australian football using integrated wearable athlete tracking technology. *J Sci Med Sport* 16: 589-593, 2013.

[24] Harper, DJ, Carling, C, and Kiely, J. High-intensity acceleration and deceleration demands in elite team sports competitive match play: a systematic review and meta-analysis of observational studies. *Sports Med* 49: 1923-1947, 2019.

[25] Hummel, O, Fehr, U, and Ferger, K. Beyond ibeer-exploring the potential of smartphone sensors for performance diagnostics in sports. *Int J Comput Sci Sport* 12: 46-60, 2013.

[26] Kelley, J, Choppin, SB, Goodwill, SR, and Haake, SJ. Validation of a live, automatic ball velocity and spin rate finder in tennis. *Procedia Eng* 2: 2967-2972, 2010.

[27] Kelly, SJ, Murphy, AJ, Watsford, ML, Austin, D, and Rennie, M. Reliability and validity of sports accelerometers during static and dynamic testing. *Int J Sports Physiol Perform* 10: 106-111, 2015.

[28] King, GA, Torres, N, Potter, C, Brooks, TJ, and Coleman, KJ. Comparison of activity monitors to estimate energy cost of treadmill exercise. *Med Sci Sport Exerc* 36: 1244-1251, 2004.

[29] Lacome, M, Simpson, BM, and Buchheit, M. Monitoring training status with with player tracking technology: still on the road to Rome. Part 1. *Aspetar Sports Med* J 7: 54-64, 2018.

[30] Larsson, P. Global Positioning System and sport-specific testing. *Sports Med* 33: 1093-1101, 2003.

[31] Lee, JB, Mellifont, RB, and Burkett, BJ. The use of a single inertial sensor to identify stride, step, and stance durations of running gait. *J Sci Med Sport* 13: 270-273, 2010.

[32] Lee, JB, Sutter, KJ, Askew, CD, and Burkett, BJ. Identifying symmetry in running gait using a single inertial sensor. *J Sci Med Sport* 13: 559-563, 2010.

[33] Li, RT, Kling, SR, Salata, MJ, Cupp, SA, Sheehan, J, and Voos, JE. Wearable performance devices in sports medicine. *Sport Health* 8: 74-78, 2016.

[34] Little, C, Lee, JB, James, DA, and Davison, K. An evaluation of inertial sensor technology in the discrimination of human gait. *J Sports Sci* 31: 1312-1318, 2013.

[35] Luteberget, LS, Holme, BR, and Spencer, M. Reliability of wearable inertial measurement units to measure physical activity in team handball. *Int J Sports Physiol Perform* 13: 467-473, 2018.

[36] Malone, JJ, Lovell, R, Varley, MC, and Coutts, AJ.

Unpacking the black box: applications and considerations for using GPS devices in sport. *Int J Sports Physiol Perform* 12: S218-S226, 2017.

[37] McLean, BD, Strack, D, Russell, J, and Coutts, AJ. Quantifying physical demands in the National Basketball Association (NBA): challenges in developing best-practice models for athlete care and performance. *Int J Sports Physiol Perform* 14: 414-420, 2019.

[38] Mitchell, E, Monaghan, D, and O'Connor, N. Classification of sporting activities using smartphone accelerometers. *Sensors* 13: 5317-5337, 2013.

[39] Montgomery, PG, Pyne, DB, and Minahan, CL. The physical and physiological demands of basketball training and competition. *Int J Sports Physiol Perform* 5: 75-86, 2010.

[40] Murray, A, Buttfield, A, Simpkin, A, Sproule, J, and Turner, AP. Variability of within-step acceleration and daily wellness monitoring in collegiate American football. *J Sci Med Sport* 22: 488-493, 2019.

[41] Neville, J, Wixted, A, Rowlands, D, and James, D. Accelerometers: an underutilized resource in sports monitoring. *2010 Sixth International Conference on Intelligent Sensors, Sensor Networks Information Processing*. Brisbane, QLD, pp. 287-290.

[42] Park, LAF, Scott, D, and Lovell, R. Velocity zone classification in elite women's football: where do we draw the lines? *Sci Med Football* 3: 21-28, 2019.

[43] Polglaze, T, Dawson, B, and Peeling, P. Gold standard or fool's gold? The efficacy of displacement variables as indicators of energy expenditure in team sports. *Sports Med* 46: 657-670, 2016.

[44] Rantalainen, T, Gastin, PB, Spangler, R, and Wundersitz, D. Concurrent validity and reliability of torso-worn inertial measurement unit for jump power and height estimation. *J Sports Sci* 36: 1937-1942, 2018.

[45] Reilly, T, and Thomas, V. A motion analysis of work-rate in different positional roles in professional football match-play. *J Hum Mov Stud* 2: 87-97, 1976.

[46] Sabatini, A, Martelloni, C, Scapellato, S, and Cavallo, F. Assessment of walking features from foot inertial sensing. *IEEE Trans Biomed Eng* 52: 486-494, 2005.

[47] Sathyan, T, Shuttleworth, R, Hedley, M, and Davids, K. Validity and reliability of a radio positioning system for tracking athletes in indoor and outdoor team sports. *Behav Res Methods* 44: 1108-1114, 2012.

[48] Schelling, X, and Torres, L. Accelerometer load profiles for basketball-specific drills in elite players. *J Sports Sci Med* 15: 585-591, 2016.

[49] Schutz, Y, and Chambaz, A. Could a satellite-based navigation system (GPS) be used to assess the physical activity of individuals on earth? *Eur J Clin Nutr* 51: 338-339, 1997.

[50] Seidl, T, Czyz, T, Spandler, D, Franke, N, and Lochmann, M. Validation of football's velocity provided by a radio-based tracking system. *Procedia Eng* 147: 584-589, 2016.

[51] Sheerin, KR, Reid, D, and Besier, TF. The measurement of tibial acceleration in runners—a review of the factors that can affect tibial acceleration during running and evidence-based guidelines for its use. *Gait Posture* 67: 12-24, 2019.

[52] Sweeting, AJ, Cormack, S, Morgan, S, and Aughey, RJ. When is a sprint a sprint? A review of the analysis of team-sport athlete activity profile. *Front Physiol* 8: 1-12, 2017.

[53] Vanrenterghem, J, Nedergaard, NJ, Robinson, MA, and Drust, B. Training load monitoring in team sports: a novel framework separating physiological and biomechanical load-adaptation pathways. *Sports Med* 47: 2135-2142, 2017.

[54] Witte, TH, and Wilson, AM. Accuracy of non-differential GPS for the determination of speed over ground. *J Biomech* 37: 1891-1898, 2004.

[55] Woellik, H, Mueller, A, and Herriger, J. Permanent RFID timing system in a track and field athletic stadium for training and analysing purposes. *Procedia Eng* 72: 202-207, 2014.

[56] Wong, P, Chamari, K, and Wislϕff, U. Effects of 12-week on-field combined strength and power training on physical performance among U-14 young soccer players. *J Strength Cond Res* 24: 644-652, 2010.

[57] Wundersitz, D, Josman, C, Gupta, R, Netto, KJ, Gastin, PB, and Robertson, SJ. Classification of team sport activities using a single wearable tracking device. *J Biomech* 48: 3975-3981, 2015.

第10章

[1] Akenhead, R, French, D, Thompson, KG, and Hayes, PR. The acceleration dependent validity and reliability of 10Hz GPS. *J Sci Med Sport* 17: 562-566, 2014.

[2] Alexander, JP, Spencer, B, Mara, JK, and Robertson, S. Collective team behaviour of Australian rules football during phases of match play. *J Sports Sci* 37: 237-243, 2019.

[3] Aughey, RJ. Applications of GPS technologies to field sports. *Int J Sports Physiol Perform* 6: 295-310, 2011.

[4] Aughey, RJ, and Falloon, C. Real-time versus post-game GPS data in team sports. *J Sci Med Sport* 13: 348-349, 2010.

[5] Barnes, C, Archer, D, Hogg, B, Bush, M, and Bradley, P. The evolution of physical and technical performance parameters in the English Premier League. *Int J Sports Med* 35: 1095-1100, 2014.

[6] Barrett, S. Monitoring elite soccer players' external loads using real-time data. *Int J Sports Physiol Perform* 12: 1285-1287, 2017.

[7] Barrett, S, Midgley, A, Reeves, M, Joel, T, Franklin, E, Heyworth, R, Garrett, A, and Lovell, R. The within-match patterns of locomotor efficiency during professional soccer match play: implications for injury risk? *J Sci Med Sport* 19: 810-815, 2016.

[8] Barrett, S, Midgley, AW, Towlson, C, Garrett, A, Portas, M, and Lovell, R. Within-match PlayerLoadTM patterns during a simulated soccer match: potential implications for unit positioning and fatigue management. *Int J Sports Physiol Perform* 11: 135-140, 2016.

[9] Barris, S, and Button, C. A review of vision-based motion analysis in sport. *Sports Med* 38: 1025-1043, 2008.

[10] Beato, M, Coratella, G, Stiff, A, and Iacono, and Dello Iacono, A. The validity and between-unit variability of GNSS units (STATSports Apex 10 and 18 Hz) for measuring distance and peak speed in team sports. *Front Physiol* 9: 1-8, 2018.

[11] Boyd, LJ, Ball, K, and Aughey, RJ. The reliability of Mini-maxX accelerometers for measuring physical activity in Australian football. *Int J Sports Physiol Perform* 6: 311-321, 2011.

[12] Bradley, PS, and Ade, JD. Are current physical match performance metrics in elite soccer fit for purpose or is the adoption of an integrated approach needed? *Int J Sports Physiol Perform* 13: 656-664, 2018.

[13] Bradley, PS, Sheldon, W, Wooster, B, Olsen, P, Boanas, P, and Krustrup, P. High-intensity running in English FA Premier League soccer matches. *J Sports Sci* 27: 159-168, 2009.

[14] Buchheit, M, Allen, A, Poon, TK, Modonutti, M, Gregson, W, and Di Salvo, V. Integrating different tracking systems in football: multiple camera semi-automatic system, local position measurement and GPS technologies. *J Sports Sci* 32: 1844-1857, 2014.

[15] Buchheit, M, Gray, A, and Morin, J. Assessing stride variables and vertical stiffness with GPS-embedded accelerometers: preliminary insights for the monitoring of neuromuscular fatigue on the field. *J Sports Sci Med* 14: 698-701, 2015.

[16] Buchheit, M, Al Haddad, H, Simpson, BM, Palazzi, D, Bourdon, PC, Di Salvo, V, and Mendez-Villaneuva, A. Monitoring accelerations with GPS in football: time to slow down? *Int J Sports Physiol Perform* 9: 442-445, 2014.

[17] Buchheit, M, and Simpson, BM. Player-tracking technology: half-full or half-empty glass? *Int J Sports Physiol Perform* 12: S235-S241, 2017.

[18] Burgess, DJ. The research doesn't always apply: practical solutions to evidence-based training-load monitoring in elite team sports. *Int J Sports Physiol Perform* 12: S2136-S2141, 2017.

[19] Carey, DL, Crossley, KM, Whiteley, R, Mosler, A, Ong, K-L, Crow, J, and Morris, ME. Modeling training loads and injuries. *Med Sci Sports Exerc* 50: 2267-2276, 2018.

[20] Carling, C, Bloomfield, J, Nelsen, L, and Reilly, T. The role of motion analysis in elite soccer. *Sports Med* 38: 839-862, 2008.

[21] Chen, KY, and Bassett, DR. The technology of accelerometry-based activity monitors: current and future. *Med Sci Sports Exerc* 37: S490-S500, 2005.

[22] Corbett, DM, Bartlett, JD, O'Connor, F, Back, N, Torres-Ronda, L, and Robertson, S. Development of physical and skill training drill prescription systems for elite Australian rules football. *Sci Med Football* 2: 51-57, 2018.

[23] Cormack, S, Mooney, MG, Morgan, W, and McGuigan, MR. Influence of neuromuscular fatigue on accelerometer load in elite Australian football players. *Int J Sports Physiol Perform* 87: 373-378, 2013.

[24] Cormack, SJ, Smith, RL, Mooney, MM, Young, WB, and O'Brien, BJ. Accelerometer load as a measure of activity profile in different standards of netball match play. *Int J Sports Physiol Perform* 9: 283-291, 2014.

[25] Cummins, C, Orr, R, O'Connor, H, and West, C. Global Positioning Systems (GPS) and microtechnology sensors in team sports: a systematic review. *Sports Med* 43: 1025-1042, 2013.

[26] Delaney, JA, Duthie, GM, Thornton, HR, Scott, TJ, Gay, D, and Dascombe, BJ. Acceleration-based running intensities of professional rugby league match play. *Int J Sports Physiol Perform* 11: 802-809, 2016.

[27] DiSalvo, V, Collins, A, McNeill, B, and Cardinale, M. Validation of Prozone®: a new video-based performance analysis system. *Int J Perform Anal Sport* 6: 108-119, 2006.

[28] Duran, A, and Earleywine, M. GPS data filtration method for drive cycle analysis applications. In: SAE Technical Paper Series 1, 2012.

[28a] Dwyer, DB, and Gabbett, TJ. Global positioning system data analysis: Velocity ranges and a new definition of sprinting for field sport athletes. *Journal of Strength and Conditioning Research*, 26(3), 818–824, 2012.

[29] Edwards, S, White, S, Humphreys, S, Robergs, R, and O'Dwyer, N. Caution using data from triaxial accelerometers housed in player tracking units during running. *J Sports Sci* 37: 810-818, 2019.

[30] Farrow, D, and Robertson, S. Development of a skill acquisition periodisation framework for high-performance sport. *Sports Med* 47: 1043-1054, 2017.

[31] Frencken, WGP, Lemmink, KAPM, and Delleman, NJ. Soccer-specific accuracy and validity of the local position measurement (LPM) system. *J Sci Med Sport* 13: 641-645, 2010.

[32] Gregson, W, Drust, B, Atkinson, G, and Salvo, VD. Match-to-match variability of high-speed activities in Premier League soccer. *Int J Sports Med* 31: 237-242, 2010.

[33] Halsey, LG, Shepard, ELC, and Wilson, RP. Assessing the development and application of the accelerometry technique for estimating energy expenditure. *Comp Biochem Physiol A Mol Integr Physiol* 158: 305-314, 2011.

[34] Halson, S. Monitoring training load to understand fatigue in athletes. *Sports Med* 44: 139-147, 2014.

[35] Halson, S, Peake, JM, and Sullivan, JP. Wearable technology for athletes: information overload and pseudoscience? *Int J Sports Physiol Perform* 11: 705-706, 2016.

[36] Henderson, MJ, Fransen, J, McGrath, JJ, Harries, SK, Poulos, N, and Coutts, AJ. Situational factors affecting rugby sevens match performance. *Sci Med Football* 1-6, 2019.

[37] Hoppe, MW, Baumgart, C, Polglaze, T, and Freiwald, J. Validity and reliability of GPS and LPS for measuring distances covered and sprint mechanical properties in team sports. *PLoS One* 13: e0192708, 2018.

[38] James, DA. The application of inertial sensors in elite sports monitoring. In: *The Engineering of Sport 6*. New York: Springer, 289-294, 2006.

[39] Jennings, D, Cormack, S, Coutts, AJ, Boyd, LJ, and Aughey, RJ. Variability of GPS units for measuring distance in team sport movements. *Int J Sports Physiol Perform* 5: 565-569, 2010.

[40] Keller, TS, Weisberger, AM, Ray, JL, Hasan, SS, Shiavi, RG, and Spengler, DM. Relationship between vertical ground reaction force and speed during walking, slow jogging, and running. *Clin Biomech* 11: 253-259, 1996.

[41] Lacome, M, Peeters, A, Mathieu, B, Bruno, M, Christopher, C, and Piscione, J. Can we use GPS for assessing sprinting performance in rugby sevens? A concurrent validity and between-device reliability study. *Biol Sport* 36: 25-29, 2019.

[42] Ladin, Z, Flowers, WC, and Messner, W. A quantitative comparison of a position measurement system and accelerometry. *J Biomech* 22: 295-308, 1989.

[43] Linke, D, and Lames, M. Impact of sensor/reference position on player tracking variables: center of scapulae vs center of pelvis. *J Biomech* 83: 319-323, 2019.

[44] Linke, D, Link, D, and Lames, M. Validation of electronic performance and tracking systems EPTS under field conditions. *PLoS One* 13: e0199519, 2018.

[45] Luteberget, LS, Spencer, M, and Gilgien, M. Validity of

the Catapult ClearSky T6 Local Positioning System for team sports specific drills, in indoor conditions. *Front Physiol* 9: 1-10, 2018.

[46] Malone, JJ, Lovell, R, Varley, MC, and Coutts, AJ. Unpacking the black box: applications and considerations for using GPS devices in sport. *Int J Sports Physiol Perform* 12: S218-S226, 2017.

[47] Mara, J, Morgan, S, Pumpa, K, and Thompson, K. The accuracy and reliability of a new optical player tracking system for measuring displacement of soccer players. *Int J Comput Sci Sport* 16: 175-184, 2017.

[48] McLean, BD, Strack, D, Russell, J, and Coutts, AJ. Quantifying physical demands in the National Basketball Association (NBA)–challenges in developing best-practice models for athlete care and performance. *Int J Sports Physiol Perform* 14: 414-420, 2019.

[49] Minne, K, Macoir, N, Rossey, J, Van den Brande, Q, Lemey, S, Hoebeke, J, and Di Poorter, E. Experimental evaluation of UWB indoor positioning for indoor track cycling. *Sensors (Basel)* 19: 2041, 2019.

[50] Montgomery, PG, Pyne, DB, and Minahan, CL. The performance and physiological demands of basketball competition and training. *Int J Sports Physiol Perform* 5: 75-86, 2010.

[51] Murray, NB, Gabbett, TJ, and Townshend, AD. The use of relative speed zones in Australian football: are we really measuring what we think we are? *Int J Sports Physiol Perform* 13: 442-451, 2018.

[52] Murray, A, and Varley, MC. Activity profile of international rugby sevens: effect of score line, opponent, and substitutes. *Int J Sports Physiol Perform* 10: 791-801, 2015.

[53] Nistala, A, and Guttag, J. Using deep learning to understand patterns of player movement in the NBA. *Sloan Anal Conf*, 2019.

[54] O' Connor, F, Thornton, HR, Ritchie, D, Anderson, J, Bull, L, Rigby, A, Leonard, Z, Stern, S, and Bartlett, JD. Greater association of relative thresholds than absolute thresholds with noncontact lower-body injury in professional Australian rules footballers: implications for sprint monitoring. *Int J Sports Physiol Perform* 1-9, 2019.

[55] Ogris, G, Leser, R, Horsak, B, Kornfeind, P, Heller, M, and Baca, A. Accuracy of the LPM tracking system considering dynamic position changes. *J Sports Sci* 30: 1503-1511, 2012.

[56] Pezzack, JC, Norman, RW, and Winter, DA. An assessment of derivative determining techniques used for motion analysis. *J Biomech* 10: 377-382, 1977.

[57] Polglaze, T, Dawson, B, Hiscock, DJ, and Peeling, P. A comparative analysis of accelerometer and time–motion data in elite men's hockey training and competition. *Int J Sports Physiol Perform* 10: 446-451, 2015.

[58] Randers, MB, Mujika, I, Hewitt, A, Santisteban, J, Bischoff, R, Solano, R, Zubillaga, A, Peltola, E, Krustrup, P, and Mohr, M. Application of four different football match analysis systems: a comparative study. *J Sports Sci* 28: 171-182, 2010.

[59] Reilly, T, and Thomas, V. A motion analysis of work-rate in different positional roles in professional football match-play. *J Hum Mov Stud* 2: 87-97, 1976.

[60] Roe, G, Darrall-Jones, J, Black, C, Shaw, W, Till, K, and Jones, B. Validity of 10-HZ GPS and timing gates for assessing maximum velocity in professional rugby union

players. *Int J Sports Physiol Perform* 12: 836-839, 2017.

[61] Roewer, BD, Ford, KR, Myer, GD, and Hewett, TE. The "impact" of force filtering cut-off frequency on the peak knee abduction moment during landing: artefact or "artifiction"? *Br J Sports Med* 48: 464-468, 2014.

[62] Rowell, AE, Aughey, RJ, Clubb, J, and Cormack, S. A standardized small sided game can be used to monitor neuromuscular fatigue in professional A-league football players. *Front Physiol* 9: 1-13, 2018.

[63] Sampaio, J, McGarry, T, Calleja-González, J, Jiménez Sáiz, S, Schelling I, Del Alcázar, X, and Balciunas, M. Exploring game performance in the National Basketball Association using player tracking data. *PLoS One* 10: 1-14, 2015.

[64] Sathyan, T, Shuttleworth, R, Hedley, M, and Davids, K. Validity and reliability of a radio positioning system for tracking athletes in indoor and outdoor team sports. *Behav Res Methods* 44: 1108-1114, 2012.

[65] Scott, BR, Lockie, RG, Knight, TJ, Clark, AC, and Janse de Jonge, XAK. A comparison of methods to quantify the in-season training load of professional soccer players. *Int J Sports Physiol Perform* 8: 195-202, 2013.

[66] Stevens, TGA, de Ruiter, CJ, van Niel, C, van de Rhee, R, Beek, PJ, and Savelsbergh, GJP. Measuring acceleration and deceleration in soccer-specific movements using a Local Position Measurement (LPM) System. *Int J Sports Physiol Perform* 9: 446-456, 2014.

[66a] Suárez-Arrones, LJ, Portillo, LJ, González-Ravé, JM, Muoz, VE, and Sanchez, F. Match running performance in Spanish elite male rugby union using global positioning system. *Isokinetics and Exercise Science*.

[67] Sweeting, AJ, Cormack, S, Morgan, S, and Aughey, RJ. When is a sprint a sprint? A review of the analysis of team-sport athlete activity profile. *Front Physiol* 8: 1-12, 2017.

[68] Taberner, M, O'Keefe, J, Flower, D, Phillips, J, Close, G, Cohen, DD, Richter, C, and Carling, C. Interchangeability of position tracking technologies; can we merge the data? *Sci Med Football* 4: 1, 76-81.

[69] Thornton, HR, Delaney, JA, Bartlett, JD, and Duthie, GM. No meaningful difference between absolute and relative speed thresholds when converted to a standard-ten score within a load monitoring system. *Sport Perform Sci Rep* 58: v1, 2019.

[70] Thornton, HR, Nelson, AR, Delaney, JA, Serpiello, FR, and Duthie, GM. Interunit reliability and effect of data-processing methods of Global Positioning Systems. *Int J Sports Physiol Perform* 14: 432-438, 2019.

[71] Vales-Alonso, J, Chaves-Dieguez, D, Lopez-Matencio, P, Alcaraz, JJ, Parrado-Garcia, FJ, and Gonzalez-Castano, FJ. SAETA: a smart coaching assistant for professional volleyball training. *IEEE Trans Syst Man Cybern Syst* 45: 1138-1150, 2015.

[72] Varley, MC, and Aughey, RJ. Acceleration profiles in elite Australian soccer. *Int J Sports Med* 34: 34-39, 2013.

[73] Varley, MC, Di Salvo, V, Modonutti, M, Gregson, W, and Mendez-Villanueva, A. The influence of successive matches on match-running performance during an under-23 international soccer tournament: the necessity of individual analysis. *J Sports Sci* 36: 585-591, 2018.

[74] Varley, MC, Fairweather, IH, and Aughey, RJ. Validity and reliability of GPS for measuring instantaneous velocity during acceleration, deceleration, and constant motion. *J*

Sports Sci 30: 121-127, 2012.

[75] Varley, MC, Jaspers, A, Helsen, WF, and Malone, JJ. Methodological considerations when quantifying high-intensity efforts in team sport using Global Positioning System technology. *Int J Sports Physiol Perform* 12: 1059-1068, 2017.

[76] Warman, GE, Cole, MH, Johnston, RD, Chalkley, D, and Pepping, G-J. Using microtechnology to quantify torso angle during match-play in field hockey. *J Strength Cond Res* 33: 2648-2654, 2019.

[77] Weaving, D, Jones, B, Ireton, M, Whitehead, S, Till, K, and Beggs, CB. Overcoming the problem of multicol-linearity in sports performance data: a novel application of partial least squares correlation analysis. *PLoS One* 14: e0211776, 2019.

[78] Weaving, D, Jones, B, Marshall, P, Till, K, and Abt, G. Multiple measures are needed to quantify training loads in professional rugby league. *Int J Sports Med* 38: 735-740, 2017.

[79] Weaving, D, Jones, B, Till, K, Marshall, P, Earle, K, and Abt, G. Quantifying the external and internal loads of professional rugby league training modes. *J Strength Cond Res*, 2017.

[80] Weston, M, Siegler, J, Bahnert, A, McBrien, J, and Lovell, R. The application of differential ratings of perceived exertion to Australian Football League matches. *J Sci Med Sport* 18: 704-708, 2015.

[81] Winter, DA. Kinematics In: *Biomechanics and Motor Control of Human Movement*. Hoboken, NJ: John Wiley & Sons, 66-67, 2009.

[82] Witte, TH, and Wilson, AM. Accuracy of non-differential GPS for the determination of speed over ground. *J Biomech* 37: 1891-1898, 2004.

[83] Woellik, H. RFID timing antenna for open water swimming competitions. *Proceedings* 2: 300, 2018.

[84] Woellik, H, Mueller, A, and Herriger, J. Permanent RFID timing system in a track and field athletic stadium for training and analysing purposes. *Procedia Eng* 72: 202-207, 2014.

[85] Wundersitz, D, Gastin, PB, Richter, C, Robertson, SJ, and Netto, KJ. Validity of a trunk-mounted accelerometer to assess peak accelerations during walking, jogging and running. *Eur J Sport Sci* 15: 382-390, 2015.

第11章

[1] Abdelsattar, M, Konrad, A, and Tilp, M. Relationship between Achilles tendon stiffness and ground contact time during drop jumps. *J Sports Sci Med* 17: 223-228, 2018.

[2] Al-Amri, M, Nicholas, K, Button, K, Sparkes, V, Sheeran, L, and Davies, JL. Inertial measurement units for clinical movement analysis: reliability and concurrent validity. *Sensors (Basel)* 18: 719, 2018.

[3] Alenezi, F, Herrington, L, Jones, P, and Jones, R. How reliable are lower limb biomechanical variables during running and cutting tasks. *J Electromyogr Kinesiol* 30: 137-142, 2016.

[4] Attia, A, Dhahbi, W, Chaouachi, A, Padulo, J, Wong, DP, and Chamari, K. Measurement errors when estimating the vertical jump height with flight time using photocell devices: the example of Optojump. *Biol Sport* 34: 63-70, 2017.

[5] Azevedo, LB, Lambert, MI, Vaughan, CL, O'Connor, CM, and Schwellnus, MP. Biomechanical variables associated with Achilles tendinopathy in runners. *Br J Sports Med* 43: 288-292, 2009.

[6] Barton, CJ, Bonanno, DR, Carr, J, Neal, BS, Malliaras, P, Franklyn-Miller, A, and Menz, HB. Running retraining to treat lower limb injuries: a mixed-methods study of current evidence synthesised with expert opinion. *Br J Sports Med* 50: 513-526, 2016.

[7] Bishop, C, Read, P, McCubbine, J, and Turner, A. Vertical and horizontal asymmetries are related to slower sprinting and jump performance in elite youth female soccer players. *J Strength Cond Res*, 2018.

[8] Breen, DT, Foster, J, Falvey, E, and Franklyn-Miller, A. Gait re-training to alleviate the symptoms of anterior exertional lower leg pain: a case series. *Int J Sports Phys Ther* 10: 85-94, 2015.

[9] Brown, CN, Padua, DA, Marshall, SW, and Guskiewicz, KM. Hip kinematics during a stop-jump task in patients with chronic ankle instability. *J Athl Train* 46: 461-467, 2011.

[10] Brughelli, M, Cronin, J, and Chaouachi, A. Effects of running velocity on running kinetics and kinematics. *J Strength Cond Re*s 25: 933-939, 2011.

[11] Ceseracciu, E, Sawacha, Z, and Cobelli, C. Comparison of markerless and marker-based motion capture technologies through simultaneous data collection during gait: proof of concept. *PLoS One* 9: e87640, 2014.

[12] Chau, T. A review of analytical techniques for gait data. Part 1: Fuzzy, statistical and fractal methods. *Gait Posture* 13: 49-66, 2001.

[13] Chau, T. A review of analytical techniques for gait data. Part 2: Neural network and wavelet methods. *Gait Posture* 13: 102-120, 2001.

[14] Chinn, L, Dicharry, J, and Hertel, J. Ankle kinematics of individuals with chronic ankle instability while walking and jogging on a treadmill in shoes. *Phys Ther Sport* 14: 232-239, 2013.

[15] Daly, C, Persson, UM, Twycross-Lewis, R, Woledge, RC, and Morrissey, D. The biomechanics of running in athletes with previous hamstring injury: a case-control study. *Scand J Med Sci Sports* 26: 413-420, 2016.

[16] Dempsey, AR, Lloyd, DG, Elliott, BC, Steele, JR, and Munro, BJ. Changing sidestep cutting technique reduces knee valgus loading. *Am J Sports Med* 37: 2194-2200, 2009.

[17] Dempsey, AR, Lloyd, DG, Elliott, BC, Steele, JR, Munro, BJ, and Russo, KA. The effect of technique change on knee loads during sidestep cutting. *Med Sci Sports Exerc* 39: 1765-1773, 2007.

[18] Diebal, AR, Gregory, R, Alitz, C, and Gerber, JP. Forefoot running improves pain and disability associated with chronic exertional compartment syndrome. *Am J Sports Med* 40: 1060-1067, 2012.

[19] Dierks, TA, Manal, KT, Hamill, J, and Davis, IS. Proximal and distal influences on hip and knee kinematics in runners with patellofemoral pain during a prolonged run. *J Orthop Sports Phys Ther* 38: 448-456, 2008.

[20] Dixon, PC, Stebbins, J, Theologis, T, and Zavatsky, AB. Spatiotemporal parameters and lower-limb kinematics of turning gait in typically developing children. *Gait Posture* 38: 870-875, 2013.

[21] Dona, G, Preatoni, E, Cobelli, C, Rodano, R, and Harrison, AJ. Application of functional principal component analysis in race walking: an emerging methodology. *Sports Biomech* 8: 284-301, 2009.

[22] Donnelly, CJ, Lloyd, DG, Elliott, BC, and Reinbolt, JA. Optimizing whole-body kinematics to minimize valgus knee loading during sidestepping: implications for ACL injury risk. *J Biomech* 45: 1491-1497, 2012.

[23] Donoghue, OA, Harrison, AJ, Coffey, N, and Hayes, K. Functional data analysis of running kinematics in chronic Achilles tendon injury. *Med Sci Sports Exerc* 40: 1323-1335, 2008.

[24] Dos'Santos, T, Thomas, C, Comfort, P, and Jones, PA. The effect of angle and velocity on change of direction biomechanics: an angle-velocity trade-off. *Sports Med (Auckland, NZ)* 48: 2235-2253, 2018.

[25] Dos'Santos, T, Thomas, C, Jones, PA, and Comfort, P. Mechanical determinants of faster change of direction speed performance in male athletes. *J Strength Cond Res* 31: 696-705, 2017.

[26] Dos' Santos, T, Thomas, C, Jones, PA, and Comfort, P. Assessing asymmetries in change of direction speed performance; application of change of direction deficit. *J Strength Cond Res* 33: 2953-2961, 2018.

[27] Franklyn-Miller, A, Richter, C, King, E, Gore, S, Moran, K, Strike, S, and Falvey, EC. Athletic groin pain (part 2): a prospective cohort study on the biomechanical evaluation of change of direction identifies three clusters of movement patterns. *Br J Sports Med* 51: 460-468, 2017.

[28] Fuerst, P, Gollhofer, A, Lohrer, H, and Gehring, D. Ankle joint control in people with chronic ankle instability during run-and-cut movements. *Int J Sports Med* 39: 853-859, 2018.

[29] Furlan, L, and Sterr, A. The applicability of standard error of measurement and minimal detectable change to motor learning research-a behavioral study. *Front Hum Neurosci* 12: 95, 2018.

[30] Golenia, L, Schoemaker, MM, Otten, E, Mouton, LJ, and Bongers, RM. What the dynamic systems approach can offer for understanding development: an example of mid-childhood reaching. *Front Psychol* 8: 1774, 2017.

[31] Gore, SJ, Franklyn-Miller, A, Richter, C, Falvey, EC, King, E, and Moran, K. Is stiffness related to athletic groin pain? *Scand J Med Sci Sports* 28: 1681-1690, 2018.

[32] Grau, S, Maiwald, C, Krauss, I, Axmann, D, Janssen, P, and Horstmann, T. What are causes and treatment strategies for patellar-tendinopathy in female runners? *J Biomech* 41: 2042-2046, 2008.

[33] Grimaldi, A, Mellor, R, Hodges, P, Bennell, K, Wajswelner, H, and Vicenzino, B. Gluteal tendinopathy: a review of mechanisms, assessment and management. *Sports Med* 45: 1107-1119, 2015.

[34] Harrison, AJ, Ryan, W, and Hayes, K. Functional data analysis of joint coordination in the development of vertical jump performance. *Sports Biomech* 6: 199-214, 2007.

[35] Hewett, TE, Myer, GD, Ford, KR, Heidt, RS Jr, Colosimo, AJ, McLean, SG, van den Bogert, AJ, Paterno, MV, and Succop, P. Biomechanical measures of neuromuscular control and valgus loading of the knee predict anterior cruciate ligament injury risk in female athletes: a prospective study. *Am J Sports Med* 33: 492-501, 2005.

[36] Higashihara, A, Nagano, Y, Takahashi, K, and Fukubayashi, T. Effects of forward trunk lean on hamstring muscle kinematics during sprinting. *J Sports Sci* 33: 1366-1375, 2015.

[37] Hopper, DM, Goh, SC, Wentworth, LA, Chan, DYK, Chau, JHW, Wootton, GJ, Strauss, GR, and Boyle, JJW. Test-retest reliability of knee rating scales and functional hop tests one year following anterior cruciate ligament reconstruction. *Phys Ther Sport* 3: 10-18, 2002.

[38] Ishida, K, Murata, M, and Hirano, Y. Shoulder and elbow kinematics in throwing of young baseball players. *Sports Biomech* 5: 183-196, 2006.

[39] Jones, PA, Herrington, LC, Munro, AG, and Graham-Smith, P. Is there a relationship between landing, cutting, and pivoting tasks in terms of the characteristics of dynamic valgus? *Am J Sports Med* 42: 2095-2102, 2014.

[40] Kadaba, MP, Ramakrishnan, HK, and Wootten, ME. Measurement of lower extremity kinematics during level walking. *J Orthop Res* 8: 383-392, 1990.

[41] Kellis, E, and Katis, A. Biomechanical characteristics and determinants of instep soccer kick. *J Sports Sci Med* 6: 154-165, 2007.

[42] Kenneally-Dabrowski, C, Brown, NAT, Warmenhoven, J, Serpell, BG, Perriman, D, Lai, AKM, and Spratford, W. Late swing running mechanics influence hamstring injury susceptibility in elite rugby athletes: a prospective exploratory analysis. *J Biomech* 92: 112-119, 2019.

[43] King, E, Franklyn-Miller, A, Richter, C, O'Reilly, E, Doolan, M, Moran, K, Strike, S, and Falvey, E. Clinical and biomechanical outcomes of rehabilitation targeting intersegmental control in athletic groin pain: prospective cohort of 205 patients. *Br J Sports Med* 52: 1054-1062, 2018.

[44] King, E, Richter, C, Franklyn-Miller A, Daniels, K., Wadey, R, Moran, R., and Strike, S. Biomechanical but not timed performance asymmetries persist between limbs 9 months after ACL reconstruction during planned and unplanned change of direction. *J Biomech* 81: 93-103, 2018.

[45] King, E, Richter, C, Franklyn-Miller, A, Daniels, K, Wadey, R, Moran, R, and Strike, S. Whole-body biomechanical differences between limbs exist 9 months after ACL reconstruction across jump/landing tasks. *Scand J Med Sci Sports* 28: 2567-2578, 2018.

[46] King, E, Richter, C, Franklyn-Miller, A, Wadey, R, Moran, R, and Strike, S. Back to normal symmetry? Biomechanical variables remain more asymmetrical than normal during jump and change-of-direction testing 9 months after anterior cruciate ligament reconstruction. *Am J Sports Med* 47: 1175-1185, 2019.

[47] Knudson, D. *Fundamentals of Biomechanics*. New York: Springer Science+Business Media, 128-130, 2007.

[48] Kristianslund, E, Bahr, R, and Krosshaug, T. Kinematics and kinetics of an accidental lateral ankle sprain. *J Biomech* 44: 2576-2578, 2011.

[49] Kristianslund, E, Faul, O, Bahr, R, Myklebust, G, and Krosshaug, T. Sidestep cutting technique and knee abduction loading: implications for ACL prevention exercises. *Br J Sports Med* 48: 779-783, 2014.

[50] Kristianslund, E, and Krosshaug, T. Comparison of drop jumps and sport-specific sidestep cutting: implications for anterior cruciate ligament injury risk screening. *Am J Sports Med* 41: 684-688, 2013.

[51] Krzysztof, M, and Mero, A. A kinematics analysis of three best 100 m performances ever. *J Hum Kinet* 36: 149-160, 2013.

[52] Langhout, R, Tak, I, van der Westen, R, and Lenssen, T. Range of motion of body segments is larger during the

maximal instep kick than during the submaximal kick in experienced football players. *J Sports Med Phys Fitness* 57: 388-395, 2017.

[53] Mai, P, Mählich, D, Fohrmann, D, Kurz, M, Trudeau, MB, Hamill, J, Jessie Weir, G, and Willwacher, S. Cut-off frequencies matter: the effects of filtering strategies and footwear on internal knee abduction moments in running. *Footwear Sci* 11: S44-S46, 2019.

[54] Maloney, SJ, Richards, J, Nixon, DGD, Harvey, LJ, and Fletcher, IM. Vertical stiffness asymmetries during drop jumping are related to ankle stiffness asymmetries. *Scand J Med Sci Sports* 27: 661-669, 2017.

[55] Mann, R, and Herman, J. Kinematic analysis of Olympic sprint performance: men's 200 meters. *Int J Sport Biomech* 1: 151-162, 1985.

[56] Marshall, BM, Franklyn-Miller, AD, King, EA, Moran, KA, Strike, SC, and Falvey, EC. Biomechanical factors associated with time to complete a change of direction cutting maneuver. *J Strength Cond Res* 28: 2845-2851, 2014.

[57] Marshall, BM, Franklyn-Miller, AD, Moran, KA, King, EA, Strike, SC, and Falvey, EC. Can a single-legged squat provide insight into movement control and loading during dynamic sporting actions in patients with athletic groin pain? *J Sport Rehabil* 25: 117-125, 2015.

[58] Merriaux, P, Dupuis, Y, Boutteau, R, Vasseur, P, and Savatier, X. A study of Vicon system positioning performance. *Sensors (Basel)* 17: 1591, 2017.

[59] Mohammadi, F, Salavati, M, Akhbari, B, Mazaheri, M, Mohsen Mir, S, and Etemadi, Y. Comparison of functional outcome measures after ACL reconstruction in competitive soccer players: a randomized trial. *J Bone Joint Surg Am* 95: 1271-1277, 2013.

[60] Moisan, G, Descarreaux, M, and Cantin, V. Effects of chronic ankle instability on kinetics, kinematics and muscle activity during walking and running: a systematic review. *Gait Posture* 52: 381-399, 2017.

[61] Morin, J-B, Bourdin, M, Edouard, P, Peyrot, N, Samozino, P, and Lacour, J-R. Mechanical determinants of 100-m sprint running performance. *Eur J Appl Physiol* 112: 3921-3930, 2012.

[62] Morin, JB, Jimenez-Reyes, P, Brughelli, M, and Samozino, P. When jump height is not a good indicator of lower limb maximal power output: theoretical demonstration, experimental evidence and practical solutions. *Sports Med* 49: 999-1006, 2019.

[63] Moudy, S, Richter, C, and Strike, S. Landmark registering waveform data improves the ability to predict performance measures. *J Biomech* 78: 109-117, 2018.

[64] Mousavi, SH, Hijmans, JM, Rajabi, R, Diercks, R, Zwerver, J, and van der Worp, H. Kinematic risk factors for lower limb tendinopathy in distance runners: a systematic review and meta-analysis. *Gait Posture* 69: 13-24, 2019.

[65] Murphy, AJ, Lockie, RG, and Coutts, AJ. Kinematic determinants of early acceleration in field sport athletes. *J Sports Sci Med* 2: 144-150, 2003.

[66] Nimphius, S, Callaghan, SJ, Bezodis, NE, and Lockie, RG. Change of direction and agility tests: challenging our current measures of performance. *Strength Cond J* 40: 26-38, 2018.

[67] Nimphius, S, McGuigan, MR, and Newton, RU. Relationship between strength, power, speed, and change of direction performance of female softball players. *J Strength Cond Res* 24: 885-895, 2010.

[68] Noehren, B, Scholz, J, and Davis, I. The effect of real-time gait retraining on hip kinematics, pain and function in subjects with patellofemoral pain syndrome. *Br J Sports Med* 45: 691-696, 2011.

[69] Opar, DA, Williams, MD, and Shield, AJ. Hamstring strain injuries: factors that lead to injury and re-injury. *Sports Med* 42: 209-226, 2012.

[70] Pairot-de-Fontenay, B, Willy, RW, Elias, ARC, Mizner, RL, Dube, MO, and Roy, JS. Running biomechanics in individuals with anterior cruciate ligament reconstruction: a systematic review. *Sports Med* 49: 1411-1424, 2019.

[71] Panagiotakis, E, Mok, KM, Fong, DT, and Bull, AMJ. Biomechanical analysis of ankle ligamentous sprain injury cases from televised basketball games: understanding when, how and why ligament failure occurs. *J Sci Med Sport* 20: 1057-1061, 2017.

[72] Pataky, TC, Robinson, MA, and Vanrenterghem, J. Vector field statistical analysis of kinematic and force trajectories. *J Biomech* 46: 2394-2401, 2013.

[73] Paterno, MV, Schmitt, LC, Ford, KR, Rauh, MJ, Myer, GD, Huang, B, and Hewett, TE. Biomechanical measures during landing and postural stability predict second anterior cruciate ligament injury after anterior cruciate ligament reconstruction and return to sport. *Am J Sports Med* 38: 1968-1978, 2010.

[74] Pereira, LA, Nimphius, S, Kobal, R, Kitamura, K, Turisco, LAL, Orsi, RC, Cal Abad, CC, and Loturco, I. Relationship between change of direction, speed, and power in male and female national Olympic team handball athletes. *J Strength Cond Res* 32: 2987-2994, 2018.

[75] Perrott, MA, Pizzari, T, Cook, J, and McClelland, JA. Comparison of lower limb and trunk kinematics between markerless and marker-based motion capture systems. *Gait Posture* 52: 57-61, 2017.

[76] Powell, HC, Silbernagel, KG, Brorsson, A, Tranberg, R, and Willy, RW. Individuals post Achilles tendon rupture exhibit asymmetrical knee and ankle kinetics and loading rates during a drop countermovement jump. *J Orthop Sports Phys Ther* 48: 34-43, 2018.

[77] Powers, CM. The influence of abnormal hip mechanics on knee injury: a biomechanical perspective. *J Orthop Sports Phys Ther* 40: 42-51, 2010.

[78] Reis, ACd, Correa, JCF, Bley, AS, Rabelo, NDA, Fukuda, TY, and Lucareli, PRG. Kinematic and kinetic analysis of the single-leg triple hop test in women with and without patellofemoral pain. *J Orthop Sports Phys Ther* 45: 799-807, 2015.

[79] Richards, J. *Biomechanics in Clinic and Research*. Philadelphia: Churchill Livingstone, 123-124, 187-197 and 254-256, 2008.

[80] Richter, C, O'Connor, NE, Marshall, B, and Moran, K. Comparison of discrete-point vs. dimensionality-reduction techniques for describing performance-related aspects of maximal vertical jumping. *J Biomech* 47: 3012-3017, 2014.

[81] Rosen, AB, Ko, J, Simpson, KJ, Kim, S-H, and Brown, CN. Lower extremity kinematics during a drop jump in individuals with patellar tendinopathy. *Orthop J Sports Med*, 2015.

[82] Ross, GB, Dowling, B, Troje, NF, Fischer, SL, and Graham, RB. Objectively differentiating movement patterns between elite and novice athletes. *Med Sci Sports*

Exerc 50: 1457-1464, 2018.

[83] Sadeghi, H, Allard, P, Shafie, K, Mathieu, PA, Sadeghi, S, Prince, F, and Ramsay, J. Reduction of gait data variability using curve registration. *Gait Posture* 12: 257-264, 2000.

[84] Schuermans, J, Van Tiggelen, D, Palmans, T, Danneels, L, and Witvrouw, E. Deviating running kinematics and hamstring injury susceptibility in male soccer players: cause or consequence? *Gait Posture* 57: 270-277, 2017.

[85] Seay, JF, Van Emmerik, RE, and Hamill, J. Trunk bend and twist coordination is affected by low back pain status during running. *Eur J Sport Sci* 14: 563-568, 2014.

[86] Serner, A, Mosler, AB, Tol, JL, Bahr, R, and Weir, A. Mechanisms of acute adductor longus injuries in male football players: a systematic visual video analysis. *Br J Sports Med* 53: 158-164, 2019.

[87] Seroyer, ST, Nho, SJ, Bach, BR, Bush-Joseph, CA, Nicholson, GP, and Romeo, AA. The kinetic chain in overhand pitching: its potential role for performance enhancement and injury prevention. *Sports Health* 2: 135-146, 2010.

[88] Sheikhhoseini, R, Alizadeh, M-H, Salavati, M, O'Sullivan, K, Shirzad, E, and Movahed, M. Altered lower limb kinematics during jumping among athletes with persistent low back pain. *Ann Appl Sport* Sci 6: 23-30, 2018.

[89] Silbernagel, KG, Gustavsson, A, Thomee, R, and Karlsson, J. Evaluation of lower leg function in patients with Achilles tendinopathy. *Knee Surg Sports Traumatol Arthrosc* 14: 1207-1217, 2006.

[90] Sinclair, J, Currigan, G, Fewtrell, DJ, and Taylor, PJ. Biomechanical correlates of club-head velocity during the golf swing. *Int J Perform Anal Sport* 14: 54-63, 2014.

[91] Stojanovic, E, Ristic, V, McMaster, DT, and Milanovic, Z. Effect of plyometric training on vertical jump performance in female athletes: a systematic review and meta-analysis. *Sports Med* 47: 975-986, 2017.

[92] Terada, M, Pietrosimone, B, and Gribble, PA. Individuals with chronic ankle instability exhibit altered landing knee kinematics: potential link with the mechanism of loading for the anterior cruciate ligament. *Clin Biomech (Bristol, Avon)* 29: 1125-1130, 2014.

[93] Theisen, A, and Day, J. Chronic ankle instability leads to lower extremity kinematic changes during landing tasks: a systematic review. *Int J Exerc Sci* 12: 24-33, 2019.

[94] Thomee, R, Kaplan, Y, Kvist, J, Myklebust, G, Risberg, MA, Theisen, D, Tsepis, E, Werner, S, Wondrasch, B, and Witvrouw, E. Muscle strength and hop performance criteria prior to return to sports after ACL reconstruction. *Knee Surg Sports Traumatol Arthrosc* 19: 1798-1805, 2011.

[95] van der Kruk, E, and Reijne, MM. Accuracy of human motion capture systems for sport applications; state-of-the-art review. *Eur J Sport Sci* 18: 806-819, 2018.

[96] Van der Worp, H, de Poel, HJ, Diercks, RL, van den Akker-Scheek, I, and Zwerver, J. Jumper's knee or lander's knee? A systematic review of the relation between jump biomechanics and patellar tendinopathy. *Int J Sports Med* 35: 714-722, 2014.

[97] van Emmerik, REA, Ducharme, SW, Amado, AC, and Hamill, J. Comparing dynamical systems concepts and techniques for biomechanical analysis. *J Sport Health Sci* 5: 3-13, 2016.

[98] Van Hooren, B, and Zolotarjova, J. The difference between

countermovement and squat jump performances: a review of underlying mechanisms with practical applications. *J Strength Cond Res* 31: 2011-2020, 2017.

[99] Vanrenterghem, J, Venables, E, Pataky, T, and Robinson, MA. The effect of running speed on knee mechanical loading in females during side cutting. *J Biomech* 45: 2444-2449, 2012.

[100] Warmenhoven, J, Cobley, S, Draper, C, Harrison, A, Bargary, N, and Smith, R. Considerations for the use of functional principal components analysis in sports biomechanics: examples from on-water rowing. *Sports Biomech* 18: 317-341, 2019.

[101] Weir, JP. Quantifying test-retest reliability using the intraclass correlation coefficient and the SEM. *J Strength Cond Res* 19: 231-240, 2005.

[102] Welch, N, Richter, C, Franklyn-Miller, A, and Moran, K. Principal component analysis of the biomechanical factors associated with performance during cutting. *J Strength Cond Res*, 2019.

[103] Wild, JJ, Bezodis, IN, North, JS, and Bezodis, NE. Differences in step characteristics and linear kinematics between rugby players and sprinters during initial sprint acceleration. *Eur J Sport Sci* 18: 1327-1337, 2018.

[104] Willson, JD, Sharpee, R, Meardon, SA, and Kernozek, TW. Effects of step length on patellofemoral joint stress in female runners with and without patellofemoral pain. *Clin Biomech (Bristol, Avon)* 29: 243-247, 2014.

[105] Willy, RW, Scholz, JP, and Davis, IS. Mirror gait retraining for the treatment of patellofemoral pain in female runners. *Clin Biomech (Bristol, Avon)* 27: 1045-1051, 2012.

[106] Winter, DA. *Biomechanics and Motor Control of Human Movement*. Hoboken, NJ: John Wiley & Sons, 82-106 and 176-187, 2009.

[107] Young, WB, Dawson, B, and Henry, GJ. Agility and change-of-direction speed are independent skills: implications for training for agility in invasion sports. *Int J Sports Sci Coach* 10: 159-169, 2015.

[108] Zatsiorsky, VM. *Kinetics of Human Motion*. Champaign, IL: Human Kinetics, 266-345 and 365-435, 2002.

第12章

[1] Andersen, LL, Andersen, JL, Zebis, MK, and Aagaard, P. Early and late rate of force development: differential adaptive responses to resistance training? *Scand J Med Sci Sports* 20: e162-e169, 2010.

[2] Angelozzi, M, Madama, M, Corsica, C, Calvisi, V, Properzi, G, McCaw, ST, and Caccio, A. Rate of force development as an adjunctive outcome measure for return-to-sport decisions after anterior cruciate ligament reconstruction. *J Orthop Sports Phys Ther* 42: 772-780, 2012.

[3] Appleby, BB, Cormack, SJ, and Newton, RU. Reliability of squat kinetics in well-trained rugby players: implications for monitoring training. *J Strength Cond Res* 33: 2635-2640, 2019.

[4] Ashworth, B, Hogben, P, Singh, N, Tulloch, L, and Cohen, DD. The athletic shoulder (ASH) test: reliability of a novel upper body isometric strength test in elite rugby players. *BMJ Open Sport Exerc Med* 4: e000365, 2018.

[5] Barker, LA, Harry, JR, and Mercer, JA. Relationships between countermovement jump ground reaction forces and jump height, reactive strength index, and jump time. *J Strength Cond Res* 32: 248-254, 2018.

[6] Baumgart, C, Hoppe, MW, and Freiwald, J. Phase-specific ground reaction force analyses of bilateral and unilateral jumps in patients with ACL reconstruction. *Orthop J Sports Med* 5: 2325967117710912, 2017.

[7] Baumgart, C, Schubert, M, Hoppe, MW, Gokeler, A, Freiwald, J. Do ground reaction forces during unilateral and bilateral movements exhibit compensation strategies following ACL reconstruction? *Knee Surg Sports Traumatol Arthrosc* 25, 1385–1394, 2017.

[8] Beckham, GK, Sato, K, Santana, HA, Mizuguchi, S, Haff, GG, and Stone, MH. Effect of body position on force production during the isometric midthigh pull. *J Strength Cond Res* 32: 48-56, 2018.

[9] Bishop, C, Brashill, C, Abbott, W, Read, P, Lake, J, and Turner, A. Jumping asymmetries are associated with speed, change of direction speed, and jump performance in elite academy soccer players. *J Strength Cond Res*, 2019.

[10] Blazevich, AJ, Gill, N, and Newton, RU. Reliability and validity of two isometric squat tests. *J Strength Cond Res* 16: 298-304, 2002.

[11] Bosco, C, Luhtanen, P, and Komi, PV. A simple method for measurement of mechanical power in jumping. *Eur J Appl Physiol Occup Physiol* 50: 273-282, 1983.

[12] Bourdon, PC, Cardinale, M, Murray, A, Gastin, P, Kellmann, M, Varley, MC, Gabbett, TJ, Coutts, AJ, Burgess, DJ, Gregson, W, and Cable, NT. Monitoring athlete training loads: consensus statement. *Int J Sports Physiol Perform* 12: S2161-S2170, 2017.

[13] Brady, CJ, Harrison, AJ, Flanagan, EP, Haff, GG, and Comyns, TM. A comparison of the isometric midthigh pull and isometric squat: intraday reliability, usefulness, and the magnitude of difference between tests. *Int J Sports Physiol Perform* 13: 844-852, 2018.

[14] Buckthorpe, M, Gimpel, M, Wright, S, Sturdy, T, and Stride, M. Hamstring muscle injuries in elite football: translating research into practice. *Br J Sports Med* 52: 628-629, 2018.

[15] Chan, M-S, and Sigward, SM. Loading behaviors do not match loading abilities postanterior cruciate ligament reconstruction. *Med Sci Sports Exerc* 51: 1626-1634, 2019.

[16] Chiu, LZ, and Barnes, JL. The fitness-fatigue model revisited: implications for planning short-and long-term training. *Strength Cond J* 25: 42-51, 2003.

[17] Claudino, JG, Cronin, J, Mezêncio, B, McMaster, DT, McGuigan, M, Tricoli, V, Amadio, AC, and Serrao, JC. The countermovement jump to monitor neuromuscular status: a meta-analysis. *J Sci Med Sport* 20: 397-402, 2017.

[18] Claudino, JG, Cronin, JB, Mezêncio, B, Pinho, JP, Pereira, C, Mochizuki, L, Amadio, AC, and Serrao, JC. Autoregulating jump performance to induce functional overreaching. *J Strength Cond Res* 30: 2242-2249, 2016.

[19] Claudino, JG, Mezêncio, B, Soncin, R, Ferreira, JC, Couto, BP, and Szmuchrowski, LA. Pre vertical jump performance to regulate the training volume. *Int J Sports Med* 33: 101-107, 2012.

[19a] Cohen, D, Burton, A, Wells, C, Taberner, M, Diaz, MA, and Graham-Smith, P. Single v double leg countermovement jump tests: not half an apple! *Aspetar Sports Med J* 9: 34-41, 2020.

[19b] Cohen, D, Clarke, N, Harland, S, Lewin, C. Are force asymmetries measured in jump tests associated with previous injury in professional footballers? *Br J Sports Med* 48(7): 579-580, 2014.

[20] Comfort, P, Jones, PA, McMahon, JJ, and Newton, R. Effect of knee and trunk angle on kinetic variables during the isometric midthigh pull: test–retest reliability. *Int J Sports Physiol Perform* 10: 58-63, 2015.

[21] Constantine, E, Taberner, M, Richter, C, Willett, M, and Cohen, DD. Isometric posterior chain peak force recovery response following match-play in elite youth soccer players: associations with relative posterior chain strength. *Sports (Basel)* 7: 218, 2019.

[22] Cormack, SJ, Mooney, MG, Morgan, W, and McGuigan, MR. Influence of neuromuscular fatigue on accelerometer load in elite Australian football players. *Int J Sports Physiol Perform* 8: 373-378, 2013.

[23] Cormack, SJ, Newton, RU, and McGuigan, MR. Neuromuscular and endocrine responses of elite players to an Australian rules football match. *Int J Sports Physiol Perform* 3: 359-374, 2008.

[24] Cormack, SJ, Newton, RU, McGuigan, MR, and Cormie, P. Neuromuscular and endocrine responses of elite players during an Australian rules football season. *Int J Sports Physiol Perform* 3: 439-453, 2008.

[25] Cormie, P, McBride, JM, and McCaulley, GO. Power-time, force-time, and velocity-time curve analysis of the countermovement jump: impact of training. *J Strength Cond Res* 23: 177-186, 2009.

[26] De Witt, JK, English, KL, Crowell, JB, Kalogera, KL, Guilliams, ME, Nieschwitz, BE, Hanson, AM, and Ploutz-Snyder, LL. Isometric midthigh pull reliability and relationship to deadlift one repetition maximum. *J Strength Cond Res* 32: 528-533, 2018.

[27] Douglas, J, Pearson, S, Ross, A, and McGuigan, M. Kinetic determinants of reactive strength in highly trained sprint athletes. *J Strength Cond Res* 32: 1562-1570, 2018.

[28] Drinkwater, E. Applications of confidence limits and effect sizes in sport research. *Open Sports Sci J* 1: 3-4, 2008.

[29] Gathercole, R, Sporer, B, and Stellingwerff, T. Countermovement jump performance with increased training loads in elite female rugby athletes. *Int J Sports Med* 36: 722-728, 2015.

[30] Gathercole, R, Sporer, B, Stellingwerff, T, and Sleivert, G. Alternative countermovement-jump analysis to quantify acute neuromuscular fatigue. *Int J Sports Physiol Perform* 10: 84-92, 2015.

[31] Gathercole, RJ, Sporer, BC, Stellingwerff, T, and Sleivert, GG. Comparison of the capacity of different jump and sprint field tests to detect neuromuscular fatigue. *J Strength Cond Res* 29: 2522-2531, 2015.

[32] Gonzalo-Skok, O, Moreno-Azze, A, Arjol-Serrano, JL, Tous-Fajardo, J, and Bishop, C. A comparison of 3 different unilateral strength training strategies to enhance jumping performance and decrease interlimb asymmetries in soccer players. *Int J Sports Physiol Perform* 14: 1256-1264, 2019.

[33] Grindem, H, Snyder-Mackler, L, Moksnes, H, Engebretsen, L, and Risberg, MA. Simple decision rules can reduce reinjury risk by 84% after ACL reconstruction: the Delaware-Oslo ACL cohort study. *Br J Sports Med* 50: 804-808, 2016.

[34] Harry, JR, Paquette, MR, Schilling, BK, Barker, LA, James, CR, and Dufek, JS. Kinetic and electromyographic subphase characteristics with relation to countermovement vertical jump performance. *J Appl Biomech* 34: 291-297, 2018.

[35] Hart, LM, Cohen, DD, Patterson, SD, Springham, M, Reynolds, J, and Read, P. Previous injury is associated with heightened countermovement jump force-time asymmetries in professional soccer players. *Transl Sports Med* 2: 256-262, 2019.

[36] Heishman, A, Daub, B, Miller, R, Brown, B, Freitas, E, and Bemben, M. Countermovement jump interlimb asymmetries in collegiate basketball players. *Sports (Basel)* 7: 103, 2019.

[37] Hewett, TE, Myer, GD, Ford, KR, Heidt, RS, Colosimo, AJ, McLean, SG, van den Bogert, AJ, Paterno, MV, and Succop, P. Biomechanical measures of neuromuscular control and valgus loading of the knee predict anterior cruciate ligament injury risk in female athletes: a prospective study. *Am J Sports Med* 33: 492-501, 2005.

[38] Hornsby, W, Gentles, J, MacDonald, C, Mizuguchi, S, Ramsey, M, and Stone, M. Maximum strength, rate of force development, jump height, and peak power alterations in weightlifters across five months of training. *Sports (Basel)* 5: 78, 2017.

[39] Hughes, S, Chapman, DW, Haff, GG, and Nimphius, S. The use of a functional test battery as a non-invasive method of fatigue assessment. *PLoS One* 14: e0212870, 2019.

[40] Jiménez-Reyes, P, Pareja-Blanco, F, Cuadrado-Peñafiel, V, Ortega-Becerra, M, Párraga, J, and González-Badillo, JJ. Jump height loss as an indicator of fatigue during sprint training. *J Sports Sci* 37: 1029-1037, 2019.

[41] Jiménez-Reyes, P, Samozino, P, Brughelli, M, and Morin, J-B. Effectiveness of an individualized training based on force-velocity profiling during jumping. *Front Physiol* 7: 677, 2017.

[42] Jiménez-Reyes, P, Samozino, P, Pareja-Blanco, F, Conceição, F, Cuadrado-Peñafiel, V, González-Badillo, JJ, and Morin, J-B. Validity of a simple method for measuring force-velocity-power profile in countermovement jump. *Int J Sports Physiol Perform* 12: 36-43, 2017.

[43] Jordan, MJ, Aagaard, P, and Herzog, W. Lower limb asymmetry in mechanical muscle function: a comparison between ski racers with and without ACL reconstruction. *Scand J Med Sci Sports* 25: e301-e309, 2015.

[44] Kipp, K, Kiely, MT, and Geiser, CF. Reactive strength index modified is a valid measure of explosiveness in collegiate female volleyball players. *J Strength Cond Res* 30: 1341-1347, 2016.

[45] Kirby, TJ, McBride, JM, Haines, TL, and Dayne, AM. Relative net vertical impulse determines jumping performance. *J Appl Biomech* 27: 207-214, 2011.

[46] Koch, J, Riemann, BL, and Davies, GJ. Ground reaction force patterns in plyometric push-ups. *J Strength Cond Res* 26: 2220-2227, 2012.

[47] Komi, P. *Strength and Power in Sport*. Hoboken, NJ: John Wiley & Sons, 203-228, 2008.

[48] Kotsifaki, A, Korakakis, V, Whiteley, R, Van Rossom, S, and Jonkers, I. Measuring only hop distance during single leg hop testing is insufficient to detect deficits in knee function after ACL reconstruction: a systematic review and meta-analysis. *Br J Sports Med* 54: 139-153, 2020.

[49] Layer, JS, Grenz, C, Hinshaw, TJ, Smith, DT, Barrett, SF, and Dai, B. Kinetic analysis of isometric back squats and isometric belt squats. *J Strength Cond Res* 32: 3301-3309, 2018.

[50] Leary, BK, Statler, J, Hopkins, B, Fitzwater, R, Kesling, T, Lyon, J, Phillips, B, Bryner, RW, Cormie, P, and Haff, GG. The relationship between isometric force-time curve characteristics and club head speed in recreational golfers. *J Strength Cond Res* 26: 2685-2697, 2012.

[51] Linthorne, NP. Analysis of standing vertical jumps using a force platform. *Am J Physics* 69: 1198-1204, 2001.

[52] Maffiuletti, NA, Aagaard, P, Blazevich, AJ, Folland, J, Tillin, N, and Duchateau, J. Rate of force development: physiological and methodological considerations. *Eur J Appl Physiol* 116: 1091-1116, 2016.

[52a] Malaver, JR, Cubides, JR, Argothy, R, and Cohen, DD. Risk factors associated with medial tibial stress syndrome in military cadets during basic training: 1019: Board# 253 May 29 3:30 PM-5:00 PM. *Med Sci Sports Exerc* 51: 268, 2019.

[53] Malone, S, Hughes, B, Roe, M, Collins, K, and Buchheit, M. Monitoring player fitness, fatigue status and running performance during an in-season training camp in elite Gaelic football. *Sci Med Football* 1: 229-236, 2017.

[54] Matinlauri, A, Alcaraz, PE, Freitas, TT, Mendiguchia, J, Abedin-Maghanaki, A, Castillo, A, Martinez-Ruiz, E, Carlos-Vivas, J, and Cohen, DD. A comparison of the isometric force fatigue-recovery profile in two posterior chain lower limb tests following simulated soccer competition. *PLoS One* 14: e0206561, 2019.

[55] McMahon, J, Lake, J, and Comfort, P. Reliability of and relationship between flight time to contraction time ratio and reactive strength index modified. *Sports (Basel)* 6: 81, 2018.

[56] Myer, GD, Martin Jr, L, Ford, KR, Paterno, MV, Schmitt, LC, Heidt Jr, RS, Colosimo, A, and Hewett, TE. No association of time from surgery with functional deficits in athletes after anterior cruciate ligament reconstruction: evidence for objective return-to-sport criteria. *Am J Sports Med* 40: 2256-2263, 2012.

[57] Nagahara, R, Mizutani, M, Matsuo, A, Kanehisa, H, and Fukunaga, T. Association of sprint performance with ground reaction forces during acceleration and maximal speed phases in a single sprint. *J Appl Biomech* 34: 104-110, 2018.

[58] Newham, DJ, Mills, KR, Quigley, BM, and Edwards, RHT. Pain and fatigue after concentric and eccentric muscle contractions. *Clin Sci* 64: 55-62, 1983.

[59] Norris, D, Joyce, D, Siegler, J, Clock, J, and Lovell, R. Recovery of force-time characteristics after Australian rules football matches: examining the utility of the isometric midthigh pull. *Int J Sports Physiol Perform* 14: 765-770, 2019.

[59a] Read, PJ, Oliver, JL, De Ste Croix, MBA, Myer, GD, and Lloyd, RS. A prospective investigation to evaluate risk factors for lower extremity injury risk in male youth soccer players. *Scand J Med Sci Sport* 28: 1244-1251, 2018.

[60] Read, PJ, Turner, AN, Clarke, R, Applebee, S, and Hughes, J. Knee angle affects posterior chain muscle activation during an isometric test used in soccer players. *Sports (Basel)* 7: 13, 2019.

[61] Richter, C, O'Connor, NE, Marshall, B, and Moran, K. Analysis of characterizing phases on waveforms: an application to vertical jumps. *J Appl Biomech* 30: 316-321, 2014.

[62] Robertson, S, Bartlett, JD, and Gastin, PB. Red, amber, or green? Athlete monitoring in team sport: the need for

decision-support systems. *Int J Sports Physiol Perform* 12: S273-S279, 2017.

[63] Roos, PE, Button, K, and van Deursen, RW. Motor control strategies during double leg squat following anterior cruciate ligament rupture and reconstruction: an observational study. *J Neuroeng Rehabil* 11: 19, 2014.

[64] Sanchez-Medina, L, and González-Badillo, JJ. Velocity loss as an indicator of neuromuscular fatigue during resistance training. *Med Sci Sports Exerc* 43: 1725-1734, 2011.

[65] Skein, M, Duffield, R, Minett, GM, Snape, A, and Murphy, A. The effect of overnight sleep deprivation after competitive rugby league matches on postmatch physiological and perceptual recovery. *Int J Sports Physiol Perform* 8: 556-564, 2013.

[66] Suarez, DG, Mizuguchi, S, Hornsby, WG, Cunanan, AJ, Marsh, DJ, and Stone, MH. Phase-specific changes in rate of force development and muscle morphology throughout a block periodized training cycle in weightlifters. *Sports (Basel)* 7: 129, 2019.

[67] Suchomel, TJ, Nimphius, S, and Stone, MH. Scaling isometric mid-thigh pull maximum strength in division I athletes: are we meeting the assumptions? *Sports Biomech* 19: 532-546, 2020.

[68] Taberner, M, van Dyk, N, Allen, T, Richter, C, Howarth, C, Scott, S, and Cohen, DD. Physical preparation and return to sport of the football player with a tibia-fibula fracture: applying the "control-chaos continuum." *BMJ Open Sport Exerc Med* 5: e000639, 2019.

[69] Taylor, KL. Monitoring neuromuscular fatigue in high performance athletes (doctoral dissertation, Edith Cowan University), 2012.

[70] Taylor, KL, Cronin, J, Gill, ND, Chapman, DW, and Sheppard, J. Sources of variability in iso-inertial jump assessments. *Int J Sports Physiol Perform* 5: 546-558, 2010.

[71] Thorpe, RT, Atkinson, G, Drust, B, and Gregson, W. Monitoring fatigue status in elite team-sport athletes: implications for practice. *Int J Sports Physiol Perform* 12: S2-S27, 2017.

[72] Van der Does, HTD, Brink, MS, Benjaminse, A, Visscher, C, and Lemmink, K. Jump landing characteristics predict lower extremity injuries in indoor team sports. *Int J Sports Med* 37: 251-256, 2016.

[73] Welsh, TT, Alemany, JA, Montain, SJ, Frykman, PN, Tuckow, AP, Young, AJ, and Nindl, BC. Effects of intensified military field training on jumping performance. *Int J Sports Med* 29: 45-52, 2008.

[74] West, DJ, Owen, NJ, Jones, MR, Bracken, RM, Cook, CJ, Cunningham, DJ, Shearer, DA, Finn, CV, Newton, RU, Crewther, BT, and Kilduff, LP. Relationships between force- time characteristics of the isometric midthigh pull and dynamic performance in professional rugby league players. *J Strength Cond Res* 25: 3070-3075, 2011.

[75] Wu, PP-Y, Sterkenburg, N, Everett, K, Chapman, DW, White, N, and Mengersen, K. Predicting fatigue using countermovement jump force-time signatures: PCA can distinguish neuromuscular versus metabolic fatigue. *PLoS One* 14: e0219295, 2019.

第13章

[1] Arsac, LM, Belli, A, and Lacour, JR. Muscle function during brief maximal exercise: accurate measurements on a friction-loaded cycle ergometer. *Eur J Appl Physiol Occup Physiol* 74: 100-106, 1996.

[2] Balsalobre-Fernández, C, Glaister, M, and Lockey, RA. The validity and reliability of an iPhone app for measuring vertical jump performance. *J Sports Sci* 33: 1574-1579, 2015.

[3] Bobbert, MF. Why is the force-velocity relationship in leg press tasks quasi-linear rather than hyperbolic? *J Appl Physiol* 112: 1975-1983, 2012.

[4] Bosco, C, Belli, A, Astrua, M, Tihanyi, J, Pozzo, R, Kellis, S, Tsarpela, O, Foti, C, Manno, R, and Tranquilli, C. A dynamometer for evaluation of dynamic muscle work. *Eur J Appl Physiol Occup Physiol* 70: 379-386, 1995.

[5] Cross, MR, Brughelli, M, Samozino, P, Brown, SR, and Morin, J-B. Optimal loading for maximizing power during sled-resisted sprinting. *Int J Sports Physiol Perform* 12: 1069-1077, 2017.

[6] Cross, MR, Brughelli, M, Samozino, P, and Morin, J-B. Methods of power-force-velocity profiling during sprint running: a narrative review. *Sports Med* 47: 1255-1269, 2017.

[7] Cross, MR, Tinwala, F, Lenetsky, S, Samozino, P, Brughelli, M, and Morin, J-B. Determining friction and effective loading for sled sprinting. *J Sports Sci* 35: 2198-2203, 2017.

[8] Dorel, S, Couturier, A, Lacour, JR, Vandewalle, H, Hautier, C, and Hug, F. Force-velocity relationship in cycling revisited: benefit of two-dimensional pedal forces analysis. *Med Sci Sports Exerc* 42: 1174-1183, 2010.

[9] Driss, T, and Vandewalle, H. The measurement of maximal (anaerobic) power output on a cycle ergometer: a critical review. *Biomed Res Int* 2013: 589361, 2013.

[10] Frost, DM, Cronin, JB, and Newton, RU. A comparison of the kinematics, kinetics and muscle activity between pneumatic and free weight resistance. *Eur J Appl Physiol* 104: 937-956, 2008.

[11] García-Ramos, A, Pérez-Castilla, A, and Jaric, S. Optimisation of applied loads when using the two-point method for assessing the force-velocity relationship during vertical jumps. *Sport Biomech* 12: 1-16, 2018.

[12] Giroux, C, Rabita, G, Chollet, D, and Guilhem, G. What is the best method for assessing lower limb force-velocity relationship? *Int J Sports Med* 36: 143-149, 2015.

[13] Haugen, TA, Breitschädel, F, and Samozino, P. Power-force-velocity profiling of sprinting athletes. *J Strength Cond Res* 34: 1769-1773, 2020.

[14] Haugen, TA, Breitschädel, F, and Seiler, S. Sprint mechanical variables in elite athletes: are force-velocity profiles sport specific or individual? *PLoS One* 14: e0215551, 2019.

[15] Hill, AJ. The heat of shortening and the dynamic constants of muscle. *Proc R Soc London Ser B Biol Sci* 126: 136-195, 1938.

[16] Janicijevic, D, Knezevic, O, Mirkov, D, Pérez-Castilla, A, Petrovic, M, Samozino, P, and Garcia-Ramos, A. Assessment of the force-velocity relationship during vertical jumps: influence of the starting position, analysis procedures and number of loads. *Eur J Sport Sci*, 2019.

[17] Jaric, S. Force-velocity relationship of muscles performing multi-joint maximum performance tasks. *Int J Sports Med* 36: 699-704, 2015.

[18] Jaskolska, A, Goossens, P, Veentra, B, Jaskolski, A, and Skinner, JS. Treadmill measurement of the force-velocity relationship and power output in subjects with different maximal running velocities. *Sports Med* 8: 347-358, 1998.

[19] Jiménez-Reyes, P, Samozino, P, Brughelli, M, and Morin,

J-B. Effectiveness of an individualized training based on force-velocity profiling during jumping. *Front Physiol* 7: 677, 2017.

[20] Jiménez-Reyes, P, Samozino, P, Cuadrado-Peñafiel, V, Conceição, F, González-Badillo, JJ, and Morin, J-B. Validity of a simple method for measuring force-velocity-power profile in countermovement jump. *Int J Sport Physiol Perform* 12: 36-43, 2017.

[21] Jiménez-Reyes, P, Samozino, P, García-Ramos, A, Cuadrado-Peñafiel, V, Brughelli, M, and Morin, J-B. Relationship between vertical and horizontal force-velocity-power profiles in various sports and levels of practice. *Peer J* 6: e5937, 2018.

[22] Jiménez-Reyes, P, Samozino, P, and Morin, J-B. Optimized training for jumping performance using the force-velocity imbalance: individual adaptation kinetics. *PLoS One* 14: e0216681, 2019.

[23] Maffiuletti, NA, Aagaard, P, Blazevich, AJ, Folland, J, Tillin, N, and Duchateau, J. Rate of force development: physiological and methodological considerations. *Eur J Appl Physiol* 116: 1091-1116, 2016.

[24] Markovic, G, Vuk, S, and Jaric, S. Effects of jump training with negative versus positive loading on jumping mechanics. *Int J Sports Med* 32: 365-372, 2011.

[25] Martin, JA, Brandon, SCE, Keuler, EM, Hermus, JR, Ehlers, AC, Segalman, DJ, Allen, MS, and Thelen, DG. Gauging force by tapping tendons. *Nat Commun* 9: 1592, 2018.

[26] Morin, J-B, Edouard, P, and Samozino, P. Technical ability of force application as a determinant factor of sprint performance. *Med Sci Sport Exerc* 43: 1680-1688, 2011.

[27] Morin, J-B, Jiménez-Reyes, P, Brughelli, M, and Samozino, P. When jump height is not a good indicator of lower limb maximal power output: theoretical demonstration, experimental evidence and practical solutions. *Sport Med* 49: 999-1006, 2019.

[28] Morin, J-B, and Samozino, P. Interpreting power-force-velocity profiles for individualized and specific training. *Int J Sports Physiol Perform* 11: 267-272, 2016.

[29] Morin, J-B, Samozino, P, eds. *Biomechanics of Training and Testing: Innovative Concepts and Simple Field Methods*. Cham, Switzerland: Springer International Publishing, 65-237, 2018.

[30] Morin, J-B, Samozino, P, Bonnefoy, R, Edouard, P, and Belli, A. Direct measurement of power during one single sprint on treadmill. *J Biomech* 43: 1970-1975, 2010.

[31] Morin, J-B, Samozino, P, Edouard, P, and Tomazin, K. Effect of fatigue on force production and force application technique during repeated sprints. *J Biomech* 44: 2719-2723, 2011.

[32] Morin, J-B, Samozino, P, Murata, M, Cross, MR, and Nagahara, R. A simple method for computing sprint acceleration kinetics from running velocity data: replication study with improved design. *J Biomech* 94: 82-87, 2019.

[33] Nagahara, R, Mizutani, M, Matsuo, A, Kanehisa, H, and Fukunaga, T. Association of step width with accelerated sprinting performance and ground reaction force. *Int J Sports Med* 38: 534-540, 2017.

[34] Padulo, J, Migliaccio, G, Ardigò, L, Leban, B, Cosso, M, and Samozino, P. Lower limb force, velocity, power capabilities during leg press and squat movements. *Int J Sports Med* 38: 1083-1089, 2017.

[35] Palmieri, G, Callegari, M, and Fioretti, S. Analytical and

multibody modeling for the power analysis of standing jumps. *Comput Methods Biomech Biomed Eng* 18: 1564-1573, 2015.

[36] Rabita, G, Dorel, S, Slawinski, J, Sàez-de-Villarreal, E, Couturier, A, Samozino, P, and Morin, J-B. Sprint mechanics in world-class athletes: a new insight into the limits of human locomotion. *Scand J Med Sci Sport* 25: 583-594, 2015.

[37] Rivière, JR. Effect of velocity on lower limb force production capacities during single and repeated high-intensity exercises [PhD thesis]. University Savoie Mont Blanc, Chambéry (France); 2020.

[38] Rivière, JR, Rossi, J, Jimenez-Reyes, P, Morin, J-B, and Samozino, P. Where does the one-repetition maximum exist on the force-velocity relationship in squat? *Int J Sports Med* 38: 1035-1043, 2017.

[39] Romero-Franco, N, Jiménez-Reyes, P, Castaño-Zambudio, A, Capelo-Ramírez, F, Rodríguez-Juan, JJ, González-Hernández, J, Toscano-Bendala, FJ, Cuadrado-Peñafiel, V, and Balsalobre-Fernández, C. Sprint performance and mechanical outputs computed with an iPhone app: comparison with existing reference methods. *Eur J Sport Sci* 17: 386-392, 2017.

[40] Samozino, P, Edouard, P, Sangnier, S, Brughelli, M, Gimenez, P, and Morin, J-B. Force-velocity profile: imbalance determination and effect on lower limb ballistic performance. *Int J Sports Med* 35: 505-510, 2014.

[41] Samozino, P, Morin, J-B, Hintzy, F, and Belli, A. A simple method for measuring force, velocity and power output during squat jump. *J Biomech* 41: 2940-2945, 2008.

[42] Samozino, P, Rabita, G, Dorel, S, Slawinski, J, Peyrot, N, Saez de Villarreal, E, and Morin J-B. A simple method for measuring power, force, velocity properties, and mechanical effectiveness in sprint running. *Scand J Med Sci Sports* 26: 648-658, 2016.

[43] Samozino, P, Rejc, E, Di Prampero, PE, Belli, A, and Morin, J-B. Optimal force-velocity profile in ballistic movements-altius: citius or fortius? *Med Sci Sports Exerc* 44: 313-322, 2012.

[44] Samozino, P, Rivière, JR, Rossi, J, Morin, J-B, and Jimenez-Reyes, P. How fast is a horizontal squat jump? *Int J Sports Physiol Perform* 13: 910-916, 2018.

[45] Suzovic, D, Markovic, G, Pasic, M, and Jaric, S. Optimum load in various vertical jumps support the maximum dynamic output hypothesis. *Int J Sports Med* 34: 1007-1014, 2013.

[46] Thorstensson, A, Grimby, G, and Karlsson, J. Force-velocity relations and fiber composition in human knee extensor muscles. *J Appl Physiol* 40: 12-16, 1976.

[47] Wilson, GJ, Walshe, AD, and Fisher, MR. The development of an isokinetic squat device: reliability and relationship to functional performance. *Eur J Appl Physiol Occup Physiol* 75: 455-461, 1997.

[48] Yamauchi, J, and Ishii, N. Relations between force-velocity characteristics of the knee-hip extension movement and vertical jump performance. *J Strength Cond Res* 21: 703-709, 2007.

第14章

[1] Achten, J, and Jeukendrup, AE. Heart rate monitoring: applications and limitations. *Sports Med* 33: 517-538, 2003.

[2] Al-Ani, M, Munir, SM, White, M, Townend, J, and Coote,

JH. Changes in RR variability before and after endurance training measured by power spectral analysis and by the effect of isometric muscle contraction. *Eur J Appl Physiol Occup Physiol* 74: 397-403, 1996.

[3] Al Ghatrif, M, and Lindsay, J. A brief review: history to understand fundamentals of electrocardiography. *J Community Hosp Intern Med Perspect* 2: 14383, 2012.

[4] Aubert, AE, Seps, B, and Beckers, F. Heart rate variability in athletes. *Sports Med* 33: 889-919, 2003.

[5] Banister, EW. Modeling elite athletic performance. In *Physiological Testing of Elite Athletes.* Green, H, McDougal, J, and Wenger, H, eds. Champaign, IL: Human Kinetics, 403-424, 1991.

[6] Billman, GE. Heart rate variability-a historical perspective. *Front Physiol* 2: 86, 2011.

[7] Borresen, J, and Lambert, MI. Changes in heart rate recovery in response to acute changes in training load. *Eur J Appl Physiol* 101: 503-511, 2007.

[8] Borresen, J, and Lambert, MI. The quantification of training load, the training response and the effect on performance. *Sports Med* 39: 779-795, 2009.

[9] Bouchard, CL, and Rankinen TU. Individual differences in response to regular physical activity. *Med Sci Sports Exerc* 33: S446-S451, 2001.

[10] Brink, MS, Nederhof, E, Visscher, C, Schmikli, SL, and Lemmink, KA. Monitoring load, recovery, and performance in young elite soccer players. *J Strength Cond Res* 24: 597-603, 2010.

[11] Brink, MS, Visscher, C, Schmikli, SL, Nederhof, E, and Lemmink, KA. Is an elevated submaximal heart rate associated with psychomotor slowness in young elite soccer players? *Eur J Sport Sci* 13: 207-214, 2013.

[12] Brown, TE, Beightol, LA, Koh, J, and Eckberg, DL. Important influence of respiration on human RR interval power spectra is largely ignored. *J Appl Physiol* 75: 2310-2317, 1993.

[13] Buchheit, M. Monitoring training status with HR measures: do all roads lead to Rome? *Front Physiol* 5: 1-19, 2014.

[14] Buchheit, M, Simpson, MB, Al Haddad, H, Bourdon, PC, and Mendez-Villanueva, A. Monitoring changes in physical performance with heart rate measures in young soccer players. *Eur J Appl Physiol* 112: 711-723, 2012.

[15] Camm, AJ, Malik, M, Bigger, JT, Breithardt, G, Cerutti, S, Cohen, RJ, Coumel, P, Fallen, EL, Kennedy, HL, Kleiger, RE, and Lombardi, F. Heart rate variability: standards of measurement, physiological interpretation, and clinical use. *Eur Heart J* 17: 354-381, 1996.

[16] Carter, JB, Banister, EW, and Blaber, AP. Effect of endurance exercise on autonomic control of heart rate. *Sports Med* 3: 33-46, 2003.

[17] Charkoudian, N, Eisenach, JH, Joyner, MJ, Roberts, SK, and Wick, DE. Interactions of plasma osmolality with arterial and central venous pressures in control of sympathetic activity and heart rate in humans. *Am J Physiol Heart Circ Physiol* 289: H2456-H2460, 2005.

[18] Chen, JL, Yeh, DP, Lee, JP, Chen, CY, Huang, CY, Lee, SD, Chen, CC, Kuo, TB, Kao, CL, and Kuo, CH. Parasympathetic nervous activity mirrors recovery status in weightlifting performance after training. *J Strength Cond Res* 25: 1546-1552, 2011.

[19] Coutts, AJ, Reaburn, P, Piva, TJ, and Rowsell, GJ. Monitoring for overreaching in rugby league players. *Eur J Appl Physiol* 99: 313-324, 2007.

[20] Daanen, HM, Lamberts, RP, Kallen, VL, Jin, A, and Van Meeteren, NU. A systematic review on heart-rate recovery to monitor changes in training status in athletes. *Int J Sport Physiol* 7: 251-260, 2012.

[21] Edwards, S. *The Heart Rate Monitor Book.* Sacramento, CA: Fleet Feet Press, 127, 1993.

[22] Esco, MR, and Flatt, AA. Ultra-short-term heart rate variability indexes at rest and post-exercise in athletes: evaluating the agreement with accepted recommendations. *J Sports Sci Med* 13: 535-541, 2014.

[23] Esco, M, Flatt, A, and Nakamura, F. Agreement between a smartphone pulse sensor application and electrocardiography for determining lnRMSSD. *J Strength Cond Res* 31: 380-385, 2017.

[24] Fahmy, HMA. *Wireless Sensor Networks: Concepts, Applications, Experimentation and Analysis.* Singapore: Springer, 496, 2016.

[25] Flatt, AA, and Esco, MR. Validity of the ithleteTM smart phone application for determining ultra-short-term heart rate variability. *J Hum Kinet,* 39: 85-92, 2013.

[26] Friel, J. *Total Heart Rate Training: Customize and Maximize Your Workout Using a Heart Rate Monitor.* Berkeley: Ulysses Press, 13, 2006.

[27] Fukushima, H, Kawanaka, H, Bhuiyan, MS, and Oguri, K. Estimating heart rate using wrist-type Photoplethysmography and acceleration sensor while running. *Conf Proc IEEE Eng Med Biol Soc* 2012: 2901-2904, 2012.

[28] Ganzfried, S, and Sandholm, T. Game theory-based opponent modeling in large imperfect-information games. In *Proc of 10th. Conf. on Autonomous Agents and Multiagent Systems.* Foundation for Autonomous Agents and Multiagent Systems, 2533-2540, 2011.

[29] Geib, RW, Swink, PJ, Vorel, AJ, Shepard, CS, Gurovich, AN, and Waite, GN. The bioengineering of changing lifestyle and wearable technology: a mini review. *Biomed Sci Instrum* 51: 69-76, 2015.

[30] Gillinov, AM, Etiwy, M, Gillinov, S, Wang, R, Blackburn, G, Phelan, D, Houghtaling, P, Javadikasgari, H, and Desai, MY. Variable accuracy of commercially available wearable heart rate monitors. *J Am Coll Cardiol* 69: 336, 2017.

[31] Gomez, C, Oller, J, and Paradells, J. Overview and evaluation of Bluetooth low energy: an emerging low-power wireless technology. *Sensors* 12: 11734-11753, 2012.

[32] Hajar, R. The pulse from ancient to modern medicine: part 3. *Heart Views* 3: 117-120, 2018.

[33] Halson, SL. Monitoring training load to understand fatigue in athletes. *Sports Med* 44: 139-147, 2014.

[34] Hart, EC, Charkoudian, N, and Miller, VM. Sex, hormones, and neuroeffector mechanisms. *Acta Physiol* 203: 155-165, 2011.

[35] Heathers, JA. Smartphone-enabled pulse rate variability: an alternative methodology for the collection of heart rate variability in psychophysiological research. *Int J Psychophysiol* 89: 297-304, 2013.

[36] Hedelin, R, Kenttä, G, Wiklund, U, Bjerle, P, and Henriksson-Larsén, K, Short-term overtraining: effects on performance, circulatory responses, and heart rate variability. *Med Sci Sports Exerc* 32: 1480-1484, 2000.

[37] Herzig, D, Eser, P, Omlin, X, Riener, R, Wilhelm, M, and Achermann, P. Reproducibility of heart rate variability is parameter and sleep stage dependent. *Front Physiol* 8: 1100, 2018.

[38] Higgins, CB, Vatner, SF, and Braunwald, E. Parasympathetic control of the heart. *Pharmacol Rev* 25: 119-155, 1973.

[39] Hough, P, Glaister, M, and Pledger, A. The accuracy of wrist-worn heart rate monitors across a range of exercise intensities. *J Phys Act Res* 2: 112-116, 2017.

[40] Iellamo, F, Legramante, JM, Massaro, M, Raimondi, G, and Galante, A. Effects of a residential exercise training on baroreflex sensitivity and heart rate variability in patients with coronary artery disease: a randomized, controlled study. *Circulation* 102: 2588-2592, 2000.

[41] Iellamo, F, Legramante, JM, Pigozzi, F, Spataro, A, Norbiato, G, Lucini, D, and Pagani, M. Conversion from vagal to sympathetic predominance with strenuous training in high-performance world class athletes. *Circulation* 105: 2719-2724, 2002.

[42] Iwasaki, KI, Zhang, R, Zuckerman, JH, and Levine, BD. Dose-response relationship of the cardiovascular adaptation to endurance training in healthy adults: how much training for what benefit? *J Appl Physiol* 95: 1575-1583, 2003.

[43] Jose, AD, Collison, D. The normal range and determinants of the intrinsic heart rate in man. *Cardiovasc Res* 4: 160-167, 1970.

[44] Karvonen, J, and Vuorimaa, T. Heart rate and exercise intensity during sports activities. *Sports Med* 5: 303-311, 1988.

[45] Lambert, MI, and Borresen, J. Measuring training load in sports. *Int J Sports Physiol Perform* 5: 406-411, 2010.

[46] Lamberts, RP, and Lambert, MI. Day-to-day variation in heart rate at different levels of submaximal exertion: implications for monitoring training. *J Strength Cond Res* 23: 1005-1010, 2009.

[47] Lamberts, R, Swart, J, Capostagno, B, Noakes, T, and Lambert, M. Heart rate recovery as a guide to monitor fatigue and predict changes in performance parameters. *Scand J Med Sci Sports* 20: 449-57, 2009.

[48] Landsberg, L, and Young, J. Effects of nutritional status on autonomic nervous system function. *Am J Clin Nutr* 35: 1234-1240, 1982.

[49] Leicht, AS, Allen, GD, and Hoey, AJ. Influence of intensive cycling training on heart rate variability during rest and exercise. *Can J Appl Physiol* 28: 898-909, 2003.

[49a] Lucia, A, Hoyos, J, Santalla, A, Earnest, C, and Chicharro, JL. Tour de France versus Vuelta a Espana: which is harder? *Med Sci Sports Exerc* 35: 872-878, 2003.

[50] Makivic, B, Nikic, MD, and Willis, M. Heart rate variability (HRV) as a tool for diagnostic and monitoring performance in sport and physical activities. *J Exerc Physiol Online* 16: 103-131, 2013.

[51] Manzi, V, Castagna, C, Padua, E, Lombardo, M, D'Ottavio, S, Massaro, M, Volterrani, M, and Iellamo, F. Dose-response relationship of autonomic nervous system responses to individualized training impulse in marathon runners. *Am J Physiol Heart Circ Physiol* 296: H1733-H1740, 2009.

[51a] Manzi, V, Iellamo, F, Impellizzeri, F, D'Ottavio, S, and Castagna, C. Relation between individualized training impulses and performance in distance runners. *Med Sci Sports Exerc* 41: 2090-2096, 2009.

[52] Michael, S, Jay, O, Halaki, M, Graham, K, and Davis, GM. Submaximal exercise intensity modulates acute post-exercise heart rate variability. *Eur J Appl Physiol* 116: 697-706, 2016.

[52a] Milanez, VF, and Pedro, RE. Application of different load quantification methods during a karate training session. *Rev Bras Med Esporte* 18: 278-282, 2012.

[53] Morgulev, E, Azar, OH, and Lidor, R. Sports analytics and the big-data era. *Int J Data Sci Anal* 5: 213-222, 2018.

[54] Nederhof, E, Zwerver, J, Brink, M, Meeusen, R, and Lemmink, K. Different diagnostic tools in nonfunctional overreaching. *Int J Sports Med* 29: 590-597, 2008.

[55] Nunan, D, Donovan, GAY, Jakovljevic, DG, Hodges, LD, Sandercock, GR, and Brodie, DA. Validity and reliability of short-term heart-rate variability from the Polar S810. *Med Sci Sports Exerc* 41: 243-250, 2009.

[56] Obrist, PA, Webb, RA, Sutterer, JR, and Howard, JL. The cardiac-somatic relationship: some reformulations. *Psychophysiology* 6: 569-587, 1970.

[57] Ostojic, SM, Stojanovic, MD, and Calleja-Gonzalez, J. Ultra short-term heart rate recovery after maximal exercise: relations to aerobic power in sportsmen. *Chin J Physiol* 54: 105-110, 2011.

[58] Parak, J, and Korhonen, I. Evaluation of wearable consumer heart rate monitors based on photoplethysmography. *Conf Proc IEEE Eng Med Biol Soc* 2014: 3670-3673, 2014.

[59] Pereira, LA, Flatt, AA, Ramirez-Campillo, R, Loturco, I, and Nakamura, FY. Assessing shortened field-based heart-rate-variability-data acquisition in team-sport athletes. *Int J Sport Physiol* 11: 154-158, 2016.

[60] Phan, D, Siong, LY, Pathirana, PN, and Seneviratne, A. Smartwatch: performance evaluation for long-term heart rate monitoring. *International Symposium on Bioelectronics and Bioinformatics (ISBB)* 144-147, 2015.

[61] Pichot, V, Busso, T, Roche, F, Garet, M, Costes, F, Duverney, D, Lacour, JR, and Barthélémy, JC. Autonomic adaptations to intensive and overload training periods: a laboratory study. *Med Sci Sports Exerc* 34: 1660-1666, 2002.

[62] Pichot, V, Roche, F, Gaspoz, JM, Enjolras, F, Antoniadis, A, Minini, P, Costes, F, Busso, T, Lacour, JR, and Barthelemy, JC. Relation between heart rate variability and training load in middle-distance runners. *Med Sci Sports Exerc* 32: 1729-1736, 2000.

[63] Pinna, GD, Maestri, R, Torunski, A, Danilowicz-Szymanowicz, L, Szwoch, M, La Rovere, MT, and Raczak, G. Heart rate variability measures: a fresh look at reliability. *Clin Sci* 113: 131-140, 2007.

[64] Plews, DJ, Laursen, PB, Kilding, AE, and Buchheit, M. Heart rate variability in elite triathletes, is variation in variability the key to effective training? A case comparison. *Eur J Appl Physiol* 112: 3729-3741, 2012.

[65] Plews, DJ, Laursen, PB, Kilding, AE, and Buchheit, M. Training adaptation and heart rate variability in elite endurance athletes-opening the door to effective monitoring. *Sports Med* 43: 773-781, 2013.

[66] Plews, DJ, Laursen, PB, Kilding, AE, and Buchheit, M. Heart rate variability and training intensity distribution in elite rowers. *Int J Sports Physiol Perform* 9: 1026-1032, 2014.

[67] Plews, DJ, Laursen, PB, Le Meur, Y, Hausswirth, C, Kilding, AE, and Buchheit, M. Monitoring training with heart rate variability: how much compliance is needed for valid assessment? *Int J Sports Physiol Perform* 9: 783-790, 2014.

[68] Plews, DJ, Scott, B, Altini, M, Wood, M, Kilding, AE, and Laursen, PB. Comparison of heart-rate-variability

recording with smartphone photoplethysmography, Polar H7 chest strap, and electrocardiography. *Int J Sports Physiol Perform* 12: 1324-1328, 2017.

[69] Robinson, BF, Epstein, SE, Beiser, DG, and Braunwald, E. Control of heart rate by the autonomic nervous system: studies in man on the interrelation between baroreceptor mechanisms and exercise. *Circ Res* 19: 400-411, 1966.

[70] Rousselle, JG, Blascovich, J, and Kelsey, RM. Cardiore-spiratory response under combined psychological and exercise stress. *Int J Psychophysiol* 20: 49-58, 1995.

[71] Sandercock, GRH, and Brodie, DA. The use of heart rate variability measures to assess autonomic control during exercise. *Scand J Med Sci Sport* 16: 302-313, 2006.

[72] Schmitt, L, Regnard, J, Desmarets, M, Mauny, F, Mourot, L, Fouillot, JP, Coulmy, N, and Millet, G. Fatigue shifts and scatters heart rate variability in elite endurance athletes. *PLoS One* 8: e71588, 2013.

[72a] Seiler, KS, and Kjerland, GO. Quantifying training intensity distribution in elite endurance athletes: is there evidence for an "optimal" distribution? *Scand J Med Sci Sport* 16: 49-56, 2006.

[73] Seiler, S. What is best practice for training intensity and duration distribution in endurance athletes? *Int J Sports Physiol Perform* 5: 276-291, 2010.

[74] Selye, H. The evolution of the stress concept: the originator of the concept traces its development from the discovery in 1936 of the alarm reaction to modern therapeutic applications of syntoxic and catatoxic hormones. *Am Scientist* 61: 692-699, 1973.

[75] Shin, K, Minamitani, H, Onishi, S, Yamazaki, H, and Lee, M. Autonomic differences between athletes and nonathletes: spectral analysis approach. *Med Sci Sports Exerc* 29: 1482-90, 1997.

[76] Spierer, DK, Rosen, Z, Litman, LL, and Fujii, K. Validation of photoplethysmography as a method to detect heart rate during rest and exercise. *J Med Eng Technol* 39: 264-271, 2015.

[76a] Stagno, KM, Thatcher, R, and Van Someren, KA. A modified TRIMP to quantify the in-season training load of team sport players. *J Sports Sci* 25: 629-634, 2007.

[77] Stanley, J, Peake, JM, and Buchheit, M. Cardiac parasy-mpathetic reactivation following exercise: implications for training prescription. *Sports Med* 43: 1259-1277, 2013.

[78] Tortora, GJ, and Derrickson, BH. *Principles of Anatomy and Physiology*. Vol 1, 12th ed. Hoboken, NJ: John Wiley & Sons, 426, 2009.

[79] Tran, Y, Wijesuriya, N, Tarvainen, M, Karjalainen, P, and Craig, A. The relationship between spectral changes in heart rate variability and fatigue. *J Psychophysiol* 23: 143-151, 2009.

[80] Vanrenterghem, J, Nedergaard, NJ, Robinson, MA, and Drust, B. Training load monitoring in team sports: a novel framework separating physiological and biomechanical load-adaptation pathways. *Sports Med* 47: 2135-2142, 2017.

[81] Vesterinen, V, Häkkinen, K, Hynynen, E, Mikkola, J, Hokka, L, and Nummela, A. Heart rate variability in prediction of individual adaptation to endurance training in recreational endurance runners. *Scand J Med Sci Sport* 23: 171-180, 2013.

[82] Wallace, LK, Slattery, KM, and Coutts, AJ. A comparison of methods for quantifying training load: relationships between modelled and actual training responses. *Eur J Appl Physiol* 114: 11-20, 2014.

[83] Weghorn, H. Usability and engineering aspects of competing RF technologies for communication with commercial sports sensors in ubiquitous applications-experimental comparison of power consumption and use cases for ANT+ and Bluetooth Low Energy sensor devices. In *Proceedings of the 3rd International Congress on Sport Sciences Research and Technology Support–Volume 1: icSPORTS*. Setúbal, Portugal, Science and Technology Publications, Lda, 263-270, 2015.

[84] Weiler, DT, Villajuan, SO, Edkins, L, Cleary, S, and Saleem, JJ. Wearable heart rate monitor technology accuracy in research: a comparative study between PPG and ECG technology. *Proceedings of the Human Factors and Ergo-nomics Society Annual Meeting* 61: 1292-1296, 2017.

[85] Weipert, M, Kumar, M, Kreuzfeld, S, Arndt, D, Rieger, A, and Stoll, R. Comparison of three mobile devices for measuring R-R intervals and heart rate variability: Polar S810i, Sunnto t6 and an ambulatory ECG system. *Eur J Appl Physiol* 109: 779-786, 2010.

[86] Williams, S, Booton, T, Watson, M, Rowland, D, and Altini, M. Heart rate variability is a moderating factor in the workload-injury relationship of competitive CrossFit™ athletes. *J Sports Sci Med* 16: 443-449, 2017.

[87] Yang, XL, Liu, GZ, Tong, YH, Yan, H, Xu, Z, Chen, Q, Liu, X, Zhang, HH, Wang, HB, and Tan, SH. The history, hotspots, and trends of electrocardiogram. *J Geriatr Cardiol* 12: 448-456, 2015.

第15章

[1] Aagaard, P. Spinal and supraspinal control of motor function during maximal eccentric muscle contraction: effects of resistance training. *J Sport Health Sci* 7: 282-293, 2018.

[2] Babiloni, C, Marzano, N, Iacoboni, M, Infarinato, F, Aschieri, P, Buffo, P, Cibelli, G, Soricelli, A, Eusebi, F, and Del Percio, C. Resting state cortical rhythms in athletes: a high-resolution EEG study. *Brain Res Bull* 81: 149-156, 2010.

[3] Behrens, M, Weippert, M, Wassermann, F, Bader, R, Bruhn, S, and Mau-Moeller, A. Neuromuscular function and fatigue resistance of the plantar flexors following short-term cycling endurance training. *Front Physiol* 6: 145, 2015.

[4] Budini, F, and Tilp, M. Changes in H-reflex amplitude to muscle stretch and lengthening in humans. *Rev Neurosci* 27: 511-522, 2016.

[5] Buhlmayer, L, Birrer, D, Rothlin, P, Faude, O, and Donath, L. Effects of mindfulness practice on performance-relevant parameters and performance outcomes in sports: a meta-analytical review. *Sports Med* 47: 2309-2321, 2017.

[6] Cantou, P, Platel, H, Desgranges, B, and Groussard, M. How motor, cognitive and musical expertise shapes the brain: focus on fMRI and EEG resting-state functional connectivity. *J Chem Neuroanat* 89: 60-68, 2018.

[7] Cheng, MY, Huang, CJ, Chang, YK, Koester, D, Schack, T, and Hung, TM. Sensorimotor rhythm neurofeedback enhances golf putting performance. *J Sport Exerc Psychol* 37: 626-636, 2015.

[8] Cheng, MY, Hung, CL, Huang, CJ, Chang, YK, Lo, LC, Shen, C, and Hung, TM. Expert-novice differences in SMR activity during dart throwing. *Biol Psychol* 110: 212-218, 2015.

[9] Cheng, MY, Wang, KP, Hung, CL, Tu, YL, Huang, CJ,

Koester, D, Schack, T, and Hung, TM. Higher power of sensorimotor rhythm is associated with better performance in skilled air-pistol shooters. *Psychol Sport Exerc* 32: 47-53, 2017.

[10] Chuang, LY, Huang, CJ, and Hung, TM. The differences in frontal midline theta power between successful and unsuccessful basketball free throws of elite basketball players. *Int J Psychophysiol* 90: 321-328, 2013.

[11] Colyer, SL, and McGuigan, PM. Textile electrodes embedded in clothing: a practical alternative to traditional surface electromyography when assessing muscle excitation during functional movements. *J Sports Sci Med* 17: 101-109, 2018.

[12] Del Percio, C, Infarinato, F, Marzano, N, Iacoboni, M, Aschieri, P, Lizio, R, Soricelli, A, Limatola, C, Rossini, PM, and Babiloni, C. Reactivity of alpha rhythms to eyes opening is lower in athletes than non-athletes: a high-resolution EEG study. *Int J Psychophysiol* 82: 240-247, 2011.

[13] De Luca, CJ. The use of surface electromyography in biomechanics. *J Appl Biomech* 13: 135-163, 1997.

[14] De Luca, CJ, Kuznetsov, M, Gilmore, LD, and Roy, SH. Inter-electrode spacing of surface EMG sensors: reduction of crosstalk contamination during voluntary contractions. *J Biomech* 45: 555-561, 2012.

[15] Fabre, JB, Martin, V, Gondin, J, Cottin, F, and Grelot, L. Effect of playing surface properties on neuromuscular fatigue in tennis. *Med Sci Sports Exerc* 44: 2182-2189, 2012.

[16] Gorodnichev, RM, and Fomin, RN. Presynaptic inhibition of spinal α motoneurons in humans adapted to different types of motor activity. *Hum Physiol* 33: 215, 2007.

[17] Grey, MJ, Pierce, CW, Milner, TE, and Sinkjaer, T. Soleus stretch reflex during cycling. *Motor Control* 5: 36-49, 2001.

[18] Jackson, AF, and Bolger, DJ. The neurophysiological bases of EEG and EEG measurement: a review for the rest of us. *Psychophysiology* 51: 1061-1071, 2014.

[19] Kao, SC, Huang, J, and Hung, M. Frontal midline theta is a specific indicator of optimal attentional engagement during skilled putting performance. *J Sport Exerc Psychol* 35: 470-478, 2013.

[20] Larsen, B, Voigt, M, and Grey, MJ. Changes in the soleus stretch reflex at different pedaling frequencies and crank loads during pedaling. *Motor Control* 10: 265-279, 2006.

[20a] Malmivuo, P, Malmivuo, J, and Plonsey R. Electroencephalography. In *Bioelectromagnetism: principles and applications of bioelectric and biomagnetic fields*. USA: Oxford University Press, 247-264, 1995.

[21] Mantini, D, Perrucci, MG, Del Gratta, C, Romani, GL, and Corbetta, M. Electrophysiological signatures of resting state networks in the human brain. *Proc Natl Acad Sci USA* 104: 13170-13175, 2007.

[21a] Motamedi-Fakhr, S, Moshrefi-Torbati, M, Hill, M, Hill, CM, and White, P R. Signal processing techniques applied to human sleep EEG signals—A review. *Biomedical Signal Processing and Control*, 10: 21-33, 2014.

[22] Palmieri, RM, Ingersoll, CD, and Hoffman, MA. The Hoffmann reflex: methodologic considerations and applications for use in sports medicine and athletic training research. *J Athl Train* 39: 268-277, 2004.

[23] Pearcey, GEP, Noble, SA, Munro, B, and Zehr, EP. Spinal cord excitability and sprint performance are enhanced by sensory stimulation during cycling. *Front Hum Neurosci* 11: 612, 2017.

[24] Perez, MA, Lundbye-Jensen, J, and Nielsen, JB. Task-specific depression of the soleus H-reflex after cocontraction training of antagonistic ankle muscles. *J Neurophysiol* 98: 3677-3687, 2007.

[25] Raichlen, DA, Bharadwaj, PK, Fitzhugh, MC, Haws, KA, Torre, GA, Trouard, TP, and Alexander, GE. Differences in resting state functional connectivity between young adult endurance athletes and healthy controls. *Front Hum Neurosci* 10: 610, 2016.

[26] Ramos-Campo, DJ, Martinez-Guardado, I, Rubio-Arias, JA, Freitas, TT, Othalawa, S, Andreu, L, Timon, R, and Alcaraz, PE. Muscle architecture and neuromuscular changes after high-resistance circuit training in hypoxia. *J Strength Cond Res*, 2019.

[27] Sala-Llonch, R, Pena-Gomez, C, Arenaza-Urquijo, EM, Vidal-Piñeiro, D, Bargallo, N, Junque, C, and Bartres-Faz, D. Brain connectivity during resting state and subsequent working memory task predicts behavioral performance. *Cortex* 48: 1187-1196, 2012.

[28] Scott-Hamilton, J, Schutte, NS, and Brown, RF. Effects of a mindfulness intervention on sports-anxiety, pessimism, and flow in competitive cyclists. *Appl Psychol Health Well Being* 8: 85-103, 2016.

[29] Srinivasan, R, Winter, WR, Ding, J, and Nunez, PL. EEG and MEG coherence: measures of functional connectivity at distinct spatial scales of neocortical dynamics. *J Neurosci Methods* 166: 41-52, 2007.

[30] Stevanovic, VB, Jelic, MB, Milanovic, SD, Filipovic, SR, Mikic, MJ, and Stojanovic, MDM. Sport-specific warm-up attenuates static stretching-induced negative effects on vertical jump but not neuromuscular excitability in basketball players. *J Sports Sci Med* 18: 282-289, 2019.

[31] Teplan, M. Fundamentals of EEG measurement. *Meas Sci Rev* 2: 1-11, 2002.

[32] Thompson, R, Kaufman, KA, De Petrillo, LA, Glass, CR, and Arnkoff, DB. One-year follow-up of mindful sport performance enhancement (MSPE) with archers, golfers, and runners. *J Clin Sport Psychol* 5: 99-116, 2011.

[33] Vila-Cha, C, Falla, D, Correia, MV, and Farina, D. Changes in H reflex and V wave following short-term endurance and strength training. *J Appl Physiol (1985)* 112: 54-63, 2012.

[34] Zehr, EP. Considerations for use of the Hoffmann reflex in exercise studies. *Eur J Appl Physiol* 86: 455-468, 2002.

第16章

[1] Alghannam, AF, Gonzalez, JT, and Betts, JA. Restoration of muscle glycogen and functional capacity: role of post-exercise carbohydrate and protein co-ingestion. *Nutrients* 10: 253, 2018.

[2] Arratibel-Imaz, I, Calleja-Gonzalez, J, Emparanza, JI, Terrados, N, Mjaanes, JM, and Ostojic, SM. Lack of concordance amongst measurements of individual anaerobic threshold and maximal lactate steady state on a cycle ergometer. *Phys Sportsmed* 44: 34-45, 2016.

[3] Atkinson, G, and Nevill, AM. Statistical methods for assessing measurement error (reliability) in variables relevant to sports medicine. *Sports Med* 26: 217-238, 1998.

[4] Banfi, G, and Dolci, A. Free testosterone/cortisol ratio in

soccer: usefulness of a categorization of values. *J Sports Med Phys Fitness* 46: 611-616, 2006.

[5] Barsotti, RJ. Measurement of ammonia in blood. *J Pediatr* 138: S11-S19, 2001.

[6] Batterham, AM, and Hopkins, WG. Making meaningful inferences about magnitudes. *Int J Sport Physiol Perform* 1: 50-57, 2006.

[7] Baum, A, and Grunberg, N. Measurement of stress hormones. In *Measuring Stress: A Guide for Health and Social Scientists*. Cohen, S, Kessler, RC, and Gordon, LU, eds. New York: Oxford University Press, 175-192, 1997.

[8] Beneke, R, Leithauser, RM, and Ochentel, O. Blood lactate diagnostics in exercise testing and training. *Int J Sports Physiol Perform* 6: 8-24, 2011.

[9] Bernard, C. *Leçons sur les phenomenes de la vie communs aux animaux et aux vegetaux*. Paris: Bailliere, 1878.

[10] Bland, JM, and Altman, DG. Applying the right statistics: analyses of measurement studies. *Ultrasound Obstet Gynecol* 22: 85-93, 2003.

[11] Booth, FW, and Laye, MJ. The future: genes, physical activity and health. *Acta Physiol (Oxf)* 199: 549-556, 2010.

[12] Bouchard, C. Exercise genomics-a paradigm shift is needed: a commentary. *Br J Sports Med* 49: 1492-1496, 2015.

[13] Bouchard, C, Blair, SN, Church, TS, Earnest, CP, Hagberg, JM, Hakkinen, K, Jenkins, NT, Karavirta, L, Kraus, WE, Leon, AS, Rao, DC, Sarzynski, MA, Skinner, JS, Slentz, CA, and Rankinen, T. Adverse metabolic response to regular exercise: is it a rare or common occurrence? *PLoS One* 7: e37887, 2012.

[14] Bouchard, C, and Rankinen, T. Individual differences in response to regular physical activity. *Med Sci Sports Exerc* 33: S446-S451, 2001.

[15] Bouchard, C, Rankinen, T, and Timmons, JA. Genomics and genetics in the biology of adaptation to exercise. *Compr Physiol* 1: 1603-1648, 2011.

[16] Bourdon, PC, Cardinale, M, Murray, A, Gastin, P, Kellmann, M, Varley, MC, Gabbett, TJ, Coutts, AJ, Burgess, DJ, Gregson, W, and Cable, NT. Monitoring athlete training loads: consensus statement. *Int J Sports Physiol Perform* 12: S2161-S2170, 2017.

[17] Brancaccio, P, Lippi, G, and Maffulli, N. Biochemical markers of muscular damage. *Clin Chem Lab Med* 48: 757-767, 2010.

[18] Brandt, C, and Pedersen, BK. The role of exercise-induced myokines in muscle homeostasis and the defense against chronic diseases. *J Biomed Biotechnol* 2010: 520258, 2010.

[19] Buyse, L, Decroix, L, Timmermans, N, Barbe, K, Verrelst, R, and Meeusen, R. Improving the diagnosis of nonfunctional overreaching and overtraining syndrome. *Med Sci Sport Exerc*, 2019.

[20] Calleja-Gonzalez, J, Mielgo-Ayuso, J, Sampaio, J, Delextrat, A, Ostojic, SM, Marques-Jimenez, D, Arratibel, I, Sanchez-Urena, B, Dupont, G, Schelling, X, and Terrados, N. Brief ideas about evidence-based recovery in team sports. *J Exerc Rehabil* 14: 545-550, 2018.

[21] Campbell, JP, and Turner, JE. Debunking the myth of exercise-induced immune suppression: redefining the impact of exercise on immunological health across the lifespan. *Front Immunol* 9: 648, 2018.

[22] Cannon, WB. Organization for physiological homeostasis. *Physiol Rev* 9: 399-431, 1929.

[23] Cavero-Redondo, I, Peleteiro, B, Alvarez-Bueno, C, Artero, EG, Garrido-Miguel, M, and Martinez-Vizcaino, V. The effect of physical activity interventions on glycosylated haemoglobin (HbA1c) in non-diabetic populations: a systematic review and meta-analysis. *Sports Med* 48: 1151-1164, 2018.

[24] Cook, CE. Clinimetrics corner: the minimal clinically important change score (MCID): a necessary pretense. *J Man Manip Ther* 16: E82-E83, 2008.

[25] Cooper, SJ. From Claude Bernard to Walter Cannon. Emergence of the concept of homeostasis. *Appetite* 51: 419-427, 2008.

[26] da Nobrega, AC. The subacute effects of exercise: concept, characteristics, and clinical implications. *Exerc Sport Sci Rev* 33: 84-87, 2005.

[27] Enoka, RM, and Duchateau, J. Translating fatigue to human performance. *Med Sci Sports Exerc* 48: 2228-2238, 2016.

[28] Fernandez-Garcia, B, Lucia, A, Hoyos, J, Chicharro, JL, Rodriguez-Alonso, M, Bandres, F, and Terrados, N. The response of sexual and stress hormones of male pro-cyclists during continuous intense competition. *Int J Sports Med* 23: 555-560, 2002.

[29] Fernandez-Sanjurjo, M, de Gonzalo-Calvo, D, Fernandez-Garcia, B, Diez-Robles, S, Martinez-Canal, A, Olmedillas, H, Davalos, A, and Iglesias-Gutierrez, E. Circulating microRNA as emerging biomarkers of exercise. *Exerc Sport Sci Rev* 46: 160-171, 2018.

[30] Finaud, J, Lac, G, and Filaire, E. Oxidative stress: relationship with exercise and training. *Sports Med* 36: 327-358, 2006.

[31] Finaud, J, Scislowski, V, Lac, G, Durand, D, Vidalin, H, Robert, A, and Filaire, E. Antioxidant status and oxidative stress in professional rugby players: evolution throughout a season. *Int J Sports Med* 27: 87-93, 2006.

[32] Finch, CF, and Marshall, SW. Let us stop throwing out the baby with the bathwater: towards better analysis of longitudinal injury data. *Br J Sports Med* 50: 712-715, 2016.

[33] Finsterer, J. Biomarkers of peripheral muscle fatigue during exercise. *BMC Musculoskelet Disord* 13: 218-231, 2012.

[34] Garlick, PJ. The role of leucine in the regulation of protein metabolism. *J Nutr* 135: 1553S-1556S, 2005.

[35] Ginsburg, GS, and Phillips, KA. Precision medicine: from science to value. *Health Aff (Millwood)* 37: 694-701, 2018.

[36] Goldberger, AL. Heartbeats, hormones, and health; is variability the spice of life? *Am J Respir Crit Care Med* 163: 1289-1290, 2001.

[37] Goldberger, AL, Amaral, LA, Hausdorff, JM, Ivanov, PC, Peng, CK, and Stanley, HE. Fractal dynamics in physiology: alterations with disease and aging. *Proc Natl Acad Sci U S A* 99: 2466-2472, 2002.

[38] Goodwin, ML, Harris, JE, Hernández, A, and Gladden, LB. Blood lactate measurements and analysis during exercise: a guide for clinicians. *J Diabetes Sci Technol* 1: 558-569, 2007.

[39] Halson, SL. Monitoring training load to understand fatigue in athletes. *Sports Med 44 Suppl* 2: S139-147, 2014.

[40] Halson, SL, and Jeukendrup, AE. Does overtraining exist? An analysis of overreaching and overtraining

research. *Sports Med* 34: 967-981, 2004.

[41] Hawkins, RC. Laboratory turnaround time. *Clin Biochem Rev* 28: 179-194, 2007.

[42] Hemingway, H, Croft, P, Perel, P, Hayden, JA, Abrams, K, Timmis, A, Briggs, A, Udumyan, R, Moons, KG, Steyerberg, EW, Roberts, I, Schroter, S, Altman, DG, and Riley, RD. Prognosis research strategy (PROGRESS) 1: a framework for researching clinical outcomes. *BMJ* 346: e5595, 2013.

[43] Higgins, JP. Nonlinear systems in medicine. *Yale J Biol Med* 75: 247-260, 2002.

[44] Hristovski, R, Balague, N, Daskalovski, B, Zivkovic, V, Aleksovska-Velickovska, L, and Naumovski, M. Linear and nonlinear complex systems approach to sports. Explanatory differences and applications. *Res Phys Educ Sport Health* 1: 25-31, 2012.

[45] Iberall, AS, and McCulloch, WS. Homeokinesis-the organizing principle of complex living systems. *IFAC Proceedings Volumes* 2: 39-50, 1968.

[46] Julian, R, Meyer, T, Fullagar, HH, Skorski, S, Pfeiffer, M, Kellmann, M, Ferrauti, A, and Hecksteden, A. Individual patterns in blood-borne indicators of fatigue-trait or chance. *J Strength Cond Res* 31: 608-619, 2017.

[47] Karkazis, K, and Fishman, JR. Tracking U.S. Professional athletes: the ethics of biometric technologies. *Am J Bioeth* 17: 45-60, 2017.

[48] Knicker, AJ, Renshaw, I, Oldham, AR, and Cairns, SP. Interactive processes link the multiple symptoms of fatigue in sport competition. *Sports Med* 41: 307-328, 2011.

[49] Kreider, AC, Fry, R, and O'Toole, ML. *Overtraining in Sport*. Champaign, IL: Human Kinetics, 1998.

[50] LabCorp. Introduction to Specimen Collection. 2019. Accessed July 18, 2019.

[51] Lambert, EV, St Clair Gibson, A, and Noakes, TD. Complex systems model of fatigue: integrative homoeostatic control of peripheral physiological systems during exercise in humans. *Br J Sports Med* 39: 52-62, 2005.

[52] Lee, EC, Fragala, MS, Kavouras, SA, Queen, RM, Pryor, JL, and Casa, DJ. Biomarkers in sports and exercise: tracking health, performance, and recovery in athletes. *J Strength Cond Res* 31: 2920-2937, 2017.

[53] Legaz-Arrese, A, Carranza-Garcia, LE, Serrano-Ostariz, E, Gonzalez-Rave, JM, and Terrados, N. The traditional maximal lactate steady state test versus the 5 x 2000 m test. *Int J Sports Med* 32: 845-850, 2011.

[54] MacKinnon, LT. Special feature for the Olympics: effects of exercise on the immune system: overtraining effects on immunity and performance in athletes. *Immunol Cell Biol* 78: 502-509, 2000.

[55] Meerson, FZ. Intensity of function of structures of the differentiated cell as a determinant of activity of its genetic apparatus. *Nature* 206: 483-484, 1965.

[56] Meeusen, R, Duclos, M, Foster, C, Fry, A, Gleeson, M, Nieman, D, Raglin, J, Rietjens, G, Steinacker, J, and Urhausen, A. Prevention, diagnosis, and treatment of the overtraining syndrome: joint consensus statement of the European College of Sport Science and the American College of Sports Medicine. *Med Sci Sports Exerc* 45: 186-205, 2013.

[57] Mendez-Villanueva, A, Fernandez-Fernandez, J, Bishop, D, Fernandez-Garcia, B, and Terrados, N. Activity patterns, blood lactate concentrations and ratings of perceived exertion during a professional singles tennis tournament.

Br J Sports Med 41: 296-300, 2007.

[58] Mikulecky, DC. Complexity, communication between cells, and identifying the functional components of living systems: some observations. *Acta Biotheoretica* 44: 179-208, 1996.

[59] Minchella, PA, Chipungu, G, Kim, AA, Sarr, A, Ali, H, Mwenda, R, Nkengasong, JN, and Singer, D. Specimen origin, type and testing laboratory are linked to longer turnaround times for HIV viral load testing in Malawi. *PLoS One* 12: e0173009, 2017.

[60] Modell, H, Cliff, W, Michael, J, McFarland, J, Wenderoth, MP, and Wright, A. A physiologist's view of homeostasis. *Adv Physiol Educ* 39: 259-266, 2015.

[61] Mujika, I, and Burke, LM. Nutrition in team sports. *Ann Nutr Metab* 57: 26-35, 2010.

[62] Osborne, B, and Cunningham, JL. Legal and ethical implications of athletes' biometric data collection in professional sport. *Marq Sports L Rev* 37, 2017.

[63] Palacios, G, Pedrero-Chamizo, R, Palacios, N, Maroto-Sanchez, B, Aznar, S, and Gonzalez-Gross, M. Biomarkers of physical activity and exercise. *Nutr Hosp* 31(suppl 3): 237-244, 2015.

[64] Parker, L, McGuckin, TA, and Leicht, AS. Influence of exercise intensity on systemic oxidative stress and antioxidant capacity. *Clin Physiol Funct Imaging* 34: 377-383, 2014.

[65] Paulsen, G, Mikkelsen, UR, Raastad, T, and Peake, JM. Leucocytes, cytokines and satellite cells: what role do they play in muscle damage and regeneration following eccentric exercise? *Exerc Immunol Rev* 18: 42-97, 2012.

[66] Philippe, P, and Mansi, O. Nonlinearity in the epidemiology of complex health and disease processes. *Theor Med Bioeth* 19: 591-607, 1998.

[67] Pickering, C, and Kiely, J. Do non-responders to exercise exist-and if so, what should we do about them? *Sports Med (Auckland, NZ)* 49: 1-7, 2019.

[68] Pitsiladis, YP, Tanaka, M, Eynon, N, Bouchard, C, North, KN, Williams, AG, Collins, M, Moran, CN, Britton, SL, Fuku, N, Ashley, EA, Klissouras, V, Lucia, A, Ahmetov, II, de Geus, E, and Alsayrafi, M. Athlome Project Consortium: a concerted effort to discover genomic and other "omic" markers of athletic performance. *Physiol Genomics* 48: 183-190, 2016.

[69] Pitsiladis, Y, Wang, G, Wolfarth, B, Scott, R, Fuku, N, Mikami, E, He, Z, Fiuza-Luces, C, Eynon, N, and Lucia, A. Genomics of elite sporting performance: what little we know and necessary advances. *Br J Sports Med* 47: 550-555, 2013.

[70] Prior, RL, and Cao, G. In vivo total antioxidant capacity: comparison of different analytical methods. *Free Radic Biol Med* 27: 1173-1181, 1999.

[71] Rennie, MJ, Edwards, RH, Krywawych, S, Davies, CT, Halliday, D, Waterlow, JC, and Millward, DJ. Effect of exercise on protein turnover in man. *Clin Sci (Lond)* 61: 627-639, 1981.

[72] Rennie, MJ, and Tipton, KD. Protein and amino acid metabolism during and after exercise and the effects of nutrition. *Annu Rev Nutr* 20: 457-483, 2000.

[73] Rodríguez-Alonso, M, Fernández-García, B, Pérez-Landaluce, J, and Terrados, N. Blood lactate and heart rate during national and international women's basketball. *J Sports Med Phys Fitness* 43: 432-436, 2003.

[74] Rosenblueth, A, Wiener, N, and Bigelow, J. Behavior,

purpose and teleology. *Philos Sci* 10: 18-24, 1943.

[75] Schelling, X, Calleja-Gonzalez, J, Torres-Ronda, L, and Terrados, N. Using testosterone and cortisol as biomarker for training individualization in elite basketball: a 4-year follow-up study. *J Strength Cond Res* 29: 368-378, 2015.

[76] Seshadri, DR, Li, RT, Voos, JE, Rowbottom, JR, Alfes, CM, Zorman, CA, and Drummond, CK. Wearable sensors for monitoring the internal and external workload of the athlete. *NPJ Digit Med* 2: 71, 2019.

[77] Simopoulos, AP. The importance of the ratio of omega-6/omega-3 essential fatty acids. *Biomed Pharmacother* 56: 365-379, 2002.

[78] Smith, LL. Cytokine hypothesis of overtraining: a physiological adaptation to excessive stress? *Med Sci Sports Exerc* 32: 317-331, 2000.

[79] Steinacker, JM, Lormes, W, Reissnecker, S, and Liu, Y. New aspects of the hormone and cytokine response to training. *Eur J Appl Physiol* 91: 382-391, 2004.

[80] Sterling, P, and Eyer, J. Allostasis: a new paradigm to explain arousal pathology. In *Handbook of Life Stress, Cognition and Health*. Fisher, S and Reason, J, eds. New York: John Wiley & Sons, 629, 1988.

[81] Tainter, JA, Allen, TFH, Little, A, and Hoekstra, TW. Resource transitions and energy gain: contexts of organization. *Conserv Ecol* 7: 4, 2003.

[82] Terrados, N, Melichna, J, Sylven, C, and Jansson, E. Decrease in skeletal muscle myoglobin with intensive training in man. *Acta Physiol Scand* 128: 651-652, 1986.

[83] Theofilidis, G, Bogdanis, GC, Koutedakis, Y, and Karatzaferi, C. Monitoring exercise-induced muscle fatigue and adaptations: making sense of popular or emerging indices and biomarkers. *Sports (Basel)* 6: 153, 2018.

[84] Thomas, DT, Erdman, KA, and Burke, LM. American College of Sports Medicine joint position statement. Nutrition and athletic rerformance. *Med Sci Sports Exerc* 48: 543-568, 2016.

[85] Thorpe, RT, Atkinson, G, Drust, B, and Gregson, W. Monitoring fatigue status in elite team-sport athletes: implications for practice. *Int J Sports Physiol Perform* 12: S227-S234, 2017.

[86] Timmons, JA. Variability in training-induced skeletal muscle adaptation. *J Appl Physiol (1985)* 110: 846-853, 2011.

[87] Torres-Ronda, L, and Schelling, X. Critical process for the implementation of technology in sport organizations. *Strength Cond J* 39: 54-59, 2017.

[88] Viru, A, and Viru, M. *Biochemical Monitoring of Sport Training*. Champaign, IL: Human Kinetics, 11-26, 2001.

[89] Vlahovich, N, Fricker, PA, Brown, MA, and Hughes, D. Ethics of genetic testing and research in sport: a position statement from the Australian Institute of Sport. *Br J Sports Med* 51: 5-11, 2017.

[90] Walsh, NP, Gleeson, M, Shephard, RJ, Gleeson, M, Woods, JA, Bishop, NC, Fleshner, M, Green, C, Pedersen, BK, Hoffman-Goetz, L, Rogers, CJ, Northoff, H, Abbasi, A, and Simon, P. Position statement. Part one: Immune function and exercise. *Exerc Immunol Rev* 17: 6-63, 2011.

[91] Wang, D, DE Vito, G, Ditroilo, M, and Delahunt, E. Different effect of local and general fatigue on knee joint stiffness. *Med Sci Sports Exerc* 49: 173-182, 2017.

[92] Wang, K, Lee, I, Carlson, G, Hood, L, and Galasa,

D. Systems biology and the discovery of diagnostic biomarkers. *Dis Markers* 28: 199-207, 2010.

[93] Webborn, N, Williams, A, McNamee, M, Bouchard, C, Pitsiladis, Y, Ahmetov, I, Ashley, E, Byrne, N, Camporesi, S, Collins, M, Dijkstra, P, Eynon, N, Fuku, N, Garton, FC, Hoppe, N, Holm, S, Kaye, J, Klissouras, V, Lucia, A, Maase, K, Moran, C, North, KN, Pigozzi, F, and Wang, G. Direct-to-consumer genetic testing for predicting sports performance and talent identification: consensus statement. *Br J Sports Med* 49: 1486-1491, 2015.

[94] Wyrwich, KW, Tierney, WM, and Wolinsky, FD. Further evidence supporting an SEM-based criterion for identifying meaningful intra-individual changes in health-related quality of life. *J Clin Epidemiol* 52: 861-873, 1999.

第17章

[1] Abbiss, CR, Peiffer, JJ, Meeusen, R, and Skorski, S. Role of ratings of perceived exertion during self-paced exercise: what are we actually measuring? *Sports Med* 45: 1235-1243, 2015.

[2] Abbott, W, Brownlee, TE, Harper, LD, Naughton, RJ, and Clifford, T. The independent effects of match location, match result and the quality of opposition on subjective wellbeing in under 23 soccer players: a case study. *Res Sports Med* 26: 262-275, 2018.

[3] Adcock, R, and Collier, D. Measurement validity: a shared standard for qualitative and quantitative research. *Am Polit Sci Rev* 95: 529-546, 2001.

[4] Akenhead, R, and Nassis, GP. Training load and player monitoring in high-level football: current practice and perceptions. *Int J Sports Physiol Perform* 11: 587-593, 2016.

[5] Ary, D, Jacobs, LC, Sorensen, C, and Walker, D. *Introduction to Research in Education*. Boston: Cengage, 2019.

[6] Baldwin, W. Information no one else knows: the value of self-report. In *The Science of Self-report: Implications for Research and Practice*. Stone, AA, Turkkan, JS, Bachrach, CA, Jobe, JB, Kurtzman, HS, and Cain, VS, eds. Mahwah, NJ; Lawrence Erlbaum Associates, 3-7, 2000.

[7] Banister, EW. Modeling elite athletic performance. In *Physiological Testing of Elite Athletes*. 2nd ed. MacDougall JD, Wenger HA, and Green HJ, eds. Champaign, IL: Human Kinetics, 403-424, 1991.

[8] Barça Innovation Hub. The influence of the perceived exertion rating on football training and competition. April 8, 2019. Accessed January 4, 2020.

[9] Bittencourt, N, Meeuwisse, WH, Mendonça, LD, Nettel-Aguirre, A, Ocarino, JM, and Fonseca, ST. Complex systems approach for sports injuries: moving from risk factor identification to injury pattern recognition—narrative review and new concept. *Br J Sports Med* 50: 1309-1314, 2016.

[10] Borg, G. Interindividual scaling and perception of muscular force. *Kungliga fysiografiska sällskapets i Lund förhandlingar* 12: 117-125, 1961.

[11] Borg, G. *Physical Performance and Perceived Exertion. Studia Psychologica Et Paedagogica, Series Altera, Investigationes XI*. Lund, Sweden: Gleerup, 1962.

[12] Borg, G. Perceived exertion as an indicator of somatic stress. *Scand J Rehabil Med* 2: 92-98, 1970.

[13] Borg, G. Ratings of perceived exertion and heart rates during short-term cycle exercise and their use in a new

cycling strength test. *Int J Sports Med* 3: 153-158, 1982.

[14] Borg, G. *An Introduction to Borg's RPE-Scale*. Ithaca, NY: Movement Publications, 1985.

[15] Borg, G. *Borg's Perceived Exertion and Pain Scales*. Champaign, IL: Human Kinetics, 1998.

[16] Borg, E. *On Perceived Exertion and its Measurement*. (Doctoral dissertation). Stockholm, Sweden: Stockholm University, 2007.

[17] Borg, E. Placing verbal descriptors on a ratio scale. In *Fechner Day 2011: Proceedings of the Twenty-Seventh Annual Meeting of the International Society for Psychophysics*. Algom, D, Zakay, D, Chajut, E, Shaki, S, Mama, Y, and Shakuf, V, eds. Raanana, Israel: International Society for Psychophysics, 119-124, 2011.

[18] Borg, E. Perception of blackness as a training material for the Borg centiMax scale. In *Fechner Day 2013: Proceedings of the 20th Annual Meeting of the International Society for Psychophysics*. Wackermann, J, Wittman, M, and Skrandies, eds. Freiburg, Germany, 98, 2013.

[19] Borg, G, and Borg, E. *A General Psychophysical Scale of Blackness and Its Possibilities as a Test of Rating Behavior (Report No.737)*. Stockholm: Department of Psychology, Stockholm University, 1991.

[20] Borg, G, and Borg, E. A new generation of scaling methods: level-anchored ratio scaling. *Psychologica* 28: 15-45, 2001.

[21] Borg, E, and Borg, G. A comparison of AME and CR100 for scaling perceived exertion. *Acta Psychol (Amst)* 109: 157-175, 2002.

[22] Borg, G, and Borg, E. *The Borg CR Scales® Folder*. Hasselby, Sweden: Borg Perception, 1-4, 2010.

[23] Borg, E, and Kaijser, L. A comparison between three rating scales for perceived exertion and two different work tests. *Scand J Med Sci Sports* 6: 57-69, 2006.

[24] Borg, E, and Love, C. A demonstration of the Borg centiMax® Scale (CR100) for performance evaluation in diving. *Nord Psychol* 70: 228-244, 2017.

[25] Borresen, J, and Lambert, MI. The quantification of training load, the training response, and the effect on performance. *Sports Med* 39: 779-795, 2009.

[26] Bowling, A. Just one question: if one question works, why ask several? *J Epidemiol Community Health* 59: 342-345, 2005.

[27] Brink, MS, Frencken, WGP, Jordet, G, and Lemmink, KAPM. Coaches' and players' perceptions of training dose: not a perfect match. *Int J Sports Physiol Perform* 9: 497-502, 2014.

[28] Calvert, TW, Banister, EW, and Savage, MV. A systems model of the effects of training on physical performance. *IEEE Transactions on Systems, Man and Cybernetics* SMC-6: 94-102, 1976.

[29] Calvert, M, Kyte, D, Price, G, Valderas, JM, and Hjollund, NH. Maximising the impact of patient reported outcome assessment for patients and society. *BMJ* 364: k5267, 2019.

[30] Chambers, ES, Bridge, MW, and Jones, DA. Carbohydrate sensing in the human mouth: effects on exercise performance and brain activity. *J Physiol* 587: 1779-1794, 2009.

[31] Chan, JT, and Mallett, CJ. The value of emotional intelligence for high performance coaching. *Int J Sports Sci Coach* 6: 315-328, 2011.

[32] Chen, MJ, Fan, X, and Moe, ST. Criterion-related validity of the Borg ratings of perceived exertion scale in healthy individuals: a meta-analysis. *J Sports Sci* 20: 873-899, 2002.

[33] Choi, PYL, and Salmon, P. Symptom changes across the menstrual cycle in competitive sportswomen, exercisers and sedentary women. *Br J Clin Psychol* 34: 447-460, 1995.

[34] Christen, J, Foster, C, Porcari, JP, and Mikat, RP. Temporal robustness of the session rating of perceived exertion. *Int J Sports Physiol Perform* 11: 1088-1093, 2016.

[35] Cohen, S, Kamarck, T, and Mermelstein R. A global measure of perceived stress. *J Health Soc Behav* 24: 385-396, 1983.

[36] Coquart, JBJ, Dufour, Y, Groslambert, A, Matran, R, and Garcin, M. Relationships between psychological factors, RPE and time limit estimated by teleoanticipation. *Sport Psychol* 26: 359-374, 2012.

[37] Coutts, AJ. In the age of technology, Occam's razor still applies. *Int J Sports Physiol Perform* 9: 741, 2014.

[38] Coutts, AJ, and Cormack, SJ. Monitoring the training response. In *High-Performance Training for Sports*. 1st ed. Joyce, D and Lewindon, D, eds. Champaign, IL: Human Kinetics, 71-84, 2014.

[39] Coutts, AJ, Rampinini, E, Marcora, SM, Castagna, C, and Impellizzeri, FM. Heart rate and blood lactate correlates of perceived exertion during small-sided soccer games. *J Sci Med Sport* 12: 79-84, 2009.

[40] Crowcroft, S, McCleave, E, Slattery, K, and Coutts, AJ. Assessing the measurement sensitivity and diagnostic characteristics of athlete-monitoring tools in national swimmers. *Int J Sports Physiol Perform* 12: S295-S2100, 2016.

[41] Cunanan, AJ, DeWeese, BH, Wagle, JP, Carroll, KM, Sausaman, R, Hornsby, WG, Haff, GG, Triplett, NT, Pierce, KC, and Stone, MH. The general adaptation syndrome: a foundation for the concept of periodization. *Sports Med* 48: 787-797, 2018.

[42] Cutsem, J, Marcora, S, Pauw, K, Bailey, S, Meeusen, R, and Roelands, B. The effects of mental fatigue on physical performance: a systematic review. *Sports Med* 47: 1569-1588, 2017.

[43] Day, ML, McGuigan, MR, Brice, G, and Foster, C. Monitoring exercise intensity during resistance training using the session RPE scale. *J Strength Cond Res* 18: 353-358, 2004.

[44] de Boer, AGEM, van Lanschot, JJB, Stalmeier, PFM, van Sandick, JW, Hulscher, JB, de Haes, JC, and Sprangers, MA. Is a single-item visual analogue scale as valid, reliable, and responsive as multi-item scales in measuring quality of life? *Qual Life Res* 13: 311-320, 2004.

[45] Del Giudice, M, Bonafiglia, H, Preobrazenski, N, Amato, A, and Gurd, BJ. Investigating the reproducibility of maximal oxygen uptake responses to high-intensity interval training. *J Sci Med Sport* 23: 94-99, 2020.

[46] Derogatis, LR. *SCL-90: Administration, Scoring & Procedures Manual for the R (evised) Version and Other Instruments of the Psychopathology Rating Scale Series*. Baltimore: Johns Hopkins University School of Medicine, 1977.

[47] de Vet, H, Terwee, CB, and Bouter, LM. Clinimetrics and psychometrics: two sides of the same coin. *J Clin Epidemiol* 56: 1146-1147, 2003.

[48] Diamantopoulos, A, Sarstedt, M, Fuchs, C, Wilczynski, P, and Kaiser, S. Guidelines for choosing between multi-item and single-item scales for construct measurement: a predictive validity perspective. *J Acad Mark Sci* 40: 434-449, 2012.

[49] Ekkekakis, P. Affect, mood, and emotions. In *Measurement in Sport and Exercise Psychology*. Tenenbaum, G, Eklund, R, and Kamata, A, eds. Champaign, IL: Human Kinetics, 321-332, 2012.

[50] Fanchini, M, Ferraresi, I, Petruolo, A, Azzalin, A, Ghielmetti, R, Schena, F, and Impellizzeri, FM. Is a retrospective RPE appropriate in soccer? Response shift and recall bias. *Sci Med Football* 1: 53-59, 2017.

[51] Fanchini, M, Ghielmetti, R, Coutts, AJ, Schena, F, and Impellizzeri, FM. Effect of training-session intensity distribution on session rating of perceived exertion in soccer players. *Int J Sports Physiol Perform* 10: 426-430, 2015.

[52] Fechner, GT. Elemente Der Psychophysik. Vol 2 Vols. Leipzig: Breitkopf und Härtel, 1860.

[53] Foster, C. Monitoring training in athletes with reference to overtraining syndrome. *Med Sci Sports Exerc* 30: 1164-1168, 1998.

[54] Foster, C, Florhaug, JA, Franklin, J, Gottschall, L, Hrovatin, LA, Parker, S, Doleshal, P, and Dodge, C. A new approach to monitoring exercise training. *J Strength Cond Res* 15: 109-115, 2001.

[55] Fox, JL, Stanton, R, Sargent, C, Wintour, S-A, and Scanlan, AT. The association between training load and performance in team sports: a systematic review. *Sports Med* 48: 2743-2774, 2018.

[56] Gabbett, TJ, and Domrow, N. Relationships between training load, injury, and fitness in sub-elite collision sport athletes. *J Sports Sci* 25: 1507-1519, 2007.

[57] Gathercole, R, Sporer, B, and Stellingwerff, T. Countermovement jump performance with increased training loads in elite female rugby athletes. *Int J Sports Med* 36: 722-728, 2015.

[58] Goldstein, EB. *Blackwell Handbook of Sensation and Perception*. Malden, MA: Blackwell Publishing Ltd, 2005.

[59] Grove, JR, Main, LC, Partridge, K, Bishop, DJ, Russell, S, Shepherdson, A, and Ferguson, L. Training distress and performance readiness: laboratory and field validation of a brief self-report measure. *Scand J Med Sci Sports* 24: e483-e490, 2014.

[60] Grove, JR, and Prapavessis, H. Preliminary evidence for the reliability and validity of an abbreviated Profile of Mood States. *Intl J Sport Psychol* 23: 92-109, 1992.

[61] Haddad, M, Stylianides, G, Djaoui, L, Dellal, A, and Chamari, K. Session-RPE method for training load monitoring: validity, ecological usefulness, and influencing factors. *Front Neurosci* 11: 113-114, 2017.

[62] Hall, EE, Ekkekakis, P, and Petruzzello, SJ. Is the relationship of RPE to psychological factors intensity-dependent? *Med Sci Sports Exerc* 37: 1365-1373, 2005.

[63] Halperin, I, and Emanuel, A. Rating of perceived effort: methodological concerns and future directions. *Sports Med* 50: 679-687, 2019.

[64] Hampson, DB, St Clair Gibson, A, Lambert, MI, and Noakes, TD. The influence of sensory cues on the perception of exertion during exercise and central regulation of exercise performance. *Sports Med* 31: 935-952, 2001.

[65] Hardy, CJ, and Rejeski, WJ. Not what, but how one feels: the measurement of affect during exercise. *J Sport Exerc Psychol* 11: 304-317, 1989.

[66] Herman, L, Foster, C, Maher, MA, Mikat, RP, and Porcari, JP. Validity and reliability of the session RPE method for monitoring exercise training intensity. *S Afr J Sports Med* 18: 14-17, 2006.

[67] Hiscock, DJ, Dawson, BT, and Peeling, P. Perceived exertion responses to changing resistance training programming variables. *J Strength Cond Res* 29: 1564-1569, 2015.

[68] Hitzschke, B, Holst, T, Ferrauti, A, Meyer, T, Pfeiffer, M, and Kellmann, M. Entwicklung des Akutmaßes zur Erfassung von Erholung und Beanspruchung im Sport. *Diagnostica* 62: 212-226, 2016.

[69] Hitzschke, B, Kölling, S, Ferrauti, A, Meyer, T, Pfeiffer, M, and Kellmann, M. Development of the short recovery and stress scale for sports (SRS). *Zeitschrift fur Sportpsychologie* 22: 146-161, 2015.

[70] Hooper, SL, and Mackinnon, LT. Monitoring overtraining in athletes. *Sports Med* 20: 321-327, 1995.

[71] Hopkins, WG. Quantification of training in competitive sports. *Sports Med* 12: 161-183, 1991.

[72] Hutchinson, JC, and Tenenbaum, G. Perceived effort—can it be considered gestalt? *Psychol Sport Exerc* 7: 463-476, 2006.

[73] Impellizzeri, FM, Borg, E, and Coutts, AJ. Intersubjective comparisons are possible with an accurate use of the Borg CR scales. *Int J Sports Physiol Perform* 6: 2-7, 2011.

[74] Impellizzeri, FM, and Marcora, SM. Test validation in sport physiology: lessons learned from clinimetrics. *Int J Sports Physiol Perform* 4: 269-277, 2009.

[75] Impellizzeri, FM, Marcora, SM, and Coutts, AJ. Internal and external training load: 15 years on. *Int J Sports Physiol Perform* 14: 270-273, 2019.

[76] Impellizzeri, FM, Rampinini, E, and Marcora, SM. Physiological assessment of aerobic training in soccer. *J Sports Sci* 23: 583-592, 2005.

[77] Jaspers, A, Brink, MS, Probst, SGM, Frencken, WGP, and Helsen, WF. Relationships between training load indicators and training outcomes in professional soccer. *Sports Med* 47: 533-544, 2017.

[78] Jones, HS, Williams, EL, Marchant, D, Sparks, A, Midgley, A, Bridge, C, and McNaughton, L. Distance-dependent association of affect with pacing strategy in cycling time trials. *Med Sci Sports Exerc* 47: 825-832, 2015.

[79] Kallus, W, and Kellmann, M. *The Recovery-Stress Questionnaires: User Manual*. Frankfurt, Germany: Pearson Assessment, 1-35, 2016.

[80] Kellmann, M. Preventing overtraining in athletes in high-intensity sports and stress/recovery monitoring. *Scand J Med Sci Sports* 20: 95-102, 2010.

[81] Kellmann, M, and Günther, K-D. Changes in stress and recovery in elite rowers during preparation for the Olympic Games. *Med Sci Sports Exerc* 32: 676-683, 2000.

[82] Kellmann, M, Patrick, T, Botterill, C, and Wilson, CT. The recovery-cue and its use in applied settings: practical suggestions regarding assessment and monitoring of recovery. In *Enhancing Recovery: Preventing Underperformance in Athletes*. Kellmann, M, ed. Champaign, IL; Human Kinetics, 219-229, 2002.

[83] Kiely, J. Periodization theory: confronting an inconvenient truth. *Sports Med* 48: 753-764, 2017.

[84] Kraft, JA, Green, JM, and Thompson, KR. Session ratings of perceived exertion responses during resistance

training bouts equated for total work but differing in work rate. *J Strength Cond Res* 28: 540-545, 2014.

[85] Kraft, JA, Laurent, ML, Green, JM, Helm, J, Roberts, C, and Holt, S. Examination of coach and player perceptions of recovery and exertion. *J Strength Cond Res* 34: 1383-1391, 2020.

[86] Lacome, M, Carling, C, Hager, J-P, Dine, G, and Piscione, J. Workload, fatigue, and muscle damage in an under-20 rugby union team over an intensified international tournament. *Int J Sports Physiol Perform* 13: 1059-1066, 2018.

[87] Laurent, CM, Green, JM, Bishop, PA, Sjökvist, J, Schumacker, RE, Richardson, MT, and Curtner-Smith, M. A practical approach to monitoring recovery: development of a perceived recovery status scale. *J Strength Cond Res* 25: 620-628, 2011.

[88] Lea, J, Hulbert, S, O'Driscoll, J, Scales, J, and Wiles, J. Criterion-related validity of ratings of perceived exertion during resistance exercise in healthy participants: a meta-analysis. Presented at the 23rd Annual Congress of the European College of Sport Science, Dublin, Ireland; 2018.

[89] Legros, P. Le surentraînement: Diagnostic des manifestations psychocomportementales précoces. *Sci Sports* 8: 71-74, 1993.

[90] Lochner, K. Affect, mood, and emotions. In *Successful Emotions*. Wiesbaden: Springer Fachmedien Wiesbaden, 43-67, 2016.

[91] Lolli, L, Bahr, R, Weston, M, Whiteley, R, Tabben, M, Bonanno, D, Gregson, W, Chamari, K, Di Salvo, V, and van Dyk, N. No association between perceived exertion and session duration with hamstring injury occurrence in professional football. *Scand J Med Sci Sports* 30: 523-530, 2019.

[92] Los Arcos, A, Martínez-Santos, R, Yanci, J, Mendiguchia, J, and Mendez-Villanueva, A. Negative associations between perceived training load, volume and changes in physical fitness in professional soccer players. *J Sports Sci Med* 14: 394-401, 2015.

[93] Lundqvist, C, and Kenttä, G. Positive emotions are not simply the absence of the negative ones: development and validation of the emotional recovery questionnaire (EmRecQ). *Sport Psychol* 24: 468-488, 2010.

[94] Ma'ayan, A. Complex systems biology. *J R Soc Interface* 14: 20170391-20170399, 2017.

[95] Macpherson, TW, McLaren, SJ, Gregson, W, Lolli, L, Drust, B, and Weston, M. Using differential ratings of perceived exertion to assess agreement between coach and player perceptions of soccer training intensity: an exploratory investigation. *J Sports Sci* 37: 2783-2788, 2019.

[96] Main, L, and Grove, JR. A multi-component assessment model for monitoring training distress among athletes. *Eur J Sport Sci* 9: 195-202, 2009.

[97] Malcata, RM, Vandenbogaerde, TJ, and Hopkins, WG. Using athletes' world rankings to assess countries' performance. *Int J Sports Physiol Perform* 9: 133-138, 2014.

[98] Manzi, V, D'Ottavio, S, Impellizzeri, FM, Chaouachi, A, Chamari, K, and Castagna, C. Profile of weekly training load in elite male professional basketball players. *J Strength Cond Res* 24: 1399-1406, 2010.

[99] Marcora, SM. Do we really need a central governor to explain brain regulation of exercise performance? *Eur J Appl Physiol* 104: 929-931, 2008.

[100] Marcora, S. Counterpoint: afferent feedback from fatigued locomotor muscles is not an important determinant of endurance exercise performance. *J Appl Physiol* 108: 454-456, 2010.

[101] Marcora, SM. Effort: perception of. In *Encyclopedia of Perception*. Goldstein, EB, ed. Thousand Oaks, CA; Sage Publications, 380-383, 2010.

[102] Marcora, SM, and Staiano, W. The limit to exercise tolerance in humans: mind over muscle? *Eur J Appl Physiol* 109: 763-770, 2010.

[103] Marcora, SM, Staiano, W, and Manning, V. Mental fatigue impairs physical performance in humans. *J Appl Physiol* 106: 857-864, 2009.

[104] Martens, R, Vealey, RS, Burton, D, Bump, LA, and Smith, DE. Development and validation of the competitive sports anxiety inventory 2. In *Competitive Anxiety in Sport*. Martens, R, Vealey, RS, and Burton, D, eds. Champaign, IL: Human Kinetics, 117-178, 1990.

[105] Marx, RG, Bombardier, C, Hogg-Johnson, S, and Wright, JG. Clinimetric and psychometric strategies for development of a health measurement scale. *J Clin Epidemiol* 52: 105-111, 1999.

[106] Mather, G. *Essentials of Sensation and Perception (Foundations of Psychology)*. New York: Routledge, 1-165, 2011.

[107] McAuley, E, and Courneya, KS. Self-efficacy relationships with affective and exertion responses to exercise1. *J Appl Soc Psychol* 22: 312-326, 1992.

[108] McLaren, SJ, Macpherson, TW, Coutts, AJ, Hurst, C, Spears, IR, and Weston, M. The relationships between internal and external measures of training load and intensity in team sports: a meta-analysis. *Sports Med* 48: 641-658, 2018.

[109] McLaren, SJ, Smith, A, Spears, IR, and Weston, M. A detailed quantification of differential ratings of perceived exertion during team-sport training. *J Sci Med Sport* 20: 290-295, 2017.

[110] McLaren, SJ, Taylor, JM, Macpherson, TW, Spears, IR, and Weston, M. Systematic reductions in differential ratings of perceived exertion across a 2-wk repeated-sprint training intervention that improved soccer player's high-speed running abilities. *Int J Sports Physiol Perform*, 2020.

[111] McNair, P, Lorr, M, and Droppleman, L. *POMS Manual*. 2nd ed. San Diego, CA: Education and Industrial Testing Service, 1981.

[112] Micklewright, D, Gibson, ASC, Gladwell, V, and Salman Al, A. Development and validity of the rating-of-fatigue scale. *Sports Med* 47: 2375-2393, 2017.

[113] Moalla, W, Fessi, MS, Farhat, F, Nouira, S, Wong, DP, and Dupont, G. Relationship between daily training load and psychometric status of professional soccer players. *Res Sports Med* 24: 387-394, 2016.

[114] Mokkink, LB, Prinsen, CAC, Bouter, LM, Vet, HCW de, and Terwee, CB. The COnsensus-based Standards for the selection of health Measurement INstruments (COSMIN) and how to select an outcome measurement instrument. *Braz J Phys Ther* 20: 105-113, 2016.

[115] Morgan, WP, Brown, DR, Raglin, JS, O'Connor, PJ, and Ellickson, KA. Psychological monitoring of overtraining and staleness. *Br J Sports Med* 21: 107-114, 1987.

[116] Morton, RH, Stannard, SR, and Kay, B. Low reproducibility of many lactate markers during incremental

cycle exercise. *Br J Sports Med* 46: 64-69, 2011.

[117] Nassis, GP, and Gabbett, TJ. Is workload associated with injuries and performance in elite football? A call for action. *Br J Sports Med* 51: 486-487, 2017.

[118] Nassis, GP, Hertzog, M, and Brito, J. Workload assessment in soccer: an open-minded, critical thinking approach is needed. *J Strength Cond Res* 31: e77-e78, 2017.

[119] Nederhof, E, Brink, MS, and Lemmink, KAPM. Reliability and validity of the Dutch recovery stress questionnaire for athletes. *Int J Sports Psychol* 39: 301-311, 2008.

[120] Nogueira, F, Miloski, B, Bara Filho, MG, and Lourenço, LM. Influência da presença ou da ausência de jogos nas percepções de fadiga de atletas profissionais de voleibol durante uma temporada competitiva. *Revista Portuguesa de Ciências do Desporto* 17: 152-160, 2017.

[121] Nunnally, J, and Bernstein, I. *Psychometric Theory*. 3rd ed. New York: McGraw-Hill, 1994.

[122] Pageaux, B. The psychobiological model of endurance performance: an effort-based decision-making theory to explain self-paced endurance performance. *Sports Med* 44: 1319-1320, 2014.

[123] Pageaux, B. Perception of effort in exercise science: definition, measurement, and perspectives. *Eur J Sport Sci* 16: 885-894, 2016.

[124] Pender, NJ, Bar-Or, O, Wilk, B, and Mitchell, S. Self-efficacy and perceived exertion of girls during exercise. *Nurs Res* 51: 86-91, 2002.

[125] Pfeiffer, M. Modeling the relationship between training and performance-a comparison of two antagonistic concepts. *Int J Comput Sci* 7: 13-32, 2008.

[126] Prinsen, C, Vohra, S, Rose, MR, Boers, M, Tugwell, P, Clarke, P, Williamson, PR, and Terwee, CB. Guideline for selecting outcome measurement instruments for outcomes included in a Core Outcome Set. 2016. Accessed August 27, 2020.

[127] Prinsen, CAC, Vohra, S, Rose, MR, Boers, M, Tugwell, P, Clarke, M, Williamson, PR, and Terwee, CB. How to select outcome measurement instruments for outcomes included in a "Core Outcome Set": a practical guideline. *Trials* 17: 449, 2016.

[128] Quarrie, KL, Raftery, M, Blackie, J, Cook, CJ, Fuller, CW, Gabbett, TJ, Gray, AJ, Gill, N, Hennessy, L, Kemp, S, and Lambert, M. Managing player load in professional rugby union: a review of current knowledge and practices. *Br J Sports Med* 51: 421-427, 2017.

[129] Raedeke, TD, and Smith, AL. Development and preliminary validation of an athlete burnout measure. *J Sport Exerc Psychol* 23: 281-306, 2001.

[130] Raglin, JS, and Morgan, WP. Development of a scale for use in monitoring training-induced distress in athletes. *Int J Sports Med* 15: 84-88, 2008.

[131] Rejeski, J. The perception of exertion: a social psycho-physiological integration. *J Sport Psychol* 3: 305-320, 1981.

[132] Rejeski, J. Perceived exertion: an active or passive process. *J Sport Psychol* 7: 371-378, 1985.

[133] Robertson, S, Kremer, P, Aisbett, B, Tran, J, and Cerin, E. Consensus on measurement properties and feasibility of performance tests for the exercise and sport sciences: a Delphi study. *Sports Med Open* 3: 2, 2017.

[134] Robertson, RJ, and Noble, BJ. Perception of physical exertion: methods, mediators, and applications. *Exerc Sport Sci Rev* 25: 407-452, 1997.

[135] Robey, E, Dawson, BT, Halson, S, Gregson, W, Goodman, C, and Eastwood, P. Sleep quantity and quality in elite youth soccer players: a pilot study. *Eur J Sport Sci* 14: 410-417, 2013.

[136] Rushall, BS. A tool for measuring stress tolerance in elite athletes. *J Appl Sport Psychol* 2: 51-66, 1990.

[137] Saw, AE, Kellmann, M, Main, LC, and Gastin PB. Athlete self-report measures in research and practice: considerations for the discerning reader and fastidious practitioner. *Int J Sports Physiol Perform* 12: S2127-S2135, 2017.

[138] Saw, AE, Main, LC, and Gastin, PB. Monitoring athletes through self-report: factors influencing implementation. *J Sports Sci Med* 14: 137-146, 2015.

[139] Saw, AE, Main, LC, and Gastin, PB. Monitoring the athlete training response: subjective self-reported measures trump commonly used objective measures: a systematic review. *Br J Sports Med* 50: 281-291, 2016.

[140] Scott, TJ, Black, CR, Quinn, J, and Coutts, AJ. Validity and reliability of the session-RPE method for quantifying training in Australian football: a comparison of the CR10 and CR100 scales. *J Strength Cond Res* 27: 270-276, 2013.

[141] Shacham, S. A shortened version of the Profile of Mood States. *J Pers Assess* 47: 305-306, 2010.

[142] Shiffman, S. Real-time self-report of momentary states in the natural environment: computerized ecological momentary assessment. In *The Science of Self-Report Implications for Research and Practice*. Stone, AA, Turkkan, JS, Bachrach, CA, Jobe, JB, Kurtzman, HS, and Cain, VS, eds. Mahwah, NJ: Lawrence Erlbaum Associates, 227-296, 2000.

[143] Sloan, JA, Aaronson, N, Cappelleri, JC, Fairclough, DL, Varricchio, C, Clinical Significance Consensus Meeting Group. Assessing the clinical significance of single items relative to summated scores. *Mayo Clin Proc* 77: 479-487, 2002.

[144] Smith, MR, Coutts, AJ, Merlini, M, Deprez, D, Lenoir, M, and Marcora, SM. Mental fatigue impairs soccer-specific physical and technical performance. *Med Sci Sports Exerc* 48: 267-276, 2016.

[145] Spielberger, CD. *The Preliminary Manual for the State-Trait Personality Inventory* [Unpublished Manual]. Tampa: University of South Florida, 1979.

[146] Spielberger, CD, Gorsuch, RL, and Lushene, RE. *Manual for the State-Trait Anxiety Inventory*. Palo Alto, CA: Consulting Psychologists Press, 1970.

[147] Starling, LT, and Lambert, MI. Monitoring rugby players for fitness and fatigue: what do coaches want? *Int J Sports Physiol Perform* 13: 777-782, 2018.

[148] Steele, J, Fisher, J, McKinnon, S, and McKinnon, P. Differentiation between perceived effort and discomfort during resistance training in older adults: reliability of trainee ratings of effort and discomfort, and reliability and validity of trainer ratings of trainee effort. *J Trainol* 6: 1-8, 2016.

[149] Streiner, DL, Norman, GR, and Cairney, J. *Health Measurement Scales*. 5th ed. Oxford, UK: Oxford University Press, 2014.

[150] Taylor, K-L, Chapman, DW, Cronin, JB, Newton, MJ, and Gill, ND. Fatigue monitoring in high performance

sport: a survey of current trends. *J Aust Strength Cond* 20: 12-23, 2012.

[151] Terry, PC, Lane, AM, and Fogarty, GJ. Construct validity of the Profile of Mood States–Adolescents for use with adults. *Psychol Sport Exerc* 4: 125-139, 2003.

[152] Terry, PC, Lane, AM, Lane, HJ, and Keohane, L. Development and validation of a mood measure for adolescents. *J Sports Sci* 17: 861-872, 1999.

[153] Terwee, CB, Bot, SDM, and de Boer, MR, Quality criteria were proposed for measurement properties of health status questionnaires. *J Clin Epidemiol* 60: 34-42, 2007.

[154] Terwee, CB, Prinsen, CA, Chiarotto, A, de Vet, HC, Bouter, LM, Alonso, J, Westerman, MJ, Patrick, DL, and Mokkink, LB. COSMIN methodology for assessing the content validity of PROMs. 2017. Accessed August 27, 2020.

[155] Thorpe, RT, Atkinson, G, Drust, B, and Gregson, W. Monitoring fatigue status in elite team-sport athletes: implications for practice. *Int J Sports Physiol Perform* 12: S227-S234, 2017.

[156] Turner, AN, Buttigieg, C, Marshall, G, Noto, A, Phillips, J, and Kilduff, L. Ecological validity of the session rating of perceived exertion for quantifying internal training load in fencing. *Int J Sports Physiol Perform* 12: 124-128, 2016.

[157] Uchida, MC, Teixeira, LFM, Godoi, VJ, Marchetti, PH, Conte, M, Coutts, AJ, and Bacurau, RF. Does the timing of measurement alter session-RPE in boxers? *J Sports Sci Med* 13: 59-65, 2014.

[158] Van Hooff, MLM, Geurts, SAE, Kompier, MAJ, and Taris, TW. "How fatigued do you currently feel?" Convergent and discriminant validity of a single-item fatigue measure. *J Occup Health* 49: 224-234, 2007.

[159] Vanrenterghem, J, Nedergaard, NJ, Robinson, MA, and Drust, B. Training load monitoring in team sports: a novel framework separating physiological and biomechanical load-adaptation pathways. *Sports Med* 47: 2135-2142, 2017.

[160] Viru, A, and Viru, M. Nature of training effects. In *Exercise and Sport Science*. Garrett, WE and Kirkendall, DT, eds. Philadelphia: Lippincott Williams & Wilkins, 67-96, 2000.

[161] Wallace, LK, Slattery, KM, and Coutts, AJ. The ecological validity and application of the session-RPE method for quantifying training loads in swimming. *J Strength Cond Res* 23: 33-38, 2009.

[162] Wallace, LK, Slattery, KM, Impellizzeri, FM, and Coutts, AJ. Establishing the criterion validity and reliability of common methods for quantifying training load. *J Strength Cond Res* 28: 2330-2337, 2014.

[163] Weston, M. Training load monitoring in elite English soccer: a comparison of practices and perceptions between coaches and practitioners. *Sci Med Football* 2: 216-224, 2018.

[164] Weston, M, Siegler, J, Bahnert, A, McBrien, J, and Lovell, R. The application of differential ratings of perceived exertion to Australian Football League matches. *J Sci Med Sport* 18: 704-708, 2015.

[165] Wilson, M. *Constructing Measures*. Mahwah, NJ: Lawrence Erlbaum Associates, 2005.

第18章

[1] Albanese, D, Filosi, M, Visintainer, R, Riccadonna, S, Jurman, G, and Furlanello, C. Minerva and minepy: a C engine for the MINE suite and its R, Python and MATLAB wrappers. *Bioinformatics* 29: 407-408, 2013.

[2] Allen, MJ, and Yen, WM. *Introduction to Measurement Theory*. Long Grove, IL: Waveland Press, 2001.

[3] Amrhein, V, Trafimow, D, and Greenland, S. Inferential statistics as descriptive statistics: there is no replication crisis if we don't expect replication. *Am Stat* 73: 262-270, 2019.

[4] Angrist, JD, and Pischke, JS. *Mastering 'Metrics: The Path From Cause To Effect*. Princeton, NJ: Princeton University Press, 2015.

[5] Anvari, F, and Lakens, D. Using anchor-based methods to determine the smallest effect size of interest. *PsyArXiv Preprints*, 2019.

[6] Barker, RJ, and Schofield, MR. Inference about magnitudes of effects. *Int J Sports Physiol Perform* 3: 547-557, 2008.

[7] Batterham, AM, and Hopkins, WG. Making meaningful inferences about magnitudes. *Int J Sports Physiol Perform* 1: 50-57, 2006.

[8] Borg, DN, Minett, GM, Stewart, IB, and Drovandi, CC. Bayesian methods might solve the problems with magnitude-based inference. *Med Sci Sports Exerc* 50: 2609-2610, 2018.

[9] Breiman, L. Statistical modeling: the two cultures. *Statist Sci* 16: 199-215, 2001.

[10] Buchheit, M, and Rabbani, A. The 30-15 intermittent fitness test versus the yo-yo intermittent recovery test level 1: relationship and sensitivity to training. *Int J Sports Physiol Perform* 9: 522-524, 2014.

[11] Caldwell, AR, and Cheuvront, SN. Basic statistical considerations for physiology: the journal Temperature toolbox. *Temperature* 6: 181-210, 2019.

[12] Carsey, T, and Harden, J. *Monte Carlo Simulation and Resampling Methods for Social Science*. Los Angeles: Sage Publications, 2013.

[13] Cohen, J. *Statistical Power Analysis for the Behavioral Sciences*. 2nd ed. Hillsdale, NJ: Lawrence Erlbaum Associates, 1988.

[14] Cumming, G. The new statistics: why and how. *Psychol Sci* 25: 7-29, 2014.

[15] Curran-Everett, D. Magnitude-based inference: good idea but flawed approach. *Med Sci Sports Exerc* 50: 2164-2165, 2018.

[16] Dienes, Z. *Understanding Psychology as a Science: An Introduction to Scientific and Statistical Inference*. New York: Red Globe Press, 2008.

[17] Efron, B, and Hastie, T. *Computer Age Statistical Inference: Algorithms, Evidence, and Data Science*. New York: Cambridge University Press, 2016.

[18] Friedman, J, Hastie, T, and Tibshirani, R. Regularization paths for generalized linear models via coordinate descent. *J Statist Softw* 33: 1-22, 2010.

[19] Gelman, A. Causality and statistical learning. *Am J Sociol* 117: 955-966, 2011.

[20] Gelman, A, and Hennig, C. Beyond subjective and objective in statistics. *J R Statist Soc A* 180: 967-1033, 2017.

[21] Hernán, MA. Does water kill? A call for less casual causal inferences. *Ann Epidemiol* 26: 674-680, 2016.

[22] Hernán, MA. Causal diagrams: draw your assumptions before your conclusions course. PH559x, 2017.

[23] Hernán, MA. The C-word: scientific euphemisms do not improve causal inference from observational data. *Am J*

Public Health 108: 616-619, 2018.

[24] Hernán, MA, and Cole, SR. Invited commentary: causal diagrams and measurement bias. *Am J Epidemiol* 170: 959-962, 2009.

[25] Hernán, MA, Hsu, J, and Healy, B. A second chance to get causal inference right: a classification of data science tasks. *CHANCE* 32: 42-49, 2019.

[26] Hernán, MA, and Robins, J. *Causal Inference.* Boca Raton FL: Chapman & Hall/CRC, 2010.

[27] Hernán, MA, and Taubman, SL. Does obesity shorten life? The importance of well-defined interventions to answer causal questions. *Int J Obes (Lond)* 32: S8-S14, 2008.

[28] Hopkins, W. Spreadsheets for analysis of validity and reliability. *Sportscience* 19: 36-42, 2015.

[29] Hopkins, WG. Measures of reliability in sports medicine and science. *Sports Med* 30: 1-15, 2000.

[30] Hopkins, WG. Bias in Bland-Altman but not regression validity analyses. *Sportscience* 8: 42-47, 2004.

[31] Hopkins, WG. How to interpret changes in an athletic performance test. *Sportscience* 8: 1-7, 2004.

[32] Hopkins, WG. A new view of statistics. 2006. Accessed August 27, 2020.

[33] Hopkins, WG. Understanding statistics by using spreadsheets to generate and analyze samples. *Sportscience* 1; 11: 23-27, 2007.

[34] Hopkins, WG. A Socratic dialogue on comparison of measures. *Sportscience* 14: 15-22, 2010.

[35] Hopkins, WG. Individual responses made easy. *J Appl Physiol* 118: 1444-1446, 2015.

[36] Hopkins, WG, and Batterham, AM. The vindication of magnitude-based inference (draft 2). *Sportscience* 22: 9-27, 2018.

[37] Hopkins, WG, Marshall, SW, Batterham, AM, and Hanin, J. Progressive statistics for studies in sports medicine and exercise science. *Med Sci Sports Exerc* 41: 3-13, 2009.

[38] James, G, Witten, D, Hastie, T, and Tibshirani, R. *An Introduction to Statistical Learning: With Applications in R.* New York: Springer, 2017.

[39] King, MT. A point of minimal important difference (MID): a critique of terminology and methods. *Expert Rev Pharmacoecon Outcomes Res* 11: 171-184, 2011.

[40] Kleinberg, S. *Why: A Guide to Finding and Using Causes.* Boston: O'Reilly Media, 2015.

[41] Kruschke, JK, and Liddell, TM. Bayesian data analysis for newcomers. *Psychonomic Bull Rev* 25: 155-177, 2018.

[42] Kruschke, JK, and Liddell, TM. The Bayesian new statistics: hypothesis testing, estimation, meta-analysis, and power analysis from a Bayesian perspective. *Psychonomic Bull Rev* 25: 178-206, 2018.

[43] Kuhn, M, and Johnson, K. *Applied Predictive Modeling.* New York: Springer, 2018.

[44] Kuhn, M, and Johnson, K. *Feature Engineering and Selection: A Practical Approach for Predictive Models.* Milton Park, Abington, UK: CRC Press LLC, 2019.

[45] Lakens, D, Scheel, AM, and Isager, PM. Equivalence testing for psychological research: a tutorial. *Adv Methods Pract Psychol Sci* 1: 259-269, 2018.

[46] Lang, KM, Sweet, SJ, and Grandfield, EM. Getting beyond the null: statistical modeling as an alternative framework for inference in developmental science. *Res Hum Dev* 14: 287-304, 2017.

[47] Lederer, DJ, Bell, SC, Branson, RD, Chalmers, JD, Marshall, R, Maslove, DM, Ost, DE, Punjabi, NM, Schatz, M, Smyth, AR, and Stewart, W. Control of confounding and reporting of results in causal inference studies: guidance for authors from editors of respiratory, sleep, and critical care journals. *Ann Am Thorac Soc* 16: 22-28, 2019.

[48] McElreath, R. *Statistical Rethinking: A Bayesian Course with Examples in R and Stan.* Boca Raton, FL: Chapman & Hall/CRC, 2015.

[49] McGraw, KO, and Wong, SP. A common language effect size statistic. *Psychol Bull* 111: 361-365, 1992.

[50] Miller, T. Explanation in artificial intelligence: Insights from the social sciences. *Artificial Intelligence* 267: 1-38, 2019.

[51] Mitchell, SD. Integrative pluralism. *Biol Philos* 17: 55-70, 2002.

[52] Mitchell, S. *Unsimple Truths: Science, Complexity, and Policy.* Chicago: University of Chicago Press, 2012.

[53] Molnar, C. *Interpretable Machine Learning.* Victoria, BC: Leanpub, 2018.

[54] Molnar, C, Bischl, B, and Casalicchio, G. Iml: an R package for interpretable machine learning. *J Open Source Softw* 3: 786, 2018.

[55] Nevill, AM, Williams, AM, Boreham, C, Wallace, ES, Davison, GW, Abt, G, Lane, AM., and Winter, EM. Can we trust "magnitude-based inference"? *J Sports Sci* 36: 2769-2770, 2018.

[56] Novick, MR. The axioms and principal results of classical test theory. *J Math Psychol* 3: 1-18, 1966.

[57] Page, SE. *The Model Thinker: What You Need to Know to Make Data Work for You.* New York: Basic Books, 2018.

[58] Pearl, J. Causal inference in statistics: an overview. *Stat Surv* 3: 96-146, 2009.

[59] Pearl, J. The seven tools of causal inference, with reflections on machine learning. *Commun ACM* 62: 54-60, 2019.

[60] Pearl, J, Glymour, M, and Jewell, NP. *Causal Inference in Statistics: A Primer.* Chichester, West Sussex: Wiley, 2016.

[61] Pearl, J, and Mackenzie, D. *The Book of Why: The New Science of Cause and Effect.* New York: Basic Books, 2018.

[62] Reshef, DN, Reshef, YA, Finucane, HK, Grossman, SR, McVean, G, Turnbaugh, PJ, Lander, ES, Mitzenmacher, M, and Sabeti, PC. Detecting novel associations in large data sets. *Science* 334: 1518-1524, 2011.

[63] Ribeiro, MT, Singh, S, and Guestrin, C. "Why should I trust you?": explaining the predictions of any classifier. 2016. Accessed August 27, 2020.

[64] Rohrer, JM. Thinking clearly about correlations and causation: graphical causal models for observational data. *Adv Methods and Pract Psychol Sci* 1: 27-42, 2018.

[65] Rousselet, GA, Pernet, CR, and Wilcox, RR. A practical introduction to the bootstrap: a versatile method to make inferences by using data-driven simulations [reproducibility package]. 2019. Accessed August 27, 2020.

[66] Sainani, KL. Clinical versus statistical significance. *PM R* 4: 442-445, 2012.

[67] Sainani, KL. The problem with "magnitude-based inference." *Med Sci Sports Exerc* 50: 2166-2176, 2018.

[68] Sainani, KL, Lohse, KR, Jones, PR, and Vickers, A. Magnitude-based inference is not Bayesian and is not a

valid method of inference. *Scand J Med Sci Sports* 29: 1428-1436, 2019.

[69] Shmueli, G. To explain or to predict? *Stat Sci* 25: 289-310, 2010.

[70] Shrier, I, and Platt, RW. Reducing bias through directed acyclic graphs. *BMC Med Res Methodol* 8: 70, 2008.

[71] Swinton, PA, Hemingway, BS, Saunders, B, Gualano, B, and Dolan, E. A statistical framework to interpret individual response to intervention: paving the way for personalized nutrition and exercise prescription. *Front Nutr* 5: 41, 2018.

[72] Turner, A, Brazier, J, Bishop, C, Chavda, S, Cree, J, and Read, P. Data analysis for strength and conditioning coaches: using Excel to analyze reliability, differences, and relationships. *Strength Cond J* 37: 76-83, 2015.

[73] Weinberg, G, and McCann, L. *Super Thinking: The Big Book of Mental Models*. New York: Portfolio/Penguin, 2019.

[74] Welsh, AH, and Knight, EJ. "Magnitude-based inference": a statistical review. *Med Sci Sports Exerc* 47: 874-884, 2015.

[75] Yarkoni, T, and Westfall, J. Choosing prediction over explanation in psychology: lessons from machine learning. *Perspect Psychol Sci* 12: 1100-1122, 2017.

第19章

[1] Aasheim, C, Stavenes, H, Andersson, SH, Engbretsen, L, and Clarsen, B. Prevalence and burden of overuse injuries in elite junior handball. *BMJ Open Sport Exerc Med* 4: e000391, 2018.

[2] Anderson, L, Triplett-McBride, T, Foster, C, Doberstein, S, and Brice, G. Impact of training patterns on incidence of illness and injury during a women's collegiate basketball season. *J Strength Cond Res* 17: 734-738, 2003.

[3] Bahr, R. Why screening tests to predict injury do not work—and probably never will…: a critical review. *Br J Sports Med* 50: 776-780, 2016.

[4] Bahr, MA, and Bahr, R. Jump frequency may contribute to risk of jumper's knee: a study of interindividual and sex differences in a total of 11 943 jumps video recorded during training and matches in young elite volleyball players. *Br J Sports Med* 48: 1322-1326, 2014.

[5] Bahr, R, Clarsen, B, and Ekstrand, J. Why we should focus on the burden of injuries and illnesses, not just their incidence. *Br J Sports Med* 52: 1018-1021, 2018.

[6] Bahr, R, and Holme, I. Risk factors for sports injuries—a methodological approach. *Br J Sports Med* 37: 384-392, 2003.

[7] Bahr, R, and Krosshaug, T. Understanding injury mechanisms: a key component of preventing injuries in sport. *Br J Sports Med* 39: 324-329, 2005.

[8] Banister, EW, and Calvert, TW. Planning for future performance: implications for long term training. *Can J Appl Sport Sci* 5: 170-176, 1980.

[9] Banister, E, Calvert, T, Savage, M, and Bach, T. A systems model of training for athletic performance. *Aust J Sports Med* 7: 57-61, 1975.

[10] Barboza, SD, Bolling, CS, Nauta, J, Mechelen, W van, and Verhagen, E. Acceptability and perceptions of end-users towards an online sports-health surveillance system. *BMJ Open Sport Exerc Med* 3: e000275, 2017.

[11] Bertelsen, ML, Hulme, A, Petersen, J, Brund, RK, SØrensen, H, Finch, CF, Parner, ET, and Neilsen, RO. A framework for the etiology of running-related injuries. *Scand J Med Sci Sports* 27: 1170-1180, 2017.

[12] Bittencourt, NFN, Meeuwisse, WH, Mendonça, LD, Nettel-Aguirre, A, Ocarino, JM, and Fonseca, ST. Complex systems approach for sports injuries: moving from risk factor identification to injury pattern recognition—narrative review and new concept. *Br J Sports Med* 50: 1309-1314, 2016.

[13] Black, GM, Gabbett, TJ, Cole, MH, and Naughton, G. Monitoring workload in throwing-dominant sports: a systematic review. *Sports Med* 46: 1503-1516, 2016.

[14] Borresen, J, and Lambert, MI. Quantifying training load: a comparison of subjective and objective methods. *Int J Sports Physiol Perform* 3: 16-30, 2008.

[15] Bourdon, PC, Cardinale, M, Murray, A, Gastin, P, Kellmann, M, Varley, MC, Gabbett, TJ, Coutts, AJ, Burgess, DJ, Gregson, W, and Cable, NT. Monitoring athlete training loads: consensus statement. *Int J Sports Physiol Perform* 12: S2161-S2170, 2017.

[16] Buchheit, M. Applying the acute: chronic workload ratio in elite football: worth the effort? *Br J Sports Med* 51: 1325-1327, 2016.

[17] Carey, DL, Blanch, P, Ong, K-L, Crossley, KM, Crow, J, and Morris, ME. Training loads and injury risk in Australian football—differing acute: chronic workload ratios influence match injury risk. *Br J Sports Med* 51: 1215-1220, 2017.

[18] Carey, DL, Crossley, KM, Whiteley, R, Mosler, A, Ong, KL, Crow, J, and Morris, ME. Modelling training loads and injuries: the dangers of discretization. *Med Sci Sports Exerc* 50: 2267-2276, 2018.

[19] Carey, DL, Ong, K, Whiteley, R, Crossley, KM, Crow, J, and Morris, ME. Predictive modelling of training loads and injury in Australian football. *Int J Comput Sci Sport* 17: 49-66, 2018.

[20] Colby, MJ, Dawson, B, Peeling, P, Heasman, J, Rogalski, B, Drew, MK, Stares, J, Zouhal, H, and Lester, L. Multivariate modelling of subjective and objective monitoring data improve the detection of non-contact injury risk in elite Australian footballers. *J Sci Med Sport* 20: 1068-1074, 2017.

[21] Collins, L. Analysis of longitudinal data: the integration of theoretical model, temporal design, and statistical model. *Ann Rev Psychol* 57: 505-528, 2006.

[22] Crutzen, R, and Peters, G-JY. Targeting next generations to change the common practice of underpowered research. *Front Psychol* 8: 1184, 2017.

[23] Drew, MK, Blanch, P, Purdam, C, and Gabbett, TJ. Yes, rolling averages are a good way to assess training load for injury prevention. Is there a better way? Probably, but we have not seen the evidence. *Br J Sports Med* 51: 618-619, 2017.

[24] Drew, MK, and Finch, CF. The relationship between training load and injury, illness and soreness: a systematic and literature review. *Sports Med* 45: 861-863, 2016.

[25] Drew, MK, Raysmith, BP, and Charlton, PC. Injuries impair the chance of successful performance by sportspeople: a systematic review. *Br J Sports Med* 51: 1209-1214, 2017.

[26] Dyk, N van, Made, AD van der, Timmins, RG, Opar, DA, and Tol, JL. There is strength in numbers for muscle injuries: it is time to establish an international collaborative registry. *Br J Sports Med* 52: 1228-1229, 2018.

[27] Eckard, TG, Padua, DA, Hearn, DW, Pexa, BS, and Frank, BS. The relationship between training load and injury in athletes: a systematic review. *Sports Med* 48: 1929-1961, 2018.

[28] Ekstrand, J. Keeping your top players on the pitch: the key to football medicine at a professional level. *Br J Sports Med* 47: 723-724, 2013.

[29] Ekstrand, J, Lundqvist, D, Davison, M, D' Hooghe, M, and Pensgaard, AM. Communication quality between the medical team and the head coach/manager is associated with injury burden and player availability in elite football clubs. *Br J Sports Med* 53: 304-308, 2019.

[30] Fanchini, M, Rampinini, E, Riggio, M, Coutts, AJ, Pecci, C, and McCall, A. Despite association, the acute: chronic work load ratio does not predict non-contact injury in elite footballers. *Sci Med Football* 2: 108-114, 2018.

[31] Foster, C, Rodriguez-Marroyo, JA, and de Koning, JJ. Monitoring training loads: the past, the present, and the future. *Int J Sports Physiol Perform* 12: S22-S28, 2017.

[32] Fuller, C. Injury definitions. In *Sports Injury Research*. Verhagen, E and van Mechelen, W, eds. New York: Oxford University Press, 43-53, 2010.

[33] Gabbett, TJ. Debunking the myths about training load, injury and performance: empirical evidence, hot topics and recommendations for practitioners. *Br J Sports Med* 54: 58-66, 2018.

[34] Gabbett, TJ, Nassis, GP, Oetter, E, Pretorius, J, Johnston, N, Medina, D, Rodas, G, Myslinski, T, Howells, D, Beard, A, and Ryan, A. The athlete monitoring cycle: a practical guide to interpreting and applying training monitoring data. *Br J Sports Med* 20: 1451-1452, 2017.

[35] Gupta, A, Wilkerson, GB, Sharda, R, and Colston, MA. Who is more injury-prone? Prediction and assessment of injury risk. *Decision Sci* 50: 374-409, 2018.

[36] Haddad, M, Stylianides, G, Djaoui, L, Dellal, A, and Chamari, K. Session-RPE method for training load monitoring: validity, ecological usefulness, and influencing factors. *Front Neurosci* 11: 612, 2017.

[37] Hägglund, M, Waldén, M, Magnusson, H, Kristenson, K, Bengtsson, H, and Ekstrand, J. Injuries affect team performance negatively in professional football: an 11-year follow-up of the UEFA Champions League injury study. *Br J Sports Med* 47: 738-742, 2013.

[38] Hickey, J, Shield, AJ, Williams, MD, and Opar, DA. The financial cost of hamstring strain injuries in the Australian Football League. *Br J Sports Med* 48: 729-730, 2014.

[39] Hoffman, DT, Dwyer, DB, Bowe, SJ, Clifton, P, and Gastin, PB. Is injury associated with team performance in elite Australian football? 20 years of player injury and team performance data that include measures of individual player value. *Br J Sports Med* 54: 475-479, 2020.

[40] Hulin, BT. The never-ending search for the perfect acute: chronic workload ratio: what role injury definition? *Br J Sports Med* 51: 991-992, 2017.

[41] Hulme, A, and Finch, CF. From monocausality to systems thinking: a complementary and alternative conceptual approach for better understanding the development and prevention of sports injury. *Inj Epidemiol* 2: 31, 2015.

[42] Hulme, A, Thompson, J, Nielsen, RO, Read, GJM, and Salmon, PM. Towards a complex systems approach in sports injury research: simulating running-related injury development with agent-based modelling. *Br J Sports*

Med 53: 560-569, 2019.

[43] Jones, CM, Griffiths, PC, and Mellalieu, SD. Training load and fatigue marker associations with injury and illness: a systematic review of longitudinal studies. *Sports Med* 47: 943-974, 2017.

[44] Killen, NM, Gabbett, TJ, and Jenkins, DG. Training loads and incidence of injury during the preseason in professional rugby league players. *J Strength Cond Res* 24: 2079-2084, 2010.

[45] Lacome, M, Avrillon, S, Cholley, Y, Simpson, BM, Guilhem, G, and Buchheit, M. Hamstring eccentric strengthening program: does training volume matter? *Int J Sports Physiol Perform* 15: 81-90, 2018.

[46] Lacome, M, Simpson, B, Broad, N, and Buchheit, M. Monitoring players' readiness using predicted heart rate responses to football drills. *Int J Sports Physiol Perform* 1: 13, 1273-1280, 2018.

[47] Lolli, L, Batterham, AM, Hawkins, R, Kelly, DM, Strudwick, AJ, Thorpe, R, Gregson, W, and Atkinson, G. Mathematical coupling causes spurious correlation within the conventional acute-to-chronic workload ratio calculations. *Br J Sports Med* 53: 921-922, 2017.

[48] Lolli, L, Batterham, AM, Hawkins, R, Kelly, DM, Strudwick, AJ, Thorpe, RT, Gregson, W, and Atkinson, G. The acute-to-chronic workload ratio: an inaccurate scaling index for an unnecessary normalisation process? *Br J Sports Med* 53: 1510-1512, 2018.

[49] Lyman, S, Fleisig, GS, Waterbor, JW, Funkhouser, EM, Pulley, L, Andrews, JR, Osinski, ED, and Roseman, JM. Longitudinal study of elbow and shoulder pain in youth baseball pitchers. *Med Sci Sports Exerc* 33: 1803-1810, 2001.

[50] Malone, S, Roe, M, Doran, DA, Gabbett, TJ, and Collins, KD. Aerobic fitness and playing experience protect against spikes in workload: the role of the acute: chronic workload ratio on injury risk in elite Gaelic football. *Int J Sports Physiol Perform* 12: 393-401, 2017.

[51] Malone, S, Roe, M, Doran, DA, Gabbett, TJ, and Collins, K. High chronic training loads and exposure to bouts of maximal velocity running reduce injury risk in elite Gaelic football. *J Sci Med Sport* 20: 250-254, 2016.

[52] McCall, A, Fanchini, M, and Coutts, AJ. Prediction: the modern day sports science/medicine. *Int J Sports Physiol Perform* 12: 704-706, 2017.

[53] Mechelen, W van, Hlobil, H, and Kemper, HC. Incidence, severity, aetiology and prevention of sports injuries. A review of concepts. *Sports Med* 14: 82-99, 1992.

[54] Meeuwisse, WH. Assessing causation in sport injury: a multifactorial model. *Clin J Sport Med* 4: 166-170, 1994.

[55] Meeuwisse, WH, Tyreman, H, Hagel, B, and Emery, C. A dynamic model of etiology in sport injury: the recursive nature of risk and causation. *Clin J Sport Med* 17: 215-219, 2007.

[56] Menaspà, P. Are rolling averages a good way to assess training load for injury prevention? *Br J Sports Med* 51: 618-619, 2017.

[57] Menaspà, P. Building evidence with flawed data? The importance of analysing valid data. *Br J Sports Med* 51: 1173, 2017.

[58] MØller, M, Nielsen, RO, Attermann, J, Wedderkopp, N, Lind, M, SØrensen, H, and Myklebust, G. Handball load and shoulder injury rate: a 31-week cohort study of 679 elite youth handball players. *Br J Sports Med* 51: 231-

237, 2017.

[59] Munafò, MR, Nosek, BA, Bishop, DVM, Button, KS, Chambers, CD, Sert, NP du, Simonsohn, U, Wagenmaker, E-J, Ware, JJ, and Loannidis, JPA. A manifesto for reproducible science. *Nat Hum Behav* 1: 0021, 2017.

[60] Murray, NB, Gabbett, TJ, and Townshend, AD. Relationship between pre-season training load and in-season availability in elite Australian football players. *Int J Sports Physiol Perform* 12: 749-755, 2017.

[61] Neupert, EC, Cotterill, ST, and Jobson, SA. Training monitoring engagement: an evidence-based approach in elite sport. *Int J Sports Physiol Perform* 28: 1-21, 2018.

[62] Nielsen, RO, Bertelsen, ML, MØller, M, Hulme, A, Windt, J, Verhagen, E, Mansournia, MA, Casals, M, and Parner, ET. Training load and structure-specific load: applications for sport injury causality and data analyses. *Br J Sports Med* 52: 1016-1017, 2017.

[63] Nielsen, RO, Bertelsen, ML, Ramskov, D, MØller, M, Hulme, A, Theisen, D, Finch, CF, Fortington, LV, Mansournia, MA, and Parner, ET. Time-to-event analysis for sports injury research part 1: time-varying exposures. *Br J Sports Med* 53: 61-68, 2019.

[64] Nielsen, RO, Bertelsen, ML, Ramskov, D, MØller, M, Hulme, A, Theisen, D, Finch, CF, Fortington, LV, Mansournia, MA, and Parner, ET. Time-to-event analysis for sports injury research part 2: time-varying outcomes. *Br J Sports Med* 53: 70-78, 2019.

[65] Nielsen, RØ, Parner, ET, Nohr, EA, SØrensen, H, Lind, M, and Rasmussen, S. Excessive progression in weekly running distance and risk of running-related injuries: an association which varies according to type of injury. *J Orthop Sports Phys Ther* 44: 739-747, 2014.

[66] Olsen, SJ, Fleisig, GS, Dun, S, Loftice, J, and Andrews, JR. Risk factors for shoulder and elbow injuries in adolescent baseball pitchers. *Am J Sports Med* 34: 905-912, 2006.

[67] Opar, DA, Williams, MD, Timmins, RG, Hickey, J, Duhig, SJ, and Shield, AJ. Eccentric hamstring strength and hamstring injury risk in Australian footballers. *Med Sci Sports Exerc* 47: 857-865, 2015.

[68] Orchard, JW, James, T, Portus, M, Kountouris, A, and Dennis, R. Fast bowlers in cricket demonstrate up to 3- to 4-week delay between high workloads and increased risk of injury. *Am J Sports Med* 37: 1186-1192, 2009.

[69] Rasmussen, CH, Nielsen, RO, Juul, MS, and Rasmussen, S. Weekly running volume and risk of running-related injuries among marathon runners. *Int J Sports Phys Ther* 8: 111-120, 2013.

[70] Raysmith, BP, and Drew, MK. Performance success or failure is influenced by weeks lost to injury and illness in elite Australian track and field athletes: a 5-year prospective study. *J Sci Med Sport* 19: 778-783, 2016.

[71] Robertson, S, Bartlett, JD, and Gastin, PB. Red, amber, or green? Athlete monitoring in team sport: the need for decision-support systems. *Int J Sports Physiol Perform* 12: S273-S279, 2016.

[72] Rossi, A, Pappalardo, L, Cintia, P, Iaia, FM, Fernàndez, J, and Medina, D. Effective injury forecasting in soccer with GPS training data and machine learning. *PLoS One* 13: e0201264, 2018.

[73] Ruddy, JD, Cormack, SJ, Whiteley, R, Williams, MD, Timmins, RG, and Opar, DA. Modeling the risk of team sport injuries: a narrative review of different statistical approaches. *Front Physiol* 10: 829, 2019.

[74] Ruddy, JD, Pollard, CW, Timmins, RG, Williams, MD, Shield, AJ, and Opar, DA. Running exposure is associated with the risk of hamstring strain injury in elite Australian footballers. *Br J Sports Med* 52: 919-928, 2018.

[75] Sampson, JA, Fullagar, HHK, and Murray, A. Evidence is needed to determine if there is a better way to determine the acute: chronic workload. *Br J Sports Med* 51: 621-622, 2017.

[76] Sampson, JA, Murray, A, Williams, S, Halseth, T, Hanisch, J, Golden, G, and Fullagar, HHK. Injury risk-workload associations in NCAA American college football. *J Sci Med Sport* 21: 1215-1220, 2018.

[77] Sands, W, Cardinale, M, McNeal, J, Murray, S, Sole, C, Reed, J, Apostolopoulos, N, and Stone, M. Recommendations for measurement and management of an elite athlete. *Sports (Basel)* 7: 105, 2019.

[78] Sands, WA, Kavanaugh, AA, Murray, SR, McNeal, JR, and Jemni, M. Modern techniques and technologies applied to training and performance monitoring. *Int J Sports Physiol Perform* 12: S263-S272, 2017.

[79] Shaw, G, Lee-Barthel, A, Ross, ML, Wang, B, and Baar, K. Vitamin Cenriched gelatin supplementation before intermittent activity augments collagen synthesis. *Am J Clin Nutr* 105: 136-143, 2017.

[80] Shmueli, G. To explain or to predict? *Statist Sci* 25: 289-310, 2010.

[81] Shrier, I. Strategic assessment of risk and risk tolerance (StARRT) framework for return-to-play decision-making. *Br J Sports Med* 49: 1311-1315, 2015.

[82] Smith, DJ. A framework for understanding the training process leading to elite performance. *Sports Med* 33: 1103-1126, 2003.

[83] Soligard, T, Schwellnus, M, Alonso, J-M, Bahr, R, Clarsen, B, Dijkstra, HP, Gabbatt, T, Gleeson, M, Hagglund, M, Hutchinson, MR, van Rensburg, CJ, Khan, KM, Meeusen, R, Orchard, JW, Pluim, BM, Raferty, M, Budgett, R, and Engebretsen, L. How much is too much? (Part 1) International Olympic Committee consensus statement on load in sport and risk of injury. *Br J Sports Med* 50: 1030-1041, 2016.

[84] Thornton, HR, Delaney, JA, Duthie, GM, and Dascombe, BJ. Developing athlete monitoring systems in team-sports: data analysis and visualization. *Int J Sports Physiol Perform* 14: 698-705, 2019.

[85] Vanrenterghem, J, Nedergaard, NJ, Robinson, MA, and Drust, B. Training load monitoring in team sports: a novel framework separating physiological and biomechanical load-adaptation pathways. *Sports Med* 47: 2135-2142, 2017.

[86] Verhagen, E, and Gabbett, T. Load, capacity and health: critical pieces of the holistic performance puzzle. *Br J Sports Med* 53: 5-6, 2019.

[87] Walls, TA, Schafer, JL, eds. *Models for Intensive Longitudinal Data*. New York: Oxford University Press, 1-288, 2006.

[88] Wang, C, Vargas, JT, Stokes, T, Steele, R, and Shrier, I. Analyzing activity and injury: lessons learned from the acute: chronic workload ratio." *Sports Medicine* 50: 1243–54, 2020.

[89] Ward, P, Windt, J, and Kempton, T. Business intelligence: how sport scientists can support organisation decision making in professional sport. *Int J Sports Physiol*

Perform 14: 544-546, 2019.

[90] Weaving, D, Dalton, NE, Black, C, Darrall-Jones, J, Phibbs, PJ, Gray, M, Jones, B, and Roe, GA. The same story or a unique novel? Within-participant principal-component analysis of measures of training load in professional rugby union skills training. *Int J Sports Physiol Perform* 13: 1175-1181, 2018.

[91] Williams, S, Trewartha, G, Cross, MJ, Kemp, SPT, and Stokes, KA. Monitoring what matters: a systematic process for selecting training load measures. *Int J Sports Physiol Perform* 12: S2101-S2106, 2017.

[92] Williams, S, West, S, Cross, MJ, and Stokes, KA. Better way to determine the acute: chronic workload ratio? *Br J Sports Med* 51: 209-210, 2017.

[93] Windt, J, Ardern, CL, Gabbett, TJ, Khan, KM, Cook, CE, Sporer, BC, and Zumbo, BD. Getting the most out of intensive longitudinal data: a methodological review of workload-injury studies. *BMJ Open* 8: e022626, 2018.

[94] Windt, J, and Gabbett, TJ. How do training and competition workloads relate to injury? The workload—injury aetiology model. *Br J Sports Med* 51: 428-435, 2016.

[95] Windt, J, and Gabbett, TJ. Is it all for naught? What does mathematical coupling mean for acute: chronic workload ratios? *Br J Sports Med* 53: 988-990, 2019.

[96] Windt, J, Gabbett, TJ, Ferris, D, and Khan, KM. Training load-injury paradox: is greater preseason participation associated with lower in-season injury risk in elite rugby league players? *Br J Sports Med* 51: 645-650, 2017.

第20章

[1] Agrawal, R, Imieliński, T, and Swami, A. Mining association rules between sets of items in large databases. *Sigmod Record* 22: 207-216, 1993.

[2] Alpaydin, E. *Introduction to Machine Learning*. Cambridge, MA: MIT Press, 14, 2009.

[3] Amigó, E, Gonzalo, J, Artiles, J, and Verdejo, F. A comparison of extrinsic clustering evaluation metrics based on formal constraints. *Inf Retr* 12: 461-486, 2009.

[3a] Anderson, C. The end of theory: the data deluge makes the scientific method obsolete. June 23, 2008. Accessed March 8, 2020.

[4] Andrienko, G, Andrienko, N, Budziak, G, Dykes, J, Fuchs, G, von Landesberger, T, and Weber, H. Visual analysis of pressure in football. *Data Min Knowl Disc* 31: 1793-1839, 2017.

[5] Ball, KA, and Best, RJ. Different centre of pressure patterns within the golf stroke I: cluster analysis. *J Sports Sci* 25: 757-770, 2007.

[6] Bartlett, JD, O'Connor, F, Pitchford, N, Torres-Ronda, L, and Robertson, SJ. Relationships between internal and external training load in team-sport athletes: evidence for an individualized approach. *Int J Sports Physiol Perform* 12: 230-234, 2017.

[7] Bate, L, Hutchinson, A, Underhill, J, and Maskrey, N. How clinical decisions are made. *Br J Clin Pharmacol* 74: 614-620, 2012.

[7a] Benioff, MR, and Lazowska, ED. Computational science: ensuring America's competitiveness. 2005. Accessed March 8, 2020.

[8] Bordes, A, Chopra, S, and Weston, J. Question answering with subgraph embeddings. 2014. Accessed August 5, 2019.

[9] Bozdogan, H. Model selection and Akaike's information criterion (AIC): the general theory and its analytical

extensions. *Psychometrika* 52: 345-370, 1987.

[10] Brefeld, U, Lasek, J, and Mair, S. Probabilistic movement models and zones of control. *Mach Learn* 108: 127-147, 2019.

[11] Browne, P, Morgan, S, Bahnisch, J, and Robertson, S. Discovering patterns of play in netball with network motifs and association rules. *Int J Comput Sci Sport* 18: 64-79, 2019.

[12] Calder, JM, and Durbach, IN. Decision support for evaluating player performance in rugby union. *Int J Sports Sci Coach* 10: 21-37, 2015.

[13] Chan, TC, and Singal, R. A Markov Decision Process-based handicap system for tennis. *J Quant Anal Sports* 12: 179-188, 2016.

[14] Cintia, P., Rinzivillo, S., and Pappalardo, L. *Machine Learning and Data Mining for Sports Analytics Workshop*. Porto, Portugal, September, 2015.

[15] Croskerry, P. The theory and practice of clinical decision-making. *Can J Anaesth* 52: R1-R8, 2005.

[16] Cun, Y Le, Bengio, Y, and Hinton, G. Deep learning. *Nature* 521: 436-444, 2015.

[17] Cust, EE, Sweeting, AJ, Ball, K, and Robertson, S. Machine and deep learning for sport-specific movement recognition: a systematic review of model development and performance. *J Sports Sci* 37: 568-600, 2019.

[18] Den Hartigh, RJ, Hill, Y, and Van Geert, PL. The development of talent in sports: a dynamic network approach. *Complexity* 1-13, 2018.

[19] Dhar, V, and Chou, D. A comparison of nonlinear models for financial prediction. *IEEE Trans Neural Netw* 12: 907-921, 2001.

[20] Dietterich, T. Overfitting and undercomputing in machine learning. *ACM Comput Serv* 27: 326-327, 1995.

[21] Edelmann-Nusser, J, Hohmann, A, and Henneberg, B. Modeling and prediction of competitive performance in swimming upon neural networks. *Eur J Sport Sci* 2: 1-10, 2002.

[22] Fogel, DB, Chellapilla, K, and Angeline, PJ. Inductive reasoning and bounded rationality reconsidered. *IEEE Trans Evol Comput* 3: 142-146, 1999.

[23] Fong, S, and Kwoh, CK. Measuring similarity by prediction class between biomedical datasets via Fuzzy unordered rule induction. *Int J Bio Sci Bio Tech* 6: 159-168, 2014.

[24] Gama, J. Data stream mining: the bounded rationality. *Informatica* 37: 21-25, 2013.

[25] Garg, AX, Adhikari, NKJ, McDonald, H, Rosas-Arellano, MP, Devereaux, PJ, Beyene, J, and Haynes, RB. Effects of computerized clinical decision support systems on practitioner performance and patient outcomes: a systematic review. *JAMA* 293: 1223-1238, 2005.

[26] Gigerenzer, G, and Selten, R. *Bounded Rationality: The Adaptive Toolbox*. Cambridge, MA: MIT Press, 2002.

[27] Gillet, N, Berjot, S, Vallerand, RJ, Amoura, S, and Rosnet, E. Examining the motivation-performance relationship in competitive sport: a cluster-analytic approach. *Int J Sport Psychol* 43: 79-102, 2012.

[28] Grove, WM, Zald, DH, Lebow, BS, Snitz, BE, and Nelson, C. Clinical versus mechanical prediction: a meta-analysis. *Psychol Assess* 12: 19-30, 2000.

[29] Hinton, G, Deng, L, Yu, D, Dahl, G, Mohamed, AR, Jaitly, N, Senior, A, Vanhoucke, V, Nguyen, P, Kingsbury, B, and Sainath, T. Deep neural networks for acoustic modeling in speech recognition. *IEEE Signal Process*

Mag 29, 2012.

[30] Hoch, SJ, and Schkade, DA. A psychological approach to decision support systems. *Manag Sci* 42: 51-64, 1996.

[31] Jaksch, T, Ortner, R, and Auer, P. Near-optimal regret bounds for reinforcement learning. *J Mach Learn Res* 11: 1563-1600, 2010.

[32] James, G, Witten, D, Hastie, T, and Tibshirani, R. *An Introduction to Statistical Learning.* New York: Springer, 2013.

[33] Janssen, D, Schöllhorn, WI, Newell, KM, Jäger, JM, Rost, F, and Vehof, K. Diagnosing fatigue in gait patterns by support vector machines and self-organizing maps. *Hum Mov Sci* 30: 966-975, 2011.

[34] Jean, S, Cho, K, Memisevic, R, and Bengio, Y. On using very large target vocabulary for neural machine translation. 2007. Accessed August 5, 2019.

[35] Kahneman, D. Maps of bounded rationality: psychology for behavioral economics. *Am Econ Rev* 93: 1449-1475, 2003.

[36] Kale, A, Nguyen, F, Kay, M, and Hullman, J. Hypothetical outcome lots help untrained observers judge trends in ambiguous data. *IEEE Trans Vis Comput Graph* 25: 892-902, 2018.

[37] Kawamoto, K, Houlihan, CA, Balas, EA, and Lobach, DF. Improving clinical practice using clinical decision support systems: a systematic review of trials to identify features critical to success. *BMJ* 330: 765-772, 2005.

[38] Kay, M, Kola, T, Hullman, JR, and Munson, SA. When (ish) is my bus?: user-centered visualizations of uncertainty in everyday, mobile predictive systems. *In Proc CHI Conf Hum Factor Comput Syst* 5092-5103, 2016.

[39] Kearns, MJ. A bound on the error of cross validation using the approximation and estimation rates, with consequences for the training-test split. *Adv Neural Inf Process Syst* 183-189, 1996.

[40] Kringle, EA, Knutson, EC, Engstrom, C, and Terhorst, L. Iterative processes: a review of semi-supervised machine learning in rehabilitation science. *Disabil Rehabil Assist Technol* 15: 515-520, 2019.

[41] Krizhevsky, A, Sutskever, I, and Hinton, GE. Imagenet classification with deep convolutional neural networks. *In Adv Neural Inf Process Syst* 1097-1105, 2012.

[42] Lamb, P, and Croft, H. Visualizing rugby game styles using self-organizing maps. *IEEE Comput Graph Appl* 36: 11-15, 2016.

[43] Larkin, JH, and Simon, HA. Why a diagram is (sometimes) worth ten thousand words. *Cogn Sci* 11: 65-100, 1987.

[44] Lee, BK, Lessler, J, and Stuart, EA. Improving propensity score weighting using machine learning. *Stat Med* 29: 337-346, 2010.

[45] Liu, M, and Liu, H. Research on application of association rule mining in Chinese athletes' nutritional and biochemical indexes monitoring. *JDCTA* 6: 174-180, 2012.

[46] Liu, G, and Schulte, O. Deep reinforcement learning in ice hockey for context-aware player evaluation. 2018. Accessed August 5, 2019.

[46a] Manyika, J, Chui, M, Brown, B, Bughin, J, Dobbs, R, Roxburgh, C, and Hung Byers, A. Big data: the next frontier for innovation, competition, and productivity. Accessed March 8, 2020.

[47] Maymin, PZ. The automated general manager: can an algorithmic system for drafts, trades, and free agency outperform human front offices? *J Glob Sport Manag* 2: 234-249, 2017.

[47a] Meehl, P. Clincal versus statistical prediction: A theoretical analysis and a review of the evidence. Minneapolis, MN, US. University of Minnesota Press. 1954.

[48] Memmert, D, Lemmink, KA, and Sampaio, J. Current approaches to tactical performance analyses in soccer using position data. *Sports Med* 47: 1-10, 2017.

[49] Mingers, J. An empirical comparison of pruning methods for decision tree induction. *Mach Learn* 4: 227-243, 1989.

[50] Ofoghi, B, Zeleznikow, J, MacMahon, C, and Raab, M. Data mining in elite sports: a review and a framework. *Meas Phys Educ Exerc Sci* 17: 171-186, 2013.

[51] Pappalardo, L, Cintia, P, Pedreschi, D, Giannotti, F, and Barabasi, AL. Human perception of performance. 2017. Accessed August 5, 2019.

[52] Pedersen, AV, Aksdal, IM, and Stalsberg, R. Scaling demands of soccer according to anthropometric and physiological sex differences: a fairer comparison of men's and women's soccer. *Front Psychol* 10: 762, 2019.

[53] Powrie, JK, Bassett, EE, Rosen, T, JØrgensen, JO, Napoli, R, Sacca, L, Christiansen, JS, Bengtsson, BA, Sönksen, PH, and GH-2000 Project Study Group. Detection of growth hormone abuse in sport. *Growth Horm IGF Res* 17: 220-226, 2007

[54] Prakash, CD, Patvardhan, C, and Lakshmi, CV. Team selection strategy in IPL 9 using Random Forests Algorithm. *Int J Comput Appl* 139: 42-48, 2016.

[55] Ramasubramanian, K, and Singh, A. *Machine Learning Using R.* New Delhi, India: Apress, 2017.

[56] Rein, R, and Memmert, D. Big data and tactical analysis in elite soccer: future challenges and opportunities for sports science. *Springerplus* 5: 1410, 2016.

[57] Robertson, S, Back, N, and Bartlett, JD. Explaining match outcome in elite Australian rules football using team performance indicators. *J Sports Sci* 34: 637-644, 2016.

[58] Robertson, S, Bartlett, JD, and Gastin, PB. Red, amber, or green? Athlete monitoring in team sport: the need for decision-support systems. *Int J Sports Physiol Perform* 12: S273-S279, 2017.

[59] Robertson, S, Gupta, R, and McIntosh, S. A method to assess the influence of individual player performance distribution on match outcome in team sports. *J Sports Sci* 34: 1893-1900, 2016.

[60] Robertson, S, and Joyce, D. Bounded rationality revisited: making sense of complexity in applied sport science. 2019. Accessed November 4, 2019.

[61] Robertson, S, Spencer, B, Back, N, and Farrow, D. A rule induction framework for the determination of representative learning design in skilled performance. *J Sports Sci* 37: 1280-1285, 2019.

[62] Sampaio, J, McGarry, T, Calleja-González, J, Sáiz, SJ, i del Alcázar, XS, and Balciunas, M. Exploring game performance in the National Basketball Association using player tracking data. *PLoS One* 10: 1-14, 2015.

[63] Senanayake, SA, Malik, OA, Iskandar, PM, and Zaheer, D. A knowledge-based intelligent framework for anterior cruciate ligament rehabilitation monitoring. *Appl Soft Comput* 20: 127-141, 2014.

[64] Simon, HA. Rational choice and the structure of the environment. *Psych Rev* 63: 129-138, 1956.

[65] Spencer, B, Robertson, S, and Morgan, S. Modelling within-team relative phase couplings using position derivatives in Australian rules football. *Math Comput Model Dyn Syst* 23: 372-383, 2017.

[66] Sprague Jr, RH. A framework for the development of decision support systems. *MIS Q* 1-26, 1980.

[67] Stöckl, M, and Morgan, S. Visualization and analysis of spatial characteristics of attacks in field hockey. *Int J Perform Anal Sport* 13: 160-178, 2013.

[68] Sutskever, I, Vinyals, O, and Le, QV. Sequence to sequence learning with neural networks. *Adv Neural Inf Process Syst* 3104-3112, 2014.

[69] Taha, Z, Musa, RM, Majeed, AP, Alim, MM, and Abdullah, MR. The identification of high potential archers based on fitness and motor ability variables: a support vector machine approach. *Hum Mov Sci* 57: 184-193, 2018.

[70] Thornton, HR, Delaney, JA, Duthie, GM, Scott, BR, Chivers, WJ, Sanctuary, CE, and Dascombe, BJ. Predicting self-reported illness for professional team-sport athletes. *Int J Sports Physiol Perform* 11: 543-550, 2016.

[71] Wagenmakers, EJ, and Farrell, S. AIC model selection using Akaike weights. *Psychon Bull Rev* 11: 192-196, 2004.

[72] Weigelt, M, Ahlmeyer, T, Lex, H, and Schack, T. The cognitive representation of a throwing technique in judo experts–technological ways for individual skill diagnostics in high-performance sports. *Psych Sport Exerc* 12: 231-235, 2011.

[72a] Wing, J. Computational thinking benefits society. 2014. Accessed March 8, 2020.

[73] Witten, IH, Frank, E, Hall, MA, and Pal, CJ. *Data Mining: Practical Machine Learning Tools and Techniques*. Cambridge, MA: Morgan Kaufmann, 5, 2016.

[74] Wundersitz, DW, Josman, C, Gupta, R, Netto, KJ, Gastin, PB, and Robertson, S. Classification of team sport activities using a single wearable tracking device. *J Biomech* 48: 3975-3981, 2015.

[75] Zelic, I, Kononenko, I, Lavrac, N, and Vuga, V. Induction of decision trees and Bayesian classification applied to diagnosis of sport injuries. *J Med Syst* 21: 429-444, 1997.

[76] Zhang, D, Gatica-Perez, D, Bengio, S, and McCowan, I. Semi-supervised adapted HMMs for unusual event detection. In *IEEE Conf Comp Soc Comput Vis and Pattern Recognit* 1: 611-618, 2005.

第21章

[1] Attneave, F. Some informational aspects of visual perception. *Psychol Rev* 61: 183-193, 1954.

[2] Bosch, T. Body composition in football players. *NSCA Coach* 4: 50-56, 2019.

[3] Bulger, RE. The responsible conduct of research, including responsible authorship and publication practices. In *Ethics for Life Scientists*. Korthals M and Bogers RJ, eds. Dordrecht, The Netherlands: Springer, 55-62, 2004.

[4] Cavanagh, P. Visual cognition. *Vision Res* 51: 1538-1551, 2011.

[5] Dahlstrom, MF. Using narratives and storytelling to communicate science with nonexpert audiences. *Proc Natl Acad Sci U S A* 111: 13614-13620, 2014.

[6] Dengel, DR, Raymond, CJ, and Bosch, TB. Assessment of muscle mass. In *Body Composition: Health and Performance in Exercise and Sport*. Lukaski, HC, ed. Boca Raton, FL: CRC Press, 27-48, 2017.

[7] Few, S. Visual perception and quantitative communication. In *Show Me the Numbers: Designing Tables and Graphs to Enlighten*. Oakland, CA: Analytics Press, 92-116, 2004.

[8] Freytag, G. The construction of the drama. In *Technique of the Drama*. 2nd ed. Chicago: S.C. Griggs & Company, 104-209, 1896.

[9] Griethe, H, and Schumann, H. Visualizing uncertainty for improved decision making. In *Proceedings of the 4th International Conference on Business Informatics Research, Skövde, Sweden, 3-4 October 2005*. Skövde, Sweden: University of Skövde, 1-11, 2005.

[10] Healey, CG, Booth, KS, and Enns, JT. Harnessing preattentive processes for multivariate data visualization. In *Proceedings of Graphics Interface '93, Toronto, Canada, 19-21 May 1993*. Mississauga, Canada: Canadian Information Processing Society, 107-117, 1993.

[11] Kay, M, Kola, T, Hullman, JR, and Munson, SA. When (ish) is my bus?: User-centered visualizations of uncertainty in everyday, mobile predictive systems. In *Proceedings of the 2016 CHI Conference on Human Factors in Computing Systems, San Jose, USA, 7-12 May 2016*. San Jose, CA: ACM, 5092-5103, 2016.

[12] Kress, G, and Van Leeuwen, T. Colour as a semiotic mode: notes for a grammar of colour. *Vis Commun* 1: 343-368, 2002.

[13] Krzywinski, M, and Cairo, A. Storytelling. *Nat Methods* 10: 687, 2013.

[14] Lee, B, Riche, NH, Isenberg, P, and Carpendale, S. More than telling a story: transforming data into visually shared stories. *IEEE Comput Graph Appl* 35: 84-90, 2015.

[15] Padilla, LM, Creem-Regehr, SH, Hegarty, M, and Stefanucci, JK. Decision making with visualizations: a cognitive framework across disciplines. *Cogn Res Princ Implic* 3: 29, 2018.

[16] Perin, C, Vuillemot, R, Stolper, CD, Stasko, JT, Wood, J, and Carpendale, S. State of the art of sports data visualization. *Comput Graph Forum* 37: 663-686, 2018.

[17] Riveiro, M. Evaluation of uncertainty visualization techniques for information fusion. In *Proceedings of the 10th International Conference on Information Fusion, Québec, Canada, 9-12 July 2007*. Washington, DC: IEEE Computer Society, 1-8, 2007.

[18] Riveiro, M, Helldin, T, Falkman, G, and Lebram, M. Effects of visualizing uncertainty on decision-making in a target identification scenario. *Comput Graph* 41: 84-98, 2014.

[19] Rosling, H, Rosling, O, and Rosling Rönnlund, A. The single perspective instinct. In *Factfulness*. London, UK: Sceptre, 185-203, 2018.

[20] Skeels, M, Lee, B, Smith, G, and Robertson, GG. Revealing uncertainty for information visualization. *Inf Vis* 9: 70-81, 2010.

[21] Story, MF. The principles of universal design. In *Universal Design Handbook*. 2nd ed. Preiser, WFE and Smith, KH, eds. New York: McGraw-Hill, 4.3-4.12, 2011.

[22] Story, MF, Mueller, JL, and Mace, RL. *The Universal Design File: Designing for People of All Ages and Abilities*. Raleigh, NC: North Carolina State University, 2-4, 1998.

[23] Wagemans, J, Elder, JH, Kubovy, M, Palmer, SE, Peterson, MA, Singh M, and von der Heydt, R. A century of Gestalt psychology in visual perception: I. Perceptual grouping and figure-ground organization. *Psychol Bull* 138: 1172-1217, 2012.

第22章

[1] Bompa, T, and Haff, GG. *Periodization: Theory and Methodology of Training*. 5th ed. Champaign, IL: Human Kinetics, 2009.

[2] Brewer, C. Strength and conditioning in the elite sports environment. In *Routledge Handbook of Elite Sport Performance*. Collins, D, Cruickshank, A, and Jordet, G, eds. Milton Park, Abington, UK: Routledge, 85-98, 2019.

[3] Cissik, J, Hedrick, A, and Barnes, M. Challenges applying the research on periodization. *Strength Cond J* 30: 45-51, 2008.

[4] Ham, DJ, Knez, WL, and Young, WB. A deterministic model of the vertical jump: implications for training. *J Strength Cond Res* 21: 967-972, 2007.

[5] Joyner, MJ, and Coyle, EF. Endurance exercise performance: the physiology of champions. *J Physiol* 586: 35-44, 2008.

[6] Oliver, GD, and Keeley, DW. Gluteal muscle group activation and its relationship with pelvis and torso kinematics in high school baseball pitchers. *J Strength Cond Res* 24: 3015-3022, 2010.

[7] Stone, MH, Stone, ME, and Sands, WA. Principles and *Practice of Resistance Training*. Champaign, IL: Human Kinetics, 2007.

[8] Strudwick, T. Reshaping the future of sports science in football. *Football Medic and Scientist* 19: 12-18, 2017.

第23章

[1] Argus, CK, Driller, MW, Ebert, TR, Martin, DT, and Halson, S. The effects of four different recovery strategies on repeat sprint cycling performance. *Int J Sports Physiol Perform* 8: 542-548, 2013.

[1a] Baird, MF, Graham, SM, Baker, JS, and Bickerstaff, GF. Creatine-kinase- and exercise-related muscle damage implications for muscle performance and recovery. *J Nutr Metab* 960363, 2012.

[2] Banfi, G, Lombardi, G, Colombini, A, and Melegati, G. Whole-body cryotherapy in athletes. *Sports Med* 40: 509-517, 2010.

[3] Barnett, A. Using recovery modalities between training sessions in elite athletes. *Sports Med* 36: 781-796, 2006.

[4] Beaven, CM, Cook, C, Gray, D, Downes, P, Murphy, I, Drawer, S, Ingram, JR, Kilduff, LP, and Gill, N. Electro-stimulation's enhancement of recovery during a rugby preseason. *Int J Sports Physiol Perform* 8: 92-98, 2013.

[5] Behm, D. The effects and potential mechanisms of foam rolling on athletic performance. Presented at European Congress of Sport Science, MetropolisRhur, Germany, 7/7/17, 2017.

[6] Bleakley, CM, Bieuzen, F, Davison, GW, and Costello, JT. Whole-body cryotherapy: empirical evidence and theoretical perspectives. *Open Access J Sports Med* 5: 25-36, 2014.

[6a] Bonnar, D, Bartel, K, Kakoschke, N and Lang, C. Sleep interventions designed to improve athletic performance and recovery: A systematic review of current approaches.

Sports medicine, 48(3): 683-703, 2018.

[7] Broatch, JR, Bishop, DJ, and Halson, S. Lower limb sports compression garments improve muscle blood flow and exercise performance during repeated-sprint cycling. *Int J Sports Physiol Perform* 13: 882-890, 2018.

[8] Brophy-Williams, N, Driller, MW, Kitic, CM, Fell, JW, and Halson, SL. Effect of compression socks worn between repeated maximal running bouts. *Int J Sports Physiol Perform* 12: 621-627, 2017.

[9] Brophy-Williams, N, Driller, MW, Shing, CM, Fell, JW, and Halson, SL. Confounding compression: the effects of posture, sizing and garment type on measured interface pressure in sports compression clothing. *J Sports Sci* 33: 1403-1410, 2015.

[10] Brown, F, Gissane, C, Howatson, G, van Someren, K, Pedlar, C, and Hill, J. Compression garments and recovery from exercise: a meta-analysis. *Sports Med* 47: 2245-2267, 2017.

[11] Caia, J, Kelly, VG, and Halson, SL. The role of sleep in maximising performance in elite athletes. In *Sport, Recovery and Performance*. Kellman, M and Beckman, J, eds. Abington, UK: Routledge, 151-167, 2017.

[12] Costello, JT, Baker, PR, Minett, GM, Bieuzen, F, Stewart, IB, and Bleakley, C. Whole-body cryotherapy (extreme cold air exposure) for preventing and treating muscle soreness after exercise in adults. *Cochrane Database Syst Rev* 9: CD010789, 2015.

[13] Ferguson, RA, Dodd, MJ, and Paley, VR. Neuromuscular electrical stimulation via the peroneal nerve is superior to graduated compression socks in reducing perceived muscle soreness following intense intermittent endurance exercise. *Eur J Appl Physiol* 114: 2223-2232, 2014.

[14] Halson, S. Does the time frame between exercise influence the effectiveness of hydrotherapy for recovery? *Int J Sports Physiol Perform* 6: 147-159, 2011.

[15] Halson, SL. Sleep in elite athletes and nutritional inter-ventions to enhance sleep. *Sports Med* 44(suppl 1): S13-S23, 2014.

[16] Heapy, AM, Hoffman, MD, Verhagen, HH, Thompson, SW, Dhamija, P, Sandford, FJ, and Cooper, MC. A rando-mized controlled trial of manual therapy and pneumatic compression for recovery from prolonged running-an extended study. *Res Sports Med* 26: 354-364, 2018.

[17] Hill, J, Howatson, G, van Someren, K, Leeder, J, and Pedlar, C. Compression garments and recovery from exercise-induced muscle damage: a meta-analysis. *Br J Sports Med* 48: 1340-1346, 2014.

[18] Ihsan, M, Watson, G, and Abbiss, CR. What are the physiological mechanisms for post-exercise cold water immersion in the recovery from prolonged endurance and intermittent exercise? *Sports Med* 46: 1095-1109, 2016.

[19] Institut National du Sport, Hausswirth, C, and Mujika, I. *Recovery for Performance in Sport*. Champaign, IL: Human Kinetics, 2013.

[20] Juliff, LE, Halson, SL, and Peiffer, JJ. Understanding sleep disturbance in athletes prior to important competitions. *J Sci Med Sport* 18: 13-18, 2015.

[21] Killer, SC, Svendsen, IS, Jeukendrup, AE, and Gleeson, M. Evidence of disturbed sleep and mood state in well-trained athletes during short-term intensified training with and without a high carbohydrate nutritional intervention. *J Sports Sci* 35: 1402-1410, 2017.

[22] Kosar, AC, Candow, DG, and Putland, JT. Potential

beneficial effects of whole-body vibration for muscle recovery after exercise. *J Strength Cond Res* 26: 2907-2911, 2012.

[23] Kraemer, WJ, Hooper, DR, Kupchak, BR, Saenz, C, Brown, LE, Vingren, JL, Luk, HY, DuPont, WH, Szivak, TK, Flanagan, SD, Caldwell, LK, Eklund, D, Lee, EC, Hakkinen, K, Volek, JS, Fleck, SJ, and Maresh, CM. The effects of a roundtrip trans-American jet travel on physiological stress, neuromuscular performance, and recovery. *J Appl Physiol* (1985) 121: 438-448, 2016.

[24] Lastella, M, Roach, GD, Halson, SL, Martin, DT, West, NP, and Sargent, C. The impact of a simulated grand tour on sleep, mood, and well-being of competitive cyclists. *J Sports Med Phys Fitness* 55: 1555-1564, 2015.

[25] Lastella, M, Roach, GD, Halson, SL, and Sargent, C. Sleep/wake behaviours of elite athletes from individual and team sports. *Eur J Sport Sci* 15: 94-100, 2015.

[26] Leeder, J, Glaister, M, Pizzoferro, K, Dawson, J, and Pedlar, C. Sleep duration and quality in elite athletes measured using wristwatch actigraphy. *J Sports Sci* 30: 541-545, 2012.

[26a] Leeder, J, Godfrey, M, Gibbon, D, Gaze, D, Davison, GW, Van Someren, KA, and Howatson, G. Cold water immersion improves recovery of sprint speed following a simulated tournament. *Eur J Sport Sci* 19: 1166-1174, 2019.

[27] Machado, AF, Almeida, AC, Micheletti, JK, Vanderlei, FM, Tribst, MF, Netto Junior, J, and Pastre, CM. Dosages of cold-water immersion post exercise on functional and clinical responses: a randomized controlled trial. *Scand J Med Sci Sports* 27: 1356-1363, 2017.

[28] Mujika, I, Halson, S, Burke, LM, Balague, G, and Farrow, D. An integrated, multifactorial approach to periodization for optimal performance in individual and team sports. *Int J Sports Physiol Perform* 13: 538-561, 2018.

[29] Overmayer, RG, and Driller, MW. Pneumatic compression fails to improve performance recovery in trained cyclists. *Int J Sports Physiol Perform* 13: 490-495, 2018.

[30] Pinar, S, Kaya, F, Bicer, B, Erzeybek, MS, and Cotuk, HB. Different recovery methods and muscle performance after exhausting exercise: comparison of the effects of electrical muscle stimulation and massage. *Biol Sport* 29: 269-275, 2012.

[31] Poppendieck, W, Wegmann, M, Ferrauti, A, Kellmann, M, Peiffer, M, and Meyer, T. Massage and performance recovery: a meta-analytical review. *Sports Med* 46: 183-205, 2016.

[32] Pournot, H, Tindel, J, Testa, R, Mathevon, L, and Lapole, T. The acute effects of local vibration as a recovery modality from exercise-induced increased muscle stiffness. *J Sci Med Sport* 15: 142-147, 2016.

[33] Rabita, G, and Delextrat, A. Stretching. In *Recovery for Performance in Sport*. Hausswirth, C and Mujika, I, eds. Champaign, IL: Human Kinetics, 55-70, 2013.

[34] Roberts, LA, Raastad, T, Markworth, JF, Figueiredo, VC, Egner, IM, Shield, A, Cameron-Smith, D, Coombes, JS, and Peake, JM. Post-exercise cold water immersion attenuates acute anabolic signalling and long-term adaptations in muscle to strength training. *J Physiol* 593: 4285-4301, 2015.

[34a] Russell, S, Jenkins, D, Smith, M, Halson, S and Kelly,

V. The application of mental fatigue research to elite team sport performance: New perspectives. *Journal of science and medicine in sport*, 22(6): 723-728, 2019.

[35] Sands, WA, McNeal, JR, Murray, SR, Ramsey, MW, Sato, K, Mizuguchi, S, and Stone, MH. Stretching and its effects on recovery. *Strength Cond J* 35: 30-36, 2013.

[36] Sargent, C, Halson, S, and Roach, GD. Sleep or swim? Early-morning training severely restricts the amount of sleep obtained by elite swimmers. *Eur J Sport Sci* 14(suppl 1): S310-S315, 2014.

[37] Sargent, C, and Roach, GD. Sleep duration is reduced in elite athletes following night-time competition. *Chronobiol Int* 33: 667-670, 2016.

[38] Stephens, JM, Halson, S, Miller, J, Slater, GJ, and Askew, CD. Cold-water immersion for athletic recovery: one size does not fit all. *Int J Sports Physiol Perform* 12: 2-9, 2017.

[39] Stephens, JM, Sharpe, K, Gore, C, Miller, J, Slater, GJ, Versey, N, Peiffer, J, Duffield, R, Minett, GM, Crampton, D, Dunne, A, Askew, CD, and Halson, SL. Core temperature responses to cold-water immersion recovery: a pooled-data analysis. *Int J Sports Physiol Perform* 13: 917-925, 2018.

[40] Vaile, J, Halson, S, and Graham, S. Recovery review-science vs practice. *J Aust Strength Cond 2*(suppl 2): 5-21, 2010.

[40a] Vaile, J, Halson, S, Gill, N, and Dawson, B. Effect of hydrotherapy on the signs and symptoms of delayed onset muscle soreness. *European journal of applied physiology* 102: 447-455, 2008.

[41] Van Hooren, B, and Peake, JM. Do we need a cool-down after exercise? A narrative review of the psychophysiological effects and the effects on performance, injuries and the long-term adaptive response. *Sports Med* 48: 1575-1595, 2018.

[42] Versey, N, Halson, S, and Dawson, B. Effect of contrast water therapy duration on recovery of cycling performance: a dose-response study. *Eur J Appl Physiol* 111: 37-46, 2011.

[43] Versey, N, Halson, S, and Dawson, B. Effect of contrast water therapy duration on recovery of running performance. *Int J Sports Physiol Perform* 7: 130-140, 2012.

[44] Versey, NG, Halson, SL, and Dawson, BT. Water immersion recovery for athletes: effect on exercise performance and practical recommendations. *Sports Med* 43: 1101-1130, 2013.

[45] Webb, NP. The use of post game recovery modalities following team contact sport: a review. *J Aust Strength Cond* 21: 70-79, 2013.

[46] Wiewelhove, T, Doweling, A, Schneider, C, Hottenrott, L, Meyer, T, Kellmann, M, Pfeiffer, M, and Ferrauti, A. A meta-analysis of the effects of foam rolling on performance and recovery. *Front Physiol* 10: 376, 2019.

[47] Winke, M, and Williamson, S. Comparison of a pnumatic compression device to a compression garment during recovery from DOMS. *Int J Exerc Sci* 11: 375-383, 2018.

第24章

[1] Ackerman, KE, Cano Sokoloff, N, De Nardo Maffazioli, G, Clarke, HM, Lee, H, and Misra, M. Fractures in relation to menstrual status and bone parameters in young athletes. *Med Sci Sports Exerc* 47: 1577-1586, 2015.

[2] Adams, JD, Capitan-Jimenez, C, Huggins, RA, Casa, DJ, Mauromoustakos, A, and Kavouras, SA. Urine reagent

strips are inaccurate for assessing hypohydration: a brief report. *Clin J Sport Med* 29: 506-508, 2019.

[3] American College of Sports Medicine, Sawka, MN, Burke, LM, Eichner, ER, Maughan, RJ, Montain, SJ, and Stachenfeld, NS. American College of Sports Medicine position stand. Exercise and fluid replacement. *Med Sci Sports Exerc* 39: 377-390, 2007.

[4] Belval, LN, Hosokawa, Y, Casa, DJ, Adams, WM, Armstrong, LE, Baker, LB, Burke, L, Cheuvront, S, Chiampas, G, Gonzalez-Alonso, J, Huggins, RA, Kavouras, SA, Lee, EC, McDermott, BP, Miller, K, Schlader, Z, Sims, S, Stearns, RL, Troyanos, C, and Wingo, J. Practical hydration solutions for sports. *Nutrients* 11: 1550, 2019.

[5] Bennell, KL, Malcolm, SA, Thomas, SA, Ebeling, PR, McCrory, PR, Wark, JD, and Brukner, PD. Risk factors for stress fractures in female track-and-field athletes: a retrospective analysis. *Clin J Sports Med* 5: 229-235, 1995.

[6] Burke, LM. Re-examining high-fat diets for sports performance: did we call the "nail in the coffin" too soon? *Sports Med* 45(suppl 1): S33-S49, 2015.

[7] Burke, LM, and Hawley, JA. Swifter, higher, stronger: what's on the menu? *Science* 362: 781-787, 2018.

[8] Burke, LM, Hawley, JA, Jeukendrup, A, Morton, JP, Stellingwerff, T, and Maughan, RJ. Toward a common understanding of diet-exercise strategies to manipulate fuel availability for training and competition preparation in endurance sport. *Int J Sport Nutr Exerc Metab* 28: 451-463, 2018.

[9] Burke, LM, Lundy, B, Fahrenholtz, IL, and Melin, AK. Pitfalls of conducting and interpreting estimates of energy availability in free-living athletes. *Int J Sport Nutr Exerc Metab* 28: 350-363, 2018.

[10] Burke, LM, and Maughan, RJ. The Governor has a sweet tooth-mouth sensing of nutrients to enhance sports performance. Eur J Sport Sci 15: 29-40, 2015.

[11] Burke, LM, Ross, ML, Garvican-Lewis, LA, Welvaert, M, Heikura, IA, Forbes, SG, Mirtschin, JG, Cato, LE, Strobel, N, Sharma, AP, and Hawley, JA. Low carbohydrate, high fat diet impairs exercise economy and negates the performance benefit from intensified training in elite race walkers. *J Physiol* 595: 2785-2807, 2017.

[12] Carr, AJ, Hopkins, WG, and Gore, CJ. Effects of acute alkalosis and acidosis on performance: a meta-analysis. *Sports Med* 41: 801-814, 2011.

[13] Casa, DJ, Cheuvront, SN, Galloway, SD, and Shirreffs, SM. Fluid needs for training, competition, and recovery in track-and-field athletes. *Int J Sport Nutr Exerc Metab* 29: 175-180, 2019.

[14] Chambers, ES, Bridge, MW, and Jones, DA. Carbohydrate sensing in the human mouth: effects on exercise performance and brain activity. *J Physiol* 587: 1779-1794, 2009.

[15] Cheuvront, SN, and Kenefick, RW. Dehydration: physiology, assessment, and performance effects. *Compr Physiol* 4: 257-285, 2014.

[16] Costa, RJS, Miall, A, Khoo, A, Rauch, C, Snipe, R, Camoes-Costa, V, and Gibson, P. Gut-training: the impact of two weeks repetitive gut-challenge during exercise on gastrointestinal status, glucose availability, fuel kinetics, and running performance. *Appl Physiol Nutr Metab* 42: 547-557, 2017.

[17] Coyle, EF, Coggan, AR, Hemmert, MK, and Ivy, JL. Muscle glycogen utilisation during prolonged strenuous exercise when fed carbohydrate. *J Appl Physiol* 61: 165-

172, 1986.

[18] Deakin, V. Iron depletion in athletes. In *Clinical Sports Nutrition*. Burke, L and Deakin, V, eds. Sydney: McGraw-Hill, 263-312, 2006.

[19] Geyer, H, Parr, MK, Reinhart, U, Schrader, Y, Mareck, U, and Schanzer, W. Analysis of non-hormonal nutritional supplements for anabolic-androgenic steroids-results of an international study. *Int J Sports Med* 25: 124-129, 2004.

[20] Goulet, EDB. Comment on drinking strategies: planned drinking versus drinking to thirst. *Sports Med* 49: 631-633, 2018.

[21] Havemann, L, West, S, Goedecke, JH, McDonald, IA, St-Clair Gibson, A, Noakes, TD, and Lambert, EV. Fat adaptation followed by carbohydrate-loading compromises high-intensity sprint performance. *J Appl Physiol* 100: 194-202, 2006.

[22] Hawley, JA, Schabort, EJ, Noakes, TD, and Dennis, SC. Carbohydrate-loading and exercise performance: an update. *Sports Med* 24: 73-81, 1997.

[23] Hew-Butler, T, Loi, V, Pani, A, and Rosner, MH. Exercise-associated hyponatremia: 2017 update. *Front Med* 4: 21, 2017.

[24] Impey, SG, Hearris, MA, Hammond, KM, Bartlett, JD, Louis, J, Close, GL, and Morton, JP. Fuel for the work required: a theoretical framework for carbohydrate periodization and the glycogen threshold hypothesis. *Sports Med* 48: 1031-1048, 2018.

[25] Jeukendrup, AE. Training the gut for athletes. *Sports Med* 47: 101-110, 2017.

[26] Kenefick, RW. Drinking strategies: planned drinking versus drinking to thirst. *Sports Med* 48: 31-37, 2018.

[27] Kenefick, RW. Author's reply to Goulet: Comment on drinking strategies: planned drinking versus drinking to thirst. *Sports Med* 49: 635-636, 2019.

[28] Kerr, D, Khan, K, and Bennell, K. Bone, exercise, and nutrition In *Clinical Sports Nutrition*. 5th ed. Burke, L and Deakin, V, eds. Sydney: McGraw-Hill, 234-265, 2015.

[29] Koehler, K, Hoerner, NR, Gibbs, JC, Zinner, C, Braun, H, De Souza, MJ, and Schaenzer, W. Low energy availability in exercising men is associated with reduced leptin and insulin but not with changes in other metabolic hormones. *J Sports Sci* 34: 1921-1929, 2016.

[30] Kreider, RB, Kalman, DS, Antonio, J, Ziegenfuss, TN, Wildman, R, Collins, R, Candow, DG, Kleiner, SM, Almada, AL, and Lopez, HL. International Society of Sports Nutrition position stand: safety and efficacy of creatine supplementation in exercise, sport, and medicine. *J Int Soc Sports Nutr* 14: 18, 2017.

[31] Larson-Meyer, DE, and Willis, KS. Vitamin D and athletes. *Curr Sports Med Rep* 9: 220-226, 2010.

[32] Larson-Meyer, DE, Woolf, K, and Burke, L. Assessment of nutrient status in athletes and the need for supplementation. *Int J Sport Nutr Exerc Metab* 28: 139-158, 2018.

[33] Lieberman, JL, De Souza, MJ, Wagstaff, DA, and Williams, NI. Menstrual disruption with exercise is not linked to an energy availability threshold. *Med Sci Sports Exerc* 50: 551-561, 2018.

[34] Logan-Sprenger, HM, Palmer, MS, and Spriet, LL. Estimated fluid and sodium balance and drink preferences in elite male junior players during an ice hockey game. *Appl Physiol Nutr Metab* 36: 145-152, 2011.

[35] Loucks, AB, *Energy Balance and Energy Availability*. In Maughan, R.J. (ed). Encyclopedia of Sports Medicine: Sports Nutrition, London: John Wiley & Sons, 72-87, 2014.

[36] Loucks, AB, Kiens, B, and Wright, HH. Energy availability in athletes. *J Sports Sci* 29(suppl 1): S7-S15, 2011.

[37] Marquet, LA, Brisswalter, J, Louis, J, Tiollier, E, Burke, LM, Hawley, JA, and Hausswirth, C. Enhanced endurance performance by periodization of carbohydrate intake: "Sleep Low" strategy. *Med Sci Sports Exerc* 48: 663-672, 2016.

[38] Maughan, RJ, Burke, LM, Dvorak, J, Larson-Meyer, DE, Peeling, P, Phillips, SM, Rawson, ES, Walsh, NP, Garthe, I, Geyer, H, Meeusen, R, van Loon, LJC, Shirreffs, SM, Spriet, LL, Stuart, M, Vernec, A, Currell, K, Ali, VM, Budgett, RG, Ljungqvist, A, Mountjoy, M, Pitsiladis, YP, Soligard, T, Erdener, U, and Engebretsen, L. IOC consensus statement: dietary supplements and the high-performance athlete. *Br J Sports Med* 52: 439-455, 2018.

[39] Maughan, RJ, and Gleeson, M. *The Biochemical Basis of Sports Performance*. London: Oxford University Press, 2010.

[40] McDermott, BP, Anderson, SA, Armstrong, LE, Casa, DJ, Cheuvront, SN, Cooper, L, Kenney, WL, O'Connor, FG, and Roberts, WO. National Athletic Trainers' Association position statement: fluid replacement for the physically active. *J Athl Train* 52: 877-895, 2017.

[41] Melin, AK, Heikura, IA, Tenforde, A, and Mountjoy, M. Energy availability in athletics: health, performance, and physique. *Int J Sport Nutr Exerc Metab* 29: 152-164, 2019.

[42] Mountjoy, M, Sundgot-Borgen, J, Burke, L, Ackerman, KE, Blauwet, C, Constantini, M, Lebrun, C, Lundy, B, Melin, A, Meyer, N, Sherman, R, Tenforde, AS, Torstveit, MK, and Budgett, R. International Olympic Committee (IOC) consensus statement on relative energy deficiency in sport (RED-S): 2018 update. *Int J Sport Nutr Exerc Metab* 28: 316-331, 2018.

[43] Nattiv, A, Loucks, AB, Manore, MM, Sanborn, CF, Sundgot-Borgen, J, and Warren, MP. American College of Sports Medicine position stand. The female athlete triad. *Med Sci Sports Exerc* 39: 1867-1882, 2007.

[43a] Otten, JJ, Hellwig, JP, and Meyers, LD, eds. *Dietary Reference Intakes: The Essential Guide to Nutrient Requirements*. Washington, DC: National Academies Press, 2006.

[44] Owens, DJ, Allison, R, and Close, GL. Vitamin D and the athlete: current perspectives and new challenges. *Sports Med* 48: 3-16, 2018.

[45] Phinney, SD, Bistrian, BR, Evans, WJ, Gervino, E, and Blackburn, GL. The human metabolic response to chronic ketosis without caloric restriction: preservation of submaximal exercise capability with reduced carbohydrate oxidation. *Metabolism* 32: 769-776, 1983.

[46] Savoie, FA, Kenefick, RW, Ely, BR, Cheuvront, SN, and Goulet, ED. Effect of hypohydration on muscle endurance, strength, anaerobic power and capacity and vertical jumping ability: a meta-analysis. *Sports Med* 45: 1207-1227, 2015.

[47] Sim, M, Garvican-Lewis, LA, Cox, GR, Govus, A, McKay, AKA, Stellingwerff, T, and Peeling, P. Iron considerations for the athlete: a narrative review. *Eur J Appl Physiol* 119: 1463-1478, 2019.

[48] Spriet, LL. New insights into the interaction of carbohydrate and fat metabolism during exercise. *Sports Med* 44(suppl1): 87-96, 2014.

[49] Stellingwerff, T, and Cox, GR. Systematic review: carbohydrate supplementation on exercise performance or capacity of varying durations. *Appl Physiol Nutr Metab* 39: 998-1011, 2014.

[50] Stellingwerff, T, Spriet, LL, Watt, MJ, Kimber, NE, Hargreaves, M, Hawley, JA, and Burke, LM. Decreased PDH activation and glycogenolysis during exercise following fat adaptation with carbohydrate restoration. *Am J Physiol Endocrinol Metab* 290: E380-E388, 2006.

[51] Tenforde, AS, Barrack, MT, Nattiv, A, and Fredericson, M. Parallels with the female athlete triad in male athletes. *Sports Med* 46: 171-182, 2016.

[52] Thomas, DT, Erdman, KA, and Burke, LM. American College of Sports Medicine joint position statement. Nutrition and athletic performance. *Med Sci Sports Exerc* 48: 543-568, 2016.

[53] Trexler, ET, Smith-Ryan, AE, Stout, JR, Hoffman, JR, Wilborn, CD, Sale, C, Kreider, RB, Jager, R, Earnest, CP, Bannock, L, Campbell, B, Kalman, D, Ziegenfuss, TN, and Antonio, J. International Society of Sports Nutrition position stand: beta-alanine. *J Int Soc Sports Nutr* 12: 30, 2015.

[54] United States Anti-Doping Agency. Supplement 411. Accessed August 27, 2020.

[55] Vanheest, JL, Rodgers, CD, Mahoney, CE, and De Souza, MJ. Ovarian suppression impairs sport performance in junior elite female swimmers. *Med Sci Sports Exerc* 46: 156-166, 2014.

[56] Volek, JS, Noakes, T, and Phinney, SD. Rethinking fat as a fuel for endurance exercise. *Eur J Sport Sci* 15: 13-20, 2015.

[57] Walsh, NP. Nutrition and athlete immune health: new perspectives on an old paradigm. *Sports Med* 49(suppl 2): 153-168, 2019.

[58] Walsh, NP, Gleeson, M, Pyne, DB, Nieman, DC, Dhabhar, FS, Shephard, RJ, Oliver, SJ, Bermon, S, and Kajeniene, A. Position statement. Part two: Maintaining immune health. *Exerc Immunol Rev* 17: 64-103, 2011.

[59] Webster, CC, Swart, J, Noakes, TD, and Smith, JA. A carbohydrate ingestion intervention in an elite athlete who follows a LCHF diet. *Int J Sports Physiol Perform* 13: 957-960, 2018.

[60] Windsor, R. July 15, 2016. "This is what it took to fuel Chris Froome and Team Sky through the Tour de France." Cycling Weekly, Accessed August 27, 2020.

[61] Witard, OC, Garthe, I, and Phillips, SM. Dietary protein for training adaptation and body composition manipulation in track and field athletes. *Int J Sport Nutr Exerc Metab* 29: 165-174, 2019.

[62] Wittbrodt, MT, and Millard-Stafford, M. Dehydration impairs cognitive performance: a meta-analysis. *Med Sci Sports Exerc* 50: 2360-2368, 2018.

第25章

[1] Adams, WM, Hosokawa, Y, and Casa, DJ. Body-cooling paradigm in sport: maximizing safety and performance during competition. *J Sport Rehabil* 25: 382-394, 2016.

[2] Adams, JD, Kavouras, SA, Robillard, JI, Bardis, CN, Johnson, EC, Ganio, MS, McDermott BP, and White MA. Fluid balance of adolescent swimmers during training. *J Strength Cond Res* 30: 621-625, 2016.

[3] Alhadad, SB, Tan, PMS, and Lee, JKW. Efficacy of heat

mitigation strategies on core temperature and endurance exercise: a meta-analysis. *Front Physiol* 10: 71, 2019.

[4] Al Haddad, H, Laursen, PB, Chollet, D, Lemaitre, F, Ahmaidi, S, and Buchheit, M. Effect of cold or thermo-neutral water immersion on post-exercise heart rate recovery and heart rate variability indices. *Auton Neurosci* 156: 111-116, 2010.

[5] Armstrong, LE. *Exertional Heat Illnesses*. Champaign, IL: Human Kinetics, 2003.

[6] Armstrong, LE. Hydration assessment techniques. *Nutr Rev* 63: S40-S54, 2005.

[7] Armstrong, LE. Assessing hydration status: the elusive gold standard. *J Am Coll Nutr* 26: 575S-584S, 2007.

[8] Armstrong, LE, and Casa, DJ. Methods to evaluate electrolyte and water turnover of athletes. *Athl Train Sports Health Care* 1: 169-179, 2009.

[9] Armstrong, LE, and Maresh, CM. The induction and decay of heat acclimatisation in trained athletes. *Sports Med* 12: 302-312, 1991.

[10] Armstrong, LE, Maresh, CM, Castellani, JW, Bergeron, MF, Kenefick, RW, LaGasse, KE, and Riebe, D. Urinary indices of hydration status. *Int J Sport Nutr* 4: 265-279, 1994.

[11] Armstrong, LE, Millard-Stafford, M, Moran, DS, Pyne, SW, and Roberts, WO. American College of Sports Medicine position stand. Exertional heat illness during training and competition. *Med Sci Sports Exerc* 39: 556-572, 2007.

[12] Arnaoutis, G, Kavouras, SA, Kotsis, YP, Tsekouras, YE, Makrillos, M, and Bardis, CN. Ad libitum fluid intake does not prevent dehydration in suboptimally hydrated young soccer players during a training session of a summer camp. *Int J Sport Nutr Exerc Metab* 23: 245-251, 2013.

[13] Baker, LB, Dougherty, KA, Chow, M, and Kenney, WL. Progressive dehydration causes a progressive decline in basketball skill performance. *Med Sci Sports Exerc* 39: 1114-1123, 2007.

[14] Baker, LB, Stofan, JR, Hamilton, AA, and Horswill, CA. Comparison of regional patch collection vs. whole body washdown for measuring sweat sodium and potassium loss during exercise. *J Appl Physiol* 107: 887-895, 2009.

[15] Baker, LB, Stofan, JR, Lukaski, HC, and Horswill, CA. Exercise-induced trace mineral element concentration in regional versus whole-body wash-down sweat. *Int J Sport Nutr Exerc Metab* 21: 233-239, 2011.

[16] Bardis, CN, Kavouras, SA, Arnaoutis, G, Panagiotakos, DB, and Sidossis, LS. Mild dehydration and cycling performance during 5-kilometer hill climbing. *J Athl Train* 48: 741-747, 2013.

[17] Benjamin, CL, Sekiguchi, Y, Fry, LA, and Casa, DJ. Performance changes following heat acclimation and the factors that influence these changes: meta-analysis and meta-regression. *Front Physiol* 10: 1448, 2019.

[18] Binkley, HM, Beckett, J, Casa, DJ, Kleiner, DM, and Plummer, PE. National Athletic Trainers' Association position statement: exertional heat illnesses. *J Athl Train* 37: 329-343, 2002.

[19] Bolster, DR, Trappe, SW, Short, KR, Scheffield-Moore, M, Parcell, AC, Schulze, KM, and Costill DL. l. Effects of precooling on thermoregulation during subsequent exercise. *Med Sci Sports Exerc* 31: 251-257, 1999.

[20] Bongers, CCWG, Hopman, MTE, and Eijsvogels, TMH. Cooling interventions for athletes: an overview of effectiveness, physiological mechanisms, and practical considerations. *Temperature (Austin)* 4: 60-78, 2017.

[21] Bottin, JH, Lemetais, G, Poupin, M, Jimenez, L, and Perrier, ET. Equivalence of afternoon spot and 24-h urinary hydration biomarkers in free-living healthy adults. *Eur J Clin Nutr* 70: 904-907, 2016.

[22] Breen, E, Tang, K, Olfert, M, Knapp, A, and Wagner, P. Skeletal muscle capillarity during hypoxia: VEGF and its activation. *High Alt Med Biol* 9: 158-166, 2008.

[23] Buchheit, M, Racinais, S, Bilsborough, J, Hocking, J, Mendez-Villanueva, A, Bourdon, PC, Voss, S, Livingston, S, Christian, R, Périard, J, Cordy, J, and Coutts, AJ. Adding heat to the live-high train-low altitude model: a practical insight from professional football. *Br J Sports Med* 47(suppl 1): i59-i69, 2013.

[24] Budd, GM. Wet-bulb globe temperature (WBGT)—its history and its limitations. *J Sci Med Sport* 11: 20-32, 2008.

[25] Casa, DJ, Becker, SM, Ganio, MS, Brown, CM, Yeargin, SW, Roti, MW, Siegler, J, Blowers, JA, Glaviano, NR, Huggins, RA, Armstrong, LE, and Maresh, CM. Validity of devices that assess body temperature during outdoor exercise in the heat. *J Athl Train* 42: 333-342, 2007.

[26] Casadio, JR, Kilding, AE, Cotter, JD, and Laursen, PB. From lab to real world: heat acclimation considerations for elite athletes. *Sports Med* 47: 1467-1476, 2017.

[27] Cheuvront, SN, Carter, R, Montain, SJ, and Sawka, MN. Daily body mass variability and stability in active men undergoing exercise-heat stress. *Int J Sport Nutr Exerc Metab* 14: 532-540, 2004.

[28] Cheuvront, SN, and Haymes, EM. Thermoregulation and marathon running: biological and environmental influences. *Sports Med* 31: 743-762, 2001.

[29] Cheuvront, SN, and Kenefick, RW. Am I drinking enough? Yes, no, and maybe. *J Am Coll Nutr* 35: 185-192, 2016.

[30] Daanen, HAM, Jonkman, AG, Layden, JD, Linnane, DM, and Weller, AS. Optimising the acquisition and retention of heat acclimation. *Int J Sports Med* 32: 822-828, 2011.

[31] Daanen, HAM, Racinais, S, and Périard, JD. Heat acclimation decay and re-induction: a systematic review and meta-analysis. *Sports Med* 48: 409-430, 2018.

[32] Dixon, PG, Kraemer, WJ, Volek, JS, Howard, RL, Gomez, AL, Comstock, BA, Dunn-Lewis, C, Fragala, MS, Hooper, DR, Häkkinen, K, and Maresh, CM. The impact of cold-water immersion on power production in the vertical jump and the benefits of a dynamic exercise warm-up. *J Strength Cond Res* 24: 3313-3317, 2010.

[33] Duffield, R, Coutts, A, and Quinn, J. Core temperature responses and match running performance during inter-mittent-sprint exercise competition in warm conditions. *J Strength Cond Res* 23: 1238-1244, 2009.

[34] Dupuy, O, Douzi, W, Theurot, D, Bosquet, L, and Dugué, B. An evidence-based approach for choosing post-exercise recovery techniques to reduce markers of muscle damage, soreness, fatigue, and inflammation: a systematic review with meta-analysis. *Front Physiol* 9: 403, 2018.

[35] Figaro, MK, and Mack, GW. Regulation of fluid intake in dehydrated humans: role of oropharyngeal stimulation. *Am J Physiol* 272: R1740-R1746, 1997.

[36] Flaherty, G, O'Connor, R, and Johnston, N. Altitude training for elite endurance athletes: a review for the travel medicine practitioner. *Travel Med Infect Dis* 14: 200-211, 2016.

[37] Garrett, AT, Creasy, R, Rehrer, NJ, Patterson, MJ, and Cotter, JD. Effectiveness of short-term heat acclimation for highly trained athletes. *Eur J Appl Physiol* 112: 1827-1837, 2012.

[38] Garrett, AT, Goosens, NG, Rehrer, NG, Patterson, MJ, and Cotter, JD. Induction and decay of short-term heat acclimation. *Eur J Appl Physiol* 107: 659, 2009.

[39] Gibson, OR, Dennis, A, Parfitt, T, Taylor, L, Watt, PW, and Maxwell, NS. Extracellular Hsp72 concentration relates to a minimum endogenous criteria during acute exercise-heat exposure. *Cell Stress Chaperones* 19: 389-400, 2014.

[40] Girard, O, Brocherie, F, and Millet, GP. Effects of altitude/hypoxia on single- and multiple-sprint performance: a comprehensive review. *Sports Med* 47: 1931-1949, 2017.

[41] Jacobs, RA, Lundby, A-KM, Fenk, S, Gehrig, S, Siebenmann, C, Flück, D, Kirk, N, Hilty, MP, and Lundby, C. Twenty-eight days of exposure to 3454 m increases mitochondrial volume density in human skeletal muscle. *J Physiol (Lond)* 594: 1151-1166, 2016.

[42] Judelson, DA, Maresh, CM, Anderson, JM, Armstrong, LE, Casa, DJ, Kraemer, WJ, and Volek JS. Hydration and muscular performance: does fluid balance affect strength, power and high-intensity endurance? *Sports Med* 37: 907-921, 2007.

[43] Kavouras, SA. Assessing hydration status. *Curr Opin Clin Nutr Metab Care* 5: 519-524, 2002.

[44] Kavouras, SA, Johnson, EC, Bougatsas, D, Arnaoutis, G, Panagiotakos, DB, Perrier, E, and Klein A. Validation of a urine color scale for assessment of urine osmolality in healthy children. *Eur J Nutr* 55: 907-915, 2016.

[45] Keiser, S, Flück, D, Hüppin, F, Stravs, A, Hilty, MP, and Lundby, C. Heat training increases exercise capacity in hot but not in temperate conditions: a mechanistic counterbalanced cross-over study. *Am J Physiol Heart Circ Physiol* 309: H750-H761, 2015.

[46] Kenefick, RW. Author's reply to Valenzuela et al.: Comment on "drinking strategies: planned drinking versus drinking to thirst." *Sports Med* 48: 2215-2217, 2018.

[47] Kenefick, RW. Drinking strategies: planned drinking versus drinking to thirst. *Sports Med* 48: 31-37, 2018.

[48] Kerr, ZY, Register-Mihalik, JK, Pryor, RR, Hosokawa, Y, Scarneo, SE, and Casa, DJ. Compliance with the National Athletic Trainers' Association Inter-Association Task Force preseason heat-acclimatization guidelines in high school football. *J Athl Train* 54: 749-757, 2019.

[49] Korey Stringer Institute. Wet Bulb Globe Temperature Monitoring. Accessed August 27. 2020.

[50] Lorenzo, S, Halliwill, JR, Sawka, MN, and Minson, CT. Heat acclimation improves exercise performance. *J Appl Physiol* (1985) 109: 1140-1147, 2010.

[51] Lynch, GP, Périard, JD, Pluim, BM, Brotherhood, JR, and Jay, O. Optimal cooling strategies for players in Australian Tennis Open conditions. *J Sci Med Sport* 21: 232-237, 2018.

[52] McDermott, BP, Anderson, SA, Armstrong, LE, Casa, DJ, Cheuvront, SN, Cooper, L, Kenney, WL, O'Connor, FG, and Roberts, WO. National Athletic Trainers' Association position statement: fluid replacement for the physically active. *J Athl Train* 52: 877-895, 2017.

[53] McDermott, BP, Casa, DJ, Ganio, MS, Lopez, RM, Yeargin, SW, Armstrong, LE, and Maresh, CM. Acute whole-body cooling for exercise-induced hyperthermia: a systematic review. *J Athl Train* 44: 84-93, 2009.

[54] McKenzie, AL, Muñoz, CX, and Armstrong, LE. Accuracy of urine color to detect equal to or greater than 2% body mass loss in men. *J Athl Train* 50: 1306-1309, 2015.

[55] Millet, GP, Roels, B, Schmitt, L, Woorons, X, and Richalet, JP. Combining hypoxic methods for peak performance. *Sports Med* 40: 1-25, 2010.

[56] Morris, JG, Nevill, ME, Lakomy, HKA, Nicholas, C, and Williams, C. Effect of a hot environment on performance of prolonged, intermittent, high-intensity shuttle running. *J Sports Sci* 16: 677-686, 1998.

[57] Mounier, R, Pedersen, BK, and Plomgaard, P. Muscle-specific expression of hypoxia-inducible factor in human skeletal muscle. *Exp Physiol* 95: 899-907, 2010.

[58] Nassis, GP. Effect of altitude on football performance: analysis of the 2010 FIFA World Cup data. *J Strength Cond Res* 27: 703-707, 2013.

[59] Nuccio, RP, Barnes, KA, Carter, JM, and Baker, LB. Fluid balance in team sport athletes and the effect of hypohydration on cognitive, technical, and physical performance. *Sports Med* 47: 1951-1982, 2017.

[60] Nybo, L, and González-Alonso, J. Critical core temperature: a hypothesis too simplistic to explain hyperthermia-induced fatigue. *Scand J Med Sci Sports* 25: 4-5, 2015.

[61] Pandolf, KB, Burse, RL, and Goldman, RF. Role of physical fitness in heat acclimatisation, decay and reinduction. *Ergonomics* 20: 399-408, 1977.

[62] Périard, JD, Racinais, S, and Sawka, MN. Adaptations and mechanisms of human heat acclimation: applications for competitive athletes and sports. *Scand J Med Sci Sports* 25(suppl 1): 20-38, 2015.

[63] Périard, JD, Travers, GJS, Racinais, S, and Sawka, MN. Cardiovascular adaptations supporting human exercise-heat acclimation. *Auton Neurosci* 196: 52-62, 2016.

[64] Pryor, JL, Johnson, EC, Roberts, WO, and Pryor, RR. Application of evidence-based recommendations for heat acclimation: individual and team sport perspectives. *Temperature (Austin)* 6: 37-49, 2019.

[65] Pryor, JL, Pryor, RR, Vandermark, LW, Adams, EL, VanScoy, RM, Casa, DJ, Armstrong, LE, Lee, EC, DiStefano, LJ, Anderson, JM, and Maresh, CM. Intermittent exercise-heat exposures and intense physical activity sustain heat acclimation adaptations. *J Sci Med Sport* 22: 117-122, 2019.

[66] Racinais, S, Alonso, J-M, Coutts, AJ, Flouris, AD, Girard, O, González-Alonso, J, Hausswirth, C, Jay, O, Lee, JK, Mitchell, N, Nassis, GP, Nybo, L, Pluim, BM, Roelands, B, Sawka, MN, Wingo, J, and Périard, JD. Consensus recommendations on training and competing in the heat. *Sports Med* 45: 925-938, 2015.

[67] Racinais, S, Cocking, S, and Périard, JD. Sports and environmental temperature: from warming-up to heating-up. *Temperature (Austin)* 4: 227-257, 2017.

[68] Robbins, PA. Role of the peripheral chemoreflex in the early stages of ventilatory acclimatization to altitude. *Respir Physiol Neurobiol* 158: 237-242, 2007.

[69] Rusko, HK, Tikkanen, HO, and Peltonen, JE. Altitude and endurance training. *J Sports Sci* 22: 928-944, 2004.

[70] Saunders, PU, Pyne, DB, and Gore, CJ. Endurance training at altitude. *High Alt Med Biol* 10: 135-148, 2009.

[71] Sawka, MN, Burke, LM, Eichner, ER, Maughan, RJ,

Montain, SJ, and Stachenfeld, NS. American College of Sports Medicine position stand. Exercise and fluid replacement. *Med Sci Sports Exerc* 39: 377-390, 2007.

[72] Sawka, MN, Leon, LR, Montain, SJ, and Sonna, LA. Integrated physiological mechanisms of exercise performance, adaptation, and maladaptation to heat stress. *Compr Physiol* 1: 1883-1928, 2011.

[73] Sawka, MN, Pandolf, KB, Avellini, BA, and Shapiro, Y. Does heat acclimation lower the rate of metabolism elicited by muscular exercise? *Aviat Space Environ Med* 54: 27-31, 1983.

[74] Schoene, RB. Limits of human lung function at high altitude. *J Exp Biol* 204: 3121-3127, 2001.

[75] Shirreffs, SM, Armstrong, LE, and Cheuvront, SN. Fluid and electrolyte needs for preparation and recovery from training and competition. *J Sports Sci* 22: 57-63, 2004.

[76] Shirreffs, SM, and Maughan, RJ. Urine osmolality and conductivity as indices of hydration status in athletes in the heat. *Med Sci Sports Exerc* 30: 1598-1602, 1998.

[77] Sunderland, C, Morris, JG, and Nevill, ME. A heat acclimation protocol for team sports. *Br J Sports Med* 42: 327-333, 2008.

[78] Tyler, CJ, Reeve, T, Hodges, GJ, and Cheung, SS. The effects of heat adaptation on physiology, perception and exercise performance in the heat: a meta-analysis. *Sports Med* 46: 1699-1724, 2016.

[79] Wilber, RL. Current trends in altitude training. *Sports Med* 31: 249-265, 2001.

[80] Willmott, AGB, Hayes, M, James, CA, Dekerle, J, Gibson, OR, and Maxwell, NS. Once- and twice-daily heat acclimation confer similar heat adaptations, inflammatory responses and exercise tolerance improvements. *Physiol Rep* 6: e13936, 2018.

[81] Young, AJ, Sawka, MN, Levine, L, Cadarette, BS, and Pandolf, KB. Skeletal muscle metabolism during exercise is influenced by heat acclimation. *J Appl Physiol* 59: 1929-1935, 1985.

[82] Zoll, J, Ponsot, E, Dufour, S, Doutreleau, S, Ventura-Clapier, R, Vogt, M, Hoppeler, H, Richard, R, and Flück, M. Exercise training in normobaric hypoxia in endurance runners. III. Muscular adjustments of selected gene transcripts. *J Appl Physiol* 100: 1258-1266, 2006.

第26章

[1] Ashinoff, BK, and Abu-Akel, A. Hyperfocus: the forgotten frontier of attention. *Psychol Res* 20: 1-9, 2019.

[2] Baggetta, P, and Alexander, PA. Conceptualization and operationalization of executive function. *Mind Brain Educ* 10: 10-33, 2016.

[3] Baumeister, J, Reinecke, K, Liesen, H, and Weiss, M. Cortical activity of skilled performance in a complex sports related motor task. *Eur J Appl Physiol* 104: 625-631, 2008.

[4] Bender, AM, Van Dongen, HPA, and Samuels, CH. Sleep quality and chronotype differences between elite athletes and non-athlete controls. *Clocks Sleep* 1: 3-12, 2018.

[5] Berka, C, Behneman, A, Kintz, N, Johnson, R, and Raphael, G. Accelerating training using interactive neuro-educational technologies: applications to archery, golf, and rifle marksmanship. *J Int Soc Sports Nutr* 1: 87-104, 2010.

[6] Bertram, CP, Guadagnoli, MA, Greggain, J, and Pauls, A. The effect of blocked versus random warm-up on performance in skilled golfers. Proceedings from the 2016 World Scientific Congress of Golf, 7, 2016.

[7] Bertram, CP, Guadagnoli, MA, and Marteniuk, RG. The stages of learning and implications for optimized learning environments. In *Routledge International Handbook of Golf Science*. New York: Routledge, 119-128, 2017.

[8] Biederman, J, and Spencer, T. Attention-deficit/hyperactivity disorder (ADHD) as a noradrenergic disorder. *Biol Psychiatry* 46: 1234-1242, 1999.

[9] Bjork, EL, and Bjork, RA. Making things hard on yourself, but in a good way: creating desirable difficulties to enhance learning. In Psychology and the Real World: Essays Illustrating Fundamental Contributions to Society. Gernsbacher, MA, Pew, RW, Hough, LM, and Pomerantz, JR, eds. *World Publishers*, 59-64, 2011.

[10] Boecker, H, Sprenger, T, Spilker, ME, Henriksen, G, Koppenhoefer, M, Wagner, KJ, and Tolle, TR. The runner's high: opioidergic mechanisms in the human brain. *Cereb Cortex* 18: 2523-2531, 2008.

[11] Boksem, MAS, and Tops, M. Mental fatigue: costs and benefits. *Brain Res Rev* 59: 125-139, 2008.

[12] Brownsberger, J, Edwards, A, Crowther, R, and Cottrell, D. Impact of mental fatigue on self-paced exercise. *Int J Sports Med* 34: 1029-1036, 2013.

[13] Cahn, BR, and Polich, J. Meditation states and traits: EEG, ERP, and neuroimaging studies. *Psychol Bull* 132: 180-211, 2006.

[14] Caldwell, JA, Hall, KK, and Erickson, BS. EEG data collected from helicopter pilots in flight are sufficiently sensitive to detect increased fatigue from sleep deprivation. *Int J Aviat Psychol* 12: 19-32, 2002.

[15] Caseras, X, Mataix-Cols, D, Giampietro, V, Rimes, KA, Brammer, M, Zelaya, F, Chalder, T, and Godfrey, EL. Probing the working memory system in chronic fatigue syndrome: a functional magnetic resonance imaging study using the n-back task. *Psychosom Med* 68: 947-955, 2006.

[16] Chiviacowsky, S, Wulf, G, and Wally, R. An external focus of attention enhances balance learning in older adults. *Gait Posture* 32: 572-575, 2010.

[17] Cook, DB, O'Connor, PJ, Lange, G, and Steffener, J. Functional neuroimaging correlates of mental fatigue induced by cognition among chronic fatigue syndrome patients and controls. *Neuroimage* 36: 108-122, 2007.

[18] Csíkszentmihályi, M. *Beyond Boredom and Anxiety*. San Francisco: Jossey-Bass, 1975.

[19] Csíkszentmihályi, M. The flow experience and its significance for human psychology. In *Optimal Experience: Psychological Studies of Flow in Consciousness*. Csíkszentmihályi, M and Csíkszentmihályi, IS, eds. Cambridge, England: Cambridge University Press, 15-35, 1988.

[20] Csíkszentmihályi, M. *Flow: The Psychology of Optimal Experience*. New York: HarperPerennial, 1990.

[21] Csíkszentmihályi, M. *The Evolving Self: A Psychology for the Third Millennium*. New York: Harper-Collins, 1993.

[22] Deloitte. Workplace Burnout Survey. March 14, 2018. Accessed November 23, 2019.

[23] de Manzano, Ö, Cervenka, S. Jucaite, A, Hellenäs, O, Farde, L, and Ullén, F. Individual differences in the proneness to have flow experiences are linked to dopamine D2-receptor availability in the dorsal striatum. *Neuroimage* 67: 1-6, 2013.

[24] Dietrich, A. Functional neuroanatomy of altered states of consciousness: the transient hypofrontality hypothesis. *Consciousness Cogn* 12: 231-256, 2003.

[25] Dietrich, A. Neurocognitive mechanisms underlying the experience of flow. *Consciousness Cogn* 13: 746-761, 2004.

[26] Dietrich, A. Transient hypofrontality as a mechanism for the psychological effects of exercise. *Psychiatry Res* 145: 79-83, 2006.

[27] Dietrich, A, and McDaniel, WF. Endocannabinoids and exercise. *Br J Sports Med* 38: 536-541, 2004.

[28] Egner, T, and Gruzelier, JH. Ecological validity of neurofeedback: modulation of slow wave EEG enhances musical performance. *Neuroreport* 14: 1221-1224, 2003.

[29] Farb, NAS, Segal, ZV, Mayberg, H, Bean, J, McKeon, D, Fatima, Z, and Anderson, AK. Attending to the present: mindfulness meditation reveals distinct neural modes of self-reference. *Soc Cogn Affect Neurosci* 2: 313-322, 2007.

[30] Farrow, D, and Robertson, S. Development of a skill acquisition periodisation framework for high-performance sport. *Sports Med* 47: 1043-1054, 2017.

[31] Ferreri, L, Mas-Herrero, E, Zatorre, RJ, Ripollés, P, Gomez-Andres, A, Alicart, H, and Rodriguez-Fornells, A. Dopamine modulates the reward experiences elicited by music. *Proc Natl Acad Sci U S A* 116: 3793-3798, 2019.

[32] Fitts, PM, and Posner, MI. *Human Performance*. Belmont, CA: Brooks/Cole, 1967.

[33] Fong, CJ, Zaleski, DJ, and Leach, JK. The challenge–skill balance and antecedents of flow: a meta-analytic investigation. *J Positive Psychol* 10: 425-446, 2015.

[34] Fullagar, CJ, and Kelloway, EK. Flow at work: an experience sampling approach. *J Occup Organ Psychol* 82: 595-615, 2009.

[35] Fuss, J, Steinle, J, Bindila, L, Auer, MK, Kirchherr, H, Lutz, B, and Gass, P. A runner's high depends on cannabinoid receptors in mice. *Proc Natl Acad Sci U S A* 112: 13105-13108, 2015.

[36] García-Pérez, MA. Forced-choice staircases with fixed step sizes: asymptotic and small-sample properties. *Vision Res* 38: 1861-1881, 1998.

[37] Garfield, CA, and Bennett, HZ. *Peak Performance: Mental Training Techniques of the World's Greatest Athletes*. New York: Warner Books, 1989.

[38] Genovesio, A, Tsujimoto, S, and Wise, SP. Feature- and order-based timing representations in the frontal cortex. *Neuron* 63: 254-266, 2009.

[39] Gerber, M, Best, S, Meerstetter, F, Walter, M, Ludyga, S, Brand, S, Binachi, R, Madigan, DJ, Isoard-Gautheur, S, and Gustafsson, H. Effects of stress and mental toughness on burnout and depressive symptoms: a prospective study with young elite athletes. *J Sci Med Sport* 21: 1200-1205, 2018.

[40] Goldfarb, AH, and Jamurtas, AZ. β-Endorphin response to exercise. *Sports Med* 24: 8-16, 1997.

[41] Gruber, MJ, Gelman, BD, and Ranganath, C. States of curiosity modulate hippocampus-dependent learning via the dopaminergic circuit. *Neuron* 84: 486-496, 2015.

[42] Guadagnoli, MA, and Bertram, CP. Optimizing practice for performance under pressure. *Int J Golf Sci* 3: 119-127, 2014.

[43] Guadagnoli, MA, and Lee, TD. Challenge point: a framework for conceptualizing the effects of various practice conditions in motor learning. *J Mot Behav* 36: 212-224, 2004.

[44] Gyurkovics, M, Kotyuk, E, Katonai, ER, Horvath, EZ, Vereczkei, A, and Szekely, A. Individual differences in flow proneness are linked to a dopamine D2 receptor gene variant. *Conscious Cogn* 42: 1-8, 2016.

[45] Hamari, J, and Koivisto, J. Measuring flow in gamification: Dispositional Flow Scale-2. *Comput Hum Behav* 40: 133-143, 2014.

[46] Harris, DJ, Vine, SJ, and Wilson, MR. Neurocognitive mechanisms of the flow state. *Prog Brain Res* 234: 221-243, 2017.

[47] Harung, HS, Travis, F, Pensgaard, AM, Boes, R, Cook-Greuter, S, and Daley, K. Higher psycho-physiological refinement in world-class Norwegian athletes: brain measures of performance capacity. *Scand J Med Sci Sports* 21: 32-41, 2011.

[48] Hatfield, BD, Haufler, AJ, Hung, T-M, and Spalding, TW. Electroencephalographic studies of skilled psychomotor performance. *J Clin Neurophysiol* 21: 144-156, 2004.

[49] Ishikura, T. Reduced relative frequency of knowledge of results without visual feedback in learning a golf-putting task. *Percept Mot Skills* 106: 225-233, 2008.

[50] Jackson, SA, and Eklund, RC. Assessing flow in physical activity: The Flow State Scale-2 and Dispositional Flow Scale-2. *J Sport Exerc Psychol* 24: 133-150, 2002.

[51] Jackson, SA, and Marsh, HW. Development and validation of a scale to measure optimal experience: The Flow State Scale. *J Sport Exerc Psychol* 18: 17-35, 1996.

[52] Jackson, SA, Thomas, PR, Marsh, HW, and Smethurst, CJ. Psychological links with optimal performance: understanding the flow experience. *J Sci Med Sport* 2: 418, 1999.

[53] Jin, S-A. Toward integrative models of flow: effects of performance, skill, challenge, playfulness, and presence on flow in video games. *J Broadcast Electron Media* 56: 169-186, 2012.

[54] Johnson, JA, Keiser, HN, Skarin, EM, and Ross, SR. The dispositional flow scale-2 as a measure of autotelic personality: an examination of criterion-related validity. *J Pers Assess* 96: 465-470, 2014.

[55] Kamiński, J, Brzezicka, A, Gola, M, and Wrobel, A. Beta band oscillations engagement in human alertness process. *Int J Psychophysiol* 85: 125-128, 2012.

[56] Katahira, K, Yamazaki, Y, Yamaoka, C, Ozaki, H, Nakagawa, S, and Nagata, N. EEG correlates of the flow state: a combination of increased frontal theta and moderate frontocentral alpha rhythm in the mental arithmetic task. *Front Psychol* 9: 300, 2018.

[57] Keller, J, and Bless, H. Flow and regulatory compatibility: an experimental approach to the flow model of intrinsic motivation. *Pers Soc Psychol Bull* 34: 196-209, 2008.

[58] Knöpfli, B, Calvert, R, Bar-Or, O, Villiger, B, and Von Duvillard, SP. Competition performance and basal nocturnal catecholamine excretion in cross-country skiers. *Med Sci Sports Exerc* 33: 1228-1232, 2001.

[59] Lal, SKL, and Craig, A. Driver fatigue: electroencephalography and psychological assessment. *Psychophysiology* 39: 313-321, 2002.

[60] Langner, R, Steinborn, MB, Chatterjee, A, Sturm, W, and Willmes, K. Mental fatigue and temporal preparation in simple reaction-time performance. *Acta Psychologica* 133: 64-72, 2010.

[61] Lee, Y-J, Kim, H-G, Cheon, E-J, Kim, K, Choi, J-H, Kim, J-Y, Kim, J-M, and Koo, B-H. The analysis of electroencephalography changes before and after a single neurofeedback alpha/theta training session in university students. *Appl Psychophysiol Biofeedback* 44: 173-184, 2019.

[62] Limb, CJ, and Braun, AR. Neural substrates of spontaneous musical performance: an FMRI study of jazz improvisation.

PLoS One 3: e1679, 2008.

[63] Lin, C-HJ, Yang, H-C, Knowlton, BJ, Wu, AD, Iacoboni, M, Ye, Y-L, Huang, SL, and Chiang, M-C. Contextual interference enhances motor learning through increased resting brain connectivity during memory consolidation. *Neuroimage* 181: 1-15, 2018.

[64] Liu, S, Chow, HM, Xu, Y, Erkkinen, MG, Swett, KE, Eagle, MW, Rizik-Baer, DA, and Braun, AR. Neural correlates of lyrical improvisation: an fMRI study of freestyle rap. *Sci Rep* 2: 834, 2012.

[65] Lohse, KR, and Sherwood, DE. Defining the focus of attention: effects of attention on perceived exertion and fatigue. *Front Psychol* 2: 332, 2011.

[66] Longe, O, Maratos, FA, Gilbert, P, Evans, G, Volker, F, Rockliff, H, and Rippon, G. Having a word with yourself: neural correlates of self-criticism and self-reassurance. *Neuroimage* 49: 1849-1856, 2010.

[67] Lorist, MM, Boksem, MAS, and Ridderinkhof, KR. Impaired cognitive control and reduced cingulate activity during mental fatigue. *Brain Res Cogn Brain Res* 24: 199-205, 2005.

[68] Lou, JS, Kearns, G, Oken, B, Sexton, G, and Nutt, J. Exacerbated physical fatigue and mental fatigue in Parkinson's disease. *Mov Disord* 16: 190-196, 2001.

[69] Lustenberger, C, Boyle, MR, Foulser, AA, Mellin, JM, and Fröhlich, F. Functional role of frontal alpha oscillations in creativity. *Cortex* 67: 74-82, 2015.

[70] Mahler, SV, Smith, KS, and Berridge, KC. Endocannabinoid hedonic hotspot for sensory pleasure: anandamide in nucleus accumbens shell enhances "liking" of a sweet reward. *Neuropsychopharmacology* 32: 2267-2278, 2007.

[71] Marcora, SM, Staiano, W, and Manning, V. Mental fatigue impairs physical performance in humans. *J Appl Physiol* 106: 857-864, 2009.

[72] Marin, MM, and Bhattacharya, J. Getting into the musical zone: trait emotional intelligence and amount of practice predict flow in pianists. *Front Psychol* 4: 853, 2013.

[73] Maslow, AH. *Religions, Values, and Peak Experiences.* Columbus, OH: Ohio State University Press, 1964.

[74] Morgan, JD, and Coutts, RA. Measuring peak experience in recreational surfing. *J Sport Behav* 39: 202-217, 2016.

[75] Nakamura, J, and Csikszentmihalyi, M. Flow theory and research. In *The Oxford Handbook of Positive Psychology.* Oxford: Oxford University Press, 195-206, 2009.

[76] Nakashima, K, and Sato, H. The effects of various mental tasks on appearance of frontal midline theta activity in EEG. *J Hum Ergol (Tokyo)* 21: 201-206, 1992.

[77] Natarajan, K, Acharya, UR, Alias, F, Tiboleng, T, and Puthusserypady, SK. Nonlinear analysis of EEG signals at different mental states. *Biomed Eng Online* 3: 7, 2004.

[78] Navarro Gil, M, Escolano Marco C, Montero-Marín, J, Minguez Zafra, J, Shonin, E, and García Campayo, J. Efficacy of neurofeedback on the increase of mindfulness-related capacities in healthy individuals: a controlled trial. *Mindfulness* 9: 303-311, 2018.

[79] Nietzsche, F. *The Will to Power.* Kaufmann, W, trans. New York: Hollingdale, 1968.

[80] Okogbaa, OG, Shell, RL, and Filipusic, D. On the investigation of the neurophysiological correlates of knowledge worker mental fatigue using the EEG signal. *Appl Ergon* 25: 355-365, 1994.

[81] Panisch, LS, and Hai, AH. The effectiveness of using

neurofeedback in the treatment of post-traumatic stress disorder: a systematic review. *Trauma Violence Abuse* 21: 541-550, 2020.

[82] Pauls, AL, Bertram, CP, and Guadagnoli, MA. Is technology the saviour or the downfall of modern golf instruction? In *Routledge International Handbook of Golf Science.* New York: Routledge, 79-87, 2017.

[83] Peifer, C, Schulz, A, Schächinger, H, Baumann, N, and Antoni, CH. The relation of flow-experience and physiological arousal under stress—Can u shape it? *J Exp Soc Psychol* 53: 62-69, 2014.

[84] Perkins-Ceccato, N, Passmore, SR, and Lee, TD. Effects of focus of attention depend on golfers' skill. *J Sports Sci* 21: 593-600, 2003.

[85] Philip, P, and Akerstedt, T. Transport and industrial safety, how are they affected by sleepiness and sleep restriction? *Sleep Med Rev* 10: 347-356, 2006.

[86] Pliszka, SR, McCracken, JT, and Maas, JW. Catecholamines in attention-deficit hyperactivity disorder: current perspectives. *J Am Acad Child Adolesc Psychiatry* 35: 264-272, 1996.

[87] Ravizza, K. Peak experiences in sport. *J Humanist Psychol* 17: 35-40, 1977.

[88] Ravizza, K. Qualities of the peak experience in sport. In *Psychological Foundations of Sport* (JM Silva and RS Weinberg Eds.). Human Kinetics Publishers, Champaign, IL, 452-461, 1984.

[89] Raymond, J, Sajid, I, Parkinson, LA, and Gruzelier, JH. Biofeedback and dance performance: a preliminary investigation. *Appl Psychophysiol Biofeedback* 30: 64-73, 2005.

[90] Reardon, CL, Hainline, B, Aron, CM, Baron, D, Baum, AL, Bindra, A, Budgett, R, Campriani, N, Castaldelli-Maia, JM, Currie, A, Derevensky, JL, Glick, ID, Gorczynski, P, Gouttebarge, V, Grandner, MA, Han, DH, McDuf, D, Mountjoy, M, Polat, A, Purcell, R, Putukian, M, Rice, S, Sills, A, Stull, T, Swartz, L, Zhu, LJ, and Engebretsen, L. Mental health in elite athletes: International Olympic Committee consensus statement (2019). *Br J Sports Med* 53: 667-699, 2019.

[91] Russell, S, Jenkins, D, Rynne, S, Halson, SL, and Kelly, V. What is mental fatigue in elite sport? Perceptions from athletes and staff. *Eur J Sport Sci* 10: 1367-1376, 2019.

[92] Salehzadeh Niksirat, K, Park, K, Silpasuwanchai, C, Wang, Z, and Ren, X. The relationship between flow proneness in everyday life and variations in the volume of gray matter in the dopaminergic system: a cross-sectional study. *Pers Individ Dif* 141: 25-30, 2019.

[93] Schacter, DL. EEG theta waves and psychological phenomena: a review and analysis. *Biol Psychol* 5: 47-82, 1977.

[94] Shereena, EA, Gupta, RK, Bennett, CN, Sagar, KJV, and Rajeswaran, J. EEG neurofeedback training in children with attention deficit/hyperactivity disorder: a cognitive and behavioral outcome study. *Clin EEG Neurosci* 50: 242-255, 2019.

[95] Singer, K. The effect of neurofeedback on performance anxiety in dancers. *J Dance Med Sci* 8: 78-81, 2004.

[96] Smith, MR, Coutts, AJ, Merlini, M, Deprez, D, Lenoir, M, and Marcora, SM. Mental fatigue impairs soccer-specific physical and technical performance. *Med Sci Sports Exerc* 48: 267-276, 2016.

[97] Smith, ME, McEvoy, LK, and Gevins, A. Neurophysiological indices of strategy development and skill acquisition.

Brain Res Cogn Brain Res 7: 389-404, 1999.

[98] Smith, MR, Zeuwts, L, Lenoir, M, Hens, N, De Jong, LMS, and Coutts, AJ. Mental fatigue impairs soccer-specific decision-making skill. *J Sports Sci* 34: 1297-1304, 2016.

[99] Soderstrom, NC, and Bjork, RA. Learning versus performance: an integrative review. *Perspect Psychol Sci* 10: 176-199, 2015.

[100] Sparling, PB, Giuffrida, A, Piomelli, D, Rosskopf, L, and Dietrich, A. Exercise activates the endocannabinoid system. *Neuroreport* 14: 2209-2211, 2003.

[101] Swann, C, Keegan, RJ, Piggott, D, and Crust, L. A systematic review of the experience, occurrence, and controllability of flow states in elite sport. *Psychol Sport Exerc* 13: 807-819, 2012.

[102] Tenenbaum, G, Fogarty, GJ, and Jackson, SA. The flow experience: a Rasch analysis of Jackson's Flow State Scale. *J Outcome Meas* 3: 278-294, 1999.

[103] Ullén, F, de Manzano, Ö, Theorell, T, and Harmat, L. The physiology of effortless attention: correlates of state flow and flow proneness. In *Effortless Attention: A New Perspective in the Cognitive Science of Attention and Action.* Bruya, B, ed. Cambridge, MA: MIT Press, 205, 2010.

[104] Van Cutsem, J, Marcora, S, De Pauw, K, Bailey, S, Meeusen, R, and Roelands, B. The effects of mental fatigue on physical performance: a systematic review. *Sports Med* 47: 1569-1588, 2017.

[105] van der Linden, D, Massar, SAA, Schellekens, AFA, Ellenbroek, BA, and Verkes, R-J. Disrupted sensorimotor gating due to mental fatigue: preliminary evidence. *Int J Psychophysiol* 62: 168-174, 2006.

[106] Williams, TD, Tolusso, DV, Fedewa, MV, and Esco, MR. Comparison of periodized and non-periodized resistance training on maximal strength: a meta-analysis. *Sports Med* 10: 2083-2100, 2017.

[107] Wilson, RC, Shenhav, A, Straccia, M, and Cohen, JD. The eighty five percent rule for optimal learning. *Nat Commun* 10: 1-9, 2019.

[108] Wrigley, WJ, and Emmerson, SB. The experience of the flow state in live music performance. *Psychol Music* 41: 292-305, 2013.

[109] Wulf, G. Attentional focus and motor learning: a review of 15 years. *Int Rev Sport Exerc Psychol* 6: 77-104, 2013.

[110] Wulf, G, Dufek, JS, Lozano, L, and Pettigrew, C. Increased jump height and reduced EMG activity with an external focus. *Hum Mov Sci* 29: 440-448, 2010.

[111] Wulf, G, McNevin, N, and Shea, CH. The automaticity of complex motor skill learning as a function of attentional focus. *Q J Exp Psychol A* 54: 1143-1154, 2001.

[112] Xing, B, Li, Y-C, and Gao, W-J. Norepinephrine versus dopamine and their interaction in modulating synaptic function in the prefrontal cortex. *Brain Res* 1641: 217-233, 2016.

[113] Yoshida, I, Hirao, K, and Kobayashi, R. The effect on subjective quality of life of occupational therapy based on adjusting the challenge–skill balance: a randomized controlled trial. *Clin Rehabil* 33: 1732-1746, 2019.

[114] Zhang, H, Watrous, AJ, Patel, A, and Jacobs, J. Theta and alpha oscillations are traveling waves in the human neocortex. *Neuron* 98: 1269-1281.e4, 2018.

[115] Zhang, X, Zhao, X, Du, H, and Rong, J. A study on the effects of fatigue driving and drunk driving on drivers'

physical characteristics. *Traffic Inj Prev* 15: 801-808, 2014.

第27章

[1] Barker, AT, Jalinous, R, and Freeston, IL. Non-invasive magnetic stimulation of human motor cortex. *Lancet* 1: 1106-1107, 1985.

[2] Baumeister, J, Reinecke, K, Liesen, H, and Weiss, M. Cortical activity of skilled performance in a complex sports related motor task. *Eur J Appl Physiol* 104: 625, 2008.

[3] Berthelot, G, Sedeaud, A, Marck, A, Antero-Jacquemin, J, Schipman, J, Sauliere, G, Marc, A, Desgorces, FD, and Toussaint, JF. Has athletic performance reached its peak? *Sports Med* 45: 1263-1271, 2015.

[4] Brandt, R, Bevilacqua, GG, and Andrade, A. Perceived sleep quality, mood states, and their relationship with performance among Brazilian elite athletes during a competitive period. *J Strength Cond Res* 31: 1033-1039, 2017.

[5] Brownsberger, J, Edwards, A, Crowther, R, and Cottrell, D. Impact of mental fatigue on self-paced exercise. *Int J Sports Med* 34: 1029-1036, 2013.

[6] Cantone, M, Lanza, G, Vinciguerra, L, Puglisi, V, Ricceri, R, Fisicaro, F, Vagli, C, Bella, R, Ferri, R, Pennisi, G, and Di Lazzaro, V. Age, height, and sex on motor evoked potentials: translational data from a large Italian cohort in a clinical environment. *Front Hum Neurosci* 13: 185, 2019.

[7] Carroll, TJ, Taylor, JL, and Gandevia, SC. Recovery of central and peripheral neuromuscular fatigue after exercise. *J Appl Physiol* 122: 1068-1076, 2016.

[8] Chang, KH, Lu, FJ, Chyi, T, Hsu, YW, Chan, SW, and Wang, ET. Examining the stress-burnout relationship: the mediating role of negative thoughts. *Peer J* 5: e4181, 2017.

[9] Cheng, MY, Huang, CJ, Chang, YK, Koester, D, Schack, T, and Hung, TM. Sensorimotor rhythm neurofeedback enhances golf putting performance. *J Sport Exerc Psychol* 37: 626-636, 2015.

[10] Cheng, MY, Hung, CL, Huang, CJ, Chang, YK, Lo, LC, Shen, C, and Hung, TM. Expert-novice differences in SMR activity during dart throwing. *Biol Psychol* 110: 212-218, 2015.

[11] Cheng, MY, Wang, KP, Hung, CL, Tu, YL, Huang, CJ, Koester, D, Schack, S, and Hung, TM. Higher power of sensorimotor rhythm is associated with better performance in skilled air-pistol shooters. *Psychol Sport Exerc* 32: 47-53, 2017.

[12] Cosman, JD, Lowe, KA, Zinke, W, Woodman, GF, and Schall, JD. Prefrontal control of visual distraction. *Curr Biol* 28: 414-420, 2018.

[13] Davenne, D. Sleep of athletes–problems and possible solutions. *Biol Rhythm Res* 40: 45-52, 2009.

[14] De Beaumont, L, Mongeon, D, Tremblay, S, Messier, J, Prince, F, Leclerc, S, Lassonde, M, and Théoret, H. Persistent motor system abnormalities in formerly concussed athletes. *J Athl Train* 46: 234-240, 2011.

[15] Dietrich, A. Neurocognitive mechanisms underlying the experience of flow. *Conscious Cogn* 13: 746-761, 2004.

[16] Draganski, B, Gaser, C, Busch, V, Schuierer, G, Bogdahn, U, and May, A. Neuroplasticity: changes in grey matter induced by training. *Nature* 427: 311, 2004.

[17] Farzan, F, Barr, MS, Hoppenbrouwers, SS, Fitzgerald, PB, Chen, R, Pascual-Leone, A, and Daskalakis, ZJ. The EEG correlates of the TMS-induced EMG silent period in humans. *Neuroimage* 83: 120-134, 2013.

[18] Gómez-Pinilla, F. Brain foods: the effects of nutrients on

brain function. *Nat Rev Neurosci* 9: 568, 2008.

[19] Groppa, S, Oliviero, A, Eisen, A, Quartarone, A, Cohen, LG, Mall, V, Kaelin-Lang, A, Mima, T, Rossi, S, Thickbroom, GW, Rossini, PM, Ziemann, U, Valls-Sole, J, and Siebner, HR. A practical guide to diagnostic transcranial magnetic stimulation: report of an IFCN committee. *Clin Neurophysiol* 123: 858-882, 2012.

[20] Jackson, SA, and Marsh, HW. Development and validation of a scale to measure optimal experience: the flow state scale. *J Sport Exerc Psychol* 18: 17-35, 1996.

[21] Klomjai, W, Katz, R, and Lackmy-Vallée, A. Basic principles of transcranial magnetic stimulation (TMS) and repetitive TMS (rTMS). *Ann Phys Rehabil Med* 58: 208-213, 2015.

[22] Lefaucheur, JP, Andre-Obadia, N, Antal, A, Ayache, SS, Baeken, C, Benninger, DH, Cantello, RM, Cincotta, M, de Carvalho, M, De Ridder, D, Devanne, H, Di Lazzaro, V, Filipovic, SR, Hummel, FC, Jaaskelainen, SK, Kimiskidis, VK, Koch, G, Langguth, B, Nyffeler, T, Oliviero, A, Padberg, F, Poulet, E, Rossi, S, Rossini, PM, Rothwell, JC, Schonfeldt-Lecuona, C, Siebner, HR, Slotema, CW, Stagg, CJ, Valls-Sole, J, Ziemann, U, Paulus, W, and Garcia-Larrea, L. Evidence-based guidelines on the therapeutic use of repetitive transcranial magnetic stimulation (rTMS). *Clin Neurophysiol* 125: 2150-2206, 2014.

[23] Lobo, V, Patil, A, Phatak, A, and Chandra, N. Free radicals, antioxidants, and functional foods: impact on human health. *Pharmacogn Rev* 4: 118, 2010.

[24] Lorist, MM, Bezdan, E, ten Caat, M, Span, MM, Roerdink, JB, and Maurits, NM. The influence of mental fatigue and motivation on neural network dynamics; an EEG coherence study. *Brain Res* 1270: 95-106, 2009.

[25] Lotze, M, and Halsband, U. Motor imagery. *J Physiol Paris* 99: 386-395, 2006.

[26] Mann, DT, Williams, AM, Ward, P, and Janelle, CM. Perceptual-cognitive expertise in sport: a meta-analysis. *J Sport Exerc Psychol* 29: 457-478, 2007.

[27] Martinez-Valdes, E, Farina, D, Negro, F, Del Vecchio, A, and Falla, D. Early motor unit conduction velocity changes to HIIT versus continuous training. *Med Sci Sports Exerc* 50: 2339-2350, 2018.

[28] McEwen, BS, Nasca, C, and Gray, JD. Stress effects on neuronal structure: hippocampus, amygdala, and prefrontal cortex. *Neuropsychopharmacology* 41: 3, 2016.

[29] McKay, WB, Stokic, DS, Sherwood, AM, Vrbova, G, and Dimitrijevic, MR. Effect of fatiguing maximal voluntary contraction on excitatory and inhibitory responses elicited by transcranial magnetic motor cortex stimulation. *Muscle Nerve* 19: 1017-1024, 1996.

[30] Miller, BT, and Clapp, WC. From vision to decision: the role of visual attention in elite sports performance. *Eye Contact Lens* 37: 131-139, 2011.

[31] Moscatelli, F, Messina, G, Valenzano, A, Petito, A, Triggiani, AI, Messina, A, Monda, V, Viggiano, A, De Luca, V, Capranica, L, and Monda, M. Differences in corticospinal system activity and reaction response between karate athletes and non-athletes. *Neurol Sci* 37: 1947-1953, 2016.

[32] Nakata, H, Yoshie, M, Miura, A, and Kudo, K. Characteristics of the athletes' brain: evidence from neurophysiology and neuroimaging. *Brain Res Rev* 62: 197-211, 2010.

[33] Oliveira, MF, Zelt, JT, Jones, JH, Hirai, DM, O'Donnell, DE, Verges, S, and Neder, JA. Does impaired O2 delivery during exercise accentuate central and peripheral fatigue

in patients with coexistent COPD-CHF? *Front Physiol* 5: 514, 2015.

[34] Park, JL, Fairweather, MM, and Donaldson, DI. Making the case for mobile cognition: EEG and sports performance. *Neurosci Biobehav Rev* 52: 117-130, 2015.

[35] Pascual-Leone, A, Amedi, A, Fregni, F, and Merabet, LB. The plastic human brain cortex. *Annu Rev Neurosci* 28: 377-401, 2005.

[36] Rossi, S, Hallett, M, Rossini, PM, Pascual-Leone, A, and Safety of TMS Consensus Group. Safety, ethical considerations, and application guidelines for the use of transcranial magnetic stimulation in clinical practice and research. *Clin Neurophysiol* 120: 2008-2039, 2009.

[37] Rossini, PM, Burke, D, Chen, R, Cohen, LG, Daskalakis, Z, Di Iorio, R, Di Lazzaro, V, Ferreri, F, Fitzgerald, PB, George, MS, Hallett, M, Lefaucheur, JP, Langguth, B, Matsumoto, H, Miniussi, C, Nitsche, MA, Pascual-Leone, A, Paulus, W, Rossi, S, Rothwell, JC, Siebner, HR, Ugawa, Y, Walsh, V, and Ziemann, U. Non-invasive electrical and magnetic stimulation of the brain, spinal cord, roots and peripheral nerves: basic principles and procedures for routine clinical and research application. An updated report from an I.F.C.N. Committee. *Clin Neurophysiol* 126: 1071-1107, 2015.

[38] Ruffino, C, Papaxanthis, C, and Lebon, F. Neural plasticity during motor learning with motor imagery practice: review and perspectives. *Neuroscience* 341: 61-78, 2017.

[39] Sáenz-Moncaleano, C, Basevitch, I, and Tenenbaum, G. Gaze behaviors during serve returns in tennis: a comparison between intermediate-and high-skill players. *J Sport Exerc Psychol* 40: 49-59, 2018.

[40] Stangor, C, and Walinga, J. The neuron is the building block of the nervous system. *In Introduction to Psychology-1st Canadian Edition.* PressBooks, 2014.

[41] Stickgold, R, and Walker, MP. Sleep-dependent memory consolidation and reconsolidation. *Sleep Med* 8: 331-343, 2007.

[42] Taubert, M, Lohmann, G, Margulies, DS, Villringer, A, and Ragert, P. Long-term effects of motor training on resting-state networks and underlying brain structure. *Neuroimage* 57: 1492-1498, 2011.

[43] Taylor, JL, Butler, JE, Allen, GM, and Gandevia, SC. Changes in motor cortical excitability during human muscle fatigue. *J Physiol* 490: 519-528, 1996.

[44] Watson, AM. Sleep and athletic performance. *Curr Sports Med Rep* 16: 413-418, 2017.

[45] Yavari, A, Javadi, M, Mirmiran, P, and Bahadoran, Z. Exercise-induced oxidative stress and dietary antioxidants. *Asian J Sports Med* 6: e34898, 2015.

[46] Zarzycki, R, Morton, SM, Charalambous, CC, Marmon, A, and Snyder-Mackler, L. Corticospinal and intracortical excitability differ between athletes early after ACLR and matched controls. *J Orthop Res* 36: 2941-2948, 2018.

第28章

[1] Abdollahipour, R, Palomo Nieto, M, Psotta, R, and Wulf, G. External focus of attention and autonomy support have additive benefits for motor performance in children. *Psychol Sport Exerc* 32: 17-24, 2017.

[2] Ávila, LTG, Chiviacowsky, S, Wulf, G, and Lewthwaite, R. Positive social-comparative feedback enhances motor learning in children. *Psychol Sport Exerc* 13: 849-853, 2012.

[3] Chiviacowsky, S, and Wulf, G. Feedback after good trials

enhances learning. *Res Q Exerc Sport* 78: 40-47, 2007.

[4] Chiviacowsky, S, Wulf, G, Lewthwaite, R, and Campos, T. Motor learning benefits of self-controlled practice in persons with Parkinson's disease. *Gait Posture* 35: 601-605, 2012.

[5] Clark, SE, and Ste-Marie, DM. The impact of self-as-a-model interventions on children's self-regulation of learning and swimming performance. *J Sports Sci* 25: 577-586, 2007.

[6] Chua, L-K, Wulf, G, and Lewthwaite, R. Onward and upward: optimizing motor performance. *Hum Mov Sci* 60: 107-114, 2018.

[7] Freudenheim, AM, Wulf, G, Madureira, F, and Corrêa, UC. An external focus of attention results in greater swimming speed. *Int J Sports Sci Coach* 5: 533-542, 2010.

[8] Guss-West, C, and Wulf, G. Attentional focus in classical ballet: a survey of professional dancers. *J Dance Med Sci* 20: 23-29, 2016.

[9] Halperin, I, Chapman, DT, Martin, DT, Lewthwaite, R, and Wulf, G. Choices enhance punching performance of competitive kickboxers. *Psychol Res* 81: 1051-1058, 2017.

[10] Hooyman, A, Wulf, and Lewthwaite, R. Impacts of autonomy-supportive versus controlling instructional language on motor learning. *Hum Mov Sci* 36: 190-198, 2014.

[11] Hutchinson, JC, Sherman, T, Martinovic, N, and Tenenbaum, G. The effect of manipulated self-efficacy on perceived and sustained effort. *J Appl Sport Psychol* 20: 457-472, 2008.

[12] Iwatsuki, T, Abdollahipour, R, Psotta, R, Lewthwaite, R, and Wulf, G. Autonomy facilitates repeated maximum force productions. *Hum Mov Sci* 55: 264-268, 2017.

[13] Iwatsuki, T, Navalta, J, and Wulf, G. Autonomy enhances running efficiency. *J Sports Sci* 37: 685-691, 2013.

[14] Iwatsuki, T, Shih, HT, Abdollahipour, R, and Wulf, G. More bang for the buck: autonomy support increases muscular efficiency. *Psychol Res* 37: 685-691, 2019..

[15] Janelle, CM, Barba, DA, Frehlich, SG, Tennant, LK, and Cauraugh, JH. Maximizing performance effectiveness through videotape replay and a self-controlled learning environment. *Res Q Exerc Sport* 68: 269-279, 1997.

[16] Kuhn, YA, Keller, M, Ruffieux, J, and Taube, W. Adopting an external focus of attention alters intracortical inhibition within the primary motor cortex. *Acta Physiologica* 220: 289-299, 2017.

[17] Lewthwaite, R, Chiviacowsky, S, Drews, R, and Wulf, G. Choose to move: the motivational impact of autonomy support on motor learning. *Psychon Bull Rev* 22: 1383-1388, 2015.

[18] Lewthwaite, R, and Wulf, G. Social-comparative feedback affects motor skill learning. *Q J Exp Psychol* 63: 738-749, 2010.

[19] Lewthwaite, R, and Wulf, G. Motor learning through a motivational lens. In *Skill Acquisition in Sport: Research, Theory & Practice.* 2nd ed. Hodges, NJ and Williams, AM, eds.. London: Routledge, 173-191, 2012.

[20] Lohse, KR, and Sherwood, DE. Defining the focus of attention: effects of attention on perceived exertion and fatigue. *Front Psychol* 2: 232, 2011.

[21] Lohse, KR, Sherwood, DE, and Healy, AF. How changing the focus of attention affects performance, kinematics, and electromyography in dart throwing. *Hum Mov Sci* 29: 542-555, 2010.

[22] Lohse, KR, Sherwood, DE, and Healy, AF. Neuromuscular effects of shifting the focus of attention in a simple force production task. *J Mot Behav* 43: 173-184, 2011.

[23] Marchant, DC, Greig, M, Bullough, J, and Hitchen, D. Instructions to adopt an external focus enhance muscular endurance. *Res Q Exerc Sport* 82: 466-473, 2011.

[24] Marchant, D.C., Greig, M., and Scott, C. Attentional focusing strategies influence bicep EMG during isokinetic biceps curls. *Athletic Insight* 10(2): 11, 2008.

[25] Marchant, DC, Greig, M, and Scott, C. Attentional focusing instructions influence force production and muscular activity during isokinetic elbow flexions. *J Strength Cond Res* 23: 2358-2366, 2009.

[26] McKay, B, Wulf, G, Lewthwaite, R, and Nordin, A. The self: your own worst enemy? A test of the self-invoking trigger hypothesis. *Q J Exp Psychol* 68: 1910-1919, 2015.

[27] Milton, J, Solodkin, A, Hluštík, P, and Small, SL. The mind of expert motor performance is cool and focused. *Neuroimage* 35: 804-813, 2007.

[28] Montes, J, Wulf, G, and Navalta, JW. Maximal aerobic capacity can be increased by enhancing performers' expectancies. *J Sports Med Phys Fitness* 58: 744-749, 2018.

[29] Montoya, ER, Bos, PA, Terburg, D, Rosenberger, LA, and van Honk, J. Cortisol administration induces global down-regulation of the brain's reward circuitry. *Psychoneuroendocrinology* 47: 31-42, 2014.

[30] Murayama, K, Izuma, K, Aoki, R, and Matsumoto, K. "Your choice" motivates you in the brain: the emergence of autonomy neuroscience. In *Recent Developments in Neuroscience Research on Human Motivation.* Kim, S, Reeve, J, and Bong, M, eds. Bingley, UK: Emerald Group Publishing, 95-125, 2016.

[31] Palmer, K, Chiviacowsky, S, and Wulf, G. Enhanced expectancies facilitate golf putting. *Psychol Sport Exerc* 22: 229-232, 2016.

[32] Pascua, LAM, Wulf, G, and Lewthwaite, R. Additive benefits of external focus and enhanced performance expectancy for motor learning. *J Sports Sci* 33: 58-66, 2015.

[33] Porter, JM, Anton, PM, and Wu, WFW. Increasing the distance of an external focus of attention enhances standing long jump performance. *J Strength Cond Res* 26: 2389-2393, 2012.

[34] Porter, JM, Nolan, RP, Ostrowski, EJ, and Wulf, G. Directing attention externally enhances agility performance: a qualitative and quantitative analysis of the efficacy of using verbal instructions to focus attention. *Front Psychol* 1: 216, 2010.

[35] Porter, JM, Ostrowski, EJ, Nolan, RP, and Wu, WFW. Standing long-jump performance is enhanced when using an external focus of attention. *J Strength Cond Res* 24: 1746-1750, 2010.

[36] Porter, JM, Wu, WFW, Crossley, RM, and Knopp, SW. Adopting an external focus of attention improves sprinting performance in low-skilled sprinters. *J Strength Cond Res* 29: 947-953, 2015.

[37] Porter, JM, Wu, WFW, and Partridge, JA. Focus of attention and verbal instructions: strategies of elite track and field coaches and athletes. *Sport Sci Rev* 19: 199-211, 2010.

[38] Post, PG, Fairbrother, JT, and Barros, JAC. Self-controlled amount of practice benefits learning of a motor skill. *Res Q Exerc Sport* 82: 474-481, 2011.

[39] Reeve, J, and Tseng, CM. Cortisol reactivity to a teacher's motivating style: the biology of being controlled versus supporting autonomy. *Motivation Emotion* 35: 63-74, 2011.

[40] Rosenqvist, O, and Skans, ON. Confidence enhanced performance?—the causal effects of success on future performance in professional golf tournaments. *J Econ Behav Organ* 117: 281-295, 2015.

[41] Saemi, E, Porter, JM, Ghotbi-Varzaneh, A, Zarghami, M, and Maleki, F. Knowledge of results after relatively good trials enhances self-efficacy and motor learning. *Psychol Sport Exerc* 13: 378-382, 2012.

[42] Schmidt, RA, Lee, TD, Winstein, CJ, Wulf, G, and Zelaznik, HN. *Motor Control and Learning*. 6th ed. Champaign, IL: Human Kinetics, 2019.

[43] Schücker, L, Hagemann, N, Strauss, B, and Völker, K. The effect of attentional focus on running economy. *J Sport Sci* 12: 1242-1248, 2009.

[44] Schultz, W. Updating dopamine reward signals. *Curr Opin Neurobiol* 23: 229-238, 2013.

[45] Stoate, I, and Wulf, G. Does the attentional focus adopted by swimmers affect their performance? *Int J Sport Sci Coach* 6: 99-108, 2011.

[46] Stoate, I, Wulf, G, and Lewthwaite, R. Enhanced expectancies improve movement efficiency in runners. *J Sports Sci* 30: 815-823, 2012.

[47] Trempe, M, Sabourin, M, and Proteau, L. Success modulates consolidation of a visuomotor adaptation task. *J Exp Psychol Learn Mem Cogn* 38: 52-60, 2012.

[48] Vance, J, Wulf, G, Töllner, T, McNevin, NH, and Mercer, J. EMG activity as a function of the performer's focus of attention. *J Mot Behav* 36: 450-459, 2004.

[49] Wu, WFW, Porter, JM, and Brown, LE. Effect of attentional focus strategies on peak force and performance in the standing long jump. *J Strength Cond Res* 26: 1226-1231, 2012.

[50] Wulf, G. Attentional focus and motor learning: a review of 15 years. *Int Rev Sport Exerc Psychol* 6: 77-104, 2013.

[51] Wulf, G, and Adams, N. Small choices can enhance balance learning. *Hum Mov Sci* 38: 235-240, 2014.

[52] Wulf, G, Chiviacowsky, S, and Cardozo, P. Additive benefits of autonomy support and enhanced expectancies for motor learning. *Hum Mov Sci* 37: 12-20, 2014.

[53] Wulf, G, Chiviacowsky, S, and Drews, R. External focus and autonomy support: two important factors in motor learning have additive benefits. *Hum Mov Sci* 40: 176-184, 2015.

[54] Wulf, G, Chiviacowsky, S, and Lewthwaite, R. Normative feedback effects on learning a timing task. *Res Q Exerc Sport* 81: 425-431, 2010.

[55] Wulf, G, Chiviacowsky, S, and Lewthwaite, R. Altering mindset can enhance motor learning in older adults. *Psychol Aging* 27: 14-21, 2012.

[56] Wulf, G, and Dufek, JS. Increased jump height with an external attentional focus is due to augmented force production. *J Mot Behav* 41: 401-409, 2009.

[57] Wulf, G, Dufek, JS, Lozano, L, and Pettigrew, C. Increased jump height and reduced EMG activity with an external focus of attention. *Hum Mov Sci* 29: 440-448, 2010.

[58] Wulf, G, Freitas, HE, and Tandy, RD. Choosing to exercise more: small choices can increase exercise engagement. *Psychol Sport Exerc* 15: 268-271, 2014.

[59] Wulf, G, Höß, M, and Prinz, W. Instructions for motor learning: differential effects of internal versus external focus of attention. *J Mot Behav* 30: 169-179, 1998.

[60] Wulf, G, and Lewthwaite, R. Optimizing Performance Through Intrinsic Motivation and Attention for Learning: the OPTIMAL theory of motor learning. *Psychon Bull Rev* 23: 1382-1414, 2016.

[61] Wulf, G, Lewthwaite, R, Cardozo, P, and Chiviacowsky, S. Triple play: additive contributions of enhanced expectancies, autonomy support, and external attentional focus to motor learning. *Q J Exp Psychol* 71: 824-834, 2018.

[62] Wulf, G, McNevin, NH, and Shea, CH. The automaticity of complex motor skill learning as a function of attentional focus. *Q J Exp Psychol* 54A: 1143-1154, 2001.

[63] Wulf, G, Zachry, T, Granados, C, and Dufek, JS. Increases in jump-and-reach height through an external focus of attention. *Int J Sports Sci Coach* 2: 275-284, 2007.

[64] Yu, C, Rouse, PC, Veldhuijzen, J, Van Zanten, JCS, Metsios, GS, Ntoumanis, N, Kitas, JD, and Duda, JL. Motivation-related predictors of physical activity engagement and vitality in rheumatoid arthritis patients. *Health Psychol Open* 2: 2055102915600359, 2015.

[65] Zachry, T, Wulf, G, Mercer, J, and Bezodis, N. Increased movement accuracy and reduced EMG activity as the result of adopting an external focus of attention. *Brain Res Bull* 67: 304-309, 2005.

[66] Zarghami, M, Saemi, E, and Fathi, I. External focus of attention enhances discus throwing performance. *Kinesiology* 44: 47-51, 2012.

[67] Ziv, G, Ochayon, M, and Lidor, R. Enhanced or diminished expectancies in golf putting—which actually affects performance? *Psychol Sport Exerc* 40: 82-86, 2019.

第29章

[1] Ardern, CL, Glasgow, P, Schneiders, A, Witvrouw, E, Clarsen, B, Cools, A, Gojanovic, B, Griffin, S, Khan, KM, Moksnes, H, Mutch, SA, Phillips, N, Reurink, G, Sadler, R, Silbernagel, KG, Thorborg, K, Wangensteen, A, Wilk, KE, and Bizzini, M. Consensus statement on return to sport from the First World Congress in Sports Physical Therapy, Bern. *Br J Sports Med* 50: 853-864, 2016.

[2] Baker, CE, Moore-Lotridge, SN, Hysong, AA, Posey, SL, Robinette, JP, Blum, DM, Benvenuti, MA, Cole, HA, Egawa, S, Okawa, A, Saito, M, McCarthy, JR, Nyman, JS, Yuasa, M, and Schoenecker, JG. Bone fracture acute phase response—a unifying theory of fracture repair: clinical and scientific implications. *Clin Rev Bone Miner Metab* 16: 142-158, 2018.

[3] Blanch, P, and Gabbett, TJ. Has the athlete trained enough to return to play safely? The acute: chronic workload ratio permits clinicians to quantify a player's risk of subsequent injury. *Br J Sports Med* 50: 471-475, 2016.

[4] Bleakley, C, McDonough, S, and MacAuley, D. The use of ice in the treatment of acute soft-tissue injury: a systematic review of randomized controlled trials. *Am J Sports Med* 32: 251-261, 2004.

[5] Bryant, AE, Aldape, MJ, Bayer, CR, Katahira, EJ, Bond, L, Nicora, CD, Fillmore, TL, Clauss, TR, Metz, TO, Webb-Robertson, BJ, and Stevens, DL. Effects of delayed NSAID administration after experimental eccentric contraction injury: a cellular and proteomics study. *PLoS One* 12: e0172486, 2017.

[6] Caine, D, DiFiori, J, and Maffulli, N. Physeal injuries in children's and youth sports: reasons for concern? *Br J Sports Med* 40: 749-760, 2006.

[7] Cohen, P. Long Bone Fracture. BMJ Best Practice. March 2020. Accessed August 28, 2020.

[8] Coleman, N. General fracture considerations. *Curr Sports Med Rep* 17: 175-176, 2018.

[9] Cook, JL, and Purdam, CR. Is tendon pathology a continuum? A pathology model to explain the clinical presentation of load-induced tendinopathy. *Br J Sports Med* 43: 409-416, 2009.

[10] Ekeland, A, Engebretsen, L, Fenstad, AM, and Heir, S. Similar risk of ACL graft revision for alpine skiers, football and handball players: the graft revision rate is influenced by age and graft choice. *Br J Sports Med* 54: 33-37, 2020.

[11] Flachsmann, R, Broom, ND, Hardy, AE, and Moltschaniwskyj, G. Why is the adolescent joint particularly susceptible to osteochondral shear fracture? *Clin Orthop Relat Res* 212-221, 2000.

[12] Fleming, BC, Hulstyn, MJ, Oksendahl, HL, and Fadale, PD. Ligament injury, reconstruction and osteoarthritis. *Curr Opin Orthop* 16: 354-362, 2005.

[13] Frank, CB. Ligament structure, physiology and function. *J Musculoskelet Neuronal Interact* 4: 199-201, 2004.

[14] Frizziero, A, Vittadini, F, Gasparre, G, and Masiero, S. Impact of estrogen deficiency and aging on tendon: concise review. *Muscles Ligaments Tendons J* 4: 324-328, 2014.

[15] Galiuto, L. The use of cryotherapy in acute sports injuries. *Ann Sports Medicine Res* 3: 1060, 2016.

[16] Hauser, R, and Dolan, E. Ligament injury and healing: an overview of current clinical concepts. *J Prolother* 3: 836-846, 2011.

[17] Hickey, JT, Timmins, RG, Maniar, N, Williams, MD, and Opar, DA. Criteria for progressing rehabilitation and determining return-to-play clearance following hamstring strain injury: a systematic review. *Sports Med* 47: 1375-1387, 2017.

[18] Jarvinen, TA, Jarvinen, TL, Kaariainen, M, Kalimo, H, and Jarvinen, M. Muscle injuries: biology and treatment. *Am J Sports Med* 33: 745-764, 2005.

[19] Khan, KM, Cook, JL, Taunton, JE, and Bonar, F. Overuse tendinosis, not tendinitis part 1: a new paradigm for a difficult clinical problem. *Phys Sportsmed* 28: 38-48, 2000.

[20] Macdonald, B, McAleer, S, Kelly, S, Chakraverty, R, Johnston, M, and Pollock, N. Hamstring rehabilitation in elite track and field athletes: applying the British Athletics Muscle Injury Classification in clinical practice. *Br J Sports Med* 53: 1464-1473, 2019.

[21] Magnusson, SP, Langberg, H, and Kjaer, M. The pathogenesis of tendinopathy: balancing the response to loading. *Nat Rev Rheumatol* 6: 262-268, 2010.

[22] Mountjoy, M, Sundgot-Borgen, JK, Burke, LM, Ackerman, KE, Blauwet, C, Constantini, N, Lebrun, C, Lundy, B, Melin, AK, Meyer, NL, Sherman, RT, Tenforde, AS, Klungland, Torstveit, M, and Budgett, R. IOC consensus statement on relative energy deficiency in sport (RED-S): 2018 update. *Br J Sports Med* 52: 687-697, 2018.

[23] Mueller-Wohlfahrt, HW, Haensel, L, Mithoefer, K, Ekstrand, J, English, B, McNally, S, Orchard, J, van Dijk, CN, Kerkhoffs, GM, Schamasch, P, Blottner, D, Swaerd, L, Goedhart, E, and Ueblacker, P. Terminology and classification of muscle injuries in sport: the Munich consensus statement. *Br J Sports Med* 47: 342-350, 2013.

[24] Muller, SA, Todorov, A, Heisterbach, PE, Martin, I, and Majewski, M. Tendon healing: an overview of physiology, biology, and pathology of tendon healing and systematic review of state of the art in tendon bioengineering. *Knee Surg Sports Traumatol Arthrosc* 23: 2097-2105, 2015.

[25] Nork, SE. Initial fracture management and results. *J Orthop Trauma* 19: S7-S10, 2005.

[26] Panics, G, Tallay, A, Pavlik, A, and Berkes, I. Effect of proprioception training on knee joint position sense in female team handball players. *Br J Sports Med* 42: 472-476, 2008.

[27] Perron, AD, Brady, WJ, and Keats, TA. Principles of stress fracture management. The whys and hows of an increasingly common injury. *Postgrad Med* 110: 115-124, 2001.

[28] Pollock, N, James, SL, Lee, JC, and Chakraverty, R. British athletics muscle injury classification: a new grading system. *Br J Sports Med* 48: 1347-1351, 2014.

[29] Scott, A, Backman, LJ, and Speed, C. Tendinopathy: update on pathophysiology. *J Orthop Sports Phys Ther* 45: 833-841, 2015.

[30] Sharma, P, and Maffulli, N. Biology of tendon injury: healing, modeling and remodeling. *J Musculoskelet Neuronal Interact* 6: 181-190, 2006.

[31] Sherry, MA, and Best, TM. A comparison of 2 rehabilitation programs in the treatment of acute hamstring strains. *J Orthop Sports Phys Ther* 34: 116-125, 2004.

[32] Shrier, I. Strategic Assessment of Risk and Risk Tolerance (StARRT) framework for return-to-play decision-making. *Br J Sports Med* 49: 1311-1315, 2015.

[33] Stares, J, Dawson, B, Peeling, P, Drew, M, Heasman, J, Rogalski, B, and Colby, M. How much is enough in rehabilitation? High running workloads following lower limb muscle injury delay return to play but protect against subsequent injury. *J Sci Med Sport* 21: 1019-1024, 2018.

[34] Wajswlner, H, and Nimphius, S. Bone injuries. In *Sports Injury Prevention and Rehabilitation*. Oxford: Routledge, 2016.

[35] Warren, P, Gabbe, BJ, Schneider-Kolsky, M, and Bennell, KL. Clinical predictors of time to return to competition and of recurrence following hamstring strain in elite Australian footballers. *Br J Sports Med* 44: 415-419, 2010.

第30章

[1] Arnold, B, and Schilling, B. *Evidence-Based Practice in Sport and Exercise: A Guide to Using Research*. Philadelphia: F.A. Davis Company, 2-19, 2016.

[2] Bell, L. Patterns of interaction in multidisciplinary child protection teams in New Jersey. *Child Abuse Neglect* 2: 65-80, 2001.

[3] Corning, P. The re-emergence of "emergence": a venerable concept in search of a theory. *Complexity* 7: 18-30, 2002.

[4] Coutts, A. Challenges in developing evidence-based practice in high-performance sport. *Int J Sport Physiol Perform* 12: 717-718, 2017.

[5] Dijkstra, H, Pollock, N, Chakraverty, R, and Alonso, J. Managing the health of the elite athlete: a new integrated performance health management and coaching model. *Br J Sports Med* 48: 523-531, 2014.

[6] Faulkner, G, Taylor, A, Ferrence, R, Munro, S, and Selby, P. Exercise science and the development of evidence-based practice: a "better practices" framework. *Eur J Sport Sci* 6: 117-126, 2006.

[7] Gambrill, E. *Critical Thinking in Clinical Practice: Improving the Quality of Judgments and Decisions*. Hoboken, NJ: John Wiley & Sons, 3-28, 2005.

[8] Goldstein, J. Emergence as a construct: history and issues. *Emergence* 1: 49-72, 1999.

[9] Kelledy, L, and Lyons, B. Circular causality in family systems theory. In *Encyclopedia of Couple and Family Therapy*. Lebow, J, Chambers, A, and Breunlin, D, eds. Cham, Switzerland: Springer, 1-4, 2019.

[10] Koskie, J, and Freeze, R. A critique of multidisciplinary teaming: problems and possibilities. *Dev Disabil Bull* 28: 1-17, 2000.

[11] Lilienfeld, S, Lynn, S, and Lohr, J. Science and pseudo-science in clinical psychology: initial thoughts, reflections, and considerations. In *Science and Pseudoscience in Clinical Psychology*. Lilienfeld, S, Lynn, S, and Lohr, J, eds. New York: Guilford Press, 1-14, 2003.

[12] Moore, Z. Critical thinking and the evidence-based practice of sport psychology. *J Clin Sport Psychol* 1: 9-22, 2007.

[13] Moreau, W, and Nabhan, D. Organizational and multidisciplinary work in Olympic high performance centers in USA. *Rev Med Clin Condes* 23: 337-342, 2012.

[14] Norris, S, and Smith, D. Planning, periodization, and sequencing training and competition: the rationale for a competently planned, optimally executed training and competition program, supported by a multidisciplinary team. In *Enhancing Recovery: Preventing Underperformance in Athletes*. Kellmann, M, ed. Champaign, IL: Human Kinetics, 121-161. 2002.

[15] Popper, K. *Conjectures and Refutations: The Growth of Scientific Lnowledge*. London: Routledge & Kegan Paul, 1972.

[16] Reid, C, Stewart, E, and Thorne, G. Multidisciplinary sport science teams in elite sport: comprehensive servicing or conflict and confusion? *Sport Psychol* 18: 204-217, 2004.

[17] Riedy, C. Holocracy–a social technology for purposeful organization. 2013. Accessed August 27, 2020.

[18] Robertson, B.J. Holacracy: A complete system for agile organizational governance and steering. *Agile Project Management Executive Report* 7(7): 1-21, 2006.

[19] Robertson, B. Organization at the leading edge: introducing holacracy. *Integral Leadership Rev* 7, 2007.

[20] Roncaglia, I. A practitioner's perspective of multidisciplinary teams: analysis of potential barriers and key factors for success. *Psychol Thought* 9: 15-23, 2016.

[21] Smith, J. and Smolianov, P. The high performance management model: From Olympic and professional to university sport in the United States. *Sports Journal* 21: 1-12, 2016.

[22] Stember, M. Advancing the social sciences through the interdisciplinary enterprise. *Soc Sci J* 28: 1-14, 1991.

[23] Tucker, R, and Collins, M. What makes champions? A review of the relative contribution of genes and training to sporting success. *Br J Sports Med* 46: 555-561, 2012.

[24] Turner, A, Bishop, C, Cree, J, Carr, P, McCann, A, Bartholomew, B, and Halsted, L. Building a high-performance model for sport: a human development-centered approach. *Strength Cond J* 41: 100-107, 2019.

[25] van de Kamp, P. Holacracy-a radical approach to organizational design. In *Elements of the Software Development Process-Influences on Project Success and Failure*. Dekkers, H, Leeuwis, W, and Plantevin, I, eds. Amsterdam: University of Amsterdam, 13-26, 2014.

[26] Zeigler, E. Professional preparation and discipline specialiation in Canadian PE and kinesiology. *J Phys Ed Rec Dance* 61: 40-44, 1990.

第31章

[1] Barton, C. The current sports medicine journal model is outdated and ineffective. *Aspetar Sports Med J* 7: 58-63, 2017.

[2] Björk, BO, and Solomon, D. The publishing delay in scholarly peer-reviewed journals. *J Informetr* 7: 914-923, 2013.

[3] Buchheit, M. Houston, we still have a problem. *Int J Sports Physiol Perform* 12: 1111-1114, 2017.

[4] Buchheit, M. Want to see my report, coach? *Aspetar Sports Med J* 6: 36-43, 2017.

[5] Burke, LM. Communicating sports science in the age of the Twittersphere. *Int J Sport Nutr Metab* 27: 1-5, 2017.

[6] Côté, J, and Darling, E. Scientists on Twitter: preaching to the choir or singing from the rooftops? *Facets* 3: 682694, 2018.

[7] Dunleavy, P. How to write a blogpost from your journal article in eleven easy steps. January 2016. Accessed August 27, 2020.

[8] Grand, A, Wilkinson, C, Bultitude, K, and Winfield, AFT. Open science: a new "trust technology"? *Sci Commun* 34: 679-689, 2012.

[9] Impellizzeri, F. Social media in sport science and medicine: with great power comes great responsibility. *Int J Sport Physiol Perform* 13: 253-254, 2018.

[10] Jones, B, Till, K, Emmonds, S, Hendricks, S, Mackreth, P, Darrall-Jones, J, Roe, G, McGeechan, SI, Mayhew, R, Hunwicks, R, and Potts, N. Accessing off-field brains in sport: an applied research model to develop practice. *Br J Sports Med* 53: 791-793, 2019.

[11] Le Meur, Y, and Torres, L. 10 Challenges facing today's applied sport scientist. *Sport Perform Sci Rep* 57: v1, 2019.

[12] Lemyre, F, Trudel, P, and Durand-Bush, N. How youth sport coaches learn to coach. Sport Psychol 21: 191-209, 2007.

[13] Malone, JJ, Harper, LD, Jones, B, Perry, J, Barnes, C, and Towlson, C. Perspectives of applied collaborative sport science research within professional team sports. *Eur J Sport Sci* 19: 147-155, 2019.

[14] Martindale, R, and Nash, C. Sport science relevance and application: perceptions of UK coaches. *J Sports Sci* 31: 807-819, 2013.

[15] Morris, ZS, Wooding, S, and Grant, J. The answer is 17 years, what is the question: understanding time lags in translational research. *J R Soc Med* 104: 510-520, 2011.

[16] Niyazov, Y, Vogel, C, Price, R, Lund, B, Judd, D, Akil, A, Mortonson, M, Schwartzman, J, and Shron, M. Open access meets discoverability: citations to articles posted to academia.edu. *PLoS One* 11: e0148257, 2016.

[17] Norris, M. *The Citation Advantage of Open Access Articles*. Loughborough, UK: Loughborough University, 2018.

[18] Purdam, K, and Zhu, Y. Social media, science communication, and academic super users in the UK. *First Monday (Chicago)* 11: 1-18, 2017.

[19] Stoszkowski, J, and Collins, D. Sources, topics, and use of knowledge by coaches. *J Sport Sci* 34: 1-9, 2015.

[20] Thornton, HR, Delaney, JA, Duthie, GM, and Dascombe, BJ. Developing athlete monitoring systems in team sports: data analysis and visualization. *Int J Sport Physiol Perform* 1;14: 698-705, 2019.

[21] Vargas-Tonsing, TM. Coaches' preferences for continuing coaching education. *Int J Sports Sci Coach* 2: 25-35, 2007.

[22] Wright, T, Trudel, P, and Culver, D. Learning how to coach: the different learning situations reported by youth ice hockey coaches. *Phys Educ Sport Pedagogy* 12: 127-144, 2007.

主编简介

邓肯·N. 弗伦奇（Duncan N. French），博士，是UFC运动表现学院的副总裁，并且拥有20多年与精英专业人士和奥运会冠军共事的经验。在加入UFC之前，弗伦奇是圣母大学表现科学的负责人，并且在英国体育研究所担任体能训练的技术负责人。

弗伦奇曾连续在3届奥运会上担任英国篮球队的体能负责人，近期担任英国跆拳道奥运计划的体能训练负责人。他于2004年取得了康涅狄格大学的博士学位，并且撰写或者与他人合著了60余篇同行评审类科研论文。他是英国体能协会（United Kingdom Strength and Conditioning Association，UKSCA）、澳大利亚体能协会（Australian Strength and Conditioning Association，ASCA）和美国国家体能协会（National Strength and Conditioning Association，NSCA）的认证体能训练师。弗伦奇是UKSCA的前任主席，并且因其对体能训练行业的贡献，于2014年获得了荣誉会员称号。弗伦奇同时还是澳大利亚天主教大学（位于澳大利亚墨尔本）和伊迪丝·考恩大学（位于澳大利亚珀斯）的学术荣誉会员。

洛雷娜·托雷斯·龙达（Lorena Torres Ronda），博士，作为职业和奥运会项目的高水平运动表现专家，拥有丰富的经验。她曾担任费城76人队的运动表现总监、圣安东尼奥马刺队的科学训练师和研究与发展协调员，以及巴塞罗那篮球俱乐部和西班牙国家游泳队的科学训练师和体能训练师。此外，她还是美国职业篮球联赛（National Basketball Association，NBA）科学委员会的一员。

托雷斯·龙达目前在维多利亚大学（位于澳大利亚墨尔本）的健康与体育学院担任兼职研究员。她拥有训练科学专业的博士学位，是一名体能训练师，并且拥有世界范围内5所高校的教育和研究背景，其专业领域是竞技表现和训练科学。除了领导能力和高水平表现文化，她的关注点还集中在运动表现、训练科学、科技与创新、数据分析与可视化（决策支持系统）、训练与比赛监控、负荷管理、高级恢复以及运动营养上。

托雷斯·龙达已经撰写或者与他人合著了50余篇关于运动表现的同行评审类科研论文。她热衷于将运动科学与实际应用结合起来。

撰稿人

考特妮·L.本杰明（Courteney L. Benjamin），博士，CSCS
斯坦福大学，美国

克里斯·P.伯特伦（Chris P. Bertram），博士
弗雷泽河谷大学，加拿大

泰勒·A.博施（Tyler A. Bosch），博士
红牛运动员表现中心，美国

克莱夫·布鲁尔（Clive Brewer），理学学士（荣誉学位），理学硕士，CSCS
哥伦布机员足球俱乐部，美国

马丁·布赫海特（Martin Buchheit）博士
高强度间歇训练科学，加拿大
法国基特曼实验室，法国

路易丝·M.伯克（Louise M. Burke）
澳大利亚天主教大学，澳大利亚

朱利奥·卡列哈－冈萨雷斯（Julio-Calleja González），博士
巴斯克大学，西班牙

马尔科·卡迪纳尔（Marco Cardinale），博士
阿斯佩塔尔骨科与运动医学医院，卡塔尔

戴维·凯里（David Carey），博士
乐卓博大学，澳大利亚

道格拉斯·J.卡萨（Douglas J. Casa），博士，CSCS
康涅狄格大学，美国

乔·克拉布（Jo Clubb），理学硕士
布法罗比尔斯队，美国

丹尼尔·科恩（Daniel Cohen），博士
明德波特（哥伦比亚体育部），哥伦比亚

卡桑德拉·C.科林斯（Cassandra C. Collins），理学学士
流式食品，巴西

斯图尔特·科马克（Stuart Cormack），博士
澳大利亚天主教大学，澳大利亚

阿龙·J.库茨（Aaron J. Coutts），博士
悉尼科技大学，澳大利亚

罗曼·N.福明（Roman N. Fomin），博士
UFC运动表现学院，美国

邓肯·N.弗伦奇（Duncan N. French），博士，CSCS*D
UFC运动表现学院，美国

蒂姆·加比特（Tim Gabbett），健康科学荣誉学士，博士
加比特表现解决方案，澳大利亚

G.格雷戈里·哈夫（G. Gregory Haff），博士，CSCS*D，FNSCA
伊迪丝·考恩大学，澳大利亚

肖娜·L.哈尔森（Shona L. Halson）博士
澳大利亚天主教大学，澳大利亚

佛朗哥·M.因佩利泽里（Franco M. Impellizzeri），博士
悉尼科技大学，澳大利亚

乔尔·贾米森（Joel Jamieson）
8WeeksOut，美国

姆拉登·约瓦诺维奇（Mladen Jovanović），理学硕士
贝尔格莱德大学，塞尔维亚

戴维·乔伊斯（David Joyce），理疗学士（荣誉学位），理疗硕士（体育），理学硕士
运动表现联盟，澳大利亚

科里·肯尼迪（Cory Kennedy），理学硕士，CSCS
芝加哥小熊棒球俱乐部，美国

恩达·金（Enda King），博士
　　运动外科门诊，爱尔兰

威廉·J.克雷默（William J. Kraemer），博士，
　　CSCS*D，FNSCA
　　俄亥俄州立大学，美国

保罗·劳尔森（Paul Laursen），博士
　　高强度间歇训练科学，加拿大

扬·勒默尔（Yann Le Meur），博士
　　YLM训练科学，法国

里克·洛弗尔（Ric Lovell），博士
　　西悉尼大学，澳大利亚

迈克·麦圭根（Mike McGuigan），博士，CSCS*D
　　奥克兰理工大学，新西兰

肖恩·J.麦克拉伦（Shaun J. McLaren），博士
　　杜伦大学，英国

让-伯努瓦·莫兰（Jean-Benoît Morin），博士
　　法国圣埃蒂安大学，法国

安德鲁·M.默里（Andrew M.Murray），博士，CSCS
　　NBA，美国

达西·诺曼（Darcy Norman），PT
　　基特曼实验室，美国
　　美国男子足球国家队，美国

埃里克·S.罗森（Eric S.Rawson），博士，CSCS，
　　NSCA-CPT
　　弥赛亚大学，美国

克里斯·里克特（Chris Richter），博士
　　运动外科门诊，德国

萨姆·罗伯逊（Sam Robertson），博士
　　维多利亚大学，澳大利亚

凯·鲁滨逊（Kay Robinson），理学学士（荣誉
　　学位）
　　GWS巨人橄榄球俱乐部，澳大利亚

皮埃尔·萨莫齐诺（Pierre Samozino），博士
　　萨瓦大学，法国

格扎维埃·谢林-德尔阿尔卡萨（Xavier Schel-
　　ling i del Alcázar），博士
　　维多利亚大学，美国

关口泰树（Yasuki Sekiguchi），博士，CSCS
　　康涅狄格大学，美国

杰茜卡·M.斯蒂芬斯（Jessica M. Stephens），博士
　　澳大利亚体育学院，澳大利亚

迈克尔·H.斯通（Michael H. Stone），博士
　　东田纳西州立大学，美国

尼古拉斯·特拉多斯（Nicolás Terrados），医学
　　博士，理学博士
　　阿斯图里亚斯运动医学与健康研究机构区域性单
　　位，西班牙

洛雷娜·托雷斯·龙达（Lorena Torres Ronda），
　　博士
　　维多利亚大学，美国

杰奎琳·特兰（Jacqueline Tran）博士
　　新西兰高水平表现体育，新西兰

马修·C.瓦利（Matthew C. Varley），博士
　　乐卓博大学，澳大利亚

约翰·温特（Johann Windt），博士，CSCS
　　温哥华白浪足球俱乐部，加拿大

尼克·温克尔曼（Nick Winkelman），博士，CSCS，
　　NSCA-CPT
　　爱尔兰橄榄球联盟，爱尔兰

加布里埃莱·伍尔夫（Gabriele Wulf），博士
　　内华达大学拉斯维加斯分校，美国

译者简介

　　黎涌明，德国莱比锡大学博士，上海体育学院教授，博士研究生导师，国家体育总局体育科学研究所特聘研究员，中国体育科学学会运动训练学分会委员；"黑马科学训练坊"微信公众号创办人；研究方向为人体运动的动作和能量代谢、训练监控与评价、体能训练；2016年入选国家体育总局"优秀中青年专业技术人才百人计划"；2017年获评上海海外高层次人才，入选上海市青年拔尖人才开发计划；2020年获霍英东教育基金会第十七届高等院校青年教师奖。

　　何卫，清华大学生物医学工程博士，美国佐治亚州立大学公派访问学者，国家体育总局体育科学研究所副研究员，运动训练研究中心副主任，中国国家体操队科研团队负责人；研究方向为运动人体建模与仿真、运动训练监控、运动表现评价与提升；在体操、跳水、田径、举重、速度滑冰、越野滑雪等多支国家队开展科研攻关和科技保障工作；在综合运用运动生物力学、训练监控、计算机视觉、可穿戴设备及大数据分析等技术手段方面开展了丰富的研究和实践；承担和参与多项国家级、省部级科研课题；在SCI收录期刊、核心期刊发表高水平科研论文20余篇；2021年获中国体育科学学会科学技术三等奖。

审校者简介

王雄，清华大学运动人体科学硕士，体育教育训练学博士；副研究员，硕士生导师；国家体育总局训练局国家队体能训练中心创建人、负责人；现任国家体育总局训练局体能训练中心主任；国家体育总局备战2012年伦敦奥运会身体功能训练团队召集人、中方总协调，备战2016年里约奥运会身体功能训练团队体能训练组组长；备战2020年东京奥运会体能训练保障营体能负责人；备战2024年巴黎奥运会体能专家组成员、召集人；为游泳、田径、举重、乒乓球、羽毛球、体操、跳水、排球、篮球和帆板等二十余支国家队提供过相关体能测评和训练指导服务；清华长三角研究院特聘研究员，国家体育总局教练员学院特聘专家，中国体育科学学会体能训练分会常委，北京市体育科学学会体能分会副主任委员，北京市体育科学学会理事会理事。主编有"儿童身体训练动作手册"系列、"青少年身体训练动作手册"系列、"功能性训练动作解剖图解"系列、"儿童青少年体质健康测试达标教学与训练指南"系列等二十余部图书；译有《精准拉伸：疼痛消除和损伤预防的针对性练习》《体育运动中的功能性训练（第2版）》《NSCA-CSCS美国国家体能协会体能教练认证指南（第4版）》《儿童身体素质提升指导与实践（第2版）》《青少年力量训练：针对身体素质、健身和运动专项的动作练习和方案设计》《女性健身全书》《50岁之后的健身管理》《自由风格训练：4个基本动作优化运动和生活表现》《美国国家体能协会力量训练指南（第2版）》《NASM-CES美国国家运动医学学会纠正性训练指南（修订版）》《执教的语言：动作教学中的科学与艺术》《游泳科学：优化水中运动表现的技术、体能、营养和康复指导》《跑步科学：优化跑者运动表现的技术、体能、营养和康复指导》等二十余本译作；在《体育科学》、《中国体育科技》、*Journal of Sports Sciences* 等中外期刊发表文章十余篇；研究方向为身体训练（专业体能和大众健身）、儿童青少年体育、健康促进工程等。